DROIT INTERNATIONAL PRIVÉ

Collection CORPUS
dirigée par Nicolas MOLFESSIS

Série *Droit privé*, dirigée par Nicolas MOLFESSIS

Bernard AUDIT et Louis d'AVOUT, *Droit international privé*, 6e éd.

Thierry BONNEAU et France DRUMMOND, *Droit des marchés financiers*, 3e éd.

Frédéric DESPORTES et Laurence LAZERGES-COUSQUER, *Traité de procédure pénale.*

Frédéric DESPORTES et Francis LE GUNEHEC, *Droit pénal général,* 17e éd.

Paul et Philippe DIDIER, *Droit commercial – Tome 1 : Introduction générale. L'entreprise commerciale.*

Karine GILBERT, *Légistique juridique.*

Stéphane PIEDELIÈVRE, *Droit de la consommation.*

Frédéric POLLAUD-DULIAN, *Le droit d'auteur.*

Frédéric POLLAUD-DULIAN, *Le droit de la propriété industrielle.*

Série *Droit public*, dirigée par Denys DE BÉCHILLON

Jean-Yves CHÉROT, *Droit public économique*, 2e éd.

Anne-Marie LE POURHIET, *Droit constitutionnel,* 3e éd.

Fabrice MELLERAY, *Droit de la fonction publique*, 2e éd.

Gilbert ORSONI, *Science et législation financières – Budgets publics et lois de finances.*

Marie-Claire PONTHOREAU, *Droit(s) constitutionnel(s) comparé(s).*

Laurent TOUVET et Yves-Marie DOUBLET, *Droit des élections.*

Série *Essais*, dirigée par Nicolas MOLFESSIS et Denys DE BÉCHILLON

Olivia BUI-XUAN, *Le droit public français entre universalisme et différencialisme.*

Geneviève KOUBI, *Les circulaires administratives – Contribution à l'étude du droit administratif.*

Vincent VALENTIN, *Les conceptions néo-libérales du droit.*

Série *Histoire du droit*, dirigée par Albert RIGAUDIÈRE

David DEROUSSIN, *Histoire du droit des obligations.*

Jean-Louis HALPÉRIN, *Histoire du droit des biens.*

Yves JEANCLOS, *Droit pénal européen – Dimension historique.*

Albert RIGAUDIÈRE, *Droit et institutions dans la France médiévale et moderne*, 4e éd.

Katia WEIDENFELD, *Histoire du droit administratif du XIVe siècle à nos jours.*

CORPUSDROITPRIVÉ
Dirigé par Nicolas Molfessis

DROIT INTERNATIONAL PRIVÉ

Bernard Audit

Sixième édition

avec le concours de
Louis d'Avout

ECONOMICA
49, rue Héricart, 75015 Paris

SOMMAIRE

ABRÉVIATIONS

AFDI :	Annuaire français de droit international
AJDA :	L'actualité juridique. Droit administratif
Arch. phil. dr. :	Archives de philosophie du droit
ASDI :	Annuaire suisse de droit international
BGB :	Bürgerliches Gesetzbuch
BGH :	Bundesgerichtshof
Bull. civ. :	Bulletin des arrêts de la Cour de cassation (chambres civiles)
Cah. arb. :	Cahiers de l'arbitrage
C. av. civ.	Code de l'aviation civile
C. civ. :	Code civil
C. com.	Code de commerce
C. cons.	Code de la consommation
C. const.	Conseil constitutionnel
C. mon. fin.	Code monétaire et financier
C. patr.	Code du patrimoine
CE :	Conseil d'État
CEDH :	Cour européenne des droits de l'homme
CESDH :	Convention européenne de sauvegarde des droits de l'homme
C. étr. :	Code de l'entrée et du séjour des étrangers et du droit d'asile (CESEDA)
CIEC :	Commission internationale de l'état civil
CIJ :	Cour internationale de justice
Civ. :	Cour de cassation, chambre civile

CJCE :	Cour de justice des Communautés européennes
CJUE	Cour de justice de l'Union européenne
CODIP	Code de droit international privé belge
COJ	Code de l'organisation judiciaire
Com :	Cour de cassation, chambre commerciale
Cour EDH	Cour européenne des droits de l'homme
CPI :	Code de la propriété intellectuelle
CPC :	Code de procédure civile
CPP :	Code de procédure pénale
C. trav. :	Code du travail
D. :	Recueil Dalloz
Décr. :	Décret
DMF :	Droit maritime français
DPCI :	Droit et pratique du commerce international
Dr. et Proc.	Revue Droit et Procédures
Europe	Revue « Europe »
Fasc. :	Fascicule
GA :	Grands arrêts de la jurisprudence de droit international privé
GP :	Gazette du Palais
IDI :	Institut de droit international
IECL :	International Encyclopedia of Comparative Law
IGEC :	Instruction générale sur l'état civil
J.-Cl. dr. int.	Juris-Classeur de droit international
JCP :	Juris-Classeur périodique (Semaine juridique)
JDI :	Journal du droit international (Clunet)
J. not. :	Journal des notaires et des avocats
JO :	Journal officiel de la République française
JOCE :	Journal officiel des Communautés européennes
JOUE :	Journal officiel de l'Union européenne
L. :	Loi
LPA	Les Petites Affiches
n. :	Note
NCPC :	Nouveau Code de procédure civile

RC :	Revue critique de droit international privé (depuis 1946) ; Revue critique de droit international (à partir de 1934) ; Revue de droit international privé (de 1905 à 1933)
RCADI :	Recueil des cours de l'Académie de droit international de La Haye
RDAI :	Revue du droit des affaires internationales
RDC :	Revue des contrats
RDImm. :	Revue de droit immobilier
Rec. :	Recueil
Rec. Lebon :	Recueil des arrêts du Conseil d'État
Rép. Dall. dr. int.	Répertoire Dalloz de droit international
Rép. min.	Réponse ministérielle
Rev. arb. :	Revue de l'arbitrage
Rev. jur. com. :	Revue de jurisprudence commerciale
Rev. soc. :	Revue de sociétés
RFDA :	Revue française de droit administratif
RGDIP :	Revue générale de droit international public
RGAT :	Revue générale des assurances terrestres
RIDA :	Revue internationale du droit d'auteur
RIDC :	Revue internationale de droit comparé
Riv. dir. int. civ. e proc.	Rivista di diritto internazionale civile e processuale
RTD Civ. :	Revue trimestrielle de droit civil
RTD Com. :	Revue trimestrielle de droit commercial
RTDE :	Revue trimestrielle de droit européen
S. :	Sirey, Recueil général des lois et arrêts
Soc. :	Cour de cassation, chambre commerciale
TA :	Tribunal administratif
TGI :	Tribunal de grande instance
TI :	Tribunal d'instance
TCFDIP :	Travaux du comité français de droit international privé
YPIL	Yearbook Private International Law

INTRODUCTION

1. – Première notion de la matière. L'expression de « droit international privé » a été forgée au XIXe siècle. Elle faisait pendant à celle de droit international public, déjà reçue pour désigner les relations entre États. Il s'agit effectivement dans un cas comme dans l'autre de résoudre des questions nées de la division du monde entre États souverains ; mais l'adjectif « privé » indique que sont visées les conséquences de cette division sur le statut civil des individus – personnes physiques ou morales – et les rapports qu'ils nouent. Tandis que les problèmes caractéristiques de droit international public sont la souveraineté sur un territoire ou le non-respect d'un traité par une partie, les questions de droit international privé naissent de la conclusion d'un contrat entre entreprises établies dans des pays distincts, de l'établissement de relations de famille entre personnes de nationalité différente, de la succession d'une personne laissant des biens dans deux ou plusieurs pays... La spécificité de ces questions est liée au premier chef à la pluralité de lois internes ayant vocation à régir une situation donnée et, plus généralement, à la diversité des systèmes juridiques en présence. Le but à atteindre est l'uniformité de réglementation des situations d'un pays à l'autre en dépit de cette diversité afin d'éviter des situations « boiteuses ».

2. – Conception universaliste du droit international privé. L'appellation de *droit international* privé donne à penser que les relations visées sont ordonnées par des normes supérieures aux lois internes. Plus précisément, on peut en envisager de deux types. Les unes seraient des règles matérielles propres à ces relations, fixant par exemple les conditions de formation d'un contrat international. Les autres, à défaut des premières, seraient des règles indirectes, désignant de manière objective la loi nationale qu'il convient d'appliquer à une relation internationale : par exemple, à une vente internationale, la loi de l'établissement du vendeur ; ou à un divorce entre époux de nationalité différente, la loi de l'État du domicile commun. Que l'on adopte l'un ou l'autre type de règle, l'appellation de droit international privé serait pleinement justifiée, parce que la difficulté liée à la diversité des ordres internes serait résolue selon une norme uniforme et supérieure aux normes nationales, s'imposant donc aux particuliers comme aux autorités des États concernés : norme substantielle, dans le premier cas ; de répartition, dans le second. Pour cette raison, la dénomination de droit international privé traduit une conception de la matière que l'on qualifie d'« universaliste ».

3. – Faiblesse de la conception universaliste. Dans l'état d'organisation actuel de la société internationale, les règles supranationales, de quelque nature qu'elles soient, constituent encore l'exception plutôt que la règle. Le plus souvent, chaque État régit selon ses propres vues les relations privées internationales dont il a à connaître. Il le fait soit en adoptant de son propre chef une règle matérielle particulière pour les relations internationales, soit, et c'est le plus souvent le cas, en appliquant à une relation donnée la loi interne qu'il estime la mieux désignée. Ce faisant, chacun prétend plus ou moins se conformer à ce que devrait être l'ordre international : les États n'entendent pas appliquer leur loi interne à toutes les relations internationales dont ils viennent à connaître ; et il existe entre les solutions qu'ils appliquent de larges convergences. Mais à défaut d'autorité supérieure chargée d'énoncer les règles et de les sanctionner, les différences de conception sont nombreuses d'un pays à l'autre et l'uniformité des solutions n'est pas assurée. La situation est à cet égard comparable à celle que connaît le droit international public, où les règles universellement reconnues sont rares, le droit conventionnel fragmentaire et où il n'existe pas, hors le consentement des États, d'autorité juridictionnelle à même de faire respecter le droit[1].

L'uniformité est même d'une certaine manière plus difficile à atteindre en droit international privé, du fait que les différents ordres internes résolvent quotidiennement les questions que soulèvent les relations privées et sont donc complètement organisés pour ce faire. D'une part, chacun est apte à fournir la réglementation d'une relation de droit privé donnée ; et la disparité fréquente des règles d'un pays à l'autre constitue dès l'origine un obstacle à l'adoption de règles matérielles communes. D'autre part, chaque État est doté d'un système juridictionnel qui est à même de connaître des litiges privés présentant un caractère international comme des litiges purement internes. L'existence de tribunaux nationaux, jointe au fait que les États ne sont pas, par définition, directement intéressés à la solution de ces litiges, n'encourage pas l'institution de juridictions supranationales pouvant donner naissance à une jurisprudence[2].

1. Aux facteurs de clivages entre États que l'on constate en droit international public (différence des systèmes politiques et des degrés de développement) s'ajoutent de particuliers au droit international privé : conception fondamentale du droit (religieux, laïc), situation démographique (pays d'émigration ou immigration)...
2. Il a existé des exemples de « tribunaux mixtes », dans les relations avec certains pays du Proche-Orient. De nos jours, la pratique extrêmement répandue de l'arbitrage pallie, dans le domaine économique exclusivement, l'absence de juridiction internationale : v. Fouchard, *L'arbitrage commercial international*, 1965 ; J. Robert, *L'arbitrage, droit interne, droit international privé*, 5e éd., 1983 ; de Boisséson, *Le droit français de l'arbitrage interne et international*,

Ainsi, comme celle de droit international public, l'appellation de droit international privé anticipe sur l'état d'achèvement de la discipline. Les règles applicables aux relations de droit privé présentant un caractère international ne sont pas le plus souvent de source internationale ; elles sont adoptées par chaque État selon ses propres conceptions ou ses intérêts. Cela se traduit notamment par l'existence d'un « droit international privé comparé », expression pourtant en soi antinomique. Depuis le milieu du XXe siècle, néanmoins, l'action des organisations internationales, universelles et régionales, accompagnant le développement des échanges, s'est traduite par un fort accroissement de la réglementation supranationale par voie de traités (n° 48 s.). Encore cette réglementation n'est-elle jamais universelle. En particulier s'élabore actuellement, avec plus ou moins de bonheur, un droit international privé de l'Union européenne (n° 64 s.).

4. – Conception particulariste. Eu égard à la situation décrite, le bien-fondé de la conception d'un véritable droit international privé est fortement contesté : il s'agirait en réalité dans chaque pays d'un « droit privé international ». Son objet serait de déterminer dans quelle mesure l'existence d'un élément étranger dans une situation donnée peut affecter l'application des lois internes et la compétence des juridictions nationales, qui constituent l'une et l'autre la règle. Cette conception, dite particulariste, est confortée par la nature des questions à résoudre : concernant par définition les particuliers, elles n'affectent pas directement les relations interétatiques. Il est incontestable, par exemple, que les suites d'un accident d'automobile dans lequel sont impliquées une ou plusieurs personnes étrangères à l'État du lieu de l'accident constituent une question de responsabilité civile plus qu'elle n'intéresse les relations internationales. Pour qu'il en soit autrement, il faudrait qu'un État prenne fait et cause pour un de ses ressortissants qui s'estime lésé du fait de l'action – ou l'inaction – des autorités d'un autre État ; or l'expérience montre que cela est tout à fait exceptionnel.

Mais en dépit de ces constatations, il y aurait de sérieux inconvénients à s'abandonner à une conception purement particulariste du droit international privé. Alors que l'objectif souhaitable demeure l'uniformité de réglementation des situations juridiques, cette conception ne peut que favoriser la diversité des solutions d'un pays à l'autre. Chaque État devrait avoir au contraire pour souci que les principes qu'il applique en présence de situations privées internationales soient susceptibles d'être érigés en

1990 ; Fouchard, Gaillard, Goldman, *Traité de l'arbitrage commercial international*, 1996 ; Poudret et Besson, *Droit comparé de l'arbitrage international* (Genève, 2002) ; Gaillard, « Aspects philosophiques du droit de l'arbitrage international », RCADI 2007.49 (t. 329). Mais ce mode de règlement des litiges est extrêmement décentralisé, malgré l'existence de centres institutionnels (telle la Cour internationale d'arbitrage de la Chambre de Commerce Internationale) ; et il est normalement confidentiel, ce qui s'oppose à la formation d'une jurisprudence (sur ce point, toutefois, la publication croissante de sentences – d'une manière qui préserve l'anonymat des parties – tend à modifier la situation).

règles universelles. La constatation d'un état de fait particulariste ne doit pas faire renoncer à une conception universaliste de la discipline, celle-là même que symbolise l'expression de « droit international privé ».

5. – *Antinomie fondamentale du droit international privé.* Des constatations qui précèdent résulte une observation traditionnelle et fondamentale : le droit international privé est international par son objet, les relations privées qui transcendent les frontières ; il ne l'est que partiellement par ses sources. Afin de prendre une meilleure connaissance de la matière, il convient de décrire le premier plus en détail et de passer en revue les secondes.

I. – OBJET DU DROIT INTERNATIONAL PRIVÉ

6. – *Diversité des conceptions.* L'absence d'accord universel concernant la matière se laisse constater dès que l'on entreprend d'en préciser le contenu. L'expression « droit international privé » désigne, selon les pays, un ensemble de questions plus ou moins vaste. Les unes ont trait à proprement parler aux relations internationales entre personnes privées (§ 1). Les autres leur sont jointes dans une conception plus extensive du sujet ; elles concernent le statut des mêmes personnes vis-à-vis des États (§ 2).

§ 1. – LE DOMAINE FONDAMENTAL DU DROIT INTERNATIONAL PRIVÉ

7. – *Les relations internationales entre personnes privées.* Les progrès de la civilisation sont allés de pair avec le développement des échanges entre les différentes sociétés organisées. De nos jours, aucune population constituée en État ne peut vivre confinée sur son territoire et en complète autarcie. Il existe donc une vie privée internationale analogue à celle qui se déroule à l'intérieur des différents ordres internes : les personnes se déplacent, échangent des biens et des services, nouent des rapports de famille au travers des frontières. On dit que ces relations présentent des « rattachements » avec plus d'un État. De ce fait, deux ou plusieurs lois internes ont vocation à s'y appliquer. La manière dont il est tenu compte, dans un pays donné, de ce concours constitue partout l'objet central du droit international privé. L'hypothèse fondamentale étant la diversité des ordres internes, le but recherché est, comme on l'a indiqué, que ces relations reçoivent autant que possible le même traitement quel que soit le pays où s'élève la question de leur réglementation ; ainsi, que des liens de famille, ou les qualités de propriétaire ou de créancier, soient reconnus dans tous les États avec lesquels la situation présente un rattachement ou vient à en présenter un. Comme dans l'ordre interne, cela implique, d'une part, de délimiter les droits respectifs des personnes intéressées, d'autre part, d'assurer la sanction des mêmes droits. Le premier point soulève un conflit de lois ; le second ce que l'on dénomme un « conflit de juridictions » ou, plus largement, d'autorités.

A. LE CONFLIT DE LOIS

8. – Domaine et portée de la réglementation matérielle uniforme. On a indiqué (n° 2) que les relations privées internationales sont susceptibles soit de recevoir une réglementation de fond spécifique (règles matérielles), soit d'être attribuées aux différentes lois internes par des règles indirectes (règles de répartition). À vrai dire, la première voie n'est pas également envisageable dans tous les domaines : on conçoit difficilement une réglementation du "mariage international", de la "succession internationale" ou encore de la "propriété internationale" coexistant avec les lois nationales[1]. En revanche, les opérations du commerce international se prêtent assez aisément à une réglementation matérielle uniforme[2]. Celle-ci est fréquemment adoptée par voie de conventions[3]. Les plus anciennes ont eu pour objet les transports de toute nature, de marchandises et de voyageurs, mais traitent surtout de la responsabilité du transporteur[4]. La vente internationale de marchandises fait l'objet d'une Convention des Nations Unies du 11 avril 1980 (C.V.I.M.) largement ratifiée[5]. Plus récemment ont été adoptées deux conventions portant respectivement sur le crédit-bail international et sur l'affacturage international, toutes deux en vigueur en France[6]. En matière d'effets de commerce a été élaborée une convention des Nations Unies sur les lettres de change et billets à ordre

1. L'observation vise la propriété sur les biens corporels ; les propriétés incorporelles se prêtent au contraire tout particulièrement à la réglementation matérielle uniforme internationale (*infra* n° 779). S'agissant cependant des meubles, il est possible de mettre sur pied un régime international de revendication (v. la Convention d'Unidroit sur les biens culturels volés ou illicitement exportés, n° 771) ; ou de sûretés sur certains biens, en particulier les moyens de transport immatriculés. V. également, en une matière touchant à l'état des personnes, mais avant tout à la forme des actes, la Convention de Washington portant loi uniforme sur la forme d'un testament international (n° 897).
2. B. Oppetit, « Le développement des règles matérielles », TCFDIP, Journée du cinquantenaire (1988), p. 121 ; Loquin, « Les règles matérielles internationales », RCADI 2006.9 (t. 322).
3. Lorsque cette voie apparaît trop contraignante, on peut recourir à celle de la loi-type ou loi modèle, que les États pourront ajuster à leurs conceptions : v. par ex., dans des matière liées à la procédure, les lois modèles de la CNUDCI sur l'arbitrage international (1985), qui inspire effectivement de nombreuses législations nationales, et sur l'insolvabilité internationale (1997).
4. Convention de Bruxelles (1924) sur les connaissements et règles de Hambourg (1979) sur les transports de marchandises par mer ; conventions de Varsovie (1929) sur le transport aérien, de Genève (1956) sur le transport international par route de marchandises. V. O. Cachard, *Code maritime. Droit international et droits européens*, 2006.
5. *Infra* n. 815. Elle avait été précédée en 1964 de deux conventions (La Haye) portant loi uniforme (respectivement sur la formation et les effets du contrat), qui n'ont pas connu le même succès. Une convention d'Unidroit (Genève, 1963) sur la représentation en matière de vente internationale, ratifiée par la France, n'est pas entrée en vigueur.
6. Conventions d'Ottawa du 28 mai 1988, décr. n° 95-846 et 879 du 18 juill. 1995 (RC 1995.849 et 856). Conventions sur les garanties indépendantes et les lettres de crédit *stand-by* ; sur la cession de créances dans le commerce international, du 30 janvier 2002.

internationaux[1]. Le développement des technologies de l'information et de la communication a suscité l'adoption de différents textes destinés à accompagner leur utilisation dans le commerce international, notamment en précisant les conditions d'équivalence entre les communications électroniques et le traditionnel support papier pour ce qui concerne la forme, la preuve et la signature : lois type pour le commerce électronique (1996) et pour les signatures électroniques (2001), convention des NU sur l'utilisation de communications électroniques dans les contrats internationaux (2005), tous instruments élaborés dans le cadre de la CNUDCI. Des réglementations d'origine privée sont également établies sur la base des droits positifs ou des pratiques du commerce international, sous forme notamment de contrats-types ou de codes de conduite. Les opérateurs du commerce international peuvent s'y référer pour leurs opérations[2], les arbitres du commerce international pour leurs sentences, et les législateurs mêmes sont susceptibles de s'en inspirer[3]. C'est ainsi en grande partie par la voie du « droit souple » que s'élabore un droit substantiel uniforme.

Les conventions sont le plus souvent préparées sous les auspices d'organisations intergouvernementales : les unes à vocation générale, comme l'Institut international pour l'unification du droit privé (Unidroit)[4] et la Commission des Nations Unies pour le droit commercial international (CNUDCI)[5] ; les autres spécialisées, comme le Comité maritime international, les Unions internationales pour la protection des propriétés industrielle, littéraire et artistique, le comité juridique de l'Organisation de l'aviation civile internationale, la Commission internationale de l'état civil[6]. Outre les organisations à caractère universel, sont à l'œuvre les organisations régionales, telles que le Conseil de l'Europe, l'Organisation pour l'harmonisation du droit des affaires en Afrique (OHADA), le Mercosur, la plus active étant la Communauté, devenue Union, européenne, agissant par voie de règlements et directives (n° 64 s.).

1. Convention d'Ottawa du 9 déc. 1988, sur laquelle v. P. Bloch, JDI 1992.907.
2. *Principes relatifs aux contrats du commerce international* (Unidroit, 1994, 2° éd. 2004), sur lesquels v. Béraudo, JCP 95.I.3842, Giardina JDI 95.54, Kessedjian, RC 95.641, Larroumet, JCP 97.I.4011, Fauvarque-Cosson, RIDC 1998.463.
3. Commission pour le droit européen du contrat, *Principes du droit européen du contrat* (Société de Législation Comparée, 2003) ; *Code européen des contrats,* avant projet, Livre I, Académie des privatistes européens, Milan, 2002. Ces types de codification ont vocation à s'appliquer lorsque les parties conviennent d'y soumettre leur relation, sans préjudice toutefois de l'application des règles impératives des droits nationaux applicables selon les règles du droit international privé. Un instrument de cette nature, offrant aux parties à un contrat d'affaires un droit optionnel, est susceptible d'être adopté dans le cadre communautaire, à partir d'un « projet de cadre commun de référence » (2008).
4. http///www.unidroit.org
5. http///www.uncitral.org
6. Sur l'activité et la contribution des organisations internationales en matière d'unification du droit commercial international, v. Fouchard, Journées Sté lég. comp. 1985.353 ; Goldman *et al.*, JDI 1979.747, Béraudo, DPCI 1994.613. Pour un recensement des activités en cours d'une trentaine d'organisations, v. le document CNUDCI, *Activités actuelles des organisations internationales en matière d'harmonisation et d'unification du droit commercial international*, 20 mai 2005. Pour une vue complète et à jour, on se reportera aux sites Internet des organisations citées.

Les règles conventionnelles de nature étatique s'inspirent largement des usages du commerce international. Ceux-ci sont parfois autrement formalisés dans des contrats-types, clauses-types ou corps de règles élaborés par des associations professionnelles : ainsi les Incoterms, les Règles et usances uniforme relatives aux crédit documentaire (dernière version, 1er juillet 2007), les Règles uniformes relatives aux garanties sur demande (1992, 2010) et les Règles uniformes pour les « contract bonds » (1994), tous instruments publiés sous les auspices de la Chambre de commerce internationale ; les règle et pratiques internationales relatives aux lettres de crédit stand-by (RPIS 98)[1]. La promotion des usages du commerce international, lorsqu'ils sont suffisamment consacrés, au rang de *lex mercatoria* susceptible de s'imposer aux parties au même titre qu'un droit de source étatique, constitue depuis l'essor contemporain du commerce international d'années un sujet majeur de discussion en doctrine[2].

Une réglementation substantielle uniforme, lorsqu'elle existe, relève cependant moins du droit international privé que de la matière sur laquelle elle porte : droit des transports, des effets de commerce, des propriétés incorporelles, de la vente... En effet, si le contenu des règles diffère le cas échéant de celui des règles internes correspondantes, leur nature est identique : il s'agit par exemple toujours de déterminer dans quelle mesure un vendeur répond des défauts de la chose vendue ou un transporteur des avaries de la chose déplacée. Il n'en est pas de même des règles de conflit de lois, qui attribuent à une loi interne donnée une relation internationale en vue de sa réglementation. Par ailleurs, l'existence d'une réglementation matérielle uniforme ne met pas fin à la nécessité de résoudre des conflits de lois : ainsi lorsque l'application d'une convention est subordonnée à la désignation, selon les principes du conflit de lois, de la loi d'un Etat contractant (CVIM, art. 1.1, b) ; ou afin combler ses lacunes, involontaires ou dues à l'absence d'accord sur un point donné, par recours à un droit interne qu'il faut désigner (CVIM, art. 7.2)[3].

1. V., sanctionnant le caractère obligatoire des Règles uniformes relatives aux garanties sur demande pour les parties qui s'y sont référées, à défaut de convention expresse contraire sur le point litigieux, Cass. com. 30 mars 2010, n° 09-12701.
2. V. notamment Ph. Kahn, *La vente commerciale internationale*, 1961 ; Goldman, « Frontières du droit et lex mercatoria », Arch. phil. dr., 1964.177 ; « La *lex mercatoria* dans les contrats et l'arbitrage internationaux : réalités et perspectives », JDI 1979.475 ; les diverses contributions rassemblées *in Le droit des relations économiques internationales*, Études offertes à B. Goldman, 1982 ; Gaillard, « Trente ans de *Lex mercatoria...* », JDI 1995.5 et, pour une synthèse, Osman, *Les principes généraux de la* lex mercatoria, 1992. Tous les auteurs ne reconnaissent pas à la *lex mercatoria* les caractères d'un véritable ordre juridique : v. Lagarde, « Approche critique de la *lex mercatoria* », Etudes Goldman, p. 125 ; Kassis, *Théorie générale des usages du commerce*, 1984 ; *adde*, Bureau, *Les sources informelles du droit dans les relations privées internationales*, thèse Paris II, 1992. En jurisprudence v., admettant que des arbitres se référant à la *lex mercatoria* ne méconnaissent pas leur obligation de statuer en droit : Civ. II, 9 déc. 1981, JDI 82.931, 3°. esp. n. Oppetit ; Paris, 13 juill. 1989, *Cia Valenciana*, RC 90.305 n. Oppetit, pourvoi rejeté par Civ. I, 22 oct. 1991, JDI 92.177 n. Goldman, Rev. arb. 92.457 n. Lagarde, RC 92.113 n. Oppetit.
3. Lagarde, « Le champ d'application dans l'espace des règles uniformes de droit matériel », *Études de droit contemporain,* 1970, p. 149 ; Malaurie, « Loi uniforme et conflits de lois », TCFDIP 1964-66.83 ; Malintoppi, « Droit uniforme et droit international privé », RCADI 1965.II.1, t. 116.

9. – Primauté des règles indirectes. Même dans les domaines où elle est concevable, la réglementation matérielle uniforme reste l'exception : soit qu'aucun texte n'ait été adopté, soit qu'il n'ait été ratifié que par un petit nombre d'États. En revanche, un ordre juridique national, parce qu'il s'est organisé comme s'il était unique, est presque toujours apte à fournir une réglementation pour une situation de droit privé donnée (n° 3). Chaque loi interne a ainsi vocation à s'appliquer non seulement aux situations purement internes à l'État qui l'édicte, mais aussi bien à celles comportant un « élément d'extranéité ». Il s'ensuit aussi un risque de réglementation cumulative et contradictoire, la même situation étant appréhendée par les lois de différents pays avec lesquels elle présente des rattachements. Certes, dans l'expression « conflit de lois », le conflit est purement virtuel et désigne la simple concurrence de deux ou plusieurs lois nationales ayant vocation à s'appliquer. Mais il suffit que leur contenu diffère pour que le conflit soit réel et que se réalise le risque d'un statut boiteux : par exemple, deux personnes seront considérées ici comme mariées, là comme divorcées ; ou si le mariage n'est pas contesté, leurs biens seront considérés ici comme communs, là comme propres. Afin d'éviter de telles situations, l'on s'efforce de déterminer quelle est la loi interne la mieux désignée pour être appelée, et elle seule, à régir le rapport considéré, c'est-à-dire celle avec laquelle la situation présente matériellement ou rationnellement les liens les plus étroits. Cette recherche est l'objet de la discipline dénommée « conflits de lois dans l'espace », laquelle constitue le noyau universel, et demeure dans certains pays l'objet exclusif, du droit international privé.

Si par exemple une marchandise expédiée d'un pays dans un autre périt en cours de transport, il faut décider, à défaut de stipulation entre les parties sur ce point, qui du vendeur ou de l'acheteur doit en supporter la perte alors que, selon la loi du pays d'origine, le transfert de propriété n'a lieu qu'à la livraison de la chose tandis que selon celui du pays de destination il intervient dès l'échange des consentements (la question fait l'objet de règles uniformes dans la CVIM, art. 66 s.). La question de propriété s'élèverait également en cas de faillite de l'une des parties, et elle n'est pas réglée par la CVIM.

Si une personne de nationalité anglaise lègue un immeuble qu'elle possédait en France à un tiers alors qu'elle laisse des descendants, la question se pose de savoir si ceux-ci peuvent réclamer sur cet immeuble la réserve successorale prévue par la loi française mais non par la loi anglaise.

On voit qu'il ne s'agit pas de répondre directement à la question posée – savoir qui supporte la perte de la chose détruite ou l'étendue des droits successoraux de telle personne – mais de désigner la loi interne à laquelle emprunter la réponse à la question. Cette détermination est le plus souvent opérée par application d'une « règle de conflit de lois » du type : la succession immobilière est régie par la loi du lieu de situation de l'immeuble (ou par la loi de la nationalité du de cujus ou celle de son domicile...) ; ou encore : la vente internationale de marchandises est régie par la loi du pays de l'établissement du vendeur (ou celle de l'acheteur ou du lieu de conclusion du contrat, ou encore celle dont ils sont convenus...). L'objet propre de la matière des conflits de lois est de dégager de tels principes de solution, acceptables par tous les États.

10. – Cas de réglementation substantielle de source interne. Les États édictent également de leur propre chef des règles ayant expressément pour objet des relations internationales. Pour l'essentiel, il s'agit de réglementation de leurs échanges extérieurs globaux (réglementation douanière, des investissements, des changes). S'agissant de règles de droit public, la question de leur application « transnationale » ne suscite pas à proprement parler un conflit de lois car chaque État applique les siennes propres et ne se soucie pas d'appliquer les règles étrangères (*infra* n° 114). Mais il peut également s'agir de règles de droit privé, ayant un pendant en droit interne mais de contenu différent. Le droit français en a fourni un exemple caractéristique avec la jurisprudence validant les clauses monétaires dans les paiements internationaux, nonobstant les restrictions du droit interne[1]. De manière plus systématique, certains pays naguère d'économie collectiviste avaient adopté une réglementation d'ensemble pour les seuls rapports de commerce international (loi tchécoslovaque de 1963, dite «Code de commerce international», loi est-allemande de 1976 sur les contrats économiques internationaux). Internationales par leur objet, des dispositions de ce type sont nationales par leur source. Elles n'échappent donc pas systématiquement aux conflits de lois. Les deux lois précitées prévoyaient expressément que leurs dispositions n'entraient en jeu qu'une fois désigné, selon les principes habituels, le droit national. Toutefois, les autorités d'un État ayant adopté de telles règles sont susceptibles les appliquer sans passer par cette étape[2].

B. LA SANCTION DES DROITS

11. – Le « conflit de juridictions » ou contentieux privé international. Il est largement vain de reconnaître des droits à une personne si celle-ci ne dispose pas d'un moyen de les faire respecter au besoin par la contrainte ; on parle de « réalisation contentieuse » des droits, par le recours à un juge. S'agissant de relations internationales, à défaut de juridiction supranationale, et réserve faite du recours à l'arbitrage dans les matières où ce mode de règlement est admis, le contentieux est porté devant les juridictions étatiques. Cette situation soulève une succession de questions regroupées en France sous l'expression traditionnelle – bien qu'elle soit impropre à plus d'un égard – de « conflits de juridictions » : la compétence internationale des tribunaux nationaux, la procédure applicable devant eux et l'effet des jugements étrangers dans un pays donné.

1. Req. 7 juin 1920, D.20.1.137, S. 20.1.193 ; Civ. 23 janv. 1924 (2 arrêts), D.24.1.41 et, pour un exemple plus récent, Civ. I, 16 juill. 1987, Bull. civ. I, n° 228, p. 167. La règle n'opère pas seulement lorsque le droit français est applicable, mais aussi bien au détriment d'une loi étrangère prohibant le cas échéant ce type de clause : Civ. 21 juin 1950, *Messageries maritimes,* D.51.749 n. Hamel, S.52.1.1 n. Niboyet, GA n° 22.
2. V. par ex. la règle matérielle française récemment affirmée concernant l'aptitude du signataire à conclure un accord d'arbitrage pour le compte d'une société : Civ. I, 8 juill. 2009, *Soerni, infra* n° 400 et 1128.

1. La compétence internationale des tribunaux nationaux

12. – Distinction et rapprochement du conflit de lois et de la compétence juridictionnelle. Une personne impliquée dans une relation internationale et qui estime ses droits méconnus doit s'adresser aux tribunaux d'un pays donné. La question de savoir dans quel pays elle peut agir constitue d'une certaine manière ce que l'on dénomme le « conflit de juridictions ». Une symétrie évidente avec le « conflit de lois » a été recherchée dans cette expression ; mais elle est trompeuse. Alors qu'un conflit de lois est normalement résolu dans un pays donné au moyen de règles de répartition, attribuant la situation à une loi interne donnée (n° 9), il ne peut exister de règles de ce type pour résoudre les problèmes de compétence judiciaire internationale, en raison d'une différence fondamentale entre les deux questions. S'agissant de conflit de lois, rien n'empêche et ne peut empêcher l'autorité d'un État de décider, en vertu de la règle de conflit adoptée par lui, que telle situation doit être considérée comme soumise à une loi étrangère donnée et d'en faire application : ainsi un tribunal anglais de décider qu'une succession est soumise à la loi française et qu'une réserve successorale doit en conséquence être respectée ; ou à un tribunal français de décider qu'un contrat international est soumis à telle loi étrangère, et de donner en conséquence effet à une clause qui serait invalide selon le droit français. S'agissant en revanche de compétence juridictionnelle, un État ne peut que décider dans quelles circonstances ses tribunaux acceptent de se saisir. Si une espèce donnée n'en relève pas, il n'appartient pas à l'un d'eux, déclinant sa compétence, d'imposer à quelque tribunal étranger de se saisir ; il ne peut que renvoyer les parties à mieux se pourvoir.

Ainsi dans un État donné, la question du « conflit de juridictions » soulevée par la recherche d'un tribunal pour trancher un litige privé international n'est que de savoir dans quelle mesure les juridictions nationales se reconnaissent compétentes pour connaître de tels litiges. Ceci fait l'objet de règles de compétence internationale des tribunaux. À la différence des règles de conflit de lois évoquées plus haut, il s'agit de règles matérielles et directes, non de répartition : elles fixent la compétence des tribunaux du pays qui les édicte et d'eux seul.

Pratiquement, en France comme dans la plupart des pays, à défaut d'une réglementation systématique de la compétence internationale, l'on s'est inspiré des règles de compétence territoriale internes, telle la règle *Actor sequitur forum* rei, qui ont été transposées dans les litiges présentant des éléments étrangers et éventuellement complétées par d'autres ; ainsi les tribunaux français sont-ils en principe compétents lorsque le défendeur demeure en France. Cela explique que la compétence internationale soit étudiée, dans certains pays, avec la procédure civile. Mais l'inclusion de la matière dans le droit international privé se justifie néanmoins. D'une part, il peut exister des règles de compétence judiciaire spécifiquement internationales, tenant compte par exemple de la nationalité des parties ou de l'implication de la souveraineté de l'État. D'autre part, du point de vue pratique, la question de la loi applicable à une situation donnée (existence des droits) et celle du tribunal compétent pour statuer sur un litige éventuel (sanction des droits) sont indissociables. Lorsqu'un exportateur entend recevoir le paiement d'une marchandise périe en cours de transport, s'il est fondamental de déterminer quelle loi régit le transfert des risques, il est pratiquement tout aussi important de savoir devant les juridictions de quel pays le demandeur pourra utilement intenter une action.

13. – Caractère fondamental de la distinction entre compétence juridictionnelle et compétence au fond. En dépit du lien d'ordre pratique entre conflit de lois et compétence des tribunaux, il convient de souligner le caractère proprement fondamental pour le raisonnement de la distinction des deux types de questions.

L'on pourrait concevoir qu'une fois dégagée la loi applicable à une situation donnée, la compétence des tribunaux du pays désigné soit du même coup établie pour connaître des litiges auxquels cette situation est susceptible de donner lieu : les tribunaux d'un pays donné seraient compétents lorsque sa loi est déclarée applicable, et dans ces cas seuls. Outre que le problème du conflit de juridictions se trouverait ainsi réglé, il est incontestablement plus commode que la loi reconnue compétente soit appliquée par un juge du pays dont elle émane ; de fait, on verra que la considération de la loi applicable au fond influe dans certains cas sur l'adoption de la règle de compétence juridictionnelle. Mais l'une et l'autre compétences n'obéissent pas entièrement aux mêmes considérations. La loi désignée comme devant régir le fond est en principe celle de l'État avec lequel la situation présente des liens plus étroits ou significatifs qu'aucune autre. S'agissant dans un pays donné de décider dans quels cas donner compétence aux tribunaux nationaux en présence d'une situation internationale interviennent non seulement les liens du litige avec ce pays, mais aussi la commodité des parties (en particulier du défendeur), la facilité de rassemblement des preuves, ainsi que le lieu d'exécution de la décision à intervenir ; le tribunal rendu compétent ne prétend pas nécessairement être celui des liens les plus étroits, et s'il ne l'est pas, il reconnaîtra normalement la compétence au fond d'une loi étrangère. Le principe est donc bien que les deux questions doivent être envisagées séparément.

Soit un accident d'automobile survenu en Espagne entre un touriste d'un pays tiers et un touriste français, à la suite duquel le premier entend faire jouer la responsabilité du second. En ce qui concerne le fond, c'est-à-dire le conflit de lois, il ne fait aucun doute que les règles de prudence selon lesquelles doit être apprécié le comportement des intéressés sont celles de la loi espagnole. Mais la décision qu'espère le demandeur devra pratiquement être exécutée en France ; c'est pourquoi il peut envisager de saisir les tribunaux français, lesquels se reconnaîtront effectivement compétents du fait du domicile en France du défendeur (art. 42 CPC) comme de sa nationalité (art. 15 C. civ.).

Un contrat passé entre deux entreprises françaises à l'occasion de la réalisation d'un projet industriel dans un pays étranger peut être déclaré soumis à la loi française. Mais en cas de litige, le demandeur trouvera dans certains cas plus expédient de saisir les tribunaux du lieu d'exécution du contrat, en raison des preuves à apporter ; la juridiction saisie se reconnaîtra vraisemblablement compétente, tout en admettant que le contrat est régi par la loi française.

Dans ces deux exemples, la dissociation de la compétence juridictionnelle et de la compétence au fond est effective ; dans tous les cas, les questions doivent être traitées séparément.

2. Autres questions de procédure

14. – Influence du caractère international d'un litige sur la procédure. La détermination de la compétence internationale des tribunaux nationaux constitue la principale question de procédure affectée par le caractère international d'un litige. Car en ce qui concerne le déroulement du litige, il est universellement admis qu'une juridiction nationale applique ses propres règles de procédure : c'est le principe de soumission de la procédure à la loi du for (du latin *forum*, vocable conservé en droit international privé) c'est-à-dire du tribunal saisi. Deux séries de considérations le justifient. L'une, d'ordre publiciste, est que les règles de procédure ont pour objet le service public de la justice, lequel ne saurait fonctionner selon une autre loi que celle de la souveraineté qui l'a institué. L'autre, d'ordre privatiste, que les règles de procédure ne visant par nature qu'à assurer dans tous les cas un débat équitable entre les parties, ces règles sont en principe indifférentes à la substance du litige : il n'y a donc pas lieu pour le tribunal saisi de se départir de ses règles de procédure au motif que les règles de décision au fond sont empruntées à une loi étrangère[1].

Le droit procédural d'un pays donné peut néanmoins comporter des règles particulières pour tenir compte de l'aspect international d'un litige : ainsi l'allongement des délais de procédure lorsqu'un plaideur demeure à l'étranger (v. art. 643 CPC). Ces dispositions ne soulèvent pas en soi de difficulté particulière : elles obéissent elles-mêmes au principe de la soumission de la procédure à la loi du for, car ce sont des règles internes dont l'objet est international ; le tribunal les applique dès lors qu'il s'est reconnu internationalement compétent[2].

3. Effet des décisions étrangères

15. – Jugements étrangers ; lien avec les questions précédentes. La sanction judiciaire de droits dans l'ordre international ne s'arrête pas nécessairement à la recherche d'un juge étatique qui se reconnaisse compétent et statue sur les droits litigieux. Sans doute dans le pays où la décision a été rendue, et dans la mesure de l'autorité attachée à la chose jugée, ces droits ne seront plus contestés ; il n'existe de ce point de vue aucune différence selon qu'une décision de justice a été rendue dans une affaire purement

1. Encore faudra-t-il déterminer où cessent les questions de procédure, toujours régies par la loi du for, et où commencent les questions de fond, lesquelles suscitent un conflit de lois. Elle s'élève notamment lorsque des dispositions qui ressortissent ordinairement à la procédure, ont été édictées dans un domaine particulier en fonction de considérations de fond : ainsi une prescription abrégée pour certaines créances, car si par nature une prescription éteint l'action, une prescription particulière est fixée compte tenu de la nature de la créance qu'elle vise ; ou encore, une règle de preuve en matière de divorce ou de recherche de paternité. On se demande alors si ces questions sont régies par la loi du tribunal saisi, en tant que de procédure, ou par la loi déclarée applicable au fond (*infra* n° 441 s.).
2. Ces dispositions sont à rapprocher des règles substantielles de source interne évoquées plus haut (n° 10).

interne ou présentant un élément d'extranéité. Mais parce que la seconde connaît par définition des rattachements avec au moins un autre pays, il est possible et même probable qu'une partie sera amenée à se prévaloir de la décision dans ce pays : soit pour tenter de l'y faire exécuter, soit pour s'y opposer à une nouvelle action sur le même litige en soulevant l'exception de chose jugée. Cela pose le problème, dans chaque État, de l'effet des jugements étrangers. Il s'agit pour l'essentiel de savoir quelle efficacité peut être reconnue à une décision émanant d'une souveraineté étrangère, et surtout à quelles conditions. Cette question est englobée en France dans le « conflit de juridictions ».

On justifie parfois ce rapprochement par une considération d'ordre méthodologique, à savoir que les règles relatives à l'effet des jugements étrangers sont, comme les règles de compétence internationale des tribunaux, des règles matérielles et directes (n° 12). En effet, les conditions édictées dans chaque État tendent à l'admission ou au rejet d'un jugement étranger donné, de même que les règles de compétence conduisent à exercer celle-ci ou à la décliner. Mais le rapprochement se justifie pour une raison plus significative : la question principale que soulève la reconnaissance de l'efficacité des décisions étrangères est de savoir si la juridiction qui l'a rendue (la juridiction « d'origine ») était compétente aux yeux de l'État où elle est invoquée (l'État « requis »). C'est là un problème de compétence juridictionnelle internationale même si, comme on verra, il ne se confond pas avec celui de la compétence internationale des tribunaux de l'État requis lorsqu'ils sont directement saisis[1].

16. – Effet des jugements étrangers et conflits de lois. La question de l'effet des jugements étrangers est également liée d'une certaine manière aux conflits de lois. Dans la mesure où les règles de conflit de lois admises en un pays donné répartissent les relations internationales de droit privé en les attribuant à une loi donnée (n° 9), il est concevable qu'une décision étrangère ne soit reconnue qu'à la condition d'avoir appliqué la loi compétente selon la conception de l'État requis. Ainsi, de même que le problème de la compétence internationale peut se présenter à un tribunal français soit directement (lorsqu'il est initialement saisi d'un litige) soit indirectement (lorsqu'il doit apprécier la compétence d'un juge étranger ayant statué), celui du conflit de lois se présente au stade de la création des droits (selon quelle loi apprécier en France l'aptitude d'un étranger à contracter mariage ?) ou de leur reconnaissance (selon quelle loi apprécier la validité d'un mariage célébré ou d'un divorce prononcé à l'étranger ?). Mais si pendant longtemps la reconnaissance en France d'un jugement étranger a été subordonnée à l'application par le juge d'origine de la loi compétente selon le règlement français, ce contrôle est aujourd'hui abandonné (n° 475), dans le cadre de la question suivante.

17. –Autres décisions et actes publics étrangers ; conflit d'autorités. Les jugements ne sont pas la seule catégorie de décisions ou actes publics affectant les droits privés des individus et susceptibles à ce titre d'être invoqués hors de la souveraineté dont ils émanent. Il peut s'agir d'actes administratifs, tels que l'inscription d'une société sur un registre lui conférant la personnalité morale, l'enregistrement d'un mariage, d'une adoption ou aujourd'hui d'un partenariat civil sur un registre d'état civil, un

1. Afin de distinguer les deux questions, on parle, en France, de compétence internationale « directe » dans un cas, « indirecte » dans l'autre.

décret de nationalisation transférant la propriété de certains biens. Toutes les fois qu'une situation juridique nouvelle a été consacrée par une autorité publique se pose une question de reconnaissance internationale des droits, comparable à celle suscitée par un jugement étranger[1]. Pour décider de cette reconnaissance, on raisonne néanmoins traditionnellement en termes de conflits de lois, recherchant si l'autorité étrangère a appliqué la loi considérée comme compétente par l'État d'accueil. Mais il est également possible d'appliquer dans ces cas la « méthode de la reconnaissance » dégagée à propos des jugements, afin de mieux respecter les attentes des parties relativement aux droits consacrés par une autorité publique[2]. Cela ne signifie pas que la reconnaissance des droits ainsi conférés ne sera pas subordonnée à un contrôle de régularité selon des critères posés par l'État d'accueil : on s'assurera notamment (outre la régularité de l'acte selon la loi d'origine) que l'intervention de l'autorité d'origine reposait sur un lien suffisant de la situation avec l'État dont elle relève ou encore de l'absence de contrariété de la situation créée à l'ordre public de l'État d'accueil ou de l'absence de fraude dans le recours à l'autorité d'origine de l'acte. En revanche, on aura tendance à écarter le contrôle de la loi appliquée : car, même si l'autorité appelée à intervenir dans une situation internationale applique normalement un raisonnement de conflit de lois, cela ne conduit pas nécessairement à l'application de la loi considérée comme « compétente » selon la règle de conflit de l'État d'accueil (fréquemment, l'autorité d'origine aura appliqué sa propre loi). La reconnaissance des droits se trouve donc normalement facilitée par cette approche, réduisant le risque de situation boiteuse.

On constate effectivement à l'époque contemporaine une extension de la méthode de la reconnaissance à des actes autres que les jugements en différents domaines (mariage, adoption, propriété, personnes morales...) (n° 101-1) ; tandis que le contrôle de la loi appliquée a été récemment abrogé en ce qui concerne la reconnaissance des jugements étrangers eux-mêmes (n° 475). La question reste de distinguer les cas dans lesquels un acte public doit être traité comme une décision et ceux dans lesquels sa reconnaissance doit faire intervenir le contrôle de la loi appliquée. La

1. On doit à Niboyet (*Traité* cité *infra* n° 33, t. VI *bis*, n° 1571) la notion de « conflit d'autorités ».
2. P. Mayer, *La distinction entre règles et décisions et le droit international privé,* 1974 ; « Les méthodes de la reconnaissance en droit international privé », Mél. Lagarde, 2005, p. 547 (distinguant les véritables décisions des simples situations, relevant encore du confit de lois nonobstant l'existence d'un acte public). Pour une illustration de l'alternative entre les méthodes, v. Paris, 25 oct. 2007, JDI 08.145 n. Cuniberti, où se posait la question de la transcription d'un acte de naissance californien, lui-même résultant d'un jugement (représentant donc chacun une décision) déclarant parents d'un enfant deux français ayant recouru à la gestation pour autrui (en contravention avec la loi française, art. 16-7 C. civ.) : l'arrêt se prononce favorablement, selon la méthode de la reconnaissance appliquée à l'acte de naissance. Mais il est censuré pour violation de l'art. 16-7 C. civ., donc (implicitement) de la loi considérée comme applicable (Civ. I, 17 déc. 2008, D. 09.332 concl. Sarcelet et n. Brunet et Pan. 1566 obs. Jault-Seseke, JCP 09.10021 n. d'Avout, JDI 09.577 n. Bollée, RC 09.320 n. Lagarde) ; sur renvoi, Paris, 18 mars 2010, n° 09-11017, D. 10.1683 n. G. de La Pradelle.

réponse dépend notamment de l'implication de l'auteur de l'acte (s'il se borne à recevoir une déclaration, on hésitera à voir dans l'acte une décision), ainsi que des attentes que l'acte a pu légitimement créer chez les intéressés et du type d'effet que l'on veut faire produire à l'acte[1].

18. – Justification d'une étude commune. Dans l'ordre international comme dans l'ordre interne, la sanction des droits est difficilement séparable de leur attribution, ce qui suffit à justifier le regroupement des « conflits de juridictions » – qui seraient mieux dénommés « procédure civile internationale » – et des conflits de lois. Et l'attribution de droits peut résulter soit de *plano* de la loi, soit d'une décision de l'autorité publique, ce qui justifie l'extension du conflit de juridictions aux conflits d'autorités. En droit international privé, la manière dont l'existence d'un élément étranger affecte ces questions constitue un tout[2]. Pendant longtemps, cependant, les conflits de lois ont été considérés comme constituant l'objet exclusif du droit international privé, les conflits de juridictions étant étudiés avec la procédure civile. Cette conception est aujourd'hui délaissée en France comme dans de nombreux pays (nonobstant, dans les pays anglophones, le maintien de l'expression « Conflict of Laws », laquelle englobe également les conflits de juridictions au sens français). Elle a régressé dans des pays comme l'Italie et l'Allemagne, où elle s'est maintenue jusqu'à nos jours. Les nombreuses législations contemporaines de droit international privé traitent de l'ensemble de ces questions[3]. On ne constate pas de mouvement aussi général s'agissant de la conception la plus extensive du droit international privé.

§ 2. – CONCEPTION ÉLARGIE DU DROIT INTERNATIONAL PRIVÉ

19. Le statut des personnes privées dans les relations internationales. La donnée fondamentale de l'ordre international est l'existence de collectivités humaines distinctes et indépendantes, aujourd'hui organisées en États. Chacune est ainsi caractérisée par sa population constitutive, dont tous les membres jouissent en principe sans distinction des droits les plus étendus reconnus par la collectivité. Les individus qui n'appartiennent pas à cette population, les étrangers, ont par définition un statut différent.

1. V. Ch. Pamboukis, *L'acte public étranger en droit international privé,* 1993 ; « L'acte quasi public en droit international privé », RC 1993.565 et P. Callé, *L'acte public en droit international privé,* 2004 ; *adde* les auteurs cités au n° 101-1.
2. Sur le caractère indispensable d'une appréhension non seulement commune mais globale, la nécessité étant de coordonner, à l'occasion des relations juridiques internationales entre personnes privées, des *ordres juridiques* caractérisés par des règles et des institutions (notamment tribunaux et organes d'exécution), v. P. Mayer, « Le phénomène de la coordination des ordres juridiques étatiques en droit privé », RCADI 2007 (t. 327).
3. Certaines législations réglementent pour chaque matière successivement la compétence des tribunaux nationaux, les conflits de lois et la reconnaissance des décisions étrangères (loi fédérale suisse de droit international privé de 1987, code belge de droit international privé de 2004).

Celui-ci est caractérisé au premier chef par la non-participation à la vie politique et publique, qu'il s'agisse des prérogatives que cette participation implique ou de ses contraintes. Mais il comporte d'autres restrictions et, dans la mesure où celles-ci affectent les activités privées, le statut des étrangers – encore dénommé « condition des étrangers » – peut être considéré comme relevant du droit international privé. En contrepoint, on peut en dire autant des règles mêmes établissant l'appartenance à la population constitutive de l'État, c'est-à-dire le droit de la nationalité. Ces deux matières se distinguent toutefois par des traits importants de celles qui ont été précédemment envisagées. Aussi la conception qui les inclut dans le droit international privé, prête-t-elle à discussion : admise en France, elle est loin d'être universelle ; dans de nombreux pays, la nationalité et le statut des étrangers sont considérés comme des matières spéciales ou de droit public.

A. LA CONDITION, OU STATUT, DES ÉTRANGERS

20. – Rapports avec le conflit de lois : jouissance et exercice des droits. Historiquement et rationnellement, la première question qui se pose dans les relations privées internationales n'est pas celle du conflit de lois. Celle-ci suppose en effet, relativement aux droits prétendus selon une loi donnée (qualité de propriétaire, de créancier, d'époux...), que la jouissance même en soit reconnue aux étrangers comme aux nationaux. Ainsi, pour qu'un étranger puisse invoquer la qualité d'héritier sur un immeuble dans un pays donné, avant que ne puisse se poser la question de la loi qui régit la dévolution successorale, il faut admettre que les étrangers aient la faculté de recevoir par succession et celle d'être propriétaire foncier. De nos jours en France, comme dans l'exemple évoqué, la question de la jouissance des droits privés est presque toujours résolue dans le sens de la reconnaissance, de sorte qu'une situation internationale ne soulève que des questions de conflits de lois. Mais il n'en a pas toujours été ainsi et il subsiste des différences dont certaines sont irréductibles.

21. Évolution historique. Dans les sociétés primitives, les lois sont faites exclusivement pour les membres du groupe. L'étranger n'a aucune garantie quant à sa sécurité même ; il peut bénéficier d'une tolérance plus ou moins bienveillante, mais son statut est essentiellement précaire. En termes modernes, on dira qu'il n'a pas la personnalité juridique.

Avec le développement de la civilisation et des échanges entre communautés, la situation de l'étranger fut améliorée par la conclusion de traités entre les différentes collectivités. Le progrès fondamental consista à reconnaître aux étrangers un certain nombre de droits élémentaires sans contrepartie. Cette faveur fut d'abord réservée aux plus proches (comme dans le cas du *jus gentium* romain), puis sans restriction. L'idée de droits inhérents à l'être humain fut développée successivement par le christianisme et par la philosophie humaniste.

L'idéologie du droit naturel, qui inspira l'organisation des États modernes, conduisait à consacrer l'égalité de principe des nationaux et des étrangers en ce qui concerne les libertés publiques et les droits civils[1]. À l'époque moderne, les États libéraux se sont efforcés de ne maintenir de différences de principe qu'en ce qui concerne la participation à la vie politique de l'État. La discrimination en cette matière n'a rien de péjoratif (et ne constitue donc pas une « exclusion ») : elle est irréductible, puisque c'est celle-là même qui caractérise les nationaux par rapport aux étrangers. La reconnaissance aux étrangers de la jouissance de la plupart des droits privés a, quant à elle, pour effet de réduire les questions de condition des étrangers, tandis qu'elle fait surgir celles de conflits de lois : leur importance respective est inversement proportionnelle.

22. – Nature des questions traitées et spécificité de la matière. Dans les pays mêmes où les étrangers se voient reconnaître les droits les plus étendus, cette reconnaissance n'est pas sans réserve. En premier lieu, un État peut restreindre la jouissance par les étrangers de certains droits en vue de se ménager la réciprocité pour ses nationaux à l'étranger ; ces restrictions seront ensuite levées par voie de négociation et donc par des conventions diplomatiques. En deuxième lieu, les États sont normalement soucieux de protéger leurs nationaux contre une concurrence étrangère excessive dans l'exercice d'activités économiques permanentes sur le territoire. Enfin tous les États contrôlent et réglementent, pour des raisons de sécurité, l'entrée et le séjour des étrangers sur celui-ci ; cette réglementation est même d'autant plus nécessaire que le statut de l'étranger est moins restrictif. Formellement, elle est de droit public – on parle de « police des étrangers » – mais elle est liée au statut civil des étrangers, dans la mesure où elle conditionne la possibilité de déplacement international et de nouer des échanges.

La matière du statut des étrangers se distingue des précédentes par des traits importants. À la différence des conflits de lois, elle est constituée de règles substantielles. À la différence des règles ressortissant aux « conflits de juridictions », également substantielles, elles présentent pour la plupart un caractère ponctuel et réglementaire ; il s'agira par exemple de savoir si les ressortissants de tel pays sont assujettis à l'obtention d'un visa pour entrer sur le territoire ou si telle profession peut être exercée par des étrangers. Ces différentes dispositions sont sujettes à d'assez fréquentes modifications, liées à la conjoncture politique, diplomatique, économique, démographique... Le souci de ménager une réciprocité de droits pour ses nationaux à l'étranger fait que le droit commun est fréquemment modifié par des accords diplomatiques, ce qui accentue la dispersion de la matière. À la différence des conflits de lois ou de juridictions, la matière ne soulève pas de questions particulières de méthode ; en revanche, la politique de l'immigration acquiert, dans un contexte « mondialisé » une importance de premier plan.

En ce qui concerne les ressortissants des États les plus proches de la France, la matière relève désormais pour la plus grande part du droit communautaire, qui ne

1. Il s'agit parfois des mêmes droits, envisagés de manière différente ; ainsi le droit de propriété, proclamé en France comme liberté publique par l'art. 2 de la Déclaration des droits de l'homme et implicitement consacré comme un droit civil par l'art. 3 al. 2 C. civ.

cesse de rapprocher le statut du ressortissant communautaire de celui du national. Ce mouvement a été consacré par l'institution d'une citoyenneté de l'Union européenne (art. 8 CE).

B. LE DROIT DE LA NATIONALITÉ

23. – Définition et nature du droit de la nationalité. Avec la formation des États modernes, fondés sur l'idée de nation, il est apparu nécessaire à chacun de définir avec précision les conditions auxquelles il attribue sa nationalité, à laquelle est attachée la jouissance des droits, politiques et civils, la plus étendue. Cela s'est traduit dans la plupart des pays par un ensemble de dispositions détaillées sur l'attribution et la perte de la nationalité. En France, le rattachement exact de cette discipline est discuté.

24. – Nationalité et droit privé. L'appartenance du droit de la nationalité au droit international privé est liée à la question plus générale de savoir si la nationalité est une matière de droit privé ou de droit public[1]. En faveur de la première qualification, on fait valoir que la nationalité, puisqu'elle est le critère de la jouissance des droits les plus étendus, est liée à la définition de la personnalité juridique et que cette définition ressortit elle-même au droit civil. Mais cela est le produit de circonstances historiques qui ont fait d'une matière appelée « droit civil » le droit commun dans les systèmes relevant de la tradition juridique romaine. Ainsi s'explique, par exemple, que la nationalité ait été traitée en France dans le Code civil de 1804 ; il n'est pas démontré que cela réponde à la nature des choses. En revanche, la définition usuelle de la nationalité comme l'appartenance à la population constitutive d'un Etat incite à voir dans les règles par lesquelles l'État définit ses nationaux une matière de droit public. Dans certains pays, les dispositions fondamentales concernant la nationalité figurent dans la Constitution ; ce fut même le cas de la France à l'époque du droit intermédiaire. Mais il est également vrai que la nationalité est une question hétérogène aux dispositions fixant l'organisation des pouvoirs publics.

De la qualité de national découlent des conséquences de droit public et de droit privé, de sorte que la question peut s'élever dans l'un et l'autre contexte. En France, la Cour de cassation a été amenée à déclarer à différentes reprises, et notamment toutes Chambres réunies, que la nationalité relevait du droit public ; mais cette qualification était liée à la nature des textes qu'il s'agissait d'appliquer[2].

1. Indépendamment de son aspect théorique, elle a pu s'élever par exemple à l'occasion de l'application d'un texte suspendant les délais « en matière civile » : ceci s'appliquait-il à un délai prévu pour opter en faveur de la nationalité française ou pour décliner celle-ci ? V. Ch. Réun. 2 fév. 1921, D.P . 21.1.1 n. Colin, S. 21.1.113 n. Audinet.
2. Ch. Réun. 2 fév. 1921, préc. ; *adde* Civ. 12 nov. 1952, RC 54.349. Plus récemment, v. CE, 7 juill. 1995, RC 96.83 n. Lagarde, refusant d'examiner un refus de naturalisation au regard de l'art. 6 CEDH au motif que « les litiges relatifs à l'acquisition de la nationalité [...] n'ont pas trait à des droits et obligations de caractère civil », condition prévue par ce texte.

En 1927, la matière avait été extraite du Code civil et en 1945 avait été promulgué un Code de la nationalité. À l'occasion d'une nouvelle réforme du droit de la nationalité opérée en 1993, ce code a été abrogé et ses dispositions réintégrées dans le Code civil afin de souligner que la matière relève de l'état des personnes ; mais cela ne fait pas davantage de la nationalité une matière de pur droit privé[1].

25. – Nationalité et droit international privé. La discussion qui précède se prolonge en ce qui concerne la place de la nationalité en droit international. La répartition de la population entre les États intéresse le droit international public au même titre que la délimitation de leurs frontières. En effet, chacun entend opposer aux autres la nationalité qu'il confère, en exerçant sur ses nationaux une compétence personnelle et en leur accordant sa protection diplomatique ; aussi l'attribution de la nationalité a-t-elle parfois donné lieu à des réclamations entre eux (n° 44). Mais également, la nationalité a pu être érigée en critère général de solution des conflits de lois de droit privé (n° 84), et constitue effectivement le critère de rattachement des questions dites de « statut personnel » (statut individuel et relations de famille) dans de nombreux systèmes. Toutefois, cela ne justifie pas complètement l'inclusion de la nationalité dans le droit international privé, car dans l'immense majorité des conflits de lois impliquant l'application des lois personnelles, il n'y a aucune discussion sur la nationalité des intéressés[2].

Si la nationalité est plutôt rapprochée en France du droit international privé, en particulier dans les programmes universitaires, c'est sans doute autant en raison du caractère essentiellement national des sources du droit de la nationalité. En effet, le droit international public, reconnaissant aux États un pouvoir souverain dans l'attribution de la nationalité qu'ils confèrent, ne pose que peu de règles en la matière ; hors le cas de conventions diplomatiques, elles-mêmes peu nombreuses, la réglementation de la nationalité relève au premier chef des droits nationaux, au même titre que les trois matières précédemment envisagées[3]. On le voit plus précisément en passant en revue les sources du droit international privé.

1. V. Audit, « Le Code civil et la nationalité française », in *1804-2004, Le Code civil, Un passé, un présent, un avenir*, 2004, p. 731.
2. De la même manière, alors que la filiation est attributive de nationalité, dans la plupart des cas où il y a hésitation sur la nationalité, la filiation ne donne pas matière à discussion.
3. La nationalité donne lieu à une législation détaillée en raison de la nécessité de combiner différents facteurs d'attribution de la nationalité et plus généralement de tenir compte d'une multiplicité de situations possibles. Sa technique, comme celle de la condition des étrangers, est éloignée de celle des conflits de lois, objet premier du droit international privé.

II. – SOURCES DU DROIT INTERNATIONAL PRIVÉ

26. – Universalisme et particularisme. La dénomination de droit international privé évoque l'existence d'un ordre juridique supérieur à celui des États (n° 2). Le contenu de la matière étant précisé, il est possible de comprendre ce que serait cet ordre international s'il était pleinement réalisé. S'agissant des relations privées internationales, il fixerait des règles matérielles uniformes dans les domaines où de telles règles sont possibles, et des règles de répartition (règles de conflit) entre les lois nationales dans les autres. S'agissant de la sanction des droits, à défaut de juridiction supranationale, des règles internationales désigneraient l'État dont les juridictions sont compétentes dans un cas donné ; et la décision émanant d'une de ces juridictions serait reconnue dans tous les autres. En ce qui concerne le statut des individus dans l'ordre international seraient formulées des règles universelles d'attribution de la nationalité telles que chaque individu ait une nationalité et une seule. Enfin serait édicté un statut universel de l'étranger, tendant à lui accorder le maximum de droits compatibles avec l'appartenance à la population d'un autre État.

Cette description suffit à montrer combien un tel ordre constitue encore une perspective éloignée. Aussi le particularisme l'emporte-t-il dans toutes les branches du droit international privé, encore que la part respective des sources nationales et des sources internationales ne soit pas la même pour toutes. Il convient donc d'étudier les unes et les autres dans cet ordre, sans oublier pour autant que les secondes, lorsqu'elles existent, l'emportent normalement sur les premières. Mais au diptyque traditionnel s'est ajouté progressivement une troisième source : le droit communautaire, ou de l'Union européenne. Celui-ci tend aujourd'hui à supplanter les sources nationales au sein des États membres, et cela en ce qui concerne non seulement les relations entre eux mais celles qui se rattachent à des États tiers.

§ 1. – SOURCES NATIONALES

27. – ***Droit français et droit comparé.*** Une conséquence du caractère fragmentaire des sources internationales est que chaque Etat a un système, ou en tout cas un corps, de droit international privé qui lui est propre ; on parle donc de droit international privé français, comme allemand ou américain (A). De ce fait existe également un droit international privé comparé, dont l'importance doit être soulignée (B).

A. DROIT INTERNATIONAL PRIVÉ FRANÇAIS

28. – Particularisme des sources formelles. En tant que branche du droit français, le droit international privé obéit en principe à la théorie générale des sources du droit telle qu'elle est issue de la Révolution. Selon cette théorie, le droit est législatif, éventuellement coutumier ; il n'est en aucun cas jurisprudentiel. Or en ce qui concerne les conflits de lois notamment, objet central du droit international privé, la situation est loin de répondre à cette conception ; le droit positif résulte essentiellement de la jurisprudence[1]. Il faut également faire une part à la doctrine, qui joue en la matière un rôle particulier. On fera suivre ces développements d'un exposé des sources d'information.

1. Loi et jurisprudence

29. – Distinction selon les matières. Le Code civil ne comportait en matière de conflits de lois et de juridictions que des dispositions très générales et incomplètes : essentiellement l'art. 3 sur le premier point, les art. 14 et 15 sur la compétence des tribunaux français ; l'art. 2123 fait une simple mention des jugements étrangers. Le Code réglementait en quelques règles l'attribution et la perte de la nationalité française (art. 7, 9, 10 et 12 ; 17 à 19, 21) ; en matière de statut des étrangers, il posait un principe général de réciprocité par traité (art. 11), lequel n'a jamais réellement exprimé le droit positif et a été répudié par la Cour de cassation à l'époque moderne (n° 1066). Les conflits de juridictions sont partagés entre le droit commun, essentiellement jurisprudentiel, des conventions internationales assez nombreuses et surtout aujourd'hui deux règlements communautaires, d'application plus fréquente que le droit commun ou conventionnel.

Le droit de la nationalité, devenu de plus en plus précis et détaillé, fit l'objet d'un Code de la nationalité (Ord. du 19 oct. 1945, mod.) de quelque 130 articles ; ses dispositions ont été réintroduites en 1993 dans le Code civil (art. 17 à 33-2), au prix d'une multiplication des numéros indiciaires. Le statut des étrangers fit à la même époque l'objet d'une ordonnance (2 novembre 1945) conçue pour rassembler la matière. Modifiée et complétée par d'innombrables textes, elle a été abrogée et remplacée en 2004 par un « Code des étrangers et du droit d'asile ». En ce qui concerne les conflits de lois et de juridictions, les textes sont demeurés inchangés nonobstant l'évolution des relations internationales. C'est donc la jurisprudence qui a pour l'essentiel façonné le droit positif (un grand nombre de décisions y sont pour cette raison connues du nom des parties).

30. – Tentatives de codification. Le caractère jurisprudentiel du droit des conflits – qui n'a d'équivalent en droit privé qu'en matière de responsabilité civile ou de droits de la personnalité – ne devait pas manquer de susciter des tentatives de codification[2]. Celle-ci aurait pour effet de rendre la matière plus accessible aux praticiens, tout en la mettant en harmonie avec la théorie des sources du droit. La révision du Code civil entamée après la Seconde Guerre mondiale fut l'occasion d'une première tenta-

1. En matière de reconnaissance des jugements étrangers, l'arrêt fondamental de la Cour de cassation (Civ. I, 7 janv. 1964, *Munzer*, *infra* n° 465) a énoncé que pour accorder cette reconnaissance « le juge français doit s'assurer que cinq conditions se trouvent remplies... », alors que la loi était, et demeure, entièrement muette sur la question.
2. Gaudemet-Tallon, « Droit international privé et Code civil », in *1804-2004, Le Code civil, Un passé, un présent, un avenir*, 2004, p. 749.

tive en ce sens ; celle-ci échoua avec l'entreprise dont elle relevait[1]. Une deuxième tentative, particulière au droit international privé, aboutit en 1967 à un projet qui devait pour l'essentiel constituer un Livre quatrième du Code civil (art. 2282 à 2316)[2]. Ce projet, qui se bornait pour l'essentiel à consacrer la jurisprudence, ne fut jamais soumis au Parlement. Ces échecs s'expliquent sans doute par le peu d'intérêt de la classe politique pour la matière. Les juristes spécialisés semblent pour leur part apprécier à cette occasion les vertus de la jurisprudence comme source du droit. Toujours est-il que la codification n'est pas ressentie comme une nécessité, en dépit des avantages que présenterait la consolidation dans la loi des solutions les plus affirmées[3]. On voit se développer depuis une quinzaine d'années dans la pratique de la Cour de cassation une référence aux « principes généraux du droit international privé »[4]. L'importance prise par le droit conventionnel depuis une trentaine d'années a fait reculer la perspective d'une codification française. La place aujourd'hui prise par le droit communautaire, y compris dans les relations extra-communautaires, y met fin (n° 64).

31. – Textes particuliers. Le projet de 1967 était contemporain de la réforme du Code civil par chapitres, entreprise en 1964 lorsque fut abandonné l'espoir d'une réforme globale. La tentative de codification du droit international privé seul ayant également échoué, l'idée s'introduisit de formuler des règles de conflits de lois propres aux différentes branches du droit civil, à mesure de leur réforme en droit interne ; au lieu de constituer un chapitre, le droit international privé codifié serait réparti dans les différentes parties du Code. Cette idée fut mise en pratique à l'occasion de la réforme du droit de la filiation par la loi du 3 janvier 1972 (art. 311-14 à 311-18 C. civ.), puis de celle du droit du divorce par la loi du 11 juillet 1975 (art. 310, devenu 309 en 2005)[5]. Indépendamment des solutions adoptées, qui ont été loin de faire l'unanimité, la méthode elle-même a été contestée. Les critiques ne sont pas toutes également fondées. Il n'est pas véritablement gênant que ces règles particulières aient été introduites sans que certaines questions générales de méthode que soulèvent les conflits de lois aient préalablement été réglées par la loi ; car on verra que la plupart de ces questions ne sont pas susceptibles de solution tranchée. En revanche, le statut de la famille, duquel relevaient les dispositions introduites, s'en

1. V. texte du projet dans son dernier état (1959), RC 1970.832.
2. V. texte et comm. Jacques Foyer, JDI 1971.31. En dehors des conflits de lois, le projet ne contenait qu'une disposition relative à la condition des étrangers, destinée à mettre l'art. 11 C. civ. en accord avec la jurisprudence.
3. Loussouarn, « Les vicissitudes de la codification », Mél. Droz, 1996, p. 191 ; Bureau, « La codification en droit international privé» in *La codification*, 1996, p. 119 ; Heuzé, « Recodifier le droit international privé », in *Livre du bicentenaire du code civil*, 2004, p. 401 ; A. Bodénès-Constantin, *La codification du droit international privé français*, 2006.
4. Oppetit, « Les principes généraux en droit international privé », Arch. phil. dr. 1987.179 ; Muir Watt, JDI 1997.403.
5. Malaurie, « La législation de droit international privé en matière de statut personnel », TCFDIP 1975-77, p. 177.

est trouvé morcelé[1]. Indépendamment de toute idée de codification ont été introduites plus récemment des dispositions sur l'adoption internationale (art. 370-3 à 370-5 C. civ., L. 6 fév. 2001) et sur le partenariat enregistré (art. 515-7-1 C. civ., L. 12 mai 2009).

2. La doctrine

32. – Importance particulière de la doctrine. En raison des questions de méthode qu'elle soulève, la matière des conflits de lois se prête comme peu d'autres à la spéculation intellectuelle et à la construction de systèmes ; cela explique que la doctrine y joue un rôle particulier. Ce trait n'est pas spécifique à la France ni à l'époque contemporaine[2]. Sous l'Ancien droit, tandis que la jurisprudence était rare ou incertaine, existait un corps de doctrine sur les conflits de coutumes. À l'époque moderne, le caractère lacunaire des textes laissait le champ libre à la construction de systèmes, au point que la doctrine s'est parfois égarée (en France, cependant, peut-être moins qu'en d'autres pays civilistes) en marge des questions pratiques. À l'époque contemporaine, on constate une influence réciproque de la doctrine et de la jurisprudence[3]. Le Comité français de droit international privé, créé en 1935, réunit les magistrats, praticiens et universitaires qu'intéresse la matière.

3. Bibliographie du droit international privé français

33. – Ouvrages généraux et monographies. Les ouvrages généraux publiés au XIXe siècle présentent un intérêt surtout historique : leurs auteurs ont pour nom Foelix, Demangeat, Weiss, Despagnet, Surville, Audinet, de Vareilles-Sommières. Ceux qui leur ont succédé pendant la première moitié du XXe siècle peuvent être encore être utilement consultés : les *Études de droit international privé* (1899) et les *Principes de droit international privé* (trois volumes parus, de 1931 à 1935) de Bartin ; les *Principes de droit international privé* (1905) et le *Traité pratique de droit international privé* (2 vol., 1923) de Pillet ; le *Manuel de droit international privé* de Pillet et Niboyet (1924 ; 2e éd. sous le seul nom de Niboyet, 1928) ; le *Traité de droit international privé français* de Niboyet (7 vol. de 1938 à 1950 ; 2e éd. des tomes I, 1947, et II, 1951) ; le *Précis de droit international privé* de Lerebours-Pigeonnière (1re éd., 1928, 6e éd. 1954, poursuivi par Y. Loussouarn jusqu'à la 9e éd., 1970). Au cours de la seconde moitié du XXe siècle, le Traité de H. Batiffol (1re éd., 1949), rédigé à partir de la 5e édition conjointement avec P. Lagarde (t. I, 8e éd. 1993, et t. II, 7e éd., 1983) a constitué l'ouvrage de référence et demeure une lecture fondamentale. On consultera également avec profit D. Holleaux, J. Foyer et G. de La Pradelle (1987).

Les ouvrages généraux actuellement tenus à jour sont ceux de Y. Loussouarn, P. Bourel et P. de Vareilles-Sommières (depuis la 8e édition) (9e éd., 2007), P. Mayer

1. L'adoption de conventions internationales portant sur des objets particuliers (n° 601) a produit le même effet.
2. Oppetit, « Le droit international privé, droit savant », RCADI 1992.344 (t. 234).
3. En France, v. « L'influence de l'œuvre d'Henri Batiffol sur la jurisprudence française », par Y. Lequette, TCFDIP 1991-92.32.

et V. Heuzé (depuis la 7e éd.) (9e éd., 2007), T. Vignal (2005), M.-L. Niboyet et G. de La Pradelle (2e éd., 2009), D. Bureau et H. Muir Watt (2 vol., 2e éd., 2010), S. Clavel (2009)[1]. Le caractère jurisprudentiel de la matière appelait un recueil commenté des « grands arrêts » de la jurisprudence française de droit international privé ; réalisé sous ce titre par B. Ancel et Y. Lequette (Dalloz, 5e éd., 2006) ; l'ouvrage – cité ci-après GA – constitue également un exposé d'ensemble du droit international privé français.

Un certain nombre de monographies ont été publiées dans les collections Bibliothèque de droit international privé (Dalloz, vingt-trois volumes, de 1965 à 1977), Bibliothèque de droit privé (LGDJ, depuis 1957), Recherches juridiques (Economica, depuis 1984), Nouvelle bibliothèque de thèses (Dalloz), Centre de recherches juridiques B. Goldman de l'Université d'Aix-Marseille (PUAM). Les travaux du Comité français de droit international privé sont publiés depuis sa fondation.

34. – Revues périodiques et répertoires. Les textes nouveaux et les principales décisions, ainsi que des sommaires de jurisprudence commentés, sont publiés dans les principaux périodiques : Gazette du Palais, Recueil Dalloz, Semaine Juridique, Recueil général des lois (Rép. Defrénois), Journal des notaires, sans oublier le Bulletin des arrêts de la Cour de cassation.

Deux revues spécialisées présentent une particulière importance : le *Journal du droit international* (communément désigné du nom de son fondateur, *Clunet*), fondé en 1874[2], et la *Revue critique de droit international privé* (à l'origine *Revue de droit international privé*, fondée en 1904, laquelle se divisa en 1934 entre *Nouvelle revue de droit international privé*, dont la publication a cessé en 1949, et *Revue critique de droit international*, qui prit son titre actuel en 1947)[3]. Toutes deux publient des études de doctrine, reproduisent des décisions accompagnées de commentaires et recensent la législation ainsi que les publications nouvelles[4]. Le *Journal du droit international*, comme l'indique sa dénomination, ne se limite pas au droit international privé : le droit international public, en particulier économique, y est largement traité, ainsi que le droit du commerce international et celui des Communautés européennes. Le « Clunet » publie également des chroniques de jurisprudence étrangère de droit international privé (par pays). La *Revue critique de droit international privé*, plus spécifiquement consacrée à cette discipline, recense chaque année les décisions intéressant la matière et publiées l'année précédente dans les principales revues françaises, ainsi que les principaux ouvrages parus au cours de l'année précédente en langues allemande, anglaise, espagnole, française et italienne. Elle publie également chaque année dans son premier numéro l'état des signatures et ratifications des conventions de La Haye (n° 50).

Deux revues concernent plus particulièrement le droit du commerce international : *Droit et pratique du commerce international* (fondée en 1976), la

1. Pour des exposés plus succincts, sous le titre *Droit international privé* : P. Courbe, 2007 ; J. Derrupé et J.-P. Laborde, 15e éd., 2005 ; D. Gutmann, 5e éd., 2009 ; F. Mélin, 2002 ; F. Monéger, 5e éd., 2009 ; D. Bureau et H. Muir Watt (*Que Sais-Je ?),* 2009. Recueil d'exercices de travaux dirigés : Fulchiron, Nourissat, Treppor (dir.), 3e éd., 2009.
2. V. le numéro du centenaire, 1973, n°1.
3. V. Lagarde, « La *Revue critique* a cent ans », RC 2005.1
4. Il existe des Tables générales de la *Revue critique* jusqu'à l'année 1975, du *Clunet* jusqu'à l'année 1980.

Revue du droit des affaires internationales (fondée en 1985, incluant une chronique régulière de Droit international privé appliqué aux affaires). On y joindra la *Revue de l'arbitrage* (fondée 1955) et *Les Cahiers de l'arbitrage* (*The Paris Journal of International Arbitration*), en français et anglais (2010).

Deux répertoires, régulièrement tenus à jour, permettent de prendre une vue étendue du droit positif et des opinions sur une question donnée : le *Juris-classeur de droit international* (10 vol.,) ; le *Répertoire Dalloz de droit international* (3 vol., 1998) succédant à celui publié sous la direction de Ph. Francescakis (2 vol. 1968-1970, dernière mise à jour en 1981). On peut encore consulter le Répertoire de droit international, publiés par A. de La Pradelle et J.-P. Niboyet (10 vol. + suppl., 1929 à 1931).

Les activités du Groupe européen de droit international privé, rassemblant depuis 1991 des universitaires européens pour examiner les interactions du droit international privé et du droit européen, sont rapportées sur le site www.gedip-egpil.eu.

Pour des informations générales récentes, on pourra consulter www.conflictoflaws.net.

B. DROIT INTERNATIONAL PRIVÉ COMPARÉ

35. – Importance du droit comparé en droit international privé. Le rôle du droit comparé en droit international privé tient tout d'abord au fait que l'on y est amené à appliquer les lois étrangères (n° 12) ; d'où la nécessité de pouvoir en établir le contenu avec précision. Mais il existe également un intérêt propre à la connaissance du système de droit international privé d'un pays donné, et donc du « droit international privé comparé ». L'objectif fondamental étant l'harmonie des solutions pour éviter les contrariétés de statuts (n° 1), il est hautement indiqué, avant d'adopter une solution sur une question donnée, de s'intéresser à celle qu'elle recevrait dans les autres ordres impliqués : ainsi, avant de prononcer dans un pays donné le divorce de deux époux étrangers, de se demander si ce divorce sera reconnu dans leur État national. Celui qui cherche à obtenir une condamnation pécuniaire dans un pays donné doit se demander si la décision qu'il espère sera reconnue dans les pays où le défendeur possède des biens saisissables, s'il n'en existe pas dans l'État du for. En outre, les questions ne doivent pas être envisagées sous le seul aspect contentieux : les particuliers impliqués dans des relations internationales ont un intérêt certain à savoir de quelle manière leur situation sera appréciée dans les différents pays intéressés, afin d'organiser leurs affaires. Ainsi les parties à un contrat international doivent s'assurer que ce contrat sera considéré comme valable, et donc pourra recevoir exécution, dans les différents pays auxquels l'opération se rattache ; une personne ayant des biens en plusieurs pays et désireuse de régler sa succession par testament devra se préoccuper de l'effet reconnu à ses volontés dans les différents États concernés. On ne saurait sérieusement traiter de relations privées internationales dans un pays donné sans avoir la préoccupation constante de la position des systèmes étrangers concernés sur la question envisagée[1].

36. – Les systèmes de droit international privé comparé. Le droit comparé général a dégagé la notion essentielle de systèmes ou de familles de droit, lesquels se définissent par la combinaison de critères liés les uns à des principes fondamentaux de société (sources matérielles du droit : place de la religion ou de la coutume, idéologie politique), les autres à la technique juridique[2]. Ce schéma n'est que peu transposable au droit international privé. Si les systèmes confessionnels présentent effectivement un particularisme marqué, du fait qu'ils raisonnent en termes d'appartenance religieuse plus que nationale (n° 134), l'idéologie politique ne joue qu'un rôle restreint, comme en témoigne l'expérience des régimes communistes en Europe. En revanche, l'essentiel du droit international privé repose sur un modèle commun, issu de conceptions qui se sont développés pour l'essentiel en Europe occidentale depuis le Moyen Âge[3]. Ses traits les plus fondamentaux sont la distinction des conflits de lois et de juridictions (n° 12) et la solution des premiers par la méthode dite de la règle de conflit, laquelle divise les relations de droit privé en catégories qui sont pour l'essentiel celles issues du droit romain: personnes, biens, actes et faits juridiques[4]. Ce modèle est en passe de devenir universel avec l'adoption de législations de droit international privé remarquablement semblables, parfois cependant au prix de déformations non toujours perçues[5].

Les distinctions que l'on relève d'un pays à l'autre se situent donc à l'intérieur de ce modèle commun. La plus significative tient sans doute à ce que certains systèmes mettent l'accent sur la nécessaire territorialité du droit et voient dans l'application des lois étrangères une concession plus ou moins bénévole, qui doit être dûment justifiée : cette conception est globalement celle des systèmes de *common law*. D'autres professent au contraire une large ouverture aux lois étrangères par le biais de la nationalité des personnes, sauf à tempérer ce principe par des exceptions plus ou moins vastes et parfois inavouées. Un autre clivage entre les systèmes réside dans le caractère plus ou moins prédominant reconnu à la méthode de la règle de conflit bilatérale (n° 103), de même que l'articulation opérée

1. Batiffol, « Les apports du droit comparé au droit international privé », *Choix d'articles,* p. 113 ; Loussouarn, « Le rôle de la méthode comparative en droit international privé », RC 1979.307.
2. R. David et C. Jauffret-Spinosi, *Les grands systèmes de droit contemporains*, 11e éd., 2002, n° 16s.
3. À l'époque moderne encore, nombre d'expressions techniques de la méthode des conflits de lois sont d'un emploi qui dépasse largement les frontières de la langue à laquelle elles sont empruntées ; pour s'en tenir aux locutions françaises, on citera le renvoi, l'ordre public, le dépeçage
4. La distinction même du droit public et du droit privé, issue du droit romain, constitue le point de départ de la conception dominante des conflits de lois (n° 114).
5. Cette réserve vise les systèmes des États confessionnels dans la mesure où ceux-ci font la plus large part à une catégorie « statut personnel » que l'on trouve dans le modèle commun ; mais cette notion n'y a ni la même signification ni le même rôle (*infra* n° 134).

entre conflits de lois et de juridictions. Un facteur de rapprochement entre les différents systèmes, tenant au caractère universel et doctrinal de la matière, est la communauté linguistique qui permet la diffusion des idées[1].

37. – Les codifications et lois de droit international privé. Dans les pays de la famille « romano-germanique », caractérisée par le caractère écrit et législatif du droit, la matière a pu n'être que partiellement codifiée ou simplement législative : l'exemple de la France (n° 29), et celui des pays où le Code Napoléon est demeuré en vigueur (Belgique, jusqu'en 2004, Luxembourg), le montre. Les codes ou lois ultérieurement adoptés en Europe au cours du XIXe siècle ont dans l'ensemble comporté davantage de dispositions sur les conflits de lois que le code français : code grec de 1856, remplacé par celui de 1940 ; code italien de 1865, remplacé par celui de 1942 ; code espagnol de 1889, dispositions modifiées en 1974 ; loi fédérale suisse sur les rapports de droit civil de 1891 ; également code japonais de 1898[2]. Mais celles-ci étaient encore le plus souvent très générales et incomplètes[3]. Cela est vrai d'un code aussi systématique que le BGB allemand (1900) : la loi d'introduction, traitant des conflits de lois, était lacunaire et ses dispositions mêmes imparfaites.

La seconde moitié du XXe siècle vit éclore une « deuxième génération » de législations de droit international privé, plus systématiques et plus détaillées[4]. En Europe de l'Est, ce mouvement fut provoqué par l'installation de régimes politiques autoritaires à la suite de la Seconde Guerre mondiale et une conception du droit civil qui se voulait nouvelle : en Tchécoslovaquie[5], en Pologne[6], dans l'ex-R.D.A.[7], en Hongrie[8], en Yougoslavie[9]. En fait, ces législations ne se sont guère distinguées de celles des pays « bourgeois », dont elles prétendaient se démarquer, et la disparition des

1. Francescakis, Rép. Dall. dr. int. V° Droit international privé comparé, n° 147 s.
2. Loi du 21 juin 1898, dite Horei (« sur l'application des lois » ; JDI 01.639), modifiée en 1989 (RC 1990.846), remplacée par une loi du 15 juin 2006 (JDI 07.921 et comm. Okuda, p. 899).
3. V. *Les législations de droit international privé*, T.M.C Asser Institut, Oslo, 1971. Ce recueil reproduit les dispositions législatives de droit international privé des pays d'Europe occidentale, ainsi que d'Israël et de certains pays d'Europe de l'Est ; beaucoup d'entre elles sont aujourd'hui remplacées.
4. Von Overbeck, « Les questions générales du droit international privé à la lumière des codifications et projets récents » RCADI 1982. III. 9 (t. 176) ; Vassilakakis, *Orientations méthodologiques dans les récentes codifications de droit international privé en Europe*, 1987.
5. Loi du 4 décembre 1963 « sur le droit international privé et de procédure » (RC 1965.614).
6. Loi du 12 novembre 1965 (RC 1966.323).
7. Loi du 5 décembre 1975 « sur l'application du droit aux rapports internationaux de droit civil, familial et de travail, ainsi qu'aux contrats économiques internationaux » (RC 1977.191, comm. Wengler).
8. Décret-loi du 31 mai 1979 (RC 1981.158, comm. Majoros).
9. Loi du 15 juillet 1982 (RC 1983.353, comm. Cigoj).

régimes qui les avaient inspirées n'a pas entraîné de changements notables dans ce domaine[1].

En Europe de l'Ouest, le développement continu des relations privées internationales a provoqué un mouvement analogue. Des législations nouvelles de droit international privé ont été édictées soit à l'occasion de la modernisation du droit civil (en particulier des personnes et de la famille, avec la consécration de l'égalité des sexes et de celle des filiations), soit de manière indépendante. Il en a été adopté successivement au Portugal, avec le nouveau Code civil du 25 novembre 1966[2], en Espagne[3], en Autriche[4], au Liechstenstein[5]. Le droit international privé a été refondu en Allemagne[6], en Suisse[7], en Italie[8] ; il a été pour la première fois codifié en Belgique[9]. Au Royaume-Uni, une loi de 1995 a remplacé, en les modifiant, les solutions jurisprudentielles sur différents points, en particulier la loi

1. V. loi roumaine du 1er oct. 1992, RC 1994. 167 comm. Capatina. Dans la CEI, les dispositions de droit international privé d'un code civil-modèle adopté en 1996 ont inspiré diverses législations ; en Russie, v. lois fédérales du 26 nov. 2001 (troisième partie du Code civil, titre VI), RC 02.182 et comm. Bogdanova, Litvinski, p. 192, et du 24 juill. 2002 (code de procédure civile), RC 03.792 n. intr. Kouteeva-Vathelot. V. également Bogdanova, JDI 1999.413.
2. RC 1968.369 ; modifié par un décret-loi du 25 novembre 1977, RC 1978.598 et complété depuis par diverses autres dispositions (v. RC 1988.631 et art. Rui Manuel Moura Ramos, p. 743).
3. Décret-loi du 31 mai 1974 RC 1976.397 comm. Iglesias Buigues ; *adde* sur le mariage et le divorce (suite à la laïcisation de l'État et du droit), L. du 7 juill. 1981, RC 1983.140, et sur l'égalité des sexes, L. du 15 oct. 1990 (RC 1991.624 comm. A. Borras). Carillo-Salcedo, « L'évolution du droit international privé espagnol depuis la réforme de 1974 », TCFDIP 1991-92.121 ; Fernandez Rozas, « Le droit international privé espagnol d'aujourd'hui ou le dépassement des paradigmes », TCFDIP 2006-08.243.
4. Loi du 15 juin 1978 RC 1979.174, comm. Schwind
5. Loi du 19 sept. 1996 (RC 97.858).
6. Réforme opérée en deux temps. Le premier par la loi du 25 janv. 1986 (RC 1987.170 et comm. Sonnenberger, Sturm, Basedow (p. 77) ; v. également, Pirrung, TCFDIP 1987-88.201 ; Chatelard, « ... Le commentaire de H.J. Sonnenberger », JDI 1994.977. Cette législation remplaçait désormais, en vertu du traité d'unification entré en vigueur le 3 octobre 1990, celle qui avait été édictée en Allemagne de l'Est (v. RC 1990.839 et comm. Lagarde). Le second par une loi du 21 mai 1999 (RC 1999.870 et comm. Sonnenberger, p. 647 ; Kreuzer, TCFDIP 1998-2000.279). Sur le droit international privé allemand, v. *Münchener Kommentar, Bürgerliches Gesetzbuch, Internationales Privatrecht*, t. 10, 5e éd., 2010 (sous la dir. de H.J. Sonnenberger) ; Kegel/Schurig, IPR, 9e éd., 2004.
7. Loi fédérale sur le droit international privé du 18 décembre 1987 (RC 1988.409 et commentaires Knoepfler et Schweizer, von Overbeck, Stojanovic). V. *Le nouveau droit international privé suisse*, Centre de droit de l'entreprise de l'Université de Lausanne, 1988 ; Patocchi et Geisinger, *Code de droit international privé suisse annoté*, 1995 et les monographies de B. Dutoit, 4e éd., 2005, Knoepfler, Schweizer et Othenin-Girard, 3e éd., 2005, A. Bucher et A. Bonomi, 2e éd., 2004
8. Loi du 31 mai 1995 RC 1996.174 et comm. Giardina, Ballarino, Pocar, Starace.
9. Loi du 16 juillet 2004 (RC 05.154 et comm. Carlier, p. 11 ; N. Watté, JDI 06.851 ; Fallon, TCFDIP 2004-06.90). Sur le droit international privé belge, v. F. Rigaux et M. Fallon, 3e éd., 2005.

applicable en matière délictuelle[1]. La Turquie a adopté en 1978 une loi de droit international privé, remplacée en 2007[2].

En Amérique du Nord, l'État de Louisiane a adopté en 1991 une loi qui s'inspire étroitement d'une doctrine spécifiquement américaine (*infra* n° 122)[3]. La province de Québec a adopté le 18 déc. 1991 une loi de droit international privé, insérée au Code civil de 1994[4].

En Amérique latine, les codes civils comportent en général des dispositions de droit international privé (Argentine, Bolivie, Brésil, Chili, Colombie). Le Pérou a modernisé sa législation avec le nouveau Code civil de 1984[5] ; le Mexique par un décret de 1987[6], le Venezuela par une loi de 1988[7].

Des règles codifiées ont été introduites dans de nombreux Etats arabo-musulmans. Le code civil égyptien (1949) incluant un chapitre consacré aux conflits de lois (art. 10 à 28), a inspiré les codes de divers autres pays (Syrie, Irak, Koweït, Libye, Jordanie, Qatar...)[8]. Au Maghreb, il avait été précédé du dahir du 12 août 1913 au Maroc[9], et a été suivi de dispositions dans le Code civil d'Algérie[10] et en Tunisie d'une loi de 1998 portant code de droit international privé[11]. Divers pays d'Afrique subsaharienne se sont dotés en accédant à l'indépendance ou depuis d'une législation incluant des dispositions sur les conflits de lois[12].

1. Anton, RC 1996.267 et *infra* n° 179.
2. Loi du 20 mai 1982 (RC 1983.141, comm. Uluocak) ; v. également Sakmar, RCADI 1990.IV.9 (t. 223). Loi n° 5718 du 12 décembre 2007.
3. Acte de 1991 n° 923, RC 1992.394 et art. Symeonides, p. 223.
4. Comm. E. Groffier, RC 1992.584 ; Castel, JDI 1992.625. G. Goldstein et E. Groffier, *Droit international privé* (t. 1, 1998, *Théorie générale* ; t. 2, *Règles spécifiques*, 2003).
5. RC 1986.192, comm. Lisbonne.
6. RC 1989.583, comm. L. Pereznieto Castro.
7. Texte RC 1999.392 et comm. Parra-Aranguren, p. 209.
8. La Ligue des États arabes a adopté un projet de code unifié ; RC 1984.383 et comm. Aldeeb Abu-Sahlieh. En ce qui concerne les Émirats Arabes Unis, v. RC 1986.390 ; la Jordanie et les deux Yemen, v. RC 1987.643 ; au Qatar, L. du 8 août 2004.
9. P. Decroux, *Droit international privé*, 1963.
10. Code civil de 1975, art. 9 à 24, RC 1977.380 et comm. Peyrard. V. le manuel de M. Issad (2 vol., 1991).
11. Texte RC 1999.382 et comm. Hachem, p. 227 ; Mezghani, « Commentaire… », 1999. Sur le maintien de pratiques antérieures nonobstant ce texte, v. Bostanji, « Les survivances du communautarisme dans l'application judiciaire du droit international privé tunisien », RC 2009.251.
12. Pour un exemple récent, Burkina-Faso RC 1991.227. V. Francescakis, « Problèmes de droit international privé de l'Afrique noire indépendante », RCADI 1964. II. 269 (t. 112) ; « Le droit international privé dans le monde post-colonial. Le cas de l'Afrique noire francophone », JDI 1973.46 ; Bourel, « Réalités et perspectives de l'Afrique noire francophone dans le domaine des conflits de lois », JDI 1975.17 ; L. Idot, « Éléments d'un droit international privé africain : l'exemple de la Côte d'Ivoire », Rev. jur. africaine 1990.7 ; Boye, « Le statut personnel dans le droit international privé des pays africains au Sud du Sahara... », RCADI 1993.I.251 (t. 238).

En Asie, en sus du Japon, déjà cité, des textes ont été adoptés notamment en Thaïlande (1938), à Taiwan, en Corée du Sud[1], en Chine populaire[2], au Vietnam[3].

38. – Informations sur le droit international privé comparé. Un renseignement précis sur un point de droit international privé étranger ne peut être obtenu, comme en toute matière, autrement qu'en s'adressant à un juriste du pays concerné. Mais afin de prendre une première connaissance de ce que peut être la position du système étranger sur la matière en cause, ne serait-ce que pour identifier les questions pertinentes et les formuler, on se reportera en premier lieu aux ouvrages généraux ou répertoires tels qu'il en existe dans la plupart des pays[4]. Plusieurs autres sources générales doivent être mentionnées. L'une est le *Recueil des Cours de l'Académie de droit international de La Haye* (depuis 1923, en français ou anglais) ; certains cours sont plus spécifiquement consacrés à un système donné, d'autres s'efforcent de donner une vue comparative plus ou moins étendue[5]. En deuxième lieu, l'*International Encyclopedia of Comparative Law* (sous la dir. de K. Zweigert et U. Drobnig) consacre un volume au droit international privé ; quarante-cinq chapitres étaient prévus, dont trente environ sont parus depuis 1972. Enfin, sur les matières ayant fait l'objet des travaux de la Conférence de La Haye de droit international privé (n° 50), on consultera les « Actes et documents » publiés après chaque session et contenant en particulier les réponses des gouvernements au questionnaire adressé à chacun au moment d'entreprendre l'élaboration d'un projet de convention sur une matière donnée. L'Institut suisse de droit comparé publie depuis 1999 un *Yearbok of Private International Law.*

§ 2. – SOURCES INTERNATIONALES

39. – Position de la question. La question des sources internationales du droit international privé doit être envisagée sous deux aspects. L'un, d'ordre substantiel, consiste à se demander dans quelle mesure le droit international public doit ou peut commander la solution des questions de droit international privé ; il apparaît que cette mesure est réduite, parce que le principe de souveraineté des États confère à ceux-ci la plus grande latitude dans le choix des normes qu'ils appliquent à ces questions (A). Il s'ensuit que du point de vue formel, c'est-à-dire celui du rôle respectif des différentes sources reconnues du droit international public (art. 38 du

1. Loi du 15 janvier 1962, RC 1972.347.
2. Principes généraux du Code civil, adoptés le 12 avril 1986, RC 1987.465. comm. Danham Huang. Sur la jurisprudence, v. JDI 1994.175.
3. Code civil de 1995, Septième Partie, RC 2000.298.
4. Sur les législations extra-européennes, v. *Außeruropäische IPR-Gesetze*, Hamburg/Würtzburg, 1999.
5. V. Académie de droit international, Livre jubilaire, 1923-1973, préparé par R.J. Dupuy ; sur l'Académie, *infra* n° 99.

Statut de la CIJ), la source principale est constituée par les traités, dans lesquels les États conviennent de discipliner leur liberté (B)[1].

A. DROIT INTERNATIONAL PUBLIC ET DROIT INTERNATIONAL PRIVÉ

Les tentatives visant à déduire du droit international public des règles positives de droit international privé se sont révélées décevantes ; en revanche, il est permis de formuler un principe limitant l'action des États dans l'édiction unilatérale de telles règles, le principe d'effectivité.

1. Rareté des règles positives

40. – Théories d'inspiration publiciste. Au XIXe siècle, les grandes doctrines de droit international privé envisagèrent celui-ci comme une branche du droit international. Il était conçu comme la discipline de répartition de l'empire des souverainetés – un droit des frontières (*Grenzrecht*) – et les auteurs s'efforcèrent de dégager un système ou des règles s'imposant à tous les États ; les divergences constatées en droit positif étaient considérées comme des errements passagers auxquels il pourrait être mis fin de manière rationnelle[2]. Avec le temps, il est apparu que cette démarche ne pouvait aboutir, faute d'accord sur des principes universels, et même contestable en son principe : un litige opposant les ressortissants de deux États à l'occasion d'un contrat ou d'une question familiale n'est pas un litige entre ces Etats et, en le soumettant à une loi donnée, on ne procède pas à la délimitation de la souveraineté respective des États concernés. Aussi bien les constructions proposées, souvent caractérisées par un excès de dogmatisme et d'abstraction, sont-elles demeurées largement dénuées de positivité ; ou lorsque comme celle de l'Italien Mancini (n° 88), elles ont exercé une influence sur le droit positif, elles n'ont pas atteint l'universalité à laquelle elles aspiraient.

41. – Recherche de règles positives communes. Une autre démarche, celle-là pragmatique et inductive, consiste à rechercher parmi les règles effectivement appliquées par les États des convergences permettant de conclure dans tel ou tel domaine à l'existence d'une coutume. Ainsi en matière de conflits de lois, on constate en droit positif comparé un très large accord pour soumettre les questions immobilières à la loi du lieu de situation de l'immeuble (*lex rei sitae*), la forme des actes à la loi du lieu où

1. Au titre de la doctrine, il convient de mentionner les Résolutions adoptées par l'Institut de droit international, créé en 1873, à l'issue de ses sessions bi-annuelles et publiées à l'issue de chacune dans son *Annuaire* ; elles peuvent également être consultées sur www.idi-iil.org/
2. Beaucoup de ces auteurs étaient des publicistes, tels Mancini (1817-1898) et Anzilotti en Italie, Zitelman (1852-1924) en Allemagne ou Pillet (1857-1924) en France (de celui-ci, v. notamment *Principes*, p. 55 s.). De manière caractéristique, un auteur définit le droit international privé comme « l'ensemble des règles applicables à la solution des conflits qui peuvent surgir entre deux souverainetés à l'occasion de leurs lois privées respectives ou des intérêts privés de leurs nationaux » (Weiss, *Manuel de droit international privé*, 6e éd., 1909, p. XXV).

ils sont passés (*locus regit formam actum*), la substance des contrats internationaux à la loi voulue par les parties (« loi d'autonomie »), les questions de procédure à la loi du tribunal saisi (n° 14).

Mais la limite de telles constatations apparaît dès que l'on examine de plus près le domaine d'application de ces différentes règles, c'est-à-dire les questions plus précises auxquelles s'applique chacune. Ainsi pour celle qui soumet les immeubles à la *lex rei sitae*, les différents systèmes sont partagés quant à son application en matière de successions : pour un certain nombre d'entre eux, celles-ci sont considérées comme touchant aux rapports de famille davantage qu'au statut des biens et relèvent donc à ce titre d'une autre loi (telle que celle de la nationalité, du domicile ou de la résidence du *de cujus*) ; de même, un contrat portant sur un immeuble est-il considéré ici relevant du statut réel et donc régi par la *lex rei sitae*, là par la loi du contrat. S'agissant de la soumission de la « procédure » à la *lex fori*, les différents systèmes ont une conception plus ou moins large du contenu de cette catégorie : certains considèrent par exemple que la prescription extinctive en relève, tandis que pour d'autres elle est liée au fond (n° 14). Il se révèle ainsi dans les différents cas que l'unanimité de départ porte sur une formule, dont la portée n'est pas la même partout[1].

En outre, si les convergences, là où elles existent réellement, devaient permettre de conclure à l'existence de règles internationales éventuellement obligatoires, on s'expliquerait mal pourquoi en d'autres matières existent entre les systèmes des désaccords irréductibles quant au rattachement à adopter, et cela sans qu'il soit raisonnablement possible d'imputer à aucun de méconnaître le droit international. Tel est particulièrement le cas des questions touchant aux personnes et à la famille, à l'égard desquelles les différents systèmes de droit international privé se sont partagés : les uns soumettent ces questions à la loi de la nationalité des intéressés, les autres à la loi de leur domicile (lui-même entendu de manière très diverse) ou, aujourd'hui, de leur résidence habituelle. De fait, le droit international public reconnaît simultanément aux États une compétence « personnelle », les autorisant à légiférer pour leurs nationaux, et une compétence territoriale, qui leur permet d'édicter des normes applicables à toutes les personnes sur leur territoire. Cet exemple révèle que plusieurs solutions s'offrent aux États quant à la manière dont ils vont appliquer leurs lois de droit privé dans l'ordre international, et donc résoudre les conflits de lois. En général ils ne les utilisent pas toutes : par exemple, un État ne cherche normalement pas à appliquer ses lois en matière de statut personnel à ses nationaux à l'étranger et aux étrangers sur son territoire ; pratiquement, il choisira le premier parti ou le second selon qu'il est un État d'émigration ou d'immigration. Ainsi, bien que selon l'expression courante on déclare qu'un État considère sa loi comme « compétente » dans telle et telle situation, il apparaît que les règles qu'il observe expriment seulement l'usage

1. La constatation de ces divergences quant au contenu des règles de conflit a donné naissance par réaction à un courant particulariste dès la fin du XIXe siècle et elle demeure une des difficultés principales de mise en œuvre de la méthode des conflits de lois (n° 91).

qu'il entend faire de sa compétence, au sens du droit international public, laquelle est en général plus vaste[1].

L'acceptation générale de la règle soumettant les immeubles à la loi du lieu de leur situation est plutôt la traduction du fait que chaque État dispose sur son territoire du monopole de la contrainte, de sorte qu'il serait vain de la part des autres de prétendre imposer à l'État du *situs rei* l'application d'autres règles que les siennes s'il les veut applicables[2]. Le souci d'assurer la réciprocité, ou d'éviter la rétorsion, constitue une raison supplémentaire pour les États de ne pas tenter d'imposer l'application de leur loi immobilière hors de leur territoire. Quant au principe de l'autonomie de la volonté en matière de contrat international, s'il est à peu près unanimement reconnu, tous les États se réservent le droit d'appliquer celles de leurs lois qu'ils considèrent comme demeurant impératives nonobstant les rattachements étrangers de la situation et le choix par les parties d'une autre loi, sans que le champ de l'exception soit autrement précisé.

La distinction entre la compétence de l'État au sens du droit international public et l'usage qu'il en fait pour régir les rapports de droit privé internationaux vaut également pour les autres branches du droit international privé. Les États ayant compétence internationale pour s'organiser et donc instituer des tribunaux, ils fixent dans l'exercice de cette compétence les cas dans lesquels leurs tribunaux connaîtront d'affaires présentant des rattachements avec d'autres pays. Ayant compétence pour définir leur population constitutive, ils exercent celle-ci en définissant les conditions d'attribution de leur nationalité, et peuvent notamment à cette occasion privilégier le droit du sang ou celui du sol (n° 930 s.). Disposant du pouvoir de police sur leur territoire, ils règlent de même comme ils l'entendent les conditions d'admission et de séjour des étrangers. Le droit international public ne formule pratiquement aucune règle précise dans ces différents domaines.

42. – Conflits de lois devant les juridictions internationales. Une juridiction internationale – juridiction permanente ou juridiction *ad hoc* constituée en vertu d'un accord d'arbitrage – peut avoir à résoudre un conflit de lois pour une question de responsabilité ou de violation d'un contrat. La question se pose notamment dans les rapports entre États et personnes privées : jadis contrats de concessions minières, aujourd'hui accords de développement économique, de tout temps emprunts internationaux. Quelles règles de conflit l'organe international va-t-il appliquer ? Certains règlements d'arbitrage se sont efforcés de proposer des règles ; mais devant la généralité de celles-ci, on doit plutôt parler de directives. Ainsi en matière de différends relatifs aux investissements entre Etats et ressortissants d'autres États, la Convention de Washington du 18 mars 1965 (convention BIRD) énonce : « Le tribunal statue sur le différend conformément aux règles de droit adoptées par les parties. Faute d'accord entre les parties, le tribunal applique le droit de l'Etat contractant partie au différend – y compris les règles relatives

1. Selon la formule d'un auteur, « le droit international public *délimite* les compétences, le droit international privé, surdroit interne, constitue leur *exercice* » (Pontes de Miranda, RCADI 1932.I, p. 581).
2. En ce sens, art. 3.3 EGBGB (anc. art. 28) ; v. aussi, à propos des voies d'exécution, Civ. 12 mai 1931, S. 1932.1.137 rapp. Castell, n. Niboyet, JDI 1932.387 n. Perroud, D.P. 33.1.60 n. Silz. L. d'Avout, *Sur les solutions du conflit de lois en droit des biens*, Economica, 2006.

aux conflits de lois – ainsi que les principes de droit international en la matière » (art. 42.1)[1]. A défaut de telles directives, une juridiction internationale s'efforcera d'appliquer des principes communs aux systèmes nationaux en présence (par exemple, le principe de l'autonomie de la volonté en matière contractuelle) ou encore la règle de conflit que l'on peut rattacher aux « principes généraux du droit reconnus par les nations civilisées »[2].

Mais à l'occasion d'un litige opposant deux Etats au sujet du respect d'une règle de conflit de lois de source conventionnelle, la CIJ a admis que la convention contenait une réserve implicite autorisant l'Etat défendeur à appliquer une disposition interne touchant son ordre public, nonobstant la Convention[3]. Cette position peut se justifier par le souci de ne pas décourager la ratification des traités ; mais elle restreint du même coup la portée de règles de répartition internationales que l'on parviendrait à dégager.

2. Principe d'effectivité

43. – Exercice abusif de sa compétence par un État. La souveraineté des États, comme la liberté des individus, trouve une limite dans celle des autres. Ainsi un État ne devrait exercer sa compétence en matière internationale – en appliquant sa loi, en tranchant un litige, en attribuant sa nationalité – qu'à l'égard de situations qui présentent avec lui un lien de rattachement suffisant, sous peine d'empiéter sur la compétence des autres ; on dira qu'il doit respecter un principe d'effectivité, traduction de l'idée selon laquelle le droit doit refléter une réalité sociale. Le principe ne permet pas d'attribuer à un État et un seul le pouvoir d'exercer sa compétence dans une situation donnée ; en revanche, il est susceptible d'une portée négative : l'*inopposabilité* aux autres États d'une situation juridique créée par l'un d'eux sans lien suffisant[4].

Cette conséquence elle-même n'a toutefois que rarement l'occasion d'être consacrée à un niveau interétatique. Il faudrait pour cela que l'exercice de sa compétence par un État suscite une protestation d'un autre estimant que le premier excède ses prérogatives, et que l'examen du litige par une juridiction internationale amène à sanctionner le principe envisagé, voire à dégager la règle internationale en la matière. Ces circonstances ne sont qu'exceptionnellement réunies[5]. Elles le sont néanmoins parfois

1. Comp. Institut de droit international, Résolution de 1989 sur l'arbitrage entre États, entreprises d'Etat ou entités étatiques et entreprises étrangères, art. 6 (Rev. arb. 1990.931) ; art. V des accords d'Alger instituant un tribunal des différends irano-américains (JDI 81.780). Sur les clauses d'arbitrage *ad hoc* et l'interprétation qu'elles ont reçu, v. *L'arbitrage transnational et les contrats d'État*, Centre de recherches de l'Académie de La Haye, 1987, Nijhof.
2. CPJI 12 juill. 1929, *Emprunts serbes et brésiliens*, S. 29.4.17, D.P. 30.2.45.
3. CIJ, arrêt du 28 nov. 1958, *Boll*, CIJ Rec. 1958, p. 55 (n° 616).
4. N. Joubert, *La notion de liens suffisants avec l'ordre juridique (*Inlandsbeziehung*) en droit international privé*, 2007.
5. La situation se rencontrera plus facilement dans un ordre juridique fédéral où une juridiction suprême peut être appelée à sanctionner, à la demande de particuliers, des empiétements de compétence de la part d'un État fédéré. C'est ainsi que la Cour suprême des Etats-Unis contrôle l'exercice de leur compétence par les tribunaux des différents États au regard de la clause de *due process of law* (v. A. Mirandes,

dans les matières où les intérêts des États eux-mêmes sont assez directement impliqués, telles que la nationalité (*a*). Dans les matières de pur droit privé, où les intérêts éventuellement lésés sont par définition au premier chef ceux de particuliers, ceux-ci éprouveraient en général de la difficulté à faire endosser leur réclamation par leur État national ; au demeurant, les États eux-mêmes trouvent rarement un intérêt à exercer leur compétence d'une manière qui apparaisse franchement abusive. Lorsque cela se produit néanmoins, les contestations éventuelles se déroulent dans le cadre d'un litige de droit privé devant des tribunaux nationaux ; les décisions rendues à cette occasion confirment cependant le nécessaire principe d'effectivité (*b*).

a. Implication des États et contentieux international

44. – Nationalité et condition des étrangers. Dans les matières intéressant directement les Etats que sont la nationalité et la condition des étrangers (c'est-à-dire aussi, pour chacun, la condition de ses ressortissants à l'étranger), il existe des exemples d'interventions diplomatiques débouchant sur un contentieux international. Toutefois les décisions qui en ont résulté ont surtout consacré la liberté souveraine de l'État défendeur, faute d'abus caractérisé : liberté d'attribuer sa nationalité comme bon lui semble[1], de prendre des mesures concernant les personnes ou les biens situés sur son territoire[2]. Exceptionnellement a été sanctionné par l'inopposabilité ce qui est apparu comme un abus dans l'exercice de sa compétence par un État dans l'attribution de sa nationalité[3].

Dans un domaine voisin, certains États font preuve d'une grande souplesse quant aux conditions d'immatriculation des *navires*, dans le but de se procurer les ressources liées à ces immatriculations. De leur côté, les armateurs trouvent l'avantage avec ces pavillons d'échapper aux lois fiscales et sociales plus contraignantes en vigueur dans leur pays, ainsi qu'à leur responsabilité éventuelle en cas de dommage. Cette pratique des « pavillons de complaisance » est assez largement tolérée par les États industrialisés, parce que le strict respect de leurs lois placerait leur flotte en position concurrentielle difficilement soutenable. Des instruments internationaux énoncent cependant régulièrement qu'il doit exister un lien « sérieux », « substantiel », « authentique » entre le navire et l'État dont il bat pavillon[4]. Mais ces instruments ne sont en général pas ratifiés par les États concernés et la pratique visée n'en paraît guère affectée[5].

La compétence interétatique et internationale des tribunaux des États-Unis, Economica, 2002).

1. V. l'avis consultatif de la CPJI sur le différend franco-britannique relatif à l'application aux sujets britanniques de décrets sur la nationalité promulgués au Maroc et en Tunisie sous protectorat français : avis du 7 fév. 1923, série B. n° 4, p. 7, JDI 23.430.
2. CIJ, arrêt du 28 nov. 1958, aff. *Boll*, préc.
3. CIJ, arrêt du 6 avril 1955, aff. *Nottebohm*, CIJ Rec. 1955, p. 4 (n° 940).
4. Convention de Genève de 1958 sur la haute mer, art. 5 ; des Nations Unies sur le droit de la mer (Montego Bay, 1982), art. 91.1 ; convention adoptée le 7 février 1986 dans le cadre de l'Organisation Maritime Internationale « sur les conditions d'immatriculation des navires », art. 1er.
5. Une voie transactionnelle consiste pour un État à fixer un pourcentage relativement bas de nationaux quant à l'équipage des navires portant son immatriculation et à

45. – Législations à portée extra-territoriale. À l'époque contemporaine sont apparues des difficultés d'un autre ordre, liées au fait que certains États édictent en matière économique des règles de comportement applicables aux particuliers sans égard à leur nationalité ou au lieu où ils agissent, souvent sous peine de sanctions pénales. Ainsi une réglementation de la concurrence (interdiction des ententes ou pratiques discriminatoires) ou celle des échanges extérieurs (interdictions d'exportation ou de commercer avec certains pays) peut prétendre frapper des personnes et entreprises à l'étranger[1]. La portée donnée à ces dispositions suscite le cas échéant la protestation des États dont les ressortissants ou l'activité économique sont ainsi affectés. Mais à défaut de vouloir ou de pouvoir porter leurs griefs devant une juridiction internationale, ils recourent plus volontiers pour se protéger à des contre-mesures, interdisant par exemple à leurs nationaux, sous peine également de sanction pénale, de faire ce que la législation étrangère leur impose (par exemple de produire certains documents dans le cadre d'une enquête sur des pratiques anticoncurrentielles)[2]. Il n'existe donc pratiquement pas de jurisprudence internationale sur la légitimité de l'exercice de ces compétences. À propos de l'exercice de la compétence pénale, la CPJI a estimé que tout ce qui n'est pas expressément interdit aux États par le droit international est implicitement permis, c'est-à-dire que la permission est la règle et la prohibition l'exception[3]. L'on ne cite pas depuis d'affaire dépassant le stade des réclamations pour donner lieu à une décision d'une juridiction internationale[4].

b. Litiges de droit privé devant les juridictions nationales

46. – Exemples d'exercice abusif de compétence. Si les États n'ont pas normalement intérêt à exercer leur compétence de manière abusive en

modérer les coûts fiscaux et sociaux pour les armateurs ; v. L. 3 mai 2005 relative à la création du registre international français, RC 05.527, comm. Lagarde.

1. V. en dernier lieu les mesures américaines connues sous le nom de lois Helms-Burton (*Cuban Liberty and Democratic Solidarity Act of 1996*) et d'Amato (*Iran Libyan Sanctions Act of 1996*). Focasneanu, « L'instruction extra-territoriale des litiges économiques et la défense de la souveraineté des États », AFDI 1981.628 ; Jacquet, « La norme juridique extra-territoriale dans le commerce international », JDI 1985.327 ; Quintin, « Transfert de technologie et application extra-territoriale des contrôles sur les exportations américaines à la lumière de l'*Export Administration Act* de 1985 », RC 1987.493 ; L. Idot, *Le contrôle des pratiques restrictives de concurrence dans les échanges internationaux*, thèse dactyl. Paris II, 1981 ; B. Stern, « L'extra-territorialité revisitée... », AFDI 1992.239.
2. V. Ranouil, « Les lois de blocage », DPCI 1986.513 ; sur la loi française, v. n° 431. En réponse aux mesures américaines citées notes précédente, v. le règlement CEE du 22 nov. 1996, RC 1997.119. Sur la réaction à la réaction, v. L. Cohen-Tanugi, « Les juridictions américaines face aux lois étrangères interdisant la communication de renseignements économiques », RC 1983.213.
3. Arrêt n° 9, 7 sept. 1927, série A, n° 10 (aff. du *Lotus*), Rev. dr. int. privé, 28.354 n. Donnedieu de Vabres.
4. V. en revanche devant une juridiction nationale : trib. d'arrt. La Haye (réf.), *CEP c. Sensor*, 17 sept. 1982, RC 83.473 et Audit, « Extra-territorialité et commerce international. L'affaire du gazoduc sibérien... », *ibid.*, p. 401.

matière de droit privé, certains ouvrent cependant largement la compétence de leurs tribunaux ou autres autorités dans le but d'attirer les plaideurs. Cette pratique s'est exercée principalement en matière de divorce : soit que les deux époux s'entendent pour se soustraire à des règles restrictives de l'ordre juridique dont ils relèvent normalement ; soit que le demandeur, agissant seul, renonce à se prévaloir à son ancien domicile du divorce qu'il se procure unilatéralement dans ces conditions, et recherche simplement à « refaire sa vie » dans un autre pays où il escompte que ce divorce sera reconnu. Certaines juridictions offrent donc le divorce à tout époux qui voudra en faire la demande, au besoin par mandataire afin d'éviter même au demandeur d'avoir à se déplacer (*mail-order divorces*). Du fait qu'une telle pratique ne concerne que des intérêts privés, et un nombre limité de personnes, elle ne soulève pas de réaction diplomatique. Si elle est parfois contestée, c'est par une personne directement intéressée, pratiquement l'autre époux : soit qu'il prenne les devants en invoquant l'irrégularité du divorce dans l'État du domicile, soit en défense dans le cas où l'autre époux tente de s'en prévaloir. Il n'est pas rare à une telle occasion que la décision contestée soit effectivement privée d'effet dans l'État requis, au motif qu'elle émane d'une autorité incompétente ou appliquant une loi incompétente et que la procédure, *lato sensu*, est contraire à l'ordre public international[1]. En agissant ainsi, l'autorité requise se comporte d'une certaine manière en organe de la justice internationale. Mais le point de vue exprimé n'engage que l'État au nom duquel elle se prononce.

Le domaine patrimonial se prête moins à l'exercice abusif de compétence juridictionnelle, parce qu'une décision rendue par un tribunal dénué de lien significatif avec les parties sera normalement contestée avec succès, pour les raisons indiquées, dans les États où la partie condamnée possède des biens saisissables. Mais avec la mondialisation des activités économiques, les sociétés de grande envergure (« multinationales ») se trouvent exposées géographiquement bien au-delà de l'État où se trouve le centre de leurs activités. Effectivement, la question se pose aujourd'hui à l'égard des *class actions* exercées aux États-Unis pour le compte, notamment, d'actionnaires étrangers d'une société étrangère ayant acheté leurs actions à l'étranger, et qui sont susceptibles de se traduire par des dommages-intérêts très élevés prononcés contre les défendeurs[2]. Pour

1. V. par exemple Paris, 18 juin 1964, *Gunzbourg* (n° 248) refusant de reconnaître en France, comme offensant gravement la « moralité juridique internationale », un divorce obtenu, bien qu'avec l'accord du conjoint, au Mexique par un demandeur dont le séjour s'« évaluait en minutes » ; plus généralement, sur la fraude à la loi que favorise l'exercice abusif par un État de sa compétence internationale, v. n° 236 s.
2. Muir Watt, « Régulation de l'économie globale et l'émergence de compétences déléguées : sur le droit international privé des actions de groupe. À propos de l'affaire *Vivendi Universal* », RC 2008.581 ; Lemontey et Michon, « Les *class actions* américaines et leur éventuelle reconnaissance en France », JDI 2009.535 ; M. Audit et M.-L. Niboyet, « L'affaire *Vivendi Universal SA* ou comment une *class action* diligentée aux États-Unis renouvelle le droit du contentieux international en France », Gaz. Pal. 29 mai 2010, n° 149 p. 11.

prévenir cette situation, ceux-ci se trouvent parfois contraints de souscrire à une transaction défavorable[1].

47. – Bilan. En définitive, le droit international public n'impose pratiquement aucune règle aux Etats en ce qui concerne l'exercice de leur compétence en matière de relations privées internationales. Cela ne doit pas empêcher ceux-ci de s'astreindre à la discipline nécessaire et d'exercer leur compétence d'une manière qui respecte l'objectif d'harmonie de statut des relations privées internationales. En fait, la plupart des États se soumettent spontanément à cette exigence, au-delà de ce que l'ordre international leur impose. Dans certains cas aberrants, le principe de l'effectivité, à défaut d'être nettement consacré par une jurisprudence internationale, l'est par les autorités des États.

Voy. : Aguilar Navarro, « Droit international public et droit international privé », *Mél. Maury*, vol. 1, p. 3 ; de La Pradelle, « De la délimitation du droit international public et du droit international privé », Nouv. rev. dr. int. privé 1934.9 ; Kopelmanas, « La théorie du dédoublement fonctionnel et son utilisation pour la solution du problème dit des conflits de lois », Mél. Scelle, 1950, p. 753 ; P. Mayer, « Droit international privé et droit international public sous l'angle de la notion de compétence », RC 1979.1, 349, 537 ; Rigaux, « Le droit international privé face au droit international », RC 1976.261 ; *Droit public et droit privé dans les relations internationales*, 1977 ; P. de Vareilles-Sommières, *La compétence internationale de l'État en matière de droit privé*, 1997.

B. LES TRAITÉS EN DROIT INTERNATIONAL PRIVÉ

48. – Importance des traités. Le développement des relations privées internationales rend indispensable l'adoption d'un minimum de règles communes, afin d'éviter des contrariétés de statuts préjudiciables aux intéressés. Étant donné la rareté ou l'incertitude des règles coutumières, les États ont emprunté la voie de conventions ; de nombreux traités sont conclus dans les matières intéressant le droit international privé[2]. Après les avoir décrits, on envisagera les principales difficultés d'application auxquelles ils donnent lieu pour les particuliers intéressés.

1. Description des traités

49. – Domaine et nature. Les traités jouent un rôle inégal selon les matières. Les plus nombreux ont pour objet la *condition des étrangers*, en raison du souci des États de ménager pour leurs ressortissants la réciprocité des droits qu'ils reconnaissent aux étrangers (n° 22). En matière de *nationalité*, les traités ont générale-

1. Dans l'arrêt *Morrisson v. National Australian Bank* du 24 juin 2010 (561 US ___, 2010), la Cour suprême fédérale marque un coup d'arrêt en formulant une présomption contre la volonté d'application extra-territoriale des lois adoptées par le Congrès, et juge que les dispositions du *Securities and Exchange Act* de 1934 sanctionnant les fraudes en matière boursière ne peuvent s'appliquer que lorsque les actions sont cotées sur un marché aux États-Unis ou ont fait l'objet de transactions sur le sol américain (v. Gaillard, JCP G 10, 743). Une réaction du Congrés est annoncée par certains..
2. S. Lecuyer, *Appréciation critique du droit international privé conventionnel. Pour une autre approche des relations privées internationales*, 2007.

ment été conclus à l'occasion d'annexion ou de cession de territoires ; plus récemment, lors de l'accession à l'indépendance de territoires sous tutelle.

S'agissant des relations internationales entre particuliers, les traités sont assez nombreux en matière de *conflits de juridictions* et plus spécialement de reconnaissance des jugements étrangers. En effet, entre pays à fort courant d'échanges, la reconnaissance réciproque des jugements constitue un impératif assez pressant. Les traités portant règlement des *conflits de lois* sont plus difficiles à négocier parce que l'adoption de règles communes en cette matière soulève des questions de principe sur lesquelles les États éprouvent des réticences à s'engager[1]. Il est relativement aisé dans un État donné de reconnaître effet à une décision étrangère quand bien même celle-ci n'aura pas appliqué la loi que l'on estime compétente, parce que la norme en question est individuelle et qu'il serait difficile de l'ignorer ; il l'est davantage de souscrire de manière générale à un règlement de conflit de lois consacrant des principes auxquels l'on n'adhère pas. Certains traités bilatéraux conclus par la France règlent les conflits de lois et de juridictions dans une matière donnée, pratiquement le droit de la famille[2].

Les États concluent des traités en fonction de l'intensité de leurs échanges mutuels. Celle-ci peut tenir elle-même à la proximité géographique, à des liens historiques (ainsi en ce qui concerne la France et les États francophones d'Afrique) ou à des affinités politiques. Un certain nombre de traités sont multilatéraux. La plupart de ceux-ci ont été élaborés dans un cadre régional et institutionnel. Des efforts d'unification du droit international privé ont ainsi été déployés entre les pays d'Amérique latine[3], entre les pays scandinaves (Union nordique, laquelle s'intéresse toutefois davantage à l'unification du droit substantiel)[4] et, naguère, au sein du Benelux. Dans le cadre du Conseil de l'Europe ont été élaborées une centaine de conventions, dont certaines intéressent le droit privé[5]. La Commission internationale de l'état civil, fondée en 1948, élabore des conventions destinées à favoriser la coopération internationale dans son domaine (n° 605) ; elle compte actuellement seize membres (tous d'Europe continentale, dont la France). Mais l'entreprise la plus générale est celle de la Conférence de La Haye de droit international privé[6].

1. Ainsi, la convention de Rome (CE) sur la loi applicable aux obligations contractuelles, adoptée en 1980 après une dizaine d'années de négociations, n'est entrée en vigueur qu'en 1991. Devant cette carence des États, les tribunaux, en France et à l'étranger, s'inspirent parfois d'une convention non en vigueur en tant que *ratio scripta* : v. pour la convention précitée, Paris, 27 nov. 1986, RC 88.314 n. A. Lyon-Caen ; trib. arrt. La Haye, 17 sept. 1982, préc. n° 45 ; dans un autre domaine, Paris, 19 mars 1965, *Banque ottomane,* JDI 66.118 n. Goldman, RC 67.85 n. Lagarde.
2. Conventions avec la Pologne (1967), la Yougoslavie (1971), le Maroc (1981) (n° 500).
3. Traités de Lima (1879, peu ratifié), de Montevideo (1889, révisés en 1939-40) et de La Havane (1928), dit code Bustamante. L'effectivité de ces traités a été entravée par l'usage de réserves ainsi que des interprétations divergentes ; v. Valladao, « Le droit international privé des Etats américains », RCADI 1952. II. 1 (t. 81) ; Viera, « Le droit international privé dans le développement de l'intégration latino-américaine », RCADI 1970. II. 351 (t. 130). Les travaux ont été repris il y a une trentaine d'années dans le cadre de l'Organisation des États américains, donnant lieu à un certain nombre de conventions : Vilella, « L'unification du droit international privé en Amérique latine », RC 1984.233 ; Operti-Badan, Mél. Droz, p. 269. D'autres encore ont été adoptées dans le cadre du Mercosur.
4. Bogdan, « Les aperçus de l'évolution des règles de conflit de lois dans les pays nordiques », TCFDIP 2002.195.
5. V. http://conventions.coe.int/Treaty/Commun/ListeTraites.asp?CM=8&CL=FRE
6. Sur la Communauté européenne v. *infra* n° 64 s.

50. – La Conférence de La Haye. Instituée à la fin du XIXe siècle (1893), la Conférence de La Haye de droit international privé est devenue, en dépit de son nom, une organisation permanente[1]. Elle a pour objet l'unification progressive des règles du droit international privé, entendu comme les conflits de lois et de juridictions y inclus l'entraide judiciaire internationale. L'idée d'une codification générale du droit international privé fut écartée d'entrée. Les premières conventions eurent néanmoins un objet assez large ; la tendance moderne est au contraire à la spécialisation des conventions, jugée plus propice à leur adoption. Les projets de conventions sont discutés et adoptés lors de sessions plénières, réunies en principe tous les quatre ans, à la suite d'un travail préparatoire accompli sous l'impulsion du Bureau permanent de la Conférence ; elles doivent ensuite être ratifiées par un certain nombre d'États pour entrer en vigueur.

On distingue différentes périodes dans les travaux de la Conférence. De la création à la Première Guerre mondiale furent réunies quatre sessions et signées neuf conventions, intéressant le droit de la famille (divorce, mariage, tutelle des mineurs, régimes matrimoniaux, incapables majeurs) et la procédure. Mais en raison d'une inspiration doctrinale controversée, le personnalisme, tendant à privilégier la loi nationale des intéressés (n° 84), les pays de *common law* ou simplement à système non unifié s'en tinrent à l'écart. Entre les États participants même, des désaccords d'ordre politique et juridique entraînèrent assez vite la dénonciation de la plupart des conventions en vigueur. Entre les deux guerres mondiales, l'activité de la Conférence fut réduite (deux sessions) et ne déboucha sur aucun résultat concret. Ses travaux ont connu une nouvelle impulsion après 1945, sous de nouveaux statuts. Le nombre des participants s'est accru (actuellement plus de soixante). Le recul de la tendance doctrinale personnaliste permit l'adhésion de nombreux pays de *common law* ; toutefois, les États membres sont encore en majorité des États occidentaux. Entre 1951 et 2010, une quarantaine de projets de conventions ont été adoptés et la moitié environ sont entrés en vigueur, quoique pour certains entre un nombre restreint d'États[2]. Les plus largement ratifiés ont trait à la coopération judiciaire (signification des actes et obtention des preuves à l'étranger), aux obligations alimentaires, au droit de la famille[3]. Les conventions les plus récentes se consacrent moins à l'adoption de règles de conflit communes qu'à l'organisation d'une coopération d'autorités (enlèvement d'enfants, adoption, responsabilité parentale et protection des enfants)[4].

1. Steenhoff, « Asser et la fondation de la Conférence de La Haye... », RC 1994.297.
2. Sur l'œuvre de la Conférence et son évolution, v. Droz, Pelichet et Dyer, RCADI 1980.III.123 (t. 168) ; Netherlands International Law Review, 1993, vol.1 ; von Overbeck, Boggiano, Mc Lean, RCADI 1992.II (t. 233) ; dans le domaine économique, Jacquet, JDI 1994.5.
3. V. http://www.hcch.net Sumampouw, *Les nouvelles conventions de La Haye : leur application par les juges nationaux*, t. I (Leyde, 1976) à V (Dordrecht, 1996). S. et V. Corneloup, « Le contentieux de la coopération des autorités centrales dans le cadre des Conventions de La Haye », RC 1999.641.
4. Sur l'influence d'une autre source internationale engendrée par cette coopération, Marchadier, « La contribution de la Cour européenne des droits de l'homme à

La période récente a vu s'ouvrir une nouvelle période dans l'histoire de la Conférence. Par l'effet de la « mondialisation », le nombre et la diversité des États membres s'est considérablement accru ; ceci lui confère un champ d'action véritablement universel, conformément à sa vocation alors que l'influence européenne avait été jusque là prédominante ; mais dans le même temps, l'adoption croissante de règles communautaires de droit international privé a inhibé l'action de la Conférence, dont l'Union européenne est devenue membre (n° 65). La diversité des points de vue ainsi susceptibles de s'exprimer s'est traduite par le fait que les textes ne sont plus adoptés par vote mais par consensus.

Certaines conventions s'appliquent en fonction d'un critère de rattachement déterminé à un État contractant (par exemple la résidence habituelle d'une personne), d'autres seulement au cas où la loi désignée est celle d'un État contractant. Mais la tendance moderne en matière de conflits de lois est d'écarter la condition de réciprocité, c'est-à-dire que la loi désignée selon les dispositions de la convention en question est appliquée même si elle n'est pas celle d'un État qui y est partie[1]. Ainsi la règle de source conventionnelle devient-elle le droit commun de l'État où elle est en vigueur. Elle fait en outre figure de « loi-modèle », dont des États tiers s'inspirent parfois effectivement. Ce trait confirme qu'il s'agit moins d'aménager des relations entre États que de faire prévaloir entre particuliers une solution jugée meilleure par un ensemble d'États (n° 40).

2. Application des traités intéressant le droit international privé

51. – Questions à envisager. Le droit international public règle la procédure de conclusion des traités ainsi que leur effet entre les États ; le droit constitutionnel de chaque État fixe la procédure d'insertion du traité dans l'ordre juridique interne. Dans la mesure où les traités édictent des règles applicables entre particuliers, ils intéressent également le droit international privé. On peut distinguer plus particulièrement trois catégories de questions : les premières ont trait aux conditions préalables à leur application par le juge ; d'autres aux limites possibles à leur application ; enfin se pose de manière croissante le problème du conflit de conventions[2].

a) Applicabilité des traités

52. Effet direct (auto-exécutoire) ou non du traité. La question se pose fréquemment de savoir si un traité est directement applicable aux particuliers, donc invocable par eux, ou si des mesures d'application nationales sont pour cela nécessaires. S'agissant des conventions multilatérales,

l'efficacité des conventions de La Haye de coopération judiciaire et administrative », RC 2007.677.

1. V., sanctionnant la méconnaissance du caractère universel d'une convention, Civ. I, 12 nov. 2009, JCP N 10.1006 n. D. Boulanger.
2. Sur la question plus générale de la latitude du juge à l'égard des traités, v. Niboyet-Hoegy, « La mise en œuvre du droit international privé conventionnel », Mél. Perrot, 1996, p. 313.

elle est notamment résolue suivant un critère rédactionnel, selon que les États se sont engagés à prendre certaines dispositions, à atteindre certains objectifs (« s'efforcent de »), ce qui va souvent de pair avec une formulation en termes trop généraux pour faire l'objet d'une application directe, ou qu'au contraire les individus se voient directement reconnaître des droits que l'on peut qualifier de précis et inconditionnels[1]. Mais il peut exister des dispositions des deux types au sein du même instrument, ce qui conduit à rechercher pour chaque disposition si elle se suffit ou non à elle-même (au prix d'un dépeçage de la convention que n'envisageaient peut-être ses auteurs, ainsi que de divergences possibles d'un État à l'autre). La Convention de New York du 26 janvier 1990 relative au droit de l'enfant a donné lieu à une telle analyse, d'abord de la part du Conseil d'État[2], puis de la Cour de cassation, infléchissant sa position catégorique antérieure[3]. Il reste difficile de poser de manière générale ce qui, de l'applicabilité directe ou non, doit être considéré comme la situation normale[4]. Le principe de supériorité du traité régulièrement ratifié sur la loi interne (Constitution art. 55) n'apporte aucun élément de réponse car il traite d'une autre question, celle du rang du traité dans l'ordre juridique interne (n° 58).

53.– Entrée en vigueur des traités à l'égard des particuliers : publication. À le supposer auto-exécutoire, un traité doit être publié pour produire des effets dans les rapports entre particuliers et pour être appliqué par les tribunaux[5]. Or il arrive parfois – ce qui est difficilement justifiable – que le décret de publication ne soit pris qu'après la date à laquelle est prévue l'entrée en vigueur du traité selon ses propres dispositions (en

1. Ainsi ont été jugées relever de la première catégorie la Charte sociale européenne (CE 20 avril 1984, Rec. Lebon p.148) ; de la seconde, la Convention européenne des droits de l'homme (Crim. 30 juin 1976, JCP 76.II.18435 rapp. Touffait ; Civ. I, 15 nov. 1989, JDI 1990.611 n. Julien-Laferrière ; CE 19 avril 1991, *Belgacem*, Rec. Lebon p. 152), la Convention de Genève de 1951 relative au statut des réfugiés (n° 1132).
2. CE 29 juill. 1994, *Abdemoula*, AJDA 94.841 n. Benhamou (art. 9), 23 avril 1997, *delle Cinar,* D. 98.15 concl. Abraham (art. 26-1 et 27-1) ; 10 mars 1995, *Demirpence*, D. 95.617 ; 22 sept. 1997, JDI 98.722 n. Barrière-Brousse (annulation, sur le fondement de l'art. 3.1, de la décision de renvoyer en Turquie un enfant entré irrégulièrement sur le territoire). V. également pour le Pacte des NU relatif aux droits économiques, sociaux et culturels, 29 juill. 1994, Lebon, p. 732.
3. Civ. I, 18 mai et 14 juin 2005, JCP 05.10115, concl. Petit (2e arrêt), n. Chabert, JDI 05.1131 n. Chalas, D. 05. 1909 n. Egea et 2790 n. Boulanger. Auparavant : Civ. I, 10 mars 1993, *Lejeune*, D.93.J.361 n. Massip et chr. Rondeau-Rivier, p. 204, RC 93.449 n. Lagarde, JCP 93.I.3677 (annexe) chron. Neirinck et Martin ; 2 juin 1993, D.94. Somm.34 obs. Dekeuwer-Defossez, JDI 94.991 n. Sinay-Cytermann et art. C. Byk, JDI 94.967 ; 13 juill. 1994, JCP 94.II.22363 n. Benhamou, JDI 94.1001, D. 95.91 n. Massip. V. Chabert, « Pour un réexamen de la question de l'applicabilité directe de la Convention de New York (...) relative aux droits de l'enfant », JCP 2003.I.129.
4. Pour une appréciation par la CJCE, v. aff. C-308/06, *Intertanko*, 3 juin 2008, points 42 s.
5. Civ. I, 16 mai 1961, D. 61.489 n. G. Holleaux ; Level, « La publication en tant que condition d'application des traités par les tribunaux nationaux » RC 1961.83. V. imposant l'obligation de publier au Journal officiel les réserves, déclarations et dénonciations, lorsqu'elles sont de nature à affecter les droits et obligations des particuliers, décr. du 11 avril 1986, RC 86.370.

général quelques mois après le dépôt du dernier instrument de ratification). Ceci fait naître la question de savoir s'il s'applique aux faits intervenus entre ces deux dates, puisqu'une fois publié le traité fait référence à une date antérieure. La jurisprudence a répondu par l'affirmative, c'est-à-dire qu'elle ne fait pas de distinction, en dépit du retard de publication, entre l'entrée en vigueur de la convention dans les rapports entre les États et ses effets au regard des particuliers[1]. Cela se traduit pratiquement par l'application rétroactive du traité à des situations juridiques nées avant son entrée en vigueur. La publication dans les délais normaux éviterait cette anomalie[2].

b) Limites possibles à l'application des traités

54. Difficultés de mise en œuvre. La conception particulière de la séparation des pouvoirs qui prévaut en France, ne faisant pas de l'autorité judiciaire un véritable pouvoir, a suscité des difficultés relativement à l'interprétation des traités, à leur conflit éventuel avec la loi interne et à la question de la réciprocité réservée par l'art. 55 de la Constitution. Elles ont même donné lieu à des divergences de position entre les ordres de juridiction, dont la pluralité même est la conséquence de la conception évoquée, ainsi qu'au sein même de la Cour de cassation. Une évolution s'est cependant dessinée à l'époque contemporaine, sous l'influence du développement du droit de l'Union européenne, amenant à reconsidérer les positions traditionnelles ; elle se traduit heureusement par un rapprochement des solutions.

α) *Interprétation des traités*

55. – Autorité compétente. Une règle de droit privé d'origine conventionnelle, qu'il s'agisse d'une règle matérielle ou d'une règle de conflit de lois, se présente substantiellement comme n'importe quelle autre règle interne de même objet. À ce titre, et en l'absence de mécanisme donnant compétence interprétative à une juridiction supranationale – telle que la CJUE en Europe – il appartient en principe aux tribunaux, dans l'exercice de leur fonction juridictionnelle, de l'interpréter si nécessaire. Toutefois, différents facteurs pouvaient inciter les tribunaux à solliciter l'avis du gouvernement sur l'interprétation du traité. Outre la position statutaire de l'autorité judiciaire à l'égard des pouvoirs législatif et exécutif, l'interprétation que reçoivent des règles conventionnelles intéresse les autres parties et elle est susceptible d'entraîner des réactions diplomatiques. Ayant négocié le traité, le gouvernement peut paraître mieux placé pour en connaître le sens (*ejus est interpretari...*). Il lui est également possible de se concerter avec l'autre partie sur la portée à donner à une disposition

1. CE 27 mai 1955, *Kovit*, Rec. Lebon p. 308 ; 8 avril 1987, *Procopio*, Rec. Lebon, p. 137 ; Civ. I. 1, 30 nov. 1976, JDI 77.83 rapp. Ponsard, n. Ruzié.
2. Il est vrai qu'un traité peut également prévoir son application rétroactive à la date de sa signature : Civ. I, 15 mai 1984, RGDIP 85.811 n. Rousseau.

ambiguë[1]. Mais on peut inversement reprocher à cette attitude de faire la part trop belle à l'administration. D'un point de vue pratique, le recours en interprétation retarde les procès et cet inconvénient croît avec le développement quantitatif du droit conventionnel. Face à ces considérations, la position des différentes autorités juridictionnelles françaises a évolué dans le sens de l'indépendance.

Pour la première chambre civile de la Cour de cassation, confortée par un arrêt des Chambres réunies, la compétence d'interprétation était partagée : il appartenait aux tribunaux judiciaires d'interpréter les traités diplomatiques, sauf lorsque les dispositions soumises à leur interprétation mettaient en jeu des questions de « droit public international »[2]. Cette expression manquait de précision et l'on pouvait se demander si c'était au juge ou au gouvernement qu'il appartenait d'opérer la qualification. La chambre criminelle inclinait en revanche à considérer que l'interprétation d'un traité était réservée au gouvernement[3]. Le Conseil d'État avait une position inverse, renvoyant traditionnellement à l'interprétation du gouvernement, sauf lorsque la stipulation conventionnelle était déclarée suffisamment claire. Dans tous les cas, l'interprétation ministérielle s'imposait à la juridiction saisie.

On pouvait être tenté de rapporter ces divergences d'approche à la nature des questions faisant l'objet des traités à appliquer : règles de droit privé pour les questions soumises au contrôle des chambres civiles, règles davantage susceptibles de mettre en cause les relations entre États pour la Chambre criminelle, qui connaît le plus souvent de traités d'extradition, et surtout le Conseil d'État. Mais cette explication était démentie par le fait que dans les deux arrêts précités des chambres civiles, il s'agissait respectivement de droit fiscal et d'expropriation, et qu'étaient été censurées des décisions qui avaient refusé d'interpréter le traité en question. Les différences d'attitude ne semblaient pas non plus s'expliquer par un souci particulier des juridictions civiles de ne pas retarder le jugement des affaires ; car ce facteur aurait dû inspirer plus encore les juridictions pénales. Enfin, l'attitude de la juridiction administrative pouvait paraître d'autant plus contestable que l'administration, partie au litige, se trouvait indirectement en mesure de juger.

Le Conseil d'État le premier, en 1990, s'est reconnu implicitement mais sans restriction le pouvoir d'interpréter lui-même un traité diploma-

1. Le Parlement peut, de sa propre initiative, voter une loi interprétative d'un traité : v. par exemple la loi du 2 mars 1957 sur la convention de Varsovie et la notion de faute équivalente au dol (Ripert, D. 57. Chr. 81) ; mais les tribunaux n'ont aucun pouvoir de provoquer son intervention.
2. Ch. réunies, 27 avril 1950, *cons. Friedmann,* S.50.1.65, JPC 50.II.5650 n. Lerebours-Pigeonnière, RC 51.98 concl. Rey, n. Monneray ; depuis, Civ. 19 mars 1963, *Chassagne*, D.63.529 n. Malaurie, JCP 63.II.13270 n. M. Ancel, JDI 63.1044 n. B.G. L'exception doit être expressément justifiée : Civ. ch. expr., 9 juin 1966, *Caldumbide*, RC 68.471 n. Batiffol, JCP 66.II.14814 n. Tricaud ; 7 juin 1989, JCP 90.II.21448 n. Rémery. V. Malaurie, « L'interprétation, par les tribunaux judiciaires, des traités internationaux », D. 1963.518.
3. Crim. 22 janv. 1963, JDI 63.1044 obs. B.G., D. 63.531 ; 19 janv. 1982, JDI 82.685 n. Chappez.

tique[1]. Puis la 1re chambre civile de la Cour de cassation, par une formule également dénuée de toute restriction et explicite sur le fondement de sa position, a déclaré qu'« il est de l'office du juge d'interpréter les traités internationaux (...), sans qu'il soit nécessaire de solliciter l'avis d'une autorité non juridictionnelle »[2]. Ainsi une interprétation donnée par le gouvernement ne lie plus les juges[3]. Cette jurisprudence s'inscrit dans un certain rehaussement de la fonction juridictionnelle au sein de l'État et le rétrécissement de la théorie de l'acte de gouvernement. Au demeurant, l'attitude la plus respectueuse de l'autonomie du pouvoir exécutif n'est pas nécessairement celle qui convient à celui-ci : vis-à-vis d'un État étranger, le gouvernement peut être plus embarrassé d'avoir à formuler une interprétation considérée par les autorités juridictionnelles comme impérative, qu'il ne le serait par une décision prise en toute indépendance par elles.

56. – Interprétation gouvernementale. Toute éventualité de recours en interprétation n'ayant pas disparu, la pratique suivie conserve un intérêt. Les juridictions qui estiment ne pas pouvoir interpréter elles-mêmes un traité renvoient pour son interprétation en général au ministre des Affaires étrangères, mais également parfois à un ministère spécialisé, tel que le ministère des Finances pour une question fiscale. Parfois, la difficulté donne lieu entre les parties au traité à un nouvel accord, lequel, une fois publié, s'imposera[4]. Mais le plus souvent, la demande se traduira par une interprétation unilatérale de la part du gouvernement français. Celle-ci n'emprunte pas de forme particulière : elle peut intervenir par simple lettre, circulaire ou réponse ministérielle ; mais elle peut également faire l'objet d'un décret. Dans tous les cas, elle est considérée par les tribunaux comme contraignante et ayant valeur permanente. Mais il est arrivé que l'interprétation gouvernementale elle-même appelle une interprétation.

57. – Mode d'interprétation des traités par les tribunaux. Le double caractère des dispositions à interpréter, à la fois de droit interne et conventionnelles, affecte la question de l'interprétation du traité[5]. En tant qu'il pose des règles de droit privé, on tiendra compte de l'objet du traité c'est-à-dire de la matière réglée : par exemple, dans les différentes conventions relatives aux obligations alimentaires, de la faveur au créancier. La source conventionnelle des règles incite en même temps à se préoccuper d'une interprétation uniforme[6]. Une divergence d'interprétation peut

1. CE 29 juin 1990, *GISTI*, D. 90.560 n. Sabourin, JDI 90.965 n. Julien-Laferrière, RC 91.61, concl. Abraham, n. Lagarde, GA n° 80 ; cette évolution était à rapprocher de celle intervenue par l'arrêt *Nicolo* (n° 60) Pour une conséquence de cette attitude, v. *infra* n° 1142.
2. Civ. I, 19 déc. 1995, *BAD c. BCCI*, RC 96.468 n. Oppetit, GA n° 81 ; on peut penser que la Chambre criminelle se ralliera à cette position. Sur l'ensemble de la question, v., RGDIP 1996.599.
3. CE 21 déc. 1994, *Sara Garriga*, RC 95.292 n. Lagarde.
4. Civ. I, 18 oct. 1988, *Air Afrique*, RC 89.527 n. Lagarde ; 6 nov. 1990, RC 91.147.
5. K. Parrot, *L'interprétation des conventions de droit international privé*, 2006.
6. On peut tenir compte des règles d'interprétation des traités formulées par la Convention de Vienne du 23 mai 1969 (art. 31 à 33), mais celles-ci visent davantage les rapports entre États que les matières de droit privé. Une convention de droit privé « matériel » peut poser ses propres règles d'interprétation : v. CVIM (*supra* n° 8), art. 7.

notamment se traduire par le fait que le traité n'aura pas le même champ d'application dans les différents États, au détriment du principe de réciprocité. Les rédacteurs du traité s'efforcent parfois de prévenir des interprétations trop liées au droit national respectif des parties en substituant aux termes techniques habituels des vocables du langage courant, voire en usant de périphrases ; ainsi la Convention de La Haye du 5 octobre 1961 concernant la compétence des autorités et la loi applicable en matière de protection des mineurs (n° 623) a évité le terme de « tutelle » du mineur et se réfère aux « mesures tendant à la protection de sa personne ou de ses biens ». Pour interpréter la convention communautaire sur la compétence et l'effet des jugements, la CJCE s'et régulièrement inspirée du « système de la convention » et donne fréquemment une interprétation spécifiquement communautaire des termes employés (n° 509).

β) *Relations entre les traités et la loi interne*

58. – Principe. Les Constitutions de 1946 et de 1958 ont expressément affirmé le principe de supériorité du traité sur la loi interne, déjà implicitement admis par la Constitution de 1875. Selon l'art. 55 de la Constitution de 1958 : « Les traités ou accords régulièrement ratifiés ou approuvés ont une autorité supérieure à celle des lois, sous réserve, pour chaque accord ou traité, de son application par l'autre partie ». Le traité doit donc prévaloir, le cas échéant, sur les dispositions substantiellement différentes du droit interne. Dans la mesure où ce texte s'adresse au juge, ce qui a toutefois été discuté, la mise en œuvre du principe n'a pas été aussi aisée selon que le traité est postérieur à la loi ou l'inverse[1].

59. – Traité postérieur à une loi. Dans ce premier cas, les tribunaux admettent qu'il y a dérogation à la loi dans les rapports visés par le traité, et que c'est ce dernier qui doit être appliqué[2] ; la loi interne demeure applicable dans les autres cas. Par exemple, alors que les art. 14 et 15 C. civ. donnent compétence aux tribunaux français dans tous les cas où un Français est partie au litige, si une convention judiciaire bilatérale pose des règles de compétence des tribunaux français et étrangers dans les litiges intéressant les deux pays qui sont incompatibles avec ces textes, elles leur font nécessairement échec. La solution est d'autant plus justifiée que les traités ou accords modifiant une disposition législative ne peuvent être ratifiés ou approuvés qu'en vertu d'une loi (Constitution, art. 53) ; le législateur a donc été amené à consentir à la dérogation que comporte le traité. Elle répond aussi au principe *lex posterior priori derogat.*

1. Dehaussy, « Les conditions d'application des normes conventionnelles sur le for interne », JDI 1960.702 ; Francescakis, « Remarques critiques sur le rôle de la Constitution dans le conflit entre le traité et la loi interne », RC 1969.425 ; Olson et Cassia, *Le droit international, le droit européen et la hiérarchie des normes*, Les notes de la Mission Droit et Justice, 2006.
2. Crim. 22 oct. 1970, D.71.221, rapp. Mazard, n. Rideau ; CE 7 juill. 1978, *Croissant*, JDI 79.90 n. Ruzié.

60. – Loi postérieure à un traité. Les tribunaux, tant administratifs que judiciaires, se sont traditionnellement montrés réticents à envisager de front la contrariété entre une loi et un traité antérieur, de crainte de paraître exercer un contrôle sur le pouvoir législatif. En cas de contradiction manifeste, au demeurant rare, ils ont appliqué une règle d'interprétation selon laquelle, à défaut d'indication formelle contraire, le législateur avait entendu réserver les traités antérieurs en ce qui concerne les personnes pouvant s'en prévaloir[1].

Avec la Constitution de 1958 l'on pouvait envisager l'exercice d'un contrôle préventif par le Conseil constitutionnel, dans la mesure des possibilités de saisine du Conseil. Mais invité à statuer sur la conformité d'une loi à un traité, le Conseil s'est déclaré incompétent pour se prononcer sur cette question[2]. Il l'a distinguée du contrôle de la constitutionnalité des lois au motif que si la contrariété éventuelle d'une disposition de loi à la Constitution est nécessairement absolue, celle d'une loi à un traité était relative, parce qu'elle ne concerne que le champ d'application du traité, et contingente, parce qu'elle dépend de l'application du traité par l'autre partie ; une loi contraire à un traité ne serait donc pas *ipso facto* contraire à la Constitution. Cette décision pouvait cependant être interprétée comme autorisant les juridictions à résoudre, dans un cas donné et par voie d'exception, le conflit entre une loi interne et un acte international conformément à la règle de l'art. 55. C'est l'attitude qu'adopta effectivement très peu de temps après, la Cour de cassation[3]. D'une grande portée théorique et pratique, elle n'affecte cependant pas la voie traditionnelle de la conciliation par voie d'interprétation, chaque fois que celle-ci permet de surmonter la contradiction éventuelle entre une loi et un traité antérieur.

Le Conseil d'État déclina dans un premier temps de suivre la voie ainsi indiquée[4]. Mais après que le Conseil constitutionnel, statuant en tant que juge des élections, ait lui-même confirmé que l'on pouvait examiner un conflit entre une loi et un traité sans pour autant contrôler la constitu-

1. Civ. 4 fév. 1936, S.36.1.257 n. Raynaud ; Soc. 11 juill. 1947, D.47.396, JCP 47.II.3950, RC 47.429 n. Batiffol ; CE 2 mai 1975, *Mathis*, Rec. p. 279. Il est certain que l'on ne saurait invoquer un prétendu caractère d'ordre public de la disposition interne pour faire prévaloir celle-ci sur le traité : Cass. ass. plén. 14 oct. 1977, *Bloch c. Sté Filtex*, D. 78.I.R.99 et J.417 n. Lagarde.
2. Décision du 15 janvier 1975, *I.V.G.*, D. 75.529 n. L. Hamon, RC 75.124 n. P. L., JDI 75.267 et chr. Ruzié, p. 249.
3. Cass. ch. mixte, 24 mai 1975, *Cafés J. Vabre*, D.75.497 concl. Touffait, JCP 1975. II.18180 bis, JDI 75.801 n. Ruzié, RC 76.347 n. Foyer et Holleaux, GA n° 55 ; il s'agissait à cette occasion d'une disposition du Code des douanes contraire au traité de Rome et l'arrêt invoque également la spécificité de l'ordre juridique communautaire. V. depuis Cass. Ass.plén. 21 déc. 1990, D.91.305 concl. Dontenwille, RC 92.70 n. Duranton ; Soc. 1er juill. 2008, D. 08.A.J. 1986 obs. Maillard (contrat « CNE » et convention n° 158 de l'OIT).
4. CE 24 juin 1977, 2e esp., JDI 78.71 n. Ruzié, reprenant CE 1er mars 1968, *Synd. des fabricants de semoule*, D. 68.285 n. M.L., JDI 69.526. En revanche, pour le contrôle de la conformité d'un règlement administratif à un traité : CE 30 mai 1952, *dame Kirkwood*, Rec. Lebon 291.

tionnalité de la première[1], la haute juridiction administrative rejoignit la position de principe de la Cour de cassation[2]. Le principe de la hiérarchie des normes est donc aujourd'hui sanctionné devant tous les ordres juridictions. Il s'arrête cependant au contrôle de la conformité de la Constitution à un traité[3]. Cette limitation se justifie parce que le juge ne saurait s'ériger en censeur de la norme dont il tient ses pouvoirs, tandis qu'une contrariété effective pourra être néanmoins sanctionnée par la responsabilité internationale de l'État.

χ) Réciprocité dans l'application du traité

61. – Appréciation par le gouvernement. L'art. 55 de la Constitution réserve la réciprocité dans l'application des traités. Il n'est pas douteux que, par cette disposition, l'État français entend se réserver d'invoquer le non-respect du traité par l'autre partie pour suspendre lui-même son application, c'est-à-dire de faire jouer l'exception d'inexécution. Mais on a traditionnellement considéré qu'il n'appartenait pas aux tribunaux de contrôler, que ce soit d'office ou à la demande d'une partie, la bonne application du traité par un autre État en vue d'écarter le cas échéant son application. Toutefois, le mouvement tendant à permettre aux tribunaux d'écarter une loi contraire à un traité impliquait d'une certaine manière que le juge, avant d'exercer effectivement un tel pouvoir, s'assure du respect effectif du traité par l'autre partie : soit par lui-même, soit en interrogeant le pouvoir exécutif. Et si l'on admettait qu'il le pouvait en pareil cas, on pourrait hésiter à en décider autrement en l'absence de tout conflit du traité avec une loi. Une discussion s'est donc élevée sur l'opportunité de la mise en œuvre de la condition de réciprocité par les tribunaux appelés à connaître de l'application d'un traité[4].

L'existence d'un tel contrôle peut avoir pour avantage de stimuler le respect du traité par l'autre partie. Mais il est également de nature, indépendamment de difficultés diplomatiques éventuelles, à entraîner des inconvénients du point de vue d'une bonne administration de la justice : disparité de règles applicables dans une matière donnée selon les possibilités d'information des différents plaideurs sur l'application du traité à l'étranger, erreurs d'appréciation de la part des tribunaux, détournement de la condition pour se soustraire à l'application du traité ; à quoi il convient d'ajouter, dans le cas où le non-respect allégué du traité serait le fait de certaines juridictions ou autorités seulement, un alignement des tribunaux de chaque État sur la position la plus restrictive prise par les autres, alors

1. Décision du 21 octobre 1988, D. 89.285 n. F. Luchaire, AJDA 89.128 n. Wachsmann.
2. CE 20 oct. 1989, *Nicolo*, RC 90.125 n. Lagarde, JDI 90.105 et chr. Dehaussy, p. 5, Grands arrêts jur. adm. 9e éd., n° 117, , GA n° 56 ; sur cette décision et pour l'ensemble des commentaires, v. Kovar, D. 90. Chr. 57.
3. CE 30 oct. 1998, *Sarran*, D. 00.152 n. Aubin, GA n° 85 ; Ass. Plén. 2 juin 2000, *delle Fraisse*, RTDC 00.672 obs. Libchaber, GA n° 86. Dehaussy, « La Constitution, les traités et les lois », JDI 1999.675.
4. Lagarde, « La condition de réciprocité dans l'application des traités internationaux : son appréciation par le juge interne », RC 1975.25.

que la non-application du traité dans un cas donné à l'étranger (comme en France) peut résulter simplement d'une inadvertance des plaideurs et des juges. Ces différents arguments suggèrent de laisser au gouvernement, alerté notamment par les soins du Ministère public, la responsabilité de se prononcer tant sur l'existence d'un manquement certain et continu de la part de l'autre partie, de même que, dans ce cas, sur l'opportunité de suspendre l'application du traité.

Certaines juridictions de l'ordre judiciaire s'étaient cependant engagées dans la voie envisagée, en soulevant elles-mêmes la question de la réciprocité et en interrogeant le gouvernement sur son appréciation[1], voire en ordonnant une mesure d'instruction et en se réservant implicitement d'en apprécier les suites[2]. Mais la 1ère chambre civile de la Cour de cassation, soulignant que l'art. 55 de la Constitution relève des rapports entre États, a subordonné la non-application des traités par les tribunaux à une décision expresse du gouvernement[3].

Le juge administratif n'a jamais soulevé d'office la question de la réciprocité. Le Conseil d'État ne repousse pas l'argument lorsqu'il est invoqué par une partie ; mais il s'est refusé à apprécier lui-même les conditions d'exécution d'un traité par l'autre partie et sollicite l'appréciation du ministre chargé des relations extérieures pour s'y conformer[4]. Cette attitude ayant été condamnée par la Cour EDH comme une violation de l'article 6.1 de la Convention EDH[5], l'opinion gouvernementale, si elle continue d'être sollicitée, devrait au moins être soumise à la discussion contradictoire des parties.

c) Conflit de conventions

62. – Position du problème. Le développement des relations privées internationales et l'action des organisations internationales se sont traduits à l'époque contemporaine par une prolifération de conventions. Compte tenu, d'une part, de leur caractère tantôt bilatéral, tantôt multilatéral, d'autre part, de leur objet plus ou moins étendu, les conflits entre elles sont appelés à se multiplier. La jurisprudence a déjà eu à en connaître, mais il ne se dégage de ses décisions aucune règle ferme.

Les conventions récentes contiennent en général une clause réservant les traités déjà en vigueur, et même parfois ceux à venir. Cependant, ces

1. Crim. 29 juin 1972, JCP 1973,II,17457 n. Ruzié, demandant d'office au gouvernement si la convention de Chicago de 1944 relative à l'aviation civile internationale, convention multilatérale, était bien appliquée par trois autres parties.
2. TGI Nanterre, 18 sept 1974, RC 75.115 n. P.L.
3. Civ. I. 6 mars 1984, *Kryla*, D.85.I.R.182, JDI 84.859 n. Chappez, RC 85.108 n. Droz ; 16 fév. 1994, RC 95.51, 1re esp., n. Lagarde ; 23 mars 1994, *ibid.* 2e esp., JDI 95. 119 n. Chappez. On en déduit que les tribunaux n'ont pas le pouvoir de contrôler la décision gouvernementale de suspension d'un traité pour défaut de réciprocité.
4. CE, 29 mai 1981, *Rekhou*, D.82.137 n. Calonec, RC 82.65 concl. Théry, n. Lagarde, JDI 82.437, 1re esp., n. Chappez ; 15 nov. 1989, D.89. I.R. 314 ; 9 avril 1999, D.99. I.R. 174, AJDA 99.459.
5. Cour EDH 13 fév. 2003, D. 03.931 obs. Moutouh, faisant suite à CE 9 avril 1999, *Chevrol-Benkeddach*. AJDA 99.459.

clauses de coordination se révèlent souvent de style et ne sont pas toujours utilisables[1]. À défaut de clause opérationnelle, l'ordre juridique international, en particulier la Convention de Vienne de 1969 sur le droit des traités, coordonne les instruments à partir des règles *lex posterior priori derogat* ou *specialia generalibus derogant*. Mais ces principes ne prennent pas en compte les objectifs propres au droit international privé, qu'il s'agisse de compétence judiciaire ou législative, ce que devrait faire une méthode acceptable.

63. – Principes de solution possibles. S'agissant d'un conflit entre conventions posant des règles de compétence juridictionnelle directe, le principe *specialia generalibus derogant* paraît approprié : ainsi une disposition formulée dans une convention sur les obligations alimentaires devrait l'emporter sur la disposition correspondante d'une convention judiciaire à objet général[2]. À niveau de généralité égal, la convention la plus récente devrait l'emporter.

Lorsque le conflit oppose deux conventions portant sur la reconnaissance et l'exécution des décisions, et à défaut de clause de coordination les départageant[3], l'on pourrait offrir au plaideur la faculté de choisir l'instrument prévoyant les conditions les plus libérales, le but commun aux deux conventions étant de faciliter la reconnaissance des décisions. En revanche, il ne paraît pas indiqué de permettre l'emprunt de règles à différentes conventions pour régir une situation donnée, alors que les facilités offertes par chacune peuvent trouver leur contrepartie au sein de la même convention dans d'autres règles plus strictes et formant un tout avec elles.

Lorsque sont confrontées des conventions portant unification de règles de conflit de lois, les principes de solution tirés du droit international public n'apparaissent pas suffisants car ils ne tiennent pas compte de la fonction de régulation des intérêts privés aujourd'hui reconnue à la règle de conflit (n° 99). La prise en compte de ces intérêts incite à privilégier la convention dont les rattachements satisfont au mieux la fonction de la règle de conflit dans la matière concernée. Ainsi pour les contrats de vente passés avec des consommateurs, alors que l'art. 21 de la Convention de Rome précitée donne priorité aux autres instruments visant les obligations contractuelles,

1. S'agissant ainsi de déterminer la loi applicable aux rapports internes dans le contrat d'intermédiaire, l'art. 21 de la convention de Rome du 19 juin 1980 sur la loi applicable aux obligations contractuelles et l'art. 23 de la Convention de La Haye sur la loi applicable aux contrats d'intermédiaire donnent chacune priorité à l'autre instrument et se neutralisent ainsi mutuellement.
2. V. proposant cette solution comme « règle de la matière spéciale », Majoros, *Les conventions internationales en matière de droit privé*, 1980, p. 232 s., 294 s. ; Dutoit et Majoros, « Le lacis des conflits de conventions en droit privé et leurs solutions possibles », RC 1984.565. V. également Bureau, « Le conflit de conventions », TCFDIP 2000.201 ; C. Brière, *Les conflits de conventions internationales en droit privé*, 2001 ; Malan, *Les conflits de conventions en droit international privé (conflits de lois)*, 2002.
3. Ainsi la convention de Luxembourg de 1980 sur la reconnaissance et l'exécution des décisions relatives aux mineurs réserve le droit d'invoquer d'autres instruments ou le droit commun de l'État requis (art. 19).

ce qui conduit à donner préséance à la Convention de La Haye de 1955 sur la vente internationale, on pourrait néanmoins appliquer sur ce point la première qui contient une règle de conflit à finalité matérielle protectrice du consommateur. En effet, au-delà des objectifs propres à toute règle de conflit visant la vente internationale (sécurité et prévisibilité), la fonction de la règle spécialisée est d'assurer au consommateur le niveau de protection en vigueur dans son environnement habituel ; or selon la Convention de 1955, qui désigne en principe la loi du vendeur, ce résultat ne pourrait être atteint que par recours à la notion de loi de police (au demeurant non expressément prévu par cette convention)[1]. Tout en satisfaisant la fonction régulatrice de la règle de conflit de lois, et bien qu'elle reconnaisse au for la possibilité de choisir le traité qu'il entend privilégier, l'approche suggérée n'évince pas pour autant les principes fondamentaux du droit international public en la matière. À supposer en effet que la méthode fonctionnelle ne conduise pas au même résultat que les principes de solution déduit du droit international public (clauses de coordination et, à défaut, *lex posterior* ou *lex specialia*), l'État assumera les conséquences de la solution donnée au conflit de traités : soit au titre de sa responsabilité internationale, soit – plus vraisemblablement – par le refus d'effet à la décision rendue par ses organes[2].

§ 3 : LE DROIT INTERNATIONAL PRIVÉ DE L'UNION EUROPÉENNE

64. Droit international privé et Communauté, puis Union, européenne. L'institution d'un ordre juridique communautaire créa entre les États membres une situation hybride au regard du droit international privé traditionnel. Celui-ci procède de l'indépendance des ordres juridiques et prend acte de la diversité des droits qui en découle en s'efforçant de coordonner leur application. De son côté, le droit de l'Union, tendant à une certaine intégration, peut être porté à voir dans la diversité des droits une entrave à celle-ci. Il existait ainsi une antinomie latente entre les deux approches, « conflictualiste » et « communautariste »[3]. En toute hypothèse, cependant, l'intensité et l'étroitesse des liens entre les États membres appelaient une certaine uniformité des règles appelées à organiser les conséquences de la diversité des systèmes juridiques, ne serait-ce que pour prévenir le *forum shopping* au sein de l'ensemble créé. Dans cette perspective, des dispositions de droit international privé pour les relations intraeuropéennes

1. Malan, *op. cit.*, *passim*. V. Civ. 1re, 19 oct. 1999, RC 00.29 n. Lagarde ; TGI Dunkerque, 19 fév. 1986, JDI 86.713. Sur cet exemple, v. également n° 832.
2. Convention de Vienne sur le droit des traités, art. 30 § 5. Dans le contentieux d'origine privée, on a vu qu'une telle responsabilité est rare (v. cpdt afff. *Boll*, n° 42), son expression la plus courante étant le refus de reconnaissance d'une décision prise en violation du droit conventionnel (v. n° 46). On peut également espérer que la solution du conflit donnée par le for satisfaisant le règlement du litige privé rejoigne la solution que recevrait le conflit dans l'ordre juridique étranger.
3. Sur les « rapports dynamiques » entre les méthodes et solutions de différents ordres juridiques et systèmes, v. Bergé, « Interactions du droit international et européen », JDI 2009.903.

furent d'abord introduites par voie conventionnelle. Puis, à mesure des modifications institutionnelles apportées par les traités successifs (Maastricht, Amsterdam, Lisbonne), les sources communautaires ont pris le dessus. Cependant, les instances européennes ont souvent outrepassé les compétences que leur attribuaient les textes, justifiant rituellement leurs interventions par l'objectif d'un « espace de liberté, de sécurité et de justice » tout en s'abstenant de préciser le lien entre les dispositions de droit international privé édictées et cet objectif. Procédant depuis 1999 sur la base de « programmes d'action », véritables plans quinquennaux[1], ces instances semblent inspirées par un tropisme d'uniformisation complète du droit en matière civile au sein des États membres. Qui plus est, cette action se déploie sous couvert de « coopération judiciaire » et de reconnaissance mutuelle des décisions, dans l'ignorance de la distinction la plus fondamentale du droit international privé, celle du juge compétent et de la loi applicable (n° 12)[2]. L'exemple de certains règlements ou projets de règlement, notamment dans le domaine de la procédure ou du droit de la famille, montre également que l'uniformité pourrait assez aisément s'étendre par voie de conséquence au droit matériel. À défaut d'union politique, l'Union semble être perçue par certains comme devant inéluctablement conduire à un ensemble dont le droit serait uniforme, tandis que la relative indifférence de la plupart des Etats membres dans le domaine du droit privé laisse le champ libre à cette unification rampante.

64-1. Le développement des normes communautaires en droit international privé : droit conventionnel et droit dérivé. En vertu de l'art. 220 du traité CEE (devenu article 293 CE, puis abrogé dans le traité de Lisbonne sur le fonctionnement de l'Union européenne, du 13 décembre 2007) fut adoptée la convention de Bruxelles du 27 septembre 1968 sur la *compétence judiciaire et l'effet des jugements en matière civile et commerciale,* plusieurs fois modifiée, et dont le mécanisme fut pratiquement étendu aux relations avec les pays membres de l'AELE par la convention de Lugano du 16 septembre 1988. Indépendamment d'une prévision dans le traité fut ensuite adoptée la convention de Rome du 19 juin 1980 sur la *loi applicable aux obligations contractuelles.* Ces deux instruments étaient des conventions internationales ordinaires (toutefois non ouvertes aux États tiers), nécessitant une ratification des Etats ainsi qu'un engagement particulier pour que l'interprétation en soit confiée à la CJUE par voie de question préjudicielle.

L'institution par le traité de Maastricht sur l'Union européenne (1992) d'un « troisième pilier » incluant la coopération judiciaire en matière civile (art. K.1 n° 6) suscita la négociation de deux autres conventions,

1. Le premier programme, du 30 novembre 2000 (JO C 12 du 15.1.2001, p. 1) fut adopté à la suite du Conseil européen de Tampere d'octobre 1999 ; il a été suivi de ceux de La Haye (5 novembre 2004, JO C 53 du 3.3.2005, p. 1) et Stockholm (décembre 2009).
2. Paulino Pereira, « La coopération judiciaire en matière civile dans l'Union européenne : bilan et perspectives », RC 2010.1.

respectivement sur la notification transfrontière des actes et sur la compétence et l'exécution des décisions en matière matrimoniale (« Bruxelles II »)[1]. À la même époque était adoptée, sur le fondement de l'article 220, une convention relative aux procédures d'insolvabilité. Pendant toute cette période, dans le cadre des compétences reconnues à la Communauté, un certain nombre d'actes de droit dérivé (règlements et directives) furent assortis – sans souci, en matière contractuelle, de coordination avec la convention de Rome, dont l'existence même a pu sembler parfois ignorée – de dispositions relatives à leur champ d'application dans l'espace ; d'où un certain nombre de règles sectorielles dans des matières diverses : assurances, propriété industrielle, détachement des travailleurs, contrats de consommation (clauses abusives, contrats à distance, vente de biens de consommation), commerce électronique...

À supposer ces dispositions nécessaires en l'état, notamment, de la convention de Rome, elles sont fréquemment obscures (v. par ex. n° 832) ; parfois même, c'est l'affirmation par une directive qu'elle n'établissait pas de « règles additionnelles de droit international privé » qui a suscité l'interrogation face à certaines de ses dispositions[2]. On a pu déceler dans ces textes un « défaut de culture » de droit international privé, observation que suffit à justifier le simple usage de la directive, laissant la possibilité aux États de recourir à des procédés différents alors que le but est de mettre fin à la diversité des solutions de conflit elles-mêmes[3]. Cette manière de procéder s'est effectivement traduite en certains domaines (rapports de consommation, assurance), au-delà de la confusion créée, par une diversité accrue des solutions de conflit entre les États membres[4].

Le traité d'Amsterdam modifiant le traité de Rome (TCE), entré en vigueur le 1er mai 1999, procéda – sans négociation connue – à une « communautarisation » de la coopération judiciaire en matière civile, transférée au premier pilier (nouveau titre IV, relatif aux « politiques liées à la libre circulation des personnes », art. 61, 65, 67 du traité) et permit au Conseil d'adopter des mesures dans ce domaine[5]. Ces dispositions se

1. Trois États membres, le Royaume-Uni, l'Irlande et le Danemark, ne participent pas à ce système, les deux premiers se réservant cependant la faculté d'adopter les mesures prises.
2. Directive 2000/31/CE du 8 juin 2000 sur le commerce électronique (art. 1er, par. 4). V. Fallon et Meeusen, « Le commerce électronique, la directive 2003/31/CE et le droit international privé », RC 2002.435.
3. Comme finit par le constater, en 2009, la proposition de règlement en matière de successions (n° 898), « [l]a nécessité de sécurité juridique et de prévisibilité requiert des règles claires et uniformes et impose la forme du règlement. Ces objectifs seraient compromis si les États membres avaient une marge d'appréciation dans la mise en œuvre des règles » (Exposé des motifs, point 3.3).
4. Pour une élucidation, v. S. Francq, *L'applicabilité du droit communautaire dérivé au regard des méthodes du droit international privé*, 2005.
5. Kohler, « Interrogations sur les sources du droit international privé européen après le traité d'Amsterdam », RC 1999.1 ; Gaudemet-Tallon, « Droit privé et droit communautaire (...) », *Rev. Marché comm. et Union eur.*, 2000.228. Sur la genèse de l'« espace de liberté, de sécurité et de justice » v. Labayle, RTDE 1997.813. Les conclusions du Conseil de Tampere se proposaient d'« exploiter pleinement les possibilités » de l'article 65. Le Danemark ne participait pas aux mesures relevant de la coopération judiciaire en matière civile ; le Royaume-Uni et l'Irlande n'y

sont traduites par une succession de règlements tendant à supplanter les sources nationales ou à se superposer à elles. Ont d'abord été mis en vigueur sous cette forme les trois projets de convention précités par autant de règlements du 29 mai 2000, respectivement n° 1346 (*procédures d'insolvabilité*), 1347 (*compétence et exécution des décisions en matière matrimoniale et de responsabilité parentale*) et 1348 (*signification des actes dans les États membres*), le second et le troisième rapidement remplacés par d'autres, respectivement n° 2201/2003 (dit « Bruxelles II bis », lui-même déjà en voie de modification) et n° 1393/2007. Un règlement 1206/2001 organise la coopération entre les juridictions des Etats membres dans le domaine de l'*obtention des preuves*. Une version retouchée de la Convention de Bruxelles a fait l'objet d'un règlement du Conseil 44/2001, du 22 décembre 2000 (en voie de modification). En vue faciliter davantage l'exécution des créances incontestées d'un État membre à un autre, le règlement n° 805/2004 du 21 avril 2004 a institué un *titre exécutoire européen.* Deux règlements ultérieurs ont marqué une étape nouvelle par la création de véritables procédures uniformes, s'ajoutant dans leur domaine aux procédures internes pour les litiges transfrontières et aboutissant à des décisions immédiatement exécutoires dans toute l'Union : les règlements n° 1896/2006 du 12 décembre 2006 instituant une *procédure européenne d'injonction de payer* et n° 86/2007, et du 11 juillet 2007, instituant une *procédure européenne de règlement des petits litiges*.

Ces mesures s'inscrivaient dans le champ de l'art. 65 TCE en ce que celui-ci visait la « coopération judiciaire ». Le même texte parlait de « favoriser la compatibilité des règles applicables dans les Etats membres en matière de conflit de lois » (mais ce, dans la mesure nécessaire au bon fonctionnement du marché intérieur)[1]. Si vague que soit cette formule insolite, elle ne pouvait être entendue comme visant une unification pure et simple (moins encore lorsque ces règles ne se limitent pas aux relations intra-européennes : n° suivant)[2]. Néanmoins un règlement (CE) 593/2008 du 17 juin 2008 dit « Rome I » a remplacé en 2009 la convention de Rome. Tardant à être adopté, il avait été précédé par le règlement (CE) n° 864/2007 du 11 juillet 2007 sur la *loi applicable aux obligations non contractuelles* (« Rome II »). Visant formellement l'art. 65 CE (considérant 2 de chaque règlement), les auteurs de ces textes n'ont pas justifié au fond l'emploi qu'ils en faisaient. Les autorités communautaires ont également entrepris de légiférer dans des domaines touchant au droit international privé de la famille, en exécution des différents « programmes d'action » adoptés depuis 1999[3]. Le 18 décembre 2008 a été adopté le règlement

participaient que sur notification de leur souhait de participer à l'adoption et à l'application des mesures.

1. Heuzé, « D'Amsterdam à Lisbonne, l'État de droit à l'épreuve des compétences communautaires en matière de conflit de lois », JCP 08.1.166.
2. V. notamment Communication de la Commission au Conseil et au Parlement européen, « Espace de liberté, de sécurité et de justice : Bilan du Programme de Tampéré et futures orientations », doc. COM (2004) 401 final, du 2 juin 2004.
3. Des réserves furent en particulier été émises par le Groupe européen de droit international privé (n° 34, www.drt.ucl.ac.be/gedip/gedip_groupe.html) ; v. RCDIP

(CE) 4/2009 du Conseil relatif à *la compétence judiciaire, la reconnaissance des décisions et la coopération en matière d'obligations alimentaires* ; et le 14 octobre 2009 a été publiée une proposition de règlement sur *la compétence, la loi applicable, la reconnaissance et l'exécution des décisions et des actes authentiques en matière de succession, et la création d'un Certificat Européen de Succession*. D'autres sont à l'étude en matière de divorce[1] et de régimes matrimoniaux (« Rome IV)[2].

L'art. 81 du traité de Lisbonne sur le fonctionnement de l'Union européenne (TFUE), entré en vigueur le 1er décembre 2009, a repris le contenu de l'art. 65 TCE, avec certaines modifications rédactionnelles mais sans remédier à ses ambiguïtés, dont la principale consiste à appréhender les conflits de lois sous la bannière de la « coopération judiciaire » (n° 64)[3]. On peut voir dans la version nouvelle une extension de la compétence de l'Union en ce que celle-ci peut adopter des mesures dans le domaine de la coopération judiciaire « notamment », c'est-à-dire non exclusivement, lorsque cela est nécessaire au bon fonctionnement du marché intérieur ; et que ces mesures visent désormais à « assurer », et non plus simplement à favoriser, la compatibilité des règles de conflit. D'autres dispositions pourraient en revanche avoir un effet modérateur sur l'extension des règles de source européenne[4]. L'article 67.1 TFUE, au sein du titre relatif à l'espace de liberté, de sécurité et de justice, évoque le respect « des différents systèmes et traditions juridiques des États membres » ; tandis que les

1995.39 ; 2000.929. Pour un point de vue approbateur, selon lequel l'article 65 aurait permis l'adoption d'un droit international privé communautaire systématique et strictement répartiteur (« de cohabitation »), v. J. Basedow, « Spécificité et coordination en droit international privé communautaire », TCFDIP 2002.275.

1. Une proposition de règlement du 17 juillet 2006 (« Rome III ») ayant été abandonnée en juin 2008, en raison de l'opposition d'une majorité d'États, la reprise des travaux est envisagée dans le cadre d'une « coopération renforcée » entre neuf États membres.
2. Livre vert du 17 juillet 2006, Doc. COM (2006) 400 final.
3. Barrière-Brousse, « Le traité de Lisbonne et le droit international privé », JDI 2010.3.
4. V. aussi le rappel à l'ordre émanant de la Cour constitutionnelle allemande : BVerfG, 30 juin 2009, « Lisbonne », RDP 10, n° 1, p. 171. La Cour récuse la vocation fédérative de l'Union européenne, qualifie cette organisation supranationale d'association d'États souverains et insiste sur les exigences démocratiques et juridiques s'imposant aux traités fondateurs et au droit secrété par l'Union (§ 229 s., 298, 332). Plus particulièrement, la Constitution allemande « n'autorise pas les organes d'État à transférer des droits souverains de manière à ce que leur exercice puisse permettre à l'Union européenne de développer en toute autonomie de nouvelles compétences. Elle interdit le transfert de la compétence de sa compétence » (§ 233). Dans une perspective pluraliste, sauvegardant les identités juridiques nationales, est réaffirmée la responsabilité des États vis-à-vis de leurs citoyens de maintenir l'efficacité des principes constitutionnels fondamentaux, ce qui implique le respect du principe d'attribution limitée de compétence à l'Union et une sanction nationale des dépassements de pouvoirs supranationaux (V. spéc. § 238-242). La décision inclut des développements concrets, notamment quant au concept de « citoyenneté européenne », interprété restrictivement. Concernant le droit international privé, la Cour affirme une position très restrictive quant aux compétences de l'Union dans le droit international privé de la famille (§§ 368-369).

Parlements nationaux se voient reconnaître un rôle nouveau de contrôle et même de blocage (article 12 TUE).

L'art. 293 du traité CE, qui laissait ouverte la voie intergouvernementale, déjà omis dans le projet de Constitution européenne, ne figure plus dans le TFUE.

65. Relations juridiques se rattachant aux États tiers. Dans leur domaine matériel, celui de la coopération judiciaire, les mesures prises par la Communauté devaient se borner aux matières « ayant une incidence transfrontière ». Cela excluait d'abord les relations internes aux États membres[1]. La référence au marché intérieur dans l'art. 65 TCE excluait également les relations impliquant un État membre et un ou plusieurs États tiers, sauf à démontrer le cas échéant que ces relations étaient susceptibles d'un impact sur le marché intérieur[2]. Les autorités communautaires ont néanmoins également étendu leurs interventions à ces relations. Certaines directives ont fixé leur champ d'application aux cas où la situation (internationale) présente « un lien étroit avec le territoire d'un État membre »[3]. Les règlements Rome I et Rome II ont été déclarés applicables sans condition de réciprocité (sur la portée de cette expression, n° 50 *in fine*)[4]. La Cour de justice (dont les décisions d'interprétation de la convention de Bruxelles dénotent parfois un manque de familiarité avec la matière) confère à des dispositions prévues pour les relations entre les États membres un impact externe dont la justification est difficile, tant en droit qu'en opportunité[5], et même s'est opposée de front à ce qu'un État

1. À l'occasion du règlement sur la procédure d'injonction de payer, la Commission européenne a tenté d'édicter un texte applicable dans l'ordre interne, ce à quoi se sont opposés les Etats membres. La directive n° 2008/52/CE sur certains aspects de la médiation en matière civile et commerciale a donné lieu à une tentative du même ordre, repoussée par le Parlement et le Conseil (v. Nourissat, *Procédures* 2008, étude 9 ; Ferrand, RIDC 09.265).
2. Wilderspin et Rouchaud-Jouët, « La compétence externe de la Communauté en droit international privé », RC 2004.1 ; Bergé, « La double internationalité interne et externe du droit communautaire et le droit international privé », TCFDIP 204-06.29 ; Struycken, « Le droit international privé d'origine communautaire et les États tiers », Rev. aff. eur. 2001-02.469.
3. Directive 93/13/CE du Conseil, du 5 avril 1993, concernant les clauses abusives dans les contrats conclus avec les consommateurs (disposition qui semble avoir été édictée dans l'ignorance de l'existence de la Convention de Rome du 19 juin 1980 ; v. l'art. 5 de la convention).
4. C'était déjà le cas de la Convention de Rome en matière de lois applicable aux obligations contractuelles, dont le règlement Rome I prend la place pour les contrats conclu après le 17 décembre 2009 ; mais ce qui est autorisé aux États dans le cadre d'une convention internationale ne l'est pas pour autant à la Communauté pour leur compte, quelle que soit l'utilité pour la pratique de n'avoir à appliquer qu'un règlement de conflit unique.
5. V. par ex. le traitement comme loi de police, dans des rapports non pas intracommunautaires mais internationaux, de dispositions nationales prises en exécution de la directive sur les agents commerciaux (*infra* n. 117 s.), sans que l'expression apparaisse et surtout sans que soit identifié un intérêt communautaire de nature à justifier cette position, CJCE 9 nov. 2000, *Ingmar*, JCP 01.1159 n. Bernardeau RC 01.107

applique des règles de droit commun en matière de conflit de juridictions, dans les rapports n'intéressant que lui-même et un ou des États tiers[1].

S'agissant de la conclusion d'accords internationaux avec les États tiers, les autorités communautaires, suivant une doctrine de « compétence implicite » déduite d'un arrêt rendu dans un domaine faisant l'objet d'une politique commune (transports)[2], ont dénié aux États membres le droit de contracter avec des États tiers « individuellement ou même collectivement » lorsque ont été prises par la Communauté « des positions intéressant, sous quelque forme que ce soit, des règles communes »[3]. De ce fait, les extensions, ou les empiètements, de compétence réalisés dans le domaine des relations intra-européennes se trouvent automatiquement répercutés et amplifiés dans les relations intéressant les États membres et les États tiers. Se réclamant de ces précédents, la Communauté européenne est devenue membre de la Conférence de La Haye, où elle dispose d'un nombre de voix égal au nombre de ses États membres qui lui ont transféré compétence sur la matière en question (au risque de décourager la participation des tiers et au prix d'une perte d'influence individuelle des États membres). Elle s'est déclarée, à cette occasion, « compétente, sur le plan interne, pour adopter des mesures générales et particulières relatives au droit international privé dans différents domaines au sein des États membres »[4].

Consacrant l'évolution qui précède, l'art. 3.2 TFUE énonce que l'Union dispose d'une compétence exclusive pour la conclusion d'un

n. Idot, JDI 01.511, 2e esp., n. Jacquet (contre cette interprétation, Com. 28 nov. 2000, *Allium*, *ibid.*, 1re esp., JCP 01.10527 n. Bernardeau).

1. CJCE, 1er mars 2005, *Owusu* (*infra*, n° 517). L'objet de la Convention de Bruxelles, à l'origine des règles imposées, était pourtant la reconnaissance *mutuelle* des jugements, et celui des règles de compétence finalement incluses la protection des défendeurs domiciliés dans les États membres contre certaines règles de compétence en vigueur *dans d'autres Etats membres*.
2. CJCE, 30 mars 1971, *AETR*, aff. C-281-02, Recueil p. 263.
3. CJCE, avis 1/03 du 7 février 2006, relatif à la Convention de Lugano, Recueil 2006 I, p. 1145, D. 2006.1260 obs. Nourissat. Approuvant la Commission de s'être investie du droit de renégocier la convention de Lugano unissant les États membres de la Communauté à ceux de l'AELE, l'avis a restreint la possibilité pour les États membres de conclure des accords avec des États tiers nonobstant les liens particuliers qu'ils peuvent entretenir avec tel ou tel non seulement au critère de l'arrêt *AETR* mais à l'absence d'« affectation » du marché intérieur, notion traditionnellement comprise de la manière la plus large.
4. Décision du Conseil du 5 oct. 2006, devenue effective le 3 avril 2007, Annexe II. Cochet et Castell, « L'articulation entre le droit international privé communautaire et les conventions internationales bi ou multilatérales », GP 21-22 mars 2008. L'enchevêtrement des compétences, tantôt exclusives, tantôt partagées, donne lieu à des ambiguïtés que les autorités de l'Union mettent parfois à profit : v. la décision 2009/941/CE du 30 novembre 2009 selon laquelle la conclusion du protocole de La Haye sur la loi applicable aux obligations alimentaires (n° 746-2) ressortit à la compétence exclusive de l'Union, contrairement à la lettre et à l'esprit du règlement 4/2009 sur le même sujet (n° 745) ; comp. décision 2008/431/CE du 5 juin 2008 autorisant les États membres à ratifier la Convention de La Haye de 1996 sur les mineurs en relevant que les questions relatives à la loi applicable ne relèvent pas de la compétence de la Communauté (considérant 6).

accord international dans la mesure où cela est « susceptible d'affecter des règles communes ou d'en altérer la portée ». Les procédures de contrôle de la part des Parlements nationaux pourraient cependant faire dorénavant échec à des interprétations aussi contestables que celle de l'avis 1/03 de 2006. La possibilité a été reconnue depuis aux États membres d'entreprendre des négociations avec des États tiers dans le champ du droit international privé de la famille, d'une part, et celui du droit applicable aux obligations, d'autre part[1]. Mais une telle initiative doit être justifiée par l'existence de liens économiques, géographiques, culturels ou historiques, sociaux ou politiques entre eux ; et une procédure de vérification étroite par la Commission est prévue.

65-1. Principes reconnaissance mutuelle et de loi du pays d'origine ; libertés communautaires. Les développements qui précèdent concernent les sources formelles du droit international privé au sein de l'Union. Une autre manifestation de l'interférence du droit communautaire avec le droit international privé affecte le fond même de la matière dans les rapports intra-européens. Elle procède de l'approche « communautariste » qui tend à ne voir dans la diversité des droits des États membres qu'un obstacle au fonctionnement du marché (n° 64). Se réclamant de la suprématie du droit communautaire, elle se traduit par l'invocation généralisée du principe « de reconnaissance mutuelle » consacré par la Cour de justice à propos de la libre circulation des marchandises (arrêt *Cassis de Dijon*, 1979) et étendu à d'autres matières relevant de la libre circulation des services (arrêt *Säger*, 1991) ou des personnes. Le principe, on le rappelle, tend à s'opposer à l'application d'une réglementation du pays de destination jugée constituer une entrave pour un produit ou un service satisfaisant à la réglementation du pays d'origine. Par une extension insuffisamment réfléchie, il consiste à imposer le cas échéant la compétence de la loi, voire celle des juridictions, du « pays d'origine », nonobstant la loi applicable selon les principes habituels du conflit de lois (règles de conflit ou lois de police) ; on parle de « règles de conflit cachées » ou, de manière plus modérée, car il ne s'agirait que d'un mécanisme exceptionnel, d'exception de reconnaissance mutuelle[2]. Cette conception s'est traduite dans différentes directives ainsi que dans la jurisprudence de la Cour de justice, toujours au nom du respect des libertés du traité, en matière de sociétés[3],

1. Règlements (CE) n° 664/2009 du 7 juillet 2009 et n° 66/2009 du 13 juillet 2009.
2. Sur cette approche (sans nécessairement y souscrire), v. Radicati di Brozolo, « L'influence sur les conflits de lois des principes de droit communautaire en matière de liberté de circulation », RC 1993, p. 40 ; Duintjer Tebbens, « Les conflits de lois en matière de publicité déloyale à l'épreuve du droit communautaire », RC 1994.451 ; Wilderspin et Lewis, « Les relations entre le droit communautaire et les règles de conflit des Etats membres », RC 2002.1 et 289.
3. V. la série d'arrêts entamée par CJCE, 9 mars 1999, *Centros*, *infra* n° 1124, d'où résulte pratiquement l'interdiction pour un Etat de sanctionner la fraude à son propre droit des sociétés par incorporation dans un autre État d'une société exclusivement destinée à exercer ses activités dans le premier.

de régime social du travailleur détaché dans le cadre d'une prestation de services[1], mais aussi de statut personnel ou familial[2].

La jurisprudence rendue dans ces derniers domaines est des plus contestables. Tandis que l'Union n'y jouit pas de compétence pour modifier des règles en vigueur dans les États membres, elle méconnaît des principes supérieurs aux libertés communautaires dont elle se réclame, lesquelles libertés n'étaient même pas toujours effectivement en cause. Dans l'affaire *Garcia Avello*, un État se voit interdire de résoudre un conflit de nationalités concernant des enfants nés et résidant sur son territoire en faveur de la nationalité qu'il leur confère, au nom de la liberté d'établissement des ressortissants titulaires d'un autre nationalité communautaire : ce faisant, l'arrêt méconnaît la solution établie des conflits de ce type en faveur de la nationalité du for (n° 139), alors au surplus que celle-ci était incontestablement plus effective que la nationalité étrangère dont l'application est imposée ; en forçant l'application de la loi étrangère correspondant à une nationalité moins effective, il consacre une discrimination plus grave, en faveur des doubles nationaux et au détriment des « mono-nationaux », que celle prétendument dénoncée ; et cela, alors que la liberté d'établissement des intéressés n'était pas concrètement en cause. Dans l'affaire *Grunkin et Paul*, l'État national d'un mineur, dont la loi se veut légitimement applicable, se voit contraint de reconnaître le nom attribué à celui-ci selon des principes différents des siens dans l'État résidence de l'un des parents lors de la déclaration de naissance ; l'inscription sur un registre prend ainsi le pas sur le statut personnel résultant de règles de fond incontestables. Dans l'affaire *Hadadi*, un État se voit à nouveau refuser de faire prévaloir sa nationalité relativement à un bi-national, dans une matière d'état des personnes (divorce), alors qu'elle est la plus effective, qui plus est dans des circonstances où l'invocation de la nationalité « secondaire » constituait un abus manifeste (sur la fraude à la loi par exploitation d'un « faux conflit » de lois que l'intéressé n'a pas eu à créer, *infra* n° 238).

Le principe de reconnaissance mutuelle répond légitimement à l'objectif d'intégration du marché lorsqu'il s'agit de reconnaître les effets d'une réglementation administrative par laquelle l'État d'origine exerce un contrôle sur les conditions d'exercice d'une activité de fournisseur ou prestataire (qualification requise, autorisations, assurance...), conditions que l'on aura au demeurant pris au préalable le soin d'harmoniser entre les États membres (« domaine coordonné », permettant la clause « marché intérieur »)[3]. Son application à des rapports de droit privé,

1. V. contrôlant l'application des lois de police nationales à l'activité de travailleurs temporairement déplacés pour l'exécution d'un contrat, CJCE 23 nov. 1999, *Arblade*, Rec. 1999 I-8453, RC 00.710 n. Fallon, JDI 00.493 n. Luby ; 15 mars 2001, *Mazzoleni*, Rec. I.2213, RC 01.495 n. Pataut.
2. CJCE 30 mars 1993, *Konstantidinis*, Rec. I.1191 (la translittération du nom d'un ressortissant grec établi en Allemagne selon la loi allemande plutôt que la loi grecque constitue une atteinte à la liberté d'établissement de l'intéressé) ; 2 oct. 2003, *Garcia Avello*, RC 04.184 n. Lagarde, JDI 04.1219 n. Poillot-Peruzzetto, D. 2004.1476 note M. Audit ; 14 oct. 2008, *Grunkin et Paul*, D. 09.845 n. Boulanger, JDI 09.203 n. d'Avout, RC 09.80 n. Lagarde. V. également, s'opposant à l'application du critère de la nationalité effective pour résoudre un conflit de nationalités impliquant un Etat tiers, CJCE, 7 juill. 1992, *Micheletti*, *infra* n. 947 ; 16 juillet 2009, *Hadadi*, JDI 10.157 n. d'Avout, RC 10.184 n. Brière.
3. V. par ex. la directive 2000/31/CE sur le commerce électronique, art. 3.1 (« Chaque État membre veille à ce que les services de la société de l'information fournis par un

d'ordre contractuel ou délictuel, et plus encore d'état des personnes, est en revanche contestable en soi parce que les dispositions en cause ne sont pas normalement source de distorsion[1]. Le grief d'entrave aux échanges ou de discrimination devrait être, le cas échéant, dûment justifié par le contenu de la loi désignée, en particulier son caractère discriminatoire, susceptible de justifier une *exception* de reconnaissance mutuelle. Quant aux règles de droit international privé elles-mêmes, règles de désignation, elles échappent de plus fort au contrôle, sous réserve – encore une fois à établir – des lois de police par lesquelles un État entend imposer l'application de sa loi à un rapport international (sur les lois de police, n° 117 s.) ; encore le contrôle sur leur usage ne devrait-il s'exercer que dans les rapports intracommunautaires.

Appliqué en droit privé et sans discernement, c'est-à-dire sans prendre la peine d'une justification en particulier au regard des principes de proportionnalité et de subsidiarité, largement ignorés, le « principe d'origine » peut se traduire à terme par une forme d'unification du droit, les fournisseurs de biens et de services choisissant de fixer leur établissement dans l'État dont la législation leur est le plus favorable. Mais cela comporte un risque d'alignement par le bas (*race to the bottom*), leurs concurrents étant obligés de les rejoindre, tandis que les tiers, cocontractants ou même victimes d'un dommage, en subiraient le détriment. Si l'unification du droit peut être considérée comme un objectif souhaitable dans un marché unique, elle devrait être mise en œuvre comme telle et son contenu débattu pour chaque matière. Enfin la mise à l'écart des règles de conflit de lois par le principe d'origine est d'autant plus insolite lorsque dans les matières visées ces règles sont d'origine communautaire (Convention de Rome, règlements Rome I et II) ; ces règles se trouveraient donc paradoxalement cantonnées aux relations avec les pays tiers (où leur légitimité est, de plus, douteuse ; n° précédent). S'agissant du conflit de juridictions, on n'ose imaginer qu'un fournisseur de biens ou de services causant un dommage puisse n'être attrait en justice que dans l'État de son domicile. Il convient donc de maintenir le départ entre les questions qui appellent une reconnaissance mutuelle effective des législations respectives des Etats membres pour que le marché intérieur soit une réalité et celles où la souveraineté des mêmes États relativement à leur législation doit être préservée et où le droit international privé doit demeurer autorisé à s'appliquer[2].

prestataire établi sur son territoire respectent les dispositions nationales applicables dans cet État membre relevant du domaine coordonné ») et 3.2 (« Les État membres ne peuvent, pour des raisons relevant du domaine coordonné, restreindre la libre circulation des services de la société de l'information en provenance d'un autre État membre »).

1. La directive précitée échappe à ce grief en spécifiant que les deux dispositions citées de l'art. 3 ne s'appliquent pas à la liberté des parties de choisir le droit applicable à un contrat (Annexe).
2. Heuzé, « De la compétence de la loi du pays d'origine en matière contractuelle ou l'anti-droit européen », Mél. Lagarde, 2004, p. 393. L'invocation irréfléchie du principe d'origine peut susciter en retour des réactions aussi peu éclairées, illustrées par

65-2. Bilan du droit international privé de l'Union européenne. Que les conflits de lois impliquant des États membres reçoivent une solution uniforme au sein de l'Union, du moins dans le domaine économique, constitue à l'évidence un objectif souhaitable. Étant donné en outre la difficulté de séparer avec précision les relations propres à celle-ci des relations proprement internationales, pour les soumettre éventuellement à des règles différentes (ce qui est en soi facteur de complication), il est également préférable que les mêmes principes de solution s'appliquent autant que possible aux deux types de relations (comme c'est le cas aux États-Unis). La fin ne saurait cependant tenir lieu de justification aux moyens. En ce qui concerne la première, il conviendrait, avant de légiférer dans un cas donné, d'identifier précisément la relation entre les règles de droit international privé envisagées et l'« espace de liberté, de sécurité et de justice », objectif invoqué de manière rituelle pour justifier la prise en charge par l'Union des dispositions édictées ; cela reste à faire s'agissant de la relation entre la liberté de circulation des personnes et l'unification des règles de conflit en matière de statut personnel et familial. S'agissant des moyens, on ne peut que constater un affranchissement régulier des voies du droit par une transgression des compétences d'attribution de l'Union, au détriment des États, ainsi que la méconnaissance routinière des principes de subsidiarité, mentionné dans le préambule des divers règlements traitant de conflits de lois sans que son respect soit aucunement justifié, et de proportionnalité, dont il est affirmé tout aussi gratuitement que « conformément [à ce principe] le présent règlement n'excède pas ce qui est nécessaire pour atteindre ses objectifs » (par ex., règlement 4/2009, considérant 45), en dépit de leur caractère fondamental au regard de la nature de l'Union[1]. On peut également s'inquiéter du caractère inflexible prêté aux « programmes d'action », dont la répétition conduit à une uniformisation des droits matériels par une violation accrue de la souveraineté des États.

Une façon plus respectueuse du droit de parvenir au degré d'unité souhaitable consisterait à s'appuyer d'abord sur l'important acquis international, en particulier les conventions de La Haye et celles de la CIEC, en incitant les États membres par voie de *recommandation* à ratifier telle convention (ce qui aurait répondu à la formule de l'art. 65 CE invitant à « favoriser la compatibilité des règles de conflit »). Cela d'autant plus que cette voie n'empêche pas les États membres de convenir au besoin de dispositions complémentaires instituant entre eux un régime renforcé, ainsi que prévu par des « clauses de déconnexion » dans les conventions

l'accueil de l'opinion et de divers politiciens français au projet de directive sur les services dans le marché intérieur du 13 janvier 2004 (devenu, fortement amendé sur ce point, la directive n° 2006/123 du 12 décembre 2006).

1. Pour un exemple de retenue juridictionnelle, cependant, v. CJUE 15 avril 2010, *Fundacion Gala-Salvador Dali*, aff. C 518/08, pts. 33-35 : s'agissant de déterminer les ayants droit en matière de droit de suite au profit de l'auteur d'une œuvre d'art, l'arrêt constate que la directive 2001/84/CE, du 27 septembre 2001 s'est interdit d'affecter le droit successoral des Etats membres et décline en conséquence de s'immiscer dans le règlement d'un conflit de lois successoral s'élevant dans l'un d'eux.

de La Haye[1]. Le droit international privé commun des États membres, le droit conventionnel applicable dans les relations avec les pays tiers et le droit de l'Union se conjugueraient ainsi au lieu de se chevaucher à partir d'empiètements de compétence, lesquels se traduisent par un enchevêtrement de règles[2]. L'activisme bureaucratique, multipliant les textes et les annonces de leur révision lors même que l'encre en est à peine sèche, ne contribue certainement pas à la clarté du droit ; et, par là, nuit au moins autant à « la liberté, la sécurité et la justice » que ne le faisaient les règles de droit international privé nationales, que l'on s'attache à éliminer, ou conventionnelles, dont on choisit de se passer[3].

Voy. : M. Audit, « Régulation du marché intérieur et libre circulation des lois », JDI 2006.1333 ; Borras, « Le droit international privé communautaire : réalités, problèmes et perspectives d'avenir », RCADI 2005.313 (t. 317) ; Fallon, « Les conflits de lois et de juridictions dans un espace économique intégré. L'expérience de la Communauté européenne », RCADI 1995.II. 282 ; Heymann, *Le droit international privé à l'épreuve du fédéralisme européen*, Economica, 2010 ; Idot, « L'incidence de l'ordre communautaire sur le droit international privé », LPA 2002, n. 248, p. 27 ; Lagarde, « Développements futurs du droit international privé dans une Europe en voie d'unification : quelques conjectures », RabelsZ. 2004.225 ; Lefranc, « La spécificité des règles de conflit de lois en droit communautaire (aspects de droit privé) », RC 2005.413 ; Le Bos, *Renouvellement de la théorie du conflit de lois dans un contexte fédéral*, 2010 ; Lequette, « De Bruxelles à La Haye (Acte II), Réflexions critiques sur la compétence de la Communauté en matière de droit

1. Convention de 1996 sur la protection des mineurs (n° 628), art. 52 ; convention de 2005 sur les accords d'élection de for (n° 507), art. 26.6. Une autre forme d'articulation a été entreprise avec le règlement (CE) n° 4/2009 du 18 décembre 2008 en matière d'obligations alimentaires dans ses rapports avec le protocole de La Haye de 2007 (n° 745).
2. Un exemple édifiant de complication est aujourd'hui donné par la coexistence de la Convention de La Haye de 1961 sur la protection des mineurs et du règlement Bruxelles II *bis* (*infra*, n° 621-1 et s.).
3. Caractéristique d'une préséance des préoccupations d'affichage sur les considérations de fond est le slogan de la « suppression de l'exequatur » des jugements au sein de l'Union, proclamé depuis le programme de La Haye. Les formalités proprement dites de l'exequatur, là où il est encore prévu (essentiellement selon le règlement 44/2001), sont devenues insignifiantes (n° 595) ; et un contrôle n'est exercé sur la décision par un juge de l'État requis qu'en cas de résistance du défendeur. Ce contrôle exceptionnellement exercé est réduit à un minimum que l'on peut considérer incompressible, soit pratiquement l'absence de contrariété de la décision présentée à l'ordre public procédural et de fond de l'État de reconnaissance (il est plus restreint que celui susceptible d'être exercé aux États-Unis sur les jugements émanant d'un autre État de la fédération) ; enfin, l'on ne rapporte pas de cas de refus de reconnaissance abusifs selon les textes sous leur forme actuelle, susceptibles de justifier une revendication aussi insistante. S'agissant des règles de compétence internationale des tribunaux au sein des Etats membres, une autre demande est l'extension des règles de compétence prévues pour les litiges intra-européens par le règlement n° 44/2001 aux litiges internationaux, entendus comme ceux ne se rattachant qu'à un État membre et des États tiers (n° 517) ; aucun argument de fond n'est avancé pour une telle extension, alors qu'il est loisible aux États, s'ils l'estiment opportun, d'aligner leurs règles de compétence de droit commun sur celles du règlement (comme l'a fait globalement l'Italie à l'occasion de la réforme de 1995, n° 37).

international privé », Mél. Gaudemet-Tallon, 2008, p. 503 ; Nourissat, « Sur l'élaboration d'une source perturbatrice : à propos du droit international privé communautaire », D. 2007.1098 ; Struycken, « Les conséquences de l'intégration européenne sur le droit international privé », RCADI t. 232 (1992), p. 261.

Ouvrages collectifs : *La réception du droit communautaire en droit privé des États membres*, 2003 (sous la dir. de J.-S. Bergé et M.-L. Niboyet) ; *Les conflits de lois et le système juridique communautaire*, 2004 (sous la dir. de A. Fuchs, H. Muir Watt et E. Pataut) ; *La matière civile et commerciale, socle d'un code européen de droit international privé* ?, 2009 (sous la dir. de Fallon, P. Lagarde, S. Poillot-Peruzzetto).

*
* *

66. – Plan de l'ouvrage. Il existe, entre les deux groupes de matières qui constituent en France l'objet du droit international privé, un lien rationnel et chronologique. Du point de vue de l'individu (droits subjectifs) se pose d'abord dans les relations internationales une question de statut à l'égard des États : elle se traduit normalement par un rattachement privilégié à l'égard de l'un d'eux, le lien de nationalité, et des restrictions corrélatives à la jouissance des droits vis-à-vis de tous les autres. En ce qui concerne les droits reconnus à une personne impliquée dans les rapports privés internationaux, il y a lieu de savoir selon quelle loi ils sont exercés (conflits de lois), et éventuellement d'obtenir leur sanction (conflits de juridictions).

De la même manière, mais du point de vue de l'État (droit objectif), les droits les plus étendus qu'il reconnaît le sont aux nationaux ; les étrangers sont dans une situation sélective, mais qui ne saurait se traduire par la négation de tout droit. Étant admis que des rapports juridiques se nouent au travers des frontières, il faut encore déterminer le droit applicable à ces rapports et assurer la sanction des droits reconnus.

Mais ces différents types de questions ne s'élèvent généralement pas simultanément[1]. Elles ne se posent pas non plus avec la même fréquence. Du fait que la nationalité de l'immense majorité des personnes ne soulève pas de contestation et que, dans des pays tels que la France, la jouissance de l'ensemble des droits privés est reconnue en principe aux étrangers, les questions de beaucoup les plus fréquentes sont liées à l'exercice des droits et à leur sanction. Pour cette raison, l'étude des conflits de lois et de juridictions précédera celle de la distinction entre nationaux et étrangers.

1. Pour un exemple où plusieurs d'entre elles se rencontraient, v. Trib. civ. Seine, 16 janv. 1959, RC 59.661 n. Loussouarn.

Livre I

LES RELATIONS PRIVÉES TRANSFRONTIÈRES

67. Division. Les relations internationales entre particuliers soulèvent la question du choix de la loi applicable et celle du règlement éventuel du contentieux auxquelles elles donnent lieu. La discipline du conflit de lois a pour objet la recherche d'un mode de solution universel et donc apte à assurer le règlement uniforme du conflit présenté par la relation envisagée en quelque pays que la question s'élève. Bien qu'il s'agisse encore d'un idéal à atteindre, la problématique du conflit de lois est suffisamment établie pour constituer une théorie générale, que l'on étudiera en premier lieu. On examinera à la suite les questions d'ordre principalement procédural regroupées sous l'expression de « conflit de juridictions », soit les règles de compétence et de procédure appliquées par les tribunaux français lorsqu'ils sont saisis de litiges internationaux ou qu'ils sont appelés à reconnaître les effets d'un jugement étranger (n° 11 s.). Le droit positif d'un pays donné résulte pour les différentes branches du droit privé des choix opérés dans le cadre de la théorie générale des conflit de lois et, dans une moindre mesure, des règles adoptées en matière de conflits de juridictions ; on étudiera en troisième lieu les solutions du droit français dans les différents domaines concernés.

TITRE I

THÉORIE GÉNÉRALE DES CONFLITS DE LOIS

68. - Plan. On a vu que l'expression de « conflits de lois » désigne en droit international privé la concurrence de deux ou plusieurs lois émanant d'ordres juridiques différents pour régir une situation donnée ; et que face à leur fréquente disparité substantielle, le moyen d'éviter une contrariété de statuts consiste à résoudre le conflit de lois en soumettant la situation à l'une de préférence à l'autre ou aux autres (n° 8). L'objet central de la discipline du conflit de lois a été de dégager une *méthode* tendant à désigner la loi applicable selon des critères rationnels et donc susceptibles d'une acceptation universelle. On commencera par présenter les données fondamentales de la matière, d'où se dégage un procédé dominant de solution : celui de la règle bilatérale de rattachement, autrement dite « règle de conflit de lois » (Chapitre I). On verra ensuite successivement comment sont conçues les règles de conflit les plus générales (Chapitre II), les difficultés générales que soulève la mise en œuvre des règles (Chapitre III) et celles qui sont liées à l'application de la loi étrangère éventuellement désignée par elles (Chapitre IV).

CHAPITRE I

DONNÉES FONDAMENTALES

69. – Importance particulière de l'histoire des idées. La difficulté présentée par la diversité des lois, et la recherche d'une méthode permettant de la surmonter, ont mis à contribution l'imagination des juristes depuis plusieurs siècles. La matière a ainsi donné lieu à un foisonnement de doctrines et à de multiples expériences. La connaissance, même sommaire, de cet acquis présente un intérêt qui n'est pas simplement historique : d'une part, en effet, le droit positif est directement tributaire de certaines conceptions relativement anciennes ; d'autre part, il est rare que des solutions que l'on serait tenté de proposer comme nouvelles n'aient pas déjà été suggérées ou ne connaissent quelque antécédent. On esquissera par conséquent l'évolution des idées (*Section I*), avant de présenter l'état actuel des méthodes (*Section II*).

SECTION I

ÉVOLUTION DES IDÉES

70. – Division. Il n'existe pas de doctrine ni de pratique des conflits de lois jusqu'à l'époque du Moyen Âge, ce qui appelle de brèves explications (§ prél.). La phase doctrinale s'ouvre au XIIe siècle, alors que la matière prend véritablement naissance ; au XIXe siècle auront été exposées les doctrines qui sous-tendent aujourd'hui encore les principaux systèmes (§ 1). En ce qui concerne l'évolution postérieure, on ne retiendra ici que ce qui touche à la conception même de la matière ; les développements relatifs à la méthode elle-même, intéressant le droit positif actuel, seront étudiés dans la section suivante (§ 2).

Voy. : Ancel, « Destinées de l'article 3 du Code civil », Mél. Lagarde, 2005.1 ; *Cours d'histoire du droit international privé,* en ligne sur www.u-paris2.fr ; Barile, « La fonction historique du droit international privé », RCADI 1965.III.301 (t. 116) ; Delaume, *Les conflits de lois à la veille du Code civil*, 1947 ; Elhoueiss,

Personnalité et territorialité en droit international privé, thèse Paris II, 2000 ; Francescakis, *La pensée des autres en droit international privé*, Thessalonique, 1985 ; Gutzwiller, « Le développement historique du droit international privé », RCADI 1929.IV.348 (t. 29) ; Lainé, *Introduction au droit international privé*, t. 1, 1888, t. 2, 1892 ; Meijers, « L'histoire des principes fondamentaux du droit international privé », RCADI 1934.III.543 (t. 49), *Études d'histoire du droit international privé*, 1967 ; P.-C. Timbal, « La contribution des auteurs et de la pratique coutumière au droit international privé du Moyen Âge », RC 1955.17.

§ PRÉL. – LA PRÉHISTOIRE DES CONFLITS DE LOIS

A. LE MONDE GREC ET ROMAIN

71. – Absence de théorie et de pratique connues. Dans les temps reculés, les conflits de lois ne pouvaient guère s'élever, les étrangers n'étant en général pas reconnus comme sujets de droits (n° 21). Seuls les traités, assez fréquents entre cités grecques, ouvrent une brèche dans ce système ; l'étranger était alors soumis à la loi locale.

Le droit romain, à l'origine, avait coexisté avec celui des autres cités, et dès l'époque ancienne il avait fallu organiser les rapports entre romains et pérégrins. Pour cela s'était développé, sous l'action du préteur et des gouverneurs de provinces, un *jus gentium* ; mais celui-ci ne réglait apparemment que les relations commerciales et l'on ne sait avec certitude comment étaient traités les inévitables conflits dans les autres matières. Il a été suggéré (Niederer) que chaque droit déterminait lui-même son champ d'application, en ce sens que ses institutions s'appliquaient aux étrangers dans la mesure possible eu égard à sa forme et à son contenu. L'Empire supprima le problème des conflits de lois, notamment en généralisant l'application du droit romain et en modelant le *jus gentium*, progressivement intégré aux constitutions impériales et soumis à l'interprétation jurisprudentielle. À l'époque de Justinien ne subsistait qu'un droit unique, d'origine à la fois législative, jurisprudentielle et impériale, et théoriquement applicable dans tout l'Empire.

Voy. Lewald, « Conflits de lois dans le monde grec et romain », RC 1968.419, 625 ; Niederer, « *Ceterum quaero de legum imperii romani conflictu* », RC 1960.137 ; Sturm, « Comment l'Antiquité réglait-elle ses conflits de lois ? », JDI 1979.259. Sur les traités à l'époque de Byzance, v. c. r. Francescakis, RC 1962.804.

B. LE HAUT MOYEN ÂGE

72. – Suite des invasions barbares : la personnalité des lois. L'invasion de l'Europe occidentale par différents peuples barbares à partir du Ve siècle aurait pu susciter le problème étudié, chacun de ces peuples (Wisigoths, Lombards, Burgondes, Alamans, Francs...) ayant ses propres coutumes tandis que les populations locales continuaient de vivre selon le droit romain, plus ou moins déformé. Il n'en fut pas ainsi parce que la coexistence s'établit selon le principe dit de la *personnalité des lois* : chaque groupe ethnique continua de vivre selon sa propre coutume, conformément à la conception germanique subjective de la loi[1]. Le

1. V. par exemple loi ripuaire, milieu VIe siècle : XXXV.3 : « Nous ordonnons que dans le pays ripuaire, les Francs, les Burgondes, les Alamans ou un habitant d'une nation quelconque, interpellés en justice, répondent selon la loi du lieu où ils sont nés.

problème théorique que soulevait leur diversité ne constitua pas une préoccupation en cette époque de régression intellectuelle et du droit. L'action principale des rois barbares dans le domaine juridique consista dans certains cas à faire rédiger ou compiler, d'une part, leur propre coutume, d'autre part, celle des populations conquises (par exemple loi « nationale » et loi « romaine » des Wisigoths, 506). Sans doute des conflits s'élevaient-ils dans les rapports entre personnes vivant selon des coutumes différentes. Mais la manière dont ils étaient résolus est mal connue ; l'on estime (Catellani) que préférence était donnée à la loi barbare, loi du plus fort.

73. – La territorialité des lois. Le système de la personnalité des lois prévalut pendant plus de trois siècles. Insensiblement, il céda la place à un autre radicalement différent, mais ne faisant pratiquement comme lui aucune place aux conflits de lois. Lorsque les différents peuples barbares se furent fixés en une région donnée, les distinctions selon l'origine ethnique des individus s'estompèrent et, avec la multiplication des mariages « mixtes », il devint de plus en plus difficile à chacun de se rattacher à une loi d'origine. Vers le IXe siècle se développa une forme nouvelle de vie sociale, fondée sur une économie sédentaire et concentrée sur un petit territoire autour d'un château, d'une abbaye, plus rarement d'un bourg. Principalement fondée sur la terre, source à peu près exclusive de richesse, elle donna naissance au système seigneurial, caractérisé par un morcellement extrême du pouvoir politique. Il se traduisit par une mosaïque de coutumes de ressort étroit, résultant de la fusion de celles des peuples qui s'étaient établis sur chaque territoire. Reflétant le morcellement du pouvoir politique, hors d'état de légiférer, ces coutumes étaient d'application strictement locale : on était passé à un système de *territorialité des lois*. Il existait une multitude de coutumes à travers l'Europe : celles de la partie méridionale nettement imprégnées de droit romain et celles de l'Europe septentrionale essentiellement germaniques, mais avec de multiples nuances à l'intérieur de chaque groupe ; la note dominante rappelait l'origine ethnique prépondérante de la population en un lieu donné. Les relations étant peu nombreuses d'un ressort à l'autre, le problème du conflit de lois ne se posait guère. S'il venait à s'élever en un lieu donné, il était résolu par l'application de la coutume locale : on parlait par exemple des régions « où les procès sont jugés selon la loi romaine ». Cette situation se prolongea jusqu'au XIIe siècle, époque à laquelle une nouvelle transformation des conditions sociales amena à envisager le problème du conflit de coutumes.

§ 1. – LA FORMATION DES GRANDES DOCTRINES

74. – Influences successives. La doctrine des conflits de lois est apparue dans l'Italie du Moyen Âge sous la forme d'une « théorie des statuts » ; de là elle gagna les différents pays d'Europe continentale où, enrichie et infléchie, elle s'est maintenue jusqu'au XIXe siècle (A). Mais dès le Moyen Âge, elle reçut une expression se démarquant nettement de sa première forme : le territorialisme, fondé sur la prééminence sur chaque territoire de la loi, ou coutume, locale, et adopté en différents pays (B). Au XIXe siècle, la formation d'États modernes fondés sur le fait national inspira une autre doctrine, opposée, bien que, comme la précédente, d'inspiration publiciste : le personnalisme, qui exerça également une influence positive importante

Et s'il est condamné, qu'il supporte la peine selon sa loi propre et non selon la loi ripuaire. » La femme mariée suivait en général la loi de son mari ; mais elle reprenait la sienne au décès de celui-ci.

(C). À la même époque, et indépendamment de ce mouvement idéologique, fut systématisé le procédé de solution des conflits de lois consistant à localiser les rapports de droit d'après leur nature, qui a constitué depuis le procédé dominant (D).

A. LA THÉORIE DES STATUTS

1. Facteurs d'apparition de la théorie

75. – La première renaissance. À la période du Haut Moyen Âge succéda dès la seconde moitié du XIe siècle une première renaissance, se traduisant à travers l'Europe par une reprise des échanges commerciaux et un développement urbain important : dans l'Europe du Nord les villes hanséatiques (Bruges, Gand, Hambourg, Lubeck), mais aussi Londres et Paris ; dans l'Europe méridionale, les nombreuses cités indépendantes de l'Italie du Nord. Celles-ci, notamment, étaient régies, pour chacune d'elles, par ses coutumes propres, sur fond de droit romain, complétées par des lois particulières ou « statuts » souvent rassemblés dans des codes municipaux. Le déplacement des personnes et l'accroissement des richesses liées au commerce donnèrent naissance à des problèmes juridiques nouveaux, dont celui du conflit de lois : soit, par exemple, qu'un contrat fût conclu entre habitants de deux villes différentes, ou que le citoyen d'une ville décédât laissant des biens dans le ressort d'une autre. Parfois, un traité donnait compétence à un juge pour résoudre selon sa propre loi les cas mixtes ; en l'absence de traité, l'on chercha à résoudre les difficultés en faisant appel à la science nouvelle des romanistes.

76. – Découverte et étude du droit romain. Les compilations de Justinien (529-565), rédigées longtemps après la chute de l'Empire d'Occident (476), n'avaient pu jouer leur rôle de préservation du droit pour cette partie de l'Empire. Au XIe siècle (vers 1070), un manuscrit des compilations fut découvert à Bologne. Le droit romain redécouvert devint l'objet d'une étude intensive dans les écoles et les *studia*, puis dans les Universités qui se créaient en Italie, et bientôt dans toute l'Europe, faisant renaître une science juridique. Les écoles qui se succédèrent – glossateurs et post-glossateurs – apportèrent chacune sa contribution à la théorie naissante des conflits de lois. Il est paradoxal que ce développement ait été lié à l'étude du droit romain, lequel ignorait le problème ou en tout cas n'indiquait aucune solution (n° 71). Mais ayant découvert dans ce droit un modèle de raison et un *jus commune*, auquel les différentes coutumes locales n'étaient censées apporter que des dérogations, les romanistes s'attachèrent à appliquer ce modèle aux différents problèmes qui se présentaient à leur époque, au besoin en le complétant ; ils le firent, suivant leur méthode, en s'inspirant du plus petit élément romaniste susceptible de s'appliquer à la question étudiée[1].

1. Sur beaucoup de points, les historiens rapportent que des solutions attribuées aux auteurs avaient été antérieurement appliquées par les tribunaux ; mais la doctrine est dans l'ensemble mieux connue que la jurisprudence. L'interaction entre l'une et l'autre est d'autant plus probable que les auteurs étaient également des praticiens.

2. La doctrine statutaire

77. – L'école italienne. Le problème du conflit de lois fut abordé sous l'angle le plus concret, à partir d'exemples fournis par la pratique : deux personnes originaires de deux villes différentes étant en procès, selon quelle loi fallait-il juger celui-ci ? Les tout premiers auteurs (XIIe et XIIIe s.) n'apportèrent guère de solution, suggérant soit d'appliquer la loi du tribunal saisi (*lex fori*), ce qui ne constituait pas un progrès par rapport à la territorialité des coutumes, soit d'appliquer la coutume paraissant au juge «la meilleure et la plus utile» (Aldricus, fin du XIIe siècle).

Le point de départ de la théorie consista à formuler des distinctions d'où résultait qu'un statut donné ne devait pas s'appliquer à l'univers entier : *Statutum non ligat nisi subditos* (Glose d'Accurse)[1]. Ce principe s'opposait donc à ce que les étrangers se voient appliquer en tout procès la *lex fori*. Au sein de celle-ci, une distinction fut opérée entre les règles visant à l'*ordinatio litis*, c'est-à-dire les règles de procédure, et celles tendant à la *decisio litis*, ou règles de fond. La distinction était à proprement parler fondamentale, l'hypothèse du conflit de lois étant que le juge – ou toute autre autorité publique – soit disposé à prendre en considération une autre loi que la sienne (n° 12). Afin de décider dans quels cas la *lex fori* était susceptible de s'effacer au profit d'une autre, les auteurs s'attachèrent à déterminer l'étendue de l'« efficacité » des statuts, c'est-à-dire pratiquement du pouvoir qui les édictait. Cela les conduisit à classer les statuts selon leur objet (les biens, les personnes, la forme des actes...) et leurs effets.

Suivant cette démarche, on considéra que les statuts d'une cité relatifs aux contrats ne devaient régir que les actes qui y étaient passés. De même, les statuts délictuels – essentiellement de nature pénale – furent considérés comme ne s'appliquant qu'aux faits survenus sur le territoire. Une autre distinction fondamentale fut ébauchée : celle des coutumes réelles, aboutissant à la déclaration des droits d'une personne sur une chose, et des coutumes personnelles, prescrivant à quelqu'un de donner ou de faire quelque chose. La conséquence était qu'une action réelle est soumise à la loi du lieu de situation du bien (*lex rei sitae*), du moins en matière immobilière[2], tandis que les coutumes personnelles pouvaient avoir un effet extraterritorial. En matière de succession, par exemple, on applique la loi de la situation des biens «*si consuetudo est realis*». Peu à peu, cette distinction absorba toutes les autres : fut qualifiée de réelle toute coutume d'application territoriale, de personnelle toute coutume d'application extra-territoriale.

1. Les glossateurs prétendirent déduire le principe d'un texte de Justinien énonçant l'application du droit romain à tous les sujets de l'Empire et soumis à la religion chrétienne ; le texte est traditionnellement cité par ses premiers mots : *Cunctos populos quos nostrae clementiae regit imperium...*
2. Les meubles étaient en revanche soumis à la loi du domicile du propriétaire (*mobilia sequuntur personam*) : soit en vertu d'une localisation fictive, soit – selon Meijers – par une survivance de la personnalité des lois.

L'auteur statutaire auquel on prête la plus grande autorité, de l'école des post-glossateurs est Bartole (1314-1357), lui associant son disciple Balde (1327-1400), tous deux professeurs à Pérouse.

78. – La doctrine statutaire en France. Les questions abordées par les auteurs italiens se posaient en France sous forme de conflits de coutumes et les premiers romanistes français (écoles de Toulouse, de Montpellier, d'Orléans) contribuèrent à la formulation des distinctions statutaires. On ne prétendait pas comme en Italie à l'existence d'un *jus commune* coiffant les différentes coutumes : l'impact du droit romain y était moindre et le régime féodal plus fortement implanté. Mais le pouvoir royal, qui cherchait à s'affirmer, était favorable à un système faisant reculer la territorialité des coutumes et subordonnant leur application à des principes supérieurs. L'auteur le plus marquant fut, au XVIe siècle, Dumoulin, avocat à Paris, romaniste connu et partisan convaincu de la supériorité d'un droit commun coutumier en formation[1].

Son renom vient notamment de l'argumentation qu'il fit prévaloir dans une cause célèbre (aff. *de Ganey*) et qui préfigurait certaines solutions modernes. Deux époux possédant des immeubles dans le ressort de différentes coutumes, les principes en vigueur voulaient que le statut des biens au regard du droit matrimonial fût fixé en appliquant à chacun les règles de la coutume dans le détroit de laquelle ils étaient situés. Cette solution présentait l'inconvénient de scinder le régime matrimonial en autant de régimes distincts que de coutumes concernées, au détriment probable de l'un des époux. Pour éviter ce résultat, Dumoulin plaida, d'une part, que le régime matrimonial devait être traité comme une question contractuelle et non du droit des biens, d'autre part, qu'en fixant leur premier domicile à Paris, les époux avaient implicitement entendu se soumettre à la coutume locale pour l'ensemble de leurs biens. Le premier point constitue l'amorce du raisonnement consistant à partir non pas des statuts mais des situations juridiques pour les qualifier et en déduire la loi applicable, qui caractérise la règle de conflit moderne (n° 93) ; le second, particulier aux contrats, préfigure la solution qui devait l'emporter en la matière et consistant à se référer à la volonté des parties pour déterminer le droit qui régit leurs rapports (n° 165)[2].

Les solutions du droit français furent exposées au XVIIe siècle par différents auteurs (Froland, Bouhier, Boullenois). On retrouve chez eux les distinctions statutaires, en particulier, celle des coutumes réelles (s'appliquant aux biens situés dans le ressort) et personnelles (ne s'appliquant pas aux étrangers), qui est pratiquement reproduite dans l'unique disposition générale du Code civil consacrée aux conflits de lois, l'article 3.

79. – Apport de la doctrine statutaire d'origine. La doctrine statutaire ne constitue pas un système, mais plutôt un ensemble de solutions particulières[3]. Celles-ci étaient fragmentaires, casuistiques et même parfois artifi-

1. Thireau, *Charles Du Moulin (1500-1566). Étude sur les sources, la méthode, les idées politiques et économiques d'un juriste de la Renaissance*, Genève, 1980.
2. Ancel et Muir Watt, « Annotation sur la consultation 53 de du Moulin traduite en français », Mél. Jacques Foyer, Economica, 2008.1.
3. Bartole, par exemple, s'est exprimé sous forme de réponses à des questions dans un commentaire de la glose d'Accurse, non d'un exposé systématique.

cielles[1]. Raisonnant en termes de pouvoir de l'auteur du statut, et ainsi de champ d'application de celui-ci, les auteurs avaient été amenés à classer les statuts selon leur objet. Cette démarche doit conduire naturellement à attribuer un type de relation ou situation juridique (succession, forme des actes) à une loi (*lex rei sitae, lex loci actus...*) : si par exemple les statuts concernant la forme du contrat sont déclarés s'appliquer respectivement aux actes passés dans le ressort de chacun, il est aisé de formuler la règle que la forme des actes est régie par la loi du lieu de passation (*Locus regit actum*). L'évolution est même facilitée si l'on fait de la réciprocité une condition de l'application des statuts étrangers. La méthode statutaire portait donc en germe ce qui au XIXe siècle devait devenir le raisonnement fondamental, celui de la règle de conflit, mais qui ne fut formulé qu'à ce moment (n° 92 s.).

B. LES DOCTRINES TERRITORIALISTES

80. – Principe fondamental ; migration des idées. On peut voir dans la doctrine territorialiste d'origine un avatar de la théorie des statuts, bien qu'elle soit née en réaction contre cette théorie et qu'elle s'en démarque déjà par son caractère systématique. Elle reçut sa première expression en France dans le cadre des conflits de coutumes ; elle s'internationalisa au XVIe siècle aux Pays-Bas et connut par la suite une extension considérable du fait de sa réception dans les pays de *common law*. Procédant du principe que le droit est avant tout d'application territoriale, les différentes théories se distinguent principalement par la place qu'elles font à l'application exceptionnelle des droits étrangers ou l'explication qu'elles en donnent.

1. Le territorialisme français

81. – D'Argentré. Les distinctions statutaires favorisaient l'application de statuts ou coutumes « étrangers ». Ce trait était moins facilement admissible dans le contexte du conflit de coutumes en France, dans la mesure où l'on pouvait être soucieux en un lieu donné de préserver l'autorité des coutumes locales, particulièrement pour tout ce qui touchait au régime des terres. Cette préoccupation inspira la doctrine territorialiste d'origine, illustrée par d'Argentré, magistrat breton (1519-1590), dans le commentaire de l'ancienne coutume de Bretagne (1584). L'auteur y reje-

1. Ainsi, l'une des questions les plus discutées à l'époque était celle de la nature des coutumes successorales : si on les qualifiait de personnelles, la succession était régie dans son ensemble par la coutume du domicile du défunt ; de réelles, il y avait autant de successions que de biens situés en des coutumes différentes. Bartole proposa de régler la question en consultant les premiers mots du statut (*verba consuetudinis attenda sunt*). Ce critère est en particulier appliqué à la question dite « anglaise », née de l'attribution de tous les biens successoraux à l'aîné : Bartole préconisait de trancher selon que la coutume énonçait que « les biens vont au premier-né », auquel cas elle était réelle, ou que « le premier-né succède aux biens », ce qui devait la faire considérer comme personnelle (Lainé, *op. cit.*, I, p.154).

tait les distinctions multiples des statutaires pour ne retenir que celle des coutumes réelles et personnelles. Les coutumes étaient pour lui d'application territoriale, donc en principe réelles ; exceptionnellement elles étaient personnelles, en vertu du pouvoir de la coutume de fixer l'état des individus en fonction de leur domicile (l'application de la coutume du domicile ayant ainsi elle-même un fondement territorial). Un statut n'était personnel que s'il concernait « principalement le droit, la condition et la qualité des personnes, sans aucun élément réel ». La formule s'appliquait à l'état et la capacité des personnes ; encore devait-il s'agir de la capacité générale, par opposition aux incapacités spéciales : c'est par exemple la coutume du lieu de situation des biens qui devait déterminer la validité d'une donation entre époux. D'Argentré admettait l'existence de statuts mixtes, c'est-à-dire concernant à la fois les biens et les personnes (forme des actes, par exemple) ; mais ils devaient, pour lui, être assimilés aux statuts réels. Ainsi, toutes les fois qu'un immeuble était en jeu, notamment en matière de régime matrimonial ou de succession, la loi de la situation (le statut réel) devait s'appliquer. Bien que la classification fût tripartite selon les coutumes, elle était simplement bipartite quant à ses effets.

Le territorialisme de d'Argentré ne doit pas être confondu avec la territorialité du haut Moyen Âge (n° 73). Celle-ci ignorait le conflit de lois et appliquait sans discernement la loi locale. Celui-là est un système de solution des conflits de lois, puisqu'il prend en considération les dispositions « étrangères » (coutumes personnelles) ; mais cette prise en considération est réduite au plus strict, en raison du principe selon lequel le champ d'application des règles se confond avec l'efficacité du pouvoir de sanction (lui-même, expression du pouvoir seigneurial). Outre le régionalisme qui inspire ce principe, il s'explique par l'importance sociale des immeubles et leur rôle politique à l'époque. Mais en se limitant à une classification bipartite des statuts, il était moins raffiné que celui de la théorie des statuts. Peu reçu en France, le territorialisme devait cependant connaître une grande fortune dans d'autres pays.

2. La doctrine hollandaise (XVIe -XVIIIe siècles)

82. – Territorialisme internationaliste. Du fait de son inspiration liée à l'idée d'indépendance politique, le territorialisme fut reçu avec faveur aux Pays-Bas, dont les provinces avaient dû lutter pour s'affranchir de la couronne espagnole. Dans ce contexte, le conflit de lois fut pour la première fois envisagé sur le plan international. Les auteurs répudièrent l'attitude consistant à chercher chez les juristes romains la réponse à des questions que ceux-ci n'avaient pas envisagées et relièrent le problème au droit international en formation[1]. Cela les amena à professer un territorialisme plus strict encore que celui de d'Argentré. Une loi étant l'émanation d'une souveraineté, elle devait être considérée comme seule applicable à tous ceux qui se trouvent sur le territoire, que ce soit de manière perma-

1. Les principaux auteurs ont nom Rodenburgh, Paul et Jean Voet, et surtout Huber (1636-1694) : *De conflictu legum*, 1679 ; « Du conflit des lois différentes dans des États différents », trad. et com. Ancel et Muir Watt, Mél. Héron, 2008.1.

nente ou temporaire ; et corrélativement, comme perdant son effet aux frontières du territoire, en même temps que le pouvoir de coercition de la souveraineté dont elle émanait.

Néanmoins, l'importance des échanges commerciaux pour les Pays-Bas, aussi bien que l'affirmation d'un droit international, ne permettait pas de s'en tenir à un tel cloisonnement. L'idée de souveraineté même permit de justifier la prise en considération des droits acquis selon une loi étrangère, pourvu qu'il n'en résulte aucun détriment pour la souveraineté locale, dans les cas où la nécessité ou l'opportunité commandent de leur conférer une application extra-territoriale : la loi étrangère était appliquée *ex comitate*, par courtoisie. Mais il s'agissait d'une concession bénévole, dans un esprit de convenance réciproque (on dirait aujourd'hui de coopération internationale), chaque souverain étant maître de son usage et de ses limites. Ce sont en définitive des règles spéciales du droit local qui devaient selon cette école déterminer la loi applicable dans un cas donné.

3. Le territorialisme anglo-américain

83. – Réception en Angleterre de la doctrine hollandaise. Pendant les premiers siècles de la période considérée, l'Angleterre n'avait pas contribué aux courants doctrinaux continentaux[1]. Le commerce international, terrestre et maritime était soumis à des règles uniformes (*lex mercatoria*, ou *law merchant*). Dans les matières proprement civiles, les conflits internationaux ne se présentaient guère : les étrangers n'étaient pas autorisés à acquérir de la terre et les mariages avec des étrangers étaient exceptionnels. Les conflits de lois vinrent à s'élever avec une certaine fréquence à partir de la réunion avec le Royaume d'Écosse (1706) et amenèrent à envisager une dissociation des compétences judiciaire et législative[2]. Ils furent abordés par référence à la doctrine hollandaise, en particulier celle de Huber, connue des juristes écossais – parce que romanistes – et qui convenait au particularisme anglais. Le système anglais est ainsi marqué à l'origine par le territorialisme ; il devait le demeurer et transmettre ce caractère à l'ensemble des pays ayant reçu son empreinte dans le monde entier. Parmi ceux-ci, les États-Unis occupent une place particulière en raison de l'importance qu'y revêtent les conflits de lois.

84. – Les États-Unis : Story. Les conflits de lois s'élevaient à tout moment dans la vie juridique aux Etats-Unis du fait de la diversité du droit entre les États. Dès le début du XIXe siècle parurent des ouvrages

1. Les causes générales de cette situation sont, d'une part, l'orientation originale prise par le droit interne sous l'influence des cours royales, ne faisant qu'une part restreinte au droit romain ; d'autre part, que du fait de la conquête normande, l'Angleterre n'était pas sortie du Haut Moyen Âge divisée en provinces plus ou moins indépendantes, régies par des coutumes différentes. Le système obligeant à démontrer une *cause of action* selon la *common law* pour pouvoir saisir une juridiction, cela rendait pratiquement inconcevable l'application d'une loi étrangère.
2. Anton, « Les conflits de lois et de juridictions entre l'Angleterre et l'Écosse », RC 1956.191.

sur la question, dont l'un eut une particulière influence : les *Commentaries on the conflict of laws* (1834, 2e éd. en 1841), de Joseph Story, professeur à Harvard et juge à la Cour Suprême (1779-1845), qui constituaient un exposé de la jurisprudence anglo-américaine de l'époque, matière par matière, à la lumière des doctrines continentales. Du point de vue théorique, Story se rallie au postulat territorialiste et, comme l'avait fait avant lui Huber, en formule les principes sous forme de maximes, au nombre de trois. Selon la première, chaque nation possède une compétence exclusive pour légiférer sur son territoire et ainsi y régir les personnes, les biens et les actes sans restriction[1]. Réciproquement, aucune nation ne peut directement affecter des biens situés hors de son territoire ou des personnes qui n'y sont pas domiciliées ; car ce serait de sa part faire un acte de souveraineté sur la seconde et chaque État pourrait légiférer sur les autres mais aucun pour soi. De l'indépendance absolue des souverainetés territoriales découle la troisième proposition, selon laquelle l'effet d'une loi étrangère sur un territoire donné ne peut résulter que du consentement de la souveraineté locale. Développant l'idée de réciprocité d'où procédait déjà la *comitas*, Story justifiait l'application éventuelle de la loi étrangère par la nécessité de « rendre justice pour que justice nous soit rendue en retour ». Fréquemment cité dans les décisions de justice, l'ouvrage de Story a constitué jusqu'à l'époque contemporaine une source d'autorité aux États-Unis[2].

***85. – Dicey et la théorie des* vested rights**. L'ouvrage de Story exerça à son tour une forte influence sur la jurisprudence anglaise, dont il confortait la tendance territorialiste, puis sur les auteurs qui prirent le relais de son autorité au cours et à la fin du XIXe siècle. Conformément à la tradition de la *common law*, ceux-ci – principalement Westlake, Holland et surtout Dicey – s'attachèrent avant tout aux décisions des tribunaux, que Dicey présenta dans un Traité sous forme de Règles, précédées de Principes fondamentaux et assorties de commentaires[3]. Le même auteur affirma expressément le caractère particulariste du droit des conflits, présenté comme une branche du droit anglais (et non du droit international), dont les décisions relevaient en particulier de la règle du précédent. Comme ses prédécesseurs, Dicey avait à justifier l'entorse à la territorialité du droit que constituait la part faite aux lois étrangères : pour lui, elle ne devait pas être discrétionnaire, mais découlait de la nécessité de recon-

1. On peut sans doute voir dans la doctrine de l'*Act of State*, invoquée à l'époque moderne dans le contexte des nationalisations (n° 795), un produit de cette conception.
2. Nadelmann, « Observations sur la seconde édition des «*Commentaries...*« de Joseph Story à l'occasion de son bicentenaire », RC 1981.1.
3. *A Digest of the laws of England, with Reference to the Conflict of Laws* (1896). L'ouvrage a été constamment tenu à jour et enrichi par une suite d'auteurs qui en ont conservé la forme ; cité aujourd'hui comme « Dicey et Morris », il constitue un exposé clair et méthodique, en quelque deux cents règles suivies de commentaires, du droit international privé anglais et jouit auprès des tribunaux d'une autorité quasi-législative (13e éd., 2006, sous la dir. de L. Collins).

naître, dans certaines situations, des droits acquis à l'étranger parce qu'ils y ont été constitués (théorie des *vested rights*)[1]. Selon le premier des six principes formulés par Dicey en tête de son ouvrage, « tout droit qui a été dûment acquis selon le droit d'un pays civilisé est reconnu et, en général, sanctionné par les Juridictions Anglaises... ». Cette conception permet de maintenir qu'il n'y a pas à proprement parler application de la loi étrangère, conformément au dogme territorialiste.

86. – Le premier Restatement américain. Aux États-Unis, la doctrine des *vested rights* inspira entièrement le premier *Restatement* des Conflits de lois (1934) sous l'influence de son rapporteur, Beale. Le principe constamment suivi dans cette œuvre – à défaut d'exprimer exactement le droit positif – fut que la loi applicable à une situation juridique donnée est celle du lieu où est intervenu le dernier acte nécessaire à la création du droit ; le droit ainsi acquis doit être reconnu partout. Ainsi, le dernier acte nécessaire à la création d'un rapport contractuel étant la rencontre des consentements, la validité du contrat international (ou interétatique) devait être régie par la loi du lieu de conclusion ; le dernier acte constitutif d'une responsabilité civile étant le dommage, la loi applicable devait être celle du lieu où le dommage était subi (*place of wrong*) ; un mariage valable là où il était célébré devait être reconnu partout, etc. Ce système devait théoriquement procurer la certitude, la prévisibilité et l'uniformité des solutions.

87. – Permanence du territorialisme. Apparu dans le contexte de la féodalité, le principe territorialiste a trouvé un fondement moderne dès le XVIe siècle dans la notion de souveraineté de l'État. Cela explique qu'il inspire aujourd'hui encore un grand nombre de systèmes. Indépendamment de ses justifications théoriques, il traduit une réalité première, à savoir que le respect du droit procède d'un pouvoir de contrainte qui est essentiellement territorial. Le régime des biens et celui des faits juridiques dépendent en outre naturellement de la localisation des choses ou des événements. Les personnes elles-mêmes se rattachent à un territoire, que ce soit en vertu d'une idée de sujetion (domicile d'origine) ou de localisation (principal établissement ou résidence actuelle). La compétence des tribunaux étant elle-même fréquemment fondée sur des rattachements territoriaux, le territorialisme fait coïncider dans le plus grand nombre de cas la compétence juridictionnelle et la compétence au fond. En revanche, un territorialisme aussi exacerbé que celui du premier *Restatement* américain est excessif : il conduit à ne rattacher les situations qu'en fonction de critères purement matériels et dont la signification peut être secondaire.

1. Sur la portée plus vaste de la notion de droit acquis, v. Muir Watt, « Quelques remarques sur la théorie anglo-américaine des droits acquis », RC 1986.425.

C. LE PERSONNALISME

88. – Les nationalismes ; Mancini. Comme l'indique sa dénomination, la doctrine envisagée fait de la personne le critère premier d'application des lois. D'inspiration publiciste, elle reçut son premier exposé systématique en 1851 par Mancini, juriste et homme d'État italien (1817-1888), sous un titre qui la résume : «Du principe de la nationalité comme fondement du droit des gens ». Le sentiment nationaliste se répandait en Europe au XIXe siècle à mesure que différents peuples formant une communauté et jusque-là politiquement séparés ou sous domination étrangère cherchaient à réaliser leur unité ou à acquérir leur indépendance. La nation, fondement de l'État, est définie comme une communauté d'individus unis par l'origine, l'histoire, la langue, la religion, des traditions communes. Selon la doctrine examinée, l'appartenance à une nation donnée, exprimée par le lien de nationalité, ne devait pas seulement déterminer le statut politique des individus mais aussi leur statut civil. En effet, les lois civiles sont naturellement le reflet de la mentalité collective d'un peuple, elle-même produit de son cadre de vie (climat, géographie) ; corrélativement, c'est pour l'individu un aspect de sa liberté que de pouvoir réclamer l'application de sa loi nationale. La doctrine s'inscrit donc également dans le courant individualiste et libéral de l'époque : rejetant le territorialisme comme un vestige de l'époque féodale qui reliait l'homme à la terre, elle fait de l'application de sa loi nationale un droit subjectif de chaque individu. Ainsi cette doctrine, fondée sur l'exaltation du sentiment national, est néanmoins très internationaliste : l'application aux étrangers de leur loi nationale n'est pas considérée comme l'effet d'une notion un peu vague de courtoisie, mais celui d'une véritable obligation internationale.

Au sein des rapports de droit privé, Mancini distingue une partie « nécessaire » (impérative) et une partie volontaire. La première se composait pour l'essentiel de l'état et la capacité des personnes, du droit de la famille (y compris dans ses aspects patrimoniaux) et des successions ; à toutes ces matières doit s'appliquer la loi nationale des personnes intéressées[1]. Pas plus que l'individu ne peut y échapper en droit interne, l'État étranger qui l'accueille ne peut le priver de ce statut qui constitue son « patrimoine de droit privé ». La partie volontaire englobe les matières dans lesquelles la loi ne fixe que des règles simplement supplétives, permettant aux individus d'exercer leur liberté ; dans l'ordre international, ils pourront le faire en désignant la loi qu'ils souhaitent se voir appliquer. Cela inclut notamment la formation des contrats, la transmission des obligations et certaines parties du droit des biens. Lorsque la volonté ne s'est pas exprimée, elle est présumée en faveur de l'application de la loi nationale.

La doctrine personnaliste n'omet cependant pas que les exigences de la vie sociale imposent à chaque État de faire respecter sans exception un certain nombre de règles sur son territoire. L'ordre public « positif »

1. On pourrait s'étonner que ne soit pas envisagé le cas des rapports de famille entre personnes de nationalité différente ; l'explication est que l'unité de nationalité était alors assurée par l'attribution à la femme de la nationalité de son mari (n° 909).

impose le respect par tous des lois ressortissant au droit public – y inclus le droit pénal, les lois de « police et de sûreté publique » et les lois délictuelles ; car si l'étranger n'appartient pas juridiquement à la communauté nationale, il lui est en fait rattaché par le séjour sur le territoire. L'ordre public justifie également, de manière négative, la mise à l'écart des lois étrangères portant atteinte à des règles considérées comme irremplaçables. L'ensemble de la matière des conflits de lois s'articule ainsi en définitive autour de trois concepts : nationalité, liberté, souveraineté.

89. – Influence de la doctrine personnaliste. Le personnalisme devait connaître une grande fortune en législation et en doctrine. Il a naturellement inspiré le Code civil italien de 1865 (duquel le Code de 1942, dans ses « dispositions sur la loi en général », s'écartera peu), puis le Code civil espagnol de 1889 (dispositions sur les conflits de lois), le Code civil allemand de 1900 (partie introductive, EGBGB), la loi polonaise de 1926 ; hors d'Europe, la loi japonaise de 1898, le Code civil brésilien de 1916 (loi d'introduction), le Code Bustamante (1928). Mancini fut personnellement à l'origine de la Conférence de La Haye (n° 50), dont l'orientation doctrinale, telle qu'elle se manifesta dans les premières conventions, était résolument personnaliste[1]. En France et en Belgique, l'influence du personnalisme se fit sentir en jurisprudence à la fin du XIXe siècle (successions mobilières).

Le personnalisme fut également professé par toute une lignée d'auteurs en Europe continentale, notamment en Italie, en Allemagne, en Belgique (Laurent) et en France (Weiss, Despagnet, Valéry). Dans l'ensemble, toutefois, l'influence du personnalisme en France resta modérée, sans doute du fait que l'unité politique était depuis longtemps acquise.

90. – Pillet. Un auteur français, Pillet (n° 33), justifie une mention particulière en raison de la conciliation originale qu'il tente entre le personnalisme et la nécessaire territorialité des lois, par recours à une méthode fonctionnelle[2]. Constatant que l'empiétement des souverainetés est inéluctable, Pillet propose de résoudre les conflits selon le principe du moindre sacrifice, en se prononçant pour la loi qui serait la plus méconnue si elle était écartée. L'auteur observe que, pour être pleinement efficace, une loi doit en principe s'appliquer de manière permanente aux individus qu'elle vise et de manière générale à tous les individus sur le territoire ; mais que ce double caractère ne peut être maintenu pour toutes les lois dans l'ordre international, parce qu'un ordre juridique donné ne saurait logiquement à la fois prétendre appliquer sa loi à ses nationaux à l'étranger, dans un but de permanence, et aux étrangers sur son territoire, pour cause de généralité. Il faut donc déterminer pour un type de loi donné ce qui doit être sacrifié de la permanence ou de la généralité, et pour cela de rechercher le *but social* poursuivi par chaque loi. Or, selon l'auteur, toute loi poursuit l'un ou l'autre de deux buts : la protection des individus ou la garantie de l'ordre social ; dans le premier cas, elle

1. Mancini, « De l'utilité de rendre obligatoire pour tous les États, sous la forme d'un ou plusieurs traités internationaux, un certain nombre de règles générales du droit international privé, pour assurer la décision uniforme des conflits entre les différentes législations civiles et criminelles », JDI 1874, « Documents », p. 9.
2. « Essai d'un système général de solution des conflits de lois », JDI 1894.417, 711 ; 1895.241, 500, 929 ; 1896.5.

doit suivre l'individu où qu'il se trouve ; dans le second, elle doit s'appliquer à tous ceux qui se trouvent sur le territoire.

La théorie de Pillet est donc marquée par la conception de l'époque assimilant le conflit de lois à un conflit de souverainetés, indépendamment de la nature privée des questions à résoudre (n° 40). La nécessité de classer les lois dans l'une ou l'autre de deux vastes catégories a entraîné l'auteur dans des raisonnements parfois difficiles et peu convaincants : ainsi lorsqu'il classe les vices du consentement dans les institutions de protection de la personne (v. n° 201). On peut également contester le fait de placer sur le même plan la généralité et la permanence, car les lois sont avant tout territoriales. Mais la théorie présente le grand mérite de suggérer un moyen de dépasser l'opposition entre territorialisme et personnalisme en s'interrogeant sur le but des lois aux fins de se prononcer sur leur champ d'application international. Ceci constitue la clé d'une solution fonctionnelle du conflit de lois, c'est-à-dire par laquelle est désignée la loi la mieux adaptée à la situation (n° 129), dont on verra plus tard la mise en œuvre dans le contexte d'une règle de conflit régulatrice des intérêts privés plutôt que répartitrice des compétences entre États.

91. – Limites du personnalisme. Le personnalisme encourt principalement le reproche de déséquilibre entre le point de départ de la théorie – la primauté de la loi nationale – et les règles effectivement appliquées. Le réalisme oblige en effet à multiplier les tempéraments au principe de l'application des lois nationales, à tel point que l'on a pu dire que le système fonctionnait à coup d'exceptions. Sans doute les doctrines territorialistes sont-elles de même contraintes d'admettre dans une mesure plus ou moins large l'application des lois étrangères ; mais les concessions y sont nettement moins importantes. Du point de vue pratique également, un système personnaliste – s'il est fidèle à ses principes – est exposé à une application fréquente des lois étrangères, ce qui soulève des difficultés particulières.

Dans le domaine le moins contestable de la loi personnelle, celui du statut civil de l'individu, le critère de la nationalité n'est même pas à l'abri de contestation. Appelé à manifester ses effets en cas de migration internationale de l'individu, il se révèle inapproprié lorsque celle-ci devient permanente ; critère affectif et tourné vers le passé, il ne permet pas de prendre acte du nouvel environnement de l'intéressé, car des systèmes fondés sur l'exaltation du sentiment national ont naturellement tendance à pérenniser ce lien, y compris d'une génération à l'autre. Or s'il est exact que les lois sont dans une large mesure le reflet d'un tempérament national, il n'en est pas moins légitime et opportun de soumettre le véritable immigré à la loi de son environnement. À l'époque contemporaine et entre pays de civilisation commune, les différences de législation attribuables au «tempérament national» sont de plus en plus difficiles à identifier. Quant aux lois étrangères reflétant des civilisations différentes (inégalité des sexes), leur application effective risque de se heurter aux impératifs de l'ordre public.

Le personnalisme n'a jamais convaincu les pays anglo-saxons. En Angleterre, il est vrai, la notion très stable de *domicile of origin* permettait de maintenir l'application de la loi anglaise aux nationaux vivant outre-mer (n° 144) ; dans des pays tels que les États-Unis, le Canada ou l'Australie, il ne pouvait être question d'appliquer leur loi nationale d'origine aux immigrés. Pour la même raison, le personnalisme rencontrait une limite en Amérique latine en dépit de l'attrait que pouvait y présenter son inspiration nationaliste. En France, où l'application de la loi nationale aux questions de statut personnel était déjà prescrite par le Code Napoléon (art. 3 al. 3), le personnalisme ne s'est pas imposé au-delà : en particulier la loi nationale n'a pas été appliquée aux rapports patrimoniaux au sein de la famille (régimes matrimoniaux et successions). De manière générale, le personnalisme a subi un recul prononcé en droit comparé à l'époque moderne. Il n'a cependant pas pour autant disparu, car il correspond, comme le territorialisme à une réalité profonde : l'attachement qu'éprouvent le plus souvent les individus à leur patrie d'origine.

D. LA LOCALISATION DES RAPPORTS DE DROIT

92. – Savigny (1779-1861). La doctrine qui suit ne se situe pas sur le même plan que les précédentes car, d'inspiration résolument privatiste, elle ne procède pas de la notion de souveraineté ; elle est à l'origine d'une *méthode de solution* des conflits de lois qui, considérablement approfondie, allait devenir universelle. Elle a été exposée au milieu du XIXe siècle par l'Allemand Savigny dans son traité de droit romain (lequel était officiellement applicable depuis le XVIe siècle en Allemagne en tant que droit commun), au titre de l'empire des règles sur les rapports de droit[1]. Au rebours du territorialisme dominant, qui s'était en particulier implanté en Allemagne[2], Savigny rompit avec l'idée que l'application de la loi étrangère ne pouvait être qu'un phénomène exceptionnel, dû à l'effet d'une bienveillance. Alors que sont seulement en cause des droits subjectifs de nature privée (Savigny exclut d'entrée le droit public), elle devait au contraire pour lui être chose normale et facile, à tout le moins entre pays unis par une « communauté de droit » comme l'étaient les pays d'Europe continentale sous la double influence du droit romain et du christianisme. Savigny caractérise le droit privé comme l'espace de liberté de l'individu tout en distinguant au sein de celui-ci (comme Mancini) le droit de la famille en raison de sa nature impérative. En ce qui concerne le droit privé « pur » des biens et des obligations, l'individu exerce son libre-arbitre en agissant sur lui-même, sur les choses et sur les autres personnes avec lesquelles il entre dans des rapports d'obligation. L'exercice de ces pouvoirs donne naissance aux rapports de droit ; la question est de relier ces rapports aux différents droits objectifs, et ce d'une manière uniforme afin de rendre la solution d'un conflit de lois indépendante du for qui aurait à en connaître.

1. *System des heutigen römischen Recht*, t. VIII, 1849 (trad. Guénoux, 1851, réédité Éditions Panthéon-Assas, Paris, 2002, préf. H. Synvet).
2. On le trouve exprimé chez un auteur précédent, Wächter. La doctrine de Mancini fut exposée presque à la même époque que celle de Savigny ; bien qu'elle ait influencé le droit allemand (n° 89), elle ne se situe pas sur le même plan du fait qu'elle raisonne en termes de souveraineté.

93. – Principe de la méthode. Le raisonnement traditionnel en matière de conflit de lois consistait à rechercher le domaine d'application des règles, en particulier en fonction de l'étendue du pouvoir de leur auteur ; le problème était abordé en termes de conflit de pouvoirs ou de souverainetés. Mais parfois aussi, la solution s'exprimait en partant de la situation juridique pour désigner la loi apte à la régir : par exemple, la théorie des statuts avait dégagé le principe que les statuts délictuels visent les faits survenus sur le territoire (première méthode) ; mais l'on pouvait, inversant la proposition, énoncer que les délits sont régis par la loi du lieu de leur survenance (deuxième méthode) et il semble que tel ait été parfois le cas en pratique (n° 79). Dans un cas, on envisage l'empire de la loi sur les rapports, dans l'autre, la soumission des rapports à une loi[1]. Tout en exposant le raisonnement statutaire traditionnel, Savigny systématisa l'autre en invitant à rechercher pour chaque type de rapport de droit la « sphère juridique » à laquelle il appartient selon la nature, et ce sans distinguer selon que ce droit est le droit local ou celui d'un pays étranger : « Il faut montrer le lien qui rattache les rapports de droit à un lieu déterminé (...), assigner à chaque classe de rapports de droit un siège déterminé (...) d'après sa nature »[2]. Le siège du rapport de droit devait être identifié par l'élément considéré comme le plus caractéristique : selon le cas, le domicile de la personne qui en est l'objet unique ou principal, le lieu de situation de la chose, le lieu de conclusion ou d'exécution d'un acte juridique... Quant à la classification des rapports juridiques, Savigny reprit celle héritée du droit romain et caractéristique des droits civilistes : « L'objet premier de la règle est constitué par les personnes. Mais la personne veut dominer les choses, et par là s'expose à entrer dans le domaine d'un droit étranger. Elle veut, au moyen des obligations, maîtriser les actes d'autrui ou soumettre ses propres actes à une volonté étrangère »[3].

Ainsi se trouve dégagée la méthode fondamentale : classification des rapports de droit et localisation de chacun selon un élément caractéristique. Cette approche a pour effet de dépolitiser le conflit de lois : ce n'est pas la volonté d'un législateur mais la nature de la question de droit (privé) qui détermine la loi applicable. Elle est liée à l'environnement libéral du milieu du XIXe siècle.

94. – Succès et limites de la méthode. Le procédé dégagé par Savigny devait supplanter à peu près complètement l'approche statutaire, à tel point que l'on a parlé à ce sujet de « tournant copernicien » (Neuhaus). Le type de règle attribuant une catégorie de rapports juridiques à une loi donnée reçut en doctrine le nom de règle de rattachement ou règle de conflit. En législation, elle se substitua à la forme statutaire : tandis que

1. L'opposition au sein de l'art. 3 C. civ. entre les al. 1 et 3, d'une part, et 2, d'autre part, montre que l'on peut inconsciemment utiliser l'une et l'autre méthode simultanément.
2. Savigny, *op. cit.* p. 108-09.
3. Savigny, *op. cit.*, p. 16-17 ; ou encore, « il ne s'agit pas seulement d'envisager la personne dans son existence abstraite (mais) comme centre d'un vaste cercle de droits acquis et pouvant entrer dans le domaine des droits les plus divers ».

les premières codifications civilistes portaient, comme en témoigne l'art. 3 C. civ., la marque de la théorie des statuts[1], les codifications postérieures à Savigny s'exprimèrent le plus souvent sous forme de règles de conflit[2]. Des dispositions antérieures, telles que l'al. 3 de l'art. 3 C. civ. prévoyant l'application aux Français des lois concernant l'état et la capacité des personnes, on déduisit par inversion une règle de conflit de structure « savignienne » : l'état et la capacité des personnes sont régis par la loi nationale. La règle de conflit bilatérale demeure le mode d'expression privilégié des solutions de conflits de lois, comme en témoignent les codifications les plus récentes dans le monde entier[3].

Le procédé devait néanmoins se révéler inapte à assurer l'uniformité des solutions. En effet, quand bien même la plupart des systèmes de conflits de lois s'expriment sous forme de règles enchaînant une catégorie et un rattachement, leur contenu n'est pas le même. Il dépend toujours au premier chef de l'orientation principale de chacun au regard de l'opposition traditionnelle entre territorialisme et personnalisme, qui demeure sous-jacente. Cela est évident pour les rattachements : les questions personnelles seront rattachées dans un système territorialiste au domicile ou la résidence de l'intéressé, dans un système personnaliste à sa nationalité. Mais ce n'est pas moins vrai pour l'extension des différentes catégories de rattachement : en particulier, celles du statut réel ou du statut personnel prennent le pas sur les autres selon l'orientation du système considéré. À cela s'ajoutent, d'une part, une propension de la part des systèmes territorialistes à concevoir largement la catégorie procédurale et donc à soumettre à la loi du for les questions de preuve ou de délais ; d'autre part, le rôle plus ou moins étendue reconnu dans chaque système à la volonté des intéressés dans les différentes matières. Tous ces choix n'étant pas exercés de la même manière d'un système à l'autre, l'expérience devait rapidement révéler qu'aux conflits de lois se superposent des conflits de règles de conflit, ou « conflits de systèmes ».

La première de ces difficultés est le problème des *qualifications* (*infra* n° 197 s.). Il suffit ici d'indiquer que lorsque la règle de type savignien prétend localiser des rapports de droit selon leur nature – mariage, contrat, responsabilité civile... – elle présuppose que ces « qualifications » sont universelles. Mais lorsque l'on s'intéresse à des questions plus précises, telles que la pratique les rencontre, on est amené à découvrir que tous les systèmes ne classent pas nécessairement une question donnée dans la même catégorie : par exemple, la capacité d'aliéner un immeuble sera considérée ici comme une question touchant à la personne, là comme relevant du régime des biens. Il existe en outre des institutions propres à certains systèmes et inconnues des autres : ainsi le *trust* de *common law* au regard de la plupart des droits civilistes[4]. Ou bien encore, autre type de difficulté, la loi

1. Cela se vérifie aussi bien dans les premiers codes civils, de Bavière (1756) et de Prusse (1794), ainsi que dans le Code civil autrichien de 1811.
2. Paradoxalement, toutefois, le Code civil allemand de 1900 devait délibérément écarter cette formulation (n° 113).
3. Sur celles-ci, v. *supra* n° 37.
4. La constatation de divergences était d'autant plus susceptible de se produire qu'à la fin du XIXe siècle, la nationalisation des droits dans les codifications s'était traduite

désignée par la règle de conflit du for refuse sa compétence en rattachant la situation selon un autre critère, ce qui suscite la question de savoir s'il faut ou non suivre le « renvoi » qu'elle opère (n° 214).

Ces difficultés d'abord insoupçonnées donnèrent lieu à un raffinement de la méthode initiale, au prix de complications parfois excessives, sans que l'on parvienne pour autant à s'entendre sur la manière de les résoudre. La légitimité même du procédé de la règle bilatérale de rattachement devait connaître, notamment en Allemagne même, une sérieuse contestation de la part des doctrines dites unilatéralistes, reprochant à ce type de règle de prétendre délimiter le champ d'application des lois étrangères sans préoccupation de leur propre volonté d'application (n° 111). Ces développements firent prendre conscience des limites du procédé de la règle de conflit, mais n'ont pas eu pour effet de le faire délaisser. Concernant directement le droit positif, ils seront étudiés à ce titre (n° 102 s.). On continuera ici de s'intéresser aux courants de pensée qui affectent la conception générale de la matière.

§ 2. – LA PÉRIODE MODERNE

95. – Tendances dominantes. On peut dégager, des principaux courants doctrinaux, deux types d'oppositions. L'universalisme traditionnel, pour lequel les conflits de lois s'inscrivaient sur le fond d'un *jus commune* puis du droit international, a décliné devant la constatation de réalités particularistes ; mais il a pris une autre forme, moins ambitieuse : celle d'une aspiration à un règlement des conflits de lois aussi homogène que possible d'un pays à l'autre, fondé sur le droit comparé (A). Corrélativement, le conflit de lois a cessé d'être abordé en termes de délimitation des souverainetés et l'est davantage comme la recherche d'une coordination des ordres juridiques ; de ce fait, les constructions dogmatiques, après avoir connu leur paroxysme pendant la première moitié du vingtième siècle, ont cédé la place à des analyses plus réalistes fondées sur la notion d'intérêts, et donc de nature téléologique (B).

A. LE DÉCLIN DE L'UNIVERSALISME

1. La réaction particulariste

96. – Positivisme étatique. La conception universaliste du droit international privé, dont les principales doctrines du XIXe siècle constituent l'apogée devait décliner au cours du siècle qui suivit devant la constatation de la rareté des règles positives universelles et de désaccords irréductibles sur certains points (n° 41)[1]. La divergence des règles de conflit d'un pays

par une cristallisation de différences entre les droits internes. Cette époque est aussi celle de l'essor du droit comparé.

1. Pour un panorama des doctrines sous l'angle de cette opposition, v. Halpérin, *Entre nationalisme juridique et communauté de droit*, 1999.

à l'autre, qui vient d'être évoquée, fit apparaître qu'elles étaient dans la dépendance étroite des règles internes, leur « projection » selon l'expression de Bartin, ce dont cet auteur en particulier déduisit l'« impossibilité de parvenir à la suppression des conflits de lois »[1]. Cette constatation engendra en doctrine à la fin du XIXe siècle un strict positivisme étatique, proclamant le caractère nécessairement national des règles de droit international privé. Chaque État étant considéré comme libre d'adopter les règles de conflit répondant à ses vues et convenant à ses intérêts, la similitude occasionnelle des solutions ne pouvait résulter que d'une coïncidence des unes et des autres mais non de la reconnaissance d'un système universel. Une séparation rigoureuse fut ainsi établie entre l'ordre interne, indépendant ou « exclusif », et l'ordre international, encore à élaborer. Cette conception fut particulièrement développée en Italie, où elle était en complète opposition avec celle de Mancini[2]. En Angleterre, le particularisme était déjà sous-jacent et implicite, en raison de la spécificité du système juridique par rapport aux systèmes continentaux, qui conduisait à s'intéresser au premier chef aux décisions rendues par les tribunaux anglais ; Westlake est pratiquement le dernier auteur à avoir relié les conflits de lois au droit international public (n° 85).

97. – Développement du nationalisme. Le recul de l'universalisme fut accentué par le nationalisme consécutif à la Première Guerre mondiale, et bientôt accentué par la crise économique. Jusque-là, les relations privées internationales étaient suffisamment peu intenses pour que s'épanouisse un internationalisme théorique et libéral (« cosmopolite » auraient pu dire ses adversaires). Les déplacements massifs de population, les difficultés économiques et le développement du dirigisme étatique en droit privé incitèrent à mettre en avant l'« intérêt national » dans la solution des conflits de lois et à préconiser que ceux-ci fussent résolus en fonction des données et des besoins propres à chaque État. En France, cette situation occasionna en 1927 la première grande réforme du droit de la nationalité (n° 955) et un développement des mesures de contrôle des étrangers (n° 1072). Sur le terrain des conflits de lois, l'accroissement de l'immigration amena à s'inquiéter d'une application trop fréquente des lois étrangères par le biais de la loi nationale, et d'un affaiblissement corrélatif de l'autorité des lois internes. On en vint à préconiser l'application de la loi

1. Tel est le titre de l'étude qui est à l'origine de cette tendance en France (JDI 1897. 225, 466, 720 et reproduite dans *Études de droit international privé*, 1899) ; par « suppression » du conflit de lois, il faut entendre ici sa solution uniforme telle que la voulait en particulier Savigny. Le problème des qualifications fut découvert à peu près simultanément par un auteur allemand, Franz Kahn (1861-1904). Bartin admettait seulement que chaque État avait une obligation naturelle de ne pas pratiquer une territorialité absolue.
2. Le nom d'Anzilotti lui est rattaché. Dans le prolongement de cette doctrine, v. Ago, « Règles générales des conflits de lois », RCADI 1936. IV. 243 (t. 58) : les règles de conflit de lois sont des règles spéciales de l'ordre juridique interne, établissant un règlement différent du rapport de droit pour les situations présentant un élément d'extranéité ; leur fonction est d'insérer, par incorporation de la loi étrangère désignée, une règle spéciale dans le droit du for.

française aux étrangers installés en France dans un but d'assimilation, sans pour autant renoncer nécessairement à l'appliquer aux nationaux expatriés[1]. Bien qu'une telle démarche soit incompatible avec tout espoir de solutions universelles, elle pouvait se recommander des réalités démographiques et de nécessités plus pressantes que la réalisation d'un hypothétique ordre international. Celui-ci n'était pas considéré comme inexistant, mais l'on s'en remettait aux traités pour le réaliser[2].

Paradoxalement, le nationalisme s'accommode plutôt mieux du territorialisme que du personnalisme en raison des exceptions multiples que ce dernier doit reconnaître au principe de la loi nationale (n° 88 s.) ; en France, on pouvait y voir la résurgence des idées de d'Argentré. Quant à la méthode de solution des conflits de lois, particularisme et nationalisme battaient en brèche le caractère multilatéral de la règle de conflit savignienne et incitaient à se prononcer pour l'unilatéralisme des règles de rattachement (n° 111).

De même que le particularisme, cependant, le nationalisme constituait une réaction excessive aux causes qui le suscitaient. S'il est légitime de mettre au premier plan l'intérêt national dans le règlement des matières de droit international privé, il n'est pas moins indispensable de tenir compte de l'existence d'une vie et d'une communauté internationales, et donc de composer entre différents intérêts pour parvenir à une certaine harmonie des solutions. C'est ce à quoi s'est efforcée la tendance suivante.

2. La voie comparatiste

98. – La « troisième école ». Plutôt que de tirer des conclusions résolument négatives des divergences entre droits nationaux, une autre tendance s'est efforcée de chercher un rapprochement des systèmes de conflit par le droit comparé, et ce dans une double perspective. La première, liée au problème des qualifications (n° 94), est de dégager des catégories juridiques suffisamment générales pour pouvoir accueillir n'importe quelle institution, fut-elle complètement inconnue du droit du for ; les concepts catégoriels du droit international privé cessent ainsi d'être considérés comme nécessairement identiques à ceux du droit interne. La seconde prête attention aux solutions de conflits de lois elles-mêmes en vue de dégager des convergences, de s'inspirer dans un pays donné de ce qui prévaut à l'étranger et plus généralement d'éviter des disparités de règles d'un système à l'autre. On aboutit ainsi à ce que l'on peut qualifier d'«universalisme réaliste». Alors que l'approche particulariste est indifférente aux solutions du droit comparé, cette tendance surmonte l'opposition

1. Cette approche a trouvé une consécration inattendue un demi-siècle plus tard dans l'art. 310 C. civ. en matière de divorce international (n° 115).
2. Le représentant de cette tendance en France fut Niboyet (1886-1952 ; bibl. n° 33). Lerebours-Pigonnière peut également être rattaché aux courants particulariste et nationaliste, mais d'une manière plus nuancée que Bartin sur le premier point et que Niboyet sur le second : tout en partant des règles internes pour dégager la solution du conflit de lois en tenant dûment compte de l'intérêt politique de l'État, il fait aussi la part des exigences du commerce international, *lato sensu* (n° 97).

entre universalisme et particularisme afin de chercher plus modestement, mais dans un esprit constructif, un rapprochement des systèmes. Apparue entre les deux guerres en Allemagne, où elle fut qualifiée de *Dritte Schule*, la tendance comparatiste s'est largement répandue[1]. En France elle a été notamment représentée par Maury[2], Lerebours-Pigeonnière[3] et Batiffol[4].

99. – Manifestations de la tendance comparatiste. La tendance évoquée a été fortifiée par la fondation en 1923 de l'Académie de droit international de La Haye. De manière significative, pendant les premières années y furent exposés des cours sur le « droit international privé d'après la théorie et la pratique » de tel pays. Cette approche plutôt particulariste a cédé la place dès avant la guerre à différents cours sur les « règles générales » des conflits de lois dans lesquels la matière est en général exposée sous une forme plus universelle[5].

En droit positif, la tendance comparatiste inspire la Conférence de La Haye de droit international privé depuis la reprise de ses travaux au lendemain de la dernière guerre. Délaissant les prises de position théoriques, la Conférence adopta une attitude pragmatique consistant à apporter à des questions concrètes et assez étroitement délimitées (les obligations alimentaires, la protection des mineurs, les accidents de la circulation, la reconnaissance des divorces...) des solutions acceptables par le plus grand nombre en fonction de la pratique dominante. Il demeure toutefois que, hors le cas de traité, nul ne met aujourd'hui en cause le caractère d'abord national des solutions : pour prendre l'exemple le plus élémentaire, un pays d'émigration sera enclin à soumettre l'état des personnes à la loi nationale et un pays d'immigration à le faire régir par la loi du domicile ou de la résidence habituelle, sans que l'on puisse contester la légitimité de ces choix respectifs (n° 41).

B. DU CONCEPTUALISME AU RÉALISME

100. – La tendance dogmatique. Quel que fût l'inclination personnelle des auteurs pendant la première moitié du XXe siècle, la plupart étaient portés à l'édification de systèmes, procédant par voie de déduction à partir de principes très généraux sur les notions d'Etat, de souveraineté et même

1. L'œuvre doctrinale la plus importante est le traité de Rabel, *The Conflict of Laws, A Comparative Study*, 4 vol., 1945-58 (2e éd. : vol. 1, 1958 ; vol. 2, 1960). D'autres représentants de cette tendance ont nom von Bar, Lewald, Neumeyer, Melchior, Neuner, Frankenstein (auteur d'un projet de Code européen de droit international privé, 1950), M. Wolff, Raape, Wengler.
2. « Règles générales des conflits de lois », RCADI 1936. III. 325 (t. 57) ; sur cette doctrine, v. Francescakis, « Une lecture demeurée fondamentale... », RC 1982.3.
3. *Précis de droit international privé*, 1re éd. 1928.
4. Outre le *Traité* précité (n° 33), v. *Les conflits de lois en matière de contrats* (1938).
5. Ce cours est devenu par la suite « cours général » de droit international privé, présenté de même dans une perspective qui ne soit pas purement nationale. V. Académie de droit international, *Livre jubilaire*, 1923-1973 ; Struycken, « La contribution de l'Académie au développement de la science et de la pratique du droit international privé », RCADI 1998. 13 (t. 271).

de droit. Cette démarche abstraite était naturelle dans les pays de la famille « romano-germanique », où le droit est considéré comme une science ; la tendance à l'exposé général et systématique du droit a poussé les auteurs à de vastes constructions théoriques et déductives[1]. Du même esprit relevait la tendance à résoudre les conflits de lois à partir d'une conception du droit international public, moniste ou dualiste, et de ses relations avec le droit international privé. Elle était d'autant plus marquée que dans certains pays, en particulier l'Allemagne et l'Italie, l'enseignement de la matière était, et demeure, lié à celui du droit international public ; l'on s'y efforça donc particulièrement d'intégrer les principes de solution des conflits de lois dans une construction générale du droit international, voire de les relier à une théorie générale du droit. La justification théorique du fait qu'un ordre juridique donné accepte le cas échéant d'appliquer les lois étrangères en vint à occuper chez maints auteurs une place démesurée.

Au plan de la méthode, le procédé de la règle de conflit fut systématiquement exploré. De nouveaux concepts furent forgés pour résoudre les difficultés rencontrées à l'usage par les tribunaux, tels que le conflit de qualifications (n° 92). De ce fait, le procédé relativement simple exposé par Savigny s'est considérablement compliqué[2]. Pour résoudre les divergences de solutions d'un pays à l'autre, certains auteurs allèrent jusqu'à envisager un droit international privé « au second degré », destiné à résoudre les « conflits de règles de conflits ». Dans le même temps, les doctrines unilatéralistes, qui prenaient le contre-pied de la méthode dominante (n° 107 s.), n'étaient guère moins abstraites.

Cette approche systématique et conceptuelle présentait le mérite de chercher à dégager des principes susceptibles d'une acceptation universelle. Mais, privilégiant les questions fondamentales et même philosophiques, elle en venait à négliger à peu près complètement ce qui est l'occasion du problème : une situation de droit privé appelant une réglementation satisfaisante. De manière caractéristique, certains des exposés de cette période, pourtant prolixes, sont pauvres en exemples et en références aux décisions des tribunaux : à des questions formulées à un niveau élevé et abstrait, on apporte des réponses du même ordre. On aboutissait ainsi largement à faire de la matière une science ésotérique, une doctrine pure (*Professorenrencht*) accessible à un certain nombre d'initiés se répondant d'un pays à l'autre. Or ce sont des cas concrets qui suscitent les conflits de lois et l'on peut difficilement faire abstraction des intérêts sous-jacents à un conflit donné. Il convient également de tenir compte de l'application quotidienne du droit, préoccupation qui incite à rechercher une méthode accessible à ceux qui en sont chargés. En définitive, le caractère international des questions à résoudre ne doit pas faire oublier leur nature de droit privé.

1. On l'observe également, abstraction faite de la référence au droit international public, dans la théorie de l'Américain Beale (n° 86).
2. On a pu décrire le résultat en parlant d'« algorithme », soit une succession de stades s'enchaînant l'un après l'autre selon un processus se voulant parfaitement logique, sans retour en arrière, et débouchant sur la désignation de la loi applicable (Francescakis, RC 1982.10). Un autre auteur (Vallindas) a parlé de la « technologie » de la règle de conflit.

101. – Retour au réalisme. L'excès d'abstraction ne s'est pas fait sentir partout au même degré et il s'est toujours heurté à la critique ; la matière des conflits de lois offre une illustration privilégiée de l'opposition entre la « jurisprudence des concepts » et celle des « intérêts » mise à jour en Allemagne au début du XXe siècle[1]. La seconde incite à ne pas se préoccuper uniquement de la désignation d'un ordre juridique « compétent », mais aussi de la réglementation du rapport de droit à laquelle cette désignation aboutit, et à infléchir le cas échéant la solution ; en d'autres termes, à envisager des conflits d'intérêts privés plus que de souverainetés[2].

Une réaction particulièrement forte et constructive s'est produite aux États-Unis et développée au cours du XXe siècle, liée à l'école de pensée « réaliste »[3]. Professant le rejet de tout dogme *a priori* comme de toute construction déductive, cette école préconisa la transposition dans le domaine du droit de la méthode empirique des sciences de la nature, fondée sur l'observation des faits et la vérification des hypothèses par l'expérimentation. Cette approche conduit en toute matière à tenir compte de l'intérêt des personnes et du résultat social des règles (on parle de *sociological jurisprudence*). En matière de conflits de lois, après avoir sacrifié dans un premier temps à la question théorique de la justification de l'application de la loi étrangère[4], les auteurs s'attachèrent à résoudre les conflits de la manière la plus concrète, eu égard à la teneur des lois en présence et en fonction de la justice du résultat ; cette approche devait conduire à répudier la méthode des règles de conflit (n° 124 s.). Considérée – de manière excessive – par certains de ses promoteurs comme un nouveau « tournant copernicien » dans les conflits de lois (n° 94), elle a suscité, de même que l'unilatéralisme auquel elle se rattache, une réflexion salutaire sur la méthode de solution des conflits de lois inspirée de Savigny. On a parlé plus modérément à son sujet de «crise des conflits de lois», laquelle s'est depuis apaisée, en raison notamment d'une évolution parallèle des systèmes européens liée à l'identification des finalités du droit international privé[5].

L'empirisme total qui caractérise le mouvement précédent pouvait convenir à un environnement de *common law*, dont l'essence est de concilier, dans un cas précis, des données antagonistes d'une manière qui satisfasse la raison. Il ne pouvait gagner tel quel la pensée juridique

1. En France, certains auteurs se sont intéressés à la jurisprudence : H. Donnedieu de Vabres, *L'évolution de la jurisprudence française en matière de conflits de lois*, 1905 ; J. Donnedieu de Vabres, *L'évolution de la jurisprudence française en matière de conflits de lois depuis le début du XXe siècle*, 1938.
2. Sur les premières tendances en ce sens, de Nova, « Solution du conflit de lois et règlement satisfaisant du rapport de droit », RC 1948.179.
3. En matière de conflit de lois, les noms de Cook et Lorenzen sont associés à ce mouvement ; sur ces auteurs v. B. Hanotiau, *Le droit international privé américain*, 1979, spéc. p. 25 s.
4. Elle fut justifiée par la création dans le droit du for d'une règle spéciale, imitée de celle du droit étranger (*local law theory*).
5. V. « Flux et reflux de la crise des conflits de lois », TCFDIP, *Journée du cinquantenaire*, 1988, p. 59.

européenne, fondamentalement conceptuelle et déductive. Néanmoins, un même souci de réalisme s'est manifesté sous des formes voisines. Plus généralement, sous l'influence du courant philosophique s'attachant à la finalité du droit, différents auteurs se sont efforcés de recenser les « intérêts » à satisfaire dans la solution des conflits de lois en vue de rechercher la meilleure façon de les accommoder. Ainsi en France, Batiffol, approfondit une démarche entreprise par Lerebours-Pigeonnière et distinguant trois catégories d'intérêts (présents dans les différentes branches du droit international privé) : outre celui de l'État, recherchant le bien commun dans la législation civile, celui des personnes impliquées, afin de répondre à leurs attentes, et celui de la société internationale, qu'il convient d'ordonner[1]. En matière de conflits de lois, ces intérêts ne président pas seulement à l'élaboration des règles de rattachement mais à leur application lorsque celle-ci révèle des divergences d'un système à l'autre ; à cette fin, et dans le même esprit, ont été proposés des principes généraux auxquels le jeu des règles de conflit est subordonné[2]. À l'application mécanique de règles de conflit a ainsi succédé ainsi une approche plus fonctionnelle. Avec le renforcement de l'aspect directif de la législation de droit privé, ce mouvement se prolonge aujourd'hui dans la prise en compte fréquente du résultat substantiel auquel conduisent les lois en présence pour la solution même du conflit de lois : on tend à préférer la loi qui procure le résultat conforme à la politique législative du for dans la matière en cause (n° 108).

101-1. Tendances contemporaines. Les tendances que l'on peut discerner à l'époque contemporaine ne se limitent pas aux conflits de lois. Dans ce domaine, on note un recul du personnalisme, là où il prévalait : par suite notamment de l'affaiblissement des politiques législatives en matière personnelle et familiale, la loi du milieu actuel de l'individu se substitue par commodité à la loi d'origine ; ou bien l'on permet aux intéressés de résoudre eux-mêmes le conflit entre elles en leur offrant une option entre ces lois. La même possibilité s'étend en matière patrimoniale : régime matrimonial, succession, et même responsabilité délictuelle. Dans le domaine des conflits de juridictions, l'autonomie de la volonté se manifeste par le plus large effet reconnu tant aux clauses d'élection de for qu'aux clauses d'arbitrage qui soustraient la connaissance des litiges aux tribunaux étatiques. Mais surtout, et plus récemment, les conflits de juridictions et leur méthode dite « de reconnaissance » (n° 17) prennent d'une certaine manière le pas sur les conflits de lois : soit que l'enjeu de l'autorité à saisir apparaisse en pratique plus décisif (alors que l'approche classique, tout entière concentrée sur une solution uniforme du conflit de lois, s'attachait à faire en sorte qu'il ne le soit pas) ; soit que – ce qui rejoint l'observation précédente dans le cas du statut personnel – l'on se soucie davantage de l'autorité compétente et de la reconnaissance de ses décisions que des règles de fond qu'elle appliquera au rapport de droit (protection des

1. *Aspects philosophiques du droit international privé*, 1956.
2. Wengler, « Les principes généraux du droit international privé et leurs conflits », RC 1952.595 et 53.37.

mineurs, divorce, adoption). La ligne de partage se déplace ainsi sensiblement entre conflits de lois et « conflits d'autorités » : la reconnaissance mutuelle des situations constituées ou des décisions rendues dans un État tend à prévaloir par commodité sur le souci qu'elles l'aient été selon la loi considérée comme compétente selon le règlement de conflit de lois de l'État requis[1].

Qu'il s'agisse de conflit de lois ou de juridictions, les règles appliquées sont aujourd'hui couramment confrontées aux principes formulés dans les Déclarations de droits et libertés fondamentales (règles constitutionnelles ou conventions internationales)[2]. Un contrôle est exercé sur elles au nom de la hiérarchie des normes. Imprégné de l'universalité des droits invoqués, alors qu'ils ne le sont pas en fait, le souci de les faire prévaloir relègue parfois au second plan la coordination des intérêts de droit international privé évoqués plus haut[3]. Un phénomène analogue se produit dans le cadre, plus prosaïque, du droit de l'Union européenne dont la suprématie est invoquée par les autorités de l'Union pour imposer des solutions de droit international privé sous couvert de respect des libertés économiques et de réalisation du marché intérieur, la diversité des lois étant perçue comme une « entrave » au sens de ce droit (n° 65-1). L'effet possible d'alignement des législations qui découle de ce type de démarche suscite une analyse qui confère au « conflit de lois » un tout autre sens que son sens classique : celui d'une concurrence, au sens économique du terme, entre

1. *Supra* n° 17. Outre les auteurs déjà cités, v. Lagarde, « Développements futurs du droit international privé dans une Europe en voie d'unification : quelques conjectures » , RabelsZ 2004.225, « La reconnaissance, mode d'emploi », Mél. Gaudemet-Tallon, 2008, p. 481 ; Romano, « La bilatéralité éclipsée par l'autorité (...) », RC 2006.457 ; Bollée, « L'extension du domaine de la méthode de reconnaissance unilatérale », RC 2007.307 ; Pataut, « Le renouveau de la théorie des droits acquis », TCFDIP 2006-08.71 ; Pamboukis, « La renaissance-métamorphose de la méthode de reconnaissance », RC 2008.513. Sur la part du droit communautaire dans cette approche, n° 65-1.
2. Lequette, « Le droit international privé et les droits fondamentaux », *in Droits et libertés fondamentaux*, 15e éd., 2009, nos 197 et s. Sur les rapports entre la Convention européenne des droits de l'homme et le droit international privé français, v. D. Cohen, RC 89.451 ; Courbe, *in Quelle Europe pour les droits de l'homme ?*, Bruxelles, 1996, p. 249 ; sur celui des Etats membres en général, Matscher, TCFDIP, 1996-97.211. La Cour EDH exerce ainsi aujourd'hui un contrôle sur les conditions mises à l'exequatur des jugements étrangers par l'État d'accueil : 20 juill. 2001, *Pellegrini*, *infra* n° 476 (contrôle insuffisant relativement la procédure suivie à l'étranger); 29 avril 2008, *Mac Donald*, RC 08.830 n. Kinsch, JDI 09.193 n. Marchadier (appréciation de la compétence du juge étranger jugée légitime) ; et, condamnant un État pour s'être opposé à la reconnaissance d'une adoption étrangère par un national contrairement aux dispositions de l'État d'accueil, 28 juin 2007, *Wagner*, JCP 07.I.182 n. Sudre, AJDA 07.1920 n. Flauss, D.07.2700 n. Marchadier, JDI 08.183 n. d'Avout, RC 07.807 n. Kinsch.
3. L. Gannagé, *La hiérarchie des normes et des méthodes en droit international privé (Étude de droit international privé de la famille)*, 2001 (présenté plus succinctement, RC 2001.1) ; Marchadier, *Les objectifs généraux du droit international privé à l'épreuve de la Convention européenne des droits de l'homme*, 2007.

les législations (par exemple en matière de sociétés) et même entre les instances de règlement des différends[1].

L'invocation croissante des droits fondamentaux européens, ceux du Conseil de l'Europe et ceux de l'Union, se traduit ainsi largement par une subversion des principes et méthodes de solution du droit international privé[2].

SECTION II

ÉTAT ACTUEL DES MÉTHODES

102. – Dualité d'approches. L'histoire fait ressortir que les méthodes proprement dites de solution des conflits de lois sont réductibles à l'une ou l'autre de deux démarches générales. L'une consiste à partir des lois pour déterminer leur champ d'application ; c'était fondamentalement celle des statutaires, qui se prononçaient en fonction de l'objet du statut. L'autre, systématisée par Savigny, mais semble-t-il déjà pratiquée avant lui, consiste à partir du type de situation pour déterminer la loi applicable (n° 93). Depuis la seconde moitié du XIXe siècle prévaut la seconde, avec le procédé de la règle de conflit bilatérale ; sa prééminence est telle que l'on en est venu parfois en France à parler de « méthode du conflit de lois » pour désigner ce qu'il est préférable d'appeler la méthode « de la règle de conflit ». Pourtant, celle-ci n'a pas éliminé toute application de la première ; systématisée sous une forme moderne, elle a reçu le nom d'unilatéralisme.

§ 1. – LA RÈGLE DE CONFLIT BILATÉRALE

103. – Évolution de la règle de conflit. Dans la conception traditionnelle, la règle de conflit a une fonction de *classement* ou *répartition* des situations de droit privé entre les différentes souverainetés composant l'ordre international : de là résultent une structure et des caractères bien définis (A). Cette conception a reculé à mesure de l'évolution du droit privé depuis l'époque de Savigny, qui se traduit par une législation civile

1. Sur l'analyse économique du droit, très développée aux États-Unis, et son application au droit international privé, v. Muir Watt, « Aspects économiques du droit international privé (Réflexions sur l'impact de la globalisation économique sur les fondements des conflits de lois et de juridictions) », RCADI 2004. 25 (t. 307) et en matière de règlement du contentieux, du même auteur, « Économie de la justice et arbitrage international (Réflexions sur la gouvernance privée dans la globalisation) », Rev. arb. 2008.389 ; *Conflits de lois et régulation économique* (sous la dir. de M. Audit, H. Muir Watt, E. Pataut), 2008 ; Bollée, in *L'efficacité économique en droit,* colloque, Economica, 2010, p. 121.
2. d'Avout, « Droits fondamentaux et coordination des ordres juridiques en droit privé », in E. Dubout et S. Touzé, *Les droits fondamentaux, charnières entre ordres et systèmes juridiques*, 2010, p. 165.

plus directive ; du même coup, la règle de conflit assume plus directement une fonction de régulation des intérêts privés, ce qui se traduit notamment par une altération de sa structure traditionnelle (B).

A. ANALYSE DE LA RÈGLE DE CONFLIT TRADITIONNELLE

104. – Structure de la règle de conflit. Toute règle de droit comporte une hypothèse, ou présupposé, et une conséquence : ainsi l'hypothèse visée par l'art. 1382 C. civ. est qu'une personne a causé par sa faute un dommage à une autre ; la conséquence, qu'elle lui doit réparation. Dans le cas de la règle de conflit, l'hypothèse est une relation juridique d'un type donné ; la conséquence, son attribution à un ordre juridique particulier. Il est entendu que cet ordre doit être celui avec lequel la situation présente les liens les plus étroits[1]. Grâce à la règle de conflit, sa détermination ne s'opère pas au coup par coup, mais selon un critère prédéterminé pour la catégorie en cause : mariage, contrat, délit... Chaque situation juridique présente en effet un certain nombre d'éléments caractéristiques – les parties, l'objet du rapport, le lieu de survenance des événements pertinents... – dont la répartition entre deux ou plusieurs États suscite le conflit de lois. L'un d'eux est sélectionné comme le plus caractéristique pour devenir le point de rattachement de la situation à une loi donnée (on parle aussi de facteur, critère, circonstance ou élément de rattachement), celui qui désignera dans chaque cas la loi ayant le plus de titres à régir la relation en cause. La règle de conflit une fois élaborée enchaîne donc une « qualification » (le type de situation juridique) et un «rattachement» (l'élément caractéristique) pour conduire à la loi applicable. On dira par exemple que les délits civils sont régis par la loi du lieu de leur survenance *(lex loci delicti commissi)*.

105. – Caractères de la règle de conflit. De la structure de la règle de conflit traditionnelle résultent trois caractères fondamentaux. La règle de conflit est une règle *indirecte* : elle ne résout pas la question de fond à l'occasion de laquelle le conflit s'élève, mais désigne la loi apte à la résoudre, celle à laquelle va être empruntée la règle de décision. Elle s'oppose par là aux règles *matérielles*, lesquelles déterminent directement les conséquences de l'hypothèse qu'elles prennent : par exemple, qu'une personne

1. Savigny parlait de *siège* du rapport de droit (n° 89) ; un auteur postérieur (Gierke) de centre de gravité. En fait, le mot « lien » est susceptible d'une acception non seulement matérielle (lien d'un immeuble avec le territoire) mais aussi plus intellectuelle (lien d'une personne avec une nation, d'un contrat avec un système juridique). C'est ainsi que les systèmes continentaux se sont détachés du territorialisme antérieur. Pour une formulation moderne, v. en législation, la loi autrichienne de 1978 (n° 37), art. 1er : « les situations qui présentent des liens avec l'étranger sont régies, en matière de droit privé, par l'ordre juridique avec lequel existe le rattachement le plus fort » (*die strärkste Beziehung*) ; en doctrine, Lagarde, « Le principe de proximité dans le droit international privé contemporain », RCADI 1986.II.1 (t. 196).

est capable à l'âge de dix-huit ans révolus[1]. On a dit du droit international privé (ramené ici aux conflits de lois) qu'il était un droit de classement.

Le caractère abstrait du rattachement entraîne une seconde caractéristique de la règle de conflit : son caractère multilatéral (*allseitig*). La règle est en effet susceptible de désigner aussi bien la loi de l'autorité qui la met en œuvre (la loi du for, lorsqu'il s'agit d'un tribunal) que les lois étrangères. Dans le second cas, cependant, elle ne désigne pas celles-ci dans leur ensemble, mais une loi donnée et exclut par là toutes les autres ; c'est pourquoi on parle en France de caractère *bilatéral*.

Il résulte enfin des deux caractères qui précèdent que la règle de conflit est en principe une règle *neutre* : non seulement place-t-elle en principe sur un pied d'égalité la loi de l'autorité saisie et les lois étrangères, mais elle est indifférente à leur contenu respectif, donc à la solution de fond qui résultera de sa mise en œuvre (par exemple, en matière délictuelle, que le défendeur soit tenu ou non à réparation).

Cette neutralité ne s'efface qu'en fin de raisonnement et lorsque la loi désignée est une loi étrangère : si le contenu de cette loi se révèle choquant eu égard aux conceptions du for, son application est écartée au nom de l'ordre public et on lui substitue en principe la loi du for. À ce stade seulement se manifeste qu'il ne s'agit pas seulement d'attribuer la situation à une loi, mais aussi de se prononcer sur sa réglementation au fond ; encore cette circonstance doit-elle rester exceptionnelle et ne remet-elle pas en cause la neutralité de la règle de conflit elle-même.

Ainsi la règle de conflit traditionnelle devait-elle permettre d'atteindre le but formulé par Savigny, à savoir de rendre la solution d'un conflit de lois indépendante de l'autorité étatique, en particulier juridictionnelle, devant laquelle il s'élève.

B. INFLÉCHISSEMENT DE LA MÉTHODE

106. – Double aspect. Les règles de conflit telles qu'elles viennent d'être présentées tendent à réaliser la justice de droit international privé, et non la justice matérielle (selon la distinction mise en lumière par l'auteur allemand G. Kegel). La première est recherchée par l'identification du rattachement approprié pour chaque catégorie ; la seconde est intégralement confiée à la loi désignée, laquelle arbitre selon ses vues les intérêts substantiels en présence. À chacun de ces points de vue, la méthode des règles de conflit a connu au cours des dernières décennies un infléchissement notable. Du point de vue de la répartition des situations, il est de plus en plus admis que la désignation d'une loi donnée par la règle de rattachement applicable puisse être « rectifiée » lorsque l'on estime que ce rattachement ne conduit pas *in casu* à la loi la plus proche ; cela se

1. On a vu qu'il peut également exister dans un droit donné des règles matérielles visant les rapports internationaux : par exemple, en droit français, que si un contrat est international, les parties peuvent valablement insérer une clause valeur-or (n° 10) ; et que les règles concernant la compétence des tribunaux, l'effet des jugements étrangers et le statut des étrangers sont également, à la différence des règles de conflit de lois, des règles matérielles.

traduit par l'introduction de « clauses d'exception ». Quant à la séparation entre les deux aspects de la justice, elle est devenue de moins en moins étanche : des préoccupations de justice matérielle interviennent de plus en plus fréquemment dans le choix même de la loi applicable par la prise en considération dès ce stade du contenu des lois en présence. Les règles de conflit deviennent « à coloration matérielle », ce qui se traduit dans leur structure même.

1. Clauses d'exception ou règles de conflit « ouvertes »

107. – Caractère relatif des rattachements. Dans sa fonction de répartition traditionnelle, la règle de conflit incarne la présomption que quels que soient les rattachements effectifs d'une situation donnée, le rattachement prédéterminé conduira à l'ordre juridique dont elle est la plus proche. Or il advient que dans un cas donné cette présomption apparaisse démentie. Par exemple, suivant la règle traditionnelle en matière délictuelle, les suites d'un accident d'automobile présentant des rattachements avec plus d'un État sont déclarées régies par la loi du lieu de l'accident. Or si deux personnes domiciliées dans le même pays et se déplaçant ensemble à l'étranger y ont un accident où elles sont seules impliquées, il semble bien que les rattachements avec l'État de leur résidence (qui est aussi celui du lieu d'immatriculation du véhicule et celui où il est assuré) sont, dans les circonstances, plus significatifs que le seul lieu de l'accident ; en cas de différence marquée entre les deux lois, on peut s'interroger sur l'opportunité de faire prévaloir l'intégrité de la règle de conflit, règle simplement indirecte, sur ce qui serait la justice du cas (pour ne rien dire du facteur de commodité d'application de la loi, si c'est un tribunal de l'État de résidence commune qui est appelé à statuer). Des situations de cette nature peuvent inciter à atténuer la rigidité de la règle de conflit et à ne voir dans la désignation opérée par elle qu'une présomption *simple* de localisation du rapport de droit. Certaines législations modernes ont effectivement pris acte de la relativité des rattachements et prévu des clauses d'exception pour le cas où une autre loi que celle désignée par la règle apparaîtrait mieux indiquée dans les circonstances. Une telle clause peut assortir une règle de conflit donnée[1] ; ou être formulée par voie de disposition générale, susceptible de s'appliquer à toutes[2].

1. V. règlement « Rome I » sur la loi applicable aux obligations contractuelles (anciennement convention de Rome du 19 juin 1980), art. 4.4. On trouve de nombreux exemples de règles ainsi « ouvertes » (*open-ended*) dans le second *Restatement* des conflits de lois aux États-Unis, lequel professe toutefois d'abandonner la méthode classique des règles de conflit (v. n° 122 et TCFDIP 1977-79, p. 38).
2. Ainsi selon la loi fédérale suisse de 1987 (art. 15) : « Le droit désigné par la présente loi n'est exceptionnellement pas applicable si, au regard de l'ensemble des circonstances, il est manifeste que la cause n'a qu'un lien très lâche avec ce droit et qu'elle se trouve dans une relation beaucoup plus étroite avec un autre droit » ; l'alinéa 2 de l'art. 1er de la loi autrichienne de 1978 (*supra* n° 100), selon lequel les règles posées par la loi « doivent être considérées comme » l'expression du principe du rattachement le plus fort, peut être interprétée dans le même sens. V. Dubler, *Les clauses*

Tout en permettant de résoudre certains conflits d'une manière qui paraît plus satisfaisante qu'elle ne le serait selon la règle de conflit, une clause d'exception porte atteinte à la prévisibilité que procure normalement celle-ci. Il est donc souhaitable que son application soit véritablement exceptionnelle : ainsi dans les règlements Rome I et Rome II la loi préférée à ce titre doit-elle présenter un lien « manifestement » plus étroit avec la situation que celle normalement désignée[1]. Il est vrai aussi que la prévisibilité ne constitue peut-être pas un impératif aussi pressant dans tous les domaines : elle est moins nécessaire lorsque les parties n'ont pas véritablement envisagé l'application d'une loi donnée.

2. Introduction de considérations substantielles et règles « à coloration matérielle »

108. – Introduction de finalités substantielles. Alors que les règles de conflit apparaissent suivant l'analyse présentée plus haut comme désincarnées, elles ne peuvent en réalité jamais être parfaitement neutres. Dès l'instant que l'on associe un rattachement à une catégorie donnée, on opère un choix de politique législative : entre territorialisme et personnalisme, entre rattachements impératifs ou laissés à l'initiative des parties... L'identification par la doctrine du XXe siècle des intérêts généraux présidant au règlement des conflits (n° 101) a constitué un premier facteur mettant en cause la conception de Savigny fondée sur un droit privé conçu comme un espace de liberté ; mais l'introduction de considérations fonctionnelles n'affectait pas nécessairement la neutralité apparente de la règle de conflit ni sa structure. Néanmoins, le caractère de plus en plus dirigiste pris dans le même temps par la législation de droit privé en tous pays s'est traduit peu à peu dans les règles de conflit elles-mêmes, orientant celles-ci vers un résultat substantiel privilégié[2]. Ceci se manifeste principalement, dans les droits nationaux comme dans le droit conventionnel, par l'introduction de *rattachements multiples*[3]. Il existe en effet un lien entre la structure adoptée pour le rattachement et l'effet recherché ou, à tout le moins, produit.

Des règles de plus en plus nombreuses formulent des rattachements *alternatifs*, autorisant à appliquer une loi ou une autre. Cette modalité favorise la reconnaissance d'une situation juridique ou de sa validité[4]. Par

d'exception en droit international privé, Genève, 1983 et pour une application de l'art. 15 de la loi suisse, Trib. féd. 28 nov. 1991, RC 92.484 n. Knoepfler.

1. Rémy-Corlay, « Mise en œuvre et régime procédural de la clause d'exception dans les conflits de lois », RC 2003.37.
2. A. Bucher, « L'ordre public et le but social des lois », RCADI 1993.II.117 ; *adde*, du même auteur, TCFDIP 1993-95.209 ; « La dimension sociale du droit int. pr. », RCADI, t. 341 (2009).
3. Laborde, *La pluralité du point de rattachement dans l'application de la règle de conflit*, thèse dactyl. Bordeaux, 1981 ; Patocchi, *Règles de rattachement localisatrices et règles de rattachement à caractère substantiel*, Genève, 1985 ; Pocar, « La protection de la partie faible en droit international privé », RCADI 1984. V. 343 (t. 188).
4. Il serait naturellement erroné de penser que des rattachements multiples conduisent nécessairement à autant de lois distinctes ; le plus souvent, plusieurs conduisent à la même. Mais cela n'infirme pas la caractéristique du procédé.

exemple, selon la convention de La Haye du 5 octobre 1961 sur les conflits de lois en matière de forme des dispositions testamentaires, le testament est valable s'il satisfait à l'une de plusieurs lois énumérées : lieu de rédaction, nationalité, domicile ou résidence habituelle du testateur, ces derniers rattachements pouvant en outre être considérés soit au moment de la rédaction, soit au moment du décès (art. 1)[1]. Selon certaines autres règles, les rattachements sont hiérarchisés ou successifs en ce sens que si le premier désigné ne procure pas un résultat souhaité l'on recourra à un autre : par exemple, la règle énonce que la filiation naturelle sera établie selon la loi de l'enfant ; mais que si elle ne l'est pas selon cette loi, elle pourra l'être selon la loi du père prétendu[2]. Parfois, la faveur reconnue l'est de manière plus expresse, visant une catégorie de personnes déterminée : mineur, salarié, assuré, consommateur... Ainsi lorsque la règle prévoit un rattachement donné, mais permet de déroger à cette désignation par le choix d'une loi plus favorable à la personne protégée (règlement « Rome I », art. 5 et 6) ; ou bien la règle peut directement se référer à la loi « la plus favorable » à la catégorie visée[3].

Une règle de conflit peut également formuler des rattachements *cumulatifs*, c'est-à-dire prescrire que soient satisfaites les conditions de deux ou plusieurs lois : par exemple, le divorce ne sera prononcé que s'il est possible selon la loi personnelle de l'un et l'autre époux ; un mariage polygamique ne sera reconnu que s'il était possible selon la loi personnelle de toutes les personnes intéressées ; un préjudice ne sera réparé que s'il a vocation à l'être selon la loi du lieu du fait générateur et celle du lieu du dommage. La règle dresse alors au contraire un obstacle à un certain résultat (le prononcé du divorce, la célébration du mariage ou sa reconnaissance, l'indemnisation du demandeur)[4]. Cela peut être soit par défaveur à ce résultat, soit par sentiment d'équité, soit simplement pour prévenir un

1. Dans le même sens, v. l'art. 11 du règlement Rome I précité sur la forme du contrat (n° 822). En matière de filiation, l'art. 311-16 C. civ. (abrogé à compter du 1er juillet 2006 du fait de la suppression en droit interne de la distinction des filiations légitime et naturelle), était particulièrement caractéristique, mettant en avant un résultat - la légitimation de l'enfant - avant de formuler quatre rattachements susceptibles d'être retenus pourvu qu'ils conduisent à ce résultat (n° 726). Il était même contesté que l'on fût encore en présence d'une règle de conflit, tant la recherche du résultat l'emportait sur le souci de voir la situation soumise à la loi qui présente les liens les plus significatifs avec la situation (et elle seule). V. cependant, affirmant le caractère de règle de conflit de l'art. 311-17 (et l'assortissant du régime procédural correspondant), Civ. I, 14 avril 2010, n° 09-14335.
2. V. également, en matière d'obligations alimentaires, la convention de La Haye du 2 octobre 1973, art. 4 à 6 (n° 675) ; la loi fédérale suisse (art. 44) sur les conditions de fond du mariage. Tous les cas de rattachement subsidiaire ne correspondent pas à une finalité matérielle : il ne s'agit parfois que de pallier la défaillance éventuelle du rattachement de rang antérieur (v. par ex., art. 311-14 C. civ., *infra* n° 717, et n° 138 *in fine*).
3. Dans ces cas, le choix parmi les différentes lois possibles est laissé à la personne que la règle entend favoriser.
4. La convention de La Haye du 2 oct. 1973, précitée, qui favorise les demandes d'aliments entre parents proches par des rattachements subsidiaires, soumet au contraire les demandes entre collatéraux et entre alliés à un rattachement cumulatif (art. 7).

conflit de statuts : par exemple si l'on décide que le transfert international du siège d'une société doit satisfaire à la loi du siège ancien et à celle du siège nouveau (n° 1118) ; ou que la fusion internationale de sociétés ne peut s'opérer que si elle est admise par la loi de la société absorbante et celle de la société absorbée (en matière d'adoption, v. art. 370-3 al. 1er C. civ., n° 753).

109. – Portée et appréciation critique. Avec la pluralité de rattachements, la règle de conflit ne remplit plus seulement une fonction de répartition mais participe comme les règles de fond à la réglementation des intérêts privés. En se préoccupant de justice matérielle, et non plus seulement de justice de droit international privé (n° 106), elle change de nature. Par l'adoption de rattachements alternatifs, en particulier, on accepte qu'une situation soit régie par une loi qui n'est pas celle à laquelle la situation est le plus étroitement rattachée, à l'encontre de ce qui apparaissait comme la directive fondamentale de solution des conflits de lois[1]. L'adoption de rattachements alternatifs recouvre en outre le plus souvent une faveur envers la loi du for. D'une part, en effet, bien que la règle conserve une forme de neutralité, il sera exceptionnel qu'elle ne conduise pas, par l'une de ses branches, à la loi du for. D'autre part, il sera rare que celle-ci ne permette pas le résultat que tend à favoriser la règle (la validité d'un acte, l'établissement d'un état)[2]. Et si ce n'est pas le cas, tandis qu'une autre permet ce résultat, on peut se demander pourquoi favoriser celui-ci alors que le législateur interne, en fixant pour sa part d'une certaine manière les droits d'une des personnes concernées (enfant, testateur, demandeur en responsabilité civile...), a arbitré ses intérêts avec d'autres en concours et arrêté un certain équilibre qu'il paraît désavouer. Par exemple, le législateur qui admet l'application de la loi la plus favorable à l'établissement judiciaire de la paternité naturelle ne manifeste-t-il pas le regret de n'avoir pas lui-même facilité davantage cet établissement ? Le choix en faveur de la loi qui valide un testament ne signifie-t-il pas que les règles de forme de la loi du for sont inutilement contrariantes ? Dans la mesure où une règle de droit est le fruit d'un compromis, on a pu opposer que la notion de faveur est antinomique à celle de droit.

En réponse à ces différentes objections, on peut faire valoir qu'une situation internationale présentant par hypothèse des rattachements avec plusieurs lois, aucune d'elles ne peut justifier d'un titre exclusif à s'appliquer tandis que plus d'une peut être raisonnablement désignée. Un jugement de valeur est alors susceptible de compenser le cas échéant l'infériorité d'un rattachement : la qualité pallierait d'une certaine manière la proximité. La méthode classique elle-même fait intervenir un tel jugement

1. Inversement, les rattachements cumulatifs, dont l'effet est conservateur, s'opposent à ce que le caractère international de la situation autorise l'effacement d'une loi au profit d'une autre, ce qui va à l'encontre de l'idée même de *solution* du conflit de lois.
2. C'est ainsi que la libéralisation du droit français de la filiation par la loi du 3 janvier 1972 a été accompagnée d'une multiplication de règles alternatives (art. 311-16 s. C. civ.).

lorsqu'une loi étrangère, désignée par la règle de conflit comme la plus proche, est écartée en raison de son contenu et remplacée par la loi du for au nom de l'ordre public (n° 308). Une règle à coloration matérielle évitera normalement d'avoir à recourir à ce moyen, en permettant l'application de l'une des lois en présence en fonction de son contenu. Il reste cependant que le bien-fondé de la méthode est dépendant de la validité des jugements de valeur qui inspirent son application et donc la préférence manifestée : on peut contester, par exemple, la règle retenue par certaines législations permettant au demandeur en responsabilité civile d'invoquer à son choix la loi du lieu du dommage ou celle de l'événement causal (n° 192). La multiplication des règles à coloration matérielle rapproche de la recherche dans chaque cas de la « meilleure loi », critère qui a été effectivement préconisé aux États-Unis à l'occasion de la « révolution américaine » (n° 124), mais qui a été critiquée en Europe. Enfin, le fait que tous les systèmes peuvent ne pas approuver la préférence substantielle marquée dans un domaine donné dresse incidemment un obstacle à la reconnaissance internationale des droits comme à un rapprochement des systèmes par voie de convention[1].

Du point de vue simplement méthodologique, les règles à rattachements alternatifs soulèvent des difficultés propres. On peut ainsi hésiter sur la détermination de la loi la plus favorable à une personne (est-il préférable pour un enfant légitime de pouvoir être désavoué ou de conserver ce statut ?). À défaut de précision, on se demandera à qui appartient le choix éventuel de la loi : juge ou plaideurs ? Ou selon quelle loi déterminer les conséquences de l'irrégularité d'un acte lorsque aucune ne le valide. Les rattachements alternatifs alourdissent en outre la tâche du juge dans la mesure où il est tenu de soulever d'office l'application de la loi étrangère ou d'en rechercher la teneur (n° 261 s.)[2].

§ 2. – L'UNILATÉRALISME

110. – Notion générale. On peut qualifier d'unilatéraliste, en première approximation, toute méthode qui raisonne en termes de détermination du champ d'application des lois. S'abstenant de projeter les conceptions du for sur le droit étranger, l'unilatéralisme a été spontanément pratiqué pendant des siècles. Mais l'expression a été forgée à la fin du XIXe siècle lorsqu'il a été théorisé, en réaction contre la méthode des règles de conflit bilatérales (A). Bien qu'il ne l'ait pas emporté, l'unilatéralisme connaît des applications importantes en droit positif contemporain (B).

1. V. Gaudemet-Tallon, « L'utilisation de règles de conflit à caractère substantiel dans les conventions internationales... », Mél. Loussouarn, p. 181.
2. Pour une illustration du lien entre ces questions, v. Civ. I, 10 mars 1993, RC 93.456 n. Ancel.

A. FONDEMENTS ET CRITIQUE DE L'UNILATÉRALISME

111. – La contestation du bilatéralisme. Apparue à l'époque où le conflit de lois était principalement envisagé comme un conflit de souverainetés, la doctrine unilatéraliste (principalement allemande : Schnell, Niedner) a reproché à la règle bilatérale de délimiter indirectement le champ d'application des lois étrangères et par là de porter atteinte aux souverainetés étrangères. Soit par exemple la règle de conflit multilatérale, admise en France, soumettant la capacité des personnes à la loi de leur nationalité. Dans un pays qui l'adopte, elle signifie non seulement que les dispositions internes sur la capacité seront appliquées aux nationaux où qu'ils se trouvent, mais aussi que les lois des autres États ayant le même objet seront respectivement appliquées à leurs propres nationaux. C'est dans le caractère universel de cette délimitation, valable pour toutes les lois du monde, que réside le grief fondamental adressé au bilatéralisme : on lui reproche de fixer le champ d'application des lois étrangères sans égard à la volonté *effective* que peuvent avoir sur ce point les législateurs étrangers. Dans l'exemple choisi, un autre État peut préférer appliquer ses règles en matière de capacité à toutes les personnes domiciliées sur son territoire (nationaux et étrangers), renonçant par là à les appliquer à ses nationaux domiciliés à l'étranger ; un autre encore peut vouloir appliquer les siennes à tous les actes juridiques passés sur son territoire, renonçant à toute application extra-territoriale concernant ses nationaux ou « domiciliaires ». Si dans le premier de ces cas une autorité française applique, suivant la règle de conflit bilatérale française, la loi de sa nationalité à un étranger domicilié en France, elle méconnaît la volonté d'application de cette loi en l'appliquant hors du domaine qu'elle s'assigne[1]. La doctrine unilatéraliste d'origine a rejeté cette conséquence au nom de l'indépendance des souverainetés et préconisé de n'appliquer chaque loi que selon sa propre volonté d'application. Pour elle, une norme de rattachement ne pouvait délimiter que le champ d'application des règles de l'ordre juridique auquel elle appartient : elle ne pouvait donc être qu'unilatérale (comme le sont formellement les dispositions de l'art. 3 C. civ.). Lorsqu'elle ne prévoit pas l'application de ses propres règles, elle n'en désigne pas d'autre parce qu'elle n'a pas à le faire ; il faudra rechercher la loi étrangère *qui se veut* applicable[2]. De cette manière serait assurée l'harmonie des solutions plus sûrement que par l'application d'une règle de conflit multilatérale qui se veut universelle alors qu'elle ne l'est pas.

La différence a été illustrée par l'exemple suivant. Un Belge domicilié en Italie décède, laissant un immeuble situé en France. Si une difficulté vient à s'élever

1. De fait, les rattachements adoptés n'étant pas les mêmes partout (ni même les qualifications, n° 92), la méthode bilatéraliste se heurte à des conflits de règles de conflit ou « conflits de systèmes », qu'elle a le plus grand mal à résoudre (*infra*, Chapitre III).
2. Pour ces raisons, les expressions de « règles de rattachement » ou d'applicabilité » (F. Rigaux), ne visant que les dispositions du for, traduisent mieux la conception unilatéraliste que celle de règle de conflit qui implique davantage une idée de choix.

concernant la succession à cet immeuble devant le juge italien, celui-ci, suivant la règle de conflit bilatérale naguère formulée à l'art. 23 des dispositions préliminaires de son Code civil, déclarera la loi belge applicable en tant que loi nationale du défunt ; or la succession est soumise à la loi française tant selon le système belge que selon le système français. Ainsi la seule loi qui se veut applicable n'est pas appliquée ; et le juge italien, sans même prétendre appliquer au fond sa propre loi, donne une solution qui diverge de celle des deux autres systèmes en présence.

Avec le recul de la conception qui voyait dans le conflit de lois un conflit de souverainetés (n° 100), l'unilatéralisme a été présenté sous une forme autre[1]. Selon celle-ci, chaque État fixe au moins implicitement un champ d'application international aux lois qu'il édicte, en fonction de leur teneur, et de cette volonté doit découler leur application. La directive fondamentale demeure la coordination des ordres juridiques, qui permet l'uniformité et la continuité de la vie juridique des individus plus sûrement que des règles multilatérales.

On objectera que contrairement à ce qu'énonce la théorie unilatéraliste classique, ce n'est pas méconnaître la souveraineté d'un État étranger que d'appliquer le cas échéant sa loi au-delà de ce qu'elle prévoit : ainsi d'appliquer à un Anglais en France sa loi nationale, alors que celle-ci ne se veut applicable qu'aux personnes domiciliées en Angleterre. Sans doute cela aura-t-il pour contrepartie d'appliquer la loi française à un Français domicilié en Angleterre, cette fois véritablement au « détriment » de la loi anglaise qui prétend simultanément s'appliquer à cette personne. Mais l'on parviendra au même résultat selon une démarche unilatéraliste, qui résout un conflit entre la loi du for et une loi étrangère en faveur de la première (n° suivant).

Le principe commun aux doctrines unilatéralistes est donc que chaque ordre juridique fixe le champ d'application des dispositions qu'il édicte ; et que dans la mesure où l'un d'eux ne considère pas ses propres règles applicables, il donne effet aux règles étrangères dans le domaine qu'elles-mêmes s'assignent[2]. Plus techniquement, une démarche unilatéraliste consiste à ne fixer le champ d'application dans l'espace d'une loi interne que d'après les règles de droit international privé de son ordre juridique d'appartenance.

112. – Faiblesses de l'unilatéralisme. La doctrine unilatéraliste se présente comme respectueuse des souverainetés et propre à assurer l'harmonie internationale des solutions. Mais ces avantages sont plus théoriques qu'effectifs. L'harmonie ne se constate en réalité qu'en cas de coordination spontanée des systèmes, c'est-à-dire lorsque l'une loi en présence se veut applicable et l'autre (ou les autres) non. Or dans ce cas, la

1. Quadri, *Lezioni di diritto internazionale privato*, 5e éd., Naples, 1969 ; Gothot, « Le renouveau de la tendance unilatéraliste en droit international privé », RC 1971.1, 209, 415.
2. Le mécanisme est identique à celui qui s'applique en matière de nationalité : chaque État fixe les conditions d'attribution de sa nationalité et, pour les individus qu'il ne reconnaît pas comme ses nationaux, tient compte de la nationalité attribuée par les autres États (n° 938 s.).

solution est la même selon le système bilatéraliste[1]. Mais le postulat selon lequel chaque loi ne doit être appliquée que conformément à la volonté de l'État qui l'édicte conduit immanquablement à constater des situations de *cumul* lorsque deux ou plusieurs lois prétendent s'appliquer à une situation donnée. Ainsi lorsque se pose la question de la succession d'un Italien laissant un immeuble en France : la loi italienne se veut applicable en tant que loi nationale et la loi française en tant que *lex rei sitae*. Il y a inversement *lacune* lorsque aucune loi ne prétend régir la situation envisagée : ainsi pour statuer sur la succession à un immeuble laissé en Italie par un Français. Une véritable harmonie n'est jamais atteinte que lorsqu'une loi et seule se veut applicable (c'est-à-dire que le conflit de lois est un « faux conflit » ; v. *infra* n° 125).

Pratiquement, l'autorité saisie ne peut résoudre le problème de la lacune qu'en forgeant un règlement spécial. Celui-ci lui prescrira soit d'appliquer sa loi à titre subsidiaire, soit de rechercher la loi à laquelle la situation se rattache de la manière la plus effective ou encore celle que les parties avaient en vue et à laquelle elles se sont conformées. Dans tous les cas, on déroge au principe qui veut qu'une loi ne soit pas prorogée au-delà du champ d'application qu'elle s'assigne. En ce qui concerne le cumul, l'autorité saisie ne peut que donner la préférence à sa propre loi lorsque celle-ci est en cause[2]. Ainsi, alors que la doctrine examinée fait grand cas du respect des systèmes étrangers, ce respect n'est effectif qu'en l'absence de conflit avec le système du for, c'est-à-dire dans une faible minorité de cas de cumul, lorsque celui-ci est entre deux lois étrangères. En ce qui concerne ce dernier cas, un auteur américain, Currie (n° 125), est venu à proposer de résoudre la difficulté en lançant une pièce de monnaie. Plus rationnellement, on peut envisager de donner la préférence à la loi qui adopte le même critère de rattachement que la loi du for ; par exemple, si le juge belge devait se prononcer sur le statut personnel d'un Français établi dans un pays où l'on prétend lui appliquer la loi du domicile, il ferait prévaloir le critère de la nationalité, retenu par le droit belge et par le droit français. Mais c'est d'une certaine manière procéder à la bilatéralisation que l'on s'interdisait. On peut également rechercher quelle est la loi qui prétend le plus légitimement s'appliquer à la situation, c'est-à-dire celle à laquelle la situation particulière se rattache en fait par les liens les plus étroits ou correspondant à l'attente des parties. Mais c'est pour éviter ce type de recherche au coup par coup, et dont le résultat est imprévisible, que la méthode bilatéraliste s'efforce de poser des critères de rattachement d'application générale. En définitive, la doctrine unilatéraliste met en lumière les conflits de systèmes, c'est-à-dire de règles de conflit

1. Le statut personnel d'un Belge en France est régi par la loi belge selon les règles bilatérales belge comme française, ce que la théorie unilatéraliste exprime en disant que seule cette loi se veut applicable.
2. S'agissant d'un statut personnel d'un Français domicilié en Angleterre, une autorité française appliquera en principe la loi française et une autorité anglaise la loi anglaise.

(n° 111) ; mais elle les retrouve sous une autre forme (cumul et lacune) et ne les résout harmonieusement que dans une infime minorité de cas.

113. – Faible succès de l'unilatéralisme. La critique unilatéraliste eut pour effet immédiat – paradoxalement eu égard au rôle de Savigny – que les dispositions de conflit de lois figurant dans la partie introductive du Code civil allemand (EGBGB) de 1900 furent énoncées sous une forme unilatérale ; mais elles furent aussitôt interprétées de manière bilatérale (comme l'avaient été avant elles celles de l'art. 3 C. civ. français). Ces exemples tendent à montrer que cette forme de raisonnement s'impose, car elle satisfait le principe kantien qui veut que la maxime de son action puisse être érigée en loi universelle[1]. L'unilatéralisme connut néanmoins des adeptes dans la plupart des pays, tel qu'en France Niboyet[2] ; il a été spontanément redécouvert par certains auteurs américains contemporains (n° 121).

L'unilatéralisme fait ressortir que la règle de conflit bilatérale postule un universalisme qui n'est pas : tous les systèmes n'adoptent pas les mêmes règles de conflit. Mais il ne permet pas davantage de résoudre les difficultés nées de ces différences ; cela explique qu'il n'ait pas évincé la méthode bilatéraliste. L'unilatéralisme connaît toutefois des applications en droit positif.

B. APPLICATIONS DE L'UNILATÉRALISME

114. – Cas du droit public international. L'application unilatérale de ses lois par chaque Etat trouve une illustration très importante en droit public (droit fiscal, douanier, pénal, de la sécurité sociale...), mais pour des raisons spécifiques à ce domaine. En présentant les conflits de lois en tant qu'objet principal du droit international privé, l'on s'est référé à des situations relevant du droit privé (n° 1)[3]. Or la question se pose également à l'égard des matières de droit public : de même que l'on recherche la loi applicable aux effets du mariage de deux époux étrangers résidant en France, l'on se demandera à quelle loi fiscale ils sont soumis, ou bien s'ils peuvent invoquer le bénéfice de telle disposition de sécurité sociale. Mais la problématique en ces matières diffère d'une manière essentielle de celle du droit privé : il n'est pas exercé de *choix* en vue de l'*application* de la loi qui sera désignée. En effet, un État ne se préoccupe en droit public que de l'application des lois qu'il édicte pour ses propres nécessités : financer ses activités, réprimer les atteintes à l'ordre dont il a la charge, assurer une protection sociale par une redistribution des ressources... La

1. V. toutefois Kinsch, « Principe d'égalité et conflits de lois », TCFDIP 2002-04.117.
2. *Traité*, t. 3, n° 931 et s. On a vu que cela correspond aussi à une période de nationalisme juridique (n° 93). La coïncidence n'est peut-être pas fortuite : si l'on met l'accent sur les facteurs propres à l'Etat du for dans le choix des rattachements, la bilatéralisation systématique des règles ne se justifie pas ; car ce qui vaut pour un pays ne s'applique pas nécessairement aux autres.
3. En formulant la théorie de la règle de conflit, Savigny excluait d'entrée le droit public, droit « politique ».

question n'est donc pour chacun, à travers ses organes d'exécution, que de déterminer le champ d'application dans l'espace des dispositions qu'il prend[1]. Sans doute les critères de rattachement sont-ils de même nature que ceux usités en droit privé : le lieu d'exercice d'une activité, la situation d'un bien, l'accomplissement d'un acte, tous éléments relevant de la compétence territoriale de l'État[2]; la nationalité des personnes, justifiant l'exercice de sa compétence personnelle où que se trouvent les intéressés. Mais lorsqu'une situation donnée se localise hors du champ d'application de la loi d'un État donné, il est normalement indifférent à celui-ci que, compte tenu des rattachements qu'elle présente, elle tombe sous le coup de la loi d'un État étranger ; il ne met pas en œuvre les moyens dont il dispose au bénéfice direct d'un État étranger et au détriment de la liberté individuelle ou de la capacité contributive de personnes sur lesquelles il a autorité[3]. Il lui est pareillement indifférent que la situation ne tombe sous le coup d'aucune loi étrangère, dès lors qu'elle ne lui est pas rattachée. L'alternative est donc entre l'application de la loi de l'autorité saisie ou sa non-application, à l'exclusion de l'application d'une loi étrangère[4]. De là le caractère nécessairement unilatéral de la démarche ; la bilatéralisation des rattachements adoptés pour déterminer le champ d'application des lois de droit public du for serait sans effet. Le défaut d'application des lois étrangères va lui-même de pair avec l'incompétence des organes nationaux dès lors que la loi du for n'est pas applicable ; ces organes sont institués en vue de l'application des lois de l'État.

Ainsi en France, le champ d'application des lois pénales a-t-il longtemps été défini indirectement, par le biais de la compétence des tribunaux (art. 689 s. CPP). L'on se souciait de leur soumettre les faits portant atteinte à l'ordre public français, tandis qu'il n'y a normalement pas lieu de mettre en mouvement la force publique pour réprimer des faits qui ne troublent pas cet ordre. Avec le Code pénal de 1992, la question est désormais abordée comme celle de l'« application de la loi pénale dans l'espace » (art. 113-2 s.), mais selon la même approche, soit la définition de critères d'application de la loi française et d'elle seule : commission de l'infraction sur le territoire (v. art. 113-2 al. 1er C. pén.) ou un lieu assimilé, ou par un national à l'étranger ou à son détriment, à quoi s'ajoutent quelques infractions portant atteinte à des intérêts nationaux fondamentaux[5]. De même, un État donné ne fixe

1. Aussi l'ancienne « théorie des statuts » (n) 77 s.) incluait-elle sans difficulté les lois pénales.
2. V. par ex. Soc. 18 mars 1999, Bull. Joly 1999.1205 (assujettissement au régime de sécurité sociale français de dirigeants d'une société étrangère selon le critère du lieu d'exercice de l'activité).
3. V. toutefois, en matière de sécurité sociale, les enseignements pouvant se dégager de Soc. 24 février 2004, RC 2005.62 n. d'Avout.
4. Dans certains cas, la règle étrangère de droit public est un élément d'application ou de non-application de la règle nationale : ainsi le fait qu'une activité ait été imposée ou réprimée à l'étranger la soustrait à une nouvelle imposition (double taxation) ou à une nouvelle poursuite *(non bis in idem)*. Mais cela n'infirme pas la position de principe, car il s'agit simplement pour l'État du for de moduler l'application de sa loi selon ses propres critères.
5. V. Fournier, « Les orientations nouvelles du droit pénal international à la faveur de la réforme du code pénal », RC 1998.565. A. Huet et R. Koering-Joulin, *Droit pénal international*, 3e éd., 2005 ; Chilstein, *Droit pénal international et lois de police. Essai*

le critère d'exigibilité que de ses propres impôts, et il ne lève pas ceux d'un État étranger ; le « droit fiscal international » détermine dans un pays donné le champ d'application des lois de l'État[1]. Droit fiscal international, droit pénal international ou droit social international sont d'abord des disciplines internes, dont la méthode est distincte de celle des règles de conflit qui prévaut en droit international privé. Il est éventuellement dérogé à cette situation au moyen d'accords par lesquels les États organisent une certaine coopération entre eux, dont l'objet premier est au demeurant de faciliter à chacun l'application de sa loi : conventions d'extradition[2] ou d'exécution des peines, d'entraide fiscale ou d'assistance au recouvrement des créances publiques[3]. Les États sont également susceptibles de s'entendre sur certaines règles matérielles, par exemple destinées à lutter contre la corruption d'agents publics étrangers[4]. L'ensemble crée un commencement de « droit international pénal »[5], de « droit international fiscal »[6], voire de « sécurité sociale internationale »[7]. Leur étude relève de la matière considérée plus que du droit international privé.

Au contraire, l'unilatéralisme du droit international privé n'exclut aucunement l'application des lois étrangères par les organes nationaux, car une situation de droit privé doit recevoir une réglementation ; son originalité réside seulement dans le refus de désigner *a priori* le champ d'application des lois étrangères. Ses manifestations en droit privé sont éparses. Le législateur adopte parfois de véritables règles de droit international privé unilatérales (1). Plus fréquemment, certaines dispositions internes sont appliquées à des situations internationales sans égard au fait que leur désignation résulterait ou non du jeu de la règle de conflit bilatérale ; ces dispositions sont aujourd'hui désignées comme « lois de

sur l'application dans l'espace du droit pénal accessoire, 2003, n. 115 ; Gautier, « Sur la localisation de certaines infractions économiques », RC 1989. 669. Plus ancien, Lombois, *Droit pénal international*, 1979.

1. Ainsi, pour la loi française (suivant une autre formulation) sont redevables de l'impôt sur le revenu les personnes physiques ayant leur résidence en France (art. 4A et 4B C. G. I.).
2. Différentes conventions du Conseil de l'Europe s'efforcent en particulier d'organiser une coopération plus étendue en matière pénale ; v. par exemple Convention du 30 nov. 1964 sur la répression des infractions routières (en vigueur en France) ; Convention du 8 nov. 1990 relative au blanchiment, au dépistage, à la saisie et à la confiscation des produits du crime (et, appliquant celle-ci pour permettre l'exécution en France d'une mesure étrangère de confiscation, Crim. 13 nov. 2003, JDI 04.1211 n. A. Huet).
3. L'objet principal des conventions fiscales est de remédier aux effets de la double imposition résultant fréquemment du caractère unilatéral des règles.
4. Convention des NU contre la corruption du 31 oct. 2003 (décr. n° 2006-1113 du 4 sept. 2006).
5. Celui-ci est notamment constitué d'infractions définies internationalement et que tous les Etats qui les reconnaissent ont compétence pour réprimer, selon le système de l'universalité qui tend aujourd'hui à se développer (atteintes à la dignité de la personne humaine, terrorisme, délinquance maritime et aérienne) ; v. art. 689-2 et s. C. pr. pén.
6. Chrétien, « Existe-t-il un droit fiscal international commun ? », RC 1953.215, 491, 677 et 54.39, 487, 719. Une convention-modèle de l'OCDE s'efforce de rapprocher les critères d'exigibilité de l'impôt sur le revenu.
7. Celle-ci est essentiellement dans l'ordre communautaire ; v. P. Rodière, *Traité de droit social de l'Union européenne*, 2008.

police » (2). Enfin la pratique américaine issue de la doctrine des intérêts gouvernementaux (n° 97) constitue un avatar de l'unilatéralisme (3).

1. Règles de droit international privé unilatérales

On peut distinguer les règles de conflit unilatérales proprement dites, ou règles de rattachement, déterminant la compétence d'un ordre juridique pour une matière donnée, et les dispositions isolées qui fixent leur propre champ d'application.

a. Règles de conflit unilatérales

115. – Critère des règles véritablement unilatérales. Une règle de conflit est de forme unilatérale lorsqu'elle délimite le champ d'application de la seule loi du for. Mais une telle règle est fréquemment bilatéralisable : c'est le cas en France de l'art. 3 al. 3 C. civ., ou encore de l'art. art. L. 210-3 C. com. (anc. art. 3 de la loi du 24 juillet 1966) selon lequel les sociétés ayant leur siège social en France sont régies par la loi française ; l'une et l'autre ont effectivement été « bilatéralisées ». Le véritable unilatéralisme refuse de faire jouer à un critère de rattachement retenu par la règle d'applicabilité du for un rôle de désignation des lois étrangères. Une règle est donc véritablement unilatérale lorsque son auteur a indiqué qu'elle ne devait pas être bilatéralisée ou lorsqu'elle est techniquement insusceptible de l'être. Le meilleur exemple en est aujourd'hui en France la règle introduite en matière de divorce par la loi du 11 juillet 1975 (art. 310 C. civ., devenu 309, ord. 4 juillet 2005)[1]. Le caractère unilatéral de cette disposition ressort du fait que chacun des deux premiers alinéas exclut la bilatéralisation de l'autre[2] ; il est confirmé par la disposition finale qui, lorsque la loi française ne se considère plus directement applicable, s'en remet à la loi étrangère qui se veut telle. Dans un autre domaine, la loi du 18 juin 1966 sur les contrats d'affrètement et de transport maritime dispose : « Le présent titre est applicable aux transports, effectués au départ ou à destination d'un port français, qui ne sont pas soumis à une convention internationale à

1. Selon ce texte, « le divorce et la séparation de corps sont régis par la loi française :
– lorsque l'un et l'autre époux ont la nationalité française ;
– lorsque les époux ont l'un ou l'autre leur domicile sur le territoire français ;
– lorsque aucune loi étrangère ne se reconnaît compétence alors que les tribunaux français sont compétents pour connaître du divorce ou de la séparation de corps. »
Dans le même domaine, une loi belge du 27 juin 1960 sur le divorce, faisait régir l'admissibilité du divorce par la loi belge lorsque l'un des époux était belge, disposition également insusceptible de bilatéralisation.
2. La bilatéralisation du premier critère d'application de la loi française conduirait à appliquer leur loi nationale aux époux de même nationalité étrangère ; mais le second impose d'appliquer la loi française à de tels époux lorsqu'ils sont domiciliés en France. De la même manière, la bilatéralisation du second critère conduirait à appliquer à des époux domiciliés à l'étranger la loi correspondante ; mais le premier impose d'appliquer la loi française aux époux tous deux de nationalité française où qu'ils soient domiciliés.

laquelle la France est partie et en tout cas aux opérations de transport qui sont hors du champ d'application d'une telle convention » (art. 16)[1].

Dans ces différents cas, on constate que l'adoption de rattachements non bilatéralisables répond à la volonté du législateur d'étendre le domaine d'application de sa loi au détriment des lois étrangères ; il s'agit bien de « règles de rattachement de la loi du for » plutôt que de véritables règles de conflit. Parfois, une règle bilatérale est assortie d'une règle tendant à assurer une application privilégiée de la loi du for : ainsi l'art. 311-15 C. civ. qui assure, selon un rattachement territorial, l'application de la loi française dans des cas où le rattachement personnel et bilatéral de l'art. 311-14 conduirait à une loi étrangère. Par leur défaut de symétrie, les dispositions de ce type sont génératrices de cumuls et donc de situations boiteuses.

b. Normes fixant leur propre domaine d'application

116. – Règles substantielles auto-limitées. En quelque pays que ce soit, les règles de droit sont conçues dans leur immense majorité sans égard au phénomène international ; aussi, bien que posées pour l'ordre interne, elles sont formulées comme si elles étaient d'application universelle. La limitation du champ d'application international de telle ou telle résulte le plus souvent de l'adoption parallèle de règles de conflit formulées pour un ensemble de règles constituant une catégorie (« le statut personnel est régi par la loi nationale »)[2].

Il arrive cependant qu'une règle donnée soit expressément assortie d'une précision fixant son champ d'application dans l'espace ; la norme est « auto-limitée » (*spatially-conditioned*)[3]. Le critère « spatial » n'est pas nécessairement territorial, il peut être personnel : ainsi l'art. 170 C. civ. (remplacé en 2006 par des dispositions plus détaillées) imposait-il aux Français se mariant à l'étranger de faire précéder leur union de la publication prévue en France ; les droits espagnol et grec prescrivaient naguère que les nationaux contractant mariage à l'étranger le fissent en la forme religieuse, la loi néerlandaise, que les nationaux testant à l'étranger utilisent la forme authentique. Dans les différents systèmes auxquels sont empruntés ces exemples, la forme des actes est en principe soumise par une règle de conflit à la loi du lieu où ils sont conclus (*Locus regit formam actum*). La précision a donc souvent pour but d'étendre le champ

1. V. également en matière d'assurance, *infra* n° 815 (en note).
2. Cela explique que dans une codification du droit privé, les dispositions relatives aux conflits de lois figurent normalement dans la partie générale, au même titre que les conflits de lois dans le temps ou les principes d'interprétation des lois.
3. V. l'art. L. 122-5, 3°, *d* CPI (L. 27 mars 1997), introduisant une exception au droit de reproduction pour les catalogues de vente aux enchères publiques « effectuées en France » ; en matière de protection des acquéreurs dans les contrats conférant un droit d'utilisation à temps partiel d'un immeuble (*time-sharing*) situé hors de la Communauté, v. art. art. L. 121-75 C. cons. définissant le rattachement et les circonstances justifiant l'application impérative des dispositions protectrices des consommateurs.

d'application de la loi au-delà de ce qui résulterait du jeu des règles de conflit bilatérales susceptibles de s'appliquer, mais elle peut aussi bien la cantonner. En présence d'une telle disposition, une autorité de l'État qui l'édicte n'a d'autre choix que de suivre le commandement du législateur concernant son champ d'application international[1]. Les règles en question constituent une *lex specialis* par rapport au rattachement bilatéral qui est *lex generalis*. En revanche, il n'est pas certain que l'on acceptera dans un État donné de se plier à une loi étrangère étendant son champ d'application au-delà de ce qui résulterait d'une règle bilatérale.

Il existe d'autres règles délimitant leur champ d'application spatial, mais dont l'application est subordonnée à la désignation préalable de l'ordre juridique qui les édicte ; ces normes supposent l'existence d'une autre règle au sein du même ordre juridique pour le cas n'entrant pas dans leur champ d'application. Par exemple, les dispositions issues de la loi du 1er septembre 1948 en matière de bail ne s'appliquent qu'en certaines parties du territoire français, le droit commun étant applicable dans les autres. À la différence des règles matérielles parfois prévues pour les relations internationales (n° 10), celles dont il est ici question ont un contenu qui s'applique aussi bien à une situation purement interne[2].

2. Lois d'application immédiate ou lois de police

On parle de loi d'application immédiate lorsqu'une règle interne est appliquée à une situation internationale indépendamment de sa désignation par une règle de conflit ; elle l'est en fonction de sa volonté d'application, d'où également le terme de loi de police. Les règles ainsi appliquées émanent au premier chef de l'ordre juridique du for (a) ; mais se pose la question de l'application des lois de police étrangères (b).

a. Lois de police en général

117. – Notion moderne de loi de police. L'expression de loi de police figure, accolée à celle de loi de sûreté, dans l'art. 3 al. 1er C. civ., où il semble que l'on ait voulu désigner les lois de droit public au sens le plus large, y inclus le droit pénal. La règle formulée est d'inspiration unilatéraliste (avant la lettre) car elle vise un type de loi, et non de situation, dont elle fixe le champ d'application. Le développement de l'ordre public et de l'interventionnisme étatique en droit privé interne depuis l'époque du Code civil devait ouvrir à l'expression un champ nouveau et considérable.

1. V. par ex. Civ. II, 3 fév. 2005, D. 05.1981.152, JDI 06.152 n. Légier (indemnisation des victimes d'une contamination par le VIH limitée aux personnes transfusées sur le territoire français).
2. Sur cette distinction, v. de Nova, Mél. Maury, 1960.I.377 ; P. Mayer, JDI 1981.282 ; Lipstein, « Les normes fixant leur propre domaine d'application : les expériences anglaise et américaine », TCFDIP 1977-79, p. 187. Sur ce que l'autolimitation n'est pas toujours expresse et peut être affirmée par voie d'interprétation, Kinsch, « L'autolimitation implicite des règles de droit matériel », RC 2003.403. Pour un exemple d'autolimitation par le juge d'une règle pénale, v. Crim. 3 juin 2004, RC 04.755 n. Kinsch : l'incrimination d'abus de biens sociaux ne peut s'appliquer à une société étrangère (toutefois les mêmes faits peuvent tomber sous le coup de l'abus de confiance).

Selon la méthodologie du conflit de lois systématisée depuis Savigny, la présence d'un élément d'extranéité dans une situation de droit privé doit déclencher en toute hypothèse le recours à une règle de conflit. Or on constate en droit positif des hypothèses dans lesquelles le juge, ou une autre autorité publique, fait application à des situations internationales de dispositions de son propre droit, pourtant non expressément délimitées par le législateur (n° 116), sans passer par la médiation de la règle de conflit bilatérale : il fait ainsi de la loi du for une application « immédiate ». Par exemple, dans le cas d'un immeuble situé en France, le juge appliquera la législation impérative des baux nonobstant la nationalité étrangère du bailleur ou du locataire, voire des deux parties, rattachements qui confèrent pourtant au contrat un caractère international et autorisent normalement de ce chef un choix de la loi applicable[1]. Le même phénomène se constate dans des contrats créant des relations exemptes de tout élément réel susceptible de justifier l'application de la loi du lieu de situation du bien : en matière de contrat de travail, par exemple, il n'est pratiquement pas discuté que lorsqu'un travail s'exécute en France, la législation impérative interne s'applique sans égard aux éléments étrangers de la situation et en particulier la nationalité des parties (l'on parle parfois de « territorialité » du droit du travail)[2]. En matière d'état des personnes, les dispositions tendant à la protection de l'enfance en danger seront le plus souvent appliquées dans un pays donné indépendamment de la loi applicable à l'autorité parentale ou la tutelle selon une règle de conflit[3]. Ce mode d'application « immédiat » a reçu la sanction de la Cour internationale de justice, appelée à connaître d'une telle situation dans un cas où la loi normalement applicable à la tutelle résultait d'une convention internationale liant les deux États[4].

Dans tous les cas, cette manière de procéder traduit le fait que l'autorité saisie considère les intérêts défendus par sa loi trop étroitement impliqués, eu égard aux rattachements de la situation, pour que cette loi souffre le cas échéant d'être écartée par le jeu normal de la règle de conflit. Selon une formule de l'auteur qui, en France, a attiré l'attention sur le phénomène,

1. Rappr. Soc. 16 janv. 1953, RC 53.581 n. Batiffol.
2. En matière de relations individuelles : Paris, 4 juill. 1975, RC 76.485 n. A. Lyon-Caen (motifs) ; de relations collectives : CE, 29 janvier 1972, *Cie des wagons-lits*, RC 74.344 concl. Questiaux et chr. Francescakis, p. 273, JDI 75.538 n. Simon-Depitre, GA n° 54 ; Soc. 3 mars 1988, RC 89.63 n. G. Lyon-Caen, JDI 89.78 n. Moreau-Bourlès ; Ass. plén. 10 juill. 1992, JCP 93.II.22063 n. P. Rodière, RC 94.69, 2e esp., n. Audit ; Soc. 14 fév. 2001, D.01.I.R.904. V. également, appliquant les dispositions françaises sur la participation aux bénéfices de l'entreprise à des salariés expatriés, sur le fondement, cette fois, de la localisation en France de l'entreprise : Soc. 22 mai 2001 et 29 oct. 2002, LPA 30 oct. 2003 n. Jault.
3. Civ. I, 27 oct. 1964, JCP 64.II.13911, D. 65.81, RC 65.119 ; Crim. 4 mai 1992, D.93.I.R.27.
4. CIJ, arrêt du 6 fév. 1955, *aff. Boll* (Pays-Bas c. Suède), Rec. 1955, p. 4 : l'arrêt admet que la loi suédoise sur l'éducation protectrice des mineurs pouvait s'opposer à la remise de l'enfant à la personne désignée par la loi étrangère applicable à la tutelle selon la convention. Sur la portée méthodologique de la décision, v. chron. Batiffol et Francescakis, RC 1958.259. V. également Héron, « Publicisation d'un droit et détermination de la méthode de règlement... », TCFDIP 1990-91.67.

ces lois « postulent un domaine d'application exorbitant des solutions atteintes par le procédé de la règle de conflit »[1]. Les expressions de lois d'application immédiate, ou nécessaire, et celle de loi de police sont en général employées indifféremment. Si l'on veut les distinguer, la première désignerait plutôt un mécanisme, susceptible de s'appliquer à n'importe quelle disposition que l'on juge à propos d'appliquer indépendamment d'une règle de conflit[2] ; la seconde se réfèrerait plutôt à un contenu. Le point commun est qu'il s'agit d'assurer l'application des dispositions en question alors même que le critère retenu par la règle de conflit bilatérale dans le domaine considéré ne conduirait pas à cette application. Une loi de police force, sur un point particulier, la compétence de l'ordre juridique auquel elle appartient : elle est considérée, selon une autre expression usitée, comme « internationalement impérative » ou encore « surimpérative » ou « super-impérative ».

118. – Irréductibilité au procédé de la règle de conflit. L'application de la loi du for au détriment d'une loi étrangère potentiellement applicable évoque l'intervention de l'ordre public, qui fait éventuellement obstacle à l'application d'une loi étrangère désignée par la règle de conflit (n° 105). Les tribunaux emploient effectivement parfois dans ce contexte l'expression de « loi d'ordre public »[3]. Mais les deux notions doivent être distinguées. Selon la méthode bilatéraliste, l'ordre public est un mécanisme d'éviction, susceptible d'intervenir lorsqu'une règle de conflit a désigné une loi étrangère et en réaction contre le contenu de celle-ci, c'est-à-dire au dernier stade du raisonnement (n° 308 s.). Dans le cas envisagé, l'on ne s'intéresse pas au contenu de la loi étrangère éventuellement applicable : c'est l'impérativité prêtée à la loi du for qui seule entraîne son application ; si ordre public il y a, c'est donc d'un ordre public « positif », et non d'exclusion, qu'il s'agit. Du fait qu'une loi du for est considérée comme d'application nécessaire, il apparaît inutile de passer par l'application de la règle de conflit bilatérale : le mécanisme de l'application immédiate fait faire « l'économie d'un raisonnement » (Francescakis). La méthode bilatéraliste est mise à l'écart : au lieu de partir de la relation juridique pour déterminer la loi applicable, le juge déclare applicable la disposition considérée en fonction de ce qu'il estime être son but et sa volonté d'application ; la démarche est typiquement unilatéraliste.

1. Francescakis, RC 1966.1 ; v. également du même auteur, *La théorie du renvoi et les conflits de systèmes*, 1958, n° 7 s.
2. À ce titre, on peut également qualifier de lois d'application immédiate les normes fixant leur propre champ d'application examinées au n° précédent.
3. Paris, 16 fév. 1966, *cons. Möller*, RC 66.453 n. Lagarde (appréciation selon la loi française de la capacité d'un mineur allemand pour souscrire un engagement dans la Légion étrangère) ; 28 avril 1967, RC 68.447 n. J. Foyer ; 12 sept 1980, D. 81.I.R.74.

119. – Tentative d'identification des lois de police. Le phénomène des lois de police a suscité une attention soutenue à partir du milieu du XXe siècle, liée au développement en droit privé interne des dispositions impératives et des interventions directes de l'État (la « publicisation » du droit privé)[1]. La recherche s'est portée sur l'identification des lois dont l'application s'opère ainsi de manière unilatérale. S'attachant à leur objet et leur contenu, on a observé que beaucoup se situent effectivement à la frontière du droit public : réglementation économique (droit de la concurrence) et sociale (législation du travail et de la sécurité sociale)[2]. Est également concernée la réglementation du commerce extérieur, au sens le plus large : échanges (interdiction de certaines importations ou exportations...), monnaie et change, investissements ; bien qu'affectant essentiellement des opérations contractuelles, cette réglementation est de droit public et son application n'est pas liée à la loi du contrat. Une autre caractéristique fréquente des dispositions envisagées est que des organes administratifs sont appelés à participer à leur application : ainsi en matière de droit de la concurrence, de protection sociale, d'assistance éducative. La distinction fondamentale du droit international privé entre la compétence des autorités et la compétence au fond (n° 12) y est donc battue en brèche. Un auteur a dégagé de ces observations une définition matérielle en parlant de lois « dont l'observation est nécessaire pour la sauvegarde de l'organisation politique, sociale ou économique du pays »[3], qui inspire aujourd'hui le droit international privé européen[4]. Cette description est toutefois trop synthétique pour fournir un critère de qualification opérationnel. Les dispositions en question ne sont pas non plus associées à une matière particulière ; l'application immédiate qu'en fait le juge n'est qu'une conséquence de l'impérativité qui leur est prêtée, elle-même liée au but qu'elles poursuivent. Il s'agit principalement de protéger les intérêts de la collectivité à travers une catégorie de personnes (les salariés, les locataires, les consommateurs, les emprunteurs, les mineurs en danger...) ; ou encore d'imposer l'application uniforme de la loi sur le territoire afin d'assurer la sécurité des transactions tout en épargnant des vérifications aux tiers[5]. Contrairement à une approche répandue, c'est moins la qualification *a priori* et générale d'une disposition donnée comme loi de police qui doit déclencher son application systématique que la détermination de

1. Savigny, cependant, distinguait certaines lois « rigoureusement obligatoires qui évincent les lois étrangères parce que dictées par un 'motif moral', d''intérêt général' ou qui revêtent un caractère politique, de police ou d'économie politique » (*op. cit.*, p. 38).
2. Un signe fréquent de l'impérativité qui leur est prêtée est d'être sanctionnées pénalement (v. déjà Crim. 21 mai 1908, Rev. dr. int. pr. 08.664). Sur les conséquences méthodologiques de ce lien pour le droit pénal international, v. Chilstein, *op. cit.*
3. Francescakis, Rép. Dall. dr. int. V° Conflits de lois (principes généraux), n° 137.
4. Elle a été pratiquement reprise par la CJCE dans l'arrêt *Arblade* (23 nov. 1999, préc. n. 65, att. n. 30), puis dans le règlement CE 593/2008 du 17 juin 2008 (art. 9.1, *infra* n° 840).
5. Il en est fréquemment ainsi des dispositions conférant la capacité ou des pouvoirs à certaines catégories de personnes (n° suivant).

son applicabilité dans un cas donné au regard, d'une part, du but qu'elle vise, d'autre part, du rattachement de la situation à l'ordre juridique qui l'édicte[1]. La rédaction de la disposition du règlement Rome I sur ce point (art. 9) ne va malheureusement pas dans ce sens (n° 839 s.).

120. – Rattachement des lois de police. Une loi de police donnée est d'application territoriale en ce sens que son application n'est assurée que de la part des autorités de l'État qui l'édicte (sur les lois de police étrangères, v. n° suivant). Mais le critère qui déclenche son application est lié au *but* qu'elle poursuit, et qu'il convient donc d'identifier pour chacune[2]. Le plus souvent, il s'agira d'un lien de rattachement avec le territoire, tel que la résidence habituelle d'une personne (enfance en danger), la réalisation d'un fait (atteinte à la concurrence sur le marché, atteinte au droit moral d'un auteur, *infra* n° 1068), le lieu de passation d'un acte (contrat conclu par un consommateur, critère normalement couplé avec celui de sa résidence) et surtout le lieu d'exécution d'un contrat (bail, travail, représentation[3], construction[4]...). À cette idée se rattache le caractère internationalement impératif des lois de protection sociale[5], sur les loyers (en fonction de la situation de l'immeuble) ou réglementant la concurrence (en fonction de la réalisation d'un effet anticoncurrentiel)[6]. Mais une disposition

1. Par exemple, l'application de la législation française sur l'usure à un prêt régi par le droit espagnol (Pau, 1er mars 2001, D. 02.639 obs. Synvet) devrait être justifiée par la remise des fonds à l'emprunteur en France ; celle de la loi sur le crédit à la consommation (Civ. I, 19 oct. 1999, RC 00.29 n. Lagarde), non seulement par la résidence de l'emprunteur en France mais par le fait qu'il y a été sollicité. Encore l'affirmation dans un cas donné de l'intérêt visé est-elle aujourd'hui subordonnée au respect des libertés communautaires : CJCE 23 nov. 1999, *Arblade*, préc. ; v., refusant d'appliquer pour ce motif la loi du 13 juil. 1979 (note suivante) au détriment de la loi allemande du contrat, Colmar, 18 fév. 2004, JCP 04.I.110, n° 14.
2. Pour un ex. d'une telle recherche, v. Pelletier, « Propositions pour l'application dans l'espace de la loi du 13 juillet 1979 relative à l'information et à la protection de l'emprunteur dans le domaine immobilier », RC 81.247 (la situation de l'immeuble en France constitue sans doute une condition nécessaire mais non suffisante d'application de la loi). Sur la loi dite « informatique et libertés » (du 6 janv. 1978), v. Faugerolas, *L'accès international à des banques de données*, 1989. Sur le dispositif français de protection de l'accession au logement, v. Perreau-Saussine, RDImm. oct. 2009, p. 512.
3. V. CJCE 9 nov. 2000, *Ingmar*, RC 01.107 n. Idot. étendant – de manière contestable – le territoire concerné à l'Union européenne dans le cas de l'indemnité due aux agents commerciaux à la cessation du contrat selon la directive de 1986.
4. Pour la loi du 31 déc. 1975 sur la sous-traitance : Cass. ch. mixte, 30 nov. 2007, *Agintis*, JCP 08.10000 n. d'Avout, D. 08.753 n. Boyault et Lemaire, Pan. 1510 obs. Courbe et Jault-Seseke, JDI 08.1073, 1re esp. n. Perreau-Saussine, GP 22 mars 2008 n. M.-L. Niboyet, RC 09.728, 1re esp., n. M.-E. Ancel ; Civ. III, 30 janv. et 8 avril 2008, JDI 08.1073, 2e et 3e esp. ; 25 fév. 2009, *St-Louis Sucre* , RC 09.727, 2e esp.
5. *Supra* n° 117. Sur l'obligation de délivrer un contrat de travail en langue française lorsque le travail s'exécute, même partiellement, sur le territoire français : Soc. 15 mars 1986, D. 87.359 n. Légier, RC 87.554 n. Lequette.
6. V. art. 101 TFUE (anc. art. 85 puis 81 CE) et CJCE 25 nov. 1971, *Béguelin*, af. 22/71, Recueil 1971.949. Goldman, « Les champs d'application territoriale des lois de concurrence », RCADI 1969.III.631 (t. 128) ; Bischoff et Kovar, « L'application du droit communautaire de la concurrence aux entreprises établies à l'extérieur de la

peut aussi bien être appliquée comme loi de police en fonction d'un critère personnel : ainsi l'exigence d'une forme particulière pour certains actes familiaux accomplis par des nationaux à l'étranger[1], l'indemnisation des victimes d'infraction, fondée sur la solidarité nationale (art. 706-3 s CPP)[2], l'interdiction éventuelle de commercer avec certains pays[3].

Dans beaucoup de cas, l'application « immédiate » d'une disposition impérative est rendue nécessaire parce que le rattachement prévu par la règle de conflit bilatérale pour la catégorie dont la situation relève ne permet pas d'en assurer une application conforme à son but. Tel est particulièrement le cas en matière *contractuelle*, où le « rattachement » de principe prévu par la règle de conflit est la volonté des parties (n° 166) : loin d'assurer l'application des dispositions impératives, spécialement nombreuses en matière économique et sociale, la règle de conflit permet – à première vue – d'y échapper. Aussi la possibilité d'éviction ouverte doit-elle être refermée, si cela est jugé nécessaire, par l'affirmation du caractère internationalement impératif des règles que l'on entend faire respecter (n° 173). En matière de forme des actes également, que la règle de conflit traditionnelle soumet à la loi du lieu de passation (n° 180), l'autorité d'une règle conçue pour la protection des parties pourrait être tenue en échec du seul fait que l'acte a été passé – délibérément ou non – dans un pays étranger où la forme est libre ; l'affirmation de son caractère internationalement impératif permettra d'éviter cette conséquence (n° 182). En règle générale, plus la détermination de la loi applicable est susceptible de dépendre de la volonté des parties, plus il est nécessaire de réserver l'application possible de dispositions impératives au titre de lois de police.

La soumission de principe du statut des personnes à la loi de leur nationalité ou de leur domicile, appliquées extra-territorialement, peut également appeler l'application « immédiate » de la loi locale : soit pour la protection des intéressés lorsque le nécessaire ne peut être fait selon la loi étrangère en principe applicable (mise en place localement d'un régime de protection d'un incapable en raison de la difficulté de faire fonctionner une tutelle à distance)[4] ; soit pour celle des tiers, lorsque ceux-ci risqueraient d'être indûment surpris par l'application d'une loi étrangère au titre de loi personnelle (incapacité d'une femme mariée étrangère).

Communauté », JDI 1975.675 ; L. Idot, *Le contrôle des pratiques restrictives dans les échanges internationaux*, thèse dactyl. Paris II, 1981.

1. Sur l'art. 146-1, C. civ., imposant la présence personnelle du Français se mariant à l'étranger, n° 660.
2. Celle-ci joue donc quand bien même l'infraction a été subie à l'étranger (Civ. II, 3 juin 2004, RC 04.750 n. Bureau, D. 05. Somm. 1194 obs. Courbe), sans qu'il y ait lieu de se référer au droit local quant à l'existence d'une incrimination (25 janv. 2007, JDI 07.943 note Légier, RC 08.595 n. Laazouzi).
3. V. Trib. d'arrt. de La Haye, 17 sept. 1982, cité *supra* n° 45 (loi américaine).
4. V. également TGI Paris, 25 juin 1976, RC 77.708 n. Poisson-Drocourt, JDI 78.325 n. Lequette : application du « régime matrimonial primaire », en l'occurrence l'art. 219 C. civ., à des époux de régime matrimonial cambodgien (en fait la loi du régime matrimonial évincée intervient selon le droit international privé français non comme loi personnelle mais comme loi d'autonomie, mais ceci n'affecte pas la valeur de l'exemple).

En matière de société, où la règle de conflit désigne la loi du siège social, le fait de soumettre à la *lex societatis* les relations d'une entreprise de siège étranger avec le personnel est susceptible de compromettre le fonctionnement des institutions représentatives ; la loi locale sera appliquée comme loi de police[5].

On pourrait s'étonner que des règles de conflit soient conçues d'une manière ainsi susceptible de compromettre l'autorité des lois. Mais dans chaque cas, des considérations plus générales militent en faveur du rattachement adopté, comme on le voit en étudiant l'élaboration des règles de conflit : ainsi en matière contractuelle, c'est l'intérêt de l'État à la participation au commerce international qui justifie la faculté de désigner la loi applicable au contrat (n° 175). L'existence d'une disposition dont on tient à assurer l'application nonobstant le caractère international de la situation ne se présente pas dans tous les cas.

En définitive, les lois de police ne se découvrent pas par la simple mise en œuvre d'un critère synthétique et elles ne s'appliquent pas par le seul effet d'une définition abstraite. Ce sont des dispositions susceptibles d'être considérées dans l'ordre juridique dont elles émanent comme internationalement impératives compte tenu de leur but ; leur application effective dans un cas donné est fonction des rattachements de l'espèce[6].

Le lien qui unit le but d'une loi de police et son champ d'application peut inversement autoriser à *ne pas* l'appliquer alors que l'ordre juridique dont elle émane est désigné par la règle de conflit. Lorsque les parties à un contrat international décident de le soumettre au droit d'un pays donné, elles peuvent n'avoir en vue que le droit commun à l'exclusion de règles spéciales dont elles ignorent l'existence et surtout dont le but ne commanderait pas l'application dans le cas d'espèce : ainsi les dispositions de l'État en question sur le droit de la concurrence si son marché n'est pas affecté par l'opération. La désignation dans un contrat international de la loi d'un État américain n'appelle pas nécessairement l'application de toutes les dispositions fédérales qui seraient susceptibles de s'appliquer dans un contexte entièrement américain. Pour le juge appelé à décider de l'application ou de la non application d'une disposition donnée, il s'agirait de faire de celle-ci, par voie d'interprétation, une « norme auto-limitée » (n° 116).

b. Lois de police étrangères

121. – Applicabilité des lois de police étrangères. Dès lors que dans un pays donné on prête un caractère nécessaire à l'application de certaines lois, la question se pose du sort à réserver à ce type de dispositions lorsqu'elles émanent d'un ordre juridique étranger. Pendant longtemps, en raison du rapprochement que présentent les lois de police avec le droit public, la question a pu être considérée comme tombant sous le coup du

5. V. CE, 29 juin 1973, *Cie des wagons-lit*, préc. ; Soc. 3 mars 1988, *Normandy Ferries*, JDI 1989.78 n. Moreau-Bourlès, RC 1989.63 n. G. Lyon-Caen.
6. Pour des ex. de refus d'appliquer comme loi de police une disposition impérative interne : Paris, 21 janv. 1994, D. 94. Somm. 357 obs. Audit, RC 95.535 n. Lagarde (L. 2 juill. 1970 sur certaines activités d'entremise immobilière, eu égard aux rattachements de l'espèce et aux « intérêts sociaux en cause ») ; Com. 28 nov. 2000, D. 01.305 n. Chevrier, JDI 01.511 n. Jacquet, JCP 01.10527 n. Bernardeau (L. 25 juin 1991 sur les agents commerciaux).

principe d'inapplicabilité du droit public étranger. Aujourd'hui, d'une part, ce principe est largement répudié en doctrine et battu en brèche en droit positif (n° 288). D'autre part, les lois de police, même lorsqu'elles apparaissent formellement de droit public, visent fréquemment la protection d'intérêts privés plutôt que les intérêts directs de l'État, ou à tout le moins s'appliquent à des activités privées, notamment économiques. Or tous les États modernes, poursuivant les mêmes objectifs généraux d'ordre économique, social, culturel, environnemental, sanitaire[1] ou moral (lutte contre la corruption) ont été amenés à encadrer ces activités par des mesures impératives et dirigistes en nombre croissant. Certaines de ces mesures ont directement pour objet les relations internationales (réglementation douanière ou des changes) ; d'autres sont édictées au premier chef en vue des rapports internes (réglementation du crédit, de la concurrence, protection des consommateurs). Dans tous les cas, dès lors que l'intérêt poursuivi est impliqué dans un cas donné, les États qui prennent de telles mesures souhaitent les voir respecter nonobstant les rattachements étrangers de la situation. De ce point de vue, l'intérêt bien compris de chaque État est de ne pas s'en tenir à une attitude de rejet systématique à l'égard des lois des États étrangers.

La manière la plus sûre d'assurer une telle coopération est par voie de *traité*. Ainsi les statuts du Fonds monétaire international (accords de Bretton Woods) stipulent qu'aucun Etat membre n'ordonne l'exécution d'un contrat passé en violation de la réglementation des changes régulièrement prise par un autre (art. VIII, 2, b)[2]. Une convention de l'UNESCO du 14 novembre 1970, ratifiée par plus d'une centaine d'Etats dont la France, prévoit le respect mutuel par les États signataires (ce qui implique des mesures d'application internes) des interdictions d'exportation des objets culturels qu'ils peuvent édicter (n° 771).

Hors le cas de traité érigeant en obligation le respect d'une loi de police étrangère, deux situations sont à distinguer eu égard au fait que le propre d'une loi de police est de s'appliquer éventuellement hors du champ qui lui est normalement reconnu par les règles de conflit. La première est précisément celle où cette disposition relève de la loi désignée par la règle de conflit du for (*lex causae*). La relation étant par hypothèse rattachée à l'ordre juridique étranger, il est normal d'appliquer toutes les dispositions de celui-ci qui se veulent applicables, y compris celles qui seraient de police[3]. La mise à l'écart des objections concernant le droit public étranger proprement dit vaut *a fortiori* pour les lois de police. Il faudra une raison spécifique pour s'opposer à leur application effective : ainsi, que la dispo-

1. V. Com. 16 mars 2010, cité *infra* n° 122 *in fine* (embargo sur viande bovine).
2. Sur ce texte, v. Gianviti, RC 1973.471, 629 ; sur son application en France, Civ. I, 6 et 15 mars 1973, JDI 75.66 et la note, t.g.i. Paris, 12 mars 1985, D.85. I.R. 500, 2e esp.
3. V. pour une réglementation des changes étrangère, TGI Paris, 8 mars 1985, D. 85. I.R. 500, 1re esp. La localisation doit être entendue ici dans un sens matériel. Lorsqu'en matière contractuelle les parties ont fait choix d'une loi sans lien matériel avec le contrat, comme le droit positif les y autorise (n° 176), il convient de n'appliquer les lois de police du droit désigné que de manière sélective (n° 120, *in fine*).

sition en cause contrarie la propre politique législative du for dans le cas envisagé, ou qu'elle soit par elle-même contraire à son ordre public. Le problème spécifique est celui posé par l'application d'une loi de police étrangère ne relevant pas de la *lex causae*.

***122. – Loi de police étrangère ne relevant pas de la* lex causae**. Un ordre juridique donné se montrera normalement réticent à prendre en considération une loi de police étrangère qui prétend forcer sa compétence au détriment de la loi désignée comme compétente. Il en est d'autant plus ainsi, en pratique, que celle-ci sera le plus souvent la loi du for parce que la situation n'est rattachée qu'à ces deux lois[1]. Néanmoins, un esprit de coopération internationale incite à ne pas rejeter sans examen la règle étrangère invoquée et à admettre qu'elle puisse être prise en considération lorsque les intérêts qu'elle défend sont légitimes et effectivement impliqués dans le cas d'espèce. On hésitera ainsi à ordonner l'exécution d'une clause annulée par la loi étrangère qui prétend raisonnablement s'y appliquer, quand bien même les parties ont placé leurs relations sous l'empire d'une autre loi, y compris celle du for.

Le droit positif s'oriente progressivement vers la prise en considération des lois de police étrangères, à vrai dire davantage dans des proclamations que des décisions concrètes. Une décision remarquée de la Cour de cassation néerlandaise en 1966 en admit le principe, tout en déniant dans le cas d'espèce le caractère de loi de police de la disposition étrangère invoquée[2]. Certaines conventions internationales applicables sans condition de réciprocité l'ont consacré sous forme de faculté, au premier rang desquelles la Convention de Rome du 19 juin 1980 sur la loi applicable aux obligations contractuelles (art. 7.1 ; aujourd'hui règlement Rome I, art. 9.3, cependant en retrait sur la convention)[3]. De même des législations nationales en nombre croissant[4]. En dépit de la rédaction précautionneuse

1. V. par ex. Paris, 13 juill. 1982, JDI 83.383 n. Kahn.
2. C. cass. Pays-Bas, 13 mai 1966, *Alnati*, RC 67.522 n. Struycken, JDI 69.1010 et 78.340 obs. Schulsz ; mais, en retrait sur cette position, 12 janv. 1979, *Karagjsingh*, RC 80.68 n. van Rooij. En France, v. Paris, 10 juin 1967, D.69.221, JDI 69.221 obs. Dayant (application de la loi étrangère réservée en matière de bail d'immeuble). On peut rapprocher de cette question les décisions refusant de donner effet à un contrat passé en violation d'une loi étrangère (n° 288).
3. Selon la première partie de l'article 7, intitulé « Lois de police », « (l) ors de l'application (...) de la loi d'un pays déterminé, il pourra être donné effet aux dispositions impératives de la loi d'un autre pays avec lequel la situation présente un lien étroit, si et dans la mesure où, selon le droit de ce dernier pays, ces dispositions sont applicables quelle que soit la loi régissant le contrat (...) » ; les États ont cependant eu la faculté en ratifiant la convention, d'effectuer une réserve concernant l'application de cette disposition (art. 22). La convention avait été précédée sur ce point par la convention de La Haye de 1978 sur la loi applicable aux contrats d'intermédiaire (art. 16) et elle a été suivie par celle de 1984 sur le *trust* (art. 16, al. 2). Le règlement (CE) 593/2008 qui succède à la convention de Rome a refondu le texte (devenu art. 9), dans un sens nettement plus restrictif (n° 840). V. sur le fondement de l'art. 7.1, Com. 16 mars 2010, *Maersk,* JCP G 10, 530 n. Bureau et d'Avout.
4. Loi fédérale suisse de 1987 (art. 19), loi québécoise de 1991 (art. 3079 C. civ.), loi italienne de 1995, loi belge de 2004.

de ces textes (« il pourra être donné effet », selon la Convention de Rome et le règlement), de fortes réticences continuent de se manifester lors de l'élaboration des conventions internationales et se sont traduites par un rejet de dispositions de ce type : ainsi dans un projet de convention de La Haye de 1985 sur la loi applicable en matière de vente internationale. Une raison en est que la notion de loi de police est susceptible de recouvrir des dispositions qui poursuivent un objectif étroitement politique : ainsi le gel des avoirs d'un État étranger donné dans les banques nationales[1] ou l'embargo sur les exportations en direction d'un pays donné[2].

123. – Décision sur l'application d'une loi de police étrangère. Lorsque la prise en considération des lois de police étrangères est admise en principe se pose la question de savoir selon quels critères il sera effectivement donné effet à l'une d'elles dans un cas donné. On peut songer à bilatéraliser le rattachement des lois de police du for ayant le même objet[3]. Cette méthode suppose toutefois que l'on trouve dans le droit du for une disposition analogue à celle dont l'application est réclamée, ce qui ne sera pas nécessairement le cas (par exemple en matière de prix ou de concurrence)[4]. Le critère d'application de la loi du for pourrait aussi ne pas coïncider avec celui retenu pour la loi étrangère. Le principe même de prise en considération d'une loi de police veut que celle-ci soit acceptée selon sa propre volonté d'application. Il est donc préférable de s'en tenir au rattachement retenu par la règle étrangère, soit expressément, soit selon l'application qui en est faite à l'étranger ou, à défaut, selon ce qu'elle paraît appeler. Mais l'on s'assurera tout d'abord du caractère raisonnable de l'application revendiquée : une loi qui viserait par exemple tous les contrats passés par des nationaux à travers le monde ou toutes les sociétés dans lesquelles les nationaux possèdent un intérêt quelconque aurait un champ d'application nettement abusif. On recherchera ensuite si la prise en considération de la loi étrangère dans le cas d'espèce satisferait effectivement le but qu'elle poursuit. Enfin, comme chaque fois qu'une loi étrangère est appelée à intervenir, on se demandera si le résultat qu'elle consacre est compatible avec l'ordre public du for ; par exemple, une disposition nouvelle applicable en matière contractuelle et ne réservant pas les contrats en cours pourrait se voir refuser effet de ce chef[5].

1. V. TGI Paris, réf., 21 déc. 1979, GP 79.2.690, JDI 80.330 n. Gianviti.
2. V. Trib. d'arrt. de La Haye, 17 sept. 1982, (aff. du gazoduc sibérien), RC 83.473.
3. Toubiana, *Le domaine de la loi du contrat en droit international privé*, 1972, n° 286 s. ; Deby-Gérard, *Le rôle de la règle de conflit dans le règlement des rapports internationaux*, 1973, n° 62 s.
4. Certains rattachements peuvent cependant être généralisés indépendamment de l'existence ou non d'une loi de police ; v. en matière de contrats conclus par les consommateurs et de contrat de travail, art. 5 et 8 du règlement « Rome I ».
5. L'art. 7.1, précité, de la convention de Rome poursuit : « Pour décider si effet doit être donné à ces dispositions impératives, il sera tenu compte de leur nature et de leur objet ainsi que des conséquences qui découleraient de leur application ou de leur non-application » (disposition reprise par le règlement « Rome I », art. 9.3).

Il se peut même que la prise en considération de la norme étrangère heurte directement les intérêts de l'État du for : par exemple, la loi étrangère sanctionne une entente économique que le droit du for favorise afin de promouvoir les exportations. En pareil cas, il serait encore possible de reconsidérer l'intérêt du for pour se livrer à une appréciation des intérêts respectifs en fonction de toutes les circonstances, acceptant le cas échéant de faire céder sa propre loi[1]. Mais une telle hypothèse est sans doute assez loin de se réaliser ; la Convention de Rome, après avoir prévu la prise considération des lois de police en général, a pris soin d'affirmer la primauté des lois de police du for (art. 7.2) et le règlement qui lui succède a fait « monter d'un cran » cette disposition en la faisant figurer avant celle d'où résulterait la prise en considération éventuelle d'une loi de police étrangère (art. 9.2).

Quant à un conflit de deux lois de police étrangères, hypothèse rare, il serait résolu en appréciant la valeur des politiques législatives respectivement suivies, les titres d'application de chaque loi et leur intérêt relatif à recevoir application[2].

Voy. : Chapelle, *Les fonctions de l'ordre public en droit international privé*, thèse dactyl. Paris II, 1979 ; Derains, « Les normes d'application immédiate dans la jurisprudence arbitrale internationale », Mél. Goldman, 1982, p. 29 ; Francescakis, « Quelques précisions sur les lois d'application immédiate », RC 1966. 1 ; « Lois d'application immédiate et règles de conflit », Riv. dir. int. e proc. 1966-691 ; « Y a-t-il du nouveau en matière d'ordre public ? », TCFDIP 1966-69, p. 149 ; Graulich, « Règles de conflit et règles d'application immédiate », Mél. Dabin, 1963, p. 629 ; Karaquillo, *Étude de quelques manifestations des lois d'application immédiate*, 1977 ; P. Mayer, « Les lois de police étrangères », JDI 1981.277 ; Neumayer, « Autonomie de la volonté et dispositions impératives en droit international privé des obligations », RC 1957.579 ; de Nova, « Conflits de lois et normes fixant leur propre domaine d'application », Mél. Maury, 1960, t. 1, p. 337 ; Nuyts, « L'application des lois de police dans l'espace », RC 1999.31 ; Remy, *Exception d'ordre public et mécanisme des lois de police en droit international privé*, 2008 ; Schulsz, « Les lois de police étrangères », TCFDIP 1982-83, p. 39 ; Seraglini, *Lois de police et justice arbitrale internationale*, 2001 ; Sperduti, « Les lois d'application nécessaire en tant que lois d'ordre public » JDI 1977.257.

3. Méthode de l'« analyse des intérêts étatiques » (*governmental interest analysis*)

124. – La « révolution américaine ». La doctrine dont l'exposé suit a été développée aux États-Unis et a suscité la « crise des conflits de lois » dont on a pu parler il y a une quarantaine d'années (n° 101). Sa présentation se justifie ici en raison de la parenté des raisonnements préconisés

1. V. ainsi, en droit des biens, L. d'Avout, *op. cit. infra* n° 778, n° 566 s. Un tel accommodement est notamment préconisé en matière de droit des sociétés et des marchés financiers ; v. Boucobza, *L'acquisition internationale de sociétés*, LGDJ 1998 ; art. Joly Bourse 1999, p. 3.
2. En ce sens, à propos des lois sur la concurrence, L. Idot, « Les conflits de lois en droit de la concurrence », JDI 1995.321

avec l'unilatéralisme, ainsi que des applications qu'elle a connues en droit positif[1].

Comme l'unilatéralisme européen qui l'a précédé, ce mouvement procède d'une critique fondamentale de la méthode des règles de conflit. À la différence de celui-ci, il n'est pas fondé sur des considérations de souveraineté, mais sur le grief d'abstraction du raisonnement. Il est en effet reproché à la règle de conflit classique de procéder par détermination globale d'un *ordre juridique* (le droit de tel ou tel État) alors que le conflit véritable est entre des *règles substantielles* (par exemple, l'une qui prescrit la réparation intégrale du préjudice et l'autre qui fixe un plafond de réparation), et donc de prétendre fermer les yeux sur ce conflit qui constitue le fond du problème[2]. Alors que l'on connaît la divergence précise qui est à la source du problème, on prétend désigner la loi applicable d'une manière « mécanique et aveugle »[3]. Cette présentation, poursuit la critique, est en fait artificieuse : le juge est saisi d'un litige concret et, connaissant la conséquence sur celui-ci de l'application de l'une ou l'autre loi, il ne peut en faire complètement abstraction ; ayant alors déterminé dans son for intérieur la solution la plus juste, il énoncera *a posteriori* le raisonnement conflictualiste qui permet d'aboutir au résultat voulu[4]. La décision rendue n'est donc le plus souvent que la mise en forme d'un résultat prédéterminé ; les délibérations du tribunal se traduisent par une « heureuse coïncidence » entre les exigences de la justice dans le cas précis et le résultat du raisonnement conflictualiste. L'analyse conclut au rejet de ce bandeau faussement opaque au profit d'un raisonnement qui énonce expressément les véritables facteurs de décision pour parvenir à la « justice du cas ». Il convient cependant de systématiser ce raisonnement afin d'échapper au grief, qui ne peut manquer de s'élever, d'arbitraire du juge.

125. – Méthode préconisée. La critique fondamentale des règles de conflit a donné lieu à une grande effervescence doctrinale, chaque auteur s'efforçant de présenter une méthode de choix de la *règle de fond* (et non du droit) applicable. Dans ce foisonnement, on peut isoler un principe dominant : celui de l'« analyse des intérêts étatiques » (*governmental interest analysis*) en vue de déterminer la loi la plus intéressée à recevoir application compte tenu de son but. C'est ce principe téléologique, parti-

1. V. (en français) von Mehren, « Une esquisse de l'évolution du droit international privé américain », JDI 1973.116 ; Audit, « Le second *Restatement* des conflits de lois », TCFDIP 1977-79, p. 29 ; Hanotiau, *Le droit international privé américain*, 1979 .
2. Cavers, « A Critique of the Choice-of-Law Problem », 47 Harv. L. Rev. 173 (1933).
3. Théoriquement, le juge est même censé mettre en œuvre une règle de conflit du seul fait du caractère international de la situation, sans même que son attention ait été attirée sur le conflit des solutions de fond.
4. On pourrait s'étonner, à ce stade, qu'il soit ainsi possible de manipuler le raisonnement. Mais on verra dans les chapitres suivants que la mise en œuvre de la règle de conflit offre différentes occasions d'orienter le raisonnement dans un sens ou dans l'autre (par ex. par la qualification initiale de la question de droit soulevée, qui commande la règle de conflit applicable) ; ces possibilités sont qualifiées par la doctrine examinée d'échappatoires (*escape devices*).

culièrement développé par B. Currie, qui insère cette école de pensée dans la tendance unilatéraliste.

L'État qui édicte une règle met en œuvre une politique (*policy*) tendant à un certain but ; par conséquent, cet État a un intérêt à l'application de sa loi toutes les fois que l'objectif visé serait satisfait par cette application compte tenu des rattachements de la situation. Le juge confronté à un conflit de lois doit donc procéder à l'analyse des intérêts poursuivis par chacune ainsi qu'à leur intérêt relatif à s'appliquer dans le cas d'espèce compte tenu des rattachements de la situation[1]. S'il se révèle qu'une seule des lois est véritablement concernée, le juge doit l'appliquer car il y a « faux conflit ». Dans le cas contraire (« vrai conflit »), il devient nécessaire de procéder à une comparaison et une évaluation de leur intérêt respectif à recevoir application compte tenu des buts qu'elles poursuivent et des rattachements de l'espèce ; on se demandera notamment quelle serait la loi la plus méconnue du fait de sa non-application[2].

Une décision très remarquée rendue en 1963 par la Cour d'appel (cour suprême) de l'État de New York illustre ce raisonnement[3]. Deux résidents de l'État de New York s'étaient rendus en automobile pour un court séjour dans la province canadienne limitrophe de l'Ontario. Un accident étant survenu, le passager blessé agissait en réparation contre le conducteur. La méthode traditionnelle (règle de conflit) voulait que l'on applique la loi du lieu du délit, soit la loi de l'Ontario, et ce sans s'intéresser au contenu respectif des lois en présence. En fait, la loi de l'Ontario interdisait l'action du passager bénévole, sauf le cas de faute grave du conducteur ; le droit de New York ne prévoyait pas de telle restriction. Délaissant le raisonnement classique, la cour constata que la loi de l'Ontario était inspirée par le désir de prévenir des collusions frauduleuses entre passagers et conducteurs au détriment des compagnies d'assurances ; tandis que dans l'État de New York, différentes propositions de lois dans le même sens avaient été repoussées, le législateur ayant estimé primordial de voir les victimes indemnisées dans tous les cas, fût-ce au prix de quelques fraudes. En ce qui concerne les rattachements de la situation, il apparaissait que le seul lien avec l'Ontario était le lieu de l'accident, tandis que tous les autres rattachements significatifs – la résidence de la victime et celle du défendeur, l'immatriculation du véhicule et surtout le siège de la compagnie d'assurance du défendeur – étaient avec l'État de New York. De cette analyse des *policies* et des rattachements, il ressortait que la loi de New York présentait un intérêt manifestement prépondérant, si ce n'est exclusif, à s'appliquer et le conflit fut résolu en ce sens.

1. La situation est la même lorsque l'on hésite, en droit interne entre l'application de deux règles : ainsi celle qui impose de ne pas léser autrui et celle qui veut que la concurrence s'exerce librement entre les acteurs économiques ; ou, de manière beaucoup plus générale, entre une règle qui s'attache à une vérité (propriété, filiation) et une autre qui tend à préserver la stabilité des situations acquises. Simplement, dans le contexte international, deux règles visant le même complexe de faits émanent d'autorités différentes.
2. On retrouve le raisonnement préconisé par Pillet dans une conception publiciste du conflit de lois (n° 90). Dans le contexte particulier des États-Unis, où le conflit oppose souvent une règle ancienne de *common law* et une loi d'État qui l'a remplacée, le juge est même invité par certains auteurs à se prononcer en fonction d'un jugement de valeur sur les règles en présence (critère de la *better rule*).
3. *Babcock v. Jackson*, RC 1964.284 n. Castel.

126. – Influence des idées nouvelles. La décision *Babcock* attira la plus grande attention aux États-Unis et le type de raisonnement qu'elle mettait en œuvre fut adopté dans un certain nombre d'États. Les facteurs de choix de la règle applicable furent approfondis. Il fut notamment recommandé de tenir compte des nécessités propres au caractère « multiétatique » de la situation, susceptibles d'infléchir la portée d'une politique législative interne et, partant, le raisonnement : par exemple pour tenir compte de l'attente raisonnable des parties en cause, ou de la commodité de la solution. Mais ce raffinement même marque les limites du procédé. L'expérience devait rapidement révéler ses difficultés, dès que l'on quitte le domaine du faux conflit caractérisé : soit du fait d'une répartition équilibrée des rattachements significatifs, soit du fait de la difficulté de déterminer les « intérêts étatiques » en cause ou de leur complexité. De là une grave imprévisibilité des solutions.

Ainsi dans le cas de figure de l'affaire *Babcock*, la difficulté du premier type apparaît lorsque le conducteur et le passager, bien que domiciliés dans le même État, se sont rencontrés dans l'État du lieu de l'accident, ou encore que des tiers sont impliqués dans celui-ci. Celle du second type est apparue lorsque des lois analogues restreignant l'action du passager bénévole furent créditées d'inspirations autres que la prévention des fraudes, telles que la priorité des tiers en matière de réparation (l'assurance n'étant pas obligatoire dans tous les États) et le caractère moralement contestable d'une action intentée par une personne transportée à titre gratuit, suscitant une implication de l'État du for (à évaluer). Les décisions qui s'ensuivirent mirent en lumière une sérieuse imprévisibilité des résultats[1]. Cela s'est traduit par un recul des analyses préconisées, la Cour d'appel de New York elle-même revenant à déclarer en 1972 que la loi applicable est, sauf circonstances exceptionnelles, la loi du lieu du délit. Un certain nombre d'États ne se sont pas départis des règles de conflit traditionnelles ; dans les autres, la mise en œuvre de la méthode des intérêts ne se traduit pas nécessairement par des solutions différentes de celles auxquelles ces règles auraient conduit.

Dans le second *Restatement* des conflits de lois (1971), les théories examinées se sont traduites par un rejet des règles de conflit de type traditionnel et une référence constante à la loi qui présente « le lien le plus significatif » avec les faits et la question soulevée (*issue*). Afin de déterminer plus précisément la loi applicable – ou plus exactement la règle, puisque le choix ne doit pas s'exercer entre des ordres juridiques mais des règles de fond – le second *Restatement* énonce une liste de facteurs à prendre en considération : on y trouve la politique législative des États concernés et leur intérêt relatif à régir la question, mais aussi les nécessités des rapports

1. Dans une affaire ultérieure, les parties étaient domiciliées dans l'État de New York mais s'étaient rencontrées dans l'État du Colorado où elles suivaient un cours d'été et où survint l'accident ; trouvant que le *guest statute* du Colorado était inspiré par les considérations citées au texte, la Cour d'appel de New York se prononça pour la loi du Colorado (*aff. Dym v. Gordon*). Saisie peu de temps après d'une action dans laquelle les parties, toujours domiciliées dans l'État de New York, étaient étudiantes dans l'État du Michigan, la même Cour, mettant l'accent sur le fait qu'il n'y avait pas de tiers impliqué, conclut de nouveau à un faux conflit en faveur de la loi de New York (*aff. Tooker v. Lopez*). Sur ces développements, v. chroniques de jurisprudence américaine, D. Trautman, JDI 75.371 et P. Herzog JDI 80.898, 96.985.

internationaux, la protection des attentes légitimes des personnes, la certitude, la prévisibilité et l'uniformité des solutions (art. 6). En outre, pour les principales catégories juridiques sont proposées des directives plus précises, par exemple par type de délit ou de contrat (le *Restatement* comporte plus de six cents articles). On parvient ainsi à des règles assez proches des règles de conflit classiques, mais la possibilité d'un choix différent de celui qui est proposé est toujours réservée ; ou encore, s'il y a règle, la clause échappatoire (n° 107) est systématiquement réservée.

127. – Sort de la « crise » des conflits de lois. Hors des États-Unis, le caractère fondamental des critiques adressées à la méthode traditionnelle et les décisions mettant en œuvre certains des raisonnements proposés pour la remplacer ont attiré sur les « doctrines américaines » une large attention ; mais elles n'ont pas eu d'influence directe sur le droit positif[1].

Plusieurs raisons expliquent ce contraste entre l'effervescence suscitée par les doctrines envisagées et leur influence. En premier lieu, l'ampleur de la réaction contre les règles de conflit aux Etats-Unis s'explique par certains traits propres aux règles de conflit formulées par le premier *Restatement* : en particulier, la rigidité de la conception sous-jacente (*vested rights*), qui conduisait à retenir des critères de rattachement exclusivement territoriaux (n° 86) ; il s'ensuit que, d'un point de vue européen, la critique porte souvent à faux. En deuxième lieu, les méthodes proposées pour remplacer les règles de conflit ont été conçues dans le contexte des conflits interétatiques américains. Ceux-ci opposent souvent, sur fond de *common law*, des dispositions législatives étatiques qui y font exception : il est à l'évidence plus aisé à un juge d'un État donné de se prononcer sur la politique législative qui inspire une disposition d'un État-frère que de se prononcer sur la même question à l'égard d'une loi étrangère (encore que le résultat ne soit nullement certain dans le premier cas même). Enfin, la différence de technique juridique entre les systèmes «civilistes» et ceux de *common law* explique qu'ils n'aient pas la même affinité à l'égard des règles de conflit : dans les premiers, où l'on s'efforce d'énoncer le droit sous forme de propositions générales, sans s'engager trop loin dans l'examen des difficultés particulières, on se satisfait d'une règle qui énonce un rattachement pour une catégorie assez vaste et dont on pense pouvoir tirer la solution d'un cas donné par voie déductive ; les juristes de *common law*, attachés à apporter une solution juste et rationnelle à chaque cas d'espèce, ne se satisfont pas de cette généralité et préfèrent s'engager dans une analyse approfondie de chaque cas en fonction de ses données propres.

On constate donc le maintien de la prééminence de la méthode classique, tant dans les conventions internationales que dans les codifications récentes[2]. Mais cette méthode s'est infléchie pour devenir plus fonctionnelle, et la contestation américaine n'a pas été sans influence à cet égard.

1. V. cependant en Angleterre, *Boys c. Chaplin* (Ch. Lords, 1969), RC 1970.78 n. Graveson et Wortley (application du droit anglais aux conséquences d'un accident survenu à Malte entre militaires britanniques ; mais depuis, loi de 1995 (*infra* n° 185)).
2. Cela est illustré par la convention de La Haye sur la loi applicable aux accidents de la circulation routière, dont le domaine constitue le terrain d'élection des méthodes américaines et qui fut négociée alors que l'attention était attirée sur ces méthodes : les situations de type *Babcock* n'ont donné lieu qu'à une règle de conflit subsidiaire, à l'instar de ce que prévoyaient déjà certaines législations nationales (n° 189) ; v. également, sur les clauses échappatoires, *supra* n° 107.

Dans les textes récents, les règles de conflit se sont diversifiées et assouplies, ce qui fait échapper au reproche de solutions mécaniques. De ce fait même, la part des mécanismes abstraits prévus par la théorie générale des règles de conflit et qui permettaient auparavant d'orienter le raisonnement vers un résultat tout en le présentant comme inexorable (n° 124) se réduit. L'analyse des « intérêts étatiques », approfondie aux États-Unis pour proposer des solutions aux « vrais conflits », est en outre celle qu'il convient d'appliquer lorsqu'il y a lieu de se prononcer sur l'application ou la non-application d'une loi de police face à une autre loi normalement désignée par la règle de conflit ; dans chaque cas, il s'agit de confronter les buts poursuivis par la loi aux données de l'espèce pour rechercher si sa volonté d'application doit être satisfaite (n° 120)[1]. En revanche, il paraît excessif de vouloir mettre en œuvre à tout propos un raisonnement de ce type, alors que les règles de conflit suffisent pour le plus grand nombre de cas et qu'elles permettent de désigner un ensemble de normes formant un tout homogène.

Cette confrontation aura donc fait prendre conscience de ce que le procédé des règles de conflit bilatérales doit à tout moment tenir compte des buts poursuivis, et notamment de la politique législative dominante dans la matière en cause ou de celle plus particulièrement suivie par les dispositions de fond qui s'opposent. Cela ressortira de l'étude du procédé, qui va suivre.

128. – Conclusion sur la méthode. La méthode des règles bilatérales a été critiquée comme ne parvenant pas à l'universalité à laquelle elle prétend. Néanmoins elle présente l'avantage d'annoncer les principes qui seront suivis dans l'État qui l'adopte chaque fois que ses autorités auront à connaître d'un rapport international. Qui plus est, ces principes mettent sur un pied d'égalité les lois de l'État du juge saisi et celles des autres États. Enfin, les règles de conflit tendent à désigner un ensemble de normes applicables à une situation donnée, ce qui maintient en principe la cohérence de la réglementation qui lui est appliquée. Le droit positif est encore majoritairement en faveur de cette méthode, en dépit de ses imperfections et de toutes les difficultés qu'elle présente. C'est pourquoi les chapitres qui suivent sont consacrés à son approfondissement.

Voy. Audit, « Le caractère fonctionnel de la règle de conflit », RCADI 1984. III. 223 (t. 186) ; Batiffol, « Le pluralisme des méthodes en droit international privé », RCADI 1973. II.79 (t. 139) ; Francescakis, *La théorie du renvoi et les conflits de systèmes en droit international privé*, 1958 ; Gothot, « Le renouveau de la tendance unilatéraliste en droit international privé », RC 1971.1, 209, 415 ; Graulich, « La signification actuelle de la règle de conflit », Mél. A. Weill, 1983, p. 295 ; Jacquet, « La fonction supranationale de la règle de conflit de lois », RCADI 200.147

1. On peut ainsi voir dans l'art. 7 de la convention de Rome, élaborée à peu près à l'époque où se développaient les doctrines américaines étudiées (et dont la substance est conservée par le règlement Rome I), une bonne formulation de ce que doit être une analyse d'« intérêts étatiques » (v. n° 840). L'analyse convient également à la détermination de la loi applicable à un délit complexe (n° 191 s.).

(t. 292), Kokkini-Iatridou (sous la dir. de), *Les clauses d'exception en matière de conflits de lois et de conflits de juridictions – ou le principe de proximité*, Académie internationale de droit comparé, 1994 ; Louis-Lucas, « Conflits de méthodes en matière de conflits de lois », JDI 1956. 774 ; Loussouarn, « La règle de conflit est-elle une règle neutre ? », TCFDIP 1980-81, p. 43 ; P. Mayer, «Le mouvement des idées dans le conflit de lois», *Droits* 1985, n° 2, p. 129 ; Muir Watt, *La fonction de la règle de conflit de lois*, thèse dactyl. Paris II, 1985 ; « Droit public et droit privé dans les rapports internationaux (Vers la publicisation des conflits de lois ?) », Arch. phil. dr. 1997.207 ; Rigaux, « La méthode du conflit de lois dans les codifications et projets de codification de la dernière décennie », RC 1985.1 ; Vivier, « Le caractère bilatéral des règles de conflits de lois », RC 1953.655 et 54.73.

Adde les cours généraux suivants de l'Académie de La Haye (en français) : Maury (t. 57), Ago (t. 58), Lewald (t. 69), Batiffol (t. 97), Evrigenis (t. 118), Sperduti (t. 122), van Hecke (t. 126) ; Loussouarn (t. 139), Lalive (t. 155), Vitta (t. 162), von Overbeck (t. 176), Lagarde (t. 196), Rigaux (t. 213), Jayme (t. 251), Picone (t. 276), Audit (t. 305), Gaudemet-Tallon (t. 312), Mayer (t. 327), Bucher (t. 341).

CHAPITRE II

RÈGLES DE CONFLIT PRINCIPALES

129. – Formation des catégories principales. Les règles de conflit peuvent se situer à un niveau de généralité plus ou moins élevé. Une règle peut ainsi désigner la loi applicable en matière de contrat ou la loi applicable à la validité d'une clause limitative de garantie pour vice caché dans la vente ; ou bien encore, la loi applicable en matière de délit ou la loi applicable aux causes de suspension de la prescription pour cause de minorité. Il est cependant préférable dans un cas donné d'appliquer une règle de conflit d'une généralité suffisante pour que tous les éléments de la situation soient soumis à la même loi : ainsi les obligations respectives des parties à un contrat, les conditions et les effets d'une responsabilité, l'établissement et les effets d'un lien de famille. En effet, une question particulière s'insère dans un tout, de sorte que la soumission de questions voisines à des règles de conflit, et donc éventuellement à des lois, différentes risque de porter atteinte à la cohérence nécessaire dans la réglementation de la situation : on parle de *respect des ensembles législatifs*, auquel s'oppose le *dépeçage* de la situation entre plusieurs lois. On verra qu'il n'est pas toujours aisé de respecter cet objectif. Mais il convient de s'intéresser en premier lieu aux règles de conflit que l'on qualifiera de principales, parce que les règles plus particulières susceptibles d'être formulées dans un cas donné procèdent de l'une d'elles.

Ces règles de conflit principales correspondent aux catégories juridiques que l'on peut considérer comme universelles et irréductibles : les personnes, les biens, les actes et les faits juridiques[1]. Il y a lieu pour chacune de justifier qu'elle soit retenue comme catégorie de rattachement, de préciser son étendue et de rechercher le rattachement qui lui convient.

La règle de conflit une fois élaborée s'exprime dans un enchaînement « catégorie-rattachement » (n° 104). Mais il est capital de noter que dans la phase d'élaboration des règles, c'est parfois le rattachement qui – historiquement ou ration-

1. Il s'agit des catégories substantielles ; la procédure a été distinguée (n° 13) et sera examinée avec les conflits de juridictions (n° 415 s.).

nellement – aura contribué à la définition de la catégorie. Par exemple, le fait de considérer, suivant la conception développée par Mancini, que la loi nationale doit être autant que possible appliquée amène à définir une catégorie « statut personnel » regroupant toutes les questions auxquelles cette loi s'applique. On verra de même que le caractère pratiquement nécessaire du rattachement du statut des immeubles à la loi du lieu de leur situation (*lex rei sitae*) impose l'existence de la catégorie du statut réel immobilier et incite à y inclure des questions qui pourraient également relever d'une autre catégorie, moins stable. Inversement, le choix d'un rattachement est inséparable de la conception et du contenu de la catégorie. Il y a donc, dans l'élaboration des règles de conflit, une interaction entre le choix des rattachements et la conception des catégories. De l'adéquation entre la catégorie et le rattachement résulte le caractère fonctionnel de la règle de conflit, c'est-à-dire son aptitude effective à désigner la loi qui satisfasse au mieux l'ensemble des intérêts en jeu (sur ceux-ci, v. n° 101).

Section I

LES RELATIONS CONCERNANT LA PERSONNE

130. – Notion et rattachement. Les relations concernant la personne sont regroupées dans une catégorie de rattachement dite du « statut personnel ». Cette catégorie est relativement aisée à justifier dans l'ordre international, même s'il existe des divergences entre les systèmes quant à son étendue ; en revanche, le choix d'un rattachement général pour la catégorie fait l'objet d'une discussion traditionnelle opposant la nationalité et le domicile, laquelle est en cours d'évolution.

§ 1. – LA NOTION DE STATUT PERSONNEL

131. – Définition et justification de la catégorie. On désigne par statut personnel l'ensemble des questions concernant la personne dans la société civile ou, selon le cas, l'ensemble des lois qui s'y appliquent. Sans doute toutes les relations juridiques et, partant, les lois ont-elles en dernière analyse pour objet les personnes. Mais certaines les visent au premier chef et en tant que telles, tandis que d'autres ne les concernent qu'au travers de leurs activités ou de leurs biens : c'est ce qui distingue la réglementation du mariage de celle de la responsabilité civile, de la vente ou du régime hypothécaire.

La notion de statut personnel pourrait avoir cours en droit interne, mais c'est en droit international privé qu'elle trouve un rôle spécifique. Le regroupement des questions touchant directement la personne se justifie par une finalité commune : la nécessité que ces questions soient soumises à une loi qui ne varie pas avec les déplacements passagers de la personne d'un État à l'autre, et que l'on appellera « loi personnelle ». Ainsi, l'incapacité d'un individu selon la loi qui s'applique ordinairement à lui ne doit pas en principe disparaître à l'occasion d'un déplacement temporaire, sous peine de rendre illusoire la protection voulue ; le nom, le statut matrimonial ne doivent pas, pour des raisons évidentes, pouvoir être remis en question dans les mêmes circonstances. Outre l'intérêt des personnes à cette stabilité, il a paru nécessaire de préserver l'autorité des lois dans un domaine où, pour l'essentiel et traditionnellement, les intéressés ne se sont pas vus reconnaître la disposition de leurs droits.

132. – Contenu de la catégorie. Le domaine du statut personnel, c'est-à-dire l'étendue des questions visées, peut être conçu de manière plus ou moins vaste. On y inclut normalement sans discussion les dispositions relatives au *statut individuel* de la personne : nom, domicile, capacité, à quoi il convient aujourd'hui d'ajouter la détermination du sexe face aux possibilités de changement légal[1]. La capacité doit s'entendre de la capacité générale, et par voie de conséquence, des mesures de protection des incapables car celle-ci est normalement organisée dans un cadre familial ; les incapacités spéciales, telle que celle de donner et recevoir entre certaines personnes (art. 911 C. civ.), relèvent en revanche de la loi des actes concernés plus que de la loi personnelle, car elles ne visent pas une qualité inhérente à la personne mais des actes occasionnels. On se demande aujourd'hui s'il convient d'inclure dans le statut personnel la catégorie nouvelle des droits de la personnalité (n° 635 s.).

Au statut individuel, on associe les *relations de famille.* Le rapprochement se fait sans difficulté en ce qui concerne les relations personnelles : établissement et effets de la filiation, conditions de fond et effets du mariage, toutes questions qui appellent typiquement qu'une loi s'y applique de manière permanente. Il y a plus d'hésitation à classer dans le statut personnel les relations patrimoniales au sein de la famille : en effet, régimes matrimoniaux et successions sont au confluent du droit des personnes, des biens et même des actes juridiques (contrat de mariage, testament).

133. – Droit positif comparé : droits occidentaux. L'existence d'une loi personnelle a été reconnue en Europe depuis les premiers temps de la théorie des conflits de lois ; ce qui a varié est l'importance qui lui est reconnue. Elle est réduite au minimum dans la conception de d'Argentré (*supra* n° 81), et constitue la catégorie de principe dans celle de Mancini (n° 88). En droit positif actuel, un système donné se situe plus près de l'une que de l'autre selon qu'il est demeuré plutôt territorialiste ou personnaliste (n° 36).

Les systèmes les plus personnalistes soumettent à la loi personnelle toutes les questions évoquées au paragraphe précédent ; en particulier, le régime matrimonial et les successions sont régis par la loi nationale des intéressés, sans même distinguer, en ce qui concerne les secondes, successions immobilières et mobilières. Ces questions sont ainsi traitées comme de statut personnel (à défaut d'être toujours expressément qualifiées

1. Il s'agit, en ce qui concerne le domicile, de l'institution interne ; le domicile international, en tant qu'il est à appeler à constituer le rattachement du statut personnel (n° 140 s.), est défini par l'autorité dont émane la règle de conflit.

comme telles) ; c'est un exemple d'influence du rattachement sur la qualification d'une question. Les droits italien, allemand, espagnol sont à ranger, sous diverses nuances, dans cette catégorie.

Le droit français, et ceux qui en sont proches, relèvent d'une catégorie intermédiaire. En France, le domaine du statut personnel résulte de l'art. 3 al. 3 C. civ. qui vise l'état (y inclus le statut familial) et la capacité des personnes. S'agissant des relations patrimoniales au sein de la famille, les conceptions de l'Ancien droit se sont perpétuées : le régime matrimonial est rapproché du statut des actes juridiques, par transposition de l'analyse qui y voit dans tous les cas un contrat tacite (n° 78) ; les successions, au moins immobilières, sont rapprochées du statut réel. Ces matières échappent donc à la loi personnelle en tant que telle.

Les systèmes de *common law*, d'inspiration territorialiste, ont du statut personnel la conception la plus étroite ; la notion n'y est même pas clairement reçue. La capacité est plus volontiers rapprochée des actes juridiques. Si les effets du mariage sont soumis à la loi du domicile, c'est parfois en vertu de la conception que le mariage est une *res* localisée en ce lieu. Le divorce n'est pas considéré comme objet de conflit de lois mais comme une institution purement judiciaire et, partant, dans tous les cas soumise à la loi du for saisi.

134. – Systèmes interpersonnels. Dans un certain nombre d'ordres juridiques, représentant une large fraction de la population mondiale, s'appliquent différents corps de règles en fonction de l'appartenance ethnique ou religieuse des individus. C'est le cas notamment de nombreux pays arabo-musulmans ou d'Afrique noire[1]. Alors que dans les systèmes occidentaux modernes, le statut personnel est une catégorie de rattachement comme les autres, placée sur le même pied qu'elles, il s'agit dans ces systèmes de la catégorie fondamentale ; elle reflète l'appartenance à une communauté donnée, d'où résulte l'application d'un statut général[2]. On peut dire que dans les systèmes concernés, tout est statut personnel à l'exception des matières où le droit est unifié, notamment par l'introduction d'un droit civil moderne[3]. Ce statut est indivisible, alors que dans les systèmes occi-

1. Elgeddawi, *Relations entre systèmes confessionnel et laïque en droit international privé*, 1971 ; Charfi, « L'influence de la religion dans le droit international privé des pays musulmans », RCADI 1987.III.329 (t. 203) ; P. Gannagé, « La coexistence des droits confessionnels et des droits laïcisés dans les relations privées internationales », RCADI 1979.III.339 (t. 164); Déprez, « Droit international privé et conflits de civilisations... Les relations entre systèmes d'Europe occidentale et systèmes islamiques en matière de statut personnel », RCADI 1988.IV.11 (t. 211) ; F. Boulanger, « Essai comparatif sur la notion de statut personnel dans les relations internationales des pays d'Afrique Noire », RC 1982.647 ; Mezghani, « Le juge français et les institutions du droit musulman », JDI 2003.721. *Adde* la bibliographie citée *sub* n° 305.
2. De même avant l'indépendance de l'Algérie, les Français musulmans étaient-ils régis en ce qui concerne les questions familiales, y compris successorales, par différents statuts locaux. V. ord. 23 nov. 1944 et Constitution de 1958, art. 75 ; Civ. I, 4 mars 1980, D.81.I.R.162. Et encore à Mayotte, Civ. I, 25 fév. 1997, D. 97.453 n. Fulchiron.
3. Certains États s'efforcent de réduire cette diversité tout en modernisant le droit, non sans difficultés en raison de la force de la tradition. L'unification est généralement

dentaux, la catégorie du statut personnel est susceptible d'être morcelée (mariage, filiation, successions) pour être assortie de différents rattachements, et chacune d'elles d'être « dépecée » (forme et fond)[1]. Les relations interpersonnelles sont en général rares. Dans la mesure où elles existent, les différents statuts ne sont pas toujours placés sur un pied d'égalité ; dans les États confessionnels, les conflits sont résolus par la préférence donnée au statut dominant. La situation évoque donc celle qui prévalait en Europe à l'époque du Haut Moyen Âge (n° 72). Le point de contact entre la conception occidentale moderne du statut personnel et celles des systèmes interpersonnels est dans la mesure – aujourd'hui réduite – où la première repose encore sur la justification qu'en donnait Mancini : l'adaptation des lois aux mœurs et au tempérament d'une population. Mais la transposition du modèle commun de conflit de lois, fondée sur des rapports inter-nationaux dans des États où l'application du droit est liée à l'appartenance religieuse ne se fait qu'au prix de graves distorsions.

§ 2. – LE RATTACHEMENT DU STATUT PERSONNEL

135. – Rattachements possibles. À partir du XIXe siècle et jusqu'à la fin du XXe se sont opposés deux critères de rattachement du statut personnel, la *nationalité* et le *domicile*[2] (A). La discussion était toutefois chargée d'équivoque car la notion de domicile international peut, selon les acceptions, désigner une attache aussi stable que la nationalité (le « domicile d'origine ») ou un rattachement simplement actuel et aisément susceptible d'être modifié. C'est pourquoi l'opposition véritable se situe plutôt entre une loi d'origine et la loi du milieu actuel. La seconde est venue à occuper une place prépondérante en droit contemporain, selon le critère de la *résidence habituelle,* traduisant aussi une certaine mutation du statut personnel (B). La loi d'origine ne perdant pas pour autant son titre à régir le statut personnel, une faculté de choix est aujourd'hui parfois aussi offerte aux intéressés entre ces critères, allant de pair avec le relâchement de l'impérativité des droits internes (C).

A. NATIONALITÉ ET DOMICILE

Les mérites respectifs de la nationalité et du domicile en tant que rattachement du statut personnel constituent un thème de discussion traditionnel ; l'impossibi-

entreprise dans les matières qui relèvent moins directement de données religieuses : droit des obligations (V. par exemple Code sénégalais de 1966), des biens, voire droit patrimonial de la famille (successions, au moins pour ce qui ne relève pas de la dévolution). À défaut d'unifier le droit, l'on s'efforcera de résoudre les conflits interpersonnels (*infra* n° 294 s.).

1. Sur les difficultés méthodologiques et de coordination qui en résultent, v. P. Gannagé, « Les sociétés multicommunautaires face à l'évolution du droit international privé de la famille », TCFDIP 1997-98.297.
2. Sur le cas où l'ordre juridique ainsi désigné est plurilégislatif, en fonction de l'appartenance à une communauté ou du rattachement à un élément du territoire, v. n° 296 s.

lité de conclure à la supériorité de l'un sur l'autre s'est traduite par un partage des systèmes en droit comparé

1. Opposition des rattachements

Les avantages et des inconvénients des deux rattachements sont largement inverses ; ayant envisagé en premier lieu ceux de la nationalité, on pourra être plus bref sur ceux du domicile.

a. La nationalité

136. – Arguments en faveur du rattachement par la nationalité. Compte tenu de la justification du statut personnel par la permanence nécessaire de l'application de certaines lois, l'argument le plus fort en faveur de la nationalité est la *stabilité* de ce facteur : on change moins facilement de nationalité que de domicile, en particulier international. Un argument corrélatif est celui de la *certitude* : les conditions d'attribution et la preuve de la nationalité sont en général réglementées de manière précise ; tel n'est pas le cas du domicile international d'une personne, lequel peut donc plus facilement prêter à discussion[1]. La nationalité est également un facteur plus marqué, en raison des conséquences de droit public qu'elle entraîne (obligations militaires, exercice des droits civiques), plus apparent, ne serait-ce que parce qu'elle est matérialisée par le passeport, et plus notoire, parce qu'un individu est amené dans la vie sociale à prendre la qualité de national de tel pays mais guère à décliner son « domicile international ». Chacun a conscience d'avoir une nationalité, plus qu'un domicile international.

Le rattachement exprime un lien fort entre l'État et l'individu. Les règles concernant l'état des personnes ont traditionnellement un caractère impératif. Et l'on prête aux individus un attachement à leur loi de leur nationalité du fait que celle-ci reflète des traditions et une mentalité (n° 84). L'argument trouve incontestablement dans les questions touchant à la personne son terrain d'élection : l'organisation de la famille (âge de la majorité, conditions du mariage, statut de la femme mariée, faculté de divorcer) traduit des conceptions sociales fondamentales, souvent d'origine religieuse, qui correspondent effectivement à une mentalité collective et sont caractéristiques d'une société donnée. Mais ce facteur ne joue avec une pleine force qu'en présence de véritables différences de civilisation entre les systèmes en présence ; et en pareil cas, l'ordre public risque de s'opposer dans l'État du for à l'application d'une loi personnelle étrangère consacrant un statut de la personne trop éloigné des conceptions locales (polygamie, répudiation, discrimination des sexes)[2]. En revanche, entre

1. Il est vrai que la multiplication contemporaine des cas de double nationalité réduit cet avantage (n° 139). Mais simultanément, la mobilité croissante des personnes aggrave les difficultés de détermination du domicile international. C'est donc la détermination de la loi personnelle en général qui se trouve compliquée dans le contexte contemporain.
2. V. Résolution de l'Institut de droit international, Différences culturelles et ordre public en droit international privé de la famille, 2005, Annuaire IDI, session de Cracovie, vol. 71-II.

pays de civilisation commune, les conceptions sont devenues suffisamment proches pour que l'on relève plutôt des modalités différentes au sein d'institutions communes : ainsi a-t-on vu en Europe occidentale au cours de la seconde moitié du XXe siècle se généraliser le principe de l'égalité des époux, celui de l'égalité des filiations, la faculté de divorcer, sous une forme de moins en moins contraignante. Ceci ouvre la voie, dans les relations entre ces pays, à un rattachement fondé sur la réalité du moment plutôt que sur l'origine (n° 145).

137. – Inconvénients pratiques du rattachement par la nationalité. Certains des facteurs mêmes présentés comme des avantages du rattachement par la nationalité constituent autant d'inconvénients possibles. Ainsi, la stabilité de la nationalité peut perpétuer l'application de leur loi nationale à des émigrés qui ont pratiquement perdu l'esprit de retour. Tel fut le cas en France pour de nombreux immigrés d'origine européenne au cours du XXe siècle ; la discordance possible entre leur loi nationale et celle du milieu français où ils étaient intégrés fut mise en lumière par l'impossibilité de divorcer où se trouvaient en principe de nombreux époux italiens ou espagnols ayant conservé leur nationalité d'origine.

Du point de vue du pays d'accueil, le rattachement du statut personnel à la loi nationale présente deux séries d'inconvénients d'ordre politique. En premier lieu, il se traduit par une application plus fréquente des lois étrangères : non seulement pour les tribunaux, mais pour l'administration et les organismes sociaux. Or ces lois sont parfois difficiles à connaître et à appliquer fidèlement ; leur application même peut faire problème lorsqu'elle implique l'intervention d'organismes publics (en matière protection des mineurs, par exemple). En second lieu, selon une observation classique, une application trop fréquente de lois étrangères sensiblement différentes des lois internes est de nature à émousser l'autorité des secondes. Lorsque la loi interne traduit une politique législative qui ne fait pas l'unanimité, une telle application affaiblira encore cette politique[1]. Dans les domaines mêmes où la règle locale n'est pas sérieusement contestée, la mise en œuvre de certains statuts aurait un caractère insolite et même inacceptable : ainsi l'application en France du statut personnel musulman sur différents points (polygamie, répudiation, attribution systématique de la garde des enfants au père, inégalité des droits successoraux selon le sexe)[2]. Pour l'éviter, on est obligé de recourir à l'exception d'ordre public, ce qui revient à mettre à l'écart le rattachement à la loi nationale. Plus généralement, dans un pays où les immigrés sont nombreux, le rattachement du statut personnel par la nationalité entraîne une multiplicité de statuts gênante. Lorsque ces immi-

1. C'est pourquoi, par exemple, lorsque le droit français ne voulait envisager le divorce autrement que comme une sanction, l'on refusait de prononcer le divorce par consentement mutuel d'époux étrangers dont la loi nationale admettait cette modalité (n° 313).
2. *Le droit de la famille à l'épreuve des migrations transnationales*, Coll. de Lille, 3-4 déc. 1992, préf. F. Dekeuwer-Défossez ; F. Monéger, « Les musulmans devant le juge français », JDI 1994.345 ; Mezghani, « Le juge français et les institutions du droit musulman », JDI 2003.721.

grés ont vocation à s'établir définitivement, la politique d'assimilation, ou d'intégration, milite contre ce rattachement.

138. – Difficultés logiques liées à l'application de la loi nationale. Le rattachement du statut personnel à la loi nationale suscite également une difficulté logique pratiquement insurmontable : celle de son application aux relations de famille – mariage et filiation – entre personnes de nationalité différente. Pendant longtemps, la question ne s'est guère posée en matière d'effets du mariage parce que selon la majorité des législations, une femme épousant un étranger acquérait la nationalité de son mari et perdait sa nationalité d'origine (sur le droit français, n° 1000). La reconnaissance progressive de l'indépendance de la femme mariée quant à la nationalité a suscité l'apparition du problème[1]. Il se pose également dans le cadre de l'action en recherche de paternité (voire de maternité) naturelle, chaque fois que le défendeur a une nationalité différente de celle qui a été attribuée à l'enfant à sa naissance.

Or, étant supposé que les lois nationales en présence diffèrent sur le fond, aucune des solutions fondées sur le principe de la loi nationale n'est satisfaisante. Celle qui consisterait à appliquer *cumulativement* les deux lois, dans la mesure du possible, aboutirait en fait à faire prévaloir la plus restrictive : ainsi la loi qui refuse l'établissement du lien ou sa dissolution[2]. Au demeurant, tout l'effort de la discipline des conflits de lois tend à résoudre ceux-ci autrement que par une application cumulative des lois en présence. Une autre solution consisterait à appliquer *distributivement* la loi nationale de chacun des intéressés (le mari et la femme, le parent et l'enfant). Mais bien que conforme à l'esprit personnaliste, elle ne peut être sérieusement défendue puisqu'elle aboutit à une différence de statut selon que l'on se place à l'une ou l'autre extrémité du lien : par exemple, les obligations du mariage ne seraient pas les mêmes pour l'un et l'autre époux, la faculté de divorcer ne leur serait pas offerte aux mêmes conditions, de sorte qu'un conjoint serait divorcé tandis que l'autre demeurerait dans les liens du mariage[3].

Une autre voie consiste à appliquer systématiquement la loi nationale de l'un des sujets du rapport : le mari, l'enfant... Le principe n'est pas aussi inégal qu'il peut paraître, parce que rien ne permet de dire *a priori* que cette loi sera plus favorable à l'intéressé qu'à l'autre partie : par exemple, la loi nationale de l'enfant pourrait se révéler plus restrictive en matière

1. Il ne se pose pas pour les conditions de formation du mariage : il est en effet possible d'appliquer la loi personnelle de chaque époux, sous réserve de la difficulté posée par les empêchements qui atteignent l'autre, tel que l'interdiction du mariage à raison de la parenté ou de l'alliance (n° 645 s.).
2. V. s'agissant du divorce, en Belgique, Cass. civ., 16 fév. 1955, *Rossi*, RC 55.143, concl. Hayoit de Termicourt, n. Rigaud, JDI 55.930 n. M.P.
3. V. Civ. 6 juill. 1922, *Ferrari*, D.P. 22.1.137, S.23.1.5, RDIP 22.444, rapp. Colin, n. Pillet, JDI 22.714, GA, n° 12. On a parlé (Lerebours-Pigeonnière et Loussouarn) de « situation d'opérette d'une femme mariée n'ayant plus de mari et d'un mari divorcé ayant toujours une femme » ; en matière de filiation, un enfant pourrait être déclaré né d'une personne qui ne serait pas reconnue comme son auteur.

de recherche de paternité que celle du père recherché ; celle du mari plus favorable à la femme. La solution envisagée a été fréquemment adoptée dans le passé, en matière de mariage, par désignation de la loi du mari. Mais, à titre général, on peut lui objecter de favoriser l'intéressé en ce que la loi ainsi désignée lui est plus familière qu'à l'autre partie ; également de lui permettre (et à lui seul) d'agir sur la loi applicable en changeant de statut. Quant à la règle particulière évoquée, elle est devenue difficile à défendre dans la mesure où sa teneur était effectivement liée à une organisation de la famille fondée sur la prééminence du mari ; elle avait de ce fait une portée symbolique que l'opinion occidentale moderne a répudié[1]. La solution est plus admissible en matière de filiation, où l'on songe à désigner la loi de l'enfant, voire de la mère selon le principe aujourd'hui posé par la loi française (art. 311-14 C. civ.)[2]. En fait, dans ce cas particulier, la tendance est plutôt de renoncer à la neutralité de la règle en adoptant une règle alternative ou en désignant la loi la plus favorable à l'enfant (n° 104).

À défaut de se rallier à la dernière solution, il n'y a d'autre issue, pour désigner une loi unique, que l'adoption d'un rattachement subsidiaire d'une autre nature, pratiquement le domicile ou la résidence habituelle. C'est la solution à laquelle parvint le droit français en matière de divorce avec l'arrêt *Rivière* en 1953, solution étendue par la suite à l'ensemble des effets du mariage[3]. La technique du rattachement subsidiaire s'est depuis répandue en droit comparé, donnant lieu à une échelle de rattachements (dernière nationalité commune, domicile commun, dernier domicile commun) destinée à rendre le plus subsidiaire qu'il est possible l'application de la loi nationale d'une des parties[4].

1. Elle a été déclarée inconstitutionnelle en Allemagne (C. const., décision n° 185 du 14 mai 1971, RC 1974.56 n. Labrusse et art. C. Labrusse, *ibid* p. 1) et en Italie (Cour constitutionnelle, 20 fév. 1987, RC 87.563 n. B. Ancel) ; de même en Italie la disposition soumettant les rapports entre parents et enfants à la loi nationale du père (25 nov. 1987, RC 88.710 n. B. Ancel). Dans d'autres pays (Portugal, Espagne), la prépondérance de la loi du mari a été écartée par la loi (v. les réf. *supra* n° 50).
2. La désignation de la loi de la mère est toutefois plus défendable dans le cas de la filiation naturelle que celui de la filiation légitime, où elle heurte le principe d'égalité entre les époux.
3. Civ. I, 17 avril 1953, RC 1953.412 n. Batiffol, JDI 53.860 n. Plaisant, GA n° 26. Cet arrêt approuvait une Cour d'appel d'avoir décidé que le divorce était régi par la loi du domicile « qui se trouvait, au surplus, être identique à la loi personnelle du mari et à la loi du for » ; toute ambiguïté fut levée par un arrêt *Lewandowski* (Civ. 15 mars 1955, RC 1955.320 n. Batiffol, JDI 56.146 n. Goldman, JPC 55.II.8771 n. Ponsard), énonçant que le divorce d'époux de nationalité différente était régi par la loi du domicile commun des époux. La loi du 11 juillet 1975 sur le divorce a suivi une autre voie que celle du rattachement bilatéral (art. 310 C. civ. ; n° 115) ; mais la solution conserve sa valeur de principe pour les autres effets du mariage entre personnes de nationalité différente (n° 671).
4. V. la loi autrichienne de 1978, art. 18 (1) ; la loi néerlandaise sur le divorce du 25 mars 1981, RC 81.809 et comm. van Rooij ; en Allemagne, art. 14 et 17 nouv. EGBGB (« échelle de Kegel » ; avant la réforme, v. BGH 11 janv. 1984, JDI 84.645 obs. Jayme) ; en Espagne, art. 107 C. civ. (L. 2003), RC 03.783.

139. – Cumul de nationalités ou défaut de nationalité. a) L'accroissement des relations privées internationales et l'évolution des droits de la nationalité se traduisent par la multiplication des cas de plurinationalité. En particulier, la conservation par la femme mariée de sa nationalité d'origine est assortie de la transmission de cette nationalité à ses enfants, lesquels reçoivent également celle du père ; les immigrés acquérant la nationalité du pays d'accueil ne perdent pas nécessairement pour autant celle de leur pays d'origine, et peuvent la transmettre à leurs enfants nés dans le premier, lesquels sont susceptibles de ce fait d'en avoir également la nationalité.

Le problème a cependant été jusqu'à présent moins aigu qu'il ne paraît en raison d'un principe de solution traditionnel et général : lorsque l'une des nationalités est celle de l'autorité saisie, elle prévaut systématiquement[1]. Dans le cas, en pratique moins fréquent, où le conflit est entre deux nationalités étrangères, l'on fait prévaloir celle qui paraît la plus effective[2].

Toutefois, la première solution est inspirée par des considérations qui sont d'abord de droit public : ne pas désavouer l'attribution de sa nationalité par l'État du for (n° 948). Dans les conflits de lois de droit privé, elle peut se révéler inopportune : par exemple, en paralysant l'application des conventions internationales retenant le rattachement à la nationalité (chaque État faisant prévaloir sa propre nationalité, v. n° 624), ainsi que la reconnaissance des décisions étrangères ayant – selon le même principe – appliqué la nationalité locale à un binational. On pourrait donc admettre que la nationalité du for s'efface lorsqu'elle n'est pas la plus effective, ou offrir une certaine faculté de choix à l'intéressé[3]. En France, un assouplissement de la position traditionnelle se manifeste dans certaines décisions, lorsque la loi nationale étrangère a été appliquée dans une décision rendue à l'étranger[4].

Il a été suggéré de renoncer à toute solution générale du conflit de nationalités, au profit d'une approche « fonctionnelle », c'est-à-dire tenant compte du but ou de l'esprit de la règle qui prend en considération la nationalité : règle de conflit de lois,

1. Civ. 13 nov. 1951, RC 52.323 ; 17 juin 1968, *Kasapyan*, RC 1969.59 n. Batiffol, GA n° 46 ; 7 nov. 1972, RC 73.301 n. Lagarde, JDI 74.610 obs. P.A. ; 16 déc. 1986, RC 87.401 n. Lagarde ; 27 janv. 1987, RC 87.605 n. Lagarde ; TGI Paris, 24 avril 1979, JDI 80.87 n. Audit. Ce principe de solution a été réaffirmé en Allemagne par la loi de 1986 (art. 5 EGBGB) et en Suisse par la loi de 1987 en matière de compétence judiciaire (art. 23.1 ; en matière de conflits de lois prédomine le rattachement au domicile).
2. Civ. 15 mai 1974, *Martinelli*, RC 75.260 n. Nisard, JDI 75.298 ; Paris, 7 oct. 1967, JPC 68.II.15525 n. Simon-Depitre, JDI 68.76 n. Aymond, RC 68.267 n. Lagarde.
3. La première solution est illustrée par la loi néerlandaise du 25 mars 1981 sur le divorce, art.1.3 ; la seconde, par la même loi (art. 1.4) et, dans certains cas, la loi allemande de 1986 pour les effets généraux du mariage (art. 14.3).
4. Civ. I, 10 mars 1969, *Butez*, RC 70.114 n. Batiffol ; 22 juill. 1987, *Dujaque*, RC 1988.85, maintenant Paris 18 juin 1985, D.85.I.R.99 obs. Audit, JDI 86.726 n. Laborde, RC 86.699 n. Jodlowski (la Cour de cassation justifie la solution par l'esprit du texte à appliquer, une convention bilatérale visant à régler l'ensemble des questions de statut personnel se rattachant aux deux États). Dans le même sens, loi fédérale suisse préc., art. 23.3.

ici envisagée, mais aussi bien de compétence juridictionnelle (art. 14 et 15 C. civ.)[1]. Cette approche est toutefois de nature à relativiser excessivement la nationalité d'un individu ou encore à contraindre la nationalité du for à s'effacer dans des cas où elle serait en fait le plus effective[2].

b) Certaines personnes sont inversement dépourvues de nationalité, en droit (apatrides) ou en fait (réfugiés). Ces cas, heureusement exceptionnels, peuvent être résolus, plutôt que par référence à la dernière nationalité éventuelle (dans la mesure où il y a rupture, volontaire ou forcée), par l'application d'un critère subsidiaire : domicile ou résidence[3]. Telle est la solution adoptée par les conventions internationales concernant les deux catégories de personnes mentionnées (n° 1131 s.).

b. Le domicile

140. – Commodité du rattachement. Le domicile en tant que rattachement du statut personnel, c'est-à-dire le domicile international, s'entend de la relation entre un individu et un territoire. Selon la notion la plus répandue, il se détermine à la fois par des éléments matériels, caractérisant l'établissement principal de la personne, et par un élément psychologique, l'intention d'y demeurer pour un temps indéfini (*animus manendi*). La définition exacte de ces deux éléments varie d'un pays à l'autre ; beaucoup de discussions ont été faussées par une conscience insuffisante de ces différences. Pour s'en tenir provisoirement à la conception la plus générale, le rattachement du statut personnel par le domicile présente dans l'ensemble des caractéristiques inverses de celles qui ont été relevées pour la nationalité. Parce qu'il soumet l'individu à la loi du milieu dans lequel il vit, ce rattachement se recommande essentiellement d'avantages pratiques. Il favorise l'insertion des immigrés alors que l'application prolongée de leur loi nationale produit l'effet inverse. Les membres d'une famille étant généralement domiciliés dans le même pays, on évite le problème de la diversité de loi personnelle dans les relations de famille[4]. Du fait que le domicile est un critère fréquent de la compétence des tribunaux, ceux-ci se trouveront plus rarement confrontés aux difficultés d'application d'une loi

1. Lagarde, « Vers une approche fonctionnelle du conflit de nationalités... », RC 1988.29 ; v. également G. de La Pradelle, « Nationalité française, extranéité, nationalités étrangères », Mél. Holleaux, p. 135.
2. On peut aujourd'hui en voir une illustration en droit communautaire (n° 65-1 et 947).
3. L'Institut de droit international a recommandé la généralisation de ces solutions : session du Caire (1987), résolution sur la dualité des principes de nationalité et domicile en droit international privé, point 6 (RC 88.133). V. déjà en ce sens, Civ. I 25 juin 1974, *Martini*, RC 74.678 n. Ponsard, JDI 75.330 obs. Deby-Gérard ; Paris, 23 nov. 1954, RC 56.63 n. Y.L.
4. En cas de diversité des domiciles dans une relation de famille, on peut se référer au dernier domicile commun ou à un critère subsidiaire tel que la loi du tribunal saisi ou celle de l'Etat avec lequel les intéressés ont le lien le plus étroit ; sur les rattachements « en cascade », v. n° 138 *in fine*.

personnelle étrangère[1]. De même, les organismes sociaux appelés à intervenir en matière familiale ne se heurteront pas aux difficultés de détermination et d'application d'une loi personnelle étrangère.

On invoque également en faveur du domicile l'intérêt des tiers, qui ne seront pas surpris par l'intervention inopinée d'une loi nationale étrangère déclarant incapable une personne avec laquelle ils ont traité et qui serait capable selon la loi locale. En réalité, la même difficulté s'élève lorsque le cocontractant se révèle être domicilié à l'étranger. Seul le rattachement à la loi du lieu de passation de l'acte serait de nature à l'éliminer (n° 615).

141. – Difficultés présentées par le rattachement au domicile. Les inconvénients les plus manifestes du domicile en tant que rattachement du statut personnel résident dans l'imprécision de la notion et l'instabilité éventuelle de ses éléments. Non seulement l'élément psychologique, mais même l'élément matériel, peuvent prêter à discussion. Ainsi, il serait sans doute difficile de dire aujourd'hui de beaucoup de travailleurs immigrés dans les pays d'Europe occidentale si leur domicile international se trouve dans le pays d'accueil, où ils ont un établissement stable, ou dans leur pays d'origine, où ils retournent régulièrement et à l'égard duquel ils conservent peut-être l'esprit de retour. L'intéressé lui-même est éventuellement indécis quant au caractère temporaire ou définitif de sa présence dans le pays où il de sa résidence actuelle[2].

Enfin le domicile se prête à une déclaration mensongère dans le but de bénéficier d'une loi jugée plus favorable. L'exemple en a longtemps été donnée par la pratique des divorces migratoires, consistant à obtenir le divorce d'un for « spécialisé » (tel que de l'État américain du Nevada) sur l'affirmation de l'intention d'établir son domicile dans son ressort, suivi d'un retour immédiat à son établissement[3]. Mais les difficultés les plus importantes, quoique moins fréquemment perçues, résident dans la différence de conception et de définition du domicile d'un système à l'autre (n° 144).

2. Droit positif comparé

Jusqu'à l'apparition des États-nations au XIXe siècle, le statut personnel était par la force des choses relié au domicile d'origine. À partir de ce moment, de

1. Il faut toutefois pour cela que la notion de domicile retenue pour fixer la compétence des tribunaux soit la même que celle qui sert de rattachement de compétence législative, ce qui n'est pas nécessairement le cas.
2. Un autre exemple de cette incertitude concerne les personnes venues dans le pays où elles résident pour se soustraire à une guerre civile, laquelle se prolonge, ou à un régime politique, qui se maintient.
3. Ceci s'opère généralement de manière médiate : le juge applique au divorce la *lex fori* (v. n° 133 *in fine*), mais il se reconnaît compétent sur la foi d'une affirmation de l'intéressé qui déclare fixer son domicile dans l'État.

nombreux systèmes se sont ralliés au domicile tandis que d'autres ont conservé la solution traditionnelle ou l'ont adoptée[1].

a. Systèmes de loi nationale

142. – Code Napoléon et doctrine personnaliste. Ont adopté le critère de la nationalité les pays influencés, directement ou indirectement, par le Code Napoléon ou par la doctrine personnaliste (et qui sont pour beaucoup les mêmes).

Le rattachement du statut personnel à la loi nationale est apparu en France avec l'art. 3 al. 3 du Code civil selon lequel « [l]es lois concernant l'état et la capacité des personnes « régissent les Français même résidant en pays étranger ». Auparavant, c'était par la force des choses la coutume du domicile d'origine qui s'appliquait (à vrai dire, dans les domaines non couverts par la loi religieuse)[2]. Il semble que les rédacteurs du Code aient simplement voulu tirer les conséquences du fait qu'il n'y avait plus qu'une loi (devenue civile) pour tous les Français, et affirmer son caractère impératif[3]. Mais la formule, de type « statutaire » et unilatéraliste, de l'art. 3 al. 3 fut rapidement bilatéralisée, c'est-à-dire que l'état et la capacité des étrangers furent soumis à leur loi nationale[4]. Le principe nouveau fut repris dans les pays ayant recueilli le Code Napoléon (Pays-Bas, Belgique, Luxembourg).

Peu après, la doctrine personnaliste devait fournir une justification substantielle au rattachement par la loi nationale et influencer de nombreux pays qui se dotaient d'institutions civiles nouvelles[5]. Ce rattachement fut ainsi adopté dans la plupart des pays d'Europe occidentale à partir de la seconde moitié du XIXe siècle (Grèce, Italie, Espagne, Allemagne, Suède, Finlande). De là, il est passé dans d'autres ayant reçu l'influence européenne soit par l'effet de la colonisation (Amérique latine, où il subit cependant des atténuations du fait qu'il s'agissait de terres d'immigration), soit par celui de la réception ou de l'imitation : il fut ainsi consacré dans des pays aussi divers que l'Égypte, l'Iran, l'Ethiopie, la Chine, le Japon et les États francophones d'Afrique. On sait que la doctrine personnaliste inspira entièrement les premières conventions de La Haye et donc que ce

1. Un certain nombre peuvent être qualifiés de mixtes en ce qu'ils combinent l'application des deux rattachements : tel est notamment le cas du droit suisse, tant selon la législation de 1891 que celle de 1987 ; et pratiquement, aujourd'hui, du droit français (n° 146 s.).
2. Dans beaucoup de domaines, la question ne se posait pas en raison de l'unité due au droit canonique ; la coutume du domicile s'appliquait à des questions telles que la tutelle, les successions mobilières et le régime matrimonial.
3. Corrélativement, le domicile cessait d'être un rattachement à un territoire pour devenir le rattachement à un point du territoire ; et il remplissait une fonction nouvelle, de police civile (n° 144).
4. Paris, 13 juin 1814, *Busqueta*, S. 14.2.393, GA n° 1 ; Civ. 28 fév. 1860, *Bulkley*, S. 60.I.210, D.P. 60.I.57, GA n° 4. La règle bilatérale était formulée par le projet de codification de 1967 (art. 2290 C. civ.).
5. Une résolution de l'Institut de droit international de 1880 se prononçait pour le rattachement de l'état et la capacité des personnes à la nationalité.

rattachement y triompha (n° 89). Beaucoup plus récemment, la codification ou la modernisation du droit international privé ont été l'occasion en différents pays de réitérer le choix en faveur de la loi nationale, en particulier dans les loi allemande de 1986[1], italienne de 1995[2] et belge de 2004, mais non chaque fois sans de larges atténuations.

b. Systèmes de loi du domicile

143. – Influence du territorialisme ou des conditions démographiques. La tradition territorialiste et le rattachement au domicile ont été conservés au Royaume-Uni et dans les pays de *common law*, quoique pour des raisons qui ne sont pas les mêmes. Les différents peuples des îles britanniques n'ayant pas éprouvé le besoin d'unifier leur droit par une codification, la tradition s'est naturellement maintenue selon laquelle l'on est soumis au droit du territoire de sa naissance (*domicile of origin*), aussi longtemps que l'on ne manifeste pas une intention différente (*domicile of choice*). La règle s'est appliquée aussi bien vis-à-vis des pays étrangers : il ne fut nul besoin de la théorie personnaliste pour entretenir un sentiment national naturellement fort.

Dans les colonies de peuplement, devenues ou non indépendantes, qui ont connu peu à peu une immigration autre que britannique, la loi locale s'est appliquée au titre de loi du domicile ; il aurait été de toute façon impossible, pour des raisons manifestes, d'appliquer aux différents immigrants leur loi d'origine. C'est ainsi que les États-Unis, le Canada, l'Australie pratiquent le rattachement au domicile. Il s'agit au surplus dans ces trois cas d'États fédéraux où le droit privé n'est pas unifié ; le critère du domicile permet donc avant tout de résoudre les conflits internes. Le même facteur explique la prépondérance traditionnelle du domicile en Suisse, tempérée sous la loi de 1912, mais renforcée par celle de 1987.

Le facteur de l'immigration a joué également dans les pays d'Amérique latine (Argentine). Le Brésil, qui avait d'abord choisi la loi nationale, a opté pour la loi du domicile en 1942 ; de même le Pérou en 1984. D'autres de ces pays ont renoncé à appliquer leur loi nationale aux étrangers, tout en conservant le principe de la loi nationale pour les nationaux.

Certains pays scandinaves (Danemark, Norvège, Islande) rattachent également le statut personnel à la loi du domicile.

1. V. Sonnenberger, « Introduction générale à la réforme du droit internationale privé dans la R.F.A. selon la loi du 25 juillet 1986 », RC 1987 (spéc. p. 14) ; Sturm, « Personnes, famille et successions dans la loi du 25 juillet 1986... », *ibid.* p. 33.
2. Ballarino, « Personnes, familles, régimes matrimoniaux et successions dans la loi de réforme du droit international privé italien », RC 1996.21.

B. LOI D'ORIGINE ET LOI DU MILIEU ACTUEL

1. Équivoque de l'opposition entre nationalité et domicile

144. – Évolution de la notion de domicile. La discussion traditionnelle concernant le domicile et la nationalité était chargée d'équivoque, parce que l'on n'y a pas suffisamment tenu compte ni de la grande diversité des conceptions du domicile d'un pays à l'autre, ni de la distinction entre domicile interne et domicile international. En particulier, la différence est faible entre la notion traditionnelle de domicile d'origine, telle qu'elle existait dans l'Ancien droit français et s'est maintenue en Grande-Bretagne, et celle de nationalité : l'une et l'autre désignent une loi d'origine, jouissant presque de la même stabilité ; inversement, un écart certain sépare la conception américaine de la conception anglaise, s'agissant du moins dans le premier cas de résoudre les conflits interétatiques.

Le droit romain avait forgé le concept d'*origo*, qui rattachait dans les premiers temps l'individu à une cité, et celui de *domicilium*, désignant l'attache actuelle[1]. Lorsque les auteurs du Moyen Âge distinguèrent les statuts ou coutumes personnelles, ils ne se prononcèrent pas clairement sur ce qui constituait le critère de leur application. Mais le système féodal, là où il s'appliquait, était inspiré par la conception qui fait du domicile non un lien purement géographique mais la soumission d'une personne à une loi (coutume) par le fait de la naissance : c'était donc l'*origo*, laquelle n'était même pas déterminée par le lieu de naissance de l'intéressé mais par le domicile de son auteur, et que des déplacements ne modifiaient pas. Cette conception inspirait encore les pays du continent européen avant qu'ils ne basculent vers la loi nationale (elle se manifeste par exemple chez Savigny). Un autre facteur devait contribuer à l'éclipser : en France, comme sans doute dans les autres pays du continent, l'unification législative du droit interne eut pour conséquence de faire du domicile une institution de police civile, indiquant le rattachement à un point du territoire, et dont les effets sont limités. Le Code civil en particulier, ne se préoccupa que du changement de domicile et des domiciles de dépendance ; la Cour de cassation voit dans sa détermination une question de pur fait.

Dans les îles britanniques s'est perpétuée au contraire la notion traditionnelle de domicile d'origine. Celui-ci est attribué à la naissance (c'est le domicile du père) et par la suite existe une très forte présomption contre son abandon : le domicile d'origine ne se perd que par l'acquisition d'un nouveau domicile, dit domicile de choix, caractérisée par l'intention d'y fixer indéfiniment sa résidence ; le premier retrouve même ses effets en cas d'abandon du second. Le domicile ainsi conçu est donc un rattachement à une patrie, très proche de la notion de nationalité qui lui a succédé sur le continent à une époque relativement récente, car il est imprégné comme elle de la notion d'allégeance. Cette notion très stable s'imposait d'autant plus que l'application des lois locales aux nombreux sujets britanniques jadis établis dans les colonies n'était guère concevable. Elle ne présente pas le caractère d'instabilité que l'on prête en général au domicile[2].

1. Sur ces notions, v. Thomas, « Le droit d'origine à Rome. Contribution à l'étude de la citoyenneté », RC 1995.253.
2. V. l'échange de lettres entre les gouvernements britannique et syrien, RC 1949.378. Au Royaume-Uni, un projet de loi de 1987 s'est proposé de fixer les règles de détermination du domicile (RC 1988.401 et comm. Muir Watt).

Toutefois, la conception britannique ne s'est pas nécessairement appliquée telle quelle dans tous les pays de *common law*. En particulier, les conditions particulières qui prévalent aux États-Unis (grande mobilité de la population, forte intégration nonobstant le système fédéral) se sont traduites au contraire par une conception du domicile particulièrement souple dans les rapports interétatiques. La conception traditionnelle y retrouve consistance dans les rapports internationaux : un Américain établi à l'étranger sera porté à récuser l'application de la loi locale en faveur de celle de son dernier domicile américain si la première est trop différente de ses conceptions ; les consuls américains à l'étranger conservent au demeurant des attributions en matière de statut personnel vis-à-vis de leurs ressortissants. Ainsi la conception du domicile peut elle-même varier dans un système selon la nature des conflits, interlocaux ou internationaux.

Il était par conséquent équivoque de discuter, comme cela a souvent été fait, les mérites respectifs de la nationalité et du domicile sans tenir compte du fait que la notion de domicile peut exprimer tantôt, comme la nationalité, un rattachement personnel à une souveraineté, tantôt un rattachement simplement territorial envisagé à un moment donné. L'opposition véritable est entre une loi d'origine, le plus souvent, mais non nécessairement, caractérisée par la nationalité, et la loi du milieu actuel de l'individu. À cet égard, une nette évolution s'opère à l'époque contemporaine de la première vers la seconde, notamment dans les systèmes européens.

2. Émergence de la résidence habituelle

145. – Domicile et milieu actuel. La question est pratiquement de savoir si l'on doit appliquer aux personnes qui se trouvent pour une durée indéterminée dans un lieu qui n'est pas leur État d'origine la loi de cet État ou celle de leur milieu actuel. Elle est de plus en plus fréquemment résolue en faveur de la seconde, au titre de loi de la « résidence habituelle », cela tant en droit français qu'en droit conventionnel.

a. Droit français

146. – Influence de l'immigration. L'arrivée de nombreux étrangers en France à la suite de la Première Guerre mondiale fit ressentir les différents inconvénients de la soumission de principe du statut personnel à la loi nationale et provoqua, entre les deux guerres, un mouvement doctrinal en faveur de l'application de la loi du domicile, qualifié par un certain temps de résidence[1]. Ce mouvement n'entraîna cependant pas la modification du principe général, toujours formulé par l'art. 3 al. 3 C. civ. et auquel on peut penser que l'opinion dominante demeure aujourd'hui encore favorable. Néanmoins, le domicile, entendu comme l'établissement effectif d'une certaine durée en France, a peu à peu acquis un rôle important en matière de statut familial : d'abord pour mettre fin à la difficulté présentée par les

1. Niboyet, *Manuel*, n° 586 s. ; Lerebours-Pigeonnière, *Précis*, n° 256, 363.

relations de famille entre personnes de nationalité différente, puis pour ses vertus propres et donc même en-dehors de ce cas.

147. – Relations familiales entre personnes de nationalité différente. Un tournant du droit français en matière de statut personnel fut opéré par la soumission du divorce d'époux de nationalité différente à la loi du domicile commun (n° 138). La portée de la solution fut bientôt étendue, de différentes manières. Alors que l'on pouvait y voir un simple expédient destiné à échapper à l'impossibilité de concilier des lois nationales différentes, elle fut déclarée applicable quand bien même les lois nationales respectives des époux interdiraient l'une et l'autre le divorce[1]. Une valeur propre était ainsi reconnue au rattachement constitué par le domicile. Et alors que l'on justifiait le rattachement au « domicile commun » par la localisation dans un pays donné de l'entité constituée par le ménage et la famille, la jurisprudence déclara ce rattachement applicable aussi bien en cas d'établissement séparé des époux dans le même pays[2]. Cette solution renouait avec la conception d'un domicile international distincte de l'institution de police civile, et qui est reparue depuis dans l'art. 309 (ex-310) C. civ. (n° 115). L'application de la loi du domicile ainsi entendu devait en outre être étendue successivement aux autres effets du mariage entre époux de nationalité différente : obligation alimentaire, validité d'une donation, filiation et en particulier la légitimation[3].

148. – Extension du rattachement par le domicile ou la résidence habituelle. La « règle *Rivière* » supposait une différence de nationalité entre les parties à la relation familiale. En ce qui concerne les époux de nationalité commune, l'influence de l'établissement effectif en France se manifesta d'abord de manière détournée, mais certaine. Dans un arrêt *Bisbal*, la Cour de cassation rejeta le pourvoi formé contre un arrêt prononçant le divorce d'époux espagnols au mépris de leur loi nationale non invoquée devant les juges du fond, au motif que les règles de conflit de lois n'étaient pas d'ordre public en tant qu'elles prescrivent l'application d'une loi étrangère[4]. On ne sait dans combien de cas, antérieurs ou postérieurs à cette décision, fut appliquée la loi française entre des étrangers établis en France et qui s'étaient abstenus d'invoquer l'application de leur loi nationale ; mais une discordance certaine s'était établie entre le principe du rattachement à la loi nationale et son application. La loi de 1975 portant réforme du divorce y a mis fin en soumettant expressément à la loi française non seulement le divorce d'époux tous deux de nationalité française mais également celui d'époux ayant l'un et l'autre leur « domi-

1. Civ. 22 fév. 1961, *Corcos*, D. 61.437, 1re esp., n. G. Holleaux, RC 61.382 n. Batiffol, JDI 61.734 n. Goldman.
2. Civ. I, 15 mai 1961, *Tarwid*, D.61.437, 3e esp., n. G. Holleaux, RC 61.547 n. Batiffol ; 30 oct. 1967, *Yechizulke*, RC 69.749 n. Foyer.
3. Lagarde, « Destinées de l'arrêt *Rivière* », JDI 1971.241 ; Fadlallah, *La famille légitime en droit international privé*, 1977.
4. Civ. I, 12 mai 1959, D.60.610 n. Malaurie, JCP 60.II.11733 n. Motulsky, 60.62 n. Batiffol, JDI 60.810 obs. Sialelli, GA n° 32.

cile » sur le territoire français, sans distinguer selon qu'ils sont de nationalité commune ou distincte (art. 310, devenu 309, C. civ., n° 115). En fait, les tribunaux, dont la compétence en la matière reposait sur le critère de la résidence habituelle (art. 1070 CPC), ont appliqué la loi française sans s'interroger sur l'existence en France d'un véritable domicile international ; c'est donc bien le critère de la résidence habituelle qui s'est imposé.

Déjà en matière d'établissement de la filiation, la loi du 3 janvier 1972, avait, tout en posant le principe du rattachement à une loi nationale, celle de la mère (art. 311-14 C. civ.), prévu une exception de vaste portée en faveur de la loi française lorsque les intéressés ont en France leur résidence habituelle (art. 311-15).

La loi ou la jurisprudence se sont ainsi efforcées d'échapper aux inconvénients possibles de l'application de leur loi nationale aux étrangers établis en France. La substitution de la résidence habituelle à la loi nationale traduit une véritable mutation contemporaine du statut personnel. Alors que la nationalité correspondait à une notion forte du statut et traduisait l'emprise de la loi sur les nationaux en la matière, où qu'ils se trouvent, le rattachement par la résidence habituelle vise principalement à assurer l'application générale de la loi française à tous ceux qui sont établis sur le territoire, pour des raisons de commodité et d'intégration ; en effet, la bilatéralité d'une règle de conflit prenant pour rattachement la résidence habituelle est pratiquement formelle, car la compétence des tribunaux reposant sur le même critère, sous cette forme ou celle du « domicile », elle ne conduit pratiquement qu'à l'application de la loi française. Corrélativement, on cède en principe sur l'impérativité et l'application permanente de la loi française aux nationaux établis ou simplement résidant à l'étranger[1]. En définitive, dans la conception du statut personnel, l'idée ancienne d'allégeance à un statut fait place, pour des raisons pragmatiques, à celles de localisation matérielle et de proximité ; l'application qui demeure de la loi nationale repose davantage sur une véritable adhésion des intéressés[2].

1. En réalité, cependant, l'on s'efforce de leur permettre de demeurer sous l'empire de la loi française, comme le montre de manière expresse l'art. 309 C. civ. Mais l'esprit de la règle selon laquelle le divorce de deux époux français est régi par la loi française est totalement différent de celui qui inspirait l'art. 3 C. civ. (comme le montre aussi la coïncidence de l'adoption d'une règle de conflit particulière et de la libéralisation du divorce par la loi de 1975) : il ne s'agit plus de leur imposer des règles impératives, mais de leur permettre de bénéficier de la loi française s'ils le souhaitent (c'est à la demande des Français de l'étranger qu'a été consacrée une atteinte aussi flagrante à la bilatéralité de la règle de conflit) ; car simultanément, on reconnaîtra sans difficulté le divorce de deux Français prononcé dans l'État de leur résidence habituelle s'ils n'ont pas jugé nécessaire de recourir à la loi et aux tribunaux français. Ce changement d'esprit est la conséquence du « désengagement » de la loi en matière familiale en droit interne.
2. V. « Les avatars de la loi personnelle en droit international privé contemporain », Mél. Foyer, Economica, 2008, p. 49.

b. Droit conventionnel

149. – Conventions de La Haye. La conférence de La Haye, instituée à la fin du XIXe siècle en vue d'unifier le droit international privé, rassemblait alors les principaux pays d'Europe continentale gagnés à la prépondérance de la loi nationale (n° 50). Ce rattachement fut donc systématiquement adopté dans les différentes conventions élaborées en matière de conflits de lois jusqu'à la Première Guerre mondiale, six au total, et qui avaient pour objet les rapports de famille (mariage, divorce, régimes matrimoniaux, successions et testaments, protection des incapables). Les difficultés politiques rencontrées dans leur application entraînèrent leur dénonciation progressive par différents États qui y étaient partie. Puis les déplacements de populations liés aux révolutions et aux guerres incitèrent certains participants d'origine, dont la France, à envisager un retour au critère territorial du domicile. La participation, après la Seconde Guerre mondiale, du Royaume-Uni puis des États-Unis et d'autre pays de *common law* inversa définitivement le courant. Le critère qui devait émerger, cependant, ne fut pas celui du domicile mais de la *résidence habituelle*[1]. On le trouve dans la plupart des conventions modernes, qu'elles aient pour objet les conflits de lois ou les conflits de juridictions, celui de la nationalité n'apparaissant plus, au mieux, qu'à titre subsidiaire[2].

150. – Critère de la résidence habituelle. Le rattachement par la résidence habituelle ne traduit pas un compromis, lequel est introuvable, entre le domicile et la nationalité. Il est incontestablement proche du premier : le projet de convention précité de 1955 définissait le domicile comme le lieu où une personne réside habituellement (art. 5)[3]. Il s'en distingue toutefois par des traits importants. En premier lieu, l'intention quant au maintien de l'établissement n'entre pas dans la définition de la résidence habituelle, car ce critère prête à discussion, voire à la fraude (n° 141). L'intention ne peut être prise en considération que pour déterminer s'il y a résidence ou quel en est le caractère (principale, secondaire). Ce qui est cédé sur ce terrain est compensé objectivement par l'habitude, c'est-à-dire une certaine stabilité : le critère vise une effectivité, qui est celle du moment. Bien que l'habitude soit impliquée dans la notion même de résidence, l'adjectif qui lui est accolé est destiné à marquer qu'il ne doit pas s'agir d'une demeure éphémère ou épisodique, même si la résidence n'est pas nécessairement continue ; une durée minimum est parfois fixée[4]. En

1. Un projet de convention achevé en 1955 visait à résoudre les conflits entre la loi nationale et la loi du domicile, mais n'entra pas en vigueur faute des ratifications nécessaires.
2. V. également la convention franco-polonaise du 5 avril 1967 sur la loi applicable, la compétence et l'exequatur dans le droit des personnes et de la famille, RC 1969.329.
3. V. également la résolution du Comité des ministres du Conseil de l'Europe du 18 janv. 1972 tendant à unifier, tout en les distinguant, les concepts juridiques de domicile et de résidence (RC 1973.847).
4. En dépit de telles précisions, un inconvénient du critère de la résidence habituelle est qu'il suscite facilement le conflit mobile (n° 232 s.).

deuxième lieu, la résidence habituelle est une notion de fait qui ne se prête pas à une détermination indirecte, telle que celle résultant des domiciles de dépendance. Des faits de nature familiale seront pris en considération mais d'une autre façon, en tant que révélateurs de liens stables entre la personne et un établissement (présence du conjoint, résidence des enfants, scolarisation). Enfin, elle est indépendante de toute intervention de l'autorité publique telle que la délivrance d'un permis de séjour : en cas de dissociation entre ce qui serait invoqué au titre de domicile administratif de l'intéressé et sa résidence habituelle effective, c'est la seconde qui devrait l'emporter. Le rattachement vise le milieu d'intégration de l'intéressé. De caractère fonctionnel, il est néanmoins susceptible d'être apprécié différemment selon l'institution pour laquelle il joue (obligation alimentaire, divorce, régime matrimonial, compétence juridictionnelle).

Le critère a notamment été retenu en matière d'obligations alimentaires (résidence habituelle du créancier, dont il s'agit d'apprécier les besoins) et de protection des mineurs, où la notion de milieu environnant est essentielle et où l'application « à distance » d'un régime de protection selon la loi personnelle s'est révélé pratiquement difficile[1]. La convention de La Haye du 14 mars 1978 (en vigueur en France) soumet le régime matrimonial, en l'absence de choix, à la loi de la première résidence habituelle des époux après le mariage (art. 4). Dans les matières plus strictement de statut personnel que sont le divorce et la responsabilité parentale, le règlement Bruxelles II bis articule principalement les règles de compétence juridictionnelle qu'il pose autour de la notion de résidence habituelle, que la Cour de justice interprète depuis peu (*infra* n° 629, 710)[2]. La convention de La Haye du 1er juin 1970 sur la reconnaissance des divorces (non en vigueur en France) admet la compétence des juridictions de l'État où le défendeur ou – à certaines conditions de durée – le demandeur avait sa résidence habituelle à la date de la demande (art. 2) ; elle permet toutefois d'assurer, par voie de réserve, le respect de la loi nationale (art. 19.1).

Le succès de la résidence habituelle, au moins dans les pays de tradition occidentale, confirme le recul de la notion d'allégeance, liée à l'origine, au profit de considérations de simple proximité. La loi d'origine ne perd pas pour autant tout titre à s'appliquer, et les nationaux d'un État donné expatriés de manière plus ou moins provisoire peuvent légitimement souhaiter y demeurer soumis. Le moyen de concilier les considérations de pure commodité et les aspirations éventuelles des intéressés consiste à leur ouvrir une certaine faculté de choix.

1. Dans ces différentes matières, en outre, la question n'est pas seulement abordée sous l'angle de la loi applicable mais sous celui des autorités compétentes pour prendre des mesures (n° 623 s.).
2. Appliquant ce texte, la Cour de cassation a jugé que « la résidence habituelle, notion autonome du droit communautaire, se définit comme le lieu où l'intéressé a fixé, avec la volonté de lui conférer un caractère stable, le centre permanent ou habituel de ses intérêts » (Civ. 14 déc. 2005, D. 06. Pan. 1502 obs. Courbe).

C. OUVERTURE D'UNE FACULTÉ DE CHOIX

***151. La faculté de choix ou* professio juris**. Que le statut personnel soit rattaché à la nationalité ou au domicile, le principe d'origine et sous-jacent était l'idée de sujétion des individus à un Etat souverain ou d'autorité de la loi sur eux (v. la formulation de l'art. 3 al. 3 C. civ.). Corrélativement, la matière a traditionnellement été considéré comme impérative ; c'est en particulier un argument en faveur du rattachement à la nationalité que de faire respecter plus sûrement l'indisponibilité de l'état des personnes. Sans que cette conception soit abandonnée, l'évolution des mœurs, consacrée dans les réformes du droit de la famille auxquelles ont procédé la plupart des pays européens au cours du dernier tiers du XXe siècle, amène à envisager aussi le statut personnel comme un aspect de la sphère privée des individus ; et, par là, à tenir un plus grand compte de leur volonté (ainsi que cela est dans une certaine mesure admis dans des matières qui sont à la frontière du statut personnel, comme les régimes matrimoniaux et les successions). Cette tendance individualiste dans les droits internes des sociétés de type occidental se manifeste également dans les instruments internationaux consacrant les « droits fondamentaux » et l'interprétation souvent extensive qu'ils reçoivent. Lorsque la situation personnelle des individus les rattache à plus d'un État, il est plus naturel encore de leur permettre un certain choix entre les différentes lois susceptibles de s'appliquer à eux (*professio juris*). Cette faculté est depuis longtemps connue pour le règlement des conflits interpersonnels dans les États pluri-communautaires, où elle répond, il est vrai, à des considérations ou des besoins particuliers (souci de régler les rapports mixtes ou de favoriser l'application d'un droit dominant ou plus moderne que les droits traditionnels). Hors de ce contexte, l'option de législation présente différents avantages. Elle permet de surmonter les oppositions de rattachements précédemment décrites, en offrant le choix entre eux[1]. Elle évite les incertitudes, encore que la question se pose de savoir dans quelles conditions le choix opéré par les intéressés pourra être remis en cause ; en effet, les circonstances qui l'avaient inspiré sont susceptibles d'une modification objective voire de disparaître. L'option peut également constituer un moyen de faciliter l'intégration des immigrés dont le statut d'origine présente des différences marquées avec celui de leur pays d'accueil, en évitant, pour justifier l'application de la loi locale, les expédients que constituent le recours à l'ordre public (n° 137) ou l'ignorance de la règle de conflit du for (n° 148). Le choix éventuellement offert sera circonscrit aux lois présentant un lien significatif avec la situation, objectivement déterminées (c'est-à-dire pratiquement la loi nationale et celle du domicile ou de la résidence habituelle). Il ne s'agit en effet nullement d'étendre en matière personnelle l'autonomie de la volonté telle qu'elle est comprise en matière contractuelle, où elle se fonde sur les nécessités du commerce international (n° 175) ; mais seulement de permettre aux intéressés de résoudre eux-mêmes un conflit

1. von Overbeck, « La *professio juris* comme moyen de rapprocher les principes du domicile et de la nationalité... », Mél. Frédéricq, Gand, 1965.

auquel il se trouvent spontanément soumis et dans lequel aucune loi ne jouit a priori d'un titre à s'appliquer supérieur à l'autre. Pratiquement, le choix portera sur la loi de la résidence habituelle des intéressés et celle de leur nationalité, voire de l'un d'eux seulement.

La possibilité de choix a effectivement été introduite dans les législations de droit international privé récentes ainsi qu'en droit conventionnel. En l'absence de nationalité ou de domicile communs, une option est offerte dans les domaines des effets personnels du mariage[1] ou de sa dissolution[2] ainsi que des successions. Elle est vue favorablement par la doctrine[3]. On ne doit cependant pas omettre que sa mise en œuvre soulève des difficultés : conditions du choix, étendue, forme, moment auquel il peut être opéré, circonstances dans lesquelles il peut être modifié ou qui y mettent objectivement fin... Qui plus est, le régime de l'option elle-même risque de varier entre les pays auxquels se rattache la situation.

Voy. : Audit, « Les avatars de la loi personnelle en droit international privé contemporain », Mélanges J . Foyer, 2007, p. 49 ; Batiffol, « Une évolution possible de la conception du statut personnel dans l'Europe continentale », *Choix d'articles*, p. 213 ; Carlier, *Autonomie de la volonté et statut personnel*, Bruxelles, 1992 ; Cassin, « La nouvelle conception du domicile dans le règlement des conflits de lois », RCADI 1930.IV.655 (t. 34) ; Farge, *Le statut familial des étrangers en France : de la loi nationale à la loi de la résidence habituelle*, thèse Grenoble, 2000 ; Francescakis, « Les avatars du concept de domicile dans le droit international privé actuel », TCFDIP 1962-64, p. 291 ; P. Gannagé, « La pénétration de l'autonomie de la volonté dans le droit international privé de la famille », RC 1992.425 ; Gutmann, *Le sentiment d'identité*, 2000 ; Hunter-Hénin, *Pour une redéfinition du statut personnel*, 2004 ; « Droit des personnes et droits de l'homme : combinaison ou confrontation ? », RC 2006.743 ; Labrusse, « La compétence et l'application des lois nationales face au phénomène de l'immigration », TCFDIP 1975-77, p. 111 ; Levasseur, *La détermination du domicile en droit international privé français*, thèse Paris, 1931 ; Loussouarn, « La dualité des principes de nationalité et de domicile en droit international privé », IDI, Annuaire 1987, t. 1, p. 295 ; Richez-Pons, *La résidence en droit international privé*, thèse Lyon III, 2004 ; « La notion de 'résidence' », *in* Fulchiron & Nourissat (dir.), *Le nouveau droit communautaire du divorce...*, 2005, p. 149 ; Vignal, *La part de la volonté dans les conflits de lois hors des contrats*, thèse Paris II, 1993. *Adde* la bibl. citée sub n° 601.

1. V. art. 14 al. 2 et 3 EGBGB (réforme de 1986) ; art. 9.2 C. civ. espagnol (loi du 15 oct. 1990, *supra* n° 37).
2. V. loi néerlandaise du 25 mars 1981 sur les conflits en matière de dissolution du mariage, art. 1er (RC 1981.809 et comm. van Rooij) ; loi espagnole de 2003, art. 107.2 C. civ. (RC 03.783), loi belge de 2004, art. 55.2.
3. Résolution IDI, Session du Caire 1987, RC 1988.133.

SECTION II

LE STATUT RÉEL

152. – Émergence de la notion moderne : territorialisme et statut réel. Une seconde catégorie de rattachement des relations de droit privé, aux fins de résoudre les conflits de lois, regroupe les questions intéressant les biens en vue de déterminer qui a des droits sur eux ainsi que l'étendue de ces droits ; s'agissant des choses corporelles, ces questions sont traditionnellement régies par la loi du lieu de leur situation ou *lex rei sitae*.

L'histoire des conflits de lois a montré l'importance d'une tradition territorialiste, dont le principe était la soumission à la loi locale de la plupart des relations juridiques se rattachant au territoire (n° 80 s.). Cela concernait au premier chef la propriété des immeubles, objet principal des conflits de lois à travers les questions matrimoniales, successorales ou de tutelle ; mais aussi, le cas échéant, la conclusion des contrats ou la survenance des délits. L'influence du territorialisme en tant que principe général demeure forte dans les pays de *common law*. En Europe continentale, elle devait considérablement reculer au XIXe siècle avec l'émergence de la doctrine personnaliste (n° 88). Le territorialisme ne s'applique plus aujourd'hui *en tant que tel* qu'à un nombre restreint de matières. Mais il en est une qui n'est guère contestée : le droit des biens. Les droits réels, principaux et accessoires, sont universellement soumis en principe à la *lex rei sitae*.

Dans un système territorialiste où l'application de la loi locale constitue le principe, la catégorie du statut réel n'a pas besoin d'être particulièrement justifiée. Dans un système qui ne privilégie *a priori* aucun rattachement, elle doit l'être. Un grand nombre de relations juridiques s'articulent autour des biens. La force d'attraction du bien se manifeste, on le sait, en ce que le langage confond le droit de propriété avec la chose dont il est l'objet (on parle de « sa maison » et non de son droit de propriété sur elle). Or des raisons manifestes commandent de faire de ces relations une catégorie de rattachement pour les conflits de lois : alors que le principe mis en œuvre est celui de la « localisation » des rapports de droit, le fait que les choses qui sont l'objet de ces rapports occupent une place dans l'espace offre une localisation matérielle qui est, au sens propre, évidente ; il faudra de bonnes raisons pour ne pas faire coïncider avec elle la localisation juridique.

Cette considération ne vaut toutefois avec une pleine force que pour les immeubles, en raison de leur fixité. C'est effectivement en considération d'eux seuls que s'est formée la catégorie et c'est à leur propos que seront précisées les justifications de la règle de conflit (§ 1). L'inclusion des autres biens dans le statut réel soulève des difficultés particulières (§ 2).

§ 1. – LES IMMEUBLES

153. – Permanence des justifications de la catégorie et force d'attraction du statut réel. L'importance sociale des immeubles au Moyen Âge explique qu'il n'ait pas été question de les soumettre – sauf parfois en ce qui concerne leur sort dans une association conjugale – à une autre loi que celle du lieu de leur situation. La transformation ultérieure des conditions sociales n'a pas affecté les avantages du lien établi entre les immeubles et la loi locale ; seul le poids respectif des différentes justifications a pu se modifier. Il n'y a donc pas de difficulté à recenser celles-ci aujourd'hui (A). La commodité du rattachement est telle qu'elle incite même à étendre la catégorie, en soumettant à la loi réelle diverses questions périphériques, de sorte qu'il se révèle davantage nécessaire de marquer les limites de la catégorie. Ainsi, à la différence du statut personnel, ce n'est pas le rattachement de la catégorie qui fait discussion, mais son cantonnement (B).

A. PRINCIPE DU RATTACHEMENT À LA *LEX REI SITÆ*

154. – Convergence d'intérêts en faveur de la **lex rei sitae**. L'immeuble est un élément du territoire. Pour des raisons de souveraineté et d'homogénéité d'application de leur loi, l'intérêt des États est que celle-là seule s'applique aux immeubles situés sur leur territoire. Cette idée inspirait le territorialisme médiéval, c'est-à-dire antérieur à la notion moderne d'État, et elle était alors liée au système féodal. La transformation des conditions politiques ne l'a guère modifiée. Au XIXe siècle, la doctrine personnaliste elle-même ne manqua pas de réserver le régime de la propriété foncière au nom de l'ordre public. Depuis cette époque s'est partout développée une réglementation de droit public affectant la propriété immobilière et s'imposant dans les relations privées : expropriation pour cause d'utilité publique, servitudes d'utilité publique, réglementation d'urbanisme, règles environnementales... L'autorité publique est donc aussi soucieuse que par le passé d'une application sans faille des lois visant les immeubles à tous ceux situés sur le territoire ; il est difficilement concevable que l'un d'eux y échappe, sous prétexte que la relation dont il est l'objet serait rattachée à une loi étrangère. Tout problème de détermination de la loi applicable et d'application des lois étrangères se trouve ainsi pratiquement éliminé. La propriété est en outre protégée par le droit pénal et par celui de la responsabilité civile, l'un et l'autre également d'application territoriale.

Au cours du XXe siècle, la question des nationalisations est venue renforcer les considérations qui précèdent : la volonté de l'État nationalisant est en général d'atteindre tous les biens situés sur son territoire ; celle des autres de s'opposer à l'effet éventuel des mêmes mesures sur le leur (n° 794 s.).

L'intérêt des particuliers est également satisfait par l'application aux immeubles de la loi de leur situation et d'elle seule. Celui qui se propose de devenir propriétaire ou d'acquérir tout autre droit réel sur un immeuble dans un pays donné veut connaître avec certitude les droits qui pourront lui être opposés par les tiers et dans quelles conditions. Cette sécurité est assurée par la désignation de la loi qui résulte du fait matériel indiscutable de la situation de l'immeuble. On se fiera donc entièrement au droit local de la propriété (ainsi qu'au système de publicité foncière dont il est assorti).

Les « intérêts du commerce international » n'ont en cette matière qu'un rôle très restreint. Le caractère international des échanges dont les immeubles peuvent faire l'objet ne tient pratiquement qu'à la nationalité des personnes ou au lieu de conclusion des actes. Aucun de ces facteurs ne pèse sérieusement face à la localisation du bien. Les particuliers qui procèdent à des opérations sur des immeubles, lors même qu'ils sont étrangers au pays où les biens sont situés, ont pour souci premier la sécurité de leurs droits et doivent savoir que celle-ci est assurée par le respect de la loi locale. Quant aux États, ils n'ont guère d'intérêt à vouloir étendre l'application de leur loi hors de leur territoire ; une considération élémentaire de réciprocité leur commande de s'en tenir au principe que chacun doit rester maître chez soi.

On constate donc en la matière une rare convergence des intérêts à satisfaire en faveur du rattachement considéré, lequel est pour cette raison universellement consacré[1]. Il n'y a pas lieu d'invoquer la notion de la loi de police pour justifier, de manière générale, l'application de la *lex rei sitae* aux immeubles. La notion est néanmoins susceptible d'être invoquée pour appliquer le cas échéant cette loi à une question qui lui échappe normalement en application de l'analyse qui suit.

B. CANTONNEMENT DU STATUT RÉEL IMMOBILIER

155. – Influence du rattachement sur la conception de la catégorie. La commodité et la certitude du rattachement des immeubles sont tels qu'ils peuvent inciter à étendre le contenu de la catégorie du statut réel immobilier : on parle de la « force d'attraction » du statut[2]. Il y a là une tendance à laquelle cèdent ou ont cédé plus ou moins tous les systèmes, au premier rang desquels ceux qui sont par principe territorialistes. Elle consiste à soumettre à la loi réelle toutes les questions susceptibles de s'élever à propos d'un immeuble : la capacité de passer un acte juridique le concernant, la forme et le fond d'un tel acte, le sort de l'immeuble dans un régime matrimonial, sa dévolution par succession...

Mais le caractère fonctionnel que doit présenter la règle de conflit impose que chaque question soit régie par la loi dont elle relève le plus étroitement selon sa nature. L'extension du domaine du statut réel immobilier au-delà de ce qui satisfait aux intérêts plus haut identifiés s'opérerait au détriment d'autres catégories, c'est-à-dire d'autres intérêts. Il est donc nécessaire de cantonner la catégorie du statut réel, en distinguant les questions qui par nature relèvent au premier chef de la loi réelle – le « noyau dur » de la catégorie – d'autres qui peuvent lui échapper.

1. Vignal, « Réflexions sur le rattachement des immeubles en droit international privé », TCFDIP 2006-08.
2. V. Perreau-Saussine, *op. cit.*, n° 309 s.

1. Questions proprement réelles

156. – Contenu des droits réels. Entrent nécessairement dans le statut réel les droits dont un immeuble peut être l'objet et les prérogatives que ces droits confèrent. Cela résulte de la caractéristique du droit réel que constitue son opposabilité à tous. La sécurité du commerce juridique exige que les droits du propriétaire, de l'usufruitier, d'un créancier hypothécaire, d'un fiduciaire ou *trustee* et d'un bénéficiaire, soient définis par la loi locale ; et que, corrélativement, l'on hésite à ce que puissent être reconnus, au détriment des tiers, des droits d'une nature inconnue de cette loi[1].

Ces considérations ont en général pour corollaire la compétence exclusive des tribunaux de l'État du *situs rei* pour connaître des actions réelles portant sur un immeuble et leur incompétence réciproque pour les actions réelles portant sur des immeubles à l'étranger (en France, v. n° 338).

157. – Acquisition des droits réels par des modes propres. Si l'on envisage en second lieu les droits réels au point de vue de leur acquisition, il apparaît que sont nécessairement soumis à la loi locale les modes d'acquisition propres à ces droits, par opposition à ceux qui sont communs aux droits réels et aux droits de créance. Relèvent ainsi nécessairement de la *lex rei sitæ* – dans la mesure où elles permettent d'acquérir des droits réels selon cette loi – l'occupation, la possession, la tradition, la publicité foncière. En revanche, les contrats, la succession ou le régime matrimonial, modes d'acquisition de la propriété communs à tous les droits patrimoniaux, sont susceptibles d'échapper à la loi réelle conformément à l'analyse qui suit.

2. Questions susceptibles de relever d'une autre catégorie

158. – Successions immobilières. Le rôle des immeubles dans la vie sociale au Moyen Âge conduisait nécessairement à soumettre les successions immobilières à la *lex rei sitæ*, nonobstant le caractère familial de la transmission. Dans le contexte moderne, les justifications de cette époque ont disparu, tandis que celles d'ordre général qui sous-tendent la catégorie du statut réel – souveraineté de l'État, sécurité des transactions – ne s'appliquent qu'imparfaitement à la succession immobilière ; du même coup ressortent les liens de la question avec le statut familial[2]. Effectivement, sous l'influence des idées personnalistes au XIXe siècle, les successions

1. La question est liée à celle du *numerus clausus* des doits réels en droit interne. Une conception restrictive sur ce point peut être assouplie par adaptation de droits nés à l'étranger afin de les intégrer dans les catégories du for en vue de leur reconnaissance, sous réserve des exigences locales de publicité.
2. On peut également songer à la rapprocher du statut des actes juridiques dans la mesure où elle est organisée par testament ; mais il n'existe guère de statut général des actes juridiques en droit international privé (n° 165). Le principe de choix de la loi applicable, ou loi d'autonomie, tel qu'il a été dégagé pour les contrats (n° 168), suppose l'implication d'intérêts de commerce international, ce qui n'est pas le cas en matière de testament.

ont été soumises dans un certain nombre de pays à la loi personnelle du défunt. D'autres, dont la France, ont conservé la solution traditionnelle[1]. Elle s'applique en France à la succession testamentaire comme *ab intestat*.

La soumission des successions immobilières à la *lex rei sitæ* ne doit cependant pas conduire à faire régir par cette loi des questions qui par nature ne sont pas réelles : ainsi la détermination de la parenté en vue de la succession, qui relève de la loi personnelle[2]. C'est une illustration caractéristique du cantonnement nécessaire de la loi réelle immobilière.

Si le rapprochement des successions et du statut réel est assez répandu, il n'en est pas de même de la question voisine des régimes matrimoniaux. Ceux-ci sont plus volontiers rapprochés du statut personnel, voire du statut des actes juridiques, comme en France au moins depuis Dumoulin (n° 78). L'approche territorialiste prévaut cependant aux États-Unis, en l'absence de convention entre les époux.

159. – Cas des contrats. En ce qui concerne les contrats constitutifs ou translatifs de droits réels immobiliers, principaux et accessoires, la référence aux intérêts que satisfait le rattachement à la *lex rei sitæ* (n° 154) fait apparaître que cette loi n'a pas de raison de s'appliquer en tant que telle aux conditions générales de formation et de validité du contrat (consentement) non plus qu'aux relations personnelles qu'il engendre entre les parties (obligation au paiement, notamment). Rationnellement, rien ne s'oppose à ce que ces questions soient soumises au statut contractuel, c'est-à-dire pour le fond à la loi choisie par les parties et, à défaut, à la loi à laquelle le contrat se rattache de la manière la plus étroite (n°s 171 s.). Pratiquement, la dissociation est rare parce que si les parties désignent expressément une loi, ce sera normalement par commodité celle du lieu de situation de l'immeuble ; et en l'absence de désignation de leur part, le principe subsidiaire conduit normalement à déclarer le contrat soumis à la loi du lieu de situation de l'immeuble[3]. Le problème de la discrimination des questions proprement réelles et des questions contractuelles est ainsi considérablement atténué en pratique ; mais la distinction existe bien[4]. De même ce qui concerne les conditions de forme, en principe soumises à la loi du lieu où de passation de l'acte (v. n° 165 s.), on distinguera celles qui sont destinées à rendre l'opération opposable aux tiers (publicité), et qui relèvent à ce titre de la loi réelle.

1. Civ. 14 mars 1837, S.37.1.95, D.P.37.1.275, GA n° 3. La règle, qui s'étend à la validité des donations dans la mesure où des intérêts successoraux sont en cause, se traduit par un morcellement de la succession lorsque celle-ci comporte des immeubles situés dans des pays différents (n° 888).
2. Civ. I, 3 janv. 1980, *Bendeddouche*, D.80.549 n. Poisson-Drocourt, RC 80.331 n. Batiffol, JDI 80.327 n. Simon-Depitre, GA n° 61.
3. Civ. I, 19 janv. 1999, D. 99. Somm. 292 (application de la loi française à une hypothèque sur des immeubles situés en France ; mais la solution n'a pas lieu d'être étendue au prêt garanti).
4. V. un exemple de dissociation, à l'occasion d'une promesse de vente : Civ. I, 21 juill. 1987, D. 88. Somm. 345 obs. Audit, RC 88.699 n. Héron.

La question de la *capacité* d'aliéner un immeuble est plus aiguë ; bien que soumise dans certains systèmes, et en France selon certaines décisions, à la *lex rei sitæ*, elle relève davantage de la loi personnelle[1].

Il en va différemment de l'autorisation pour les étrangers d'acquérir de la propriété immobilière, exigée dans de nombreux pays ; il s'agit là d'une question de jouissance des droits, préalable à tout conflit de lois, et qui relève à ce titre de la loi de l'État en question. Pour les autres règles, telles que l'autorisation d'acquérir pouvant s'appliquer à certaines catégories de personnes (en particulier les personnes morales), il faut, comme pour toute question de qualification, se prononcer en fonction du but principal de la règle : ici, statut de la personne ou régime des biens.

§ 2. – AUTRES CATÉGORIES DE BIENS

La règle de conflit dégagée pour les immeubles s'applique également aux meubles ; elle est en revanche difficilement transposable aux biens incorporels.

A. LES MEUBLES

160. – Difficulté de localisation. Comme les immeubles, les meubles corporels sont susceptibles d'une localisation matérielle ; cela permet de les rattacher également à la loi du lieu de leur situation et d'englober ainsi tous les biens corporels dans une catégorie de rattachement unique. Mais la mobilité des seconds soulève des difficultés particulières et fait perdre à la localisation purement matérielle beaucoup de titres qui en font un rattachement pratiquement indiscutable pour les premiers.

1. Soumission de principe à la *lex rei sitæ*

161. – Évolution. La possibilité de déplacement des meubles, jointe au fait que ces biens étaient à l'origine de peu de prix, explique qu'ils aient pu longtemps être soumis non à la *lex situs* mais à la loi personnelle du propriétaire : *mobilia sequuntur personam*. Il n'y a toutefois pas de certitude sur le fondement de cette règle – assimilation des biens à la personne ou localisation fictive – ni même sur son application hors du cas de la succession mobilière, faute d'exemples connus de litige sur des biens juridiquement considérés comme meubles (ce qui n'était pas le cas des meubles précieux) et envisagés *ut singuli*.

Les premières codifications, telles le Code civil, n'ont pas formulé de règle de rattachement concernant les meubles. Cependant, à mesure que la question du statut des meubles pris individuellement était envisagée, la solution retenue en différents pays fut de les soumettre, comme les immeubles, à la loi du lieu de leur situation. La justification principale de la règle est à leur égard la sécurité du commerce et celle du crédit, qui

1. C'est ce qui a été jugé à propos du partage : Civ. 13 avril 1932, *aff. du Château de Chambord*, D.P. 32.1.89 concl. Matter et n. Basdevant, S. 32.1.361 n. Audinet, GA n° 14.

seraient fortement compromises si les tiers ne pouvaient compter sur les effets de la possession selon la loi locale et plus généralement s'ils avaient à craindre l'application d'une loi étrangère dont ils ne pouvaient prévoir l'interférence. En France, la Cour de cassation finit par énoncer que « la loi française [est] seule applicable aux droits réels dont sont l'objet les biens mobiliers situés en France »[1]. On considère qu'il s'agit là de l'application d'une règle bilatérale soumettant les meubles à la *lex rei sitæ*. La règle est expressément formulée par maintes législations modernes, qui ne distinguent pas de ce point de vue les meubles des immeubles.

Le rattachement au statut personnel du propriétaire n'est plus défendu. Toutefois, le rattachement de la succession mobilière au domicile s'est maintenu dans les systèmes de *common law* ainsi que dans les systèmes « civilistes » qui n'ont pas subi sur ce point l'influence personnaliste, comme la France[2]. La solution exprime une localisation fictive des meubles au domicile du défunt[3]. Elle permet d'appliquer une loi unique à l'ensemble des meubles du défunt. Hors de ce cas, elle compliquerait singulièrement les opérations du commerce international ainsi que la question des revendications.

Toutefois, pour les *contrats* portant création ou transfert de droits réels sur les meubles, le rattachement par le lieu de situation subit, comme en matière immobilière, la concurrence du rattachement par l'acte juridique ; l'hésitation est particulièrement forte dans le cas des sûretés conventionnelles (n° 777). En matière de vente, cependant, une convention de La Haye du 15 avril 1958 sur la loi applicable au transfert de la propriété en cas de vente à caractère international d'objets mobiliers corporels (non entrée en vigueur) faisait prévaloir la loi réelle à l'égard des tiers (n° 772).

2. Difficultés liées au déplacement des meubles

162. – Principales hypothèses. De la possibilité de déplacement du meuble résultent les principales difficultés rencontrées en matière de statut réel mobilier. Il se peut qu'au moment où l'on s'interroge sur son statut le meuble soit destiné à être expédié dans une autre pays (vente internationale) ou que, déjà en cours de transport, sa situation actuelle ne soit pas connue ou encore qu'elle soit éphémère (marchandises en transit). Dans

1. Req. 24 mai 1933, *Kantoor de Maas,* S. 35.1.257 n. Batiffol, RDIP 1934.142 n. Niboyet : les parties, une société hollandaise et une société française, avaient par une convention conclue en Allemagne et expressément soumise à la loi allemande, opéré un transfert de propriété à titre de garantie sur des automobiles ; le débiteur étant tombé en faillite alors que certains véhicules se trouvaient en France, la revendication fut repoussée au motif que la convention renfermait un pacte commissoire, prohibé par la loi française. La loi française avait été antérieurement appliquée au titre de loi de police du commerce mobilier, Req. 19 mars 1872, *Craven*, S. 72.1.238, D.P. 74.1.463.
2. Les systèmes d'inspiration personnaliste soumettent quant à eux les successions à la loi personnelle sans distinguer meubles et immeubles.
3. On peut également y voir la localisation du fait juridique que constitue le décès et dont la succession est la conséquence (n° 889).

ces différentes hypothèses, on peut envisager de s'en tenir à la situation effective du bien, sauf à prévoir un rattachement subsidiaire lorsque cette situation n'est pas connue (loi du lieu d'expédition ou de destination, *lex fori*) ; mais aussi de se référer dans tous les cas à un rattachement connu (lieu de destination, encore que celui-ci puisse être modifié en cours de transport).

Il se peut également que le meuble soit soumis successivement à deux lois déterminées par l'effet d'un déplacement occasionnel. C'est là l'exemple le plus caractéristique du problème général désigné sous le nom de *conflit mobile* : il sera examiné à ce titre (n° 226). Il suffit ici d'indiquer que deux considérations s'affrontent, entre lesquelles il est difficile de prendre un parti général : d'une part, le respect des droits acquis, qui constitue une directive fondamentale du droit international privé et qui conduit à admettre les effets de la loi d'origine du meuble ; d'autre part, la sécurité des tiers de bonne foi, qui milite pour l'application de la loi de la situation actuelle.

163. – Meubles dont la finalité est de se déplacer. Les difficultés liées au déplacement du meuble sont portées à leur comble dans le cas des moyens de transport, dont la finalité est de se déplacer : on ne saurait raisonnablement les soumettre à des lois différentes en fonction de leurs déplacements ; de plus, ils se trouvent fréquemment dans des espaces sans souveraineté (haute mer). On y remédie par le biais de l'*immatriculation*. Celle-ci réalise une localisation permanente fictive dans le pays de l'enregistrement (port d'attache). La solution s'est révélée praticable pour les navires, bateaux et aéronefs ; l'immatriculation des véhicules automobiles n'emportant pas en principe d'effet civil par elle-même, c'est le régime général des meubles qui s'applique à cette catégorie.

De l'immatriculation résulte le statut du meuble concerné, soit plus précisément le régime de propriété qui s'y applique, les sûretés dont il peut faire l'objet (et dont l'immatriculation permet d'assurer une publicité internationalement opposable aux tiers), la responsabilité des propriétaires. Parce qu'il est essentiel d'assurer la reconnaissance à l'étranger du statut ainsi établi, ces questions sont le plus souvent réglées par des conventions. Leur étude relève davantage de la matière considérée (droit maritime ou aérien). À titre d'exemple, la convention de Chicago de 1944 prévoit que l'immatriculation de l'aéronef sur les registres d'un État lui confère la nationalité de cet État et que le régime de la propriété en découle (art. 17). Les appareils immatriculés en France sont ainsi soumis au régime prévu par le Code de l'aviation civile ; le système de l'immatriculation permet de canaliser les apparences et de justifier des origines de la possession de l'engin, si bien que l'article 2279 C. civ. n'a pas vocation à s'appliquer pour l'acquisition *lege* de la propriété. Une autre convention internationale, la convention de Genève de 1948, organise la reconnaissance internationale des droits sur les aéronefs[1].

1. Civ. I, 11 oct. 1988, *Rép. centrafr. c. Bokassa*, RC 91.86 n. Rémond-Gouilloud ; pour les navires, v. convention de Bruxelles de 1926 sur les privilèges et hypothèques.

Comme l'indique l'expression – commode et répandue mais qui a été contestée – de « nationalité » du navire ou de l'aéronef (n° 926), l'immatriculation réalise, autant qu'une localisation fictive, l'attribution d'une sorte de statut personnel[1]. Le lien ainsi créé entre le meuble et un État donné, à la différence de la nationalité ou du domicile des individus qui sont attribués lors de la naissance, est créé de manière purement volontaire et ne rencontre de restriction que dans les conditions prévues par les différents Etats pour l'immatriculation des biens concernés[2]. C'est ce qui donne lieu à la pratique des pavillons de complaisance (n° 44).

B. LES BIENS INCORPORELS

164. – Difficulté de transposition ; solutions analogiques. La théorie juridique rapproche les « propriétés incorporelles » des droits réels, en particulier du droit de propriété, sur les choses corporelles en raison de l'analogie des prérogatives que confèrent les unes et les autres. Mais ce rapprochement perd beaucoup de sa force dans le contexte des conflits de lois du fait même que le rattachement du statut des biens corporels à la *lex rei sitæ* est étroitement lié à la tangibilité de leur objet, renforcée dans le cas des immeubles par l'impossibilité de déplacement. S'agissant des propriétés incorporelles, l'absence de ces caractères oblige au moins à une transposition des principes. Elle consistera à assigner au droit une localisation (selon la nationalité ou le domicile du titulaire, le lieu de première publication d'une œuvre, d'enregistrement d'un brevet, du dépôt d'une marque...) et à poser que les droits conférés par la loi correspondante (« loi d'origine ») seront reconnus en tout pays. Mais l'on peut également délaisser l'analogie avec le statut réel pour se tourner vers d'autres solutions, en particulier la protection du droit selon la loi du pays où cette protection est invoquée (*lex loci protectionis*). La question n'est pas uniformément résolue pour les différentes catégories de biens concernés ; on la retrouvera dans la partie spéciale (n° 779 s.).

Voy. : Rép. dr. int. Dalloz, V° Biens, par L. d'Avout et la bibl. spéciale sous les n° 765, 771 et 778.

SECTION III

CONTRATS ET ACTES JURIDIQUES

165. – Substance et forme. La recherche de catégories de rattachement les plus générales possibles, afin de respecter les ensembles législatifs (n° 129), incite à soumettre à une règle de conflit unique toutes les mani-

1. V. l'art. 91 de la Convention des NU sur le droit de la mer (Montego Bay) du 10 déc. 1982 (« Nationalité des navires »).
2. Ainsi, l'inscription d'un navire sur le registre international français (L. 3 mai 2005) est-elle soumise à la condition que le navire appartienne pour moitié au moins à des Français et qu'une certaine proportion de l'équipage soit de nationalité française (ou communautaire).

festations de volonté tendant à créer des effets de droit. Mais la théorie de l'acte juridique (*Rechtsgeschäft*) ne convient qu'imparfaitement au droit international privé. Il apparaît en effet que différentes manifestations de volonté qu'elle rapproche du contrat relèvent plus facilement d'une autre catégorie : ainsi le mariage ou la reconnaissance d'enfant naturel, pris en tant qu'actes juridiques, présentent à l'évidence plus d'affinités avec le statut personnel qu'avec le contrat ou la reconnaissance de dette. Les actes intéressant le patrimoine familial (contrat de mariage, donation, testament), présentent également des liens avec le statut personnel, ainsi qu'avec le statut réel ; ils sont en outre suffisamment spécifiques pour être envisagés de manière autonome en droit positif. Ce sont donc les actes juridiques *à but patrimonial*, contrats et conventions, qui constituent le noyau de la troisième catégorie de rattachement envisagée.

La distinction ainsi opérée n'a cependant véritablement lieu d'être qu'en ce qui concerne la *substance* des actes, c'est-à-dire la loi applicable au fond (§ 1). S'agissant de leur *forme*, le principe traditionnel, qui rattache l'acte au lieu de passation, est applicable en principe à tous les actes juridiques (§ 2).

§ 1. – LA SUBSTANCE DES ACTES JURIDIQUES À BUT PATRIMONIAL

166. – Évolution. Le rattachement des contrats, en ce qui concerne leurs conditions de formation et leurs effets, a fait l'objet d'une évolution significative. Partant d'un rattachement objectif, par le lieu de conclusion, on a admis à la fin du XIXe siècle la possibilité pour les parties de désigner la loi applicable au nom de l'autonomie de la volonté (A). Ce principe subjectiviste donna lieu à une forte réaction objectiviste, fondée sur l'autorité des lois (B). Cette contestation n'a pas provoqué l'abandon du principe, mais a suscité un approfondissement, notamment quant à la justification et à l'ampleur de la liberté reconnue aux parties ; les conceptions actuelles et le droit positif opèrent une synthèse entre ces deux tendances (C).

A. L'AFFIRMATION DE L'AUTONOMIE DE LA VOLONTÉ

167. – Soumission originelle des contrats à la loi du lieu de formation. Pendant plusieurs siècles, les contrats ont été considérés comme exclusivement soumis à la loi du lieu où ils étaient passés : *locus regit actum*. Formulée dès les glossateurs, la règle l'a été jusqu'à l'époque moderne[1]. Sa justification « savante », selon le raisonnement statutaire, était que les statuts contractuels visaient les contrats conclus sur le territoire. La doctrine territorialiste n'était pas de nature à la remettre en cause. Des raisons pratiques expliquent en outre qu'elle se soit maintenue sans contestation notable jusqu'au XIXe siècle. Les contrats du commerce étaient soumis à des usages propres ; les autres, subissant l'attraction du statut réel, ne

1. V. par exemple Civ. 23 fév. 1864, S. 64.1.385.

donnaient lieu qu'à peu de conflits. Les contrats « internationaux » étaient le plus souvent passés entre présents, car les marchands (ou leurs agents) se déplaçaient avec les marchandises ; ces conditions ne laissaient guère de titre à une autre loi de s'appliquer. Au XIXe siècle seulement, le développement des moyens de communication à distance multiplia les contrats entre absents, rendant le rattachement au lieu de conclusion inadapté. Simultanément, la « nationalisation » des droits opérée par la codification rendait les conflits plus perceptibles. Ainsi, la transformation de l'environnement appelait un principe nouveau.

168. – Émergence de l'autonomie de la volonté. Depuis le Moyen Âge, on avait songé à justifier l'application de la loi du lieu de conclusion par l'idée qu'en contractant en ce lieu, les parties s'étaient volontairement soumises à la loi correspondante[1]. La même idée avait reçu une application concrète en matière de régime matrimonial – envisagé comme un contrat tacite – afin de soumettre le régime à une loi unique (celle du premier domicile matrimonial), elle-même considérée comme exprimant un choix des parties (n° 78). Mais il ne semble pas que le raisonnement ait été mis en œuvre dans le domaine des contrats proprement dits[2].

La consécration au XIXe siècle d'une philosophie juridique exaltant la volonté eut pour effet un renversement dialectique : au lieu de justifier l'application d'une loi donnée par l'idée de soumission volontaire, on admit que la volonté des parties pouvait s'exprimer *directement* sur la question de la loi applicable. Tant en doctrine qu'en jurisprudence, la volonté des parties fut reconnue comme le principe de rattachement du contrat à une loi[3]. À défaut de volonté expresse de leur part, l'on déclara rechercher leur volonté implicite, à l'aide des éléments du contrat : lieu de conclusion, lieu d'exécution, nationalité ou lieu d'établissement des parties, langue du contrat, clause attributive de juridiction... ; et même, dans certains systèmes (Allemagne), à défaut de volonté implicite, leur volonté présumée ou hypothétique, c'est-à-dire celle qu'elles auraient

1. L'idée de soumission volontaire est susceptible d'une application plus vaste dans les conflits de lois : ainsi, selon Savigny, pour expliquer l'application de la *lex rei sitæ* aux relations concernant les biens, et même le lien personnel (nationalité ou domicile) avec un État.
2. Gruber-Magitot, *Les conflits de coutumes en matière de contrats dans la jurisprudence des Parlements, de Du Moulin au Code civil*, 1980. L'application d'une autre loi que la loi du lieu de conclusion au motif que c'est celle que les parties avaient en vue apparaît dans la jurisprudence anglaise en 1760.
3. À cette époque, le droit des contrats était presque entièrement supplétif ; cela explique, par exemple, que Mancini ait soustrait la « partie volontaire » du droit à l'application de la loi nationale, dès lors que la volonté des intéressés était en ce sens (n° 88). Dans la doctrine de langue française, le principe de l'autonomie de la volonté fut introduit par l'auteur belge Laurent (*Le droit civil international*, 1881, t. VII, p. 512 s.) et expressément formulé par Weiss (en dernier lieu, *Traité élémentaire de droit international privé*, t. IV, 2e éd., 1912, p. 350 et s.) ; v. V. Ranouil, *L'autonomie de la volonté. Naissance et évolution d'un concept*, 1980, montrant notamment que le concept d' « autonomie de la volonté » a été emprunté au début du XXe siècle par le droit civil à la théorie des conflits de lois, et non l'inverse.

vraisemblablement eue si elles avaient envisagé la question du droit applicable. Ce renversement s'opéra à la fin du XIXe et au début du XXe siècles dans la plupart des pays européens. Le rattachement par la volonté des parties fut consacré en différents pays par la législation (en Italie dès 1865, à titre de faculté dérogeant à d'autres rattachements, art. 9 du Titre prél. du Code civil). Ailleurs, il le fut par les tribunaux. En France, la Cour de cassation finit par énoncer en 1910 que « la loi applicable aux contrats, soit en ce qui concerne leur formation, soit quant à leurs effets et conditions, est celle que les parties ont adoptée »[1].

B. LA RÉACTION OBJECTIVISTE ET SON ÉCHEC

169. – Critique de l'autonomie de la volonté. À mesure qu'il se répandait, le principe de l'autonomie de la volonté s'est heurté en doctrine à la contestation[2]. Celle-ci procédait de l'idée que le subjectivisme pur, tel qu'il s'exprimait chez les auteurs et dans les formules jurisprudentielles, plaçait la volonté sur le même pied que la loi, faisant bon marché de l'autorité de celle-ci : à s'en tenir à ces formules, en effet, si une loi donnée s'applique au contrat international, c'est parce que les parties l'ont bien voulu. Or tous les droits internes connaissent en la matière certaines dispositions impératives ; on peut donc s'étonner que les destinataires de ces règles aient la faculté de s'y soustraire par la désignation d'une loi étrangère. Il est même facile d'envisager que les parties à un contrat interne créent un rattachement étranger pour bénéficier de la liberté proclamée en matière de contrat international et ainsi soustraire l'opération à une loi impérative qui les gêne[3].

Indépendamment de cette hypothèse extrême, la théorie de l'autonomie emporte théoriquement certaines conséquences devant lesquelles on peut effectivement hésiter. Ainsi, en cas de modification de la loi applicable, on devrait considérer que ces modifications, même inspirées par un souci d'ordre public, n'affectent pas des dispositions qui sont devenues contractuelles par l'adoption ou *incorporation* qu'en ont faite les parties. On peut également envisager que les différents aspects d'un contrat soient soumis à des lois différentes par un dépeçage de l'acte, au mépris de son équilibre global ; et même que le contrat soit détaché de toute loi par la volonté des parties : celles-ci essaieraient de prévoir des dispositions détaillées et, pour les questions non prévues, de s'en remettre à un juge ou un arbitre statuant en équité ou appliquant une sorte de « droit commun des nations civilisées ». Comme le montrent ces différentes hypothèses, la volonté des parties parviendrait ainsi à l'emporter sur la loi dans la hiérarchie des sources ; au contraire, selon la conception objectiviste, l'autonomie de la volonté n'a lieu d'être

1. Civ. 5 déc. 1910, *American Trading*, S. 11.129, JDI 12.1156, GA n° 11 ; v. déjà Req. 19 mai 1884, D.P. 84.1.286, S. 85.1.113. En Allemagne, v. RG 15 juin 1892, JDI 94.154.
2. Parmi les auteurs français, v. Audinet, *Du conflit des lois impératives et prohibitives en matière de contrat*, 1922 ; Caleb, *Essai sur le principe de l'autonomie de la volonté*, 1927 ; Niboyet, « La théorie de l'autonomie de la volonté », RCADI 1927.I.1 (vol. 31). Dans le même sens, aujourd'hui, Heuzé, *op. cit.*, *infra* n° 815.
3. La théorie subjectiviste réservait cependant l'hypothèse de fraude, mais sans s'expliquer sur sa conciliation avec le principe de liberté.

admise à s'exercer que dans les domaines non couverts par des dispositions impératives de la loi objectivement applicable.

La critique objectiviste a fait également observer qu'en l'absence de volonté exprimée, la recherche de la volonté implicite des parties était un artifice : cette volonté est fréquemment inexistante, parce que les parties n'ont pas eu conscience en contractant de l'existence d'un conflit de lois. Sous couvert de recherche d'une volonté implicite à l'aide des éléments significatifs du contrat, c'est donc à une localisation objective du contrat que se livre en réalité le juge.

Aussi dans la conception examinée convient-il en toute hypothèse de déterminer en premier lieu la loi objectivement applicable au contrat ; c'est seulement dans l'espace de liberté reconnu par cette loi que pourra s'exercer le choix des parties en désignant le cas échéant une loi étrangère.

170. – Réplique aux thèses objectivistes. Un objectivisme aussi radical que le subjectivisme combattu souffre d'un défaut fondamental : celui de ne pas faire place à un régime propre du contrat international. En effet, la liberté reconnue aux parties dans le cadre d'une loi objectivement déterminée n'est pas plus étendue que celle reconnue par cette même loi dans les contrats internes. Par exemple, si un contrat international est déclaré « objectivement » soumis au droit français – selon un critère qui reste à déterminer – le caractère international du contrat n'entraîne aucune liberté autre que celle qui est reconnue dans les contrats purement internes par l'art. 1134 C. civ. : car rien n'interdit aux parties à un tel contrat – même si cela ne se pratique pas – de se référer à une loi étrangère pour tout ce qui ne fait pas l'objet de disposition impérative. Or la reconnaissance spontanée par la pratique d'une certaine liberté de choix dans le contrat international est le signe d'une nécessité : de par sa nature, le contrat international appelle une souplesse de régime particulière. Effectivement, pour ne considérer ici que l'intérêt des États, préoccupation essentielle de la doctrine objectiviste, cet intérêt bien compris leur suggère de ne pas imposer systématiquement l'application de leurs lois internes impératives afin de ne pas compromettre leur participation, par l'intermédiaire des opérateurs nationaux, au commerce international[1]. Il convient également d'observer que lorsqu'un contrat est objectivement rattaché à plus d'un ordre juridique, c'est abusivement que chacun d'eux prétendrait sans réserve voir sa loi lui être appliquée.

Ces différentes raisons imposent de reconnaître aux parties la faculté de désigner le droit applicable[2].

1. La jurisprudence française a ainsi déclaré inapplicables en matière internationale certaines dispositions impératives du droit interne, telles que la prohibition des clauses monétaires (n° 10). On justifie cette attitude par les « intérêts du commerce international » ; il s'agit plus exactement des intérêts de l'État en cause liés à la participation au commerce international. Certains des pays ayant expérimenté l'économie collectiviste (Tchécoslovaquie, RDA) adoptèrent ainsi un jeu complet de règles pour les contrats internationaux (n° 10).
2. Institut de droit international, *L'autonomie de la volonté des parties dans les contrats internationaux entre personnes privées*, Résolution du 31 août 1991, RC 92.198.

C. SYNTHÈSES MODERNES

171. – Nécessité d'une position éclectique. Les conceptions objectivistes sont exactes en ce qu'elles mettent l'accent sur la considération à accorder aux lois impératives internes, et excessives en ce qu'elles méconnaissent la liberté particulière qu'appelle le régime du contrat international ; le subjectivisme classique présente les mérites et les défauts inverses. La pratique et la théorie sont d'abord parvenues à concilier ces impératifs légitimes dans des conceptions unitaires, en France sous le nom de théorie de la « localisation ». Mais le droit positif, français – aujourd'hui de l'Union européenne – et comparé, est devenu nettement dualiste, en ce qu'il distingue les hypothèses de choix et d'absence de choix pour les soumettre, quoique de manière plus ou moins tranchée, à des directives différentes.

1. Conception unitaire

172. – La notion intermédiaire de localisation du contrat. Il est possible de déterminer la loi applicable au contrat *à la fois* en fonction de ses éléments objectifs et de la volonté exprimée le cas échéant par les parties. C'est ce que fait depuis longtemps la pratique anglaise avec la notion de *proper law* du contrat, elle-même déterminée par son « centre de gravité ». Une théorie systématisée en France sous le vocable de « localisation » du contrat parvint au même résultat[1]. Elle se résumait en deux propositions : l'objet propre de la volonté des parties n'est pas de désigner la loi applicable au contrat mais de placer celui-ci dans un milieu juridique donné ; en cas de contestation sur la loi applicable, le juge se prononcera sur cette loi en fonction de la localisation opérée. Ainsi la loi applicable ne se déduit pas directement de la désignation qu'en font éventuellement les parties, mais de l'ensemble des éléments du contrat. Par là, l'explication se présente comme objectiviste. Mais elle s'écarte d'un objectivisme pur, en ce que la volonté éventuellement exprimée par les parties sur la question même de la loi applicable est prise en considération comme un élément de localisation, et même affectée d'un poids à peu près décisif ; dès lors que les rattachements objectifs de l'opération sont répartis entre différentes lois, le choix exprimé en faveur de l'une d'elles sera normalement entériné. Cette possibilité permet de parler, à défaut d'autonomie de la volonté, de « loi d'autonomie ». Mais si la volonté exprimée apparaissait en contradiction trop manifeste avec l'économie de l'opération, portant atteinte à une loi dont celle-ci est objectivement proche, la loi désignée pourrait être écartée par le juge au profit de celle-ci. En définitive, une désignation expresse de la loi applicable est prise en considération comme un indice privilégié de localisation du contrat, mais un indice opérant sous le contrôle du juge.

1. Batiffol, *Les conflits de lois en matière de contrats*, 1938.

173. – Appréciation critique. La théorie de la localisation, au sens que donne à ce mot la doctrine précitée, ménageait l'autorité des lois impératives internes lorsque le contrat se rattache par des liens tout à fait prépondérants à un État dont la loi édicte en la matière des dispositions impératives. Simultanément, elle évitait l'écueil des thèses objectivistes, en reconnaissant aux volontés individuelles un rôle spécifique tenant au caractère international du contrat. Enfin, en acceptant de faire d'une clause expresse de choix de la loi un indice privilégié de localisation, elle permet de ménager la prévisibilité quant à la loi applicable et coupe court dans le plus grand nombre de cas à des discussions ultérieures sur ce point.

La même théorie peut également revendiquer à son crédit la formulation d'une directive unique, que les parties aient désigné ou non une loi applicable ; c'est effectivement une faiblesse du subjectivisme traditionnel que de présenter, dans de nombreux cas d'absence de choix exprès, une détermination objective de la loi applicable comme le fruit d'une volonté implicite des parties. Mais dans l'unicité même du principe de désignation de la loi applicable réside également un défaut de la théorie de la localisation.

En effet, de même que la théorie de l'autonomie de la volonté recourt à la fiction d'une volonté implicite dans le cas où les parties n'ont eu aucune véritable intention quant à la loi applicable, celle de la localisation rend malaisément compte de ceux où la volonté des parties s'est exprimée en faveur d'une loi sans lien matériel avec l'opération et où elle se voit néanmoins consacrée. La pratique reconnaît en effet aux parties une liberté de choix de la loi applicable qui dépasse celle correspondant à une localisation objective. D'une part, il se peut que les parties ne parviennent à s'entendre que sur une loi « neutre », c'est-à-dire d'un pays tiers, mieux connue de chacune d'elles que celle du cocontractant et qui a leur confiance[1]. D'autre part, certaines lois jouissent dans une matière donnée d'une « technicité » particulière, qui peut les faire choisir à travers le monde pour des opérations n'ayant aucun lien matériel avec le pays dont elles émanent : un exemple traditionnel est celui de la loi anglaise en matière de transport maritime ; de même les lois des grandes places financières sont-elles plus fréquemment désignées dans les emprunts internationaux. Pour admettre la validité du choix d'une loi sans lien matériel avec le contrat selon la théorie de la localisation, il faut considérer que l'opération en question se localise par son objet dans le « milieu juridique » de la loi choisie. Force est alors de constater que le terme de « localisation » est très sollicité et qu'il n'y a guère de différence entre la « volonté-désignation », telle que l'admet la doctrine subjectiviste mais que repousse celle de la localisation, et la « volonté-localisation », seule reconnue par cette dernière. En revanche, la théorie de la localisation rendait bien compte des cas où la volonté des parties quant à la loi applicable ne s'est pas, ou imparfaitement, exprimée. Pour ces raisons, il apparaît en définitive difficile de ne pas admettre deux

1. Intervient également un facteur psychologique, chaque partie ayant le sentiment qu'elle prendrait un risque en acceptant que le contrat soit régi par la loi de l'autre.

types de raisonnement, l'un d'inspiration subjectiviste, l'autre d'inspiration objectiviste selon que les parties ont ou non désigné une loi.

2. Conception dualiste

174. – Dualité des situations et des règles de conflit. Admettant l'existence de deux situations différentes selon que l'on peut prêter ou non une intention aux parties quant à la loi applicable, la conception dualiste pose une directive pour chaque cas : le respect de leur intention dans le premier, la localisation objective (qui respecte également l'attente des parties) dans le second. La formulation des principes est venue, dans la seconde moitié du XXe siècle, à emprunter le plus souvent ce schéma : dans la jurisprudence française[1], dans la convention CEE sur la loi applicable aux obligations contractuelles (et le règlement communautaire qui lui succède)[2] et diverses conventions de La Haye[3], ou dans des instruments dénués de force obligatoire[4]. Il est vrai que le passage d'une situation à l'autre peut être entendu de manière assez différente : pratiquement, la question est de savoir si, en l'absence de clause de choix exprès on recherchera néanmoins une intention des parties ou si l'on se référera aussitôt à la méthode objective ; on la retrouvera à propos de la Convention de Rome et du règlement communautaire, qui constitue aujourd'hui le droit commun français (n° 816). Mais la position de principe est bien dualiste. Il reste alors à justifier définitivement la faculté de choix au regard des objections légitimes qu'elle peut soulever ; et à proposer un rattachement objectif général et satisfaisant en l'absence de choix.

a. Choix direct de la loi applicable

175. – Justification et limites de la faculté de choix. La justification de la faculté de choix de la loi applicable, au moment où le principe en fut proclamé, était quelque peu métaphysique et liée à l'exaltation du rôle de la volonté dans le droit. Cette faculté fut considérée, de manière assez formelle, comme le prolongement de la liberté contractuelle en droit interne. L'on ne se préoccupa guère des limites indispensables à la liberté affirmée face à certaines dispositions impératives des droits internes, alors rares. Celles-ci se sont depuis multipliées avec le développement univer-

1. Civ. 6 juill. 1959, *Fourrures Renel*, RC 59.708 n. Batiffol, GA n° 35 ; 15 juin 1982, D. 83.I.R.150. La Cour de cassation se référait néanmoins aussi à la théorie de « localisation » : Civ. 25 mai 1980, *Mercator Press*, D. 81.I.R.162, RC 80.576 n. Batiffol.
2. Convention de Rome du 19 juin 1980 et règlement (CE) 593/2008, art. 3 et 4 ; de même, convention interaméricaine de Mexico du 17 mars 1994 (texte RC 95.173, non en vigueur), art. 7 et 9.
3. Conventions du 15 juin 1955 sur la loi applicable à la vente internationale d'objets mobiliers corporels, art. 2 et 3 ; du 14 mars 1978 sur la loi applicable aux contrats d'intermédiaire et à la représentation, art. 5 et 6 ; du 22 déc. 1986 sur la loi applicable aux contrats de vente internationale de marchandises (conçue pour remplacer celle de 1955), art. 7 et 8.
4. Aux États-Unis, *Restatement Second, Conflict of Laws*, § 187 et 188.

sel du « dirigisme contractuel ». Il convient donc de justifier la liberté de manière plus précise et de tracer ses limites, en se référant aux différents intérêts à satisfaire dans l'élaboration des règles de conflit (n° 101).

La liberté de choix satisfait au premier chef l'intérêt des parties, puisqu'elle leur permet de désigner la loi qu'elles estiment la mieux adaptée à l'opération qu'elles concluent[1]. Elle facilite les échanges en permettant aux parties de choisir la loi qu'elles estiment appropriée. Ces deux types d'intérêts sont également satisfaits par la sécurité que procure la désignation d'une loi donnée, permettant d'éviter une discussion sur ce point en cas de litige. La liberté de choix satisfait également, contrairement à ce que professent les thèses objectivistes, l'intérêt des États. Elle permet en effet à leurs opérateurs, publics ou privés, de conclure les opérations nécessaires avec des partenaires étrangers qui ne souhaitent pas nécessairement se soumettre à leur loi ; cet intérêt est en général plus fort pour les États que celui d'appliquer à une opération isolée une disposition prévue au premier chef pour l'ordre interne (n° 170).

Ces considérations n'impliquent pas pour autant que soit abandonné tout souci d'impérativité des lois internes, laquelle va être préservée d'une double manière. En premier lieu, on s'assurera que la qualification de contrat international n'est pas détournée en vue de s'affranchir des lois internes impératives. Les doctrines autonomistes ou subjectivistes elles-mêmes s'en sont en général préoccupées en subordonnant la liberté de choix à la condition que le contrat soit « véritablement international », ou celle d'un « lien significatif » entre le contrat et la loi choisie, ou par la réserve de la fraude à la loi (laquelle consisterait ici à créer un rattachement étranger n'ayant d'autre fonction que de faire qualifier le contrat d'international afin de s'ouvrir la faculté de choix)[2]. La convention de Rome a répondu autrement à la même préoccupation en précisant que lorsque tous les éléments du contrat se situent dans un seul pays, le choix d'une loi (ou d'un tribunal étranger) ne permet pas de s'affranchir des dispositions impératives de l'État en question (art. 3.3 ; n° 817). En fait, l'expérience montre que ces tempéraments ont rarement l'occasion d'être invoqués devant les tribunaux. En particulier, les cas de fraude patente, par internationalisation artificielle d'un contrat interne, sont pratiquement inexistants ; si dans un tel contrat les parties s'accordent pour ne pas appliquer une disposition impérative qui les gêne, c'est par simulation ou contre-lettre qu'elles procéderont plutôt que par internationalisation artificielle du contrat.

1. L'intérêt d'une partie réputée plus faible et que le choix d'une loi, dicté par le cocontractant, tendrait à priver de dispositions protectrices, est pris en charge par l'Etat dans des dispositions ressortissant à l' « ordre public de protection » ; c'est à ce titre que la question est examinée ci-après.
2. Par exemple, un arrêt connu du Conseil privé anglais a déclaré que le choix des parties devait être « de bonne foi et licite » : *Vita Food Products v. Unus Shipping*, [1939] A.C. 277. Il est remarquable que la précision tenant au caractère international du contrat figure parfois dans des dispositions – nationales ou conventionnelles – applicables *par hypothèse* en matière internationale ; tel était le cas dans le projet français de 1967, art. 2313 C. civ. (JDI 71.31).

En second lieu, même dans un contrat réellement international, la liberté normalement reconnue aux parties n'exclut pas de considérer d'un contrat donné qu'il n'est pas suffisamment détaché de l'État édictant une disposition impérative pour que celle-ci soit sacrifiée au souci de la participation au commerce international, et donc de faire prévaloir sur la désignation d'une loi étrangère l'autorité d'une disposition interne évincée. Ce n'est cependant pas par la négation de la faculté de choix que sera préservé l'intérêt des États, mais plutôt par l'affirmation de l'application nécessaire de certaines dispositions au titre de *lois de police*. C'est également, comme on l'a vu, ce qu'a prévu la convention de Rome (art. 7, devenu art. 9 du règlement 593/2008)[1]. Lorsque dans un domaine donné les règles de ce type sont nombreuses, on pourra formuler une règle de conflit spéciale, comme l'a fait la convention de Rome pour les contrats passés par les consommateurs (art. 5 ; règlement, art. 6) et le contrat de travail (art. 6, règlement, art. 8)[2]. D'un point de vue purement pratique, ces tempéraments permettent le maintien du principe selon lequel la loi applicable au contrat international est celle choisie par les parties[3]. La volonté a donc bien une fonction propre de rattachement.

Il existe également une justification théorique de la faculté de choix, liée à la matière. En droit des contrats, la liberté est la règle, la contrainte, l'exception. Une législation interne vise de manière certaine les contrats purement internes ; mais elle ne peut légitimement prétendre s'appliquer exclusivement à aucun contrat international (n° 170 *in fine*). Ce qu'il y a lieu de justifier est donc tout autant l'application d'une loi interne donnée à un contrat international que sa non-application à un tel contrat[4]. La première résultera soit du choix volontaire des parties, soit du fait que les rattachements du contrat avec l'ordre juridique en cause le justifient, en raison du caractère particulièrement impératif d'une disposition ou d'un ensemble de dispositions, faisant échec à un choix différent. Ainsi se trouvent justifiés le principe de la liberté et ses limites.

1. Le rapprochement de l'article 3.3 et de l'article 7 de la Convention (art. 9 du règlement 593/2008) illustre parfaitement le caractère spécifique de la liberté dont bénéficient les parties dans un contrat international, ainsi que ses limites : les dispositions impératives édictées par un État en matière contractuelle s'imposent toujours en matière interne ; elles ne s'imposent qu'exceptionnellement en matière internationale face au choix différent des parties, mais elles le peuvent. On parle aujourd'hui de dispositions « simplement impératives » et de dispositions « internationalement impératives » ou « super-impératives » (v. n° 117).
2. Ces textes n'éliminent pas la faculté de choix, mais celui-ci ne peut porter atteinte aux dispositions impératives de la loi sur laquelle peut normalement compter la personne protégée : loi de sa résidence habituelle pour le consommateur, loi du lieu d'exécution habituelle du travail pour le salarié (n° 830 s.)
3. Cette conception permet aussi bien de sauvegarder, le cas échéant, l'autorité d'une loi dont les intérêts apparaissent fortement impliqués lors même que la loi du contrat n'a pas été désignée par les parties mais a été déterminée selon un critère objectif, notamment celui des liens les plus étroits ; la convention de Rome (art. 7) a ainsi réservé les lois de police (du for et étrangères) sans distinguer entre les deux cas.
4. Gothot, « La méthode unilatéraliste face au droit international privé des contrats », TCFDIP 1975-77, p. 203.

b. Loi applicable en l'absence de choix

176. – Possibilité de choix postérieur au contrat. Lorsque les parties n'ont pas fait choix d'une loi applicable au moment du contrat, la possibilité doit encore leur en être reconnue postérieurement, pour les mêmes raisons qui justifient la possibilité de choix initial. La convention de Rome le leur a permis expressément (art. 3.2). Si cela ne se produit sans doute que rarement, c'est qu'à partir du moment où la question vient à être posée, il existe en général entre les parties une dissension qui les empêche de s'accorder sur la loi applicable et dont l'issue même dépendra peut-être de la loi désignée. Il se peut néanmoins que les parties plaident spontanément selon une loi donnée, ce qui équivaut à un choix implicite de cette loi postérieure au contrat[1].

177. – Absence d'accord entre les parties ; prestation caractéristique. À défaut d'accord entre les parties, la directive générale de solution des conflits de lois commande d'appliquer la loi avec laquelle le contrat présente les liens les plus étroits, afin de ne pas les surprendre dans leur attente. Le principe même de la règle de conflit veut en outre que soit singularisé un rattachement prédéterminé qui représente dans tous les cas l'élément le plus significatif. Les théories objectivistes ont longtemps buté sur cette question. Le choix était principalement entre le lieu de conclusion et le lieu d'exécution du contrat[2]. Mais la détermination même du lieu de conclusion fait difficulté dans les contrats entre absents, qui sont les plus fréquents en matière internationale. Lors même que les parties, ou leurs représentants, sont en présence l'une de l'autre, le lieu de conclusion peut être fortuit par rapport à leurs intérêts permanents, ou simplement dénué de signification au regard de l'économie du contrat[3]. Enfin, ce rattachement se prête à une fraude qui consisterait à passer le contrat en un lieu choisi dans le seul but de bénéficier des dispositions de la loi correspondante, au détriment des lois plus proches du contrat et impératives[4]. Le rattachement par le lieu d'exécution est plus convaincant, parce que ce lieu n'est pas fortuit ; selon une formule de Savigny, c'est vers l'exécution du contrat qu'est tournée l'attente des parties[5]. Toutefois, la quasi-totalité

1. Tomaszewski, « La désignation postérieure à la conclusion du contrat, de la loi qui le régit », RC 1972.567 ; sur les accords procéduraux, v. n° 266.
2. On a pu également envisager la nationalité des parties lorsqu'elle est commune ; mais cela est assez rare dans les contrats internationaux ; en dehors de l'Italie, ce critère n'a guère été retenu qu'à titre d'indice de rattachement du contrat.
3. Dans la matière voisine du *trust* volontaire, l'acte constitutif du *trust* peut être passé en France, où l'institution est inconnue, sans que cela justifie de mettre en cause sa validité ; v. Paris, 10 janv. 1971, D. 72.122 n. Malaurie, RC 71.518 n. Droz, JDI 73.207 n. Loussouarn.
4. À ce point de vue, la désignation mécanique de la loi du lieu de conclusion n'est pas le meilleur moyen d'assurer l'autorité des lois, qui constituait pourtant la préoccupation première des doctrines objectivistes ; la différence est même pratiquement inexistante entre ce système et celui de l'autonomie pure et simple que condamnent ces doctrines.
5. L'auteur préconisait en conséquence l'application de la loi du lieu d'exécution à *chaque* obligation, et la règle s'est maintenue jusqu'à une époque récente en droit allemand ; son champ d'application était toutefois restreint par la recherche de la « volonté hypothétique » des parties (n° 162), conduisant à désigner une loi unique.

des contrats internationaux, comme internes, sont synallagmatiques et un grand nombre s'exécute dans des pays différents. Pour éviter une scission, consistant à soumettre à des lois différentes les obligations, pourtant interdépendantes, des parties et par là à rompre une homogénéité qui paraît indispensable, il faut s'attacher au lieu d'exécution *principal* du contrat. Une réflexion plus approfondie a amené à constater que la plupart des contrats usuels se définissent par la prestation d'une partie, qui caractérise l'opération par sa fonction économique (transfert de propriété d'une chose dans la vente, mise à disposition dans le bail, conservation dans le dépôt ; exécution d'un ouvrage ou d'un travail...), tandis que l'autre prestation n'est que la rémunération en argent de la première (prix, loyer, salaire...). Il apparaît alors raisonnable, et conforme à l'entendement des parties, de soumettre le contrat à la loi du lieu d'exécution de la *prestation caractéristique* du contrat. Ce principe de rattachement a été proposé notamment par la doctrine suisse ; il est apparu qu'il rendait compte des solutions jurisprudentielles en différents pays[1]. Adopté par la suite dans un certain nombre de législations, il conduit assez naturellement à formuler des règles de conflit pour les différents contrats usuels[2]. Il ne l'a cependant pas été tel quel dans les textes européens (convention de Rome et règlement qui lui succède), mais par le canal de la *résidence habituelle* de la partie qui fournit la prestation caractéristique, parce que ce critère a été considéré moins incertain que celui de l'exécution de la prestation (art. 4 ; n° 824 s.).

178. – Conclusion sur la loi applicable à la substance des contrats. Les parties ont donc la possibilité, dans un contrat international, d'insérer une clause expresse de choix de la loi applicable au fond. Cette liberté est à ce point reconnue en droit comparé que l'on a pu évoquer à son sujet les principes généraux du droit visés par l'art. 38 du Statut de la CIJ. Cela n'emporte pas que les parties en fassent toujours usage ; aujourd'hui encore, tous les contrats internationaux ne contiennent pas de clause expresse de loi applicable[3]. Mais tel n'est pas le cas des plus importants, à l'élaboration desquels participent des juristes qualifiés[4]. En l'absence de choix exprès, le droit applicable est déterminé de manière objective en fonction des rattachements du contrat. Avec la notion de prestation carac-

1. Kahn-Freund, « La notion anglaise de la *proper law of the contract* devant les juges et les arbitres », RC 1973.607, spec. p. 612.
2. V. les lois de l'ex-RDA du 5 déc. 1975, art. 12 ; yougoslave du 15 juill. 1982, art. 20 ; suisse, art. 117.3 ; chinoise (JDI 1994.184) ; également le Second *Restatement* américain des conflits de lois, § 189 à 199. En dernier lieu, règlement communautaire 593/2008, art. 4.1.
3. Elles figurent cependant souvent dans les « conditions générales » émises par une partie, lesquelles n'ont en général d'autre souci que de désigner leur loi propre (parfois à l'encontre de leurs intérêts). La généralité de cette pratique se traduit par des « conflits d'imprimés ».
4. Ce qui peut dans ce cas faire obstacle à l'insertion d'une telle clause est la difficulté de s'entendre sur le choix d'une loi et l'espoir qu'aucune difficulté obligeant à résoudre la question du droit applicable ne surgira entre les parties.

téristique, la doctrine moderne est parvenue à dégager un critère de localisation plus satisfaisant que ceux qui avaient été antérieurement proposés.

Voy. : M.-E. Ancel, *La prestation caractéristique du contrat*, Economica, 2002 ; Aubert, « Les contrats internationaux dans la doctrine et la jurisprudence suisses » RC 1962.21 ; Batiffol, *Les conflits de lois en matière de contrats. Étude de droit international privé comparé*, 1938 ; « Subjectivisme et objectivisme dans le droit international privé des contrats », Mél. Maury, I, p. 39 s. ; « La loi appropriée au contrat », Mél. Goldman, p. 1 ; Curti-Gialdino, « La volonté des parties en droit international privé », RCADI 1972.III.751 (t. 158) ; Delaume, « L'autonomie de la volonté en droit international privé », RC 1950.321 ; Jacquet, *Principe d'autonomie et contrats internationaux*, Economica, 1983 ; *Le contrat international*, 2e éd., 1999 ; « Le principe d'autonomie entre consolidation et évolution », Mél. Gaudemet-Tallon, 2008, p. 727 ; Lando, Int. Enc. Comp. L. Vol. 3, Chap. 24 ; Neumayer, « Autonomie de la volonté et dispositions impératives en droit des contrats », RC 1957.579 et 1958.53 ; Schnitzer, « La loi applicable aux contrats », RC 1955.459. *Adde* la bibl. citée *sub* n° 815.

Ouvr. coll. : *Colloque de Bâle sur la loi régissant les obligations contractuelles*, 1983.

§ 2. – FORME DES ACTES JURIDIQUES

179. – Séparation de la forme et du fond. La soumission originelle des contrats à la *lex loci actus* (n° 167) valait sans distinction pour la forme et le fond. La possibilité de soumettre le contrat à une autre loi a porté essentiellement sur les obligations des parties, c'est-à-dire sur le fond. En ce qui concerne la forme, le principe *Locus regit actum* s'est maintenu. Il a donc été érigé en règle de conflit autonome, laquelle est dotée d'une justification propre et valant pour les actes juridiques en général (A). La règle est toutefois soumise à des tempéraments importants (B).

A. LA RÈGLE *LOCUS REGIT ACTUM*

180. – Maintien du principe et justification moderne. La règle *Locus regit actum* était consacrée par la théorie des statuts. Énoncée dans le projet de Code civil de 1804 (art. 4), elle en fut retirée ; mais elle fut appliquée en différents domaines : actes de l'état civil (art. 47), célébration du mariage (art. 170), forme du testament (art. 999). Elle est très largement consacrée en droit positif comparé. À la justification de type statutaire s'est substituée une autre, de caractère fonctionnel. Les personnes qui donnent naissance à un acte juridique, quel qu'il soit, ne se préoccupent généralement de sa forme qu'au moment de le parfaire : les parties à un contrat ne s'y intéresseront en général qu'à l'issue de la négociation ; et plus encore la personne qui établit son testament sous l'empire de l'urgence. Aussi dans la plupart des cas le souci des intéressés de passer un acte valable en la forme doit-il être satisfait s'ils consultent et respectent la loi du lieu où ils se trouvent. D'une part, il peut être pratiquement difficile de se renseigner sur les exigences précises de la loi applicable au fond de l'acte (supposée distincte et déterminée), qui a vocation à s'appliquer. D'autre part, il se peut que ces exigences soient impossibles à satisfaire localement : ainsi celle d'un acte notarié, dans un pays où l'institution notariale n'existe pas. L'on est ainsi conduit à admettre que l'acte soit inattaquable en la forme si celles de la loi locale ont été suivies[1]. La solution est dictée au premier chef par la commodité des parties ; dans le domaine particulier des contrats, elle facilite la conclusion des échanges internationaux.

On avance également l'idée que les formes sont d'une certaine manière interchangeables. Par définition, elles n'importent pas pour elles-mêmes et n'affectent pas la situation des parties à la suite de l'acte mais visent un but extérieur : attirer l'attention des parties, ménager une preuve de l'acte, le rendre opposable aux tiers. Or ces objectifs peuvent en général être atteints de différentes manières. Par exemple, l'attention des parties sur la gravité de l'acte est semblablement attirée par l'exigence de la forme notariée, prévue par telle loi, et la présence de deux témoins assistant à la formation de l'acte sous seing privé, prévue par telle autre. Cette considération explique par exemple que la Convention de La Haye du 5 octobre 1961 sur la forme des dispositions testamentaires ouvre un large éventail de lois potentiellement applicables (n° 896) : car on peut présumer que chacune prévoit une forme quelconque. Cet argument n'est cependant pas parfaitement convaincant : l'on ne peut tenir pour équivalente une forme jugée nécessaire, et donc exigée, par une loi qui présente un titre à s'appliquer à un acte donné et l'absence de forme pour ce type d'acte selon la loi du lieu où il a été passé ; cela sauf à prouver, ce qui ne manquerait pas de soulever des difficultés, que les parties se sont expressément enquises des exigences de la loi du fond et ne les ont omises que par impossibilité matérielle de les respecter.

Les différentes considérations qui précèdent commandent les tempéraments dont est assortie la règle.

B. TEMPÉRAMENTS À LA RÈGLE

Les tempéraments à la règle *Locus regit actum* s'exercent dans deux directions : l'une, libérale, consiste à en admettre le caractère facultatif ; l'autre, autoritaire, vise au contraire à assurer le caractère impératif de certaines règles de forme.

1. Caractère facultatif de la règle

181. – Lien avec la justification rationnelle de la règle. La justification première de la règle *Locus regit actum* par la commodité des parties emporte une conséquence logique : son caractère facultatif. La forme peut être soumise à la loi du lieu de passation de l'acte ; mais il n'est pas nécessaire qu'elle le soit. En particulier, l'acte juridique passé en un lieu donné et qui satisfait aux conditions de forme de la loi qui le régit au fond, notamment parce que celle-ci n'exige aucune forme, ne doit pas être privé

1. V. par ex. Civ. I, 23 mai 2006, cité *infra* n° 883 : validation d'un acte anticipé de partage de communauté entre deux français devant un *notary public* américain (lequel, principalement certificateur de signature, n'est pas assimilable à un notaire ; l'arrêt relève toutefois la présence des avocats des parties).

d'effet au motif que n'aurait pas été respectée une prescription de forme de la loi locale. Ce qui est normal est que forme et fond soient soumis à la même loi, non leur dissociation.

En France, le caractère facultatif de la règle *Locus regit actum* a été admis pour la première fois par la Cour de cassation en matière de testament[1]. Il a été consacré plus tardivement en matière purement contractuelle ; mais la Cour de cassation allait affirmer que la règle « ne s'oppose pas à ce que les contrats internationaux soient passés en France sous une forme prévue par la loi étrangère qui les régit au fond »[2]. On considèrerait inversement qu'un acte passé à l'étranger et soumis au fond à la loi française est valablement conclu s'il satisfait aux conditions de forme de celle-ci mais non de la loi locale.

Le caractère facultatif reconnu à la règle n'emporte pas que les parties puissent choisir n'importe quelle loi. L'application de la loi du fond, consacrée en France dans le dernier arrêt cité, se justifie de soi, puisqu'elle respecte l'unité de l'acte. La loi personnelle des parties, si elles commune, se justifie dans les actes juridiques liés au statut personnel ou aux rapports familiaux, et en matière de testament. Dans les actes juridiques purement patrimoniaux, pratiquement les contrats, l'application d'une loi commune au parties (loi nationale, du domicile ou de la résidence habituelle) est encore justifiable si l'on peut raisonnablement considérer qu'elle était connue d'elles ou qu'elles s'attendaient à son application (n° 843).

2. Règles de forme impératives

182. – Autorité nécessaire de certaines règles de forme. Tandis que la règle *Locus regit actum* est imprégnée de libéralisme, par le caractère interchangeable qu'elle prête à toutes les formes, de plus en plus souvent des règles de forme sont édictées dans un but qui leur confère un caractère impératif, en particulier la protection d'une partie réputée plus faible (salarié, assuré, emprunteur, locataire, consommateur...). En pareil cas, on admettrait difficilement que la conclusion du contrat en un lieu dont la loi n'exige aucune forme se traduise par l'éviction de dispositions qui le visent. Cette préoccupation peut être satisfaite de deux manières.

L'une consiste à envisager un renversement pur et simple du principe et du tempérament : la forme de l'acte serait de principe soumise à la loi qui le régit au fond, sauf à admettre l'application de la loi du lieu de passation lorsqu'il est établi que les exigences de la loi de fond ont été *en fait* satisfaites, notamment par le respect d'une forme équivalente. Ce renversement est par exemple concevable pour les contrats concernant un immeuble situé dans un pays qui n'est pas celui du lieu de conclusion : il

1. Civ. 20 juin 1909, *Viditz*, Rev. dr. int. pr. 09.900 concl. Baudouin, D.P. 11.1.185 n. Politis : validité du testament dressé en France selon une forme prévue par la loi nationale de la testatrice (la règle avait antérieurement été considérée comme impérative : Civ. 9 mars 1853, D. 53.1.217, S. 53.1.274).
2. Civ. 28 mai 1963, *Chaplin*, D. 63.677, JCP 63.II.13347 n. Malaurie, JDI 63.1004 n. Goldman, RC 64.513 n. Loussouarn, GA n° 40.

sera pratiquement très difficile de permettre que ne soient pas respectées les exigences de forme prévues par la loi du lieu de l'immeuble, en particulier liées aux formalités de publicité. Mais, adopté à titre général, ce parti aurait pour effet de renverser une règle dont l'utilité semble avérée et qui répond aux besoins de souplesse des relations internationales.

L'autre moyen d'assurer l'impérativité d'une règle de forme édictée dans un but d'ordre public consiste à l'appliquer le cas échéant au titre de disposition internationalement impérative, ou de police, c'est-à-dire applicable dans tous les cas où la situation présente avec l'ordre juridique du for un rattachement qui appelle son application[1]. La convention de Rome a choisi cette voie, de préférence à la précédente, pour les contrats ayant pour objet un droit réel immobilier ou un droit d'utilisation d'un immeuble : ces contrats sont soumis « aux règles de forme impératives de la loi du pays où l'immeuble est situé, pour autant que selon cette loi elles s'appliquent indépendamment du lieu de conclusion du contrat et de la loi le régissant au fond » (art. 9.6)[2].

Voy. : S. Corneloup, *La publicité des situations juridiques. Une approche franco-allemande du droit interne et du droit international privé*, 2003 ; Delaporte, *Recherches sur la forme des actes en droit international privé*, thèse dactyl. Paris, 1974 ; Génin-Méric, *La maxime* « Locus regit actum », *Nature et fondement*, thèse dactyl. Lyon, 1976 ; Légier, *La règle* Locus regit actum *et les conflits de lois en matière de forme des actes*, thèse dactyl. Aix-en-Pr., 1976.

SECTION IV

DÉLITS

183. – Principe ancien et difficultés nouvelles. Une règle de conflit traditionnelle, consacrée par le droit positif, soumet les délits civils à la loi du lieu de leur survenance ou *lex loci delicti commissi*[3]. Pendant des siècles, les éléments matériels d'un délit civil étaient presque toujours concentrés dans le ressort d'une loi unique et l'élément d'extranéité tenait à l'origine extérieure de l'une au moins des parties ; du fait de cette localisation matérielle simple, la règle n'a donc guère prêté à discussion (§ 1). Avec la mobilité croissante des personnes et le développement des moyens techniques se sont multipliées à l'époque contemporaine les hypothèses dans lesquelles le principe se révèle insatisfaisant ou d'application malaisée, appelant un affinement de la règle traditionnelle (§ 2).

1. Com. 14 janvier 2004, RC 05.55 n. Lagarde, RDC 2004.1059 n. Bureau.
2. Les contrats passés par les consommateurs font l'objet d'une règle propre : la forme de ces contrats est régie par la loi du pays dans lequel le consommateur a sa résidence habituelle dès lors que le contrat présente un lien significatif avec celui-ci (art. 9.4 et 5.2).
3. Les principes dégagés en matière délictuelle s'appliquent par extension à l'ensemble des faits juridiques : sur l'enrichissement sans cause, v. n° 810 s.

§ 1. – PRINCIPE DU RATTACHEMENT À LA *LEX LOCI DELICTI*

184. – Permanence historique du rattachement. La règle soumettant les délits à la loi du lieu de leur survenance est l'une des plus anciennement dégagées. Elle trouve sa source dans l'ancienne confusion du délit civil avec le délit pénal et le caractère d'ordre public qui s'attache à la sanction du second. D'autres raisons pouvaient justifier, selon le raisonnement statutaire comme selon la conception territorialiste, que les délits civils fussent jugés selon la loi locale : on pouvait dire qu'un statut délictuel vise les actes accomplis dans son ressort parce que la souveraineté territoriale s'étend à tous ces actes sans exception ; ou encore, personnifiant l'obligation, la déclarer soumise à la loi de son *origo* (de même que l'obligation contractuelle à la loi du lieu de conclusion).

Il est vrai aussi que la loi du lieu du délit se confondait ordinairement avec celle du for saisi de ses suites. Lorsqu'au XIXe siècle fut systématisé le procédé de la règle de conflit, le rattachement à la *lex fori* en tant que telle fut défendu par des auteurs, dont Savigny, en raison du caractère d'ordre public de la matière, et il joua un certain rôle en droit positif. L'hésitation théorique entre la *lex loci delicti* et la *lex fori* a néanmoins tourné à l'avantage de la première.

185. – Consécration du principe en droit positif comparé. Le rattachement des délits à la *lex loci delicti* a été le plus fréquemment consacré en droit comparé[1]. Aux États-Unis, la formulation de la règle par la Cour suprême a été couramment citée comme l'illustration de la théorie des droits acquis (n° 86)[2]. En Europe continentale, le rattachement de principe par le lieu du délit fut consacré de manière à peu près générale, notamment dans les textes[3]. En France même, la solution a été rattachée à l'art. 3 al. 1 C. civ. selon lequel « les lois de police et de sûreté obligent tous ceux qui habitent le territoire ». On a cependant hésité sur le critère exact d'application de la loi française, du fait que les tribunaux n'étaient en fait saisis que de délits commis en France, où le défendeur était domicilié ; l'on pouvait donc expliquer l'application de la loi française au titre de loi du for aussi bien que de loi du lieu du délit. Mais la Cour de cassation, statuant en 1948 sur les suites d'un accident survenu en Espagne entre

1. La jurisprudence anglaise s'est un moment distinguée par l'exigence d'une « double actionnabilité » : la loi applicable était la *lex fori*, sous la réserve que l'action du défendeur ne soit pas justifiable selon la *lex loci delicti* ; cette application cumulative a été écartée en 1995 par la loi au profit du rattachement de principe à la *lex loci delicti*. V. également, pour une forme de cumul, principes généraux du Code civil chinois, art. 146 (JDI 1994.190).
2. *Slater v. Mexican National R.R.Co.* 194 U.S. 120, 126 (1904) : « bien que l'acte [du défendeur] ne soit visé par aucune loi en vigueur dans le ressort du for, il a donné naissance à une obligation (...) qui, comme les autres obligations, suit la personne, et peut être sanctionnée en quelque endroit qu'elle se trouve ».
3. V. par exemple C. civ. italien de 1942 (disp. prél.), art. 25, al. 2 : « Les obligations non contractuelles sont régies par la loi du lieu où est advenu le fait dont elles dérivent » ; C. civ. grec, art. 26.

Français, formula explicitement le principe du rattachement du délit à la loi du lieu où il a été commis[1]. Elle ne s'en est pas départie depuis.

Il a été cependant soutenu avec force, sur la base d'une étude extensive de la jurisprudence comparée, que les tribunaux professaient d'appliquer la règle par déférence pour la théorie, mais que la *lex fori* était appliquée dans l'immense majorité des cas[2]. Le plus souvent, comme on vient de le voir, il y a coïncidence entre les deux parce que les tribunaux saisis sont ceux de l'État du dommage. En l'absence de coïncidence même, il est fréquent que les deux lois ne soient pas substantiellement en conflit, de sorte que le principe affirmé est dénué d'effet propre. Lorsque les deux lois diffèrent, les tribunaux appliquent souvent leur propre loi sous couvert de l'ordre public ou d'une qualification procédurale de la question litigieuse (prescription, étendue des dommages-intérêts...). Il reste cependant que le principe presque universellement proclamé a été celui du rattachement à la *lex loci delicti*.

186. – Justification moderne du rattachement. Le rattachement des délits à la loi du lieu de leur survenance répond à la volonté des États de faire respecter les règles de comportement en vigueur sur leur territoire, garantes de l'ordre public. Il se justifie également par l'attente des intéressés. D'une part, celui qui agit en un certain lieu sait qu'il doit se conformer aux règles de prudence qui y sont en vigueur ; il suffit de songer aux règles de la circulation routière. D'autre part, celui qui est lésé est en droit de compter sur la protection de la loi du lieu où il se trouve, ni plus ni moins. Les règles de la responsabilité civile traduisent ainsi un équilibre entre les intérêts des demandeurs et des défendeurs.

Sans doute dans l'immense majorité des cas, les intéressés n'ont-ils pas conscience avant la survenance d'un dommage de ses implications juridiques. Mais pour conserver à l'argument sa pertinence, il suffit de substituer à la notion d'attente celle d'entendement : une fois connues les implications juridiques de la situation, et en particulier l'existence d'un conflit de lois, l'application de la loi du lieu du délit constitue pour elles une solution intelligible et donc acceptable (sur le cas où les éléments matériels du délit ne sont pas réunis en un seul lieu, v. n° 191).

On prête également au rattachement traditionnel les avantages de simplicité, de certitude et de prévisibilité, liés à son caractère objectif. Ce sont des avantages en quelque sorte au second degré, qui intéressent l'administration du droit plus que la matière particulière. La reconnaissance universelle du principe permet d'éviter le *forum shopping*, consistant pour la victime d'un dommage à en poursuivre la réparation devant une juridiction dont la loi lui serait plus favorable, au détriment des intérêts légitimes du défendeur. Pour les assureurs, fréquemment impliqués, la certitude et la prévisibilité favorisent un règlement de l'affaire qui ne demande pas un procès préalable sur la loi applicable. Encore faut-il cependant que la localisation objective du délit soit indiscutable, ce qu'elle a fréquemment cessé d'être.

1. Civ. 25 mars 1948, *Lautour*, D. 48.357 n. P.L.-P., JCP 48.II.4532 n. Vasseur, S. 49.1.21 n. Niboyet, RC 1949.89 n. Batiffol, GA n° 19.
2. Ehrenzweig, *Int. Enc. Comp. Law*, Vol. III, Chap. 31, spéc. n° 3, et Chap. 32, spéc. n° 35.

§ 2. – REMISE EN CAUSE DU RATTACHEMENT

187. – Double difficulté. Certaines difficultés d'application de la règle étudiée, telle la localisation des délits survenus dans les espaces sans souveraineté (haute mer) ne remettent pas véritablement en cause le rattachement de principe parce qu'elles sont marginales ; il est au demeurant possible de leur trouver une solution (dans cet exemple, le rattachement des faits à la loi du pavillon : n° 801). D'autres, au contraire, suscitent une remise en cause fondamentale. Une première source d'insatisfaction à l'égard du rattachement par le lieu du délit réside dans le caractère fortuit que présente parfois cette localisation purement matérielle par rapport à l'ensemble de la situation et aux intérêts permanents des parties. Et surtout la détermination même du « lieu du délit » fait problème lorsque les éléments matériels de la situation sont répartis en ressorts géographiques distincts. Devant la fréquence croissante de ces deux types de difficultés, il a été préconisé d'abandonner la règle de conflit au profit d'une recherche dans tous les cas de la loi appropriée en fonction du cas d'espèce ; leur examen fait cependant ressortir qu'une solution aussi incertaine n'est pas inéluctable.

A. CARACTÈRE FORTUIT DU LIEU DU DÉLIT

188. – Ineffectivité du rattachement. L'essence de la règle de conflit est de cristalliser dans le rattachement choisi l'élément propre à désigner dans tous les cas la loi à laquelle la situation est reliée par les liens les plus étroits ou significatifs. Or le *locus delicti* ne satisfait pas toujours cet objectif : alors même que les éléments matériels du délit sont situés dans le ressort d'une loi donnée, il arrive que la localisation qui en résulte n'apparaisse pas convaincante au regard de l'ensemble des circonstances. Une hypothèse courante est celle d'un accident d'automobile survenu dans un État donné et impliquant des résidents d'un autre Etat en déplacement temporaire dans le premier. En pareil cas, les rattachements avec la loi commune des intéressés apparaissent plus significatifs que la simple localisation matérielle des faits ; la loi locale, réserve faite des règles de comportement proprement dites (en particulier les règles de la circulation routière), n'a que peu ou pas d'intérêt à recevoir application par rapport à la loi commune aux parties. Effectivement, dans plusieurs pays, les tribunaux confrontés à cette situation ont préféré se départir du rattachement traditionnel au profit de celui qui paraissait rationnellement plus approprié[1]. L'on s'est cependant efforcé de systématiser l'exception afin de ménager une prévisibilité suffisante.

1. La décision la plus remarquée est l'arrêt *Babcock v. Jackson* de la Cour d'appel de New York (n° 125) ; mais elle est loin d'être isolée : v. auparavant aux Pays-Bas, C. d'app. La Haye, 16 juin 1955, JDI 59.506 obs. Kollewijn, et depuis, en Angleterre, *Boys v. Chaplin* (n° 127) ; en Suisse, Trib. féd., 2 mai 1973, JDI 76.715 obs. P. Lalive ; en Allemagne, BGH 13 mars 1984, JDI 85.952 obs. Jayme (appliquant non pas la loi nationale commune mais celle, différente, de la résidence habituelle des intéressés, l'accident étant survenu dans un pays tiers).

189. – La solution du rattachement subsidiaire général. Il vient naturellement à l'esprit d'assortir la règle de conflit traditionnelle d'un rattachement subsidiaire pour le cas envisagé. Les premières législations qui se sont souciées du problème ont ainsi prévu une exception au *locus delicti* en faveur de la loi nationale commune ou du domicile commun des intéressés[1]. Mais ces rattachements de nature personnelle ne sont pas parfaitement indiqués, car les considérations qui président à la reconnaissance d'une loi personnelle – l'autorité et la permanence d'application de certaines lois (n° 131) – ne sont pas ici présentes ; l'adéquation du rattachement à la catégorie fait défaut[2]. La résidence habituelle commune, rattachement davantage territorial que personnel, est mieux désignée car elle traduit la localisation effective des intérêts des parties. C'est ce rattachement qui est retenu dans les textes les plus récents, au premier rang desquels aujourd'hui le règlement européen n° 864/2007 dit « Rome II » (art. 4.2)[3].

Encore ceci ne répond-il pas à toutes les hypothèses dans lesquelles le lieu du délit ne se révèle pas le rattachement le plus convaincant. Il en est également ainsi chaque fois qu'existe entre les parties une relation spéciale autre que familiale (susceptible de justifier l'application de la loi personnelle commune en tant que telle) ou contractuelle (pouvant justifier l'application de la loi du contrat) : par exemple un voyage en groupe à l'étranger, le service d'un même employeur, la présence dans un même environnement clos (installation militaire, village de vacances...). C'est alors une clause d'exception en faveur de la loi présentant des liens manifestement plus étroits qui permet de rendre la solution perçue comme manifestement plus appropriée (n° suivant).

Le type de circonstances visées peut encore suggérer un rattachement spécifique. En matière d'accidents de la circulation routière, la Convention de La Haye du 4 mai 1971, tout en consacrant le rattachement au lieu de l'accident à titre de principe, formule différentes exceptions en faveur du rattachement au lieu d'immatriculation du ou des véhicules impliqués, dans certaines circonstances définies où il coïncide avec la résidence habituelle des intéressés (n° 806 s.).

1. Décr. allemand de 1942 prévoyant l'application de la loi allemande aux actions en indemnité entre nationaux pour des actes ou omission commis hors du territoire allemand, règle ultérieurement bilatéralisée (et abrogée en 1999) ; loi polonaise du 12 nov. 1965, art. 31, al. 2 (nationalité commune et domicile dans le même État) ; décret-loi hongrois de 1979, art. 32.3 (domicile dans le même État).
2. Ainsi dans le cas d'un accident d'automobile survenant en France entre deux immigrés de même nationalité, il n'existe – à défaut d'autre relation entre eux – nulle attente portant sur la loi commune.
3. Sur le rattachement de principe, *infra* n° 799. Auparavant, v. Code civil portugais, art. 45, al. 3 (nationalité, ou à défaut résidence habituelle, communes) ; loi suisse de 1987, art. 133.1 ; loi italienne de 1995, art. 62.2 (nationalité commune *et* résidence dans l'État de cette nationalité) ; loi allemande de 1999 (art. 40.2 EGBGB). *Adde* nouv. Code civil du Québec, 1991, art. 3126 (domicile ou résidence dans le même État) ; principes généraux du Code civil chinois, art. 146 (JDI 74.190 : même nationalité ou même résidence habituelle).

190. – L'abandon de la méthode du rattachement prédéterminé ; principe de proximité. L'hypothèse du caractère fortuit du lieu du délit, identifiée dans de nombreux pays à l'occasion d'affaires isolées, a particulièrement attiré l'attention de la doctrine américaine ; elle est en effet spécialement fréquente aux États-Unis en raison de la diversité des lois étatiques, dont certaines ont un ressort très étroit, et de la grande mobilité de la population. D'abord restreinte à la recherche de la *proper law* en fonction des rattachements[1], la réflexion a suscité des analyses plus générales et plus approfondies, faisant intervenir une comparaison des « intérêts étatiques » poursuivis par les lois en présence en vue de faire ressortir les « faux conflits ». En effet, la situation envisagée constitue un exemple topique de faux conflit, lequel résulte non seulement de l'existence d'un rattachement commun aux parties mais aussi d'une relation spéciale entre elles ou d'un environnement commun. Sur cette lancée, la doctrine américaine a remis en question la méthode de la règle de conflit à titre général ; mais c'est principalement en matière délictuelle qu'elle a été consacrée par la jurisprudence (n° 125). On a vu que les difficultés rencontrées dans ce domaine même amènent à douter de l'opportunité de répudier complètement la règle traditionnelle. Compte tenu du caractère marginal de l'hypothèse où le lieu du délit apparaît fortuit, il semble préférable de maintenir une règle, gage de prévisibilité, sauf à l'assortir d'une clause d'exception pour les cas où la situation apparaît manifestement plus proche d'une autre loi (n° 107). Cette méthode se répand effectivement en législation[2]. Toutefois, la clause d'exception ne permet pas de répondre à une autre difficulté devenue fréquente.

B. DISSOCIATION GÉOGRAPHIQUE DES ÉLÉMENTS MATÉRIELS DU DÉLIT

191. – Délits simples et délits complexes. En justifiant le rattachement à la *lex loci delicti* par l'attente des intéressés (n° 186), on considère implicitement que tous les éléments matériels du délit sont situés dans un ressort unique. Or, tel n'est pas nécessairement le cas. Le dommage et le fait générateur peuvent survenir dans des ressorts distincts : ainsi en cas d'atteinte à la vie privée par la voie des media, de mise en circulation d'un produit défectueux, d'actes de concurrence déloyale, de pollution transfrontière. Qui plus est, chacun de ces éléments lui-même peut avoir pris place en plus d'un État ; ainsi la prise de clichés indiscrets, la fabrication d'un produit défectueux. Dans ces différents cas, non seulement la mise en œuvre de la règle traditionnelle fait difficulté (que faut-il entendre par « lieu du délit » ?), mais son fondement même est atteint puisque les attentes ou l'entendement des parties sont susceptibles de porter raisonnablement sur des lois différentes.

Cette hypothèse a longtemps pu être considérée comme exceptionnelle, parce que dans les cas traditionnels de responsabilité civile, jusques et y compris les accidents d'automobile, le fait générateur et le dommage

1. V. Morris, « The proper law of a tort », 64 Harv. L. Rev. 881 (1951) ; il s'agissait pour l'auteur anglais d'appliquer en matière de délit une analyse du même ordre que celle présidant à la détermination du centre de gravité du contrat (n° 172).
2. Il peut s'agir de clause générale (LDIP suisse) ou spéciale à la matière : règlement communautaire « Rome II » préc. (art. 4.3) ; loi autrichienne de 1978, art. 48.1 ; loi du Royaume-Uni de 1995 (Sec. 12).

immédiat étaient localisés dans le ressort d'une même loi ; l'élément d'extranéité tenait à la nationalité ou au domicile étrangers des personnes impliquées[1]. Comme le montrent les exemples évoqués plus haut, les hypothèses de dispersion internationale des éléments du délit se multiplient à mesure du progrès technique et des communications ; elles sont portées à leur comble avec l'internet. Ainsi, le délit complexe cesse de constituer une difficulté d'application d'un cas général où les éléments matériels du délit sont groupés pour devenir au contraire l'hypothèse normale[2]. Ceci oblige à préciser davantage le rattachement.

192. – Recherche d'un rattachement déterminant. La méthode de la règle de conflit voudrait que la difficulté présentée fût résolue en précisant le rattachement retenu dans l'hypothèse complexe. Pour s'en tenir d'abord au cas tranché où le dommage, d'une part, l'acte générateur, de l'autre, sont intervenus chacun dans des États différents, il y aurait lieu de choisir *à titre général* l'un de ces deux rattachements[3]. En faveur du *fait générateur*, c'est-à-dire du lieu où le défendeur agissait, on fait valoir l'injustice qu'il y aurait de faire peser sur lui une responsabilité qu'il n'avait pas de raison d'envisager, ainsi que le caractère préventif, parfois même encore punitif, de la responsabilité civile. Mais en adoptant ce rattachement, on permet à une personne de placer délibérément ses activités en un lieu dont la législation lui est favorable, sachant que celles-ci sont destinées à produire effet ailleurs (émission radiophonique ou télévisée, site internet, édition d'un journal, fabrication d'un produit à risque). En faveur du lieu du *dommage*, on fait valoir qu'une personne doit normalement pouvoir compter sur la protection en vigueur au lieu où elle se trouve lorsqu'elle est atteinte, que la responsabilité civile a en droit moderne une fonction avant tout réparatrice et que c'est par le dommage qu'est constitué le droit à réparation. Mais aussi, il peut paraître anormal que le défendeur soit tenu en application de la loi du milieu de la victime dans des cas où il

1. Pour envisager le « délit complexe », les auteurs anciens (P. Voët) ont recouru à l'exemple d'un projectile tiré d'un côté d'une frontière et atteignant une personne de l'autre.
2. Aux États-Unis où, pour les raisons indiquées (n° 190), les conflits de lois en matière délictuelle sont particulièrement fréquents, l'expression usuelle de *multistate tort* englobe de manière naturelle l'hypothèse ici présentée comme complexe ; la localisation commune du dommage et de l'acte générateur est plutôt considérée comme réalisant un cumul de facteurs favorisant l'application de la loi correspondante.
3. En cas de dommage unique même, il peut y avoir hésitation sur la définition du lieu du dommage lorsque celui-ci se prolonge. Initialement subi en un lieu donné, ses conséquences se font sentir en un ou d'autres lieux ; ainsi d'un accident corporel survenu à une personne en déplacement et dont les conséquences (incapacité physique) continueront d'être supportées à son domicile. On tend cependant à considérer dans ce cas que le lieu du dommage est celui de l'impact immédiat (en ce sens, v. la loi anglaise de 1995 et, depuis, le règlement communautaire art. 4.1) ; c'est également la solution qui prévaut pour la détermination de la compétence juridictionnelle fondée sur le lieu du dommage, tant en droit commun français (n° 345) qu'en droit communautaire (n° 534).

n'avait aucune raison de prévoir l'intervention de cette loi : par exemple, suite à l'achat d'un produit défectueux par une personne de passage.

En fait, les deux rattachements envisagés opposent l'attente respective des parties en présence. Un moyen de satisfaire l'une et l'autre serait l'application cumulative des deux lois ; mais il fait la part trop belle au défendeur, dont la responsabilité serait subordonnée aux conditions de l'une et de l'autre. On a plus souvent proposé leur application alternative (théorie allemande de l'ubiquité du délit). Mais si le choix appartient au demandeur (système du « cumul électif »), cela constitue inversement pour lui une faveur discutable[1]. Il conviendrait plutôt dans ce cas que le choix soit opéré par le juge, notamment en fonction de la légitimité respective des attentes des parties ; mais ce sera alors au détriment de la prévisibilité.

L'extrême difficulté d'un choix général s'est traduite dans la diversité des législations qui ont envisagé la question : loi de l'acte générateur[2], loi du dommage[3]. D'autres ont placé les deux rattachements sur le même pied[4] ou offert le choix au demandeur[5] ou désigné la loi la plus favorable à la personne lésée[6]. Ces facteurs peuvent encore être combinés de différentes manières[7]. Toutefois se dessine aujourd'hui une préférence pour la loi du lieu *dommage*, illustrée notamment par le règlement européen Rome II (art. 4.1).

La difficulté s'accroît lorsque l'acte générateur ou le dommage subi par une personne, ou les deux, sont constitués par un ensemble de faits et que ceux-ci se répartissent en plusieurs pays. S'agissant par exemple de l'atteinte à la vie privée d'un membre de ce que l'on désigne de manière appropriée ici comme le *jet set*, les actes consisteront en l'observation de ses faits et gestes en différents pays ; et le dommage éventuel résultera de leur publication internationale. Un moyen de réduire cette difficulté est de la ramener au problème précédent, en s'attachant de part et d'autre à l'acte principal et au dommage principal. À défaut, on passera aux solutions suivantes.

193. – Groupement des points de contact. La difficulté de choisir un rattachement prédéterminé valable pour tous les cas complexes peut inciter à se rabattre sur la recherche de la loi avec laquelle la situation

1. Le choix par le demandeur a été consacré par la CJCE en ce qui concerne la compétence juridictionnelle (n° 534). Mais les données ne sont pas identiques, parce que l'on recherche une proximité matérielle du juge et du litige et que, comme l'a énoncé la Cour, chacun des deux rattachements peut, selon les circonstances, se révéler particulièrement utile du point de vue de la preuve et de l'organisation du procès.
2. Code civil portugais de 1966, art. 45.1 ; loi autrichienne du 15 juin 1978, art. 48 (avec clause d'exception)
3. Loi turque de 1982, art. 25.2 ; loi du Royaume-Uni de 1995 ; loi néerlandaise sur le conflit de lois en matière d'acte illicite.
4. Loi tchécoslovaque de 1963, art. 15.
5. Loi italienne de 1995, art. 62 ; loi allemande de 1999, art. 40 EGBGB. Sur la loi chinoise, v. JDI 1994.191.
6. Décret-loi hongrois de 1979, art. 32 ; loi yougoslave de 1982, art. 28.
7. La loi suisse de 1987 (art. 133.2) et le Code civil du Québec (art. 3126) désignent la loi du fait générateur ; mais la loi du dommage s'applique si l'auteur devait prévoir l'effet produit en ce lieu. V. aussi convention de La Haye sur la responsabilité du fait des produits, art. 7 ; loi péruvienne (Code civil de 1984, art. 2097).

particulière présente les liens les plus étroits, la *proper law*, la loi « la plus intéressée » ou encore celle du « milieu social » où se localise la situation d'ensemble. Cette loi sera déterminée compte tenu de tous les rattachements de la situation, pondérés en fonction des circonstances : le lieu du dommage et celui de la conduite qui est à son origine ; le domicile, la résidence, la nationalité, le centre d'activité des parties, le lieu où leur relation, s'il en existe une, a son centre... Une résolution de l'Institut de droit international adoptée en 1969, après avoir posé le principe du rattachement des délits à la *lex loci delicti*, ajoutait qu'« un délit est considéré avoir été commis dans le lieu auquel la situation est la plus étroitement liée, eu égard à tous les faits reliant le délit à un lieu donné, depuis le commencement du comportement délictuel jusqu'à la réalisation du préjudice »[1]. Mais une telle formule, de même que le principe de proximité, ne fait que réénoncer la directive qui préside à la solution de tout conflit de lois ; elle n'est pas propre à assurer la prévisibilité que l'on attend d'une règle de conflit. Il est donc préférable, à l'instar du règlement Rome II, d'adopter le critère des liens (manifestement) plus étroits au titre de clause d'exception assortissant un rattachement de principe (en l'occurrence le lieu du dommage, lui-même complété par un rattachement subsidiaire, la résidence habituelle commune des intéressés, la clause d'exception s'appliquant à l'un et à l'autre) (art. 4).

194.– Règles spécifiques. Une voie de nature à répondre à beaucoup des difficultés précédentes consiste à identifier le rattachement le plus significatif pour des types de situations caractérisées parmi celles qui constituent une source de délits « complexes », et donc à formuler des règles de conflit spéciales. La conférence de La Haye, en particulier, renonçant à proposer une règle de conflit uniforme en matière de « délits », a adopté des conventions en matière d'accidents de la circulation routière et de responsabilité du fait des produits (n° 782). De même, on trouve dans les législations les plus récentes des règles spécifiques visant les dommages corporels, les dommages aux biens, les atteintes aux droits de la personnalité (vie privée, diffamation...), les dommages « purement économiques » (communication de renseignements erronés, tromperie), la responsabilité du fait des produits, la concurrence déloyale ou autres entraves à la concurrence, les atteintes à l'environnement[2]... Le prix à payer pour ces règles ciblées

1. RC 1970.152. La loi du Royaume-Uni de 1995 désigne, lorsque les événements constituant le délit se sont produit en différents pays (et tout en formulant certaines règles plus précises), la loi du pays où les éléments les plus significatifs se sont produits (Sec. 11, 2, c).
2. S'inspirant des propositions du Groupe européen de droit international privé (RC 1998.802), le règlement « Rome II » prévoit des règles spécifiques en matière de responsabilité du fait des produits (art. 5), de concurrence déloyale et actes restreignant la libre concurrence (art. 6), d'atteintes à l'environnement (art. 7), et aux droits de propriété intellectuelle (art. 8), de responsabilité du fait de grève ou de lock out (art. 9). Auparavant, v. le Second *Restatement* américain des conflits de lois (1971), § 146 à 155.

est la possibilité de conflit de qualifications (par exemple, l'explosion d'un produit peut causer une atteinte à l'environnement).

194 bis. – Choix de la loi. Une tendance contemporaine est de prévoir aussi une élection de droit par les parties : non seulement à la suite du dommage (en réservant les droits des tiers)[1], mais même avant comme le prévoit le règlement « Rome II », lorsque les parties exercent une activité commerciale[2]. Dans le premier cas, on peut penser que ce type d'accord est surtout susceptible d'intervenir entre compagnies d'assurances ; dans le second, il présente un risque d'abus de pouvoir de négociation.

Voy. : d'Avout, « Que reste-t-il du principe de territorialité des faits juridiques ? Une mise en perspective du système Rome II », D. 2009.1629 ; Ballarino, « Questions de droit international privé et dommages catastrophiques », RCADI 1990.I.289 (t. 220) ; Boskovic, *La réparation du préjudice en droit international privé*, 2003 ; Bourel, *Les conflits de lois en matière d'obligations extra-contractuelles*, 1961 ; « Du rattachement de quelques délits spéciaux en droit international privé », RCADI 1989.II.253 (t. 214) ; « Un nouveau champ d'exploration pour le droit international privé conventionnel : les dommages causés à l'environnement », Mél. Loussouarn, p. 93 ; Fallon, « L'incidence de la volonté sur le droit applicable à la responsabilité non contractuelle », Mél. Dalcq, Bruxelles, 1994, p. 159 ; Forget, *Les conflits de lois en matière d'accidents de la circulation routière*, 1973 ; Kadner-Graziano, *La responsabilité délictuelle en droit international privé européen*, Bâle, 2005 ; Moreau-Bourlès, *Structure du rattachement et conflits de lois en matière de responsabilité civile délictuelle*, thèse dactyl. Paris II, 1985 ; F. Monéger, *Réflexions sur le principe de la compétence de la loi locale en matière délictuelle*, thèse dactyl. Paris II, 1974 ; Pocar, « Le lieu du fait illicite dans les conflits de lois et de juridictions », TCFDIP 1985-86, p. 71 ; Reymond, « Conflits de lois en matière de responsabilité délictuelle devant l'arbitre international », TCFDIP 1988-90.97. *Adde* la bibl. citée *sub* n° 809.

*
* *

195. – Conclusion du Chapitre II. On peut résumer comme suit les règles de conflit principales :

1° Le statut personnel, incluant le statut individuel et le statut familial, est régi selon les systèmes, et souvent au sein d'un système donné – comme en France – selon les questions, par la loi nationale, la loi du domicile ou celle de la résidence habituelle.

2° Le statut réel, immobilier et mobilier, est régi par la loi du lieu de situation des biens ; les biens incorporels sont susceptibles d'être régis soit par une loi d'origine arbitrairement fixée (souvent par accord international) soit par la loi du lieu où la protection est demandée.

1. Loi suisse de 1987, art. 132 ; EGBGB, art. 42 (auparavant, BGH, 17 mars 1981, JDI 85.955 n. Jayme). L'élection peut résulter tacitement du fait que les parties ne soulèvent pas l'application de la *lex loci delicti* en justice : Civ. I, 19 avril 1988, *Roho*, RC 89.68, D. 88.I.R. 345.
2. Article 14 ; v. déjà loi autrichienne, art. 35.

3° La forme des actes juridiques est régie par la loi du lieu où ils sont passés ; cette règle est en général considérée comme facultative, la forme pouvant être soumise à la loi qui régit l'acte au fond et, pour certains actes touchant au statut personnel, à la loi personnelle.

4° Les contrats sont régis au fond par la loi voulue par les parties ; à défaut de choix, par une loi objectivement déterminée : selon les systèmes, par le lieu de conclusion, le lieu d'exécution (en particulier de la prestation caractéristique) ou le lieu d'établissement de l'une des parties.

5° Les délits civils et autres faits juridiques sont régis par la loi du lieu de leur survenance, sous réserve de règles particulières ; exceptionnellement, selon le critère du lien le plus étroit.

6° Les effets patrimoniaux du mariage sont rapprochés, selon les systèmes, du statut personnel, du statut des biens ou, comme en droit français, de celui des actes juridiques.

7° Les successions *ab intestat* sont rapprochées, selon les cas, du statut personnel ou du statut réel ; dans le second cas, comme en France, les successions immobilières sont régies par la loi du lieu de situation de chaque immeuble et les successions mobilières par la loi du domicile du défunt. Les successions testamentaires sont en général subordonnées à la loi applicable à la succession *ab intestat*.

8° En cas de litige, la procédure est régie par la loi du juge saisi ou loi du for (n° 14).

CHAPITRE III

MISE EN ŒUVRE DES RÈGLES DE CONFLIT

196. – Questions à résoudre. Alors que la règle de conflit apparaît comme un mécanisme relativement simple, sa mise en œuvre soulève un certain nombre de difficultés que la pratique a successivement mises en lumière. Les principales mettent en cause l'interprétation de la règle de conflit car elles amènent à en préciser le sens (*Section I*). La règle de conflit a parfois été invoquée pour tenter de se soustraire indûment à l'application d'une loi donnée, ce qui a donné un relief particulier en droit international privé à la théorie de la fraude à la loi (*Section II*). Enfin, alors que les règles de conflit sont elles-mêmes des règles de répartition, se pose parfois la question de leur propre champ d'application (*Section III*).

SECTION I

INTERPRÉTATION DE LA RÈGLE DE CONFLIT

La règle de conflit se présentant comme l'enchaînement d'une qualification et d'un rattachement, on envisagera les difficultés susceptibles de se présenter à chacun de ces stades.

§ 1. – PROBLÈMES DE QUALIFICATION

197. – Conflits de catégories et conflits de qualifications. Lorsqu'une question de droit soulève un conflit de lois et qu'on veut le résoudre au moyen d'une règle de conflit, la première question qui se pose est de rapporter cette question à une catégorie de rattachement donnée ; c'est une opération de classification ou qualification, laquelle soulève le cas échéant un *conflit de catégories* (A). Ce problème supposé résolu pour le compte du système du for, il est parfois allégué qu'un système étranger avec lequel la situation présente un lien le résout différemment : il y a alors, à un niveau supérieur, *conflit de qualifications* (B).

A. LE CONFLIT DE CATÉGORIES

198. – L'opération de qualification. Les règles de conflit dont on a décrit l'élaboration au Chapitre précédent sont extrêmement générales, embrassant chacune de vastes secteurs de la vie juridique. Par exemple, le statut familial, élément du statut personnel, est déclaré régi par la loi personnelle (loi nationale ou du domicile) ; mais par « statut familial », on peut entendre des questions aussi diverses que l'établissement d'une filiation, le devoir d'entretien entre époux, la possibilité pour eux de passer certains contrats ou celle pour l'un de garantir une dette de l'autre. À mesure que l'on s'éloigne du noyau central de la catégorie envisagée, les questions rencontrées sont susceptibles d'être appréhendées par une autre catégorie, de sorte que deux règles de conflit, ou plus, sont susceptibles d'être invoquées avec quelque raison et de conduire à des lois différentes[1]. On se demandera par exemple si les vices du consentement relèvent du statut personnel ou du statut contractuel, la lésion du statut contractuel ou du statut réel, la responsabilité du fait d'un produit entre un auteur et son ayant cause du statut contractuel ou délictuel, la capacité pour conclure un contrat de mariage du statut personnel ou de la loi du régime. C'est même sous cette forme étroite que les questions sont le plus souvent présentées aux tribunaux, obligeant fréquemment à résoudre un conflit de catégories. Avant de faire l'objet d'un rattachement propre (art. 515-7-1 C. civ.), une institution nouvelle, telle que le partenariat enregistré (en France, le « pacte civil de solidarité » introduit par la L. 15 nov. 1999) soulevait la question de savoir s'il s'agissait d'institution de statut personnel, contractuel, voire de droit des biens (organisation d'une indivision, régime « matrimonial ») (n° 642).

Aussi l'objet essentiel de la « partie spéciale » des conflits de lois dans un système donné consiste-t-il à passer en revue les différentes branches du droit civil pour rechercher à quelle règle de conflit précise obéissent les questions qui en relèvent communément selon l'analyse interne (*infra*, Titre III). Une difficulté générale, qui recoupe l'ensemble des matières, est de distinguer les questions de forme ou de procédure des questions de fond (*infra*, Titre II, Chapitre II). On s'intéressera ici aux principes généraux de solution des conflits de catégories.

199. – Principes généraux de solution. Classer une question ou une institution revient à s'interroger sur sa *nature juridique* dominante. Ainsi le divorce relève incontestablement davantage du statut des personnes que du statut des contrats, bien que le mariage auquel il met fin repose sur un accord, ou du droit de la responsabilité, bien qu'il soit parfois prononcé pour faute d'un époux envers l'autre. Mais souvent la question est moins simple et le droit international privé amène à approfondir l'analyse pour les besoins de la qualification. Afin de déterminer la nature prédominante de la question, on se référera naturellement à sa conception selon le

1. Bien que chaque catégorie soit pourvue d'un rattachement propre, il peut arriver que les deux règles de conflit conduisent à la même loi : ainsi la loi du lieu de situation d'un bien peut être reconnue applicable en tant que loi réelle mais aussi en tant que loi successorale ou loi du contrat dont le bien fait l'objet.

droit interne ; mais la fonction de la qualification étant ici de résoudre un problème de conflit de lois, il y a également lieu de tenir compte de l'adéquation du rattachement à la qualification envisagée, cela afin de satisfaire au caractère fonctionnel de la règle de conflit (n° 129).

200. – Influence de la conception interne. Les divisions du droit interne, même si elles n'empruntent pas toujours les mêmes termes que le conflits de lois, fournissent un premier élément de solution. Dans les pays de la famille « romano-germanique » comme la France, le droit privé est envisagé comme un ensemble systématiquement ordonné, dont le droit civil constitue le droit commun, et il est le plus souvent exposé dans des codes : le fait qu'une question donnée soit exposée dans telle partie du droit civil ou réglementée dans tel chapitre d'un code peut être considéré comme une présomption de sa qualification aux fins des conflits de lois[1]. Ainsi l'insertion du pacte civil de solidarité dans le Livre Ier du code civil (Des Personnes), et non au titre des contrats, pouvait-elle constituer naguère un argument pour voir dans le partenariat enregistré une sous-catégorie du statut personnel (n° 642).

Mais certaines questions sont susceptibles d'être abordées en droit interne même dans deux contextes différents, se traduisant en droit international privé par des qualifications différentes. Ainsi la capacité est-elle abordée dans le Code civil, comme dans les exposés systématiques, en droit des personnes (art. 388) ; mais elle fait l'objet de règles particulières à propos des contrats en général (art. 1108, 1123 s., 1305 s.) et de différents contrats ou actes juridiques en particulier ; d'où la possibilité en matière internationale de la rapprocher de l'acte plutôt que de la personne[2].

Lors même qu'une question est plus étroitement associée en droit interne à une matière donnée, cela n'exclut pas la discussion dans le contexte des conflits de lois. Ainsi la question de la validité du pacte commissoire relève-t-elle en droit interne des sûretés, ce qui évoque au premier chef le statut réel ; mais c'est une sûreté conventionnelle, ce qui suscite un conflit de catégories avec le statut contractuel. Or, si en droit interne le contrat constitutif de la sûreté ne pose guère de problème spécifique, en matière internationale le principe de la loi d'autonomie emporte une conséquence capitale – la possibilité pour les parties de désigner une

1. V. TGI Paris, 24 avril 1980, RC 82.684 n. Batiffol, jugeant que la prohibition du testament conjonctif relevait des conditions de forme et que l'appréciation de sa validité était soumise à ce titre à la loi du lieu de rédaction plutôt qu'à la loi personnelle en tant que question de capacité ou qu'à la loi régissant la succession ; le jugement tire argument de la place de l'art. 968 C. civ. parmi les règles sur la forme des testaments ; et, utilisant l'argument de texte à propos de l'art. 146-1 C. civ., Civ. I, 15 juill. 1989 (n. 660). De même la place des dispositions constituant le « régime matrimonial primaire » au titre des effets du mariage (art. 212 s. C. civ.) milite contre l'application aux questions visées de la loi du régime (n° 674).
2. V. Civ. I 15 mai 1963, *Patiño*, JCP 63.II.13366 n. Motulsky, JDI 63.996 n. Malaurie, RC 19 64.506 n. Lagarde, GA n° 39, rejetant cette solution à propos du contrat de mariage (n° 869). Réciproquement, le droit des contrats, tel qu'il est étudié en droit interne, se distribue en plusieurs catégories de droit international privé : capacité (statut personnel), forme et fond.

loi autre que celle de la situation du bien – ce qui suscite une difficulté véritable (n° 777).

Parfois, enfin, le conflit de catégories existe en droit interne même : ainsi, chaque fois qu'une personne subit un dommage lié à l'exécution d'un contrat se pose la question de savoir si l'on doit appliquer les principes de la responsabilité contractuelle – notamment, en cas de dommage corporel, en vertu d'une obligation de sécurité – ou ceux de la responsabilité délictuelle, et l'on ne peut dire que le droit positif apporte des réponses parfaitement nettes[1]. La place de la question en droit interne ne constitue donc pas un élément certain. Lors même qu'il l'est, il n'est pas toujours décisif en raison du facteur international.

201. – Le facteur international : adéquation du rattachement à la question soulevée. Bien que les règles de conflit, une fois adoptées, s'énoncent dans un enchaînement « catégorie-rattachement », c'est tout autant le rattachement qui détermine l'inclusion de la question dans telle catégorie. On a vu ainsi que le caractère pratiquement nécessaire du rattachement des questions immobilières à la *lex rei sitæ* favorise une conception extensive de cette catégorie en raison de la commodité de ce rattachement ; et que pour trancher les éventuels conflits de catégories, il y aura lieu de confronter les intérêts respectifs de la *lex rei sitae* et des lois concurrentes (loi personnelle, loi du lieu de l'acte...) compte tenu des buts qu'elles poursuivent, de la nature de la question et des rattachements de l'espèce (n° 155 s.). En présence d'une question susceptible de relever de deux catégories ou plus, c'est l'approfondissement de la finalité des règles de conflit qui doit amener à décider de laquelle règle la question relève. Le caractère fonctionnel de la méthode de la règle de conflit, c'est-à-dire son aptitude à désigner la loi la plus appropriée, repose sur cette adéquation et ce raisonnement[2]. En procédant à la qualification, on choisit une règle de conflit et non pas seulement une catégorie.

Soit à résoudre la question de la loi applicable aux vices du consentement en matière de contrat. On peut être tenté de l'inclure dans le statut personnel par rapprochement avec l'incapacité, parce qu'il y va dans un cas comme dans l'autre de la protection de la personne face aux engagements qu'elle prend ; une demande en nullité pour vice du consentement serait donc régie par la loi personnelle du demandeur plutôt que par la loi du contrat[3]. Or ceci ne satisferait pas la raison d'être de ces deux catégories respectivement. Celle du statut personnel, quel que soit le rattachement adopté, est la permanence nécessaire d'un certain statut : si les incapacités générales sont considérées comme relevant du statut personnel,

1. Ainsi la responsabilité du transporteur est-elle venue à être considérée comme contractuelle, et celle du vendeur pour les dommages causés à l'acheteur par la chose vendue connaît-elle une évolution qui s'en rapproche ; celle de l'employeur vis-à-vis du salarié n'était pas clairement qualifiée, avant qu'un système d'assurance collective ne vînt prendre en charge la réparation du dommage. La question est encore moins claire lorsque l'action est intentée non par la victime directe mais par ses proches ou par un tiers (sous-acquéreur, par exemple).
2. V. « Le caractère fonctionnel de la règle de conflit », RCADI 1984.III.221 (t. 186).
3. En ce sens, Pillet, JDI 94.749 (« cette solution... est la seule qui rationnellement puisse se soutenir »).

c'est parce que la protection qu'elles tendent à assurer est fonction d'une caractéristique permanente de l'individu (jeune âge, faiblesse mentale), laquelle affecte tous les actes qu'il passe. Au contraire, un vice du consentement est un élément accidentel, propre à un contrat donné ; il est normal que celui qui l'allègue subisse l'application de la loi sous l'empire de laquelle il s'est placé à l'occasion de ce contrat (ou qu'il en bénéficie). Il n'existe aucun lien, de ce point de vue entre les différents contrats qu'il passe ; l'on appréciera donc l'existence d'un vice selon la loi qui régit l'acte en cause.

Dans cet exemple, la solution donnée au conflit de catégories correspond en définitive à la qualification résultant du droit interne, lequel réglemente les vices du consentement à propos des contrats et non à propos des personnes (art. 1109 s. C. civ.). Mais il n'en est pas nécessairement ainsi. Dans un domaine voisin, la Cour de cassation fut amenée à donner pour les besoins des conflits de lois une qualification différente de celle qui résultait alors du droit interne. Selon celui-ci, la démence de fait était, avant la loi du 3 janvier 1968 et faute de protection organisée, assimilée à un vice du consentement. Or cette qualification ne déclenchait pas le rattachement qui convenait à une irrégularité fondée sur un état permanent. Aussi la Cour de cassation a-t-elle justement estimé que « l'insanité d'esprit et la démence constituent en réalité des cas d'incapacité naturelle soumis à la loi personnelle et non à la loi régissant les actes incriminés comme les vices du consentement »[1].

202. – Élargissement des catégories internes du for. Les catégories de rattachement sont par hypothèse conçues pour les rapports internationaux ; toutes les questions susceptibles de se rencontrer doivent par conséquent pouvoir s'y insérer. Elles ne peuvent donc être confinées aux seules institutions du droit interne, en être la simple reproduction, mais doivent pouvoir appréhender des institutions non reçues du droit du for voire inconnues de lui. Pour cela, il est nécessaire d'adopter une définition éventuellement plus large des concepts qui expriment les catégories de rattachement (concepts « catégoriels »). Mais cet élargissement suffit en principe à répondre aux besoins, si l'on observe que chaque institution des droits internes – fût-ce la plus particulière – constitue une réponse à des problèmes qui sont universels, et que l'« on parvient à trouver une communauté de nature entre des institutions différentes en considérant moins leur structure que leur fonction »[2].

Ainsi, la conception française traditionnelle du mariage (bien qu'en recul à l'époque contemporaine sur différents de ces points) en fait une union solennelle, unique et qui ne peut être dissoute par la seule volonté des partenaires, encore moins celle de l'un d'eux ; cela n'a pas exclu d'accueillir dans la catégorie « mariage », aux fins de résoudre des conflits

1. Civ. 25 juin 1957, *ép. Silvia*, RC 57.680 n. Batiffol, GA n° 29 : il s'agissait d'une action en nullité de donation d'un terrain situé en Tunisie par une personne de nationalité italienne, au motif que consentie sous l'empire d'une « grave dépression nerveuse », et que la cour d'appel avait rejetée comme tardive en se fondant sur les dispositions de la loi italienne, loi personnelle du disposant ; il lui était reproché de n'avoir pas qualifié l'irrégularité invoquée de vice du consentement, ce qui aurait entraîné l'application de la loi française (supposée applicable au contrat). Depuis la loi du 3 janvier 1988, la question est expressément reliée à la capacité (art. 489 C. civ.).
2. Batiffol, *Aspects philosophiques du droit international privé*, 1956, n° 19.

de lois, des unions plus précaires, ou polygamiques[1]. De même, le fait qu'il s'agisse d'une union entre personnes de sexe différent n'interdit pas en principe d'accueillir aujourd'hui dans la catégorie certaines unions auxquelles des lois étrangères (à la différence du droit français avec le p.a.c.s.) confèrent le caractère d'un mariage (cela sans préjudice de l'intervention de l'ordre public : n° 656). La catégorie « divorce » embrasse, en droit international privé français, le diminutif du divorce qu'est la séparation de corps ; elle doit donc être plus exactement dénommée « désunion du couple ». Cette dénomination conduit elle-même à faire entrer dans la catégorie d'autres forme de dissolution ou de relâchement du mariage dont les relations internationales amènent à connaître, en particulier la répudiation.

L'expérience révèle qu'une institution inconnue du droit français n'est pas nécessairement réductible à une catégorie unique. Un bon exemple en est le *trust* de *common law*, démembrement de la propriété entre le *trustee* et le bénéficiaire, lequel est utilisé à de multiples finalités[2]. Lorsqu'un *trust* donné porte sur des biens situés en France, il convient donc d'analyser celle qu'il remplit dans le cas précis en vue d'appliquer la règle de conflit correspondante[3]. En pareil cas, une phase d'*analyse* de l'institution étrangère, tendant à dégager son rôle, précède celle du *classement* dans l'une des catégories de droit international privé du for[4]. Selon l'expression d'un auteur allemand, il faut « placer l'étoffe étrangère dans les tiroirs du système national » (Melchior) : selon celle d'un autre, « l'État étranger caractérise ses règles, l'État du for les classe » (Raape).

L'analyse impose de prendre un certain recul par rapport aux institutions internes pour faire opérer les catégories de rattachement du for. Ainsi, pour qualifier de matrimoniale plutôt que de successorale une demande relative à la propriété d'un immeuble acquis par des époux et fondée sur une loi étrangère, suite au décès de l'un d'eux, une cour d'appel, après avoir constaté que le bien était appréhendé comme un acquêt par la disposition étrangère, a déclaré que « la répartition des acquêts (...)

1. Civ. 28 janv. 1958, *Chemouni*, D. 58.265 n. Lenoan, JCP 58.II.10488 n. Louis-Lucas, RC 19 58.110 n. Jambu-Merlin, JDI 58.776 n. Ponsard, GA n° 30 (*infra* n° 320).
2. Béraudo, *Les trusts anglo-saxons et le droit français*, 1992 ; Conférence de La Haye de droit international privé, *Actes et Documents de la Quinzième session*, rapport Dyer et van Loon, p. 10 s. ; S. Godechot, *L'articulation du trust et du droit des successions*, 2004.
3. Trib. civ. Seine, 16 mai 1903, RDIP 07.239, JDI 1910.1229; Paris, 10 janv. 1970, *de Ganey*, RC 71.518 n. Droz, D. 72.122 n. Malaurie, JDI 73.207 n. Loussouarn (qualification – contestable – d'une libéralité résultant du *trust* en convention synallagmatique, et par suite non sujette aux modes de révocation des dispositions à cause de mort) ; Civ. I, 20 fév. 1996, *Zieseniss*, D. 96.390 et chr. Lequette p. 231, RC 96.692 n. Droz (qualification d'une convention de *trust* en donation indirecte, entraînant son classement en vue d'imputation et de réduction à la quotité disponible à la date du décès, mais après les legs) ; et sur renvoi, Paris, 7 avril 1999, D. 99.683 n. Lequette, RC 99.685 n. Goré.
4. Cette seconde étape n'est cependant pas nécessaire lorsqu'il s'agit simplement de prendre en considération l'institution étrangère pour l'application d'une norme matérielle française : v. Paris, 11 mars 2005, RC 05.627 n. Fohrer.

tire son origine, non de la qualité des époux à l'égard l'un de l'autre [sous-entendu : comme ce serait le cas pour un bien successoral], mais de ce principe de droit naturel qui veut que chacun fasse sien (...) le bien acquis en commun » et conclu à l'application de la loi du régime[1].

Un exemple tiré d'une décision étrangère dans laquelle l'institution à qualifier était française illustre bien cette démarche. Le Code civil d'origine exigeait des Français majeurs qu'ils notifient leur mariage à leurs parents par « actes respectueux » (art. 151). Deux Français s'étant mariés en Angleterre sans avoir satisfait à cette exigence, se posait devant le juge anglais la question de la validité de ce mariage. Les juges constatèrent que selon le droit français, lorsque la notification d'actes respectueux avait été renouvelée trois fois à un mois d'intervalle, le mariage pouvait être célébré nonobstant le défaut de consentement des ascendants (anc. art. 152) ; ils conclurent donc qu'il n'y avait pas là un empêchement substantiel mais une simple condition de forme, relevant de la règle *Locus regit actum*, et déclarèrent le mariage valide[2]. Pour les législations étrangères ignorant toute forme de partenariat enregistré, le pacte civil de solidarité soulève aujourd'hui une question du même ordre.

203. – L'objet de la qualification. Le cas d'institutions inconnues de la loi du for, qui vient démentir la notion de « communauté juridique » sur laquelle reposait la méthode savignienne (n° 92), a conduit à s'interroger sur l'objet exact de la qualification : s'agit-il de règles de droit ou ne s'agit-il pas plutôt de situations de fait[3] ? Il semble que s'en tenir à la qualification des règles expose à rencontrer un conflit de qualifications, c'est-à-dire à constater que le droit étranger classe ces règles dans une catégorie donnée (par exemple, successorale) tandis que le droit du for les classerait dans une autre (par exemple, matrimoniale). Cela ressort notamment de l'exemple qui a fait découvrir à Bartin les difficultés liées à la qualification: celui de la « quarte du conjoint pauvre » prévue par le droit anglo-maltais et accordant au conjoint survivant dans le besoin le quart des biens du conjoint prédécédé[4]. Pour éviter ce conflit, il convient d'envisager plutôt le complexe que constituent les faits contemplés par la règle (par exemple, la situation de mariage) et les conséquences qu'elle en tire (l'attribution d'un droit patrimonial) ; la question n'est plus alors que de savoir si la veuve a droit au bénéfice de ladite loi. On note que cette démarche se confond pratiquement avec la solution du conflit de deux règles de fond par une analyse d'intérêts au regard des rattachements de la situation (n° 125), de sorte que la qualification opérée à son terme constitue pratiquement une mise en forme *a posteriori* de la solution dégagée selon ce raisonnement de type unilatéraliste.

204. – Manipulation de la qualification : fraude à la loi. À suivre l'enchaînement « qualification-rattachement », l'opération de qualification est, au sens propre, décisive : un rattachement unique étant en principe prédéterminé pour chaque catégorie, du choix de celle-ci dépend inéluc-

1. Alger, 24 déc. 1889, *Bartholo*, JDI 91.1171, GA n° 9.
2. *Simonin v. Mallac* (1860) 164 E.R. 917.
3. Wengler, « Réflexions sur la technique des qualifications en droit international privé », RC 1954.661; B. Ancel, « L'objet de la qualification », JDI 1980.227.
4. Alger, 24 déc. 1989, *Bartholo*, préc. En fait, l'attribution de ce droit n'était pas en jeu dans le procès; la Cour s'y est seulement intéressée pour qualifier la demande portant sur la moitié de la communauté, qu'elle a jugé de nature matrimoniale et non successorale ; c'est en extrapolant que Bartin a envisagé l'hypothèse où ce droit serait qualifié différemment selon le droit étranger et le droit français (n° 205).

tablement le droit applicable. Lorsqu'il y a hésitation sur la catégorie, un juge dispose ainsi d'une certaine latitude pour orienter le résultat vers la solution qui lui paraît la plus juste[1]. Une certaine doctrine américaine a vu là une raison décisive de rejeter la méthode même des règles de conflit, ne voyant autre chose dans la qualification qu'un moyen de choisir le résultat (n° 124). Cette conception est excessive, parce que dans de nombreux cas, le choix de la catégorie s'impose ou, à tout le moins, il existe une qualification prépondérante ; c'est seulement dans les plus difficiles qu'elle prête à discussion, et, à supposer que la qualification retenue ait été inspirée par le résultat, le choix effectué ne peut être taxé d'artifice.

La manipulation de la qualification est parfois possible de la part des parties, aux fins de modifier le droit applicable. Ainsi en matière de succession, où le droit français retient un rattachement différent selon qu'il s'agit d'immeuble ou de meuble. Une décision a fait jouer l'exception de fraude à la loi contre l'opération qui avait consisté à transférer la propriété d'un immeuble situé en France à une société (dont les actions étaient remises en *trust*, en attendant d'être transférées à un tiers), afin de transformer une succession immobilière en succession mobilière, soumise à la loi d'un domicile étranger, en constatant qu'elle avait eu pour fin principale de priver ainsi les descendants de l'aliénateur de leur part de réserve successorale[2]. Dans cette hypothèse de fraude à la loi (n° 239), la modification de la loi applicable n'était pas réalisée directement par action sur l'élément de rattachement mais de manière médiate, par le biais d'un changement de catégorie.

B. LE CONFLIT DE QUALIFICATIONS

205. – Notion. On parle de conflit de qualifications lorsque le système du for et un autre système avec lequel la situation entretient des liens ne classent pas la question à résoudre dans la même catégorie. S'agissant par exemple de la validité d'un acte juridique, ce qui est condition de forme pour l'un est condition de fond pour l'autre ; cette divergence entraînant la mise en œuvre de règles de conflit distinctes, elle peut se traduire par la désignation de lois différentes[3].

L'exemple classique, bien que périmé, porte sur la validité du testament olographe dressé par un Hollandais en France. Selon la conception française, le caractère olographe du testament est une question de forme, par conséquent régie par la loi du lieu de rédaction (*Locus regit actum*). Mais l'art. 992 C. civ. néerlandais (depuis abrogé) disposait que le national testant à l'étranger ne pourrait le faire que par acte authentique ; on en inférait (au prix d'une certaine déformation : n° 211) que pour le droit néerlandais la question de la forme du testament entrait

1. V. par ex., en matière de *trust*, Paris, 10 janv. 1970, *de Ganey*, préc.
2. Aix-en-Prov. 9 mars 1982, *Caron*, RC 83.282 n. Droz, pourvoi rejeté par Civ. I, 20 mars 1985, RC 86.66 n. Lequette, JPC 1986.II.20630 n. Boulanger, JDI 87.80, 1re esp., n. Niboyet-Hoegy.
3. Cela n'est pas certain, car il se peut que par le biais des *rattachements* qu'elles retiennent, les deux règles de conflit conduisent à la même loi (rappr. n° 198, en note).

dans le statut personnel. La qualification étrangère conduisait ainsi à déclarer le testament nul ; la qualification française, à le tenir pour valable.

Mise à jour alors que la méthode de la règle de conflit pouvait laisser espérer en un règlement de conflit universel (n° 96), cette difficulté a été malencontreusement désignée comme le « problème des qualifications ». On vient de voir que ce problème est beaucoup plus général, puisque toute mise en œuvre d'une règle de conflit passe par une qualification et que celle-ci fait fréquemment « problème » ; en revanche, le véritable conflit de qualifications est relativement rare[1]. Néanmoins, pendant plus d'un demi siècle, les auteurs se sont longuement attachés à lui apporter une solution théorique. Il s'est agi pour l'essentiel de décider si l'on devait s'en tenir à la qualification selon la loi du for (*lege fori*), ou s'il y avait lieu de s'en remettre à la qualification *lege causæ*, c'est-à-dire de la loi avec laquelle elle est en conflit. La première solution l'emporte, mais sa portée doit être relativisée et la problématique même du sujet remise en cause.

La question présente au demeurant une seconde facette. Dans l'exemple donné, les qualifications française et néerlandaise conduisaient respectivement à l'application de leur propre loi de fond, ce qui constitue un « conflit positif ». Mais le conflit de qualification peut déboucher sur un conflit « négatif », chaque système donnant compétence à la loi de fond de l'autre. Soit un créancier en vertu d'un contrat soumis à la loi anglaise saisissant un tribunal français, le débiteur invoquant la prescription : pour le droit français, la prescription est régie par la loi de l'obligation, soit la loi anglaise ; pour le droit anglais traditionnel, la question est de procédure et à ce titre régie par la loi du for. Le « renvoi » qui résulte ainsi d'un éventuel conflit négatif de qualifications a été en général négligé par la doctrine, qui étudie la difficulté présentée par le renvoi de la loi désignée à une autre en raisonnant sur l'hypothèse de *rattachements* différents. Cela s'explique parce que le renvoi de rattachement est plus fréquent que le renvoi de qualification ; les éléments de discussion et principes de solution seront envisagés à ce titre (n° 216 s.).

1. Discussion théorique du problème

***206. – Qualification* lege fori**. La nécessité de faire prévaloir la qualification de la *lex fori* a initialement été présentée en termes de respect de souveraineté. L'application d'une loi étrangère étant considérée comme une concession de la souveraineté locale, les limites de cette concession ne pouvaient être fixées que par celle-ci. Étant par exemple décidé que les dispositions françaises relatives à la forme des testaments doivent s'appliquer aux testaments rédigés en France, accepter qu'un testament valable selon la loi française soit tenu pour nul en application d'une loi étrangère serait s'incliner devant une souveraineté étrangère. L'argument reflète une assimilation du conflit de lois à un conflit de souverainetés,

1. Il est symptomatique que le problème ait été identifié par Bartin à l'occasion d'une affaire où il ne s'élevait pas : Alger, 24 déc. 1889, *Bartholo*, préc. n° 203 ; non seulement la demande ne portait-elle pas sur l'attribution de la quarte, mais si tel avait été le cas, encore eût-il fallu que celle-ci fût considérée comme de nature matrimoniale par la loi maltaise et successorale par la loi française (*adde* n° 211).

aujourd'hui dénoncée (n° 40). Mais, dépouillé de cet aspect, il peut être présenté sous une forme voisine. Le système de conflit du for répartit les situations juridiques entre les différentes règles de conflit, c'est-à-dire les différentes catégories de rattachement, compte tenu de ce qu'il estime être l'ordre rationnel des choses : par exemple que les justifications du statut personnel (la permanence nécessaire de l'application de certaines lois) ne s'appliquent pas suffisamment à la forme des testaments pour que l'on soumette cette question à la loi nationale. Il ne serait donc pas cohérent de renoncer à cette conception dès qu'elle se trouve confrontée à une autre différente. La difficulté se ramène à un problème d'interprétation de la règle de conflit du for, laquelle ne peut s'opérer qu'en fonction des conceptions de l'auteur de la règle.

***207. – Qualification* lege causae**. L'argument principal en faveur de la qualification *lege causae* est que chaque loi devrait entrer en jeu avec ses propres qualifications[1]. Par exemple, dès lors que le droit français déclare le statut personnel soumis à la loi nationale, il doit comprendre dans le statut personnel d'un étranger tout ce que sa loi nationale y inclut, y compris, le cas échéant, des questions que le droit français fait entrer dans une autre catégorie, telle que la forme des testaments.

La faiblesse de cet argument est cependant que les règles de conflit du for forment un tout : celle qui soumet la forme des actes à la loi locale est une règle de conflit au même titre que celle qui soumet le statut personnel à la loi nationale ; par conséquent, s'abandonner à une loi étrangère quant au contenu d'une catégorie donnée, ici celle de « statut personnel », revient à porter atteinte à l'intégrité d'une autre catégorie du for, en l'occurrence celle de « forme des actes ». On retrouve l'argument que le contenu des catégories du for une fois déterminé, il ne peut être remis en cause pour satisfaire une conception étrangère différente. Plus généralement, la répartition des questions de droit privé dans un ensemble de règles de conflit bilatérales est en principe exclusif de toute qualification *lege causae*[2].

Un autre argument encore soutenu aujourd'hui pour réfuter la qualification *lege causae* peut en revanche être écarté comme paralogique : celui d'un cercle vicieux. Selon cet argument, on ne peut demander la qualification à une loi étrangère alors que la compétence éventuelle de cette loi est précisément ce qui est à déterminer. Ceci traduit une confusion entre la loi de fond et le règlement de conflit. Dans l'exemple du testament du Hollandais, il est exact que la compétence au fond du droit néerlandais est à établir ; mais la compétence du *système* hollandais à proposer une qualification ne l'est pas puisqu'il existe un rattachement incontestable avec cet ordre juridique : cette compétence est égale à celle du

1. Despagnet, « Des conflits de lois relatifs à la qualification des rapports juridiques », JDI 1898.253.
2. Cela suppose toutefois que l'ordre juridique du for ait déjà pris un parti tranché sur toutes les questions susceptibles de s'élever ; en fait, cela n'est pas toujours le cas et le juge peut très bien se prononcer sur le conflit de catégories dans un cas donné d'une manière qui évite le conflit de qualifications avec le droit étranger.

système français, ni plus ni moins, de sorte que la consultation du système étranger est justifiée.

208. – Qualifications internationales. Partant de la constatation que le conflit de qualifications est lié à la conception interne des institutions, on a proposé de s'affranchir de tout système national dans la définition des catégories : c'est-à-dire de poser, à partir de l'observation du droit comparé, des qualifications internationales ; selon l'expression de Rabel on ne retiendrait que des « rapports de vie » (*Lebensverhältnisse*), ou encore des « faits de la vie sociale »[1]. Par exemple, les présomptions que l'on peut trouver dans certaines lois relativement à l'ordre du décès de comourants peuvent être considérées comme des règles de fond – règles de droit successoral – ou bien de procédure, puisqu'il s'agit de preuve ; se plaçant d'un point de vue plus général, on considérera qu'une présomption constitue une règle de fond lorsqu'elle est irréfragable, de procédure lorsqu'elle peut être renversée, et l'on résoudra le conflit en conséquence.

Ce projet séduisant est néanmoins pratiquement irréalisable, car on ne peut façonner des catégories juridiques abstraites dans lesquelles toutes les institutions de tous les droits nationaux viendraient s'inscrire sans hésitation. Indépendamment de la difficulté matérielle de l'entreprise, on va voir que la qualification de certaines questions est inséparable de la solution qu'elles reçoivent en droit interne, c'est-à-dire d'une politique législative donnée, et qu'il est donc vain de tenter de les désincarner en leur attribuant une qualification abstraite et universelle.

2. Jurisprudence

***209. – L'arrêt* Caraslanis.** Les tribunaux français se sont longtemps abstenus de prendre parti dans la discussion doctrinale concernant le conflit de qualifications[2]. Ayant eu par exemple à connaître à différentes reprises de la validité du testament olographe d'un Néerlandais, ils n'adoptaient aucune solution de principe, se prononçant vraisemblablement en fonction des rattachements précis de l'espèce et des circonstances[3]. Le principe de la qualification *lege fori* devait cependant être consacré par la Cour de cassation. Appelée à se prononcer sur la validité du mariage célébré en France en la forme civile entre une Française et un Grec, alors que la loi grecque imposait une célébration religieuse, la Cour déclara que « la question de savoir si un élément de la célébration du mariage appartient à la catégorie des règles de forme ou à celle des règles de fond devait être tranchée par les juges français suivant les conceptions du droit français selon lesquelles le caractère religieux ou laïc du mariage est une question de forme ; qu'en conséquence le mariage civil contracté en France par les époux C.-D. était valable conformément à la règle *Locus regit actum* »[4].

1. Rabel, « Le problème de la qualification », Rev. dr. int. pr. 1933.1, 4.
2. H. Donnedieu de Vabres, *L'évolution de la jurisprudence française en matière de conflits de lois*, 1905, p. 586, 589-590 ; J. Donnedieu de Vabres, *L'évolution de la jurisprudence française en matière de conflits de lois depuis le début du XXe siècle*, 1938, p. 93 s.
3. Comp. trib. civ. Seine, 13 avril 1903, JDI 04.166 ; 19 fév. 1927, D.P. 28.2.33, Rev. dr. int. pr. 28.102 ; 23 mars. 1944, S. 44.2.44.
4. Civ. I, 22 juin 1955, RC 55.723 n. Batiffol, D. 56.73 n. Chavrier, GA n° 27.

La solution peut se justifier simplement pour les raisons exposées ci-dessus, selon lesquelles admettre la qualification de la loi étrangère (*lege causae*) reviendrait à méconnaître le système de conflit du for. Sans doute cette conception compromet-elle dans un cas donné l'intégrité d'une institution étrangère ; mais cela est la conséquence de la diversité des lois et de l'impossibilité dans certains cas de parvenir à les satisfaire toutes.

***210. – Limites de la qualification* lege fori**. Affirmer le principe de la qualification *lege fori* ne retire pas tout rôle aux lois étrangères dans l'opération de qualification. On a déjà vu que lorsqu'est en cause une institution inconnue du droit du for, elle doit être, dans une première phase du raisonnement, examinée selon ses propres caractères (n° 202). De plus, le principe n'a lieu de s'appliquer que lorsque la qualification commande la loi applicable, non lorsqu'elle intervient dans l'application de la loi étrangère une fois désignée. Si la propriété d'un bien situé à l'étranger est disputée, et que la solution dépende de sa qualification en meuble ou immeuble, c'est à la loi étrangère que doit en principe être demandée cette qualification : en effet, la règle de conflit du for a déjà désigné cette loi au titre de *lex rei sitæ* ; selon l'expression de Bartin, il n'y a plus qu'une qualification « en sous-ordre »[1].

La matière des successions fournit une contre-épreuve, car en droit français la succession mobilière et la succession immobilière sont rattachées à des lois différentes : de la qualification du bien litigieux dépend donc la loi applicable et cette qualification sera opérée selon la loi du for[2].

3. Appréciation critique

211. – L'énoncé du problème. Le problème du conflit de qualifications a été décrit comme « un des plus fameux, et sans doute aussi l'un des plus inutilement encombrants du droit international privé dans le monde entier »[3]. Effectivement, on peut contester tant la manière dont il est posé que celle dont il est discuté et sa solution formulée.

On a vu que l'appellation même de « conflit de qualifications » est contestable, parce qu'elle devrait désigner au premier chef l'alternative que présente fréquemment le choix d'une règle de conflit du for (n° 197). La difficulté qui est désignée comme telle – le conflit de la qualification du for et de la qualification étrangère dans un cas donné – est beaucoup plus rare. En effet, elle suppose en premier lieu que les systèmes en présence raisonnent exactement en termes de règles de conflit bilatérales. Or il arrive que la présentation du conflit de qualifications résulte d'une mise en forme contestable. C'est ainsi que si le droit grec imposait le mariage

1. L'auteur donnait également en exemple la qualification de la relation de commettant à préposé lorsqu'il y a lieu de se prononcer sur une action en responsabilité civile concernant des faits survenus à l'étranger (RCADI 1930.I.601).
2. TGI Paris, 12 janv. 1966, *Stroganoff-Scherbatoff*, RC 67.120 n. Loussouarn, JCP 67.II.15266 n. Bischoff ; sur la possibilité de fraude, *supra* n° 204.
3. Francescakis, Rép. Dall. dr. int. V° Conflits de lois (principes généraux) n° 267.

en la forme religieuse à ses nationaux même à l'étranger, il n'admettait pas pour autant que le mariage des étrangers en Grèce fût célébré selon la forme de leur loi nationale, comme il l'aurait fait s'il s'était agi d'une règle bilatérale. De même, le droit néerlandais soumettait comme le droit français la forme des actes à la règle *Locus regit actum*, mais édictait une disposition spéciale pour ses nationaux testant à l'étranger. Les dispositions étrangères en question constituaient donc plutôt des règles unilatérales, ou encore d'application nécessaire, assortissant des règles générales (et bilatérales) de rattachement, et la question pour un ordre juridique étranger était de savoir si effet devait ou non leur être donné ; la réponse en termes de qualification *lege fori* est un refus de donner effet à ces dispositions, lequel aurait pu être moins abstraitement motivé (n° suivant).

Le véritable conflit de qualifications suppose en outre que l'un et l'autre système aient pris parti sans équivoque sur la qualification de la question débattue ; or il est fréquent qu'ils n'aient pas sur ce point une position tranchée[1]. Ainsi pour de très nombreuses questions, telles que les règles de forme, de preuve ou relatives à la prescription, l'on hésite au sein d'un système donné entre la qualification de forme ou de procédure, d'une part, de fond, d'autre part[2]. Le conflit de catégories pourra donc être résolu dans un cas donné pour le compte du for d'une manière qui évite le conflit de qualifications. Plus généralement, on peut penser que les juges tiennent compte des conséquences respectives du choix d'une catégorie ou de l'autre lorsqu'ils se prononcent dans un cas donné, ce qui met en cause la manière même de discuter le conflit de qualifications.

212. - La discussion du problème : l'enjeu du conflit de qualifications. Qualification et rattachement d'une question donnée sont toujours l'expression d'une certaine politique législative : ainsi la qualification de forme traduit en général un moindre souci d'impérativité des règles du for qu'une qualification de fond. Mais le principe consacré (à défaut d'être formellement exprimé) par l'arrêt *Caraslanis* est absolument général, affirmé de manière doctrinaire et ne fait – en apparence tout du moins – aucune part au conflit de règles substantielles sous-jacent, qui constitue pourtant l'enjeu véritable d'un conflit de qualifications.

Dans cette affaire, le droit grec consacrait une conception qui sacralise le mariage, donc touchant incontestablement au fond, et parfaitement intelligible en France. Le droit français maintient pour sa part depuis deux siècles une politique de laïcité, qui se refuse à conférer la moindre valeur civile au rite religieux. Sous couvert d'un conflit de qualifications, c'est donc un conflit de politiques législatives qui se présentait : si l'on a vu en France une question de forme dans la célébration religieuse du mariage, c'est *parce que* le droit interne refuse d'y voir autre chose

1. Bartin, ayant mis à jour le conflit possible de qualifications, a supposé « assez gratuitement » (Rigaux) que les systèmes en présence adoptaient systématiquement des qualifications différentes. V. à propos d'un autre type de conflit de systèmes allégué par une partie et rejeté, Paris 3 mars 1994, *Mobil North Sea* (n° 230) : « le renvoi de qualifications suppose dissipée toute indétermination quant à la spécialisation des catégories étrangères ».
2. V. TGI Paris, 24 avril 1980, préc. n° 200 (prohibition du testament conjonctif).

qu'un acte civil et non en raison d'une nature des choses ; la solution doit donc être comprise, au moins en partie (n° 666), comme une affirmation de l'ordre public français à l'encontre du fait religieux. Lorsque la question ne relève pas d'une politique législative aussi radicale, une solution plus nuancée est envisageable.

De la même manière, il existe un lien étroit entre la qualification donnée par la jurisprudence française à la question des donations entre époux comme relevant de la catégorie « effets du mariage » (arrêt *Campbell-Johnson*, *infra* n° 881), et la réglementation restrictive de ces donations en droit interne (art. 1096, 1099 C. civ.) ; l'application, qui s'ensuit, d'une loi personnelle assure le respect d'une réglementation impérative mieux que ne le feraient certaines catégories écartées (contrat, régime matrimonial, autorisant l'une et l'autre le choix de la loi applicable)[1].

L'exemple de l'affaire *Caraslanis* fait ressortir que la problématique traditionnelle du conflit de qualifications présente sous la forme la plus abstraite, celle d'un « conflit de systèmes », un conflit de règles substantielles ; et que la réponse formelle qu'elle lui donne ne fait intervenir aucune discussion des éléments réellement pertinents, comme si la classification ou catégorisation de la question par le droit du for échappait à toute discussion. Cette manière de procéder répond au caractère déductif du raisonnement par règle de conflit, et plus généralement du raisonnement juridique « civiliste » ; il satisfait en outre la pratique française de concision des décisions de justice (et permettait dans cette affaire d'éviter l'affirmation qu'une loi étrangère prévoyant une célébration religieuse du mariage est contraire à l'ordre public français). Mais la concision se traduit pratiquement dans ce contexte par l'élimination, ou à tout le moins l'occultation, du débat substantiel qui devrait précéder l'affirmation de la solution. Ce débat suppose une confrontation des politiques législatives en présence et du degré de leur implication au regard des rattachements de la situation, permettant de se prononcer en faveur de la conception retenue par la loi qui présente en l'espèce le meilleur titre d'application. Du point de vue législatif, la meilleure attitude à l'égard du conflit de qualifications est de ne pas se prononcer par une disposition générale sur la question[2].

Voy. : B. Ancel, *Les conflits de qualifications à l'épreuve de la donation entre époux*, 1977 ; Bartin, « La doctrine des qualifications et ses rapports avec le caractère national des règles de conflits de lois », RCADI 1930.I.561 (t. 31) ; Elhoueiss, « Retour sur la qualification *lege causae* en droit international privé », JDI 2005.281 ; Francescakis, « Droit naturel et droit international privé », Mél. Maury, 1960, I, p. 113 ; Lequette, « Le renvoi de qualifications », Mél. Holleaux, 1990, p. 249 ; Louis-Lucas, « Qualification et répartition », RC 57.153 ; Rigaux, *La théorie des qualifications en droit international privé*, 1956.

1. V. également, qualifiant l'art. 146-1 C. civ., introduit en 1993 pour lutter contre les mariages de complaisance « naturalisants » et imposant à cette fin la présence personnelle du Français se mariant à l'étranger, « désormais une condition de fond du mariage », Civ. I, 15 juill. 1999, *infra* n° 660.
2. Le Code de droit international privé belge de 2004 illustre cette attitude.

§ 2. – PROBLÈMES LIÉS AU CRITÈRE DE RATTACHEMENT

213. – Identification. Une fois déterminée la catégorie dans laquelle s'insère la question faisant l'objet du conflit de lois, le rattachement prévu pour cette catégorie doit désigner la loi applicable. Mais d'autres difficultés peuvent s'élever à ce stade. L'une est la constatation que le droit étranger, retenant un autre rattachement pour la même question, refuse sa compétence au profit de celle d'une autre loi ; c'est le problème connu sous le nom de *renvoi* (A). Une autre est que l'écoulement du temps ait donné lieu à une modification de l'élément de rattachement: on parle de *conflit mobile* (B).

A. CONFLITS DE RATTACHEMENTS : LE RENVOI

Le problème du renvoi doit tout d'abord être situé dans le contexte du conflit de systèmes; on évoquera ensuite successivement la discussion à laquelle il a donné lieu et la solution qu'il reçoit en droit positif, avant de formuler une synthèse.

1. Conflits de systèmes et renvoi

214. – Conflits positifs. En passant en revue les règles de conflit principales, on a été amené à constater que tous les systèmes n'adoptaient pas le même rattachement pour une catégorie donnée ; ainsi le statut personnel, ou la succession mobilière, sont rattachés ici à la loi nationale, là à la loi du « domicile ». Les oppositions qui en résultent donnent lieu à deux situations de conflit.

Il y a conflit *positif* lorsque, par l'effet du rattachement qu'ils ont respectivement adopté, les systèmes en présence donnent chacun compétence à leur propre loi. S'agissant par exemple de la succession mobilière d'un Italien domicilié en France, la règle de conflit française donne compétence à la loi française, la règle italienne à la loi italienne[1]. En présence d'un conflit positif, on considère presque sans discussion que l'autorité saisie doit appliquer sa propre règle de conflit sans avoir égard à la contrariété de solutions. En effet, le choix d'un rattachement donné exprime un jugement de valeur quant à la meilleure répartition des relations privées internationales ; il n'y aurait donc pas lieu de remettre en question ce choix lorsqu'il se révèle que le système concurrent en a effectué un autre. L'argument est de même nature que celui justifiant la qualification *lege fori* (n° 206).

Une attitude plus nuancée est pourtant envisageable. Dès lors que les lois de fond en présence ne sont pas identiques, le conflit positif de rattachements se

1. Dans cet exemple, les deux systèmes adoptent des rattachements distincts. Il pourrait aussi bien s'agir de rattachements formellement identiques mais au contenu différent. Étant donné par exemple la diversité des acceptions de la notion du domicile (n° 144), ce rattachement peut aussi bien conduire entre deux systèmes qui l'adoptent formellement à un conflit positif, chacun d'eux considérant la personne en cause comme domiciliée sur son territoire (ou inversement comme non domiciliée : C. d'app. de Monaco, 17 avril 1972, RC 74.76 n. Loussouarn). Sur le cas particulier du conflit de nationalités, qui fait intervenir des considérations de droit public, v. n° 139.

traduit par une contrariété de statuts ; or l'objectif majeur du droit international privé est d'éviter cette situation. L'on pourrait donc admettre qu'en certaines matières, l'un des systèmes en présence jouit d'un titre supérieur à avoir le dernier mot parce qu'il constitue « l'ordre juridique le plus fort » à l'égard de la situation[1]. Tel est en particulier le cas de l'État du *situs rei* lorsqu'un immeuble est en cause : si en matière de succession immobilière l'État du for donne compétence à la loi nationale et que le *de cujus* est un de ses ressortissants, tandis que l'État du *situs rei* déclare sa loi compétente en tant que loi réelle, l'État du for pourrait s'incliner (sauf à tenir compte, le cas échéant, d'un déséquilibre successoral jugé injuste).

La doctrine contemporaine, notamment en France, propose de résorber ces « conflits positifs » en adoptant une méthode libérale de solution, inspirée de l'idée de reconnaissance des jugements (*supra* n°s 17 et 101-1). Lorsqu'une situation apparaît s'être cristallisée sous l'empire d'une loi donnée, notamment du fait de sa constatation par un acte administratif, l'opposition internationale des rattachements serait résolue, ou dépassée, par la reconnaissance des effets de la situation constituée à l'étranger. La Cour de justice de l'Union européenne, peu au fait de la discipline des conflits de lois, a donné effet à cette idée en faisant prévaloir, en matière d'état et de capacité des personnes, le contenu d'un acte dressé dans le pays de résidence sur ce que prévoit la loi nationale de l'intéressé (n° 65-1). On peut cependant reprocher à ces solutions d'être inspirées par un souci excessif de couper court à des divergences administratives, pouvant gêner la libre circulation du citoyen européen. À vouloir les appliquer systématiquement, on risque de verser dans les écueils de l'unilatéralisme associés à la théorie des droits acquis (*supra* n° 85). La validation unilatérale du contenu des actes dressés à l'étranger devrait se limiter à une exception de bonne foi, ou à un tempérament de droit matériel fondé sur l'idée d'apparence. Au-delà, il est difficile d'y voir un progrès : le souci de coordination de l'ordre juridique du for avec les ordres juridiques étrangers n'implique pas la soumission devant le fait accompli à l'étranger ou l'assentiment à l'application des droits étrangers les moins contraignants, singulièrement à l'initiative des intéressés.

À défaut de pouvoir remédier au conflit positif, les particuliers peuvent s'efforcer de prévenir une contrariété de statuts en désignant le tribunal compétent en cas de litige ; encore faut-il que cela leur soit permis[2].

215. – Conflits négatifs. Dans la seconde hypothèse, la règle de conflit du for désigne une loi étrangère, laquelle désigne elle-même une autre loi ; pour cette raison, on donne à cette situation le nom de « renvoi ». Si la loi à laquelle il est renvoyé est la loi du for, on parle de renvoi au premier degré : ainsi lorsqu'il y a lieu de juger de la succession mobilière d'un Français domicilié en Italie, puisque le droit français désignant la loi italienne, le droit italien renvoie au droit français. Si c'est une loi tierce, on parle de renvoi au second degré (lequel peut théoriquement déboucher sur un renvoi au troisième degré, voire ultérieur) : par exemple, s'il y a lieu pour un tribunal français de juger du statut personnel d'un Anglais domicilié en Belgique.

La question du renvoi n'avait pas été aperçue lorsque fut élaborée la théorie de la règle de conflit ; elle s'est révélée au cours de la seconde

1. Wengler, « Les principes généraux du droit international privé et leurs conflits », RC 1952.595, 53.37.
2. Sur les accords d'élection de for, *infra* n° 392 s.

moitié du XIXe siècle devant les tribunaux de différents pays, qui la résolurent par acceptation du renvoi (au premier degré). Elle le fut notamment en France à l'occasion d'une affaire *Forgo* où il s'agissait de la succession mobilière d'un Bavarois, enfant naturel venu en France à l'âge de cinq ans et décédé une soixantaine d'années plus tard laissant une succession mobilière à laquelle ne prétendaient que des collatéraux maternels. Ceux-ci venaient à la succession selon le droit bavarois, mais non selon le droit français alors en vigueur. La règle de conflit française désignait la loi du domicile, et parce que le défunt n'avait jamais été formellement admis à domicile en France (n° 1063), son domicile de droit était réputé en Bavière ; mais il fut constaté que la loi bavaroise soumettait la succession à la loi de la dernière résidence, et la Cour de cassation entérina ce renvoi à la loi française[1]. La découverte du problème engendra un intense débat doctrinal.

2. Discussion théorique du renvoi

216. – Problématique traditionnelle. Le problème du renvoi a été formulé comme celui de savoir si la désignation du droit étranger par la règle de conflit porte sur le seul droit substantiel (*Sachnormverweisung*) ou sur l'ensemble de ce droit y compris ses règles de conflit (*Gesamtverweisung*)[2]. Ainsi présenté, il a été discuté comme appelant une réponse globale, en forme d'admission ou de rejet du renvoi, ce qui ne constitue pas, on le verra, la meilleure approche. En France comme à l'étranger, les auteurs se sont partagés entre des positions hostiles au renvoi (Bartin, Francescakis) et des positions tendant à justifier son application (Niboyet, Maury, Lerebours-Pigeonnière, Batiffol, Derruppé).

Les circonstances dans lesquelles le renvoi est apparu ont également masqué la possibilité d'un « renvoi de qualification » (n° 205)[3]. Celui-ci est moins visible parce que l'on raisonne habituellement sur les règles de conflit principales, dont le contenu est présumé le même, tandis que les conflits de rattachements, en particulier entre la nationalité et le domicile, sont notoires. Mais il constitue un autre volet du « conflit négatif de systèmes » et fait intervenir les mêmes éléments de discussion.

1. Civ. 24 juin 1878, S. 78.1.429, D. 79.1.56, J. 79.285, GA n° 7 ; Req. 22 fév. 1882, S. 82.1.393 n. Labbé, D. 82.1.301, GA n° 8.
2. Cette formulation implique que le for est initialement saisi de la situation. Une situation de renvoi peut également se présenter à l'occasion de la reconnaissance d'une décision étrangère, laquelle a appliqué une autre loi que celle qui aurait été compétente selon la règle de conflit de l'État requis. Les éléments du débat sont alors infléchis, le souci de respecter une situation acquise pouvant l'emporter sur celui de faire à tout prix respecter la règle de conflit du for (n° 253). La suppression du contrôle de la loi appliquée en matière d'exequatur (n° 473 s.) a mis fin à cette hypothèse en France.
3. Lequette, « Le renvoi de qualifications », Mél. Holleaux, p. 249.

a. Arguments à l'encontre du renvoi

217. – Souveraineté de l'État et autorité de la règle de conflit du for. On a invoqué à l'encontre du renvoi des arguments du même ordre qu'à l'encontre de la qualification *lege causæ* (n° 207). Appliquer par exemple la loi française à un étranger domicilié en France pour suivre le renvoi opéré par sa loi nationale serait abdiquer sa souveraineté en s'inclinant devant une règle de conflit étrangère et renier sa propre conception de la répartition des compétences entre les lois internes.

Ce type d'argument n'emporte pas la conviction. D'une part, il se révèle à double tranchant. En effet, le *refus* du renvoi a également été présenté comme une manifestation déplacée de supériorité sur la souveraineté étrangère parce qu'il conduit à appliquer la loi étrangère hors du domaine qu'elle s'assigne : ainsi en appliquant à un Anglais domicilié en France la loi anglaise, alors que celle-ci ne se veut applicable qu'aux personnes (de quelque nationalité qu'elles soient) domiciliées en Angleterre. D'autre part, le caractère peu réaliste de ces différents arguments ressort du fait que l'on en vient, selon le premier, à présenter l'application impérative d'une loi étrangère comme une manifestation de la souveraineté du for et, selon le second, l'application de la loi du for comme une manifestation du respect dû à la souveraineté étrangère. En réalité, la souveraineté de l'État du for n'est pas plus offensée par l'application de son propre droit, conséquence de l'acceptation du renvoi au premier degré, qu'une souveraineté étrangère ne l'est par l'application de son droit substantiel, conséquence du refus du renvoi. Cette discussion illustre les errements auxquels conduit l'appréhension du conflit de lois comme un conflit de souverainetés (*supra* n° 40). Dans le cas, le plus fréquent, du renvoi au premier degré, appliquer la loi du for ne fait qu'étendre l'usage que fait normalement l'État de sa compétence internationale, une fois constaté que le droit étranger ne fait pas usage de la sienne (n° 41).

218. – L'argument de logique. On a également voulu voir dans le renvoi une véritable impossibilité logique. Si la désignation d'une loi étrangère doit être considérée comme portant sur l'ensemble de son droit, la cohérence voudrait qu'il en fût de même de la désignation opérée par le droit étranger qui refuse sa compétence (que ce soit au profit de la loi du for ou d'une loi tierce). Mais alors, dans le cas de renvoi au premier degré, les deux systèmes vont se renvoyer indéfiniment la balle ; on a parlé effectivement de partie de tennis international ou de cabinet de miroirs. S'agissant du renvoi à une loi tierce, puis éventuellement à une autre, ou bien aucune loi ne se reconnaît compétente et l'on est conduit à une succession indéfinie de renvois ; ou bien l'une d'elles renvoie à la précédente, et l'on retrouve l'image de la partie de tennis, le for se trouvant cette fois en position d'arbitre et non de joueur (cas du for français ayant à connaître du statut personnel d'un Anglais domicilié en Belgique, la loi anglaise désignant la loi belge, laquelle renvoie à la loi anglaise).

Pour ramener ces arguments apparemment impressionnants à leur juste portée, il suffit de constater que les tribunaux de différents pays se sont livrés constamment et impunément à ce qu'il leur était « impossible » de faire. S'agissant de deux systèmes qui se renvoient la balle (première et troisième hypothèses ci-dessus), il ne tient qu'à l'autorité saisie de mettre fin à cet échange en vertu d'un principe supérieur à la règle de conflit, lui prescrivant de sortir de l'impasse d'une manière qui ménage le maximum d'intérêts. Dans le cas de renvoi au premier degré, on pourra notamment accepter le renvoi eu égard à la commodité d'appliquer la loi du for plutôt qu'une loi étrangère. En cas de renvoi au second degré et au-delà, dès lors qu'une suite de désignations conduit à une loi qui se reconnaît compétente (cas du statut personnel d'un Anglais domicilié au Danemark, lequel applique la loi du domicile), accepter la suite de renvois permet que la loi applicable soit la même quel que soit le juge saisi (la loi danoise, dans l'exemple choisi). Lorsque deux lois étrangères se renvoient la balle (cas du statut personnel d'un Anglais domicilié en Italie, pour un juge français), on peut se rabattre sur la règle de conflit du for, ce qui fera coïncider la solution avec celle de l'un ou l'autre des systèmes en présence (le droit italien, dans l'exemple choisi). Quant à la deuxième hypothèse ci-dessus, celle d'une succession indéfinie de renvois, elle est une vue de l'esprit : car une situation internationale donnée ne présente de rattachements qu'avec un nombre défini de lois ; à supposer même que chaque système choisisse un rattachement différent, il n'y aura donc pas succession indéfinie de renvois et l'on se trouve nécessairement ramené à l'une des deux autres situations.

b. Théories justifiant le renvoi

219. – Idée générale. L'idée générale qui inspire les théories qui suivent, soucieuses de ne pas consacrer un divorce avec la jurisprudence, est l'opportunité du renvoi, parfois ouvertement présenté comme un expédient. Outre que le renvoi au premier degré offre la facilité de permettre l'application de la loi du for, le jeu du renvoi en général permet d'assurer une certaine harmonie entre la solution du for et celle qui serait rendue à l'étranger. Dans la doctrine française, deux théories principales ont été présentées ; la seconde est celle qui rend le mieux compte de la jurisprudence.

220. – Le renvoi règlement-subsidiaire. Cette conception tend à justifier le renvoi d'une manière qui échappe au grief d'abandon de la souveraineté du for. Selon elle, la désignation du droit étranger par la règle de conflit constitue une *offre* de compétence. Si cette offre est déclinée, il y a lieu d'en prendre acte et de faire jouer un rattachement subsidiaire[1]. Ainsi l'application de la loi française à un Anglais domicilié en France ne résulterait-elle pas de l'application de la règle de conflit anglaise mais de la mise en œuvre d'une règle française subsidiaire désignant la loi du domicile. On note que selon cette conception, il n'y a pas davantage de renvoi au deuxième degré qu'au premier ; dans tous les cas, c'est en vertu d'un rattachement du for que l'on applique une autre loi que celle qui était primitivement désignée.

1. Lerebours-Pigeonnière, « Observations sur la question du renvoi », JDI 1924.877.

L'argument peut se recommander de la relativité des rattachements : le choix d'un rattachement donné par la règle de conflit du for ne signifie pas que toute valeur soit déniée à d'autres qui n'ont pas été retenus ; il n'exprime qu'une préférence, parfois discutée comme c'est le cas en France de la nationalité par rapport au domicile ou à la résidence habituelle (n° 146). Aussi lorsqu'il apparaît que le système désigné par le rattachement principal a effectué un autre choix, il n'est pas défendu de recourir à un rattachement non retenu à titre général, dans le but d'harmoniser les solutions.

Toutefois, la théorie examinée est assez formelle. Si l'on tient à voir dans la règle de conflit subsidiaire une règle émanant de l'ordre local, le rattachement subsidiaire devrait être prédéterminé et mis en œuvre quel que soit celui adopté par le système étranger ; au contraire, la nécessaire coordination veut que le rattachement subsidiaire soit celui-là même retenu par la règle de conflit étrangère. Entièrement commandé par le système étranger, le pseudo-rattachement subsidiaire du for variera donc selon les espèces. Cela marque le caractère artificiel de la justification proposée du renvoi[1].

221. – Le renvoi-coordination. Une autre conception justifie le renvoi par la coordination des solutions qu'il permet entre l'ordre juridique national et les ordres étrangers. Elle procède de l'observation que l'idée de coordination est inhérente à la règle de conflit même, puisque la fonction de celle-ci est de faire coexister les systèmes nationaux en désignant le cas échéant une loi étrangère. S'il apparaît que l'ordre juridique étranger désigné par une règle de conflit décline sa compétence, la coordination nécessaire exige donc une démarche supplémentaire, l'articulation des systèmes, laquelle peut amener à suivre le renvoi.

Un argument de poids en faveur de cette justification est fourni par l'hypothèse dans laquelle la règle de conflit désigne un ordre juridique non unifié ou composite : ainsi lorsque s'élève en France la question du statut personnel d'un Américain ou d'un Libanais. L'on ne voit pas d'objection en pareil cas à consulter le règlement de conflit en vigueur dans l'ordre juridique national de l'intéressé : rattachement au domicile dans le premier cas, à la religion dans le second (v. n° 296 s.)[2]. Or on ne voit pas de raison convaincante d'adopter une démarche différente selon qu'un Américain est domicilié dans un État de son pays, auquel cas l'on fait jouer le rattachement au domicile, ou dans un pays étranger, auquel cas il faudrait s'interdire de faire jouer le même rattachement parce que ce serait appliquer une règle de conflit étrangère.

Cette justification du renvoi échappe donc au grief d'abandon de souveraineté : si le règlement de conflit étranger est pris en considération, c'est par la volonté même de la règle de conflit du for et parce que désigné par elle. La question n'est plus que de rechercher la meilleure coordination

1. Selon une théorie voisine, le for constatant que le droit étranger désigné décline sa compétence devrait appliquer sa loi au nom de l'ordre public pour ne pas qu'un rapport juridique « apatride » reste sans réglementation (Niboyet, *Traité*, III, n° 1014 s.). Le résultat est le même dans le cas de renvoi au premier degré ; mais en cas de renvoi au second degré, on applique la loi du for au lieu d'une loi tierce, ce qui compromet inutilement l'harmonie internationale des solutions.
2. Il s'agit d'une nécessité puisque l'on ne trouve pas dans le droit étranger de disposition substantielle permettant de satisfaire le rattachement à la loi nationale : en matière de statut personnel, il n'existe pas de loi nationale américaine ou libanaise.

possible compte tenu de la nature du conflit négatif. Des solutions ont été suggérées plus haut, en réponse à l'argument tiré de l'« impossibilité logique » du renvoi (n° 212).

222. – L'objection du chassé-croisé : réfutation. À l'argument de la coordination, on a cependant opposé que dans le cas de désignation réciproque de deux lois, loin d'aboutir à l'harmonie des solutions, le jeu du renvoi donne lieu à un chassé-croisé. En effet, si un juge anglais saisi du statut personnel d'un Anglais domicilié en France fait jouer le renvoi sous couvert de coordination, il applique la loi anglaise alors qu'un tribunal français, dans le même esprit, appliquera la loi française. Cet argument n'est cependant pas très réaliste, parce qu'il suppose que les autorités des deux pays intéressés sont saisies simultanément. En règle générale, les autorités de l'un auront statué les premières et leur décision sera reconnue dans l'autre : soit au nom de droits acquis ; soit même après contrôle de la loi appliquée au fond, puisque aura été appliquée par le jeu du renvoi la loi voulue par l'État requis (sur l'exercice de ce contrôle en France et sa disparition, v. n° 474 s.).

Pour répondre néanmoins à l'objection du chassé-croisé, on pourrait songer à pratiquer le système suivant, dit du « double renvoi »[1]. Le juge anglais saisi d'une question concernant un Anglais domicilié à l'étranger et constatant que le juge étranger, contrairement à lui, appliquerait en principe la loi nationale, recherche alors ce que ferait ce juge à l'égard du renvoi s'il était saisi ; il fait alors lui-même *le contraire* afin d'aboutir à une véritable harmonie de solutions. Ayant eu par exemple à connaître de la succession d'une Anglaise établie en France sans y avoir été admise à domicile, une décision anglaise a déterminé qu'un tribunal français déclarerait applicable la loi anglaise en tant que loi du domicile de droit, mais que constatant le renvoi de la loi anglaise au domicile effectif, le tribunal accepterait ce renvoi (jurisprudence *Forgo*) ; par conséquent, la décision a appliqué la loi française comme l'aurait fait un tribunal français[2]. Saisie en revanche de la succession mobilière d'un Anglais domicilié en Italie, une autre décision a constaté qu'un for italien déclarerait compétente la loi anglaise et refuserait le renvoi opéré par le droit anglais à la loi du domicile ; la décision a donc appliqué la loi anglaise, ainsi que l'aurait fait un tribunal italien[3]. Ce système pèche par un relativisme excessif : pour qu'il puisse être appliqué dans un pays donné, il faut que les autres aient une position établie en matière de renvoi ; en revanche, ceux-ci ne disposeraient d'aucune indication concernant le pays qui pratique le » double renvoi ». En d'autres termes, le système n'est pas susceptible de généralisation.

3. Le renvoi en droit positif

223. – Consécration du renvoi. En dépit des critiques exprimées par la doctrine à la suite de l'arrêt *Forgo*, la Cour de cassation s'est prononcée pour l'application du renvoi, certaines décisions contraires s'interprétant

1. On évoque à son sujet la *foreign court theory* anglaise Mais la doctrine ainsi désignée n'est pas liée à la question du renvoi; elle procède de la conception territorialiste du droit anglais, se traduisant par la primauté reconnue en matière personnelle à la loi du domicile, dont il convient autant que possible de suivre la solution (v. Muir Watt, RC 1986.425).
2. *In Re Annesley* (1927), JDI 27.470.
3. *In Re Ross* (1929), JDI 30.1092.

plutôt comme des exceptions justifiées à un principe[1]. On distinguera les hypothèses de renvoi au premier et au second degré.

a. Renvoi au premier degré

224. – Admission du renvoi. Le renvoi avait été admis pour la première fois dans l'affaire *Forgo* de manière en quelque sorte spontanée et dans des circonstances où l'on pouvait relever que son jeu avait pour effet de faire échoir à l'Etat français une succession importante. Mais la position de la Cour de cassation ne devait pas changer une fois exposés tous les aspects théoriques de la question. Écartant implicitement l'objection de souveraineté, la haute juridiction, saisie à nouveau en matière de succession mobilière, déclara que « la loi française de droit international privé ne souffre d'aucune manière du renvoi qui est fait à la loi interne française par la loi de droit international privé étranger ; qu'il n'y a qu'avantage à ce que tout conflit se trouve ainsi supprimé et à ce que la loi française régisse, d'après ses propres vues, des intérêts qui naissent sur son territoire »[2]. Par la suite, le renvoi a été constamment admis en matière de *succession mobilière*[3], puis, récemment, *immobilière*[4]. La formule de l'arrêt *Soulié* fut reprise pour faire jouer le renvoi en matière de *divorce* d'époux de nationalité étrangère et établis en France[5]. Elle le fut également en matière de *filiation*, la loi nationale de l'enfant désignant celle de l'État « auquel la mère et l'enfant étaient soumis au jour de la naissance »[6].

Dans ce domaine particulier, les décisions les plus récentes ont toutefois refusé de faire application du renvoi (*infra* n° 728). Mais les circonstances particulières entourant ce refus – l'introduction par voie législative en 1972 d'un rattachement de principe peu répandu en droit comparé – interdisent de lui conférer une portée générale. Au demeurant, l'argument de l'autorité du législateur invoqué en la circonstance prouve trop : il conduit en effet à écarter par principe le renvoi en toute matière, puisque toute règle de conflit traduit une préférence en faveur du rattachement adopté. Cette situation fait surtout ressortir l'inconvénient de l'adoption d'un rattachement insuffisamment répandu en droit comparé.

1. Pour un recensement exhaustif de la jurisprudence, v. Derruppé et Agostini, J.-Cl. dr. int. Fasc. 532-B.
2. Req. 9 mars 1910, *Soulié*, D.P. 12.1.162 rapp. Denis, S. 13.1.105, JDI 10.888.
3. Req. 7 nov. 1933, *Ben Attar*, S. 34.1.321, RC 34.440 n. Niboyet, JDI 35.88 ; Civ. 7 mars 1938, *de Marchi della Costa*, RC 38.472 n. Batiffol, GA n° 16 (cet arrêt déclare que l'interprétation de la loi étrangère, renvoyant à la loi du domicile, échappe au contrôle de la Cour de cassation; ceci condamne pratiquement la thèse du renvoi « règlement-subsidiaire » n° 220).
4. Civ. I, 21 mars 2000, *Ballestrero*, et les arrêts subséquents, *infra* n° 888.
5. Civ. 10 mai 1939, *Birchall*, S. 42.1.173 n. Niboyet, RC 39.472; 1er avril 1954, *Bradford*, Bull. civ. II, n° 140. Il s'agit en réalité, en matière de divorce et dans les rapports avec les pays de *common law*, d'un faux renvoi, car si la loi française désigne la loi étrangère, celle-ci donne compétence aux *tribunaux* du domicile des époux (n° 133).
6. Civ. 8 déc. 1953, *Sommer*, RC 55.133.

225. – Non-application du renvoi. D'autres décisions ont refusé de faire jouer le renvoi ; mais elles ne doivent pas être interprétées comme le rejetant, car elles n'en condamnent pas le principe. Elles ont été rendues en matière de régime matrimonial, que le droit international privé français considère comme l'effet d'un acte juridique et déclare en conséquence soumis – à la différence d'autres systèmes – à la loi voulue par les époux. La Cour de cassation a ainsi approuvé les juges du fond de n'avoir pas fait jouer un renvoi allégué de la loi désignée à une autre loi (il s'agissait donc d'un renvoi au second degré, ce qui n'affecte pas la question de principe)[1], puis déclaré dans une affaire ultérieure que « le choix du régime matrimonial dépendant de la volonté expresse ou implicite des époux, ceux-ci n'ont pu se référer qu'à la loi interne [étrangère] à l'exclusion des règles [étrangères] de conflit de lois, dont [la cour d'appel] déclare qu'il n'est pas raisonnable de penser qu'ils aient soupçonné l'existence »[2]. On voit que la non-application du renvoi dans cette matière est liée au sens de la règle de conflit : la volonté des intéressés, lorsqu'elle est prise pour critère de rattachement, n'a pu raisonnablement porter que sur une loi de fond et non sur une règle de conflit qui désignerait une autre loi ; ce serait donc méconnaître la signification de la règle que de tenir compte d'un renvoi opéré par le système étranger. Bien que le dernier arrêt cité ait fait allusion à une possible connaissance de la règle de conflit étrangère par les intéressés, il serait peu vraisemblable que ceux-ci se soient fiés au jeu de cette règle si leur volonté était de voir appliquer la loi tierce désignée par elle, alors qu'il leur était loisible d'exprimer directement cette volonté par la désignation du droit voulu[3].

b. Renvoi au second degré

226. – Admission du renvoi. C'est à l'occasion d'un renvoi au premier degré que la Cour de cassation a d'abord admis le principe du renvoi au second degré, énonçant que les juges du fond avaient justement reconnu « le caractère en principe obligatoire du renvoi fait par la loi nationale d'un étranger à la loi d'*un autre* Etat pouvant être *le cas échéant* la législation française »[4]. La première application effective d'un tel renvoi, au moins partiel, est intervenue en matière de divorce et a été justifiée par la même formule[5]. Un arrêt ultérieur intervenu en matière de reconnaissance de divorce étranger fit état de l'absence d'allégation d'un renvoi à

1. Civ. 27 janv. 1969, *Lardans*, D. 69.294, JCP 70.II.16407 n. J. Foyer, RC 69.710 n. Derruppé, JDI 69.644 n. Ponsard (v. n° 873).
2. Civ. I, 12 fév. 1972, *Gouthertz*, JCP 72.II.17096 concl. Gégout, RC 644 n. Wiederkehr, GA n° 51.
3. Un autre motif, particulier à la matière est également susceptible de justifier le rejet du renvoi : l'unité du régime matrimonial (v. Paris, 1er juin 1978, *Massine*, n° 873).
4. Civ. 7 mars 1938, *de Marchi della Costa*, préc. (italiques ajoutés)
5. Civ. I, 15 mai 1963, *Patiño*, JCP 63.II.13365 n. Motulky, JDI 63.1016 n. Malaurie, RC 64.532 n. Lagarde, GA n° 38 : renvoi partiel du droit bolivien au droit espagnol de la célébration du mariage en vue de déterminer si l'union était susceptible d'être dissoute par le divorce ; v. surtout dans la même affaire la décision des premiers juges : Trib. civ. Seine, 28 juin 1950, RC 51.648 n. Motulky.

une loi tierce[1]. Plus récemment, un renvoi au second degré a été expressément consacré par la Cour de cassation, quoiqu'en termes étroitement liés à la matière, à propos du mariage[2].

La cour d'appel de Paris a également fait application du renvoi au second degré en matière de statut des sociétés (à titre surabondant), admettant le renvoi de la loi étrangère du siège réel, désignée par la règle de conflit française, à celle du siège statutaire situé dans un pays tiers et acceptant cette compétence[3].

4. Synthèse

227. – Application nécessairement sélective du renvoi. En dépit de la réflexion particulièrement étendue dont a fait l'objet la question du renvoi, aucun accord ne s'est dégagé quant au traitement à lui réserver. Le droit positif comparé révèle une palette d'attitudes, jusque dans les codifications récentes ; beaucoup de systèmes, tels le droit français, n'ont pas une position absolument univoque[4]. Cette constatation est une indication sérieuse de ce qu'il est impossible d'adopter une attitude globale, d'acceptation ou de rejet, à l'égard du renvoi – sauf à prononcer un refus dogmatique comme l'ont fait dans le passé les droits italien et grec – et que la question traditionnelle, savoir si la désignation d'un droit étranger par la règle de conflit porte sur ses seules dispositions de fond ou inclut son droit international privé, est mal posée. L'admission ou le rejet du renvoi dépendent de la matière dans laquelle la question s'élève et des considérations sous-tendant la règle de conflit, c'est-à-dire qu'il convient de mettre en œuvre un raisonnement *fonctionnel*.

En effet, l'analyse des principales règles de conflit a mis en lumière que leur élaboration fait intervenir un certain nombre d'intérêts, dont la résultante ou le compromis se traduit par l'association d'une catégorie et d'un rattachement donnés. La constatation d'une divergence avec le système étranger doit amener à se référer à ces facteurs mêmes en vue de

1. Civ. I, 11 juill. 1977, *Giroux c. Chartrand*, RC 78.149 n. Audit.
2. Civ. I, 15 juin 1982, *Zagha*, D. 83.I.R.151 obs. Audit et J. 431 n. Agostini, RC 83.300 n. Bischoff, JDI 83.595 n. Lehman. Des époux de nationalité syrienne et de confession israélite s'étant mariés en Italie en la forme rabbinique, la Cour de cassation a approuvé les juges du fond d'avoir admis la validité en la forme de ce mariage par l'effet du renvoi opéré par la règle de conflit italienne, « le jeu de ce renvoi se justifiant en l'espèce, dès lors qu'il conduisait à l'application de la loi mosaïque, aux formes de laquelle les intéressés avaient voulu se soumettre, et qu'il validait leur union ».
3. Paris, 19 mars 1965, *Banque ottomane*, JDI 66.118 n. Goldman, RC 67.85 n. Lagarde : le juge français « ne peut que constater que la loi anglaise refuse la compétence qui lui est offerte, au profit de la loi turque; (...) appliquant le système du renvoi (...) et faisant ce que ferait le juge anglais, il doit tenir comme d'allégeance turque cette société que le droit turc considère être soumise à son allégeance comme ayant été constituée en Turquie et y ayant son siège statutaire ». Dans le même sens et dans la même affaire : 3 oct. 1984, RC 85.586 n. Synvet, JDI 86.186 n. Goldman.
4. Sur certaines codifications modernes, v. les indications données par Rigaux, RC 1985.32 et von Overbeck, RCADI 1982.III.9 (t. 176).

statuer sur la divergence. En d'autres termes, l'attitude à suivre à l'égard du renvoi ne dépend pas de l'interprétation de la règle de conflit abstraitement considérée comme instrument général de solution des conflits de lois, ainsi que le voulait l'approche traditionnelle, mais de l'interprétation téléologique de *chaque* règle de conflit. Plus précisément, les considérations présidant au choix du rattachement dans une matière donnée doivent inspirer la solution au problème du renvoi[1]. On peut illustrer cette directive en passant en revue les principaux critères de rattachements retenus par les règles de conflit.

228. – Nationalité et domicile ou résidence habituelle. La soumission d'une question à une loi personnelle constitue la source la plus fréquente de conflits négatifs en raison, d'une part, de ce qu'il y est recouru dans un large éventail de matières (toutes celles qui sont susceptibles d'être considérées comme de statut personnel), d'autre part, de la diversité des rattachements susceptibles d'être retenus : nationalité et domicile, celui-ci sous diverses formes (n° 140 s.). En cas de renvoi, deux séries de considérations suggèrent de faire prévaloir la loi du « domicile » (ou de la résidence habituelle) sur la loi nationale. La loi du domicile sera fréquemment la loi du for saisi, le même rattachement justifiant la compétence juridictionnelle; or c'est un fait admis que l'application de la loi du for est plus aisée que celle d'une loi étrangère[2]. Le rattachement par la nationalité fait prévaloir des considérations immatérielles (de souveraineté, voire affectives) sur une localisation objective (l'établissement de la personne) : or le souci d'effectivité et de réalisme conduit à faire prévaloir la seconde sur les premières[3]. Par conséquent, si un État dont la loi est désignée au titre de loi nationale n'a pas jugé à propos de déroger au principe de la localisation objective et désigne pour sa part la loi du domicile ou de la résidence habituelle, il n'y a qu'avantage à appliquer celle-ci en faisant jouer le renvoi. La Convention de La Haye de 1955 destinée à régler les conflits entre la loi nationale et la loi du domicile (non entrée en vigueur) consacrait effectivement le renvoi de la première à la seconde, mais non l'inverse[4].

229. – Loi locale. On peut regrouper sous la dénomination de « loi locale » le rattachement en matière de statut des biens à la loi du *situs*, de forme des actes à la loi du lieu de leur passation et de délits à la loi du lieu de leur survenance ; toutefois, le titre d'application de cette loi n'est pas le même selon la matière, ce qui va se traduire par des conséquences très différentes en matière de renvoi.

Le rattachement d'un rapport juridique par la situation d'un *bien*, essentiellement en matière immobilière, répond à une convergence d'intérêts ;

1. En ce sens, art. 4.1 nouv. EGBGB.
2. Il en est de plus fort ainsi lorsqu'il s'agit d'organiser la protection d'un incapable (Civ. I, 21 sept. 2005, *infra* n° 614).
3. Le rattachement au domicile peut s'expliquer à la fois par l'idée de souveraineté et celle de proximité ; mais la seconde tend de nos jours à se substituer à la première, en particulier sous la forme de la résidence habituelle.
4. V. Francescakis, TCFDIP 1958-59, p. 151.

en particulier, le titre primordial reconnu à l'État du *situs* résulte du monopole d'exécution dont il jouit. Dans le cas où cet État ne confirme pas l'intérêt qui lui est prêté à l'application de sa propre loi et en désigne une autre, on ne voit guère de raison de ne pas suivre ce renvoi puisque les droits acquis selon la loi désignée seront reconnus par lui[1]. En matière de succession immobilière, la jurisprudence a expressément lié le jeu du renvoi à la finalité d'assurer l'unité de la succession, c'est-à-dire à ce que la loi à laquelle il est renvoyé soit celle qui régit la succession mobilière (*infra* n° 888), confirmant par là le caractère fonctionnel du mécanisme.

Le rattachement de la *forme des actes* à la loi du lieu où ils sont passés est justifié par la commodité des parties et la sécurité dont elles doivent bénéficier en se conformant aux dispositions de la loi locale. Imposer l'application d'une autre loi – pratiquement la loi du fond – pourrait se traduire par une invalidité qui ne serait pas reprochable aux parties : souvent, elles n'auront pas eu la possibilité de respecter cette loi, voire de la connaître. Ces considérations doivent inspirer l'attitude à adopter quant à une éventuelle prise en considération de la règle de conflit locale. Le principe de faveur à la validité des actes incite à ne pas tenir compte d'un renvoi de la loi locale à une loi tierce qui l'invaliderait, à moins que les parties ne s'y soient délibérément soustraites. En revanche, on peut envisager d'admettre un « renvoi validant » de la loi locale à une autre loi, telle que la loi applicable au fond ou la loi personnelle commune des parties[2].

En matière de *délits*, la jurisprudence est rare et les décisions peu significatives. Le titre à s'appliquer de la *lex loci delicti*, fondé sur l'attente des parties, semble exclure le renvoi si la loi locale en désignait une autre. Mais du fait que la présomption de proximité sur laquelle repose ce rattachement est de plus en plus fréquemment démentie (*supra* n° 182), il est concevable de suivre un renvoi opéré par la loi du *locus delicti* en faveur d'un rattachement plus précis (*infra* n° 779). Dans la mesure également où prévaut encore le principe du rattachement à la *lex loci delicti,* des « renvois de qualification » sont susceptibles de s'élever du fait de divergences sur le *contenu* de la catégorie : par exemple, certains systèmes y incluent la prescription de l'action en réparation tandis que d'autres peuvent voir là une question de procédure, donc soumise à la loi du for saisi[3]. La solution passe par une analyse de l'intérêt respectif des lois en présence à s'appliquer compte tenu des buts qu'elles poursuivent et des rattachements de la situation.

1. Le cas se présente en fait rarement parce que le souci d'effectivité des décisions conduit en général les tribunaux d'un pays donné à se déclarer incompétents en matière d'immeubles situés à l'étranger (n° 377) ; v. cependant Civ. 1re, 21 mars 2000, *Ballestrero*, *infra* n° 888 (faisant jouer le renvoi).
2. En ce sens, en matière de mariage, Civ. I, 15 juin 1982, *Zagha*, préc.
3. V. Pau, 24 juin 1981, D. 81.569 n. Agostini, admettant un « renvoi » de la loi espagnole à la loi française ; mais d'une part, il s'agissait de prescription de l'action et d'autre part, la loi espagnole ne déclinait pas sa compétence, comme dans un conflit négatif, mais prescrivait la consultation de la loi étrangère, en l'occurrence française.

230. – Volonté des parties. Le rattachement par la volonté des parties est admis en matière de contrat et par extension dans certains systèmes, comme en France, en matière de régime matrimonial. On a vu (n° 225) pourquoi ce rattachement doit être considéré en principe comme incompatible avec le renvoi : dès lors que les intéressés sont réputés avoir choisi une loi, c'est celle-ci qu'ils entendent voir appliquer, et non une loi tierce par l'effet d'une règle de conflit dont il serait peu réaliste de considérer qu'ils l'avaient en vue et en escomptaient l'application[1]. La même justification a été invoquée pour rejeter un renvoi de qualification allégué de la loi du contrat à la loi du for en ce qui concerne la prescription[2].

Le rejet du renvoi s'impose aussi bien, pour une autre raison, lorsque la loi du contrat est désignée comme étant celle avec laquelle il présente les liens les plus étroits : ce principe de rattachement exclut normalement tout renvoi, qui serait par hypothèse à une loi moins proche. En revanche, lorsque la règle de conflit adopte un rattachement objectif *prédéterminé*, tel que le lieu d'exécution et surtout le lieu de conclusion du contrat, il y a place pour un renvoi qui s'opérerait en faveur d'une autre loi, en particulier la loi choisie par les parties ; une autre question est de savoir si un système qui a adopté par principe un rattachement aussi formel que le lieu de conclusion, peut-être pour la certitude de la règle, accepterait de s'y plier.

231. – Conclusion sur le renvoi. Pendant près d'un siècle, on pouvait opposer en France une jurisprudence favorable au renvoi à une doctrine hostile. Paradoxalement, alors que la doctrine trouvait des raisons de justifier le renvoi, quelques décisions ont pu faire penser à son déclin (n° 224). En fait, il n'y avait pas davantage d'acceptation globale du renvoi dans le premier cas que de rejet dans le second : le renvoi se justifie dans certaines matières et doit être écarté dans d'autres, en fonction d'une analyse propre à chacune. La tendance contemporaine à tenir compte du résultat de l'application des règles de conflit ne peut qu'accentuer le relativisme de l'attitude à l'égard du renvoi[3].

Pas davantage ne doit-on voir une condamnation globale du renvoi dans le fait que les conventions de La Haye modernes se réfèrent le plus souvent à la loi *interne* de l'État qu'elles désignent, excluant par là le renvoi. L'objet des conventions est en général assez étroit et lorsque l'on s'est

1. L'idée a été expressément consacrée par la loi allemande de 1986 : art. 4, § 2 nouv. EGBGB.
2. Paris, 3 mars 1994, *Mobil North Sea*, D. 94. Somm. 355 obs. Audit, JCP 95.II.22367 n. Muir Watt, RC 94.532 n. B. Ancel, JDI 95.607 n. Légier (pourvoi rejeté par Civ. I, 11 mars 1997, JDI 97.789 n. Santa-Croce, RC 97.702 n. Ancel, D. 98.406 n. Agostini) : le motif avancé est que l'admission du renvoi (allégué, mais dénié par la cour qui se prononce à titre surabondant) contredirait le sens de la règle de conflit en morcelant les éléments d'une situation qu'elle ne veut pas dissocier. V. pourtant, Paris, 23 janv. 1975, RC 76.97 n. Dayant (faisant jouer au contraire le renvoi de qualification, au profit d'un débiteur français).
3. Typiquement, la législation nationale la plus récente, la loi belge de 2004, mêle une exclusion de principe du renvoi (art. 16) et son admission dans des matières particulières (capacité, successions mobilières, personnes morales), à quoi s'ajoute la possibilité d'appliquer une autre loi que celle désignée par la règle de conflit au moyen de la clause d'exception (art. 19).

accordé, après de longues discussions, sur un rattachement, l'on entend voir appliquer la loi correspondante et non celle qui résulterait d'un autre rattachement prévu par un Etat dans lequel la convention n'est pas en vigueur[1]. Plus une règle de conflit est précise, plus elle répugne au renvoi.

Voy. : Agostini, *L'application des règles de conflit étrangères et les conflits de systèmes en droit international privé*, thèse dactyl. Bordeaux, 1975 ; Courbe, « Retour sur le renvoi », Mél. Foyer, 2007, p. 241 ; Derruppé, « Plaidoyer pour le renvoi », TCFDIP 1964-66, p. 181; J. Foyer, « Requiem pour le renvoi », TCFDIP 1980-81, p. 105 ; Francescakis, *La théorie du renvoi et les conflits de systèmes en droit international privé*, 1958 ; Lewald, « La théorie du renvoi », RCADI 1929.IV.515 (t. 29) ; Louis-Lucas, « Vue simplifiée du renvoi », RC 1964.1.

B. CONFLIT MOBILE

232. – Notion et domaine. Il y a « conflit mobile », selon l'expression due à Bartin, lorsque l'élément de rattachement retenu par la règle de conflit connaît un déplacement ou une modification. Ce type de conflit ne peut donc se présenter qu'en certaines matières. On le rencontre principalement en matière de statut personnel, lorsque l'intéressé change de nationalité, de domicile ou de résidence ; et en matière de statut réel mobilier, lorsque le meuble est transporté d'un pays à un autre. En matière contractuelle, le conflit mobile est concevable dans la mesure où les parties sont susceptibles de se prononcer sur la loi applicable postérieurement à la conclusion du contrat (qu'elles aient ou non effectué un choix antérieur).

La modification de l'élément de rattachement peut dans certains cas être taxée de fraude (n° 236 s.) ; on s'intéressera ici au déplacement qui n'est pas critiqué de ce chef. La question est de savoir si l'on doit continuer d'appliquer la loi ancienne ou si celle-ci doit céder la place à la loi nouvelle. On peut essayer d'y répondre en fonction de principes généraux, valables en toute matière, et deux théories ont été soutenues en ce sens ; mais il semble préférable de s'attacher à la règle de conflit en cause et donc de se prononcer en fonction des principes qui la sous-tendent ou des objectifs qu'elle poursuit.

233. – Théorie des droits acquis. Un premier système repose sur la notion de *droits acquis*. Celle-ci constitue d'une certaine manière la directive fondamentale d'un système de solution des conflits de lois : fondée sur le respect mutuel des souverainetés (Pillet) ou le respect de l'« efficacité internationale des droits » (Niboyet), elle signifie que des droits constitués selon une loi donnée seront reconnus partout[2]. Pour le problème envi-

1. La question du renvoi ne se pose que dans ce cas, puisque entre États signataires, c'est par hypothèse la même règle de conflit qui s'applique ; mais les conventions récentes prévoient en général que la loi désignée s'applique même si elle n'est pas celle d'un État contractant (n° 50).
2. En tant que principe général, elle se heurte à l'objection que pour apprécier si un droit a été *régulièrement* constitué à l'étranger il est nécessaire de se demander selon quelle loi il aurait dû l'être; pour une réfutation générale, v. Arminjon, « La notion de droits acquis en droit international privé », RCADI 1933.II.1 (t. 44).

sagé, il s'ensuit par exemple que si une sûreté a été constituée dans un pays donné sur un meuble qui s'y trouvait et que le meuble vient à être transporté dans un autre pays, la sûreté y conservera ses effets. Ou encore, les effets d'un mariage demeureraient soumis à la loi qui s'y appliquait lorsqu'il a été contracté, en dépit d'un changement de loi personnelle des époux.

Ce principe de solution assure la stabilité des droits ou institutions dans l'ordre international, ainsi qu'un certain maintien des ensembles législatifs. Par exemple, le titulaire d'une sûreté sur un meuble ne perdra pas le bénéfice de celle-ci au motif que l'objet a été déplacé à l'étranger ; un mariage conclu sous l'empire d'une loi restrictive en matière de divorce ne pourra être dissous selon une loi plus libérale[1]. Mais il présente l'inconvénient corrélatif de figer les situations en les maintenant le cas échéant sous l'empire d'une loi avec laquelle elles ont perdu tout lien significatif. En matière de statut personnel, notamment il ne tient pas compte du fait que l'écoulement du temps fait perdre à la loi d'origine le titre qu'elle avait à s'appliquer. Inspiré à l'origine par l'idée de respect de la souveraineté des États, il se traduit pratiquement par la négation du conflit mobile.

234. – Analogie avec le conflit de lois dans le temps. Une autre analyse (Batiffol) fait ressortir l'analogie du problème avec celui que soulève en droit interne la succession de deux lois. Elle transpose donc, en tant que de raison, les principes de solution dégagés pour ce type de conflit : non-rétroactivité de la loi nouvelle, interdisant de remettre en cause les modes d'acquisition des droits et leurs effets échus ; mais application immédiate de cette loi aux effets à venir, sous réserve des contrats en cours[2]. Ainsi, ce qui a été accompli sous l'empire de la loi d'origine sera reconnu ; mais la situation sera désormais régie par la loi que désigne actuellement la règle de conflit.

Ce raisonnement permet de tenir compte, en matière de statut personnel, d'un changement effectif de situation des intéressés[3]. En matière de statut mobilier, il assure la sécurité des tiers en confortant l'apparence qui résulte de la situation actuelle du bien : il les met à l'abri de la surprise que représenterait la revendication d'un droit constitué selon une loi étrangère et inconnue de la loi locale ou qui n'a pas fait l'objet de la publicité qu'elle prévoit[4].

1. Pour une autre illustration possible, Civ. 15 mai 1963, *Patiño*, JCP 63.II.13366 n. Motulsky, JDI 63.996 n. Malaurie, RC 64.506 n. Lagarde, GA n° 39 : le demandeur à une action en nullité pour incapacité ayant changé de nationalité, il est jugé que la prescription demeure régie la loi ancienne parce que « formant avec l'incapacité et sa sanction un ensemble indissociable soumis à une unique loi ». Mais cette décision s'explique aussi bien par la non-rétroactivité de la loi nouvelle aux conditions de validité d'un acte.
2. Roubier, *Le droit transitoire*, 2e éd., 1960.
3. Civ. 24 mai 1928, *Ferrari*, S. 29.1.192 ; trib. Seine, 17 oct. 1956, *Patiño*, JCP 1956.II.9688 n. Bellet, confirmé par Paris, 1er juill. 1959, JCP 59.II.11214 concl. Combaldieu, D. 59.455 n. Malaurie, JDI 60.428 n. Ponsard.
4. Civ. 24 mai 1933, S. 35.1.253 n. Batiffol, Rev. dr. int. pr. 34.142 n. J.-P. N.

Cependant, si le conflit mobile et le conflit transitoire interne peuvent être rapprochés, ils ne sont pas entièrement assimilables. En effet, le premier n'est pas suscité comme le second par un législateur unique décidant de remplacer une règle par une autre estimée préférable ; il s'agit d'un conflit dans l'espace, provoqué par une initiative des personnes concernées, et mettant en présence des dispositions entre lesquelles n'intervient à ce stade aucun jugement de valeur. L'argument de la supériorité de la loi nouvelle sur la loi ancienne, facteur de solution des conflits transitoires internes, est sans application ici.

235. – Spécificité du conflit mobile : interprétation de la règle de conflit. Le conflit mobile ne se confondant pas entièrement avec un conflit transitoire interne, le problème étudié peut être résolu, comme ceux précédemment examinés dans ce chapitre, par une interprétation de la règle de conflit elle-même. On constate en effet que la précision temporelle est souvent inhérente à la règle de conflit : ainsi lorsqu'elle prévoit un rattachement par nature instantané, tel que le lieu de conclusion d'un acte, ou du moment, tel que la résidence habituelle ; ou bien lorsqu'elle fait implicitement prévaloir la notion de droits acquis (désignant par exemple la loi du premier domicile matrimonial) ou au contraire l'application immédiate de la loi nouvelle (par exemple en désignant la loi du dernier domicile du défunt)[1]. Il paraît donc indiqué de rechercher la solution du conflit mobile qu'appellent les considérations ayant présidé au choix de la règle de conflit. On rappelle que l'association d'une catégorie et d'un rattachement traduit une certaine appréciation dans la matière en cause des intérêts généraux à satisfaire : l'application de la loi la plus proche, tout en ménageant la prévisibilité quant au droit applicable, la stabilité des relations juridiques, les attentes légitimes des intéressés, l'homogénéité de la loi, la sécurité du commerce juridique...

Ainsi en matière de *statut réel mobilier*, un fondement primordial du rattachement à la *lex rei sitae* est l'apparence qui résulte de la situation du meuble. Ce facteur incite à faire prévaloir la loi de la situation actuelle sur celle de la situation ancienne (sans préjudice de l'intervention d'autres facteurs tels que la bonne foi des tiers ou le risque assumé par le créancier d'un déplacement de la chose, en fonction du cas particulier) (*infra*, n° 765 s.).

En matière de *statut personnel*, l'idée essentielle de permanence milite à première vue pour le maintien de la loi sous l'empire de laquelle des droits ont été constitués. Toutefois, la permanence ne signifie pas l'intangibilité : les relations internationales impliquent les mouvements de personnes et il convient de tenir compte de l'évolution des situations ; le principe d'application de la loi avec laquelle la situation présente les liens plus étroits implique au contraire que soient tirées les conséquences d'un changement effectif de situation. Lorsque l'intéressé change de nationalité

1. Le législateur adoptant une règle de conflit inclut parfois la précision temporelle : ainsi dans l'art. 311-14 C. civ. prescrivant d'appliquer à l'établissement de la filiation la loi nationale de la mère au moment de la naissance.

ou de domicile, le titre que présentait la loi qui s'appliquait antérieurement à lui diminue avec le temps ; plus celui-ci s'écoule, plus le conflit entre la loi d'origine et la loi nouvelle devient un faux conflit dans lequel la seconde a acquis un intérêt prépondérant à s'appliquer. Le fait de permettre le changement de rattachement, quel qu'il soit, implique que les conséquences en soient tirées, dès lors qu'il est effectif[1].

En matière *contractuelle*, l'exercice d'un choix de la loi postérieur à la conclusion du contrat est susceptible de donner lieu à un conflit mobile : soit que les parties aient antérieurement exprimé un choix différent, soit que les principes applicables en l'absence de choix conduisent à une autre loi. Les justifications primordiales de la faculté de choix résident dans la commodité des parties et la certitude qu'elle procure ; cela conduit à donner effet au choix actuellement exprimé, sauf à réserver les droits des tiers qui auraient fondé des prévisions légitimes sur la situation antérieure. Telle est la solution expressément adoptée par la convention de Rome (art. 3.2, *infra* n° 799).

En définitive, la solution du conflit mobile emprunte tantôt au souci de respect des droits acquis, tantôt à celui d'efficacité de la loi actuelle, en fonction des objectifs particuliers à la matière, tels qu'ils s'expriment dans le rattachement retenu pour la règle de conflit[2]. Pour cette raison, on retrouvera la question à propos des différentes institutions à l'égard desquelles la question se pose (*infra*, Titre III).

Voy. : Batiffol, « Conflits de lois dans l'espace et conflits de lois dans le temps », Mél. Ripert, 1950, t. 1, p. 292 ; Courbe, *Les objectifs temporels des règles de droit international privé*, 1981 ; Fahmy, *Les conflits mobiles de lois en droit international privé*, thèse dact. Paris, 1951 ; Gavalda, *Les conflits dans le temps en droit international privé*, 1955 ; Level, *Essai sur les conflits de lois dans le temps, Contribution à la théorie générale du droit transitoire*, 1959 ; Rigaux, « Le conflit mobile en droit international privé », RCADI 1966.I.332 (t. 117) ; Roubier, « Les conflits de lois dans le temps en droit international privé », Rev. dr. int. pr. 1931.38 ; Souleau-Bertrand, *Le conflit mobile*, 2005 ; Szàszy, « Les conflits de lois dans le temps (théorie des droits privés) », RCADI 1934.I.147 (t. 47).

1. Cela suppose par exemple que la résidence habituelle soit qualifiée par une durée suffisante ; à défaut, on crée une possibilité de fraude (v. n° 240). D'autres considérations sont encore susceptibles d'intervenir, en fonction de la matière ; ainsi en matière de filiation, l'idée de faveur à l'enfant peut inciter à offrir un choix entre les lois en présence : v. avant la loi du 3 janv. 1972, Civ. 5 déc. 1949, *Verdier*, JCP 50.II.5287 n. Delaume, RC 50.65 n. Motulsky, JDI 50.180 n. Goldman, GA n° 21.
2. Lorsqu'une matière donnée, telle les régimes matrimoniaux, connaît des rattachements différents (volonté des parties, lorsqu'elle est exprimée, rattachement objectif, dans le cas contraire), le conflit mobile sera traité en fonction de chacun (n° 875 s.).

SECTION II

THÉORIE DE LA FRAUDE À LA LOI

236. – Fraude à la loi et droit international privé. La théorie générale du droit parle de « fraude à la loi » pour désigner une violation de la loi qui se réclame du droit lui-même. Ainsi le droit interne français a connu l'exemple du médecin, normalement incapable de recevoir une libéralité de sa patiente sur le point de mourir (art. 909 C. civ.), épousant celle-ci pour bénéficier de l'exception jurisprudentielle admettant la validité de la libéralité lorsque le disposant et le gratifié sont dans les liens du mariage. Si l'on veut maintenir la dérogation à la règle de principe, dérogation justifiée lorsque le mariage est suffisamment antérieur au décès, il faut, pour faire échec à la manœuvre, invoquer l'*exception de fraude à la loi.* La caractéristique de ce moyen est de maintenir en principe la règle interposée (et détournée), mais de la priver d'effet dans le cas particulier en raison de l'intention frauduleuse prêtée à celui qui l'invoque. Cette intention est elle-même inférée des circonstances ; dans l'exemple donné, le très bref délai séparant le décès du mariage et de la libéralité. La fraude à la loi se distingue donc de la violation de la loi par le fait qu'elle s'appuie sur un moyen juridique[1]. L'expression de fraude *à la loi* vise moins l'objet de la fraude – qui peut être toute règle obligatoire – que le moyen employé : l'utilisation du droit

En droit international privé, la notion de fraude est aisément susceptible d'être invoquée parce que des personnes soumises à une loi qui les contrarie peuvent être tentées de se placer sous l'empire d'une loi étrangère plus complaisante : ainsi en se mariant, ou divorçant ou constituant une société à l'étranger pour échapper aux restrictions de la loi normalement applicable. L'intervention d'une loi, fût-elle étrangère, confère à la situation une apparence de régularité qu'elle n'aurait pas sans cela. On peut dire que l'existence même des lois étrangères, normes juridiques, crée une possibilité générale de fraude.

237. – Fraude à la loi, à la compétence, au jugement. En matière internationale, le recours délibéré à une loi donnée pour échapper à une autre requiert pratiquement l'intervention d'une autorité publique appliquant la première. Cette intervention donne en effet à l'application de la loi désirée une apparence de légitimité que la seule volonté de l'individu serait impuissante à lui conférer (par exemple, en soumettant un acte juridique à une loi donnée sans autre justification possible que d'échapper à la loi à laquelle il se rattache) ; elle procure un *titre*, dont l'intéressé va se prévaloir dans l'ordre international en invoquant des *droits acquis*. Le titre peut émaner d'une autorité administrative, comme dans le cas de célébration d'un mariage ou de constitution d'une société. Le plus souvent, cette autorité est un juge, d'où l'expression de *forum shopping*. Tel est notamment le cas en matière de divorce, qui a constitué le terrain d'élection de la fraude de droit international aussi longtemps que la plupart des législations, dont

1. Vidal, *Essai d'une théorie générale de la fraude en droit français*, 1957 ; Ghestin et Goubeaux, *Traité de droit civil, Introduction*, 4e éd., 1994, n° 741 s. ; Audit, *Dictionnaire de la culture juridique*, 2004, V° Fraude.

la législation française, se montraient restrictives envers l'institution : un époux en mal de divorce, ou les deux, tentaient de se soustraire à la loi s'appliquant à eux en s'adressant à un juge étranger complaisant.

Du fait que le recours illégitime à une loi étrangère se manifeste par une décision d'une autorité publique, sa contestation interviendra normalement lors d'un contrôle exercé sur la régularité de la décision dans le ressort de la loi évincée (ou parfois dans le ressort d'une loi tierce, n° 247). Le refus de reconnaissance peut alors se fonder non seulement sur le défaut de compétence de la loi appliquée, mais aussi sur d'autres éléments contrôlés lors de la reconnaissance d'un acte public étranger (n° 17) : défaut de compétence de l'autorité étrangère, et l'on parlera de « fraude à la compétence » (de l'autorité évincée) ; contrariété à une décision locale déjà rendue, voire à intervenir (ainsi lorsqu'un époux a saisi un tribunal étranger alors que son conjoint avait engagé une action devant les juridictions de l'État du domicile commun ou s'apprêtait à l'intenter) et l'on parlera de « fraude au jugement »[1]. Même si la saisine d'un for sans lien avec la situation a toujours pour fin l'application d'une loi donnée en vue d'échapper à une autre, la question de la fraude « de droit international » relève donc aussi bien du conflit de juridictions ou d'autorités sous ses deux formes – compétence internationale et reconnaissance des décisions étrangères – que du conflit de lois[2].

Toutefois, l'abandon par la Cour de cassation en 2007 du contrôle de la loi appliquée par le juge étranger, dans le cadre de l'exequatur (n° 475), modifie complètement le rôle que ces notions sont respectivement appelées à jouer. D'un point de vue pratique, il prive de son objet l'exception de fraude à la loi, *stricto sensu*, qui avait vocation à être mise en œuvre au terme du contrôle, selon les principes de la règle de conflit bilatérale, de la loi étrangère appliquée. Cette théorie doit néanmoins être évoquée car elle permet toujours de mettre en lumière les éléments d'une fraude de droit international (§ 1). La fraude « banale » par recours à une loi étrangère demeure autant que jamais possible, pourvu que le sujet trouve une autorité disposée à exercer sa compétence pour lui accorder ce qu'il recherche ; mais sa sanction éventuelle s'inscrira désormais dans le cadre des autres contrôles exercés en vue de la reconnaissance des jugements et autres actes publics étrangers (§ 2). Enfin, comme par le passé se pose la question de l'attitude à observer face à une allégation de fraude dirigée non contre la loi du for mais contre une loi étrangère (§ 3).

1. V. l'exemple de certains divorces maghrébins (répudiations) d'époux résidant en France, *infra* n° 687.
2. Il est concevable que l'autorité saisie déclare appliquer la loi normalement compétente, mais soit trompée sur la teneur de celle-ci ; il ne s'agirait alors que d'une application formelle, accompagnée d'une violation substantielle.

§1 : LA THÉORIE BILATÉRALISTE ET L'EXCEPTION DE FRAUDE À LA LOI

238. – Fraude à la loi et exception de fraude. La doctrine française de droit international privé a édifié une théorie de la fraude à la loi fondée sur l'hypothèse d'une modification délibérée de l'élément de rattachement retenu par la règle de conflit. Elle s'est inspirée pour cela d'une espèce ancienne (antérieure au rétablissement du divorce en 1884), l'affaire *de Beauffremont*. Dans celle-ci, une femme de nationalité française (par son mariage) et séparée de corps avait obtenu la nationalité d'un duché allemand, dont la loi tenait cette séparation de corps pour équivalente à un divorce, et elle avait contracté un nouveau mariage. À la demande du premier mari, le second mariage fut déclaré inopposable en France nonobstant la règle de conflit donnant compétence à la loi nationale en matière de statut personnel, au motif que le changement de nationalité avait été opéré « dans le seul but d'échapper aux prohibitions de la loi française en contractant un second mariage »[1]. Dans cet exemple, il y avait eu création de l'élément de rattachement étranger suscitant le conflit de lois. On pouvait aussi bien qualifier de fraude l'exploitation d'un rattachement secondaire que le sujet n'avait pas eu à créer, tel qu'une seconde nationalité acquise à la naissance et ne correspondant pas à lien effectif[2]. Il est apparu également qu'une fraude pouvait être réalisée de manière médiate, par action sur la qualification du rapport de droit, se traduisant par un nouveau rattachement[3]. La Cour de cassation finit par déclarer qu'il y avait fraude à la loi « lorsque les parties ont volontairement modifié un rapport de droit dans le seul but de le soustraire à la loi normalement compétente »[4].

239. – Appréciation critique. On pouvait reprocher à cette théorie réduisant la notion de fraude aux cas où l'on recourt à l'exception de fraude à la loi d'être beaucoup trop restrictive, car il est exceptionnel que les règles de conflit se prêtent véritablement à une manipulation efficace. Pour que ce soit le cas, il faut que les éléments de la règle soient modifiables par la volonté des parties, et plus précisément que la règle accorde un effet décisif à une *déclaration* de volonté, laquelle est susceptible de ne pas correspondre à la réalité (déplacement du rattachement) ou de ne pas pouvoir se justifier autrement que par la volonté de changer la loi appli-

1. Civ. 18 mars 1878, S. 78.1.193 n. Labbé.
2. V. par ex. TGI Paris, 13 mai 1992, JDI 94.419 n. H.-J. Lucas : refus de reconnaissance d'un changement de nom obtenu en Angleterre, en raison de la nationalité française effective et prépondérante de l'intéressé (la solution se fonde sur l'ordre public).
3. Civ. I, 20 mars 1985, *Caron*, préc. n° 204 : transformation de ce qui devrait être une succession immobilière, régie par la *lex rei sitæ*, en succession mobilière, soumise à la loi du domicile. V., inversement, rejetant une allégation de fraude qui aurait consisté à faire passer pour mobilière une donation en réalité portant sur des immeubles : 18 mai 2005, RC 06.639 n. Ancel (c'est plutôt le demandeur qui cherchait par cet argument à obtenir l'application de la loi française en tirant parti du rattachement de la situation à la France, ce qui illustre aussi l'hypothèse précédente d'exploitation d'un conflit spontanément né).
4. Civ I, 17 mai 1983, RC 85.366 n. B. Ancel.

cable (action sur la qualification). Dans le domaine d'élection de la fraude, celui du statut personnel, la fraude par changement de nationalité n'est techniquement impeccable que si l'acquisition volontaire d'une nationalité étrangère – jouant le rôle de la déclaration – fait perdre la nationalité du for, comme ce fut jadis le cas en France mais a cessé de l'être depuis 1889 (n° 1008 s.)[1]. Dans le cas contraire, il suffit de constater que l'intéressé a conservé sa nationalité d'origine, puisqu'en cas de conflit de nationalités mettant en cause celle de l'autorité saisie, c'est normalement celle-ci qui prévaut (n° 139). Lorsque le statut personnel est déclaré soumis au « domicile », la nécessité de recourir à l'exception de fraude est directement fonction de l'effet que l'on attache dans le ressort de la loi évincée à la déclaration d'acquisition d'un domicile à l'étranger : l'intéressé peut bien déclarer son intention de fixer son domicile dans un pays donné, et les autorités locales avoir donné foi à cette affirmation en modifiant son statut, elle n'a dans le ressort du domicile d'origine que la portée que les autorités voudront bien lui prêter. La résidence habituelle ne peut en principe se prêter à l'exception de fraude, dans la mesure où elle ne fait pas intervenir de déclaration de volonté (n° 150) ; il suffit en effet à l'autorité sollicitée de reconnaître des droits acquis de ce chef à l'étranger de constater que la résidence habituelle du ou des intéressés demeure dans le ressort du for[2]. Le droit fiscal, qui fait de la résidence habituelle en France le critère d'imposition sur le revenu (art. 4 CGI), montre bien qu'en se réservant l'appréciation de l'élément qui constitue la critère d'application de sa loi, un État dispose du moyen de s'opposer à la fraude sans qu'il soit nécessaire de recourir à une exception.

Le rattachement par la volonté des parties, admis en matière de contrat, ouvrait théoriquement la porte à toutes les fraudes. C'est ce qui a inspiré les critiques objectivistes à l'encontre du principe lorsqu'il fut proclamé (n° 169). Pour tenir compte de ces critiques, le principe d'autonomie a été assorti de la précision que le contrat doit être *réellement* international ou que la loi choisie doit l'avoir été de bonne foi[3]. Ce sont là des équivalents fonctionnels de l'exception de fraude : le

1. Dans l'affaire *de Beauffremont*, antérieure à 1889, l'argument du changement de nationalité fut également jugé sans effet au regard de la loi française faute d'autorisation maritale ainsi qu'en vertu du droit acquis du mari à un mariage indissoluble, sans que la fraude soit expressément visée (Paris, 17 juill. 1876, S. 76.2.249 ; v. de même dans une autre affaire, Trib. Seine, 16 juin 1906, R.07.764). L'espèce même ayant inspiré l'exception de fraude à la loi constituait donc une piètre illustration de son caractère nécessaire (démenti par le droit comparé). Plus significatives étaient quelques décisions antérieures, intervenues sous l'empire des mêmes textes, dans lesquelles des maris français, ou les deux époux de concert, avaient obtenu une nationalité étrangère et divorcé selon leur nouveau statut personnel, cela sans modifier aucunement leurs rattachements effectifs avec la France : Cass. 18 déc. 1945, *Desprades*, S. 46.1.100 ; 19 juill. 1875, *de Ramondec*, S. 76.1.289, rejetant le pourvoi contre Toulouse, 27 juill. 1874, S. 76.2.149 ; Paris, 30 juin 1877, *Vidal*, D. 78.2.6.
2. Sur ce qu'il suffirait, avant cela, à l'autorité priée d'accorder des droits selon ce critère de s'assurer d'une durée suffisante pour ne pas se prêter à des fraudes aux lois étrangères, n° 246.
3. En ce sens, art. 3.3 de la Convention de Rome (CEE) du 19 juin 1980 et du règlement Rome I : « le choix par les parties d'une loi étrangère (...) ne peut, lorsque tous les autres éléments de la situation sont localisés au moment de ce choix dans un seul

premier contre une internationalisation artificielle du contrat, le second contre le choix d'une loi qui apparaîtrait motivé par le désir d'échapper à une règle impérative objectivement applicable[1].

En revanche, un déplacement effectif de l'élément de rattachement retenu par la règle de conflit exclut la fraude et ne soulève qu'une question de conflit mobile. Ainsi, et contrairement à une affirmation courante, il ne saurait y avoir fraude à déplacer un meuble pour le soumettre à une autre loi ; de fait, il est sans exemple que la jurisprudence ait appliqué l'exception de fraude à une telle hypothèse[2]. La fraude des pavillons de complaisance, parfois citée à l'appui de la proposition traditionnelle, illustre en réalité la confusion commise : une telle fraude n'est précisément possible que parce que l'on ne tient pas compte de la localisation effective habituelle du navire et qu'on lui prête une localisation fictive (ou une « nationalité »), qui ne repose que sur une *déclaration* des propriétaires du navire ne correspondant pas à la réalité (n° 163). De manière générale, il n'y a pas fraude à se soustraire *effectivement* au champ d'application d'une loi ; l'essence de la fraude réside dans une discordance entre les déclarations et les actes.

240. La fraude sans manipulation de la règle de conflit. Tandis que les applications jurisprudentielles de l'exception de fraude ont été presque inexistantes, toute hypothèse de recours à une loi étrangère sans lien convaincant avec la situation suscite le qualificatif de fraude en raison du caractère juridique du moyen utilisé. Si par exemple deux personnes incapables de se marier selon leur loi personnelle contractent mariage dans un pays étranger dont la loi le leur permet, ce mariage est valable dans l'État du lieu de célébration ; et de ce fait même, il a des chances d'être reconnu dans un certain nombre d'États tiers. Ainsi s'explique que les tribunaux aient fréquemment été amenés à parler de fraude pour qualifier un recours délibéré à une loi étrangère même non désignée par la règle de conflit. Mais du point de vue de la loi évincée, il ne s'agit néanmoins que d'une violation pure et simple de la loi. Les intéressés ne s'étant pas embarrassés d'agir sur la règle de conflit, ou ne l'ayant pu, il suffisait de constater que la loi évincée n'avait jamais cessé d'être applicable selon la règle de conflit du for : ainsi lorsque des Français avaient contracté mariage à l'étranger en violation des conditions de la loi française[3] ou obtenu à l'étranger un divorce dans des conditions les plus irrégulières au regard du droit français. L'esprit de fraude des intéressés, relevé par les décisions lorsqu'il est patent, n'est alors qu'un argument surabondant,

pays, porter atteinte aux dispositions auxquelles la loi de ce pays ne permet pas de déroger par contrat... ». La convention s'applique d'autre part par hypothèse « dans les situations comportant un conflit de lois » (art. 1.1).

1. On a indiqué les raisons pour lesquelles ces différentes réserves n'ont pas en fait l'occasion d'être mises en œuvre (n° 175).
2. Pour une discussion, v. d'Avout, *op. cit.*, n° 417 s.
3. Trib. Troyes, 9 nov. 1966, RC 67.530 n. Malaurie, JDI 68.705, 1re esp. ; v . également entre époux étrangers, Civ. I, 15 juin 1982, *Zagha*, D. 83.I.R.151 obs. Audit.

permettant de mieux justifier le refus de droits acquis à l'étranger ; on est en-dehors de l'exception de fraude.

Exemplaire est l'affaire *Weiller* dans laquelle une femme mariée à un Français, et ayant acquis la nationalité française du fait de ce mariage, s'était rendue au Nevada où elle avait obtenu un divorce selon la loi locale et s'était aussitôt remariée ; à la demande de son mari, divorce et remariage furent déclarés inopposables en France[1]. Sur pourvoi de la femme, la Cour de cassation déclara que la cour d'appel avait pu « retenir et sanctionner la fraude à la loi française, dans des conditions ainsi artificiellement créées par la dame W. en vue de substituer aux lois françaises sur le mariage, l'application par un tribunal incompétent, d'une loi étrangère incompétente, lui permettant de répudier son mari sans débat sérieux »[2]. L'accumulation d'irrégularités ainsi relevée est rigoureusement antinomique à l'exception de fraude, laquelle postule au contraire la régularité formelle de la situation.

Avec l'abandon par la Cour de cassation en 2007 du contrôle de la loi appliquée par le juge étranger dans le cadre de l'exequatur (n° 475), la notion de fraude en droit international privé perd la spécificité qui résultait de son association à l'exception de fraude (soit la mise en œuvre d'une loi étrangère théoriquement compétente selon la règle de conflit) pour n'être plus que ce qu'elle est selon le langage courant : une violation délibérée de la loi, ici par recours à une loi étrangère appliquée par une autorité publique, ce qui lui confère encore un caractère juridique et spécifique au contexte international. L'incompétence de cette loi ne pouvant plus être relevée comme telle, ce sont les autres conditions de reconnaissance des jugements et actes étrangers qui pourvoiront à sa sanction[3].

§ 2 : CONCEPTION ÉLARGIE DE LA FRAUDE DE DROIT INTERNATIONAL

241. Contrôle des jugements et actes publics étrangers. Comme on l'a indiqué (n° 237), l'intervention d'une autorité publique pour créer ou modifier une situation de droit privé, et tout particulièrement l'intervention d'un juge, crée une situation très différente de celle dans laquelle une situation serait simplement appréhendée dans le champ d'une règle étrangère à laquelle l'individu déclarerait se soumettre (par exemple une loi sur le divorce se déclarant applicable sans considération de la nationalité, du domicile ou de la résidence des époux). Les principes d'égalité et de souveraineté des États conduisent à faire bénéficier les actes émanant de leurs autorités d'une sorte de présomption de régularité et donc à reconnaître les droits qu'ils confèrent. Ces actes sont donc de plus susceptibles d'être reconnus dans un certain nombre d'États tiers, de sorte qu'en refu-

1. Paris 15 déc. 1948, D. 49.463 n. Savatier, JCP 49.II.4950, RC 1949.113 n. Francescakis.
2. Civ. 22 janv. 1951, S. 51.1.187, JCP 51.II.6151, RC 1951.147 n. Francescakis. V. également, TGI Paris, 6 juill. 1972, *Agier*, JDI 73.728 n. Audit ; TGI Paris, 5 juill. 1983, RC 85.733.
3. Rien n'empêchera cependant les tribunaux refusant de reconnaître un acte étranger pour l'un des motifs qui vont être examinés de relever également l'intention du sujet d'échapper à la loi lorsqu'elle est patente, puisque aussi bien telle est toujours la finalité de la fraude.

« punir » l'intéressé[1]. Mais la protection des tiers peut justifier qu'il leur soit permis de se prévaloir de la situation créée à l'étranger[2].

§ 3. – FRAUDE À UNE LOI ÉTRANGÈRE

Le principe de la sanction de la fraude à la loi étrangère a donné lieu à une hésitation injustifiée, alors que seule son opportunité dans un cas donné demande à être appréciée (A) ; les véritables difficultés résident parfois dans la formulation de la sanction, en fonction de l'hypothèse présentée (B).

A. PRINCIPE ET OPPORTUNITÉ DE LA SANCTION

244. – Prise en considération de la fraude à la loi étrangère. Chaque droit national, subissant la concurrence des lois étrangères, est susceptible d'être évincé par recours frauduleux à l'une d'elles. Se pose donc dans un ressort donné la question de la fraude aux lois étrangères. L'objet même de la discipline des conflits de lois étant d'assurer la coexistence harmonieuse des lois nationales en attribuant à chacune les situations qui lui reviennent, il serait en soi difficilement justifiable de rester par principe indifférent devant la violation délibérée des lois étrangères. Lorsque le système de conflit du for s'énonce en règles de conflit bilatérales, cette attitude ferait encourir le reproche d'incohérence.

Il a été cependant longtemps soutenu que le droit français ne sanctionnait pas la fraude aux lois étrangères. Cette proposition erronée procédait de la conception de la fraude en droit international tirée de l'arrêt *de Beauffremont* et liée à l'exception de fraude (n° 238). L'on s'est en effet demandé si dans une situation « symétrique » à celle présentée par cette affaire, l'on écarterait les effets de l'application de la loi française par respect pour la loi étrangère. L'hypothèse a paru se présenter dans une affaire où un Italien naturalisé français ayant demandé, peu après, le divorce, l'allégation de fraude à la loi italienne formulée par sa femme fut rejetée[3]. Cette décision ne pouvait avoir la portée qui lui a été prêtée, parce que l'on ne saurait taxer de frauduleux le fait de demander l'application d'un nouveau statut personnel lorsque celui-ci n'a pu être acquis qu'après une résidence de cinq ans au moins selon les lois en vigueur ; cette durée est par nature exclusive de tout artifice dans le changement de statut (n° 240).

245. – Opportunité de la sanction : facteurs de décision. S'il ne fait aucun doute que la fraude à la loi étrangère doit être prise en considération, il ne s'ensuit pas pour autant que, toute question de preuve mise à

1. V. Paris, 18 juin 1964, *Gunzbourg*, JDI 1964.810 n. Bredin, RC 67.340 n. Déprez, déclarant à propos de l'adage *Nemo auditur* que « les contestations relatives à l'état des personnes échappent aux exceptions de cet ordre ».
2. V. Civ. I, 19 janv. 1983, *Conlon*, RC 84.92 n. P. Mayer, JDI 84.898 n. Wiederkehr et, dans la même affaire, TGI Paris, 3 juill. 1985, RC 86.106 n. P. Mayer, Civ. I, 29 mars 1989, RC 90.352 n. P. Mayer.
3. Civ. 5 fév. 1929, *Mancini*, S. 30.1.181 n. Audinet. L'argument fut repoussé au motif qu'il n'appartenait pas aux tribunaux de critiquer l'acte administratif que constituait la naturalisation ; mais l'arrêt a été présenté comme illustrant le défaut de sanction de la fraude à la loi étrangère.

part, elle doive être sanctionnée dans tous les cas. Parce qu'en sanctionnant la fraude à une loi étrangère on donne effet à cette loi, cette décision est en premier lieu subordonnée à l'absence de contrariété de la loi en cause à l'*ordre public* du for. Ainsi l'on ne refuserait pas de célébrer en France un mariage nonobstant un empêchement d'ordre racial ou religieux édicté par la loi personnelle des intéressés, ou de reconnaître un tel mariage célébré dans un pays tiers. De fait, le défaut de sanction d'une fraude à la loi étrangère s'explique parfois par sa contrariété, plus ou moins avouée, aux conceptions locales ou par des motifs politiques[1].

L'opportunité de sanctionner une fraude peut également être affectée par l'*écoulement du temps*. D'une part, il est souvent difficile de remettre en cause une situation qui, bien qu'irrégulièrement constituée au regard des principes du for, a suffisamment développé ses effets pour que l'inconvénient de ne pas la reconnaître l'emporte sur le désir de sanctionner les intéressés. En particulier, le défaut de reconnaissance d'un divorce irrégulièrement obtenu, mais qui a été suivi de remariage(s) dont sont nés des enfants va consacrer une grave contrariété de statuts. D'autre part, ce qui est également un effet du temps, il arrive qu'une fraude patente soit dénoncée par celui-là même qui l'a perpétrée et qui a cessé depuis d'y trouver avantage (n° 243). Force est alors de rendre une décision d'équité, quelle que soit la manière dont elle sera formulée.

B. FORMULATION DE LA SANCTION

La fraude à la loi étrangère se présente dans un ressort donné sous deux formes possibles, selon qu'elle serait accomplie par recours à la loi du for ou qu'elle l'a été par l'application d'une loi tierce ; elles ne sont pas sanctionnées de la même manière.

1. Fraude à la loi étrangère par application de la loi du for

246. – Refus d'exercer sa compétence internationale. Une fraude à la loi « de droit international » s'opère normalement par recours à une autorité publique, judiciaire (divorce) ou administrative (mariage, naturalisation, constitution de société), priée d'exercer sa compétence dans une situation qui ne lui est pas rattachée par des liens suffisants et dont l'intéressé n'attend qu'un titre susceptible d'être reconnu dans l'ordre international (n° 237). C'est donc au premier chef de manière *préventive*, par refus d'exercer sa compétence internationale, que sera sanctionnée la fraude à la loi étrangère par application de la loi du for. Les règles de compétence internationale des autorités d'un pays donné doivent être conçues de telle manière qu'elles ne se prêtent pas à la fraude, c'est-à-

1. Un certain nombre de décisions refusant de donner effet à une réglementation des changes étrangères pour le motif qu'elle est de droit public (n° 287) peuvent également s'interpréter de cette manière : Colmar, 24 juin 1932, S. 34.2.73 n. Niboyet, JDI 33.337 ; 16 fév. 1937, RC 37.635 n. Batiffol, D.P. 39.2.25 n. Silz ; plus récemment, Reims, 25 oct. 1976, JDI 78.99 n. P. Mayer.

dire qu'elles ne permettent pas l'intervention demandée : par exemple, elles ne devraient pas permettre de célébrer un mariage ou de prononcer un divorce entre étrangers à l'occasion d'un bref séjour[1]. Ou encore, elles pourraient laisser aux autorités une certaine latitude dans l'exercice de leur compétence, en permettant par exemple à un tribunal de se déclarer *forum non conveniens*. S'il apparaissait que la règle de compétence se prête dans un cas donné à une fraude, l'autorité saisie déclinerait sa compétence en invoquant l'exception de fraude[2]. Encore faut-il cependant que l'intention frauduleuse soit suffisamment établie, alors qu'elle ne le sera normalement de manière objective que par l'attitude du sujet *postérieurement* à l'intervention de l'autorité publique (n° 240).

Dans une affaire *Dawn Addams*, une Anglaise mariée à un Italien et résidant à Rome ne pouvait divorcer ni selon la loi anglaise, laquelle donnait compétence aux tribunaux du domicile, ni selon la loi italienne, qui ne permettait pas le divorce. Elle établit une résidence à Paris et demanda le divorce quelques mois après. Constatant son incompétence au regard des textes, la Cour de Paris releva en outre que l'intéressée s'était établie en France « dans l'intention évidente d'échapper à la règle italienne de l'indissolubilité du mariage »[3]. La fraude n'était donc pas le fondement de la décision, mais un argument venant à son soutien[4].

Il se peut en second lieu que, l'autorité nationale ayant dans un premier temps conféré les droits demandés selon sa loi, cette décision soit *ultérieurement* contestée pour fraude à une loi étrangère. Celle-ci sera alors plus facilement établie par le comportement des intéressés postérieur à l'intervention de l'autorité française (n° 240). En matière de mariage, l'éventualité de l'annulation pour violation de la loi étrangère compétente d'une union célébrée en France est expressément envisagée par l'Instruction générale relative à l'état civil[5].

1. Lorsque la compétence des autorités est établie, une fraude peut être sanctionnée sur le fond : v. dans le cas d'une demande d'adoption d'un enfant étranger par des requérants demeurant effectivement en France (art. 1166 CPC) et cherchant à évincer la loi étrangère par une reconnaissance de l'enfant tendant à lui conférer la nationalité française : Paris 19 sept 1995, RC 96.112 n. Muir Watt, confirmant TGI Paris 5 janv. 1994, RC 94.529 n. Poisson-Drocourt et Rangel.
2. L'art. 92 CPC, qui permet au juge de relever d'office son incompétence lorsque l'affaire échappe à la connaissance de la juridiction française, ne relève pas de l'exception de fraude, car ce texte suppose qu'aucune règle ne donne compétence au juge saisi (v. par ex. Civ. I, 2 fév. 1982, D. 83. I.R. 149) ; l'exception de fraude serait appelée à intervenir contre une compétence établie (v. TGI Paris, 12 nov. 1969, *infra*).
3. Paris, 10 nov. 1959, RC 60.218 n. Ph. F., D. 60.587 n. Malaurie ; v. également, en matière patrimoniale, TGI Paris, 12 nov. 1969, JDI 71.816 n. Malaurie, et en matière d'adoption, *infra* n° 755. V. également, sanctionnant de manière préventive la fraude à un jugement étranger, Versailles, 27 fév. 1992, RC 93.473, 1re esp., n. Muir Watt.
4. Comp. Paris, 15 mars 1956, JCP 56.II.9351 n. Louis-Lucas, RC 56.504 n. Mezger ; 3 mars 1961, GP 61.2.157 ; et surtout TGI Paris, 12 nov. 1969, JDI 1971.817 n. Malaurie, refusant d'exercer la compétence française fondée sur l'art. 15 C. civ.
5. Instruction du 11 mai 1999, n° 546.

2. Fraude à la loi étrangère par application d'une loi tierce

247. – Domaine et particularités. Selon l'hypothèse ici envisagée, la validité d'une situation créée à l'étranger en application d'une loi étrangère vient à être contestée dans l'État du for (F) pour le motif de fraude à une autre loi étrangère. Son terrain d'élection a été le divorce : deux époux étant soumis à la loi d'un État X, l'un d'eux ou les deux de concert ont obtenu un divorce dans un État Y ; ultérieurement, la validité de ce divorce est contestée en F, généralement parce que l'un des intéressés s'y est établi. En fait, la situation s'analyse en toute hypothèse en un conflit objectif entre deux lois étrangères ; l'argument de fraude ne fait que souligner éventuellement le défaut de titre de la loi de Y à s'appliquer. Cependant, la preuve de l'intention de tourner la loi supposée fraudée est facilitée par le fait qu'au moment où la validité de la situation vient à être discutée dans l'État du for, le temps écoulé depuis l'intervention de la loi Y permet de savoir si cette intervention était ou non justifiée par un lien suffisant, autrement dit si l'on est en présence d'un conflit mobile ordinaire ou d'une fraude (n° 234).

248. – Formulation de la sanction. Compte tenu des nombreux facteurs évoqués, et en particulier de l'écoulement du temps qui intervient nécessairement dans le cas envisagé, la décision sera largement une décision d'équité. Sa mise en forme, à l'époque du contrôle de la loi appliquée et en faisant jouer l'exception de fraude, présentait une certaine complexité du fait qu'il s'agissait d'articuler trois systèmes (au moins) de droit international privé (ceux de F, X et Y), que tous ne raisonnaient pas nécessairement en termes de conflits de lois (on rappelle que le divorce international n'est abordé dans les systèmes de *common law* que sous l'angle du conflit de juridictions) ou même de règles bilatérales, et enfin que l'exception de fraude à la loi est une figure inconnue de la plupart des systèmes.

La loi étrangère évincée (X) étant supposée désignée par le règlement de conflit du for, la sanction de la fraude pouvait être présentée comme une application soit du système étranger (de X) lui-même, soit du seul système du for. L'on pouvait tout d'abord s'efforcer de reproduire la solution qui aurait été rendue dans l'ordre juridique évincé et supposé sanctionner la fraude à sa loi[1]. La fraude pouvait alors être sanctionnée soit par application unilatérale de la règle de conflit de X, donnant compétence à sa propre loi (à défaut, il y aurait renvoi de cette loi à une autre et absence de fraude si cette loi était la loi effectivement appliquée) ; soit par l'exception de fraude à la loi, à condition que ce moyen soit connu du système de X et que les conditions en fussent réunies[2]. Devant ces difficultés, l'Etat du for pouvait également repousser la décision rendue en Y par application intégrale de son propre règlement de conflit, y compris l'exception de fraude à la loi lorsqu'il

1. Sur ce que tel n'est pas toujours le cas, v. l'exemple de l'ancienne loi de New York sur le divorce, en cause dans les espèces citées aux deux notes suivantes.
2. Comp. trib. Seine, 14 mai 1962, *Gunzbourg*, D. 62.653, JDI 63.110 n. Bredin et, en appel, Paris, 18 juin 1964, JDI 64.810 n. Bredin, RC 67.340 n. Déprez.

transitoires spéciales de la loi interne et ne régit pas la règle de conflit de lois, laquelle demeure déterminée par les principes généraux du droit transitoire... »[1], a adopté la position inverse en matière de filiation, déclarant que, selon son article 12, la loi du 3 janvier 1972 dont est issu l'art. 311-14 C. civ. est applicable aux enfants nés avant son entrée en vigueur[2].

Comme peut le suggérer cette divergence, il convient sans doute d'apprécier dans chaque cas le poids respectif des considérations qui précèdent et en particulier si la règle de conflit nouvelle, au lieu d'être une norme abstraite de répartition, ne poursuit pas elle-même un but substantiel, comme le fait par exemple une règle alternative (n° 108). Dans ce cas, la règle de conflit pourrait obéir aux dispositions de droit transitoire prévues pour les règles substantielles, par exemple prévoyant leur application rétroactive.

Lorsque la règle de conflit nouvelle est de source conventionnelle, il est de même envisageable de résoudre le conflit transitoire en fonction des objectifs du traité et non comme s'il s'agissait d'un conflit interne de normes[3].

Voy. : Héron, « L'application dans le temps des règles de conflit », RC 1987.305 ; Lagarde, « Le droit transitoire des règles de conflit après les réformes récentes du droit de la famille », TCFDIP 1977-79, p. 89 ; Marin, *Essai sur l'application dans le temps des règles de conflit dans l'espace,* thèse Aix-en-Provence, 1928 ; Schneider, « L'application dans le temps des nouvelles règles de droit international privé (l'expérience allemande) », ASDI 1972.161 ; *adde* la bibliographie citée *sub* n° 235.

§ 2. – APPLICABILITÉ DU SYSTÈME DE CONFLIT DU FOR

252. – Conflit de systèmes. La question des qualifications et celle du renvoi ont amené à se demander s'il n'y avait pas lieu, dans le cours de l'application des règles de conflit du for, de prendre en considération une règle de conflit étrangère. Parfois même, c'est l'application *ab initio* du système de conflit du for qui prête au doute parce que ceci conduirait à remettre en cause des situations acquises sous l'empire d'autres systèmes à un moment où elles n'avaient aucun lien avec l'ordre juridique du for (A). Dans d'autres cas, c'est le lien de la question à résoudre avec une autre déclarée soumise à une loi étrangère qui fait hésiter à appliquer la règle de conflit du for : la question incidente, ou préalable, serait alors résolue selon les règles de l'ordre juridique compétent pour régler la question principale (B).

1. Civ. I, 13 janv. 1982, *Ortiz-Estacio*, RC 82.551 n. Batiffol, GA n° 62, cassant Rouen 21 fév. 1980, JCP 81.II.19657 n. Lindon, RC 81.666 n. Poisson-Drocourt ; Paris 23 fév. 1987, D. 87. S.C. 348, 2e esp., obs Audit.
2. Civ. I, 11 juin 1996, D. 97.3 n. F. Monéger, RC 97.291 n. Lequette.
3. Lorsque le traité a pour objet même le conflit de lois, il est plus fréquent qu'il énonce une disposition expresse sur le champ d'application dans le temps de la règle de conflit : v. par exemple conventions de La Haye du 5 oct. 1961 sur la protection des mineurs (art. 17) et sur la forme des dispositions testamentaires (art. 8 et 13) ; du 2 oct. 1973 sur la loi applicable aux obligations alimentaires (art. 12).

Pratiquement, le problème se pose parce que le système de conflit du for et celui devant lequel il s'effacerait ne conduisent pas à la même solution. C'est donc la diversité des règles de conflit, et plus largement des systèmes de droit international privé, qui est à la source des difficultés. Dans un système unilatéraliste, le problème ne se pose en principe pas puisque chaque loi est appliquée selon sa volonté immédiate d'application et non selon une répartition abstraitement décidée par une règle de qui est au second degré ; dès lors que la loi du for ne se veut pas applicable, elle s'en remet à l'application des lois étrangères. Mais cette simplification apparente se heurte aussitôt aux hypothèses de lacunes ou de cumuls ce qui la rend passablement théorique (n° 112).

A. SITUATIONS ÉTRANGÈRES ET DROITS ACQUIS

253. – Situations constituées sans lien avec l'ordre juridique du for. Bien qu'une situation soumise aux autorités de l'État du for présente par hypothèse avec celui-ci un rattachement actuel, justifiant la compétence de ces mêmes autorités, il se peut qu'au moment où cette situation est née et a développé ses effets, elle n'ait eu aucun lien avec ce for. Si la question de sa validité est posée (par une contestation ou une demande de reconnaissance), on peut hésiter à apprécier celle-ci en fonction de la règle de conflit du for, surtout lorsque cela conduirait à un résultat différent de celui qui était atteint au moment où la situation s'est constituée. Par exemple, des époux de nationalité commune ont obtenu le divorce selon la loi de leur domicile étranger, également reconnue compétente par la règle de conflit de leur État national ; si la validité du divorce vient à être ultérieurement discutée dans un État dont la règle de conflit désigne la loi nationale, il ne semble pas raisonnable de tenir leur divorce pour invalide alors qu'il était reconnu valable par les deux systèmes intéressés au moment des faits.

La situation évoque le cas d'un renvoi au second degré et plus particulièrement le type de situation dans lequel un auteur allemand (Raape) a vu le « rocher de bronze » sur lequel devaient se heurter les doctrines hostiles au renvoi. L'exemple imaginé était celui d'un Suisse domicilié à Moscou et qui épouse sa nièce ; la règle de conflit russe comme la règle de conflit suisse soumettaient la validité du mariage à la loi russe, laquelle l'autorisait. Ultérieurement, la question de la validité du mariage venait à être discutée en Allemagne, dont la règle de conflit soumettait cette validité à la loi suisse, laquelle annule le mariage. De même qu'il apparaît nécessaire de suivre le renvoi opéré par le droit international privé suisse à la loi russe, on peut soutenir qu'il est préférable de considérer que la règle de conflit allemande doit s'effacer complètement parce que la situation n'avait aucun contact avec l'ordre juridique allemand au moment de sa constitution. La différence avec le renvoi est que dans le second cas, on ne s'attachera pas seulement aux règles de conflit étrangères mais à l'appréciation globale de la situation dans chaque système, y compris notamment ses règles de compétence juridictionnelle ou l'appréciation de l'ordre public.

L'effacement de la règle de conflit du for a été illustré en jurisprudence dans un cas où les tribunaux marocains (alors sous mandat français) étaient appelés à déterminer le régime matrimonial d'époux italiens mariés en France et venus s'établir ultérieurement au Maroc : bien que la règle de conflit marocaine donnât compétence à la loi nationale du mari, la Cour estima que cette règle était applicable aux seules situations juridiques nées sur le territoire marocain et ne pouvait régir des situations nées et acquises dans un autre pays ; elle appliqua en conséquence la règle de conflit française soumettant le régime matrimonial à la loi du premier domicile des époux[1]. Une décision canadienne est allée jusqu'à reconnaître une situation créée dans un État contrairement à ses critères mais conformément à la loi d'un autre État avec lequel la situation présentait un lien plus étroit et ultérieurement consacré[2].

Le problème est donc celui d'un conflit de systèmes dans le temps, mais par succession de rattachements avec des ordres juridiques distincts. Il peut sembler raisonnable de renoncer à l'application de la règle de conflit du for, à laquelle les parties n'avaient à ce moment aucune raison de s'attendre, lorsque cette application viendrait perturber une situation légitimement tenue pour acquise[3]. Pour cela, on ferait intervenir un principe de droit international privé supérieur aux règles de conflit, commandant de respecter les situations acquises conformément à des règles étrangères de conflit de lois alors qu'elles ne présentaient aucune attache avec le for. Mais la systématisation de cette idée se révèle malaisée.

254. – Difficultés de systématisation de la théorie. Une première difficulté à résoudre consiste à définir les circonstances dans lesquelles le règlement de conflit du for acceptera de s'effacer, c'est-à-dire à distinguer les situations entièrement étrangères de celles qui ne le sont que partiellement (auquel cas le système de conflit du for reste applicable). Une décision française qui s'est inspirée de la théorie examinée a parlé de « situations qui se sont établies à l'étranger, s'y sont développées et y ont épuisé leurs effets alors qu'elles ne présentaient aucune attache quelconque avec le for »[4]. Cette définition est sans doute trop restrictive, car si elle est applicable au cas où la régularité d'une situation est contestée, elle exclut en principe tous ceux où sa reconnaissance est recherchée dans l'ordre juridique du for, circonstance qui dément qu'elle ait épuisé ses effets. Plus généralement, il est difficile de se prononcer sur ce qu'une situation a définitivement épuisé ses effets ; et si tel est le cas, on peut se demander ce qui justifiera la compétence du for pour en connaître.

1. Rabat, 24 oct. 1950, *Machet*, JDI 51.888 n. Goldman, RC 52.89 n. Francescakis, GA n° 23. L'affaire illustre l'effacement de la règle de conflit du for, mais l'on ne saurait y voir davantage car rien n'explique que la règle de conflit française ait été appliquée de préférence à la règle italienne, laquelle donnait compétence à la loi nationale du mari.
2. Cour d'appel de l'Ontario, *Schwebel c. Ungar* (1963), RC 65.321 n. Wengler, admettant la validité au Canada, par référence à l'ordre juridique israélien, d'un divorce prononcé en Italie en contrariété avec la loi italienne entre deux époux juifs hongrois qui se rendaient en Israël ; le séjour ultérieur des époux dans ce pays confortait la compétence de son ordre juridique, tandis que les systèmes hongrois et italien avaient perdu contact avec la situation.
3. V. échappant à cette conséquence par une qualification des plus discutables, de manière à présenter la situation comme conforme à la règle de conflit française : Paris, 7 juill. 1954, *Patiño*, RC 57.552 n. Francescakis.
4. Paris, 19 mars 1965, *Banque Ottomane* JDI 66.132 n. Goldman, RC 67.85 n. Lagarde.

Une autre difficulté est de déterminer selon quels critères apprécier la régularité de la situation constituée à l'étranger et soulevant par hypothèse un conflit de lois (sans quoi la reconnaissance du droit acquis ne soulève pas d'autre problème que celui de sa compatibilité avec l'ordre public du for). La réponse n'est aisée que lorsque les différents systèmes avec lesquels la situation présentait un lien ont une solution concordante, quoique différente de celle à laquelle conduirait l'application de la règle de conflit du for ; l'idée même qui inspire la théorie examinée est de reconnaître la solution consacrée par ces lois, conformément au principe fondamental d'harmonie des solutions et de continuité de la vie juridique des individus dans l'ordre international (n° 1 et 111)[1].

En revanche, lorsque les deux systèmes étrangers ne concordent pas (comme dans l'affaire *Machet*), il est difficile de parler de droits acquis car se pose un problème de choix. Lorsque la situation a été acquise en conformité avec un ordre juridique donné (célébration d'un mariage, prononcé d'un divorce), la logique d'une théorie des droits acquis est de reconnaître celle-ci. Mais fréquemment elle sera contestée au nom d'une autre loi (ne reconnaissant pas, par exemple, la validité du mariage), en vertu de laquelle auront même parfois été conférés des droits contradictoires (par exemple, une autre forme de relâchement ou dissolution du lien conjugal). On songe en pareil cas à adopter un critère temporel : *Prior tempore, potior jure...* Mais, d'une part, ce critère est inopérant lorsque les deux systèmes étrangers s'appliquent simultanément, sans intervention d'une autorité publique : ainsi lorsqu'il y a lieu, comme dans l'affaire *Machet*, de déterminer le régime matrimonial d'époux mariés sans contrat. D'autre part, même lorsque l'application des lois étrangères implique l'intervention d'une autorité publique, il n'est pas certain que la plus ancienne doive systématiquement prévaloir. L'on a vu avec le conflit mobile (n° 233) qu'il est souhaitable de tirer les conséquences de la modification effective d'une situation juridique : des droits constitués selon une loi donnée peuvent être valablement modifiés selon une autre loi lorsque les liens effectifs avec la première se sont distendus, tandis que d'autres se sont créés avec la seconde. Inversement, la prise en compte du conflit mobile doit être tempérée par la sanction d'une fraude éventuelle. Ces considérations suggèrent de se prononcer en définitive pour la loi la plus effective, celle avec laquelle la situation présente les liens les plus étroits. Mais ce critère pèche incontestablement par l'incertitude. Aussi des auteurs pourtant favorables à la notion de droits acquis admettent-ils dans le cas envisagé le retour à l'application du système de conflit du for, restituant à celui-ci

1. Le principe de solution était ainsi formulé dans un projet de traité Benelux de 1969 portant Loi uniforme relative au droit international privé (non entré en vigueur) : « Lorsqu'un rapport juridique est né ou s'est éteint hors [de l'Etat du for] conformément à la loi applicable suivant le droit international privé des pays que ce rapport juridique concernait essentiellement au moment de sa naissance ou de son extinction, cette naissance ou cette extinction sont également reconnues [dans l'État du for] même par dérogation à la loi applicable en vertu de la présente loi » (art. 21, al. 2).

la fonction de répartition qu'on envisageait de lui retirer ; l'unilatéralisme éventuellement consacré n'est que partiel.

La jurisprudence française, lorsqu'elle posait pour condition de reconnaissance des jugements étrangers que la décision ait appliqué la loi compétente selon la règle de conflit française (n° 475), n'admettait pas de manière générale la théorie des droits acquis ; mais elle contournait volontiers la condition fixée, qu'elle n'a pratiquement mis en œuvre que sanctionner des fraudes à une loi étrangère en matière de divorce, nonobstant toute attache de la situation avec la France au moment des faits (n° 248)[1].

Voy. : Ferrer-Correia, « La doctrine des droits acquis dans un système de règles de conflit bilatérales », Mél. Wengler, Berlin, 1973, t. II, p. 285 ; Francescakis, *La théorie du renvoi et les conflits de systèmes en droit international privé*, 1955 ; Gothot ; « Le renouveau de la tendance unilatéraliste en droit international privé » RC 1971.415 ; Jobard-Bachellier, *L'apparence en droit international privé. Essai sur le rôle des représentations individuelles en droit international privé*, 1984 ; Meijers, « La question du renvoi », Bull. inst. jur. int., t. XXXVIII, avril 1938, p. 191 ; Pataut, « Le renouveau des droits acquis », TCFDIP 2006-08.71 ; Struycken, « *Locus regit actum,* un nouvel avatar néerlandais », Mélanges Lagarde, 2005, p. 765.

B. QUESTIONS PRÉALABLES OU INCIDENTES

255. – Exposé du problème. Une question est dite préalable ou incidente lorsqu'elle commande la solution d'une question principale actuellement débattue dans l'État du for : ainsi la validité du mariage pour se prononcer sur la légitimité d'une filiation, ou l'existence d'un rapport de famille (mariage, filiation) en vue d'une prétention successorale ou d'une demande d'aliments. Lorsque la question principale (par ex. la vocation successorale) est soumise en vertu de la règle de conflit du for à une loi étrangère, et que la question préalable ou incidente soulève elle-même un conflit de lois, on peut se demander s'il ne convient pas de résoudre celui-ci selon le règlement de conflit de l'État dont la loi matérielle régit la question principale (la *lex causae*) plutôt que selon celui du for ainsi appelé à s'effacer. Sans doute l'un et l'autre sont-ils susceptibles de conduire au même résultat, désignant par exemple la loi nationale pour régir le rapport de famille dont l'existence constitue la question préalable. Mais il pourrait en être différemment et dans ce cas l'application du règlement de conflit étranger de préférence à celui du for permettrait d'assurer l'harmonie des solutions entre l'ordre juridique du for et celui de la *lex causae*[2]. Inversement, l'application intégrale du règlement de conflit du for préserve l'harmonie de son ordre juridique.

1. V. notamment Civ. I, 11 juill. 1977, *Giroux*, et 2 oct. 1984, *Léonard*, préc. n° 248.
2. L'argument est de même nature que celui qui tend à justifier le renvoi au second degré ou la théorie des droits acquis, autres hypothèses d'un certain effacement de la règle de conflit du for (n° 247). Mais tandis qu'en matière de renvoi l'on enchaîne des règles de conflit ayant le même objet, ici la question principale et la question préalable ne sont pas de même nature. La solution envisagée évoque également la qualification en « sous-ordre » (n° 204) ; mais ici, la question soumise au droit étranger soulève elle-même un conflit de lois.

En revanche, lorsque la question principale est soumise à la loi du for, il est normal pour celui-ci de rechercher également la loi applicable à la question incidente selon sa règle de conflit. S'il s'agit par exemple de la succession à un immeuble situé en France, les questions de parenté éventuelle seront résolues en appliquant la règle de conflit française[1].

256. – Discussion. En faveur de l'application éventuelle du règlement de conflit étranger à une question préalable, on a fait valoir qu'elle aura fréquemment pour effet de valider une situation qui ne le serait pas si le raisonnement était mené selon la règle de conflit du for[2]. Mais, d'une part, tel ne sera pas nécessairement le cas ; d'autre part, la validité d'une situation, si elle est généralement préférable à son inopposabilité, ne l'est pas systématiquement.

Quant à l'harmonie internationale des solutions, invoquée à l'appui de l'application de la règle de conflit étrangère, elle n'est pas toujours acquise. Par hypothèse, la question préalable soulève elle-même un conflit de lois (sans quoi ne se poserait pas le problème du choix d'une règle de conflit). Une harmonie complète suppose donc que l'ordre juridique de la *lex causae* et le tiers ordre impliqué aboutissent eux-mêmes à la même solution. Fréquemment, au contraire, le rapport juridique est déjà boiteux : ainsi lorsque la question préalable est l'existence d'un rapport de famille et que celui-ci est reconnu par l'une des lois nationales et non par l'autre. Cette situation était naguère fréquente du fait de lois exigeant la célébration religieuse du mariage de leurs nationaux ; ou encore ne permettant pas le divorce de leurs nationaux, alors que la question principale était la capacité matrimoniale de l'intéressé divorcé dans un pays tiers au mépris de sa loi nationale ou désireux de se remarier avec une personne divorcée.

Tandis que les avantages de l'application de la règle de conflit étrangère sont aléatoires, cette application se heurte à une objection sérieuse, indépendamment des difficultés attenantes à toute application d'un règlement de conflit étranger (en particulier l'incertitude sur sa teneur exacte et son application au cas donné). Il se peut que la question préalable vienne à se poser à nouveau dans l'ordre juridique du for, soit à nouveau à titre de question préalable, mais alors que la question principale serait soumise à une autre loi étrangère, soit cette fois à titre de question principale. Elle

1. Req. 21 avril 1931, *Ponnoucanamale*, Rev. dr. int. pr. 32.526 rapp. Pilon, n. Niboyet. Dans cette affaire, la question préalable a été finalement soumise à la loi française prise en tant que loi de la succession. Sur ce point, la solution est aujourd'hui dépassée : Civ. I, 3 janv. 1980, *Bendeddouche*, RC 1980.331 n. Batiffol, GA n° 61, soumettant la vocation successorale à la loi nationale des parties en tant que question de statut personnel. Mais dans un cas comme dans l'autre, c'est le règlement de conflit français qui est appliqué.
2. V. par ex. (mais sans que la question ait été perçue), C. suprême d'Autriche, 25 oct. 1952 et Trib. civ. Cologne 20 fév. 1953, RC 55.110 n. Wengler (légitimation dans l'un et l'autre cas d'un enfant par application à la validité du mariage de la loi désignée par la loi applicable à la filiation et non de la loi compétente selon la règle de conflit du for). Le rattachement alternatif des questions préliminaires selon le résultat matériel considéré comme souhaitable a été expressément admis par un arrêt de la Cour constitutionnelle allemande du 30 janv. 1982 (IPRax 1984.88).

sera alors déterminée en fonction d'une autre règle de conflit et ainsi exposée à être résolue différemment. On mesure l'inconvénient de la situation, alors que la question préalable résidera le plus souvent dans l'existence d'un lien de famille.

En fait, les dénominations de question « principale » et surtout de question « incidente » sont trompeuses. Elles désignent l'ordre chronologique dans lequel ces questions se présentent dans une circonstance donnée à l'autorité saisie ; mais souvent, la question dite « principale » n'est qu'accessoire par rapport à la seconde : ainsi le droit successoral par rapport à l'existence du lien de filiation ou l'obligation alimentaire par rapport au mariage. Si par conséquent, la question dite préalable est appelée à se représenter dans l'ordre juridique du for, il semble préférable qu'elle soit résolue à tous égards selon les conceptions du for. Sans doute ceci revient-il à faire prévaloir l'harmonie de l'ordre interne sur celle du droit étranger, qui fonde l'application de la règle de conflit étrangère à la question préalable. Mais en matière de statut personnel en particulier, il n'est pas souhaitable qu'au sein de l'ordre juridique du for la situation des individus varie en fonction des questions.

La théorie examinée a été écartée par la Cour de cassation dans un cas où son application avait été expressément envisagée. Saisie à l'occasion d'une succession étrangère qui soulevait la question de l'existence d'un mariage, elle a déclaré que « s'il appartient à la loi successorale [étrangère] de désigner les personnes appelées à la succession et de dire notamment si le conjoint figure parmi elles et pour quelle part, il ne lui appartient pas de dire si une personne a la qualité de conjoint ni de définir selon quelle loi cette qualité doit être appréciée »[1].

On peut néanmoins se demander si dans certains domaines, il ne convient pas lors de la constitution d'une situation juridique dans l'ordre juridique du for, de s'interroger sur son accueil éventuel dans un État étranger particulièrement concerné : par exemple avant de célébrer un mariage ou de prononcer une adoption[2]. Et plus généralement si dans certaines hypothèses, l'esprit de la règle de conflit n'est pas de se référer globalement à un ordre juridique plutôt que de lui emprunter une simple règle de décision ; on tiendrait compte alors non seulement de ses règles de conflits de lois mais également de la solution qu'il donne aux questions de « conflit de juridictions » éventuellement soulevées par la situation : ainsi la validité d'un divorce international au regard de la loi personnelle étrangère pour apprécier la capacité de l'intéressé de contracter un nouveau mariage dans l'État du for[3]. La difficulté resterait de déterminer quels sont ces cas et il conviendrait de ne pas se tromper sur ce que l'ordre

1. Civ. I, 22 avril 1986, *Djenangi*, JDI 86.1025 n. Sinay-Cytermann, JCP 1987.20878 n. Agostini, RC 88.302 n. Bischoff.
2. Ainsi la loi fédérale suisse autorise le mariage en Suisse des étrangers non domiciliés « lorsque le mariage est reconnu dans l'État de leur domicile ou leur État national » (art. 43).
3. Picone, « La méthode de la référence à l'ordre juridique compétent en droit international privé », RCADI 1986.II.229 (t. 197).

juridique en question est bien le mieux désigné pour contrôler entièrement la situation ; cette détermination est particulièrement délicate en matière de statut personnel en raison de l'influence de l'écoulement du temps sur les rattachements d'une situation.

La référence à la solution donnée par la *lex causae* est admise dans le cas particulier où la question principale est soumise à une loi nationale étrangère et où l'attribution de la nationalité étrangère dépend d'une question préalable de filiation ou de remariage ; on admet que la question préalable doit être résolue à l'aide des règles de conflit de l'État dont la nationalité est en cause, car lui seul a compétence pour régler l'attribution de sa nationalité (n° 939).

Voy. : Deby-Gérard, *Le rôle de la règle de conflit dans le règlement des rapports internationaux*, 1973 ; Francescakis, « Les questions préalables de statut personnel dans le droit de la personnalité », RabelsZ. 1958.466 ; Lagarde, « La règle de conflit applicable aux questions préalables », RC 1960.459 ; Louis-Lucas, « Qualification et répartition », RC 1957.158 ; Makarov, « Les cas d'application des règles de conflit étrangères », RC 1955.431 ; Picone, *op. cit.*, n° 250 ; Wengler, « Nouvelles réflexions sur les questions préalables », RC 1966.165.

CHAPITRE IV

L'APPLICATION DU DROIT ÉTRANGER

257. – Difficultés liées à l'application de la loi étrangère. Une loi étrangère est reconnue applicable parce qu'elle est considérée comme plus appropriée à un règlement satisfaisant du rapport international en cause que la loi de l'autorité saisie. Mais son insertion dans un ordre juridique différent et conçu comme s'il était unique ne manque pas de susciter des difficultés. Les premières sont d'ordre procédural parce que le plus souvent, la question s'élève à l'occasion d'un litige (*Section I*). En deuxième lieu, il est parfois nécessaire de déterminer parmi plusieurs la disposition applicable au sein de l'ordre juridique étranger (*Section II*). Enfin la teneur même de la règle étrangère peut susciter des difficultés d'insertion dans l'ordre juridique local au regard de l'ordre public (*Section III*).

SECTION I

LE RÉGIME PROCÉDURAL DE LA LOI ÉTRANGÈRE

258. – Mise en œuvre contentieuse et non contentieuse. On se placera ci-après dans l'hypothèse contentieuse, c'est-à-dire celle dans laquelle la loi étrangère est appelée à être mise en œuvre devant un juge à l'occasion d'un litige. Il ne faut cependant pas perdre de vue qu'elle peut être invoquée dans d'autres circonstances : par exemple devant un officier de l'état civil pour contracter mariage dans des conditions différentes de celles prévues par la loi française (n° 648). Mais toute difficulté relative à l'application des lois étrangères ayant vocation à être portée devant les tribunaux, c'est son application judiciaire qui sera envisagée.

259. – Particularités de la loi étrangère devant les tribunaux. Trois données principales gouvernent l'application du droit par le juge dans l'ordre interne : le juge applique d'office les règles de droit (*da mihi* *factum, dabo tibi jus*), il les connaît (*jura novit curia*) et il les interprète sous le contrôle d'une juridiction suprême. À chacun de ces points de vue, l'application éventuelle d'une loi étrangère désignée par la règle de conflit suscite des complications particulières. En premier lieu, dès lors que le juge trouve dans son droit les dispositions nécessaires au règlement de la situation, on peut estimer moins opportun qu'il soulève d'office l'application d'un droit étranger. La doctrine française a exprimé jadis cette idée en parlant de *plénitude de compétence* de la loi du for, l'application du droit étranger étant encore plus ou moins considérée comme une concession bénévole. Cette notion a fait place aujourd'hui à celle de *vocation subsidiaire*, laquelle ne justifie l'application de la loi du for qu'en cas d'impossibilité dûment constatée d'appliquer le droit étranger normalement applicable.

En second lieu, cette hésitation même est renforcée par les difficultés pratiques que suscite la connaissance précise des règles applicables et la crainte de se tromper sur leur contenu exact. Enfin se pose le problème du contrôle de l'application du droit étranger.

Du fait de ces particularités, le traitement de la loi étrangère devant le juge a emprunté autant ou davantage à celui des faits qu'à celui du droit. On en a parfois conclu que telle était la nature de la loi étrangère, en vue d'en tirer, le cas échéant, de nouvelles déductions. Cette inférence était excessive et pratiquement inutile. Elle procède d'une conception qui veut faire entrer tous les éléments du débat judiciaire dans la distinction du fait et du droit. Or l'expérience montre que la loi étrangère ne se laisse pas insérer dans cette opposition : qu'elle soit considérée comme du droit au même titre que la loi du for ou assimilée à du fait, les règles découlant de la qualification adoptée doivent être assorties d'exceptions plus ou moins importantes. L'analyse théorique permet de rendre compte de cette ambiguïté.

260. – Fondement de l'application de la loi étrangère. Le fondement théorique de l'application de la loi étrangère a constitué une préoccupation essentielle des auteurs dans des contextes où les conflits de lois étaient perçus comme des conflits de souverainetés, car on s'inquiétait d'y voir une abdication de la souveraineté locale (n° 100). Cette préoccupation a reculé avec les conceptions qui l'inspiraient. Deux explications principales ont été exposées. Selon la théorie des *droits acquis* – essentiellement liée à la conception territorialiste des conflits de lois (n° 80 s.), mais qui déborde celle-ci – le juge n'applique pas à proprement parler une loi étrangère ; il se borne à donner effet à des droits nés à l'étranger et qui suivent son titulaire partout où il se déplace ; par exemple, en appliquant la loi du domicile aux questions personnelles ou en appréciant les conséquences d'un fait dommageable selon la loi du lieu de survenance étrangère.

L'autre conception, développée il y a un siècle notamment par la doctrine italienne, est celle de l'*incorporation* de la loi étrangère dans le droit du for. Son point de départ est l'exclusivisme prêté à chaque ordre juridique, qui conduit à dénier tout caractère juridique à d'autres normes que les siennes propres ; lorsque le juge recourt à une règle étrangère, il incorpore donc celle-ci dans le droit national ou encore façonne une règle analogue pour le cas d'espèce (n° 96). Une conception voisine a été proposée aux États-Unis sous le nom de *local law theory* (n° 101).

Une explication du statut hybride de la loi étrangère au sein d'un ordre juridique donné a été apportée par la distinction dans toute loi entre un élément *impératif* et un élément *rationnel* : la loi étrangère perd le premier dans l'ordre juridique du for car le pouvoir de la souveraineté qui l'édicte s'arrête à son territoire ; mais elle conserve le second au titre de norme effectivement appliquée à un type de situation et dans un milieu donnés[1]. Ainsi le régime de la loi étrangère ne peut que traduire un compromis entre les deux qualifications – droit et fait – traditionnellement envisagées. Cette nécessité se constate effectivement à l'égard de chacune des trois séries de questions plus haut évoquées, soit l'application d'office de la loi étrangère, l'établissement de son contenu et le contrôle par la Cour de cassation de son application.

§ 1. – L'APPLICATION D'OFFICE DU RÈGLEMENT DE CONFLIT (MISE EN CAUSE DE LA LOI ÉTRANGÈRE)

La question de savoir si le juge doit ou non soulever d'office l'application de la loi étrangère désignée par la règle de conflit a donné lieu de la part de la Cour de cassation à des oscillations notables au cours des dernières années (A) ; le régime de l'application d'office, dans la mesure où elle est consacrée, soulève à son tour un certain nombre d'interrogations (B).

A. CONSÉCRATION PARTIELLE DE L'APPLICATION D'OFFICE

261. – Position du problème et discussion. Alors qu'une situation soumise au juge présente avec un ordre juridique étranger un rattachement tel que la règle de conflit du for donne compétence à la loi étrangère, il se peut qu'aucune des parties n'invoque son application. La question est alors de savoir si le juge doit, ou peut, le faire à leur place[2].

Deux séries d'arguments militent en faveur d'une application d'office de la règle de conflit. Du point de vue des principes, ne pas imposer cette application revient à faire de la règle de rattachement – dans sa forme bilatérale – une règle dépourvue de sanction, une *lex imperfecta* ou encore facultative. Or, impérative ou supplétive, une règle de droit devient applicable et donc obligatoire pour le juge dès lors que ses conditions d'application sont réunies. Il n'en est autrement que dans des cas limités où il appartient aux parties de se prévaloir expressément de dispositions édictées dans leur intérêt (écoulement d'une prescription, nullités d'intérêt privé...)[3]. Tel n'est pas normalement le cas de la règle de conflit, dont

1. Batiffol, *Aspects philosophiques du droit international privé*, 1956, n° 50 s.
2. Lorsque la règle de conflit a été invoquée, le juge doit en faire application à peine de cassation : Civ I, 10 mai 1988, D. 88. Somm. 346, JDI 88.1007 n. Ph. Kahn ; 1er juin 1994, RC 95.117 n. Gaudemet-Tallon ; 14 mai 1996, JDI 96.941, 1re esp. ; 8 déc. 1998.89, 2e esp., obs. B.A. ; 30 sept. 2003, JDI 05.124, 2e esp., n. Légier ; 11 fév. 2009, D. 09.565. Une autre hypothèse est celle dans laquelle le contenu de la loi étrangère est un élément de l'application de la loi française : ainsi lorsque le droit de la nationalité prend en considération le fait que l'intéressé a ou n'a pas une nationalité étrangère (v. par exemple art. 23-5 C. civ.) ; il ne s'agit pas alors de résoudre un conflit de lois et l'application d'office de la loi étrangère a toujours été admise : Civ. I, 4 avril 1978, RC 79.88, 2e esp., n. Hébraud (l'arrêt déféré est cassé, mais pour n'avoir pas respecté le principe du contradictoire).
3. Exceptionnellement, lorsque la volonté des parties constitue le « rattachement » de principe, comme en matière contractuelle, le fait pour elles de ne pas demander

l'objet est de satisfaire la justice de droit international privé en désignant la loi que l'on estime la plus appropriée, plutôt que de conférer aux individus des prérogatives auxquelles ils seraient libres de renoncer ; ne pas en imposer l'application générale serait manquer de cohérence.

Du point de vue pratique, la même attitude est de nature à encourager le *forum shopping*, c'est-à-dire la recherche par les particuliers dans l'ordre international d'une autorité complaisante – qui serait en l'occurrence française – en vue d'obtenir ce qui ne pourrait l'être selon la loi applicable, et donc la fraude aux lois étrangères. Plus généralement, l'application effective du règlement de conflit de l'État du for risque de dépendre de la tendance plus ou moins internationaliste de chaque juge et notamment de ce qu'il est plus ou moins disposé à affronter les difficultés pratiques de l'application de la loi étrangère. Elle pourrait même dépendre de son sentiment personnel à l'égard de telle loi étrangère dont le contenu lui est d'avance connu (d'où un *forum shoping* interne prolongeant le précédent). Ces arguments ont pu être invoqués notamment en France à l'époque où la règle de conflit soumettait le divorce à la loi nationale commune des époux et où différents pays proches, d'où provenaient de nombreux immigrés (Italie, Espagne, Portugal), ne permettaient pas le divorce. La question ayant été posée en doctrine de savoir si l'on pouvait permettre à deux nationaux de l'un de ces pays de faire prononcer en France leur divorce au mépris de leur loi nationale, il avait été répondu nettement par la négative[1]. La jurisprudence n'était cependant pas en ce sens et la Cour de cassation allait dans un premier temps consacrer cette position.

***262. – Les arrêts* Bisbal *et* CACB**. L'hypothèse même envisagée en doctrine fut présentée à la Cour de cassation dans une affaire où le divorce avait été prononcé entre deux époux espagnols selon la loi française, au mépris de la règle de conflit comme de leur loi nationale. Le pourvoi en cassation formé par l'un d'eux pour violation de la première fut rejeté au motif que « *les règles françaises de conflit de lois ne sont pas d'ordre public en tant qu'elles prescrivent l'application d'une loi étrangère* »[2]. Cette position fut atténuée peu après dans une espèce où il était fait grief aux juges du fond d'avoir appliqué d'office une disposition de loi étrangère : la Cour de cassation rejeta le pourvoi au motif qu'il était « *loisible* » au juge de « *procéder lui-même à la recherche et de préciser les dispositions du droit étranger compétent* »[3]. L'application d'office était ainsi autorisée, sans être imposée.

l'application d'une autre loi que celle du for peut être considéré comme un choix tacite de leur part, voire, selon le cas, la modification tacite d'un choix exprès antérieur (n° 266).

1. Maury, TCFDIP 1948-52.116 et la discussion subséquente (spéc. p. 126, 129).
2. Civ. 12 mai 1959, *Bisbal*, D. 60.610 n. Malaurie, JCP 60.II.11733 n. Motulsky, RC 60.62 n. Batiffol, JDI 60.812 n. Sialelli, GA n° 32 ; l'arrêt évoquait à la suite la vocation de la loi interne française à régir tous les rapports de droit privé.
3. Civ. 2 mars 1960, *Cie algérienne de crédit et de banque*, RC 60.97 n. Batiffol, GA n° 34 ; et depuis, Com. 28 mai 1971, RC 73.64 n. Jambu-Merlin ; Civ. I, 6 déc. 1977, RC 79.88, 1re esp., n. Hébraud.

Cette jurisprudence consacrait entre l'opinion des auteurs et la position de la Cour de cassation une divergence inhabituelle. L'attitude de la seconde pouvait s'expliquer par des considérations pragmatiques. Non seulement les parties, mais parfois leurs conseils et même les juges, ne sont pas avertis des conséquences de l'élément international de la situation. Lorsqu'ils le sont, il peut sembler parfois que la détermination du contenu de la loi étrangère éventuellement applicable présentera des difficultés hors de proportion avec l'enjeu du litige, et surtout de nature à prolonger indûment celui-ci. Assez fréquemment, le droit étranger désigné par la règle de conflit n'est pas d'une teneur suffisamment différente de celle du droit français pour que le résultat en soit modifié (par exemple s'il ne s'agit que de consacrer la force obligatoire d'un contrat ou le principe que le dommage causé doit être réparé)[1]. On peut donc légitimement hésiter à annuler une décision lorsqu'il apparaît que les parties ont eu tout le loisir de faire valoir leurs arguments et qu'un nouveau débat sur fond de loi étrangère ne modifiera pas l'issue du litige. En toute hypothèse, lorsque l'élément de rattachement à la loi étrangère est demeuré inconnu des juges ou qu'à aucun moment ce facteur n'a été soulevé devant eux, l'argument tiré de la compétence d'une loi étrangère ne devrait pas constituer après coup un moyen de remettre en question ce qui a été jugé. L'atténuation apportée par l'arrêt *CACB* permettait néanmoins au juge du fond, lorsqu'il l'estimait nécessaire et dans la mesure où le contenu du droit étranger théoriquement applicable pouvait être connu sans trop de difficulté, de faire respecter le règlement de conflit. Inversement, il peut ne pas paraître indispensable de s'opposer à l'application de la loi française en l'absence manifeste de fraude à la loi étrangère[2].

Mais en dépit de ses justifications possibles, il demeurait que la jurisprudence *Bisbal* se heurtait à l'objection fondamentale d'incohérence, qui justifie par exemple la prise en considération nécessaire de la fraude à la loi étrangère (n° 244). Elle était de même peu compatible avec la règle – abandonnée en 2007 – selon laquelle le juge français appelé à donner effet à une décision rendue à l'étranger devait vérifier l'application par le juge étranger de la loi compétente selon le règlement français de conflit (n° 475)[3]. Le projet de codification du droit international privé de 1967 disposait que « les tribunaux appliquent, même

1. V., dans un contexte voisin, Civ. I, 16 fév. 1994, RC 94.341 n. Muir Watt, rejetant le pourvoi contre un arrêt ayant statué selon la loi française en déclarant que les questions de droit propres au litige ressortissaient à la théorie générale des contrats et relevaient de l'application de règles communes aux systèmes juridiques français et saoudien.
2. Dans une situation comme celle de l'arrêt *Bisbal*, le rattachement matériel avec l'ordre juridique français, soit le domicile en France des intéressés, qui justifiait la compétence de la juridiction française, pouvait paraître justifier également l'application de la loi française au fond ; la solution constituait ainsi une correction discrète de la règle de conflit donnant compétence à la loi nationale (n° 148). À l'appui de cette interprétation, v. TGI Paris, 13 déc. 1967, JCP 68.IV.75, JDI 68.353 obs. Kahn, énonçant qu'« en l'absence de fraude à la loi étrangère, il y a lieu d'appliquer la loi française au divorce d'époux de nationalité italienne, dès lors qu'aucun d'eux ne sollicite l'application de la loi italienne et que la femme justifie avoir habité en France depuis de nombreuses années ».
3. Alexandre, *in* « Les problèmes actuels posés par l'application des lois étrangères en France », Ann. Fac. Droit Strasbourg, t. XXXIV, 1985.

d'office, les règles françaises de conflits de lois » (art. 2287)[1]. Les codifications étrangères récentes sont en ce sens[2].

Une vingtaine d'années après l'arrêt *Bisbal*, l'évolution du contexte suscitait de nouveaux arguments à l'encontre de cette jurisprudence : l'accroissement des relations internationales, permettant d'attendre une plus grande sensibilité des praticiens et des juges à l'applicabilité des lois étrangères, les principes directeurs du Code de procédure civile, mettant l'accent sur l'application des règles de droit (art. 12 al. 1er), l'accroissement des règles de conflit adoptées par traité.

***263. – Destinées de la jurisprudence* Bisbal**. Un renversement de la jurisprudence *Bisbal* fut amorcé par touches successives. Par deux fois, la Cour de cassation approuva les juges du fond de n'avoir pas appliqué d'office la loi étrangère au motif qu'il s'agissait de matières dans lesquelles les parties avaient la libre disposition de leurs droits, ce qui semblait appeler l'argument *a contrario*[3]. Puis un arrêt fut cassé pour avoir statué sans rechercher « au besoin d'office » l'effet de la loi étrangère, laquelle avait été expressément invoquée[4]. Enfin, par deux arrêts d'octobre 1988, la Cour de cassation censura pour violation de la loi des décisions qui avaient appliqué la loi française dans des circonstances où la règle de conflit donnait compétence à des lois étrangères, reprochant aux juges du fond de n'avoir pas recherché « *au besoin d'office* » quelle suite la loi étrangère donnait à la demande alors que l'art. 12 al. 1 CPC oblige le juge à trancher le litige conformément aux règles de droit qui lui sont applicables[5].

Mais, peut-être à nouveau sensible aux inconvénients pratiques de cette solution, la Cour de cassation devait peu après opérer un retour à la solution *Bisbal*, tout en l'assortissant de deux tempéraments. Dans un arrêt *Sté COVECO*, elle rejetait le pourvoi formé contre un arrêt qui avait omis d'appliquer la loi étrangère, au motif que le demandeur n'avait pas invoqué celle-ci « en une matière qui n'était soumise à aucune convention internationale et où [le demandeur] avait la libre disposition de ses droits »[6].

Les critères de l'application d'office ainsi définis soulevaient, indépendamment de difficultés de mise en œuvre, différentes objections de principe, particulière-

1. JDI 1971.31.
2. C. civ. espagnol, art. 12, al. 1 ; loi turque, art. 2, al. 1 ; sur les droits suisse, allemand et autrichien, v. l'ouvrage cité note (1).
3. Civ. I, 9 mars 1983, JCP 84.II.20295 n. Courbe ; 24 janv. 1984, JDI 84.874 n. Bischoff, RC 85.89 n. Lagarde.
4. Civ. I, 25 nov. 1986, *Ameur*, GP 87.2.387 n. Massip, D. 87. Somm. 351 obs. Audit, JCP 88.20967 n. Courbe, RC 87.383 n. Ancel et Lequette.
5. Civ. I, 11 oct. 1988, *Rebouh*, et 18 oct. 1988, *Schule*, RC 89.368 et art. Lequette, p. 277, JDI 89.349 n. D. Alexandre, JCP 89.II.21237 n. Courbe (1er arrêt), GA n° 74 et 75.
6. Civ. I, 6 déc. 1990, JDI 91.371 n. Bureau, RC 91.558 n. Niboyet-Hoegy, GA n° 76. Depuis, Civ. I, 10 déc. 1991, *Sarkis*, RC 92.314, 2e esp., n. Muir Watt ; 18 nov. 1992, *Makhlouf*, D. 93.213 n. Courbe, RC 93.276 n. Ancel, JDI 93.309 n. Lequette (application nécessaire de l'art. 311-14 C. civ.) ; 10 mai 1995, RC 96.330 obs. B.A., D. 96.622 n. Engel et Sinopoli.

ment en ce qui concerne la source conventionnelle de la règle de conflit[1]. L'origine conventionnelle d'une règle est sans influence sur son autorité ; le principe de supériorité du traité sur la loi interne ne trouve application qu'en cas de conflit entre deux normes. En ce qui concerne d'éventuelles difficultés diplomatiques nées d'un défaut de respect d'un engagement international, indépendamment de la réticence traditionnelle des États à intervenir dans ce domaine (impropre à justifier que l'on prenne des libertés avec le droit conventionnel), beaucoup de règles d'origine conventionnelle sont aujourd'hui applicables sans condition de réciprocité (n° 50) ; un État tiers ne serait donc pas fondé à se plaindre de la non-application d'une convention à laquelle il n'est pas partie. Vis-à-vis des États parties, la préservation des intérêts de l'Etat français face à la méconnaissance du traité par ses propres tribunaux peut être assurée au moyen du pourvoi en cassation pour excès de pouvoir, à la requête du Procureur général près la Cour de cassation[2].

La référence au droit conventionnel soulevait en outre des difficultés à l'égard de différentes normes. Ainsi les conventions posant non des règles de conflit mais des règles matérielles uniformes (n° 8). Lorsque la convention contient des règles impératives, le respect de celles-ci s'impose au juge comme aux parties[3]. Lorsque – comme la Convention de Vienne sur la vente internationale de marchandises – leurs dispositions sont seulement supplétives de volonté (art. 6), le juge devrait néanmoins relever d'office l'applicabilité de la convention selon ses critères (art. 1er) ; mais il y a lieu aussitôt de rechercher si les parties ont ou non entendu écarter l'application des dispositions de la convention et dans la négative appliquer celle-ci[4]. Quant aux règles de conflit issues d'une directive européenne (en matière d'assurance, par exemple), on s'est demandé dans quel domaine les situer au regard de la jurisprudence *COVECO*.

On pouvait enfin observer que fréquemment, aujourd'hui, les matières dans lesquelles les parties ont la libre disposition de leurs droits (contrats, responsabilité civile, régimes matrimoniaux), font l'objet de règles de conflit conventionnelles (et d'application universelle), de sorte ce second critère était exposé à être paralysé par le premier dans la plupart des cas[5].

1. Ce critère apparaissait déjà au cours de la période annonçant la remise en cause de la jurisprudence *Bisbal* : Crim. 18 fév. 1971, RC 73.671 n. Gothot et Holleaux ; TGI Compiègne, 13 avril 1976, RC 76.718 n. Lagarde ; et depuis, Civ. I, 6 déc. 1990, préc. D'autres décisions approuvaient l'application de la loi française en relevant qu'aucune convention internationale ne s'appliquait.
2. Req. 5 fév. 1936, G.P. 36.1.571.
3. Com. 25 mai 1993, RC 93.461 n. Rémery (convention de Genève sur le transport de marchandises par route ou CMR).
4. Com. 17 déc. 1996, RC 97.72 n. Rémery ; Civ. I, 26 juin 2001, D. 01.3607 n. Witz, LPA 2002, n° 29 n. Malan, RC 02.93 n. Muir Watt (arrêt confondant la mise à l'écart des dispositions de la Convention selon l'art. 6, qui doit être expresse, avec la possibilité de ne pas l'invoquer, qui peut seule être tacite).
5. V. effectivement, Civ I, 6 mai 1997, *Sté Hannover International*, RC 97.514 n. Fauvarque-Cosson, JDI 97.804 n. Bureau, GA n° 84 et 1er juill. 1997, *Karl Ibold GmbH*, RC 98.60, 2e esp., n. Mayer (efficacité d'un accord sur la loi applicable devant le juge en matière contractuelle, nonobstant la Convention de La Haye de 1955 sur la vente) ; avant la jurisprudence *COVECO*, en matière délictuelle, Civ. I, 19 avril 1988, *Roho*, D.S. 88. Somm. 345 obs. Audit, RC 89.68 n. Batiffol (accord des parties pour voir appliquer la loi française aux suites d'un accident de la circulation routière, nonobstant la Convention de La Haye de 1971) ; 6 déc. 1988, Bull. civ. I, n° 346 ; v. également 24 janv. 1984, *Sté Thinet* (n° 262693).

Opérant un nouveau virage, la Cour de cassation a restreint le domaine de l'application d'office au seul cas où les parties n'ont pas la libre disposition de leurs droits, revenant ainsi plus près de la jurisprudence *Bisbal*[1].

B. RÉGIME DE L'APPLICATION D'OFFICE

264. – Disponibilité des droits. Le critère de la disponibilité ou indisponibilité des droits évoque l'opposition entre les matières patrimoniales, d'une part, l'état et la capacité des personnes, d'autre part, mais il est lourd d'incertitudes[2]. Il est connu que l'ordre public s'est développé dans les premières (en vue notamment de protection d'une partie faible dans les contrats), tandis que l'autonomie de la volonté s'introduit dans les secondes. Il s'ensuit qu'une matière donnée n'est pas uniformément impérative ou supplétive ; lorsqu'au sein d'une matière donnée coexistent des règles des deux types, l'attraction risque de se faire vers le régime des premières. Ceci suggère de distinguer plutôt selon la nature des *droits* en cause au sein d'une matière donnée. La Cour de cassation semble s'être engagée dans cette voie dans une décision portant sur le rôle du juge dans l'établissement du contenu du droit étranger (n° 272)[3]. Mais aussi, cette approche analytique introduit des difficultés d'appréciation peu compatibles avec le souci pratique de ménager les juges du fond, qui inspire la dispense d'appliquer d'office la loi étrangère aujourd'hui largement rétablie.

265. – Mise en œuvre de l'application d'office. L'éventuelle application d'office par le juge de la règle de conflit désignant une loi étrangère doit s'exercer dans le cadre des principes directeurs du procès civil, qui étaient visés par les arrêts de 1988[4]. Pour pouvoir soulever d'office l'application de la règle, le juge doit avoir connaissance des éléments d'extranéité pertinents du litige. À cet égard, si l'art. 7 al. 1er CPC énonce que le juge ne peut fonder sa décision que sur des faits qui sont dans le débat, l'al. 2 du même texte l'autorise à prendre en considération des faits que les parties n'ont pas spécialement invoqués au soutien de leurs prétentions. Or les éléments du dossier font apparaître la nationalité, le domicile ou le

1. Civ. I, 26 mai 1999, *Mutuelles du Mans*, RC 99.707, 1re esp., n. Muir Watt, JCP 99.10192 n. Mélin, GP 00, n° 61 et 62 obs. M.-L. Niboyet, GA n°77 ; v. également, du même jour, *M. Belaid*, RC 99.707, 2° esp., JCP 99.II.10192 n. Mélin, GA n° 78 ; pour une réitération de la solution, Civ. I, 28 nov. 2006, Bull. civ. I, n° 522 ; 19 sept. 2007, RC 07.755, 2e esp., n. Ancel ; 9 janv. 2008, RC 09.493, 1re esp., n. Lagarde ; 11 fév. 2009, D. 09.564 ; 4 juin 2009, *infra* n° 683.
2. V. censurant une cour d'appel pour n'avoir pas appliqué d'office la règle de conflit en matière de succession : Civ. 20 juin 2006, *Wildenstein*, D.07.1710 n. Courbe, JDI 07.126 n. Gaudemet-Tallon, RC 07.383 n. Ancel.
3. Civ. I, 11 juin 1996, *Sté Agora Sopha*, JDI 96.941, 2e esp., n. Bureau, RC 97.65 n. Lagarde. V. aussi la formule des arrêts *Mutuelles du Mans et Belaïd*, précités.
4. Encore la référence à l'art. 12 al. 1er CPC, invoqué par la Cour de cassation pour imposer un temps l'application d'office de la règle de conflit, a-t-elle été abandonnée à partir de l'arrêt *COVECO* ; sur l'art. 12 al. 3, v. n° 266.

siège social des parties (v. art. 56 s. CPC)[1]. De plus le juge peut, se fondant sur l'art. 8 CPC, demander des précisions sur les faits allégués d'où ressortirait la compétence éventuelle d'une loi étrangère.

La mise en cause par le juge de la règle de conflit doit se faire dans le respect du principe du contradictoire (art. 16 CPC). Le juge qui se propose de soulever d'office l'application de la loi étrangère doit mettre les parties en demeure de s'expliquer sur son application[2]. Cela est d'autant plus nécessaire qu'en différents domaines il peut y avoir incertitude sur l'élément de rattachement dans le cas d'espèce : ainsi la localisation des intérêts des époux pour la détermination d'un régime matrimonial (n° 863). La compétence de la loi étrangère peut être invoquée pour la première fois en appel, par les parties ou par le juge, car il s'agit d'un moyen nouveau et non d'une demande nouvelle[3].

La diversification moderne des règles de conflit quant à leur structure complique leur éventuelle application d'office par le juge. Ainsi les règles à forme alternative appellent davantage que les règles de conflit de facture bilatérale classique. Dans le cas d'une règle à caractère résolument substantiel, telle que naguère celle de l'art. 311-16 C. civ. (favorisant l'application de la loi d'où résulte la légitimation, aujourd'hui abrogée), l'application d'office passe par la recherche de la teneur des lois en présence afin de déterminer le résultat auquel elles conduisent[4]. Si une règle de conflit alternative donne le choix à une partie, le juge ne saurait lui en imposer un autre ; mais il pourrait attirer son attention sur l'existence du choix et même peut-être sur le fait que celui opéré n'est pas le plus conforme à ses intérêts.

Une règle de rattachement unilatérale, telle que l'art. 309 C. civ. en matière de divorce, fait également intervenir des considérations particulières. Lorsque la loi française n'est pas reconnue applicable, il importe de manière générale de rechercher si une loi se veut telle et laquelle ; l'art. 309 C. civ. subordonne effectivement l'application résiduelle de la loi française à l'absence de volonté d'application des lois étrangères impliquées. Il y a donc lieu de déterminer le contenu de ces lois, et plus précisément leur règle de conflit en la matière[5]. La tâche est complexe, mais le juge cantonnera son investigation aux systèmes juridiques étrangers avec lesquels la situation présent un lien raisonnable.

1. Dans l'arrêt *Makhlouf* du 18 nov. 1992, préc., la 1re Ch. civile prenait soin de préciser que la nationalité étrangère de la mère, commandant l'application de sa loi nationale, « était mentionnée dans la décision prononcée en première instance et dans diverses pièces de procédure », ce qui pourrait indiquer une conception restrictive des devoirs du juge. Mais v. depuis Civ. I, 26 mai 1999, *Belaid*, RC 99.707, 2e esp., n. Muir Watt, censurant le défaut d'application de la loi étrangère en matière de filiation sur le seul fondement de la mention dans les actes de procédure que la mère était titulaire d'une carte de résident.
2. V., sous l'empire de la jurisprudence précédente, Civ. 26 avril 1950, RC 50.429 ; 4 avril 1978, RC 79.88, 2° esp., n. Hébraud, RTD Civ. 79.419 obs. Normand ; également, Civ. I, 16 juin 1992, RC 93.34 n. Ameli (substitution de la loi français à la loi étrangère) ; *contra*, Civ. I, 11 juin 1996, *Imhoos*, D.97.3 n. F. Monéger, RC 97.291 n. Lequette.
3. Civ. 23 juin 1908, D.P. 08.1.523, JDI 09.470, S. 11.1.241 n. Naquet.
4. Civ. 25 nov. 1986, *Ameur*, préc.
5. Civ. 25 mai 1987, JDI 87.927 n. Gaudemet-Tallon, RC 1988.60 n. Lequette JCP 88.II.20976 n. Courbe ; 4 juin 2009, *infra* n° 683 ; 3 mars 2010, n° 09-13.723 ; TGI Dunkerque, 29 nov. 1989, RC 90.326 n. Muir Watt.

266. – Renonciation des parties à l'application de la loi compétente : accord procédural. La renonciation des parties à invoquer la loi étrangère normalement applicable s'analyse en un accord procédural, dont le régime soulève lui-même différentes questions.

On se demande ainsi selon quelle loi doit être apprécié le caractère disponible ou non des droits : la loi du for, car il s'agirait d'interprétation de la règle de conflit, laquelle est conçue en fonction d'une certaine politique législative ; ou la *lex causae*, puisque c'est elle qu'il s'agit de faire respecter. Cela revient à se demander à quoi les parties renoncent exactement : la règle de conflit ou la loi éventuellement désignée ? Il a été suggéré de se prononcer selon la loi du for lorsque la règle de conflit est bilatérale, la loi étrangère lorsqu'elle est unilatérale puisque dans ce cas l'ordre juridique du for renonce à désigner directement la loi applicable.

L'importance de son effet – la dérogation à la loi normalement applicable – soulève également la question de la *forme* de l'accord. L'arrêt *Roho* du 19 avril 1988 parle d'accord exprès. Il ne faut pas entendre par là un accord écrit, mais simplement clair ou manifeste ; car une exigence excessive permettrait à une partie qui a sciemment plaidé selon la loi du for de remettre en cause une décision qui ne lui convient pas. On peut en particulier admettre que cet accord s'infère des écritures respectives des parties se fondant sans équivoque sur la même loi[1]. En fait, le juge qui relève d'office l'application éventuelle de la loi étrangère devant normalement en aviser les parties (n° 265), celles-ci seront amenées à préciser leur volonté. Mais en exemptant de l'application d'office les matières où les droits sont disponibles, on facilite l'assimilation du silence des parties à un accord. En définitive, là où les parties disposent de leurs droits, la loi étrangère ne s'appliquera pratiquement que si les parties revendiquent son application.

En général, c'est en faveur de la loi du for que s'opérera la renonciation, les parties s'abstenant d'invoquer la loi étrangère. Il est cependant concevable que l'accord se fasse en faveur d'une loi étrangère[2]. Enfin il convient sans doute de réserver les droits des tiers, dans la mesure où l'accord aggraverait leur situation vis-à-vis des parties selon la loi normalement applicable[3].

L'intérêt pratique de la question de l'accord procédural est fonction de la part faite aux lois étrangères. Or la tendance à l'application, sous une forme ou sous une autre, de la loi du milieu actuel en matière d'état des personnes (n° 145), principal domaine où les parties n'ont pas la disposition de leurs droits, restreint fortement

1. En ce sens, Civ. I, 6 mai 1997, *Hannover International,* préc. ; auparavant, en sens contraire, 27 oct. 1992, Bull. civ. I, n° 261, p. 171, refusant d'assimiler à un accord exprès une simple concordance des écritures des parties. Le libéralisme dont semble faire preuve la Cour de cassation s'explique par le souhait de ne pas multiplier des cassations peu justifiées ; il s'accompagne de l'abandon de toute référence à l'art. 12 al. 3 (anc. al. 4) CPC, dont l'applicabilité était au demeurant discutée (v. Bureau, *op. cit.*, RC 1996.587).
2. Colmar, 16 nov. 1935, JDI 1937.781. V. cependant, déclarant que les parties « peuvent s'accorder sur l'application de la loi française du for » (Civ. 1re, 6 mai 1997, préc.).
3. Par exemple, l'assureur d'une partie en matière délictuelle : v. note Lagarde sous Civ. I, 22 fév. 2005, RC 05.304.

cette part. Dans le cas du divorce, source principale de *forum shopping*, la libéralisation générale des législations a en outre considérablement réduit cette pratique. En matière contractuelle, il peut être difficile de distinguer entre l'accord procédural et un accord portant directement sur la loi applicable au contrat, puisque que l'on reconnaît aux parties le droit de désigner la loi applicable postérieurement au contrat, ou d'en changer[1].

267. – Exception d'équivalence des droits. La Cour de cassation a refusé de censurer des juges du fond pour avoir appliqué une loi *étrangère* alors que la loi française aurait été compétente[2], ou pour s'être abstenus de choisir entre l'une et l'autre[3], au motif dans les deux cas d'équivalence au fond entre les deux lois d'où l'absence d'intérêt pour le demandeur au pourvoi. Le motif valait dans le cas d'application de la loi *française* au lieu de la loi étrangère compétente, et la même solution a effectivement été consacrée[4]. Cette jurisprudence permet d'écarter les pourvois dilatoires en présence d'un « faux conflit ». Encore convient-il de faire preuve d'une rigueur suffisante dans la détermination du contenu de la loi étrangère, à peine de voir l'exception d'équivalence dégénérer en un moyen commode du justifier l'application de la loi du for au détriment de la loi étrangère normalement applicable[5]. Pour que l'exception soit véritablement justifiée, il convient en outre d'apprécier l'équivalence *in concreto*[6].

§ 2. – ÉTABLISSEMENT DU CONTENU DE LA LOI ÉTRANGÈRE

268. – La « preuve » de la loi étrangère. La loi étrangère une fois invoquée, par les parties ou par le juge, s'ouvre une deuxième phase, celle de son application. Or, tandis que la loi du for est couverte par une présomption de connaissance de la part du juge, tel n'est pas le cas de la loi étrangère ; en cela, cette loi se rapproche d'un fait, qu'il y a lieu d'établir. Aussi la question envisagée a-elle été couramment désignée comme celle de la « preuve » du droit étranger. Toutefois, selon une observation de Motulsky, tandis que l'impossibilité où se trouve un plaideur de faire la preuve d'un fait entraîne normalement le rejet de sa prétention, une demande ne doit pas nécessairement être considérée comme injustifiée parce qu'un plaideur ne réussit pas à établir le contenu de la loi étrangère à laquelle cette demande est en principe soumise. Ici se manifeste le fait que les questions à résoudre, indépendamment de leur caractère

1. Convention de Rome du 19 juin 1980 et règlement Rome I, art. 3.2.
2. Civ. I, 11 juill. 1988, *Bao Dai,* RC 89.81 n. Gautier.
3. Civ. I, 13 avril 1999, *Cie Royale belge*, D.00. 268 n. Agostini, JCP 00.II.2061 n. Légier, GP 00.n°61 à 62, p. 42 obs. M.-L. Niboyet, RC 99.698 n. Ancel et Muir Watt, JDI. 00.315 n. Fauvarque-Cosson.
4. Civ. I, 3 avril 2001, RC 01.513 n. Muir Watt (dans une matière disponible) ; 11 janv. 2005, D. 05.2924 n. Mahinga, RC 06.85 n. Scherer, JDI 06.955 n. Godechot-Patris, GP 24-26 fév. 06, p. 21 obs. M.-L. Niboyet (curatelle).
5. En ce sens, Civ. I, 23 janv. 2007, RC 07.761 n. Boskovic (cassation pour manque de base légale).
6. Gaudemet-Tallon, « De nouvelles fonctions pour l'équivalence en droit international privé », Mél. Lagarde, 2005, p. 303.

international, sont des questions de droit privé : le refus de leur apporter une réponse pour le motif considéré pourrait donc constituer un déni de justice. La nécessité d'apporter une solution à un litige présentant des liens avec le for peut justifier que celui-ci applique sa loi à défaut de la loi étrangère normalement compétente ; c'est ce que l'on entend en parlant de la « vocation subsidiaire » de la loi du for (n° 259). Si par conséquent l'on parle encore parfois, *brevitatis causa*, de la « preuve » de la loi étrangère, le droit commun de la preuve est inadapté à cet objet. Cela se constate qu'il s'agisse de la charge (A), des modes (B) ou des conséquences du défaut d'établissement de la loi étrangère (C).

A. CHARGE DE L'ÉTABLISSEMENT

269-272. – Évolution des rôles respectifs des parties et du juge. Du fait de l'analogie dressée entre la loi étrangère et un fait, ainsi que du caractère principalement accusatoire de la procédure civile, on considérait traditionnellement que la tâche d'établir le contenu de la loi étrangère incombait aux parties.

La question était alors de déterminer laquelle en supportait précisément la charge, et elle donna lieu à des hésitations comparables à celles suscitées par l'application d'office. La Cour de cassation avait jugé dans l'arrêt *Lautour* que c'était dans tous les cas à celui dont la *prétention* est soumise à la loi étrangère d'en établir le contenu, non à celui soutenant que la loi étrangère était différente de la loi du for (bien qu'il se trouvât ainsi demandeur dans son exception)[1]. On pouvait reprocher à cette conception de faire la part trop belle au défendeur à l'action : alors même que dans un cas donné la loi étrangère était en fait analogue à la loi du for, il lui suffisait pratiquement d'alléguer une différence qui lui soit favorable entre les deux lois pour placer le demandeur en difficulté ; en droit commun, le demandeur n'a pas à établir que l'on ne peut pas lui opposer une exception. La Cour de cassation tempéra d'abord sa position en jugeant que toute énonciation du défendeur ne suffisait pas à maintenir le fardeau de la preuve sur le demandeur, mais seulement celle qui s'inscrivait dans le cadre de la prétention du demandeur : lorsqu'un moyen de défense était séparable de l'allégation principale, soulevant une question de droit autonome (par exemple, la prescription opposée à une action en responsabilité), il constituait une prétention indépendante et c'était à celui qui l'invoquait d'en faire la preuve[2]. Mais la distinction entre la simple défense et la prétention autonome était d'une mise en œuvre délicate et la Cour de cassation revint entièrement sur le système de répartition résultant des arrêts *Lautour* et *Thinet*, déclarant d'abord qu'il « appartenait à une partie prétendant qu'un contrat était soumis à une loi étrangère d'établir le contenu de celle-ci »[3] ; puis, qu'« il incombe à la partie qui prétend que la mise en œuvre du droit étranger désigné par la règle de conflit conduirait à un résultat différent de celui obtenu par

1. Civ. 25 mai 1948, D. 48.357 n. P. L.-P., S. 49.1.21 n. Niboyet, RC 49.89 n. Batiffol, GA n° 19 ; dans le même sens, Com. 13 nov. 1968, RC 69.695 n. C. David ; Civ. I, 22 avril 1975, Bull. civ. I, n° 138 ; Civ. I, 28 avril 1980, RC 81.94, 1re esp. n. Lagarde ; 8 janv. 1991, RC 91.569 n. Muir Watt.
2. Civ. I, 24 janv. 1984, *Sté Thinet*, JDI 84.874 n. Bischoff, RC 85.89 n. Lagarde ; 21 juill. 1987, RC 88.329 n. B. Ancel.
3. Civ. I, 5 nov. 1991, *Masson*, RC 92.314 n. Muir Watt, JDI 92.357 n. Moreau. V. déjà, Civ. I, 10 janv. 1990, Bull. civ. n° 2, p. 1.

l'application du droit français de démontrer l'existence de cette différence par la preuve du contenu de la loi étrangère qu'elle invoque »[1]. C'est ainsi dans tous les cas l'*intérêt*, et non plus la prétention, qui commandait la charge de la preuve entre les parties, conformément au droit commun. Ce système avait le mérite de favoriser une recherche sincère du contenu de la loi étrangère par celui ayant intérêt à son application et qui, de ce fait, ne devait pas se contenter d'alléguer l'applicabilité du droit étranger mais devait démontrer que son application aboutirait à un résultat différent de celui découlant de la loi française.

Cependant, sous l'empire même de la jurisprudence *Bisbal*, le principe selon lequel l'établissement du contenu du droit étranger était l'affaire des parties était tempéré en raison des dangers de dénaturation du droit étranger qu'il implique. Si une partie fait défaut, l'autre peut tenter d'accréditer une version du droit étranger à sa convenance. Lorsque leurs intérêts ne sont pas absolument antagonistes, comme lorsque des époux cherchent à divorcer en dépit d'une loi étrangère applicable et plus restrictive que la loi du for, les parties peuvent s'entendre pour passer sous silence des dispositions qui les gênent. Et même dans un débat véritablement contradictoire, il peut exister un déséquilibre de moyens matériels entre les parties, tel que l'une d'elles parviendra à faire prévaloir une version du droit étranger qui n'est pas la plus fidèle. Ces différentes considérations suffisaient à militer pour un rôle plus actif du juge ; il était donc admis que celui-ci ne joue pas un rôle entièrement passif et puisse intervenir dans l'établissement du droit étranger. L'obligation qui lui fut faite ultérieurement de relever d'office la compétence d'une loi étrangère en cas d'indisponibilité des droits litigieux emportait celle de s'intéresser à son contenu et donc imposait qu'il joue un rôle dans cette hypothèse[2]. L'application d'office a effectivement eu pour corollaire le devoir pour le juge de s'enquérir du contenu de la loi applicable, sans quoi il aurait suffi aux parties de s'abstenir de toute diligence sur ce point[3]. Mais la Cour de cassation

1. Com. 16 nov. 1993, *Amerford*, RC 94.332 n. Lagarde, JDI 94.98 n. Donnier, GA n° 82 ; par la suite, Civ. I, 5 déc. 1995, RC 96.102 n. Fauvarque-Cosson (le conflit étant entre une loi fédérale étrangère et la loi d'un État fédéré, ce qui ne modifie pas les termes du problème) ; Com. 2 mars 1999, RC 99.305 concl. Rémery.
2. Déjà, dans l'arrêt *CACB* (n° 262), la Cour de cassation avait énoncé qu'il était loisible au juge d'appliquer d'office le droit étranger compétent non invoqué par les parties *et de procéder à sa recherche* ; et, imposant cette diligence, Civ. I, 5 oct. 1994, *Société Demart*, RC 95.60 n. Bureau. Puis, l'arrêt *Schule* (Civ. 18 oct. 1988, préc. n° 263), censurant une décision pour n'avoir pas d'office relevé l'application de la loi étrangère applicable, reprochait simultanément aux juges de n'avoir pas recherché « quelle suite devait être donnée à l'action » selon cette loi. Dans l'arrêt *Amerford,* préc. note 1, la Cour de cassation, répartissant entre les plaideurs la charge de l'établissement de la loi étrangère, visait expressément « les matières où les parties ont la libre disposition de leurs droits », marquant le lien de la question avec l'application d'office. Un arrêt subséquent aligna les régimes de l'application d'office, dans son état du moment, et de la charge de l'établissement du contenu déclarant que « l'application de la loi étrangère désignée par un traité international s'impose au juge français » (Civ. I, 11 juin 1996, *Agora Sopha*, JDI 96.941, 2e esp., n. Bureau, RC 97.65 n° Lagarde).
3. Civ. I, 1er juill. 1997, *Driss Abbou,* RC 98.60 1re esp., n. Mayer ; 24 nov. 1998, *Lavazza*, n° 283; déjà, 18 nov. 1992, préc. Il s'agit au premier chef de rechercher la teneur du

devait aller au-delà de la liaison entre l'application d'office de la loi étrangère et la recherche de son contenu par le juge, jugeant ultérieurement qu'« *il incombe au juge français qui reconnaît applicable un droit étranger d'en rechercher, soit d'office, soit à la demande d'une partie qui l'invoque, la teneur, avec le concours des parties et personnellement s'il y a lieu, et de donner à la question litigieuse une solution conforme au droit positif étranger* »[1]. Une collaboration est ainsi appelée à s'instaurer dans tous les cas entre le juge et les parties en vue d'établir le contenu de la loi étrangère.

273. – Modalités de la collaboration entre le juge et les parties. L'obligation nouvellement faite au juge de rechercher dans tous les cas la teneur de la loi étrangère ne signifie pas que les parties soient déchargées de leurs devoirs sur ce point. Il leur incombe toujours d'établir le contenu de la loi étrangère, invitées par le juge ou sous son contrôle[2]. Simplement, lorsque le juge a dû soulever lui-même l'applicabilité de la loi étrangère, la passivité initiale des parties devra l'inciter à une vigilance particulière et même à un effort spécifique pour déterminer le contenu de la loi étrangère.

Avant même d'être invités à jouer dans tous les cas un rôle principal dans l'établissement du contenu de la loi étrangère, les tribunaux ont mis en œuvre différents moyens à leur disposition pour tenter d'assurer que ce contenu est fidèlement établi. L'un consiste à impartir un délai au demandeur à la preuve, aux fins de lui permettre de rassembler l'information sur la teneur du droit étranger[3]. Un autre, sans se contenter de constater que les parties n'avaient pas été capables d'établir le contenu du droit compétent, à ordonner des mesures d'instruction : expertise[4] ou consultation[5] ; différentes dispositions du Code de procédure civile justifient

droit substantiel étranger ; mais il pourrait s'agir également de la règle de conflit étrangère, dans la mesure où elle est susceptible d'opérer un renvoi (Civ. I, 21 mars 2000, *Ballestrero,* n° 888). Toutefois, le renvoi dans ce contexte doit s'entendre uniquement de la détermination du droit applicable, et non de l'office du juge sur le point examiné : v. excluant d'appliquer au juge français l'obligation que fait éventuellement le droit étranger désigné par la règle de conflit française de rechercher le contenu d'un droit tiers qu'il désigne lui-même, Civ. I, 11 juin 1996, *Agora Sopha*, préc.

1. Com, 28 juin 2005, *Itraco* et Civ. I, 28 juin 2005, *Aubin*, RC 05.645 n. Ancel et Muir Watt, D. 05.2853 n. Bouche et 06.1495 obs. Courbe, GP 24-25 fév. 2006, p. 20 obs. M.-L. Niboyet, GA n° 83 ; 11 fév. 2009, préc. n° 261. Auparavant, déjà : Civ. I, 18 juin 2002, RC 03.86 (1re esp.) n. Muir Watt ; 18 sept. 2002, *ibid.* (2e esp.), JDI 03.107 n. Péroz ; 13 nov. 2003, RC 04.95, 1re esp., n. Ancel. V. Jobard-Bachellier, Gaz. Pal. 25 juin 2003, n° 176/177.
2. En ce sens, Grenoble, 11 janv. 1996, JDI 97.123 n. de Quénaudon, renvoyant les parties à conclure dans le cadre du droit étranger en précisant le domaine concerné après avoir appliqué d'office une convention d'où résultait la compétence de ce droit ; et depuis l'arrêt *Itraco*, Civ. I, 30 janv. 2007, Bull. civ. I n° 44 ; 17 déc. 2008, RC 09.53, 2e esp., n. Muir Watt (solution cependant influencée par la disposition du droit de la nationalité commandant la prise en considération de la loi étrangère).
3. TGI Avesnes-sur-Helpe, 3 juin 1970, RC 70.698 n. Batiffol.
4. Paris, 25 nov. 1976, RC 78.76 n. Wiederkehr, JDI 79.103 n. Labrusse. Les frais en seront à la charge des parties.
5. Civ. 19 oct. 1971, D. 72.633, 2° esp. n. Malaurie, JDI 72.828 n. Nisard, RC 73.70 n. Simon-Depitre.

aujourd'hui expressément de telles initiatives (art. 10, 143, 200). Comme en toute matière, le juge peut user de sa connaissance personnelle du droit étranger ou procéder lui-même à des recherches. Il y a des lois étrangères dont la teneur est notoire, ou identique à celle du droit français dont elles sont parfois issues ; ou encore, dans un tribunal comportant des formations spécialisées, certains juges peuvent acquérir une familiarité suffisante avec une loi étrangère donnée. Il convient seulement pour le juge de respecter, comme en toute matière, le principe du contradictoire (art. 16 CPC) en soumettant aux parties les éléments dont il suscite l'introduction dans le débat[1]. Il lui appartient également d'utiliser les possibilités offertes par la Convention de Londres (n° 276) lorsqu'elle est applicable.

Que la loi étrangère ait été introduite dans le débat par les parties ou qu'elle ait dû l'être par le juge, on doit toutefois admettre que le devoir d'établir son contenu ne s'étend pas au-delà de celui qui résulte d'une obligation de moyens, car la tâche peut se révéler impossible ou excessivement difficile. Ceci retentit sur les conséquences à tirer d'un défaut d'établissement (n° 277 s.).

B. MODE D'ÉTABLISSEMENT

274. – Liberté de la preuve. Parce que la loi étrangère se présente comme un fait, elle peut être établie par *tous moyens*. On recourt en France à un mode de preuve traditionnel, dénommé « certificat de coutume », dont la caractéristique est de constituer un mode d'information privé. Pour pallier les inconvénients liés à ce caractère a été élaborée au sein du Conseil de l'Europe une convention permettant de s'adresser à une source d'information officielle. L'institution au sein de l'Union européenne d'un réseau judiciaire offre de nouvelles perspectives entre les États membres.

1. Le certificat de coutume

275. – Description et caractéristiques. Le certificat de coutume est une attestation écrite sur la teneur d'un droit étranger, produite en vue d'une occasion déterminée[2]. À la différence des sources d'information que constituent les textes de lois, recueils de jurisprudence et monographies, il est rédigé en fonction des circonstances de fait et par conséquent offre des éléments de réponse plus précis. Mais il ne constitue pour le juge qu'un simple renseignement.

Le certificat de coutume peut émaner d'autorités officielles (ambassades, consulats étrangers en France, ou inversement ambassades et consulats de France à l'étranger ; autorités religieuses dans certains pays) ou semi-officielles (chambres de commerce), à la demande d'un plaideur. Mais dans ces différents cas, il ne contiendra que des renseignements très généraux, essentiellement des traductions de textes, et le plus souvent sur des questions ne prêtant pas à contestation : par exemple, l'âge de la majorité ou les délais de prescription dans une matière donnée. Dans la plupart des cas, les certificats de coutume sont délivrés par des particuliers : professionnels d'une branche donnée (banquiers) et surtout praticiens du droit (avocats, notaires) ou universitaires. L'inconvénient de ces certificats privés est

1. Civ. I, 6 déc. 1977 et 4 avril 1978, RC 78.88 n. Hébraud.
2. Rép. Dall. dr. int., 1re éd., V° Certificat de coutume, par C. David.

qu'ils sont sollicités par une partie et rémunérés par elle. L'on peut donc craindre qu'ils donnent du droit étranger une version favorable aux intérêts de celui qui le demande. Ainsi le certificat de coutume, outre qu'il entraîne des frais, n'offre pas toute garantie de compétence et d'impartialité. Il serait par exemple souhaitable, à l'instar de ce qui se pratique dans certains pays (Allemagne, Suisse, Italie), que l'on pût s'adresser à des instituts spécialisés dans l'étude des droits étrangers. Le développement des réseaux numériques apporte de nouvelles facilités dans la recherche et l'échange d'information sur les droits étrangers.

2. La Convention européenne relative à l'information sur les droits étrangers[1]

276. – Fonctionnement de la Convention de Londres. L'objet de la Convention a été de permettre à une autorité judiciaire d'un État, en matière civile et commerciale, d'obtenir de celle d'un autre État, relativement à un cas concret, une réponse précise et impartiale sur les règles applicables à ce cas, et cela uniquement dans un but d'information.

Les demandes d'information émanent des autorités judiciaires ou d'une personne autorisée par elles. Une demande doit décrire assez précisément, dans la langue de l'État requis, l'affaire qui la motive afin de permettre une réponse éclairée et pertinente. Elle est transmise en principe directement dans chaque État à un organe de réception désigné à cet effet (un service ministériel ou autre organisme étatique) ; mais un organe de transmission peut être désigné pour acheminer les demandes. S'il en est créé un, le même organe peut naturellement assurer les deux fonctions de réception et de transmission ; c'est le cas, en France, du ministère de la Justice.

L'organisme destinataire peut formuler lui-même la réponse ou bien transmettre la demande à un autre organisme qui répondra ; si ceci doit se traduire par des frais, il doit en aviser préalablement l'autorité de qui émane la demande. La réponse est obligatoire et ne donne lieu à aucune perception, sauf l'hypothèse précédente. Elle doit être donnée « aussi rapidement que possible ». Formulée dans la langue de l'État requis, elle doit assurer une information « objective et impartiale » et être accompagnée des documents nécessaires. Il ne doit s'agir ni d'un énoncé de considérations générales ni, inversement, d'un jugement de l'affaire qui a occasionné la demande. Les renseignements contenus dans une réponse ne lient pas l'autorité judiciaire de qui émane la demande.

La Convention semblait devoir apporter une solution satisfaisante, entre pays européens ; mais elle ne répond pas encore aux espoirs que l'on plaçait en elle, sans doute par défaut de connaissance de la part de ses « utilisateurs » potentiels[2].

3. Perspectives du « Réseau judiciaire européen »

276 bis. Missions du réseau. Dans l'Espace judiciaire européen, dont les bases ont été fixées par le traité d'Amsterdam, les possibilités de coopération judiciaire transfrontière sont généralement renforcées entre États membres, par la création du « Réseau judiciaire européen » (n° 502). Son objet est d'offrir aux autorités publiques et aux particuliers une structure

1. Signée à Londres le 7 juin 1968, rendue applicable en France par le décr. n° 72-947 du 11 oct. 1972, RC 1972.758, JCP 73.III.39805 ; *adde* décr. n° 83-1126 du 20 déc. 1983, D. 84. L. 37. V. comm. Brulliard, RIDC 1973.389, p. 391.
2. Pour un ex., v. t.g.i. Dunkerque, 28 nov. 1990, JDI 91.131 n. Kahn.

permanente d'information sur le droit des Etats membres et de coopération pour la bonne application de ce droit, ensemble les règles dérivées du droit de l'Union. Constitué de « points de contact » nationaux, saisis dans l'ordre interne et devant mettre en œuvre la coopération internationale, le Réseau donne aux Points de contact qui le composent la mission de : « a) fournir toute information nécessaire à la bonne coopération judiciaire entre les États membres (...) ainsi qu'aux autorités judiciaires locales de leur État membre, afin de leur permettre d'établir de façon efficace une demande de coopération judiciaire et les contacts directs les plus appropriés ; b) rechercher des solutions aux difficultés qui peuvent se présenter à l'occasion d'une demande de coopération judiciaire ; c) faciliter la coordination du traitement des demandes de coopération judiciaire dans l'État membre concerné, notamment lorsque plusieurs demandes des autorités judiciaires de cet État membre doivent être exécutées dans un autre État membre »[1]. Ce réseau dont la compétence est générale et ne se réduit pas à la mise en œuvre des règlements et directives européens de coopération judiciaire, pourrait à l'avenir constituer le cadre privilégié d'un dialogue transfrontière de juge judiciaire à juge judiciaire, permettant d'établir au mieux la teneur du droit étatique applicable à un litige privé européen. S'il devait à l'avenir offrir de pareils service, le Réseau judiciaire européen constituerait alors le recours préférable, sinon obligé, pour la preuve du contenu positif du droit étranger désigné par le règlement français de conflits de lois.

C. CONSÉQUENCES DU DÉFAUT D'ÉTABLISSEMENT

277. – Application de la loi du for ; conditions. Il se peut qu'aucun élément de preuve convaincant ne soit apporté concernant la loi étrangère ; on parle de « défaillance » de celle-ci. Deux attitudes sont alors concevables : l'une est de débouter le demandeur[2] ; l'autre, qui prévaut, d'appliquer la loi française, considérée comme ayant une vocation subsidiaire générale (n° 259)[3]. Il s'agit en effet de régler un rapport de droit privé et la présomption générale d'attente des parties sur laquelle se fonde l'attribution de celui-ci à une loi étrangère est nettement affaiblie par l'impossibilité avérée d'établir avec certitude ce sur quoi aurait porté cette attente. Or l'obligation d'établir le contenu d'une loi étrangère n'est jamais qu'une obligation de moyens. Une impossibilité de fait peut résulter de l'éloignement géographique, de circonstances rendant pratiquement vaine toute recherche sérieuse de la loi étrangère[4], et surtout du coût

1. Décision du Conseil, 28 mai 2001, 2001/470/CE, art 5.
2. En ce sens, TGI Avesnes-sur-Helpe, 25 sept. 1963, RC 65.130 n. Bellet ; Paris, 19 sept. 1994, RC 96.90.
3. V. par ex., Civ. I, 22 oct. 1980, RC 81.94, 2e esp., n. Lagarde, D. 82.I.R.73 ; Civ. com. 2 mars 1993, RC 93.632 n. Muir Watt, JDI 93.626 n. Kahn.
4. V. TGI Paris, 25 janv. 1971, RC 73.499 n. G. de La Pradelle : les faits s'étaient déroulés en Mandchourie ; le demandeur reprochait au défendeur de s'être immiscé à son détriment dans la gestion d'une société sous contrôle d'un groupe japonais et ce à

excessif d'un certificat de coutume (dont les frais ne sont pas couverts par l'aide judiciaire). L'application de la loi du for à titre subsidiaire est alors justifiée dans la mesure où le rejet de la demande constituerait un déni de justice, plaçant en quelque sorte le rapport juridique hors du droit.

Le parti à prendre dans un cas donné est cependant fonction des circonstances, elles-mêmes dépendant du rôle respectivement imparti au juge et aux parties dans la recherche du contenu de la loi étrangère. Lorsque cette recherche était essentiellement l'affaire des parties, le juge devait s'assurer avec un soin particulier de l'impossibilité pour la partie invoquant une loi étrangère d'établir le contenu du droit étranger selon les moyens décrits précédemment ; à défaut, le rejet de la demande, ou de la prétention, était justifié (cf. art. 11 CPC). À présent que le juge est lui-même tenu dans tous les cas de participer à la recherche du droit étranger (n° 269), il est à même de constater le cas échéant le caractère pratiquement insurmontable des difficultés, et devra seulement s'assurer que les diligences nécessaires ont été faites avant d'en tirer les conséquences en appliquant la loi française[1].

278. – Autres solutions concevables. Le droit comparé enseigne que les différents systèmes juridiques peuvent être groupés en « familles », en fonction de caractéristiques fondamentales communes[2]. On a donc également songé, en présence d'une difficulté à établir la teneur du droit compétent, à appliquer une règle empruntée à un droit voisin et présumée semblable à celle que l'on cherche. Par exemple, à défaut de pouvoir établir commodément une règle australienne, on appliquerait la règle anglaise supposée connue. Mais la notion de famille de droit est expressément fondée sur des analogies structurelles nonobstant les différences de solutions particulières ; le remède est donc contestable dès lors que l'on recherche une disposition tant soit peu précise, car rien ne permet d'assurer que la règle recherchée est analogue à celle que l'on connaît. Ainsi, aux yeux d'un juriste de *common law*, le droit français et le droit italien peuvent être considérés comme relevant de la même famille ; néanmoins, une présomption d'identité de règles sur un point donné pourrait être complètement erronée. Même au sein d'un État fédéral tel que les États-Unis, il serait aventureux de poser une telle présomption relativement aux lois de deux États. La solution envisagée expose donc à appliquer un droit imaginaire. Elle est à déconseiller autrement que comme un palliatif en présence de questions très générales ou pour interpréter les renseignements fournis sur le droit étranger. Tout au plus est-elle envisageable lorsque lorsqu'il y a eu réception dans la *lex causae* d'un droit étranger, notamment par l'effet d'une colonisation.

On peut également songer à appliquer un principe de justice universelle, qui ne serait celui d'aucun droit en particulier, une sorte de raison écrite auquel le droit

un moment où le territoire était disputé entre troupes japonaises, chinoises et soviétiques.

1. V. admettant l'impossibilité d'obtenir la preuve du contenu de la loi étrangère, Civ. I, 21 nov. 2006, RC 07.575 n. Muir Watt (filiation, loi biélorusse) ; censurant un arrêt pour avoir trop facilement conclu à cette impossibilité, 16 nov. 2004, RC 05. Somm. 795.
2. R. David et C. Jauffret-Spinosi, *Les grands systèmes de droit contemporains*, 10e éd., n° 16.

étranger serait présumé conforme. Mais il est à prévoir dans ce cas que le juge sera amené à considérer les principes de son propre droit comme exprimant la raison[1].

Une autre solution encore consiste à appliquer la loi « subsidiairement compétente », c'est-à-dire avec laquelle la situation présente les liens de second rang[2] ; en fait, celle-ci sera fréquemment la loi du for, du fait même des liens qui justifient la compétence juridictionnelle.

§ 3. – CONTRÔLE DE L'APPLICATION DE LA LOI ÉTRANGÈRE

279. – Élargissement de la question. Sous l'empire de la jurisprudence *Bisbal* (n° 262) ne se posait que la question du contrôle susceptible d'être exercé par la Cour de cassation sur l'application d'une loi étrangère invoquée devant les juges du fond ; l'abandon partiel de cette jurisprudence suscite au préalable un contrôle de l'applicabilité de la loi étrangère lorsqu'elle avait vocation à être appliquée.

A. DÉFAUT D'APPLICATION DE LA LOI ÉTRANGÈRE

280. – Recevabilité du pourvoi en cassation. Le moyen de cassation tiré de la non-application de la loi étrangère désignée par la règle de conflit et non invoquée par les parties était naguère rejeté comme mélangé de fait et de droit[3]. Cette jurisprudence cesse d'avoir cours dans la mesure de l'obligation faite aux juges du fond de déterminer d'office la loi compétente ainsi que les suites qu'elle donne à l'action (n° 263). Le moyen peut même être soulevé d'office par la Cour de cassation elle-même, en application de l'art. 620 al. 2 CPC[4]. Encore faut-il cependant que les éléments d'extranéité pertinents soient apparus dans le litige (lieu du dommage, d'exécution de la prestation caractéristique, du dernier domicile du défunt...), ou, si tel est le cas, qu'une allégation ait été émise à l'encontre du contenu qui lui a été prêté dans son application[5]. On a vu que le juge a la possibilité de les faire ressortir lui-même (n° 265) ; mais il n'est pas tenu de le faire et ne pourrait donc se voir reprocher son inaction sur ce point.

On sait également que les parties ont la possibilité de renoncer à l'application de la règle de conflit dans les matières où elles ont la libre disposition de leurs droits ; les juges du fond ont toutefois le devoir de constater un accord en ce sens (n° 266).

1. Pour un exemple célèbre, v. la sentence rendue dans l'affaire *Petroleum Development Ltd. c. Cheikh d'Abou Dhabi*, 18 ILR 144 (1951). Dans le jugement précité 25 janv. 1971 (n° 277), le tribunal de Paris a appliqué les règles de gestion d'affaires du droit français tout en s'en justifiant subsidiairement parce que cette notion procédait d'une règle d'équité.
2. En ce sens, loi italienne de 1995, art. 14.2 : « Lorsque, même avec le concours des parties, le juge ne parvient pas à établir la loi étrangère désignée, il applique la loi que déterminent les autres critères de rattachement prévus pour la même hypothèse normative. À défaut, la loi italienne s'applique. »
3. Civ. 11 juill. 1961, *Bertoncini*, RC 1962.124 n. Batiffol, JDI 63.132 n. Goldman, GA n° 34.
4. Civ. 11 oct. 1988, *Rebouh*, préc. n° 263.
5. V. Civ. I, 13 oct. 1998, RC 99. 281 n. Ancel.

B. APPLICATION DE LA LOI ÉTRANGÈRE

Une loi étrangère ayant été appliquée par les juges du fond, la question se pose de savoir si l'interprétation qu'elle a reçue peut donner lieu à un pourvoi en cassation fondé sur sa violation. La réponse est fixée depuis longtemps dans le sens de la négative ; mais cela n'exclut pas l'exercice de certains contrôles relatifs à la légalité de la décision.

1. Interprétation souveraine des juges du fond

281. – Absence de contrôle. La Cour de cassation considère que l'interprétation de la loi étrangère relève du pouvoir souverain des juges du fond[1]. Il ne faut pas confondre cette situation avec celle dans laquelle c'est l'interprétation de la règle de conflit du for elle-même, en vertu de laquelle a été appliquée une loi étrangère, qui est contestée : dès lors que la teneur de la règle de conflit a été discutée devant les juges du fond, l'interprétation qui en a été donnée est naturellement sujette à pourvoi car il s'agit d'une règle de droit français. En revanche, le principe de l'interprétation souveraine s'applique aussi bien lorsque c'est la règle étrangère de conflit qui est en cause pour une question de renvoi[2].

Bien que certains droits étrangers admettent en principe la solution inverse, l'absence de contrôle se justifie amplement. D'une part, la Cour de cassation a été instituée afin d'assurer l'unité d'interprétation de la loi française par les différentes juridictions du fond, en en donnant une interprétation authentique ; elle n'a pas qualité pour jouer ce rôle à l'égard d'une loi étrangère. D'autre part, la situation litigieuse étant par hypothèse déclarée relever d'une loi étrangère, plus précisément d'un droit étranger selon l'ensemble de ses sources, la question n'est pas de rechercher ce que ce droit devrait être mais ce qu'il est. Tandis que le juge d'un pays donné appliquant sa propre loi exprime le droit positif à l'occasion de chaque décision qu'il rend, et même le cas échéant le fait évoluer, à l'égard d'un droit étranger, il est tenu à une attitude d'imitation et doit prendre ce droit tel qu'il est. Si la Cour de cassation acceptait de contrôler l'application d'une loi étrangère, elle s'exposerait à en donner une interprétation différente de celle que les juges du fond ont constatée et ainsi à se placer en contradiction avec l'autorité étrangère compétente.

1. V. par ex. Civ. I, 12 mars 1960, *CACB*, n° 256 ; 20 mars 1978, D. 78.I.R.369 ; 13 janv. 1993, RC 94.78 (malgré l'affirmation, significative, que la loi étrangère est une règle de droit) ; à l'occasion de procédures d'exequatur, Civ. I, 17 mai et 16 juin 1993, RC 94.505 n. Légier (suggérant un assouplissement de la position traditionnelle et la sanction de la « dénaturation intellectuelle » de la loi étrangère). Le principe s'applique aussi bien lorsque la loi étrangère est issue d'un traité portant loi uniforme, ratifié par la France : Com. 4 mars 1963, *Hocke*, JCP 63.II.13376 n. Lescot, JDI 64.806 n. Goldman, RC 64.264 et art. Lagarde, p. 235.
2. V. par ex. Civ. 7 mars 1938, *Marchi della Costa* et Civ. 8 déc. 1953, *Sommer*, préc. n° 226.

Cette attitude serait particulièrement insolite dans le cas où ce qui est en cause serait la constitutionnalité de la loi étrangère ; le caractère souvent politique qu'implique une décision sur ce point disqualifie davantage encore un juge étranger pour y procéder. La solution serait naturellement différente en cas d'inconstitutionnalité déclarée. Si une contestation est pendante à l'étranger, le juge français pourrait surseoir à statuer ; il pourrait même impartir un délai à l'intéressé pour contester la constitutionnalité – et plus généralement la légalité – d'un texte dans la mesure où la possibilité lui en serait offerte.

Accessoirement, le contrôle par la Cour de cassation de la bonne interprétation du droit étranger l'amènerait à s'engager dans des recherches de fait qui ne sont pas de son rôle[1]. À cet égard encore, la loi étrangère se trouve dans la situation procédurale d'un fait, ce dont il n'y a pas lieu pour autant de conclure que telle est sa nature.

2. Contrôle de la légalité de la décision

282. – Régularité de la décision. Le principe de l'interprétation souveraine des juges du fond ne confère pas toute discrétion à ces juges pour statuer. La Cour de cassation exerce aussi une fonction disciplinaire à l'égard des décisions de justice. Ainsi l'obligation où se trouve le juge, en toutes matières, de motiver ses décisions permet un certain contrôle de l'application des lois étrangères. La Cour de cassation a également étendu à l'égard de la loi étrangère le contrôle de la dénaturation qu'elle applique depuis longtemps en matière de contrats.

a. Contrôle des motifs

283. – Nécessité de justifier la décision. Bien que les juges du fond soient en toutes matières souverains pour constater les faits, ils sont tenus d'énoncer ceux qu'ils retiennent pour fonder leurs décisions, c'est-à-dire de motiver celles-ci (L. du 20 avril 1810, art. 7, devenu art. 455 CPC). Appliquée à la loi étrangère, cette obligation signifie qu'ils ne doivent pas se borner à déclarer appliquer le droit étranger, mais qu'ils doivent préciser les dispositions qu'ils en retiennent ou justifier l'interprétation qu'ils en adoptent[2]. En pratique, toutefois, les décisions sont inégalement explicites quant à la source et la teneur du droit étranger qu'elles déclarent appliquer.

1. On invoque également la charge matérielle qu'entraînerait pour la Cour de cassation la position inverse.
2. Civ. 19 mai 1958, RC 58.700 n. Batiffol ; 7 nov. 1967, JDI 68.713 n. Ponsard ; 10 oct. 1978, RC 79.775 n. Courbe ; Crim. 17 mai 1989, RC 89.511 n. B. Ancel ; Civ. I, 24 nov. 1998, *Lavazza*, RC 99.88, 1re esp., obs. B.A., D. 99.337 n. Menjucq ; Civ. I, 22 fév. 2000, RC 00.778 n. Ancel et Muir Watt, JDI 01.107 n. Raimon ; 6 mars 2001, RC 01.335 n. Muir Watt, JDI 02.171 n. Raimon (sanctionnant le simple défaut d'indication des dispositions du droit étranger pourtant analysé) ; 14 fév. 2006, JCP 06.IV.1516 ; 6 fév. 2007, n° 05-19.333 ; v. en revanche Civ. I, 13 nov. 1980, D. 82. I.R.74.

Plus récemment, la Cour de cassation sanctionne comme un manque de base légale les insuffisances du juge au regard de son obligation de statuer « au regard du droit positif étranger »[1].

b. Dénaturation de la loi étrangère

284. – Position du problème et jurisprudence. On sait que si les juges du fond interprètent souverainement les conventions privées, c'est à la condition qu'il y ait lieu à interprétation ; en d'autres termes que la convention ne contienne pas sur le point litigieux une clause dépourvue de toute ambiguïté. Aussi la Cour de cassation censure-t-elle pour violation de l'art. 1134 C. civ. les décisions qui, sous couvert d'interprétation, méconnaissent le sens d'une telle clause. Ce contrôle s'est étendu à toutes sortes d'écrits (lettres missives, testaments, actes de procédure), le dénominateur commun étant la clarté de l'écrit litigieux. Lorsqu'il s'est confirmé que l'interprétation de la loi étrangère, comme celle des conventions, relevait du pouvoir souverain des juges du fond, la doctrine s'est interrogée sur la transposition de cette exception : si une loi étrangère contient une disposition claire et précise, il paraît difficile d'admettre que le juge français l'entende différemment ; à défaut de toute nécessité d'interprétation, l'erreur de fait change de nature pour devenir violation du droit.

Après un précédent ancien et un certain nombre de rejets mentionnant l'absence de dénaturation, la Cour de cassation censura un arrêt, au visa de l'art. 1134 C. civ., pour avoir « méconnu et dénaturé le sens clair et précis d'un document législatif » étranger[2]. La possibilité ainsi ouverte donna lieu par la suite à quelques applications, dans des conditions faisant ressortir une certaine inadéquation de ce moyen au but légitimement poursuivi[3].

Selon cette approche, la dénaturation à prendre en considération est en principe celle des documents qui ont été soumis au juge pour décision[4].

1. V. les arrêts *Itraco* et *Lavazza* préc. ; Jobard-Bachellier, « Manque de base légale et application de la loi étrangère », in Molfessis (dir.), *La Cour de cassation et l'élaboration du droit*, Economica 2004, p. 97.
2. Civ. I, 21 nov. 1961, *Montefiore*, D. 63.37 n. Ph. F., JCP 62.II.12521 n. Louis-Lucas, RC 62.329 n. Lagarde, JDI 62.689 n. Goldman, GA n° 36. L'espèce mettait en cause les rapports entre la Belgique et la colonie du Congo belge et soulevait une hésitation entre les dispositions d'un traité, d'où résultait la fusion des deux entités, et celles d'une loi, prévoyant la distinction de leur patrimoine ; on a donc pu objecter que la conciliation appelait bien une interprétation.
3. Civ. soc., 10 mai 1972, *Bastia*, RC 74.331 n. Marraud. Dans l'arrêt *Bastia*, il s'agissait d'une loi sociale marocaine proche de la législation française ; mais il y avait lieu d'interpréter un ensemble de textes et c'est en s'inspirant, semble-t-il, de la législation française que la Cour de cassation a censuré une dénaturation qui n'était pas plus manifeste que dans l'affaire *Montefiore*.
4. Civ. I, 22 oct. 2007, (le contenu du droit étranger résultait d'une expertise, d'un certificat de coutume et d'une attestation notariée) ; 14 fév. 2006, *Brianti*, RC 06.833 n. Bollée, sanctionnant la dénaturation d'un jugement étranger versé aux débats en donnant à la loi étrangère un sens différent de celui résultant du jugement (rendu, il est vrai, entre les mêmes parties à propos de la même question) ; 22 oct. 2008, RC 09.53, 1re esp., n. Muir Watt (dénaturation de différents documents allant à l'encontre du contenu d'un coutumier dahoméen retenu par les juges du fond).

Encore le contrôle a-t-il été refusé à l'égard d'une jurisprudence, pourtant rapportée par écrit (comme le serait également une coutume) devant le juge[1]. Mais une dénaturation d'un texte étranger par les documents eux-mêmes est aussi concevable. Elle a été sanctionnée dans le cas d'une traduction manifestement infidèle[2]. Indépendamment de ce cas, toutefois, le danger de cette approche est que l'interprétation effectivement donnée à l'étranger des textes originaux fidèlement rapportée par les documents fournis peut être différente de leur lettre (comme c'est le cas en France de différentes dispositions du Code civil)[3].

La Cour de cassation semble avoir pris acte du caractère inadéquat de la voie empruntée en sanctionnant une dénaturation au visa de l'art. 3 C. civ.[4]. Ceci, qui élargit donc le fondement de la sanction, d'une dénaturation matérielle à une dénaturation intellectuelle, s'inscrit dans le mouvement précédemment constaté tendant à faire respecter l'intégrité de la règle de conflit dans toutes les phases de son application bilatérale. Plus récemment, la Cour vise aussi le texte étranger méconnu, renforçant ainsi encore le statut de la loi étrangère elle-même.

285. – Conclusion sur le statut de la loi étrangère. La pratique jurisprudentielle a dégagé en France le statut procédural de la loi étrangère indépendamment du débat théorique sur sa nature juridique, lequel a tendu à s'enfermer dans l'alternative « droit ou fait ». Outre qu'il ne semble guère demeurer de question dont la solution serait à déduire du parti adopté, il est impossible d'inférer du régime adopté une réponse à la question soulevée en doctrine, car ce régime ne saurait être qu'hybride. Le statut d'une loi hors des frontières de l'État qui l'édicte subit une altération certaine, mais sans pour autant que sa nature de droit en soit modifiée[5]. En particulier, le refus en France de contrôler son application, qui suggère un rapprochement avec le statut d'un simple fait, peut être considéré non comme le signe d'une dégradation, mais plutôt comme une manifestation du respect de son intégrité.

1. Com. 4 mars 1963, *Hocke*, préc. n° 280.
2. Civ. I, 2 fév. 1982, *Olivier*, JCP 82.II.19749 concl. Gulphe, JDI 82.690 n. Muir Watt, RC 82.706 n. P. Mayer : application d'une prescription allemande (art. 196 BGB) au motif qu'elle était édictée « à condition que » alors que le texte original dispose « à moins que ».
3. V. cependant, sanctionnant pour dénaturation l'application téléologique d'un texte étranger au-delà de sa lettre Civ. I, 19 mars 1991, *Buzyn*, RC 92.88 n. Muir Watt.
4. Civ. I, 1er juill. 1997, *Africatours*, D. 98.104 n. Menjucq, JCP 98.1070 n. Fillion-Dufouleur, JDI 98.98, n. Barrière-Brousse, RC 98.292 n. Muir Watt (interprétation non justifiée d'un texte sénégalais selon celle d'un texte français analogue ; l'arrêt néglige le moyen de cassation tirée de l'insuffisance de motifs).
5. V. réprimandant le pourvoi rejeté comme tendant à remettre en cause, sous couvert de dénaturation de certificats de coutume, l'interprétation souveraine par les juges du fond de la loi étrangère « laquelle, malgré l'absence de contrôle par la Cour de cassation, est une règle de droit qui ne relève pas des prescriptions de l'article 7 du nouveau code de procédure civile [interdisant au juge de fonder sa décision sur des faits qui ne sont pas dans le débat] », Civ. I, 13 janv. 1993, *Coucke*, RC 94.78 n. B. Ancel.

Voy. : Bischoff, *La compétence du droit français dans le règlement des conflits de lois*, 1959 ; Bureau, « L'application d'office de la loi étrangère. Essai de synthèse », JDI 1990.317 ; « L'accord procédural à l'épreuve », RC 1996.587 ; C. David, *La loi étrangère devant le juge du fond*, 1965 ; Fauvarque-Cosson, *Libre disponibilité des droits et conflits de lois*, 1997 ; « Le juge français et le droit étranger », D. 2000. Chr. 125 ; Francescakis, « La loi étrangère à la Cour de cassation », D. 1963. Chr. 7 ; Lemontey et Rémery, « La loi étrangère dans la jurisprudence actuelle de la Cour de cassation », in Rapp. de la Cour de cassation 1993 ; Lequette, « L'abandon de la jurisprudence *Bisbal...* », RC 1989.277 ; Loussouarn, « Le contrôle par la Cour de cassation de l'application des lois étrangères », TCFDIP 1962-64, p. 133 ; Maury, « La condition de la loi étrangère en droit français », TCFDIP 1948-52, p. 97 ; Mayer, « L'office du juge dans le règlement des conflits de lois », TCFDIP 1975-77.233 ; Melin, *La connaissance de la loi étrangère par les juges du fond*, 2002 ; Motulsky, « L'office du juge et la loi étrangère », Mél. Maury, 1960, I, p. 337 ; « L'évolution récente de la condition de la loi étrangère en France », Mél. Savatier, 1965, p. 651 ; Nicod, « Un droit venu d'ailleurs : la loi étrangère désignée par la règle de conflit », Mélanges Jestaz, 2006, p. 417 ; Niboyet-Hoegy, « La mise en œuvre du droit international privé conventionnel », Mél. Perrot, 1996, p. 313 ; Ponsard, « L'office du juge et l'application du droit étranger », RC 1990.607.

SECTION II

DÉTERMINATION DE LA RÈGLE ÉTRANGÈRE APPLICABLE

286. – Difficultés possibles. Dans son application bilatérale, la règle de conflit désigne un ordre juridique étranger. Du fait qu'elle est conçue pour des situations de droit privé se pose la question de l'effet à reconnaître aux règles de *droit public* étranger interférant le cas échéant dans le règlement de la situation (§ 1). En matière de droit privé même, il peut exister au sein de l'ordre juridique étranger une *pluralité de règles* soulevant un nouveau problème de choix (§ 2).

§ 1. – INTERFÉRENCE DU DROIT PUBLIC ÉTRANGER

287. – Délimitation du problème. On sait qu'un État donné ne se préoccupe en droit public que de l'application de ses lois et qu'il n'applique en principe pas celles des autres États (n° 114). Il s'agit cependant là d'application à titre principal ou encore au bénéfice immédiat de l'État étranger. Une autre question est de savoir si lorsqu'est désigné un ordre juridique étranger à l'occasion d'un conflit de droit privé, il y a lieu de faire abstraction des règles de droit public qui s'y appliquent éventuellement. L'examen de la question des lois de police étrangères a été l'occasion d'indiquer qu'une évolution s'était produite sur ce point (n° 121). Pendant longtemps a été proclamé sans réserve le principe de l'inapplicabilité du droit public étranger ; mais cette proposition est excessive et ne rend au demeurant pas compte du droit positif.

A. LE PRINCIPE D'INAPPLICABILITÉ

288. – Énoncé et applications du principe. L'affirmation traditionnelle se fonde sur la nature « politique » prêtée aux lois de droit public, d'où résulterait leur caractère absolument territorial interdisant à aucune autre autorité que celles de l'État qui les édicte de leur donner effet. Cette conception s'est parfois traduite au XIXe siècle à l'égard des lois douanières étrangères ; la contrebande n'étant pas loin d'être considérée comme une « bonne guerre » d'un pays à l'autre, les tribunaux ont validé des contrats conclus en vue de l'introduction clandestine de marchandises à l'étranger[1]. Elle a pu être invoquée à l'époque contemporaine pour repousser l'effet des lois étrangères de réglementation du commerce extérieur ou des changes[2] ou de sécurité sociale[3].

289. – Appréciation critique. Même si l'on s'attache aux lois qui intéressent le plus directement l'État, comme les lois fiscales ou douanières, il est excessif de poser en principe que le caractère de ces lois s'oppose absolument à toute prise en considération hors de l'État qui les édicte. Un État se caractérisant non seulement par un territoire et une population, mais par une organisation, le droit international public reconnaît compétence à chacun pour mettre celle-ci en place et la faire fonctionner. Les autres États doivent par conséquent reconnaître l'existence et même la légitimité des mesures prises par l'un d'eux à cette fin. Sans avoir à prêter la main à leur application, ils ne peuvent systématiquement les ignorer lorsque leurs autorités viennent à en connaître, dès lors que cette attitude n'implique aucune prestation de leur part et ne méconnaît aucun de leurs intérêts propres. De fait, la jurisprudence contemporaine a annulé, par exemple, des conventions ayant pour objet la contrebande à l'égard d'un État étranger alors pourtant que la loi applicable au contrat n'est pas celle de cet État ; le caractère répréhensible des actes l'emporte sur le principe de liberté des échanges[4].

Quant à la « territorialité » du droit public, elle vise un certain nombre de monopoles de l'État au premier rang desquels celui de la contrainte. Mais la compétence de l'État, au sens du droit international public, n'est pas limitée à son territoire ; elle s'étend aux personnes (les nationaux), et à travers elles à leurs biens ou leurs activités où qu'ils soient, sauf à entrer en concurrence avec la compétence territoriale des autres États. Le droit international privé reconnaît implicitement cette extra-territorialité à travers les différents rattachements retenus par les règles de conflit bilatérales. La question est seulement de savoir si son effet est totalement exclu pour la seule raison qu'une règle étrangère est qualifiée de droit public ; or il ne peut en être ainsi.

1. Civ. 28 août 1835, S. 35.1.673.
2. Paris 30 juin 1933, JDI 33.963 et les décisions citées n° 245 ; en Allemagne, v. BGH, 17 déc. 1959, RC 61.313 n. Mezger ; 16 avril 1975, RC 77.72 n. Mezger.
3. Besançon 14 mai 1959, D. 59.515 n. Esmein.
4. Civ. com. 7 mars 1961, Bull. civ. III, n° 125 ; Paris, 9 fév. 1966, RC 66.264 n. Louis-Lucas ; trib. Seine, 4 janv. 1956, RC 56.679 n. H. B. Un fondement textuel de la solution lorsque le contrat est soumis au droit français est l'art. 1133 C. civ., sanctionnant l'immoralité de la cause.

B. PRISE EN COMPTE DE LA LOI ÉTRANGÈRE

290. – Justification générale. Toute « application » des lois étrangères n'implique pas nécessairement de la part d'un État une action positive ; en droit privé même, elle peut se traduire par la constatation d'une prescription, le refus d'ordonner l'exécution d'un contrat passé par un incapable ou celui de prononcer un divorce. S'agissant d'une loi étrangère de droit public, son « application » se manifeste de même différemment selon que la règle s'applique directement au bénéfice de l'État (recouvrement d'un impôt, répression d'une infraction) ou simplement qu'elle affecte une relation de droit privé. La catégorie des lois de police illustre le fait qu'une disposition qui est formellement de droit public peut intéresser au premier chef une telle relation (n° 119).

En particulier, lorsqu'une situation de droit privé est localisée dans un ordre juridique étranger, le but étant la reconnaissance dans l'ordre juridique du for d'un état de droit prévalant effectivement à l'étranger, ce serait dénaturer celui-ci, et directement méconnaître l'objectif fondamental de coordination des ordres juridiques, que de procéder à un dépeçage de la situation pour en exclure ce qui est affecté par le droit public étranger. Cette attitude exposerait aujourd'hui d'autant plus à des incohérences que les interventions étatiques dans les situations de droit privé se sont multipliées. En revanche, on peut transposer dans ce contexte l'argument invoqué en matière de renvoi pour justifier la prise en considération de la règle étrangère de conflit (n° 221) : la règle étrangère, ici de droit public, n'entre pas en jeu de sa propre autorité mais parce que tel est le vœu de l'ordre juridique du for[1].

Ce qui a pu donner l'impression que la règle de conflit était imperméable au droit public est que la méthode prend pour hypothèse de départ des catégories de droit privé. Mais une situation de droit privé n'est pas nécessairement exempte de tout élément de droit public et doit être prise comme un tout[2]. L'Institut de droit international s'est prononcé expressément en ce sens[3].

291. – Application incidente du droit public étranger. L'application du droit public étranger, ainsi entendue, est depuis longtemps habituelle. La règle de conflit elle-même s'y réfère implicitement lorsqu'elle prend pour rattachement la nationalité des personnes : l'application à un étran-

1. Soc. 24 fév. 2004, RC 05.62 n. d'Avout, sanctionnant le non-respect d'une disposition étrangère d'affiliation du salarié à un régime étranger de sécurité sociale comme une faute de l'employeur selon la loi française.
2. En ce sens, loi fédérale suisse, art. 13 : « La désignation d'un droit étranger par la présente loi comprend toutes les dispositions qui d'après ce droit sont applicables à la cause. L'application du droit étranger n'est pas exclue du seul fait qu'on attribue à la disposition un caractère de droit public. »
3. IDI, session de Wiesbaden (1975), Résolution concernant l'application du droit public étranger, RC 1976.423. Le même organisme a distingué le cas des *demandes* fondées par une autorité étrangère ou par un organisme public étranger sur des dispositions de son droit public, considérées comme irrecevables sous réserve d'exceptions (n° suivant).

ger de sa loi personnelle passe par la constatation de sa nationalité selon une loi étrangère de droit public. Il est également courant qu'une telle loi affecte une situation relevant des autres catégories de rattachement, et elle sera de même prise en considération : ainsi en matière de statut réel, pour apprécier la validité d'un transfert de propriété immobilière à l'étranger soumis à l'exigence d'une autorisation administrative locale[1]. Lorsqu'il y a lieu de se prononcer sur la validité en la forme d'un acte juridique passé à l'étranger devant un officier public (mariage, testament, constitution d'une personne morale...), on se référera aux règles fixant la compétence ou les pouvoirs de l'intéressé. S'agissant des relations entre une société étrangère et ses associés, il a été donné effet à des dispositions de la *lex causae* dépossédant les actionnaires qui ne s'étaient pas fait connaître dans un certain délai[2]. Le fait que des relations contractuelles ou quasi contractuelles soient liées à des dispositions fiscales n'interdit pas de statuer sur celles-ci : ainsi un cautionnement n'est pas sans valeur pour le seul motif qu'il garantirait une dette fiscale étrangère[3] ; ou est recevable l'action en remboursement d'une dette fiscale payée pour autrui à l'étranger[4].

L'application cesse en principe lorsqu'elle intéresse directement l'État étranger et non des relations privées, c'est-à-dire lorsqu'un État ou un organisme public étranger forment une demande fondée sur des dispositions de leur droit public[5]. Cela se traduit au demeurant par l'irrecevabilité de la demande[6]. La différence de traitement s'explique notamment par le fait que l'accueil de l'action ne procurerait aucun bénéfice direct à l'État du for et qu'il pourrait même dans certains cas aller à l'encontre de ses intérêts propres ; ou encore que le rejet éventuel de la demande au fond présenterait un caractère embarrassant. En revanche, cette attitude n'a pas lieu d'être lorsque le demandeur agit exactement comme le ferait une personne privée : ainsi lorsque l'État étranger est subrogé, en vertu de ses propres dispositions, mais comme le serait un assureur, dans les droits de la victime d'un dommage[7].

1. Paris, 15 mai 1975, RC 76.690 n. Batiffol ; v. reconnaissant même l'effet d'une mesure de nationalisation étrangère, Civ. I, 1er juill. 1982, JDI 82.148 n. Bourel, RC 82.336 n. Lagarde.
2. Civ. I, 25 janv. 1966, *Royal Dutch*, D. 66.390 n. Loussouarn, RC 66.238 concl. Desangles, n. Francescakis, JDI 66.631 n. Bredin ; 17 oct. 1972, *ép. Audouze*, RC 73.520 n. Batiffol, JDI 73.116 n. Oppetit ; 17 oct. 1972, *Cassan*, JDI 73.716 n. Oppetit, RC 73.520 n. Batiffol.
3. Civ. I, 13 déc. 1972, Bull. civ. I, n° 287.
4. Civ. I, 21 janv. 1975, RC 77.120 n. Couchez.
5. En ce sens, et avec les exceptions indiquées au texte, Résolution IDI, session d'Oslo (1977), RC 1978.224.
6. Civ. 3 juill. 1928, S. 28.1.356 ; Civ. I, 29 mai 1990, *Duvalier*, JDI 91.137, 2e esp., RC 91.386 n. Bischoff, cassant Aix-en-Prov. 25 avril 1988, JDI 88.779 n. A. Huet ; 2 mai 1990, *Rép. du Guatemala*, RC 91.378 n. Audit, JDI 91.137, 1re esp. et art. Dehaussy, p. 109, GA n° 79.
7. Civ. I, 17 mars 1970, RC 70.688 n. Lagarde, JDI 70.923 n. G. de La Pradelle.

L'irrecevabilité des demandes d'autorités étrangères fondées sur des dispositions de droit public peut naturellement être écartée par traité[1]. Il pourrait même y être dérogé de manière unilatérale, parce que la demande paraît digne de considération ou dans la perspective d'une réciprocité[2].

292. – Efficacité d'une décision étrangère. La question envisagée se pose également en cas de demande de reconnaissance d'une décision étrangère fondée sur des dispositions de droit public. S'agissant en particulier des décisions judiciaires, ne sont en principe susceptibles de reconnaissance et d'exécution que les jugements rendus en matière de droit privé (« civile et commerciale » selon le droit de l'Union européenne, n° 510). On pourrait cependant envisager par exemple de distinguer une action en recouvrement de créance fiscale liquidée à l'étranger de l'action en liquidation, car les inconvénients qui justifient le rejet d'une demande directe sont atténués. Mais en l'état du droit positif, la demande d'exécution d'un jugement fiscal serait certainement repoussée. En revanche, une décision étrangère ne doit pas se voir refuser effet en France pour le seul motif qu'une disposition de droit public y aurait été appliquée[3].

Dans un autre ordre d'idées, une décision étrangère de droit public peut être prise comme un fait dont l'existence conditionne l'application d'une règle du for : ainsi une condamnation pénale étrangère pour l'établissement d'une incapacité (n° 456).

293. – Motifs légitimes de non-application. Même si l'on ne fait plus un dogme de l'« inapplicabilité du droit public étranger », plusieurs circonstances peuvent s'opposer à son application, ou sa prise en considération, effective dans un cas donné. La mise en œuvre de la loi étrangère peut tout d'abord impliquer l'intervention d'un organisme public : par exemple, pour liquider une pension. Lorsqu'elle n'est pas ainsi impossible, elle s'opère en toute hypothèse sous le contrôle de l'ordre public du for, *lato sensu*. Tout d'abord, l'État étranger pourrait être jugé avoir outrepassé sa compétence internationale en prenant la disposition édictée, notamment pour défaut de lien suffisant avec la situation qu'il prétend régir (n° 44 s.) ou simplement pour méconnaissance d'un traité[4]. En deuxième lieu, de même que celui d'une règle de droit privé, le contenu de la règle étrangère de droit public peut être contraire aux conceptions fondamentales du for. Son effet sera alors écarté par l'exception d'ordre public : ainsi une nationalisation confiscatoire (n° 312). Enfin, indépendamment de son contenu, il se peut simplement que le but poursuivi par la loi étrangère soulève vis-à-vis de l'État du for un conflit d'intérêts, que celui-ci résoudra normalement en

1. V. la convention d'Unidroit de 1995 en ce qui concerne les demandes tendant au retour de biens culturels illicitement exportés (n° 121) ; et dans le même domaine la directive européenne du 15 mars 1993, ayant donné lieu en France à la L. n° 95-877 du 3 août 1995 (art. 6).
2. Civ. I, 2 mai 1990, préc. (motifs).
3. Civ. I, 15 nov. 1983, RC 85.100 n. Batiffol, accordant l'exequatur à une décision ayant fixé la créance d'une banque nationale étrangère en application d'un texte monétaire.
4. Trib. arrt. La Haye, 17 septembre 1982, RC 84.473 (aff. du gazoduc sibérien).

sa propre faveur : par exemple, comme dans la dernière affaire citée, si un embargo décrété par l'État étranger prétend empêcher l'exécution sur le territoire du for d'un contrat antérieurement conclu par un résident avec un ressortissant d'un État tiers. Mais dans tous ces cas, la non-application de la loi étrangère de droit public devrait être considérée comme l'exception à un principe. Tel n'est cependant pas encore formellement le cas.

294. – Maintien formel du principe d'inapplicabilité. Les États demeurent plus réticents que la doctrine à répudier le principe d'inapplicabilité des lois « de droit public » étrangères[1]. Cela s'explique sans doute par des considérations pragmatiques, lesquelles sont plus particulièrement de deux ordres. Selon que l'on pose en thèse le cloisonnement des souverainetés, comme le veut la conception traditionnelle, ou au contraire l'égalité de principe des lois de droit public du for et des lois étrangères, selon la conception plus récente, les exceptions sur lesquelles l'attention sera attirée seront le respect bénévole de ces lois dans un cas, le refus de coopération dans l'autre. Il est naturellement plus tentant de se placer dans le premier, d'autant plus que le second impliquera fréquemment un jugement de valeur défavorable sur les dispositions prises par l'État étranger, notamment déclarées contraires à l'ordre public de l'État du for. En proclamant indistinctement le principe d'inapplicabilité, on évite de se trouver dans cette situation ; la qualification de « loi politique » a ainsi pu constituer un moyen banal d'écarter les effets d'une loi étrangère réprouvée[2].

D'un point de vue pragmatique également, énoncer en principe le non-respect des lois étrangères de droit public permet de ménager dans tous les cas la *réciprocité*, qui joue un rôle essentiel en la matière. Tous les États ont des préoccupations analogues concernant, d'une part, leur propre organisation, d'autre part, comme on l'a vu avec les lois de police, la défense de politiques économique, sociale, sanitaire, culturelle... En subordonnant sa coopération à la réciprocité, un État donné peut espérer un meilleur respect de ses propres dispositions par les États étrangers. Ainsi la loi pénale peut-elle prévoir la répression d'agissements qui portent atteinte à un État étranger sous réserve de réciprocité (v. art. 695 CPP). La voie ordinaire est cependant celle du traité par lequel deux ou plusieurs États conviennent de coopérer dans la poursuite de leurs intérêts respectifs et tracent les limites de cette coopération[3].

Voy. : Bauer, *Le droit public étranger devant le juge du for*, thèse dactyl. Paris II, 1977 ; E. Fohrer-Dedeurwaerder, *La prise en considération des normes étrangères*, 2008 ; Freyria, « La notion de conflits de lois en droit public », TCFDIP 1962-64, p. 103 ; A. Huet, « Pour une application limitée de la loi pénale étrangère », JDI

1. V. cependant, en Suisse, admettant les effets d'une nationalisation française sur des biens locaux, solution présentée comme l'application d'un principe, trib. Bâle-Ville, 27 mars 1992, RC 95.507 et la note.
2. V. par ex. Colmar, 16 fév. 1937, préc. n° 287; Civ. 16 oct. 1967, *Janda*, D. 68.446 n. Mezger, RC 68.61 n. Eck.
3. En matière monétaire, v. les Accords de Bretton Woods supra n° 121 ; de biens culturels, Convention Unidroit, n° 771.

1982.625 ; Kinsch, *Le fait du prince étranger*, 1995 ; P. Lalive, « Le droit public étranger et le droit international privé », TCFDIP 1973-75, p. 215 ; P. Mayer, « Le rôle du droit public en droit international privé », RIDC 1986.467 ; Sperduti, « Droit international privé et droit public étranger », JDI 1977.5 ; van Hecke, « Droit public et conflits de lois », TCFDIP 1983-84, p. 225 ; Zweigert, « Droit international privé et droit public », RC 1965.645. *Colloque de Bâle sur le rôle du droit public en droit international privé*, Bâle –Francfort, 1991.

§ 2. - CONFLIT DE RÈGLES INTERNES ÉTRANGÈRES

295. – Hypothèses. Le règlement de conflit du for ayant désigné un ordre juridique étranger, il se peut que l'on soit confronté au sein de celui-ci à une pluralité de normes du fait que cet ordre juridique n'est pas unitaire mais composite ou plurilégislatif, c'est-à-dire que plusieurs systèmes de droit y coexistent (A). Dans un système unitaire même, il se peut qu'à l'égard de la question soulevée se soient succédé des règles dans le temps, ce qui soulève la question du conflit transitoire étranger (B).

A. ORDRES JURIDIQUES COMPOSITES OU PLURILÉGISLATIFS

296. – Typologie. Les conflits internes se rencontrent dans les États dont le droit privé n'est pas unifié. On peut distinguer deux types, selon que les diverses lois s'appliquent sur des parties différentes du territoire (conflits *interterritoriaux*), ou bien sur l'ensemble du territoire à des groupes sociaux différents (conflits *interpersonnels*). Dans les deux cas, lorsque le règlement de conflit du for désigne l'ordre juridique composite, on considérera en principe qu'il se réfère pour le reste aux solutions de l'ordre juridique en cause, selon un mécanisme de coordination évoquant celui du renvoi ; car une fois désigné l'ordre juridique complexe, il ne reste à opérer qu'un choix en sous-ordre[1]. Si toutefois l'on applique l'idée que les règles de conflit ont pour objet la réglementation de relations privées plus que la délimitation des souverainetés, on sera tenté de faire désigner directement par ces règles, en les interprétant, la règle matérielle applicable de l'ordre plurilégislatif. On retrouvera cette question en examinant successivement les deux types de conflits.

Une situation voisine, mais à caractère accidentel, est celle où le règlement de conflit désigne une loi émanant d'un Etat ou d'un gouvernement *non reconnu*[2]. À l'époque où le droit des conflits était envisagé comme réglant des rapports entre souverainetés, on était amené à considérer que la loi actuelle ne devait pas être appliquée au motif que l'État non reconnu ne fait pas partie de la communauté internationale aux yeux de l'État du for. Les tribunaux français ont ainsi refusé d'appliquer les lois soviétiques avant la reconnaissance de l'URSS intervenue en 1924. Une telle position évite de se placer en contradiction avec la politique étrangère de l'exécutif et peut se justifier par la considération que les lois actuellement en vigueur dans l'État concerné ne le sont que provisoirement. Mais elle est d'au-

1. En ce sens, à titre général, EGBGB, art. 4.3 (réd. 1986).
2. Verhoeven, « Relations internationales de droit privé en l'absence de reconnaissance d'un Etat, d'un gouvernement ou d'une situation », RCADI 1985.III.9 (t.192).

tant moins tenable que la loi étrangère est plus effective. Or l'appréciation que doit porter le juge est distincte de celle du gouvernement. Inspiré par des motifs politiques, celui-ci peut retarder la reconnaissance d'une situation dont l'effectivité n'est pourtant plus guère douteuse. Une décision civile et individuelle a moins de portée à cet égard ; et le réalisme commande de tenir compte de l'état du droit effectivement consacré. Il en est particulièrement ainsi lorsque la règle de conflit emprunte un rattachement à caractère territorial : à partir d'un certain moment, appliquer à ce titre une loi qui a perdu toute effectivité devient une fiction (réserve faite du cas où le rattachement territorial exclut le conflit transitoire comme c'est en principe le cas du *premier* domicile matrimonial en matière de régime matrimonial). En ce qui concerne la nationalité, on tiendra compte de l'effectivité actuelle de celle de l'intéressé ainsi que du caractère permanent ou non du rattachement (sur le cas des réfugiés, n° 1130 s.). La Cour de cassation semble s'être ralliée à cette conception, mais dans un cas où le gouvernement étranger avait été reconnu entre le moment des faits et celui où elle statuait, en déclarant que « le défaut de reconnaissance d'un gouvernement étranger ne permet pas au juge français de méconnaître les lois de droit privé édictées par ce gouvernement, antérieurement à sa reconnaissance, pour le territoire sur lequel il exerçait effectivement son autorité »[1]. On considère que la même solution vaut par les États annexés.

1. Conflits interterritoriaux

297. – Différents cas. Les conflits interterritoriaux sont du type de ceux que connaissait l'ancienne France avec les conflits de coutumes. La source la plus fréquente à l'époque moderne en est le fédéralisme, encore que celui-ci n'exclue pas l'unité du droit privé (cas de l'Allemagne) ; cette situation est ou a été celle de pays aussi divers que les États-Unis (conflits interétatiques), le Canada (conflits interprovinciaux), l'Australie, la Suisse (conflits intercantonaux), l'URSS. La diversité territoriale se rencontre également au sein d'États unitaires, tels que le Royaume-Uni ou l'Espagne (*fueros*). En France même, il en existe dans certaines matières avec dans les départements d'Alsace-Lorraine[2]. Dans tous les cas, la diversité des lois peut s'accompagner d'une autonomie judiciaire plus ou moins étendue.

298. – Règlement des conflits internes. Du point de vue des États pluriterritoriaux, la question première est celle du règlement des conflits internes. Quant aux sources, il peut exister un système de solution centralisé, c'est-à-dire de règles uniques : tel a été le cas en Suisse depuis la loi de 1891 sur les rapports de droit civil (mais le droit privé a été depuis pratiquement unifié), en URSS où les Principes fondamentaux de la Législation civile, ou ceux du Mariage et de la Famille, prévoyaient des dispositions pour la solution des conflits de lois ; ce l'est en Espagne (C. civ., art. 16) ou en Australie. Ou bien il se peut que faute d'un règle-

1. Civ. I, 3 mai 1973, JDI 74.859 obs. B.G., RC 75.426 n. Loussouarn, GA n° 52 : il s'agissait de tenir compte de l'abrogation de certaines mesures tsaristes par la loi soviétique à une date antérieure à la reconnaissance par le gouvernement français.
2. Sur ce cas, v. loi du 24 juill. 1921, prévenant et réglant les conflits entre la loi française et la loi locale d'Alsace-Lorraine en matière de droit privé (D.P. 23.4.104). La loi prévoit que ses dispositions seront « au besoin complétées par les règles du droit international privé admises en France » (art. 15). Ces règles sont applicables par tous les tribunaux de France.

ment général et supérieur, chaque unité résolve les conflits de manière assez libre : ainsi aux États-Unis, où n'existent pas de règles de conflit fédérales générales et où la Cour suprême a limité le contrôle qu'elle est susceptible d'exercer en vertu de la Constitution fédérale sur la solution des conflits de lois et de juridictions au sein des différents États fédérés[1].

Quant aux principes de solution des conflits internes, les questions de statut personnel sont le plus souvent rattachées selon un critère territorial (domicile, sous des acceptions diverses), encore qu'il puisse exister une « nationalité » interne. Pour le reste, les mêmes principes de solution sont généralement appliqués aux conflits internes et internationaux, sous réserve de règles particulières ou d'adaptations ; en particulier, le recours à l'exception d'ordre public sera normalement plus restreint dans les conflits internes que dans les conflits internationaux. En fait, selon la situation de chaque pays, ce sont respectivement les uns ou les autres qui constituent la règle et l'exception : on opposera ainsi par exemple les États-Unis, où les conflits interétatiques constituent la préoccupation principale, et la Suisse, où les conflits intercantonaux ont pratiquement disparu.

299. – Situation pour un État tiers. Lorsque dans un État tiers le règlement de conflit désigne la loi d'un État qui admet plusieurs règles selon la partie du territoire concernée, la solution qui semble s'imposer consiste à chercher quel est, du point de vue de l'ordre juridique ainsi désigné, le droit territorial applicable ; et donc à se référer au système de solution en vigueur dans l'État concerné. Mais comme on l'a vu, il peut ne pas exister de système centralisé. On peut alors rechercher quelle est la solution la plus communément appliquée ou celle en vigueur au lieu avec lequel la situation présente les liens les plus étroits[2]. Une autre solution générale consiste à interpréter la règle de conflit du for comme désignant elle-même l'unité territoriale en question. Ces deux méthodes peuvent au demeurant être appliquées de manière distributive. La première semble préférable lorsque la règle du for prend pour critère de rattachement la nationalité alors qu'il n'existe pas de loi nationale dans le domaine envisagé ; car l'esprit de la règle de conflit est quand même de déférer à l'ordre juridique désigné le choix de la règle matérielle applicable. Ainsi lorsque la nationalité est celle d'un État fédéral, on suivra la désignation, qui est le plus souvent faite, d'un domicile interne. S'il n'existe pas de règlement de conflit uniforme, l'on s'efforcera d'appliquer la solution la plus communément admise : ainsi un juge français appliquera à un Américain la loi de l'État où il est domicilié, conformément à la règle commune aux différents États fédérés[3]. La seconde méthode convient lorsque le rattachement qui a conduit à l'ordre juridique étranger est de nature territoriale : par exemple, le *situs* d'une chose ou le lieu de survenance d'un fait. Pratiquement, il sera rare qu'il y ait discordance entre cette désignation directe et

1. Bonassies, « Structure fédérale et conflits internes de lois. L'exemple des États-Unis d'Amérique », RC 1953.289.
2. En ce sens (implicitement), Civ. I, 21 sept. 2005, RC 06.100 n. Muir Watt (Canada).
3. Il restera à déterminer le domicile de l'intéressé, dont la définition n'est pas la même selon les États ; mais le problème se pose au sein même de l'ordre juridique des États-Unis (v. *Restatement Second*, § 11). Sur le cas où l'intéressé est domicilié dans un État tiers, n° 301.

celle qui passerait par la règle du pays en question. Mais cette éventualité est concevable ; par exemple en matière contractuelle, si le système du for désigne le lieu de conclusion alors que le système étranger adopte un autre rattachement, ou inversement. C'est normalement l'interprétation de la règle de conflit du for qui devrait faire la décision.

300. – Conventions de La Haye. Les conventions de La Haye modernes comportent en général une clause pour le cas où le rattachement retenu conduit à la loi d'un État dont le droit admet plusieurs règles selon un critère territorial dans la matière en cause. Lorsque ce rattachement est la nationalité, il est prévu par exemple que « la loi applicable est déterminée par les règles en vigueur dans ce système et, à défaut de telles règles, par le lien le plus effectif qu'avait [l'intéressé] avec l'une des législations composant ce système »[1]. Mais lorsque le critère de rattachement retenu par la convention est plutôt de nature territoriale, il est en général entendu comme une référence directe. Il est alors prévu par exemple que « toute unité territoriale faisant partie d'un État à système juridique non unifié est considérée comme un État pour l'application [des règles de rattachement] », pourvu qu'elle ait son propre système de droit dans la matière en cause[2]. Le rattachement à la résidence habituelle obéit tantôt à un système, tantôt à l'autre[3].

301. – Renvoi à une loi tierce. Lorsque la règle de conflit du for prescrit de consulter le système de conflit étranger, ou qu'elle est interprétée en ce sens, il se peut que ce système désigne à son tour non le droit d'une unité territoriale mais celui d'un pays tiers, ou soit interprété comme tel en l'absence d'une règle commune : ainsi lorsqu'il y a lieu pour un tribunal français de se prononcer sur le statut personnel d'un Canadien qui serait domicilié hors du Canada[4]. Le même souci de coordination incite à articuler ce principe avec la règle de conflit du for ; on a vu qu'il y a là un argument général en faveur du renvoi (n° 221).

2. Conflits interpersonnels

302. – Notion. Il y a conflit interpersonnel lorsque différents systèmes existant au sein d'un ordre politique donné s'appliquent à différentes catégories de la population en fonction de l'appartenance religieuse (conflits interconfessionnels) ou ethnique. Cette situation se rencontre couram-

1. Convention du 5 octobre 1961 sur la loi applicable à la forme des dispositions testamentaires, art. 1er, al. 2 ; pour une formule analogue, se référant à la loi et aux autorités, v. convention de la même date relative à l'adoption, art. 11 ; convention du 14 mars 1978 sur la loi applicable aux régimes matrimoniaux, art. 16, al. 1.
2. V. convention du 4 mai 1971 sur la loi applicable aux accidents de la circulation routière, art. 12 ; du 22 déc. 1986 sur la loi applicable aux contrats de vente internationale de marchandise, art. 19.
3. Comp. convention du 2 oct. 1973 sur la loi applicable aux obligations alimentaires, art. 16 et convention-régimes matrimoniaux, préc., art. 17.
4. V. Civ. I, 21 sept. 2005, préc.

ment dans les pays orientaux ainsi qu'en Afrique noire[1]. Les conflits interpersonnels présentent une spécificité plus grande par rapport aux conflits internationaux que les conflits interlocaux : ceux-ci sont comme ceux-là des conflits dans l'espace ; en revanche, la coexistence de systèmes personnels fondée sur des différences de civilisation se prête moins facilement à une véritable solution des conflits au sens où chaque loi aurait au départ vocation à s'effacer devant une autre. En fait, les différences peuvent être telles que les situations mixtes elles-mêmes sont rares.

La diversité des statuts est fréquemment assortie d'une séparation des *autorités* chargées d'appliquer chacun d'eux, et lui seul ; il y a en particulier coïncidence de la compétence juridictionnelle et la compétence législative[2]. Néanmoins c'est celle-ci qui occupe la place prépondérante ; l'appartenance à une communauté détermine l'autorité compétente.

Pour étudier la manière dont ces conflits sont appréhendés par une autorité extérieure, il convient de montrer d'abord comment ils le sont au sein de l'ordre juridique concerné.

303. – Relations intercommunautaires. Au sein de l'ordre pluricommunautaire, un système de conflit règle en particulier les relations entre les divers statuts (droit interpersonnel, intercoutumier, interconfessionnel). Pour les raisons indiquées, il peut répartir simultanément la compétence des autorités et celle des règles de fond. En tant qu'il règle les conflits de lois, un tel système ne se confond pas nécessairement avec un système de type occidental et laïque. Dans celui-ci, la catégorie du statut personnel n'occupe pas une place privilégiée : elle est susceptible d'être morcelée en différentes catégories de rattachement (mariage, filiation, successions) et chacune d'elles d'être dépecée (forme et fond) ; et surtout les différents ordres juridiques en conflit sont considérés sur un pied d'égalité. Au contraire, un statut personnel confessionnel est en principe indivisible ; ses prescriptions ne sauraient se combiner avec celles d'un autre. Le système de conflit en vigueur établit donc plutôt des règles de coexistence, que l'État fait respecter. Deux types généraux peuvent être distingués, selon qu'un statut l'emporte sur les autres ou qu'ils sont placés sur un pied d'égalité.

Le premier est fréquent dans les États confessionnels : un strict privilège est établi en faveur du droit issu de la religion officielle. Tel est le cas en divers pays musulmans (Égypte, Syrie, Irak...) à l'égard des autres statuts confessionnels tolérés. Le droit musulman, droit confessionnel de l'État, n'entre pas en conflit avec les autres en ce sens qu'il est seul applicable aux cas « mixtes »[3]. Il peut même avoir vocation à s'appliquer aux relations mixtes n'impliquant aucun musulman,

1. Le droit français a connu les conflits interpersonnels dans le contexte colonial, entraînant la coexistence d'un statut métropolitain et d'un statut local. Ces conflits ont souvent été résolus en faisant prévaloir le premier. V. Lampué, « Les conflits de lois interrégionaux et interpersonnels dans le système juridique français (métropolitain et d'outre-mer) », RC 1954.249.
2. Toutefois lorsqu'un État pluricommunautaire se laïcise ou se modernise, tout en maintenant les statuts traditionnels, il peut instituer des juridictions civiles appliquant ces différents statuts religieux (cas de l'Égypte depuis 1956) ou coutumiers.
3. Le privilège de religion s'exerce parfois sous couvert de privilège de nationalité lorsque la différence de religion se double d'une différence de nationalité ; v. Al Dabbagh, « Mariage mixte et conflit entre droit religieux et laïc », RC 2009.29 ; Bostanji, « Les survivances du communautarisme dans l'application judiciaire du droit international privé tunisien », RC 2009.251.

mais alors à titre de droit civil commun[1]. Un système inégalitaire peut également être instauré, pour des raisons différentes, lorsqu'un État entreprend de substituer un droit moderne à des coutumes traditionnelles[2].

Selon le second schéma, l'État multicommunautaire observe une attitude de neutralité à l'égard des différents statuts qu'il reconnaît. Cela peut être politiquement nécessaire lorsqu'il s'agit de coutumes ethniques, comme dans divers pays d'Afrique noire. Cela est moins fréquent pour des statuts confessionnels. L'exemple en est cependant donné par le Liban où dix-sept confessions sont officiellement reconnues et placées sur un pied d'égalité. Dans ce type de système, un moyen de résoudre les conflits éventuels nés de relations mixtes consiste à offrir aux intéressés une faculté d'option : ainsi en faveur du droit de l'une des parties (cas du Liban, où l'on admet également le recours à la loi d'un État étranger) ou en faveur du droit moderne appelé à remplacer les droits coutumiers. On appliquera par la suite aux effets de l'acte le droit de l'autorité ou de la loi choisies pour lui donner naissance.

304. – Conflits internationaux dans les États pluricommunautaires. En vue des conflits internationaux qui se présentent devant les autorités des États pluricommunautaires, le rattachement à la loi nationale assure l'application permanente du statut religieux ou ethnique des nationaux[3]. Il arrive que la prédominance d'un statut confessionnel se transforme en privilège de nationalité : les rapports internationaux mixtes de nature familiale sont soumis à la loi personnelle du national de l'État[4]. Mais dans la conception musulmane ou judaïque, le lien religieux peut s'imposer aussi directement, sans passer par l'intermédiaire de la nationalité. Aussi bien dans un mariage entre musulman et non-musulman étranger ne sera-t-il tenu aucun compte du statut personnel étranger ; et le droit musulman est-il susceptible d'être appliqué à un étranger musulman sans égard aux dispositions de sa loi nationale. La conversion d'un étranger à l'Islam entraîne les mêmes conséquences sur son statut antérieur que s'il s'agissait d'un national[5].

Le caractère confessionnel d'un ordre juridique donné retentit directement sur l'appréhension ou le traitement des questions générales de la théorie des conflits de lois. Étant donné le caractère extrêmement compréhensif de la notion de statut

1. L'indivisibilité du statut personnel se traduit également en cas de changement de statut, par le refus de reconnaître les situations constituées sous l'empire du statut antérieur ; la loi confessionnelle est rétroactive, au mépris des situations acquises. Par exemple, si une non-musulmane se convertit à l'Islam, le mariage contracté sous l'empire de son ancien statut personnel est considéré comme inexistant et les membres de sa famille demeurés dans la religion d'origine sont rendus incapables de lui succéder. Cette conception se prête à une fraude à la loi : dans la mesure où la modification volontaire de statut relève de la conscience et peut ne pas se refléter dans le mode de vie, la preuve de la fraude n'est pas aisée (comp. lorsque le rattachement est la nationalité ou le domicile, n° 240) ; v. cependant C. cass. libanaise, 26 janv. 1959, JDI 61.174 obs. Gannagé.
2. V. par ex., C. sup. du Cameroun oriental, 23 avril 1963, JDI 72.330.
3. À défaut de statut national de droit commun en matière familiale, le droit libanais reconnaît celui résultant d'un mariage civil célébré à l'étranger.
4. Tel est le cas selon le Code civil égyptien et les différents codes qu'il a inspirés au Proche-Orient ; la loi égyptienne s'applique, par exemple, si l'un des époux est de nationalité égyptienne. Cette règle de conflit unilatérale n'est pas sans exemple, sous d'autres inspirations, dans les droits occidentaux (n° 115) ; elle peut avoir ici pour effet paradoxal, eu égard à son origine, de jouer au bénéfice d'un statut confessionnel autre que celui qui domine dans l'ordre interne.
5. *Supra* n° 303, en note ; Rabat, 3 juill. 1974 et, sur renvoi Casablanca, 29 juill. 1976, JDI 78.681 n. Decroux.

personnel, les conflits de catégories sont réduits au minimum. Le renvoi à la loi du for (par exemple, succession d'un Français sur un immeuble en pays musulman) n'a guère lieu d'être admis, non seulement parce qu'il se heurte à la multiplicité des statuts, mais parce que l'on ne prétend pas appliquer un statut confessionnel à une personne qui n'en relève pas ; le renvoi au second degré à un système non communautaire ne se heurterait pas à la même objection. L'exclusivisme prêté aux statuts religieux impose à une autorité de relever d'office l'application de sa loi. L'ordre public s'exprime largement dans les États confessionnels par la règle de rattachement, qui impose de faire prévaloir dans les cas mixtes le statut de l'autorité saisie contre tout autre ; en revanche, dans les cas où le statut dominant n'est pas en cause, une certaine indifférence est manifestée au contenu du statut applicable. Dans les États non confessionnels, la diversité même des statuts dans l'ordre interne peut se traduire par une attitude libérale à l'égard des statuts étrangers.

305. – Situation pour un État tiers. Lorsque référence est faite à un système pluricommunautaire dans un ordre juridique extérieur, le principe de coordination des systèmes veut que l'on se réfère à la solution en vigueur dans l'ordre juridique désigné. Mais le particularisme d'un tel système soulève des difficultés d'articulation.

En ce qui concerne l'identification de la règle applicable, il est courant d'observer que le problème se pose particulièrement lorsque la règle de conflit du for retient un rattachement à caractère territorial, tel que le domicile ou le lieu de passation d'un acte, puisque plusieurs statuts coexistent au même lieu. En réalité, il faut tenir compte non seulement du rattachement mais aussi de la qualification de la question en jeu.

Lorsque l'ordre juridique du for désigne la loi nationale, on sera naturellement conduit à la loi de la confession ou du groupe ethnique selon les critères locaux[1]. Une désignation directe par la règle de conflit du for n'est guère envisageable car, émanant d'un ordre laïc, le rattachement est foncièrement inapte à sélectionner une loi personnelle à contenu religieux. Un arrêt français remarqué a cependant appliqué la loi religieuse en tant que loi des liens les plus étroits selon la règle de conflit du for plutôt que selon le règlement de conflit local[2]. Cela évoque un rattachement subsidiaire du système de conflit du for pour les conflits interconfessionnels. Cette méthode expose à se placer en contradiction avec l'ordre juridique de la *lex causae*. Mais l'on a pu faire observer qu'à appliquer systématiquement la solution étrangère, on risque de favoriser la perpétuation de statuts en voie de disparition ; et si l'intéressé réside dans l'ordre juridique du for, l'on proroge leur application dans l'espace. On s'efforcera au moins le cas échéant d'appliquer le statut moderne étranger de préférence à un statut traditionnel.

1. Paris, 15 juill. 1921, JDI 21.958.
2. Alger, 12 janv. 1931, *Guez c. ben Attar*, D. 33.2.101 n. Chauveau, RC 34.440 n. Niboyet : l'intéressé étant de nationalité anglaise et de confession juive, la loi anglaise renvoyait à la loi tunisienne du domicile ; mais entre le droit français, droit du protectorat, et le droit mosaïque, la Cour opta pour le second en se fondant sur la situation de fait, l'intéressé ayant toujours vécu en milieu israélite.

Si l'ordre juridique du for désigne la loi du domicile ou de la résidence d'un national du for, le système interpersonnel renverra à la loi de l'autorité saisie. Ce renvoi doit d'autant plus être accepté que les rattachements initiaux se fondent sur une présomption d'intégration de l'intéressé au milieu dans lequel il vit, laquelle risque d'être démentie dans le cas envisagé[1].

Lorsque l'ordre juridique du for est parti d'une qualification qui n'est pas de statut personnel, il pourra y avoir renvoi de qualification (n° 205) à la loi personnelle, puisque cette qualification est beaucoup plus compréhensive dans les systèmes interpersonnels : ainsi en cas de succession à un immeuble possédé par un Français dans un pays musulman. Ce renvoi devrait également être accepté (et pour cela au besoin le juge du for se déclarera compétent afin d'éviter un déni de justice) car il réalise l'harmonie des solutions : le juge de ce pays refuserait le renvoi de la loi nationale française à la *lex rei sitæ*, le droit musulman ne prétendant pas régir la succession d'un non-musulman (n° 304). Le renvoi permet dans ce contexte de maintenir les nationaux sous l'empire de leur propre loi.

Lorsque la question n'est considérée comme de statut personnel ni dans un système ni dans l'autre (contrat, biens, responsabilité...), un rattachement de nature territoriale retenu par le for sera opérationnel dans la mesure où l'on trouvera dans le système désigné une règle de droit commun d'application territoriale.

L'ordre public est susceptible d'être invoqué dans le contexte envisagé. L'on ne s'intéresse pas ici à son intervention contre la règle de fond finalement désignée, question qui relève de l'exception d'ordre public en général[2]. On signalera en revanche qu'il pourrait éventuellement être opposé à la règle de répartition elle-même de la *lex causae* dans la mesure où elle fait prévaloir systématiquement une religion sur les autres ou la loi du mari sur celle de la femme[3].

1. On a vu que la notion anglaise de domicile d'origine permettait précisément d'assurer en fait l'application de la loi nationale (n° 144). Réciproquement, les États confessionnels considèrent avec défaveur l'application à leurs nationaux émigrés de la loi du pays d'immigration ; c'est ce qui est à l'origine de la convention franco-marocaine du 10 août 1981 (n° 681).
2. *Infra* n° 308 s. On notera toutefois que la contrariété d'une loi étrangère à l'ordre public procède souvent de son inspiration traditionnelle ou religieuse : par exemple, la règle qui interdit aux non-musulmans de venir à la succession d'un musulman (Civ. 17 nov. 1964, JCP 1964.II.13978 concl. Lindon) ; mais cela ne se distingue pas de l'exclusion éventuelle au nom de l'ordre public d'une loi qui interdirait le divorce inspirée par la foi catholique. En fait, l'ordre public n'est qu'un des moyens d'éviction de la loi étrangère confessionnelle ; on a vu à propos des mariages confessionnels que la qualification en est un autre, lorsqu'elle soustrait la question à l'orbite du statut personnel (n° 212).
3. La question de l'application rétroactive éventuelle du statut religieux, qui relève du conflit interpersonnel, soulève une difficulté particulière : tandis que la rétroactivité semble contraire à l'ordre public lorsqu'elle ne tient aucun compte de droits acquis, le principe d'effectivité et le désir de ne pas bouleverser des situations établies peuvent dicter une attitude différente : v. Civ. 9 mai 1900, *de Wrède*, JDI 00.613, S. 01.1.185, GA n° 10.

Voy. : Gannagé, « Droit intercommunautaire et droit international privé », JDI 1983.479 ; *Le pluralisme des statuts personnels dans les États multicommunautaires. Droit libanais et droits proche-orientaux*, 2001 ; Lequette, « Le conflit de civilisations à la lumière de l'expérience franco-tunisienne », Mél. Ben Halima, 2005, p. 175 ; M.-C. Najm, *Principes directeurs du droit international privé et conflits de civilisation. Relations entre systèmes laïques et systèmes religieux*, 2005 ; de Nova, « Les systèmes juridiques complexes en droit international privé », RC 1955.1 ; Szaszy, « Le conflit de lois interpersonnel dans les pays en voie de développement », RCADI 1973.I.81 (t. 138) ; *adde* la bibliographie citée au n° 134.

B. CONFLIT TRANSITOIRE ÉTRANGER

306. – Modification de la loi étrangère désignée ; solution de principe. Il se peut que la loi étrangère désignée par la règle de conflit ait connu une modification entre le moment où la situation est née et celle où elle vient à être soumise au for ; se pose alors une question de droit transitoire. Il est naturel de la résoudre par application du droit transitoire étranger. En effet, la désignation opérée par la règle de conflit visant un ordre juridique, c'est à celui-ci de déterminer celles de ses règles qui sont applicables. Sur cette question comme sur celles qui viennent d'être examinées, on s'efforcera donc de reproduire la situation consacrée par cet ordre. Telle est en effet la solution maintes fois consacrée en jurisprudence[1]. Elle a conduit par exemple à valider des mariages originairement nuls en la forme[2], à admettre des actions en recherche de paternité ou en demande d'aliments en vertu d'une loi postérieure à la naissance[3] ou la modification de régimes matrimoniaux[4]. La solution vaudrait aussi bien en cas de changement de la règle de conflit étrangère, dans les cas où celle-ci est consultée.

Comme en toute matière, le contenu de la loi étrangère peut susciter sa mise à l'écart au nom de l'ordre public ; ici, en raison même de la solution donnée au conflit transitoire. La question se pose notamment lorsque la loi étrangère édicte des mesures rétroactives. La rétroactivité n'est pas en soi contraire à l'ordre public, puisque le droit interne la tolère[5]. Mais différentes raisons peuvent inciter à l'écarter : les motifs politiques qui l'inspireraient, un respect insuffisant des droits acquis ou plus généralement l'équité. La loi étrangère rétroactive est également susceptible d'être écartée parce que la situation a perdu tout contact avec la loi étrangère (en matière de régimes matrimoniaux, v. n° 876) ou que la loi ancienne

1. Récemment, Civ. I, 17 déc. 2008, n° 07.18851, D. 09. Pan. 1558 obs. Courbe, RC 09.59 n. Sindres (code du statut personnel marocain de 2004 ; cassation).
2. Civ. I, 22 déc. 1970, 2e esp., JDI 72.270 n. Ponsard, RC 72.464 et art. Giardina, p. 401 ; 10 juill. 1973, JDI 74.341 n. Audit, RC 74.640 n. Nisard.
3. Civ. I, 3 mars 1987, *Leppert*, RC 88.695 n. Simon-Depitre, JCP 89.II.21209 n. Agostini, GA n° 73 ; Paris, 3 déc. 1964, RC 65.697 n. Ponsard, JCP 66.II.14497 n. Bischoff ; 30 mai 1972, D. 72.698 n. Granjon, RC 72.660 n. Lagarde.
4. Paris, 2 juin 1954, *Lamet*, RC 54.810 n. Batiffol, JDI 55.142 n. Ponsard.
5. V. appliquant des lois validant rétroactivement des mariages religieux : Civ. I, 22 déc. 1970 (loi espagnole) et 10 juill. 1973, préc. (décret tunisien).

s'est déjà combinée avec la loi du for, auquel cas le conflit transitoire ne concerne plus exclusivement l'ordre juridique étranger[1].

307. – Solution alternative. Une autre approche du conflit transitoire a été suggérée, consistant à le résoudre par interprétation de la règle de conflit *dans l'espace* du for. La règle elle-même peut formuler une référence temporelle explicite ; à défaut, on chercherait la solution dans les facteurs qui ont présidé à son élaboration (v. déjà, pour le conflit mobile, n° 235). Par exemple, en matière de forme des actes, la règle *Locus regit actum* vise implicitement les dispositions en vigueur au moment de la passation de l'acte[2] ; du fait qu'on lui reconnaît un caractère facultatif (n° 181), certains y lisent en outre une faveur à la validité des actes[3]. Entre deux dispositions successives de la *lex causae*, on appliquerait donc celle qui valide l'acte et non l'inverse.

L'idée est séduisante, mais il serait sans doute excessif de l'ériger en principe premier de solution du problème. À la différence du conflit mobile, celui envisagé ici n'est pas par nature international, ce qui affaiblit la vocation de la règle de conflit dans l'espace à contrôler la solution. Et lorsque la situation ne présentait à l'origine de lien qu'avec la *lex causae*, il est légitime de se référer d'abord à celle-ci. D'un point de vue pratique, il y aura dans la majorité des cas coïncidence entre la solution résultant de l'application du droit transitoire étranger et celle que suggérerait la démarche envisagée. Mais du fait que la seconde passe par une analyse fonctionnelle de la règle de conflit, elle est plus difficile à mettre en œuvre ; comme le montre l'exemple de la règle *Locus regit actum*, les buts inspirant la règle de conflit sont parfois difficiles à circonscrire avec précision (n° 180). Une analyse de cet ordre peut servir à conforter la solution résultant de l'application du droit transitoire étranger ; et l'on admettra qu'elle puisse, le cas échéant, la faire écarter, notamment lorsque la règle de conflit du for a perdu sa neutralité pour favoriser un résultat (n° 108). Plusieurs décisions écartant l'application du droit transitoire étranger au nom de l'ordre public peuvent s'expliquer par une telle analyse. Mais la Cour de cassation semble s'être résolument prononcée en faveur de la solution traditionnelle en déclarant par une formule générale qu'« en cas de modification ultérieure de la loi étrangère désignée, c'est à cette loi qu'il appartient de résoudre les conflits dans le temps »[4].

1. Civ. 24 oct. 1949, RC 50.307 n. H. B., JDI 50.542 n. Goldman : acquisition de la nationalité française par l'effet (indirect) du mariage déclaré rétroactivement nul.
2. En ce sens, trib. Seine, 7 nov. 1958, JDI 62.114, 2e esp., n. Aymond.
3. En fait, elle facilite incontestablement la conclusion des actes juridiques ; mais il n'est pas certain que l'inférence soit justifiée car la validité des actes ne constitue pas une fin en soi.
4. Civ. I, 3 mars 1987, préc. ; cette décision censure l'interprétation de l'art. 311-14 C. civ. selon laquelle la référence à la loi de la mère « au jour de la naissance » interdirait de prendre en considération une modification ultérieure de cette loi (sur ce point, v. Hage-Chahine, JDI 1990.73).

SECTION III

INSERTION DE LA LOI ÉTRANGÈRE DANS L'ORDRE JURIDIQUE DU FOR

Une fois déterminée la règle étrangère normalement applicable, sa teneur substantielle peut susciter une dernière série de difficultés. Les plus traditionnelles tiennent au fait que son application heurte le cas échéant des conceptions fondamentales de l'ordre juridique du for ; elle sera alors mise à l'écart par l'*exception d'ordre public* (§ 1). D'autres, plus récemment mises en lumière, tiennent à un défaut dans l'articulation de la loi étrangère et de la loi du for, appelant une *coordination* ou *adaptation* (§ 2).

§ 1. – L'EXCEPTION D'ORDRE PUBLIC

L'ordre public est invoqué, dans la théorie générale des conflits de lois, comme cause d'éviction d'une loi étrangère désignée comme applicable. La notion doit être précisée et justifiée, après quoi seront examinés ses cas d'intervention et son fonctionnement.

A. NOTION ET JUSTIFICATION DE L'EXCEPTION

308. – Idée générale ; nécessité et permanence. Le fait qu'une loi étrangère soit désignée comme applicable à une situation donnée manifeste que celle-ci est plus proche de l'ordre juridique étranger que de celui du for. Mais, appliquée extra-territorialement, une loi étrangère se trouve nécessairement en concurrence avec la loi locale. Si dans un cas donné sa teneur heurte des conceptions fondamentales dans l'ordre juridique du for, son application effective peut constituer un trouble ; elle sera alors écartée au nom de l'ordre public. Par exemple, alors que la règle de conflit soumet le statut personnel à la loi nationale, si un ressortissant d'un pays admettant la polygamie prétend contracter en France un second mariage, l'on s'y opposera au nom de la conception fondamentale du mariage en France, s'exprimant dans l'art. 147 C. civ.[1]. L'ordre public constitue ainsi en matière de conflits de lois une *clause d'exception* générale assortissant implicitement les différentes règles dc conflit[2]. L'idée qui l'inspire s'est manifestée à tous les stades de l'histoire des conflits de lois ; elle était expressément formulée chez Savigny. Elle se justifie par le fait que, selon l'expression d'un autre auteur allemand, la règle de conflit bilatérale constitue un « saut dans l'inconnu » (Raape) ; contre les surprises que

1. Paris, 2 fév. 1956, JCP 56.II.9229 n. P. G. ; Lyon, 21 mars 1974, D. 75.9 n. Guiho ; TGI Paris 22 janv. 1968, JDI 69.406 obs. Kahn.
2. Présentée ici dans le cadre des conflits de lois, où elle est née, la théorie de l'ordre public international s'applique dans toutes les hypothèses d'insertion d'une norme étrangère dans l'ordre juridique du for, et donc en particulier à la *réception des jugements étrangers* : l'absence de contrariété à l'ordre public français constitue une condition expresse de leur reconnaissance en France (n° 477 ; v. de même sur la sanction d'une fraude à la loi étrangère, n° 245).

peut révéler la loi étrangère qu'elle désigne dans un cas donné, il convient de se prémunir.

Il importe peu que la loi étrangère soit désignée par une règle de conflit de source conventionnelle : l'accord international sur le rattachement ne préjuge pas le contenu des lois qui seront désignées, encore moins lorsque la règle de conflit conventionnelle s'applique sans condition de réciprocité (n° 50 *in fine*). Les conventions internationales elles-mêmes prévoient la mise à l'écart d'une loi désignée selon leurs règles si « son application est manifestement incompatible avec l'ordre public » de l'Etat du for, selon la formule devenue habituelle des conventions de La Haye ; l'insertion de la réserve est de nature à lever les réticences des États à s'engager. Entre les États membres de la Communauté, devenue Union, européenne, l'intervention de l'ordre public dans des conditions qui paralysent l'une des libertés de circulation assurées par le traité a été subordonnée par la Cour de justice à une « raison impérieuse d'intérêt général »[1].

Plutôt qu'au contenu abstrait de la norme étrangère, c'est au *résultat* de son application dans le cas d'espèce qu'il convient de s'attacher. En effet, la seule teneur du droit étranger ne justifie pas qu'il soit repoussé lorsque son application ne consacre pas ce qu'elle peut avoir de choquant : ainsi lorsqu'une paternité naturelle a été déclarée à l'étranger sur le fondement du serment de la mère – ce que l'ordre public français n'admet pas – mais que d'autres circonstances relevées confortent la décision[2] ; ou qu'une répudiation a été librement acceptée par la femme[3].

Si l'éventualité d'une éviction de la loi étrangère normalement applicable est inhérente à une théorie des conflits de lois, le fait qu'elle se soit exprimée à l'époque moderne par le vocable d'ordre public, également usité en droit interne, devait engendrer une confusion qui n'est pas complètement dissipée.

309. – L'ordre public, catégorie de rattachement ; réfutation. Du fait que nombre de dispositions internes impératives sont qualifiées « d'ordre public », certaines théories ont fait de l'ordre public une catégorie de rattachement rassemblant ces dispositions, au même titre que le statut personnel ou réel, et soumise à la loi du for (ou la loi locale). En France, cette conception pouvait prendre appui sur l'art. 3 C. civ., dont l'al. 1er regroupe les « lois de police et de sûreté » au même titre que celles concernant les immeuble (al. 2) et les personnes (al. 3). C'est également au nom de l'ordre public que Mancini regroupait les lois d'application territoriale tenant en échec le principe personnaliste, et Pillet les « lois de garantie sociale » qu'il opposait aux lois de protection personnelle (n° 88 s.).

Cette conception, néanmoins, ne s'insère pas dans la théorie bilatéraliste des conflits de lois. En premier lieu, à la différence des autres catégories de rattachement (n° 129 s.), celle-ci ne regrouperait pas des questions ou des règles homogènes, mais des éléments aussi disparates que les lois pénales, les lois foncières, les lois délictuelles, celles relatives au crédit public, les lois de procédure... Au contraire, chacune des catégories générales étudiées plus haut correspond à une notion

1. CJCE 23 nov. 1999, *Arblade*, préc. n° 65.
2. Civ. I, 19 déc. 1973, D. 74.661, 2e esp., n. Mezger ; 25 janv. 1977, Bull. civ. I, n° 43.
3. TGI Paris, 5 déc. 1979, RC 81.88, 3e et 4e esp., et art. Fadlallah, p. 17 ; Civ. I, 17 juin 2009, n° 07-21292. Inversement, la jurisprudence a eu l'occasion d'écarter au nom de l'ordre public l'application combinée de deux lois dont aucune, prise individuellement, n'offensait celui-ci (n° 324).

relativement précise et universelle, même si leur délimitation précise peut susciter certaines hésitations. En second lieu, la conception examinée conduit à inclure dans la catégorie du droit international privé les dispositions même qualifiées « d'ordre public » en droit interne parce qu'impératives. Or l'assimilation serait gravement erronée : ainsi, tandis que les règles concernant l'état des personnes et les rapports de famille sont impératives en droit interne, le statut personnel constitue au contraire, par le biais de la loi personnelle, un terrain d'élection de l'application des lois étrangères en droit international privé. Le domaine de l'ordre public est donc plus étroit dans le second que dans le premier[1]. Enfin, la conception qui fait de l'ordre public une catégorie de rattachement n'exclut pas pour autant, dans le domaine des autres catégories, que l'ordre public justifie également, le cas échéant, l'éviction de la loi étrangère reconnue applicable ; cette polysémie ajoute à la confusion entourant la notion, qui perd toute cohérence. La théorie bilatéraliste moderne écarte donc la conception faisant de l'ordre public une catégorie de rattachement pour ne plus retenir que sa fonction d'éviction. Néanmoins, l'idée d'un ordre public « positif », c'est-à-dire justifiant l'application systématique de la loi du for, n'est pas entièrement refoulée en jurisprudence[2] ; elle trouve même un champ d'expression nouveau avec l'application de la loi du for au statut personnel d'étrangers au nom des « droits fondamentaux »[3].

310. – L'ordre public, mécanisme d'éviction. L'ordre public tel qu'il doit s'entendre en matière de conflits de lois intervient dans une étape ultime et nécessaire de l'application de la règle de conflit, lorsque celle-ci désigne une loi étrangère. Le contenu de cette loi, dont on ne se préoccupait pas jusqu'à ce stade en vertu de la « neutralité » de la règle de conflit, est alors considéré afin de s'assurer que son application ne va pas perturber l'ordre juridique du for. L'ordre public ainsi envisagé est une notion fonctionnelle, permettant de sauvegarder l'harmonie de l'ordre interne menacée par l'application d'une loi étrangère par trop éloignée des conceptions locales. Son intervention étant liée au contenu de n'importe quelle loi étrangère susceptible d'être reconnue applicable, « l'ordre public » est par nature indéterminé (n° 311).

Cette conception doit se traduire au plan de la terminologie. On a vu pourquoi il convient de marquer une différence avec les lois impératives du droit interne, souvent qualifiées « d'ordre public », puisque la substitution éventuelle de la loi du for à la loi étrangère initialement désignée n'est pas en principe motivée par l'impérativité de la première mais par le contenu de la seconde. L'expression d'« ordre public international », qui vient à

1. En matière patrimoniale, v. par ex., admettant la validité d'un pacte *de quota litis* en matière internationale, Paris, 19 sept. 1991, D. 92.43 n. Jarrosson.
2. V. par ex. l'arrêt censuré par Ass. plén. 14 oct. 1977, JDI 78.898 rapp. Ponsard, D. 78.I.R.98 obs. Audit et J. 417 n. Lagarde, JCP 78.II.18929 n. A. Huet ; Civ. I, 21 mars 1979, D. 79.I.R.461.
3. Paris, 14 juin 1994, RC 95.308 n. Lequette (rectification ordonnée de l'état civil d'un transsexuel Argentin, nonobstant son statut personnel, sur le fondement de l'application directe de l'art. 8 CESDH) ; Civ. I , 24 fév. 1998, D. 99.Somm. 290 obs. Audit, JDI 98.730 n. Kerckhove, JCP 98.II.10175 n. Vignal (égalité entre époux lors de la liquidation du régime matrimonial) ; en Espagne, DGRN, arrêté-circulaire, 24 janv. 2005, RC 06.614 n. Sanchez Lorenzo (autorisation du mariage en Espagne d'un transsexuel costaricain). Sur l'ordre public et les lois de police v. *infra* n° 314.

l'esprit, prise à la lettre et non comme une contraction, est contestable car le refus de faire jouer la loi étrangère reconnue en principe compétente consacre une solution plutôt particulariste qu'universaliste. Il est vrai que la mise à l'écart de la loi étrangère peut se fonder sur la conviction que celle-ci heurte des principes universels et méconnaît donc un ordre public véritablement international, que le for se trouverait appelé à faire respecter : par exemple en présence d'une pratique étrangère tolérant une forme de traite des êtres humains ou de servitude[1], le commerce de stupéfiants[2], la corruption[3]. La formulation de « droits fondamentaux » dans un certain nombre d'instruments positifs (CESDH, Pacte international sur les droits civils et politiques...), confortait l'affirmation d'un tel ordre public et elle est venue à l'étendre[4]. Mais outre que l'universalité de ces droits est en réalité contestée, une certaine prudence s'impose avant de se déclarer l'interprète d'un ordre public véritablement international pour désavouer des lois étrangères. L'évolution même des droits internes indique que des principes ou institutions qui paraissent immuables peuvent être assez rapidement renversés ; en témoigne aujourd'hui, dans différents pays européens, l'introduction du mariage homosexuel. Ou bien l'on s'avise un jour qu'ils font l'objet de tant d'exceptions que l'on s'interroge sur leur positivité (absolutisme du droit de propriété, assimilation de la force obligatoire du contrat à l'autorité de la loi...). Enfin, le principe même du droit international privé est de reconnaître la légitimité de conceptions différentes dans leur contexte (« Vérité en deçà des Pyrénées... »). L'ordre public

1. V. Soc. 10 mai 2006, *infra* n° 353 (affaire dans laquelle il n'est cependant pas établi que la loi étrangère aurait toléré l'atteinte à la liberté individuelle).
2. V. Paris, 9 fév. 1966, RC 66.264 n. Louis-Lucas, déclarant un trafic d'armes contraire « à la fois à l'ordre public international et à l'ordre public français ». Il existe aujourd'hui dans la plupart des domaines concernés des textes de source internationale : v., invoquant la convention de l'UNESCO sur la protection du patrimoine mondial, Paris, 12 juill. 1984, JDI 85.129 n. Goldman (aff. du plateau des Pyramides). Sur la corruption, conventions de l'OCDE, ratifiée par une loi du 27 mai 1999, des Nations Unies (loi du 4 juill. 2005), et du conseil de l'Europe (civile et pénale, de 1999, et vigueur, non encore ratifiées par la France). G. Burdeau « Le commerce international des armes : de la sécurité à la défense de l'éthique et des droits de l'homme ? », JDI 2007.413.
3. Paris, 10 sept. 1993, RC 94.348 n. Heuzé, Rev. arb. 94.359 n. Bureau (un contrat ayant pour objet un trafic d'influence par le versement de pots-de-vin est contraire à l'ordre public international français ainsi qu'à l'éthique des affaires internationales telle que conçue par la plus grande partie des États de la communauté internationale).
4. Lerebours-Pigeonnière, « La Déclaration universelle des droits de l'homme et le droit international privé français », Études Ripert, 1950, I.255 ; Hammje, « Droits fondamentaux et ordre public », RC 1997.1 ; Fohrer, *L'incidence de la CEDH sur l'ordre public international français*, Bruxelles, 1999 ; *adde* les références sur le sujet au n° 101-1. Sur ce qu'il n'y a pas lieu de distinguer, pour l'applicabilité de la CESDH, selon que la norme étrangère émane ou non d'un État contractant – ni selon sa nature, loi ou jugement, v. P. Mayer, « La Convention européenne des droits de l'homme et l'application des normes étrangères », RC 1991.651. Dans un autre contexte, la CJCE, contrôlant le refus de reconnaissance d'un jugements émanant d'un Etat membre fondé sur l'ordre public, affirme l'existence d'un ordre public communautaire (n° 587).

n'échappe pas à la relativité, dans l'espace aussi bien que dans le temps ; d'où la nécessité de justifier son intervention par certains liens avec l'État du for (n° 315).

Pour ces différentes raisons, la meilleure expression, à défaut d'être la plus légère, paraît être celle d'« ordre public au sens du droit international privé »[1]. Ou encore, l'on prendra soin de préciser que l'on fait jouer l'« exception d'ordre public » pour marquer qu'il s'agit là d'un mécanisme pouvant intervenir en toutes matières et en différentes occasions.

B. – CAS D'INTERVENTION DE L'ORDRE PUBLIC

311. – Double contexte. L'indétermination inhérente à l'exception d'ordre public interdit de dresser un catalogue des domaines dans lesquels le for va évincer les lois étrangères. Il est en revanche possible de préciser les circonstances dans lesquelles on est amené à recourir au mécanisme. L'hypothèse correspondant à la notion première d'ordre public est celle d'une divergence fondamentale entre le résultat de l'application de la norme étrangère et les conceptions locales, ce que l'on exprime en parlant d'un défaut de « communauté juridique ». L'expérience a cependant révélé aussi des interventions de l'ordre public ne se rattachant qu'artificiellement à cette idée, parce qu'il s'agissait au contraire de défendre une politique législative du for ne faisant pas l'unanimité dans le corps social.

1. Le défaut de communauté juridique

312. – Signification et relativité. Bien que le droit ne se confonde pas avec la morale, le plus grand nombre de règles de droit se rattache plus ou moins directement à des principes de civilisation : les uns à proprement parler moraux, d'autres d'ordre politique, social ou économique. Le droit privé français, tel qu'il s'exprime notamment dans le Code civil, repose dans une large mesure sur une tradition philosophique et religieuse de plusieurs siècles. Parmi les principes supérieurs qui l'inspirent, on peut citer la reconnaissance de la personnalité juridique à tout individu, l'indisponibilité du corps humain, l'égalité civile, la liberté matrimoniale, la reconnaissance du droit de propriété et son corollaire, la faculté de transmettre ses biens par succession, la force obligatoire des engagements librement consentis, l'obligation de réparer le dommage causé par sa faute... On comprend donc que des normes étrangères qui les méconnaîtraient soient déclarées contraires à l'ordre public. Le juge français se refuserait donc à appliquer des lois, ou à reconnaître des décisions, consacrant d'une manière ou d'une autre l'esclavage ou l'inégalité civile, le mariage forcé, la spoliation, la répudiation des contrats *ad nutum*... La Cour de cassation a parlé de défense des « principes de justice universels considérés dans

1. Civ. I, 30 mai 1967, *Kieger*, D. 67.629 n. Malaurie, RC 67.728 n. Bourel, JDI 67.622 n. B. G.

l'opinion française comme doués de valeur internationale absolue »[1]. La formule est peut-être un peu trop emphatique, évoquant davantage un ordre public véritablement international (n° 310), alors que les tribunaux ont fait un usage plus large de la notion. Mais on peut dans la jurisprudence récente rattacher à cette conception la mise à l'écart de lois étrangères admettant les maternités de substitution[2], consacrant une inégalité de traitement entre l'homme et la femme[3], une discrimination fondée sur la religion[4], ne permettant pas la recherche de paternité naturelle[5], interdisant provisoirement le remariage après divorce à titre de sanction[6], organisant l'expropriation sans indemnité[7]. D'autres décisions refusant de faire droit à une allégation de contrariété à l'ordre public peuvent également éclairer le contenu de celui-ci dans un domaine donné[8].

Toutefois, si l'on se trouve sur un terrain ferme pour condamner des institutions qui tendent à nier la personnalité juridique des individus ou à consacrer une discrimination raciale, il n'en est pas toujours de même si l'on veut bien considérer que le droit du for lui-même est appelé à sacrifier certaines valeurs dans l'organisation du régime civil. Ainsi le droit français, tout en proclamant depuis la Révolution le principe de l'égalité civile, a pu, de 1804 à 1972, aménager un régime de défaveur pour les enfants naturels et plus encore les enfants adultérins ; ou, jusqu'en 1984, distinguer entre le mari et la femme quant à la gestion des biens du ménage. Ces exemples font ressortir qu'à mesure que l'on procède des principes fondamentaux à la réglementation d'une matière donnée, différentes valeurs entrent en conflit ce qui peut amener à sacrifier certaines : ainsi autrefois l'égalité entre les filiations au nom de la défense de la famille fondée sur le mariage. La politique législative suivie dans un domaine donné est le plus souvent le résultat d'arbitrages entre différents principes supérieurs, dont le résultat est au demeurant susceptible de s'inverser à un moment donné comme ce fut le cas dans les exemples cités. Face à des lois étrangères ayant effec-

1. Civ. 25 mai 1948, *Lautour*, préc. n° 185.
2. Ass. plén. 31 mai 1991, RC 91.711, 2e esp., n. Labrusse-Riou : « la convention par laquelle une femme s'engage, fut-ce à titre gratuit, à concevoir et à porter un enfant pour l'abandonner à sa naissance contrevient tant au principe de l'indisponibilité du corps humain qu'à celui de l'indisponibilité de l'état des personnes » (depuis, art. 16-7 C. civ. ; v. Civ. I, 17 déc. 2008, supra n° 17).
3. Paris, 28 juin 1973, *Bendoleba*, RC 74.505 n. J. Foyer ; sur la répudiation, v. *infra* n° 689. Lagarde, « La théorie de l'ordre public international face à la polygamie et à la répudiation », Mél. Rigaux, 1993, p. 263.
4. Civ. 17 nov. 1964, JCP 1945.II.13978 concl. Lindon.
5. TGI Paris, 23 avril 1979, RC 80.83 n. Lagarde (mais le tribunal insiste sur la prépondérance en l'espèce des rattachements de la situation avec la France ; v. n° 315).
6. TGI Paris, 4 mars 1988, RC 88.588 n. Gautier.
7. Civ. 23 avril 1969, D. 69.341 concl. Blondeau, JCP 69.II.15897, RC 69.717 n. Schaeffer, JDI 69.912 n. Chardenon.
8. V. par ex., en matière d'adoption, Civ. I 31 janv. 1990, *Pistre*, n° 752 (loi étrangère ne permettant l'adoption plénière par un étranger ne résidant pas dans le pays) ; Dijon, 12 mars 1993, RC 94.82 n. Muir Watt (loi étrangère ne connaissant pas l'adoption simple au sens du droit français).

tué des choix différents, c'est parfois la préservation de la politique du for qui inspire le recours à la notion d'ordre public.

2. La sauvegarde d'une politique législative

313. – Idée générale. Même lorsque l'évolution des conditions sociales ou des mentalités conduit à remettre en cause une politique législative jadis consacrée, la législation ne prend souvent acte de ces changements qu'avec un certain décalage. La politique inverse consacrée par certaines lois étrangères, loin de susciter une réprobation générale, compte de nombreux soutiens dans l'ordre juridique du for. Le refus éventuel d'appliquer la loi étrangère apparaît alors comme une manifestation de défense de la politique législative du for, en raison de l'effet subversif que présenterait l'application de la loi différente ; cette application conforterait en effet l'idée que la politique écartée ne se traduit pas par un bouleversement de l'ordre social.

Dans la jurisprudence française, on trouve de nombreuses illustrations de cette idée en droit de la famille, antérieurement aux réformes de la seconde moitié du XXe siècle. La législation française consacrait certains choix tels que l'hostilité à l'action en recherche de paternité naturelle, le statut des filiations illégitimes ou la limitation du divorce au divorce-sanction, pouvant porter atteinte à d'autres valeurs que celles incarnées dans le mariage[1]. Aussi longtemps que la loi était maintenue sans changement nonobstant la contestation dont ces règles venaient à faire l'objet, il pouvait paraître inopportun d'appliquer les lois étrangères ayant effectué des choix inverses. Cela explique par exemple le rejet d'une action en recherche de paternité naturelle fondée sur le droit allemand au motif qu'une telle action « ne [pouvait] être exercée en dehors du délai imparti par l'art. 340 C. civ. français, lequel a été prescrit pour des motifs d'ordre public se rattachant à l'honneur et au repos des familles »[2], l'interdiction de la reconnaissance d'un enfant adultérin « quelle que fût la nationalité de son auteur ou celle de l'enfant »[3], le refus de permettre en France la célébration d'un mariage religieux même entre étrangers dont la loi personnelle le prévoit[4] et celui de prononcer un divorce par consentement mutuel, avant 1975, entre époux dont la loi personnelle commune l'autorisait. Dans ces différents cas, c'est, au moins à partir d'un certain moment, la précarité de la politique législative du for plutôt qu'une réprobation suscitée par le contenu de la loi étrangère, qui explique l'opposition à l'application de celle-ci.

1. Dans un autre ordre d'idées, on en dira autant du caractère exclusivement laïc du mariage (v. art. 199 et 200 C. pén., art. 433-21 nouv. code), au regard du sentiment d'un large nombre de personnes (non nécessairement les mêmes que dans les exemples précédents).
2. Civ. 30 nov. 1938, D.P. 39.1.57 n. Silz, RC 39.283.
3. Civ. I, 3 juin 1966, *Domino*, JDI 67.614 n. Malaurie, RC 68.64 n. Derruppé.
4. V. trib. corr. Toulouse, 7 mai 1890, JDI 91.223, condamnant l'officier du culte qui y avait procédé en vertu des textes pénaux précités.

Les interventions de l'ordre public ainsi inspirées se sont raréfiées. En droit de la famille, où elles étaient le plus fréquentes, les réformes du droit interne se sont exercées dans un sens tel qu'il n'existe plus guère de politique législative restrictive heurtant une opinion largement répandue (encore que certaines réformes aient dû être assez rapidement reprises et accentuées)[1]. En ce qui concerne les rapports avec les pays voisins, les législations européennes se sont en outre considérablement rapprochées par l'effet de réformes parallèles. La question des unions homosexuelles, permises depuis peu par la législation de différents pays proches de la France, pourrait cependant illustrer à nouveau la situation envisagée si une opinion plus vaste venait à se dessiner en France en faveur de ces unions.

314. – Ordre public et lois de police. À l'époque moderne, c'est souvent dans le domaine patrimonial que l'on est amené à constater une application impérative de la loi française en matière internationale nonobstant la compétence éventuelle d'une loi étrangère. C'est là un effet du développement de la réglementation impérative en matière économique et sociale, c'est-à-dire de l'ordre public économique. Dans ces cas, ce n'est pas le contenu de la loi étrangère qui justifie la solution mais l'impérativité particulière de la loi du for. On fait donc l'« économie d'un raisonnement » (Francescakis) d'autant qu'en matière contractuelle, la plus concernée, le principe de la loi d'autonomie ne permet pas d'assurer l'application de ces dispositions dans toute la mesure recherchée, c'est-à-dire le plus souvent à toutes les situations localisées sur le territoire. C'est une autre raison de les déclarer applicables nonobstant la règle de conflit et les tribunaux justifient parfois ce résultat en parlant de « loi d'ordre public »[2]. On a vu pourquoi cette occurrence doit être distinguée d'une application de l'exception d'ordre public, ce qui a donné naissance à la conception moderne des *lois d'application immédiate* ou *de police* (n° 118).

C. MISE EN ŒUVRE DE L'EXCEPTION D'ORDRE PUBLIC

1. Conditions de l'exception : liens avec l'ordre juridique du for

La relativité inhérente à l'ordre public se manifeste jusque dans la décision de faire jouer ou non l'exception, en ce que celle-ci dépend de deux facteurs contingents : l'un, *spatial*, les liens de la situation avec l'ordre juridique du for ; l'autre, *temporel*, le moment auquel la question vient à s'élever devant le for.

1. De plus, certaines décisions substituant dans ce domaine la loi française à la loi étrangère normalement applicable au nom de l'ordre public peuvent s'interpréter moins comme une véritable intervention de l'ordre public que comme une correction du rattachement retenu par la règle de conflit applicable (de source législative récente) : v. n° 738 (art. 311-14 C. civ.) et n° 690 (art. 310).
2. Cet « ordre public » économique peut aujourd'hui être de source européenne : v. CJCE 9 nov. 2000, *Ingmar*, préc. n. 120 (conflit de lois, agence commerciale) ; 1er juin 1999, *Eco Swiss*, JDI 00.505 obs. Prieto et chron. Poillot-Peruzzetto, p. 299 (reconnaissance d'une décision, en l'occurrence arbitrale, mettant en jeu le droit de la concurrence) ; V. S. Poillot-Peruzzetto, « Ordre public et lois de police dans l'ordre communautaire », TCFDIP 2002-2004.65. Il est aujourd'hui expressément réservé par le règlement Rome I (n° 817).

a. Facteur spatial

315. – Proximité à l'ordre juridique du for. La perturbation de l'ordre juridique du for, justification de l'intervention éventuelle de l'ordre public, est fonction de l'intensité des liens de la situation particulière avec lui[1]. Ce facteur est érigé par certains systèmes en condition expresse de l'exception d'ordre public (*Inlandsbeziehung* ou *Binnenbeziehung* des droits allemand, autrichien, suisse). Les décisions françaises, quant à elles, font de plus en plus souvent état des rattachements de la situation avec la France pour justifier leur décision d'opposer l'ordre public ou au contraire de laisser s'appliquer la loi étrangère de même contenu, consacrant la notion d'ordre public « de proximité »[2]. En matière de statut personnel, la nationalité française des parties constitue normalement ce lien, lorsqu'elle ne conduit pas à déclarer la loi française applicable selon la règle de conflit[3]. Mais il peut également s'agir de leur résidence en France : ainsi le fait qu'un mari algérien ou marocain répudie son épouse de même statut personnel alors que les conjoints sont installés en France constitue un argument supplémentaire pour ne pas reconnaître la répudiation[4]. La solution ne serait en général pas la même si les époux vivaient dans leur pays d'origine au moment de la répudiation, en raison du facteur temporel.

b. Facteurs temporels

L'ordre public ne joue pas avec la même force selon qu'il s'agit de créer des droits en France ou seulement de reconnaître des droits acquis à l'étranger ; de plus, l'ordre public s'apprécie au jour où le juge statue.

1. V. par ex., en matière personnelle, Civ. I, 3 juin 1966, *Domino*, préc.
2. Civ. I, 1er avril 1981, D. 82.I.R.69 obs. Audit, JDI 81.813 n. D. Alexandre, imposant la faculté « pour un Français domicilié en France » de demander le divorce (comp., les époux étant domiciliés en Espagne, 10 juill. 1979, D. 80.I.R.333, RC 80.91 n. Gaudemet-Tallon, JDI 80.310 et la note) ; Civ. I, 10 fév. 1993, RC 93.620 n. Foyer (condamnant les lois étrangères « qui ont pour effet de priver un enfant français ou résidant habituellement en France du droit d'établir sa filiation ») ; TGI Paris, 23 avril 1979, RC 80.83 n. Lagarde (v. aussi Civ. I, 3 janv. 1988, JCP 88.IV.3) ; et inversement, censurant un arrêt pour avoir écarté la loi algérienne au motif qu'elle méconnaissait le principe d'égalité entre enfants légitime et naturel « alors que l'enfant n'a pas la nationalité française et ne réside pas en France » (Civ. I, 10 mai 2006, JCP 06.II.10164, 1re esp., n. Azzi, D. 06.2890 n. Kessler et Salamé) ; 5 fév. 1992, RC 93.251 n. Poisson-Drocourt (adoption).
3. V. les arrêts cités note précédente. *Adde* Civ. I, 6 juill. 1988, *Baaziz II*, RC 89.71 n. Lequette : « la conception française de l'ordre public international s'oppose à ce que le mariage polygamique contracté à l'étranger par celui qui est encore l'époux d'une Française produise ses effets à l'encontre de celle-ci » ; Civ. I, 10 mai 2006, *Abdelrhani*, JCP 06.II.10164, 2e esp., n. Azzi (rejet d'une répudiation intervenue au Maroc entre époux musulmans ayant également la nationalité française).
4. Civ. I, 17 avril 2004, D. 04.824 concl. Cavarroc, RC 04.423 n. Hammje. V. également, la jurisprudence sur l'établissement de la filiation naturelle d'un enfant selon qu'il réside ou non en France, n° 715. Une Résolution de l'Institut de droit international sur les différences culturelles et l'ordre public en droit international privé de la famille (session de Cracovie, 2005) fait une large place au critère de proximité (RC 05.859).

316. – Reconnaissance des droits : effet « atténué » de l'ordre public. L'éloignement de la situation par rapport à l'ordre juridique du for se manifeste souvent par le fait que des droits qui y sont actuellement invoqués ont été acquis à l'étranger ; c'est leur reconnaissance qui vient à être sollicitée. En pareil cas, quand bien même les droits ont été conférés en application d'une loi dont le for aurait écarté l'application s'il avait été directement saisi, la situation a déjà produit ses effets et elle est ou serait sans doute reconnue dans un certain nombre d'États tiers. Ces considérations peuvent faire apparaître dans certains cas l'invocation de l'ordre public comme contre-indiquée. D'une part, en effet, l'effet perturbateur pour l'ordre juridique du for est objectivement moindre, pourvu que les droits aient été acquis sans fraude (et même parfois dans ce cas, le temps faisant aussi son effet sur ce facteur : n° 245). D'autre part, le refus de reconnaissance pourrait présenter plus d'inconvénients que la reconnaissance elle-même ; un cas topique est celui où le for est appelé à statuer sur la régularité d'un divorce étranger, à la suite duquel les anciens époux se sont remariés. Pour opposer néanmoins dans ce cas l'ordre public à la reconnaissance des droits, il faudra un degré élevé de contrariété de la loi étrangère aux conceptions du for. Afin de justifier son défaut éventuel d'intervention, et donc la reconnaissance des droits, lorsque ce degré n'est pas atteint, la théorie française parle d'*effet atténué* de l'ordre public.

Cette notion s'est fait jour de manière empirique. Au XIXe siècle, alors que la loi française ne connaissait pas le divorce et que les tribunaux français se seraient refusés à prononcer un divorce par application de la loi personnelle d'époux étrangers si la demande leur en avait été faite, l'on ne s'opposait pas au remariage en France d'un étranger régulièrement divorcé selon sa loi personnelle[1]. De même, alors que l'ordre public était jugé s'opposer à ce que soient intentées en France des actions en recherche de paternité hors des cas prévus par l'art. 340 C. civ, les tribunaux n'ont pas fait nécessairement obstacle à la reconnaissance en France de décisions rendues dans des conditions moins exigeantes[2]. Le principe de cette jurisprudence devait finalement être formulé en 1953 dans l'arrêt *Rivière* : entérinant la reconnaissance du divorce d'une Française prononcé à l'étranger du consentement mutuel des époux (alors exclu en France), la Cour de cassation énonça que « *la réaction à l'encontre d'une disposition contraire à l'ordre public n'est pas la même suivant qu'elle met obstacle à l'acquisition d'un droit en France ou qu'il s'agit de laisser se produire en France les effets d'un droit acquis sans fraude à l'étranger (...)* »[3]. Faisant jouer la notion d'effet atténué, les tribunaux ont par exemple admis depuis

1. Civ. 28 fév. 1860, *Bulkley*, S. 60.1.210 concl. Dupin, GA n° 4.
2. Civ. 11 avril 1945, *Bach*, et 1er mai 1945, *Schabel*, D. 45.245 n. P. L.-P., S. 45.1.121, JCP 45.II.2895 n. Savatier.
3. Civ. 17 avril 1953, RC 1953.412 n. Batiffol, GA n° 26 ; 22 mai 1957, *Heinrich*, RC 57.466 n. Batiffol, JDI 57.722 n. Ponsard.

les effets d'une union polygamique régulièrement contractée[1] ou d'une répudiation prononcée[2] à l'étranger.

Dans l'affaire *Chemouny*, un israélite tunisien, déjà marié à une Française, avait contracté en Tunisie avec une femme de même statut personnel que lui un second mariage valable selon leur statut ; venu ultérieurement s'installer en France, il avait abandonné la seconde épouse pour ne plus vivre qu'avec la première. Sur l'action en versement d'aliments exercée par la seconde épouse, la Cour de cassation censura la décision qui avait rejeté la demande au nom de l'ordre public. La justification d'une telle décision est aisée : dès lors que le mari avait contracté à l'étranger des engagements valables, il eut été inopportun de lui permettre de s'y dérober en tirant argument de la loi française, non applicable à la validité du mariage (n° 647).

La portée de l'« effet atténué » doit être précisée. D'une part, dans la mesure où le bénéfice en est admis, l'effet de l'ordre public n'est pas simplement atténué mais *effacé* : les droits reconnus ne le sont pas de manière réduite, ils le sont purement et simplement[3]. D'autre part, la possibilité d'un effet atténué ne signifie pas que toute loi étrangère contraire à l'ordre public français verra ses effets reconnus dès lors qu'elle s'est appliquée à l'étranger[4]. Aussi lorsque la Cour de cassation a énoncé en 1964 les conditions de la reconnaissance des jugements étrangers en France, a-t-elle inclus l'absence de contrariété à l'ordre public[5]. Mais la question de savoir dans quel cas l'ordre public n'a qu'un effet « atténué » n'est pas plus susceptible de réponse générale que celle de l'intervention de l'ordre public lui-même.

317. – Actualité de l'ordre public. La fonction de l'exception d'ordre public est d'empêcher le trouble qu'apporterait l'application ou la reconnaissance de normes étrangères dont le contenu heurte les conceptions dominantes dans l'ordre juridique du for. Il s'agit donc nécessairement des conceptions en vigueur au moment où le juge statue, et la Cour de

1. Civ. 28 janv. 1958, *Chemouny*, D. 58.265 n. Lenoan, JCP 58.II.10488 n. Louis-Lucas, RC 58.110 n. Jambu-Merlin, JDI 58.776 n. Ponsard, GA n° 30 (octroi d'aliments à la seconde épouse) ; 3 janv. 1980, *Bendeddouche*, D. 80.549 n. Poisson-Drocourt, RC 80.331 n. Batiffol, JDI 80.327 n. Simon-Depitre, GA n° 61 ; Paris, 8 nov. 1983, RC 84.475 n. Lequette, JDI 84.881 n. Simon-Depitre (reconnaissance d'une vocation successorale) ; 14 fév. 2007, JDI 07.933 n. Bourdelois (pension de réversion).
2. Civ. I, 3 nov. 1983, *Rohbi*, RC 84.325, 1re esp., n. Fadlallah ; cet arrêt met toutefois l'accent sur la nationalité commune des parties (sur la répudiation, v. n° 689).
3. Dans le cas des mariage polygamiques célébrés à l'étranger, toutefois, tandis que la jurisprudence en a progressivement admis les effets patrimoniaux en France (sur la modulation des effets reconnus par elle, v. n° 320), il n'en serait sans doute pas de même d'effets personnels tels que la cohabitation. La question est appelée à se poser de la même manière à propos des mariages homosexuels régulièrement célébrés à l'étranger.
4. V. par exemple Civ. 23 avril 1969, préc. n° 312 (nationalisations confiscatoires) ; 19 déc. 1973, D. 74.661, 2e esp., n. Mezger, RC 74.534 n. Wiederkehr, JDI 74.616 obs. A. Huet (preuve de la filiation naturelle paternelle par serment de la mère) ; 30 janv. 1979, D. 79.I.R.460, JDI 79.393 n. D. Mayer, RC 79.629 n. Lequette (garde des enfants attribuée sans égard à leur intérêt).
5. Civ. 7 janv. 1964, *Munzer*, *infra* n° 465.

cassation s'est expressément prononcée en ce sens[1]. On parle de principe d'« actualité » de l'ordre public[2]. Lorsqu'en particulier il y a lieu de statuer en France sur la validité de droits acquis à l'étranger – hypothèse nécessairement la plus courante où la question se pose – et que l'ordre public s'est assoupli depuis le moment où ils l'ont été, il serait peu indiqué de ne pas reconnaître ces droits au nom de conceptions dont on a estimé qu'elles étaient révolues. Le principe se justifie d'autant plus lorsque l'ordre public ne s'exprime pas dans un texte de loi particulier, dont l'introduction, la modification ou l'abrogation consacre formellement une nouvelle appréhension de la question, mais par le juge ; celui-ci l'apprécie donc par la force des choses au moment où il statue. Le principe d'actualité de l'ordre public a notamment trouvé à s'appliquer à l'occasion des réformes successives qui ont levé les restrictions qui frappaient les enfants adultérins[3] et naturels en général[4].

L'évolution de l'ordre public est aussi susceptible de se traduire non par un relâchement mais par un renforcement, rendant susceptible de contestation une situation dont la validité aurait été antérieurement reconnue. Le principe d'actualité se heurte alors le cas échéant à celui du respect de droits acquis, au sens ici du droit transitoire. La solution donnée au conflit transitoire interne constituera un élément d'appréciation de la force reconnue au second dans le cas donné.

2. Effets de l'exception

318. – Substitution de la loi du for ; étendue. Par hypothèse, la situation présente un lien suffisant avec l'ordre juridique du for pour qu'elle soit soumise à ses autorités. La perturbation que vise à empêcher l'exception d'ordre public serait donc réalisée, et l'on refusera d'appliquer la loi ou de reconnaître la décision étrangère. Dans le premier cas, la loi du for est substituée, ce qui constitue une autre manifestation de sa vocation subsidiaire à régir tout rapport de droit privé présentant une attache avec le territoire (n° 259)[5]. Cette application peut au demeurant se traduire par le maintien du *statu quo*, comme lorsqu'il y a refus de célébrer un mariage ou de prononcer un divorce.

Parce qu'il est fait exception à l'application de la loi compétente, la substitution doit de préférence être limitée à ce qui est nécessaire. Si par

1. Civ. 22 mars 1944, D.C. 44.145 rapp. Lerebours-Pigeonnière, n. P. L.-P., S. 45.1.77 n. Niboyet ; 13 nov. 1979, *Weyrich-Laroche*, RC 80.753 n. Simon-Depitre. Récemment, et de manière implicite, Com. 16 oct. 2007, RC 08.289 n. Bureau.
2. Angulo Rodriguez, « Du moment auquel il faut se placer pour apprécier l'ordre public international », RC 1972.369.
3. Civ. 22 mai 1957, *Heinrich*, préc. n° 316, approuvant les juges du fond d'avoir tenu compte d'une réforme législative en cours et donc même d'un ordre public futur.
4. Civ. I, 23 nov. 1976, *Marret*, JDI 77.504 obs. Ph. Kahn, RC 77.746 n. Foyer, GA n° 57 ; 12 juill. 1977, D. 78.I.R.100.
5. Il est cependant envisageable, si la situation présente un lien plus étroit avec une loi tierce partageant les conceptions de la loi française, de substituer cette loi à la loi écartée ; rappr. loi italienne de 1995, art. 16.

exemple la loi étrangère écarte une personne d'une succession par discrimination religieuse, l'ordre public s'oppose à ce qu'elle soit appliquée ; mais une fois l'héritier réintroduit dans la succession, le calcul des parts peut être effectué conformément à la loi compétente (à moins que celle-ci ne consacre une nouvelle discrimination, par exemple à raison du sexe)[1]. Cependant la substitution doit s'étendre à tout ce que demande la cohérence de la situation. C'est ainsi qu'une décision ayant prononcé la séparation de corps entre deux époux au nom de l'ordre public du fait que la combinaison des lois étrangères en présence excluait toute forme de séparation légale (n° 323), a procédé également « par un corollaire nécessaire » au règlement de leurs intérêts pécuniaires[2]. Ainsi, la substitution ne s'effectue que dans la mesure de ce qui est nécessaire, mais dans toute cette mesure.

Voy. : Bartin, *Principes*, t. I, § 92 ; Boden, *L'ordre public : limite et condition de la tolérance. Recherches sur le pluralisme juridique*, thèse Paris I, 2002 ; Bucher, « L'ordre public et le but social des lois », RCADI 1993.II.117 (t. 239) ; Chapelle, *Les fonctions de l'ordre public en droit international privé*, thèse dactyl. Paris II, 1979 ; Courbe, « L'ordre public de proximité », Mél. P. Lagarde, 2005, p. 227 ; Francescakis, « Droit naturel et droit international privé », Mél. Maury, 1960, I, p. 113 ; « Y a-t-il du nouveau en matière d'ordre public ? », TCFDIP 1966-69, p. 149 ; Gannagé, « L'ordre public à l'épreuve du relativisme des valeurs », TCFDIP 06-08, p. 205 ; Hammje, « L'ordre public de rattachement », TCFDIP 2006-08, p. 153 ; N. Joubert, *La notion de liens suffisants avec l'ordre juridique (*Inlandsbeziehung*) en droit international privé*, 2007 ; Lagarde, *Recherches sur l'ordre public en droit international privé*, 1959 ; Maury, *L'éviction de la loi normalement compétente : l'ordre public et la fraude à la loi*, 1952 ; « L'ordre public en droit international privé français et en droit international privé allemand », RC 1954.7 ; Rémy, *op. cit. supra* n° 123 ; Rolin, « Vers un ordre public réellement international », Mél. Basdevant, 1960, p. 441.

§ 2. – PROBLÈMES DE COORDINATION

319. – Présentation. L'objet de la théorie des conflits de lois est d'assurer la réglementation des situations privées internationales en attribuant à chaque loi ce qui lui revient. Une loi étrangère étant désignée dans un cas donné, il se peut que son application requière un effort supplémentaire de coordination. Cette situation peut tenir à une différence des concepts retenus par elle au regard de ceux du for, soulevant un problème de *substitution* ou de *transposition* ; ou à une incohérence résultant de l'application combinée de règles empruntées à des systèmes différents (comme on vient de le voir lorsque intervient l'ordre public du for), appelant une *adaptation*.

1. Civ. 17 nov. 1964, JCP 1965.II.13978 concl. Lindon. Pour un autre exemple, concernant l'établissement et les effets de la filiation, v. Civ. 8 nov. 1943, *Fayeulle*, D. C. 44.65 n. Savatier, JCP 44.II.2522 n. P. L.-P., RC 46.273 ; ou concernant les conditions de la recherche de paternité naturelle, Paris, 14 déc. 1974, RC 79.603 n. Simon-Depitre.
2. Civ. I, 15 mai 1963, *Patiño*, JCP 63.II.13365 n. Motulsky, JDI 63.1006 n. Malaurie, RC 64.532 n. Lagarde, GA n° 39.

Ces difficultés n'ont été mises en lumière et analysées qu'à une époque relativement récente (principalement par la doctrine allemande de l'entre-deux-guerres : *Angleichungsproblem*). En effet, d'une part, selon la conception traditionnelle, la théorie des conflits de lois se bornait à répartir les situations entre les différentes lois ; c'est plus récemment que les préoccupations se sont étendues au résultat matériel de leur application (v. n° 102). D'autre part, la jurisprudence a résolu ces difficultés de manière empirique, sans paraître les identifier. Elle a en particulier recouru à la notion d'ordre public, du fait qu'il s'agit de se prononcer sur l'admission d'institutions étrangères ou d'éviter un résultat perçu comme choquant, alors pourtant que les situations n'entraient pas dans le schéma de l'exception d'ordre public. De fait, la doctrine n'a pas encore dégagé une théorie ferme et la terminologie même n'est pas absolument fixée.

A. SUBSTITUTION OU TRANSPOSITION

320. – Application concomitante ou successive d'institutions hétérogènes. Une première série de difficultés surgit lorsque l'application d'une règle locale fait intervenir un concept ou une qualité qui seront empruntés à une loi étrangère, laquelle présente dans le cas d'espèce un caractère hétérogène par rapport à l'institution comparable du for. Par exemple, la loi du for exigeant un acte authentique, on se demandera si cette qualification peut être reconnue à un acte dressé par un *notary public* d'un pays de *common law*, qui n'est pas un notaire au sens français du terme (ni même un homme de loi) ; ou l'on recherchera si un *trustee* présente les qualités d'un tuteur, ou d'un exécuteur testamentaire ou d'un administrateur de faillite, selon le cas envisagé. Un cas typique est celui des dispositions françaises visant le « conjoint », alors que le mariage d'où découlerait cette qualité est un mariage polygamique ; il faut par suite décider si une épouse de second ou troisième rang peut être considérée comme un conjoint au regard de la règle de fond à appliquer[1].

La difficulté envisagée se présente fréquemment en cas de dissociation des lois applicables à la création d'un lien et à ses effets (mariage) ; ou à la suite d'un conflit mobile, appelant l'application successive de jeux de règles empruntées à des ordres juridiques différents. Si un meuble ayant fait l'objet d'une sûreté à l'étranger est introduit dans le ressort du for, pour admettre le cas échéant que celle-ci y produise des effets (de plein droit ou moyennant une publicité), il faudra en principe qu'y existe une sûreté équivalente pour des objets de même nature.

La question évoque le problème des qualifications, mais ici la qualification ne commande pas la loi applicable comme lorsque la notion entre le présupposé de la règle de conflit (n° 198). Il ne s'agit pas non plus du problème de la « question préalable », dans la mesure où la loi applicable au « concept préjudiciel » a été désignée et que le conflit de lois n'est donc plus à résoudre. Il s'agit de décider

1. Bischoff, « Le mariage polygamique en droit international privé », TCFDIP 1980-81, t. 2, p. 91; B. Ancel, « Le statut de la femme du polygame », in *Le droit de la famille à l'épreuve des migrations transnationales*, 1993, p.105.

par interprétation de la règle substantielle du for, conçue en fonction des seuls concepts internes, si elle peut s'appliquer en incorporant un concept étranger passablement différent du sien.

321. – Solution des difficultés. La situation envisagée appelle deux séries de jugements. Un premier déterminera si l'institution étrangère en cause présente ou non une équivalence générique suffisante par rapport à l'institution visée par la règle du for pour lui être substituée. Dans l'affirmative, il peut encore être nécessaire d'aménager la règle pour tenir compte de la substitution opérée.

Dans le cas du mariage polygamique valablement formé parce que conformément à la loi personnelle des époux (v. cependant n° 647) et dont les effets sont invoqués en France (par suite ou non d'un conflit mobile), la jurisprudence a admis des secondes épouses à demander des aliments ou à faire valoir des droits successoraux, mais non à bénéficier cumulativement de prestations sociales[1]. En cas d'admission, la pluralité d'épouses rend nécessaire un aménagement de la règle de fond, conçue en fonction d'un mariage monogamique ; il a été opéré par cumul de droits en matière alimentaire[2] et par répartition en matière successorale[3] ou de pension de réversion[4]. En revanche, la substitution n'est pas admise lorsqu'elle conduit à des résultats qui heurtent les fondements mêmes du mariage monogamique, c'est-à-dire l'unicité du lien personnel : par exemple, s'il s'agissait d'imposer à une première épouse la cohabitation avec une autre[5].

Selon une autre hypothèse soumise aux tribunaux, une filiation établie à l'étranger est invoquée pour venir à une succession soumise à la loi française, mais ce type de filiation n'est pas exactement du type prévu par celle-ci ; la prétention n'est accueillie que si le lien invoqué est suffisamment proche de l'institution française correspondante. La question s'est posée pour des filiations adoptives[6] et simplement alimentaires[7]. Une diffi-

1. Ces solutions ont été formulées en termes d'effet atténué (ou non) de l'ordre public : v. n° 316, les arrêts *Chemouny*, *Bendeddouche* et *Baaziz*. Un partage de prestations sociales est parfois prévu par convention diplomatique : Civ. II, 19 janv. 2006, D. 06.2454 n. Bidaud-Garon. Sur la possibilité pour une seconde épouse d'obtenir réparation en matière délictuelle, v. Liège, 23 avril 1970, RC 75.54, 1re esp., n. Graulich.
2. TGI Versailles, 2 fév. 1960, *Chemouny*, RC 60.370 n. Francescakis.
3. Civ. 3 janv. 1980, *Bendeddouche*, préc. n° 316.
4. C. pens. retr. art. L 38.
5. V. TGI Versailles, 31 mars 1965, JDI 66.97 n. Ponsard ; Paris 23 fév. 1987, D. 87. Somm. 348, 2e esp.
6. Dans l'affaire *Ponnoucanamale*, préc. n° 255, le refus d'assimilation a été justifié en appliquant à la validité de l'adoption la loi française prise en tant que loi de la succession, ce qui privait de valeur cette adoption prononcée en présence d'enfants légitimes ; la solution se justifiait au fond parce que la reconnaissance de droits successoraux aux enfants adoptifs en droit français était liée à l'interdiction de l'adoption en présence d'enfants légitimes.
7. V. TGI Seine, 1er mars 1967, JDI 68.358 obs. Ph. K., refusant de laisser produire des effets successoraux à une filiation simplement alimentaire établie selon le droit allemand ; la solution se justifie ici parce que les droits successoraux étaient accordés compte tenu des précautions prises pour l'établissement du lien de parenté.

culté de même ordre peut se poser pour l'appréciation de l'existence d'une personne morale bénéficiaire d'une libéralité[1]. L'art. 370-5 C. civ., résultant de la L. 6 fév. 2001, consacre la prise en charge selon la loi française d'une adoption prononcée à l'étranger en distinguant selon qu'elle s'apparente à une adoption plénière ou simple (n° 759)[2].

La conversion en divorce d'une séparation de corps prononcée à l'étranger, rendue admissible par un conflit mobile, a été refusée parce que la séparation avait été prononcée pour des faits ne constituant pas une cause de divorce en droit français[3]. Mais, une séparation pourrait devenir convertible selon la loi nouvelle alors qu'elle ne l'était pas selon la loi en vertu de laquelle elle a été prononcée.

B. ADAPTATION DU RÉSULTAT

322. – Décomposition d'une situation et dissociation des ensembles législatifs. De même que les règles internes se réfèrent implicitement, par les concepts utilisés, aux institutions internes, leur teneur est conçue en fonction de leur appartenance à un tout organisé : reliées par des « liaisons systémiques », elles forment un « ensemble législatif ». Par exemple, de l'importance des exigences posées pour la validité d'une institution dépend normalement l'étendue des effets qui lui sont attachés. Lorsqu'une situation est internationale, ses différents aspects peuvent se trouver soumis à des lois différentes en fonction des catégories de rattachement : outre les différentes catégories de fond, on peut distinguer pour une institution donnée la forme et le fond, les conditions et les effets, et dans tous les cas de litige, la procédure et le fond. Sans doute est-il normal et acceptable que l'application combinée de deux lois produise un résultat d'ensemble différent de celui qui résulterait de l'application intégrale de chacune. Mais la conjugaison des règles peut conduire à un résultat insolite, faisant ressentir la nécessité d'une démarche supplémentaire d'adaptation.

Un exemple traditionnel est donné par la situation patrimoniale du conjoint survivant. Certains droits pourvoient à ses intérêts par l'institution du régime matrimonial ; c'est le cas du droit français selon lequel, par l'effet du régime légal, le survivant retire la moitié des acquêts à titre de propriétaire ; mais de ce fait, il n'a eu jusque récemment qu'une vocation successorale restreinte. D'autres, qui ignorent jusqu'à la notion de régime matrimonial, pourvoient aux mêmes intérêts

1. V. Civ. I, 22 avril 1981 et 15 fév. 1983, RC 83.645 n. B. Ancel, mettant en jeu l'existence – au sens de l'art. 906 C. civ. – d'une fondation étrangère, question finalement non résolue.
2. Comp. Convention de La Haye de 1993, *infra* n° 761. V. Civ. I, 18 mai 2005, cité *ibid.*, jugeant qu'une adoption de type plénier prononcée à l'étranger et reconnue en France conserve ses effets nonobstant le fait qu'elle a ultérieurement été révoquée dans son pays d'origine, en vertu de l'irrévocabilité attachée par la loi française à l'adoption plénière.
3. Civ. 6 juill. 1922, *Ferrari*, D.P. 22.1.137, S. 23.1.5 n. Lyon-Caen, Rev.dr.int.pr. 22.444 rapp. Colin, n. Pillet, JDI 22.714., GA n° 12 ; la solution inverse se serait traduite par un divorce par consentement mutuel, alors que celui-ci n'était permis par aucune des deux lois en présence.

par un droit de succession plus élevé. Si deux époux ont fixé leur premier domicile matrimonial dans un système relevant de la seconde catégorie et que l'un deux décède alors qu'ils se sont fixés dans un pays relevant de la première, le survivant n'a droit à rien au titre du régime matrimonial et risque de n'avoir que des droits successoraux réduits. Dans l'hypothèse inverse, le survivant cumulera au contraire les droits étendus prévus par chaque loi.

Ainsi, alors que la désignation d'une loi étrangère dans un cas donné vise à assurer la justice de droit international privé par l'attribution d'une situation à la loi dont elle est la plus proche, il apparaît parfois nécessaire de corriger le résultat de l'application de plus d'une règle à la situation envisagée : c'est le but de l'adaptation, qui manifeste une « prise en charge » (Francescakis) du règlement de la situation par le système du for.

323. – Systématisation du problème. Le type de difficulté décrit provient de ce que des questions pourtant connexes ne relèvent pas de la même catégorie de rattachement et qu'elles se trouvent de ce fait soumises à des lois différentes. Le défaut d'harmonie peut lui-même tenir à deux causes. La première est qu'une finalité donnée est poursuivie par les lois en présence selon des moyens différents. L'exemple qui vient d'être donné illustre cette hypothèse. Les modes de libération du lien matrimonial en fournissent un autre : un droit qui proclame le mariage indissoluble admettra normalement l'annulation du mariage de manière assez libérale ; l'admission du divorce conduit inversement à se montrer plus strict en matière de nullité. Si dans un cas donné, deux époux se trouvent simultanément soumis à la loi la plus stricte respectivement pour la nullité et le divorce, ils seront privés de toute possibilité de séparation alors que les deux lois prévoyaient une issue à leurs difficultés.

Alors que dans ces exemples les systèmes en présence admettent une finalité commune, fût-ce approximativement, par des voies différentes, il se peut que la dysharmonie tienne à une véritable divergence de fond, entre les lois concernées. Soit un mariage célébré en France en la forme civile et à ce titre non reconnu par la loi nationale des époux ; celle-ci étant considérée comme applicable aux effets du mariage, et à ce titre appelée le cas échéant à en régir la dissolution par divorce, elle se refusera à prononcer la dissolution d'un mariage qu'elle ne reconnaît pas. Le lien est ainsi exposé à l'indissolubilité alors que chaque loi permettrait sa dissolution[1].

Ces difficultés seraient évitées si la situation était érigée en catégorie unique de rattachement, telle que « la protection du conjoint survivant », « la libération des époux du lien conjugal » dans les deux premiers exemples donnés, « le mariage » dans le troisième. Mais des raisons supérieures ont amené à définir des catégories plus analytiques, et les difficultés envisagées sont suffisamment rares pour ne pas justifier leur remise en cause. Ces difficultés sont inhérentes à l'existence même de catégories

1. Ces circonstances sont celles de l'affaire *Ghattas* dans laquelle un Libanais de rite grec-catholique avait épousé une Française en la forme civile en France ; sur l'action en divorce ultérieure de la femme, le mari fit valoir que la loi libanaise applicable le prohibait ; sur la solution apportée, v. n° suivant.

de rattachement, impliquant la possibilité de « dépeçage » des situations. C'est afin de les prévenir autant que possible que l'on a préconisé d'entrée de recourir dans un cas donné à la règle de conflit la plus large possible (n° 129).

324. – Solutions possibles. Comme lorsqu'il y a lieu à substitution, la jurisprudence résout le problème de manière empirique. Constatant l'injustice du résultat qu'ils sont exposés à consacrer, les tribunaux français ont notamment recouru à la notion d'ordre public bien que ce ne soit pas la teneur d'une loi donnée qui soit visée. Ainsi dans l'affaire *Patiño*, la Cour de cassation a admis que les juges du fond, constatant que l'application du règlement de conflit « avait pour résultat l'impossibilité à la fois et du divorce et de la séparation de corps (...), situation contraire à l'ordre public français », aient prononcé la séparation de corps par substitution de la loi française aux droits étrangers normalement compétents[1]. Par là est consacré un des procédés d'adaptation possibles, consistant à appliquer intégralement une loi, qui se trouvait être en raison du moyen employé la loi du for. L'application de celle-ci est parfois affirmée pour assumer les conséquences d'une dysharmonie née de son application antérieure : ainsi pour dissoudre un mariage conclu sous ses règles[2]. Mais on peut également envisager un critère de solution neutre. S'agissant par exemple de déterminer les droits du conjoint survivant, il est concevable d'appliquer intégralement la loi qui est intervenue la première, soit celle des conséquences patrimoniales du mariage.

Plutôt cependant que de consacrer l'application d'une loi nationale unique, on peut aussi envisager de rechercher une solution de synthèse, tenant compte de la teneur des deux lois en présence : par exemple pour fixer l'étendue des droits du conjoint survivant dans un cas donné, ou pour décider entre la nullité du mariage ou sa dissolution par divorce. Il y a élaboration d'une solution matérielle *ad hoc*, estimée raisonnable au regard de toutes les circonstances.

Certaines doctrines « substantivistes » préconisent d'appliquer *dans tous les cas* aux rapports internationaux une règle matérielle spécifique façonnée à partir des règles nationales en présence. On peut voir là une forme d'« adaptation généralisée », qui érige en quelque sorte en catégorie unique les rapports internationaux. Cette méthode ne saurait être accueillie à titre général en raison de sa difficulté de mise en œuvre, de son imprévisibilité et des risques d'arbitraire qu'elle comporte. Même raisonnablement utilisée, elle risque de méconnaître à l'excès

1. Civ. I, 15 mai 1963, préc. n° 318.
2. C'est la solution de l'arrêt *Ghattas*, Civ. 25 fév. 1947, D. 47.161 n. P. L.-P., RC 47.466 n. Niboyet, au motif que la loi française était « nécessairement compétente lorsque le mariage n'est valable qu'au regard du droit français » ; v. également TGI Paris, 28 avril 1967, RC 70.435 n. Alexandre, 22 janv. 1969, JDI 70.325 obs. Fouchard, RC 70.435 n. Alexandre ; Paris, 4 juill. 1975, RC 76. Somm. 743 ; et (implicitement) Lyon, 12 déc. 2000, JDI 02.475 n. F. Monéger (application de la loi française aux effets d'une filiation naturelle paternelle établie par application de la loi française ayant écarté comme contraire à l'ordre public la loi étrangère compétente qui prohibait son établissement).

l'attente des personnes impliquées, qui raisonnent en fonction des règles nationales telles qu'elles existent et n'ont aucun moyen de prévoir ce que sera la règle façonnée pour le cas d'espèce. L'adaptation ne se justifie qu'en cas d'incohérence patente et il est en général possible d'y procéder autrement qu'en façonnant une règle *ad hoc*.

Voy. : Batiffol, « Réflexions sur la coordination des systèmes nationaux », RCADI 1967.I.165 (t. 120) ; Cansacchi, « Le choix et l'adaptation de la règle étrangère dans le règlement des conflits de lois », RCADI 1953.II.79 (t. 83) ; Cocteau-Senn, *Dépeçage et coordination dans le règlement des conflits de lois*, 2001 ; Lequette, « Ensembles législatifs et droit international privé des successions », TCFDIP 1983-84, p. 162 ; Lewald, « Règles générales... », RCADI 1939.III.1 (t. 69) ; Raape, « Les rapports juridiques entre parents et enfants... », RCADI 1934.IV.496 (t. 50) ; Rigaux, *La théorie des qualifications en droit international privé*, 1956.

TITRE II

CONFLITS DE JURIDICTIONS

325. - Division. On regroupe sous l'expression « conflits de juridictions » l'ensemble des questions que soulève le contentieux privé international devant les juridictions étatiques (n° 11 s.)[1]. Comme en matière de conflits de lois, les règles appelées à s'appliquer sont à l'origine unilatéralement formulées par chaque État pour son compte. Il s'ensuit des risques élevés de procédures concurrentes dans des pays différents et de contrariété de décisions. Pour prévenir de telles situations ou y mettre fin, les États concluent des conventions d'entraide judiciaire en matière civile et commerciale, lesquelles sont aujourd'hui très nombreuses. Dans les rapports de la France et des États membres de l'Union européenne, en particulier, des règles communes ont été adoptées, d'abord par voie conventionnelle puis aujourd'hui sous forme de règlements, non seulement dans les matières patrimoniales mais dans certaines matières de statut personnel. L'ensemble de ce droit supranational est aujourd'hui d'application plus fréquente que le droit commun. Il convient cependant pour en comprendre les mécanismes de commencer par l'étude du droit commun français.

1. On rappelle que tout le contentieux n'est pas porté devant ces juridictions ; une fraction importante des litiges d'affaires est soumise à arbitrage (n° 3).

SOUS-TITRE I

DROIT COMMUN FRANÇAIS

326. – Questions à étudier. L'expression traditionnelle de « conflit de juridictions » continue d'être usitée, bien qu'elle soit impropre à plus d'un égard. Elle désigne à proprement parler la concurrence de différentes juridictions nationales pour connaître d'un litige international. De ce point de vue seul, en premier lieu, elle est trompeuse en ce qu'elle évoque un parallèle avec les conflits de lois qui n'existe pas (n° 12). Contrairement aux règles de conflits de lois, celles qui vont être étudiées n'ont pas une fonction répartitrice (qui serait ici des litiges entre les tribunaux des différents Etats) ; ce sont des règles *matérielles*, répondant directement dans chaque pays à la question de savoir si les tribunaux nationaux sont compétents dans un type de situation donné, et à cette question seule. Elles n'ont pas vocation à conférer compétence à des juridictions étrangères, parce que chaque État est maître des conditions dans lesquelles ses tribunaux acceptent de se saisir[1].

En second lieu, la sanction judiciaire des droits dans l'ordre international soulève, comme on l'a vu (n° 14 s.), deux autres séries de questions que celle de la compétence internationale des tribunaux nationaux. D'une part, lorsque ces tribunaux exercent leur compétence, le caractère international du litige peut retentir sur la procédure ; et il convient de faire le départ entre ce qui relève de la procédure et ce qui touche au fond. D'autre part, les tribunaux de chaque État exerçant leur pouvoir de juridiction dans des situations internationales, se pose également dans chacun la question de l'effet à réserver aux décisions rendues par les autres[2]. À cet égard, l'État dont émane une décision donnée (État d'« origine ») n'a aucun pouvoir

1. Pour un exemple d'inadvertance législative sur ce point, v. L. 3 mai 2005 sur la création d'un registre international maritime français, art. 30 (texte, et comm. Lagarde, RC 05.527).
2. Cette question se pose aussi bien à l'égard d'une décision rendue dans un contexte purement interne et dont une partie vient à se prévaloir à l'étranger ; mais elle soulève beaucoup moins de difficultés dans ce cas (n° 451).

sur l'efficacité à l'étranger de la décision qu'il rend. Cette question relève entièrement de la volonté de l'Etat où la décision est invoquée (l'État « requis »). Comme celle de la compétence internationale des juridictions nationales, la question de l'effet des jugements étrangers est donc résolue dans chaque pays de manière unilatérale et par des règles matérielles : il appartient à chaque État de poser les conditions d'efficacité des décisions étrangères dans sa sphère de souveraineté ; il n'appartient à aucun de fixer de telles règles pour les autres.

On étudiera successivement les solutions que reçoivent en droit français les trois séries de questions identifiées.

CHAPITRE I

LA COMPÉTENCE INTERNATIONALE

INTRODUCTION

327. – *Délimitation du problème*. Comme celui du conflit de lois, le problème de la compétence internationale se pose en présence d'une situation qui se rattache à plus d'un État ou d'un système juridique : par exemple, les parties à un contrat sont domiciliées dans des États différents, le dommage subi et le fait générateur sont localisés dans des États différents, les époux en litige ne sont pas de même nationalité... La question est pour le demandeur de savoir devant les juridictions de quel État intenter son action. Dans ce choix interviennent des considérations d'opportunité : la proximité souhaitable de la juridiction, les frais encourus, la confiance dans la justice du pays envisagé, la solution qui sera donnée au conflit de lois et donc la loi selon laquelle il sera statué... Mais indépendamment de cette évaluation, la condition première est que les règles de compétence internationale en vigueur dans le pays envisagé permettent de saisir ses tribunaux dans la situation considérée.

La manière dont sont conçues ces règles dans un pays donné dépend de la conception que l'on se fait de la compétence internationale (§ 1). En France, comme dans beaucoup de pays, la compétence internationale est réglementée par référence à la compétence territoriale interne ; mais ceci est le résultat d'une évolution qui n'est achevée que depuis peu (§ 2).

§ 1. – NATURE DU PROBLÈME

Pour faire ressortir la nature de la compétence juridictionnelle internationale, il convient de la confronter à la compétence législative, d'une part, à la compétence territoriale interne, d'autre part.

A. COMPÉTENCE JURIDICTIONNELLE ET COMPÉTENCE AU FOND

328. – Distinction d'avec le problème du conflit de lois. Il serait tentant de penser que la compétence juridictionnelle en matière internationale se déduit de la loi applicable au fond de la question à juger[1]. Mais on sait que la question de la loi applicable à une situation et celle de la juridiction éventuellement compétente pour en connaître ne se confondent pas, parce qu'elles n'obéissent pas entièrement aux mêmes critères (n° 12). En ce qui concerne le fond, on recherche en principe la loi avec laquelle la situation présente les liens les plus étroits ou significatifs[2]. S'agissant de savoir dans quelles circonstances les tribunaux d'un pays donné se reconnaîtront compétents, il importe certes qu'existe un lien raisonnable entre le for, ou à tout le moins l'État du for, et le litige[3]. Mais il n'est pas indispensable que le lien envisagé soit plus étroit qu'avec aucun autre pays. D'une part, le fait qu'une situation litigieuse présente certains rattachements avec le territoire peut inciter un État à offrir la compétence de ses tribunaux dans un souci de paix publique, afin que le litige puisse y trouver une solution ; renvoyer le demandeur aux tribunaux du pays dont la loi est estimée applicable au fond pourrait constituer un déni de justice ou inciter le demandeur à se faire lui-même réparation. D'autre part, la mission des tribunaux n'est pas seulement d'interpréter la loi, mais aussi d'établir des faits contestés. Cette tâche sera souvent plus commodément et sûrement accomplie par une juridiction géographiquement proche des faits ; c'est ce qui justifie, par exemple, en droit interne, l'option de compétence en faveur de la juridiction du lieu du délit (art. 46 CPC)[4]. De manière générale, les règles de compétence juridictionnelle offrent assez fréquemment un choix aux plaideurs.

Ces considérations expliquent la dissociation de principe, dans un litige international de droit privé, entre la loi applicable et la compétence juridictionnelle. Ainsi, une juridiction française n'est pas incompétente du seul fait que la situation est régie par une loi étrangère[5]. Cela n'exclut naturellement pas une coïncidence fréquente entre les deux compétences. En effet, les rattachements retenus aux fins de solution des conflits de lois (domicile de la personne, lieu du délit, situation de l'immeuble...) sont également usités aux fins de fixation de la compétence internationale des tribunaux. De plus, le fait qu'une loi donnée soit applicable au fond

1. Hébraud, « De la corrélation entre la loi applicable à un litige et le juge compétent pour en connaître », RC 1968.205.
2. On a vu au demeurant qu'il pouvait y avoir un certain dépeçage de la situation quant à la loi applicable.
3. Le caractère rationnellement indispensable de cette condition est illustré, *a contrario*, par l'exemple de certaines juridictions dans le monde qui accordent le divorce (selon leur loi) à quiconque en fait la demande, moyennant le versement d'une somme suffisante, et engendrent ainsi des situations boiteuses (n° 46).
4. Cette compétence particulière est même apparue en France en matière internationale avant d'être consacrée en droit interne (n° 337).
5. Civ. 19 juin 1963, JDI 64.555 n. Sebag, RC 65.366 n. Loussouarn ; 24 oct. 1979, D. 80.I.R.329 ; 27 oct. 1993, RC 95.554 n. de Vareilles-Sommières.

incite parfois, malgré la distinction de principe présentement soulignée, à affirmer la compétence des tribunaux correspondants, et même leur compétence exclusive ; ce facteur joue notamment avec force en matière immobilière (n° 346)[1]. Mais le principe est bien que les deux questions doivent être examinées séparément. On note que la dissociation opère parfois dans l'intérêt même du plaideur, soucieux d'obtenir une décision qu'il peut faire exécuter : plutôt que de plaider dans son pays, dont la loi est applicable selon les systèmes en présence, il peut avoir avantage à agir dans celui de son adversaire afin de couper court à toute contestation sur l'efficacité de la décision recherchée.

La dissociation de la compétence juridictionnelle et de la compétence au fond est particulièrement marquée dans un système qui procède par règles de conflit bilatérales. L'égalité théorique absolue qu'impliquent ces règles entre la loi du for et les lois étrangères peut même inciter à affirmer largement la compétence des juridictions nationales en matière internationale, dans la conviction que ce qui importe davantage est l'application de la loi la plus compétente. Il est toutefois prudent de ne pas céder trop facilement à cette tendance, compte tenu des différents mécanismes qui, lors de la mise en œuvre de la règle de conflit bilatérale, se traduisent par un déséquilibre au profit de la loi du for (qualification *lege fori*, renvoi au premier degré, ordre public), ainsi que du statut procédural de la règle de conflit et de la loi étrangère (nécessité éventuelle pour les parties de les invoquer).

B. COMPÉTENCE INTERNATIONALE ET COMPÉTENCE TERRITORIALE

329. – Affinités entre les deux compétences. La proximité des éléments matériels du litige constitue un facteur primordial pour l'exercice de la compétence internationale. D'une manière générale, la « localisation » de la compétence juridictionnelle est plus matérielle que celle de la compétence au fond. Or en matière purement interne, des règles de compétence répartissent les différents litiges en fonction de critères territoriaux (compétence *ratione loci*) ; de là la tendance naturelle à recourir aux mêmes rattachements quand bien même le litige déborde le cadre national. Ainsi qu'on l'a vu avec les conflits de lois, le caractère international de la situation n'altère guère son caractère privé. Les règles de compétence territoriale, essentiellement inspirées par le souci de l'utilité des parties et d'une bonne administration de la justice, conservent donc leur bien-fondé alors même que tous les éléments du litige ne se situent pas dans l'ordre interne. Effectivement, dans beaucoup de pays, les règles de compétence territoriale interne ont fait fonction de règles de compétence internationale, et tel est devenu le cas en France. Néanmoins il n'y a pas identité entre les deux questions.

Le rapprochement de la compétence internationale et de la compétence territoriale ne doit en effet pas masquer que le choix de la juridiction est plus lourd de conséquences lorsque l'on hésite entre les tribunaux de deux pays qu'entre deux tribunaux du même État. Du point de

1. Civ. I, 23 janvier 2007, Bull. civ. I, n° 34.

vue pratique, le fait pour une partie de plaider dans un pays qui n'est pas celui de sa résidence entraîne davantage de complications que le fait de plaider dans celui-ci ailleurs qu'en ce lieu : outre, dans la plupart des cas, le facteur de l'éloignement et les frais, les difficultés tiennent à la différence des mentalités et pratiques judiciaires[1]. Et s'agissant du fond, il n'est pas certain que le conflit de lois sera résolu de la même manière dans les deux pays. Plus généralement, le fait que les juridictions éventuellement concurrentes rendent la justice au nom de souverainetés distinctes n'est pas indifférent : non seulement quant aux règles de procédure applicables mais, par exemple, s'il y a lieu ultérieurement d'invoquer dans un pays tiers la décision recherchée. Pour ces raisons, et sous l'influence de Bartin, on a longtemps vu en France dans la compétence internationale une question de compétence d'attribution, c'est-à-dire de répartition des litiges entre des ordres de juridictions (ici, nationales et étrangères). Les règles de compétence territoriale ne jouent dans cette conception que leur rôle ordinaire : une fois seulement déterminée la compétence dite « générale » des tribunaux nationaux, elles désignent parmi eux la juridiction « spécialement » compétente[2].

Mais s'il est exact que l'on ne peut assimiler complètement le litige international à un litige purement interne, l'on n'est pas non plus parvenu à dégager des règles de compétence internationale propres, c'est-à-dire fondées sur la distinction des litiges internes et des litiges internationaux. La seule véritable suggestion a été de déclarer compétents les tribunaux du pays dont la loi est applicable ; or on vient de voir au contraire la nécessité de séparer en principe les deux questions[3]. En revanche, le caractère international d'un litige de droit privé ne lui confère pas une différence de nature avec un litige analogue de droit interne aussi marquée que les différences qui fondent l'existence de juridictions spécialisées en droit interne. Aussi les critères géographiques qui déterminent la compétence

1. V. Droz, « Les droits de la demande dans les relations privées internationales », TCFDIP 1993-94.97.
2. Bartin, *Principes*, t. 1, § 124 s. ; plus récemment, Solus et Perrot, *Droit judiciaire privé*, t. II, *La compétence*, n° 386 s. On trouve aujourd'hui un écho de cette conception, mais sans doute non délibéré, dans l'art. 92 al. 2 CPC, qui traite une question de compétence internationale des juridictions françaises comme une question de compétence d'attribution (n° 386).
3. Une exception doit être apportée pour la distinction en France de l'ordre judiciaire et de l'ordre administratif, du fait qu'elle repose sur l'implication de l'État : l'application du droit administratif français entraîne donc la compétence des juridictions françaises : CE 30 janv. 1948, *Lehéricy*, Rec. Lebon, p. 41. Cela n'exclut pas absolument l'application d'une loi étrangère en matière contractuelle, sous réserve de l'application de dispositions françaises jugées impératives : CE 8 mai 1968, *ép. Fourny*, Rec. Lebon, p. 289 ; 28 janv. 1983, *Johnston*, RC 85.316 concl. Franc, n. P. Rodière ; 7 janv. 1987, D.87.I.R.350 obs. Audit, RC 88.687 n. P. Rodière ; 10 mars 1997, *de Waele*, RC 97.695 n. Coursier ; mais, depuis, déclinant la compétence de la juridiction administrative pour un contrat exclusivement soumis à la loi étrangère (et comportant une clause désignant un for étranger), CE 19 nov. 1999, *Tegos*, RC 00.409 concl. Arrighi de Casanova, n. S. Lemaire, JDI 00.742 obs. Flauss. M. Audit, « Les contrats de travail conclu par l'Administration à l'étranger », RC 2002.39 ; Laazouzi, *Les contrats administratifs à caractère international*, Economica, 2008.

territoriale interne conviennent-ils dans l'ensemble aux litiges internationaux. À défaut de règles spécifiques de compétence internationale, force est donc pratiquement de recourir au premier chef aux règles de compétence territoriale interne, sauf à admettre que celles-ci ne s'appliquent pas nécessairement telles quelles mais peuvent être le cas échéant infléchies pour tenir compte du caractère international de la situation. On dit en France qu'il y a *transposition* des règles de compétence territoriale interne à la compétence internationale des tribunaux, transposition qui peut donner lieu à *adaptation*, puisque ces règles ont été adoptées sans considération de leur application éventuelle en matière internationale. Cette conception ne s'est cependant imposée en droit français qu'à l'issue d'une longue évolution.

§ 2. – GENÈSE DU SYSTÈME FRANÇAIS

330. – Sens de l'évolution. Pour décrire l'évolution du système français, depuis le Code civil jusqu'à nos jours, il faut évoquer l'opposition des conceptions publiciste et privatiste de la compétence. Selon la conception publiciste, le pouvoir de juridiction est un aspect de l'autorité du souverain (de l'État) sur les individus ; celui-ci a donc un intérêt, serait-il indirect, à connaître de tout litige dans lequel est impliqué l'un de ses sujets (ressortissants)[1]. Il est le juge naturel de ceux-ci pris en tant que défendeurs ; réciproquement, ils doivent pouvoir trouver justice auprès des tribunaux. La conception privatiste met en revanche l'accent sur ce que, le litige opposant par hypothèse des particuliers, ce sont surtout des considérations d'intérêt privé qui doivent, au-delà du souci de paix publique, inspirer les règles de compétence internationale des tribunaux : commodité des plaideurs, proximité des éléments du litige. Le système de compétence français a évolué de la première conception vers la seconde.

A. LA CONCEPTION PUBLICISTE ET SES PROLONGEMENTS

331. – Système du Code civil. L'Ancien droit était dominé par la conception publiciste. Celle-ci a laissé son empreinte dans les dispositions du Code civil et l'interprétation qu'elles ont reçue : la compétence des tribunaux français y a été fondée sur la seule nationalité française d'une partie et considérée comme une question de jouissance des droits ; corrélativement, les étrangers n'avaient pas accès aux tribunaux dans les mêmes conditions que les nationaux[2].

1. La nationalité, chef de compétence des tribunaux français

332. – Les articles 14 et 15 du Code civil. Deux textes du Code civil, les art. 14 et 15, toujours en vigueur, sont consacrés à la compétence des tribunaux français ; leur place à la suite de dispositions relatives à la condition des étrangers révèle leur inspiration publiciste. Le premier donne compétence aux tribunaux français lorsqu'un Français est demandeur, le

1. Il s'agissait aussi à l'origine d'un intérêt pécuniaire.
2. Il s'agissait des étrangers non admis à domicile (anc. art. 13 C. civ. ; n° 1052), les autres étant placés dans la même situation que les Français au regard de la compétence des tribunaux.

second lorsqu'un Français est défendeur. Leur sens fait l'objet d'une incertitude non dissipée[1].

Il semble que l'article 15 seul soit issu de la tradition antérieure. Ce texte traduit en effet la maxime *Actor sequitur*, laquelle était appliquée sous l'Ancien droit même aux défendeurs étrangers. Dès lors, la nationalité aurait remplacé le domicile d'origine en tant que rattachement, du fait de l'instauration par la Révolution d'une nationalité française ainsi que de l'unification du droit et du système judiciaire français. Le fondement de la règle aurait également changé. Alors que sous l'Ancien droit, elle visait à protéger la prérogative de juridiction du souverain, on discerne à l'époque du Code civil une inspiration plus privatiste : le souci de l'intérêt du défendeur.

En ce qui concerne l'article 14, certains auteurs voient dans cette disposition le prolongement d'un privilège de juridiction reconnu sous l'Ancien droit au régnicole français, lequel n'aurait pu être contraint de plaider à l'étranger. Mais d'autres considèrent que ce privilège n'a jamais existé qu'entre Français et que l'art. 14 constituait une disposition nouvelle, un privilège de juridiction, dérogatoire à la règle *Actor sequitur*.

La conception publiciste devait se renforcer à la suite du Code civil, sans que le fondement des deux textes fût approfondi, par une interprétation favorable aux Français. Alors que les art. 14 et 15 visent les « obligations contractées » envers ou par un Français, leurs dispositions ont été étendues en toute matière. Et surtout l'article 15 fut interprété, en contradiction formelle avec sa lettre, comme *imposant* la compétence des tribunaux français lorsqu'un Français était défendeur. Il s'ensuivait qu'une décision étrangère rendue contre un défendeur français n'ayant pas renoncé à ce privilège était repoussée comme émanant d'une juridiction incompétente. Cette solution excessivement nationaliste n'a été abandonnée qu'en 2006 (n° 470).

2. Situation de l'étranger

333. – Condition des étrangers au regard de la justice. Ce qui précède montre que la préoccupation essentielle à l'époque du Code civil a été de rendre la justice aux Français. Un étranger pouvait cependant saisir les tribunaux français ; telle est l'hypothèse même prévue par l'art. 15 C. civ. Mais il était en tant que demandeur était soumis à une obligation particulière : le versement d'une caution dite *judicatum solvi*. D'autre part fut proclamé le principe de l'incompétence des tribunaux dans les litiges entre étrangers.

***334. – La caution* judicatum solvi.** De tout temps et en tout lieu, la faculté pour un étranger de saisir les tribunaux s'était heurtée à des restrictions, la justice étant aisément considérée comme instituée pour les membres de la collectivité. Telle fut la conception de l'Antiquité et encore celle de l'Ancien droit français. Le Code civil n'a pas repris cette tradition dans la mesure où il a expressément envisagé dans l'art. 15 la saisine des tribunaux français par un étranger contre un

1. H. Gaudemet, *Recherches sur les origines de l'article 14 du Code civil*, 1964 ; D. Holleaux, *Compétence du juge étranger et reconnaissance des jugements*, 1971 ; Hudault, « Sens et portée de la compétence du juge naturel dans l'Ancien droit français », RC 1972.27 et 249 ; Théry, *Pouvoir juridictionnel et compétence*, thèse dactyl. Paris II, 1981.

Français. Mais il a immédiatement fait suivre cette disposition de l'obligation pour l'intéressé de verser une caution (art. 16, complété par les art. 166 et 167 C. pr. civ.). Outre son fondement politique, une mesure de ce type, très répandue, a également un fondement rationnel : s'assurer que l'étranger demandeur répondra des dépens et dommages-intérêts qui pourraient éventuellement être mis à sa charge. L'intéressé était dispensé de la caution s'il possédait en France des immeubles d'une valeur suffisante pour répondre des sommes dont il serait redevable en cas d'échec. L'exigence ne valait pas non plus dans les litiges commerciaux, à propos desquels la nécessité d'une ouverture de l'ordre juridique français fut ressentie plus précocement qu'en matière civile.

335. – Incompétence des tribunaux français dans les litiges entre étrangers. D'un arrêt rendu au lendemain du Code civil fut déduit le principe de l'incompétence des tribunaux français entre étrangers[1]. En fait la décision ne se fondait que sur la règle *Actor sequitur forum rei* et le domicile (au sens de l'Ancien droit) du défendeur à l'étranger, de sorte que c'est dans son interprétation qu'une attitude nationaliste devait prévaloir. D'autres justifications en furent données, qui apparaissent aujourd'hui peu convaincantes. L'une était l'art. 11 C. civ., réservant aux Français la jouissance des « droits civils », au nombre desquels aurait compté celui de plaider devant les tribunaux français[2]. Cette conception méconnaissait l'idée que les tribunaux sont institués pour le maintien de la paix civile et que celle-ci est aussi bien menacée par un litige entre deux étrangers, dès lors que ce litige présente des rattachements suffisamment étroits avec la France. Il était en outre peu cohérent de reconnaître aux étrangers des droits substantiels sans leur permettre de les faire sanctionner à l'encontre d'un étranger[3]. On invoqua également un argument d'exégèse : les art. 14 et 15 ne visant que les cas où un Français était partie, le législateur aurait exclu la compétence des tribunaux dans les litiges entre étrangers. Mais si une règle de droit commun est susceptible d'être interprétée *a contrario*, il n'en est pas de même d'un privilège. En fait, le principe de l'incompétence était affirmé sans être sérieusement justifié ; on va voir qu'il n'était même pas strictement appliqué.

B. DÉVELOPPEMENT DE LA CONCEPTION PRIVATISTE

336. – Renversement des conceptions. Le développement des relations privées internationales rendait anachroniques les dispositions du Code civil et l'interprétation qui en fut donnée. Si certaines de leurs conséquences subsistent en ce qui concerne l'interprétation extensive des art. 14 et 15 C. civ., elles ont cédé sur les autres points : les questions de jouissance des droits ont été pratiquement effacées ; et surtout ont été dégagées des règles de compétence internationale dites « ordinaires » qui, ne reposant pas sur la nationalité des parties, consacrent la conception privatiste de la compétence internationale.

1. Cass. 22 janv. 1806, *Mount Florence c. Skilpewith*, S. Chron.
2. Civ. 18 juill. 1892, S. 92.1.407, D. 92.1.409.
3. En ce sens, Caen, 5 janv. 1846, S. 47.2.456 : « la loi, en permettant (...) aux étrangers non autorisés d'établir leur domicile en France, d'y faire, non seulement avec les nationaux mais encore avec des étrangers, tous les actes du droit des gens, leur garantit tacitement le moyen d'en assurer l'exécution sur les biens que ces étrangers possèdent en France ».

1. Effacement des problèmes de condition des étrangers

337. – a) Abandon progressif du principe d'incompétence entre étrangers. Le principe de l'incompétence, alors même qu'il était proclamé, connaissait des exceptions qui n'ont cessé de croître jusqu'à ce qu'il soit formellement renversé. Dans certains cas, la compétence juridictionnelle française dans un litige opposant deux étrangers était justifiée par la compétence de la loi française au fond : il y avait attraction de la première vers la seconde. Cela fut d'abord le cas pour les *actions réelles* concernant un immeuble situé en France (art. 3 al. 2 C. civ.)[1]. Pour les mêmes raisons, le principe de l'incompétence fut écarté dans les actions en *responsabilité délictuelle*. La solution s'imposait aisément pour celles qui trouvaient leur source dans une infraction pénale, la tranquillité publique étant en cause. Mais elle le fut également dans le cas des délits purement civils : d'une part, il importait que le dommage fut réparé ; d'autre part, la loi française était appliquée au fond[2]. En matière *commerciale* fut appliqué l'art. 420 anc. C. pr. civ. sans égard à la nationalité étrangère des deux parties, en vertu d'une idée d'élection de domicile en France[3].

À ce stade, le domaine principal dans lequel le principe de l'incompétence trouvait encore à s'appliquer était celui de l'*état des personnes*. Le statut personnel étant régi par la loi nationale, on retrouve l'idée de corrélation entre la loi applicable et la juridiction compétente (n° 328), dont l'importance devait également se manifester en matière de reconnaissance des jugements (n° 482). Mais encore des exceptions furent-elles introduites dans ce domaine. Les tribunaux se reconnurent en particulier compétents dès le XIXe siècle pour ordonner des mesures provisoires urgentes et conservatoires, telles que la fixation d'un domicile séparé pour la femme mariée, et plus généralement, après 1884, pour les mesures provisoires préalables à un divorce. Puis la Cour de cassation reconnut la compétence des tribunaux français pour statuer sur le fond dans le cas où le défendeur résidait en France et où il n'était pas établi qu'une autre juridiction que française pût connaître du litige, afin d'empêcher un déni de justice[4] ; également si la compétence de la juridiction française n'était pas discutée. Toute restriction fut abandonnée dans un arrêt *Patiño* de 1948, qui parachève l'évolution en la matière[5]. Il ne restait alors plus qu'à renverser formellement le principe général de l'incompétence des tribunaux français dans les litiges entre étrangers. Cela fut fait dans un arrêt *Scheffel* de 1962 énonçant que « l'extranéité des parties n'est pas une cause d'incompétence des juridictions françaises »[6].

***338. – b) Suppression de la caution* judicatum solvi.** L'aspect rationnel de la caution déclinait, laissant subsister son aspect politique, lequel apparaissait de plus en plus anachronique. L'obligation au versement de la caution était écartée par des conventions de plus en plus nombreuses (conventions d'établissement,

1. Req. 10 nov. 1847, D.P. 48.38, S. 48.1.52 ; Civ. 22 mars 1865, D.P. 65.1.127, S. 65.1.175. Réciproquement, la jurisprudence déclara les art. 14 et 15 C. civ. inapplicables aux actions réelles immobilières relatives à un immeuble situé à l'étranger (n° 361).
2. Civ. 17 nov. 1834, S. 41.1.544. La règle de compétence internationale a dans ce domaine, précédé et inspiré la règle de compétence territoriale interne du lieu du délit (L. 29 nov. 1923, modifiant l'art. 59 C. pr. civ., auj. art. 46 CPC).
3. Civ. 26 nov. 1828, *Harris*, S. Chron. 1828-1830.1.192.
4. Req. 29 juill. 1912, GP 12.2.410, JDI 14.207.
5. Civ. 21 juin 1948, JCP 48.II.4422 n. Lerebours-Pigeonnière, S. 49.1.121 n. Niboyet, RC 49.557 n. Francescakis.
6. Civ. I, 30 oct. 1962, D. 63.109 n. G. Holleaux, RC 63.387 n. Francescakis, JDI 63.1072 obs. Sialelli, GA n° 37.

d'entraide judiciaire) ; en particulier, la convention de La Haye du 1er mars 1954 relative à la procédure civile, en vigueur en France et dans de nombreux pays, stipulait qu'aucun dépôt, sous quelque dénomination que ce soit, ne pouvait être exigé d'un étranger demandeur (art. 17). Il ne restait plus qu'à abroger l'institution de la caution, ce qui fut l'œuvre d'une loi du 9 juillet 1975.

2. Émergence de « règles ordinaires » de compétence

339. – Premières applications des règles de compétence territoriale interne. De tout temps, les règles de compétence territoriale internes avaient reçu une certaine application en matière internationale. Dans différentes hypothèses où il était fait exception au principe d'incompétence des tribunaux français entre étrangers, c'est en raison d'un lien avec le territoire que les tribunaux se reconnaissaient compétents et il s'agissait souvent d'un lien retenu par une règle de compétence territoriale interne, tel que la situation de l'immeuble litigieux (n° 346). Ces règles étaient également susceptibles de s'appliquer dans les cas où un Français était partie au litige mais où les art. 14 et 15 C. civ. étaient rendus inapplicables : soit que le bénéficiaire ait renoncé à la compétence des tribunaux français, soit que ces dispositions aient été écartées par traité entre la France et l'État national de l'autre partie. Dans ces cas, lorsque par exemple le défendeur était domicilié en France, le tribunal correspondant pouvait se reconnaître compétent de ce chef. Il y avait donc « projection internationale » des règles internes de compétence territoriale. Celles-ci déterminaient, par une opération unique, la compétence internationale des tribunaux français et le tribunal spécialement compétent.

Dans la plupart des pays, c'est par cette seule transposition des règles internes de compétence territoriale qu'a été spontanément résolue à l'origine la question de la compétence internationale des tribunaux nationaux[1]. En France, du fait de l'existence des art. 14 et 15 C. civ., se sont développés deux jeux de règles de compétence non homogènes : celles, non exhaustives, fondées sur la nationalité française d'une partie, et celles résultant de la projection des règles internes de compétence. Ceci soulevait la question de l'articulation entre ces deux systèmes.

340. – Rapports entre les systèmes de compétence. Le principe consistant à étendre les règles internes de compétence territoriale à l'ordre international ne fut dégagé que tardivement et il ne prit toute sa portée que lorsque fut formellement abandonné celui de l'incompétence dans les litiges entre étrangers. Jusque-là, le « système » des art. 14 et 15 C. civ. était considéré comme constituant le règlement de principe ; l'autre était subsidiaire puisqu'il ne s'appliquait que dans les « interstices » du principe de l'incompétence ou lorsque exceptionnellement les art. 14 et 15 étaient

1. Fragistas, « La compétence internationale en droit privé », RCADI 1961.III.159 (t. 104) ; Bauer, *Compétence judiciaire internationale des tribunaux civils français et allemands*, 1965, n° 35 s. ; Mirandes, *La compétence inter-étatique et internationale des tribunaux en droit des États-Unis*, Economica, 2002. Aujourd'hui, en revanche, les législations de droit international privé incluent fréquemment une réglementation spécifique de la compétence internationale.

inapplicables. Mais dès lors que la nationalité française d'une partie avait cessé d'être une condition préalable, en fait ou en droit, de la compétence des tribunaux français, il était plus rationnel d'inverser l'ordre des systèmes. Les règles tirées de la compétence territoriale interne pouvaient être considérées comme les règles « ordinaires », les art. 14 et 15 C. civ. n'intervenant plus que lorsque le demandeur ne dispose d'aucun autre moyen d'invoquer la compétence des tribunaux français.

Une considération pratique importante militait en outre dans ce sens. Les art. 14 et 15 C. civ. ne peuvent qu'être perçus comme inéquitables à l'étranger. De ce fait, une décision rendue en France par une juridiction qui s'est reconnue compétente du chef de la nationalité française du demandeur (art. 14) risque fort de ne pas se voir reconnue à l'étranger. En revanche, les règles de compétence territoriale interne ont un fondement objectif et rationnel qui les rend difficilement critiquables. Par conséquent, lorsque les tribunaux français sont compétents à la fois en vertu de la nationalité française d'une partie, singulièrement le demandeur, et d'une règle de compétence territoriale transposée dans l'ordre international, le pragmatisme commande de ne pas invoquer la première mais directement la seconde.

Cette conception ne s'est cependant imposée que tardivement en jurisprudence. En 1967, la Cour de cassation énonçait encore que « lorsqu'en vertu de [l'art. 14 C. civ.] une compétence générale est attribuée aux tribunaux français pour connaître d'un litige entre un Français et un étranger, la compétence spéciale du tribunal qui doit en être saisi est déterminée, s'il en est une qui soit applicable, par les règles internes de compétence territoriale »[1]. Il y avait bien décomposition des deux questions successives distinguées par Bartin (n° 329). Mais après que les règles de nature territoriale eurent été présentées en doctrine comme les « règles ordinaires » de compétence internationale, la tendance s'infléchit dans la motivation des décisions[2]. La Cour de cassation finit par déclarer que « *l'art. 14 C. civ. n'a lieu de s'appliquer que lorsqu'aucun critère ordinaire de compétence territoriale n'est réalisé en France* »[3]. Il convient donc aujourd'hui, dans l'exposé des règles de compétence internationale des tribunaux français, de placer les règles inspirées de la compétence territoriale interne avant celles fondées sur la nationalité française d'une partie.

341. – Questions à étudier. La détermination des *règles de compétence* proprement dites doit être envisagée en premier lieu (*Section I*). Mais elle n'épuise pas la question de la compétence internationale. Le *régime* juridique de la compétence devant les tribunaux internes est également

1. Civ. 11 oct. 1967, *Stanton*, RC 68.105 n. crit. Jean Foyer.
2. Civ. I, 1er avril 1981, JDI 81.813 n. Alexandre, D. 82.I.R.69 obs. Audit : sur l'action en divorce intentée par une Française contre son mari de nationalité espagnole, la Cour de cassation déclare que « justifie la compétence normale des tribunaux français en vertu de l'art. 5 du décr. 5 déc. 1975 [auj. art. 1070 CPC.] (...) la cour d'appel qui constate que la demanderesse résidait à Paris avec celle de ses filles qui était encore mineure... ».
3. Civ. I, 19 nov. 1985, *Orliac*, D. 86. J. 362 n. Prévault et I. R. 268 obs. Audit, JDI 86.719 n. A. Huet, RC 86.712 n. Lequette, GA n° 71.

susceptible de transposition pour tenir compte du caractère international d'un litige (*Section II*). Enfin, la manifestation de souveraineté que constitue l'exercice du pouvoir de juridiction en matière internationale peut se heurter à une limite tirée de l'*immunité souveraine* des États étrangers lorsqu'une procédure est dirigée contre eux (*Section III*).

SECTION I

RÈGLES DE COMPÉTENCE

342. – Différentes catégories. Les règles « ordinaires » de compétence, devenues les règles de principe, doivent être décrites en premier lieu (§ 1). Les règles fondées sur la nationalité française d'une partie (art. 14 et 15 C. civ.), devenues règles subsidiaires, seront étudiées ensuite (§ 2). À l'égard des unes et des autres, les règles de procédure interne prévoyant le groupement d'actions ou demandes connexes sont susceptibles d'induire une compétence internationale des tribunaux français, dite alors compétence « dérivée » (§ 3).

§ 1. – RÈGLES ORDINAIRES

Les règles ordinaires de compétence résultent de la transposition des règles de compétence territoriale internes (A) ; il existe également, de source jurisprudentielle, quelques règles de compétence purement internationales (B).

A. TRANSPOSITION D'UNE COMPÉTENCE TERRITORIALE INTERNE

343. – Principe. Dans un arrêt *Pelassa*, la Cour de cassation a formellement énoncé le « *principe qui étend à l'ordre international les règles internes de compétence* »[1]. Chaque règle de compétence territoriale interne a donc vocation à être érigée en règle de compétence internationale, ou à engendrer une telle règle, sous réserve des adaptations éventuellement rendues nécessaires par le fait que ces règles sont appelées à jouer dans un contexte international. Cela se vérifie en passant en revue les principales d'entre elles[2].

1. Civ. I, 9 oct. 1959, D. 60.37 n. G. Holleaux, RC 60. 215 n. Y. L., JDI 60.486 obs. Sialelli ; la formule a été reprise dans l'arrêt *Scheffel* (n° 337). Pour une affirmation du principe postérieure au nouveau Code de procédure civile, v. Civ. I, 6 nov. 1979, *Nassibian* (n° 351) ; 13 janv. 1981, RC 81.331 n. Gaudemet-Tallon, JDI 1981.360 n. A. Huet. Plus récemment, tout en se référant implicitement aux mêmes sources, la Cour de cassation vise les « principes relatifs à la compétence internationale » : Civ. I, 7 mars 2000, 7 mars 2000, RC 00.458 n. Ancel (succession immobilière).
2. L'adoption du nouveau Code de procédure civile n'a marqué aucune césure: v. A. Huet, « Le nouveau Code de procédure civile du 5 décembre 1975 et la compétence internationale des tribunaux français », JDI 1976.342 ; H. Gaudemet-Tallon, « La compétence internationale à l'épreuve du nouveau Code de procédure civile: aménagement ou bouleversement ? », RC 1977.1.

344. – Le for du défendeur. La règle de principe donnant compétence au tribunal du lieu où demeure le défendeur (art. 42 al. 1er CPC) est transposée sans discussion en matière internationale. L'on estime que son caractère équitable est renforcé par les difficultés supplémentaires que susciterait pour un défendeur le fait de devoir plaider à l'étranger[1]. Les tribunaux français sont donc en principe compétents du fait que le défendeur « demeure » en France.

En ce qui concerne les *personnes physiques*, l'art. 43, reprenant la règle précédente (art. 59 anc. C. pr. civ.) se réfère au premier chef au domicile du défendeur. S'agissant de se prononcer sur la compétence des tribunaux français, c'est en principe la conception française du domicile qui est prise en considération[2]. La jurisprudence a effectivement appliqué à la détermination du domicile les dispositions des art. 102 et s. C. civ. Cela ne doit pas faire perdre de vue que le domicile interne est une institution de police civile, dont la détermination répond à d'autres fonctions que celle du domicile international (n° 144) ; mais il est vrai que l'on s'attachera dans un cas comme dans l'autre à l'effectivité de l'établissement et à l'*animus manendi*. À défaut de domicile, l'art. 43 du nouveau Code vise la résidence. En matière internationale, on considère que l'existence d'une résidence en France ne permet d'y assigner le défendeur que si celui-ci n'a pas de domicile à l'étranger[3].

Pour les *personnes morales*, l'art. 43, reprenant l'ancienne formule, vise le lieu où elles sont établies. Un établissement s'entend non seulement du siège social mais d'un établissement secondaire; c'est-à-dire que la jurisprudence dite des « gares principales » peut être transposée en matière internationale[4]. Il est particulièrement nécessaire dans ce contexte de souligner que son application suppose un lien entre la créance alléguée et l'activité de l'établissement[5].

L'art. 42 al. 3, selon lequel « si le défendeur n'a ni domicile ni résidence connus, le demandeur peut saisir la juridiction du lieu où il demeure ou celle de son choix s'il demeure à l'étranger », n'est pas d'une parfaite clarté. Il paraît impossible de lire ce texte comme conférant une compétence internationale aux tribunaux français en cas d'absence de domicile ou résidence connus du défendeur en France ou à l'étranger, sans exigence de lien avec la France. Son objet serait donc de déterminer le tribunal français spécialement compétent lorsque les tribunaux français ont une compétence générale autrement fondée (notamment sur l'art. 14 C. civ. ; v. n° 364) ; il ne s'appliquerait donc que lorsque le défendeur n'a ni domicile ni résidence connue en France.

La règle de principe s'applique à toute action de nature personnelle, pourvu qu'elle ne fasse pas l'objet d'un texte particulier.

345. – Options de compétence. L'art. 46 CPC permet au demandeur de saisir en certaines matières d'autres juridictions que celles du domicile du défendeur. Ses différentes dispositions sont applicables dans l'ordre international. On note qu'elles génèrent à cette occasion des règles de compé-

1. V. cependant, sur les intérêts légitimes du demandeur, Droz, *op. cit supra*, n° 329.
2. V. aussi, en matière successorale (dernier domicile du défunt), Civ. I, 17 nov. 1981, JDI 82.926 n. Wiederkehr ; Paris, 10 sept. 1997, D. 97. I.R. 215.
3. En ce sens, Paris, 18 fév. 1994, D.94. Somm. 351.
4. Cette jurisprudence y est cependant moins nécessaire du fait de l'existence de l'art. 14 C. civ. ; mais le demandeur français peut n'avoir pas intérêt à se prévaloir de ce texte dans la perspective de l'exécution de la décision à l'étranger.
5. Com. 18 juin 1958, RC 58.754 n. Mezger ; Civ. I, 10 oct. 1978, D. 79.I.R.339.

tence internationale propres, car il n'est pas nécessaire pour qu'elles jouent que le défendeur réside en France.

En matière *contractuelle*[1], la jurisprudence transposait depuis longtemps l'art. 420 anc. C. pr. civ., relatif aux contrats commerciaux (n° 337). Il est fait de même de l'art. 46 CPC, qui offre au demandeur la possibilité de saisir le tribunal du lieu de la livraison effective de la chose ou de la prestation de service[2]. Des règles de compétence territoriale particulières édictées pour certains contrats sont également transposées en matière internationale : ainsi en matière d'assurances terrestres (L. de 1930, art. 3 ; aujourd'hui art. R. 114.1 C. ass.)[3] ou de transport maritime de marchandises ou de passagers (Décr. du 31 déc. 1966, art. 54 et 73)[4] (sur le contrat de travail, v. n° 349). L'art. L. 311-37 C. cons., donnant compétence au tribunal d'instance en matière de crédit à la consommation, a été appliqué en matière internationale au titre, étonnant à première vue, de loi de police[5].

En matière *délictuelle*, le demandeur pourra saisir, outre le tribunal désigné par l'art. 42, la juridiction du lieu de l'événement causal ou de celui du dommage. En ce qui concerne ce dernier, la rédaction originaire de la disposition (décr. 5 déc. 1975), visant le lieu où le dommage « est » subi, donnait lieu à une équivoque, laquelle se faisait sentir aussi bien en matière internationale qu'interne : certaines victimes d'accidents corporels subis loin de leur domicile entendaient saisir le tribunal de ce domicile au motif qu'elles continuaient d'y subir le préjudice. Cette interprétation, qui aboutissait à conférer systématiquement compétence au for du demandeur, a été condamnée par une nouvelle rédaction du texte, visant le lieu où le dommage « a été subi »[6].

La disposition s'applique avec difficulté dans le cas d'atteintes à la vie privée commises par voie de presse éditée à l'étranger (sur les autres qualifications possibles de cette question, v. n° 635 s.) et plus encore par internet[7]. Les tribunaux acceptent de statuer du fait qu'un dommage a ou aurait été subi en France[8] ; mais

1. A. Huet, « La compétence judiciaire internationale en matière contractuelle », TCFDIP 1981-82, p. 17.
2. La détermination du lieu d'exécution d'une obligation peut soulever des difficultés. Elles se manifestent le plus souvent aujourd'hui dans l'application de la disposition correspondante du droit communautaire (art. 5, 1°) et seront évoquées dans ce contexte (n° 526 s.).
3. Civ. 21 fév. 1967, RC 67.748 n. Bigot et de Grandcourt ; 7 déc. 1971, JDI 72.840 n. Bigot.
4. Aix, 15 juin 1972, D. 72.757 n. Rodière, RC 73.350 n. Gaudemet-Tallon.
5. Civ. I, 23 mai 2006, RC 07.85 n. Cocteau-Senn, JDI 07.537 n. Sinay-Cytermann, D. 06. 2798 n. M. Audit, D. 07 pan. 2567 obs. Bollée.
6. Décr. du 12 mai 1981; v. Civ. I, 16 avril 1985, D. 85.I.R.496.
7. En droit interne, la compétence juridictionnelle est reconnue au lieu de consultation : Com. 7 mars 2000 (en matière télématique) et Paris, 1er mars 2000, déclarant que « le fait dommageable se produit en tous lieux où les informations litigieuses ont été mises à la disposition des utilisateurs éventuels du site », D. 2000.A.J.251. *Adde* jurisprudence citée n° 534.
8. TGI Paris, 18 avril 1969, RC 71.281 n. Bourel. Sur ce que le juge français est compétent pour connaître d'un acte de contrefaçon commis par internet dès lors que les écrans, accessibles en France, sont en langue française, TGI Paris, 11 fév. 2003, JDI 04.491, 1re esp. n. Bergé.

l'on se demande s'ils doivent connaître du seul dommage local ou de l'ensemble de celui-ci[1]. Selon une opinion, dont on trouve l'écho dans la motivation de certaines décisions, le tribunal peut connaître de la totalité du dommage s'il est également celui du lieu du fait générateur, non dans le cas contraire[2]. Eu égard au caractère symbolique que revêt le prononcé d'une décision en la matière, il n'est pas mauvais de laisser le demandeur saisir la justice dans chaque pays où il estime avoir subi une atteinte significative ; et donc que le for saisi ne se prononce que sur le dommage local (le seul, au demeurant, qu'il soit à même d'apprécier véritablement).

En matière *alimentaire* et – depuis le nouveau Code de procédure civile – de *contribution aux charges du mariage*, l'extension de la règle interne permettant de saisir la juridiction du lieu où demeure le créancier est admise, bien que le fait de donner compétence au *forum actoris* soit plus lourd de conséquences pour le défendeur, obligé de se déplacer, en matière internationale qu'interne. Mais l'état de besoin du demandeur, qui justifie la règle, la rend aussi encore plus nécessaire pour le créancier lorsque le débiteur d'aliments se trouve à l'étranger. Ce chef de compétence est retenu par les conventions de La Haye sur le sujet ainsi que par les textes européens (n° 531).

346. – Actions réelles et mixtes. En matière réelle immobilière, l'art. 44 CPC donne compétence exclusive à la juridiction du lieu où est situé l'immeuble. Cette règle interne a toujours été appliquée en matière internationale lorsque l'immeuble est situé en France[3]. Aux raisons qui la justifient dans l'ordre interne (proximité du tribunal, facilitant les mesures d'instruction) s'en ajoutent d'autres propres au contexte international : le lien des questions immobilières avec la souveraineté de l'État sur le territoire, la compétence au fond de la loi locale et le fait que la décision s'exécutera nécessairement dans l'État où est situé l'immeuble.

Des actions réelles immobilières, on peut rapprocher les actions *mixtes*, visées à l'art. 46 CPC. Ce texte institue une option entre le for du domicile du défendeur et celui du lieu de l'immeuble. Cette solution peut s'étendre à l'ordre international, de sorte que les tribunaux français sont compétents soit si l'immeuble est situé en France, soit si le défendeur y est domicilié.

Les relations personnelles liées à un immeuble n'obéissent en principe pas à la règle ; cependant, en matière de bail, la compétence du tribunal du lieu de l'immeuble résulte sans doute des textes européens (n° 558) où, à défaut, de l'art. R. 221-38 C. org. jud. (v. également l'art. 880 CPC).

1. Pour la totalité du dommage : TGI Paris 23 juin 1976, RC 78.132 n. Gaudemet-Tallon (opérant une application distributive des lois de fond) ; pour le seul dommage local : Paris, 19 mars 1984, D. 85.I.R.179 ; TGI Paris, 29 sept. 1982 et 27 avril 1983, RC 83.670 n. Gaudement-Tallon; 30 juin 1984, RC 85.141, 2e esp., n. Gaudemet-Tallon. Sur la même question selon le règlement communautaire, *infra* n° 533.
2. Orléans 6 mai 2003, RC 04.139 n. Gaudemet-Tallon (sur cet arrêt, v. également n° 534).
3. Civ. I, 23 janvier 2007, préc. n° 328 ; Montpellier, 18 déc. 1984, RC 85.559 n. Batiffol (cassé en vertu d'une qualification différente du bien, par Cass. Ass. plén. 15 avril 1988, RC 89.100 n. Droz). Réciproquement, les tribunaux français se considèrent radicalement incompétents pour les actions réelles portant sur des immeubles situés à l'étranger (n° 361).

En matière réelle mobilière, des règles analogues ne se justifient pas étant donné les possibilités de déplacement du meuble[1].

347. – Successions. Dans un but de centralisation des actions, l'art. 45 CPC (art. 59, al. 8 de l'ancien code) donne compétence pour la plupart des actions successorales au tribunal du lieu d'ouverture de la succession, lui-même déterminé par le domicile du défunt (art. 110 C. civ.). Cette disposition est appliquée en matière internationale[2]. Mais elle subit, en matière immobilière, une déformation caractéristique : lorsque la succession s'est ouverte en France et qu'elle comprend des immeubles situés à l'étranger, les tribunaux français ne se reconnaissent pas le droit d'ordonner la licitation et le partage de l'immeuble. Originairement fondée sur le « principe de territorialité »[3], la solution était justifiée par l'inapplication de la loi française[4]. Du même coup, un renvoi éventuel de la loi étrangère à la loi française, depuis accueilli par la jurisprudence (n° 888), se traduira par une prorogation *ad hoc* de la compétence juridictionnelle française, sous réserve des opérations qui ne peuvent s'effectuer qu'au lieu de situation de l'immeuble[5].

Réciproquement, lorsque la succession s'est ouverte à l'étranger, les actions successorales relatives aux immeubles situés en France sont réservées à la compétence des tribunaux français. Il y a là un exemple caractéristique de corrélation entre la loi applicable et la juridiction compétente, habituelle en matière immobilière (n° 328)[6].

348. – Divorce et séparation de corps. Avant la réforme de 1975, il n'existait pas de règle de compétence spécifique en matière de divorce. Les tribunaux français étaient venus à se déclarer compétents lorsque le défendeur était domicilié en France[7]. L'art. 5 du décret du 5 déc. 1975 introduisit en la matière des règles de compétence propres, devenues l'art. 1070 CPC (v. également les articles 1139 pour la séparation de corps et 1141 pour la conversion de la séparation de corps en divorce). Ces

1. Comp. loi belge DIP, art. 85 et v. les chefs de compétence spécifiques de protection des biens culturels dans les textes cités, *infra* n° 772 (spéc. C. patr. art. L 112-6).
2. Civ. 5 mai 1959, D. 60.377, 1re esp., n. G. Holleaux, RC 59.501 n. H.B., JDI 59.1158 obs. Sialelli ; Paris, 10 sept. 1997, D. 97.I.R. 215. Pour la solution d'un problème de qualification de l'action exercée, Civ. I, 12 déc. 2000, RC 01.130 n. Ancel.
3. Civ. 5 juill. 1933, *Nagalingampoullé*, D.P. 34.1.133 n. Silz, S. 34.1.337 n. Niboyet.
4. Civ. I, 24 nov. 1953, *Besson*, RC 55.698 n. Mezger
5. Civ. I, 20 janv. 2007, *Wildenstein*, préc. n° 224. V. également, faisant céder le principe d'incompétence devant la force de chose jugée après qu'un immeuble situé à l'étranger a été inclus par erreur dans une attribution ordonnée par un tribunal français, Civ . I, 28 nov. 2007, RC 08.125 n. Ancel ; 23 juin 2010, n° 09-11901.
6. Sur ce que la qualification de l'action relève de la loi française : Civ. I, 3 déc. 1996, RC 97.318 n. Ancel, JDI 97.1020 n. Revillard (caractère mobilier d'une action en rapport puisque donnant lieu à une dette de valeur) ; 23 janv. 2007, préc. n° 328 (règlement d'une indemnité d'occupation d'un immeuble indivis).
7. Civ. 21 juin 1948, *Patiño* préc. n° 337. La règle souffrait d'une iniquité dans sa mise en œuvre, du fait que, par application des dispositions internes françaises, l'on faisait jouer le domicile de dépendance de la femme mariée; compétence était ainsi donnée au tribunal du domicile du mari quel que fût le demandeur.

règles, fondées sur l'idée de proximité notamment à l'égard des enfants mineurs, ont été aussitôt appliquées en matière internationale[1]. La Cour de cassation a même estimé que la hiérarchie des compétences conservait son caractère impératif en matière internationale, jugeant que l'époux demandeur et avec lequel habitent les enfants mineurs à l'étranger ne peut saisir le tribunal français du domicile de l'époux défendeur[2].

L'art. 1070 CPC vise constamment la *résidence* pour fonder la compétence juridictionnelle en matière de divorce. L'art. 309 C. civ., relatif aux conflits de lois, déclare la loi française applicable aux époux ayant tous deux leur *domicile* en France. On pourrait donc penser que lorsqu'une juridiction se déclare compétente en vertu du premier de ces textes, elle ne doit pas appliquer *ipso facto* la loi française en vertu du second. Mais les tribunaux ne tiennent aucun compte de cette distinction dans l'application de l'art. 309, de sorte que la loi française s'applique pratiquement sur le fondement de la résidence habituelle en France (v. n° 681 *in fine*)[3].

349. – Contrat de travail. La jurisprudence a transposé en matière internationale les règles internes de compétence territoriale, conçues dans l'intérêt du salarié, soit successivement l'art. 79 du Livre IV C. trav., l'art. 80 du décr. 22 déc. 1958, l'art. R. 517-1 C. trav. modifié par le décr. 12 sept. 1974, devenu art. R. 1412-1. Est donc notamment compétent le conseil de prud'hommes dans le ressort duquel est situé l'établissement où le salarié exerce son activité, et à défaut d'exercice en établissement celui du domicile du salarié ; mais celui-ci peut toujours saisir le conseil des prud'hommes du lieu de l'engagement ou celui de l'établissement de l'employeur[4]. En cas de détachement par un employeur de la Communauté, et par transposition de la directive du 16 déc. 1996, le salarié peut

1. Civ. I, 13 janv. 1981 (note suivante) ; 1er avril 1981, JDI 81.813 n. Alexandre, D. 82.I.R.69 obs. Audit ; 2 fév. 1982, D.83.I.R.149 ; Douai, 26 janv. 1978, D. 79.I.R.340 ; Paris, 21 nov. 1978, D. 79.I.R.165 et 341 ; Nîmes, 24 avril 1980, JDI 81.596 obs. A. Huet, Poitiers, 24 juill. 1980, JDI 81.567 n. C. Labrusse. L'art. 1070 CPC est en revanche inapplicable à une action en annulation de mariage, laquelle relève de la règle de droit commun : Paris, 12 mars 1996, D. 1998. Somm. 282 (refusant de faire jouer à ce texte le rôle de règle de compétence indirecte).
2. Civ. I, 13 janv. 1981, RC 81.331 n. crit. Gaudemet-Tallon, JDI 1981.360 n. approbative A. Huet ; la solution présente l'intérêt de faire coïncider le for du divorce et celui qui est compétent pour statuer sur la garde des enfants (n° 627), mais elle expose le demandeur à devoir solliciter au domicile du défendeur l'exequatur d'une décision obtenue à l'étranger.
3. Il est vrai que selon le droit commun les tribunaux français ne sont normalement compétents en vertu de la résidence en France qu'en l'absence de domicile à l'étranger (n° 344). Mais il semble qu'il n'y ait pas de corrélation entre la rédaction des art. 42 et 43 et celle de l'art. 1070 CPC, ce dernier étant inspiré par des considérations propres à la matière et qui visent l'établissement effectif du moment; de sorte que les tribunaux compétents pour statuer en matière de divorce sur le fondement de la résidence en France pourraient rechercher si le domicile des époux n'est pas à l'étranger.
4. Soc. 20 juin 1979, JDI 79.852 n. A. Lyon-Caen ; 2 juin 1983 et 20 oct. 1983, 1re et 2e esp., JDI 84.337 n. P. Rodière ; 6 fév. 1986, D. 86.I.R.266 obs. Audit ; 26 janv. 1989, RC 89.754 n. Gaudemet-Tallon ; 29 avril 2003, RC 04. Somm. 865 (travail à bord d'un navire).

également assigner son employeur au lieu du détachement (art. 517-1-1, devenu R. 1412-5 C. trav .)[1]. La multiplicité des chefs de compétence, si on les applique internationalement, peut amener les tribunaux français à connaître d'affaires qui ne présentent pas avec la France un lien véritablement significatif (ainsi la compétence fondée sur le seul lieu de conclusion du contrat). Certains tribunaux ont effectivement marqué de la réticence à se saisir lorsque le contrat apparaît soumis à une loi étrangère ; mais la Cour de cassation maintient dans ce domaine que la compétence internationale est régie par les règles internes de compétence territoriale quelles que soient la loi applicable au fond ou la nationalité des parties[2].

Les règles particulières de compétence territoriale ont en droit interne un caractère impératif ; aussi la question la plus débattue, en matière internationale, est-elle de savoir dans quelle mesure il est permis d'y déroger par une clause attributive de juridiction (n° 396).

Voy. : « Les conflits de juridictions en matière de droit du travail », JCP 1986, éd. E, Suppl. n° 4, p. 33 ; J. Déprez, « Relation internationale de travail et compétence juridictionnelle », Rev. jurispr. soc. 1989.539 ; Jault, « L'action du salarié dans les rapports internationaux de travail », PA 15 oct. 2003 ; G. et A. Lyon-Caen, *Droit social international et européen*, 8e éd, 1993 ; P. Rodière, *Droit social de l'Union Européenne*, 2008, n° 517 s.

350. – Insolvabilité professionnelle et surendettement des particuliers. En droit interne, à travers les régimes successifs des procédures collectives et sous des formulations diverses, a toujours été déclaré compétent le tribunal dans le ressort duquel le débiteur a son principal établissement. La règle a été transposée en matière internationale[3]. En outre, dans le cas d'un débiteur ayant inversement son principal établissement à l'étranger mais des activités en France, la jurisprudence avait admis sous l'empire du Code de commerce (art. 438) qu'il soit déclaré en faillite en France au lieu de son établissement secondaire, de sa succursale ou même de certains éléments de patrimoine, et cela même s'il était déjà soumis à une procédure collective à l'étranger, en particulier au lieu de son principal établissement[4].

Cette pratique a été consacrée lorsque la compétence territoriale interne en matière de faillite a été fixée dans des textes. Le décret de 1967 formula expressément une règle de compétence territoriale visant l'établissement en France d'une personne morale ayant son siège à l'étranger ; celui du 27 décembre 1985 l'a reprise en la simplifiant (art. 1er, auj. art. R. 600-1 C. com.). Dans sa version modifiée (en 1994), la règle donne

1. Comm. Pataut, RC 2000.520. Cette règle s'applique concurremment avec celles que formule le règlement CE 44/2001, succédant à la Convention de Bruxelles, en matière de contrat de travail (*infra* n° 554).
2. V. Civ. soc, 3 déc. 1987, RC 89.521, autorisant également à invoquer l'art. 42 CPC.
3. Civ. 4 fév. 1885, GP 85.1.396 ; Req. 11 avril 1927, GP 27.2.459, JDI 28.367 ; 8 avril 1932, GP 32.2.145. Suivant le principe d'universalité de la faillite (n° 791), les effets de la mesure prise ont vocation à s'étendre aux biens situés hors de France. V. Trochu, *Conflits de lois et conflits de juridictions en matière de faillite*, 1967.
4. Req. 5 juill. 1897, D.P. 97.1.524 rapp. Fochier.

compétence pour connaître du redressement ou de la liquidation au tribunal dans le ressort duquel le débiteur a le siège de son entreprise ou « à défaut de siège en territoire français, le centre principal de ses intérêts en France »[1]. Cette disposition permet donc d'ouvrir en France une procédure collective à l'encontre de sociétés de siège étranger mais ayant un établissement en France, nonobstant l'absence de personnalité juridique distincte[2]. Il en est à plus forte raison ainsi dans le cas où le siège étranger est considéré comme fictif et le siège véritable en France[3]. Les mêmes règles sont applicables en matière de conciliation et autres procédés amiables de prévention, mais il convient sans doute de les restreindre en matière internationale au cas où le siège de l'entreprise est en France. La procédure de traitement du surendettement des particuliers est de même applicable dès lors que le débiteur est domicilié en France, par application de l'art. 332-2 C. cons., indépendamment du caractère international de la dette[4].

L'existence de ces règles ne s'oppose pas en soi à ce que, comme par le passé, soit ouverte une procédure purement territoriale lorsqu'un débiteur possède des biens en France ou y conclut des marchés, sans y maintenir un établissement[5]. Mais si cette pratique peut se justifier en cas de liquidation judiciaire immédiate, elle est en revanche peu compatible avec l'examen d'ensemble de la situation de l'entreprise au cours d'une période d'observation en vue d'un redressement de l'entreprise. On peut aussi se

1. V. sous l'empire de la version de 1985, visant le « principal établissement », Com. 19 janv. 1988, *BCT Computer,* D. 88.565 n. Rémery, RC 90.527. Il faut et il suffit que l'établissement secondaire ou la succursale aient existé au moment où ont été effectuées les opérations ayant entraîné la liquidation. Le décr. modificatif du 29 mai 1989, précisant qu' « en cas de changement de siège de la personne morale dans les six mois ayant précédé la saisine du tribunal, le tribunal dans le ressort duquel se trouvait le siège initial demeure seul compétent » serait de même applicable : il maintiendrait la compétence internationale du juge français pendant la période considérée.
2. Civ. com. 11 avril 1995, *BCCI*, D. 95.640 n. Vasseur, RC 95.742 n. Oppetit ; Civ. I, 21 mars 2006, *Khalifa Airways*, D. 06. 914 obs. Lienhard, et 1466 n. Henry, Bull. Joly 06.185 n. Bureau, Rev. soc. 06.633 n.Bollée, GP 06. doctr. 2230 obs. Mélin, RC 07.105 n. Khairallah. Les arrêts précisent que la portée de la règle de compétence française est indépendante de l'exécution à l'étranger de la décision rendue en France.
3. La règle du siège réel est même considérée comme d'ordre public en ce sens que, s'agissant de se prononcer sur la compétence indirecte d'un juge étranger, les dispositions interdisant aux associés de se prévaloir du siège réel (art. 3 al. 2 L. 1966 et 1387 C. civ.), ici pour déposer le bilan, ont été jugées inapplicables : Civ. 21 juill. 1987, D.88.169 n. Rémery et Somm.142 obs. Honorat, accordant l'exequatur à un jugement étranger ayant prononcé la faillite au siège réel nonobstant l'existence en France du siège statutaire opposé par un créancier. Inversement, sur le fondement du règlement CE n° 1346-2000, v. Riom 10 septembre 2008, JCP, éd. E, 3 sept. 2009, n° 1815, obs. Legros (liquidation judiciaire ouverte en France à l'encontre d'une société immatriculée au Luxembourg mais ne commerçant qu'en France).
4. Civ. I, 10 juill. 2001, D. 01. AJ. 2412 obs. Rondey, RC 02.507 et chr. Jobard-Bachellier, p. 491 ; 2 oct. 2002, RC 03.113 note Jude (déclarant que ces procédures « sont du même ordre que ceux d'une procédure collective en cas d'insolvabilité et s'imposent indifféremment aux créanciers nationaux et étrangers »).
5. Com. 26 oct. 1999, n° 96-12946.

demander si dans ce cas il ne convient pas d'exiger un lien entre la créance du demandeur et les activités du débiteur en France.

Le système français applique ainsi tour à tour, et à son avantage, les principes de l'universalité et de la territorialité de la faillite (n° 791). Pour tempérer les inconvénients d'un cumul dans un cas donné, on doit admettre la possibilité de paralyser l'ouverture d'une procédure en France en demandant préalablement l'exequatur de la décision étrangère[1].

351. – Voies d'exécution ; saisies et sûretés judiciaires. Le principe de transposition des règles de compétence territoriale internes, que la réforme de 1991-92 a précisées, est affirmé en matière de voies d'exécution[2]. Il faut cependant composer en la matière avec celui de souveraineté des États et le monopole qui en découle dans l'exercice de la contrainte matérielle, sur laquelle peut déboucher l'exercice des voies d'exécution : le pouvoir de coercition ne peut être exercé ou interrompu, sur un territoire donné, que sur l'ordre d'une autorité locale. Ces facteurs s'opposent à première vue à l'exercice d'une compétence extra-territoriale, de sorte que les règles appellent au moins une adaptation. Certains considèrent ainsi que les règles de compétence internes devraient voir leur application subordonnée à la localisation des biens, objet de la mesure, sur le territoire du for[3]. L'art. 9 du décret du 31 juill. 1992 est susceptible d'être lu en ce sens puisque, après avoir désigné comme territorialement compétents, sauf disposition particulière, le juge de l'exécution du lieu où demeure le débiteur ou celui du lieu d'exécution de la mesure, le texte ajoute que « si le débiteur demeure à l'étranger le juge compétent est celui du lieu d'exécution ». Toutefois l'on peut aussi penser que, si la loi applicable au déroulement des voies d'exécution semble bien devoir être la loi locale, ne serait-ce qu'en raison de la complexité des opérations, leur mise en œuvre n'est pas absolument subordonnée à la localisation en France de leur objet, lorsqu'il s'agit de créances[4] voire de meubles corporels[5]. Il y a donc place pour un cantonnement du principe de territorialité.

1. En ce sens, Com. 19 janv. 1988, préc.; TGI Paris, 5 juill. 1982, RC 83.652 n. Lemontey.
2. Civ. II, 2 fév. 1984, *Sté Varona*, RC 85.545, 1re esp., n. Sinay-Cytermann.
3. En ce sens, Perrot et Théry, *Procédures civiles d'exécution*, 2e éd., 2005, n° 31 et s. En revanche, pour un cantonnement du principe de territorialité, justifiant une certaine extra-territorialité des mesures d'exécution, Cuniberti, « Le principe de territorialité des voies d'exécution », JDI 2008.963.
4. V. Civ. II, 30 mai 1985, RC 86.329 n. Batiffol et 30 janv. 2002, JCP E 2003.587 n. Cuniberti, jugeant qu'une banque locale, tiers saisi, est tenue de déclarer les sommes déposées par le saisi dans une de ses succursales à l'étranger ; Civ. II, 14 fév. 2008, *BNP Paribas Monaco,* JDI 08.1100 n. Bollée, RTDCiv. 08.357 obs. Perrot, D. 09. Pan. 1044 obs. Synvet, jugeant dans les mêmes circonstances que la saisie produit en principe ses effets (indisponibilité, attribution) sur les fonds détenus au motif que la banque « qui a seule la personnalité morale, [en] est dépositaire ».
5. Sur ce qu'il est possible de prononcer, sur le fondement du domicile du débiteur (ou du tiers saisi) en France, des mesures de contrainte réelle (indisponibilité juridique) ou personnelles ayant un effet substantiel sur des biens qui seraient situés à l'étranger, v. d'Avout, op. cit. nos 168 s.

Le monopole de la contrainte de l'État local exerce pleinement son effet en ce qui concerne les mesures d'exécution proprement dites (v. art. 22, 5° du règlement européen 44/2001, n° 562)[1]. Le juge français est ainsi compétent pour statuer sur les incidents éventuels d'une mesure d'exécution autorisée en France, ainsi que sa mainlevée ou son cantonnement lorsque le débiteur est à l'étranger[2]. Réciproquement, les tribunaux refusent de se prononcer sur la validité ou la mainlevée d'une saisie pratiquée à l'étranger, même entre Français[3].

En ce qui concerne les *mesures conservatoires*, de même, et nonobstant la règle spéciale de l'art. 211 du décret, qui serait donc réservée à l'ordre interne, les tribunaux français se reconnaissent compétents pour ordonner des mesures conservatoires sur un bien se trouvant en France alors que le débiteur demeure à l'étranger[4]. En revanche, si le débiteur est domicilié en France tandis que les biens sont situés à l'étranger, il paraît contestable que le juge français autorise leur saisie[5]. Cet exercice de compétence n'est pas sans exemple ; mais on peut se demander dans quelle mesure les autorisations données sont suivies d'effet (dans le contexte européen, v. n° 519) et si l'ordre juridique français accepterait la réciprocité (sauf, dans chaque cas, procédure d'exequatur ou équivalente, ce qui réduit singulièrement l'intérêt de la mesure)[6].

Une question subséquente est de savoir si le juge français compétent pour ordonner, sur le fondement du lieu d'exécution en France, une mesure provisoire ou conservatoire, l'est également pour statuer sur le fond du litige lorsque le débiteur est domicilié à l'étranger et qu'aucun chef de compétence ne désigne un tribunal français. La situation se présente lorsque le créancier est dépourvu de titre exécutoire ou si l'existence même de la créance est discutée en matière d'inscription provisoire d'hypothèque, pour laquelle il est toujours nécessaire de se prononcer sur le fond afin de valider l'inscription. On a longtemps vu là matière à question préjudicielle, laquelle devait être décidée par la juridiction étrangère compétente[7]. La Cour de cassation revint sur cette attitude en 1979, déclarant, d'une part, que les tribunaux français « sont seuls compétents pour

1. Versailles, 13 mai 1986, D. 87. I.R. 348.
2. V., à l'époque pourtant du principe d'incompétence des tribunaux français entre étrangers, Civ. 23 mars 1868, *Potocki*, S. 68.1.328, D.P. 68.1.369.
3. Civ. I 2 mai 1931, *Cie française de navigation Cyprien Fabre*, S. 32.1.137 rapp. Casteil, n. Niboyet, D.P. 33.1.60 n. Silz, JDI 32.387 n. Perroud ; 4 mai 1976, RC 77.352, 1re esp., n. D. Mayer ; Civ. II, 29 fév. 1984, RC 85.545 n. Sinay-Cytermann ; TGI Seine, 12 déc. 1961, JDI 62.142 ; TGI Lyon, 4 mai 1993, D. 94.55 n. Rémery. Comp. Civ. I, 14 avril 2010, cité *infra* n° 361.
4. Civ. com. 5 janv. 1999, RC 99.137 concl. Rémery (navire) ; *contra* : TGI Nîmes, 9 juin 1998, D. 99.301 n. Cuniberti. Il n'en est pas de même d'une injonction d'agir ou de s'abstenir relativement à des biens situés à l'étranger : Civ. I, 19 nov. 2002, *Banque Worms*, n° 792 (dans le cadre d'une procédure collective en France).
5. V. toutefois Rouen, 24 mars 2009, JDI 10, comm. 15 par G. Cuniberti.
6. V., refusant de statuer sur la restitution de meubles ayant fait l'objet d'une saisie conservatoire à l'étranger, Paris 18 déc. 1996, RC 97.527 n. Santa-Croce.
7. Cette opinion se fondait à l'origine sur des arrêts pourtant non décisifs, parce que rendus dans des litiges entre étrangers à l'époque du principe de l'incompétence des

statuer sur l'instance en validité d'une saisie-arrêt et peuvent éventuellement à cette occasion statuer sur l'existence de la créance invoquée par le saisissant » ; et d'autre part, dans la même affaire, le tribunal français ayant autorisé une inscription provisoire d'hypothèque sur un immeuble situé en France, que les tribunaux français « sont nécessairement compétents pour statuer sur l'instance au fond »[1].

Cette décision avait pour effet indirect d'introduire en droit français un chef de compétence qu'il ne connaissait pas, le *forum arresti* ou for du séquestre, prévu par maints droits étrangers[2]. La seule présence en France d'un bien ou d'un débiteur du défendeur pouvait amener un tribunal français à se prononcer sur les droits litigieux. Mais la Cour de cassation est revenue sur cette jurisprudence, déclarant que le lieu d'une saisie ne peut fonder la compétence internationale des tribunaux français pour connaître du fond de la créance que si leur compétence est fondée sur une autre règle[3]. Ce renversement est peut-être inspiré par le souci d'éviter de voir se régler en France des litiges qui ne lui sont pas effectivement rattachés[4]. Il apparaît néanmoins contestable et pourrait être cantonné à la saisie (par opposition à l'inscription d'hypothèque). La jurisprudence *Nassibian* avait en effet le mérite d'éviter dans un certain nombre d'hypothèses le recours par des demandeurs de nationalité française à l'art. 14 C. civ. pour parvenir à la même fin. La forme facultative expressément utilisée à propos de la saisie laissait simultanément au juge le soin d'apprécier s'il était suffisamment proche du litige pour se prononcer sur le fond compte tenu de toutes les circonstances (et devrait être conservé en cas de sûreté judiciaire malgré le caractère différent de la formule employée par l'arrêt *Nassibian*)[5]. Privé de ce chef de compétence, le créancier se trouve contraint d'agir à l'étranger avant de demander en France l'exequatur de la décision obtenue. Tenu en principe selon les dispositions internes (art. 70 de la L. 9 juill. 1971 et 215 du décret) d'agir au fond dans le délai, considéré comme préfix, d'un mois suivant l'exécution de la mesure et ne

tribunaux français: Civ. 23 mars 1868, *Potocki*, préc. ; Paris, 25 oct. 1928, JDI 29.539, pourvoi rejeté par Req. 30 déc. 1929, JDI 31.94.

1. Civ. I, 6 nov. 1979, *Nassibian*, JDI 80.95 rapp. Ponsard, RC 80.88 n. Couchez, GA n° 59 ; puis, 18 nov. 1986, JCP 87.II.20209 n. Nicod, RC 87.773 n. Muir-Watt, JDI 87.632, 2e esp., n. Kahn ; Paris, 22 sept. 1982, D. 1983.I.R.148 obs. Audit ; TGI Paris, 11 juill. 1990, JDI 91.722 n. Revillard.
2. D'autres admettent le *forum patrimonii*, selon lequel, à la différence du précédent, la compétence n'est pas limitée à la valeur des biens saisis (et considéré, pour cette raison, comme exorbitant).
3. Civ. I, 17 janv. 1995, *Sté COBENAM*, JCP 1996.II.2430 n. Muir-Watt, RC 96.133 n. Lequette ; 11 fév. 1997, *Sté Strojexport*, D. 97.I.R. 62, Bull. civ. I, n° 147, GA n° 60. Sur la distinction entre ce qui relève du fond et ce qui relève de la saisie, v. Civ. Com. 11 fév. 1997, Bull. civ. IV, n° 48, DMF 97.616 n. Bonassies.
4. Inversement, v. Paris, 18 déc. 1996, préc., permettant l'exercice en France de l'action au fond (sur le fondement de l'art. 14 C. civ.) alors qu'une saisie conservatoire a été pratiquée à l'étranger sur les biens mobiliers objets du litige.
5. La Cour de cassation a sans doute voulu dire que l'inscription provisoire d'hypothèque en France permettait nécessairement au tribunal de juger du fond, sans pour autant faire de cette possibilité une compétence nécessaire.

bénéficiant d'aucun délai de distance, il se trouve ainsi fortement exposé à la caducité de la mesure obtenue.

351 bis. – Injonctions conservatoires. Prononcé et liquidation d'astreintes. Inspirées par une pratique courante des juridictions de *common law*, les juridictions françaises commencent à prononcer des injonctions comminatoires avant tout procès au fond ou en parallèle d'un procès ouvert au fond[1], comme à reconnaître des injonctions prononcées à l'étranger[2]. En ce qui concerne la compétence judiciaire française pour prononcer et liquider des astreintes ou autre mesures injonctives adressées à travers les frontières à une personne privée, l'idée de territorialité de la contrainte n'élève nulle limitation. En effet, d'une part, ces mesures s'adressent à la personne et ne visent pas directement ses biens ; d'autre part, elles peuvent s'exécuter, en nature ou par équivalent, sur tout actif patrimonial localement disponible. Elles peuvent donc être entreprises en accessoire à la compétence de fond, ou bien à raison du fait que le comportement exigé doit se réaliser en France (par ex., l'interdiction d'un site internet accessible sur le territoire). Par voie d'accessoire, le juge qui a prononcé la mesure demeure compétent pour statuer sur son issue, si l'instance est toujours en cours ou s'il s'est réservé compétence pour ce faire. À défaut, le juge de l'exécution compétent *ratione materiae* est internationalement compétent pour juger de l'exécution locale de l'ordre comminatoire émis à titre provisoire. Cependant, tout ce qui apparaît *de jure* possible pour le juge français ne devrait pas pour autant être *de facto* entrepris. Les injonctions adressées à une personne privée demeurant à l'étranger peuvent être ressenties par le juge étranger mieux placé comme un empiétement de compétence et peut même susciter, au-delà d'un refus de collaboration, des mesures contraires (injonctions croisées). Gardant à l'esprit les objectifs supérieurs du droit international privé que constituent l'harmonie internationale des solutions et la courtoisie entre États, le juge français sollicité de prononcer une astreinte devrait donc tenir compte des conséquences possibles de la mesure à l'étranger afin de décider de l'opportunité de sa mise en mouvement. Exceptionnellement, l'idée de *forum non conveniens* (*infra* n° 385) devrait s'opposer à l'intervention du juge français mal placé et ainsi à la naissance d'une situation de blocage et de conflit de préjudiciable au règlement du différend privé.

Voy. : Association de droit international, « Mesures provisoires et conservatoires dans le contentieux privé international. Principes », JDI 1997.110 (et comm. Kessedjian) ; Ameli, *La saisie-arrêt en droit international privé*, thèse dactyl. Paris I, 1990 ; Couchez, « Les incidences de réforme des voies d'exécution sur le droit

1. Civ. I, 19 nov. 2002, *Banque Worms*, n° 792 (dans le cadre d'une procédure collective en France) ; en application du règlement européen, 44/2001 mais transposables au droit commun, Civ. II, 6 novembre 2008, n° 07-17445, Bull. n° 232 ; 15 janvier 2009, n° 07-20955, Bull. n° 13, Rev. Lamy droit de l'immatériel 05/2009 n° 49, comm. D. Martel (concurrence faite au PMU français par des sites internet gérés depuis Malte).
2. Civ. I, 28 janvier 2009, *Blech*, cité *infra* n° 456 ; 14 octobre 2009, *In Zone Brands*, cité *infra* n° 390 bis et 477.

international privé », TCFDIP 1995-98.123 ; Cuniberti, *Les mesures conservatoires portant sur des biens situés à l'étranger*, 2000 ; « Le principe de territorialité des voies d'exécution », préc. ; Delaporte, « Les mesures provisoires et conservatoires en droit international privé », TCFDIP, 1987-88, p. 147 ; E. Guinchard, in *Dalloz action, droit et pratique des voies d'exécution*, dir. S. Guinchard et T. Moussa, n° 1711-40 s. ; Muir Watt, « L'extra-territorialité de mesures conservatoires *in personam* (...) », RC 1999.27 ; Théry, « *Judex gladii...* », Mél. Perrot, p. 477 ; Usunier, *La régulation de la compétence juridictionnelle en droit international privé,* Economica, 2008 ; de Vareilles-Sommières, « La compétence internationale des tribunaux français en matière de mesures provisoires », RC 1995.397.

B. COMPÉTENCES PUREMENT INTERNATIONALES

352. – Fondement. Les tribunaux français se sont reconnu compétents dans certaines hypothèses alors même que ne se réalise en France aucun des rattachements prévus par les règles de compétence territoriale interne et indépendamment des art. 14 et 15 C. civ. ; on peut alors parler de compétence internationale à l'état pur. Certains cas s'expliquent par la nécessité d'assurer le bon ordre sur le territoire ; d'autres par la nature même de la question soulevée, qui fait intervenir la notion de souveraineté.

1. Compétences fondées sur la notion de bon ordre sur le territoire

353. – Idée générale. L'exercice de la compétence se rattache dans les hypothèses qui suivent à la nécessité de préserver l'ordre public, au sens le plus large de l'expression. Les tribunaux ont parfois recouru expressément à cette notion ou à celle de loi de police[1]. Mais la référence est équivoque, car elle peut donner à penser que les tribunaux français sont compétents pour le seul motif que des dispositions françaises qualifiées d'ordre public, ou de police et de sûreté, seraient applicables, alors qu'il n'en est rien[2]. Il convient donc de préciser les circonstances pouvant amener les tribunaux à se saisir en l'absence d'une règle écrite de compétence. Pratiquement, deux des trois chefs de compétence généralement identifiés – l'urgence et le risque de déni de justice – ont largement perdu de leur importance pratique depuis qu'a été abandonné le principe de l'incompétence des tribunaux français entre étrangers ; le premier – l'implication d'un service public – conserve toute sa pertinence.

1. Soc. 10 mai 2006, JCP 06.10121 n. Bollée, RC 06.856 n. Hammje et Pataut, JDI 07.531 n. Jacquet, D. 07. Pan. 1752 obs. Courbe (exercice de la compétence française et application de la loi française pour le règlement d'une relation de travail assimilée à un esclavage, à l'occasion d'un passage en France).
2. V., censurant une compétence ainsi exercée à l'encontre d'un traité, Ass. plén. 14 oct. 1977, *Bloch c. Sté Filtex*, D. 78.I.R.98 obs. Audit, J. 417 n. Lagarde, RC 78.166 n. Batiffol, JDI 78.304 n. G. Lyon-Caen ; d'une clause attributive de juridiction, Civ. I, 22 oct. 2008, *Monster Cable*, JCP 08.10187 n. d'Avout, D. 09.200 n. Jault-Seseke et chron. A. Huet, p. 684, RC 09.69 et chron. Bureau et Muir Watt, p. 1, GP 09, n° 51-52, p. 27 n. Guez, JDI 09.599 n. Jobard-Bachellier et Train, RDC 09.691 n. Treppoz ; *adde* Paris, 8 janv. 1969, GP 69.1.149.

354. – a) Actions mettant en cause le fonctionnement d'un service public. Il est admis que les actions mettant en cause le fonctionnement d'un service public sont de la compétence exclusive des tribunaux de l'État ayant institué ce service. En effet, dans la mesure où la décision à intervenir s'imposera à lui, seuls les tribunaux nationaux ont le pouvoir de lui donner des ordres. Ce principe s'applique par exemple au service de l'*état civil*. Les tribunaux français sont nécessairement compétents pour statuer sur les demandes en modification ou rectification concernant un acte d'état civil dressé en France, même lorsque celles-ci concernent des étrangers (ils sont de même compétents pour ordonner la rectification d'actes concernant des Français à l'étranger)[1].

La même idée inspire la compétence des tribunaux français dans les litiges relatifs à un *brevet d'invention* français. Délivré par un service public, cette circonstance justifie la compétence de ces tribunaux pour connaître des actions portant sur sa validité, puisqu'une décision de nullité intéresse le fonctionnement du service concerné (INPI)[2]. Elle ne la justifie toutefois pleinement que dans la mesure où l'irrégularité porte sur une condition faisant l'objet d'un examen préalable de la part de l'administration. Les tribunaux se sont cependant reconnus une compétence générale pour connaître de litiges ayant pour objet un brevet français, même lorsqu'il s'agit de sa propriété ou d'un contrat relatif à son exploitation (cession, licence) ; de tels litiges ne concernent pas le fonctionnement du service public, mais ils affectent le monopole d'exploitation en France[3]. En revanche, cette jurisprudence ne se justifie plus lorsqu'elle s'applique à des actions en contrefaçon qui, de nature délictuelle, devraient obéir aux règles ordinaires.

355. – b) Urgence. Les tribunaux d'un pays donné se reconnaîtront volontiers compétents, au titre de l'urgence, pour connaître d'un litige se déroulant sur le territoire lorsque la sécurité des personnes ou la conservation de leurs intérêts se trouvent en péril. Ce fut le cas des tribunaux français à l'époque où ils se déclaraient en principe incompétents dans les litiges entre étrangers, principalement dans des litiges d'ordre familial, entre époux ou anciens époux, pour des questions de résidence, de garde des enfants, de pension alimentaire (n° 337)[4]. L'urgence

1. Req. 20 fév. 1901, GP 01.1.380, S.02.1.281 n. Audinet, JDI 01.571 ; Paris, 18 mai 1994, RC 95.563 n. Droz (invoquant également une raison de fond, à savoir que l'ordre public est directement intéressé à la constatation d'un lien de filiation avec une personne de nationalité française). Dans le même ordre d'idées, les tribunaux français se sont parfois reconnus compétents pour statuer sur la nullité de mariages célébrés en France dans les formes françaises ; mais cette jurisprudence est contestable, le fonctionnement du service public n'étant pas en cause.
2. V. pour l'action en nullité d'un brevet et à l'encontre des règles de compétence d'un traité, Civ. 21 janv. 1936, RC 36.510 n. Niboyet, GP 36.1.445 ; TGI Paris, 4 mai 1971, RC 74.112 n. Bonet.
3. V. réciproquement, se déclarant incompétent pour statuer sur un litige ne portant que sur l'exécution d'un contrat de cession de marque étrangère, Paris, 14 nov. 1990, JDI 91.734 n. A. Huet.
4. Civ. I mai 1928, D.P. 29.I.47 (mineur italien sans représentant en France pour participer au règlement d'une succession immobilière).

pourrait être invoquée aujourd'hui encore, dans le cas où ces tribunaux ne seraient compétents ni en vertu des règles ordinaires ni selon les art. 14 et 15 C. civ. [1].

356. – c) Déni de justice. Les tribunaux sont institués pour éviter que les particuliers ne se fassent justice à eux-mêmes et assurer ainsi la paix civile. Lorsqu'un litige international ne relève d'aucune règle de compétence française, il se rattache normalement à un ou plusieurs autres ordres juridiques de manière suffisamment proche pour que les parties trouvent un juge à l'étranger. Mais cette présomption peut être démentie et les tribunaux français ont accepté dans ce cas d'exercer une compétence que l'on peut qualifier « de nécessité » afin d'empêcher un déni de justice[2]. Deux conditions se dégagent de cette jurisprudence[3]. Le demandeur doit en premier lieu établir qu'aucune juridiction étrangère ne peut être saisie[4]. Il peut s'agir d'une impossibilité de fait (guerre civile) comme d'une impossibilité de droit (absence de règle de compétence applicable dans les pays avec lesquels la situation présente un rattachement) ; mais tel n'est pas le cas lorsque le demandeur verrait sa prétention repoussée pour une raison de fond, telle que l'impossibilité du divorce[5]. Il faut en second lieu que le litige présente avec la France un rattachement suffisant pour que l'abstention des tribunaux soit susceptible de susciter un trouble. Cette condition est destinée à éviter de voir les tribunaux nationaux devenir l'objet d'un *forum shopping* international[6].

Comme le précédent, ce chef de compétence a principalement été invoqué à l'époque du principe de l'incompétence dans les litiges entre étrangers ; par exemple par des époux établis en France mais non admis à domicile et considérés dans leur pays d'origine comme y ayant perdu leur domicile. Il l'a été également depuis cette époque, mais dans des conditions assez peu convaincantes[7]. Il a donc un caractère résiduel[8]. Toutefois, l'invocation croissante du libre accès au juge et du

1. Paris, 8 oct. 1964, JDI 65.101 n. Sialelli (nomination d'un administrateur provisoire de biens appartenant à une société étrangère) ; 7 déc. 2004, JCP 05.10122 n. Favier (mesure d'assistance pour un mineur étranger isolé sans protection familiale sur place).
2. Cette hypothèse peut revêtir la forme d'un « renvoi de compétence judiciaire », illustré par l'exemple suivant: un contrat de transport de marchandises d'Espagne en France contient une clause attributive de juridiction aux tribunaux espagnols, nulle d'après le droit espagnol, lequel donne compétence au tribunal du lieu de destination ; la Cour de cassation approuve le juge français de s'être déclaré compétent « conformément à la loi espagnole » (Req. 22 janv. 1923, S. 24.1.73 n. Niboyet). C'est en réalité le souci d'éviter un déni de justice qui fonde la solution.
3. TGI Paris, 1er oct. 1976, D. 77.535 n. A. Huet, JDI 77.879 obs. Kahn.
4. Civ. I, 16 avril 1985, RC 85.694 n. Batiffol (compétence française déclinée).
5. Paris, 10 nov. 1959, *Dawn Addams*, JCP 1960.11716 n. Bellet, D. 60.587 n. Ph. M., RC 60.218 n. Francescakis, JDI 60.790 n. Ponsard.
6. V. cependant, dans le contexte particulier de la constitution d'un tribunal arbitral, se contenant d'un lien « ténu » avec la France, Civ. I, 1er fév. 2005, *NIOC c. Etat d'Israël*, D. 05.2727 n. Hotte, JCP 05.I.134 obs. Béguin, GP 27-28 mai 2005, p. 37 n. Train, RC 06.140 n. Clay, Rev. arb. 05.693 n. Muir Watt (l'arrêt assure le droit d'accès à la juridiction arbitrale par l'affirmation de la compétence du juge d'appui français selon l'art. 1493 al. 2 CPC en l'absence des rattachements qu'il prévoit, les parties ayant prévu un recours au président de « la CCI de Paris » pour procéder à la nomination du président du tribunal arbitral).
7. V. pour permettre à un étranger né à l'étranger mais vivant en France d'obtenir un jugement de déclaration de naissance, Paris, 24 fév. 1977, D. 78.168 n. Massip, RC 1978.516 n. A. Huet ; mais refusant de statuer sur le partage d'immeubles sis à l'étranger, Civ. I, 7 janv. 1982, RC 83.87 n. B. Ancel.
8. Pour une admission implicite, v. Civ. I, 13 janv. 1981, RC 81.331, JDI 81.360.

droit à un procès équitable – en particulier, selon l'art. 6.1 CEDH – est susceptible de susciter de nouvelles applications[1].

Voy. : L. Corbion, *Le déni de justice en droit international privé*, 2004 ; Rétornaz et Volder, « Le for de nécessité : tableau comparatif et évolutif », RC 2008.225.

2. Compétences liées à la nature internationale de la question

357. – Compétences nécessaires. Certaines questions intéressant les rapports internationaux relèvent par nature nécessairement et exclusivement des juridictions d'un pays donné. Il en est ainsi de la nationalité des personnes physiques, parce que chaque État est maître de la collation de sa nationalité. Les tribunaux français sont ainsi toujours compétents pour statuer lorsque la nationalité française d'un individu est en cause[2].

Dans le même ordre d'idées, les tribunaux français, comme ceux de n'importe quel pays, sont compétents, et le sont exclusivement, pour décider de l'autorité à reconnaître à une décision étrangère[3].

§ 2. – COMPÉTENCE FONDÉE SUR LA NATIONALITÉ FRANÇAISE

358. – Fondement et portée. Le Code civil a donné compétence aux tribunaux nationaux lorsqu'un Français est demandeur (art. 14) ou défendeur (art. 15) (n° 332). L'on s'est efforcé à l'époque moderne de justifier l'art. 14 par le fait que les nationaux devraient toujours pouvoir demander justice devant les tribunaux français ; ou encore que les tribunaux de tous les pays n'offrent pas des garanties suffisantes. Cependant, le premier argument implique une confiance dans l'impartialité des tribunaux français sans doute justifiée, mais que les étrangers défendeurs ne devraient pas être ainsi tenus de partager ; et le second est déplacé à l'égard de beaucoup de pays, dont certains avec lesquels existent des relations étroites.

L'art. 15 serait une contrepartie offerte aux étrangers en litige avec des Français : dès lors qu'ils ne peuvent se soustraire à la compétence des tribunaux français en tant que défendeurs (art. 14), ces tribunaux leur seraient ouverts en tant que demandeurs s'ils le désirent (art. 15). Cela

1. V., nonobstant l'immunité juridictionnelle du défendeur, organisation internationale, au motif que celle-ci n'a pas institué en son sein de juridiction pour statuer sur les litiges l'opposant à ses salariés, Paris, 7 oct. 2003, RC 04.409 n. M. Audit, pourvoi rejeté par Soc. 25 janv. 2005, D. 05.1540 n. Viangalli, RC 05.477 n. Pingel, JDI 05.1142 n. Corbion. Cette situation fait naître la question du régime applicable à l'action : v. sur la prescription, dans l'affaire précédente, Civ. 11 janv. 2007, RC 08.591 n. Sinopoli.
2. L'art. 29 C. civ. qui donne compétence exclusive à la « juridiction civile de droit commun », règle une question de compétence d'attribution au sein de l'ordre juridique français. Si ce texte parle de la nationalité française « ou étrangère » de l'intéressé, ce n'est que dans la mesure où la possession d'une nationalité étrangère peut intervenir pour déterminer s'il est ou non français.
3. La règle est expressément formulée dans les textes européens, à la suite de la Convention de Bruxelles (n° 562).

leur évite également d'avoir à faire reconnaître en France une décision étrangère si elle doit nécessairement s'y exécuter[1].

359. – Appréciation critique. L'art. 14 est mal reçu à l'étranger, puisqu'il permet à un Français de saisir les tribunaux de son pays en l'absence de tout autre lien du litige avec la France ; quant à l'art. 15, il est peu usité par les demandeurs étrangers[2]. Les deux textes sont écartés dans beaucoup de conventions judiciaires passées avec la France et surtout dans les instruments européens[3]. En France même, l'art. 14 est critiqué comme allant à l'encontre du principe *Actor sequitur forum rei*, par ailleurs considéré comme de droit naturel[4]. En fait, on peut dire qu'il entre davantage de maladresse dans le maintien de cette disposition que d'injustice dans son application. En matière patrimoniale, un Français n'a pratiquement d'intérêt à s'en prévaloir que s'il a la possibilité de faire exécuter en France la décision à intervenir, notamment parce que le défendeur y possède des biens[5]. On parvient, dans d'autres pays, à un résultat voisin par la compétence du for du patrimoine ou du séquestre, qui fondent la compétence internationale des juridictions locales sur l'existence de biens saisissables du défendeur, ou par le for de l'assignation, fondé sur la présence passagère du défendeur dans le ressort du tribunal ; bien que ces chefs de compétence ne fassent aucune distinction selon la nationalité du demandeur, ils bénéficient en fait avant tout aux nationaux. En matière extra-patrimoniale, la compétence des tribunaux d'un État à l'égard de ses nationaux est l'expression de la compétence personnelle reconnue par le droit international. Elle n'est donc pas contestable et beaucoup d'États en font usage[6].

L'abrogation des art. 14 et 15 est préconisée en France même, ou à tout le moins son cantonnement aux matières personnelles ou une modification faisant du domicile en France le critère de la compétence[7]. La jurisprudence selon

1. Cette reconnaissance était cependant démentie par la jurisprudence qui, jusqu'en 2006, permettait de faire échec à la reconnaissance d'une décision rendue contre un Français défendeur n'ayant pas renoncé à l'art. 15 au motif qu'elle émanait d'une juridiction incompétente (l'art. 15 étant alors envisagé comme règle de compétence indirecte). On faisait ainsi de la compétence française une compétence nécessaire pour celui – étranger, mais également Français – qui était demandeur contre un Français : l'art. 15 était ainsi transformé, pour l'étranger demandeur, en une « faveur obligatoire » et, pour le Français défendeur, en un privilège de juridiction au même titre que l'art. 14. Sur la fin de cette jurisprudence, v. n° 470.
2. V. refusant d'exercer cette compétence pour le motif de fraude à une loi étrangère de contrôle des changes : TGI Paris, 12 nov. 1969, JDI 1971, p. 817 n. Malaurie.
3. Paradoxalement, toutefois, les conventions de Bruxelles et de Lugano ont étendu le domaine de l'art. 14 en permettant, dans un litige relevant du champ d'application de ces conventions, à toute personne domiciliée en France de l'invoquer contre un défendeur non domicilié dans un État contractant (n° 518).
4. À l'argument selon lequel ce texte trouve sa contrepartie dans le droit pour les étrangers de saisir les tribunaux français contre un Français, on opposera que cette faveur n'a pas été demandée et qu'il présume, de façon tout à fait gratuite, que son octroi se traduira par un usage aussi fréquent que celui de l'art. 14.
5. Aujourd'hui, toutefois, cette facilité s'étend à tous les États dans lesquels le règlement européen et la convention de Lugano sont en vigueur pourvu que le défendeur ne soit pas domicilié dans un État membre ou contractant ; et elle peut s'appliquer à un plus grand nombre de décisions (v. *supra* note 3).
6. Il est retenu par le règlement européen en matière matrimoniale non seulement en cas de nationalité commune des époux mais, sous une condition de résidence, du demandeur seul (n° 710).
7. Droz, « Réflexions pour une réforme des articles 14 et 15 du Code civil français », RC 1975.1 ; Gaudemet-Tallon, « Nationalisme et compétence judiciaire : déclin ou

laquelle l'art. 14 n'a lieu de s'appliquer que lorsque aucun critère de compétence territoriale n'est réalisé en France (n° 340) a eu le mérite de refouler ce texte dans la plupart des cas où existe un rattachement objectif avec le territoire, justifiant la compétence des tribunaux français.

A. DOMAINE D'APPLICATION DES ARTICLES 14 ET 15 C. CIV.

1. Domaine d'application quant aux actions

360. – Interprétation extensive des articles 14 et 15. Les deux textes ne visent formellement que les « obligations contractées » envers ou par un Français. Mais, même à l'époque de l'exégèse, la jurisprudence ne s'est jamais arrêtée à ces termes et a étendu leur application à l'ensemble des actions patrimoniales et extra-patrimoniales ; la Cour de cassation énonce aujourd'hui formellement leur portée générale, sauf certaines exceptions limitées (n° suivant)[1].

Paradoxalement, alors que le principe du privilège est contestable, l'extension de son application au-delà de la lettre des textes ne l'était guère. D'une part, l'hypothèse d'« obligations contractées » pouvait légitimement être étendue en matière délictuelle ainsi qu'à d'autres matières patrimoniales[2]. D'autre part, comme on vient de le voir, la compétence française est justifiable en matière extra-patrimoniale ; elle est un corollaire de l'art. 3 al. 3 C. civ. soumettant l'état et la capacité des nationaux à la loi française[3].

La compétence fondée sur la nationalité peut recevoir application en matière gracieuse (il ne peut s'agir, faute de défendeur, que de celle du

renouveau ? », TCFDIP 1987-88, p. 17 ; Audit, « Vers la consécration du caractère facultatif du for de la nationalité française du demandeur ? », D. 2007. Différentes tentatives de cours d'appel de conférer à l'art. 14 un caractère facultatif (par ex. Paris, 11 janv. 1989, D. 89. Somm. 265 obs. Audit) ont été censurées (Civ. I, 18 déc. 1990, RC 91.759 n. Ancel ; 27 janv. 1993, D. 93.602 n. Massip ; 1er juillet 2009, n° 08-15955, D. 09. AJ 1899 ; 30 sept. 2009 (n° 08-19793), D. 10.58 n. Audit, RC 10.133 n. Gaudemet-Tallon, JDI 10.475 n. Chalas). Il a en revanche été mis fin à la jurisprudence faisant de l'art. 15 une règle de compétence indirecte (*infra* n° 470).

1. Civ. 15 fév. 1955, *cons. Bonnet*, RC 55.327, n. H. B., JCP 55.8657 n. Louis-Lucas ; 16 juin 1959, *Rougeron*, RC 59.501, D. 59.377 n. G. Holleaux ; Civ. I, 27 mai 1970, *Weiss*, RC 71.113 n. Batiffol, GA n° 49 ; 17 nov. 1981, JDI 82.926 n. Wiederkehr ; 21 juin 1988, D. 88. Somm. 344. Pour une revendication de meuble situé à l'étranger, v. Paris, 18 déc. 1996, RC 97.527 n. Santa-Croce.
2. En matière de succession mobilière : Civ. I, 17 nov. 1981, JDI 82.926 n. Wiederkehr. L'extension n'est cependant pas également justifiée dans toutes les matières. Ainsi l'application de l'art. 14 C. civ. en matière de faillite (Civ. 11 mars 1913, S.14.1.185 n. Pic ; 12 juill. 1962, JDI 63.1056 obs. B.G. ; Com. 19 mars 1979, RC 81.524 n. Lagarde, Rev. soc. 79.567 n. Guyon) ; lorsque le débiteur ne possède que quelques biens en France, les voies d'exécution individuelles paraissent mieux appropriées, d'autant qu'il est exclu dans ce contexte de prendre aucune mesure de redressement global de l'entreprise, devenu la finalité première de la procédure collective.
3. Pour le maintien de l'application des art. 14 et 15 en tant que règle de compétence directe dans ces matières lorsque la loi française est applicable, v. Droz, *op. cit.*, p. 5 et s.

demandeur). Ainsi les tribunaux français sont compétents de ce chef pour prononcer une adoption d'un Français ou par un Français (n° 755).

361. – Limites à l'interprétation extensive. L'interprétation extensive des art. 14 et 15 s'est arrêtée à certaines catégories d'actions pour lesquelles les tribunaux français refusent de se reconnaître compétents, et ce quand bien même le litige opposerait deux Français[1]. Cette attitude procède du respect des souverainetés étrangères, dont les autorités se voient reconnaître ainsi une compétence exclusive.

L'une concerne les *actions réelles portant sur un immeuble sis à l'étranger*. Ce refus se rattache traditionnellement à l'application nécessaire de la *lex rei sitae*. Il se recommande également de l'intérêt privé des parties et de la meilleure administration de la justice : les mesures d'instruction nécessaires seront plus efficacement ordonnées par les tribunaux locaux, les preuves plus facilement rassemblées dans leur ressort ; enfin la décision s'exécutera nécessairement au lieu de l'immeuble. L'utilité privée l'emporte aujourd'hui dans la motivation des décisions de la Cour de cassation sur ce point. La solution est étendue des actions purement réelles aux actions concernant le *partage* d'une succession immobilière à l'étranger, pour la raison que la décision ne peut s'exécuter qu'au lieu de l'immeuble[2]. En revanche, les tribunaux français se reconnaissent compétents dans les actions mixtes[3].

Une autre limite à l'application des art. 14 et 15 concerne les *voies d'exécution pratiquées à l'étranger*. Chaque État ayant le monopole de la contrainte sur son territoire, celle-ci ne peut s'exercer ou s'interrompre que sur l'ordre d'autorités locales. La Cour de cassation en déduit que les actions en validation, nullité ou mainlevée de saisies pratiquées à l'étranger échappent à la compétence des tribunaux français fondée sur les art. 14 et 15 (*supra* n° 351)[4]. Une décision ordonnant une telle mesure serait effectivement dénuée d'efficacité à l'étranger. La justification de cette incompétence en marque la limite, c'est-à-dire le retour à la possibilité d'invoquer les art. 14 et 15, lorsqu'il s'agit de constater ou de contester l'existence d'une obligation[5].

Les tribunaux français sont de même incompétents chaque fois que l'action met en cause un service public étranger.

1. Civ. I, 27 mai 1970, préc. n° 359.
2. Civ. 5 juill. 1933, *Nagalingampoullé*, préc. n° 347 ; 24 nov. 1953, RC 53.698 n. Mezger ; Civ. I, 4 déc. 1979, RC 80.758 n. B. Ancel ; 7 janv. 1982, RC 83.87 n. B. Ancel. V. encore Civ. I, 23 juin 2010, préc. n° 347.
3. Lyon, 19 avril 1977, RC 79.788 n. Ancel.
4. Pour une application extensive de l'exclusion, v. Civ. I, 14 avril 2010, n° 09-11.909, écartant l'application de l'art. 14 à une action en responsabilité dirigée contre le tiers saisi étranger.
5. V. à propos d'une action en contribution aux charges du mariage, engagée en France sur le fondement de l'art. 864-1 C. pr. civ. (auj. art. 1282 CPC), Civ. I., 11 mai 1976, RC 77.352, 2e esp., n. D. Mayer.

2. Domaine d'application quant aux personnes

362. – La nationalité française, condition nécessaire et suffisante. Les art. 14 et 15 s'appliquent en considération de la seule qualité de Français du demandeur ou du défendeur, c'est-à-dire sans qu'il soit besoin d'autre rattachement avec la France, en particulier par le domicile ou la résidence de l'intéressé[1]. Ils s'appliquent *a fortiori* entre deux Français[2]. Ils peuvent être invoqués par les personnes morales comme par les personnes physiques[3]. Un grand nombre de décisions statuant sur la « nationalité » d'une société ont été rendues pour l'application des art. 14 et 15 ; ces décisions ont en général retenu le critère du siège social en France, mais aussi parfois celui du contrôle, ce qui a pu se justifier dans la mesure où il s'agit d'une question de jouissance des droits[4].

L'hypothèse d'un changement de nationalité du plaideur soulève la question de savoir à quel moment se placer pour tenir compte de la nationalité française : celui des faits litigieux ou celui de l'introduction de l'instance ? La jurisprudence s'est prononcée en faveur de la seconde solution, marquant par là que ces dispositions touchent à l'action et non pas au droit : le privilège est d'ordre procédural, indépendamment des faits litigieux (v. également, pour apprécier la validité d'une renonciation, n° 367)[5]. Ceci vaut également pour la faculté d'invoquer l'art. 15 à l'encontre d'un défendeur devenu Français[6].

363. – Hypothèses de transmission de droits. Le critère du moment d'introduction de l'instance a également été appliqué à la question, plus pratique, que soulève la transmission de droits par un étranger à un Français ou des situations voisines. La jurisprudence s'est prononcée en faveur de la possibilité pour l'ayant cause français de se prévaloir de l'art. 14 C. civ., nonobstant l'objection selon laquelle le défendeur n'était pas exposé à la compétence des tribunaux français dans ses rapports avec l'auteur : ainsi en matière de transfert de titres négociables, de succession, de stipulation pour autrui, de subrogation légale ; mais non dans le cas de mandat (syndic) ou d'action oblique, car le demandeur n'exerce pas dans ces hypothèses un droit propre[7]. Statuant dans le cas d'un assureur français subrogé dans les droits d'un assuré étranger, la Cour de cassation a justifié la solution au motif que la compétence prévue par l'art. 14 C. civ.

1. Civ. I, 24 oct. 1979, D. 80.I.R.329 ; 30 sept. 2009 (n° 08-17587), GP 28 nov. 09, n° 332 obs. Niboyet, D.10.58 n. Audit, RC 10.133 n. Gaudemet-Tallon.
2. Le cas est fréquent en matière de divorce d'époux établis à l'étranger; v. par ex., Civ. II, 25 fév. 1976, Bull. civ. II, n° 64, D. 1976. I.R. 150.
3. Civ. I, 30 sept. 2009, *Sté Thinet,* GP 28 nov. 09, n° 332 obs. Niboyet, D.10.58 n. Audit, RC 10.133 n. Gaudemet-Tallon.
4. V. Loussouarn et Bredin, *Droit du commerce international*, 1969, n° 234 et s.
5. Il est arrivé que l'acquisition d'une nationalité étrangère soit déclarée inefficace en France parce qu'inspirée par le souci de se soustraire à la compétence des tribunaux français: Civ. 9 juill. 1875, S. 76.289 n. Labbé.
6. Versailles, 27 fév. 1998, JDI 00.358 n. Douchy.
7. Civ. I, 7 avril 1998, RC 98.459, n. Muir Watt (mandat) ; 22 fév. 2005, RC 05.671 n. M.-E. Ancel (représentant légal d'une société étrangère joignant simplement son action à celle de la société) ; *contra* Civ. I, 31 janv. 95, D. 95.471 n. Courbe (action oblique).

« *est fondée, non sur les droits nés des faits litigieux, mais sur la nationalité des parties* »[1]. La finalité du privilège de juridiction l'emportait donc sur la lettre de l'art. 14 (« obligations contractées envers des Français »).

Cette conception soulève des objections particulières en cas de transmission volontaire des droits exercés. Une cession d'un étranger à un Français pourrait être estimée frauduleuse parce qu'intervenue dans la seule intention de permettre la saisine de la juridiction française, la cession étant considérée comme simulée et le cessionnaire comme le prête-nom du cédant[2]. Et dans le cas où l'auteur était lié au cédé par une clause attributive de juridiction, affirmer que le cessionnaire, ou autre ayant droit, jouit d'une position procédurale propre méconnaît le fait qu'il a adhéré aux conditions souscrites par le cédant ; tandis que le cédé ne devrait pas, du fait d'une cession à laquelle il n'a pas consenti, se trouver dans une situation procédurale plus défavorable. Statuant à propos d'un assureur maritime subrogé dans les droits de l'assuré, la Cour de cassation a effectivement jugé qu'une clause souscrite par celui-ci s'impose aussi bien à l'égard du premier « parce qu'elle fait partie de l'économie de la convention »[3]. Rendue à l'occasion d'une subrogation légale, la solution devrait désormais s'imposer *a fortiori* en cas de transmission volontaire d'une créance à un Français. Mais aussi, fondée sur la prévision du défendeur, on peut se demander si elle ne remet pas également en cause la possibilité pour le Français ayant recueilli ou exerçant des droits d'origine contractuelle d'invoquer l'art. 14 C. civ. même en l'absence de clause attributive de juridiction ; le défendeur était en effet aussi bien dans ce cas en droit d'attendre l'application du jeu normal des règles de compétence judiciaire.

B. DÉTERMINATION DU TRIBUNAL FRANÇAIS COMPÉTENT

364. – Champ d'application de la question. En cas de compétence générale des tribunaux français fondée sur la nationalité de l'une des parties, les règles habituelles s'appliquent à la question de la compétence d'attribution : selon la nature du litige seront compétentes les juridictions de droit commun ou telle catégorie de juridictions spécialisées.

La détermination du tribunal français *territorialement* compétent peut faire difficulté. Lorsque les art. 14 et 15 étaient considérés comme les seules règles de compétence internationale, mais ne résolvant qu'une question de compétence « générale » des tribunaux français, la compétence « spéciale » ou interne était naturellement soumise aux règles de compétence territoriale. À cette époque se présentait comme une hypothèse marginale celle où aucun des rattachements prévus par les règles de compétence territoriale (le domicile du défendeur, le lieu

1. Civ. I, 21 mars 1966, D. 66.429 n. Malaurie, RC 66.670 n. Ponsard, JDI 67.380 obs. Bredin, Réc. gén. lois 66.441 obs. Droz, GA n° 43 ; 16 janv. 1973, GP 73.1.371, RC 75.92, JDI 75.336 obs. Kahn.
2. Montpellier, 2 mai 1985, *Garret*, RC 87.108 n. Droz, pourvoi rejeté par Civ. I, 24 nov. 1987, RC 88.364 n. Droz, JDI 88.793 n. Loquin, JCP 89.II.21201 n. Blondel et Cadiet ; mais la fraude alléguée doit être dûment établie : Civ. I, 14 déc. 2004, D. 05. Somm. 1264 obs. Chanteloup.
3. Civ. I, 25 nov. 1986, *Siaci*, RC 87.396 n. Gaudemet-Tallon ; depuis, Paris, 27 janv. 1988, D. 88. Somm.342.

du délit, la résidence du créancier d'aliments...) ne se réalisait en France, hypothèse désignée comme celle de « défaillance » de ces règles. Depuis que les règles de compétence territoriale ont été érigées en règles de compétence internationale ordinaires, et que la Cour de cassation a jugé qu'il n'y a pas lieu d'invoquer l'art. 14 C. civ. lorsqu'un critère de compétence territoriale se réalise en France (n° 340), l'hypothèse de « défaillance » des règles internes se confond avec celle de la mise en œuvre des art. 14 et 15. Mais si le champ d'application de la question se définit autrement, les principes de solution demeurent les mêmes.

365. – Principes de désignation. Il a longtemps été considéré que le demandeur pouvait – ou même peut-être devait – porter son action devant le tribunal de son domicile ou de sa résidence en France[1]. Statuant pour la première fois dans l'hypothèse où le demandeur n'avait pas un tel établissement, la Cour de cassation décida qu'il pouvait saisir le tribunal de son choix pourvu que ce soit sans fraude[2]. Ainsi le demandeur ne devait pas par son choix accroître la difficulté pour le défendeur de plaider en France ; par exemple, alors que le défendeur habitait un pays limitrophe, en saisissant une juridiction à l'autre extrémité du pays. Puis il fut jugé que, même si le demandeur possédait en France un établissement, il n'était pas tenu de porter son action devant la juridiction correspondante mais pouvait en saisir une autre que des circonstances spéciales faisaient apparaître comme mieux désignée au regard d'une bonne administration de la justice[3]. Tel est notamment le cas, en matière patrimoniale, de la juridiction du lieu où le défendeur possède des biens en France. À ce stade, il n'y avait plus de raison de privilégier encore le domicile ou la résidence en France du demandeur et il suffisait de s'en tenir au critère d'une bonne administration de la justice[4]. Ainsi le domicile ou la résidence du demandeur avait été absorbé par le choix sans fraude du demandeur et celui-ci remplacé par le critère, plus objectif, d'une bonne administration de la justice ; par exemple, si le défendeur habite à proximité de la frontière, la juridiction la plus proche de celle-ci[5]. La tendance à donner la préférence à un critère de rattachement objectif fut accentuée par un arrêt énonçant que le demandeur français « *peut valablement saisir le tribunal français qu'il choisit en raison d'un lien de rattachement de l'instance au territoire français ou, à défaut, selon les exigences d'une bonne administration de la justice* »[6].

En l'état de cette jurisprudence, le décret du 12 mai 1981 a ajouté à l'art. 42 CPC un alinéa 3 aux termes duquel : « Si le défendeur n'a ni domicile ni résidence connus, le demandeur peut saisir la juridiction du lieu où il demeure ou celle de son choix s'il demeure à l'étranger » (n° 344). Ce texte étant applicable, selon sa lettre, dans l'hypothèse considérée, le domicile ou la résidence du demandeur en France retrouvent une place privilégiée[7]. Dans l'hypothèse où le choix est offert au demandeur, bien que le texte ne prévoie pas de restriction, il est souhaitable que le juge continue d'exercer un pouvoir modérateur si ce choix devait être exercé de manière à porter préjudice au défendeur. D'autres textes prévoient expressément le cas de défaillance du rattachement normal[8].

1. Civ. 2 janv. 1957, Bull. civ. n° 46 ; 5 fév. 1961, JDI 62.178.
2. Civ. 23 avril 1959, *Weiller*, D. 59.377, 3e esp. n. G. Holleaux, S. 59.159, RC 59.495 n. Francescakis.
3. Civ. 9 fév. 1960, S. 60.292, D. 60.509 n. Lenoan, RC 60.390 n. Ph. F.
4. Civ. I, 4 fév. 1962, D. 62.181 n. G. Holleaux, RC 63.87 n. Lagarde, JDI 63.104 obs. J.-B. S.; 5 nov. 1968, Bull. civ. n° 267, JCP 69.IV.3.
5. V. par ex. TGI Rodez, 5 juin 1981, D. 82.I.R.69.
6. Civ. I, 13 juin 1978, *dame Mora*, RC 78.722 n. Audit, JDI 79.141 obs. Kahn.
7. Paris, 22 fév. 1990, JDI 91.152 obs. A. Huet.
8. V. art. 1166 CPC (adoption) ; art. 1431 CPC (reconstitution d'acte détruit).

C. RENONCIATION AUX ARTICLES 14 ET 15

1. Principe

366. – Lien avec le fondement de la compétence. Dans l'ancienne conception publiciste de la compétence, celle du juge naturel s'imposait aux intéressés parce qu'elle était de nature patrimoniale et profitait au souverain. Ces aspects disparus, ne demeure de la doctrine du juge naturel que l'idée de faveur accordée au national[1]. Cette conception implique que l'intéressé puisse y renoncer[2]. Les tribunaux l'ont toujours admis et la Cour de cassation déclare que les art. 14 et 15 ne sont pas d'ordre public[3]. Il n'est pas fait d'exception dans les matières où les parties ne disposent pas de leurs droits, comme le divorce[4], ni dans lesquelles l'une d'elles est réputée avoir besoin d'une protection particulière comme le contrat de travail[5].

Du caractère facultatif des deux textes fut tirée la conséquence qu'il n'appartenait pas au juge de les soulever d'office. S'agissant de l'art. 14, l'on pourrait penser que si le demandeur ne se prévaut pas de cette disposition, c'est délibérément et afin de ne pas compromettre la reconnaissance à l'étranger de la décision à intervenir ; en cas de rejet de sa demande faute d'autre chef de compétence, il lui est au demeurant possible – de même qu'à un demandeur n'ayant pas invoqué l'art. 15 contre un Français défendeur – de recommencer son action. Mais ce peut être aussi par inadvertance que le demandeur a omis de se prévaloir de l'art. 14 ou de l'art. 15 (pour lequel on ne voit aucune autre raison de son omission) ; si cela doit se traduire par une autre action, il paraît opportun d'aller au plus court en permettant au juge de soulever d'office ces textes sauf à provoquer les observations des parties. Le nouveau Code de procédure civile ayant élargi la possibilité d'invoquer d'office les moyens de droit (art. 12), sous la réserve du contradictoire (art. 16), la Cour de cassation semble infléchir sa position sur le point envisagé[6].

1. Et accessoirement, dans le cas de l'art. 15, au demandeur étranger ; mais cette idée s'effaçait avec la jurisprudence qui avait transformé cette disposition en règle de compétence exclusive et donc de faveur pour le Français défendeur (n° 358).
2. L'art. 15 étant susceptible de bénéficier tant au demandeur étranger qu'au défendeur français, la renonciation doit émaner de chacun : Civ. I, 17 juill. 1980, JDI 81.75 n. Simon-Depitre.
3. Pour l'art. 14, v. Civ. 21 mai 1963, *Cie marocaine de boissons*, RC 63.340 n. Lous-souarn, JDI 64.113 obs. Sialelli ; pour l'art. 15, Civ. com. 9 oct. 1967, JDI 68.918 n. Bredin.
4. La solution était acquise dès avant la réforme de 1975, qui a fait une large part à la volonté des époux : Civ. I, 16 fév. 1965, JDI 65.628 n. Level, RC 1966.641 n. Dehaussy ; 9 nov. 1971, D. 72.178, RC 72.374 n. D. Holleaux. La fraude pourrait cependant faire échec à un accord.
5. Cass. ch. mixte, 28 juin 1974, 2 arrêts, JCP 74.II.17881 n. G. Lyon-Caen, RC 75.110 n. P. L., JDI 75.82 n. D. Holleaux. Mais la protection du travailleur est assurée contre les clauses attributives de juridiction dérogeant à la compétence territoriale des tribunaux français (n° 396).
6. Civ. I, 16 avril 1985, D. 85.I.R.496 obs. Audit, RC 87.584 n. Khairallah ; *contra*, cependant, 26 mai 1999, Bull. civ. I, n° 171, p. 113.

2. Modalités de la renonciation

367. – Conditions. La constatation des renonciations à un droit était en général considérée comme relevant de l'appréciation souveraine des juges du fond[1]. La Cour de cassation exerce aujourd'hui son contrôle sur la renonciation, laquelle doit résulter d'actes manifestant sans équivoque la volonté de renoncer[2]. On doit entendre par là non une renonciation expresse, mais un comportement révélant chez son auteur une volonté certaine de renoncer à son droit, ou à tout le moins incompatible avec l'exercice de celui-ci. Ce principe s'applique en particulier à la renonciation à la compétence des tribunaux français[3]. Le privilège n'étant pas nécessairement connu du bénéficiaire, c'est d'un comportement incompatible avec la volonté de saisir les tribunaux français qu'il doit être tenu compte. La renonciation aux art. 14 et 15 intervient pratiquement selon l'un ou l'autre de deux modes : par accord ou par action à l'étranger.

368. – a) Renonciation par accord. Il se peut que le bénéficiaire déclare simplement renoncer à la compétence des tribunaux français fondée sur l'art. 14 ou sur l'art. 15. Cette seule renonciation ne fait pas obstacle à la compétence des tribunaux français fondée sur les règles ordinaires. La renonciation peut également résulter implicitement d'une élection de domicile à l'étranger. Mais le plus souvent, elle est déduite de l'attribution de compétence à une juridiction étrangère ou d'une clause d'arbitrage[4]. En revanche, la soumission d'un contrat à une loi étrangère ne doit pas être comprise comme emportant renonciation à la compétence des tribunaux français, car rien ne permet dans ce cas d'associer la compétence juridictionnelle à la compétence au fond[5]. Et une simple « déclaration d'intention » ne peut valoir renonciation au bénéfice de l'article 14 du code civil[6].

En cas de cession de droits entre Français, que décider lorsque le cédant avait renoncé au bénéfice de l'art. 14 C. civ. ? Nonobstant l'analyse qui voit dans ce texte une disposition de nature procédurale (n° 363), on doit sans doute considérer que le cessionnaire ne peut davantage invoquer ce texte que ne le pouvait son auteur, parce que la créance est transmise telle quelle au cessionnaire[7].

1. V. s'agissant de l'art. 14, Civ. I, 1er fév. 1955, JCP 55.8657 n. Louis-Lucas, RC 55.327 n. H. B.
2. Cass. ch. mixte, 26 avril 1974, JCP 75.II.18157 n. Gégout, D. 75.249 n. Boré.
3. V. déjà, Req. 14 mai 1935, S. 36.1.281 n. Rousseau et, depuis l'arrêt de 1974, Civ. I, 16 juin 1981, RC 81.721, 1re esp., n. Gaudemet-Tallon, D. 82.I.R.71 ; de même, dans le cas de compétence fondée sur le domicile en France, Civ. I, 4 janv. 1977, D. 77.I.R. 351 obs. Audit, RC 78.146 n. Mezger.
4. Encore faut-il cependant, pour qu'elle soit efficace, que l'intéressé ait eu la nationalité française au moment de l'accord : Paris, 12 mars 1996, D. 1998. Somm. 282 ; Versailles, 27 fév. 1998, JDI 00.358 n. Douchy. Par ailleurs, la renonciation est réputée faite sous la condition résolutoire de l'efficacité du mode choisi pour le règlement des différends : Civ. I, 30 sept. 2009, *Sté Thinet,* préc. n° 362.
5. Soc. 20 juin 1979, JDI 80.852 n. A. Lyon-Caen; Civ. I, 16 juin 1981, préc. n° 367.
6. Civ. I, 1er juillet 2009, *CESSNA*, n° 08-15955, D. 09. A.J. 1899 obs. Gallmeister.
7. Civ. 20 nov. 1974, JCP 75.IV.7.

369-371. – b) Renonciation par action en justice à l'étranger. Lorsqu'un plaideur qui avait la possibilité d'invoquer l'art. 14 ou l'art. 15 C. civ. agit en demande à l'étranger, on peut présumer qu'il renonce implicitement à la compétence des tribunaux français offerte par ces textes : le Français demandeur, à la compétence fondée sur l'art. 14 (que le défendeur soit français ou étranger)[1] ; l'étranger demandeur contre un Français, à celle tirée de l'art. 15[2]. Effectivement, sur une action ultérieure en France ayant le même objet, l'autre partie peut invoquer, selon le cas, la litispendance internationale[3], puis l'autorité de chose jugée par voie de reconnaissance de la décision étrangère[4]. L'action en France n'est cependant pas systématiquement vouée à l'échec. Outre une irrégularité de la décision étrangère privant celle-ci d'efficacité en France ou un obstacle à la litispendance (n° 388), le demandeur en France est admis à faire valoir qu'il n'a pas agi à l'étranger « sciemment et librement » : ainsi dans l'ignorance du fait que le défendeur possédait des biens en France, ou par urgence et nécessité, c'est-à-dire forcé par les circonstances[5]. Enfin, une action en France est admise après que le demandeur s'est désisté à l'étranger[6].

Pendant longtemps s'est posée la question de la renonciation à l'art. 15 par un Français défendeur à l'étranger, du fait de la jurisprudence conférant à ce texte, au mépris de sa lettre, le caractère de règle de compétence « indirectement exclusive »[7]. L'abandon de cette jurisprudence par l'arrêt *Prieur* du 23 mai 2006 a mis fin à cette question (n° 470).

§ 3. – COMPÉTENCES DÉRIVÉES

372. – Nature et justification. En procédure civile interne, un certain nombre de règles autorisent une juridiction compétemment saisie à connaître également, à l'initiative de l'une des parties et dans un but de bonne administration de la justice, d'une autre demande qui ne relève pas normalement de sa compétence. Il en est plus précisément ainsi lorsque existent entre les deux demandes des liens suffisamment étroits pour qu'il apparaisse souhaitable de les faire toutes deux juger par la juridiction saisie ; en d'autres termes de réaliser une concentration des litiges. Les

1. Civ. I, 3 déc. 2008, JDI 09.877 n. Chalas (autorité parentale).
2. Il y a inversement renonciation à saisir un tribunal étranger par l'introduction d'une première action en France : Civ. I, 30 juin 1992, D. 94.169 n. Guez ; Soc. 7 mai 1996, RC 97.77 n. Droz.
3. Soc. 7 mai 1996, RC 97.77 n. Droz ; Civ. I, 2 mai 2007, *Fercometal* (motifs), D. 07. A.J. 1586 et chron. Audit p. 2548, JCP 07. Actu. 258 obs. Chabert, RC 07.610 n. Gaudemet-Tallon, JDI 07.956 n. Ancel et Muir Watt, GP 21-2 mars 08.28 obs. Niboyet : « [L]'article 14 du code civil (...) n'édicte pas [au profit du demandeur français] (...) une compétence (...) exclusive de la compétence indirecte d'un tribunal étranger déjà saisi et dont le choix n'est pas frauduleux ».
4. Cass. 14 fév. 1837, S. 37.251.
5. Paris, 28 sept. 1979, RC 81.109 n. Lequette ; Versailles, 20 déc. 1988, D. 89. Somm.258 obs. Audit.
6. Civ. I, 27 janv. 1993, D. 94.602.
7. V. la précédente édition de cet ouvrage, n° 371.

raisons inspirant ces règles sont l'économie de procédure et l'harmonie des solutions, c'est-à-dire la bonne administration de la justice. Elles valent aussi bien dans l'ordre international. Aussi la jurisprudence les applique-t-elle dans ce contexte ; c'est à propos de l'une d'elles, non d'une règle de compétence territoriale, que la Cour de cassation a formulé le « principe qui étend à l'ordre international les règles françaises internes de compétence »[1]. On parle dans ce cas de « compétence internationale dérivée ».

La concentration des actions est cependant plus lourde de conséquences dans l'ordre international que dans l'ordre interne : qu'un tiers domicilié à Paris soit attrait à Lyon en raison d'une demande en garantie ne paraît pas très grave au regard de l'intérêt qu'il y a de faire statuer par la même juridiction sur les deux demandes. Lorsque le tiers est domicilié à l'étranger, la règle lui impose des difficultés matérielles plus grandes, outre l'application de règles procédurales différentes et la possibilité de solution différente du conflit de lois. Aussi, plus encore que celle des règles de compétence territoriale « primaire », la transposition des règles de compétence dérivée appelle l'adaptation ; mais il s'agirait plutôt, dans ce contexte, d'une application des règles en fonction des liens effectifs du for saisi et du litige ce qui n'entre en principe pas dans la mission du juge[2].

A. DEMANDES DISTINCTES

L'existence d'un lien entre demandes distinctes réalise la connexité au sens large ; mais compte tenu des textes, il y a lieu de distinguer trois hypothèses : pluralité de défendeurs, demande incidente et connexité plus générale.

1. Pluralité de défendeurs

373. – Transposition de la règle interne. La règle interne est aujourd'hui formulée par l'art. 42 al. 2 CPC (succédant à l'art. 59, al. 4, antérieurement al. 2 de l'ancien code), aux termes duquel : « S'il y a plusieurs défendeurs, le demandeur saisit, à son choix, la juridiction du lieu où demeure l'un d'eux ». Transposée dans l'ordre international, la règle permet d'attraire en France un défendeur domicilié à l'étranger dès lors qu'un codéfendeur est domicilié en France[3]. Comme en matière interne, et même à plus forte raison, le défendeur qui fixe la compétence doit être un défendeur réel et sérieux, non une personne n'ayant qu'un lien secondaire avec le litige et contre laquelle le demandeur agirait afin d'établir une compétence

1. Civ. I9 oct. 1959, *Pelassa*, préc. n° 343 ; la règle appliquée était celle permettant d'attraire un tiers en garantie devant la juridiction saisie de la demande principale (n° 375).
2. Les conventions de Bruxelles et de Lugano ont fait une place importante aux règles de compétence dérivée, lesquelles n'étaient pourtant pas connues de tous les États contractants (n° 541).
3. Com. 29 nov. 1948, JCP 49.II.4862 n. Sarraute et Tager ; Civ. I, 17 juin 1958, RC 58.704 n. Francescakis ; 18 juin 1958, RC 58.754 n. Mezger; 2 janv. 1968, 1re esp., RC 69.506 n. Normand ; rejetant l'application de la règle faute d'un « lien étroit de connexité entre les demandes », 24 fév. 1998, RC 99, 1re esp., n. Sinay-Cytermann.

française à l'encontre du ou des codéfendeurs ; encore moins ne saurait-il s'agir d'un défendeur fictif ou complaisant[1].

La rédaction des textes, autorisant le demandeur, en cas de pluralité de défendeurs, à assigner un codéfendeur devant le tribunal du domicile (ou de la demeure) de l'un d'eux engendre en droit interne l'opinion que la réunion des actions ne peut avoir lieu que devant ce for, à l'exclusion de tout autre. Cet argument de texte, incontestable en soi, n'en est pas moins regrettable parce que l'intérêt d'une concentration des compétences peut exister aussi bien lorsque celle du for saisi par le demandeur résulte d'un autre rattachement objectif tel que le lieu d'exécution d'un contrat ou de réalisation d'un dommage (mais non la seule nationalité française d'un défendeur). Les tribunaux semblent cependant s'y tenir en matière internationale[2].

374. – Limites à l'application de la règle. Il n'est pas souhaitable de faire jouer la règle visant les codéfendeurs lorsque la compétence française ne repose que sur l'art. 14 C. civ., ce qui aggrave la portée de ce texte. En fait, la question ne se pose que si le codéfendeur étranger que l'on cherche à attraire dispose d'un argument lui permettant de s'opposer personnellement à l'application de l'art. 14, lequel serait autrement applicable directement contre lui. Cette application a été écartée dans le cas où le codéfendeur étranger invoquait une clause compromissoire le liant au demandeur[3] ou un traité[4].

Le groupement des actions paraît également devoir être écarté lorsque la compétence française à l'égard du défendeur « élu » repose sur une clause attributive de juridiction: non seulement si l'on adopte l'opinion précitée selon laquelle le for saisi doit l'être du chef du domicile d'un défendeur, mais parce que le codéfendeur peut objecter que la clause lui est inopposable[5]. Il conviendrait cependant, si l'on suit cette opinion, de distinguer selon que l'attribution de compétence coïncide ou non avec un chef de compétence objectif et de laisser jouer la règle dans le premier cas (par exemple, si le for élu est celui du domicile de l'une des parties, qui est défenderesse, ou du lieu de livraison d'une marchandise) à défaut du second.

1. En droit interne : Cass. civ., 8 janv. 1947, D. 47.164 ; Civ. II, 29 avril 1966, Bull. civ. n° 504; en matière internationale : Rouen, 21 nov. 1963, D. 65.395 n. Marin, GP 64.1.224; 3 nov. 1967, DMF 68.614 ; Aix-en-Pr., 22 fév. 1994, DMF 94.572 obs. Tassel ; en droit communautaire, *infra* n° 543 *in fine*. Le défendeur n'est pas non plus « réel » lorsqu'il n'est attrait qu'en raison des informations qu'il peut détenir relativement au litige et de l'obligation qu'a chacun de prêter son concours à la justice en vertu de l'art. 10 C. civ. : Civ. I, 16 juillet 1975, D. 75.I.R.200, JCP 76.II.18313 n. Daigre, JDI 75.875 obs. Kahn.
2. Paris, 26 sept. 1996, D. 1998. Somm. 285.
3. Civ. 12 juill. 1950, *Montané c. Cie des ch. fer portugais*, JDI 50.1206 n. Goldman, RC 52.509 n. Francescakis, S. 52.1.41 n. Plaisant.
4. Civ. I, 3 mai 1978, D. 78.I.R.368, JDI 78.898 rapp. Ponsard, JCP 78.II.18929 n. A. Huet. En revanche, la règle de concentration fut appliquée à l'encontre du traité franco-suisse de 1869 lorsque la compétence reposait sur le domicile du défendeur « élu », au motif – contestable – du « silence du traité » sur l'hypothèse de la pluralité de défendeurs.
5. Com. 12 mai 1958, D. 58.712 n. Pochon ; 2 janv. 1968, RC 69.506 n. Normand.

Que décider lorsque c'est le codéfendeur que l'on prétend attraire en France qui est lié, soit au demandeur lui-même, soit au défendeur, par une clause attributive de juridiction à un tribunal étranger ? La situation est relativement fréquente en matière maritime : le destinataire d'une marchandise agit contre l'entrepreneur de déchargement et contre le transporteur devant le tribunal du premier en France ; mais le connaissement qui le lie au second contient une clause attributive de juridiction à un tribunal étranger ou une clause d'arbitrage. La jurisprudence est hésitante : tantôt, elle considère que la clause fait échec à la règle de concentration des compétences[1] ; tantôt elle fait prévaloir celle-ci en vertu de l'indivisibilité entre les deux demandes, laquelle se caractérise par l'identité d'objet ou le risque de contrariété de décisions[2]. Les arguments contre l'application de la règle de compétence dérivée sont le plus forts dans le cas de clause compromissoire : à la différence de la précédente, une telle clause marque la volonté des parties de se soustraire à la compétence des juridictions étatiques[3].

2. Demandes incidentes

375. – Demandes en intervention ; garanties. Il arrive qu'à l'occasion d'un litige donné un plaideur forme une demande qui, formulée à titre principal, échapperait à la compétence de la juridiction saisie ; néanmoins, parce que cette demande présente avec celle qui est pendante un lien étroit, il apparaît souhaitable qu'elle puisse être jugée par la juridiction actuellement saisie. La jurisprudence a étendu en matière internationale les dispositions de procédure civile interne permettant de faire juger par le tribunal saisi des demandes – qu'elles soient additionnelles, reconventionnelles ou en intervention – formulées à l'occasion d'un litige actuellement pendant.

Elle admet en particulier la demande d'intervention forcée contre un appelé en garantie domicilié à l'étranger[4]. Il suffit pour cela, selon l'exigence à présent formulée par l'art. 325 CPC, que l'intervention se rattache aux prétentions des parties par un lien suffisant[5]. Sous l'empire de l'ancien

1. Com. 23 déc. 1957, D. 58.294, S. 58.164, RC 58.385 n. Mezger ; 2 janv. 1968, RC 69.506, 1re esp., n. Normand.
2. Cass. 9 janv. 1933, D.H. 33.164, S. 33.1.145, GP 33.1.617; Civ. 2e, 13 mai 1966, RC 67.355, 1re esp., n. Mezger; Civ. I, 23 oct. 1990, Bull. civ. I, n. 219, p. 156 ; ne mentionnant pas le condition d'indivisibilité, Civ. I, 24 fév. 1998, JDI 98.963 n. Jacquemont, RC 99, 2e esp., n. Sinay-Cytermann (en matière de garantie indépendante).
3. Encore faut-il que la clause compromissoire soit opposable par celui qui l'invoque : Paris, 25 fév. 1988, D. 89.Somm.150 obs. Vasseur.
4. Civ. 19 oct. 1959, *Pelassa*, préc. n° 343 ; récemment, Civ. I, 12 mai 2004, *Sté Liberty*, Bull. civ. I, n° 129 ; D. 04. I.R. 1562.
5. L'art. 181 de l'ancien C. pr. civ. envisageait expressément le cas où la demande n'aurait été présentée que dans le dessein de soustraire le garant à son juge naturel ; cette réserve n'a pas été reprise dans le texte actuel, mais il n'est pas douteux que l'appelé pourrait opposer cet argument (la réserve a été expressément prévue dans la disposition correspondante de la Convention de Bruxelles : art. 6, 2°).

Code de procédure civile, il avait été jugé qu'une clause attributive de juridiction ou compromissoire liant le tiers au défendeur principal faisait échec à la règle de compétence dérivée, à moins qu'il ne ressorte de la clause qu'elle ne visait que les demandes principales ou qu'il n'existât une indivisibilité entre la demande originaire et la garantie incidente[1]. Cette conception a pu paraître remise en question par l'art. 333 CPC, qui énonce expressément que le tiers mis en cause ne peut s'opposer à la demande d'intervention en excipant d'une clause attributive de juridiction. Mais les avantages particuliers que présentent ces clauses en matière internationale incitent à ne pas étendre la politique législative interne restrictive à leur égard (n° 393) ; il est également plus grave pour l'appelé de voir ses prévisions déjouées en étant traduit devant un tribunal étranger, à moins qu'il n'ait pu envisager une telle possibilité (cas du fabricant qui sait que son acheteur local est un exportateur). Il y avait donc là typiquement place pour une adaptation de la règle interne en matière internationale. La Cour de cassation s'est effectivement prononcée pour la non-application de l'art. 333 successivement en présence d'une clause compromissoire[2] puis d'une clause attributive de juridiction[3], et ce sans réserver l'hypothèse d'indivisibilité. Le respect des accords concernant le règlement des litiges l'emporte ainsi, en matière internationale, sur le souci de concentration des compétences. Cette conception paraît justifiée, en présence d'ordres juridictionnels non homogènes.

3. Demandes connexes

376. – Domaine et conditions. Le cas de pluralité de défendeurs et celui de demande incidente sont les genres d'une espèce plus large, la connexité. Le nouveau Code de procédure civile n'envisage celle-ci que sous la forme d'une exception, tendant à ce qu'une juridiction se dessaisisse en faveur d'une autre antérieurement saisie d'une affaire présentant un lien étroit avec celle qui lui est soumise (art. 101 CPC ; art. 172 anc. code). La question est ici de savoir si la connexité peut avoir un effet positif et en particulier constituer un chef de compétence internationale pour une juridiction française[4]. La jurisprudence s'est prononcée en ce sens[5]. Ici encore, le lien invoqué doit être suffisamment étroit pour justifier, dans l'intérêt d'une bonne administration de la justice, cette attraction de compétence en faveur des

1. Civ. II, 1er juill. 1966, RC 1967.355, 2e esp., n. Mezger ; Paris, 19 janv. (clause compromissoire) et 19 mai 1974 (clause attributive de juridiction), RC 75.96 n. Gaudemet-Tallon et, rejetant le pourvoi contre le second arrêt, Com. 15 juill. 1975, RC 76.132 n. Lagarde, Rép. Comm. 76.625 n. Droz.
2. Com. 8 nov. 1982, JDI 84.151 n. Buhart, Rev. arb. 83.177 n. Rubellin-Devichi (cet arrêt énonce que l'art. 333 CPC ne s'applique qu'à la compétence territoriale, ainsi distinguée de la compétence internationale).
3. Com. 30 mars 1983, RC 93.680 n. Gaudemet-Tallon, JCP 93.II.22182 n. Guez (le motif de l'arrêt précédent n'est pas repris).
4. Sur la question inverse de savoir si les juridictions françaises acceptent pour ce motif de se dessaisir en faveur d'une juridiction étrangère, v. n° 390.
5. Req. 15 juin 1909, Rev. dr. int. pr. 11.339 rapp. Letellier (codéfendeurs étrangers dont l'un est jugé avoir en France un domicile de fait) ; Lyon, 8 juin 1978, D. 1978. I.R. 368, RC 79.113 n. Gaudemet-Tallon (demandes formées par le même demandeur contre le même défendeur). Les textes européens sont en sens contraire (n° 541).

tribunaux français[1]. Plus généralement, la jonction pour connexité ne constitue pas une obligation pour le juge français[2].

B. MOYENS DE DÉFENSE ET DEMANDES RECONVENTIONNELLES

Le défendeur peut soulever des moyens de défense qui ne relèvent pas normalement de la compétence du juge saisi ; il peut également formuler lui-même des prétentions présentant le même caractère.

1. Moyens de défense

377. – Distinction. En droit interne, la compétence du tribunal saisi pour statuer également sur les moyens de défense obéit traditionnellement au principe selon lequel le juge de l'action est juge de l'exception. Par dérogation, cependant, le juge saisi est dans certains cas tenu de surseoir à statuer pour permettre à une autre juridiction de se prononcer sur la question soulevée, laquelle revêt alors un caractère préjudiciel (art. 49 CPC). La même distinction peut opérer en matière internationale ; mais elle fait intervenir un élément propre, le renvoi éventuel devant une juridiction étrangère, ce qui explique que les exemples de dessaisissement des juridictions françaises soient rares.

378. – a) Moyens de défense et questions simplement préalables. Les tribunaux français se reconnaissent compétents, en matière internationale, pour statuer sur des moyens de défense qui n'auraient pas pu leur être soumis à titre principal, ainsi que sur les questions préalables dont dépend la solution de la question principale. Ainsi, le tribunal saisi d'une demande en divorce est compétent pour statuer sur l'exception de nullité du mariage[3] ; il en serait ainsi alors même que le défendeur à cette action ne demeurerait pas en France et qu'aucune des parties ne serait de nationalité française. La solution se justifie parce que les complications inhérentes à un sursis à statuer seraient aggravées par le fait que le moyen invoqué serait porté devant une juridiction étrangère[4].

La possibilité de surseoir à statuer sur une question préalable a été déclarée dans le passé relever de l'appréciation souveraine des juges du fond[5]. L'art. 49 CPC semble conférer à la règle selon laquelle le juge de l'action est juge de l'exception un caractère assez impératif ; mais il n'y pas lieu de considérer que la situation s'en trouve modifiée dans le contexte international, vraisemblablement non envisagé lors de la rédaction de ce texte. Les juges devront normalement tenir compte des conséquences pour le litige actuellement pendant d'un sursis à statuer dans l'attente d'une décision étrangère, ainsi que de l'élément particulier que constituent les chances de reconnaissance de celle-ci en France.

1. V. combinant la connexité et l'art. 14 C. civ., l'un des demandeurs étant français, Civ. I, 28 juin 1989, RC 90.111 n. crit. Gaudemet-Tallon.
2. Civ. I, 3 déc. 2008, JDI 09.877 n. Chalas, estimant le juge étranger de la résidence des enfants pourtant de nationalité française mieux placé pour statuer en matière d'autorité parentale.
3. Civ. I, 27 oct. 1993, RC 95.554 n. de Vareilles-Sommières.
4. La difficulté précédemment rencontrée tenant à l'existence d'une clause attributive de juridiction à un for étranger peut se présenter ici lorsque le moyen de défense invoqué relève d'une telle clause ; dans le sens que le tribunal saisi demeure compétent, v. Civ. 9 avril 1935, GP 35.1.919, RC 36.1.168 rapp. Rigault, JDI 36.598 n. J. P. (mais la clause concernait les rapports du défendeur avec des tiers).
5. Com. 9 fév. 1970, JDI 71.108 n. Mousseron et A. Huet.

379. – b) Questions préjudicielles. C'est normalement la notion française de question préjudicielle qui sera retenue. Lorsque la question relève de la compétence d'une juridiction française, il ne fait pas de doute que le sursis à statuer doit intervenir ; ainsi lorsque sera soulevée la question de la nationalité d'une personne physique devant une juridiction autre que le tribunal de grande instance ou naguère, devant toutes les juridictions, lorsque l'interprétation d'un traité faisait intervenir des questions « d'ordre public international » (n° 55). Si la conception française conduit à ce que la question relève d'une juridiction étrangère, telle que l'appréciation de la légalité d'un acte administratif étranger, on peut hésiter sur l'attitude à adopter : il est souhaitable que le juge français ne se prononce pas sur une question qui ne le concerne pas ; mais il faut également prévenir les exceptions dilatoires. Ainsi des questions qui sont préjudicielles en droit interne ne le seront pas nécessairement en matière internationale.

2. Demandes reconventionnelles

380. – Compétence de la juridiction saisie. Les demandes reconventionnelles relèvent de la catégorie des demandes incidentes. En droit interne, la compétence du tribunal saisi pour connaître d'une demande reconventionnelle résulte implicitement, dans le nouveau Code de procédure civile, de l'art. 70 qui ne déclare de telles demandes recevables « que si elles se rattachent aux prétentions originaires par un lien suffisant ». Cette compétence a été affirmée aussi bien en matière internationale[1]. Il en va autrement lorsque la demande principale est une demande d'exequatur d'une décision étrangère, car la nature de l'action n'est pas la même (n° 488)[2].

Voy. : Fernandez-Arroyo, « Compétence exclusive et compétence exorbitante dans les relations internationales », RCADI 2006.9 (t. 323) ; Gaudemet-Tallon, « La compétence judiciaire internationale directe à l'aube du XXIe siècle. Quelques tendances », *Clés pour le siècle*, 2000, p. 122 ; Sinay-Cytermann, *L'ordre public en matière de compétence judiciaire internationale*, thèse dactyl., Strasbourg, 1980 ; Struycken, « Quelques réflexions sur la juridiction gracieuse en droit international privé », TCFDIP 1986-88.105.

1. Le principe joue aussi bien au détriment de la compétence française selon la jurisprudence qui admet que le fait pour un Français assigné devant une juridiction étrangère de former une demande reconventionnelle vaut renonciation à la compétence française (n° 371 *in fine*).
2. Paris, 21 avril 1967, JDI 68.345 n. Malaurie.

SECTION II

RÉGIME DE LA COMPÉTENCE INTERNATIONALE

381. – Mise en œuvre des règles de compétence. Les règles de compétence internationale françaises une fois connues, il y a lieu d'examiner le régime de leur mise en œuvre. De même que pour déterminer ces règles, la jurisprudence a appliqué les dispositions de procédure civile interne, sauf à procéder aux adaptations requises par le fait que les règles ont été conçues dans la perspective des seuls litiges internes. Le nouveau Code de procédure civile a toutefois, sur certains points, envisagé les litiges internationaux. Trois séries de questions sont à examiner : la sanction de l'incompétence, l'influence d'une procédure concurrente se déroulant à l'étranger et la possibilité pour les parties de déroger aux règles de compétence.

§ 1. – L'EXCEPTION D'INCOMPÉTENCE

L'incompétence internationale de la juridiction française est normalement soulevée par les parties ; il convient aussi de rechercher dans quelles circonstances elle peut l'être d'office par le juge[1].

A. INCOMPÉTENCE SOULEVÉE PAR LE DÉFENDEUR

La jurisprudence applique dans l'ensemble les dispositions internes relatives respectivement à la place de l'exception d'incompétence dans la procédure, à la forme dans laquelle elle doit être présentée et au jugement de l'exception.

1. Place de l'exception d'incompétence dans la procédure

***382. – Nécessité de soulever l'incompétence* in limine litis.** Le régime de l'exception d'incompétence en procédure interne est dominé par le souci de vider aussi rapidement que possible une contestation sur la compétence ; on empêche ainsi du même coup qu'elle soit élevée dans un but dilatoire. La jurisprudence transpose ce régime lorsque c'est la compétence des tribunaux français qui est en cause.

L'exception d'incompétence internationale doit ainsi être formulée *in limine litis*, conformément à l'art. 74 al. 1er CPC (auparavant, v. art. 168 anc. C. pr. civ., puis art. 14 du décret de 1982)[2]. Toutefois, elle peut l'être pour la première fois en cause d'appel par un défendeur défaillant contre lequel a été rendu un jugement réputé contradictoire. L'exigence de l'art. 74 pourrait conduire les tribunaux français à connaître d'un litige n'intéressant

1. V. admettant une action déclaratoire en incompétence des tribunaux français, Paris, 6 mars 2008, *Flash Airlines*, *infra* n° 571.
2. Civ. I, 2 fév. 1982, D. 83.I.R.149. Cette exigence s'impose aussi bien lorsque la compétence française est contestée sur le fondement des textes européens : Paris, 22 sept. 1984, D. 85. I.R. 178 ; TGI Paris, 3 fév. 1982, D. 83. I.R. 146.

pas l'ordre juridique français ; mais il faut tenir compte de la possibilité pour les juges se déclarer d'office incompétents (n° 385).

En matière de divorce et de séparation de corps, l'art. 1110 CPC. prévoit que le juge (des affaires familiales, art. 1074, al. 4) statue sur la compétence dès la tentative de conciliation (v. aussi art. 1134). Sous l'empire des anciens textes (art. 238 C. civ.), la disposition avait été étendue à la compétence internationale des tribunaux français[1] ; mais la solution est contestée dans la mesure où un époux peut être entendu sur commission rogatoire dans un pays éloigné et où il ne bénéficiera peut-être pas de l'assistance d'un avocat français.

2. Forme de l'exception d'incompétence

383. – Déclinatoire de compétence. En droit interne, l'exception d'incompétence doit, pour être recevable, être invoquée selon la forme du déclinatoire ; le demandeur à l'exception doit motiver celle-ci et faire connaître, à peine d'irrecevabilité, la juridiction devant laquelle il estime que la demande aurait dû être portée (art. 75 CPC ; auparavant, art. 169 anc. C. pr. civ., puis art. 15 du décret de 1982). Ce texte n'a pas lieu d'être appliqué tel quel en matière internationale, dans la mesure où il a pour objet, dans un litige interne, de préparer la décision à intervenir sur le règlement de juges, laquelle désignera éventuellement une autre juridiction comme compétente. Or en matière internationale, la désignation éventuelle par une juridiction française d'une juridiction étrangère serait sans effet pour celle-ci ; elle risquerait même de faire ultérieurement obstacle à la reconnaissance de toute décision rendue par une autre juridiction que celle ainsi désignée. En revanche, on peut exiger du demandeur à l'exception qu'il désigne le ou les pays dont il estime que les juridictions compétentes. Cela permet de s'assurer du sérieux de la contestation qu'il élève et d'éviter les exceptions dilatoires ; et met le juge français en mesure de s'assurer de l'absence d'un risque de déni de justice s'il se déclare incompétent. Sous l'empire des premiers textes, la Cour de cassation n'avait pas permis au défendeur de se contenter de plaider qu'aucune juridiction française n'était compétente[2]. L'exigence est sortie renforcée du nouveau Code de procédure civile dont le texte impose au demandeur de désigner « dans tous les cas devant quelle juridiction [il] demande que l'affaire soit portée ». Cette formulation embrasse différents cas dans lesquels la cour d'appel, statuant sur le contredit, n'a pas le pouvoir de désigner impérativement la juridiction compétente, et donc, parmi eux, celui où il s'agirait d'un tribunal étranger[3]. Elle laisse subsister la question du degré de précision requis du demandeur qui invoque l'incompétence internationale des tribunaux français : peut-il se contenter de désigner les tribunaux de tel

1. Civ. 5 avril 1957, *Patiño*, RC 57.335 obs. P. H.
2. Civ. II, 6 juill. 1966, RC 67.362 n. Simon-Depitre, JDI 68.942 obs. Sialelli ; 12 déc. 1973, JCP 74.IV.122 obs. J.A., RC 74.527 n. M.S.-D.
3. Sous l'empire du nouveau Code, Paris, 27 janv. 1988, D. 88. Somm. 342 ; 17 oct. 1990, DMF 93.225.

pays ou doit-il indiquer plus précisément une juridiction de ce pays dans le déclinatoire ? Une telle exigence n'a pas lieu d'être dès lors que le demandeur établit que le droit interne de l'État désigné permet de déterminer la juridiction compétente (et qu'elle n'est pas requise pour la validité des clauses attributives de juridiction, source fréquente de l'exception d'incompétence : n° 398)[1]. La jurisprudence est aujourd'hui unifiée dans le sens qu'une désignation globale dans le déclinatoire est suffisante[2].

3. Recours contre la décision sur la compétence

384. – Contredit ou appel. La procédure du contredit a été instituée en droit interne pour éviter d'avoir à réexaminer le cas échéant la compétence après que le procès a été jugé au fond. On a pu douter à l'origine de l'applicabilité de cette procédure au cas où c'est l'incompétence des tribunaux français qui est soulevée pour la raison, déjà évoquée, que cette procédure est conçue dans la perspective d'un règlement de juges par la cour d'appel, désignant impérativement la juridiction compétente (s'il s'agit d'une juridiction judiciaire) ; à cette fin, le contredit, comme le déclinatoire, doit être motivé et désigner la juridiction que le demandeur estime compétente. La Cour de cassation s'est néanmoins prononcée en faveur de l'application de la procédure du contredit, déclarant que « l'impossibilité où se trouve la juridiction saisie du contredit de procéder à la désignation impérative d'une juridiction étrangère dont la compétence est revendiquée, résultant de la délimitation des souverainetés respectives et non d'une disposition des lois de procédure, n'est pas de nature à faire écarter cette procédure »[3]. Depuis, le nouveau Code de procédure civile a expressément énoncé que le juge (de première instance comme d'appel) renvoie seulement les parties à mieux se pourvoir lorsqu'il estime que l'affaire relève de la compétence d'une juridiction étrangère (art. 96)[4].

1. Pas davantage n'y a-t-il lieu de s'opposer à ce que le demandeur indique les juridictions de plus d'un pays (v. pourtant, Civ. I, 15 oct. 1996, RC 97.90 n. crit. Muir Watt : l'arrêt réserve le cas d'option légale de compétence, dont on se demande selon quelle loi elle serait constatée).
2. Civ. I, 10 oct. 1978, JDI 79.142 obs. Kahn ; Civ. II, 20 nov. 1985, Bull. civ. II, n° 73 ; Com. 25 nov. 1997, RC 98.98 concl. Rémery (« tribunaux de la R.P. de Chine ») ; Soc. 17 mars 1998, JCP 98.II. 10127 n. Kerckhove (revenant sur l'attitude antérieure de cette chambre) ; Paris, 3 oct. 1974, D. 75.396 n. Droz (« tribunaux de ») ; Orléans 6 mai 2003, RC 04.139 n. Gaudemet-Tallon et 14 déc. 2007, RC 08.311 n. Gaudemet-Tallon (admettant la désignation des juridictions de deux ou plusieurs pays dont la compétence est possible), et même Dijon, 27 mai 1992, RC 93.291 n. Muir Watt (compétence « du juge américain »).
3. Civ. 6 juill. 1966, JCP 66.II.14860, GP 66.2.132, RC 67.362 n. Simon-Depitre. Cela se justifie parce que qui est en cause n'est pas une répartition de compétence entre les tribunaux nationaux mais leur pouvoir de juger au regard de celui des juridictions étrangères (v. Civ. I, 7 mai 2010, cité *infra* n° 385, évoquant un excès de pouvoir, lequel ne pourrait résulter que d'un exercice indu de la compétence française).
4. V. Civ. I, 23 janv. 2008, *infra* n° 397, censurant la désignation comme compétente d'une juridiction étrangère (désignée par une clause attributive de juridiction).

Dans le cas où le tribunal s'est déclaré compétent et a choisi de statuer immédiatement sur le fond (art. 76 CPC), c'est la voie de l'appel qui est seule applicable (art. 78 CPC ; de même en matière de divorce, v. art. 98 et 1112 CPC)[1]. Cela est toutefois à la condition que la décision du tribunal déclarant irrecevable l'exception d'incompétence et statuant au fond ait mis fin à l'instance[2]. En raison de l'importance de la question de compétence internationale, et pour accélérer le règlement de l'incident de procédure, le pourvoi en cassation est immédiatement recevable lorsque les juges du fond ont rejeté l'exception d'incompétence internationale sans mettre fin au litige[3].

B. INCOMPÉTENCE SOULEVÉE D'OFFICE PAR LE JUGE

385. – Évolution des textes. La complexité de la question, liée à l'incertitude sur la nature de la compétence internationale, oblige à évoquer les dispositions antérieures au régime actuel.

En 1958, l'art. 171 C. pr. civ. énonçait les cas dans lesquels le juge pouvait soulever d'office l'incompétence d'*attribution* mais ajoutait une référence globale au cas où cette incompétence était d'ordre public ; en ce qui concerne la compétence territoriale, le même texte limitait la faculté pour le juge de se déclarer d'office incompétent aux matières non contentieuses ou lorsque les parties ne pouvaient transiger sur leurs droits (cas dont l'application principale était le divorce). Le décr. du 20 juill. 1972 se contenta, pour l'incompétence d'attribution, de la référence à l'ordre public (art. 32 al. 1). S'agissant de l'incompétence *territoriale*, elle pouvait toujours être soulevée d'office en matière gracieuse. En matière contentieuse, elle ne pouvait l'être que dans deux cas : lorsque le litige avait pour objet l'état des personnes ou lorsque la loi attribuait compétence exclusive à une autre juridiction (art. 33). La compétence internationale étant généralement rapprochée de la compétence territoriale (n° 329), c'était le second texte qui s'appliquait à elle. Cette solution était cependant critiquée dans la mesure où l'on estimait que le juge français aurait dû pouvoir soulever d'office son incompétence internationale dans des conditions plus larges, afin d'éviter d'avoir à connaître de litiges sans rattachements suffisamment étroits avec la France.

Ce vœu a été satisfait avec le nouveau Code de procédure civile. En effet, si l'art. 93 reprend la disposition précédente pour la compétence territoriale (depuis a été ajouté le cas où le défendeur ne comparaît pas), l'art. 92, qui vise la compétence d'attribution, dispose que celle-ci peut être prononcée d'office lorsque la règle méconnue est d'ordre public ou que le défendeur ne comparaît pas (rédac. de 1976) ; et l'al. 2 ajoute qu'elle ne peut l'être devant la cour d'appel ou devant la Cour de cassation « que si l'affaire relève de la compétence d'une juridiction répressive ou adminis-

1. Paris, 27 sept. 1984, D. 85.I.R.178 (où l'exception est cependant rejetée comme tardive pour avoir été présentée après les conclusions au fond).
2. Civ. II, 30 avril 2009, *Flash Airlines*, Bull. n°117.
3. Civ. I, 7 mai 2010, n° 09-14.324 et 09-11.177, D. 10. xxxx n. Bolze et Perreau-Saussine.

trative ou échappe à la connaissance de la juridiction française »[1]. L'incompétence peut donc être relevée d'office par le juge à toute hauteur de la procédure[2] ; mais cette déclaration est pour lui facultative. La décision par laquelle le tribunal se déclare d'office incompétent est attaquée le cas échéant par la voie du contredit (art. 94 CPC.).

On pouvait se demander si le juge aurait le pouvoir de se déclarer incompétent lors même que le rattachement de compétence territoriale invoqué par le demandeur se réalisait en France, ce qui eut introduit l'exception de *forum non conveniens* connue de certains systèmes étrangers[3]. Bien que cela ne semble pas l'esprit du texte, cette possibilité aurait été bien venue (v. n° 386 et 390 bis). Au moins l'art. 92 aurait-il permis au juge de s'opposer à un accord des parties pour saisir un tribunal français s'il ne lui paraissait pas souhaitable de se prononcer dans ce litige ; ou à l'invocation d'une règle de compétence telle que celle applicable en matière délictuelle (n° 345) lorsqu'une infime partie du dommage allégué se réalise en France. Cette possibilité heurte cependant tant la conception française des règles de compétence (supposées immuablement fixées par la loi, alors pourtant qu'il ne s'agit, en matière internationale, que d'une adaptation des règles internes) que celle du rôle du juge[4]. Elle s'est trouvée au demeurant compromise par la convention de Bruxelles, ce texte établissant, dans son domaine d'application, la compétence des tribunaux des États contractants par le seul fait de la comparution volontaire des parties (art. 18, devenu art. 24 du règlement) et donc sans aucune condition de lien avec le litige (n° 571).

1. Ce qui a attiré particulièrement l'attention dans ce texte est le fait qu'il mentionne la compétence internationale au titre de la compétence d'attribution. Il pouvait ainsi donner l'impression de prendre parti sur une longue controverse relative à la nature de la compétence internationale, et ce dans un sens contestable (n° 329). À l'encontre de cette interprétation, il a été suggéré que l'expression « échappe à la connaissance de la juridiction française » ne visait que l'immunité de juridiction des États étrangers (n° 401) ; mais il semble plutôt que le mot « compétence » n'ait été omis que pour éviter une répétition. En toute hypothèse, il paraît préférable de considérer que l'art. 92 ne prend pas parti sur la nature de la compétence internationale et résout simplement une question ponctuelle. Il le fait en rapprochant sur celle-ci le régime de la compétence internationale de celui de la compétence d'attribution, afin de permettre de soulever l'incompétence internationale dans des conditions plus larges que celles prévues par l'art. 93, qui aurait été autrement considéré comme applicable.
2. Civ. I, 2 fév. 1982, Bull. civ. I, n° 58, D. 83.I.R.149.
3. P. Herzog, « La théorie du *forum non conveniens* en droit anglo-américain », RC 1976.1.
4. La doctrine française ne lui est pas favorable : v. Gaudemet-Tallon, « Les régimes relatifs au refus d'exercer la compétence juridictionnelle en matière civile et commerciale... », RIDC 1994.424. Pour un exemple jurisprudentiel, cependant, Paris, 14 déc. 1987, JDI 89.96 obs. crit. A. Huet. V. en revanche, Résolution IDI, session de Bruges (2003), RC 03.805 (en revanche réservée sur les *anti-suit injunctions*).

§ 2. – PROCÉDURES CONCURRENTES

386. – Importance pratique de la question. Le droit interne se préoccupe d'éviter la contrariété de décisions pouvant résulter de ce que deux juridictions statuent sur un même litige ou des litiges voisins ; de là l'exception de litispendance (art. 100 CPC) et la possibilité de renvoi pour connexité (art. 101). Dans le contexte international, le risque de procédures concurrentes est aggravé par le fait que chaque État formule unilatéralement les règles de compétence internationale de ses tribunaux, et de manière assez large pour leur permettre de connaître de tout litige présentant avec lui un rattachement raisonnable. Lorsque survient un différend, chaque partie s'efforcera de saisir les juridictions d'un pays donné en fonction de ses intérêts. Or le principe d'indépendance des ordres juridiques ne favorise pas la prise en considération par les tribunaux d'un État donné d'une procédure se déroulant dans un autre. Constituant une forme de coopération judiciaire, l'exception de litispendance internationale peut être prévue par traité. En droit commun, la jurisprudence française a fini par admettre la recevabilité de l'exception, mais les décisions l'accueillant effectivement sont rares ; il en a été de même pour l'exception de connexité. Apparaît aujourd'hui une ébauche d'admission de l'exception de *forum non conveniens*, sans qu'elle soit ainsi désignée.

A. LITISPENDANCE

387. – Domaine. Les conditions de la litispendance interne sont transposables en matière internationale : qu'au moment où une juridiction nationale est saisie, un autre procès soit pendant à l'étranger entre les mêmes parties (peu importe leur situation procédurale respective), que les instances aient le même objet et que les demandes soient fondées sur la même cause. Cette situation se présente assez fréquemment en matière de divorce ; ainsi, entre deux époux de nationalité commune et demeurant à l'étranger, l'un saisit d'une demande de divorce une juridiction locale et l'autre un tribunal de leur État d'origine aux mêmes fins.

388. – Recevabilité de l'exception de litispendance internationale. Selon une observation courante, l'exception de litispendance constitue une mise en œuvre anticipée de l'exception de chose jugée. Aussi l'attitude de la jurisprudence a-t-elle évolué à mesure de la libéralisation dans la reconnaissance des décisions étrangères et en particulier avec l'abandon de la révision au fond (n° 464).

Pendant un siècle et demi, on cite un grand nombre de décisions ayant refusé d'admettre l'exception en raison d'une instance ouverte à l'étranger. En 1969 encore, la Cour de cassation énonçait qu'« il est de principe que l'exception de litispendance n'est pas reçue en France à raison d'une instance introduite à l'étranger »[1]. Les raisons qui pouvaient inspirer cette attitude n'étaient cependant pas décisives. Selon l'une, l'exception est

1. Civ. I, 1er déc. 1969, JDI 70.707 n. A. Huet, RC 72.84 n. Lucas.

liée en droit interne à une procédure de règlement de juges : si une partie conteste la décision prise par le tribunal, la question sera portée devant la cour d'appel qui tranchera et dont la décision s'imposera aux deux juridictions concernées ; en matière internationale, la juridiction française se prononçant en appel est sans autorité sur la juridiction étrangère. Mais l'absence d'autorité commune n'interdit pas à la juridiction française saisie en second de simplement surseoir à statuer en attendant la décision de la juridiction étrangère. Selon une autre objection, la juridiction française, en se dessaisissant, aurait reconnu à une procédure étrangère en cours une autorité que n'a pas, sans exequatur, la décision même à intervenir. Mais cela est inexact de différentes catégories de jugements étrangers et le droit positif s'achemine vers la reconnaissance de plein droit de l'autorité de chose jugée pour tous (n° 484) ; à s'en tenir à la position la plus stricte, il est de toute façon plus grave de refuser la litispendance que d'exiger, si la décision est invoquée en France, l'exequatur.

Sans doute sous l'influence de ces considérations, la Cour de cassation a modifié sa position en 1974, déclarant que l'exception de litispendance peut être reçue devant le juge français, à condition que la décision à intervenir à l'étranger soit susceptible d'être reconnue en France[1].

389. – Appréciation de la litispendance. Comme l'indique la formule de la Cour de cassation, l'exception de litispendance n'a lieu d'être accueillie que si la décision à intervenir a vocation à être reconnue en France, selon les critères posés pour la reconnaissance des jugements étrangers : aujourd'hui, compétence du juge étranger, absence de contrariété à l'ordre public français et de fraude à la loi (n° 465)[2]. Il y a donc lieu de procéder à un contrôle anticipé, dans la mesure de ce qui est contrôlable au moment où le juge français est saisi de l'exception. On peut ainsi s'assurer de la compétence de la juridiction étrangère au regard des critères du droit international privé français. À cet égard, la libéralisation réalisée par l'arrêt *Simitch* (n° 469) facilite l'admission de la litispendance[3]. Toutefois, alors que le dessaisissement est obligatoire en droit interne, il ne saurait l'être en matière internationale : d'une part, parce que le contrôle auquel peut procéder le juge à ce stade est incomplet et repose en partie sur une

1. Civ. I, 26 nov. 1974, *Soc. Miniera di Fragne*, JDI 75.108 n. Ponsard, RC 75.491 n. D. Holleaux, GA n° 54 ; v. déjà Civ. 25 juin 1974, JDI 75.102.
2. La condition préalable est que la juridiction étrangère soit saisie, ce qui peut soulever difficulté au regard de la date à laquelle une instance est considérée comme engagée (v. en droit communautaire, *infra* n° 578 et 711) comme de savoir si elle est encore pendante (Civ. I, 6 déc. 2005, *Sté Nestlé France*, RC 06.428 n. Pataut : radiation de l'instance étrangère).
3. V. Civ. I, 15 juin 1994, D. 94. Somm. 352 ; 17 juin 1997, RC 98.453, 3e esp., n. B. Ancel ; 8 juin 1999, RC 00.35 n. Rémy-Corlay ; Soc. 7 mai 1996, RC 97.77 n. Droz ; auparavant, TGI Paris, 12 fév. 1980, JDI 80.653 n. A. Huet ; 23 nov. 1983, RC 84.510 n. Gaudemet-Tallon ; Paris, 24 mai 1983, JDI 83.827 n. A. Huet. Il en est de même de la jurisprudence récente mettant fin au caractère indirectement exclusif des articles 14 et 15 C. civ. (n° 470) : pour une illustration, Civ. I, 6 fév. 2008, RC 08.644 n. Muir Watt.

présomption de régularité de la décision étrangère à intervenir[1] ; d'autre part, parce qu'un tel automatisme serait de nature à encourager une partie voyant poindre un litige à saisir une juridiction étrangère. La formule adoptée par la Cour de cassation va dans le sens d'une admission facultative. Quand bien même l'exception est accueillie, il serait sage, puisque l'on n'a pu apprécier la régularité de la décision elle-même, de prononcer un sursis à statuer plutôt que le dessaisissement.

En droit interne, la situation de litispendance est réglée en faveur de la juridiction première saisie (art. 100 CPC). Ce critère chronologique, conçu pour un ordre juridictionnel homogène, ne convient pas nécessairement en matière internationale où le conflit oppose plus généralement des ordres juridiques et où il risque de déboucher sur des décisions contradictoires ; il est suggéré en conséquence de lui substituer celui du for le plus compétent (ce qui suppose, il est vrai, une appréciation commune de la part des juridictions en cause ; v. *infra* n° 390 bis)[2].

B. CONNEXITÉ

390. – Admissibilité et admission effective. On a vu que le juge français peut se reconnaître compétent pour connaître d'une demande qui ne relève normalement pas de sa compétence en raison du lien qu'elle présente avec une autre demande dont il est régulièrement saisi (n° 372 s.). Il devrait donc réciproquement pouvoir se dessaisir alors qu'il est compétent lorsqu'un litige présentant un lien étroit avec celui dont il est saisi est pendant à l'étranger, sur le modèle de ce qui est prévu, en droit interne, par l'art. 101 CPC. Mais il est psychologiquement plus facile au juge d'un pays donné de faire jouer la concentration des actions en sa faveur qu'à son détriment. De fait, si la doctrine s'est montrée plutôt favorable au dessaisissement pour connexité internationale, la jurisprudence a été longue à en offrir un exemple significatif[3]. Le dessaisissement pour connexité doit naturellement être subordonné à la vérification que la décision étrangère est susceptible d'être reconnue en France ; et dans ce cas même, la décision relève du pouvoir souverain d'appréciation du juge prié de se dessaisir, son examen devant porter sur le risque de contrariété de décisions. On appliquera pour le reste les dispositions procédurales internes (v. art. 103, 104 CPC).

1. V. Paris, 21 nov. 1978, D. 79.I.R.341, rejetant l'exception au motif, notamment, que la procédure étrangère n'apporterait pas à l'autre partie des garanties suffisantes.
2. En ce sens, Civ. I, 30 sept. 2009, n° 08-18.769, GP 09, n° 331-32, chr. M.-L. Niboyet, D. 10.58 n. Audit, RC 10.133 n. Gaudemet-Tallon, JDI 10.136 n. Guillaumé ; 16 déc. 2009, RC 10.165 n. Muir Watt. Ces deux arrêts reconnaissent une décision étrangère alors que le juge français avait été premier saisi, tout en constatant les liens de rattachement étroits du litige avec le for étranger.
3. Paris, 19 janv. 1994, D. 94. Somm. 353. La Cour de cassation avait d'abord laissé entendre que l'exception était recevable, en rejetant un pourvoi au motif que l'« admission de l'exception de connexité n'est jamais qu'une simple faculté pour les tribunaux » (Civ. I, 20 oct. 1987, JDI 88.446 n. A. Huet, RC 88.540 n. Lequette), puis consacré le principe à la condition qu'existe entre les deux instances pendantes devant des juridictions compétemment saisies « un lien de nature à créer une contrariété » de décisions (22 juin 1999, RC 00.42 n. Cuniberti).

C. *FORUM NON CONVENIENS*

390 bis. – Premiers pas jurisprudentiels. Certaines décisions récentes de la Cour de cassation, bien qu'elles n'emploient pas l'expression, donnent à penser qu'un règlement du conflit de procédures pourrait être envisagé selon les modalités du *forum non conveniens*, c'est-à-dire non selon un critère chronologique mais selon celui de la juridiction la mieux désignée ou encore de la plus grande proximité. Le juge français, bien que le premier saisi, pourrait ainsi renoncer, au moins provisoirement, à sa compétence, à raison de l'instance engagée ultérieurement à l'étranger devant un juge mieux placé. A ainsi été récemment reconnue l'injonction anti-procès prononcée par le juge américain second saisi et ordonnant au plaideur français de se renoncer à l'action par lui introduite en France en violation, il est vrai, d'une clause attributive de juridiction[1]. La reconnaissance en France de l'injonction implique, par voie de conséquence nécessaire, la caducité de l'instance française, pourtant introduite la première. L'on peut donc considérer que la reconnaissance de la mesure comminatoire étrangère équivaut au dessaisissement du for français, décidé par ce dernier au motif qu'il serait au cas d'espèce *non conveniens.* Témoignent d'un même mouvement les arrêts rendus en matière de divorce ou de mesures consécutives relatives à l'autorité parentale qui admettent la reconnaissance en France d'un jugement étranger, alors que l'un des époux avait antérieurement saisi le juge français d'une instance concurrente[2]. La caducité de la procédure française, résultant de l'exequatur du jugement étranger, n'aurait pu être le résultat d'une mise en œuvre chronologique de l'exception de litispendance. On peut donc y voir une amorce de solution du conflit de procédures par le *forum non conveniens*, décidée *ex post.* Cette jurisprudence naissante est sujette à confirmation. Elle peut être exceptionnellement opportune, en contrepoids à la compétence d'un juge français manifestement mal placé (notamment lorsque saisi sur le seul fondement de la nationalité française du demandeur).

Voy. : Chalas, *L'exercice discrétionnaire de la compétence juridictionnelle en droit international privé*, 2000 ; D. Holleaux, « La litispendance internationale », TCFDIP 1971-73, p. 205 ; Gaudemet-Tallon, « La litispendance internationale dans la jurisprudence française », Mél. Holleaux, p. 121 ; Lagarde, « *Perpetuatio fori* et litispendance en matière internationale », *ibid.*, p. 237 ; Moissinac Massénat, *Les confits de procédures et de décisions en droit international privé*, 2007 ; M.-L. Niboyet, « Les conflits de procédures », Trav. com. fr. dr. int. privé 1995-96.71 ; Nuyts, L'exception *de forum non conveniens*, 2003 ; Usunier, *La régulation de la compétence internationale en droit international privé*, Economica, 2008.

1. Civ. I, 14 octobre 2009, *In Zone Brands*, n° 08-16.369, 08-16.549, D. 10. 177 n. Bollée, GP 27-28 nov. 2009.34 obs. M.-L. Niboyet, JDI 10.146 n. Clavel, RC 10.158 n. Muir Watt, RDC 10.721 obs. Treppoz.
2. Civ. I, 30 sept. 2009, n° 08-18.769 et Civ. I, 16 décembre 2009, n° 08-20.305, préc. n° 389. Pour une lecture sous l'angle des conflits de procédures, v. Sinopoli, JDI 10, comm. 12.

§ 3. – DÉROGATIONS CONVENTIONNELLES AUX RÈGLES DE COMPÉTENCE

391. – Double forme. Les particuliers peuvent convenir de l'autorité par laquelle ils souhaitent voir régler un litige éventuel ou déjà né entre eux. Un tel accord est fréquent en matière internationale sous deux formes : clause attributive de juridiction désignant les tribunaux ou le tribunal d'un pays donné, ou clause d'arbitrage, donnant compétence à des juges privés.

A. CLAUSES ATTRIBUTIVES DE JURIDICTION

392. – Notions générales. Les clauses attributives de juridiction constituent la forme la plus fréquente de ce que l'on dénomme la « prorogation volontaire de juridiction » pour désigner l'accord des parties en faveur d'une juridiction donnée. Mais la prorogation peut également résulter de ce que le défendeur ne conteste pas la compétence du for saisi par le demandeur. À la différence de cette prorogation tacite, la prorogation expresse est en général conclue avant tout litige.

Les parties peuvent avoir désigné une juridiction normalement compétente selon ses propres règles objectives de compétence (par exemple, au titre de for du lieu d'exécution du contrat) ; dans ce cas, l'objet propre de leur accord est d'évincer les autres juridictions susceptibles de se reconnaître compétentes. La convention peut également désigner une juridiction qui n'aurait pas autrement vocation à connaître du litige : elle revêt alors un véritable effet prorogatoire (qui sera cependant subordonné à l'acceptation par le for désigné de la compétence offerte).

En matière internationale, une clause attributive de juridiction peut selon les cas designer les juridictions nationales ou les évincer. Afin d'adopter autant que possible la même attitude de principe dans les deux cas, il convient de s'interroger en premier lieu sur l'opportunité générale de ces clauses et sur le régime qui peut être le leur ; on examinera ensuite le droit positif français.

Les prorogations en faveur des juridictions françaises relèvent aujourd'hui le plus souvent des textes européens (conventions de Bruxelles ou de Lugano, art. 17 ; règlement 44/2001, art. 23) : dès lors que la matière du litige entre dans leur champ d'application matériel, qui couvre en principe toutes les relations économiques, il suffit en effet que l'une des parties soit domiciliée sur le territoire d'un État contractant ou État membre (n° 563 s.).

1. Opportunité des clauses attributives de juridiction

393. – Politique législative. Il n'a longtemps pas été vu d'un bon œil, en maints pays, que les particuliers disposent par accord de la compétence des tribunaux nationaux, et même paraissent manifester une méfiance à leur égard lorsqu'ils sont évincés. Cette conception a cependant reculé à mesure que s'avérait l'utilité des clauses attributives de juridiction dans les relations internationales. Elles remédient en effet aux incertitudes de la compétence internationale et évitent, en cas de difficulté, de voir les parties entamer chacune une procédure dans des pays différents. Simultanément s'est développé, dans des proportions importantes et avec l'approbation des États, l'arbitrage international dont l'effet sur la compétence des tribunaux nationaux est pourtant plus radical puisqu'il les évince tous.

On peut néanmoins craindre qu'insérées dans des contrats non négociés, ces clauses n'attribuent fréquemment compétence à un for difficilement accessible pour l'autre partie. Ce risque est pris en considération par le droit interne français dans la disposition restrictive de l'art. 48 CPC. La gêne sera d'autant plus grande pour l'adhérent en matière internationale qu'aux inconvénients de la distance s'ajoutent ceux de l'extranéité[1]. Le danger est toutefois moindre dans le commerce international, où les opérateurs disposent d'une plus grande faculté de choix du cocontractant et sont en général plus en mesure de défendre leurs intérêts, que dans le contexte interne, où les clauses sont souvent imposées à une partie faible (salarié, consommateur). Et il est possible d'y parer en soumettant la validité de la clause à certaines exigences.

Aujourd'hui, la majorité des droits nationaux et plusieurs conventions adoptées ou élaborées depuis une quarantaine d'années témoignent de la faveur dont sont venues à jouir les accords d'élection de for en matière internationale[2]. Celle-ci se traduit devant le for désigné par l'acceptation de la compétence qui lui offerte (effet positif) et devant les autres par le refus de se saisir au mépris d'une clause qui le désigne (effet négatif), ainsi que par la reconnaissance des décisions rendues par lui.

394. – Mise en œuvre du principe de licéité. Le principe de licéité n'emporte pas qu'effet soit systématiquement accordé à toute clause. Le principe même en sera globalement écarté par exception en certaines matières (état des personnes, droit du travail, des assurances, de la consommation, implication de la souveraineté d'un État...) ; de plus, une loi de police d'un État auquel la relation se rattache peut toujours l'écarter dans le domaine qu'elle couvre[3]. Lorsque la possibilité même de convenir d'un for n'est pas ainsi restreinte, il convient d'apporter une attention particulière aux conditions dans lesquelles la clause aurait été souscrite afin de s'assurer de son existence même et de sa validité ; plus précisément, qu'elle a été connue du promettant et a fait l'objet d'un réel consentement de sa part,

1. On peut également concevoir une fraude concertée entre les parties ; toutefois, cette éventualité est moins probable étant donné l'antagonisme normal d'intérêts entre elles. Elle était jadis relativement fréquente en matière de divorce, mais tend à s'éteindre dans ce domaine même avec la libéralisation générale du divorce dans les différentes législations.
2. En particulier les conventions européennes de Bruxelles et de Lugano (n° 563 s.). La négociation de la première a sans doute empêché l'entrée en vigueur de la Convention de La Haye du 25 novembre 1965 sur les accords d'élection de for qui l'avait précédée. Une autre sur le même objet a été conclue le 30 juin 2005 (n° 507).
3. La Cour de cassation a cependant écarté cette solution en l'absence de disposition législative expresse, Civ. I, 22 oct. 2008, *Monster Cable*, préc. n° 353.

car il est courant de ne pas prêter attention à ce type de clause lors de la conclusion d'un contrat[1].

On rappellera préalablement que la prorogation n'a lieu d'être admise que si le litige présente un caractère véritablement international, car tel est le présupposé du principe de licéité. Cette condition peut néanmoins être assez libéralement appréciée, afin de laisser jouer la prorogation dès lors que la relation s'inscrit dans une opération internationale[2].

S'agissant des règles selon lesquelles apprécier l'existence ou la validité d'une clause donnée, on songe naturellement d'abord à rechercher la loi qui lui est applicable selon le raisonnement conflictualiste habituel. Mais cette méthode est, en l'occurrence, imparfaitement adaptée. En ce qui concerne les questions de fond, la simple identification de la loi applicable soulève l'hésitation : loi du contrat qui contient la prorogation, loi propre à la clause (détachée du contrat qui la contient), loi du tribunal désigné, loi du ou des tribunaux qui revendiquent leur compétence et ont été évincés ? La détermination de la loi applicable à la forme soulèvera les mêmes difficultés si l'on se réfère à la loi du fond et non pas seulement à la loi du lieu de conclusion (n° 181) ; quant à celle-ci, elle sera rarement unique, le contrat étant passé à distance. Et surtout, qu'il s'agisse de la forme ou du fond, on risque de ne trouver dans le droit ainsi désigné d'autres dispositions que celles du droit commun des conventions, consacrant le principe du consensualisme. Or, la clause présente des caractéristiques spécifiques par son objet, le règlement des différends, et par le fait que, n'étant pas dans l'esprit des parties, normalement appelée à jouer, elle n'aura pas reçu du promettant l'attention qu'elle mérite. Ces différentes considérations appellent plutôt la formulation de *règles matérielles*, soit quant au consentement lui-même (v. n° 397)[3], soit quant à la forme de l'accord[4]. Le règlement des difficultés les plus courantes devrait permettre à terme de dégager des règles d'une certaine précision.

1. La prorogation tacite résultant de la comparution du défendeur ne soulève pas cette difficulté, le défendeur étant par hypothèse averti. La question n'est que de lui permettre de comparaître le cas échéant pour contester la compétence sans être considéré comme ayant acquiescé à celle-ci (v. selon les textes européens, n° 572).
2. Rappr., en matière d'arbitrage, art. 1492 CPC : « Est international l'arbitrage qui met en jeu les intérêts du commerce international. »
3. Certaines lois nationales ou conventions formulent une disposition générale permettant de ne pas donner effet à une clause obtenue par un abus de puissance économique ou des moyens déloyaux ; aux États-Unis, v. *M/S Bremen v. Zapata Off-Shore Cy*, 407 US 1 (1972), RC 1973.530 n. H. et D. Tallon, consacrant la validité des clauses en droit fédéral mais réservant les cas où la clause prive en fait une partie de la possibilité de faire valoir ses droits, la fraude, le dol, l'absence de libre négociation ou une trop forte disparité dans le pouvoir de négociation des parties.
4. Telle est la voie suivie par les textes européens (n° 566 s.), ainsi que le droit interne français selon lequel, dans les cas où elle est admise, la clause « doit avoir été spécifiée de façon très apparente dans l'engagement de la partie à qui elle est opposée » (art. 48 CPC).

2. Droit positif français

395. – Licéité de principe des clauses. Antérieurement à la réforme du Code de procédure civile, la jurisprudence avait admis la validité de la prorogation de compétence internationale en fonction des règles alors prévues pour la compétence territoriale interne, c'est-à-dire notamment dans toute la mesure où les parties avaient la disposition de leurs droits[1]. L'art. 48 CPC vint limiter en droit interne la possibilité de prorogation, en disposant que « toute clause qui, directement ou indirectement, déroge aux règles de compétence territoriale est réputée non écrite, à moins qu'elle n'ait été convenue entre des personnes ayant toutes contracté en qualité de commerçant... ». Il est vrai que dans leur grande majorité les contrats internationaux relèvent du commerce ; mais ce n'est pas le cas de tous. On s'est donc interrogé sur la transposition de ce texte en matière internationale. L'utilité avérée des clauses d'élection de for dans ce contexte militait contre l'extension de la règle interne ; une réponse négative permettrait en outre de couper court à toute discussion sur la détermination de la qualité de commerçant d'une partie, alors que la majorité des pays ignorent la distinction du droit civil et du droit commercial et que parmi les opérateurs du commerce international se trouvent des entreprises publiques[2]. La Cour de cassation s'est effectivement prononcée pour la validité de principe « *lorsqu'il s'agit d'un litige international et lorsque la clause ne fait pas échec à la compétence territoriale impérative d'une juridiction française* »[3]. Le fait que les deux parties soient de nationalité française n'interdit pas que la première condition soit satisfaite (c'était le cas dans l'arrêt *CSEE* même). La formule employée par la Cour de cassation ne s'oppose pas non plus à ce que soient désignés un tribunal ou les tribunaux d'un

1. La jurisprudence maritime est particulièrement abondante en raison de la fréquence de ces clauses dans les connaissements. La validité de la prorogation de juridiction résulte aussi implicitement des nombreuses décisions admettant la renonciation au bénéfice des art. 14 et 15 C. civ. (n° 366 s.).
2. La doctrine se prononçait dans l'ensemble contre la transposition. Le principe qui étend à l'ordre international les règles relatives à la compétence territoriale interne (n° 343) concerne au premier chef les règles de compétence proprement dites.
3. Civ. I, 17 déc. 1985, *CSEE. c. SORELEC*, D. 86.I.R.265 obs. Audit, RC 86.537 n. Gaudemet-Tallon, GA n° 72 (il est à noter que dans cette affaire les deux parties étaient commerçantes, ce qui renforce l'affirmation du principe puisque cette exigence de l'art. 48 aurait été satisfaite) ; depuis, Civ. I, 25 nov. 1986, RC 87.396 n. Gaudemet-Tallon.

pays avec lesquels la situation ne présente pas de lien matériel[1]. La réserve des compétences impératives françaises soulève davantage de difficultés[2].

396. – Compétences françaises impératives. La compétence liée au fonctionnement d'un service public est certainement impérative (n° 354), tandis que celle qui est fondée sur la nationalité française d'une partie (art. 14 et 15 C. civ.) ne l'est pas (n° 368). L'état des personnes, notamment le divorce, n'est pas normalement susceptible de faire l'objet d'une convention sur la compétence ; néanmoins, l'art. 1070 CPC ne doit pas nécessairement faire obstacle à ce que des époux étrangers de même nationalité s'accordent pour soumettre leur divorce à un tribunal de leur pays[3]. En matière contractuelle, la question se pose dans les domaines où des règles spécifiques font obstacle, en droit interne, à la prorogation de compétence en vue de protéger une partie réputée plus faible telle que l'assuré ou le consommateur ; elle est plus particulièrement débattue en matière de contrat de travail[4].

Des textes particuliers fixent en droit interne la compétence territoriale des conseils de prud'hommes (n° 349). Dans l'intérêt des salariés, la loi interdit expressément de déroger à ces règles[5]. La question est de savoir dans quelle mesure cette prohibition s'exerce lorsque le contrat est international[6]. Dans deux arrêts de chambre mixte, la Cour de cassation décida en 1974 qu'une clause attributive de juridiction ne pouvait déroger à une compétence française résultant des textes fixant la compétence territoriale des conseils de prud'hommes[7]. En d'autres termes,

1. En ce sens, Com. 19 déc. 1978, D. 79.I.R.341 obs. Audit, RC 79.617 n. A. Huet, JDI 79.366 n. Gaudemet-Tallon (désignation d'un tribunal suisse dans un contrat entre entreprises respectivement allemande et française) ; Paris, 10 oct. 1990, RC 91.605 n. Gaudemet-Tallon (désignation d'un tribunal français entre parties étrangères). En décider autrement ne laisserait d'autre voie aux parties que celle de l'arbitrage, alors qu'elles peuvent avoir le souci de choisir un tribunal national neutre ou plus spécialisé dans l'objet du litige (rappr. les cas de choix au fond d'une loi contractuelle sans lien matériel avec l'opération, *supra* n° 173). Il appartient cependant aux parties de s'assurer dans ce cas que le for désigné acceptera sa compétence, car elles ne peuvent la lui imposer : v. par exemple LDIP suisse, art. 5. 3, énumérant deux cas dans lesquels le tribunal *ne peut* refuser de se saisir, ce qui implique légitimement cette possibilité dans les autres.
2. Sur le cas où une clause désignant un tribunal français serait contestée comme interdite par une loi étrangère, v. n° 397 *in fine*.
3. En ce sens, Civ. I, 15 juin 1994, D. 94. Somm. 352.
4. Pour une comparaison, v. Sinay-Cytermann, RC 2009.427. Sur ce que l'applicabilité d'une loi de police française n'entraîne pas une compétence impérative française, Civ. I, 22 oct. 2008, *Monster Cable*, *supra* n° 353.
5. Loi du 18 déc. 1956, devenue l'art. 81, al. 4, du décr. du 22 déc. 1958. La disposition fut omise dans le décr. du 15 nov. 1973 promulguant la partie réglementaire du nouveau Code du travail (art. R. 517.1) et réinsérée par le décr. du 12 sept. 1974. Elle fut doublée d'une disposition législative, l'art. L. 121-3 CdT, devenu L. 1221-5 à la suite de l'ord. 12 mars 2007.
6. P. Mayer, « Les clauses relatives à la compétence internationale, insérées dans les contrats de travail », Mél. Holleaux, p. 263, et la bibl. citée sous le n° 349.
7. Cass. ch. mixte, 28 juin 1974, JCP 74.17881 n. G. Lyon-Caen, RC 75.110 n. P.L. ; JDI 75.82 n. D. Holleaux. Ces décisions mettaient fin à une divergence entre une position très restrictive de la Chambre sociale, mêlant indûment les art. 14 et 15 C. civ. à la discussion (Civ.soc. 18 et 19 oct. 1967, JCP 67.15293 n. G. Lyon-Caen, RC 68.490 n.

lorsque l'un des chefs de compétence se réalisait en France, la clause était nulle. Ces arrêts avaient été rendus sous l'empire de la première rédaction de l'art. R. 517-1 du Code du travail (auj. R. 1412-4) lequel ne prévoyait que deux critères de compétence ou plus exactement un critère alternatif : lieu de l'établissement ou, si le travail est exécuté en dehors d'un établissement, lieu de l'engagement. Le décr. du 12 sept. 1974 modifia cette disposition tout en y ajoutant d'autres chefs de compétence territoriale au bénéfice du salarié : en cas de travail en dehors d'un établissement, c'est le domicile du salarié qui détermine la compétence et non plus le lieu de conclusion du contrat ; mais le salarié peut toujours saisir le conseil de prud'hommes du lieu de l'engagement ainsi que celui de l'établissement de l'employeur. Cette modification du droit interne avait pour conséquence indirecte, si l'on s'en tenait à la jurisprudence de 1974, de restreindre les possibilités de validité des clauses : en particulier, quand bien même le contrat a été conclu à l'étranger avec une entreprise étrangère pour être exécuté localement, il suffisait au salarié exerçant hors d'un établissement d'invoquer un domicile en France pour tenir en échec une clause attributive de juridiction aux tribunaux étrangers ; une telle solution n'est pas de nature à encourager les employeurs étrangers à recruter des Français. Ceci explique peut-être la position ultérieure plus nuancée de la Chambre sociale, déclarant en particulier que « dès lors que [le] contrat de travail revêtait le caractère d'un contrat international, il s'ensuivait que les parties avaient pu valablement déroger aux règles de l'art. R. 517-1 du Code du travail »[1]. Cet arrêt n'a cependant pas stabilisé la jurisprudence, la Chambre sociale elle-même réaffirmant l'impossibilité de déroger à l'art. R 517-1 (devenu R. 1412-4)[2]. La solution la plus raisonnable paraît être d'interpréter ce texte à la manière d'une loi de police, et à le déclarer applicable ou non en fonction de l'intensité des liens du contrat avec la France ; cela conduirait à faire jouer la prohibition française lorsque le contrat s'exécute en France, mais non en cas de rattachement plus faible[3]. Sans être clos, le débat voit aujourd'hui son objet limité du fait que les clauses tomberont souvent sous le coup des dispositions plus précises du règlement CE 44/2001, applicable chaque fois que l'employeur exerce une activité économique dans la Communauté (n. 554). Quant aux clauses d'arbitrage, elles sont jugées inopposables aux salariés[4].

397. – Appréciation de la validité d'une clause donnée. Quant à la *forme*, la jurisprudence postérieure à l'arrêt *CSEE* s'est inspirée de l'art. 48 CPC selon lequel la clause, lorsqu'elle est permise, « doit avoir été spécifiée de façon très apparente dans l'engagement de la partie à qui elle est opposée » ce qui implique un écrit (expressément exigé dans le cadre

Gaudemet-Tallon, JDI 68.343 n. Simon-Depitre) et celle de la 1re chambre civile admettant la validité des clauses dès lors que le contrat était international (Civ. I, 9 janv. 1968, *Viala*, JCP 68.15451 n. G. Lyon-Caen, RC 68.490, 3e esp., n. Gaudemet-Tallon, JDI 68.717 n. Simon-Depitre).

1. Soc. 8 juill. 1985, *Allard*, RC 86.113 n. Gaudemet-Tallon ; dans le même sens, Civ. I, 16 juin 1987, D. 88. Somm. 341, 2e esp. ; Soc. 30 janv. 1991, Bull.civ. V, n° 41, p. 26.
2. Soc. 7 mai 1987, D. 88. Somm. 341, 1re esp., obs. Audit, RC 88.78, 1re esp. n. Gaudemet-Tallon.
3. En ce sens, Civ. I. 16 juin 1987, D. 88. Somm. 341, 2e esp., RC 88.78, 2e esp. ; Soc. 8 oct. 1987, D. 88. Somm. 341, 3e esp.. V. également Soc. 21 janv. 2004, RC 04.644 n. Jault-Seseke, validant une clause attribuant compétence aux juridictions américaines (tout en se fondant, de manière contestable, sur la soumission du contrat de travail au droit américain, l'arrêt relève également que le contrat s'exécutait aux États-Unis).
4. Soc. 16 fév. 1999 et 4 mai 1999, RC 1999.745 n. Jault-Seseke, Rev. arb. 99.290 n. M.-A. Moreau ; 28 juin 2005, RC 06.159 n. Jault-Seseke.

des textes européens, n° 567)[1]. Fréquemment ce type de clause figure dans des « conditions générales » qui ne satisfont pas à l'exigence de clarté[2]. Celle-ci pourrait même être étoffée pour tenir compte d'éléments propres au contexte international, tels que les usages d'un pays où réside la partie à laquelle est opposée la clause et surtout la langue dans laquelle celle-ci est formulée[3]. Inversement, la rigueur peut être tempérées compte tenu des usages en vigueur dans le type d'opération en cause[4] ou de relations d'affaires habituelles[5].

Au *fond*, l'allégation de l'inexistence ou de l'invalidité de la clause peut amener à résoudre le difficile problème de la loi applicable à celle-ci (n° 394). Le droit français n'est pas fixé sur cette question[6]. Une contestation relative à l'existence du consentement ou à son intégrité est susceptible d'être résolue comme une question de fait, sans référence à un droit national[7] ou, aujourd'hui, en se référant aux Principes Unidroit ou de droit européen des contrats (n° 8). S'agissant de la licéité de la clause dans le domaine concerné, une interdiction ou restriction formulée par une loi à laquelle se rattache l'opération pourra être respectée en tant que loi de police, aux conditions habituelles[8].

1. V. par ex., Paris 10 oct. 1990, préc. ; cpdt, appliquant implicitement la règle *Locus regit actum* (et incluant dans son domaine, de manière discutable, la question de l'acceptation de la clause), Civ. I, 3 déc. 1991, RC 92.340 n. Gaudemet-Tallon (référence à la loi du lieu d'émission d'un connaissement).
2. V. par ex. Civ. I, 30 juin 1992, D.94.169 n. Guez ; Paris 29 juin 1983, D.93. I.R. 248 (contrat-type souscrit par une entreprise ne recourant qu'occasionnellement au transport maritime). Sur ce que le juge qui donne effet à une clause rédigée en langue étrangère ne doit pas se contenter de la reproduire mais doit en préciser la signification en français, Civ. II, 11 janv. 1989, Bull. civ. II, n° 11, D. 89. I.R. 181 obs. Julien ; mais il n'est tenu qu'à cela : Civ. I, 23 janv. 2008, JDI 08.1087, 1re esp., n. Sinay-Cytermann.
3. Paris, 18 déc. 1987, D. 88. Somm. 343 ; 27 janv. 1988, *ibid.*, p. 342.
4. Civ. I, 25 nov. 1986, préc. (usages des transports maritimes internationaux).
5. Civ. I, 17 fév. 2010, n° 08-12749 (relevant que la clause figurait sur toutes les factures adressées).
6. V. Civ. I, 3 déc. 1991, préc., écartant simplement la loi française en tant que loi du for pour un connaissement soumis à une loi étrangère, mais ne se prononçant pas sur la question ; Paris, 14 juin 1995, D. 96. Somm.169, déclarant que la licéité d'une clause désignant une juridiction française doit être déterminée au regard de la seule loi française. En jugeant qu'« une clause attributive de compétence, en raison de son autonomie par rapport à la convention principale (...) n'est pas affectée par l'inefficacité de cet acte », la Cour de cassation ouvre la voie à l'affirmation de l'autonomie juridique de la clause : Civ. I, 8 juill. 2010, *Bluebell*, 07-17788.
7. V., en matière de clause d'arbitrage, n° 400.
8. V. art. L. 131-73 C. cons. réputant non écrite toute clause d'un contrat d'acquisition de droits d'occupation à temps partiel d'un immeuble (*time sharing*) attribuant compétence à une juridiction d'un État non partie aux conventions de Bruxelles ou de Lugano lorsque l'acquéreur est un consommateur ayant son domicile ou sa résidence habituelle en France ou lorsque le bien est situé sur le territoire d'un État partie à ces conventions.

398. – Effet de la clause attributive de juridiction. L'effet d'une clause désignant un tribunal français est normalement de rendre celui-ci compétent[1]. Il pourrait cependant en être autrement, par une sorte d'effet réflexe, si l'on se trouve dans un domaine où le droit français considère ses propres règles de compétence comme impératives[2]. En effet, l'impérativité ne vise pas nécessairement la protection de l'ordre juridictionnel français en tant que tel mais un intérêt universel, tel que la protection d'une partie faible ; les considérations qui l'inspirent peuvent donc inciter à ne pas se saisir au détriment d'une compétence étrangère qui se voulait également impérative.

En ce qui concerne l'identification du tribunal compétent, il arrive que les parties aient simplement désigné « les tribunaux » d'un pays donné, et non une juridiction particulière. Une telle clause a parfois été privée d'effet pour défaut de précision suffisante[3]. Cette attitude n'apparaît pas justifiée, dès lors que le droit interne de l'État concerné permet de désigner le tribunal spécialement compétent[4]. S'il s'agit des tribunaux français et qu'aucun rattachement de compétence territoriale ne permet de désigner ce tribunal, on pourra, s'inspirant de la solution dégagée dans le cas où la compétence des tribunaux français ne résulte que de l'art. 14 C. civ., se référer au critère d'une bonne administration de la justice (n° 365)[5]. De même, si la clause désigne par exemple le « lieu du principal établissement » d'une partie, se contentera-t-on du fait que la détermination du tribunal puisse être objectivement effectuée.

À défaut de pouvoir être suivie d'effet devant le juge élu, la clause doit être considérée caduque et laisser place en retour aux règles de compétence du droit commun[6].

La jurisprudence admet difficilement la transmission de la clause aux ayants droit dans les chaînes de contrats[7].

1. Dans la grande majorité des cas aujourd'hui, ce sera en vertu des textes européens (n° 563). Dans le cas où une partie invoque la nullité du contrat contenant la clause, v. refusant d'appliquer la convention de Lugano, TGI Paris, 10 juill. 1991, RC 93.54 n. crit. Gaudemet-Tallon.
2. V. en matière de divorce, Paris, 10 nov. 1959, *Dawn Addams*, RC 60.218 n. Ph. F., D. 60.587 n. Malaurie.
3. Soc. 23 mai 1973, RC 74.354, 2e esp., n. Lagarde ; Aix-en-Provence, 15 juin 1972, D. 72.757 n. R. Rodière, RC 73.350 n. Gaudemet-Tallon.
4. Civ. I, 17 déc. 1985, *CSEE c. SORELEC*, préc. La preuve du contraire doit incomber à celui qui prétend saisir les tribunaux français en dépit de la clause ; l'on pourrait presque exiger de lui qu'il se soit heurté à une déclaration d'incompétence générale à l'étranger.
5. Sur l'interférence d'une clause attributive de juridiction avec les règles de compétence dérivée, v. nos 374 et 375.
6. Civ. I, 30 sept. 2009, *Sté Thinet*, préc. cité n° 362.
7. V. Civ. I, 4 juin 2009, JDI 10, comm. 14 par Espinassous, et la jurisprudence citée.

B. CLAUSES D'ARBITRAGE

399. – Faveur à l'arbitrage. L'arbitrage joue un rôle de premier plan dans le règlement des litiges nés du commerce international. Aux avantages qu'on lui prête en droit interne (célérité, souplesse, discrétion, possibilité de soumettre le litige à des personnes plus spécialement qualifiées) se joignent d'autres propres à ce contexte : la possibilité de s'adresser à des arbitres d'une nationalité tierce et, sous réserve de discussion, celle de détacher la procédure, voire le fond, de toute loi étatique pour les soumettre à des règles spécifiques à l'ordre international. L'arbitrage jouit donc aujourd'hui d'une grande faveur, non seulement de la part des opérateurs mais de celle des droits nationaux, lesquels en nombre croissant le réglementent en vue de faciliter sa pratique ; corrélativement se multiplient les centres d'arbitrages offrant un cadre au règlement des litiges par cette voie. En droit français, divers arrêts de la Cour de cassation ont élaboré, sous forme de règles matérielles, un régime de l'accord d'arbitrage qui tend à lui assurer la plus grande efficacité (et qui est susceptible d'inspirer sur certains points celui des clauses attributives de juridiction)[1].

400. – Régime de l'accord d'arbitrage. Il est fréquent que, lorsqu'une partie se prévaut d'un accord d'arbitrage, l'autre invoque la nullité ou la résolution du contrat qui le contient de manière à le priver d'effet. Mais pour la Cour de cassation, « *en matière d'arbitrage international l'accord compromissoire, qu'il soit conclu séparément ou inclus dans l'acte juridique auquel il a trait, présente toujours, sauf circonstances exceptionnelles, (...) une complète autonomie juridique* »[2]. En ce qui concerne la capacité de souscrire l'accord d'arbitrage, la Cour de cassation a jugé que l'interdiction faite à l'État de compromettre ne s'applique pas dans un contrat international[3]. Cette règle matérielle à objet international n'est pas réservée à

1. Le nouveau Code de procédure civile a consacré des dispositions spécifiques à l'arbitrage international (art. 1492 s., décr. du 12 mai 1981). Mais celles-ci, issues du pouvoir réglementaire, ne pouvaient porter que sur les questions procédurales. Une manifestation de la faveur évoquée réside dans l'absence de distinction parmi les clauses d'arbitrage entre le compromis, par lequel les parties soumettent à arbitrage un litige déjà né, et la clause compromissoire, conclue avant tout litige, qui est restreinte en matière civile (art. 2061 C. civ.) : les art. 1492 s. CPC visent indistinctement l' « accord d'arbitrage ».
2. Civ. I, 7 mai 1963, *Gosset*, D. 63.545 n. Robert, RC 63.615 n. Motulsky, JCP 63.II.13405 n. Goldman, JDI 64.82 n. Bredin, et les arrêts cités aux deux notes suivantes. La réserve des « circonstances exceptionnelles », qui n'a jamais eu l'occasion d'être mise en œuvre (on pouvait penser à un vice du consentement affectant aussi bien l'accord d'arbitrage que le contrat) paraît aujourd'hui abandonnée.
3. Civ. 2 mai 1966, *Galakis*, D. 66.575 n. Robert, JCP 66.14798 n. Ligneau, JDI 66.648 n. Level, RC 67.553 n. Goldman, GA n° 44 ; la solution avait déjà été adoptée, mais selon un raisonnement conflictualiste et par application, très contestable s'agissant d'apprécier la capacité d'une personne publique française, de la loi (étrangère) du contrat : Civ. 14 avril 1964, D. 64.637 n. Robert, S. 64.93 n. Plancqueel, JCP 65.II.14406 n. P. L., JDI 65.645 n. Goldman, RC 66.69 n. Batiffol.

l'État français. Elle a été doublée d'une règle de même nature concernant l'engagement d'une société à l'arbitrage[1].

De l'autonomie, ou indépendance, de l'accord d'arbitrage ainsi consacrée, la jurisprudence postérieure a tiré des conséquences étendues, soit successivement la possibilité que la clause d'arbitrage soit soumise à une autre loi que celle régissant le contrat principal[2], puis même sa validité indépendamment de toute loi étatique[3]. Pas davantage que pour une clause attributive de juridiction, cela ne doit emporter que l'accord recevra systématiquement effet : selon l'arrêt *Dalico*, l'existence et l'efficacité de la clause s'apprécient d'après la commune volonté des parties « sous réserve des règles impératives du droit français et de l'ordre public international ». Ainsi sa validité pourra être contestée au regard des conditions de formation des actes juridiques généralement acceptées. Il sera plus difficile de mettre en cause sa licéité au regard de l'objet du litige selon une loi interne, prise comme loi de police[4] : l'appréciation de l'« arbitrabilité » d'un litige est confiée aux arbitres eux-mêmes, investis sur ce point comme sur le précédent de la compétence-compétence, sous le contrôle, il est vrai, du juge de l'exequatur de la sentence s'ils se déclarent compétents ; mais ce contrôle, exercé au regard de l'ordre public international, est limité à une violation « flagrante, effective et concrète » de celui-ci[5].

Voy. : Arrue-Montenegro, *Autonomie de la volonté dans le conflit de juridictions, Droit français et panaméen,* thèse Paris II, 2010 ; Blanchin, *L'autonomie de la clause compromissoire : un modèle pour la clause attributive de juridiction ?*, 1995 ; Bollée, « La clause compromissoire et le droit commun des conventions », Rev. arb. 2005.917 ; Coipel-Cordonnier, *Les conventions d'arbitrage et d'élection de for en droit international privé*, 1999 ; Gaudemet-Tallon, *La prorogation volontaire de juridiction en droit international privé*, 1965 ; Jodlowski, « Les conventions relatives à la prorogation et à la dérogation de compétence internationale », RCADI 1974. III.77 (t. 143) ; Kaufmann-Kohler, *La clause d'élection de for dans les contrats internationaux*, Bâle, 1980 ; Sinay-Cytermann, *L'ordre public en matière de compétence judiciaire internationale*, thèse dactyl. Strasbourg, 1980.

1. Civ. I, 8 juill. 2009, *Soerni*, D. 09. Pan. 2385 obs. d'Avout, Rev. arb. 09.529 n. D. Cohen, Cah. arb. 2010-1, p. 97 n. Train.
2. Civ. I, 4 juill. 1972, *Hecht*, JDI 72.843 n. Oppetit, RC 74.82 n. Level, rejetant le pourvoi contre Paris, 19 juin 1970, JCP 71.II.16927 n. Goldman, JDI 71.883 n. Oppetit, RC 71.692 n. Level et art. Francescakis, Rev. arb. 74.67.
3. Civ. I, 20 déc. 1993, *Dalico*, JDI 1994.432 n. Gaillard, RC 94.663 n. P. Mayer, Rev. arb. 94.116 n. Gaudemet-Tallon, qualifiant l'indépendance de la clause compromissoire de « règle matérielle du droit international de l'arbitrage » ; auparavant, Paris, 13 déc. 1975, *Menicucci*, RC 76.507 n. Oppetit, JDI 77.106 n. Loquin, Rev. arb. 77.147 n. Fouchard.
4. En ce sens, Civ. I, 8 juill. 2010, *Doga,* n° 09-67013, faisant suite à l'arrêt *Monster Cable*, cité *supra* n° 353.
5. Civ. I, 4 juin 2008, *SNF c. Cytec*, Rev. arb. 08.473 n. Fadlallah, JDI 08.1107 n. Mourre, GP 09, n° 51-52, p. 32 n. Train, D. 08 Pan. 2566 obs. Bollée.

SECTION III

IMMUNITÉS SOUVERAINES

401. – Définition et nature juridique. En matière de compétence internationale, le principe de l'immunité souveraine s'oppose à ce qu'un État laisse se dérouler une procédure contre un État étranger, un souverain étranger ou un agent diplomatique qui les représente[1]. La notion de « procédure » s'entend de la manière la plus large : l'immunité se manifeste depuis le stade de la signification, qui est nulle si elle est faite par voie d'huissier, jusqu'à celui de l'exécution[2]. Devant les tribunaux, elle s'est traduite en général par une déclaration d'incompétence. Toutefois la doctrine tend à y voir un véritable défaut de pouvoir de juridiction[3], conception aujourd'hui consacrée par la jurisprudence[4]. Mais il a toujours été admis que l'on peut renoncer à l'immunité.

Le régime procédural de l'immunité ne correspond pas à une qualification précise. Le moyen de défense tiré de l'immunité a été qualifié de fin de non-recevoir[5]. Invoqué par le défendeur, il n'a pas à être soulevé *in limine litis*, mais peut l'être à tout moment et pour la première fois devant la Cour de cassation ; il peut également être soulevé d'office par le juge et cela jusqu'à la Cour de cassation, comme une incompétence d'attribution (art. 92, al. 2 CPC). S'il a été soulevé en première instance et donne lieu à contestation, c'est la voie de l'appel et non celle du contredit qui sera suivie, car moins encore que dans le cas ordinaire d'incompétence internationale, la question n'est de désigner une juridiction compétente[6]. La méconnaissance de l'immunité par les juges du fond ouvre une voie de recours particulière : le recours pour excès de pouvoir[7].

1. Le principe présente d'autres aspects, tels que l'immunité fiscale des représentants diplomatiques.
2. La signification doit se faire à Parquet et est transmise par l'intermédiaire du ministère de la Justice aux fins de transmission par voie diplomatique (art. 684 al. 2 CPC) ; v. avant ce texte, Paris, 30 juin 1967, RC 68.478 n. Bourel ; depuis Civ. I, 15 avril 1986, RC 86.723 n. Couchez, JDI 87.632, 1re esp., n. Kahn ; Paris, 30 juin 1981, RC 82.129 n. Bourel. L'immunité à l'égard de l'exécution forcée et des mesures conservatoires a été expressément mentionnée par la loi du 9 juill. 1991 (art. 1er al. 3), sans précision quant à la détermination de ses bénéficiaires.
3. Hébraud, note RC 1963.809 ; Solus et Perrot, *Droit judiciaire privé*, t. II, n° 632 ; Théry, *Pouvoir juridictionnel et compétence*, thèse dactyl. Paris II, 1981.
4. Civ. I, 4 fév. 1986, RC 86.718 n. Mayer, JDI 87.112 n. Jacquet ; 20 oct. 1987, RC 88.727 n. Mayer ; 14 oct. 1995, RC 96.337 n. Muir Watt (à l'égard d'une organisation internationale) ; 22 oct. 2002, RC 03.299 n. H. M. W. Comp. 15 avril 1986, préc.
5. Civ. I, 15 avril 1986, préc. ; Paris, 17 mars 1978, D. 78. I.R. 370 ; Soc. 23 février 2005, (n° 02-41870).
6. Civ. I, 27 avril 2004, RC 05.75, 1re esp., n. Muir Watt ; Paris, 5 nov. 1969, RC 70.703, 2e esp., n. Loussouarn.
7. L. 3 juill. 1967, art. 18.

402. – Évolution et fondement. L'immunité souveraine trouve sa source dans le droit international public. Mais à défaut d'élaboration suffisante par celui-ci, son régime a été fixé par chaque État pour son compte[1]. La jurisprudence française la reconnaît sans texte précis ; la Cour de cassation a visé en dernier lieu « la règle de droit international public gouvernant les relations entre États »[2], ainsi que « les principes de droit international relatifs à l'immunité d'exécution des États étrangers »[3]. Cette pratique coutumière trouve son origine dans une élémentaire nécessité : les relations entre peuples n'auraient jamais été possibles si leurs envoyés respectifs n'avaient bénéficié en cette qualité d'une protection particulière. Elle est donc reconnue depuis les temps les plus reculés, c'est-à-dire bien antérieurement à la notion de droit international, à défaut d'avoir été toujours respectée[4]. À l'époque moderne, la théorie l'a justifiée successivement par l'idée de courtoisie internationale, puis par les notions de souveraineté et d'égalité des États : le fait pour les autorités d'un État de juger les actes d'un souverain ou d'un État étranger, ou ceux accomplis en son nom, serait de la part du premier affirmer une sorte de supériorité à l'égard du second (*par in parem non habet imperium*)[5]. Un mouvement se dessine cependant cherchant à écarter l'immunité pour les actes les plus graves, tels que génocides, crimes contre l'humanité, crimes de guerre et d'agression[6].

1. Alors que les premiers travaux sur le sujet remontent à la société des Nations, un projet de convention sur l'immunité juridictionnelle des États et de leurs biens a été adopté par Résolution des Nations Unies le 2 déc. 2004 et ouvert à la signature le 17 janvier 2005 (texte JDI 05.1054 et comm. Pringel, *ibid.* p. 1045, Leboulanger, Hafner et Lange, AFDI 04.45, Leboulanger, Rev. arb. 05.802). Auparavant, v. Convention de Bâle sur l'immunité des États étrangers, signée le 16 mai 1972 dans le cadre de Conseil de l'Europe, non ratifiée par la France (comm. Vallée, RTDE 1973.205, Wiederkehr, AFDI 1974.924).
2. Civ. I, 20 oct. 1987, préc.
3. Civ. I, 13 juin 1993, JDI 94.138 n. G. Burdeau ; Crim. 13 mars 2001, *infra* ; Ch . mixte, 20 juin 2003, RC 03.647 n. Muir Watt, JDI 03.1124 et chron. Pingel 1115.
4. V. en dernier lieu, CIJ, arrêt du 24 mai 1980, *aff. relative au personnel diplomatique et consulaire des Etats-Unis à Téhéran*, Rec. 1980.3 (« dans la conduite des relations entre Etats, il n'est pas d'exigence plus fondamentale que celle de l'inviolabilité des diplomates et des ambassades », p. 19).
5. En bénéficient donc les États souverains, c'est-à-dire jouissant d'une personnalité propre dans l'ordre international. Ce critère exclut en particulier les États membres d'une fédération (Civ. 24 oct. 1932, D.P. 33.1.196 n. Gros, JDI 33.644, 5 nov. 1969, RC 70.702 préc.), les démembrements territoriaux d'un État (*Länder*, régions, provinces, départements, villes...). Les États non reconnus ne se voient pas nécessairement refuser le bénéfice de l'immunité. En effet, la reconnaissance relève de considérations politiques. À son défaut, on peut tenir compte du fait que constitue l'exercice de compétences effectives par l'État non reconnu ; il en sera d'autant plus ainsi lorsque l'Etat du for entretient de fait des relations avec lui. La Cour de cassation s'est expressément prononcée pour l'immunité d'un État alors non reconnu : Civ. 2 nov. 1971, *Clerget*, JCP 72.II.16969 n. Ruzié, RC 72.310 n. Bourel, JDI 72.267 n. Pinto (Rép. dém. du Nord Viet-Nam).
6. V. cependant, faisant jouer l'immunité contre une action civile tendant à réparer les conséquences d'un acte de terrorisme : Paris, 16 janv. 2009, JDI 09.863 n. Brière.

La part respective des différentes considérations évoquées varie selon le bénéficiaire : État lui-même ou ses représentants[1]. La qualité du bénéficiaire se traduit elle-même par une différenciation du régime de l'immunité, en particulier quant à l'étendue des actes pour lesquels elle joue. Aussi longtemps que l'immunité ne s'appliquait qu'à des personnes physiques (souverains ou leurs envoyés), elle pouvait être considérée comme absolue ; les intéressés en bénéficiaient quelle que soit la nature des actes accomplis. Cette conception s'est prolongée assez longtemps après que l'immunité se soit appliquée aux entités que constituent les États[2]. Mais à mesure qu'au cours du XXe siècle nombre d'entre eux cessaient de se cantonner à leurs fonctions traditionnelles de puissance publique pour se livrer à des activités économiques, il apparut nécessaire de s'opposer à l'extension corrélative du champ de l'immunité. Cette nécessité a été particulièrement ressentie à l'égard des États qui expérimentaient l'économie collective ainsi que de nombreux pays en développement. Il en est résulté un cantonnement de l'immunité des États étrangers qui impose davantage d'examiner séparément celle-ci de celle des souverains et agents diplomatiques.

§ 1. – IMMUNITÉ DES SOUVERAINS ET DES AGENTS DIPLOMATIQUES

A. SOUVERAINS ET CHEFS D'ÉTAT ÉTRANGERS

403. – Domaine, fondement, étendue. L'immunité des souverains – qui échappe au mouvement de codification[3] – s'applique à tout chef d'État étranger, quelle que soit la forme de gouvernement de l'État en question[4]. Elle se fonde à la fois sur l'idée d'indépendance des souverainetés et celle de courtoisie[5]. Elle a rarement l'occasion d'être invoquée devant les tribunaux et les cas où elle l'a été ne permettent pas de dégager un régime très précis. Il est certain que l'immunité

1. L'immunité s'est étendue aux *organisation internationales*. Dans la mesure où elle leur est reconnue (sur ce point, v. Paris 13 janv. 1993, JDI 93.353 n. Mahiou), elle repose sur l'indépendance nécessaire à vis-à-vis des États dans l'accomplissement de leur mission, non sur une souveraineté quelconque. Son régime est étroitement fonction du contenu d'un accord de siège (v. par ex. Civ. I, 28 oct. 2003, *Union latine*, RC 04.773 n. Clavel ; Soc. 11 février 2009, *Beaugrenier*, JDI 09.1247 n. Condé) car les règles dégagées pour les Etats sont peu transposables. V., subordonnant l'immunité au droit du demandeur à l'accès à un tribunal et à un procès équitable, Paris, 7 oct. 2003, RC 04.409 n. M. Audit et Soc. 25 janv. 2005, préc. n° 356. V. Angelet et Weerts, « Les immunités des organisations internationales face à l'article 6 de la CEDH », JDI 2007.3.
2. Civ. 22 janv. 1849, D.P. 49.1.5 : « Le droit de juridiction qui appartient à chaque État pour juger les différends nés à l'occasion des actes émanés de lui est un droit inhérent à son autorité souveraine, qu'un autre gouvernement ne saurait s'attribuer sans exposer à altérer leurs rapports respectifs ».
3. Mais v. Résolution IDI, session de Vancouver (2001).
4. Crim. 13 mars 2001, D. 01.2355 obs. Gozzi et 2631 n. Roulot, JDI 02.804 n. Santulli (chef de la Jamahiriya libyenne).
5. Pour une application particulière de cette idée, v. TGI Paris, 20 mars 1970, D. 70.487 n. Chabas, interdisant de débattre de l'*exceptio veritatis* dans des poursuites pour offenses à un chef d'État étranger.

s'applique aux actes commis pendant les fonctions et se rattachant à leur exercice[1]. Il est plus difficile de décider si elle s'étend aux actes purement privés et si les anciens souverains ou chefs d'Etat en bénéficient. L'idée de déférence envers la fonction conduit à se prononcer en faveur de l'immunité même pour des actes privés tant que l'intéressé est en fonction, d'autant que la position inverse réduirait considérablement le champ de l'immunité[2] ; en revanche, l'immunité pour les engagements privés assumés au temps des fonctions n'a pas lieu de subsister lorsque celles-ci ont pris fin[3].

Une hypothèse appelée à s'étendre est celle des actions intentées par un État étranger contre un ancien chef de l'État pour détournement de fonds publics, lesquels auraient été investis dans l'État du for[4]. En dépit des obstacles de toute nature qui s'élèvent au jugement de telles demandes, notamment celui d'avoir à se prononcer sur les rapports entre un État étranger et celui qui était à sa tête[5], sans parler de ceux entre ce dernier et l'État du for, leur accueil permettrait d'éviter que l'État du for ne constitue un havre pour des capitaux dont le détournement serait patent[6].

B. AGENTS DIPLOMATIQUES

404. – Généralités. L'immunité des missions diplomatiques se manifeste au premier chef par l'inviolabilité des personnes ; celles-ci ne peuvent être arrêtées ni détenues. À l'origine purement coutumière, elle fait aujourd'hui l'objet d'une convention de Vienne du 18 avril 1961, entrée en vigueur en France en 1971[7]. L'immunité a été étendue par analogie aux fonctionnaires des organisations internationales installées sur le territoire et aux membres des délégations étrangères auprès de ces organisations ; elle fait l'objet dans ces cas d'un accord de siège[8]. Un certain aménagement s'impose cependant, car les États eux-mêmes, accueillant sur leur territoire les activités des représentants d'État étrangers, ont le souci légitime de sauvegarder le respect de leurs lois.

1. Paris, 23 août 1870, D.P. 71.2.9. Il importe peu alors que l'action soit exercée après la cessation des fonctions : Paris, 15 mars 1872, D.P. 73.2.24, S. 72.268.
2. On ne doit pas non plus négliger l'éventualité que les créanciers s'abstiennent spontanément de faire valoir leurs droits et que, pour les mêmes raisons d'opportunité, l'immunité bénéficie en fait aux membres de la famille du bénéficiaire. V., écartant l'immunité au motif que l'intéressé avait expressément déclaré s'engager personnellement, Paris, 31 mai 1994, *Mobutu*, JDI 95.641 n. Mahiou.
3. Paris, 3 juin 1872, confirmant Trib. Seine, 19 mars 1872, S. 72.2.293 ; Alger, 22 janvier 1914, Rev. dr. int. pr. 19.490 ; Paris, 11 avril 1957, *Sté J. Dessès c. prince Farouk* ; JDI 57.716 n. Sialelli ; TGI Seine, 12 juin 1963, *Sté Chr. Dior c. prince Farouk*, JDI 64.285 n. Ponsard, RC 1964.689 n. Batiffol.
4. En France, v. Civ. I, 2 mai 1990, *Duvalier*, préc. n° 291.
5. Cpr., dans un cas où l'ex-chef d'État est en demande, Civ. I 11 octobre 1988, *Bokassa c. Rép. Centrafricaine*, RC 91.86, note Remond-Gouilloud.
6. Visant les avoirs dont la légalité de l'appropriation prête sérieusement à doute, la résolution IDI précitée autorise les mesures provisoires et invite les États à coopérer en identifiant l'origine des dépôts et en fournissant toute information à leur propos (art. 4.3).
7. Décr. 29 mars 1971, D. 71.L.175. La Convention renvoie aux règles du droit coutumier pour les questions qu'elle ne règle pas expressément (Préambule).
8. V. par exemple l'accord du 2 juill. 1954 entre la France et l'UNESCO (J.O. du 17 janv. 1956), art. 18.

1. Personnes bénéficiaires

405. – Agents accrédités. Seuls bénéficient en principe de l'immunité les agents diplomatiques proprement dits, c'est-à-dire les personnes accréditées par un État auprès d'un autre pour le représenter. Cette définition inclut les ambassadeurs, conseillers et attachés d'ambassade ; elle exclut le personnel technique et administratif des représentations étrangères. La convention de Vienne étend cependant le bénéfice de l'immunité à ces personnes, pourvu qu'elles ne soient pas ressortissantes de l'État accréditaire ou n'y aient pas leur résidence permanente et, en ce qui concerne l'immunité civile et administrative, uniquement pour les actes de leur fonction (art. 37.2). Le personnel domestique ne peut bénéficier de l'immunité que selon le bon vouloir de l'État accréditaire. Pratiquement, la détermination exacte des bénéficiaires fait l'objet d'une liste diplomatique dressée dans le pays d'accueil[1]. En toute hypothèse, l'agent ne saurait prévaloir de cette qualité contre le gré de son État[2].

406. – Cas des consuls. Les consuls ne représentent pas l'État qui les nomme mais sont simplement chargés par lui de certaines missions ; à ce titre, ils ne bénéficiaient traditionnellement pas de l'immunité. Mais le rapprochement, à l'époque moderne, entre les services diplomatiques et consulaires, se traduit sur le plan de l'immunité. Celle-ci a fréquemment été reconnue aux consuls par convention et, à défaut, par la jurisprudence pour les actes accomplis dans l'exercice de leurs fonctions. Une convention de Vienne du 24 avril 1963 sur les relations consulaires, en vigueur en France, érige l'immunité en principe pour les actes accomplis dans l'exercice de la fonction[3]. Elle exclut inversement les actions civiles nées d'un contrat où l'intéressé n'agissait pas comme mandataire, ainsi que celles résultant d'un accident de la circulation (art. 43).

2. Étendue de l'immunité

407. – Conséquences du fondement de l'immunité. L'étendue de l'immunité des agents diplomatiques est étroitement liée à son fondement particulier. Pour exercer sa mission en toute indépendance à l'égard de l'État accréditaire, l'agent doit être à l'abri de toute pression ou intimidation quelle qu'elle soit, et donc de toute poursuite ou action judiciaire. Il suit de là en premier lieu que l'immunité est en principe absolue quant aux actes, c'est-à-dire qu'elle ne se limite pas à ceux de la fonction : c'est la personne même de l'agent qui est inviolable (Convention de Vienne, art. 29). L'immunité joue donc en matière pénale pour les infractions les plus graves (crimes) comme les plus vénielles (contraventions). Elle s'applique en matière civile quel que soit l'objet du litige ; ainsi en matière personnelle et notamment familiale (divorce ou séparation de corps)[4]. Dans le domaine patrimonial, aucune distinction n'est opérée entre dettes personnelles et dettes de fonction, que celles-ci soient d'origine contractuelle – fournitures de biens ou de services, notamment de logement – ou délictuelle[5]. L'intéressé n'est même pas

1. Sur l'évolution du nombre des bénéficiaires en France, v. rép. min. RC 1976.575.
2. TGI Paris, réf., 4 nov. 1993, JDI 94.1026 n. A.M.
3. Décr. 29 mars 1971, RC 1971.575, D. 71.L.180.
4. Civ. I, 15 avril 1986, préc. n° 401 ; Paris, 17 mars 1978, D. 78.I.R.370, RC 78.714 n. Bourel, JDI 78.605 n. Kahn. En revanche, les tribunaux ont parfois ordonné des mesures provisoires au titre de l'urgence.
5. Mais l'immunité n'exclut pas l'action directe de la victime d'un accident contre l'assureur du diplomate.

tenu de fournir son témoignage en justice. *A fortiori*, aucune mesure d'exécution ne peut se dérouler contre lui.

Avec la multiplication des États et l'intensification des relations diplomatiques à l'époque moderne, le nombre des agents s'est accru et il serait souhaitable de tempérer la règle, qui se prête à des abus et injustices au détriment de tiers[1]. La convention de Vienne permet de l'écarter dans trois hypothèses, mais qui répondent incomplètement à cette préoccupation : action réelle concernant un immeuble privé, action concernant une succession (à moins que l'agent n'agisse au nom de l'État accréditant), action concernant une activité professionnelle ou commerciale (art. 31; v. aussi art. 42). Ces cas mis à part, on dit que l'individu se confond avec sa mission.

Le souci de préserver la sérénité des agents diplomatiques explique en second lieu que l'immunité s'étende à leurs proches (conjoints et enfants mineurs)[2]. La convention de Vienne réserve cependant le cas où ceux-ci sont ressortissants de l'État accréditaire (art. 37.1).

Enfin, le fondement de l'immunité des agents diplomatiques explique la manière dont elle s'applique dans le temps. Le critère n'est pas que les actes litigieux aient été accomplis pendant que l'agent exerçait ses fonctions, mais le moment auquel l'action est introduite : l'immunité joue dès l'instant que l'agent entre en fonctions, même pour des faits survenus antérieurement[3] ; elle cesse avec les fonctions pour les faits survenus pendant celles-ci, sauf en ce qui concerne les actes accomplis dans l'exercice des fonctions (Convention de Vienne, art. 39).

408. – Renonciation. L'État accréditant peut renoncer à l'immunité de ses agents diplomatiques. La convention de Vienne a formulé sur ce point un certain nombre de règles qui se dégageaient de la pratique (art. 32). Le fait de formuler une demande reconventionnelle implique renonciation à l'immunité pour la demande principale à laquelle elle est liée. La renonciation à l'immunité de juridiction n'emporte pas renonciation à l'immunité d'exécution, laquelle doit être distinctement donnée. Mais la question de savoir si la renonciation par l'agent doit dans tous les cas être autorisée par l'État accréditant n'est pas clairement résolue.

§ 2. – IMMUNITÉ DES ÉTATS

409. – Évolution et double aspect. Calquée à l'origine sur celle des souverains et des agents diplomatiques, l'immunité des États a pu être considérée à l'origine comme absolue. Mais à mesure que les États ont assumé des activités économiques antérieurement réservées aux particuliers, lesquelles se déroulaient aussi bien dans l'ordre international, il est apparu anormal qu'ils puissent simultanément continuer à se prévaloir de leur qualité au détriment de leurs partenaires privés. C'est pourquoi dans beaucoup de pays a été abandonné le principe de l'immunité absolue. Le tournant fut constitué en France par un arrêt de 1929 admettant qu'une saisie-arrêt soit pratiquée contre la Représentation commerciale des Soviets, organisme émanant de l'État soviétique, dès lors qu'il était

1. En France, le particulier qui se voit empêché de faire valoir une créance peut, dans certaines circonstances, faire jouer la responsabilité de l'État sur le fondement de l'égalité devant les charges publiques : CE, 29 oct. 1976, *dame Burgat*, JCP 77.II.18606 n. Julien-Laferrière, JDI 77.630 n. G. Burdeau.
2. Civ. 22 avril 1958, D. 58.633 n. Malaurie, RC 58.591, JDI 58.788 n. Sialelli.
3. Civ. 22 avril 1958, préc.

constaté que celle-ci manifestait son activité par « des actes de commerce auxquels le principe de souveraineté des États demeure étranger »[1]. La difficulté est cependant de tracer les limites de l'exception ; la question fait également intervenir des considérations d'opportunité touchant à la conduite des relations extérieures. Cela a conduit dans certains pays les tribunaux à se référer à l'avis du gouvernement ; mais aussi, dans d'autres, le législateur à tracer pour eux les contours de l'immunité[2]. En France, la matière est restée jusqu'à présent jurisprudentielle[3]. Il convient pour l'examen du droit positif de distinguer l'immunité de juridiction proprement dite et l'immunité d'exécution, qui fait intervenir des considérations propres[4].

A. IMMUNITÉ DE JURIDICTION

Un État agissant par le truchement d'organismes divers, il faut décider lesquels peuvent véritablement prétendre l'incarner. On peut schématiquement distinguer dans la jurisprudence opérant cette détermination une évolution d'un critère organique ou formel à un critère plus fonctionnel.

410. – Le critère organique tiré de la personnalité juridique. Le premier critère qui s'offre est celui de l'absence ou l'existence d'une personnalité juridique propre, distincte de celle de l'État ; l'immunité jouerait dans le premier cas, non dans le second. La jurisprudence s'y est effectivement attachée dans le passé. Mais il s'est révélé excessivement formaliste, d'autant qu'il accorde indirectement à l'État étranger la faculté de se prémunir en adoptant une organisation appropriée. Aussi la jurisprudence est-elle venue à dissocier la personne et les actes en admettant, d'une part, que l'immunité soit refusée à l'État lui-même lorsqu'il avait agi « dans la forme, selon le mode et suivant les données du droit privé »[5] ; d'autre part, et inversement, qu'elle soit reconnue à certains organismes dotés d'une personnalité propre et même relevant du droit privé lorsqu'ils ont

1. Req. 19 fév. 1929, D.P. 29.1.172 n. Savatier, S. 30.1.49 n. Niboyet.
2. Aux États-Unis, *Foreign Sovereign Immunities Act* de 1976 (comm. Delaume, JDI 78.187 ; RC 1978.396, texte et comm. P. Herzog); au Royaume-Uni, *State Immunity Act* de 1978 (RC 1980.165 et comm. Collins) ; au Canada, loi du 3 juin 1982 sur l'immunité des Etats étrangers (RC 1986.374 et comm. Emmanuelli) ; en Australie, *Foreign States Immunities Act* de 1985 (RC 1987.440 et comm. Crawford).
3. Exception faite de dispositions ponctuelles, telles que l'art. L 153-1 C. mon. fin. (L. 26 juill. 2005) sur les biens détenus par les banques centrales pour le compte de l'Etat étranger dont elles relèvent (*infra* n° 414).
4. En dépit de l'intérêt manifeste que présenterait une réglementation internationale, celle-ci est difficile à élaborer en raison des divergences de conceptions quant au rôle de l'État : non pas seulement entre pays industrialisés et pays en voie de développement, mais même au sein des premiers. Une Convention du Conseil de l'Europe du 16 mai 1972 est en vigueur entre une dizaine d'États. Les travaux de la Commission de droit international des Nations Unies ont abouti à une convention du 17 janvier 2005 (n° 402). En matière d'investissements étrangers, v. la Convention de Washington de 1965 instituant le CIRDI, *infra* n° 806.
5. Req. 5 fév. 1946, S. 47.1.137 rapp. Castets (réception par l'État étranger de fonds privés).

« accompli, en qualité d'agent de l'État, un acte de puissance publique »[1] ou qu'ils ont agi « par ordre et pour le compte » de l'État[2], c'est-à-dire qu'ils exercent une part de la souveraineté de l'Etat. La Cour de cassation a fini par énoncer que « l'immunité est fondée sur la nature de l'activité et non sur la qualité de celui qui l'exerce »[3]. Cela n'interdit pas de tenir compte de ce que l'entité défenderesse jouit ou non d'une personnalité juridique ; mais cet élément cesse d'être décisif et est pris en considération avec d'autres[4]. La référence simultanée à la nature des actes introduit en effet un critère fonctionnel[5].

411. – Le critère fonctionnel tiré de la nature des actes. Les formules employées par les dernières décisions citées montrent que les tribunaux français se sont naturellement inspirés des critères dégagés en droit interne pour définir la compétence de la juridiction administrative. Il s'agit bien dans un cas comme dans l'autre de faire le départ entre les cas où l'État exerce sa mission spécifique et ceux où il se comporte comme une personne privée. Dans le contexte de l'immunité, on oppose ainsi les actes d'autorité (*jure imperii*) et les actes de gestion (*jure gestionis*)[6]. Selon la formule de la Cour de cassation, les États étrangers et les organismes agissant pour leur compte ne bénéficient de l'immunité de juridiction qu'autant que « l'acte qui donne lieu au litige constitue un acte de puissance publique ou a été accompli dans l'intérêt d'un service public »[7]. L'immunité est donc tout d'abord accordée en fonction d'un critère objectif, la nature intrinsèque de l'acte : activités de police, de guerre, de diplomatie, de contrôle des changes, etc.[8] ; ou encore, dans le cas des contrats, la présence éventuelle de clauses exorbitantes du droit commun. La prise en considération de la finalité poursuivie place également sous couvert de

1. Civ. 3 nov. 1952, *ép. Martin*, JCP 53.II.7368, RC 53.425 n. Freyria (échange de billets par la Banque d'Espagne).
2. Civ. I, 19 mai 1976, *Zavicha Blagojevic*, JDI 76.687 n. Kahn, RC 77.359 n. Batiffol (contrôle des changes par la Banque du Japon).
3. Civ. 25 fév. 1969, *Sté Levant-Express*, RC 70.102 n. Bourel, GA n° 47.
4. Com. 19 mars 1979, RC 81.524 n. Lagarde.
5. La qualité de l'auteur de l'acte pourrait recouvrer un caractère décisif s'il s'agit d'une personne privée agissant dans l'exercice normal de son activité, quand bien même l'opération serait liée à une activité de service public : Civ. I, 18 nov. 1986, RC 87.773 n. Muir Watt (aval donné par une banque pour le compte d'un État).
6. Civ. I, 19 déc. 1961, RC 62.350, 2 arrêts, n. Loussouarn ; 25 fév 1969, *Sté Levant-Express*, préc. n° 402 ; 17 janv. 1973, *Off. du tourisme espagnol*, JDI 73.725 n. Kahn, RC 74.125 n. Bourel. Les actes de nationalisation eux-mêmes constituent des actes de puissance publique : Civ. I, 20 oct. 1987, RC 88.727 n. P. Mayer ; mais le bénéfice de l'immunité de juridiction ne saurait s'étendre à l'organisme attributaire des biens nationalisés s'il exerce d'une activité commerciale : TGI Paris, 29 nov. 1972, JDI 73.227 obs. Kahn (aff. du cuivre chilien) (v. cependant Civ. I, 2 mai 1978, JDI 78.904 n. Kahn, mais au motif que l'action dirigée contre la société nationale l'est en réalité contre l'État lui-même).
7. Civ. I, 25 fév. 1969, *Sté Levant-Express*, préc. ; 2 mai 1990, RC 91.140, 1re esp., n. Bourel.
8. Sur la délivrance d'un certificat de navigabilité à un navire pollueur (par un organisme distinct de l'État), Crim. 23 nov. 2004, *Erika*, D. 05.Pan.1197 obs. Chanteloup.

l'immunité certains actes de nature normalement privée ou commerciale, tels que l'achat de biens ou la recherche de services ou de crédit, s'ils sont destinés à l'administration : achat d'équipement non militaires pour l'armée, construction, acquisition ou bail d'immeubles pour l'administration, emprunt public...[1]. S'agissant des contrats de travail, source fréquente de contentieux, le critère paraît être que les fonctions confiées au salarié lui confèrent ou non une responsabilité particulière dans l'exercice du service public étranger[2]. En toute hypothèse, les relations collectives intéressant les membres d'une mission diplomatiques échappent à l'application des dispositions françaises[3]. La conception française de l'immunité est dans l'ensemble assez extensive, reflétant la conception française du rôle de l'État telle qu'elle se traduit elle-même dans la notion de service public. Les législations étrangères réglementant l'immunité ont pour leur part en général exclu le critère finaliste.

L'argument selon lequel le demandeur se trouve privé du droit à un procès équitable est rejeté. En revanche, il n'est pas certain que l'immunité ne soit appelée à céder au regard d'actes intervenus dans l'exercice d'activités souveraines mais constitutifs d'une atteinte grave aux droits de l'Homme[4].

412. – Renonciation. La faculté de renonciation à l'immunité de juridiction est universellement admise. Elle est par exemple couramment stipulée dans les emprunts contractés par les États auprès de banques étrangères. La renonciation doit être certaine, c'est-à-dire dénuée d'équivoque. Il en est ainsi lorsqu'elle est expresse. Mais elle peut également être implicite : ainsi lorsque le bénéficiaire a pris l'initiative de l'action ou lorsqu'il a souscrit une clause attributive de juridiction. La souscription d'une clause d'arbitrage soulève plus de difficulté : non pas vis-à-vis des arbitres, car le fondement même de l'immunité disparaît devant des juges privés choisis par l'État ; mais devant les juges étatiques pour les mesures liées à l'arbitrage. La Cour de cassation estime que les tribunaux nationaux sont compétents pour ordonner des mesures provisoires, sauf indication contraire des parties[5], ainsi que pour prononcer l'exequatur d'une décision étrangère ou d'une sentence arbitrale car il ne s'agit que d'une

1. Ainsi le mandat donné par un État à un agent d'affaires de vendre un immeuble abritant son ambassade et d'acquérir un nouvel immeuble : TGI Paris, 20 fév. 1991, JDI 92.398 n. Mahiou. En revanche, pour un contrat de bail commercial souscrit par une société nationale étrangère, v. 7 fév. 1991, JDI 91.406 n. Mahiou ; ou de bail d'immeuble pour loger du personnel d'ambassade, Civ. I, 20 sept. 2006, Bull. civ. n°411 ; 19 nov. 2008, JCP 09.10002, n. d'Avout et Perreau-Saussine.
2. Cass. ch. mixte, 20 juin 2003, préc. n° 402, et chron. Pingel, JDI 03.1115.
3. Cass. Soc. 4 nov. 2009, *province du Québec*, n° 08-60593 (demande en justice de désignation d'un délégué syndical).
4. V. note Muir Watt sous Civ. I , 2 juin 2004, RC 05.80 ; C. Kessedjian, TCFDIP 2002-04.151.
5. Civ. I, 18 nov. 1986, *Atlantic Triton*, JDI 87.125 n. Gaillard, RC 87.760 n. Audit. Comp. convention du Conseil de l'Europe sur l'immunité des États, art. 12.

mesure préparatoire à l'exécution[1]. En toute hypothèse, la renonciation à l'immunité de juridiction laisse ouverte la question de l'immunité d'exécution.

B. IMMUNITÉ D'EXÉCUTION

413. – Distinction d'avec l'immunité de juridiction. Comme l'indique sa dénomination, l'objet propre de l'immunité d'exécution est d'empêcher que soit poursuivie toute procédure d'exécution forcée portant sur les biens (corporels ou incorporels) d'un État étranger. On peut être tenté d'y voir un simple corollaire de l'immunité de juridiction, d'où il résulterait en particulier que, lorsque celle-ci n'a pas constitué un obstacle à la saisine du juge, l'immunité d'exécution serait également écartée. En réalité, il n'y a pas normalement de corrélation entre les deux, et la seconde est autonome[2]. D'une part, en effet, les biens essentiels à l'exercice par un État de ses activités doivent en toute hypothèse demeurer à sa disposition. D'autre part, une exécution forcée porterait une atteinte plus grave à la souveraineté et à la dignité de l'État que la simple saisine d'une juridiction et même le prononcé d'une condamnation pécuniaire ; elle serait du même coup de nature à compromettre plus sérieusement les relations avec l'État en cause[3]. Aussi l'immunité d'exécution subsiste-t-elle alors même que l'immunité de juridiction a ou aurait été écartée (soit que l'État étranger y ait renoncé, soit que l'activité litigieuse n'ait pas été de service public)[4] ; les biens de l'État étranger sont en principe à l'abri de saisie « même pour obtenir paiement de dettes ayant leur origine dans des actes de gestion relevant du droit privé »[5]. Par conséquent, l'immunité d'exécution n'est pas fonction des actes qui sont à l'origine de la dette, mais des biens concernés par la mesure d'exécution[6].

1. V. Civ. I, 18 nov. 1986, *SEEE c. Rép. de Yougoslavie*, JDI 87.120 n. Oppetit, RC 87.786 n. P. Mayer, rejetant le pouvoir contre Rouen, 13 nov. 1984, JDI 85.473 n. Oppetit, RC 85.658 n. P. Mayer, et les décisions précédemment rendues dans la même affaire, en particulier TGI Paris (réf.), 6 juill. 1970, JDI 71.131 n. Kahn ; Civ. I, 14 octobre 2009, n° 08-14978 ; dans le cadre de la convention de Washington du 18 mars 1965 sur le règlement des différends relatifs aux investissements, Civ. I, 11 juin 1991, JDI 91.1005 n. Gaillard ; Paris, 26 juin 1981, *Benvenutti et Bonfant*, JDI 81.843 n. Oppetit.
2. V. cependant, en cas de contestation mettant en jeu des droits réels sur un immeuble (mitoyenneté), Civ. I, 19 nov. 2008, préc. n° 411, qui tout en traitant distinctement les deux aspects de l'immunité, les écarte l'un et l'autre.
3. La question des saisies conservatoires est discutée, en raison de l'indisponibilité qu'elle entraîne : comp. Civ. I, 20 mars 1989 et 28 juin 1989, Rev. arb. 1989.653 n. Fouchard, JDI 90.1004 n. Ouakrat, RC 90.346 n. J.-M. B. (1er arrêt). L'immunité d'exécution ne fait pas davantage que l'immunité de juridiction obstacle à une instance en exequatur, distinguée de l'exécution proprement dite (Civ. I, 18 nov. 1986, *SEEE*, préc.).
4. Civ. 18 mai 1885, S. 86.1.353 n. Chavegrin ; Rouen, 10 fév. 1965, *Bauer Marchal*, RC 65.565 n. Y. L.
5. Civ. I, 2 nov. 1971, *Clerget*, préc. n° 402.
6. Pour cette raison est ambiguë la formule selon laquelle « l'engagement pris par l'État signataire [d'une] clause d'arbitrage d'exécuter la sentence dans les termes de l'article 24 du règlement d'arbitrage de la Chambre de commerce internationale

À l'origine, l'immunité d'exécution fut déclarée absolue, sous la seule réserve de renonciation de la part de l'État étranger[1]. L'exercice par l'État d'activités économiques devait entraîner un mouvement de cantonnement parallèle à celui qui s'est produit pour l'immunité de juridiction. Il conduit ici à réserver l'immunité aux biens affectés à une activité de souveraineté ou de service public, non à ceux que l'État utilise à la réalisation d'opérations commerciales ou en tout cas de nature privée[2]. La mise en œuvre de cette restriction donne lieu à différentes distinctions.

414. – Détermination des biens protégés. L'affectation de biens corporels est aisément déterminable, lorsqu'elle résulte de la nature du bien (navire de guerre) ou de son usage (bâtiment abritant une ambassade, pièces d'un musée), même si certaines hésitations peuvent s'élever[3]. Mais le plus souvent les biens saisis sont des fonds ou des créances (en particulier des dépôts bancaires), ce qui soulève une difficulté de preuve quant à leur affectation. La Cour de cassation a tout d'abord admis, à propos de fonds déposés au compte d'une banque centrale auprès d'un établissement en France, que la simple difficulté de distinguer les fonds destinés à satisfaire des dettes commerciales de ceux destinés à satisfaire les besoins du service public ne suffisait pas à justifier la mainlevée d'une saisie-arrêt[4]. Le doute bénéficiait donc au saisissant. Mais peu après, elle devait juger qu'une créance de l'État étranger ne pouvait faire l'objet d'une telle mesure dès lors que l'origine et la destination des fonds n'étaient pas déterminées[5]. Cette décision faisait peser dans tous les cas sur le demandeur le fardeau d'une preuve presque impossible à apporter, d'autant que l'État est maître de l'affectation à venir des fonds qu'il reçoit ; elle ramenait indirectement au principe de l'immunité absolue[6].

impliquait renonciation de l'Etat à l'immunité d'exécution » (Civ. I, 6 juill. 2000, *Creighton*, JDI 00.1054 n. Pingel-Lenuzza, Rev. arb. 01.114, 1re esp., n. Leboulanger, JCP 01.10512 n. Kaplan et Cuniberti), alors que la question de la saisissabilité des biens reste entière. L'engagement d'exécuter une sentence lui-même est distinct de la renonciation à cette immunité, qui s'apprécie par rapport à des biens déterminés. V. effectivement, Paris, 10 août 2000, Rev. arb. *ibid.* 2e esp., JDI 01.116 n. Pingel-Lenuzza, D. 01.2157 n. Fongaro, faisant jouer l'immunité sur les comptes bancaires d'une mission diplomatique nonobstant une clause générale de renonciation.

1. V. en dernier lieu, TGI Paris, 12 sept. 1978, JDI 79.857, 1re esp., n. Oppetit.
2. Req. 19 fév. 1929, préc. n° 402 ; Civ. I, 7 déc. 1977, *CAVNOS c. CNBF*, RC 78.532 n. Bourel, et les arrêts cités au n° suivant.
3. V. refusant le bénéfice de l'immunité : pour un aéronef, Paris, 31 janv. 1984, *Air Zaïre*, *infra* ; des biens immobiliers, même affectés au logement de personnel diplomatique, Civ. 1, 25 janv. 2005, D. 05.520. Comp. pour un bâtiment militaire désaffecté, Civ. I, 19 nov. 2008 préc. n° 411.
4. Civ. I, 11 fév. 1969, *Englander*, GP 69.2.91 n. Sarraute, JDI 69.923 n. Kahn, RC 70.98 n. Bourel, cassant Aix-en-Provence, 16 fév. 1966, JDI 66.846 n. Kahn.
5. Civ. I, 2 nov. 1971, *Clerget*, préc. n° 402.
6. Paris, 21 avril 1982, RC 83.101 n. P. Mayer, JDI 83.145 n. Oppetit, Rev. arb. 82.204 et chron. Bourel, p. 119. Les tribunaux ont parfois ordonné des mesures d'information sur l'affectation des fonds tout en enjoignant au débiteur saisi de les conserver dans l'attente du résultat bien que mainlevée de la saisie soit ordonnée : TGI Paris

La tâche du créancier est allégée si l'on s'attache à l'*origine* des fonds plutôt qu'à leur destination. C'est ce qu'a admis la Cour de cassation dans un contexte autre que celui de dépôts bancaires, tout en opérant une distinction selon que les biens litigieux, de quelque nature qu'ils soient, sont détenus par l'État étranger lui-même ou par des organismes publics qui en sont distincts. Les premiers sont couverts en principe par l'immunité d'exécution ; toutefois celle-ci peut être exceptionnellement écartée, notamment « lorsque le bien saisi a été affecté à l'activité économique ou commerciale relevant du droit privé qui donne lieu à la demande en justice »[1]. En revanche, les biens des *organismes publics*, personnalisés ou non, distincts de l'État étranger, « lorsqu'ils font partie d'un patrimoine que celui-ci a affecté à une activité principale relevant du droit privé, peuvent être saisis par tous les créanciers, quels qu'ils soient, de cet organisme », c'est-à-dire qu'ils font en quelque sorte l'objet d'une présomption de commercialité[2]. Il ressort de la référence à l'activité « principale » que la règle admet elle aussi l'exception, cette fois en faveur de l'immunité, pour ceux des biens détenus par l'organisme en cause (telle une banque centrale) qui seraient affectés à une activité de service public[3]. Le législateur a depuis introduit une disposition visant les banques centrales ou autorités monétaires étrangères : ne peuvent être saisis les biens que celles-ci détiennent ou gèrent pour leur propre compte ou celui de l'État ; par exception, le créancier peut exercer des poursuites s'il établit que les biens détenus ou gérés pour leur propre compte font partie d'un patrimoine affecté à une activité principale relevant du droit privé (art. L. 153-1 C. mon. fin., L. du 26 juillet 2005)[4].

En ce qui concerne la règle énoncée par l'arrêt *Sonatrach*, il n'est pas nécessaire qu'existe un lien entre la créance qui justifie la saisie et la créance ou le bien saisi. Effectivement, la notion de patrimoine implique que l'actif réponde du passif. Mais la formule est sans doute excessivement large en ce qu'elle n'exige aucun lien entre la créance et l'activité du débiteur en France, contrairement à ce

(réf.), 29 nov. 1972, préc. n° 403 ; 5 mars 1979, JDI 79.857, 2e esp., n. Oppetit (mesure d'information seule).

1. Civ. I, 14 mars 1984, *Eurodif c. Rép. islamique d'Iran*, JCP 1984.II.20205, 1er arrêt, concl. Gulphe, n. Synvet, D. 84.629 rapp. Fabre, n. Robert, JDI 84.598 n. Oppetit, RC 84.644 n. Bischoff, Rev. arb. 85.69 n. Couchez, GA n° 65 ; l'affectation vise l'origine des fonds et non leur destination éventuelle, ce qui simplifie le problème de preuve. Le caractère non limitatif de l'exception ne ressort pas de cet arrêt mais de l'arrêt *Sonatrach* (note suivante), qui a expressément fait précéder la formule de l'adverbe « notamment ». L'exception s'applique à une créance de charges de propriété d'un immeuble acheté par l'État pour loger du personnel diplomatique, acte qualifié de gestion de droit privé : Civ. I, 25 janv. 2005, RC 06.123 n. Muir Watt.
2. Civ. I, 1er oct. 1985, *Sonatrach*, JCP 86.II.20566 concl. Gulphe, n. Synvet, JDI 86.170 n. Oppetit, RC 86.527 n. Audit, GA n° 66. V. déjà Civ. I, 14 mars 1984, *Lung*, JCP 84.II.20217 concl. Gulphe; Paris, 31 janv. 1984, *Air Zaïre,* D. 84. I.R. 60, GP 84.1.277.
3. Les aéronefs affectés à un service d'État ou à des transports publics ne peuvent être saisis que pour des créances liées à leur achat ou à leur maintenance (art. L. 123-2 C. av. civ., L. 19 juin 1987).
4. Pour une application, illustrant l'ambiguïté du texte et sa difficulté d'interprétation, v. Paris 17 nov. 2009, *Noga c. Banque centrale de Russie*, Rev. dr. banc. fin. 10, comm. n° 3 par Crédot et Samin, GP 28-29 mai 2010, p. 51 obs. Legros.

que font la plupart des droits étrangers (par exemple, *Binnenbeziehung* du droit suisse). Il serait opportun de restreindre sur ce point les possibilités ouvertes par l'arrêt *Sonatrach*, sous peine de voir s'instaurer en France, notamment par le biais de la saisie conservatoire, un *forum shopping*, ayant pour objet les biens qui y sont situés, y compris de la part de créanciers dont l'État national préfère pour sa part ne pas prendre le risque de déplaire à l'État défendeur en laissant se dérouler de telles procédures sur son territoire. Il apparaît généralement souhaitable de coordonner la restriction de l'immunité avec les règles de compétence internationale des tribunaux français.

En revanche, la formule de l'arrêt *Sonatrach* limite à juste titre la possibilité d'action aux créanciers de l'organisme en question. Cela exclut notamment les créanciers généraux de l'État, voire ceux d'autres entreprises publiques (notamment dans le cas où le commerce extérieur est étatisé), qui, utilisant la notion d'« émanation », voudraient voir percer le voile social de l'organisme à vocation commerciale pour obtenir paiement d'une dette. Cette prétention est en général repoussée en raison de l'autonomie financière constatée chez l'entité en dépit de la tutelle exercée par l'État[1]. Mais la solution inverse a été admise, au terme d'une analyse détaillée du statut de l'entité, sous le contrôle de la Cour de cassation[2]. Dès lors cependant que l'entité exerce, serait-ce partiellement, une mission de service public, on risque de tomber dans un cercle vicieux et de se trouver confronté pour cette raison à l'immunité.

Un cas particulier est constitué par le recours en indemnisation d'anciens propriétaires dépossédés formé contre l'organisme attributaire des biens, qui est rejeté[3].

Voy. : Bourel, « Arbitrage international et immunité des Etats », Rev. arb. 1982.117 ; « Aspects récents de l'immunité d'exécution des États et services publics étrangers », TCFDIP 1983-84, p. 133 ; M. Cosnard, *La soumission des États aux tribunaux internes*, 1996 ; Giuliano, « Les relations et immunités diplomatiques », RCADI 1960.II.75 (t. 100) ; Institut de droit international, *Les aspects récents de l'immunité de juridiction et d'exécution des États*, Résolution du 2 sept. 1991, RC 92.198 ; Lagarde, « Une notion ambivalente : l'émanation de l'État nationalisant », Mél. Colliard, 1984, p. 540 ; P. Lalive, « L'immunité de juridiction des États et des organisations internationales », RCADI 1953.III.209 (t. 84) ; Nedjar, « Tendances actuelles du droit des immunités des États », JDI 1997.59 ; Synvet, « Quelques réflexions sur l'immunité d'exécution de l'État étranger », JDI 1985.685; Théry, *Pouvoir juridictionnel et compétence*, thèse dactyl., Paris II, 1981.

1. Civ. I, 21 juill. 1987, *Benvenutti et Bonfant*, JDI 88.108 n. Kahn, RC 88.347 n. Rémond-Gouilloud ; 6 juill. 1988, JDI 89.376 n. Kahn ; 4 janv. 1995, JDI 95.649 note Mahiou ; 1re oct. 1997, RC 97.751 concl. Rémery ; Paris, 1er sept. 2005, RA 05.1092. Il pourrait en être autrement si le demandeur établissait un lien pour une opération déterminée : rappr. Civ. I, 14 fév. 1978, RC 80.707 n. P. Mayer, permettant à un défendeur d'opposer à une banque nationale créancière, prise comme « émanation », l'acte de nationalisation par lequel l'État étranger a privé ce défendeur d'un recours contre le débiteur nationalisé.
2. Civ. I, 6 fév. 2007, *Sté nationale des Pétroles du Congo*, Rev. arb. 07.483 n. Franc-Menget, RGDIP 07.967 n. Haas ; 14 nov. 2007, RC 08.303 n. M. Audit (décisions rendues au stade de l'exécution même et non de l'immunité, à laquelle l'Etat débiteur avait renoncé).
3. Civ. I, 2 mai 1978, *Sempac*, JDI 78.904 n. Kahn ; 20 oct. 1987, RC 88.727 n. P. Mayer ; v. cependant Com. 19 mars 1979, RC 81.524 n. crit. Lagarde. Sur l'action en revendication dirigée contre les acquéreurs de produits de l'entreprise nationalisée, v. TGI Paris, 29 nov. 1972, préc. n° 403.

CHAPITRE II

LA PROCÉDURE

415. – Influence du caractère international du litige. Lorsque les tribunaux français se reconnaissent compétents pour statuer dans un litige présentant un élément d'extranéité se pose la question de savoir dans quelle mesure la procédure suivie peut être affectée par le caractère international du litige. On sait que cette mesure est limitée en vertu du principe de soumission de la procédure à la loi du for : chargés de rendre la justice au nom de l'État, les tribunaux procèdent selon les règles édictées par la souveraineté qui les a institués (n° 14). Néanmoins, parmi ces règles mêmes, certaines peuvent tenir compte de l'internationalité du litige (*Section I*). Se pose également la question de la délimitation de la procédure et du fond lorsque celui-ci est soumis à une loi étrangère (*Section II*).

SECTION I

RÈGLES MATÉRIELLES INTERNATIONALES DE PROCÉDURE

416. – Délais, notifications, mesures d'instruction. On entend ici par « règles matérielles internationales de procédure » des règles de procédure spécifiques prenant en considération le fait que certains éléments du litige sont localisés à l'étranger. Ce sont des règles matérielles nationales appliquées au procès international. En particulier, alors que la procédure civile interne prévoit un allongement des délais en raison de la distance, un délai particulier s'applique lorsqu'un plaideur réside hors de France. Selon le texte actuel, l'art. 643 CPC, les délais de comparution, d'opposition, d'appel et de pourvoi en cassation sont augmentés de deux mois pour les personnes qui demeurent à l'étranger[1]. Souvent, l'exécu-

1. On s'est interrogé sur le caractère limitatif ou non de cette énumération, qui ne vise pas par exemple les délais en matière de voie d'exécution ; pour son application au contredit de compétence, Civ. II, 10 fév. 1988, D. 88.452 n. Fadlallah.

tion de certaines diligences à l'étranger est nécessaire : ainsi pour transmettre les actes de procédure ou pour rassembler des preuves[1]. Tous les États étant confrontés à cette nécessité, il y avait là un terrain d'élection pour la coopération internationale, notamment sous la forme d'accords d'entraide judiciaire[2] et aujourd'hui pour une réglementation communautaire.

417. – Droit conventionnel et règlements européens. De nombreux traités bilatéraux contiennent des dispositions relatives aux questions évoquées. Beaucoup ont pour objet principal la reconnaissance mutuelle des décisions, voire la compétence dans le litige d'origine, et seront examinés à ce titre (n° 498) ; mais ils contiennent aussi le plus souvent des dispositions relatives aux questions de procédure ici envisagées. Étant donné leur nombre et leur diversité, on se limitera dans ce qui suit aux conventions multilatérales. La conférence de La Haye de droit international privé s'est préoccupée des questions de procédure depuis son origine[3]. Une convention relative à la procédure civile, reprenant en la modifiant une précédente de 1896, fut adoptée en 1905 et entra en vigueur l'année suivante entre seize Etats européens ; suspendue par la guerre, elle fut remise en vigueur par les traités de paix sauf en ce qui concerne trois États, dont la France, tandis que d'autres s'y joignaient. Après la Deuxième Guerre mondiale, en l'absence de traités de paix, l'applicabilité de la convention de 1905 était incertaine et une nouvelle convention relative à la procédure civile, destinée à la remplacer, fut adoptée en 1954 ; elle a été ratifiée par une trentaine d'États, dont la France[4]. L'augmentation du nombre d'États participants à la Conférence et le fait que beaucoup de ceux qui s'y joignirent avaient des traditions procédurales différentes de ceux qui les avaient précédés, conduisirent à négocier de nouvelles conventions sur les différents sujets traités par les conventions de 1905 et 1954. Ainsi furent adoptées en 1965 une convention relative à *la signification et la notification à l'étranger des actes judiciaires et extra-judiciaires*, en 1970 une convention sur *l'obtention des preuves à l'étranger en matière civile et commerciale* et en 1980 une convention tendant à *faciliter l'accès international à la justice*. Largement ratifiées, toutes trois sont en vigueur en France ; la convention de 1954 le demeure sur tel ou tel point entre les États qui ne sont pas tous deux parties à celle des conventions ultérieures portant sur ce point. Les questions traitées par la convention de 1980 relèvent davantage de la condition des étrangers que de la procédure propre-

1. Le ministère de la Justice achemine chaque année plus de vingt mille actes judiciaires et extra-judiciaires à l'étranger ou en provenance de l'étranger, et environ cinq mille commissions rogatoires.
2. V. Chatin et Sturlese, *Recueil pratique de conventions sur l'entraide judiciaire internationale*, La documentation française, 3e éd., 1990.
3. Sur l'œuvre de la conférence en matière d'entraide judiciaire internationale, v. Droz, RCADI 1980.III.159 (t. 168).
4. Sur cette convention, v. Ponsard, TCFDIP 1960-62, p. 39.

ment dite[1]. Les deux autres seront examinées ici en même temps que les dispositions du droit commun sur leur objet respectif, car elles ont largement inspiré celui-ci dans son état actuel.

Dans le cadre de l'Union européenne et des nouveaux pouvoirs du Conseil a été mis en œuvre le règlement CE n° 1348/2000 du 29 mai 2000 relatif à la signification et à la notification dans les États membres des actes judiciaires ou extra-judiciaires en matière civile ou commerciale (n° 64). Un rapport sur son application dressé en 2004 a entraîné son abrogation et son remplacement par le règlement n° 1393/2007 du 1er novembre 2007. Il avait été suivi d'un autre, le règlement n° 1206/2001 du Conseil du 28 mai 2001 relatif à l'obtention des preuves en matière civile et commerciale.

Sur la base du droit comparé, un intéressant projet de règles transnationales de procédure, susceptibles d'être appliquées à la demande des parties devant les juridictions nationales, a été élaboré à l'initiative de l'*American Law Institute* et poursuivi avec Unidroit[2].

Voy. : B. Ancel, « Le transfert international des informations nécessaires à l'administration du droit privé », Mél. Loussouarn, p. 1 ; Bolze, *Recherche sur les règles de procédure dans le litige privé international*, thèse Paris II, 1996 ; Capatina, « L'entraide judiciaire internationale en matière civile et commerciale », RCADI 1983.I.305 (t. 179) ; Foussard, « La loi étrangère dans le domaine de la procédure », Mél. Foyer, 2007, p. 347 ; Hess, « Nouvelles techniques de la coopération judiciaire en Europe », RC 2003.215 ; M.-L. Niboyet, « Contre le dogme de la *lex fori* en matière procédurale », Mél. Gaudemet-Tallon, 2008.363, et les réf. citées à la fin des deux paragraphes qui suivent.

§ 1. – NOTIFICATION ET SIGNIFICATION DES ACTES À L'ÉTRANGER

418. – Domaine et économie des règles. Les règles qui suivent s'appliquent en matière de droit privé et, le cas échéant, de contentieux administratif ; les notifications en matière fiscale en sont exclues. Elles concernent la notification d'actes judiciaires aux différents stades de la procédure (assignation, citation de témoins, conclusions, jugement, voies de recours) et d'actes extra-judiciaires (commandement, sommation, congé). Les impératifs essentiels sont de faciliter l'acheminement rapide des actes et de concilier les intérêts respectifs de l'auteur d'un acte et du destinataire. Le premier ne doit pas être empêché de faire valoir ses droits par le fait que le second est à l'étranger et se déroberait à toute communication ; mais il convient de s'assurer que ce dernier a été effectivement informé, autant qu'il est possible, de l'acte à lui adressé. Le régime français de droit commun s'est rapproché de celui issu de la Convention de La Haye de 1965 et le règlement européen tend à être plus expédient que ce dernier.

1. Ces questions sont l'aide judiciaire, la caution *judicatum solvi* et l'exequatur des condamnations aux frais et dépens, la copie d'actes et de décisions de justice, la contrainte par corps et les sauf-conduits.
2. Fouchard (sous la dir. de), *Vers un procès civil universel ? Les règles transnationales de procédure civile de l'American Law Institute*, éd. Panthéon-Assas, 2001 ; « Une procédure civile transnationale : quelle fin et quels moyens ? », Revue de droit uniforme, 2001.779.

A. RÈGLES FRANÇAISES

Les règles particulières aux notifications internationales figurent aux art. 683 à 688-8 CPC (mod. par le D. n° 2005-1726 du 28 déc. 2005). Elles distinguent les notifications à l'étranger et les notifications en provenance de l'étranger.

1. Notification des actes à l'étranger

419. – Mécanisme de notification. Les dispositions qui suivent s'appliquent lorsque le destinataire est domicilié à l'étranger, s'il s'agit d'une personne physique, ou y a son siège, si c'est une personne morale ; dans le second cas, toutefois, la signification peut être faite au siège d'une succursale en France si le litige concerne cette succursale[1].

La notification a lieu en principe par signification, c'est-à-dire par acte d'huissier, ou par le secrétaire de la juridiction (art. 683 CPC). Elle est faite au Parquet d'un tribunal français, selon le cas celui du tribunal saisi ou qui a statué ou celui du domicile du requérant dans le cas d'un acte extra-judiciaire (art. 684)[2]. Afin que le destinataire soit informé au plus tôt de l'existence de l'acte et de son contenu, la loi impose depuis 1965 une seconde formalité : l'huissier doit expédier le même jour au destinataire la copie certifiée conforme de l'acte notifié, par lettre recommandée avec demande d'avis de réception (auj. art. 686 CPC, mod.).

La copie remise au Parquet est adressée au ministère de la Justice (service de l'entraide judiciaire internationale) aux fins de transmission (art. 685 al. 2). L'acte est confié au ministère des Affaires étrangères, afin de suivre le canal des agents diplomatiques et consulaires français en poste à l'étranger. Ceux-ci procèdent à la remise de l'acte au destinataire, soit par l'intermédiaire des autorités étrangères (lesquelles, en l'absence de convention, ne sont pas tenues de recevoir les actes), soit directement au destinataire lui-même. La seconde voie n'est toujours possible qu'à l'égard des ressortissants français, car les autorités locales peuvent s'y opposer dans les autres cas ; de plus, elle doit être effectuée sans contrainte : il s'agit d'une remise pure et simple que le destinataire est libre de refuser. La première voie présente l'avantage de la rapidité et de l'usage éventuel de la contrainte ; également, en cas de changement d'établissement du destinataire, de susciter éventuellement une recherche de l'intéressé.

La question cruciale est celle du moment à partir duquel ces formalités font courir les délais de procédure à l'égard du destinataire. La règle est qu'ils courent du jour de la signification de l'acte *au Parquet*, non du jour où le destinataire a pu en avoir effectivement connaissance[3]. Sa sévérité est tempérée par le fait qu'un pli recommandé a dû être adressé le même jour. De plus, s'il n'est pas établi que le destinataire de l'acte en a eu connaissance en temps utile, le juge saisi de l'affaire ne peut statuer qu'après différentes vérifications et un délai de six mois au moins depuis l'envoi de l'acte (art. 688 al. 1er)[4]. Il peut donner commission rogatoire à toute autorité compétente aux fins de s'assurer que le destinataire a eu connaissance

1. Sur le cas particulier des bénéficiaires de l'immunité souveraine, v. n° 401.
2. La jurisprudence a admis qu'une signification à personne est valable lorsque l'intéressé se trouve provisoirement en France. L'art. 560 anc. C. pr. civ. excluait la signification de l'exploit de saisie-arrêt lorsque le tiers est à l'étranger.
3. Civ. I, 15 juin 1982, Bull. civ. I, n° 222, JCP 82.IV.304.
4. V. Paris, 29 oct. 2008, D. 09.212 n. Douchy-Oudot, affaire dans laquelle l'ordonnance sur requête avait subordonné l'autorisation d'assigner à la délivrance de l'acte à une certaine date, non respectée, ce qui a dispensé de se prononcer sur le régime exact de la notification.

de l'acte et de l'informer des conséquences d'une abstention de sa part (al. 2). Et il « peut ordonner immédiatement les mesures provisoires ou conservatoires nécessaires à la sauvegarde des droits du demandeur » (al. 3).

Dans le cas de notification à l'étranger d'un jugement s'applique la possibilité de relevé de forclusion prévue par l'art. 540 CPC.

2. Notification des actes en provenance de l'étranger

420. – Acheminement et exécution des notifications. L'accomplissement d'un acte de procédure étranger s'opère nécessairement selon les formes prévues par la loi du pays en question. Mais cela n'exclut pas que la loi française se préoccupe de la transmission des actes destinés à une personne en France indépendamment de tout traité : d'une part, afin de se ménager la coopération des États étrangers pour les actes émanant de France ; d'autre part, dans la perspective de la reconnaissance en France d'une décision à intervenir à l'étranger. Aussi depuis 1976 la loi française prévoit-elle certaines dispositions tendant à organiser cette transmission (art. 688-1 à 688-8 CPC). Celles-ci supposent une notification demandée par les autorités d'un État étranger et ne s'appliquent donc pas à une notification effectuée par voie postale, par voie consulaire directe ou par tout autre moyen.

La notification demandée par voie officielle peut être effectuée soit par simple remise, soit par signification (art. 688-1). Dans le premier cas, l'acte reçu par le ministère de la Justice est transmis au Parquet du tribunal de grande instance dans le ressort duquel il doit être notifié ; la remise elle-même est confiée à une autorité de police et un constat en est dressé. Dans le second, l'acte est communiqué à la Chambre nationale des huissiers de justice en vue de sa transmission à un huissier territorialement compétent ; celui-ci signifiera l'acte selon les formes du droit français et aux frais de la partie requérante (art. 688-4 et 688-5).

Dans tous les cas, l'exécution d'une demande de notification ou de signification peut être refusée par l'autorité française, si elle est de nature à porter atteinte à la souveraineté ou à la sécurité de l'État (art. 688-8). L'acte est signifié dans la langue de l'État d'origine ; toutefois, le destinataire peut refuser de le recevoir s'il ne connaît pas cette langue et exiger qu'il soit traduit en français à la diligence et aux frais du requérant (art. 688-6). Les pièces constatant l'exécution ou le défaut d'exécution des demandes de notification sont transmises en retour selon les mêmes voies que celles par lesquelles la demande avait été acheminée (art. 688-7).

B. CONVENTION DE LA HAYE DU 15 NOVEMBRE 1965

421. – Généralités. En matière de signification des actes, la convention de 1954 reprenait mot pour mot celle de 1905, laquelle ne prévoyait que les voies diplomatique et consulaire, peu rapides, et ne contenait aucune sanction pour le cas où la transmission n'avait pas été effectuée ou l'avait été tardivement. La convention de 1965 a pris en considération les progrès intervenus dans les moyens de communication et s'est préoccupée des intérêts du défendeur non atteint par la notification. Se substituant au chapitre I (art. 1 à 7) des conventions de 1905 et 1954, elle a été ratifiée par une trentaine d'États, dont la France[1]. Elle prévoit un procédé normal de transmission tout en maintenant la possibilité de recourir à différentes voies traditionnelles.

1. Décr. n° 72-1019 du 9 nov. 1972 ; comm. Lagarde, RC 65.249 spéc. 255 s. V. « Manuel pratique sur le fonctionnement de la convention de La Haye du 15 novembre 1965... », édité par la conférence de La Haye (II éd., Anvers, 1992).

1. Procédé normal

422. – Demande de notification. La Convention organise une transmission semi-directe, assurée dans chaque État par les soins d'une *autorité centrale* réceptrice désignée (en France, le ministère de la Justice). Ceci assure une transmission plus rapide et plus efficace puisqu'elle bénéficie de la contrainte.

L'autorité ou l'officier ministériel compétent dans un État pour transmettre les actes judiciaires à l'étranger (en France, les parquets) adresse la demande à l'autorité centrale étrangère pour qu'il y soit donné suite ; certains pays ont toutefois prévu que l'expédition des demandes passe par leur propre autorité centrale. La demande, accompagnée de la copie de l'acte, doit être conforme à une formule modèle annexée à la Convention (art. 3) ; celle-ci comporte la description des éléments essentiels de l'acte. Elle est remplie soit dans la langue de l'État d'origine, soit en français soit en anglais (art. 7 ; v. cependant art. 20 b). Si l'autorité centrale estime que les dispositions de la Convention n'ont pas été respectées, elle en informe immédiatement le requérant en précisant les griefs articulés (art. 4).

423. – Transmission de la notification. L'art. 5 prévoit trois formes de notification, entre lesquelles il appartient au requérant de choisir au moment où il remplit la formule de demande : notification formelle selon la législation de l'État requis (auquel cas l'autorité centrale peut demander que l'acte soit rédigé ou traduit dans la langue du pays), une forme particulière demandée par le requérant (par exemple une signification en présence de deux témoins ; cela est en pratique très rare) ou la simple remise. L'exécution de la demande ne peut être refusée que si l'État requis juge que cette exécution est de nature à porter atteinte à sa souveraineté ou à sa sécurité (art. 13 al. 1), formule qui ne doit pas s'entendre comme une référence globale à l'ordre public. L'al. 2 précise que l'exécution ne peut être refusée pour le seul motif que la loi de l'État requis revendique une compétence judiciaire exclusive dans l'affaire en cause ou ne connaît pas de voie de droit répondant à l'objet de la demande. Cette conception restrictive des motifs de refus se justifie parce que l'acheminement de l'acte n'implique aucune position quant à la reconnaissance future de la décision à intervenir dans l'État d'origine (laquelle ne sera peut-être jamais invoquée). Après exécution, une attestation constatant celle-ci est remplie par l'autorité centrale et retournée directement au requérant dans l'État d'origine ; elle précise le cas échéant le fait qui aurait empêché l'exécution (art. 6).

L'intervention des services de l'État requis est gratuite ; mais le requérant peut être tenu de rembourser les frais occasionnés par celle d'un officier ministériel ou d'une personne compétente selon la loi de l'État de destination, ou par l'emploi d'une forme particulière (art. 12). Ainsi en France les frais de signification par huissier demeurent à la charge du requérant.

Selon l'art. 10, la Convention ne fait pas obstacle, à moins que l'État de destination ne déclare s'y opposer, à une transmission par voie postale (aux conditions prévues par la loi de l'État d'origine pour les notifications internationales) ou directement par les soins d'une autorité compétente locale, à la demande de l'autorité compétente d'origine ou de toute personne intéressée à une instance judiciaire.

424. – Effets de la notification selon la Convention. La question la plus importante est celle de l'effet des notifications et significations ainsi opérées à l'égard d'une procédure ouverte dans l'État d'origine : il convient en effet de protéger le défendeur contre une procédure par défaut, sans pour autant lui permettre de se dérober. Par principe, la Convention ne se préoccupe que de la transmission des actes, qu'elle s'efforce d'accélérer, et n'affecte donc pas le droit commun des significations tel qu'il existe dans les États qui y sont parties[1]. Ainsi, elle ne s'oppose pas à ce que le point de départ de leur effet dans l'État requérant résulte de l'accomplissement d'une formalité interne : signification à parquet, comme en France (n° 419), affichage, publication[2].

Simultanément, toutefois, la Convention protège le défendeur qui n'aurait pas été atteint, cela tant au stade de la procédure même (art. 15), que lorsqu'une décision a été rendue par défaut (art. 16), en assortissant la procédure locale de remèdes particuliers.

a) Lorsque le défendeur ne comparaît pas, l'art. 15, al. 1er, prescrit au juge de surseoir à statuer aussi longtemps qu'il n'est pas établi que l'acte a été notifié selon les formes prescrites par l'État requis ou encore qu'il a été effectivement remis au défendeur ou à sa demeure selon un autre procédé prévu par la Convention et dans tous les cas en temps utile pour qu'il ait pu se défendre[3]. Afin cependant de ménager les intérêts du demandeur face à un sursis indéfini, chaque État a selon l'al. 2 la faculté de prévoir que ses juges pourront statuer bien qu'aucune attestation n'ait été remise (la France a fait jouer cette faculté). Trois conditions sont pour cela nécessaires : la transmission aura été effectuée selon un des modes prévus par la Convention, un délai de six mois au moins se sera écoulé depuis la date d'envoi de l'acte, des diligences répétées auront été effectuées auprès des autorités compétentes pour obtenir l'attestation nécessaire[4].

b) Lorsque dans ces conditions une décision a été rendue par défaut contre le défendeur, la Convention prévoit encore la possibilité pour le juge de le relever de la forclusion résultant de l'expiration des délais de recours, cela à certaines conditions précises (art. 16). D'une part, l'intéressé doit établir qu'il n'a eu connaissance en temps utile et sans faute de sa part ni de l'acte, pour se défendre, ni de la décision pour exercer un recours, et ses moyens ne doivent pas être dénués de tout fondement. D'autre part, la demande doit être formée dans un délai raisonnable à partir du moment où il a eu connaissance de la décision ; chaque État peut par déclaration fixer un délai précis, pourvu qu'il ne soit pas inférieur à un an à compter du prononcé de la décision. L'art. 16 ne s'applique pas en matière d'état des personnes, car celui-ci supporte difficilement d'être remis en cause ; ainsi lorsqu'une personne se sera remariée après avoir obtenu un divorce par défaut.

2. Modes subsidiaires

425. – Variété des moyens et possibilité d'opposition. La Convention maintient la possibilité de recourir à diverses voies traditionnelles de transmission des actes. L'art. 8 permet ainsi aux États contractants de faire procéder aux notifications directement par les soins de ses agents diplomatiques ou consulaires à l'étranger, à condition que ce soit sans contrainte ; mais tout État peut s'opposer à l'usage de cette faculté sur son territoire (la France s'y est effectivement opposée,

1. V., appliquant la loi de l'État requis à la validité de la signification en la forme : Civ. I, 6 juill. 2005, RC 06.381 n. Poisson-Drocourt.
2. C. sup. de justice du grand-duché de Luxembourg, 21 janv. 1981, RC 81.708, 1re esp., n. Droz.
3. Sur la nécessité que la transmission ait été effectuée selon un mode prévu par la Convention, v. n. Droz sous Civ. I, 19 mai 1981, RC 82.564.
4. Civ. I, 16 déc. 1980, RC 81.708, II esp., n. Droz (refus d'exequatur à une décision étrangère ayant statué sans s'assurer que le défendeur en France avait reçu d'une manière ou d'une autre l'assignation).

comme la moitié environ des États signataires), sauf si le destinataire est un ressortissant de l'État d'origine.

L'art. 9 prévoit également la voie consulaire ou, exceptionnellement, diplomatique, que l'on peut qualifier d'indirecte. Elle consiste pour les autorités de l'État d'origine à s'adresser aux autorités désignées de l'État requis par la voie diplomatique ; celle constituait la voie normale selon la convention de 1954 et a été écartée en tant que telle pour cause de lourdeur.

Enfin, la Convention « ne fait pas obstacle », sauf opposition de l'État de destination, à l'usage de la voie postale, à la communication d'huissier à huissier ou entre autres autorités ou à la signification directe par les personnes compétentes de l'État de destination à l'initiative du demandeur (art. 10)[1]. Une opposition de l'État de destination ne devrait pas normalement s'appliquer à une notification complémentaire telle que prévue par la loi française (n° 419).

La Convention ne s'oppose pas non plus à ce que les États s'entendent pour convenir d'autres voies de transmission, notamment la communication directe entre leurs autorités respectives (art. 11).

C. RÈGLEMENT N° 1393/2007 DU 13 NOVEMBRE 2007

426. – Économie. Le règlement remplace celui du 29 mai 2000 (n° 1348/2000), lui-même inspiré de la convention de Bruxelles du 26 mai 1997, et il s'est appliqué à compter du 13 novembre 2008[2]. Il prévoit la désignation dans chaque Etat d'entités d'origine (en France, huissiers et greffiers) et d'entités requises (pouvant naturellement être les mêmes, mais en France la chambre nationale des huissiers de justice), chargées de transmettre et recevoir les actes judiciaires et extra-judiciaires, ainsi que d'une « entité centrale » chargée de prêter la main au bon fonctionnement du système. La transmission des actes entre les entités d'origine et requise se fait *directement* et *par tout moyen approprié* ; les actes sont accompagnés d'une demande selon un formulaire type annexé au règlement, rempli dans la langue de l'État requis (art. 4). L'entité requise vérifie que l'acte remplit les conditions de validité ; le cas échéant, elle peut demander à l'autorité d'origine de compléter une signification incomplète (art. 6.2). Puis elle procède ou fait procéder à la signification ou à la notification selon la loi locale, sauf si une forme particulière, compatible avec cette loi, a été requise, cela dans le délai d'un mois. En cas d'impossibilité de délivrance, elle en informe l'entité d'origine tout en continuant à prendre les mesures nécessaires (art. 7). Le destinataire peut refuser d'accepter l'acte lui-même si celui-ci n'est pas rédigé une langue comprise de lui ou dans la langue de l'État requis ; en cas de refus, l'entité d'origine est informée et il peut être remédié à la situation par une traduction (art. 8)[3].

1. Un État peut déclarer ne pas s'opposer à une forme donnée sans pour autant la considérer comme une forme de notification valable.
2. JOUE n° L. 234 du 10 déc. 2007, p. 79, RC 2008.169. Comme le précédent, ce règlement prévaut sur la Convention de La Haye de 1965 (art. 20.1). Deux circulaires du ministère de la Justice (1er février 2006 et 28 février 2009, BOMJ 2009/1) éclairent l'application du règlement.
3. V. statuant sur différentes difficultés d'interprétation suscitées par la disposition (traduction ou non des annexes, cas où les parties sont convenues d'une langue pour

La date de la notification ou de la signification de l'acte est celle prévue par la loi de l'État *requis*, sans préjudice du respect d'un délai déterminé fixé par la loi de l'État d'origine dans le cadre d'une procédure dans l'État d'origine (art. 9)[1]. Le règlement prévoit également la transmission par voie consulaire ou diplomatique ou directement par la poste, par lettre recommandée avec avis de réception ou envoi équivalent (art. 14)[2]. Il ne fait pas obstacle aux notifications ou significations directement par les soins des autorités compétentes de l'État requis (art. 15). La non-comparution d'un défendeur (art. 19) produit les mêmes effets que selon la Convention de La Haye (n° 424).

Voy. : Chatin, « Régime des notifications à l'étranger » RC 1977.622 ; Guimezanes, « L'information du défendeur », *in L'information en droit privé*, 1978, p. 116 ; Monin-Hersant, J.-Cl. dr. int. Fasc. 589-B-1 ; Normand, « La délivrance des actes à l'étranger », RC 1966.387 ; Rigaux, « La signification des actes judiciaires à l'étranger », RC 1963.447.

§ 2. – OBTENTION DE PREUVES À L'ÉTRANGER

427. – Moyens et sources. La souveraineté des États s'oppose à ce qu'un juge accomplisse un acte d'autorité hors des frontières de l'État dont il tient ses pouvoirs. L'institution de la *commission rogatoire*, destinée en droit interne à permettre l'accomplissement de mesures d'instruction hors du ressort du tribunal saisi, au moyen d'une délégation de la part du juge, a été étendue en matière internationale. Mais la nécessité de passer par les voies diplomatiques rendait la procédure particulièrement lourde et l'État requis était naturellement libre de ne pas y donner suite. Pour faciliter son fonctionnement et limiter les refus ont été conclues de nombreuses conventions, bilatérales et multilatérales. La Convention de La Haye du 18 mars 1970 sur l'obtention des preuves à l'étranger en matière civile ou commerciale, conçue pour remplacer les dispositions insuffisantes des conventions de 1905 et de 1954 sur le sujet, est ratifiée par une quarantaine d'États[3]. La Convention a étroitement inspiré les dispositions de droit commun introduites en 1975 dans le nouveau Code de procédure civile (art. 733 à 748) ; puis le règlement du Conseil de l'Union européenne du 28 mai 2001 (entré en vigueur en 2004). Ceci justifie de commencer par l'étude de la Convention et de terminer par le droit commun, appelé à une application subsidiaire. Ces différents régimes s'appliquent en matière

leurs échanges), CJCE 8 mai 2008, *Weiss*, C-14/07, RC 08.665 n. Cornette.

1. Sur l'appréciation de la date dans une hypothèse de refus initial pour défaut (partiel) de traduction, depuis complété, Com. 28 oct. 2008, RC 09.93 n. Pataut (signification initiale).
2. La Cour de justice considère qu'il n'existe aucune hiérarchie entre ces formes : 9 fév. 2006, *Plumex,* C-473/04, RTD Civ. 06.379 obs. Perrot.
3. Décr. n° 75-250 du 9 avril 1975, contenant en annexe le texte des déclarations faites par la France ; v. Batiffol, RC 1969.215, spéc. p. 238. La conférence de La Haye a établi un Manuel pratique sur le fonctionnement de la Convention.

civile et commerciale ; celui du droit commun s'étend dans une certaine mesure aux matières administratives, à l'exclusion du droit fiscal. Il existe cependant des conventions bilatérales en nombre croissant en matière pénale, douanière ou de surveillance des marchés financiers. Dans tous les cas, l'autorité compétente pour exécuter une commission rogatoire est désignée par la loi de l'État requis et procède selon les formes prévues par cette loi.

A. LA CONVENTION DE LA HAYE DU 18 MARS 1970

428. – Objet et domaine. La convention de 1970 a visé à faciliter les commissions rogatoires en réduisant le nombre des intermédiaires et en rendant obligatoire, à des conditions définies, l'exécution des demandes ; et simultanément à jeter un pont entre les systèmes d'obtention des preuves du droit civil et de *common law*. Elle prévoit, à côté de la commission rogatoire, le recours aux agents diplomatiques et consulaires ou à des commissaires, de sorte que la première n'est plus qu'un moyen parmi d'autres d'obtention de preuves (mais les dispositions du Chapitre II peuvent être en tout ou en partie exclues).

1. Les commissions rogatoires

429. – Objet. Par la commission rogatoire, l'autorité judiciaire d'un État demande à l'autorité compétente d'un autre État d'effectuer tout acte d'instruction, ainsi que d'« autres actes judiciaires ». Cette dernière expression vise des actes entrant dans les attributions judiciaires selon la loi ou la pratique de l'État requis ; mais sont expressément exclues, d'une part, la signification ou la notification d'actes judiciaires, objet de la convention de 1965 (n° 421), d'autre part, les mesures conservatoires ou d'exécution, qui ont un caractère contraignant et relèvent directement de la souveraineté de l'État requis (art. 1er)[1]. L'acte d'instruction peut être demandé dans le cadre d'une procédure engagée ou future ; cela permet par exemple de se ménager le témoignage d'une personne âgée, mourante ou en instance de départ (rappr. art. 145 CPC).

430. – La demande. Suivant le mécanisme de la convention de 1965 sur la signification des actes, chaque État désigne une *autorité centrale* chargée de recevoir les commissions rogatoires émanant d'un autre État (en France, le ministère de la Justice). Le droit interne de l'État requérant détermine qui a qualité pour présenter la demande. La commission rogatoire doit contenir un certain nombre d'éléments concernant les parties, l'affaire et les actes à accomplir ; elle contient en outre le cas échéant des éléments plus précis sur ceux-ci : personnes à entendre, questions à

1. V. sous l'empire de la convention de 1954, Civ. II, 29 nov. 1972, RC 74.690 n. Couchez (nullité d'une commission rogatoire à un juge étranger destinée à assurer la remise d'un enfant à un gardien).

poser, documents à consulter (art. 3)[1]. Si l'autorité centrale estime que les conditions, de forme ou de fond, ne sont pas respectées, elle doit en informer immédiatement l'autorité qui a transmis la demande, en précisant les griefs articulés. En cas d'incompétence de l'autorité requise, la commission rogatoire est transmise d'office et sans retard à l'autorité judiciaire compétente du même État.

431. – L'exécution. La commission rogatoire régulièrement transmise doit être exécutée d'urgence (art. 9 al. 3) ; sans aller jusqu'à lui donner priorité sur les affaires locales, cela implique une diligence particulière. L'autorité requérante, si elle l'a demandé, est informée directement de la date et du lieu où il sera procédé à la mesure sollicitée, afin que les parties intéressées et, le cas échéant, leurs représentants puissent y assister. La Convention prévoit également que des magistrats de l'autorité requérante d'un autre État contractant puissent assister à l'exécution de la commission rogatoire (art. 8 ; la France a consenti à cette possibilité).

La commission rogatoire est exécutée suivant les formes de l'État requis (audition de témoins, conduite d'une expertise, prestation de serment, transcription des réponses ...). Toutefois, il est déféré à la demande de l'autorité requérante tendant à ce qu'il soit procédé suivant une forme spéciale (pratiquement, celle de l'État requérant), à moins que celle-ci ne soit incompatible avec la loi de l'État requis, ou que son application ne soit pas possible, en raison des usages judiciaires ou de difficultés pratiques (art. 9 al. 2). Il y a donc là une possibilité exceptionnelle d'application d'une procédure étrangère, justifiée par le fait que la mesure d'instruction est accomplie pour les besoins d'un procès étranger et suscitée par le fait des différences significatives séparant de manière générale les procédures de type civiliste des procédures de *common law*[2]. En toute hypothèse, une adaptation de la procédure de l'État requis est envisageable.

Les différences de procédures sont cependant à l'origine de la principale difficulté à laquelle s'est heurtée la Convention. L'art. 23, disposition commune aux commissions rogatoires et aux autres moyens prévus par elle, permet à tout État contractant de déclarer qu'il n'exécutera pas les commissions ayant pour objet la procédure connue dans les pays de *common law* sous le nom de *pre-trial discovery of documents*. Celle-ci permet aux États-Unis, lors de la phase préparatoire aux audiences, d'obtenir communication de documents en possession de l'adversaire. En soi contestée (v. les contre-mesures provoquées, *supra* n° 45), elle se prête à des abus consistant à exiger des pièces n'ayant qu'un lien très éloigné avec le litige (« *fishing expedition* »). Aussi la plupart des États parties à la Convention ont-ils effectué la déclaration. Ceci peut expliquer en réaction la décision de la Cour suprême des États-Unis en 1987 selon laquelle la Convention n'interdit pas à une autorité américaine de continuer à utiliser ses propres procédures d'obtention des preuves à l'étranger et non nécessairement celles de la Convention, selon une

1. Un modèle de formulaire a été établi. La demande doit être rédigée dans la langue de l'État requis ou accompagnée d'une traduction dans cette langue ; la règle connaît des assouplissements : en particulier, chaque État doit en principe accepter une demande rédigée en français ou en anglais (v. art. 4).
2. V. Chatin, RC 1977.618 ; rép. min. RC 1985.760.

appréciation d'opportunité au cas par cas[1]. La France a modifié sa réserve en 1986, en ce sens que la restriction ne s'applique pas lorsque les documents demandés sont limitativement énumérés dans la commission rogatoire et ont un lien direct et précis avec l'objet du litige. Mais il reste encore l'obstacle des lois de blocage (n° 45 et, sur la loi française, n° 438).

L'autorité requise applique au besoin les moyens de contrainte prévus par sa loi interne (comparution de personnes, communication de documents...). La commission n'est pas exécutée lorsque la personne qu'elle vise invoque une dispense ou une interdiction de déposer établies soit par la loi de l'État requis, soit par la loi de l'État requérant à condition qu'elle ait été spécifiée dans la commission rogatoire (art. 11). Sont visés par exemple les dispenses fondées sur les relations de famille, les interdictions fondées sur la souveraineté économique de l'État et tout ce qui touche au secret professionnel.

L'exécution d'une commission rogatoire conforme aux dispositions de la Convention ne peut être refusée que dans la mesure où cette exécution ne rentre pas dans les attributions du pouvoir judiciaire ou serait de nature à porter atteinte à la souveraineté ou à la sécurité de l'État requis ; en particulier, elle ne peut être refusée pour le seul motif que la loi de l'État requis revendique une compétence judiciaire exclusive dans l'affaire en cause ou ne connaît pas de voies de droit répondant à l'objet de la demande portée devant l'autorité requérante (art. 12). Elle ne peut donner lieu au remboursement de taxes ou de frais, si ce n'est pour des indemnités d'experts ou interprètes ; cela exclut en particulier des indemnités versées aux témoins ou des frais judiciaires engagés pour les obliger à comparaître.

2. Autres procédures d'obtention de preuves

432. – Agents diplomatiques et consulaires. Lorsque leur propre loi le prévoit, les agents diplomatiques et consulaires peuvent procéder sur le territoire d'un État contractant à des mesures de rassemblement des preuves, mais cela à des conditions précises. Il doit s'agir d'actes d'instruction proprement dits et non d'« autres actes judiciaires » (n° 429), ils ne peuvent viser que les ressortissants de l'État que représente l'agent, ils doivent concerner une procédure effectivement ouverte dans cet État et aucune contrainte n'est permise. De plus, cette faculté peut être subordonnée à une autorisation, demandée par l'autorité compétente de leur État (art. 15). La même possibilité peut être étendue à l'égard des ressortissants de l'État requis ou d'un État tiers, par une autorisation générale (c'est le cas en France) ou pour le cas particulier (art. 16).

1. *Aérospatiale v. U.S. District Court for the Southern District of Iowa,* 482 U.S. 522 (RC 88.559 n. Dyer) ; dans le même sens, Versailles, 9 avril 1993, RC 95.80 n. crit. Couchez, JCP 95.22436 n. Rosenfeld.

433. – Commissaires. La Convention a introduit la faculté de faire accomplir un acte d'instruction à l'étranger par un « commissaire », soit toute personne désignée à cet effet dans l'État d'origine et autorisée par l'État requis (art. 17). Il s'agira le plus souvent d'un avocat ; mais la France n'accepte pas que ce soit celui de l'une des parties, en vertu du principe du contradictoire. Ce pourrait être également un juge de la juridiction devant lequel est ouvert le procès à l'étranger. Le commissaire doit respecter toutes les conditions fixées dans l'autorisation par l'autorité compétente de l'État requis.

434. – Dispositions communes. Les consuls et commissaires n'ont aucun pouvoir de contrainte ; un État peut toutefois prévoir qu'ils s'adressent à l'autorité compétente pour obtenir l'assistance nécessaire à l'accomplissement de leur mission, selon les moyens prévus par la loi locale (art. 18 ; la France n'a pas fait la déclaration nécessaire à cette fin). Les personnes visées par un acte d'instruction peuvent se faire assister de leur conseil. La personne autorisée peut procéder à tout acte d'instruction qui n'est pas incompatible avec la loi de l'État requis ou contraire à l'autorisation accordée, et recevoir dans les mêmes conditions une déposition sous serment ou avec affirmation (art. 21 *a*). Lorsque la personne visée par l'acte d'instruction n'est pas ressortissante de l'Etat dans lequel la procédure est engagée, toute convocation est rédigée dans la langue du lieu où l'acte d'instruction doit être accompli (art. 21 *b*). Dans un État, comme la France, qui n'a pas fait la déclaration de l'art. 18, la convocation indique que le destinataire n'est pas tenu de comparaître ni de participer à l'acte d'instruction. Celui-ci peut être accompli suivant les formes prévues par la loi du tribunal devant lequel la procédure est engagée, à condition qu'elles ne soient pas interdites par la loi de l'État d'exécution (art. 21 *d*). Le fait qu'un acte d'instruction n'ait pu être accompli conformément à ces dispositions, en raison notamment du refus d'une personne d'y participer, n'empêche pas qu'une commission rogatoire soit adressée ultérieurement pour le même acte.

B. RÈGLEMENT N° 1206/2001 DU 28 MAI 2001[1]

435. – Particularités. Le règlement 1206/2001 introduit deux mesures de simplification tendant à une plus grande efficacité. Lorsqu'une juridiction d'un État membre demande à la juridiction d'un autre de procéder à un acte d'instruction, elle *communique directement* cette demande à son homologue (art. 2) ; cet élément de coopération judiciaire directe en sus de la coopération interétatique suppose identifiée la juridiction étrangère compétente. La juridiction d'un État membre peut également *procéder directement à un acte d'instruction* dans un autre Etat membre où se trou-

1. Texte, RC 01.570. Comm. : Bruneau, JCP 01.I.349 ; Groud, LPA 28 fév. 02, p. 11 ; Lebeau et M.L. Niboyet, GP 19 fév. 03, p. 6 ; Le Berre et Pataut, RDAI 04.41. Guide pratique pour l'application du règlement, rédigé par les services de la Commission : http://europa.eu.int/civiljustice

vent les preuves à rechercher (art. 1er, 1. b, à rapprocher cependant du recours à des commissaires selon la convention de La Haye, n° 433). Selon les modalités de cette procédure, fixées par l'art. 17, une demande doit cependant être présentée à cet effet à l'organisme central de l'État d'exécution, mais elle ne peut être refusée que si elle est contraire aux principes fondamentaux de l'État requis. Et la procédure d'instruction directe n'est possible que sur une base volontaire ; en particulier, une personne que l'on se propose d'entendre est informée de cette disposition. L'acte est exécuté par un magistrat ou tout autre personne (expert...) désignée par la juridiction requérante.

Les demandes les communications sont formulées dans la langue officielle de l'État requis (art. 5). Pour faciliter l'ensemble de la procédure, le règlement multiplie les formulaires dont le modèle est annexé au texte (forme de la demande et de l'accusé de réception, communication du moment et du lieu où aura lieu l'acte d'instruction, refus d'exécution suivant un des motifs autorisés par le règlement, avis motivé d'un retard dans l'exécution, demande d'exécution directe et réponse à cette demande, retour des pièces reçues et envoi de celles attestant l'exécution de la demande...). De manière générale, le règlement prévoit une constante obligation d'information du juge requérant par le juge requis. L'usage des technologies de communication modernes (vidéoconférence, téléconférence) est encouragé.

Le règlement reprend pour le reste en substance un grand nombre de dispositions de la convention de La Haye (sauf à modifier la terminologie en parlant par exemple de « demande de procéder à un acte d'instruction » et d'« organisme central »), qu'il s'agisse du contenu de la demande (art. 7), de sa rectification si elle est incomplète (art. 8 et 9), de ses modalités d'exécution, selon la loi de l'État requis, sous réserve d'une demande d'application de formes spéciales par le juge requérant, qui ne peut être refusée que si elle est incompatible avec le droit de l'État requis ou si elle soulève des difficultés pratiques majeures (art. 10), de la possibilité de présence et de participation des parties (art. 11) ou de représentants de la juridiction requérante (art. 12), de l'application des mesures coercitives de l'État requis (art. 13), de la possibilité d'invoquer les dispenses ou interdictions de déposer prévues tant par la loi de l'État requérant que celui de l'État requis, mais non le fait que l'État requis revendique une compétence exclusive d'une juridiction de l'État requis ou que sa législation n'admet pas le type d'action visée par la demande (art. 14), de l'interdiction de faire rembourser des taxes ou des frais, sauf en cas de formes spéciales requises, mais seulement des honoraires versés à des experts ou des interprètes (art. 18). En revanche, il est spécifié que les demandes doivent être exécutées dans les quatre-vingt dix jours de leur réception (art. 10).

Le règlement ne devrait pas faire disparaître les autres méthodes traditionnelles de collecte des preuves telles que la saisine directe du juge de lieu de situation des preuves, sauf à lui conférer un caractère subsidiaire, ou la collecte des preuves par les parties elles-mêmes[1].

C. DROIT COMMUN FRANÇAIS DES COMMISSIONS ROGATOIRES INTERNATIONALES

1. Commissions à destination d'un État étranger

436. – Envoi de la commission rogatoire. Une demande de commission rogatoire doit émaner d'un juge ; les parties ne peuvent s'adresser elles-mêmes aux autorités étrangères ou aux agents diplomatiques français à l'étranger[2]. Elle est formulée soit à la demande de l'une des parties, soit d'office (art. 733 CPC). Le juge dispose d'un pouvoir discrétionnaire, car les avantages attendus de la mesure d'instruction doivent être mis en balance avec les lenteurs et complications inhérentes à son exécution ainsi que les risques d'exécution incomplète ou défectueuse. Comme selon la convention de La Haye, l'objet de la commission rogatoire peut consister non seulement en une mesure d'instruction (audition de témoins, expertise, enquête, constat)[3] mais en d'« autres actes judiciaires » que le juge estime nécessaires[4]. La demande est adressée soit à toute autorité compétente de l'État étranger, soit aux autorités diplomatiques ou consulaires françaises. La première voie permet de bénéficier le cas échéant des moyens de contrainte prévus par la loi étrangère et que seule peut utiliser l'autorité publique locale. Les avantages de la seconde sont que l'autorité diplomatique ou consulaire ne peut refuser de déférer à la demande, sous réserve d'opposition de la part de l'État étranger, qu'elle connaît la loi française, que son intervention est sans frais et n'implique en elle-même aucune nécessité de traduction.

Le secrétaire de la juridiction commettante communique la demande au Parquet (art. 734), lequel la transmet au ministère de la Justice (art. 735). Elle est acheminée par le ministère des Affaires étrangères.

437. – Exécution et retour de la commission rogatoire. L'exécution de la commission rogatoire par les autorités étrangères est naturellement facultative. En principe, elle s'effectue selon les dispositions de procédure de la loi étrangère ; mais rien n'empêche l'autorité formulant la demande

1. V. A. Nuyts, « Le règlement communautaire sur l'obtention des preuves : un instrument exclusif ? », RC 2007.53.
2. En revanche, il n'est pas interdit à une partie de se prévaloir au cours d'une instance d'éléments de preuve recueillis à l'étranger par l'autorité compétente et selon les formes locales, par requête de cette partie : Civ. I, 22 fév. 1978, RC 79.593 n. Couchez (témoignages recueillis au Venezuela selon la forme locale, retenus dans une procédure de divorce en France).
3. Par exemple, pour une enquête sociale en vue de se prononcer sur une demande de transfert d'autorité parentale sur un enfant résidant à l'étranger (TGI Paris, 9 nov. 1982, JDI 83.99).
4. Sur une hésitation relative à la procédure de divorce sur requête conjointe, v. rép. min., RC 1985.183.

d'exprimer le souhait qu'elle se déroule selon les formes de la loi française, en donnant les précisions nécessaires (sur le cas inverse d'une commission rogatoire à exécuter en France, v. n° 440). En revanche, la commission exécutée par les autorités diplomatiques et consulaires françaises l'est selon les formes de la loi française ; mais aucun acte de contrainte ne pourra être exercé sur qui que ce soit, y compris sur un ressortissant français.

Le juge français commettant a le droit de contrôler la régularité de l'exécution de la commission rogatoire, comme il le fait à l'occasion du contrôle de validité d'une décision étrangère (n° 474). Il s'assurera en particulier du respect du principe du contradictoire et des droits de la défense[1]. La portée des éléments de preuve rassemblés est appréciée selon la loi applicable à cette question (n° 449).

2. Commissions en provenance d'un État étranger

438. – Champ d'application des textes. Les art. 736 à 748 CPC ne traitent que des commissions rogatoires adressées en France à une autorité judiciaire. Il ne s'ensuit pas qu'une commission ne puisse être exécutée en France par des agents diplomatiques et consulaires étrangers, puisque cette voie est utilisée par les autorités françaises (n° 437). Elle peut même être pratiquée à l'égard de ressortissants français. Mais dans tous les cas, cet exercice est exclusif de tout pouvoir de coercition.

En revanche, la recherche de preuves en France par des personnes privées (avocats) à la demande d'autorités judiciaires étrangères est considérée comme portant atteinte à la souveraineté française. Certains excès constatés dans le domaine économique à l'occasion de procédures anti-trust menées aux États-Unis ont même conduit en différents pays à prendre des « contre-mesures » pénalement sanctionnées (*supra* n° 45). Ainsi en France est-il interdit à toutes personnes de « demander, rechercher, communiquer (...) des documents ou renseignements d'ordre économique, commercial, industriel, financier ou technique tendant à la constitution de preuves en vue de procédures judiciaires ou administratives étrangères ou dans le cadre de celles-ci »[2].

1. Dans l'arrêt précité du 22 fév. 1978, où le témoignage avait été recueilli hors d'une commission rogatoire, la Cour de cassation a admis que les droits de la défense étaient suffisamment respectés dès lors que les témoignages reçus à l'étranger hors de la présence du défendeur avaient été soumis à un débat contradictoire devant le juge français. Sur l'appréciation d'une audition de témoins effectuée dans l'État requis par le ministre de la Justice, v. Civ. I, 22 mai 2007, RC 08.278 n. Foussard.
2. L. 26 juill. 1968, art. 1 bis ajouté par la L. n° 80-538 du 16 juill. 1980. Sur cette loi, v. Nevot, RC 1981.421, Berlin, DPCI 1986.563, et rép. min. RC 1987.639. Ce texte trop largement formulé (il n'exclut pas la communication volontaire) ne suffit pas à exempter les entreprises françaises aux yeux des tribunaux américains, qui apprécient la question au cas par cas. Pour une application, v. Crim. 17 déc. 2007, RC 08.626 n. Chilstein.

439. – Décision sur la demande de commission rogatoire. Après vérification de sa régularité générale, le ministère de la Justice transmet la commission rogatoire au ministère public dans le ressort duquel elle doit être exécutée (art. 736 CPC). Celui-ci la communique aux fins d'exécution à la juridiction compétente (art. 737), laquelle est tenue d'y déférer (*cf.* art. 738). Toutefois, sur le modèle du droit conventionnel, la loi prévoit des motifs de refus d'exécution, et l'appréciation de la juridiction française requise est indépendante de celle qu'a pu faire le ministère de la Justice. Le juge commis peut refuser d'exécuter la commission rogatoire en cas de transmission irrégulière (art. 745) ou s'il estime qu'elle n'entre pas dans ses attributions (art. 743) ; il doit la refuser si elle est de nature à porter atteinte à la souveraineté ou à la sécurité de l'Etat français (art. 743). Bien que le texte ne vise pas exactement cette hypothèse, on doit reconnaître à l'autorité saisie la possibilité de refuser d'accomplir une commission dont l'exécution porterait atteinte à l'ordre public : ainsi en entendant certains témoignages ou en se prêtant à une violation du secret professionnel[1] ; encore conviendrait-il de tenir compte des liens de la situation avec l'ordre juridique français – qui peuvent se réduire à la seule présence d'un témoin en France – avant de faire jouer l'ordre public.

En revanche, l'art. 742 CPC interdit expressément un refus « au seul motif que la loi française revendique une compétence exclusive ou qu'elle ne connaît pas de voie de droit répondant à l'objet de la demande portée devant la juridiction commettante ou qu'elle n'admet pas le résultat auquel tend la commission rogatoire ». Le premier cas vise en réalité une compétence exclusive de la *juridiction* française (v. la convention de La Haye dont la disposition s'inspire, n° 431).

La décision par laquelle le juge refuse d'exécuter une commission rogatoire ou y met fin doit être motivée et elle est susceptible d'appel de la part des parties et du ministère public (art. 746).

440. – Exécution de la commission rogatoire. La commission rogatoire doit normalement être exécutée par la juridiction elle-même, à l'exclusion de toute subdélégation ; pratiquement, elle l'est par un juge que le président désigne. Acte de procédure, elle est exécutée conformément à la loi française, à moins, suivant l'inspiration de la convention de La Haye (n° 431), que la juridiction étrangère n'ait demandé qu'il soit procédé selon une forme particulière (art. 739 al. 1er CPC ; on a vu de même qu'une commission rogatoire pourrait éventuellement être exécutée à l'étranger suivant des formes prévues par la loi française, n° 437). Le juge français commis peut ainsi laisser se dérouler devant lui un interrogatoire par les avocats des parties et autoriser une transcription ou un enregistrement intégraux (art. 739 al. 2 et 740). Mais le juge reste maître d'accéder ou non à une demande de procédure particulière ; en particulier, il ne saurait se prêter à des formes qui heurteraient l'ordre public français (serment reli-

1. V. avant l'introduction des textes, TGI Paris, 24 oct. 1969, RC 71.537 n. Chagny.

gieux) et les principes directeurs du procès doivent toujours être respectés (art. 744).

Les personnes intéressées peuvent toujours demander au juge commis de rapporter des mesures exécutées (art. 743 al. 2). La décision du juge doit être motivée et peut faire l'objet d'un appel dans les mêmes conditions que le refus initial d'exécuter une commission rogatoire (art. 746 al. 1). En revanche, le juge n'a pas à se prononcer sur des questions de fond pouvant s'élever à l'occasion de l'exécution de la commission rogatoire, telle que l'admissibilité du moyen de preuve à recueillir, car il n'est chargé d'accomplir que des actes matériels.

Voy. : Chatin, « Commissions rogatoires internationales de droit privé », RC 1977.611 ; Gavalda, « Les commissions rogatoires internationales en matière civile et commerciale », RC 1964.15 ; A. Huet, *Les conflits de lois en matière de preuves*, 1965 ; N. Meyer-Fabre, « L'obtention des preuves à l'étranger », TCFDIP 2004.199.

SECTION II

DÉLIMITATION DE LA PROCÉDURE ET DU FOND

441. – Le problème. Le statut de la procédure dans un litige à caractère international est dominée par une ambiguïté : la justice est un service public, fonctionnant selon la loi de l'État qui l'institue ; mais elle est destinée à sanctionner, en matière civile, des intérêts privés. Or il résulte de la distinction fondamentale de la compétence juridictionnelle et de la compétence au fond que des droits sont susceptibles d'être sanctionnés en application d'une loi étrangère (n° 12). L'action étant la réalisation contentieuse du droit, il est souvent nécessaire de départager ce qui, dans le cours du procès, relève de la procédure au sens strict et ce qui relève du fond. La question se pose à l'égard de l'action en justice en général et plus spécifiquement des preuves.

§ 1. – L'ACTION EN JUSTICE

442. – Action et droit. Selon la conception consacrée en France dans le nouveau Code de procédure civile (art. 30), l'action est le droit d'être entendu sur une prétention (et pour l'adversaire, le droit de contester celle-ci). L'action est ainsi distinguée du droit lui-même, puisque la première peut être déclarée recevable et néanmoins mal fondée. L'exercice du droit d'action par une demande, c'est-à-dire celui d'obtenir du juge une décision sur une prétention, est subordonné à différentes conditions, lesquelles sont sanctionnées par une irrecevabilité ou une fin de non-recevoir. C'est ainsi que la *lex fori* s'applique en principe aux conditions de recevabilité de l'action en justice[1]. La qualification, procédurale ou substantielle, des principales conditions demande cependant à être précisée car elles ne sont pas sans lien avec le droit lui-même : la capacité pour agir, l'intérêt et la qualité, les délais. Dans l'ensemble, le droit français a une conception moins extensive de la qualification procédurale que les droits de *common law* ; l'on peut relier cette différence à la place respectivement reconnue à la procédure et au fond dans l'histoire des systèmes.

1. Capacité pour agir

443. – Loi personnelle. La capacité pour agir en justice est typiquement une question distinguée, selon la conception française, de la loi de procédure. Elle est en effet soumise au régime de l'incapacité générale, donc à la loi personnelle, car il s'agit de protéger l'individu en raison d'une caractéristique permanente[2]. La même loi décidera par extension des modalités de représentation de l'incapable[3].

S'agissant des personnes morales, la capacité pour agir et les modalités de représentation seront déterminées par la loi régissant leur constitution[4].

2. Intérêt et qualité

444. – Distinction. L'exigence d'un *intérêt* (art. 31 CPC) illustre l'hésitation fondamentale entre *lex substantiae* et *lex fori*. En faveur de la première, on peut faire valoir que l'intérêt varie selon la matière et que la conception que l'on s'en fait dépend de celle du droit lui-même. Mais l'exigence vise à couper court aux contestations inutiles et à éviter l'encombrement des tribunaux ; à ce titre, elle est de nature procédurale. La Cour de cassation s'est efforcée de faire une part aux deux considérations, se prononçant pour le caractère procédural tout en réservant le cas où la loi applicable au fond n'accorde pas de droits à celui qui agit en justice[5]. La loi désignée définira précisément la notion d'intérêt et surtout les caractères qu'il doit présenter (né, actuel, direct...)[6].

1. V. Civ. I, 14 avril 2010, *Gustav Hübener* GmbH, n° 08-70229, GP 28-29 mai 2010, p. 52, obs. M.-L. Niboyet, déclarant que les « principes régissant l'action en justice s'appliquent à toutes les instances introduites en France, quelle que soit la loi gouvernant le fond du litige ou la loi en vertu de laquelle le demandeur indique agir pour le compte d'autrui » ; toutefois, en rejetant pour ce motif un mandat général d'agir en justice issu d'un contrat de droit allemand, au nom du principe que nul ne plaide par procureur, l'arrêt confond, semble-t-il, représentation et droit d'agir.
2. Civ. 27 juin 1950, GP 50.2.234.
3. Civ. 9 nov. 1923, D.H. 24.3.
4. Sur le cas d'une tribu indigène, Paris, 20 déc. 1976, JDI 77.474 n. Ruzié.
5. Civ. I, 4 déc. 1990, *Sté COVECO*, RC 91.558, n. Niboyet-Hoegy, JDI 91.373 n. Bureau.
6. V. notamment pour l'exercice de l'action civile devant la juridiction répressive, Crim. 17 oct. 1974, JDI 75.522 n. Aymond, RC 76.112 n. Lagarde. En revanche, l'existence d'un intérêt « juridiquement protégé », tel que celui naguère dénié à la concubine, vise davantage la substance même du droit ; dans l'exemple donné, il serait apprécié selon la *lex loci delicti*.

La *qualité* se superpose à l'intérêt lorsque le demandeur agit pour son propre compte ; elle devient une condition propre lorsque la loi réserve l'exercice de l'action à certaines personnes exclusivement, notamment en droit de la famille (divorce, désaveu de paternité...). Cette limitation vise en général à permettre à l'intéressé d'apprécier l'opportunité d'agir ou de ne pas agir ; c'est là une considération d'ordre substantiel qui commande d'appliquer plutôt la loi de fond[1]. Il en est de même lorsque, exceptionnellement, une autre personne que le titulaire du droit se voit conférer le droit d'agir pour celui-ci : mère naturelle pour la paternité de son enfant, créancier dans l'exercice de l'action oblique, représentant d'une personne morale, associés en vue de rechercher la responsabilité des administrateurs envers la société (art. L. 225-252 C. com.). On se référera alors en principe à la loi qui régit le lien entre le titulaire du droit et celui qui prétend exercer l'action ; selon les cas, la loi personnelle, la loi de la créance, celle de la société...[2]. C'est une application caractéristique du principe de solution fonctionnelle du conflit de catégories (n° 199)[3].

3. Délais et prescription

445. – Distinctions et prépondérance de la loi du fond. Les délais qui jalonnent la procédure et qui ont pour objet d'assigner un laps de temps aux parties pour accomplir leurs actes relèvent incontestablement de la loi du for ; ainsi le délai pour exercer une voie de recours[4].

Plus discutée est la question lorsqu'il s'agit du délai pour exercer l'action en justice elle-même : délai de prescription ou délai préfix. La prescription éteint en principe l'action en justice et non le droit lui-même, pour des raisons de preuve (dépérissement, présomption d'exécution de l'obligation). Il est donc tentant de la rattacher à la loi du for en tant que règle de procédure ; telle a été la solution traditionnelle des droits de *common law*. Néanmoins, la raison d'être des délais envisagés est aussi de consolider les situations acquises et, bien qu'il existe une prescription de droit commun, la multiplicité des délais particuliers montre qu'ils sont souvent

1. Civ. I, 3 mars 1971, RC 72.291 n. Batiffol. La situation est différente pour le droit d'action du ministère public, qui dépend nécessairement de la loi française ; pour la nullité d'un mariage, nonobstant sa célébration à l'étranger, Chambéry, 7 fév. 1885, D.P. 86.2.241, S. 86.2.217 n. Chavegrin.
2. En matière d'exercice des actions d'un défunt, v. Crim. 4 juin 1941, D.C.42.4 n. Nast, JCP 42.II.2017 n. Maury, S.44.1.133 n. Batiffol, décidant, à la suite d'un accident mortel, que la qualité d'un exécuteur testamentaire est régie par la loi successorale de préférence à la loi du lieu du délit, sans que la qualification procédurale ait été soulevée. Pour l'application à la subrogation de la loi de l'institution dans laquelle elle joue : Civ. I, 17 mars 1970, RC 70.688 n. Lagarde, JDI 70.923 n. de La Pradelle ; 19 mars 1973, JDI 74.132 n. Bigot.
3. Dans le cas particulier de l'action « collective » des groupements (associations, syndicats...), les règles qui en fixent les limites sont d'ordre procédural car elles visent à sauvegarder les prérogatives du ministère public ; dans le cas d'un groupement étranger, il faut en outre que sa loi d'origine lui permette d'exercer l'action en question : Paris, 17 mars 1960, RC 61.147 n. Loussouarn.
4. Civ. 11 mars 1958, RC 59. Somm.737.

fixés en fonction de considérations propres à la matière en cause ; cela est particulièrement net s'agissant de délais préfix ou de forclusion. De plus, la qualification procédurale présente l'inconvénient de laisser au demandeur une liberté de manœuvre pouvant conduire au *forum shopping*, ici à la recherche d'un tribunal dont la loi prévoit des délais plus étendus.

La jurisprudence française a généralement soumis la prescription et les délais préfix à la loi qui régit le droit : ainsi la prescription des actions d'état à la loi personnelle[1], celle des actions en nullité à la loi de l'acte attaqué[2], celles des actions contractuelles et extra-contractuelles à la loi de l'obligation[3] ; la prescription extinctive des actions réelles sera soumise à la loi du *situs rei*. Le principe général a été consacré par la L. 17 juin 2008 réformant la prescription : « La prescription extinctive est soumise à la loi régissant le droit qu'elle affecte » (art. 2221 C. civ.). L'ordre public est susceptible d'intervenir à l'encontre d'un délai excessif ou trop bref.

La solution est différente pour les dispositions légales relatives à la computation des délais et en particulier les jours fériés ; celles-ci s'appliquent au titre de loi de police aux actes dont elles affectent l'accomplissement sur le territoire.

Voy. : Bolard, *Essai sur l'application judiciaire du droit international privé*, thèse dactyl. Dijon, 1968 ; Dayant, « Les problèmes actuels de conflits de lois en matière de prescription », TCFDIP 1969-71, p.176 ; Fauvarque-Cosson, « La prescription en droit international privé », TCFDIP 2002-04.235 ; Hage-Chahine, *Les conflits dans l'espace et dans le temps en matière de prescription*, 1977 ; « La prescription extinctive en matière de droit international privé » RCADI 1995.231 (t. 255) ; G. de La Pradelle, *Les conflits de lois en matière de nullité*, 1967 ; Niboyet-Hoegy, *L'action en justice dans les rapports internationaux de droit privé*, Economica, 1986 ; « Contre le dogme de la *lex fori* en matière de procédure », Mél. Gaudemet-Tallon, 2008, p. 363 ; Terré, « Les conflits de lois en matière d'action en justice », TCFDIP 1964-66, p. 111 s.

§ 2. – LA PREUVE EN JUSTICE

***446. – Lex fori** et lois concurrentes.* Lors d'une instance en justice, la preuve vise à former la conviction du juge ; à ce titre elle relève de l'administration de la justice, ce qui conduit à la déclarer soumise à la *lex fori*. Mais les règles de preuve sont souvent étroitement liées au fond, par exemple lorsqu'elles visent à assurer la stabilité de l'état ou à protéger la volonté des parties. Au demeurant, la preuve n'a pas toujours un caractère judiciaire : il existe des preuves préconstituées, qui le sont en fonction de la substance de l'acte ou du lieu où il a été dressé. Il ne faut pas non plus

1. Civ. 10 mai 1960, *Imbach*, D. 60.548 n. Malaurie, RC 60.205 n. Batiffol, JDI 61.126 n. Ponsard (action en recherche de paternité).
2. Civ. 11 juill. 1928, JDI 31.389 (rescision pour lésion d'un partage de société) ; 15 mai 1963, *Patiño* préc. n° 200. La loi en question déterminera les titulaires de l'action ou la possibilité de confirmation, ce qui est conforme à l'analyse qui voit dans l'action en nullité un droit de critique.
3. Civ. 21 avril 1971, 2 arrêts, RC 72.74 n. Lagarde (délit) ; 7 juin 1977, D.78.I.R.103, RC 78.119 n. Batiffol, JDI 77.879 obs. Kahn (contrat).

omettre la protection des tiers, facteur susceptible de faire d'une règle de preuve une loi de police. Ces considérations jouent un rôle variable selon les différentes questions que distingue la théorie générale des preuves.

A. OBJET ET CHARGE DE LA PREUVE

447. – Caractère substantiel. L'*objet* de la preuve ressortit typiquement au fond du droit. Le demandeur cherche à faire valoir une prétention selon une loi donnée, qui peut ne pas être celle du for : par exemple lorsqu'il demande réparation d'un dommage consécutif à un délit survenu à l'étranger. C'est donc ce que la loi en question demande à établir qui doit être prouvé[1].

Que la *charge* de la preuve incombe au demandeur constitue sans doute un principe universel. Mais cette charge est fréquemment renversée par l'effet d'une présomption légale. Les présomptions sont établies en fonction de considérations substantielles ; elles visent une personne en fonction de sa situation juridique (par ex. le mari dans l'art. 312 C. civ., le débiteur dans l'art. 1147) et non de sa qualité procédurale – demandeur ou défendeur – dans une instance. On leur appliquera donc la loi de fond et non de procédure. Ainsi en matière contractuelle, la convention de Rome a-t-elle soumis à la loi du contrat les présomptions légales et règles répartissant la charge de la preuve (art. 14 al. 1er, solution reprise dans le règlement « Rome I », art. 18.1).

B. ADMISSIBILITÉ DES MODES DE PREUVE

448. – Solution éclectique. Les trois lois évoquées plus haut (n° 446) présentent des titres à régir la question de l'admissibilité des modes de preuves : la *lex fori*, la loi du fond mais aussi, pour les preuves écrites, la loi du lieu de l'acte par analogie avec la forme et en raison du lien entre forme et preuve. Cette dernière solution a d'abord prévalu en jurisprudence[2]. Mais la Cour de cassation s'est ultérieurement prononcée pour la loi du for[3]. On ne peut cependant négliger l'hypothèse où les parties se sont fiées à la loi locale pour constituer une preuve que la loi du for tiendrait pour insuffisante (ou pour ne pas en constituer du tout), alors qu'elles ne pouvaient prévoir qu'un litige serait porté devant le tribunal actuellement saisi. Aussi la Cour de cassation réserve-t-elle les règles de preuve du lieu étranger de l'acte[4]. Le droit pour les parties de se prévaloir

1. Civ. 25 mars 1948, *Lautour*, préc. n° 185.
2. Cass. 23 fév. 1864, D.P. 64.1.166, S.64.1.385.
3. Civ. I, 24 fév. 1959, *Isaac*, D.59.485 n. Malaurie, RC 59.368 n. Y. L. (application de l'art. 46 C. civ. pour la preuve d'un mariage célébré à l'étranger) ; 25 nov. 1981, RC 82.701 n. B. Ancel.
4. Civ. I, 12 fév. 1963, *Ruffini*, D.63.325 n. G. Holleaux, RC 64.121 n. Lagarde, formulant de manière plus nette et bilatérale la réserve déjà énoncée dans l'arrêt *Isaac* pour la loi française ; 5 janv. 1999, RC 99.293 n. A.Huet (appliquant à la fois la loi française et la *lex loci actus* pour constater le défaut de preuve de l'obligation alléguée).

de la loi locale évoque la règle *Locus regit actum*, car elle se recommande des mêmes considérations ; on admettra donc qu'il soit tenu compte du caractère facultatif de cette règle (n° 181)[1].

La loi du fond ne peut être non plus négligée, car l'admissibilité ou la non-admissibilité d'un mode de preuve dans une matière donnée procède de considérations propres à la matière. Un exemple typique est l'exclusion de l'aveu comme mode de preuve dans le droit français du divorce antérieur à la réforme de 1975, corollaire de l'exclusion du divorce par consentement mutuel[2]. De même en matière de filiation le lien est-il particulièrement étroit entre les règles de preuve et les règles de fond, ce qui incitera en général à faire dépendre les premières de la *lex causae* (n° 733)[3].

Dans tous les cas, l'ordre public est susceptible d'être invoqué contre l'admissibilité d'un mode de preuve par une loi étrangère : ainsi la déclaration de la mère pour preuve de paternité naturelle (n° 739). Il se peut également que le mode de preuve admis par une loi étrangère ne puisse être matériellement administré devant le for saisi (v. Convention de Rome, art. 14 al. 2 *in fine* ; règlement « Rome I », art. 18.2).

449. – Force probante des modes admis. S'agissant des preuves non écrites, on considère que la force probante dépend de la *lex fori* suivant l'argument général tiré de ce qu'il s'agit de former la conviction du juge (n° 446). La force probante d'une preuve écrite donne lieu à hésitation. On peut la rattacher à la loi de la forme, pour la même raison que celle justifiant la compétence subsidiaire de cette loi en matière d'admissibilité : les parties sont censées avoir respecté celle-ci en considération même de l'efficacité qu'elles voulaient lui conférer[4] ; mais on peut aussi, distinguant preuve du *negotium* et valeur probante de l'*instrumentum*, soumettre celle-ci à la *lex fori*[5].

450. – Administration de la preuve. La détermination de la loi applicable à l'administration de la preuve relève de la distinction fondamentale opérée à l'origine de la théorie des conflits de lois entre les règles *ad litem*

1. En ce sens, Convention de Rome (CEE), art. 14 al. 2 ; règlement « Rome I », art. 18.2.
2. Civ. 17 juin 1958, *Figué*, JCP 58.II.10761 n. Louis-Lucas, RC 58.736 n. Francescakis, JDI 59.1114 n. Goldman, D. 59.65 n. Malaurie.
3. V. également, soumettant la preuve de la propriété des biens conjugaux à la loi du régime matrimonial : Civ. I, 12 juin 1979, D.79.I.R.460 et 80.J.202 n. F. Boulanger, RC 81.491 n. Batiffol.
4. Civ. 10 janv. 1951, JDI 51.882 n. Goldman, RC 52.95 n. Batiffol. V. Civ. I, 28 juin 2005, RC 05.645 n. Ancel et Muir Watt, D. 05.2853 n. Bouche et Pan. 1498 obs. Courbe, GP 24-25 fév. 06.2 obs. Groud, réitérant la solution de la loi du lieu de l'acte par voie d'*obiter dictum* visant les actes notariés. Mais lorsque le caractère public de l'acte est décisif, la voie aujourd'hui préconisée et de raisonner en termes de conflit d'autorités (n° 17), en vérifiant si efficacité peut lui être reconnue en France, les conditions de cette efficacité, y compris sa force probante, étant celles fixées par le droit français.
5. Civ. I, 14 juin 1983, RC 84.320 n. B. Ancel : cet arrêt applique la loi française (*lex fori*) à la qualification de l'acte présenté comme d'état civil pour l'application de l'art. 47 C. civ. ; on peut aussi voir dans la solution un refus de substitution de l'institution étrangère à celle visée par la règle matérielle française (n° 320 s.) ; 5 janv. 1999, préc.

ordinendam et *ad litem decidendam* (n° 77). Tout ce qui est par soi-même sans influence sur la solution de la question de fond relève de la loi du for saisi (à commencer par la question de la langue dans laquelle les documents doivent être produits). Tel est en principe le cas des conditions dans lesquelles les parties à une instance établissent la réalité de leurs allégations, selon les modes admis : ainsi de savoir si l'audition des témoins se fera par enquête ou à l'audience, par un juge ou par un avocat[1]. Il est vrai que le mode d'administration de la preuve n'est pas dénué de toute influence sur la solution qui sera en fait donnée au litige ; aussi conviendrait-il de ne pas dénaturer le mode de preuve prévu par la loi étrangère ayant éventuellement déterminé son admissibilité.

Voy. : Callé, « L'acte authentique établi à l'étranger. Validité et exécution en France », RC 2005.377 ; A. Huet, Les conflits de lois en matière de preuve, 1965 ; Fongaro, *La loi applicable à la preuve en droit international privé*, 2004 ; M. Goré, « L'acte authentique en droit international privé », TCFDIP 1998-99.23 ; Groud, *La preuve en droit international privé,* 2000 ; Rigaux, « La force probante des écrits en droit international privé », RC 1961.1.

1. Ce principe s'applique de manière bilatérale lorsque sont produits dans une instance française des témoignages recueillis à l'étranger en la forme locale et hors d'une commission rogatoire : Com. 5 mai 1971, Bull. civ. V, n° 123, p. 119 ; Civ. I, 22 fév. 1978, RC 79.593 n. Couchez.

CHAPITRE III

L'EFFICACITÉ DES JUGEMENTS ÉTRANGERS

451. – Généralités. La question de l'efficacité des jugements étrangers constitue un corollaire de celle de la compétence internationale des tribunaux nationaux : dès lors que ceux-ci statuent dans les litiges privés internationaux, les décisions qu'ils rendent ont toute chance d'être invoquées dans un autre pays. Ainsi, un acheteur ayant reçu de l'étranger un matériel défectueux et qui choisit de saisir un tribunal de l'État de sa résidence, parce qu'une règle de compétence le lui permet, s'il obtient une décision favorable, sera néanmoins amené à en demander l'exécution dans l'État du vendeur si c'est le seul où celui-ci possède des biens ; ou simplement à y opposer l'exception de chose jugée sur l'action en paiement qu'y exercerait lui-même le vendeur. À l'État d'origine de la décision on oppose l'État requis de lui reconnaître effet. Chaque État a naturellement vocation à se trouver dans une situation ou dans l'autre, et de même que chacun règle unilatéralement la compétence internationale de ses tribunaux, il détermine dans quelle mesure et à quelles conditions il accepte de donner effet aux décisions étrangères lorsqu'il en est requis.

La question abordée ne se pose cependant pas seulement dans un contexte international *ab initio*. Un plaideur peut être amené à se prévaloir à l'étranger d'une décision rendue dans une situation purement interne : c'est souvent le cas d'une personne divorcée et qui veut contracter un nouveau mariage à l'étranger. Mais en pareil cas, la reconnaissance de la décision étrangère ne soulèvera normalement pas de difficulté. En effet, les principaux griefs susceptibles d'être opposés aux décisions étrangères tiennent à la compétence internationale du juge d'origine, la loi appliquée, en particulier lorsque existait une compétence concurrente des tribunaux de l'État requis ou de sa loi ; par hypothèse, ces questions ne se posent pas dans un litige interne. Seul, pratiquement, le grief de contrariété à l'ordre public – procédural ou substantiel – de l'État requis pourrait être élevé contre une décision rendue dans un tel litige.

Il existe un troisième type de situation : celle dans laquelle la décision a été rendue dans un contexte international, mais qui ne présentait aucun rattachement avec l'ordre juridique du for actuellement requis de donner effet à la décision. On se demandera en pareil cas jusqu'à quel point ce for est fondé à subordonner la reconnaissance de la décision à ses propres principes de droit international privé, surtout s'ils diffèrent de ceux admis par les différents systèmes avec lesquels la situation présentait à l'origine des rattachements (sur l'effacement éventuel de la règle de conflit du for, v. n° 253 s. ; sur les règles de compétence appliquées par le juge étranger, n° 466 s.).

452. – Antinomie du problème. L'effet à reconnaître aux jugements étrangers fait intervenir deux séries de considérations antinomiques. D'une part, il est souhaitable de reconnaître ces décisions pour que les litiges aient une fin. Le jugement étranger émane d'une autorité souveraine et il est susceptible d'être reconnu dans un certain nombre d'autres États. Une nouvelle procédure au fond dans l'État requis risque de déboucher sur des décisions incompatibles, au mépris de l'impératif fondamental du droit international privé que constitue l'harmonie des situations (n° 1). Pour les intéressés, le jugement constitue une directive individuelle fixant leurs droits et sur laquelle ils ont réglé leur conduite: intervient donc la notion essentielle de *droits acquis*[1]. Mais, d'autre part, l'on ne peut admettre sans contrôle les effets d'une décision rendue dans des conditions sur lesquelles l'État du for n'avait aucune prise. D'un point de vue publiciste, le jugement est un acte d'*imperium*, rendu au nom d'un État, comme le souligne en France la formule exécutoire qui y est apposée. L'autorité d'un jugement étranger peut difficilement être admise telle quelle dans l'État requis. D'un point de vue privatiste et procédural, différents arguments appellent un contrôle assez étroit des décisions étrangères. La procédure civile interne réglemente minutieusement les conditions dans lesquelles on parvient à une décision de justice exécutoire et définitive, afin d'assurer que les intérêts de chacun soient respectés : de là les dispositions relatives à l'organisation des juridictions, à leur compétence, aux actes de procédure, aux délais, à la représentation des parties, au déroulement de l'instance, aux voies de recours... Ces précautions multiples justifient les effets importants attachés aux décisions de justice que sont l'autorité de chose jugée et la force exécutoire. On conçoit mal, dans ces conditions, que les mêmes effets puissent être reconnus à une décision étrangère sans aucun contrôle de la manière dont elle a été rendue. Au-delà de l'intérêt purement privé de ceux auquel elle fait grief, l'ordre public, au sens général, est en cause. Quant à l'argument de non-répétition des procédures, sa force est moindre qu'en droit interne du fait que ce n'est pas une juridiction nationale qui a déjà eu à connaître du litige.

453. – Position générale du droit français. Les considérations qui précèdent ne laissent qu'une marge étroite quant à l'attitude à adopter à l'égard des décisions étrangères. Des premières, il résulte que leur

1. Caractéristiques de ce facteur sont les jugements de divorce, sur le fondement desquels les intéressés peuvent avoir contracté un nouveau mariage ; refuser de reconnaître le divorce conduit à réputer les intéressés bigames et leurs enfants adultérins. C'est dans un tel contexte que la Cour de cassation a été amenée à distinguer formellement l'effet atténué de l'ordre public de son effet plein (arrêt *Rivière*, n° 316).

reconnaissance doit être assez largement admise ; des secondes, qu'elle ne doit pas l'être sans condition. Entre les limites ainsi tracées, deux attitudes sont encore concevables : selon l'une, un nouveau procès au fond sera nécessaire dans l'État requis, mais la décision étrangère y jouira d'une force probante particulière ; selon l'autre, on prévoira une procédure de contrôle de la décision étrangère, dont l'objet n'est pas de faire juger à nouveau le procès au fond, et qui se traduira par l'apposition de la formule exécutoire sur le jugement étranger estimé régulier.

Le droit français a suivi la seconde voie[1]. Les codes napoléoniens, reprenant une tradition antérieure entre les provinces françaises, prévoyaient expressément l'effet en France des jugements étrangers en le subordonnant à une procédure dite d'*exequatur*. Mais les textes sont restés muets quant à son régime[2]. Les règles nécessaires ont été dégagées par la pratique. Elles relèvent de deux ordres : les *conditions* auxquelles doit satisfaire la décision étrangère pour sortir ses pleins effets en France (*Section I*) ; la procédure d'exequatur et plus largement les *formes* dans lesquelles l'autorité publique nationale est appelée à contrôler les décisions étrangères (*Section II*). Tout en dégageant ces règles, la pratique a été amenée à préciser à quel type de décisions et en vue de quel effet ce régime est applicable (*Section préliminaire*).

SECTION PRÉLIMINAIRE

CHAMP D'APPLICATION DU RÉGIME D'EFFICACITÉ

Le régime de reconnaissance qui va être étudié dans ce chapitre vise à conférer à une décision étrangère en France une efficacité plus ou moins étendue. Il faut préciser à quel type de décision il s'applique et quels sont les effets susceptibles d'être reconnus.

§ 1. – LES DÉCISIONS CONCERNÉES

Les décisions en question émanent d'autorités étrangères, ont un caractère juridictionnel et intéressent le droit privé.

1. Il est néanmoins loisible à un plaideur ayant obtenu à l'étranger une décision en sa faveur, plutôt que d'en demander l'exécution en France, d'y intenter une nouvelle action ayant le même objet ; il y produira le jugement obtenu comme titre à l'appui de sa demande, en tant qu'élément de preuve des faits articulés : Lyon, 29 avril 1964, *Vitapointe*, JDI 65.131 n. Sialelli, RC 65.379 n. Simon-Depitre (n° 459).
2. L'art. 2123 C. civ. admet que l'hypothèque judiciaire résulte d'une décision étrangère à condition que celle-ci soit déclarée exécutoire par un tribunal français. Or l'art. 546 anc. C. civ. pr., repris avec une légère modification rédactionnelle par l'art. 509 du nouveau Code, se bornait à énoncer que les jugements rendus par les tribunaux étrangers sont déclarés exécutoires en France « de la manière et dans les cas » prévus par l'art. 2123 C. civ. Sur l'apparition de l'action en exequatur, v. Civ. 19 avril 1819, *Holker c. Parker*, S.19.I.129, GA n° 2.

A. DÉCISIONS ÉTRANGÈRES

454. – Origine de la décision. Les décisions concernées sont celles qui sont prononcées au nom d'une souveraineté étrangère[1]. Ce n'est pas le lieu où la décision a été rendue qui importe, mais la souveraineté dont relève l'autorité qui a statué ; les décisions d'un consul siégeant hors du territoire de l'État qui l'a institué seraient considérées comme émanant de cet État.

La souveraineté au nom de laquelle l'autorité agit doit être un État constitué. On cite comme contre-exemple le cas des juridictions ayant un temps fonctionné en Turquie à l'initiative d'émigrés russes à la suite de la Révolution de 1917. Se pose ici à nouveau la question des États non reconnus (n° 296). Elle doit être résolue selon les principes déjà exposés : le défaut de reconnaissance de l'État n'interdit pas celle des décisions rendues en son nom, dès lors qu'il exerce effectivement les prérogatives normales d'un État.

Les décisions des juridictions internationales appellent une distinction. Lorsque celles-ci statuent comme le ferait une juridiction étatique, appliquant un droit national (tribunaux arbitraux mixtes institués entre deux États étrangers), on doit considérer leurs décisions comme n'importe quelle décision étatique étrangère. Lorsque la juridiction d'origine agit comme organe de l'ordre juridique international, la question de savoir si l'ordre interne s'incline ou non devant ses décisions est normalement résolue par traité[2].

B. ACTES À CARACTÈRE JURIDICTIONNEL OU DÉCISIONNEL

455. – Nature de l'acte. Ce qui est réglé en France par un jugement peut l'être selon le droit de l'État d'origine par un acte public d'une autre nature : acte législatif, administratif, religieux (divorce rabbinique)... Or ce qui importe est la fonction concrètement assurée par l'autorité publique étrangère plus que la nature, judiciaire ou non judiciaire, de cette autorité. Le régime examiné a donc vocation à s'appliquer à tout acte ou décision émanant d'une autorité ayant exercé une fonction dévolue en France à l'autorité judiciaire[3]. La Cour de cassation le déclare également applicable à « toute intervention du juge qui produit des effets à l'égard des personnes ou sur les biens, droits et obligations »[4].

1. Tel n'est pas le cas des décisions rendues en Andorre, qui sont assimilées à des décisions françaises : v. Civ. I, 6 janv. 1971, D.71.338, 1re esp., n. Sacotte ; 8 fév. 1977, D.77.I.R.353.
2. Le Traité de Rome a ainsi conféré force exécutoire dans les États membres aux arrêts de la Cour de justice des Communautés européennes, moyennant vérification de la seule authenticité du titre (art. 187 et 192).
3. Paris, 22 fév. 1990, JDI 91.162 obs. A. Huet (reconnaissance de paternité par acte authentique) ; TGI Paris, 10 mai 1990, RC 91.391 n. Muir Watt (divorce d'époux franco-thaïlandais devant un officier d'état civil thaïlandais) ; 17 oct. 1991, RC 92.508 n. Muir Watt (divorce par déclaration des époux – français – en mairie au Japon).
4. Civ. I, 17 oct. 2000, JDI 01.859 n. Cuniberti, RC 01.121 n. Rémery et Muir Watt, D.01.688 n. Vallens, censurant Paris 2 avril 1998, RC 99.102 n. Pamboukis, décision qui avait déclaré le régime de l'exequatur inapplicable à un acte purement réceptice (c'est-à-dire n'impliquant aucun pouvoir d'appréciation) d'une autorité, pourtant judiciaire, étrangère (enregistrement d'une déclaration de cessation de paiements émanant du débiteur lui-même, mais ayant pour effet une suspension des poursuites).

Le régime de l'efficacité s'applique aux décisions gracieuses aussi bien que contentieuses : décisions organisant la protection d'un incapable, homologuant une adoption ou un changement de régime matrimonial, nommant un administrateur, ordonnant un envoi en possession[1]. Le critère est que la décision exprime un acte de volonté de la part de son auteur, et non qu'elle se borne à enregistrer un *instrumentum* pour en faire un acte public[2]. S'il ne s'agit que d'un acte public, il aura le cas échéant force probante ; on recherchera en particulier s'il présente les mêmes caractères qu'un acte authentique français (n° 449). Il pourra même se voir reconnaître en France la force exécutoire dont il est pourvu à l'étranger, suivant la procédure d'exequatur (art. 509 CPC) ; mais l'exequatur lui sera alors accordé indépendamment de la validité du *negotium* qui y a donné lieu[3].

Parmi les décisions à caractère juridictionnel, les *sentences arbitrales* occupent une place à part. Pendant longtemps, on a hésité à considérer les sentences étrangères comme des jugements étrangers ou comme des actes publics. Les conséquences procédurales attachées à l'une ou l'autre conception avaient cependant été très atténuées lorsque est intervenu le décr. du 12 mai 1981 introduisant un régime de la reconnaissance et l'exécution des sentences arbitrales « rendues à l'étranger ou en matière d'arbitrage international » de même nature que celui des jugements (art. 1498 s. CPC)[4].

1. Motulsky, « Le actes de juridiction gracieuse en droit international privé », TCFDIP 1948-52.13 ; Struycken, « Quelques réflexions sur la juridiction gracieuse en droit international privé », TCFDIP 1986-87, p. 105.
2. Pour un rapport d'expertise inclus dans un jugement : v. Paris, 23 mai 1989, RC 90.117 n. Gaudemet-Tallon. Inversement, pour un procès-verbal d'homologation d'une transaction par un juge japonais, Civ. I, 9 déc. 2003, RC 05.660 n. Jeuland (l'exequatur n'a pas été demandé devant les juges du fond). Une conception plus large de la décision inclut cependant les actes de ce type, du fait que la question de leur effet à l'étranger se pose dans des termes voisins de ceux de l'effet d'un jugement, ou en tout cas s'oppose à la question que soulève le choix de différentes lois en conflit (P. Mayer, *op. cit. supra* n° 17 ; Pamboukis, *ibid.*). Il n'y aurait qu'une différence de degré entre l'instrument purement réceptice, en dépit de sa nature non contentieuse, et celui qui ne se contente pas de recevoir la volonté des intéressés mais où l'autorité publique joue un rôle décisoire dans le contenu même de l'acte. On distingue alors quand même l'effet des jugements étrangers du *conflit d'autorités*, mais au sein d'un même problème, et les conditions de reconnaissance dégagées pour les jugements sont adaptées à la nature de l'acte « quasi-public » ; v. ainsi Civ. I, 12 janv. 1994, *infra* n. 482, et les décisions précitées.
3. Civ. I, 4 oct. 2005, RC 06.422 n. Callé.
4. L'exécution des sentences étrangères relève presque toujours de la Convention de New York du 10 juin 1958 ou de la convention européenne de Genève du 20 avril 1961. Mais la première réserve l'application des dispositions éventuellement plus favorables en vigueur dans l'État requis (art. VII.1), ce qui est devenu le cas en France sur bien des points. V. remettant en cause le régime des sentences, Bollée, *Les méthodes du droit international privé à l'épreuve des sentences arbitrales*, Economica, 2004.

C. DÉCISIONS INTÉRESSANT LE DROIT PRIVÉ

456. – Objet de la décision. On sait que les décisions intervenues en matière de droit public, notamment d'ordre pénal, fiscal ou administratif, ne sont pas normalement susceptibles d'exécution en France (n° 292). Il n'en est autrement qu'en cas de traité prévoyant une telle collaboration. En matière privée, au contraire, les Etats acceptent plus facilement d'exécuter les décisions étrangères sans réciprocité (n° 463).

Le critère de distinction est moins la nature de l'autorité qui a prononcé la décision que son objet. Ainsi lorsqu'une juridiction pénale étrangère est habilitée à statuer sur des intérêts civils, comme c'est le cas en France, une décision rendue sur ce point est susceptible d'être reconnue[1] ; il pourrait en être de même de certaines conséquences civiles attachées à une condamnation pénale, telles qu'une interdiction[2]. La Cour de cassation a récemment accepté de reconnaître un jugement étranger liquidant une astreinte, motif pris qu'il s'agissait d'une décision « de nature civile » en dépit de la sanction quasi-pénale qu'elle pouvait contenir[3]. Les décisions de source administrative en matière d'obligation alimentaire sont également susceptibles de reconnaissance et d'exécution[4].

Indépendamment du régime de reconnaissance et d'exécution propre aux décisions de droit privé, les décisions de droit public étrangères sont susceptibles d'être prises en considération en tant que fait ou pour leur force probante (n° 458).

§ 2. – LES EFFETS RECHERCHÉS

Alors que les effets les plus étendus des décisions étrangères sont normalement subordonnés à leur régularité au regard des critères posés par le droit français (et parfois, on le verra, à leur vérification préalable), certains effets sont indépendants de toute régularité.

A. EFFETS SUBORDONNÉS À LA RÉGULARITÉ INTERNATIONALE DE LA DÉCISION

457. – Reconnaissance et force exécutoire. La pleine efficacité d'une décision étrangère comporte deux volets. L'un est la reconnaissance de l'état de droit résultant du jugement étranger. Elle concerne aussi bien les jugements constitutifs (divorce) que déclaratifs (annulation de mariage, constatation de la qualité de débiteur). L'étendue de la reconnaissance est donc fixée par le contenu de la décision étrangère[5]. Elle a pour corollaire la possibilité de s'opposer à ce que les questions jugées soient à nouveau débattues en justice ; on parle de l'autorité négative de chose jugée (art. 1351 C. civ.). L'autre volet est la force exécutoire qui permettra d'ob-

1. Civ. 7 déc. 1936, S.37.1.63. Tel est le cas selon les textes européens (n° 510).
2. *Contra*, cependant Douai, 2 fév. 1911, JDI 12.215. De même, les peines privées prononcées par les juridictions civiles participent du caractère de la décision et relèvent du régime de l'effet des jugements : Civ. I, 6 oct. 1971, RC 72.488 n. Batiffol (recel successoral).
3. Civ. I, 28 janvier 2009, *Blech*, JCP 09.II.10086 n. Martel, D. 09. Pan. 2392 obs. Bollée, JDI 09.1237 n. Marchadier, GP 09 n° 331-32, chron. Cuniberti.
4. Paris, 12 juill. 1977, D. 78.I.R.101.
5. V. pour une séparation de corps étrangère déliant du devoir de fidélité, Civ. I, 11 juill. 1977, D. 78.I.R.102, JDI 78.83 rapp. Ponsard.

tenir que le débiteur satisfasse à ce qui est jugé, au besoin avec le concours de la force publique. Les modalités de l'exécution forcée sont cependant déterminées par la loi française.

Qu'il s'agisse de reconnaissance ou de force exécutoire, la décision étrangère n'aura en principe pas d'effet plus étendu en France qu'elle n'en a dans l'État d'origine.

La distinction de la reconnaissance et de l'exécution commande, en l'état actuel du droit positif, la nécessité ou non d'une procédure préalable (n° 481).

B. EFFETS INDÉPENDANTS DE TOUTE RÉGULARITÉ

458. – Notion d'efficacité matérielle et fondement. Une décision étrangère est également susceptible de se voir reconnaître certains effets indépendamment de toute régularité : on parle d'effet de fait, au sens large, ou d'*efficacité matérielle*. Ces conséquences sont hétérogènes et il n'en existe pas de théorie générale. Certaines sont proches de l'efficacité juridique ; d'autres ne tiennent qu'au simple fait que constitue l'existence du jugement étranger ou son exécution et sont même indépendantes de la nature juridictionnelle de la décision étrangère ou de son caractère privé ou public.

459. – Effet de titre et juste cause. Alors même qu'un jugement étranger est dénué d'autorité en France en tant que jugement, il constitue un *instrumentum* constatant certains droits et certaines obligations. C'est donc un titre, dont on estime qu'il ne saurait avoir moins de valeur qu'un acte sous seing privé et qui peut ainsi être invoqué en France à certaines fins. S'il constate une créance, il le sera par exemple pour produire à une procédure collective ou pour solliciter des mesures conservatoires et en particulier pour pratiquer une saisie, sauf à demander l'exequatur au plus tard lors d'une instance en validation[1]. Dans ces cas, l'effet permanent de la décision sera subordonné au contrôle ultérieur de sa régularité.

On peut également rattacher à l'effet de titre le fait qu'une partie puisse intenter devant le juge français une action principale ayant le même objet en produisant le jugement étranger à l'appui de sa demande (n° 453)[2]. Il pourra s'agir d'une action en référé, l'urgence expliquant que le demandeur ne sollicite pas l'exequatur[3].

De même, le jugement étranger peut constituer la cause légitime d'un contrat conclu en vue de son exécution ; inversement, une convention

1. Civ. II, 3 oct. 1968, JCP 1968.II.15693 n. J. A., D. 69.58 n. Rameau, JDI 69.674 obs Ph. K. ; trib. Seine, 10 fév. 1939, RC 39.147 ; 1er fév. 1956, RC 56.536. Pour le maintien de cette position sous l'empire de la loi de 1991 (art. 68), Perrot et Théry, *Procédures civiles d'exécution*, 2e éd., 2005, nos 43, 790.
2. V. Civ. I, 9 déc. 2003, préc. n° 455 (décision dans laquelle tant la qualification de l'acte étranger que le contrôle exercé sur lui restent incertains).
3. En matière de garde d'enfant : Paris, 3 avril 1951, RC 51.325 n. Niboyet, S. 1951.2.144 ; Poitiers, 6 juin 1967, JDI 68.925 n. Level (opérant toutefois un contrôle de régularité de la décision étrangère).

passée pour faire fraude à ce jugement pourrait être considérée comme inspirée par une cause immorale, sauf la possibilité de démontrer que le jugement étranger est contraire à l'ordre public français.

460. – Force probante. Dans la mesure où un jugement étranger rapporte certaines constatations, il peut également être invoqué à l'appui d'une preuve des faits qu'il constate ; peu importe à cet égard qu'il s'agisse d'un jugement répressif, qui serait en soi insusceptible d'exécution en France[1]. Mais sa valeur est celle d'un simple témoignage, indice ou présomption[2]. Par conséquent, il ne pourrait être pris en considération à ce titre que dans la mesure où ce type de preuve est admis ; et le juge en appréciera librement la force probante[3].

De la force probante du contenu du jugement, il faut distinguer celle de l'instrument produit, qui est fixée par la loi française. Il y a lieu de produire une expédition du jugement présentant les conditions d'authenticité dans l'État d'origine et légalisée par un consul[4]. La décision est le cas échéant traduite par un traducteur assermenté.

461. – Effet de fait. Indépendamment de toute autorité ou exécution en France, un jugement intervenu à l'étranger constitue une réalité dont on peut être amené à tirer les conséquences dans l'ordre juridique français[5]. En effet, ayant force obligatoire dans l'Etat d'origine, le jugement étranger y produit des conséquences matérielles telles que la possession d'un bien ou d'une créance, le paiement d'une somme d'argent, l'obligation d'adopter un certain comportement ; à leur suite, le juge français pourra être appelé à constater que l'acquéreur d'un bien a été évincé en vertu du jugement pour accueillir lui-même une action en garantie[6], constater qu'un dommage a été partiellement réparé[7] ou qu'un débiteur a été empêché d'exécuter. Dans tous les cas, la question n'est pas de se prononcer sur le bien ou mal fondé du jugement étranger, mais seulement

1. Lyon, 11 juill. 1991, JDI 93.111 n. Légier (constatations d'un jugement pénal étranger relatives à un accident de la circulation).
2. Civ. 30 juin 1912, JDI 12.845, Rev. dr. int. pr. 13.131, S. 16.1.113 ; Paris, 10 janv. 1959, RC 59.364 n. Loussouarn (adultère d'un époux).
3. Civ. 19 juin 1963, JDI 64.555 n. Sebag, RC 65.366 n. Loussouarn (affirmant le principe, mais écartant l'élément de preuve tiré du jugement étranger) ; 11 juill. 2006, JDI 07.554 n. Fohrer-Dedeurwaerder (preuve d'une cession de créance établie par son homologation judiciaire à l'étranger).
4. Les formalités de légalisation sont fréquemment simplifiées par traité ; pour un panorama du droit conventionnel en la matière, v. Revillard, RC 1992.552.
5. Bartin, « Le jugement étranger considéré comme un fait », JDI 1924.857. Cette analyse peut être rapprochée de celle qui est faite du contrat en droit interne : s'il n'est obligatoire que pour les parties, son existence constitue un fait opposable aux tiers ou par les tiers.
6. Req. 6 janv. 1841, D.P. 41.I.226, S. 1841.I.24.
7. Nancy, 8 juin 1921, JDI 23.261 ; comp. Paris, 9 mai 1978, D. 78.I.R.371 ; 15 janv. 1979, GP 79.1. Somm. 258.

d'en tirer les conséquences en constatant une éviction, un paiement, un cas de force majeure ; on retrouve la notion de juste cause[1].

Il arrive même qu'une règle légale française prenne en considération l'existence d'un jugement étranger. C'est en général pour prononcer une interdiction ou une déchéance, de sorte qu'il s'agit le plus souvent de décisions pénales étrangères qui seraient par nature insusceptibles d'exécution en France[2].

La prise en considération d'un jugement étranger comme un fait ne doit pas être confondue avec la situation dans laquelle la décision résout une question de droit qui est préalable à une question soulevée devant le juge français : par exemple, la titularité d'un droit, conditionnant la recevabilité de l'action du demandeur en France. En pareil cas, le jugement étranger est invoqué comme une norme, et doit à ce titre satisfaire aux exigences de régularité prévues par le droit français[3].

SECTION I

CONDITIONS DE L'EFFICACITÉ

462. – Évolution du droit positif. Les conditions de l'efficacité en France des décisions étrangères ont été posées par la jurisprudence de manière pragmatique et systématisées par la doctrine. Elles continuent d'évoluer, notamment sous l'influence du développement parallèle des traités relatifs à la reconnaissance mutuelle des décisions. Dans l'évolution qui a conduit au droit positif actuel se détache néanmoins une date, celle de l'arrêt *Munzer* (1964) dans lequel la Cour de cassation a opéré la synthèse des résultats alors acquis en énonçant formellement des conditions précises. Avant d'examiner celles-ci en leur état actuel, il est utile d'évoquer, compte tenu de la pratique antérieure et du droit comparé, certaines conditions non retenues.

§ 1. – CONDITIONS NON RETENUES

Une condition connue de certains droits étrangers, la réciprocité, ne l'a jamais été du droit français (A). En revanche, le juge de l'exequatur vérifiait dans le passé le bien-fondé de la décision étrangère, possibilité à laquelle il a été mis fin par l'arrêt *Munzer* (B).

1. Civ. 4 oct. 2005, RC 06.405 n. Muir Watt, JDI 06.601 n. Cuniberti, D. 06.2449 n. Sagot-Duvauroux (constatation du transfert de propriété d'un navire intervenue par vente judiciaire à l'étranger, se traduisant par l'extinction corrélative du privilège du créancier saisissant selon la loi française).
2. Loi du 30 août 1947 sur l'assainissement des professions commerciales (art. 3, al. 1er) ; déchéance de la nationalité française pour certaines condamnations (art. 25 C. civ., n° 1017).
3. Muir Watt, note sous Civ. I, 22 janv. 2009, RC 09.533.

A. LA RÉCIPROCITÉ

463. – Justification et critique. Reconnaître dans un pays donné l'autorité d'une décision étrangère constitue un acte de coopération envers la justice de l'État d'origine ; de là l'idée de n'en faire bénéficier que les décisions émanant d'États qui font preuve de la même attitude envers les décisions de l'État du for[1]. La condition de réciprocité n'est pas inconnue en droit comparé[2]. Mais elle est en recul, en raison des objections qu'elle soulève.

Opérant de manière mécanique et globale, on lui reproche de faire supporter à quelques individus les conséquences d'un état du droit qu'ils peuvent difficilement influencer, au détriment d'intérêts immédiats. Ce reproche n'est peut-être pas le mieux fondé : le refus répété de reconnaissance à l'étranger des décisions émanant d'un État donné pour défaut de réciprocité peut conduire cet État à reconsidérer sa propre attitude[3]. Le principal inconvénient de la réciprocité – comme souvent – est la difficulté de se prononcer sur son existence. Dans le cas présent, les conditions de reconnaissance des décisions étrangères ne sont pas formulées de la même manière d'un pays à l'autre. De plus, le fait dans un pays donné d'énoncer des conditions détaillées n'implique pas nécessairement que les décisions étrangères n'y soient libéralement reconnues[4]. De là l'injustice qu'il peut y avoir à repousser, pour défaut de réciprocité, les décisions émanant d'un pays donné au seul vu de conditions abstraitement formulées.

B. LE BIEN-FONDÉ DE LA DÉCISION ÉTRANGÈRE

464. – Le pouvoir de révision. Le contrôle par le juge de l'exequatur du bien-fondé de la décision étrangère dans tous ses aspects, c'est-à-dire de fait et

1. V. Lagarde, « La réciprocité en droit international privé », RCADI 1977.I.103, spéc. p. 139 s.
2. Exigée entre les États allemands au XIXe siècle, elle a été reprise dans le ZPO (art. 328) ainsi que dans d'autres pays (Autriche, Espagne...). Elle a été formulée par la Cour suprême des Etats-Unis (*Hilton v. Guyot*, 159 U.S. 113, 1895, repoussant un jugement français en raison de l'existence en France du pouvoir de révision des jugements étrangers, donc américains, soumis à l'exequatur) ; mais les juridictions étatiques ne se sont pas considérées comme liées par ce précédent, au motif que la question ne relève pas des relations internationales (donc de la compétence fédérale) : v. par ex. à New York, *Johnston v. Cie générale transatlantique*, 242 N.Y. 381 (1926), et sur l'ensemble de la question, Kessedjian, *La reconnaissance et l'exécution des jugements en droit international privé aux États-Unis*, Economica, 1987, n° 513 s. En Russie, v. Cour Suprême de la Fédération, 5 avril 2000, RC 03.100 n. Kouteeva-Vathelot.
3. Ainsi les obstacles à la reconnaissance à l'étranger des décisions françaises résultant du pouvoir de révision des décisions étrangères jadis exercé en France ont constitué un argument en faveur de la suppression de ce pouvoir (n° 464). Celle-ci a effectivement permis de juger à l'étranger que les décisions françaises remplissaient désormais la condition de réciprocité exigée ; en Allemagne, v. BGH 8 mai 1968, JDI 68.948 obs. Wengler, RC 69.118 n. Einmahl.
4. Le droit français en constitue un bon exemple : bien qu'il ait pu donner une apparence de sévérité, naguère par l'admission du pouvoir de révision ou aujourd'hui par le simple énoncé des conditions de l'exequatur, on a évalué à cinq pour cent des demandes d'exequatur le nombre de rejets (Bellet, « La jurisprudence du Tribunal de la Seine en matière d'exequatur », TCFDIP 1962-64, p.251, 252). L'explication de cette distorsion est que ces conditions font parfois double emploi (n°s 476, 479), tandis qu'il est parfois nécessaire de les faire céder devant l'impératif pratique de reconnaissance de droits acquis.

de droit, fut affirmé par la Cour de cassation peu de temps après le Code civil – comme un substitut, semble-t-il, à une ancienne règle privant d'effets en France les jugements rendus à l'étranger contre des Français – et constamment exercé par la suite ; on le désignait comme le pouvoir de « révision »[1]. L'expression était cependant mal choisie, car le contrôle ainsi exercé ne permettait, dans son dernier état, que de rejeter la demande ou d'accorder un exequatur partiel, mais non de réformer la décision[2]. Toutefois, le juge de l'exequatur passait en revue la décision étrangère sur tous ses points – interprétation d'un contrat, existence d'une faute, montant d'un préjudice... – et la repoussait s'il éprouvait un désaccord avec le juge étranger. Le refus de l'exequatur se fondait souvent sur le motif de contrariété à l'ordre public, mais celui-ci recouvrait les domaines les plus divers.

Dans ces conditions, la différence était assez mince pour le demandeur à l'exequatur entre une telle demande et le fait d'intenter en France une nouvelle action. Toutefois, la charge de la preuve, dans l'action en exequatur, incombait plutôt au défendeur : il lui appartenait de démontrer le mal-jugé de la décision étrangère pour s'opposer à son exécution. L'existence de la décision pouvait également faire échec à la prescription de l'action en France. En toute hypothèse, il était interdit de joindre des demandes nouvelles à la demande d'exequatur. Enfin l'ordre public n'intervenait que de manière atténuée, avant même que la notion ne fût dégagée (n° 316). Mais en dépit de ces différences, l'instance en exequatur pouvait amener un nouveau débat sur l'ensemble du procès.

Or tandis que le « pouvoir de révision » était en fait exercé de manière restreinte, son affirmation était de nature à accroître les risques de rejet de la demande d'exequatur ; et, pratiquement inconnu en droit comparé, il pouvait être considéré à l'étranger comme un défaut de réciprocité dans la reconnaissance des décisions nationales (n° précédent). Il était écarté dans les traités passés avec la France. En droit commun, l'expérience jurisprudentielle acquise permettait de dégager des critères de contrôle relativement précis, ce qui facilitait l'abandon du principe d'un contrôle global de la décision. En 1955, un arrêt de la Cour de Paris écarta le pouvoir de révision en détaillant les arguments qui s'opposaient à son maintien[3]. La Cour de cassation devait entériner cette position dans l'arrêt *Munzer* : ayant énoncé les conditions dont le juge doit s'assurer pour accorder l'exequatur, l'arrêt ajouta que « cette vérification, qui suffit à assurer la protection de l'ordre juridique et des intérêts français, objet même de l'institution de l'exequatur, constitue en toute matière à la fois l'expression et la limite du pouvoir de contrôle du juge chargé de rendre exécutoire en France une décision étrangère, sans que ce juge doive procéder à une révision au fond de la décision »[4]. La formulation, sous une forme limitative, des conditions de l'exequatur a donc mis fin au pouvoir de révision. Mais il n'y a pas d'exacte corrélation entre les deux facteurs. L'appréciation de ces conditions suscite souvent la question de savoir si l'on n'aboutit pas à ressusciter le pouvoir de révision[5] ; inversement, toutefois, la suppression de celui-ci ne doit pas paralyser l'exercice des contrôles prévus[6]. La question se pose de la même manière

1. Sur l'évolution de la révision, v. d'Avout, note sous Civ. I , 14 janv. 2009, *Agrogabon*, RC 09.331.
2. Req. 11 avril 1933, D. 33.1.161 n. Savatier.
3. Paris, 21 oct. 1955, *Charr*, RC 55.769 n. Batiffol, JDI 56.164 n. Sialelli, D. 56.61 n. Francescakis, JCP 56.II.9047 n. Motulsky ; v. également 2 fév. 1961, RC 61.556 n. Francescakis.
4. Civ. I, 7 janv. 1964, JCP 64.13590 n. M. Ancel, RC 64.344 n. Batiffol, JDI 64.302 n. Goldman, GA n° 41.
5. D. Holleaux, « Les conséquences de la prohibition de la révision », TCFDIP 1980-81, t. 1, p. 53 ; comp. d'Avout, note préc.
6. V. par ex. Civ. I, 3 mai 1977, D. 78.367 n. D. A.

à l'égard des sentences arbitrales, où l'invocation de la prohibition de la révision se traduit par une atténuation, jugée par certains excessive, du contrôle exercé par le juge étatique sur les sentences étrangères ou rendues en matière internationale, sur les points où il est admis (art. 1502 CPC)[1].

§ 2. – LES CONDITIONS RETENUES

***465. – L'arrêt* Munzer.** L'arrêt *Munzer* a énoncé, presque à la manière d'un arrêt de règlement, que « pour accorder l'exequatur, le juge français doit s'assurer que cinq conditions se trouvent remplies, à savoir la compétence du tribunal étranger qui a rendu la décision, la régularité de la procédure suivie devant cette juridiction, l'application de la loi compétente d'après les règles françaises de conflit, la conformité à l'ordre public international et l'absence de toute fraude à la loi »[2]. Cette formule constitue encore la trame du droit positif. Mais les conditions elles-mêmes – qui omettent le cas d'incompatibilité de la décision étrangère avec une décision française – ont d'abord été formellement réduites à quatre par l'intégration de la seconde (régularité de la procédure) dans le contrôle de l'ordre public (n° 474)[3], puis récemment à trois par l'abandon du contrôle de la loi appliquée par un arrêt *Cornelissen,* lequel a simultanément reformulé les conditions subsistantes (n° 475). La première doit être distinguée comme fondamentale : en effet, tandis que le défaut de l'une des autres conditions est accidentel, le fait d'émaner d'une souveraineté étrangère constitue la caractéristique même de la décision qui justifie le contrôle exercé.

A. LA COMPÉTENCE DE L'AUTORITÉ ÉTRANGÈRE

466. – Notion de compétence internationale indirecte. On parle de compétence « indirecte » (Bartin) pour évoquer la compétence du juge étranger envisagée aux fins de reconnaissance d'une décision qu'il a rendue. Pratiquement, il s'agit de sa compétence internationale. Le contrôle de sa compétence interne est concevable et fut même exercé dans le passé. À l'usage, cependant, un tel examen est apparu irréaliste et même inconvenant, puisqu'il s'agit d'un point de droit interne étranger sur lequel le juge français de l'exequatur n'a pas de qualification pour se prononcer ; une irrégularité éventuelle pourrait au demeurant être couverte à l'étranger

1. V. notamment Civ. I 4 juin 2008, *SNFc. Cytec*, Rev. arb. 08.473 n. approb. Fadlallah, D. 08. Pan. 2566, obs. crit. Bollée.
2. Civ. I, 7 janvier 1964, préc.
3. V. formulant le chiffre de quatre: Paris 25 mars 1994, RC 96.119 n. Muir Watt.

par l'autorité de chose jugée[1]. On considère aujourd'hui que ce contrôle n'a pas lieu d'être opéré[2].

En ce qui concerne la compétence internationale du juge étranger, l'arrêt *Munzer* n'a pas indiqué selon quels critères opérer ce contrôle, question longtemps demeurée indécise. La Cour de cassation a fini par se prononcer en faveur d'un système qui distingue selon qu'existait ou non une compétence française exclusive ; cela conduit à s'interroger à la suite sur les compétences françaises présentant ce caractère.

1. Détermination d'un critère de compétence indirecte

Le contrôle de la compétence indirecte du juge étranger peut être envisagé schématiquement de trois manières.

467. – Vérification selon les seules règles de compétence étrangères. Dès lors que les règles de compétence internationale sont formulées dans chaque pays de manière unilatérale, un premier système consisterait à vérifier que le juge étranger était compétent selon ses propres règles de compétence directe, les seules dont il avait à tenir compte. Mais ce système est pratiquement inacceptable tel quel. D'une part, il équivaut pratiquement à une absence de contrôle : car si le juge étranger a statué, c'est parce qu'il s'estimait compétent et la condition sera systématiquement satisfaite. Le fait pour le juge de l'exequatur d'en décider, le cas échéant, autrement reviendrait à censurer le juge étranger sur l'application de son propre droit ; l'inconvénient de cette attitude a été précédemment relevé pour justifier l'absence de contrôle de la compétence interne du juge étranger (n° 466). D'autre part, s'abandonner ainsi à la discrétion du système étranger serait irréaliste eu égard à l'existence de certaines juridictions qui font commerce de leur compétence en acceptant de statuer sur toutes les causes que l'on veut bien leur soumettre[3]. Si certaines décisions se sont contentées de constater que le juge étranger était compétent selon ses propres règles, c'est parce que la situation était exempte de toute fraude[4].

468. – Vérification d'après les règles françaises de compétence directe. Un second système, se traduisant par un véritable contrôle, consiste à se prononcer sur la compétence du juge étranger en fonction de ce qu'aurait décidé le juge fran-

1. Dans le cas où la décision émane d'un État fédéré, tel qu'un État des États-Unis, le demandeur à l'exequatur a parfois tenté de s'opposer au contrôle de la compétence du juge d'origine au motif que la décision serait reconnue dans l'État fédéral et que le juge de l'exequatur n'a pas à s'immiscer dans l'ordre juridictionnel étranger. L'argument est spécieux : dès lors le juge d'origine a exercé sa compétence dans une situation qui n'est pas propre à l'État fédéral concerné mais internationale, le problème n'était pas de pure compétence interne et le contrôle de la décision par l'État requis est légitime (v. Civ. I, 11 juill. 1977, *Giroux*, RC 78.149 et la note).
2. Il en est d'autant plus ainsi en depuis que l'arrêt *Bachir* a restreint le contrôle de la régularité de la procédure étrangère à la conformité à l'ordre public (n° 476).
3. *Supra* n° 46. Si cette pratique concerne à peu près exclusivement le divorce, c'est parce qu'il est possible en cette matière de bénéficier du nouveau statut hors de la juridiction d'origine, avec laquelle les parties n'entretiennent pas de lien ; tandis qu'en matière patrimoniale, le défendeur ne manquerait pas de s'opposer victorieusement, pour cette raison, à la décision dans les pays où le demandeur chercherait à la faire exécuter.
4. Montpellier, 17 mars 1949, JCP 50.II.5739 ; Paris, 4 février 1958, *Lundwall*, JCP 58.II.10612 n. Francescakis, JDI 58.1016 n. Ponsard, RC 58.389 n. H. B.

çais placé dans la même situation : selon qu'il se serait lui-même reconnu compétent ou non, le juge étranger sera ou non reconnu indirectement compétent. Il y a en quelque sorte « bilatéralisation » des règles de compétence directe de l'État requis. Celle-ci se justifierait de la même manière que la bilatéralisation d'une règle de conflit de lois unilatérale : en adoptant un rattachement donné, l'ordre juridique du for exprime ce qui lui paraît être l'ordre rationnel des choses ; il est donc normal de transposer ce rattachement. Ce système, avec quelques assouplissements, est notamment celui du droit commun allemand (*Spiegelbildprinzip*).

Il est à première vue peu contestable, puisqu'il consiste à soumettre la compétence du juge étranger aux critères que l'on s'applique à soi-même. Néanmoins, il peut se révéler trop restrictif. En effet, les critères de compétence directe varient d'un pays à l'autre ; en droit français même, ils ont évolué. Aucun système ne peut donc prétendre à un moment donné retenir pour son compte tous les rattachements de compétence raisonnables et eux seuls. Il existe des critères de compétence qui pour n'être pas en vigueur dans l'État requis n'en sont pas moins justifiables ; méconnaître cette réalité expose à dénier effet à des décisions rendues dans des conditions pourtant légitimes. Or la présomption est en faveur de la reconnaissance de la décision étrangère, dès lors que celle-ci a créé des droits dans l'État d'origine et qu'elle est vraisemblablement reconnue dans un certain nombre d'autres.

La jurisprudence s'est à différentes reprises référée aux règles de compétence françaises pour se prononcer sur la compétence indirecte du juge étranger, en particulier pour rejeter des demandes d'exequatur. Mais l'examen des décisions montre que c'était le plus souvent pour sanctionner une fraude manifeste, soit de l'une des parties envers l'autre, soit des deux envers une loi qui les gênait[1].

469. – Vérification selon des règles propres. Les deux systèmes précédents ont en commun de faire jouer à des règles de compétence directe le rôle de règles de compétence indirecte ; cela se traduit le cas échéant par une absence de contrôle effectif, lorsqu'il s'agit des règles étrangères, ou un excès de rigueur, lorsqu'il s'agit de celles du for. Il est possible d'échapper à l'un et l'autre inconvénients en se prononçant sur la compétence du juge étranger selon des critères de l'État requis, mais propres à la compétence internationale indirecte. Ce système est lui-même susceptible de deux modalités.

L'une consiste à dresser un catalogue de règles de compétence indirecte. Le juge étranger sera considéré comme indirectement compétent, en telle matière, en fonction de tel ou tel rattachement : par exemple, en matière mobilière et personnelle, si le défendeur avait son domicile ou sa résidence dans l'État d'origine ; en matière contractuelle, si le contrat y a été conclu ou exécuté ; en matière délictuelle si le dommage ou le fait générateur y sont survenus... De nombreuses conventions internationales sur la reconnaissance mutuelle des décisions énoncent ainsi des règles de compétence purement indirectes[2]. Mais il apparaît difficile de formuler en

1. Trib. civ. Seine, 18 déc. 1931, JDI 32.680 n. Perroud ; Paris, 18 juin 1964, *Gunzbourg*, JDI 64.810 n. Bredin, RC 67.340 n. Déprez ; TGI Paris, 6 juill. 1972, *Agier*, JDI 73.728 n. Audit ; 3 juill. 1985, RC 86.106 n. P. Mayer ; Civ. I, 30 sept. 2003, RC 04. Somm. 873. V. cependant aussi Paris, 22 oct. 1970, *Camus*, RC 71.541 n. Couchez, JDI 72.77.
2. V. notamment la convention de La Haye du 1er février 1971 sur la reconnaissance et l'exécution des décisions en matière civile et commerciale (non ratifiée par la

droit commun une liste de critères de compétence parfaitement adéquate, c'est-à-dire qui ne soit ni trop libérale ni trop restrictive, et valable pour les rapports avec tous les pays. Cette tâche relèverait au demeurant du législateur et non de la jurisprudence.

L'autre modalité consiste à s'assurer simplement du caractère raisonnable de l'exercice par le juge étranger de sa compétence dans le cas donné. Ce système consacre la présomption de régularité dont doit bénéficier une décision rendue au nom d'un État souverain ; et il ménage la préoccupation qui inspire le contrôle des décisions étrangères : s'opposer à un exercice abusif de compétence de la part du juge étranger, favorisant les fraudes. Plus précisément, cette préoccupation sera satisfaite par la constatation d'un lien suffisant entre le juge et le litige. Exposée en doctrine[1], cette conception fut d'abord adoptée par la Cour de Paris[2]. La Cour de cassation s'y rallia, déclarant que « toutes les fois que la règle française de solution des conflits de juridictions n'attribue pas compétence exclusive aux tribunaux français, le tribunal étranger doit être reconnu compétent si le litige se rattache d'une manière caractérisée au pays dont le juge a été saisi et si le choix de la juridiction n'a pas été frauduleux »[3]. Ce faisant, la Cour de cassation a adopté un système que l'on peut estimer équilibré[4]. Mais elle a laissé ouverte la question de la détermination des compétences françaises présentant un caractère exclusif.

2. Compétences françaises exclusives et non exclusives

L'arrêt *Simitch* a invité à distinguer parmi les règles de compétence directe françaises celles ayant un caractère indirectement exclusif et celles qui sont simplement concurrentes. Parmi les premières, la plus virulente était, selon la jurisprudence, celle fondant la compétence française sur la nationalité française du défendeur ; cette interprétation de l'art. 15 C. civ. a finalement été abandonnée en 2006. En ce qui concerne les autres règles françaises de compétence directe, la question est fixée pour certaines mais non pour d'autres.

France), art. 10. La loi suisse de 1987 procède de même, en distinguant selon les différentes matières.

1. D. Holleaux, *op. cit.*
2. Paris, 10 nov. 1971, *Mack Trucks*, JDI 73.229 n. A. Huet ; 5 mars 1976, *Giroux*, JDI 77.880 obs. A. H., RC 78.149 n. Audit.
3. Civ. I, 6 fév. 1985, *Simitch c. Fairhurst*, RC 85.369 et art. Francescakis, p. 243, JDI 85.460 n. A. Huet, D. 85.I.R.498 obs. Audit et J. 469 n. Massip, GA n° 70 ; v. déjà Civ. I, 2 oct. 1984, *Leonard*, préc. n° 248. Ponsard, « Le contrôle de la compétence des juridictions étrangères », TCFDIP 1985-86, p. 47.
4. Le « lien caractérisé » est en principe un lien objectif ; mais il y a lieu également de tenir compte de la validité de principe des clauses attributives de juridiction sans que soit exigé un tel lien avec le for choisi (n° 395). Cette validité doit être consacrée aussi bien lorsque la clause désigne un for étranger, alors surtout que celui-ci a accepté sa compétence (cela sans préjudice de l'application des autres conditions de l'exequatur).

a. Compétence fondée sur la nationalité française

470. – Abandon du privilège indirect de juridiction. Pendant longtemps, la jurisprudence, interprétant les art. 14 et 15 C. civ. au mépris de leur lettre, a considéré les tribunaux étrangers comme incompétents à l'égard d'un Français, dès lors que celui-ci n'avait pas renoncé à la compétence des tribunaux français (n° 358). Cette jurisprudence se manifestait essentiellement à l'égard de l'art. 15, car un Français ayant saisi une juridiction étrangère était normalement considéré avoir renoncé par là au bénéfice de l'art. 14 (n° 369). Un Français défendeur à l'étranger pouvait donc s'opposer avec succès en France à l'exequatur d'une décision rendue contre lui[1]. L'article 15 était ainsi érigé en règle de compétence indirectement exclusive (certains tribunaux ne reculant pas devant l'expression « privilège de juridiction »), et la compétence française offerte aux demandeurs étrangers en litige avec un Français transformée pour eux en une « faveur obligatoire ». La faculté de renonciation au privilège par le bénéficiaire tempérait les effets de cette interprétation ; cependant l'appréciation de la renonciation dans un cas donné faisait l'objet d'une jurisprudence incertaine, qu'il s'agisse d'une renonciation tacite à l'étranger (n° 371) ou du silence gardé en première instance sur l'article 15 lors d'une demande d'exequatur[2].

Cette jurisprudence témoignait à l'encontre des juridictions étrangères d'une méfiance peut-être justifiée à l'égard d'un certain nombre, mais certainement excessive par sa généralité ; pire, elle pouvait être considérée de l'étranger comme inspirée par le souci de favoriser les défendeurs français devant les tribunaux nationaux. Aussi était-elle critiquée en France même, et écartée par diverses conventions sur la reconnaissance réciproque des décisions ainsi que par le droit communautaire. On faisait valoir pour sa défense qu'elle permettait de refuser l'exequatur d'une décision estimée irrégulière sur un point quelconque sans avoir à détailler le grief ; certains y voyaient également un moyen d'échange dans la négociation des conventions diplomatiques. Aucun de ces arguments n'emportait la conviction, tandis que le privilège pouvait être contesté au regard de l'art. 6.1

1. Civ. 2 mai 1928, *Banque d'Italie*, D.H. 28.334, D. 29.I.50, S. 28.I.281 ; cette décision mettait fin à une équivoque tenant au fait que dans la plupart des cas antérieurement jugés, le Français défendeur à l'étranger était également domicilié en France ce qui pouvait justifier l'incompétence du juge étranger à son égard. À l'époque contemporaine, Civ. I, 9 nov. 1971, D. 72.178, RC 72.314 n. D. Holleaux ; 25 juin 1974, JDI 75.102 n. A. Huet ; 10 déc. 1974, *Sempère*, RC 75.299 n. Mezger ; 10 déc. 1974, *Missouni*, RC 75.509 n. A. Huet ; 5 mai 1976, D. 76. Somm. 61, RC 77.137, 1re esp., n. A. Huet ; 18 mai 1994, D. 94. Somm. 355 et 95.20 n. Courbe. La solution était renforcée par le contrôle exercé sur la renonciation éventuelle à la compétence française, ainsi que par la possibilité pour le juge de l'exequatur de soulever d'office le moyen tiré de l'art. 15.
2. La jurisprudence considérait parfois que le silence gardé valait renonciation (Civ. I, 25 oct. 1966, D. 67. Somm. 60, RC 67.557 n. Francescakis ; 4 oct. 1968, D. 68.95 n. Mezger, RC 68.96 n. Lagarde, JDI 69.103 n. Goldman ; 2 mai 1979, *McDonald*, D. 80. I.R. 331 obs. Audit, RC 80.362 n. Lequette ; 15 mars 1983, JDI 84.887 n. Courbe, RC 85.100 n. Batiffol), parfois que le défendeur conservait le droit de se prévaloir de son privilège en cause d'appel : Civ. I, 13 juin 1978, D. 79.133 n. Santa-Croce, RC 79.611 n. Audit (cet arrêt relève toutefois que l'incompétence du juge étranger avait été soulevée en première instance pour un autre motif ; mais ce critère n'était pas décisif, parce qu'invoquer pour la première fois cet argument en cause d'appel ne constitue pas une prétention nouvelle) ; Paris, 26 mars 1968, GP 68.1.375 ; JCP 1969. II.15948 n. Audinet, JDI 69.394 n. Ponsard ; Aix-en-Provence, 16 fév. 1971, D. 72.239 n. Prévault ; Orléans, 24 janv. 2002, RC 02.354 n. H.M.W.

CESDH (droit à un procès équitable)[1]. Par un arrêt *Prieur* du 23 mai 2006, la Cour de cassation y a mis fin, déclarant que l'article 15 du Code civil « ne consacre qu'une compétence facultative de la juridiction française, impropre à exclure la compétence indirecte d'un tribunal étranger, dès lors que le litige se rattache de manière caractérisée à l'État dont la juridiction est saisie et que le choix de la juridiction n'est pas frauduleux »[2]. L'article 15 n'est donc plus porteur que d'une règle de compétence directe permettant à l'adversaire d'un Français de saisir les tribunaux français, conformément à sa lettre. La même solution a formellement été affirmée en ce qui concerne l'article 14 (à l'occasion d'une affaire où la question ne se posait pas), dans le cas où un Français demandeur à l'étranger prétendrait intenter une nouvelle action en France[3].

b. Règles ordinaires de compétence

471. – Diversité des solutions et incertitudes. Certaines règles ordinaires de compétence internationale ont incontestablement un caractère indirectement exclusif : ainsi celles donnant compétence aux tribunaux français en matière de litiges réels ou successoraux concernant un immeuble situé en France[4] ; ou en matière de voies d'exécution pratiquées en France. De même, les raisons de souveraineté qui fondent l'existence de la plupart des règles de compétence « purement internationales » (n° 352) rendent celles-ci indirectement exclusives. Il a été jugé que le domicile en France du défendeur fonde une compétence exclusive des tribunaux français[5] ; mais elle supporte dans certains cas une compétence concurrente, et il peut y être renoncé.

D'autres règles, inversement, n'ont incontestablement pas de caractère exclusif : ainsi en principe celles qui prévoient des options de compétence dans une matière donnée (v. art. 46 CPC). Dans ce cas, l'exigence que la compétence étrangère exercée satisfasse au critère de l'arrêt *Simitch* n'impose même pas qu'elle corresponde à l'un des rattachements alternatifs prévus par la loi française. En matière de divorce, l'arrêt *Simitch* lui-même a condamné la conception qui voyait dans les règles de compétence formulées par l'art. 1070 CPC des règles indirectement exclusives[6].

1. V. rejetant ce grief au motif douteux que la règle de compétence appliquée en l'espèce par le juge d'origine était elle-même exorbitante : Civ. I, 30 mars 2004, RC 05.89 n. Sinopoli, JCP 04.10097 n. Egea, JDI 05.790 n. Barrière-Brousse. Saisie de cette affaire, la CEDH ne s'est pas prononcée sur la compatibilité de la règle à la Convention ; v. JDI 2009.193 n. Marchadier.
2. Civ. I, 22 mai 2006, *Prieur*, D. 06.1880, chron. Audit, p. 1846, et Pan. 1751 obs. Courbe, JCP 06.10134 n. Callé, RC 06.870 n. Gaudemet-Tallon, JDI 06.1377 n. Chalas, PA 22.9.06, p. 10 obs. Courbe, GA n° 87. V. appliquant le principe à la litispendance, Civ. I, 6 fév. 2008, préc. n° 389.
3. Civ. I, 22 mai 2007, *Fercométal*, préc. n° 369.
4. Paris, 17 fév. 1993, GP 93. Somm. 213. V. étendant l'exclusivité à la compétence en matière de succession mobilière fondée sur le dernier domicile du défunt en France, Civ. I, 14 juin 1983, RC 84.316 n. B. Ancel.
5. Civ. I, 5 mai 1969, *Patiño*, RC 69.546 n. Gaudemet-Tallon ; 4 janv. 1977, D. 77.I.R.351 obs. Audit, RC 78.146 n. Mezger.
6. Il en est *a fortiori* de même pour l'art. 1072 CPC fixant la compétence pour les litiges après divorce : Civ. I, 8 juin 1999, préc., n° 389. On doit notamment reconnaître en principe la compétence du for de la nationalité commune des époux (v. Civ. I, 20 sept. 2006, Dalloz Actualités 2006-6).

Enfin, l'on hésite quant au caractère exclusif ou non des règles de compétence en certaines matières, notamment lorsque celles-ci sont considérées comme ayant un caractère impératif en tant que règles de compétence directe ; c'est le cas notamment en matière de contrat de travail[1] et plus généralement lorsque la règle tend à protéger une partie[2].

c. Compétence fondée sur la volonté des parties

472. – Caractère en principe exclusif. Dans la mesure où la validité des clauses attributives de juridiction est admise dans la matière concernée, il faut considérer qu'une décision rendue au mépris d'une telle clause l'a été par une juridiction incompétente[3]. Il en est ainsi que la clause désigne une juridiction française ou étrangère[4]. Il y a lieu toutefois de tenir compte, dans le second cas, du fait que dans différents systèmes les clauses attributives de juridiction ne sont pas présumées exclusives, ce qui peut justifier une solution différente. Et si les deux parties ont participé volontairement à la procédure devant un autre for que celui désigné, y compris dans un autre pays, on doit considérer qu'il y a eu accord tacite pour proroger la compétence du for saisi au détriment de celui qui avait été désigné par la clause.

B. LES AUTRES CONDITIONS

473. – Réaménagement successif des conditions. Bien que le contrôle de la loi appliquée par le juge étranger, prévu par l'arrêt *Munzer*, ait été abandonné en 2007 par l'arrêt *Cornelissen*, le caractère récent de cette innovation impose de revenir sur la condition avant d'examiner celles qui subsistent : l'absence de contrariété à l'ordre public et l'absence de fraude à la loi, sur lesquelles cet abandon aura au demeurant un certain effet[5].

1. Abandon du contrôle de la loi appliquée

474. – Affirmation et mise en œuvre de la condition. L'exigence que le juge étranger ait appliqué la loi compétente selon la règle française de conflit (impliquant que le litige d'origine ait présenté un caractère international) avait

1. TGI Paris (réf.), 7 fév. 1986, *Air Afrique* RC 86.547 n. Gaudemet-Tallon, JDI 86.976 n. P. Mayer ; Soc. 7 mai 1996, RC 97.77 n. Droz, refusant de faire jouer à l'ex-art. R. 517-1 C. trav. le rôle d'une règle de compétence indirectement exclusive, l'intéressé ayant lui-même saisi le tribunal étranger.
2. Civ. I, 17 juin 1997, RC 98.452, 2° esp., n. B. Ancel (caractère indirectement exclusif de l'art. 114-1 c. ass., conduisant à un refus de litispendance).
3. V. refusant l'exequatur à une décision ayant statué au mépris d'une clause compromissoire, Civ. I, 5 mars 1969, RC 70.546 n. Gaudemet-Tallon ; Paris, 14 nov. 1975, RC 77.526 n. Alexandre.
4. Sur la nécessité de reproduire en français dans la décision la clause retenue pour fonder l'incompétence de la juridiction française : Civ. II, 11 janv. 1989, D. 89.I.R.32.
5. Le caractère exécutoire à l'étranger de la décision est parfois présenté comme une condition de régularité, mais on y voit plutôt une condition de recevabilité de l'action en exequatur (n° 485).

émergé des décisions rendues à l'époque du pouvoir de révision ; car l'appréciation du bien-fondé de la décision étrangère incluait le contrôle de la loi appliquée par le juge étranger[1]. C'est du reste parfois dans des décisions relatives à l'exequatur que furent dégagées certaines règles de conflit fondamentales[2]. L'arrêt *Munzer* énonça formellement cette condition[3]. Son application stricte aurait toutefois été de nature à entraîner des refus d'exequatur non réellement justifiés. En effet, certaines catégories sont susceptibles de différents rattachements également défendables, et il serait excessif de refuser tout effet à une règle étrangère traduisant un choix autre que celui du droit français (rappr. sur la compétence juridictionnelle, n° 467). Aussi la jurisprudence tempérait-elle considérablement les effets de la condition, tenant manifestement compte des conditions générales dans lesquelles avait été rendue la décision ainsi que du caractère inopportun que pouvait présenter dans un cas donné le refus de reconnaissance. Pour cela, elle recourut principalement à deux moyens.

Le principal résidait dans la notion d'*équivalence* substantielle entre la loi effectivement appliquée par le juge étranger et celle qui aurait été compétente selon le règlement français de conflit (et qui était souvent la loi française). C'est ainsi notamment que de très nombreux divorces de Français prononcés à l'étranger en application de la loi locale furent reconnus en France au motif d'une équivalence entre la cause de divorce retenue et celles prévues par la loi française[4]. En fait, cette équivalence était très libéralement admise (particulièrement au regard de la sévérité du droit français antérieur à 1975), ce qui révélait le souci de ne pas rejeter une décision ayant constitué des droits acquis. Son appréciation impliquait au demeurant une certaine révision de la décision étrangère, ici dans un sens favorable à son accueil[5]. La notion d'équivalence permettait également de reconnaître des décisions qui n'indiquaient pas clairement selon quelle loi elles avaient été rendues.

1. Civ. 11 avril 1945, *Bach*, et 1er mai 1945, *Schabel*, D. 45.245 n. P. L.-P., S. 45.1.121 n. Batiffol, JCP 45.II.2895 n. Savatier ; 22 janvier 1951, *Weiller*, RC 51.167. La condition était parfois sanctionnée par recours à la notion d'ordre public : ainsi pour refuser effet en France à des décisions espagnoles ayant prononcé la nullité pour vice de forme, eu égard à la loi espagnole, du mariage civilement contracté en France par deux Espagnols.
2. Ainsi la règle *Rivière*, déclarant le divorce d'époux de nationalité différente régi par la loi du domicile commun (n° 138).
3. B. Ancel, « Loi appliquée et effets en France des décisions étrangères », TCFDIP 1986-87, p. 25.
4. V. Civ. 29 juill. 1929, D.H. 29.458, S. 30.1.20, Rev. dr. int. pr. 31.334 (loi mexicaine) ; Paris, 16 nov. 1936, JDI 37.292 et Toulouse, 18 déc. 1950, S. 51.1.2 n. Niboyet, JCP 51.II.6367 n. Delaume et Flattet (loi suisse) ; trib. civ. Seine, 31 mai 1949, S. 50.2.21 n. Niboyet, RC 50.631 n. Loussouarn (loi roumaine) ; 4 nov. 1954, JDI 55.650 n. A. P., RC 56.690 n. Loussouarn (loi uruguayenne) ; 14 mai 1956, JDI 57.146 obs. Sialelli (loi new-yorkaise) ; 9 mai 1956, GP 56.2.236 (loi de Pennsylvanie) ; trib. civ. Seine, 22 juin 1959, JDI 60.162 obs. Sialelli (loi vénézuélienne) ; 26 nov. 1962, JDI 63.1062 obs. Sialelli (loi guinéenne).
5. Lorsque c'est la loi française qui avait été déclarée applicable dans l'instance étrangère, la jurisprudence se satisfaisait d'un contrôle formel, sous la seule réserve de la dénaturation : Civ. 24 nov. 1965. *Loesch*, RC 66.289 n. Lagarde, JDI 66.369 obs. Kahn et, sur renvoi, Poitiers, 13 déc. 1967, RC 69.94 n. P. L.

La condition examinée était également tempérée le cas échéant par l'admission du *renvoi*, ici au second degré, résultant de l'application par le juge étranger d'une loi tierce[1].

475. – Critique et abandon de la condition. Compte tenu des tempéraments évoqués, il était pratiquement sans exemple que l'exequatur soit refusé pour la seule méconnaissance de la condition envisagée. Elle n'était pratiquement mise en œuvre qu'à l'encontre de décisions obtenues dans des conditions manifestement douteuses, c'est-à-dire pour sanctionner un *forum shoppin*[2] ; elle faisait alors largement double emploi tant avec le contrôle de la compétence indirecte qu'avec les deux conditions qui suivent : ordre public et absence de fraude. Elle est peu répandue en droit comparé, ce qui exposait les décisions françaises à ne pas être reconnues pour défaut de réciprocité, et elle est expressément écartée par la plupart des conventions sur la reconnaissance des décisions étrangères ainsi que dans l'espace judiciaire européen. Aussi son maintien en droit commun fut-il de plus en plus contesté[3]. La confrontation systématique de la décision étrangère au règlement de conflit du for présentait avant tout une valeur didactique et d'exemple, en rappelant les principes que l'État requis estime exprimer l'ordre international. Mais cela implique une conviction dans la supériorité de ces principes qui a fait place aujourd'hui à un relativisme justifié ; la divergence des règles de rattachement d'un système à l'autre (à supposer d'abord que le juge étranger ait raisonné selon cette méthode) constitue un fait accepté. Les tempéraments dont elle était assortie par la jurisprudence pour tenir compte du défaut d'universalité du règlement de conflit français, comme n'importe quel autre, s'apparentaient dans bien des cas à des subterfuges.

Par l'arrêt *Cornelissen* du 20 février 2007, la Cour de cassation a énoncé que « le juge de l'exequatur n'a pas à vérifier que la loi appliquée par le juge étranger est celle désignée par la règle de conflit de lois française »[4]. Bien que justifié, ce revirement est peut-être cependant trop brutal alors que dans certains cas l'application d'une loi donnée par le juge étranger (généralement la sienne) pourrait susciter des griefs justifiés : par exemple, faute de lien suffisant entre cette loi et la situation, en particulier lorsque celle-ci se rattachait manifestement

1. Trib. Seine, 20 oct. 1956, RC 58.117 n. H. B., JDI 59.454 n. J.-D. B. : le divorce prononcé en Égypte entre un mari yougoslave et sa femme française en application de la loi nationale du mari, désignée par la règle de conflit du for d'origine, est reconnu en France en vertu du renvoi opéré par la loi égyptienne compétente selon la règle de conflit française (résultant de la jurisprudence *Rivière*) à la loi tierce.
2. V. les décisions citées *supra* n° 248.
3. V., en dernier lieu, Gressot-Léger, « Faut-il supprimer le contrôle de la loi appliquée par le juge étranger lors de l'instance en exequatur ? », JDI 2003.791.
4. Civ. I, 20 février 2007, D. 07.1115 note d'Avout et Bollée, RC 07.420 n. Ancel et Muir Watt, JDI 07.1195 n. Train, Pan. 1751 obs. Courbe et Jault-Seseke, GP 2007, n° 119-123, p. 2 et obs. Niboyet. La Cour EDH a condamné un Etat pour son refus de reconnaître les liens d'adoption créés par un jugement étranger au motif que celui-ci n'avait pas appliqué la loi compétente selon le règlement de conflit de l'État requis : CEDH, 1er juin 2007, *Wagner*, D. 07.2700 n. Marchadier, RC 07.807 note Kinsch, JDI 08.183 n. d'Avout.

davantage à l'ordre juridique français[1] ; ou en raison de l'existence d'une loi de police française. Il faudra dans ce cas parvenir à repousser la décision étrangère en application des conditions maintenues, nécessité que la pratique n'a pas tardé à illustrer (n° 478 *in fine*).

2. La conformité à l'ordre public international

La régularité de la procédure suivie à l'étranger formulée par l'arrêt *Munzer* a été fondue dès 1967 dans celle relative à l'ordre public ; l'arrêt *Cornelissen* en a formellement pris acte en parlant de « conformité à l'ordre public international de fond et de procédure ».

a) Ordre public de procédure

476. – Objet du contrôle. La procédure étant soumise par principe et dans son ensemble à la loi du for d'origine, la condition de « régularité de la procédure suivie devant [la] juridiction [étrangère] » formulée par l'arrêt *Munzer* pouvait donc paraître viser la correcte application par le juge étranger de sa loi de procédure. Mais, de même qu'en ce qui concerne la compétence interne du juge étranger (n° 466), il est apparu déplacé de prétendre exercer un contrôle sur l'application par lui de son propre droit. Ce que l'on recherche en s'intéressant à la procédure suivie devant le juge d'origine est plutôt l'assurance que la décision a été rendue dans les conditions de loyauté et d'équité que le droit procédural français s'efforce pour sa part de faire respecter. Peu après l'arrêt *Munzer,* la Cour de cassation a précisé la condition en ce sens, déclarant que « si le juge de l'exequatur doit vérifier si le déroulement du procès devant la juridiction étrangère a été régulier, cette condition de régularité doit s'apprécier uniquement par rapport à l'ordre public international français et au respect des droits de défense »[2]. La condition s'est ainsi fondue dans celle relative à l'ordre public[3].

La jurisprudence (souvent antérieure à l'arrêt *Bachir*) fournit divers exemples de refus d'exequatur en raison de sérieuses irrégularités de procédure dans l'instance étrangère. Elles tiennent en général à la violation des droits de la défense *lato sensu* : défaut d'assignation réelle ou loyale du défendeur, impossibilité pratique pour lui d'être représenté et de faire valoir ses moyens, admission des prétentions du demandeur sur

1. Sur les *class actions* exercées aux Etats-Unis, v. *supra* n° 46. Peu avant l'arrêt *Cornelissen*, la 1re Chambre civile avait censuré une décision pour n'avoir pas recherché si le juge étranger avait appliqué la loi « appropriée » (4 juillet 2006, RC 07.413). Cette approche était peut-être préférable en ce qu'elle permettait de maintenir un contrôle du lien suffisant entre la situation et la loi appliquée, à l'instar de celui opéré sur la compétence juridictionnelle, et qu'il faudra reporter sur la condition relative à l'ordre public ; v. déjà TGI Paris, 26 nov. 2008, *infra* n° 478.
2. Civ. I, 4 oct. 1967, *Bachir*, D. 68.95 n. Mezger, RC 68.98 n. Lagarde, GA n° 45. Le contrôle écarté pouvait en outre être apparenté à une révision de la décision étrangère : v. Paris, 2 fév. 1961, RC 61.566 n. Francescakis.
3. La procédure étrangère doit cependant être consultée sur un point : on doit s'assurer de la force exécutoire de la décision à l'étranger, sans laquelle la demande d'exequatur doit être considérée comme irrecevable (n° 485).

son propre serment ou celui d'un tiers intéressé, jugement devenu définitif sans avoir été signifié...[1], défaut d'information sur les conséquences de la non-comparution et sur les voies de recours[2] et même défaut d'impartialité du juge[3]. Ces différentes irrégularités se cumulent souvent, notamment dans le cas des divorces jadis obtenus d'une juridiction lointaine et complaisante[4]. Les exigences de la CESDH interviennent aujourd'hui dans l'appréciation de la conformité de la procédure à l'ordre public[5]. De même toutefois que s'agissant de la loi de fond (n° 478), l'appréciation de la procédure étrangère au regard de l'ordre public ne s'opère pas *in abstracto*, mais compte tenu des circonstances entourant son application[6]. Ainsi le défaut ou l'insuffisance de motifs d'un jugement étranger, en soi contraires à l'ordre public, peuvent échapper à la critique lorsque que sont produits des documents de nature à servir d'équivalent à la motivation défaillante et permettant au juge français d'exercer son contrôle[7]. La Cour de cassation subordonne aujourd'hui l'admission du grief à la démonstra-

1. Req. 11 nov. 1908, *Le Goaster*, S. 09.1.572, JDI 09.753 ; Civ. 22 janvier 1951, *Weiller*, S. 51.1.187, RC 51.167 n. Francescakis ; 11 juill. 1961, RC 61.813 n. Motulsky ; Paris, 21 mai 1940, RC 43.86 n. Maury ; 15 nov. 1960, RC 61.397 n. Loussouarn ; TGI Paris, 6 juill. 1972, *Agier*, JDI 73.728 n. Audit ; 3 juill. 1985, RC 86.106 n. P. Mayer. Sur le cas particulier des décisions rendues en matière de filiation paternelle sur le serment de la mère, v. n° 739.
2. Orléans, 24 janv. 2002, RC 02.354 n. H.M.W.
3. Civ. I, 3 déc. 1996, RC 97.328 n. Muir Watt.
4. V. par ex. TGI Paris, 6 juill. 1972, *Agier*, préc. ; 3 juill. 1985, *Conlon*, préc. n° 243. Il y aurait difficilement place dans ce domaine pour la notion d'effet atténué de l'ordre public, lequel suppose un droit *régulièrement* acquis à l'étranger (n° 316).
5. La reconnaissance par un État requis d'une décision étrangère rendue au mépris des exigences de la CESDH est sanctionnée par la Cour comme une violation dérivée des prescriptions de la Convention : CEDH, 20 juillet 2001, *Pellegrini c. Italie*, RC 04.106, n. Christians ; obs. Sinopoli, GP n° 4, juillet-août 2002 (reconnaissance en Italie d'une décision des tribunaux du Vatican – non partie à la Convention – après un examen jugé insuffisant des griefs sérieux élevés par la requérante contre la procédure suivie devant la juridiction d'origine qui avait prononcé la nullité de son mariage). V. rejetant un recours fondé sur une déchéance du droit d'agir dans l'État d'origine, car refusant d'y voir une violation fondamentale dans les circonstances, Ch. Lords, 22 juill. 2004, *Gouvt des États-Unis c. Barnette*, RC 05.315 n. Muir Watt.
6. Ainsi, le grief est écarté dans le cas d'une notification par voie postale, dès lors qu'il est établi que tous les moyens ont été mis en œuvre pour que la convocation parvienne à son destinataire en temps utile pour organiser sa défense (Paris, 21 nov. 1991, D. 92. I.R. 10); lorsque la loi étrangère considère que le défaut du défendeur vaut aveu des faits articulés contre lui ou qu'elle admet la preuve par serment du demandeur, mais que des éléments corroborants ont été retenus dans le cas d'espèce ; ou qu'un jugement de divorce a été prononcé (aux États-Unis) sur les déclarations de la demanderesse entendue comme « témoin », mais qu'elle a été interrogée de manière contradictoire sous le contrôle du juge et des parties (Paris, 15 nov. 1991, D. 92.I.R. 62).
7. Civ. I, 11 juill. 1961, 2 arrêts, D. 61.577 n. G. Holleaux, RC 61.813 n. Motulsky, JDI 62.184 obs. Sialelli ; 17 oct. 1972, RC 73.556 n. Francescakis (motifs) ; 28 nov. 2006, JDI 07543, 1re esp., n. Peroz. V. la synthèse jurisprudentielle proposée par D. Motte-Suraniti, D. 09.59. Dans le cadre des textes européens, *infra* n° 587. Il pourrait paraître plus indiqué de ne sanctionner le défaut de motivation que s'il empêche de vérifier la conformité de la décision à l'ordre public et non pour lui-même. V. censurant, sous couvert d'exercice d'une révision, un refus d'exequatur qui sanctionnait

tion « que les intérêts d'une partie ont été objectivement compromis par une violation des principes fondamentaux de la procédure »[1].

b) Ordre public de fond

477. – Aspects divers de la condition. La jurisprudence fait entrer sous le manteau de l'ordre public l'absence de contrariété de la décision étrangère à une décision française passée en force de chose jugée, sans égard à la chronologie des décisions, c'est-à-dire même lorsque la décision étrangère est plus récente[2]. C'est ici la cohérence de l'ordre juridique du for qui est en cause, de sorte que la nature respective des décisions est indifférente. Mais en toute hypothèse, cet aspect mériterait d'être érigé en condition autonome. Telle que formulée, la condition vise au premier chef l'ordre public au sens de la théorie de la règle de conflit ; c'est-à-dire qu'elle porte sur la loi étrangère appliquée au fond, dont le caractère éventuellement choquant déclenchera l'exception d'ordre public. S'agissant par hypothèse de reconnaître des droits acquis à l'étranger, l'ordre public n'intervient ici toutefois que sous son *effet atténué* (n° 316)[3]. Sous cette forme même, les circonstances de son intervention doivent être précisées.

478. – Application de la condition à la loi étrangère de fond. Dans le contexte de la reconnaissance d'une décision étrangère, la règle étrangère a par hypothèse reçu une application concrète. C'est donc le résultat de son application dans le cas d'espèce plutôt que son contenu abstrait qui doit être confronté à l'ordre public du for : on jugera en quelque sorte l'arbre à ses fruits. Il s'ensuit qu'une décision rendue en application d'une loi qui, abstraitement considérée, apparaîtrait contraire à l'ordre public, sera néanmoins reconnue dès lors que son application ne l'aura pas été dans le cas d'espèce[4]. Réciproquement, il est possible que soit repoussée une décision rendue en application d'une loi contre laquelle on ne peut élever aucun grief général, en particulier si elle est identique à la loi française, mais dont l'application dans le cas d'espèce repose sur des motifs

davantage une motivation considérée comme insuffisante, Civ. I, 14 janv. 2009, RC 09.331 n. d'Avout.

1. Civ. I, 19 sept. 2007, JDI 08.153 n. Chalas, RC 08.617 n. Pataut, D. 08. Pan 1517 obs. Jault-Seseke.
2. Civ. I, 5 avril 1960, D. 60.717 n. G. Holleaux, RC 61.319 n. Weser ; 15 mai 1963, *Patiño*, RC 64.532 n. Lagarde, JDI 63.1016 n. Malaurie, JCP 63.13362 n. Motulsky, GA n° 38 ; 24 septembre 2002 et 27 avril 2004, RC 04.610 n. Muir Watt. Entre décisions étrangères : Civ. 8 janv. 1963, *Hohenzollern*, RC 63.109 n. G. Holleaux, JCP 64.II.13470 n. Ph. F. (v. déjà Civ. 18 nov. 1891, GP 1891.II.577 concl. Desjardins). Les textes européens distinguent cette condition particulière (n° 589).
3. Bien que l'expression ne figure pas dans l'arrêt, on peut ainsi interpréter la reconnaissance d'une décision d'adoption et de partage de l'autorité parentale entre une mère et sa partenaire homosexuelle, résidant à l'étranger : Civ. I, 8 juillet 2010, n° 08-21740.
4. V. par exemple en matière de garde des enfants, Civ. I, 6 janv. 1987, D. 87.467 n. Massip, RC 87.337 n. Lequette, JDI 88.435, 2e esp., n. Jacquet.

inacceptables[1]. On peut objecter qu'il s'introduit là une certaine révision de la décision étrangère. Mais cela paraît inhérent à une appréciation *in concreto* de la condition envisagée, laquelle serait autrement exposée à devenir formelle. La crainte d'une « révision » de la décision étrangère ne doit pas paralyser l'exercice des différents contrôles spécifiques dont la formulation a accompagné la disparition du pouvoir de révision.

La condition examinée apparaît aujourd'hui susceptible de pallier dans certaines circonstances l'abandon du contrôle de la loi appliquée par le juge étranger pour le cas où le contrôle de la compétence indirecte n'y suffirait pas, notamment lorsque la situation présentait un lien étroit avec l'ordre juridique français[2]. La notion d'ordre public de proximité (n° 315) permet particulièrement de répondre à cette préoccupation[3].

3. L'absence de fraude à la loi

479. – Différentes acceptions de la condition. La condition d'absence de fraude à la loi, comme la précédente, peut être entendue de plusieurs manières. Dans le contexte doctrinal qui était celui de l'arrêt *Munzer*, il fallait sans doute y voir la réserve de l'exception de fraude à la loi échafaudée par la théorie bilatéraliste classique (n° 238). Initialement conçue dans la perspective d'une fraude à la loi française[4], elle s'est étendue théoriquement à la fraude à la loi étrangère par l'application d'une loi tierce au détriment de la loi étrangère normalement applicable[5]. Sous cette forme, la condition souffre cependant du défaut majeur de la théorie classique de la fraude à la loi, c'est-à-dire que son application en jurisprudence a été à peu près inexistante.

1. Civ. I, 30 janv. 1979, D. 79.I.R.460, JDI 79.393 n. D. Mayer, RC 79.629 n. Lequette : attribution de la garde selon une loi qui se réfère à l'intérêt de l'enfant, mais en se fondant dans le cas d'espèce sur des considérations discriminatoires pour la mère.
2. V. déjà TGI Paris, 26 nov. 2008, RC 09.310 n. Ancel (rejetant une disposition d'un jugement américain ayant écarté le régime matrimonial régulièrement choisi par les époux). Antérieurement à l'arrêt *Munzer,* l'application par le juge étranger d'une loi étrangère à l'encontre de la loi française était parfois écartée au nom de l'ordre public : ainsi pour refuser effet en France à des décisions espagnoles ayant prononcé la nullité pour vice de forme, eu égard à la loi espagnole, du mariage civilement contracté en France par deux Espagnols. La suppression du contrôle de la loi appliquée ramène d'une certaine façon à cette situation.
3. On songe par exemple à une décision rendue aux États-Unis sur une action de groupe en vertu de la loi américaine, dans la mesure où elle prétend lier des actionnaires d'une société française ayant acquis leurs titres en France et n'ayant pas manifesté l'intention de se joindre à l'action (v. *supra* n° 46). On songe également au recours à une maternité de substitution ou à une adoption non permise par la loi française, lorsque les intéressés résident en France.
4. L'exemple en est donné par l'affaire *de Beauffremont* telle qu'elle a été présentée pour les besoins de la théorie (n° 238) et davantage par quelques affaires antérieures (n° 243).
5. Trib. Seine, 14 mai 1962, *Gunzbourg*, préc. n° 248, jugement dans lequel ce raisonnement est expressément mis en œuvre à titre surabondant, parce que la régularité de principe de la situation, condition de l'exception de fraude, n'est pas admise.

Dans de nombreuses décisions, pourtant, en particulier refusant de reconnaître les effets d'un divorce étranger en France, a été relevée la fraude de l'une des parties, ou des deux, ayant consisté à s'adresser à une autorité étrangère pour obtenir ce qu'elles ne pouvaient obtenir selon la loi ou les autorités dont elles dépendaient normalement ; il s'agit donc plutôt de « fraude au jugement ». Sur le terrain du conflit de lois, ces décisions se justifiaient par la simple application unilatérale de la règle de conflit, d'où résultait le défaut de compétence pur et simple de la loi étrangère[1]. La fraude relevée par le juge n'était donc pas le fondement de ce type de décision, comme dans l'exception de fraude, mais un argument de soutien que le juge aurait aussi bien pu passer sous silence. En fait, cela lui est difficile lorsque l'irrégularité est patente, et l'évocation de la fraude permet en toute hypothèse de justifier davantage ce qui pourrait autrement passer pour un refus de coopération internationale. Inusitée dans le premier cas, dénuée de portée propre dans l'autre, la réserve de la fraude est aujourd'hui en principe privée d'effet selon ces raisonnements du fait de la suppression du contrôle de la loi appliquée par le juge étranger (n° 475).

Une fraude internationale tend aussi pratiquement toujours à l'application de la loi choisie par un for qui sera jugé également incompétent, dès lors que l'on ne se borne pas à « contrôler » sa compétence selon sa propre loi (n° 467)[2]. Or la raison conduisant à déclarer « incompétente » la loi de fond appliquée, soit l'absence de lien effectif ou significatif de la situation avec cette loi, s'applique également à la compétence du for saisi ; aussi le contrôle de la fraude se trouve-t-il également assuré par celui de la compétence du juge étranger. Effectivement, selon le critère introduit par les arrêts annonçant l'arrêt *Simitch* (n° 469), l'absence de lien sérieux entre le for et le litige était-il expressément assimilée à la fraude[3]. Ainsi, au plan de la compétence indirecte comme à celui de la loi applicable, la condition envisagée est-elle pratiquement dénuée d'effet propre[4].

Elle présente néanmoins une utilité spécifique en ce qu'elle permet de sanctionner des irrégularités n'entrant pas dans les catégories précédentes, en particulier des formes de déloyauté au cours du procès telles que des

1. V. par exemple Civ. 22 janv. 1951, *Weiller, supra* n° 240 ; Civ. I, 11 juill. 1977, *Giroux*, préc. n° 248 ; v. aussi, en matière de mariage , Civ. I, 15 juin 1982, *Zagha*, D. 83.I.R.151, dans lequel le moyen du pourvoi relatif à l'application de la théorie de la fraude à la loi est expressément rejeté comme s'attaquant à un motif surabondant.
2. Sur ce que la saisine par un plaideur d'un for étranger sans lien sérieux avec la situation (fraude « à la compétence » ou « au jugement ») ne constitue pas une fin en soi mais a pour objectif une décision substantielle, en général par application de la loi du for saisi, *supra* n° 237.
3. Paris 10 nov. 1971, *Mack Trucks*, préc. n° 469, posant l'exigence « que le litige se rattache de manière suffisante au pays dont le juge a été saisi, *c'est-à-dire* que le choix de la juridiction ne soit ni arbitraire, ni artificiel, ni frauduleux ». L'arrêt *Simitch* a formellement distingue les deux aspects (« *et* que le choix de la juridiction... »), ce qui n'a guère de portée; v. par ex. Civ. I, 5 mai 1998, RC 98.662 n. Muir Watt : la constatation de l'absence d'un lien caractérisé dispense de se prononcer sur une fraude alléguée.
4. V. cependant le cas des « divorces maghrébins », *infra* n° 687.

affirmations mensongères[1], la dissimulation de pièces, la corruption de témoin ou toute forme d'« escroquerie au jugement »[2]. Une telle réserve est d'autant plus opportune à la suite de l'élimination du privilège indirect de l'art. 15 C. civ. (n° 470), qui permettait de repousser des décisions étrangères en dispensant de toute discussion des circonstances précises dans lesquelles elles avaient pu être rendues. Le maintien de la condition, en quelque sorte à titre de « condition-balai », est donc non seulement justifié mais pratiquement indispensable[3]. Toutefois, une formulation préférable consisterait à viser l'« absence de toute fraude », sans autre précision : ainsi serait appréhendée toute déloyauté ayant entaché l'obtention du jugement étranger.

SECTION II

VÉRIFICATION DE L'EFFICACITÉ

480. – Nécessité ou non d'une vérification préalable. Alors que les textes prévoyaient une procédure, dite d'exequatur, tendant à faire déclarer les jugements étrangers exécutoires sur le territoire français, la pratique a été amenée à reconnaître à certains jugements une efficacité indépendante de toute procédure. Cette efficacité reste néanmoins subordonnée à leur régularité au regard des conditions qui ont été étudiées ; régularité qui pourra être vérifiée lors d'une procédure ne se confondant pas avec l'exequatur. Il y a donc lieu de préciser d'abord les cas dans lesquels une formalité préalable n'est pas nécessaire, puis d'examiner les différentes procédures de vérification.

§ 1. – CAS D'EFFICACITÉ DE PLEIN DROIT

481. – Notion d'effet de plein droit. Pour reconnaître les effets en droit d'une décision étrangère, une formalité n'est véritablement indispensable que lorsque la personne qui s'en prévaut prétend en tirer des conséquences contraignantes, pratiquement invoquer sa force exécutoire contre un tiers ; car les autorités chargées de l'exécution forcée ne peuvent agir que sur l'ordre d'un organe français. En revanche, si une personne entend simplement jouir de la situation créée par un jugement étranger,

1. V. Civ. I, 30 sept. 2003, n° 01-13142 (affirmation de l'épouse qu'elle ignorait l'adresse de son mari, entraînant son assignation par voie de publication dans un journal « qu'il n'avait aucune chance de lire »).
2. Ainsi lorsque le jugement étranger n'a été recherché que pour produire certains effets indépendants de sa régularité : Paris, 10 juin 1972, D. 73.296 concl. Cabannes, JDI 74.150 obs. Deby-Gérard.
3. V. validant incidemment ce contrôle dans une espèce où ce n'est pourtant pas lui qui avait justifié le refus d'exequatur : CEDH, 29 avril 2008, *Mc Donald*, préc. n° 101-1.

sans prétendre la voir consacrer à l'encontre de la volonté d'autrui, il n'apparaît pas nécessaire, ni réaliste, d'exiger une procédure préalable[1]. La jurisprudence a ainsi reconnu empiriquement l'efficacité de plein droit de certaines décisions (A) ; elle pourrait s'orienter vers une généralisation de cet effet à toutes sans distinction (B).

A. DÉCISIONS BÉNÉFICIANT D'UNE EFFICACITÉ DE PLEIN DROIT

482. – Décisions relatives à l'état et la capacité des personnes. Dès le XIXe siècle, la jurisprudence fut amenée à reconnaître l'effet de plein droit des décisions étrangères relatives à l'état et la capacité des personnes. En particulier, dans un arrêt *Bulkley*, la Cour de cassation admit qu'une étrangère régulièrement divorcée dans son pays pouvait contracter en France un second mariage sans que son jugement de divorce ait reçu l'exequatur[2]. L'arrêt n'était guère motivé sur le point envisagé, mais sa justification est simple : en tant qu'élément de l'état des personnes, le statut matrimonial ne saurait être systématiquement remis en cause, ou simplement soumis à un contrôle de régularité, dès que l'intéressé franchit une frontière. Il est vrai que cet argument – qui justifie la notion même de statut personnel en droit international privé – ne s'applique pas avec la même force lorsque ce statut résulte d'un jugement ; et le fait de vouloir contracter une nouvelle union va au-delà d'une simple attitude passive. Pour lever l'objection, il convient de préciser que l'état résultant du jugement est reconnu sous réserve de l'appréciation de la régularité de celui-ci en cas de contestation ; mais jusque-là, la décision étrangère bénéficie d'une présomption de régularité, qui lui permet de jouir d'une efficacité juridique.

Ces éléments apparurent de manière plus précise dans un arrêt *de Wrède* statuant sur la validité du mariage contracté en France par une personne de nationalité russe, dont une précédente union avait été déclarée nulle par un jugement prononcé en Allemagne, sans que l'exequatur de ce jugement ait été prononcé ; la Cour de cassation déclara que « l'annulation d'un mariage légalement et définitivement prononcée doit être à l'abri de toute attaque (...) parce que l'état des personnes ne peut demeurer incertain sans qu'il en résulte un trouble profond des familles et une atteinte grave à l'ordre social, (...) à plus forte raison lorsque sur la foi de cette annulation, les époux ont contracté de nouvelles unions »[3]. Ce motif ne signifiait pas que le jugement était irrévocablement considéré comme valable ; l'arrêt parlait bien de décision « légalement » prononcée et il statuait effectivement sur la régularité du jugement en question. Toutefois, il excluait aussi, de manière expresse, la révision concernant les décisions visées : seule une irrégularité grave pouvait justifier qu'elles fussent reje-

1. Il s'agit pourtant ici d'effets dépendant de la régularité de la décision et non de ceux dont sont susceptibles les jugements étrangers indépendamment de toute régularité (n° 458 s.).
2. Civ. 28 fév. 1860, S. 61.1.210 concl. Dupin, D. 60.1.57, GA n° 4 ; v. déjà Civ. 7 nov. 1838, S. 38.1.865.
3. Civ. 9 mai 1900, JDI 00.613, GA n° 10.

tées. Comme le précédent, cet arrêt consacrait la faculté de contracter en France un nouveau mariage sans avoir obtenu l'exequatur de la décision annulant ou mettant fin au précédent. De même, un jugement de séparation de corps pouvait-il être converti en divorce.

Après que des décisions de même nature soient intervenues dans d'autres domaines (nom, capacité, filiation, adoption), la solution fut expressément généralisée par la Cour de cassation qui en précisa aussi les limites dans les termes suivants : « les jugements rendus par un tribunal étranger, relativement à l'état et à la capacité des personnes, produisent leurs effets en France indépendamment de toute déclaration d'exequatur sauf les cas où ces jugements doivent donner lieu à des actes d'exécution matérielle sur les biens ou de coercition sur les personnes »[1]. Ainsi l'exequatur d'un jugement de divorce, non exigé pour contracter un second mariage, devient nécessaire pour faire exécuter une pension alimentaire ou faire respecter la décision relative à la garde des enfants[2]. Ce régime de reconnaissance a vocation à s'appliquer, et a été effectivement étendu, aux actes quasi-publics intéressant l'état des personnes[3].

483. – Application de l'effet de plein droit aux jugements constitutifs. La jurisprudence relative à l'état et à la capacité des personnes était susceptible d'une extension justifiée par son fondement. Celui-ci tient à l'irréalisme qu'il y aurait à méconnaître en principe la situation, de droit et de fait, que les décisions relatives à l'état ont créé à l'étranger. Or le critère de création d'une situation nouvelle correspond à une catégorie connue du droit interne : celle des jugements constitutifs. Elle ne coïncide pas avec celle des jugements d'état, comme le montre le cas du jugement de nullité de mariage, qui est de nature déclarative. Les jugements constitutifs ont effet à l'égard de tous, et non seulement des parties, parce que les droits nouveaux qu'ils créent ne pourraient être méconnus sans de sérieux inconvénients. Il est donc apparu opportun de reconnaître également sans formalité préalable l'effet des jugements étrangers présentant les caractères d'un jugement constitutif et intervenus hors du domaine de l'état des personnes : ainsi un jugement d'adjudication, un jugement nommant

1. Req. 30 mars 1930, *Hainard*, S. 30.1.377 n. Niboyet, D. 30.981.
2. En ce qui concerne la transcription d'un divorce sur les registres de l'état civil, la jurisprudence a d'abord exigé un exequatur préalable (Civ. 9 janv. 1951, RC 51.313, D. 52.33 n. Ponsard) puis a fait preuve d'une attitude plus souple en y voyant une mesure de publicité et non d'exécution (Paris, 10 mars 1967, RC 68.317). L'Instruction générale relative à l'état civil (n° 606) prévoit que les procureurs de la République ordonnent la transcription après examen sommaire de la décision tout en leur recommandant la prudence ; en cas de refus, il appartiendra aux parties requérantes de les assigner (n° 585 de l'Instruction).
3. Civ. 1re, 12 janv. 1994, RC 94.557 n. Pamboukis (acte étranger de reconnaissance de paternité naturelle). La Convention de Munich du 5 sept. 1980 relative à la reconnaissance volontaire des enfants nés hors mariage (négociée dans le cadre de la Commission internationale de l'état civil, n° 605), prévoit la reconnaissance de plein droit dans les États contractants des reconnaissances satisfaisant aux conditions qu'elle pose.

le gardien d'un enfant[1], un syndic[2] ou un liquidateur de société[3], attribuant les biens d'un failli[4], conférant des pouvoirs d'administration en matière successorale[5].

B. GÉNÉRALISATION POSSIBLE DE L'EFFET DE PLEIN DROIT

484. – Cas des jugements patrimoniaux déclaratifs. Si l'on combine la classification des jugements constitutifs et déclaratifs avec celle des jugements patrimoniaux et extra-patrimoniaux, il apparaît qu'une seule catégorie se trouve encore en principe exclue de l'effet de plein droit avant tout exequatur : celle des jugements patrimoniaux déclaratifs, tels qu'annulant ou résiliant un contrat, constatant une responsabilité contractuelle ou délictuelle. Or il semble que la source de cette discrimination soit essentiellement d'ordre pratique, à savoir que de tels jugements sont le plus souvent invoqués aux fins d'exécution contre le débiteur en France[6]. La distinction des jugements constitutifs et déclaratifs, qui n'est pas toujours faite dans les droits étrangers, est au demeurant parfois malaisée : tout jugement présente à certains égards un caractère constitutif, parce que son existence modifie l'environnement juridique ; il en est particulièrement ainsi d'un jugement étranger, qui crée une situation opposable à tous au moins dans l'État d'origine. Cette distinction est venue justifier *a posteriori* certaines décisions qui s'étaient imposées ; mais elle ne rend pas compte de toutes.

L'opinion se répand donc qu'il n'y aurait guère de risque, mais une simplification salutaire, à reconnaître à tous les jugements, et non pas seulement aux jugements constitutifs ou relatifs à l'état des personnes, autorité de plein droit, dans les limites qui ont été indiquées. L'admission de l'exception de litispendance internationale (n° 388) renforce cette opinion, de même que la faculté qui a été reconnue aux parties et même à des tiers intéressés de faire déclarer le jugement inopposable en France (n° 495). On ne distinguerait donc plus selon la nature du jugement mais seulement

1. Civ. I, 25 juin 1991, D. 92.51 n. Massip.
2. Req. 30 nov. 1868, D.P. 69.1.194 ; Poitiers, 20 déc. 1972, RC 74.118 n. Y. L. (l'arrêt adopte cependant une motivation différente) ; Com. 14 mai 1996, *BCCI*, RC 96.475 concl. Rémery.
3. Paris, 8 juill. 1992, préc. n° 342 ; trib. Seine, 7 mars 1957, RC 57.331 n. Loussouarn, JDI 58.136 n. Sialelli.
4. Civ. 30 janv. 1912, JDI 12.845, Rev. dr. int. pr. 13.131, S. 16.1.113 n. Audinet. Les premières manifestations de cette jurisprudence sont antérieures même à l'arrêt *Bulkley*, mais se rattachaient, de manière erronée, à la force probante du jugement étranger (n° 460).
5. Civ. 6 juin 1967, *Schapiro* JDI 67.890 n. Bredin, RC 69.75 n. Déprez ; 3 nov. 1983, JDI 85.115 n. B. Ancel ; v. cependant TGI Paris, 23 nov. 1989, RC 90.741 n. Revillard.
6. Ils peuvent cependant l'être en défense à une action intentée en France, au soutien d'une exception de chose jugée ou de compensation, auquel cas le juge saisi est tenu de surseoir à statuer pour que soit demandé l'exequatur. Il serait plus simple qu'il puisse contrôler lui-même la régularité du jugement étranger, comme il a déjà vocation à le faire pour apprécier la litispendance (n° 388) ; en ce sens, Aix-en-Pr., 6 avril 2000, JDI 01.1130 n. Lelièvre-Boucharat.

selon l'effet recherché. Le droit conventionnel et celui de l'Union européenne sont déjà en ce sens[1]. Certaines décisions selon le droit commun de même[2]. La suppression du contrôle de la loi appliquée par le juge étranger (n° 470) devrait encore faciliter cette solution.

§ 2. – PROCÉDURES DE VÉRIFICATION

Il résulte de ce qui précède qu'à côté de l'action en exequatur, qui tend à faire conférer la force exécutoire aux jugements étrangers (A), on a été amené à reconnaître certaines actions tendant à faire vérifier leur régularité (B).

A. L'INSTANCE EN EXEQUATUR

485. – Statut de la décision étrangère et recevabilité. La procédure d'exequatur est destinée à conférer force exécutoire en France à une décision étrangère. Bien que la décision d'exequatur ne se confonde pas avec l'exécution, il apparaît normal de subordonner sa recevabilité au caractère exécutoire de la décision étrangère : on prévient ainsi la remise en cause éventuelle de son exécution en France même[3]. On consultera pour cela la loi de procédure étrangère, dont il y aura fréquemment lieu de transposer le régime au regard des conceptions françaises, observation faite que si en droit français le caractère exécutoire dépend normalement de ce que la décision est définitive, les deux caractères ne se confondent pas. Dans le cas où l'exercice d'une voie de recours à l'étranger suspendrait la force exécutoire, le juge français pourrait surseoir à statuer.

486. – Distinction de l'exequatur et de l'instance d'origine. L'instance en exequatur est une instance propre, qui a pour objet de permettre l'exécution en France de tout ou partie du dispositif de la décision étrangère. Elle se distingue d'une instance directe qui aurait le même objet que l'instance d'origine, car elle ne tend qu'à l'appréciation de la régularité de la décision étrangère selon des critères limitativement énumérés ; la différence a été accentuée par la disparition du pouvoir de révision de la décision étrangère (n° 464)[4]. Il suit principalement de cette distinction que l'action en exequatur est conduite en principe selon les règles ordinaires de procédure. Les dispositions spéciales éventuellement applicables en droit interne au type de litige ayant donné lieu au fond à la décision étrangère ne lui sont pas applicables : ainsi les règles particulières en matière de

1. Ainsi selon les conventions de Bruxelles (règlement, art. 33) et de Lugano (art. 26).
2. Civ. I, 9 déc. 1974, JDI 75.534 n. Ponsard, RC 75.504 n. Mezger, reconnaissant expressément l'« efficacité » d'un jugement allemand ayant prononcé la nullité d'une vente ; 25 fév. 1986, *Kléber*, RC 87.589 n. Synvet, JDI 88.425 n. Jacquemont, JCP 87.20776 n. Rémery, reconnaissant certains effets d'une décision étrangère de faillite pour la période antérieure à l'exequatur ; Aix-en-Pr., 6 avril 2000, préc. (paralysant une nouvelle action en vertu de l'autorité négative de la chose jugée).
3. Civ. I, 16 mars 1999, Bull. civ. I, n° 91, p. 61 ; TGI Paris, 1er juill. 1987, RC 88.720 n. B. Ancel. Sur la même exigence en droit de l'Union européenne, v. n° 590.
4. Paris, 10 nov. 1966, RC 67.560 n. P. L., JDI 68.90 n. Bredin.

divorce[1]. La prescription de la condamnation éventuelle est celle prévue par la loi française et non celle de la loi étrangère applicable à l'obligation[2]. Des précisions sont toutefois nécessaires quant au déroulement de la procédure, qui comporte quelques dispositions particulières, ainsi qu'aux effets de la décision rendue[3].

1. Déroulement de la procédure

a. La demande d'exequatur

487. – Introduction et parties. L'on s'est demandé dans le passé si la demande d'exequatur devait être présentée par voie d'assignation ou de requête. Cette dernière forme pourrait se justifier dans la mesure où la question a déjà été jugée au fond et où ce qui est demandé est un permis d'exécuter, que le juge délivrera après s'être assuré que la décision satisfait aux conditions requises. Néanmoins, l'assignation est estimée nécessaire afin de permettre que le juge soit éclairé au mieux, par la présence d'un contradicteur, sur une irrégularité éventuelle de la décision. Il en est ainsi quand bien même la décision étrangère serait intervenue en matière gracieuse[4].

Les parties sont normalement les mêmes qu'à l'instance d'origine, observation faite que celui qui y était défendeur peut être le demandeur à l'exequatur : ainsi l'époux auquel un jugement de divorce dont il n'a pas pris l'initiative a confié la garde des enfants ; ou le défendeur qui a été reconnu créancier à la suite d'une demande reconventionnelle[5]. Lorsque la décision d'origine a été rendue en matière gracieuse, c'est normalement le ministère public qui sera assigné et jouera le rôle de contradicteur légitime[6].

488. – Délimitation de la demande ; demandes distinctes. Le demandeur est autorisé à ne solliciter l'exequatur que d'une partie de la décision étrangère (exequatur sélectif) ; en revanche, il n'est pas libre de dépecer des éléments indivisibles de la décision (exequatur réductif)[7].

Il arrive que le demandeur à l'exequatur forme une demande additionnelle, par exemple en dommages-intérêts supplémentaires pour aggravation d'un dommage, ou subsidiaire, de condamnation du débiteur au fond en cas de rejet de l'exequatur. De son côté, le défendeur peut vouloir former une demande reconventionnelle, par exemple pour procédure d'exequatur abusive, ou appeler un tiers en garantie. La Cour de cassation s'est montrée défavorable à la recevabilité de telles demandes,

1. Paris, 10 nov. 1953, *Weiller*, RC 53.615 n. Motulsky (l'exequatur n'a pas à se dérouler en chambre du conseil).
2. Civ. I, 19 mars 1991, RC 92.108 n. B. Ancel.
3. Foussard, « Entre exequatur et exécution forcée (De quelques difficultés théoriques et pratiques relatives à l'exécution des jugements étrangers) », TCFDIP 1996-97.175.
4. TGI Avesnes-sur-Helpe, 7 mai 1981, RC 82.368 n. Défossez (ordonnance étrangère autorisant la vente d'un immeuble dans le cadre d'une faillite).
5. Pour un exemple de demande formée par le défendeur à l'étranger contre un codéfendeur, v. Civ. I, 3 juin 1980, *Garino*, *infra* n° 497.
6. Paris, 16 nov. 1967, RC 70.293 n. Poisson (en matière d'adoption).
7. V. illustrant ces deux points : TGI Paris, 26 nov. 2008, préc. n° 478 : à la suite d'un divorce, possibilité de limiter la demande aux condamnations pécuniaires (la dissolution du mariage n'est pas contestée et la décision sur ce point reconnue de plein droit) mais non de retrancher de la demande certains éléments de la décision étrangère allégeant la charge du débiteur.

ce qui oblige le demandeur incident à saisir le juge du fond[1]. Cette attitude se fonde sur la distinction entre l'instance en exequatur, dont l'objet est d'exercer un contrôle objectif sur la décision étrangère, et une instance au fond, ainsi que sur l'interdiction de la révision[2]. Or la seconde justification n'est fondée que si les éléments invoqués sont antérieurs à la décision étrangère ; s'ils sont postérieurs – tels qu'un paiement partiel, qui justifierait une réduction de la condamnation, ou une modification des besoins du créancier d'aliments – ce n'est pas procéder à une révision que de se prononcer sur elle. Quant à la première, elle méconnaît l'intérêt qu'il y a de ne pas multiplier les procédures. Certaines décisions ont opportunément admis des demandes accessoires estimées être la « conséquence nécessaire » du jugement étranger[3]. Il serait souhaitable d'admettre plus généralement les demandes connexes, selon les critères d'une bonne administration de la justice, dès lors que ces demandes ne relèvent pas de la compétence exclusive d'une autre juridiction[4].

De même, le juge de l'exequatur devrait pouvoir allouer les intérêts courus depuis le jugement étranger et surtout convertir une décision prononcée en monnaie étrangère : ces questions sont étroitement liées à l'exécution de la décision étrangère en France[5] .

b. Le tribunal compétent

489. – Compétence d'attribution. Les tribunaux français sont nécessairement et exclusivement compétents pour connaître de l'exécution en France des jugements étrangers (n° 357). En ce qui concerne la compétence d'attribution, il n'y a pas lieu de tenir compte des règles internes qui s'appliqueraient à une demande directe au fond intentée en France et qui pourraient donner compétence à un tribunal de commerce ou à un conseil de prud'hommes : cela toujours en vertu de la distinction entre l'instance au fond et l'instance en exequatur, où ce qui est à juger est la régularité

1. Civ. I, 20 oct. 1971, Bull. civ. I, n° 268 ; 18 déc. 1979, *Dahar*, D. 1980.549, n. Poisson-Drocourt, RC 81.90, 2e esp., JDI 81.597 obs. Kahn.
2. Sur la révision expressément, v. TGI Paris, 4 mars 1988, RC 88.588 n. crit. Gautier.
3. TGI Paris, 30 juin 1977, RC 78.522 n. Lequette (demande tendant à voir déclarer la légitimité des enfants nés du mariage annulé par le jugement présenté à l'exequatur) ; 10 nov. 1980, RC 81.535 n. B. Ancel, confirmé par Paris 26 mars 1982, RC 83.98 (modification de la pension accordée par le jugement étranger de divorce) ; Paris 23 nov. 1993, RC 95.88 n. Pamboukis ; v. aussi TGI Paris, 9 fév. 1978, RC 78.553 n. Gaudemet-Tallon rejetant, pour un motif de fond, la demande accessoire tendant à la nomination d'un notaire pour procéder à la liquidation d'un régime matrimonial.
4. C'est le cas d'une demande d'intérêts moratoires, non prononcés par le jugement étranger : Civ. I, 6 mars 2007, D. 07.2328 obs. Chauvin et Creton, RC 07.784 n. Libchaber, JDI 08.537 n. Bollée (intérêts cependant accordés au titre de la loi du for, alors que la *lex monetae* paraît plus indiquée, et à compter du jugement d'exequatur seulement, alors que l'art. 153-1 C. civ. confère à cet égard une latitude au juge).
5. La Cour de cassation a refusé que soit réévaluée une condamnation prononcée dans une monnaie étrangère ayant subi une forte dévaluation, mais dans des conditions qui n'excluent pas une solution différente : Civ. I, 11 juin 2002, RC 03.319, 1re esp. n. Muir Watt (constatant que le juge de l'exequatur n'était pas saisi d'une telle demande) ; Civ. I, 19 sept. 2007, préc. n° 476 (dévaluation antérieure à la décision étrangère).

de la décision étrangère[1]. Les tribunaux civils ont donc été considérés comme exclusivement compétents pour connaître de l'exequatur au titre de juridiction compétente pour statuer sur les difficultés d'exécution des jugements[2]. Après qu'une loi du 5 juillet 1972 a expressément confirmé ce point, c'est aujourd'hui le tribunal de grande instance qui connaît à juge unique des demandes d'exequatur (art. L. 311-11 COJ)[3].

490. – Compétence territoriale. Le tribunal territorialement compétent est désigné selon la règle de principe ; c'est donc celui du lieu où demeure le défendeur (art. 42 et 43 CPC). Mais il arrive que celui-ci n'ait en France ni domicile ni résidence. Dans ce cas, il n'y a pas lieu de recourir aux règles optionnelles éventuellement prévues pour le type de litige ayant donné lieu à l'action à l'étranger, car ces critères sont conçus dans la perspective d'une instance au fond. Comme dans le cas voisin où la compétence des tribunaux français sur une action au fond repose exclusivement sur la nationalité française de l'une des parties (n° 365), le demandeur sera autorisé à saisir le tribunal de son choix pourvu que celui-ci respecte les exigences d'une bonne administration de la justice[4]. Dans le cas envisagé, il pourra être tenu compte du lieu où le demandeur se propose de faire exécuter la décision[5].

2. Effets de la décision rendue

491. – a) Décision accueillant la demande. La décision accordant l'exequatur demandé donne effet en France au jugement étranger. On hésite à y voir une « francisation » du jugement étranger ou une décision française reprenant le dispositif du jugement étranger. Comme on va le voir, la seconde conception est plus exacte, mais la première serait préférable en ce qui concerne la date des effets du jugement étranger en France.

Le juge de l'exequatur ne peut modifier le dispositif, par exemple en réduisant ou aggravant le montant d'une condamnation. En revanche, il lui est possible de faire un sort distinct aux différents chefs de la décision qui sont susceptibles d'un examen indépendant et de n'accorder qu'un exequatur partiel[6]. Il peut ainsi accorder l'exequatur à la partie alimentaire d'une décision sans consacrer le lien de filiation établi par la décision étrangère (n° 747). Mais la question est de savoir dans quel cas les éléments de la décision étrangère sont ainsi séparables ; il faut sans doute au moins que l'élément écarté (par exemple un lien de filiation véri-

1. Encore moins saurait-il être question d'une correspondance entre le niveau de la juridiction d'origine et celle qui doit connaître de l'exequatur ; celle-ci ne peut être que de première instance, afin que les parties bénéficient du double degré de juridiction en ce qui concerne l'appréciation de la régularité du jugement étranger par l'autorité judiciaire française.
2. On met également l'accent sur la spécificité de la tâche de contrôle ; mais la généralisation de l'effet de plein droit des jugements étrangers (n° 484) amènerait d'autres juridictions à vérifier leur régularité.
3. Mais c'est au juge de l'exécution, institué par la loi du 9 juill. 1991, qu'il appartient d'accorder le cas échéant un délai de grâce suspendant l'exécution d'une décision étrangère : Paris, 9 mars 1995, RC 95.735 n. Muir Watt.
4. Paris, 18 déc. 1973, RC 74.530 et la note.
5. TGI Paris, 11 juill. 1979, RC 81.102 n. Gaudemet-Tallon.
6. Versailles, 6 fév. 1997, JDI 98.119 n. Fillon-Dufouleur.

table) ne constitue pas une condition nécessaire de celui qui est admis (l'obligation alimentaire).

Dans le cas où le jugement étranger jouissait de plein droit de l'autorité de chose jugée, l'exequatur ne fait que lever tout doute qui pouvait exister ; dans le cas contraire, il la lui confère. Mais, d'une part, il ne devrait pas avoir plus d'autorité que la loi étrangère elle-même n'en conférait au jugement étranger ; d'autre part, du fait que l'exequatur consacre une situation existante à l'étranger, il serait opportun de considérer que l'autorité remonte à la date de celui-ci, sous réserve du respect des droits des tiers[1]. Reconnaître l'effet de plein droit à toutes les décisions sans distinction (n° 484) ferait disparaître cette difficulté.

L'objet normal de la procédure d'exequatur, comme sa dénomination l'indique, est de conférer force exécutoire à la décision étrangère. La force publique pourra ainsi être requise pour l'exécution du jugement d'exequatur[2]. Il y a doute sur le point de savoir si l'existence de l'hypothèque légale est subordonnée à son existence selon le droit étranger.

Si la décision étrangère vient à être annulée en dépit des précautions prises (n° 485), l'exequatur sera frappé de caducité[3].

492. – b) Décision rejetant la demande. La décision rejetant une demande d'exequatur a autorité de chose jugée entre les parties. Elle fait donc en particulier obstacle à une nouvelle demande entre elles[4]. Elle s'oppose également à la reconnaissance, pour l'avenir, d'une décision qui bénéficiait jusque-là d'une efficacité de plein droit. En revanche, elle ne fait pas obstacle à une demande sur le fond qui serait intentée en France pour obtenir la décision la plus proche possible de celle qui a été obtenue à l'étranger.

B. LE CONTRÔLE DE LA RÉGULARITÉ

493. – Opportunité. On a vu que d'importantes catégories de jugements bénéficient d'une efficacité de plein droit ; mais que leur efficacité définitive est subordonnée à leur régularité (n° 481). Or on peut être amené à contrôler celle-ci hors de toute préoccupation d'exécution : le plus souvent, ce sera de manière incidente, à l'occasion d'une instance ayant un autre objet, au cours de laquelle

1. Civ. I, 25 fév. 1986, *Kléber*, préc. n° 484.
2. L'exequatur ne constitue pas lui-même une mesure d'exécution mais un préalable à ces mesures ; à ce titre, il peut par exemple être entrepris malgré l'ouverture en France d'une procédure collective à l'égard d'un débiteur condamné à l'étranger et parfait ainsi le titre du créancier (Paris, 4 juill. 1991, JDI 92.705 n. Kahn). Les voies d'exécution susceptibles d'être mises en œuvre sont exclusivement celles du droit français et le juge compétent est celui de l'exécution (Paris, 9 mars 1995, préc.).
3. Civ I, 12 nov. 86 RC 87.750 n. Kessedjian ; 31 nov. 90, RC 90.748 n. Kessedjian.
4. Cela sous réserves d'actes ou faits postérieurs à la décision : v. Civ. I, 22 oct. 2002, RC 03.299 n. Pataut, jugeant que la signification du jugement étranger effectuée après un refus d'exequatur fondée sur son défaut modifie la demande, et autorise alors l'exequatur.

l'une des parties invoque le jugement étranger ; la jurisprudence a également été amenée à admettre la possibilité d'un contrôle par voie principale[1].

1. Contrôle par voie incidente

494. – Circonstances du contrôle ; compétence. Lorsque le jugement étranger est invoqué à l'occasion d'une autre instance, il l'est fréquemment par le défendeur au soutien d'une exception de chose jugée : par exemple, un jugement de divorce est opposé à une demande ayant le même objet, ou un jugement ayant mis fin à un premier mariage est opposé en défense à une demande de nullité du second mariage pour bigamie ; ou encore un jugement d'interdiction est opposé à une demande en paiement. Mais ce peut être également le demandeur qui invoque la décision étrangère au soutien de sa prétention : ainsi un jugement de séparation de corps dont il demande la conversion en divorce. Dans tous ces cas, le juge examinera la régularité du jugement étranger au regard des conditions étudiées[2].

Le contrôle incident peut être opéré par tout juge devant lequel le jugement étranger est invoqué[3] et constitue même une obligation dès lors qu'est invoquée l'autorité de chose jugée de la décision étrangère[4]. Mais il ne peut l'être devant la Cour de cassation, que l'examen de la régularité entraînerait dans des vérifications n'entrant pas dans sa mission[5].

2. Contrôle par voie principale

495. – Admission du principe de l'action. L'on s'est interrogé sur la possibilité d'admettre une action ayant directement et exclusivement pour objet de faire contrôler la régularité d'un jugement étranger, indépendamment de toute recherche d'exécution forcée. Une telle action se heurte à l'exigence d'un intérêt né et actuel chez le demandeur (v. art. 31 et 122 CPC) ; elle apparaît comme simplement déclaratoire et l'on a opposé que les tribunaux n'ont pas pour tâche de donner des consultations. Néanmoins, dans la mesure où le jugement étranger affecte les droits d'une personne et tout particulièrement lorsqu'il s'agit d'une question d'état, on conçoit qu'elle puisse justifier d'un intérêt à faire dissiper un doute pouvant exister sur la situation au regard de l'ordre juridique français. C'est ainsi que la jurisprudence a été amenée à reconnaître successivement une action en inopposabilité, puis même une action en opposabilité.

496. – Action en inopposabilité. Le terrain d'élection de l'action en inopposabilité a été constitué par les divorces « migratoires » obtenus par un conjoint sans aucune participation de l'autre : celui-ci peut légitimement souhaiter être assuré de sa situation matrimoniale en l'état de la décision étrangère. C'est dans de telles situations que l'action a été consacrée par la Cour de cassation, de manière

1. Le contrôle de la régularité semble devoir obéir pour le reste aux mêmes règles que l'exequatur : en ce sens, TGI Paris, 8 déc. 1977, RC 78.539 n. Gaudemet-Tallon.
2. Celles-ci avaient été dégagées dès avant l'arrêt *Munzer*, à défaut d'être formellement énoncées (v. en particulier l'arrêt *de Wrède*, préc. n° 482).
3. Civ. I, 9 juill. 1991, JCP 92.21818 n. Muir Watt ; 17 fév. 2004, GP 04, n° 57, p. 32 n. M.-L. Niboyet.
4. Civ. 14 janv. 2009, D. 09 Pan. 1567 obs. Jault-Seseke.
5. Civ. I, 11 juin 2008, RC 08.859 n. Ancel, JDI 09.587 n. Fohrer-Dedeurwaerder.

d'abord implicite[1] puis expresse[2]. Il arrive que ce soit le demandeur lui-même qui invoque l'irrégularité du jugement obtenu par lui à l'étranger, cherchant par exemple à se prévaloir de la qualité de conjoint survivant malgré un divorce. Les tribunaux ont eu quelque peine dans ce cas à trouver un moyen de faire respecter l'équité en repoussant la demande en dépit d'irrégularités avérées[3]. La théorie de l'estoppel, depuis peu admise par la jurisprudence, pourrait fournir ce moyen[4].

L'action est de même recevable contre toute décision rendue en matière personnelle ou familiale et bénéficiant à ce titre d'une l'efficacité de plein droit[5]. Dans la mesure où l'on reconnaît également cette efficacité aux décisions patrimoniales déclaratoires (n° 484), celles-ci sont également appelées à donner lieu à des actions en inopposabilité ; l'intérêt du demandeur à agir réside en pareil cas dans la crainte de voir prendre contre lui des mesures conservatoires[6].

Une décision d'inopposabilité s'oppose à une demande d'exequatur ultérieure de la part de l'autre partie[7]. Inversement, son rejet doit valoir exequatur.

497. – Action en opposabilité. L'action en opposabilité peut être envisagée par symétrie avec la précédente. Elle permet par exemple à celui qui était défendeur à l'étranger de faire proclamer la régularité de la décision déboutant son adversaire ou ne lui accordant qu'une partie de ses prétentions. Cette action paraît implicitement consacrée par la loi du 5 juillet 1972, qui donne compétence au juge de l'exécution pour connaître des « demandes en reconnaissance ». Mais rien ne paraît la distinguer d'une action en exequatur, si ce n'est que celle-ci serait déclarée irrecevable faute d'intérêt lorsque aucune mesure d'exécution n'est envisagée (et qu'il n'y a pas lieu d'exiger que la décision étrangère soit exécutoire). La différence semble bien formelle ; aussi bien la jurisprudence admet-elle aujourd'hui ce que l'on peut appeler un exequatur « à toutes fins utiles », tant en matière patrimoniale[8] qu'extra-patrimoniale[9]. Cela confirme l'alignement du régime des décisions patrimoniales déclaratives sur le droit commun (n° 484).

Voy. : D. Alexandre, *Les pouvoirs du juge de l'exequatur*, 1971 ; « Les effets des jugements étrangers indépendants de l'exequatur », TCFDIP 1975-77, p. 51 ; C. Bléry, *L'efficacité substantielle des jugements civils*, 2000 ; E. Fohrer-Dedeurwaerder, *La prise en considération des normes étrangères*, 2008 ; Francescakis, « Compé-

1. Civ. 22 janv. 1951, *Weiller*, GP 51.1.210, S. 51.1.187 JCP 51.II.6151 n. S. et T., D. 52.35, RC 51.167 n. Francescakis, GA n° 24.
2. Civ. I, 10 fév. 1971, *Bielski*, RC 72.123, JDI 72.582 obs. Ph. K.
3. V. Civ. I, 19 janv. 1983, *Conlon*, préc. n° 245 (la demanderesse est déclarée irrecevable faute d'intérêt, ayant obtenu elle-même la décision qu'elle conteste) et les autres décisions rendues dans la même affaire (loc. cit.).
4. Paris 13 mars 2008, Rev. arb. 2008. Somm. 340 ; 7 février 2008, Rev. arb. 2008. Somm. 166 ; 28 février 2008, Rev. arb. 2008. Somm. 167.
5. Civ. I, 4 oct. 2005, RC 06.401 n. Muir Watt (adoption).
6. En ce sens, TGI Paris, 7 fév. 1986, *Air Afrique*, RC 86.547 n. Gaudemet-Tallon, JDI 86.976 n. P. Mayer.
7. Civ. 22 avril 1957, *Weiller*, RC 57.491 n. Francescakis, GA n° 25.
8. En ce sens Civ. I, 3 juin 1980, *Garino*, D. 81.I.R.161, JDI 80.341 n. A. Huet, RC 80.597 n. D. Holleaux admettant l'action intentée en France par un défendeur contre un codéfendeur à l'étranger, tout en la qualifiant d'exequatur ; 17 mai 1983, RC 85.346 n. B. Ancel ; Paris, 15 mai 1989, RC 90.117 n. Gaudemet-Tallon (décision relevant que des rapports d'expertise établissent une mauvaise exécution du contrat par l'une des parties) ; TGI Paris, 1er juill. 1987, RC 88.720 n. B. Ancel (espèce dans laquelle on peut toutefois hésiter sur la qualification de la décision étrangère).
9. TGI Paris, 25 mai 1989, D. 90. Somm. 268.

tence étrangère et jugement étranger », RC 1953.1 ; D. Holleaux, *Compétence du juge étranger et reconnaissance des jugements*, 1970 ; M. Issad, *Le jugement étranger devant le juge de l'exequatur*, 1970 ; Lucas, *L'office du juge de l'exequatur*, thèse dactyl. Poitiers, 1966 ; H. Muir Watt, « Remarques sur les effets en France des jugements étrangers indépendants de l'exequatur », Mél. Holleaux, p. 301 ; H. Peroz, *La réception des jugements étrangers dans l'ordre juridique français*, 2005.

SOUS-TITRE II

CONVENTIONS INTERNATIONALES ET DROIT EUROPÉEN

INTRODUCTION

498. – Présentation. En vue de remédier aux inconvénients liés à la diversité des règles nationales en matière de compétence et d'effets des jugements (n° 325), les États ont depuis longtemps conclu des conventions, bilatérales ou multilatérales[1]. Celles-ci ont en général eu plus largement pour objet la *coopération judiciaire* en matière civile et commerciale. À ce titre, elles contiennent souvent, d'une part, des dispositions relevant de la condition des étrangers : accès aux tribunaux, dispense de caution, bénéfice de l'aide judiciaire ; d'autre part, quelques règles de procédure (relatives, par exemple, à la notification des actes). Certaines conventions ne portent que sur une matière donnée, telle que le droit de la famille ou les obligations alimentaires ; elles comportent alors en général aussi des règles de conflits de lois (n° 500). On s'intéressera dans ce qui suit aux dispositions concernant la compétence et l'effet des jugements étrangers[2].

Les solutions adoptées dans les différentes conventions ne sont pas uniformes, ce qui tient à la fois à la diversité des partenaires et aux époques différentes auxquelles elles ont été conclues. Le nombre et l'hétérogénéité des conventions interdisent donc aussi bien de les examiner toutes que d'en faire une étude synthétique. On donnera cependant une vue générale

1. Pour les conventions conclues par la France, on se reportera au site internet Legifrance (Droit international, Traités internationaux). Auparavant, v. Ministère de la Justice, *Recueil pratique des conventions sur l'entraide judiciaire internationale en matière civile, commerciale et administrative*, La Documentation française, 3e éd., 1990.
2. Les conventions multilatérales touchant à la procédure proprement dite (notification et signification des actes, obtention de preuves à l'étranger) ont été étudiées avec les dispositions du droit commun en raison de l'étroite parenté des unes et des autres (n° 418 s., 427 s.).

du droit conventionnel, en présentant la distinction fondamentale entre traités *simples* et traités *doubles*. Puis on introduira les dispositifs propres à l'Union européenne. À l'origine conventionnels, ils ont pris la forme réglementaire depuis le traité d'Amsterdam, ce qui tend à en faire de véritables règles nationales. Celles-ci sont en outre d'application désormais plus fréquente que le droit commun, ce qui appellera leur recensement détaillé à la suite de cet exposé introductif.

A. TRAITÉS SIMPLES ET TRAITÉS DOUBLES

499. – Traités simples : reconnaissance des décisions et compétence indirecte. Lorsque deux (ou plusieurs) États entrent en négociation en vue de conclure une convention sur les matières envisagées, l'ordre des facteurs voudrait que soient abordées successivement la compétence dans les litiges intéressant les parties, puis la reconnaissance mutuelle des décisions rendues dans chacun d'eux. En fait, l'harmonisation des règles de compétence internationale directe entre deux États – et *a fortiori* entre un plus grand nombre – est difficile. D'une part, elle pourrait amener les parties à renoncer à certains chefs de compétence qu'elles préfèrent conserver dans l'intérêt de leurs ressortissants ou domiciliaires, étant donné l'inégale confiance que suscitent les juridictions des différents États du monde ; d'autre part, même entre États entre lesquels existe une véritable confiance mutuelle, elle se traduit par l'introduction de règles de compétence en marge de celles du droit commun selon le rattachement des litiges, ce qui ne facilite pas la tâche des plaideurs et des tribunaux. Il est en revanche plus aisé de s'entendre sur la reconnaissance mutuelle des décisions respectivement rendues dans chaque État, car il ne s'agit que de reconnaître des décisions ponctuelles. Au demeurant, les traités limités à cet objet sont d'inégale portée : tandis qu'un certain nombre fixent des conditions communes de reconnaissance (elles-mêmes plus ou moins libérales par rapport au droit commun des États parties), d'autres se contentent de préciser les formalités nécessaires en vue de soumettre aux tribunaux de l'État requis une décision aux fins de reconnaissance (pièces à produire, certification, traduction...). Les traités les plus nombreux ne portent donc que sur la reconnaissance des décisions ; on les qualifie en doctrine de traités *simples*.

Dans un traité simple, la première condition énoncée pour la reconnaissance sera normalement la compétence du juge d'origine (compétence *indirecte*). On rencontre sur ce point deux types de dispositions. Les premières se bornent à renvoyer aux règles de droit commun appliquées dans l'État requis[1]. Une telle clause n'allège en rien la condition examinée ; la reconnaissance des décisions sera facilitée sur d'autres points, moins significatifs, tels que la dispense de légalisation des pièces à produire. Selon les secondes, les parties dressent un catalogue de règles

1. Pour un ex. récent, convention France-Vietnam du 24 fév. 1999 (RC 01.554), formulant la condition que « la décision émane d'une juridiction compétente selon le droit de l'État requis » (art. 21).

de compétence indirecte, c'est-à-dire de rattachements qui feront considérer la juridiction d'origine comme compétente. Dans ce cas, chaque État demeure libre de ses règles de compétence lors de l'action d'origine ; mais parmi les décisions qu'il rend, seules seront reconnues comme émanant d'un juge indirectement compétent celles qui satisfont à l'une des règles énoncées au traité[1]. L'existence dans un traité simple de règles relatives à la compétence indirecte amène parfois les tribunaux à appliquer par erreur ces règles lorsqu'ils sont saisis du litige d'origine, c'est-à-dire comme s'il s'agissait de règles de compétence directe[2].

Il arrive que du fait de la libéralisation du droit commun, une convention bilatérale se trouve plus exigeante que celui-ci. On peut hésiter à appliquer le premier ou la seconde, considérée comme formant un tout indissociable.

500. – Traités doubles : action d'origine et règles de compétence directe. Plus élaborées sont les conventions dans lesquelles on est parvenu à s'entendre sur des règles de compétence directe communes, applicables donc dès l'action d'origine dans les litiges se rattachant aux deux États (traité *double*). Ces règles conventionnelles remplacent dans chaque État les règles de compétence de droit commun dans les relations visées par le traité[3]. En particulier, s'agissant de la France, la compétence fondée sur la nationalité (art. 14 et 15 C. civ.) sera normalement écartée. S'agissant de la reconnaissance mutuelle des décisions, la question de la compétence indirecte est en principe *ipso facto* résolue[4].

1. On peut hésiter sur l'attitude à adopter lorsque le tribunal d'origine s'est reconnu compétent en vertu d'un rattachement de compétence non prévu par le traité, alors qu'un autre rattachement, prévu par celui-ci, était incontestablement présent : par exemple, un tribunal étranger s'est reconnu compétent parce que sa loi était applicable au contrat, mais il est également le tribunal du lieu d'exécution du contrat, chef de compétence indirect prévu par la convention (ou, naguère, un tribunal français s'était déclaré compétent en vertu de l'art. 14 ou de l'art. 15 C. civ. et le défendeur était domicilié en France, chef de compétence indirect normalement admis par le traité ; cette hypothèse est aujourd'hui en principe tarie par l'arrêt *Orliac*, n° 340). On penchera pour la reconnaissance, qui répond à l'objectif du traité.
2. Civ. I, 5 déc. 1972, GP 73.1.204, D. 73. Somm. 104, RC 73.356 et 27 mars 1979, D. 79.458, RC 79.636 n. Lagarde ; 7 juin 1977, D. 78.I.R.103, RC 78.119 n. Batiffol ; 3 déc. 1985, D. 1986. I.R. 269. Il est vrai aussi que des traités simples peuvent inclure une disposition relative à la compétence directe, telle que la mise à l'écart des règles de compétence fondées sur la nationalité du demandeur (par ex. la convention franco-italienne du 3 juin 1930, art. 30) ou l'exception de litispendance (par ex. la convention franco-espagnole du 28 mai 1969, art. 10).
3. Une difficulté réside alors dans la nécessité de définir avec précision ces litiges : il peut s'agir de ceux entre ressortissants des deux États, entre personnes domiciliées dans les deux États, entre deux nationaux du même État contractant domiciliés dans l'autre... (v. par ex. la convention franco-suisse du 15 juin 1869 – aujourd'hui caduque – art. 1er et 2).
4. Il reste cependant à préciser si le juge requis est en droit de vérifier que le juge d'origine était bien compétent selon la convention ou s'il doit se fier à l'application qu'en a faite (ou qu'aurait dû en faire) ce juge. La convention franco-suisse du 5 juin 1869 permettait un tel contrôle (art. 17) ; les conventions européennes l'ont exclu (n° 586).

Pour les raisons indiquées, les traités doubles ont été rares[1]. Mais à l'époque contemporaine, la majorité des litiges internationaux dont les tribunaux français ont à connaître sont venues à relever d'un tel traité en raison des conventions européennes, avant que le plus important ne soit transformé en règlement de l'Union européenne.

B. LES CONVENTIONS EUROPÉENNES ET LE DROIT DÉRIVÉ DE L'UNION

1. La Convention de Bruxelles (CEE) du 27 septembre 1968

501. – Objet et historique. L'art. 220 du traité de Rome prévoyait que les États membres engagent des négociations tendant, entre autres questions, à « la simplification des formalités auxquelles sont subordonnées la reconnaissance et l'exécution réciproques des décisions judiciaires ainsi que des sentences arbitrales ». L'objectif ainsi défini était modeste. Mais les experts réunis en 1960 pour préparer une convention résolurent d'aller au-delà en fixant des règles communes de reconnaissance mutuelle des décisions. La négociation sur ce point conduisit elle-même, dans un souci d'efficacité, à rechercher un accord sur la compétence directe au sein des États membres. C'est ainsi en définitive un traité double qui fut signé à Bruxelles le 27 septembre 1968, comme l'indiquait son intitulé : « Convention concernant la compétence judiciaire et l'effet des jugements dans le Marché Commun »[2]. Il entra en vigueur entre les Six le 1er février 1973. Un Protocole signé à Luxembourg le 3 juin 1971, entré en vigueur en 1975, confia à la Cour de justice des Communautés un pouvoir d'interprétation de la convention, sur renvoi préjudiciel (aujourd'hui restreint aux juridictions dont les décisions ne sont pas susceptibles de recours de droit interne). À partir de 1976, la Cour de Luxembourg a ainsi rendu un grand nombre de décisions (malheureusement de qualité fréquemment discutable et dans la motivation desquelles la répétition de formules stéréotypées tient souvent lieu de raisonnement)[3].

Avec l'« européanisation » croissante du droit international privé (n° 64 s.), les recours en interprétation préjudicielle relèvent du droit commun du traité. Une procédure préjudicielle d'urgence (PPU) a même été instituée pour faciliter le traitement de celles dont la réponse appa-

1. Il en avait été conclu avec la Suisse (convention du 15 juin 1869) et la Belgique (convention du 8 juill. 1899, décr. du 30 juill. 1900) ; le premier a été déclaré caduc en 1992, le second n'est plus applicable qu'en matière d'état des personnes. D'autres ont été passés dans le domaine du droit des personnes et de la famille, avec la Pologne (convention du 5 avril 1967, dont seule les dispositions de conflit de lois sont appelées à subsister), la Yougoslavie (convention du 18 mai 1971, décr. du 15 mai 1973), le Maroc (convention du 10 août 1981, décr. du 27 mai 1983).
2. Jenard, Rapport sur la Convention concernant la compétence judiciaire et l'exécution des décisions en matière civile et commerciale (...), JOCE, C 59. 5 mars 1979.
3. V. en particulier, sur des questions essentielles, nos 526, 567. Sur l'activité de la Cour relativement à la Convention, v. les statistiques rapportées JDI 2001.527.

raît pressante ; elle peut être particulièrement appelée à jouer dans des questions de droit privé (v. par ex. n° 702)[1].

502. – Élargissement de la Communauté et révisions successives. À la suite de l'adhésion à la Communauté de trois nouveaux membres fut signée à Luxembourg, le 9 octobre 1978, une convention modifiée, destinée à se substituer à la première, et entrée en vigueur en 1986 et 1987[2]. L'adhésion de la Grèce aux Communautés donna lieu à une nouvelle convention, du 25 octobre 1982, entrée en vigueur en 1989, sans modification substantielle.

À l'occasion de l'entrée ultérieure de l'Espagne et du Portugal dans la CEE, il fut procédé à une nouvelle révision, tenant compte notamment de modifications introduites dans la convention de Lugano négociée entre-temps et considérées comme des améliorations (n° 503). Cela fut fait par la convention de San Sebastian du 26 mai 1989, entrée en vigueur à partir de 1991 (à mesure des ratifications)[3].

L'Autriche, la Finlande et la Suède ont adhéré à la Convention de Bruxelles en 1996, sans que soit apporté de changement de fond à celle-ci.

Se fondant sur l'art. K.3 du traité sur l'Union européenne (ultérieurement sur l'article 65 du traité CE ; v. n° 64), la Commission entreprit en 1997 de transformer la Convention de Bruxelles en instrument communautaire, directement applicable. Celui-ci fut adopté le 22 décembre 2000 sous forme de règlement du Conseil (n° 44/2001, dit « Bruxelles I » pour le différencier du règlement adopté la même année en matière matrimoniale, n° 506), et est entré en vigueur le 1er mars 2002[4]. Le règlement a introduit un certain nombre de modifications ; du même coup la numérotation du texte, jusque-là préservée, s'est trouvée modifiée (à partir de l'article 6). Une révision du règlement est en préparation, sur la base d'un rapport et d'un livre vert de la Commission[5].

Bien que les formalités préalables à l'exécution réciproque des décisions dans les États membres aient été grandement allégées par les conventions, puis par le règlement n° 44/2001, un autre règlement, n° 805/2004 du 21 avril 2004, a institué un *titre exécutoire européen* émis dans l'État d'origine et dispensant dans certains cas de toute formalité préalable dans l'État requis en vue de l'exécution (n° 599).

S'inscrivant dans le projet d'un véritable espace judiciaire européen, deux autres règlements ne se bornent plus à organiser la circulation des décisions de justice mais instituent de véritables procédures régionales uniformes menant à celles-ci pour des litiges intra-européens, s'ajoutant dans les États membres aux procédures internes : le règlement 1896/2006

1. Décision du Conseil du 20 déc. 2007, adoptée par la Cour, JOUE L 24 du 29 janvier 2008, p. 39. V. Kohler, Mél. F. Pocar, 2009, p. 569.
2. Schlosser, Rapport sur la Convention [révisée de 1978], JOCE, C 59, 5 mars 1979, p. 71 ; comm. Droz, RC 1987.251.
3. Rapport de Almeida Cruz, Desants Real, Jenard, JOCE 28 juill. 1990 C 189 ; commentaire Droz, RC 1990.1.
4. JOCE du 16 janvier 2001 L 12/1 ; RC 01.188. Le Titre IV du Traité CE, dont relevait désormais la matière, ne s'appliquait pas à trois États membres (Royaume-Uni, Irlande, Danemark).
5. Respectivement, COM (2009) 1074 final et COM (2009) 1075 final ; v. Castell et de Lapasse, GP 28-29 mai 2010, n° 148-149, p. 26.

du 12 décembre 2006 instituant une *procédure européenne d'injonction de payer* et le règlement 861/2007 du 11 juillet 2007 instituant une *procédure européenne de règlement des petits litiges* (inférieurs à 2000 euros).

Par décision du Conseil, n° 2001/470/CE du 28 mai 2001, a été institué un *réseau judiciaire européen* en matière civile et commerciale (n° 276 bis)[1]. Il permet de relier les autorités différentes judiciaires nationales afin notamment, d'une part, de faire circuler les informations sur les actes de l'Union européenne et les procédures entre ces autorités (y inclus les difficultés éventuellement rencontrées) ainsi qu'à destination du public ; d'autre part, de permettre une concertation entre les juges d'États membres différents.

En vue de faciliter le déroulement des procédures intra-européennes a été créé un portail européen e-justice[2], tandis qu'est encouragée la dématérialisation des procédures transfrontières[3].

Le reformatage des conventions internationales en règles uniformes de l'espace judiciaire européen (nouveau titre IV TFUE) a créé un problème nouveau, d'application à géométrie variable des textes entre les Etats membres. Depuis le traité d'Amsterdam, ayant fondé le titre d'intervention de la Communauté, devenue Union, en matière de coopération judiciaire, trois pays sont en effet dans une position singulière : le Royaume-Uni et l'Irlande à qui les textes adoptés sur cette base sont inopposables, sauf décision spéciale de ces pays de se soumettre au texte nouvellement adopté (protocole n° 4 annexé au traité de Lisbonne, 1997) ; le Danemark qui ne participe pas à l'adoption des mêmes textes (protocole n° 5 annexé au traité de Lisbonne) et qui peut éventuellement s'engager par voie de convention internationale à appliquer des règles identiques à celles secrétées par l'Union européenne, ce qui est le cas spécialement du Règlement 44/2001[4].

2. La Convention de Lugano du 16 septembre 1988

503. – CEE et AELE. Concurremment à la CEE avait été instituée entre différents pays extérieurs à celle-ci une Association européenne de libre-échange (AELE). Certains de ses membres fondateurs ayant quitté cet ensemble pour se joindre à la CEE (Royaume-Uni, Danemark, Portugal), les échanges entre ceux qui demeuraient (Autriche, Finlande, Islande, Norvège, Suède et Suisse) se trouvèrent inférieurs à ceux que chacun effectuait avec la CEE. Or le système mis en place par la Convention de Bruxelles, tandis qu'il protégeait les personnes domiciliées sur le territoire des États parties (elles ne peuvent en principe être attraites ailleurs que l'État de leur domicile), pouvait se révéler préjudiciable aux

1. JOCE n° L 174, 27 juin 2001, p. 25. Sur le contexte, M.-L. Niboyet, « La globalisation du procès civil international dans l'espace judiciaire européen et mondial », JDI 2006.939.
2. Plan d'action pluriannuel 2009-2013 relatif à l'e-Justice européenne (2009/C75/01), JOUE C 75 , 31 mars 2009, p. 1-12.
3. Lambertye-Autrand, « Regard européen sur l'introduction des nouvelles technologies dans le procès civil », *Procédures*, avril 2010.30.
4. Faisant état de l'accord spécialement passé à cette fin : Civ. I, 16 janv. 2010, n° 08-19066.

intérêts des personnes – physiques et morales – établies à l'extérieur de la Communauté : non seulement les décisions rendues contre elles dans un État contractant bénéficiaient-elles d'une reconnaissance de plein droit et d'un régime d'exécution très simplifié sur le vaste territoire de la Communauté, mais ces personnes se trouvaient même exposées à l'application de chefs de compétence exorbitants en vigueur dans les États contractants (la portée de certaines, étant même étendue : n° 518 *in fine*). Le contexte communautaire de la Convention de Bruxelles, se traduisant en particulier par la compétence d'interprétation attribuée à la Cour de justice des Communautés, ne permettait pas d'envisager l'adhésion des États membres de l'AELE. Une convention fut donc négociée entre les deux groupes d'États, suivant le plus étroitement possible le modèle de la Convention CEE. Ainsi fut conclue le 16 septembre 1988 à Lugano une convention parallèle à la Convention de Bruxelles[1].

Le parallélisme entre les conventions de Bruxelles et de Lugano s'est manifesté au premier chef dans la numérotation des articles. Au fond, sans être absolument identique à la première dans sa version du moment (soit celle de 1978), la Convention de Lugano ne s'en est séparée que sur un nombre limité de points. Par un effet réflexe, certaines de ces modifications, considérées comme des améliorations, furent incorporées, telles quelles ou légèrement amendées, dans la Convention de Bruxelles à l'occasion de l'adhésion de l'Espagne et du Portugal par la Convention de San Sebastian (n° 502). La transformation de la Convention de Bruxelles en règlement ayant cependant introduit de nouvelles différences, une nouvelle convention a été conclue le 30 octobre 2007 entre la Communauté européenne, la Suisse, la Norvège, l'Islande et le Danemark afin rétablir la proximité des deux instruments[2]. Celle-ci justifie que l'on en fasse une étude commune dans le chapitre suivant. Il convient auparavant de préciser ici les rapports entre eux.

504. – Rapports des règlements de l'Union et de la convention de Lugano. L'art. 54 ter al. 1er de la Convention de Lugano pose que cette convention n'affecte pas l'application par les Etats membres de la CE de la convention communautaire ; le principe est valable pour le règlement qui a remplacé celle-ci. Par conséquent, un défendeur domicilié dans un État de la Communauté (devenue Union) relève du règlement, même s'il est ressortissant de l'AELE et même si le demandeur est domicilié dans un État membre de l'AELE. Ainsi un Suisse domicilié en Italie doit-il être assigné dans ce pays, ou peut aussi l'être dans un autre État membre de la CEE en vertu des dispositions dérogeant à la compé-

1. Rapport Jenard-Möller, JOCE 28 juill. 1990 C 189 ; Droz, « La Convention de Lugano parallèle à la Convention de Bruxelles... », RC 1989.1 ; Gaudemet-Tallon, *op.cit. sub* n° 508. Après que l'Autriche, la Finlande et la Suède ont adhéré à la Convention de Bruxelles, sont parties à la Convention de Lugano l'Islande, la Norvège, la Suisse et la Pologne (par adhésion et pour peu de temps encore).
2. À la suite de l'avis rendu par la CJCE affirmant la compétence exclusive de la Communauté européenne (n° 65), la nouvelle convention a été conclue par celle-ci ; elle est en vigueur (début 2010) avec la Norvège et le Danemark (qui ne participe pas à l'adoption par le Conseil des mesures relevant de la coopération judiciaire civile).

tence des tribunaux de l'État du domicile du défendeur ; le fait que, par exemple, le demandeur soit un Suisse établi en Suisse n'affecte en rien le fonctionnement du règlement de l'Union européenne. Le jugement rendu à la suite de cette procédure a effet selon le règlement dans tous les États membres.

Le champ d'application de la Convention de Lugano est fixé par l'art. 54 ter, al. 2 qui parle des cas où elle s'applique « en tout état de cause », c'est-à-dire où elle l'emporte sur le texte communautaire. Il en est ainsi en matière de compétence directe lorsque le défendeur est domicilié sur le territoire d'un État de l'AELE (tel était le but principal de la Convention) ou lorsque les tribunaux de l'un de ces États ont une compétence exclusive en vertu des art. 16 et 17 de la Convention[1]. Elle l'emporte en second lieu en matière de litispendance et de connexité lorsque les demandes concernées sont pendantes respectivement devant les tribunaux d'un Etat membre de l'UE et d'un Etat membre de l'AELE ; on notera qu'il n'est pas nécessaire que la première action ait été intentée dans l'UE. Enfin en matière d'effets des décisions, la Convention parallèle s'applique lorsque « soit l'État d'origine, soit l'État requis n'est pas membre des Communautés européennes ». Il s'ensuit qu'un jugement émanant d'un État membre de l'AELE bénéficie du traitement prévu par la Convention de Lugano dans tout l'espace judiciaire formé par la Convention et le règlement de l'Union ; tandis qu'un jugement émanant d'un État membre de la CEE obéit au régime du règlement ou à celui de la Convention de Lugano selon l'État où il est invoqué[2].

505. – Question de l'interprétation uniforme : dispositions persuasives. Les décisions pour interprétation de la Convention de Bruxelles rendues par la CJCE sur question préjudicielle n'ayant n'ayant pas d'autorité à l'égard des États extérieurs à la Communauté, des engagements de bonne volonté ont été insérés dans le Protocole n° 2 annexé à la Convention de Lugano. Son préambule rappelle que les États signant la Convention de Lugano agissaient en pleine connaissance des décisions déjà rendues par la Cour de Luxembourg sur l'interprétation de la Convention de Bruxelles. L'art. 1er prévoit que les tribunaux de chaque État contractant « tiennent dûment compte » des principes définis par toute décision pertinente rendue dans les autres États contractants. L'art. 2 prévoit un échange d'informations, par l'intermédiaire du greffe de la CJCE, sur les décisions rendues par les tribunaux nationaux concernant l'application des deux conventions. Il est en outre précisé dans deux déclarations annexées au protocole que les Etats membres de la CEE considèrent approprié que la CJCE tienne compte des principes contenus dans la jurisprudence résultant de la Convention de Lugano, tandis que ceux de l'AELE tiendront compte de la jurisprudence de la CJCE et des tribunaux de la CEE. Un dispositif analogue est prévu dans la Convention Lugano II (n° 503).

3) Règlements et projets de règlements en matière familiale (« Bruxelles II » et « II bis », obligations alimentaires, successions).

506. Questions matrimoniales et d'autorité parentale. L'objet de la Communauté européenne étant à l'origine cantonné au domaine économique, la Convention de Bruxelles excluait l'état des personnes, au sens large (n° 511). Cet objet s'est considérablement élargi avec l'Acte unique

1. V. Paris, 12 oct. 1994, JDI 95.158 obs. A. Huet.
2. La différence se manifestera dans la mesure où existe un motif de non-reconnaissance propre à la seconde.

puis le Traité sur l'Union européenne et le traité d'Amsterdam. Alors en particulier que la libre-circulation des personnes n'est plus limitée aux seuls travailleurs et que leur mobilité au sein de l'Union est devenue en fait analogue à ce qu'elle est au sein même des États membres, il a été jugé souhaitable d'harmoniser le contentieux transfrontière en matière familiale. À cette fin fut négociée une convention du 28 mai 1998 (dite « Bruxelles II ») concernant la compétence, la reconnaissance et l'exécution des décisions en matière matrimoniale, dont l'objet était circonscrit à la désunion du couple et la responsabilité parentale à l'égard des enfants communs (à l'exclusion, donc, des questions patrimoniales). Elle fut introduite, avec quelques modifications, sous forme d'un règlement CE n° 1347/2000 du 29 mai 2000, dit « Bruxelles II », entré en vigueur le 1er mars 2001. Mais ce texte a été rapidement abrogé et remplacé par un autre, CE n° 2201/2003, du 27 novembre 2003 (dit « Bruxelles II bis »), relatif à la *compétence, la reconnaissance et l'exécution des décisions en matière matrimoniale et en matière de responsabilité parentale*, applicable donc à tous les enfants sans restriction, entré en vigueur le 1er mars 2005 (v. *infra*, nos 629 et s., 708 et s.).

506 bis. - Obligations alimentaires ; successions. Outre les modifications envisagées du règlement Bruxelles II bis (connues sous le nom de proposition Rome III, COM/2006/0399 final), les dispositions de droit international privé de l'Union se sont enrichies en 2009 du règlement (CE) n° 4/2009 relatif à la compétence, la loi applicable, la reconnaissance et l'exécution des décisions et la coopération en matière alimentaire. Celui-ci est donc non seulement double, en ce qu'il règle les conflits de juridictions dans leurs deux volets « compétence » et « reconnaissance », mais triple, encore que, s'agissant de la loi applicable, il se contente de renvoyer optionnellement à un Protocole adopté le 23 novembre 2007 sous les auspices de la Conférence de La Haye (n° 745). De la même manière, une proposition de règlement sur la compétence, la loi applicable la reconnaissance et l'exécution des décisions et des actes authentiques en matière de succession et la création d'un Certificat européen de succession adoptée le 14 octobre 2009 présente un caractère intégré (v. *infra*, nos 898-1 et s.).

C. RECHERCHE ET ÉCHEC D'UNE CONVENTION À VOCATION UNIVERSELLE

507. – D'une convention universelle à une convention sur les accords d'élection de for. On a indiqué plus haut (n° 503) en quoi le régime conventionnel mis en place dans la Communauté européenne pouvait affecter défavorablement la situation des personnes établies dans les pays tiers. Le champ de cette possibilité s'est accru à mesure de l'extension géographique du régime par la convention de Lugano et l'élargissement, achevé et à venir, de l'Union européenne. À l'instigation des États-Unis, fut entreprise en 1992, sous les auspices de la Conférence de La Haye, la négociation d'une convention à vocation universelle sur la compétence des tribunaux et l'exécution des décisions en matière civile et commerciale. Elle donna lieu à un avant-projet du 30 octobre 1999. Mais une conférence diplomatique prévue au cours de l'année 2000 pour le finaliser fut ajournée à la demande des États-Unis mêmes, en raison de désaccords importants sur certains de ses aspects[1]. Les discussions se poursuivirent alors sur une convention limitée aux accords d'élection de for, aboutissant à l'adoption d'un projet de convention le 30 juin 2005[2]. Traitant à la fois de la reconnaissance des accords et de celle des décisions rendues par le for désigné, cette convention constituerait, si elle entre en vigueur, le pendant de ce qui a été réalisé en matière d'arbitrage par la Convention de New York de 1958. La Convention a été signée par la Communauté, devenue Union, européenne le 1er avril 2009.

507-1. – Plan. On étudiera dans un premier chapitre le règlement 44/2001 (Bruxelles I), succédant à la Convention de Bruxelles, et la convention de Lugano sous sa forme en vigueur en 2008, qui traitent de compétence des juridictions et de reconnaissance des décisions ; dans un second, les procédures régionales simplifiées récemment instituées à titre optionnel en vue de simplifier les litiges intra-européens (n. 502).

1. Sur la difficulté d'une convention universelle, v. von Mehren, RC 2001.85.
2. Comm. Bucher, *Rev. suisse de dr. int. et eur.* 2006. 29 ; Kessedjan, JDI 06.813 ; v. également van Loon, TCFDIP 2002-04.227 ; Audit, Mél. Gaudemet-Tallon, 2008, p. 171 ; Usunier, RC 2010.37.

CHAPITRE I

SYSTÈME COMMUN EUROPÉEN
(Bruxelles I et Lugano)

508. – Économie générale. La convention de Bruxelles du 27 septembre 1968 a posé les bases, dans les domaines relevant de son objet, d'une véritable « libre circulation » des jugements dans ce qui était alors le Marché Commun. Le bénéfice n'en fut pas réservé aux seules décisions rendues dans les litiges intra-communautaires mais fut étendu à toutes celles rendues dans un État contractant et portant sur les matières relevant de la convention. Traité double, celle-ci édictait simultanément des règles de compétence internationale communes, cette fois pour les litiges présentant certains liens définis avec la Communauté, celle-ci étant dépourvue de compétence à l'égard du contentieux international « ordinaire » s'élevant dans les États membres. La convention posait également certaines règles de procédure liées à la mise en œuvre des règles de compétence et destinées à les faire respecter. Le tout a donné naissance à un mécanisme judiciaire original, un véritable « système », repris dans la convention de Lugano et renforcé dans le règlement CE 44/2001 qui a remplacé la convention[1]. La connaissance de ce système est nécessaire non seulement pour appliquer ces textes mêmes, mais pour statuer sur toute question de compétence internationale s'élevant dans un État où ils sont en vigueur.

1. Le règlement s'applique, en ce qui concerne les règles de compétence, aux actions intentées après le 1er mars 2002 (art. 66.1, 76) ; en ce qui concerne la reconnaissance des décisions, à celles rendues après la même date (art. 66.2). Son interprétation par la Cour de justice sur une question faisant difficulté relevait des dispositions de l'art. 68 CE, en vertu duquel seules les juridictions dont les décisions ne sont pas susceptibles d'un recours juridictionnel peuvent solliciter celle-ci (v. désormais 267 TFUE et, pour un refus de son application anticipée, CJCE, ord. 20 nov. 2009, *Martinez*, irrecevabilité de la question préjudicielle en interprétation émanant du TGI Paris). La convention révisée de Lugano (n° 503), qui doit être ratifiée par les États, n'est sans doute pas appelée à entrer en vigueur avant 2010.

Les règles de compétence prévoyant parfois des options de compétence entre les juridictions de deux États de la Communauté et les règles de conflit de lois n'étant pas été unifiées entre eux, il en résultait un certain danger de *forum shopping* à l'intérieur de celle-ci : le plaideur à qui la convention de Bruxelles donnait le choix entre les tribunaux de deux États contractants pouvait se décider en fonction de la loi qui serait respectivement appliquée dans l'un et l'autre. Pour remédier à cet inconvénient fut préparé un avant-projet de convention sur la loi applicable aux obligations contractuelles et extra-contractuelles[1]. En raison des difficultés soulevées par les secondes, celles-ci furent délaissées et fut signée à Rome la convention du 19 juin 1980 sur la loi applicable aux obligations contractuelles, remplacée par le règlement (CE) 593/2008 (« Rome I) entré en vigueur en décembre 2009 (n° 815). L'adoption de celui-ci ayant tardé, un autre règlement sur la loi applicable aux obligations extra-contractuelles, le règlement n° 864/2007 du 11 juillet 2007 (« Rome II »), avait été adopté avant lui.

On examinera successivement le champ d'application des textes, les règles de compétence et de procédure qu'ils formulent, et le mécanisme de reconnaissance des décisions[2].

Voy. : Donzallaz, *La convention de Lugano du 16 septembre 1988,* Berne, 3 vol., 1996-98 ; Droz, *Compétence judiciaire et effets des jugements dans le Marché Commun*, 1972 ; Gaudemet-Tallon, *Compétence et exécution des jugements en Europe*, 4e éd., 2010 ; Gothot et Holleaux, *La convention de Bruxelles du 27.9.1968*, 1985 ; Leroyer et Jeuland (sous la dir. de), *Quelle cohérence pour l'espace judiciaire européen ?*, 2004 ; Marmisse, *La libre circulation des décisions de justice en Europe*, PU Limoges, 2000 ; Weser, *convention communautaire sur la compétence judiciaire et l'exécution des décisions*, 1975.

Sur le règlement 44/2001, v. Bruneau, JCP 01.I.304 et 314 ; M.-L. Niboyet, GP n° 161, 1-12 juin 01, p. 10 ; Droz et Gaudemet-Tallon, RC 01.601 ; Béraudo, JDI 01.1033. V. aussi rapport d'application, septembre 2007, sur le site http://ec.europa.eu:civil justice/news/whatsnew.en.htm (en anglais)

SECTION I

CHAMP D'APPLICATION DES TEXTES

Le champ d'application des instruments européens doit être envisagé au regard des matières couvertes et des litiges visés.

A. MATIÈRES COUVERTES

Comme l'indique leur intitulé, les textes européens s'appliquent en matière civile et commerciale (art. 1er al. 1), ce qui implique un certain nombre d'exclusions ; ils écartent même un certain nombre de questions relevant de ce domaine

1. RC 1973.209, JDI 1976.555 et comm. Foyer.
2. On visera pour simplifier le règlement seul. Les développements valent normalement pour les conventions de Bruxelles et de Lugano, sauf à indiquer le cas échéant certaines dispositions qui diffèrent. Le règlement a modifié la numérotation des articles à partir de l'article 6 ; les références aux numéros des dispositions des conventions de Bruxelles ou de Lugano seront précédées ci-après de la lettre C.

de principe (al. 2). Ces différentes délimitations soulèvent un problème général de qualification, qui doit être d'abord envisagé.

1. Le problème général de qualification

509. – Qualifications nationales et qualification européenne autonome. Une juridiction appelée à décider si la demande ou la décision qui lui sont présentées relèvent ou non du règlement – par exemple parce que la question présente des éléments de droit public – pourrait s'en tenir aux conceptions de son propre droit, en d'autres termes procéder à la qualification *lege fori*. Mais cette attitude ne manquerait pas de se traduire par des divergences entre les États membres ou contractants quant au champ d'application des textes[1]. Aussi la Cour de justice, appelée à se prononcer à différentes reprises sur la qualification de questions dont l'appartenance au champ de la convention de Bruxelles était contestée, a-t-elle pris le parti d'énoncer une notion européenne autonome des matières visées, et plus généralement des différentes notions utilisées dans les autres parties de la convention. Elle s'en est expressément justifiée par la nécessité d'« assurer, dans la mesure du possible, l'égalité et l'uniformité des droits et obligations qui découlent de [la convention] pour les Etats contractants et les personnes intéressées »[2].

Pour donner une définition commune d'une notion donnée, la Cour s'inspire naturellement des droits internes des États membres. En vue de décider si une institution nationale donnée relève du champ d'application du texte européen, elle analyse cette institution dans son contexte interne en vue de dégager sa nature dominante, comme le fait un for national pour qualifier une institution étrangère au regard de ses propres catégories (n° 202)[3]. On s'interroge sur la transposition des notions ainsi dégagées dans les règlements européens de conflits de lois[4].

2. Notion de matière civile et commerciale

510. – Droit privé. Par « matière civile et commerciale », il faut entendre en principe tout ce qui relève du droit privé – par opposition non seulement au droit public proprement dit, mais au droit pénal – dans les pays de tradition romaniste. Tel était le cas des six États membres d'origine. En revanche, la distinction du droit public et du droit privé n'a guère cours dans les pays de *common law* ; aussi fut-t-il été précisé à l'occasion de

1. On note que la position prise dans un État donné en matière d'exercice de compétence retentirait également sur l'applicabilité ou non du traité par lui pour la reconnaissance d'une décision rendue dans un autre État contractant sur la même matière.
2. CJCE 14 oct. 1976, *LTU c. Eurocontrol*, RC 77.772 n. Droz, JDI 77.707 chron. A. Huet. Sur les limites de cette méthode, M. Audit, « L'interprétation autonome du droit privé communautaire », JDI 2004.789. Lorsqu'il s'agit d'appliquer une règle de compétence spéciale, la Cour renvoie parfois aux règles matérielles du droit applicable, lui-même déterminé selon les règles de conflit du juge saisi (v. aff. *Tessili Como*, *infra* n° 528, att. 10 et 11).
3. V. par exemple CJCE, 22 fév. 1979, *Gourdain c. Nadler*, *infra* n° 513.
4. V. Azzi, D. 2009. 1621 ; Haftel, JDI 2010, doctr. 11.

l'accession du Royaume-Uni et de l'Irlande (1978), mais de manière purement confirmative, qu'elle ne couvrait pas les matières fiscales, douanières et administratives (art. 1)[1]. La sécurité sociale fait l'objet d'une exclusion expresse en raison du caractère hybride de la matière. Le droit du travail, en dépit de son caractère impératif marqué dans différents droits internes, ne fut pas exclu de la convention[2]. Il fit toutefois l'objet de solutions particulières dans l'interprétation de la convention puis dans les conventions de Lugano et de San Sebastian ; une section distincte lui est consacrée dans le règlement[3].

L'art. 1 al. 1er, ajoute que la nature de la juridiction – saisie directement d'un litige ou ayant rendu la décision dont la reconnaissance est invoquée – est indifférente. Cette précision vise notamment le cas des juridictions répressives qui ont le pouvoir dans certains pays, comme en France, de statuer sur les intérêts civils à la demande des victimes d'infraction (dommages-intérêts, restitutions).

3. Matières exclues

511. – Statut personnel et droit patrimonial de la famille. La finalité économique de la Communauté expliquait à l'origine l'exclusion des matières touchant au statut personnel *lato sensu* : état et capacité des personnes physiques, régimes matrimoniaux, testaments et successions. Cette finalité n'excluait cependant pas l'objectif d'une intégration plus étendue, laquelle s'est depuis manifestée notamment par une totale liberté de circulation des personnes, suscitant un accroissement de rapports familiaux internationaux et l'institution d'une coopération institutionnelle dans le domaine judiciaire en matière civile (traité sur l'Union européenne, art. K). Celle-ci s'est finalement traduite par l'adoption d'un règlement rapidement replacé par un autre du 27 novembre 2003 (« Bruxelles

1. La Cour de justice retient pour critère de distinction entre matière civile et administrative l'exercice de la puissance publique tel qu'il se dégage de la nature des rapports juridiques entre les parties et de l'objet du litige (14 oct. 1976, *LTU c. Eurocontrol*, préc. ; 16 déc. 1980, *Rüffer*, JDI 82.463 obs. Bischoff). Ceci n'exclut donc pas qu'un litige opposant une personne publique à une personne privée relève de la convention : v. ainsi CJCE 21 avril 1993, *Sonntag*, RC 94.96 n. Gaudemet-Tallon, JDI 94.528 obs. Bischoff (responsabilité encourue par un enseignant public pour faute de surveillance) ; 14 nov. 2002, *Baten*, JDI 03.659 obs. A. Huet (recours exercé par un organisme social ayant versé des aliments) ; 15 janv. 2004, *Blijdenstein*, *infra* n. 531). V. en dernier lieu, 15 février 2007, *Lechouritou*, Europe 07 comm. 125 Idot, RC 08.131 et art. Muir Watt/Pataut p. 61 (réparation de dommages de guerre, action exclue du domaine de la Convention).
2. CJCE, 13 nov. 1979, *Sanicentral c. Collin*, D. 80.543 n. J. Mestre, JDI 80.429 obs. A. Huet. V. déjà Aix-en-Provence, 10 mai 1974, RC 74.548 n. Droz, JDI 75.382, 3e esp., n. D. Holleaux, D. 74.760. V. une application discutable de la convention à une action relative à l'obligation de cotiser à un régime de retraite, Grenoble, 6 nov. 2001, D.01.2547 n. crit. Devers.
3. Il en est de même en ce qui concerne les conflits de lois dans la Convention de Rome et le règlement Rome I (n° 830 et s.).

II bis ») visant les procédures entre les époux et la responsabilité parentale (n° 506)[1].

Dans le cadre du règlement 44/2001 (Bruxelles I), il se peut qu'une décision rendue en matière patrimoniale et invoquée dans un autre État contractant aborde incidemment une des questions écartées. La convention de 1968, tout en écartant par principe le contrôle de la loi appliquée au fond par le juge d'origine, avait inséré une restriction pour ce cas (art. 27, 4°). Elle n'a pas été reprise dans le règlement 44/2001, le règlement Bruxelles II bis ne prévoyant lui-même aucun contrôle de la loi appliquée (n° 712).

512. – Difficultés d'interprétation. Tous les rapports patrimoniaux au sein de la famille ne sont pas exclus du domaine du règlement ; en particulier, les *obligations alimentaires*, lesquelles font l'objet d'une disposition de compétence spécifique (n° 531). C'est ainsi que les décisions ordonnant le versement d'aliments à la suite d'une déclaration de paternité sont reconnues sur le premier point selon le règlement[2]. En cas de divorce, le sort de mesures provisoires dépend de la nature des droits dont les mesures assurent la sauvegarde, la Cour de justice ayant jugé que le régime des demandes accessoires n'est pas lié à celui des demandes principales[3]. On distinguera ainsi l'attribution d'une pension alimentaire en cours d'instance, qui entre dans le champ du règlement, de mesures préparatoires à la liquidation du régime matrimonial, telles que l'apposition de scellés (aff. *de Cavel*) ou la remise forcée d'un document qui serait utilisé aux fins de preuve dans un litige portant sur la gestion des biens de la femme par le mari[4]. Les conventions relatives à la rupture du mariage sont exclues du champ du règlement[5]. En cas d'attribution d'un capital (prestation compensatoire, par ex.), il convient cependant de rechercher s'il s'agit d'une répartition de biens entre les époux ou bien d'assurer un certain niveau de revenus au bénéficiaire, auquel cas le règlement est applicable quels que soient les modalités de versement de la somme en cause ou son montant[6]. L'exclusion des testaments et successions affecte des opérations qui en soi relèveraient du règlement lorsqu'elles interviennent en matière

1. Ont été ignorés une proposition de convention en matière familiale et successorale (RC 93.841) ainsi que les travaux du GEDIP (n° 64). A. Huet, « Le droit de la famille et les conflits de juridictions en droit international privé européen », Mél. Huet-Weiller, 1994, p. 243.
2. Civ. I, 9 nov. 1983, RC 1984.501 n. Ancel ; 28 oct. 1986, D. 87.Somm. 52, RC 87.754 n. Simon-Depitre ; 3 avril 1990, D. 90.Somm. 267 ; 16 juin 1993, RC 95.68, 2e esp., n. Ancel ; 12 juin 1994, *ibid.*, 3e esp. ; Paris, 24 nov. 1977, JDI 78.623 n. Foyer (*adde infra* n. 532).
3. CJCE, 27 mars 1979, *de Cavel I*, D. 79.I.R.451, JDI 79.681 obs. A. Huet, RC 80.614 n. Droz ; 6 mars 1980, *de Cavel II*, Rec. 80.731 concl. Warner, JDI 80.442 obs. A. Huet, RC 80.614.
4. CJCE, 31 mars 1982, JDI 82.942 obs. A. Huet, RC 84.350 n. Droz.
5. Civ. I, 8 juin 2004, D. 05. Sommm. 1261 obs. Chanteloup.
6. CJCE, 27 fév. 1997, *van den Boogard*, RC 98.466 n. Droz, JDI 98.568 obs. A. Huet. Sur l'applicabilité de la convention à une prestation compensatoire, CJCE 6 mars 1980, *de Cavel II*, préc.

successorale : ainsi certaines donations (par ex. entre époux, car la matière touche au statut familial et donc à l'état des personnes), ou certains *trusts*.

513. Faillites, concordats et procédures analogues. Le particularisme des procédures collectives de règlement du passif ne permettait pas de les faire régir par les dispositions de la convention de Bruxelles[1]. La Cour de justice a énoncé une définition autonome de la matière, visant les « procédures fondées, selon les diverses législations (...) sur l'état de cessation de paiement, l'insolvabilité ou l'ébranlement du crédit du débiteur impliquant une intervention de l'autorité judiciaire aboutissant à une liquidation forcée et collective des biens, ou à tout le moins un contrôle de cette autorité », et a ajouté que pour que des contestations ou décisions soient exclues du champ d'application de la convention, il faut qu'elles « dérivent directement de la faillite et s'insèrent étroitement dans le cadre d'une procédure (de faillite) ». Elle a ainsi jugé que l'action en comblement du passif social alors prévue par l'art. 99 de la loi française de 1967 relevait du droit de la faillite plutôt que de celui de la responsabilité civile[2]. Le règlement spécifique du 29 mai 2000, adopté depuis, vise pour sa part les « procédures collectives fondées sur l'insolvabilité du débiteur qui entraînent le dessaisissement partiel ou total de ce débiteur ainsi que la désignation d'un syndic » (art. 1.1)[3].

Il résulte du critère formulé que le recouvrement des créances et dettes de l'entreprise en « faillite » n'est pas exclu du champ du règlement 44/2001[4].

1. Les travaux en vue d'une convention propre, envisagés dès l'origine, ont finalement débouché sur le règlement (CE) n° 1346/2000 du Conseil, du 29 mai 2000, relatif aux procédures d'insolvabilité (n° 790).
2. CJCE, 22 fév. 1979, *Gourdain c. Nadler*, Rec. 79.733 concl. Reischl, GP 79.1.207 n. George-Etienne, RC 79.657 n. Lemontey ; appliquant la même analyse à l'action sous l'empire de la L. 25 janv. 1985 (art. 180), Com. 5 mai 2004, D. 04.1796 n. Vallens, RC 05.104 n. Bureau. La même solution s'applique à l'action en ouverture de redressement judiciaire contre le dirigeant d'une personne morale (art. 182 L. 1985) : Paris, 13 mars 1991, D. 91. I.R. 130. *Adde* la jurisprudence citée n° 793.
3. Ce critère a été repris depuis dans le règlement n° 1346/2000, art. 25 al. 2, visant la reconnaissance de certaines décisions rendues par une autre juridiction que celle ayant ouvert la procédure d'insolvabilité.
4. Civ. I, 13 avril 1992, RC 93.67 n. Rémery, JDI 94.167, 1re esp., obs. A. Huet (exécution d'une décision belge condamnant le syndic au paiement de fournitures effectuées pour la poursuite de l'exploitation) ; Com. 24 mai 2005, JCP E 04.1097 n. Melin, D. 05.2394 n. Kessler, RC 05.489 n. Bureau, JDI 06.191 n. Roussel-Galle (action en recouvrement d'une créance de la société en liquidation judiciaire). La solution vaut *a fortiori* pour une action dirigée contre la caution du débiteur en faillite : Paris, 2 mars 1993, D. 93. Somm. 353, JDI 94.167, 2e esp., obs. A. Huet ; Civ. I, 29 sept. 1994, JDI 05.378 n. Melin. Elle vaut également pour une action en recouvrement d'une créance admise au passif, introduite par le créancier après la clôture de la procédure : Com. 18 déc. 2007, JDI 08.53, 1re esp. n. Martel, RC 08.338 n. Bureau (convention de Lugano) ; CJCE, 12 fév. 2009, aff. C-339/07, D. 09.1311 n. Vallens, Pan. 2391, obs. Bollée ; 10 sept. 09, C-292/08, Europe 09.390 obs. Idot, D. 09.2782 n. Vallens.

514. – Arbitrage. L'exclusion de l'arbitrage dans la convention – bien que la reconnaissance des sentences arbitrales fût expressément visée par l'art. 220 du traité de Rome, à l'origine de la convention (n° 501) – s'expliquait par l'existence de conventions internationales sur la matière – en particulier de Genève (1927 et 1961) et de New York (1958) – auxquelles les Etats membres de la CEE étaient dans l'ensemble parties et qui donnaient satisfaction. L'inclusion, non programmée, dans la convention de Bruxelles de règles de compétence directe imposait davantage encore cette séparation. Du fait cependant que l'arbitrage n'est pas entièrement isolé de la justice étatique se pose la question de savoir dans quelle mesure s'applique le règlement lorsqu'ils entrent en contact[1]. Certaines actions sont intrinsèquement liées à une procédure d'arbitrage et de ce fait échappent incontestablement aux dispositions du règlement : ainsi celles tendant à la désignation, à la révocation ou au remplacement d'un arbitre[2] ; à l'extension de la durée de l'arbitrage ; et naturellement à l'annulation d'une sentence ou à son exécution. Les règles de compétence formulées par le règlement sont sans application à elles et la reconnaissance des décisions qui en découlent n'en relève pas davantage. On en dira autant d'un jugement se prononçant *à titre principal* sur la validité d'une clause d'arbitrage. Inversement, la Cour de justice a dit pour droit qu'échappe à l'exclusion une demande de mesures provisoires devant un juge de l'État du siège sur le fondement de l'art. 24 de la convention (R 31, n° 519) au motif qu'il ne s'agit que d'une procédure parallèle à la demande relevant au fond d'un tribunal arbitral et tendant à protéger les droits substantiels d'une partie, donc ne portant pas atteinte au règlement du litige par arbitrage, tout en déclarant que l'existence de la clause d'arbitrage faisait obstacle à l'intervention en référé d'un juge étatique autrement compétent au fond[3].

Le statut d'une décision judiciaire ayant statué au fond après avoir écarté un accord d'arbitrage allégué soulève une difficulté particulière, dès lors que l'État requis était susceptible de reconnaître l'accord en question. La Cour de justice s'est opposée à ce qu'une juridiction d'un État membre, se fondant sur l'existence d'une convention d'arbitrage, émette une injonction interdisant à une personne d'engager ou de poursuivre une procédure devant les juridictions d'un autre État membre. Elle s'en est justifiée par le fait que la juridiction dont émane l'injonction n'est pas mieux placée pour se prononcer sur la compétence de la juridiction saisie par le plaideur que cette dernière. Ce faisant, la Cour paraît bien obliger les juridictions

1. Audit, « Le juge, l'arbitre et la convention de Bruxelles », *Mél. Loussouarn*, 1994, p.15.
2. CJCE 25 juill. 1991, *Marc Rich*, Rec. I-3855 concl. Darmon, Rev. arb. 91.677 n. Hascher, JDI 92.488 obs. A. Huet, RC 93.310, n. P. Mayer ; la Cour a surtout jugé dans cet arrêt que la contestation de l'existence ou de la validité de la convention d'arbitrage soulevée par le défendeur n'avait pas à être portée devant le juge compétent au fond selon la convention (le juge de l'action est juge de l'exception). La solution peut être étendue à toutes les mesures d'assistance judiciaire spécifiques à l'arbitrage (détermination du lieu de l'arbitrage, fixation de délais) ou liées à la procédure arbitrale (recherche de preuves).
3. CJCE 17 novembre 1998, *van Uden, infra* n° 519.

soumises au règlement à s'incliner devant la décision rendue au fond dans un État membre qui a incidemment jugé inapplicable une clause d'arbitrage[1]. Très contestée, cette position pourrait être remise en cause à l'occasion de la révision du règlement.

515. – Caractère limitatif des exclusions. Les exclusions formulées par l'art. 1er ch. 2, sont limitatives. Le règlement s'applique donc de manière générale à toute question contractuelle, délictuelle ou de propriété. En ce qui concerne les deux premières, et lors d'une action internationale d'origine, il est complété par les règles de conflit uniformes des règlements Rome I et Rome II. Outre le droit du travail, déjà mentionné (n° 510), la Convention a été déclarée applicable notamment en matière d'association[2], d'atteinte à la vie privée[3], de spoliation[4].

Les matières exclues peuvent tomber sous le champ d'autres conventions, en particulier bilatérales, en vigueur entre des États contractants, lesquelles continuent de s'appliquer (art. 70, C 56) : ainsi, la convention franco-belge de 1899 en matière d'état des personnes. Dans ce cas, les notions employées dans chaque instrument pour décrire son champ d'application n'ont pas nécessairement la même portée et il convient d'interpréter chacun selon son propre système[5].

B. LITIGES RELEVANT DU RÈGLEMENT

Le règlement s'applique en matière de *reconnaissance* à toutes les décisions émanant d'un État membre et rendues dans les matières qui en relèvent ; l'applicabilité des règles de *compétence* devant les juridictions des États membres appelle davantage d'explications.

1. Reconnaissance des décisions

516. – Décisions rendues dans un État membre. Le principe est simple : toute décision rendue dans un État membre bénéficie des facilités de reconnaissance du règlement. Il n'est donc nullement nécessaire que le litige d'origine ait été un litige « européen », c'est-à-dire qu'il ait relevé d'une règle de compétence directe du texte (n° 520). Il peut aussi bien s'être agi soit d'un litige purement interne, soit d'un litige international ayant obéi aux règles de droit international privé – droit commun et même conventionnel (n° 518) – de l'État d'origine. La seule condition est que la matière faisant l'objet de la décision relève du champ d'application du règlement. Il appartient normalement au juge requis de se prononcer sur cette question ; plusieurs décisions relatives à la délimitation du champ

1. CJCE 10 fév. 2009, *Allianz et Generali c. West Tankers*, D. 09.981 n. Kessedjian, Rev. arb. 09.407 n. Bollée, RC 09.373 n. Muir Watt, JDI 09.1281 n. Audit.
2. CJCE, 22 mars 1983, *Martin Peters*, RC 83.667 n. Gaudemet-Tallon, JDI 83.834 obs. A. Huet ; v. par analogie en matière de paiement de charges de copropriété, Chambéry, 13 juin 1989, JDI 91.149 obs. A. Huet.
3. TGI Paris, 29 sept. 1982 et 27 avril 1983, RC 83.670 n. Gaudemet-Tallon.
4. TGI Paris, 7 juin 1974, RC 74.696, 1re esp., n. Lagarde, JDI 75.83, 3e esp. n. D. Holleaux, D. 75.339, 2e esp., n. Droz, confirmé par Paris, 16 déc. 1974, GP 75.1.179, D. 75.335.
5. CJCE, 14 juill. 1977, Rec. 77.1517 concl. Mayras, JDI 78.393 obs. A. Huet.

d'application de la convention (n° 509) ont été rendues à l'occasion de demandes de reconnaissance.

Il se peut que le juge d'origine ait été appelé à statuer expressément sur l'intégration du litige à l'Union, en vue d'appliquer les règles de compétence directe du texte européen. On peut se demander dans ce cas si le juge de l'État requis a la possibilité de porter une appréciation différente, et en particulier de priver la décision des facilités du texte. Par exemple, il s'agissait d'une demande de pension alimentaire en cours de divorce et le défendeur était domicilié dans l'État requis ; mais le juge d'origine, estimant que la demande relevait du champ d'application du règlement, s'est déclaré compétent en tant que celui du domicile du créancier, selon la possibilité prévue par l'art. 5, 2°. La question de savoir si le juge requis est ou non tenu par la solution donnée par le juge d'origine n'est pas résolue[1].

2. Action d'origine devant une juridiction d'un État contractant

517. – Litige interne, international ordinaire et intégré à l'Espace judiciaire européen. Trois cas sont à distinguer. Lorsque le litige porté devant un for d'un État contractant est dénué de tout élément d'extranéité, le règlement est sans portée sur lui ; seules s'appliquent les règles de compétence internes. Dès lors que le litige présente un caractère international, il convient de sous-distinguer, selon que l'on est en présence d'un litige international « ordinaire » ou « européen ». En effet, les négociateurs du traité d'origine n'avaient pas compétence pour formuler des règles de compétence valables pour tous les litiges internationaux mais seulement pour ceux présentant un lien suffisant avec la Communauté ; de sorte que subsiste un vaste champ d'application pour les règles de compétence internationale des différents Etats contractants[2]. Un litige est considéré comme « intégré à la Communauté » (G. Droz) lorsqu'il relève d'un des trois critères généraux de compétence formulés par le règlement : lorsque le défendeur est domicilié dans un État membre[3], ou que l'objet du litige

1. V. Gaudemet-Tallon, *op. cit.* n° 364, observant que la question est appelée à s'effacer à mesure qu'une interprétation européenne uniforme des notions en cause se sera affirmée.
2. La question de délimitation des litiges s'élève chaque fois qu'un traité pose des règles de compétence directe (n° 500). Elle revêt une grande importance pratique depuis la convention de Bruxelles, en raison de son caractère multilatéral et régional ; dans les matières couvertes aujourd'hui par les textes européens, les litiges internationaux en relevant sont désormais plus nombreux que les litiges internationaux ordinaires. V. Gaudemet-Tallon, « Les frontières extérieures de l'espace judiciaire européen », Mél. Droz, p. 85 ; Pataut, « Qu'est-ce qu'un litige 'intracommunautaire'... », Mél. Normand, 2003, p. 365 ; Audit, « Les critères d'application des conventions judiciaires multilatérales », Mél. Lagarde, 2004, p. 19.
3. Peu importe par conséquent que le demandeur lui-même soit extérieur à la Communauté : les juridictions d'un État autre que celui du domicile du défendeur ne peuvent se déclarer compétentes : CJCE 13 juill. 2000, *Groupe Josi,* Rec. I 5925, concl. Fenelly, RGAT 00.931, n. Heuzé, JDI 02.623, obs. Leclerc. Peu importe également que les deux parties soient domiciliées dans le même Etat membre tandis que le litige se rattache à un autre (Com. 30 janv. 2001, RC 01.539, censurant Versailles, 29 oct. 1998,

présente certains rattachements matériels avec un État membre, exclusivement compétent selon l'art. 22, ou que les parties ont attribué compétence à un for d'un État membre dans les conditions de l'article 23 (art. 4)[1].

Avant de détailler les règles de compétence directe découlant de ces critères, il y a lieu de montrer, d'une part, que le règlement est également susceptible d'affecter certains litiges internationaux ordinaires ; d'autre part, et inversement, qu'il autorise exceptionnellement l'application de certaines règles nationales, alors même que le litige est intégré à l'Espace judiciaire européen.

a. Influence du règlement sur les litiges internationaux ordinaires

518. – Renvoi aux règles de compétence habituelles et extension de ces règles. Lorsque le litige ne relève pas d'une règle de compétence directe posée par le règlement, celui-ci renvoie expressément aux règles de compétence internationale en vigueur dans chaque État (art. 4.1). Cette référence doit s'entendre non seulement des règles de droit commun mais également des règles conventionnelles. Elle a pour effet d'intégrer ces différentes règles de compétence au texte dans la mesure où les décisions rendues à partir d'elles bénéficient dans les autres Etats des facilités de reconnaissance qu'il prévoit (n° 516) ; par exemple, les États qui ne font pas du lieu de conclusion du contrat un chef de compétence internationale pourraient être amenés à reconnaître des décisions émanant d'États contractants rendues de ce chef.

Parmi les règles de compétence ainsi visées figurent les règles de compétence exorbitantes en vigueur en différents pays (telles qu'en France les art. 14 et 15 C. civ.) et qui sont énumérées, de manière non limitative, à l'Annexe 1 du règlement. Ces règles voient ainsi leur effet international non seulement confirmé mais accru, du fait que les décisions rendues sur le fondement des rattachements qu'elles prévoient bénéficient de reconnaissance selon le règlement dans tous les États membres. Il y a là un risque pour tous les défendeurs non « protégés » par le règlement, c'est-à-dire non domiciliés dans un État membre. Ceci, après avoir suscité certaines protestations en provenance de pays extérieurs à la Communauté[2], fut à l'origine de l'adoption de la convention de Lugano, puis de la négociation d'une

D. 99. Somm. 293) et même à un État tiers (Ch. mixte, 11 mars 2005, RC 05.732 n. Gaudemet-Tallon, D. 06.1500 n. Jault-Seseke ; sur ce point, v. note suivante).

1. La distinction entre litiges « intra-européens » et « internationaux ordinaires » n'est cependant pas toujours tranchée et la Cour de justice favorise nettement une extension de la portée du règlement aux seconds. Elle a ainsi interdit ainsi à un juge national de décliner sa compétence sur le fondement d'une règle nationale (*forum non conveniens*) dès lors que le défendeur était domicilié dans l'État du for, nonobstant le fait que le litige ne présentait aucun lien avec autre État de la Communauté et que le défendeur ne demandait pas à bénéficier de la « protection » de la Convention : CJCE 1er mars 2005, *Owusu,* Gaz. Pal. 27-28 mai 2005, p. 31, n. M.L. Niboyet, JDI 05.1177 n. Cuniberti et Winckler, RC 05.698 n. Chalas. Cette extension n'aurait pas lieu d'être lorsque par exemple il y a lieu d'apprécier l'effet d'une clause attributive de juridiction désignant un for d'un État tiers (en ce sens, HCJ (Queen's Bench), 10 mai 2005, RC 05.722 n. Muir Watt).
2. Juenger, « La convention de Bruxelles du 27 septembre 1968 et la courtoisie internationale. Réflexions d'un Américain », RC 1983.37.

Convention à vocation mondiale (n° 507). L'art. 59 de la Convention permettait cependant aux États contractants de s'engager envers des États tiers à ne pas donner effet à des décisions rendues sur le seul fondement d'une règle de compétence exorbitante, telle que visée à l'art. 3. 2, contre des défendeurs domiciliés ou ayant leur résidence habituelle dans ce pays tiers[1]. Le règlement a mis fin à cette possibilité (art. 72).

L'art. 2.2, prévoit en outre que les personnes n'ayant pas la nationalité de l'Etat membre où elles sont domiciliées y sont « soumises » aux règles de compétence applicables aux nationaux. Contrairement à ce que donne à penser cette formulation passive, les personnes visées se voient ainsi reconnaître le droit d'invoquer dans les procès internationaux ordinaires, c'est-à-dire non intégrés à l'Espace judiciaire, les chefs de compétence exorbitants de l'Annexe 1 en particulier ; cette conséquence est expressément formulée par l'art. 4.2. Parmi ces chefs de compétence, font seuls l'objet d'une extension véritable ceux qui prennent la nationalité pour critère, tels que les art. 14 et 15 C. civ. Ainsi un Américain ou un Japonais domiciliés en France peuvent-ils se prévaloir du premier de ces textes pour y attraire toute personne domiciliée hors d'un État contractant ; et la décision ainsi rendue bénéficiera des facilités de reconnaissance du règlement dans tous les États membres[2].

b. Réserve de certaines règles de compétence nationales

519. – Mesures provisoires et conservatoires. Alors même que les règles de compétence directe communes posées par le règlement ont vocation à s'appliquer, certaines règles de compétence nationales sont réservées. Aux termes de l'art. 31 (C 24) : « les mesures provisoires ou conservatoires prévues par la loi d'un État membre peuvent être demandées aux autorités judiciaires de cet État, même si, en vertu du présent règlement, une juridiction d'un autre État membre est compétente pour connaître du fond. » Cette disposition suppose naturellement que le litige relève quant au fond du domaine du règlement. À cet égard, la Cour de justice a jugé sous l'empire de la Convention que des demandes de mesures provisoires relèvent ou non de ce domaine suivant la matière qu'elles concernent (patrimoniale ou non) et non suivant le domaine dont relève la demande principale ; et que, lors même que les mesures en cause sont d'ordre patrimonial, il faut tenir compte de la nature des droits dont les mesures recherchées visent à assurer la sauvegarde[3].

1. Sur les conventions passées en application de ce texte, v. Gaudemet-Tallon, *op. cit.* n° 96.
2. L'application de cette disposition paraît très rare ; v. cpdt Paris, 17 nov. 1993, *Guggenheim*, RC 94.115 n. Gaudemet-Tallon, JDI 94.671 n. A. Huet, pourvoi rejeté par Civ. I, 3 juill. 1996, RC 97.97 n. Gaudemet-Tallon, JDI 97.1016 n. A. Huet, D. 98. Somm. 283 obs. Audit. Son effet propre, selon les deux conventions, paraît limité aux personnes physiques. En effet, une personne morale, pour être considérée comme ayant son domicile en France, devra y avoir son siège social réel (art. 53 al. 1er) ; dans ce cas, elle est en principe considérée comme française pour l'application de l'art. 14 C. civ. selon le droit commun antérieur à la Convention, nonobstant le fait qu'elle serait sous contrôle étranger (n° 1114). Il en est autrement selon le règlement qui élargit le critère du domicile d'une personne morale (n° 524).
3. CJCE, 27 mars 1979, *de Cavel I*, préc. (n° 513), affaire dans laquelle les mesures en cause ont été jugées inséparables du divorce et du régime matrimonial.

Le but de l'art. 31 est de ménager l'efficacité propre du type de mesure envisagé et notamment leur rapidité, en permettant l'exercice d'une compétence qui ne préjudicie pas, selon la Cour de justice, à celle du juge normalement compétent au fond pour prononcer lui-même des mesures conservatoires sans qu'il soit effectivement saisi au fond[1]. Mais le renvoi opéré par l'art. 31 à la loi des États n'est pas inconditionnel. Tout en jugeant – de manière contestable – que l'exclusion des fors exorbitants selon l'art. 3 ne s'applique pas en tant que telle aux règles de compétence en cause, la Cour a exigé dans l'arrêt *van Uden*, d'une part, un lien de rattachement réel entre l'objet des mesures sollicitées et l'État du for ; d'autre part, que les mesures aient un caractère réellement provisoire, sous peine de voir contourner les règles de compétence de la Convention en faisant juger le fond de manière anticipée par le juge saisi. La première de ces conditions justifie par exemple le rejet d'une demande d'expertise en France alors que l'objet de l'examen sollicité ne s'y trouve pas[2]; la seconde s'applique notamment à des mesures telles que le référé-provision du droit français[3].

L'interprétation qui sera donnée de l'exigence d'un lien de rattachement réel conditionnera la possibilité de prononcer, sur le fondement de l'art. 31, des mesures qui ne se limiteraient pas au territoire du juge qui les prononce (hormis ce qui vient d'être précisé dans le cas du référé-provision) et bénéficiant dans les autres États membres du régime de reconnaissance facilité[4]. L'hypothèse devrait cependant être rare. D'une part, le juge de l'État requis est en droit de s'assurer de la qualification de mesure provisoire, nonobstant l'interdiction normale de contrôler la compétence du juge d'origine (n° 586), afin de s'assurer qu'il n'y a pas eu

1. CJCE, 17 nov. 1998, *van Uden*, D. 00.378 n. Cuniberti, Rev.arb. 1999.143 n. Gaudemet-Tallon, RC 99.340, 1re esp., n. Normand ; 27 avril 1999, *Mietz*, RC 99.761, JDI 01.682 obs. Leclerc ; et sur les deux arrêts, art. Marmisse et Wilderpin, RC.99 669. Il n'est pas nécessaire, devant le juge du fond, que le juge des référés ait été préalablement saisi (v. arrêt *Mietz*).
2. Civ. I, 11 déc. 2001, RC 02.371 n. Muir Watt, JDI 03.152 obs. A. Huet.
3. Statuant à propos d'une institution voisine du droit néerlandais (*kort geding*), les arrêts *van Uden* et *Mietz*, préc., ont jugé que le paiement à titre de provision d'une contre-prestation contractuelle ne constitue une mesure provisoire au sens de l'art. 24, que si, d'une part, le remboursement est garanti en cas d'échec du demandeur sur le fond et si, d'autre part, les avoirs du débiteur sont localisés sur territoire de l'État du juge saisi. En ce sens, Civ. I, 13 avril 1999, D. 99.545 n. Vuitton, JDI 00.83 obs. A. Huet (v. déjà Aix-en-Provence, 4 mai 1981, RC 83.110 n. Couchez ; Rennes, 4 nov. 1992, JDI 94.173 obs. A. Huet).
4. Pour un ex. de refus de la part du juge d'origine, v. Civ. I, 11 déc. 2001, préc. La pratique anglaise est cependant que la seule présence sur le territoire du destinataire d'une injonction *in personam,* telle que l'injonction *Mareva*, répond à cette condition (v. Muir Watt, note préc.) ; v. donnant effet à une telle injonction en France, Civ. I, 30 juin 2004, RC 05.815 n. Muir Watt, JDI 05.112 n. Cuniberti, D. 05. Somm. 1267 obs. Chanteloup. En toute hypothèse, les mesures ordonnées par le juge du fond ne se limitent pas au territoire du juge saisi ; en ce sens, dans le cas d'une compétence fondée sur une clause attributive de juridiction (art. 17 de la Convention) : Orléans, 7 nov. 2002, RC 03.326 n. Ancel, JDI 04.203 obs. A. Huet.

détournement de compétence[1]. D'autre part, le caractère parfois expéditif des mesures, en particulier le fait qu'elles auraient été prononcées sans procédure contradictoire, peut faire obstacle à ce qu'elles bénéficient des facilités du règlement[2].

SECTION II

RÈGLES DE COMPÉTENCE

520. – Litiges relevant du règlement. Le règlement ne pose que des règles de compétence internationale ; si loin qu'aient été les négociateurs de la convention de Bruxelles (n° 501), ils n'avaient pas mission d'unifier les règles internes de compétence des tribunaux des États contractants. Et parmi les litiges internationaux, la convention ne pouvait formuler de règles que pour ceux présentant un rattachement suffisamment étroit avec la Communauté, par opposition aux litiges internationaux « ordinaires » (n° 517). Trois catégories de rattachements ont été retenues pour caractériser ce lien, qui constituent autant de « blocs » de compétence. Le procès est européen lorsque le défendeur est domicilié dans un État membre (art. 2 s.), ou, indépendamment de tout domicile, lorsque le litige porte sur certaines matières présentant un rattachement matériel défini à un État membre (art. 22, C 16) ou encore lorsque les parties ont, sous certaines conditions, donné compétence à un tribunal ou aux tribunaux d'un État membre (art. 23 et 24, C 17 et 18). Le premier cas engendre un système de compétences optionnelles ; les deux autres, une compétence exclusive, ce qui justifie leur regroupement sous ce chef[3].

1. Ce même souci inspire une interprétation restrictive de la notion de mesure provisoire et conservatoire aux fins de l'art. 31, excluant les mesures d'instruction : CJCE, 28 avril 2005, *St-Paul Dairy*, RC 05.742 n. Pataut (mesure ordonnant l'audition d'un témoin en vue d'évaluer l'opportunité d'une éventuelle action au fond). Celles relevant de l'art. 31 viseraient avant tout à figer une situation dans l'attente d'une solution au fond. Pour une conception mettant l'accent sur la nature de la décision plutôt que sur son contenu, et distinguant selon que la mesure s'adresse à une partie ou requiert une intervention publique, v. Nioche, *La décision provisoire. Nature juridique et régime dans l'espace judiciaire européen*, thèse Paris I, 2007.
2. CJCE, 21 mai 1980, *Denilauer*, Rec. 80.1533 concl. Mayras, JDI 80.939 obs. A. Huet, RC 80.787 n. Mezger, GP 80.2.657 n. Mauro, D. 81.I.R.158 (ordonnance de saisie conservatoire rendue en France, que le demandeur cherchait à faire exécuter sur un compte dans une banque allemande). Cette réserve devrait s'appliquer aussi bien aux mesures provisoires prononcées par un juge compétent au fond.
3. Les différentes compétences prévues s'imposent en principe au juge saisi, qui n'a pas le pouvoir de les décliner au motif qu'un autre for de la Communauté, ou même d'un État tiers, serait plus approprié (CJCE 1er mars 2005, *Owusu*, préc. n° 517). L'absence de ce mécanisme devrait être palliée par une autolimitation de la compétence par interprétation de rattachements trop accueillants, tels que celui du lieu du dommage (n° 534).

SOUS-SECTION I

DOMICILE DU DÉFENDEUR DANS L'ESPACE EUROPÉEN

Dans le cas où le défendeur est domicilié sur le territoire d'un État membre, le règlement pose des règles générales, applicables en toutes matières, qui font l'objet des Sections 1 et 2 du Chapitre II (art. 2 à 7 ou C 6 bis). Des règles particulières sont formulées en trois domaines dans lesquels une partie est jugée appeler une protection particulière : assurances et contrats conclus par les consommateurs selon la Convention (Sections 3 et 4), à quoi le règlement a ajouté le contrat individuel de travail (section 5) ; ces règles, qui ne dérogent qu'en partie aux précédentes, seront examinées à la suite.

§ 1. – RÈGLES GÉNÉRALES

521. – Principe et dérogations possibles. Aux termes de l'art. 2 al. 1er, « *les personnes domiciliées sur le territoire d'un État contractant sont attraites, quelle que soit leur nationalité, devant les juridictions de cet État* » (A). Cette règle de principe est assortie d'importantes dérogations facultatives lorsqu'un élément de rattachement donné se réalise dans un autre État contractant : le demandeur peut alors, s'il le préfère, saisir une juridiction désignée de cet État (B).

A. COMPÉTENCE GÉNÉRALE DES TRIBUNAUX DE L'ÉTAT DU DOMICILE DU DÉFENDEUR

1. Justification et portée du principe

522. – Justification. La règle *Actor sequitur forum rei* est considérée dans les pays de tradition romaniste comme de droit naturel. La politique de la Convention a été qu'elle ne connaisse d'autres dérogations que celles expressément prévues : sont donc rendues inapplicables toutes les règles de compétence internationale en vigueur dans les États contractants qui pourraient avoir une telle conséquence (art. 3.1). Parmi ces règles, il a paru nécessaire d'exclure expressément celles qui présentent un caractère exorbitant. Une liste en a été donnée par pays, aujourd'hui dans l'Annexe 1 (art. C 3 al. 2) ; les principaux chefs de compétence visés sont le for de la nationalité, que ce soit celle du demandeur ou du défendeur (art. 14 et 15 C. civ.), celui du domicile du demandeur, le for du patrimoine (compétence fondée en matière patrimoniale, sans limitation, sur la présence dans le ressort du for de biens appartenant au défendeur) ou celui du séquestre, le for de l'assignation (compétence fondée sur la notification d'un acte introductif d'instance à un défendeur se trouvant temporairement dans le ressort du for, traditionnelle dans les pays de *common law*[1]). L'énumération donnée est indicative (« notamment ») ; toute disposition nationale

1. V. par ex. *Colt Industries v. Sarlie*, JDI 69.166 ; *H.R.H. Maharanee of Baroda v. Wildenstein*, JDI 80.407 obs. Lipstein.

ayant pour effet de distraire un défendeur domicilié dans un État membre des tribunaux de cet État serait de même sans application. Le Préambule du règlement réaffirme le rôle éminent du domicile : la compétence qu'il fonde doit « toujours être disponible, sauf dans quelques cas bien déterminés » (considérant n° 11).

523. – Portée. L'analyse littérale de l'art. 2.1 permet d'en préciser la portée. Le texte réserve les dispositions contraires du règlement lui-même ; il s'agit à la fois des dérogations facultatives prévues à la section 2 (*infra*, B), des règles spéciales prévues aux sections 3 à 5 (*infra*, § 2), des règles de compétence *ratione materiae* de la section 6 (*infra*, *Sous-Section II*) et des compétences volontaires prévues à la section 7 (*ibid*).

L'art. 2 précise que les tribunaux de l'État du domicile du défendeur sont compétents « quelle que soit sa nationalité ». Il a été en effet estimé que le domicile constituait un critère d'intégration plus approprié que la nationalité eu égard au caractère économique de la Communauté ; la participation de l'intéressé au Marché Commun du simple fait de son domicile le plaçait donc sous la protection de l'article 2 vis-à-vis des juridictions des autres États. Réciproquement, un ressortissant d'un État membre domicilié dans un État tiers n'est pas protégé par ce texte[1]. À défaut de toute précision temporelle dans celui-ci, on considère que le domicile du défendeur doit s'apprécier au jour de l'assignation[2].

Le texte vise *les* juridictions de l'État du domicile du défendeur. Ce pluriel indique qu'il s'agit d'une compétence générale ou globale ; il appartient à la loi de l'État concerné de désigner le tribunal compétent. Ce renvoi implicite aux dispositions internes s'applique en premier lieu aux règles de compétences d'*attribution* dans les différents États : chacun d'eux est susceptible de connaître en matière civile ou commerciale, à côté des juridictions de droit commun, des juridictions spécialisées telles qu'en France le tribunal de commerce ou le conseil de prud'hommes[3]. S'agissant en second lieu de la compétence territoriale, les règles internes pourront désigner un tribunal autre que celui du domicile du défendeur, par exemple celui du dommage si ce lieu est situé dans le même pays.

On peut être tenté de penser qu'il aurait été plus simple de donner compétence au tribunal du domicile du défendeur. Mais il aurait alors fallu tenir compte des différentes règles internes de compétence territoriale qui, telle celle du *forum delicti commissi* en France ou du lieu de conclusion du contrat dans d'autres États, sont susceptibles de compléter dans les différents droits internes la règle *Actor sequitur* (à supposer celle-ci uniformément admise). On aurait été ainsi progressivement conduit à unifier tout le droit de la compétence territoriale dans les États membres, ce qui n'entrait pas dans la mission des négociateurs ; de là le renvoi implicite aux règles internes de compétence de l'État du domicile. Ainsi dans le cas d'un accident provoqué en France par une personne qui y est domiciliée, le

1. Ainsi un Français peut se prévaloir de l'art. 14 C. civ. contre un ressortissant d'un État membre domicilié aux États-Unis.
2. Pour une illustration du caractère insolite de la solution inverse, v. Versailles, 12 mars 2001, D. 02. Somm. 1396.
3. V. par ex. Paris, 5 juin 1991, D. 92. Somm. 166 (tribunal de commerce).

demandeur, tenu selon la convention d'agir en France, pourra y porter son action devant le tribunal du domicile du défendeur (art. 42 CPC) ou devant celui du lieu de l'accident (art. 46) ; si la même hypothèse s'élève dans un pays ne connaissant pas le chef de compétence du lieu du délit, le demandeur ne pourra vraisemblablement saisir que le tribunal du domicile du défendeur.

2. Détermination du domicile

524. – Renvoi aux droits nationaux. La notion juridique de domicile, bien qu'elle présente des aspects universels, revêt des acceptions différentes d'un pays à l'autre (n° 108). La Convention n'a pas formulé de définition communautaire du domicile et a simplement posé des règles concernant son mode de détermination dans un cas donné, en distinguant les personnes physiques et les personnes morales. Le règlement a modifié les secondes.

La question de savoir si une *personne physique* est domiciliée dans l'État du for est résolue selon la loi de celui-ci (art. 59, C 52 al. 1er) ; celle de savoir si elle est domiciliée dans un autre État contractant est régie par la loi de l'État en question (al. 2)[1]. Ce système est analogue à celui qui préside universellement à la détermination de la nationalité (n° 914). De la première règle, il résulte qu'un conflit positif est résolu dans chaque État en faveur des tribunaux locaux. Cette méthode entraîne un risque de procédures concurrentes ; la difficulté sera tranchée selon les règles prévues respectivement pour la litispendance, la connexité et la reconnaissance des décisions. De la seconde règle, il résulte que tout litige qu'un État contractant considère comme intégré à l'Espace européen par le domicile du défendeur doit être considéré comme tel par les autres.

Aux termes de l'art. C 53, le siège d'une *personne morale* était assimilé à son domicile[2] ; mais pour déterminer celui-ci, renvoi était fait aux règles de droit international privé du for saisi. En l'état des divergences existant au sein des États membres quant à cette détermination, il pouvait s'agir selon le cas du siège réel ou du siège statutaire, avec différentes variantes ; et donc s'ensuivre dans ce domaine également des procédures concurrentes. Il en est de même selon le règlement, bien qu'il procède différemment : il formule une règle matérielle selon laquelle les sociétés et personnes morales sont domiciliées là où est situé leur siège statutaire ou bien leur administration centrale ou leur principal établissement (art. 60). Le demandeur peut ainsi invoquer l'un ou l'autre de ces critères.

B. DÉROGATIONS FACULTATIVES

525. – Mécanisme général des art. 5 et 6. Par dérogation au principe de l'art. 2, les art. 5 et 6 des différents textes permettent au demandeur d'attraire un défendeur domicilié dans un État contractant devant une

1. Civ. I, 4 janv. 1984, D. 85.I.R.177 obs. Audit, RC 86.123 n. Courbe.
2. Sur ce que le siège secondaire dans la Communauté d'une personne morale établie hors de celle-ci ne peut être assimilé à son domicile et entraîner l'application de l'art. 2, v. Paris, 17 nov. 1993, préc. n. 518.

juridiction d'un autre État contractant[1]. L'article 5 prévoit un certain nombre de compétences alternatives tenant à la matière et prenant en considération le fait qu'un facteur de rattachement étroit et significatif se réalise dans un État membre qui n'est pas celui du défendeur[2]. Les articles 6 et 7 (C 6 bis) supposent un litige voisin relevant normalement des tribunaux d'un autre État membre et permettent une concentration des contentieux devant le for saisi ; ils posent donc des règles de compétence dérivée. Ainsi ces diverses dispositions répondent pour la plupart à l'idée de bonne administration de la justice : celles de l'art. 5, fondées sur la nature du litige, en permettant normalement de saisir un tribunal souvent plus proche de celui-ci que les juridictions de l'État du domicile du défendeur ; celles des art. 6 et 7, en permettant de prévenir des contrariétés de décisions. Mais aussi, le demandeur trouve en fait dans ces dérogations le moyen de plaider non dans l'État du défendeur, comme le veut l'art. 2, mais dans un autre qui sera presque toujours le sien propre. Cela explique que certaines de ces dispositions soient constamment invoquées et que la Cour de justice soit fréquemment appelée à se prononcer sur leur interprétation. Elle a affirmé à titre général un principe d'interprétation restrictive, afin de préserver la règle fondamentale de l'art. 2. Mais cela ne rend pas compte de la complication que soulève la mise en œuvre de ces articles du fait même de certaines décisions de la Cour.

1. Compétences spéciales immédiates

a. Contrats

526. – Destinée de l'article 5, 1°. Une disposition prévoyant une compétence spéciale en matière contractuelle peut être considérée comme la plus importante de son espèce dans un texte destiné à faciliter le règlement du contentieux commercial au sein d'un marché intégré. L'art. 5, 1°, dont c'est l'objet, s'est révélé l'échec principal de la Convention. La difficulté, incontestable, de concevoir une règle adéquate en constitue certainement la première cause. Mais on peut également l'imputer à l'interprétation – que l'on a pu sans excès qualifier de « catastrophique » – du texte par la Cour de justice au fil de nombreux arrêts. Une large part de leur motivation est constituée par la répétition mécanique des objectifs à satisfaire, objectifs que cette interprétation contrarie davantage qu'elle ne les sert : prévisibilité du for compétent, et donc sécurité pour les parties, prévention

1. Contrairement à une erreur couramment commise (par ex. Paris, 5 juill. 1995, D. 96. Somm. 167), les art. 5 et 6 ne sauraient donner compétence à une juridiction de l'État du domicile du défendeur. Ces règles ne sont pas non plus à la disposition du défendeur, qui ne saurait les imposer au demandeur n'invoquant que l'article 2 (Ch. mixte, 11 mars 2005, préc. n° 517).
2. À l'exception d'un cas (art. 5, 6°), l'art. 5 désigne un tribunal et non les juridictions de l'État correspondant. En effet, certains des chefs de compétence prévus étaient inconnus du droit commun des États membres (par exemple, le for du lieu du délit prévu par l'art. 5, 3°) de sorte que la désignation globale des tribunaux de cet État n'aurait pas permis de déterminer une juridiction spécialement compétente.

des compétences multiples et lien étroit du litige avec le for pouvant être saisi. La transformation de la convention en règlement offrait la possibilité de revenir sur ces errements[1]. Le texte a effectivement été remanié à cette occasion (sans débat connu), mais la version nouvelle ne fait que réduire le champ des difficultés précédentes tout en en suscitant de nouvelles. Au moment de l'adoption du règlement, une large fraction du contentieux de droit international privé dont les tribunaux français avaient à connaître était occasionnée par la seule application de l'article 5, 1°[2].

527. Principe et interprétation : détermination de l'obligation litigieuse. L'art. 5, 1°, maintenu sur ce point par le règlement, énonce que le demandeur peut attraire le défendeur domicilié dans un Etat contractant, en matière contractuelle, dans un autre État contractant « *devant le tribunal du lieu où l'obligation qui sert de base à la demande a été ou doit être exécutée* ». Les mots « qui sert de base à la demande » ne figuraient pas dans la Convention de 1968 (du moins dans sa version française) et furent ajoutés lors de la révision de 1978. On s'était auparavant demandé s'il ne convenait pas de prendre en considération l'obligation principale, ou caractéristique, du contrat plutôt que l'obligation particulière en litige. Mais cette interprétation fut rejetée par la Cour de justice[3]. La Cour précisa à cette occasion qu'au cas où le demandeur réclame des dommages-intérêts ou invoque la résolution du contrat, l'obligation à prendre en considération est toujours celle dont l'inexécution est invoquée[4].

Ainsi entendue, la disposition examinée n'institue donc pas un for du contrat, mais de la contestation particulière. Cette conception répond à l'objectif de proximité entre le juge et le litige. Mais elle rend possible une scission du contentieux, car la Convention ne faisait pas, par ailleurs, de la connexité un chef de compétence général permettant de grouper les actions nées d'un même contrat. Or il est très fréquent dans un litige contractuel que différentes obligations soient en cause. Aussi bien dans le

1. Il a été suggéré plus radicalement pour y mettre fin d'abroger purement et simplement l'article 5, 1°, le contentieux contractuel relevant alors de la seule règle de droit commun de l'art. 2 ; v. notamment, Droz, « *Delenda est forum contractus ? (...)* », D. 1997. Chr. 351.
2. Heuzé, « De quelques infirmités congénitales du droit uniforme : l'exemple de l'article 5, 1° de la convention de Bruxelles (...) », RC 2000.595.
3. CJCE, 6 oct. 1976, aff. 14/76, *de Bloos*, Rec. 76.1497 concl. Reischl, D. 77.616, 2e esp., n. Droz, RC 77.751, 2e esp., n. Gothot et Holleaux, JDI 77.719 obs. Bischoff ; v. également Droz, D. 1977. Chr. 287.
4. Interrogée à propos d'une rupture de concession commerciale qui donnait lieu, entre autres, à une demande de paiement d'indemnités compensatoires, la Cour répondit qu'il appartenait à la juridiction nationale saisie de vérifier si, d'après le droit applicable au contrat, cette obligation de somme d'argent remplace simplement l'obligation contractuelle inexécutée ou bien s'il s'agit d'une « obligation contractuelle autonome », et donc susceptible d'une localisation différente. A ainsi été jugée autonome en France l'indemnité d'agent commercial suivant la loi du 25 juin 1991 (Civ. I, 8 fév. 2000, RC 00.473, 1re esp., n. Muir Watt, JDI 01.133 obs. A. Huet, D. 02. Somm. 1401 ; Paris, 17 fév. 1999, D. 99. Somm. 289 obs. Audit). Mais à la faveur de la nouvelle rédaction de l'art. 5, 1°, la Cour de cassation semble revenir sur cette jurisprudence : Civ. I, 11 juill. 2006, Bull. I, n. 373 ; 3 oct. 2006, JDI 07.132 n. Egea et Martel.

cas du *contrat de travail*, où cette difficulté se présente de manière caractéristique, la Cour de justice avait-elle admis que « l'obligation à prendre en considération pour l'application de l'art. 5, 1° (...) est celle qui caractérise ce contrat », c'est-à-dire celle du salarié[1]. Mais après avoir exactement décrit dans cet arrêt les inconvénients de la solution « analytique » de l'arrêt *de Bloos* (la juridiction saisie pourrait être amenée à se déclarer compétente pour statuer sur certaines demandes, non sur d'autres), la Cour refusa ultérieurement de revenir davantage sur celle-ci, tout en recommandant au juge saisi, en cas de pluralité d'obligations litigieuses, de suivre le principe selon lequel l'accessoire suit le principal, c'est-à-dire qu'entre plusieurs obligations en cause ce soit l'obligation principale qui établisse la compétence[2]. Directive énigmatique, puisque si le juge est saisi d'une obligation principale, la jonction encouragée consiste à faire ce que l'arrêt refuse simultanément en principe[3].

En revanche, la solution spécifique au contrat de travail résultant de la décision *Ivenel* fut formalisée par la convention de Lugano et reprise sur ce point par celle de San Sebastian puis par le règlement (lequel consacre une section autonome à cette question, *infra* n° 554). Concernant l'art. 5, 1°, le règlement est également revenu sur la solution analytique générale, mais pour deux catégories de contrats seulement ; encore l'a-t-il fait par prétérition en traitant d'une autre question, celle de la localisation de l'obligation litigieuse.

528. – Localisation de l'obligation litigieuse. Une fois précisée l'obligation à prendre en considération, il faut se prononcer sur la détermination de son lieu d'exécution. On pouvait penser que le juge saisi y procéderait soit en fait (v. art. 46 CPC), soit selon les conceptions de sa propre loi puisqu'il s'agit de déterminer sa compétence. Mais la Cour de justice estima qu'il appartenait au juge saisi « de déterminer, en vertu de ses règles de conflit, quelle est la loi applicable au rapport juridique en cause et définir, conformément à cette loi, le lieu de l'obligation contractuelle litigieuse », au motif – passablement théorique et abstrait – que « la détermination du lieu d'exécution est tributaire du contexte contractuel auquel

1. CJCE, 26 mai 1982, aff. 133/81, *Ivenel*, Rec. 82.1891 concl. Reischl, JDI 82.948 obs. Bischoff et A. Huet, RC 83.116 n. Gaudemet-Tallon ; en ce sens, Soc. 27 oct. 1982, RC 83.661 n. H.G.T. Lorque le travail est accompli hors du territoire des Etats contractants, seul l'art. 2 est applicable : CJCE, 15 fév. 1989, aff. 32/88, *Six Constructions Ltd.*, RC 89.555 n. P. Rodière.
2. CJCE, 15 janvier 1987, aff. 266/85, *Schenavai*, JDI 87.465 obs. Bischoff et A. Huet, RC 87.793 n. Droz. La cour d'appel de Paris avait estimé pour sa part l'art. 5, 1° inapplicable dans le cas où la demande ne trouve pas sa source dans une obligation précise mais embrasse l'ensemble du contrat, et avait renvoyé aux tribunaux de l'État du domicile du défendeur : 29 janv. 1981, *Fotoclark*, RC 82.383 n. A. Huet.
3. V. jugeant que, saisi d'une obligation secondaire, le juge n'est pas tenu de refuser sa compétence, Civ. I, 8 fév. 2000, *Hoff*, JDI 01.1333, 5e esp. obs. Huet, D. 02. Somm. 1041 obs. Audit. La Cour de justice a fait respecter la dissociation en cas de demande fondée sur deux obligations équivalentes découlant d'un même contrat et ne s'exécutant pas dans le même Etat (5 oct. 1999, *Leathertex*, RC 00.76 n. Gaudemet-Tallon).

ces obligations appartiennent »[1]. Cette interprétation, qui oblige le juge saisi à résoudre un conflit de lois pour se prononcer sur sa compétence, va à l'encontre de l'objectif de simplicité souvent proclamé[2]. La recherche imposée constituera en outre fréquemment un exercice théorique, parce que l'on ne trouvera dans le droit désigné aucune règle, impérative ou supplétive, concernant le lieu d'exécution de l'obligation en question ; ainsi concernant les multiples obligations nées d'un contrat de concession, source de nombreux litiges relevant du règlement[3]. Il y aura lieu dans ce cas de s'interroger sur la volonté des parties ; cela se confond avec une recherche de fait, laquelle aurait pu aussi bien porter directement sur le lieu d'exécution du contrat[4]. L'art. 5, 1°, a heureusement été jugé inapplicable lorsque l'obligation en litige est une obligation de ne pas faire[5].

Délibérément ou non, les juridictions françaises se sont rarement pliées au raisonnement peu naturel voulu par les arrêts *de Bloos* et *Tessili*[6]. En ce qui

1. CJCE, 6 oct. 1976, aff. 12/76, *Tessili Como*, Rec. 76.1473 concl. Mayras, D. 77.616, 1re esp., n. Droz, RC 77.751, 1re esp., n. Gothot et Holleaux, JDI 77.714 obs. A. Huet.
2. On doit souligner, tant l'erreur sur ce point est aisée, que la détermination selon laquelle la loi du for est applicable au contrat n'entraîne pas la compétence du même for (v. par ex. Civ. I, 15 mai 2001, D. 02. Somm. 1397 : cassation de l'arrêt qui, ayant déterminé qu'un contrat de distribution était régi par la loi néerlandaise, en conclut que l'art. 5, 1° ne permet pas de saisir un tribunal français) ; il se peut notamment que selon la loi du contrat – française en particulier – le paiement réclamé par le demandeur devant le for de son domicile soit quérable à celui du débiteur (v. ainsi Paris, 16 mai 1991, D. 92. Somm. 167).
3. Exception doit être faite pour les obligations de paiement, en général, et de livraison dans la vente. Mais précisément, le lieu du paiement, qui varie d'une législation à l'autre (quérable en France, il est portable selon d'autres législations et selon la CVIM, v. Paris 10 nov. 1993, JCP 94.II.22314 n. Audit, JDI 94.678 n. Jacquet), n'est pas significatif du point de vue de la proximité du litige car celui-ci porte rarement sur l'exécution du paiement mais plutôt sur les motifs du non-paiement par le débiteur (le créancier a-t-il véritablement fourni ce qu'il devait ?). Rappr. ce qui a été jugé par l'arrêt *de Bloos* sur le lien entre une obligation et sa sanction pécuniaire, n° 527, en note. En ce qui concerne le lieu de livraison, v. *infra* n° 529.
4. Pour un ex., v. Civ. I, 3 mars 1992, RC 93.692 n. Sinay-Cytermann, arrêt de rejet admettant que l'obligation née d'une lettre d'intention émise par une société néerlandaise en faveur de ses filiales françaises devait se traduire par des actes matériels ou juridiques intervenant en France. Lorsque le lieu d'exécution de l'obligation a été valablement fixé dans le contrat au regard de la loi applicable, le tribunal correspondant a été jugé compétent en vertu de l'art. 5, 1° indépendamment du respect des conditions de forme prévues par la convention pour les clauses d'élection de for (art. 17, devenu 23 dans le règlement, *infra*, n° 566) : CJCE, 17 janv. 1980, *Zelger c. Salinitri*, RC 80.385 n. Mezger, JDI 80.435 obs. A. Huet. La solution se fonde sur ce que les effets de l'art. 5, 1° sont moins étendus que ceux de l'art. C 17 (23), en vertu duquel le for désigné jouit d'une compétence exclusive. Encore faut-il cependant, d'une part, que le litige porte sur l'obligation dont le lieu d'exécution est conventionnellement fixé ; d'autre part, que ce lieu ne soit pas fictif et que des actes d'exécution s'y déroulent effectivement, sans quoi l'art. 17 a été jugé applicable (CJCE 20 fév. 1997, *Les Gravières rhénanes*, RC 97.563 n. Gaudemet-Tallon, JDI 97.625 obs. A. Huet).
5. CJCE19 fév. 2002, *Besix*, RC 02.577 n. Gaudemet-Tallon.
6. V. par ex. Civ. I, 3 mars 1992, préc. ; mais pour des applications du raisonnement requis, Lyon, 28 fév. 1979, D. 80.I.R.330, JDI 80.104 ; Civ. I, 6 fév. 1996, RC 96.504.

concerne l'obligation à prendre en considération, elles se sont plus volontiers attachées à l'obligation principale : ainsi en matière de concession commerciale, où elles se sont déclarées compétentes au titre de l'art. 5, 1° pour connaître des difficultés relatives à des concessions portant sur le territoire français[1]. Quant à la détermination de ce lieu d'exécution, elles ont couramment omis de passer par le raisonnement conflictualiste en vue d'interroger la loi applicable et ont donc procédé à une localisation en fait[2]. La Cour de cassation a tenté par une nouvelle question préjudicielle de faire revenir la Cour de justice sur sa jurisprudence, sans succès[3]. Elle a veillé par la suite au respect par les juges du fond du raisonnement imposé. La nouvelle rédaction de l'article 5, 1° n'y met pas fin.

529. L'article 5, 1° selon le règlement. La règle de compétence spéciale a été maintenue dans le règlement, mais étoffée. Bizarrement, le texte nouveau confirme et répudie à la fois la solution analytique. Après que celle-ci a été reprise dans un premier alinéa, un second ajoute que « *sauf convention contraire, le lieu d'exécution de l'obligation qui sert de base à la demande est, pour la vente de marchandises, le lieu d'un État membre où, en vertu du contrat, les marchandises ont ou auraient du être livrées* » et « *pour la fourniture de services, le lieu d'un État membre où, en vertu du contrat, les services ont ou auraient du être fournis* »[4]. Il apparaît en premier lieu que la détermination du lieu d'exécution ainsi opérée vaut quel que soit l'objet de la demande (ce pourquoi la mention de « l'obligation qui sert de base à la demande » est maladroite). C'est par là que le principe du for de l'obligation litigieuse repris dans le premier alinéa est implicitement renversé pour les deux catégories de contrats visés (sans que l'on sache si ceci vaut également pour les obligations « autonomes » distinguées par l'arrêt *de Bloos*[5]) et remplacé par celui du for du lieu d'exécution de la prestation caractéristique[6]. Le fait de réserver ce régime à certains contrats – apparemment choisis non en raison de caractéristiques

1. Amiens, 26 avril 1978, JDI 80.333, 2e esp., et sur pourvoi, Civ. I, 27 nov. 1979, ibid. 3e esp., D. 80.I.R.329 ; Civ. I, 23 janv. 1979, *Karl Brehmer*, D. 79.I.R.338, RC 79.816, JDI 80.333, 1re esp. ; Com. 13 nov. 1980, D. 82.I.R.72 ; 25 janv. 1984, RC 85.126.
2. Civ. I, 13 déc. 1978, D. 79.I.R.668, 1re esp., ; 23 janv. 1979, préc. ; Soc. 16 oct. 1985, Bull.civ. V, n° 458 ; v. cependant Civ. I, 2 juin 1981, Bull.I, n° 185, p. 152, D. 82.I.R.72, 2e esp. ; 4 mars 1986, Bull. civ., n° 57, p. 53.
3. CJCE, 28 sept. 1999, *GIE Groupe Concorde,* RC 00.253 n. Ancel, JDI 00.547 obs. Bischoff.
4. Sur ce que le lieu de fourniture des services se détermine en fait, Civ. I, 27 mars et 14 nov. 2007, JDI 08.521, 2e et 3e esp., n. Jacquet. En cas de fourniture de services dans plusieurs États membres, le tribunal compétent pour connaître de toutes les demandes est celui dans le ressort duquel ils sont principalement fournis : CJUE, 11 mars 2010, aff. C-19-09 (contrat d'agence commerciale).
5. V., refusant qu'une obligation soit soustraite à la règle générale comme autonome, Civ. I, 3 oct. 2006, D. 06.IR.2458, JCP 06.IV.3100.
6. Il est cependant à noter que lieu de livraison de marchandises, défini par la CVIM comme le lieu de remise des marchandises au premier transporteur pour le compte de l'acheteur, se situe fréquemment en un point situé entre l'établissement du vendeur et celui de l'acheteur ; il ne présente pas toujours au moment du procès la proximité recherchée. En visant le lieu de livraison, on a sans doute davantage pensé au lieu de leur destination finale, où se trouvent en général les marchandises au moment du litige.

de fond, mais pour leur simple fréquence – fait nécessairement surgir des difficultés de qualification, aisément identifiables en l'espèce : qu'en sera-t-il notamment des contrats de concession ou de franchise, contrats-cadres se traduisant par des ventes et des prestations de services successives[1] ; du crédit-bail ? et où s'arrête la « fourniture de services »[2] ? En second lieu, l'assimilation du lieu d'exécution simplement prévu au lieu d'exécution effectif est également contestable, alors que dans le premier cas, la proximité du for avec l'objet du litige n'est aucunement assurée ; un commencement d'exécution aurait pu être exigé. On s'interroge en troisième lieu sur le sens à prêter à l'expression « en vertu du contrat », puisque le lieu d'exécution est objectivement fixé. Enfin, la signification de la réserve d'une « convention contraire » est également difficile à interpréter: celle-ci porte-t-elle sur le lieu d'exécution (mais alors la précision précédente perd son sens) ou sur les effets que le texte lui fait produire sur la compétence (mais l'on imagine mal que les parties prennent la peine de rédiger une clause sur ce point alors qu'elles ignorent en général tout de l'art. 5, 1°) ? Il apparaît ainsi que les difficultés soulevées par cette disposition importante sont loin de s'éteindre [3].

530. – Champ d'application du for contractuel. Indépendamment des difficultés qui précèdent, l'art. 5, 1° soulève, comme toute règle de compétence spéciale, des questions de qualification en vue de se prononcer sur son applicabilité. L'exception de nullité soulevée à l'encontre d'une action en exécution applicable continue de relever du for du contrat[4]. Pour le reste, la Cour de justice a affirmé la nécessité d'une qualification autonome de la matière contractuelle, tout en prenant en général soin de limiter sa réponse à la question particulière soumise[5]. Elle a cependant déclaré que

1. V. condamnant l'assimilation des contrats de concession et de distribution exclusive à un contrat de vente : Civ. I, 23 janv. 2007, D. 07.1575 n. Kenfack et Pan. 2571 obs. Bollée, JCP 07.10074 n. Azzi, JDI 08.521, 1re esp., n. Jacquet, et 5 mars 2008, *ibid.* 4e esp.
2. Sur ce qu'un contrat de licence de droits de propriété intellectuelle n'est pas réductible à un contrat de services, CJCE 23 avril 2009, C-533-07, *Falco*, Rev. Lamy dr. aff. juin 09.57 n. Cavalier, D. 09 Pan. 2390 obs. Bollée, RDC 09.1558 obs. Treppoz.
3. V. déjà CJCE 3 mai 2007, C-386/05, *Color Drack*, D. 07 Pan. 2573 obs. Bollée (en cas de pluralité des lieux de livraison, est compétent le juge du lieu de la livraison principale, celui-ci étant déterminé selon des critères économiques) ; transposant la solution en matière de prestations de service, CJCE 9 juillet 2009, C-204/08 *Rehder*, Rev. Lamy dr. aff. 10.09, p. 67 comm. Combet, RDC 10.195 obs. Treppoz (en matière de transport aérien, le chef de compétence se démultiplie et offre pour le demandeur l'option entre la compétence du juge du pays de départ et d'arrivée, tels que prévus par le contrat de transport).
4. CJCE, 4 mars 1982, *Effer c. Kantner*, RC 82.570 n. Gaudemet-Tallon, JDI 82.473 obs. A. Huet. La solution s'impose pour éviter les exceptions dilatoires. V., jugeant de même en cas d'action tendant à faire juger le contrat nul, bien que cette raison ne joue plus, Civ. I, 25 janv. 1983, RC 83.516 n. Gaudemet-Tallon.
5. CJCE, 22 mars 1983, *Martin Peters*, *supra* n° 515 (la relation entre une association et ses membres est de nature contractuelle) ; dans le même sens entre société et associés, 10 mars 1992, *Powell Duffryn*, RC 1992.528 n. Gaudemet-Tallon, JDI 93.474 obs. Bischoff.

la matière contractuelle suppose l'existence d'un « engagement librement assumé » entre les parties, ce qui ne permet notamment pas à une partie à une chaîne de contrats agissant contre une autre qu'un cocontractant immédiat d'invoquer l'art.5,1°[1]. Il en est de même en cas de responsabilité précontractuelle[2]. A été jugée en revanche contractuelle (pour l'application de l'art. 13 de la convention) l'action d'un consommateur déclaré gagnant d'une loterie publicitaire[3].

b. Obligations alimentaires

531. – Succession de textes. Les dispositions du règlement n° 44/2001 sont appelées à être remplacées par celles du règlement (CE) n° 4/2009 relatif à la compétence, la loi applicable, la reconnaissance et l'exécution des décisions et la coopération en matière alimentaire, à l'entrée en vigueur de celui-ci, prévue le 18 juin 2011 (art. 68.1). Il convient donc d'examiner successivement les unes et les autres[4].

α) Règlement 44/2001

532-1. – Option générale. Selon l'art. 5, 2°, un défendeur domicilié dans un État contractant peut être assigné dans un autre État contractant « en matière d'obligation alimentaire, devant le tribunal du lieu où le créancier d'aliments a son domicile ou sa résidence habituelle ». Cette disposition a un pendant dans de nombreux droits nationaux. Elle se justifie au

1. CJCE 17 juin 1992, *Sté Jacob Handte*, JCP 92.II.21927 n. Larroumet, RC 92.726 n. Gaudemet-Tallon, JDI 93.469 obs. Bischoff, suivi de Civ. I, 27 janv. 1993, RC 93.485 n. Gaudemet-Tallon ; 21 sept. 2005, JCP 06.10151 n. Bruneau (entre preneur et fabricant dans un crédit-bail) ; auparavant Civ. I, 4 mars 1986, D. 87. Somm. 345 obs. Audit ; 28 oct. 1986, RC 87.612 n. Gaudemet-Tallon. Contrairement à l'apparence, la position de la Cour de justice n'est pas incompatible avec celle de la Cour de cassation selon laquelle l'action du sous-acquéreur est « nécessairement contractuelle », ou encore imposant d'appliquer la convention de La Haye sur la vente internationale pour déterminer la loi applicable à l'action rédhibitoire directement intentée par l'acheteur (Civ. I, 10 oct. 1995, D. 96. Somm. 171), car il s'agit dans les différents cas de respecter les attentes du défendeur.
2. CJCE 11 septembre 2002, *Tacconi*, RC 03.668, n. Rémy-Corlay.
3. CJCE 11 juillet 2002, *Rudolf Gabriel*, RC 03.484 n. Rémy-Corlay : en passant commande de marchandises, le consommateur est jugé avoir manifesté son acceptation d'une offre globale. Cpr. 14 mai 09, *Ilsinger*, Rev. Lamy dr. aff. oct. 09, obs. Queguiner. En France, Civ. I, 7 mai 2010, n° 08-16.071.
4. Comme l'indique son intitulé, le règlement n° 4/2009 s'est fixé pour but de regrouper l'ensemble des dispositions intéressant le contentieux en matière d'obligations alimentaires, tout en se référant expressément pour ce qui concerne la *loi applicable* au Protocole de La Haye du 23 novembre 2007 (*infra* n° 745 et 746-2). Sont examinées ici les règles de compétence ; celles concernant, d'une part, la procédure, d'autre part, la reconnaissance et l'exécution des décisions sont évoquées à leur place respective (*infra* n° 573 et 581). Soucieux de faciliter le recouvrement transfrontière des créances alimentaires, rarement exécutées spontanément, le règlement met en outre en place un régime détaillé de coopération ; celui-ci recourt à la méthode, maintenant éprouvée, des autorités centrales et fait la part à l'échange d'information entre elles aux fins de localiser les débiteurs et les créanciers et d'identifier leurs revenus et patrimoine (Chapitre VII, art. 49 à 63).

premier chef par l'état de besoin présumé du demandeur ; également par le fait que c'est au lieu de sa résidence que l'on sera le mieux à même d'en apprécier l'existence et l'étendue[1]. Le critère de la « résidence habituelle » permet notamment de couper court à des discussions sur certains domiciles de dépendance, en particulier des mineurs. Le terme « obligation alimentaire » doit être pris dans un sens générique, c'est-à-dire qu'il est susceptible de s'appliquer à des institutions différemment dénommées : devoir de secours, d'entretien, contribution aux charges du mariage... ; il a été jugé applicable même à la prestation compensatoire du droit français, nonobstant son caractère partiellement indemnitaire, sa détermination forfaitaire et le fait qu'elle devait en principe versée sous forme de capital[2]. Certaines obligations pourraient cependant se rattacher à une autre institution et, à ce titre, soit relever d'une autre règle de compétence (obligations nées d'un contrat ou d'un délit), soit même échapper au domaine du règlement (succession).

532-2. – Cas de demandes accessoires à une action d'état. La Cour de justice a été amenée, dans le dernier arrêt cité, à dire pour droit que les demandes d'aliments accessoires à une action d'état relèvent du domaine de la Convention et bénéficient donc des facilités de reconnaissance qu'elle prévoit (n° 512). Mais l'action d'état n'obéit pas elle-même aux règles de compétence directe de la Convention, de sorte que le juge qui en aura été régulièrement saisi selon ses règles de droit commun sur un fondement autre que le domicile du défendeur ou celui de l'art. 5, 2° ne l'était pas, au regard de la Convention, pour statuer sur une demande accessoire d'aliments : par exemple, un tribunal saisi du divorce en tant que for du dernier domicile commun. Afin d'éviter une scission du contentieux, la convention d'adhésion de 1978 a ajouté à l'art. 5, 2° une disposition selon laquelle le tribunal régulièrement saisi selon sa loi d'une action d'état est également compétent pour statuer sur la demande d'aliments, en exceptant toutefois le cas où sa compétence est uniquement fondée sur la nationalité de l'une des parties.

β) *Règlement 4/2009*

532-3. – Dispositions relatives à la compétence. Le règlement donne compétence optionnelle aux juridictions du lieu où soit le défendeur soit le créancier ont leur résidence habituelle ; les demandes accessoires à une action d'état ou une action relative à la responsabilité parentale peuvent

1. L'idée inspire également les conventions de La Haye de 1958, 1973 et 2007 sur la reconnaissance et l'exécution des décisions en la matière (n° 747 s.), et ce qui concerne les règles de compétence indirecte. En revanche, parce que la Convention de Bruxelles inclut la compétence directe, il n'est aucunement nécessaire que le « créancier » d'aliments ait déjà obtenu une décision en sa faveur (CJCE 20 mars 1997, *Farrell*, RC 97.594 n. Droz, JDI 98.568 obs. A. Huet). Le fondement de l'art. 5, 2° ne permet pas qu'il soit invoqué par un organisme public poursuivant par voie récursoire le remboursement de sommes versées au créancier (CJCE 15 janv. 2004, *Blijdenstein*, Rec. I-981, RC 04.465 n. Pataut).
2. CJCE, 6 mars 1980, *de Cavel II*, préc. n° 512.

par ailleurs être portées devant la juridiction saisie de celle-ci, à condition que sa compétence, fixée selon le droit commun, ne soit pas uniquement fondée sur la nationalité d'une des parties (art. 3)[1]. Les parties peuvent également convenir, à condition que le litige ne porte pas sur une obligation alimentaire à l'égard d'un enfant de moins de dix-huit ans, de porter celui-ci devant une ou les juridictions de l'État membre dans lequel l'une des parties a sa résidence habituelle ou dont l'une des parties a la nationalité ; et en ce qui concerne les litiges entre époux ou ex-époux, devant la juridiction compétente pour connaître du différend matrimonial ou une ou les juridiction de l'État membre qui a été celui de leur dernière résidence habituelle commune pendant au moins un an (art. 4). Est également compétente la juridiction devant laquelle le défendeur comparaît sans contester la compétence (art. 5). Lorsque aucune juridiction d'un État membre n'est compétente en vertu des trois dispositions précédentes, le litige peut être porté devant les juridictions de l'État membre de la nationalité commune des parties (art. 6).

Dans le même cas, le règlement 4/2009 institue également un for de nécessité permettant à une juridiction d'un État membre « dans des cas exceptionnels » de connaître du litige si une procédure ne peut être raisonnablement introduite ou conduite, ou se révèle impossible, dans un État avec lequel le litige a un lien étroit ; il est nécessaire pour cela que le litige présente un lien étroit avec l'État membre de la juridiction saisie (art. 7).

Lorsqu'une décision a été rendue dans un État membre ou dans un État partie à la Convention de La Haye de 2007 (*infra* n° 748-1), où le créancier a sa résidence habituelle, le débiteur ne peut, sauf accord des parties, introduire dans un État membre une procédure tendant à modifier la décision aussi longtemps que le créancier réside habituellement dans l'État d'origine de celle-ci (art. 8).

Comme le règlement 44/2001 (n° 519), le règlement 4/2009 réserve la possibilité de demander des mesures provisoires ou conservatoires selon les règles de compétence de droit commun des États membres (art. 14).

c. Délits

533. – Champ d'application de la règle. Selon l'art. 5, 3°, un défendeur domicilié dans un Etat membre peut être attrait dans un autre État membre, « en matière délictuelle ou quasi délictuelle, devant le tribunal du lieu où le fait dommageable s'est produit »[2]. Cette règle, connue de divers droits nationaux (cf. art. 46 CPC), est justifiée par la proximité entre le for visé et le litige, facilitant notamment l'établissement des preuves (enquêtes, expertises). La qualification de « matière délictuelle » fait fréquemment

1. La notion de « juridiction », aux fins d'application du règlement 4/2009, inclut aussi bien les autorités administratives des États membres compétentes en matière d'obligations alimentaires, pour autant qu'elles en présentent les caractéristiques du point de vue des principes généraux de la procédure (art. 1.2). Une annexe énumère ces autorités.
2. Kerameus, « La compétence internationale en matière délictuelle selon la convention de Bruxelles », TCFDIP 1992-93.255.

difficulté dans un système donné et elle n'est pas conçue pareillement d'un système à l'autre. La Cour de justice a déclaré, d'une part, qu'elle devait être considérée comme autonome pour les besoins de la Convention – sans pour autant donner de précision en ce qui concerne l'action à l'occasion de laquelle elle était saisie –, d'autre part, qu'elle comprend « toute demande visant à mettre en jeu la responsabilité du défendeur et ne se rattachant pas à la matière contractuelle »[1]. La formule peut donner à penser à une bipolarisation des actions en responsabilité ; mais il semble que certaines auxquelles est dénié le caractère contractuel n'entrent pas pour autant dans le champ de l'art. 5, 3° et relèvent donc uniquement de l'art. 2[2].

L'art. 5, 3° est appelé à s'appliquer aussi bien à l'action dirigée contre une personne civilement responsable – selon la loi applicable au délit – de l'auteur d'un dommage ; l'action directe contre l'assureur du responsable relève en revanche des dispositions spéciales (n° 548).

534. – Difficultés d'application. L'expression de « fait dommageable » soulève une ambiguïté connue en cas de dissociation géographique entre le fait générateur et le dommage. La difficulté fut rapidement soumise à la Cour de justice à l'occasion d'une hypothèse caractéristique : des horticulteurs néerlandais, alléguant de dommages subis par leurs cultures du fait de la pollution des eaux du Rhin, agissaient aux Pays-Bas contre une entreprise française à laquelle ils imputaient cette pollution en raison de déversements de déchets dans le fleuve. La Cour a jugé pour droit que l'expression à interpréter pouvait viser « à la fois le lieu où le dommage est survenu et celui de l'événement causal » de sorte que le demandeur jouit d'une option[3]. Effectivement, d'une part, l'un et l'autre rattachements

1. CJCE, 27 sept. 1988, *Kalfelis*, RC 89.112 n. Gaudemet-Tallon, JDI 89.457 obs. A. Huet, D. 89. Somm. 254 ; 27 oct. 1998, RC 99.322 n. Gaudemet-Tallon. Sont jugées relever de cette définition la responsabilité précontractuelle, au motif que le comportement ne découle d'aucun engagement librement assumé entre les parties, en violation des règles de droit (CJCE, 17 sept. 2002, RC 03.668 n. Rémy-Corlay, JDI 03.668 obs. A. Huet) et une action préventive de consommateurs (1er oct. 2002, *ibid.* 682, n. Rémy-Corlay, JDI 03.903 n. Leclerc).
2. V. l'arrêt *Jakob Handte*, *supra* n° 530 et cpdt, appliquant l'art. 5, 3° à l'action d'un sous-acquéreur contre l'assureur d'un fabricant, Com. 18 oct. 1994, RC 95.721 n. Sinay-Cytermann, JDI 95.143 obs. A.Huet. Ne visent pas à mettre en jeu une responsabilité l'action paulienne du droit français (CJCE *Reichert II*, n° 558), une action en revendication (Paris, 16 déc. 1974, préc. n° 515), une action tendant à faire supporter par un tiers le passif d'une société déjà condamnée pour spoliation (Civ. I, 3 fév. 1987, RC 87.617 n. Gautier) ; comp. Paris, 29 sept. 1978, RC 79.444 n. Santa-Croce (action d'une banque française en remboursement d'un crédit documentaire contre une société allemande donneur d'ordre à une banque allemande apéritrice, à la suite d'un refus par la société allemande des documents adressés par l'exportateur français ; la qualification délictuelle n'est pas envisagée).
3. CJCE, 30 nov. 1976, *Sté Bier et Fond. Rheinwater c. Mines de Potasse d'Alsace*, Rec. 76.1735 concl. Capotorti, D. 77.613 n. Droz, RC 77.563 n. Bourel, JDI 77.728 obs. A. Huet. V. appliquant cette solution (dans un cas cependant où l'événement causal – déversement de déchets – était intervenu en haute mer), TGI Bastia, 8 déc. 1976, D. 77.427 n. Rémond-Gouilloud et, dans la même affaire, Civ. II, 3 avril 1978, Bull. civ., n° 106, D. 78.I.R.367.

peuvent être pertinents, selon le cas, en termes de proximité des faits à établir ; d'autre part, la désignation du for du lieu du dommage peut se recommander du souci des intérêts du demandeur (la « victime ») et celle du fait générateur de l'inconvénient d'une multiplicité de fors pour juger des mêmes faits[1]. Il n'est donc pratiquement pas possible d'éliminer l'un d'eux, chacun pouvant, selon les circonstances, se révéler spécialement approprié.

Il ne faut cependant pas se dissimuler que le choix exercé par le demandeur est rarement dicté par les considérations qui président à la solution élective mais plutôt par ses intérêts immédiats, au premier rang desquels le désir de plaider dans l'État de son domicile, ou, à tout le moins, ailleurs que dans celui de son adversaire. Or cette possibilité lui sera fréquemment offerte du fait que c'est là qu'il a été atteint (par exemple en cas de concurrence déloyale ou de refus de vente). En l'absence d'exception de *forum non conveniens*, dont l'opportunité se révèle dans ce type de situation, il convient au moins de s'opposer à une interprétation trop extensive du texte. Lorsque le demandeur est effectivement la personne subissant le dommage, le lieu de sa survenance doit s'entendre comme celui où l'effet est directement et initialement causé, non le domicile de la victime où il se fait fréquemment ressentir[2]. *A fortiori* (selon une décision antérieure), le lieu où est subi un préjudice par ricochet ne permet pas de fonder une compétence sur l'art. 5, 3[3]. En matière d'internet, la simple accessibilité d'un site, dans la mesure où elle est universelle, ne devrait pas à elle seule permettre de justifier l'application de l'art. 5, 3° au titre de lieu du dommage[4]. Cette position est cependant défendue au motif que l'exercice

1. Deux autres arguments invoqués par la Cour de justice dans la discussion du for du dommage sont en revanche impropres : en faveur de ce rattachement, celui de l'« effet utile » de l'art. 5, 3°, selon lequel il constitue une véritable alternative au for du défendeur, parce que trouver dans chaque espèce un for spécifique du délit ne constitue aucunement un objectif de la règle de compétence ; et à son encontre, celui, selon lequel le for du dommage se traduit pratiquement un *forum actoris*, parce qu'éviter celui-ci ne constitue pas une fin en soi : la seule question est de savoir si le critère de rattachement répond aux objectifs de la règle de compétence, et il est inévitable que le lieu du dommage, reconnu tel, conduise fréquemment au for du demandeur.
2. En matière de préjudice moral ou financier, CJCE 19 sept. 1995, *Marinari,* JDI 96.562 obs. Bischoff ; 10 juin 2004, *Rudolf Kronhofer*, aff. C-168/02, RC 05.326 n. Muir Watt, D. 05. Somm. 1261 obs. Chanteloup ; de préjudice physique, v. Civ. I, 27 janv. 1982, GP 1982.J.365 n. Viatte. Sur la discussion en droit français, v. n° 345 et, cependant, Civ. I, 21 oct. 1981, Bull. civ. I, n° 303.
3. CJCE, 11 janv. 1990, *Dumez France*, RC 90.363 n. Gaudemet-Tallon, JDI 90.497 obs. A. Huet (une société-mère en France ne peut y invoquer le préjudice subi du fait de la déconfiture de filiales en Allemagne, imputé à un retrait de soutien de banques allemandes défenderesses).
4. En ce sens, Cass. com. 11 janv. 2005, *Boss*, Légipresse n° 21, mai 2005, p. 79 n. Passa, JCP 05. 10055 n. Chabert (repoussant une action en contrefaçon au motif que les produits en cause ne sont pas disponibles en France) ; Paris, 6 juin 2007, JCP 07.10151 n. M.-E. Ancel, et Versailles, 26 juin 2008, D. 08. A.J. 2284 obs. Manara, arrêts exigeant un « lien suffisant, substantiel ou significatif » avec le for (mais, inversement, 2 déc. 2009, *eBay c. Maceo*, JCP 10, n°216 n. Chabert).

de la compétence, traduction du droit d'accès à la justice, ne préjuge pas la décision au fond (sur la loi applicable, *infra* n° 801)[1]. Il paraît néanmoins préférable d'exiger des indices faisant ressortir l'intention de l'exploitant du site de diriger son activité vers la France. Pour des sites marchands, cet élément pourra résulter de la disponibilité en France des produits offerts[2].

L'interprétation souple qu'a reçue l'art. 5, 3° a vocation à s'appliquer dans les cas de dissociation accrue des éléments du délit : pluralité d'actes générateurs répartis en différents pays, pluralité de dommages subis en différents pays par une même personne (atteinte à la réputation, à la vie privée), voire cumul de ces occurrences ; mais il importe plus encore d'encadrer les possibilités qu'elle ouvre. Effectivement, statuant à propos de diffamation alléguée par voie de presse, la Cour de justice a tout d'abord admis que la victime pouvait agir soit dans l'État du lieu d'établissement de l'éditeur (mais, d'une part, ceci se confondra le plus souvent avec le for de l'art. 2, d'autre part, on hésitera à exclure le lieu de publication, s'il devait y avoir dissociation), soit dans chaque État où la publication a été diffusée et où le demandeur prétend avoir subi une atteinte à sa réputation ; mais, selon la même décision, tandis que le for du lieu de l'événement causal a vocation à se prononcer sur la totalité du dommage (cela doit toutefois être considéré sans préjudice de la loi qui sera appliquée au fond), celui d'un lieu de diffusion n'est compétent que pour statuer sur le dommage local[3]. Saisis à différentes reprises d'actions en réparation d'atteintes à la vie privée du fait de publications intervenues en pays étranger, les tribunaux français avaient déjà adopté cette position[4]. Celle-ci a été étendue à différentes hypothèses de délits complexes[5]. Selon une autre analyse, mais conduisant au même résultat, l'action du défendeur dans

1. En ce sens, Civ. I, 9 déc. 2003, *Roederer c. Castellblanch*, D. 2004, AJ 276, n. Manara, JCP 2004.10055 n. Chabert, Com. Com. élec. 2004 n° 40, n. Caron, JDI 04.872 n. A. Huet, RC 04.632 n. Cachard, se contentant de la simple accessibilité en France du site ; Com. 20 mars 2007, *HSM*, JCP 07.10088 n. M.-E. Ancel, RC 08.332 n. Treppoz. Un abus de procédure pourrait être sanctionnée de dommages-intérêts (art. 32-1 CPC).
2. Cass. com. 9 mars 2010, n° 08-16.752, *Deticom c. Pneu Online*, D. 10. 1183 n. G. Lardeux, JDI 10 comm. 16 par Usunier. V., très bien motivé, Orléans, 6 mai 2003, RC 04.139 n. Gaudemet-Tallon, JDI 04.193 obs. A. Huet : compétence française affirmée contre un défendeur (pour le dommage local) en raison de la diffusion d'un catalogue avec toutes indications utiles pour commander depuis la France, rejetée à l'égard d'un autre faute de toute commercialisation en France. Comp., hors internet, Civ. I, 25 mars 2009, *Sinequanone*, RC 09.580 n. Treppoz. Adde. *infra*, n° 552, l'interprétation critère de l'activité dirigée relativement aux consommateurs.
3. CJCE, 7 mars 1995, *Fiona Shevill*, D. 96.63 n. Parléani, JDI 96.543 obs. A. Huet, RC 96.487 n. Lagarde.
4. Paris, 19 mars 1984, D. 85.I.R.179, 1re esp., obs. Audit, RC 85.141, 1re esp. n. Gaudemet-Tallon, confirmant TGI Paris, 27 avril 1983, RC 83.670 ; TGI Paris, 19 juin 1974, D. 75.638 n. Droz, RC 74.696 n. Lagarde (suggérant la solution évoquée) ; 29 sept. 1982 et 27 avril 1983, RC 83.670 n. Gaudemet-Tallon (pour la même solution selon le droit commun, soit la compétence fondée sur l'art. 46 CPC, TGI Paris, 30 juin 1984, RC 85.141, 2e esp.).
5. Paris, 5 nov. 1997, D. 98. Somm. 281 obs. Audit (atteinte à la vie privée) ; Civ. I, 16 juill. 1997, JDI 98.136 obs. A.Huet, 25 mars 2009, n° 08-14.119 (contrefaçon).

l'État du dommage localise également le fait générateur de celui-ci, de sorte que l'on est ramené à la situation d'un délit simple, entièrement localisé dans le même État[1].

Le règlement 44/2001 a ajouté à l'article 5, 3° une incidente étendant le for du délit au lieu où le fait dommageable « risque de se produire », ouvrant ce for aux actions préventives. L'admissibilité d'une telle action relèvera cependant de la loi du for ; mais le degré de matérialité que doit présenter le risque invoqué pourrait faire l'objet d'une définition communautaire autonome[2].

535. – Action civile portée devant un tribunal répressif. Dans certains États de l'Union, dont la France, la victime d'une infraction pénale a la faculté d'exercer une action à fins civiles – action en réparation, mais aussi en restitution – devant les juridictions répressives. Tenant compte de cette possibilité, l'art. 5, 4° permet en pareil cas au demandeur de porter son action devant le tribunal saisi de l'action publique, situé par hypothèse dans un État autre que celui du domicile du défendeur. Cette disposition s'applique également lorsque l'action est exercée contre le tiers civilement responsable. Elle ne fait pas double emploi, dans le cas d'une action en réparation, avec la précédente : car le tribunal répressif saisi peut n'être pas celui du lieu du fait dommageable mais, par exemple, celui de l'arrestation. Ainsi le juge saisi, compétent d'après la *lex fori* en vertu d'un critère étranger au règlement, devient également compétent au regard de celui-ci. La décision rendue sur les intérêts civils, bien qu'émanant d'une juridiction répressive, bénéficie des facilités de reconnaissance selon le règlement (v. déjà art. 1er, n° 510).

d. Succursales, agences ou établissements

536. – Idée générale. L'art. 5, 5° permet de porter un litige contre une maison-mère ayant son siège dans un autre État contractant et « relatif à l'exploitation d'une succursale, d'une agence ou de tout autre établissement », devant le tribunal du lieu de leur situation. Cette compétence correspond à celle qui résulte en droit français de la jurisprudence dite des « gares principales » (n° 344). Elle vise à épargner au demandeur de se déplacer au siège du défendeur alors qu'il a été en relations avec une émanation locale de celui-ci[3].

Les demandeurs, en général soucieux de plaider dans leur propre pays, se sont efforcés de faire prévaloir une interprétation extensive de ce chef de compétence ; la Cour de justice a ainsi été amenée à préciser, d'une part, la nature des entités visées, d'autre part, les litiges auxquels la disposition est applicable.

1. Civ. I, 25 mars 2009, RC 09.580 n. Treppoz.
2. V., déclinant à juste titre sa compétence, Orléans 6 mai 2003, préc.
3. Son application est cependant subordonnée, comme celle de toute disposition de l'art. 5, au fait que le défendeur soit domicilié sur le territoire d'un État contractant (Paris, 17 nov. 1993, *Guggenheim*, RC 94.115 n. Gaudemet-Tallon).

537. – Entités visées. La définition des entités visées aurait pu être demandée aux droits internes, déclarés compétents en tant que *lex fori*, *lex personalis* ou *lex causae* ; mais la Cour de justice a estimé plus opportun de dégager des critères uniformes[1]. En formulant ceux-ci, elle a tout d'abord rejeté toute distinction entre les trois types d'entités visées à l'art. 5, 5° ; leur énumération n'a pour objet que d'englober les différents types d'établissements qu'une maison-mère est susceptible d'entretenir à l'étranger et qui en constituent le prolongement[2]. L'arrêt *Somafer* a précisé les caractères que doit présenter l'établissement concerné pour pouvoir fonder une compétence locale à l'égard de la maison-mère : des éléments matériels (un centre d'opération et des équipements suffisants) de caractère permanent, et une activité destinée à mettre les tiers en rapport avec la maison-mère.

Une activité exercée de manière indépendante à l'égard du défendeur recherché, telle que celle d'un concessionnaire ou d'un agent commercial, ne permet pas à un tiers de fixer la compétence selon le texte[3]. En décider autrement aurait pratiquement consacré un cas de *forum actoris*. Cela n'exclut naturellement pas que les rapports du tiers demandeur et du défendeur soient soumis aux tribunaux locaux en vertu d'une autre disposition et en particulier l'art. 5, 1° (n° suivant). La séparation des personnalités juridiques devrait également conduire à exclure qu'une société-mère soit attraite du fait de l'activité de sa filiale, sauf peut-être à permettre que soit levé le voile social dans des circonstances exceptionnelles. Mais la Cour de justice a admis l'application de l'art. 5, 5° dans des conditions beaucoup plus larges dès lors que le défendeur, personne morale établie dans un État contractant, tout en n'exploitant pas une succursale dans un autre État contractant, « y exerce néanmoins ses activités au moyen d'une société indépendante, portant le même nom et ayant la même direction, qui agit et conclut des affaires en son nom et dont elle se sert comme un prolongement »[4].

538. – Contestations visées. Inspirée comme les autres dispositions de l'art. 5 par le souci de bonne administration de la justice liée à la proximité, la disposition envisagée n'a lieu de jouer que si le litige présente un lien avec l'activité de la succursale. Le texte l'indique expressément et l'arrêt *Somafer* s'est efforcé de préciser cette condition en distinguant trois types

1. CJCE, 22 nov. 1978, *Somafer*, Rec. 78.2183 concl. Mayras, D. 79.I.R.458, JDI 79.672 obs. A. Huet ; cette position était déjà implicite dans l'arrêt *de Bloos*, préc. n° 527. V. également 6 avril 1995, *LRS*, *infra*.
2. Arrêt *de Bloos*, préc.
3. CJCE, 18 mars 1981, *Blanckaert*, Rec. 81.818 concl. Reischl, JDI 82.479 obs. Bischoff. Le but de la disposition ne permet pas non plus qu'elle soit invoquée par l'établissement indépendant lui-même (et non un tiers) dans ses rapports avec l'entreprise située à l'étranger, ce qui a été également jugé dans l'arrêt *de Bloos*.
4. CJCE, 9 déc. 1987, *Sté Schotte c. Sté Parfums Rotschild*, JDI 88.544 obs. Bischoff, RC 88.733 n. Droz. La décision se fonde sur l'apparence créée à l'égard des tiers ; mais elle est d'autant plus notable que la société attraite au lieu d'activité de l'« émanation » qui cristallisait la compétence était en l'espèce la *filiale* de celle-ci et non la société-mère, alors que l'arrêt *Somafer* avait mis l'accent sur le lien de subordination.

de litiges. Les premiers ont trait à la « gestion proprement dite » de l'établissement, c'est-à-dire son fonctionnement, tels ceux relatifs à l'achat ou la location de matériel (plutôt que la location de locaux, citée par l'arrêt, mais qui relève de la règle de compétence de l'art. 22), le recours à des services, l'engagement de personnel local. Les seconds sont « relatifs aux engagements pris par le centre d'opérations (...) au nom de la maison-mère », c'est-à-dire qu'ils se rapportent à l'activité extérieure de l'établissement. Enfin, il peut s'agir de litiges relatifs aux obligations non contractuelles qui trouveraient leur origine dans les activités de l'établissement.

Il ressort de ces précisions que la portée propre de la disposition envisagée est en définitive assez faible, parce que le for de la succursale sera fréquemment compétent à un autre titre : en tant que celui du lieu d'exécution de l'obligation litigieuse ou du lieu du fait dommageable. Toutefois, en cas d'obligation s'exécutant ou de délit survenu ailleurs dans le même pays, la disposition pourrait avoir l'effet secondaire, sans doute non envisagé, de créer un chef de compétence territoriale particulier à l'intérieur du pays où est établie la succursale[1].

e. Trusts

539. – Tribunaux de l'État où le trust est domicilié. Le *trust* joue un rôle constant dans la vie sociale, et en particulier économique, des pays de *common law*. La disposition de principe de l'art. 2 pouvait se révéler inappropriée dans les litiges relatifs à un *trust*, dès lors que le défendeur se trouverait domicilié dans l'un des États de la Communauté qui ignorent l'institution. S'agissant même d'un *trust* volontaire entre vifs, l'art. 5, 1° n'aurait pas été applicable car la constitution du *trust*, tout en relevant de la loi d'autonomie, n'est pas considérée comme un contrat[2]. Cela a conduit à ajouter dans la convention d'adhésion de 1978 une disposition spéciale. Celle-ci suppose que le *trust* en question joue dans une matière relevant du domaine de la convention (ce qui exclut par exemple les *trusts* successoraux ou constitués à l'occasion d'une faillite) et elle ne vise que les relations internes au *trust*, par opposition aux rapports du *trustee* avec les tiers.

En vertu de l'art. 5, 6°, un défendeur domicilié dans un État contractant peut être attrait dans un autre Etat contractant en sa qualité de fondateur (c'est-à-dire de constituant), de *trustee* ou de bénéficiaire d'un *trust* constitué soit en application de la loi, soit par écrit, soit par une convention verbale (ce qui exclut le *trust* « implicite ») devant les tribunaux sur le territoire duquel le *trust* a son domicile[3]. La règle satisfait le souci de proximité du juge et du litige et permettra

1. Il n'est cependant pas nécessaire, contrairement à ce qu'avait d'abord statué la Cour dans l'arrêt *Somafer*, que les engagements pris par la succursale au nom de la maison-mère doivent s'exécuter dans l'État contractant où la succursale est établie (CJCE 6 avril 1995, *LRS c. Campenon-Bernard*, RC 95.770 n. Droz, JDI 96.564 obs. A. Huet, affaire ayant donné lieu à Paris, 5 juin 1991, D. 92. Somm. 166 : contrat conclu par le demandeur français avec la succursale parisienne du défendeur anglais et s'exécutant en Espagne).
2. La convention de Rome du 19 juin 1980 sur la loi applicable aux obligations contractuelles a exclu expressément le *trust* de son champ d'application (art. 1er, g).
3. Selon l'art. 60.3 (C 53 al. 2), pour déterminer si un *trust* a son domicile sur le territoire d'un État membre, le juge saisi applique les règles de son droit international privé. Dans les Etats contractants qui ignorent le *trust*, à défaut de telle règle, on pourra s'inspirer, d'une part, de la loi de 1982 introduisant la convention au Royaume-Uni et pour laquelle ce lieu est dans la partie du royaume avec laquelle le *trust* présente les liens les plus étroits (on pourrait parler de centre de gravité) ; d'autre part, de la

fréquemment la coïncidence de la compétence judiciaire et de la compétence législative, particulièrement souhaitable en la matière ; cette disposition est la seule de l'art. 5 qui désigne *les* tribunaux de l'État concerné et non une juridiction particulière.

f. Matières maritimes

540. – Hypothèses visées. La convention d'adhésion de 1978 a ajouté deux dispositions en matière maritime. Une contestation relative au paiement de la rémunération réclamée pour assistance ou sauvetage dont a bénéficié une cargaison ou un fret peut être portée devant le tribunal du lieu où ils ont été saisis, ou auraient pu l'être dans le cas où une sûreté a été donnée (art. 5, 7°). Il s'agit là d'un cas particulier de *forum arresti*, le for de la saisie conservatoire recevant compétence pour statuer au fond. Mais ce chef de compétence ne joue que s'il est prétendu que le défendeur a un droit sur la cargaison ou le fret ou avait un tel droit au moment où est née la créance alléguée. Le caractère limité quant à l'objet de la saisie s'explique parce que la saisie du navire lui-même en vue de satisfaire une créance d'assistance relèvera le plus souvent d'une convention particulière, la convention de Bruxelles du 10 mai 1952.

Lorsqu'en vertu du règlement, un tribunal d'un État contractant est compétent pour connaître des actions en responsabilité du fait de l'utilisation ou de l'exploitation d'un navire, ce tribunal, ou tout autre que lui substitue la loi de cet État, connaît aussi des demandes relatives à la limitation de cette responsabilité (art. 7, C 6 bis)[1]. Ce texte ne vise pas le cas où le défendeur invoque une telle limitation en défense à une action portée contre lui, car le for saisi est compétent pour connaître de ce moyen en vertu de la disposition générale de l'art. 6, 3° (n° 544). Il vise à permettre au responsable de prendre l'initiative d'une action contre un ou plusieurs créanciers afin de faire constater la limitation de sa responsabilité, et ce dans l'un quelconque des États contractants où les intéressés seraient susceptibles d'agir contre lui ; au premier rang figure l'État du domicile du défendeur, dans lequel celui-ci a ainsi la possibilité de grouper ses diverses actions en limitation de responsabilité.

2. Compétences dérivées

541. – Admission sélective de la connexité. La Convention a fait place dans l'art. 6 à la notion de compétence internationale dérivée fondée sur la connexité, connue de différents droits nationaux (en droit commun français, v. n° 372). Certaines dispositions de l'art. 5 en constituaient déjà l'application : celles relatives aux demandes d'aliments liées à une action d'état (art. 5, 2°, v. n° 531) et aux actions civiles portées devant une juridiction répressive (art. 5, 4°, v. n° 535). L'art. 6 prévoit la concentration devant un for compétent d'actions ou de demandes qui relèveraient autrement

convention de La Haye de 1985 (*infra* n. 767) qui, appliquant le même critère aux fins de déterminer la loi applicable au *trust* en l'absence de désignation, énonce les rattachements les plus pertinents (art. 7).

1. De nombreux textes nationaux et conventions internationales limitent la responsabilité des propriétaires de navires, affréteurs, armateurs ou capitaines : conventions de Bruxelles du 10 octobre 1957 et de Londres du 19 novembre 1976 ; en France, loi du 3 janvier 1967 (art. 58 s.) et décr. du 27 oct. 1967 (art. 59 s.). V. Cachard, *op. cit. supra* n° 8.

des juridictions d'un autre État. Il répond aux soucis d'économie de procédures et, comme l'art. 5, de bonne administration de la justice, lequel veut ici que des affaires voisines ne reçoivent pas des solutions inconciliables[1]. Toutefois, l'art. 6 ne fait pas de la connexité un chef de compétence à titre général[2]. Il prévoit limitativement quatre cas, le dernier indirectement issu de la convention de Lugano. Ils soulèvent un problème commun, celui de leur conflit avec une clause attributive de juridiction, qui sera examiné à la suite.

a. Cas de connexité retenus

542. – Codéfendeurs. Selon l'art. 6,1°, le défendeur domicilié dans un État contractant peut être attrait, « s'il y a plusieurs défendeurs, devant le tribunal du domicile de l'un d'eux »[3]. La lettre du texte n'autorise la concentration des compétences que si le for saisi est celui du domicile du défendeur « élu » à l'intérieur même de l'État où celui-ci est domicilié. Cette limitation dresse un obstacle à l'application de la disposition lorsque le for saisi l'est sur le fondement non de l'art. 2 mais d'une règle dérogatoire de l'art. 5 (et elle ne figure pas dans la règle suivante, de l'art. 6.2, laquelle est donc applicable quel que soit le chef de compétence du tribunal saisi). La règle des co-défendeurs devrait pourtant pouvoir jouer dès lors que la compétence repose sur un critère objectif (par opposition à une pure élection de for) et l'on peut regretter que le règlement l'ait conservée telle quelle sur ce point[4].

Le règlement a précisé en revanche que les demandes doivent être liées par un rapport suffisamment étroit qu'il y a intérêt à les instruire et à les juger ensemble pour éviter une contrariété de décisions, confirmant ainsi une exigence spécifique de connexité généralement reconnue[5]. On

1. V. admettant le jeu d'une compétence dérivée alors même que le litige principal ne relevait pas de la Convention, Paris, 28 mai 1997, JDI 98.192 obs. crit. A.Huet.
2. V. en cas de demandes multiples contre un même défendeur, Civ. I, 24 mars 1987, JDI 88.138 obs. A. Huet (demande en intervention et demande en réparation d'un préjudice propre) ; 30 mars 2004, RC 04.652 n. Ancel (fondement contractuel et fondement délictuel) ; Paris, 12 oct. 1994, cité plus bas.
3. V. appliquant ce texte (dans le cadre de la convention de Lugano) au cas de demande formée par un tiers appelé en intervention contre la partie qui l'a appelé et contre le demandeur au principal, Paris 22 fév. 1995, RC 95.369 n. Gaudemet-Tallon.
4. V. la discussion selon le droit commun français, supra n° 373 *in fine* et, n'appliquant pas la condition, Paris, 27 avril 1982, RC 82.729 n. P. L. ; en revanche, Paris, 12 oct. 1994, JDI 95.158 obs. A. Huet (convention de Lugano).
5. En ce sens, CJCE 27 sept. 1988, *Kalfelis*, cité n° 533 ; Paris, 11 oct. 2000, *Dargaud*, D. 02. Somm. 1398, obs. Audit, pourvoi rejeté par Civ. I, 6 mai 2003. La nécessité d'un risque d'incompatibilité de décisions s'oppose à ce que soient considérées comme connexes des actions intentées contre plusieurs sociétés défenderesses pour contrefaçon de brevet européen dans différents États contractants, et ce même dans l'hypothèse où ces sociétés, appartenant à un même groupe, auraient agi de manière similaire conformément à une politique commune : CJCE, 13 juill. 2006, *Roche Nederland BV*, aff. 539/03, RC 06.904, 2e esp. et art. Wilderspin, p. 777. En revanche, contrairement à une affirmation de la Cour de justice (27 oct. 1998, *La Réunion européenne*, RC 99.322 n. Gaudemet-Tallon, JDI 99.625 obs.Leclerc), le fait qu'une action serait de nature contractuelle et l'autre de nature délictuelle ne s'oppose pas

peut également envisager que le demandeur intente une action devant un défendeur non sérieux, à seule fin de distraire, en tant que codéfendeur, le véritable défendeur de son for naturel ; cette hypothèse étant prévue par la disposition suivante, la tentative pourrait être déjouée par un raisonnement analogique.

543. – Demande en garantie ou en intervention. L'art. 6, 2° permet d'attraire en garantie ou en intervention un défendeur domicilié dans un État contractant devant un tribunal d'un autre État « saisi de la demande originaire ». La lettre du texte ne permet pas ici d'exiger que ce tribunal soit celui du domicile du défendeur principal ; on doit donc admettre que la règle d'attraction peut jouer quel que soit le chef de compétence du for saisi selon la Convention, y compris un for élu[1]. La question est beaucoup plus discutable lorsque le for est saisi sur le fondement d'une règle de compétence nationale, le défendeur principal n'étant pas domicilié dans l'Espace européen, singulièrement lorsqu'il s'agit d'une règle exorbitante comme celle posée par l'art. 14 C. civ.[2].

Bien que l'art. 6, 2° établisse une compétence uniforme, il ne fait pas obstacle à l'application des règles nationales fixant des conditions à la mise en cause du tiers et donc susceptibles de faire déclarer la demande irrecevable, à condition cependant qu'elles ne portent pas atteinte au principe même de l'art. 6[3].

La fraude qui consisterait à n'intenter l'action principale que dans le but de distraire l'appelé de son for naturel est ici expressément réservée. Mais un lien suffisant entre la demande en garantie et la demande originaire exclut celle-ci[4]. On peut en conclure que le détournement de for sera rarement constaté, l'existence d'un lien entre les demandes apparaissant inhérent à la notion de garantie[5].

544. – Demande reconventionnelle. En vertu de l'art. 6, 3°, le tribunal saisi d'une demande donnée est compétent pour statuer sur la demande reconventionnelle formée par le défendeur, alors que le demandeur prin-

à l'application de l'art. 6, 1° (en ce sens, se fondant sur ce que les actions tendaient à la réparation du même préjudice, Civ. I, 8 janv. 2002, RC 03.127, 1re esp., n. approbative Gaudemet-Tallon). Sur l'appréciation de la connexité par la jurisprudence française, antérieure et postérieure à l'arrêt *Roche-Nederland*, v. RC 2007.618 (quatre arrêts et note M.-E . Ancel) ; *adde* CJCE 11 oct. 07, *Freeport*, D. 08. Pan 1516 obs. Jault-Seseke.

1. En ce sens, expressément, lorsqu'il s'agit de l'art. 5, 1°, CJCE, 15 mai 1990, *Kongress Agentur GmbH*, RC 90.564 n. Gaudemet-Tallon.
2. En ce sens, cependant, Civ. I, 14 mai 1992, JDI 93.151 obs. A. Huet, D. 93. Somm. 348.
3. CJCE, 15 mai 1990, préc. ; tel serait le cas d'une exigence particulière de connexité (Civ. I, 10 mai 2006, note suivante).
4. L'art. 6.2 est applicable « pour autant qu'il existe un lien entre la demande originaire et la demande en garantie permettant de conclure à l'absence de détournement de for » : CJCE 26 mai 2005, *GIE Réunion européenne c. Zurich*, RC 06. 168 n. Sinay-Cytermann (appel en garantie entre assureurs) ; et, en application de cette décision, Civ. I, 10 mai 2006, RC 06.899 n. Sinay-Cytermann (cassation de l'arrêt ayant exigé un lien de connexité entre l'instance principale et l'appel en garantie).
5. V. Civ. I, 19 juin 2007, RC 07.847 n. Pataut. Rappr. en droit français commun le critère de l'arrêt *Simitch* (n° 469).

cipal est par hypothèse domicilié dans un autre État contractant. Le texte ne définit pas la demande reconventionnelle et la Cour de justice a opposé pour sa part les demandes tendant au prononcé d'une condamnation, qui relèvent du texte, aux moyens de défense, dont le régime relève des droits nationaux[1]. Quant au lien qui doit exister entre les demandes, le texte précise cependant que la demande reconventionnelle doit dériver du contrat ou du fait sur lequel est fondée la demande originaire[2].

De l'arrêt *GAT c. LuK* (*infra* n° 561) résulte implicitement que la demande reconventionnelle (voire le simple moyen de défense) portée devant le juge de la demande principale ne doit pas empiéter sur un chef de compétence exclusive de l'art. 22.

545. – For de la sûreté immobilière. L'art. 6, 4° trouve son origine dans la convention de Lugano où ce chef de compétence avait été introduit à la demande de certains États nordiques qui le connaissent ; il a été repris dans la convention de San Sebastian. Selon le texte, le défendeur domicilié dans un État contractant peut être attrait dans un autre État contractant « en matière contractuelle, si l'action peut être jointe à une action en matière de droits réels immobiliers dirigée contre le même défendeur, devant le tribunal de l'État contractant où l'immeuble est situé ». Ce chef de compétence est principalement destiné à permettre au tribunal saisi d'une action hypothécaire de connaître également de l'action personnelle relative à la dette garantie ; mais cette disposition ne jouera que si la règle est prévue par le droit interne de l'État du for, ainsi que l'indique la lettre du texte (« si l'action peut être jointe... »).

b. Conflit avec une clause attributive de juridiction

546. – Différentes hypothèses. Le défendeur que l'on cherche à attraire devant le for saisi d'une affaire connexe, soit en tant que codéfendeur, soit en tant que garant, est susceptible d'exciper d'une clause attributive de juridiction passée avec le codéfendeur ou le défendeur principal et donnant valablement compétence à un autre for d'un État membre. Un conflit s'élève alors entre les compétences résultant respectivement de l'art. 6 (compétence dérivée) et de l'art. 23 (C 17) (compétence volontaire). La Cour de cassation l'a expressément résolu en faveur de la seconde[3].

1. CJCE 13 juill. 1995, *Danvaern*, RC 96.143 n. Gaudemet-Tallon, JDI 96.559 obs. A. Huet. Sans doute si un argument soulevé par le défendeur, tel que la compensation, n'est pas retenu selon la seconde qualification, pourra-t-il être présenté au titre de la première ; mais il devra satisfaire à la condition de connexité.
2. La Cour de cassation s'est écartée de la lettre - sinon de l'esprit - de cette condition en jugeant que le tribunal compétent pour statuer sur la demande en paiement de livraisons par un concédant à son concessionnaire l'est également, selon l'art. 6, 3°, pour statuer sur la demande reconventionnelle en paiement de dommages-intérêts pour violation de la clause d'exclusivité (Ass. plén. 18 fév. 1994, D. 94.245 concl. Jéol, JCP 94.II.22232, n. Rusquec, JDI 95.150 obs. A. Huet).
3. Civ. I, 12 juill. 1982, D. 83.I.R.145 obs. Audit, JCP 83.II.20015 n. Bourel, JDI 83.405 obs. D. Holleaux, RC 83.659 n. Lagarde ; 18 oct. 1989, JDI 91.155 obs A. Huet ; 6 janv. 2004, Bull. civ. I, n° 1. La Cour de justice a pour sa part incidemment déclaré que la prorogation de compétence excluait notamment l'art. 6 ; mais la Cour de cassation admet l'argument d'indivisibilité entre la demande principale et la demande en garantie pour faire échec à la clause : Civ. I, 2 mars 1999, JDI 00.75 obs. A. Huet. On peut réserver l'hypothèse où la clause serait interprétée comme ne visant qu'une action principale entre les intéressés (v. Rouen, 25 juin 1974, D. 75.339, 3e esp., n. Droz).

Cette position, qui contraste avec celle du droit interne français (art. 333 CPC), est justifiée par la politique de la Convention tendant à conférer la plus large efficacité aux clauses attributives de juridiction (n° 563). Le risque de décisions contradictoires pourra être évité si le juge élu, compétent pour connaître des rapports du défendeur et du garant, s'abstient de statuer en attendant la décision à intervenir sur la demande principale pour cause de connexité comme le permet l'art. 28 (C 22) ; mais il n'est pas tenu de le faire (n° 580).

Le conflit entre compétence dérivée et compétence volontaire s'est également présenté dans la situation prévue par l'art. 6, 3°. En général, une clause donne compétence au for désigné pour statuer sur les litiges entre les parties quel que soit le demandeur. Mais il se peut aussi que la clause désigne des tribunaux différents selon la partie qui prendrait l'initiative d'une action, celle-ci devant plaider dans l'État du domicile de son adversaire. Dans un tel cas, le défendeur assigné à son domicile et qui formait une demande reconventionnelle s'est vu opposer la clause prévoyant qu'il plaide au propre domicile de son adversaire ; on peut également imaginer qu'un défendeur qui a accepté de plaider devant un autre for que celui désigné par la clause – situation prévue par l'art. 24 du règlement (C 18) (n° 571) – se voie opposer celle-ci sur sa demande reconventionnelle. La Cour de justice, sans se référer à l'art. 6, 3°, a déclaré que l'existence d'un for conventionnel « ne saurait exclure la possibilité pour le juge saisi [en vertu d'une première clause attributive de juridiction] de prendre en considération une compensation connexe au rapport de droit litigieux »[1].

§ 2. – RÈGLES VISANT À PROTÉGER UNE PARTIE

547. – Matières visées et forme des dispositions particulières. Les sections 3, 4 et 5 du chapitre II formulent des règles particulières à certaines matières, dans lesquelles une partie est réputée plus faible et appelle de ce fait une protection contre le risque de devoir plaider devant un for éloigné[2]. Dans la convention d'origine, ces matières étaient, d'une part, l'assurance (art. C 7 à 12), d'autre part, la vente et le prêt à tempérament, domaine généralisé par la convention d'adhésion de 1978 aux « contrats conclus par les consommateurs » (art. C 13 à 15). Alors que la convention d'origine ne prévoyait aucune disposition particulière en matière de contrat individuel de travail, des dispositions favorables au salarié furent peu à peu introduites dans ses versions successives ; le règlement les a réunies à la suite des précédentes, dans une section 5 nouvelle.

1. CJCE, 9 nov. 1978, *Meeth c. Glacetal*, Rec. 78.2133 concl. Capotorti, JDI 79.663 obs. A. Huet, RC 81.127, 1re esp., n. Gaudemet-Tallon.
2. La protection s'étend au stade de la reconnaissance des décisions, où le contrôle de la compétence du juge d'origine est exceptionnellement autorisé (*n° 586*). Mais curieusement, l'art 35.1 du règlement ne vise que les sections 3, 4 et 6, excluant donc les décisions relatives au contrat de travail (section 5).

Du point de vue formel, on aurait pu ne formuler dans ces trois sections que les dérogations jugées nécessaires aux règles générales précédentes. Il a paru plus clair d'y réglementer extensivement la compétence dans les matières visées. Chacune constitue donc un bloc indépendant, sous réserve cependant de quelques renvois à des dispositions extérieures (v. art. 8.1, 15.1 et 18.1)[1]. Quant au fond, les sections 3 à 5 obéissent au système général de compétence ; en particulier, les règles spéciales ne s'appliquent – sauf exceptions limitées – que si le défendeur est domicilié sur le territoire d'un État membre[2]. Mais elles intègrent des règles de compétence spécifiques, caractérisées par leur *dissymétrie* car ouvrant des options de compétence à la partie protégée et à elle seule ; sont en outre restrictivement réglementées les clauses attributives de juridiction, les domaines visés constituant un terrain d'élection du contrat d'adhésion.

A. COMPÉTENCE EN MATIÈRE D'ASSURANCE

1. Règles de compétence

548. – Actions contre l'assureur. L'assureur défendeur domicilié sur le territoire d'un État contractant peut naturellement être attrait devant les tribunaux de l'État où il a son domicile (art. 9 ou C 8, al. 1er, 1°). Un demandeur quelconque peut également se prévaloir contre lui du for de la succursale prévu par l'art. 5, 5° (par renvoi de l'art. 8 ou C 7). Différentes options de compétence permettent en outre au demandeur, qui est ici la partie protégée, d'agir dans un autre État contractant que celui où le défendeur est domicilié. La principale permet au preneur d'assurance d'agir devant le tribunal du lieu de son propre domicile (art. C 8 al. 1er, 2°), disposition expressément étendue par le règlement à l'assuré et au bénéficiaire de l'assurance quant à leur domicile respectif (art. 9.1, b). Cette option est étendue à une victime agissant par voie d'action directe contre l'assureur lorsque cette action est possible (art. 11.2)[3]. En matière d'assurance de responsabilité ou portant sur des immeubles, l'art. 10 (C 9) permet au demandeur, quel qu'il soit, de saisir le tribunal du lieu où le fait dommageable s'est produit ; cette expression doit être interprétée au sens de l'art. 5, 3° (n° 534)[4].

Une première règle de compétence dérivée permet en cas de coassurance d'attraire les assureurs codéfendeurs devant le tribunal de l'État contractant saisi de l'action formée contre l'apériteur de la coassurance (et non contre un quelconque des coassureurs comme c'était le cas selon la convention d'origine)

1. V., refusant en conséquence d'étendre l'application de l'art. 6, 1° (connexité) à un litige en matière de contrat individuel de travail, CJCE, 22 mai 2008, C-462/06, *Glaxosmithkline*, RC 08.847 n. Jault-Seseke.
2. CJCE 15 sept. 1994, *Brenner et Noller*, JDI 95.476 obs. Bischoff, RC 95.754 n. Libchaber : le consommateur ne peut invoquer la règle spéciale de l'art. C 14 (R 15), al. 1er, lui permettant de saisir les tribunaux de son propre État, contre un défendeur non domicilié dans un État contractant.
3. Sur ce que ce renvoi ouvre un for spécifique à la victime, lui permettant d'agir également devant le tribunal de son propre domicile, CJCE 13 déc. 2007, RC 09.360 n. Pataut.
4. Civ. I, 10 mai 2006, RC 07.157 n. Sinay-Cytermann (écartant la qualification d'action directe). V. aussi TGI Paris, 10 mai 1985, RC 87.415 n. Bigot (lieu de destination d'objets transportés et endommagés).

(art. 9.1 c, C 8 al. 1er, 3°). Selon une autre, en matière d'assurance de responsabilité, l'assureur peut être appelé devant le tribunal saisi de l'action de la personne lésée contre l'assuré si la loi de ce tribunal le permet (art. 11.1 al. 1er, C 10 al. 1er). Enfin l'art. 12.2 (C 11 al. 2) attribue compétence au juge saisi de la demande originaire pour connaître d'une demande reconventionnelle (cette règle est également applicable aux actions intentées par l'assureur).

Un assureur défendeur domicilié hors d'un État contractant mais qui a sur le territoire d'un Etat contractant une succursale, agence ou autre établissement peut être considéré pour les contestations relatives à leur exploitation comme domicilié sur le territoire de cet État (art. 9.2, C 8 al. 2). Ce défendeur peut autrement être attrait dans un État contractant en vertu des règles de compétence internationale de droit commun qui y sont en vigueur, y compris les règles exorbitantes (renvoi de l'art. 8 ou C 7, à l'art. 4).

549. – Actions de l'assureur. L'assureur demandeur ne peut en principe agir que devant les tribunaux de l'Etat où le défendeur a son domicile, qu'il s'agisse d'un preneur d'assurance (souscripteur), d'un assuré ou d'un bénéficiaire (art. 12.1, C 11 al. 1er). La règle du for de la succursale (art. 5, 5°) est cependant applicable (art. 8, C 7). L'assureur peut également mettre en cause le preneur d'assurance ou l'assuré devant le tribunal saisi de l'action directe de la victime si la loi relative à l'action directe le prévoit (art. 11.3, C 10 al. 3). Enfin, la règle précitée de l'art. 12.2 (C 11 al. 2) s'applique à une demande reconventionnelle de l'assureur.

2. Clauses attributives de juridiction

550. – Protection de l'assuré. Les clauses d'élection de for doivent en toute hypothèse satisfaire aux règles de forme prévues à titre général par l'art. 23 (C 17) (n° 566)[1] ; mais elles ne sont pas toujours permises. L'art. 13 (C 12) prohibe en principe les clauses dérogatoires aux compétences des art. 8 (C 7) s., à moins qu'elles ne soient postérieures à la naissance du différend ou qu'elles n'offrent des options supplémentaires au preneur d'assurance, à l'assuré ou au bénéficiaire. Les clauses antérieures sont donc nulles, sans distinction selon qu'elles donnent compétence à un for d'un État contractant ou d'un État tiers, alors que normalement la validité des secondes relève du droit commun des États (n° 565).

Il apparaît cependant légitime que, lorsque le preneur d'assurance et l'assureur ont au moment de la conclusion du contrat leur domicile ou leur résidence habituelle dans un même État contractant, ils veuillent écarter le for du fait dommageable qui serait situé à l'étranger. Il est donc permis en pareil cas de réserver la compétence aux tribunaux de l'État commun, à condition que la loi de celui-ci le permette (art. 13, C 12, 3°). Mais la clause n'est valable qu'entre les parties et donc inopposable à une victime exerçant l'action directe.

551. – Retour au droit commun. Lorsque le preneur d'assurance est domicilié hors d'un État contractant, hypothèse prise en considération lors de l'adhésion de la Grande-Bretagne, l'art. 13 (C 12) 4°, autorise à déroger aux compétences que les juges des États parties tiennent des art. 8 (C 7) s. en élisant les juges d'autres États contractants ou d'États tiers. Cette disposition permet notamment aux assureurs du Royaume-Uni de donner compétence aux tribunaux de ce pays, alors que

1. En ce sens, Com. 11 mars 1997, RC 97.537 concl. Rémery, note Gaudemet-Tallon. En revanche, il suffit que les conditions soient remplies à l'égard du preneur d'assurance pour que l'assuré puisse se prévaloir de la clause (CJCE 14 juill. 1983, *Gerling Konzern*, JDI 83.843 obs. A. Huet, RC 84.141 n. Gaudemet-Tallon).

l'adversaire aurait autrement pu plaider dans un autre État membre. Cette liberté est toutefois écartée lorsqu'il s'agit d'une assurance obligatoire selon la loi d'un État contractant ou qui porte sur un immeuble situé dans un État contractant.

La protection résultant de l'art. 13 (C 12) est également apparue superflue dans le cas où le preneur d'assurance dispose d'un pouvoir économique comparable à celui de l'assureur. Devant la difficulté de définir un seuil de puissance économique a été dressée une liste de « grands risques », pour l'assurance desquels il est permis de déroger aux règles de compétence normales, qui figure à l'art. R 14 (C 12 bis) ; elle vise au premier chef les assurances maritimes et aériennes (lesquelles sont essentiellement commerciales et internationales)[1].

B. CONTRATS CONCLUS PAR LES CONSOMMATEURS

552. – Champ d'application des dispositions protectrices. Le consommateur est défini comme une personne contractant « pour un usage pouvant être considéré comme étranger à son activité professionnelle » (art. 15, C 13)[2]. La finalité de protection d'une partie en état d'infériorité économique commande pour le reste la délimitation du champ d'application des dispositions protectrices. Elles sont réservées au consommateur lui-même[3], en vue d'un usage majoritairement privé[4] et non engagé par l'acquisition du produit dans des activités commerciales ou professionnelles[5]. Dès lors que l'intéressé agit dans le cadre d'activités professionnelles, peu importe qu'il ne dispose pas de connaissances techniques dans le domaine où il contracte (par exemple, équipement d'une entreprise quelconque en matériel informatique), le régime protecteur n'est pas applicable.

L'art. 15 (C 13) énumère les types d'opérations visés : vente à tempérament d'objets mobiliers corporels, prêt ou opération de crédit liée au financement d'une telle vente (crédit-bail...), et « tous les autres cas » dans lesquels « le contrat a été conclu avec une personne qui exerce des activités commerciales sur le territoire duquel le consommateur a son domicile ou qui, par tout moyen, dirige ces activités vers cet État membre ou

1. L'absence de nécessité de protection justifie plus généralement l'exclusion des dispositions de la section spéciale dans les actions *entre assureurs* : CJCE 13 juillet 2000, *Group Josi*, JDI 02.623 obs. Leclerc (réassurance) ; 26 mai 2005, *GIE Réunion européenne c. Zurich*, préc. n° 543 (action en garantie, avec application corrélative de l'art. 6, 2°) ; Civ. I, 10 mai 2006, *ibid.*
2. Cette conception a été reprise sous la même forme par la convention de Rome du 19 juin 1980 (*infra* n° 831) et sous une autre, dans la convention des Nations Unies sur la vente internationale de marchandises (n° 8), laquelle exclut également les ventes en question de son champ d'application (art. 2, a).
3. CJCE, 19 janv. 1993, *Shearson Lehmann Hutton*, RC 93.320 n. Gaudemet-Tallon, JDI 93.466 obs. A. Huet, D. 93. Somm. 214 obs. Kullmann (les dispositions spéciales ne peuvent être invoquées par un professionnel agissant comme cessionnaire des droits du consommateur).
4. Les dispositions spécifiques ne s'appliquent pas en cas de contrat portant sur un bien à usage *mixte*, à moins que l'usage professionnel ne soit véritablement marginal (20 janv. 2005, *Gruber*, RC 05.493 n. Jude).
5. CJCE 21 juin 1978, *Bertrand*, RC 79.119 n. Mezger ; CJCE 3 juill. 1997, *Benincasa*, JDI 98.581 obs. A. Huet (acte accompli en vue d'une activité pourtant future).

vers plusieurs États, dont cet État membre, et que le contrat entre dans ces activités ». La généralité de la formule permet d'englober la fourniture de crédit immobilier[1]. Le critère de l'orientation des activités vise le commerce électronique. On s'accorde en général sur la nécessité dans ce domaine de recourir à un faisceau d'indices afin de déterminer dans quel cas le professionnel agissant sur internet sera considéré comme ayant dirigé ses activités vers un État donné[2]. Une déclaration conjointe du Conseil et de la Commission souligne que le simple fait de l'accessibilité du site ne suffit pas à rendre applicable l'art. 15, mais que le site doit inviter à la conclusion de contrats à distance ; de manière plus discutable, le texte ajoute toutefois que la langue ou la monnaie utilisées ne constituent pas un élément pertinent.

553. – Aménagement de la protection. La structure des dispositions est identique à celle de la section précédente (assurance), mais leur contenu plus simple :

a) Une action intentée contre le consommateur par son cocontractant ne peut l'être que devant les tribunaux du domicile du premier (art. 16.2, C 14 al. 2). Le tribunal saisi sera également compétent pour connaître d'une éventuelle demande reconventionnelle formée par le consommateur et dérivant du même contrat (art. 16.3, C 14 al. 3).

b) Pour l'action intentée par le consommateur contre l'autre partie au contrat (supposée domiciliée sur le territoire d'un État contractant, n° 547), le règlement prévoit, au choix du premier, la compétence des tribunaux de l'État du cocontractant (conformément au principe premier de compétence selon le règlement) et celle, spéciale, du tribunal du domicile du consommateur (art. 16.1 ; l'art. C 14 al. 1er vise « les tribunaux »)[3].

Si le cocontractant du consommateur n'est pas domicilié sur le territoire d'un État contractant mais y possède une succursale, une agence ou tout autre établissement, il est considéré pour les contestations relatives à leur exploitation comme ayant son domicile sur le territoire de cet État

1. En ce sens, déjà, sous l'empire de la Convention qui visait « tout autre contrat ayant pour objet une fourniture de service », Colmar, 24 fév. 1999, JDI 00.79 obs. A. Huet, RC 01.135, 1re esp., n. Gaudemet-Tallon.
2. O. Cachard, *La régulation internationale du commerce électronique*, 2002, et la jurisprudence citée *supra* n° 534. L'art. C 13, chiffre 3, exigeait que la conclusion du contrat ait été précédée dans l'Etat du consommateur d'une proposition spécialement faite ou d'une publicité et qu'il y ait accompli les actes nécessaires à la conclusion du contrat. Il s'agissait toujours d'écarter la protection lorsque le consommateur a contracté à l'occasion d'un déplacement à l'étranger (rappr. les conditions auxquelles la convention de Rome du 19 juin 1980 a subordonné l'application de la loi de la résidence habituelle du consommateur : n° 809). Pour un ex. de mise en œuvre, Colmar, 24 fév. 1999, préc. L'interprétation de l'art. 15 sur le point envisagé a été soumise à la CJUE : affaires C-585/08, *Pammer*, et C-144/09, *Hotel Alpenhof*.
3. L'art. C 14 al. 1er des deux conventions (dont l'art. 13 inclut des conditions d'application éliminées dans le règlement) donne une compétence générale aux tribunaux de l'État du domicile du consommateur, permettant à celui-ci de recourir à d'autres chefs de compétence prévus par la loi de l'État de son domicile. Douai, 9 fév. 1989, *infra* n° 586.

(art. 15.2, C 13 al. 2 ; l'application de l'art. 5, 5° suppose normalement le défendeur domicilié dans un État contractant). À défaut, le demandeur bénéficie contre lui de tous les chefs de compétence internationale en vigueur dans l'État de son propre domicile (renvoi de l'art. 15.1, C 13 al. 1er à l'art. 4).

Le renvoi opéré par l'art. 15, C 13 à l'art. 5, 5° crée également un chef de compétence dérivée dans un État tiers, c'est-à-dire qui ne soit ni celui du domicile du consommateur ni celui de son adversaire.

La règle de compétence dérivée visant les demandes reconventionnelles est également applicable à l'action exercée par le consommateur (art. 16.3, C 14 al. 3).

c) Clauses attributives de juridiction. Le règlement (art. 17) n'admet que trois types de clauses, sur le modèle de ce qui est prévu pour le contrat d'assurance (n° 550) : celles qui sont postérieures à la naissance du différend, celles qui étendent le champ des compétences ouvertes au consommateur et celles donnant compétence aux tribunaux de l'État du domicile commun des parties au moment du contrat, sauf si la loi de celui-ci interdit de telles conventions[1]. Dans tous les cas, il ne faut pas omettre que ces clauses doivent satisfaire aux conditions de l'art. 17 (n° 566 s.).

C. CONTRATS INDIVIDUELS DE TRAVAIL

554. – Règles de compétence et accords d'élection de for. Chaque partie au contrat individuel de travail peut naturellement saisir les tribunaux de l'État du domicile de l'autre (un employeur non domicilié dans un État membre, mais y possédant une succursale, une agence ou tout autre établissement, étant considéré comme ayant son domicile dans cet État membre pour les contestations relatives à leur exploitation). Mais tandis que l'employeur ne peut porter ailleurs d'action contre le salarié (art. 20.1), celui-ci lorsqu'il est demandeur peut aussi bien agir devant le tribunal du lieu où il accomplit habituellement son travail ou celui du dernier lieu où il a accompli habituellement son travail (c'est fréquemment après l'expiration du contrat qu'est déclenchée une action) ; et s'il n'accomplit pas habituellement son travail dans un même pays, devant le tribunal du lieu où se trouve ou se trouvait l'établissement qui l'a embauché (art. 19.2)[2]. En cas de détachement, le salarié peut, suivant la directive du 16 déc. 1996 (art. 6), saisir le for du lieu où il est détaché (n° 349), critère qui se confondra fréquemment avec l'un des précédents. Dans tous les cas, les demandes reconventionnelles sont portées devant le tribunal saisi de la demande originaire (art. 20.2).

1. V. TGI Dunkerque, 19 fév. 1986, JDI 86.713 obs. Kahn.
2. La Cour de justice s'efforce, non sans hésitation, de définir le lieu d'exécution habituelle du travail (en dernier lieu, 27 fév. 2002, *Weber*, aff. C-37/00 et les décisions précédentes citées). Il paraît préférable, en cas de réelle difficulté, de se tourner vers la règle subsidiaire de compétence.

L'article 21 du règlement n'autorise les clauses dérogeant aux règles de compétence qu'il pose que si elles sont postérieures à la naissance du différend ou permettent au travailleur de saisir d'autres tribunaux que ceux désignés par ces règles[1].

SOUS-SECTION II

COMPÉTENCES EUROPÉENNE EXCLUSIVES

Les deux sources de compétence exclusive selon le règlement et les deux conventions sont l'objet du litige, selon la liste de compétences *ratione materiæ* formulée par l'art. 22 (C 16) ; et la volonté des parties, selon les art. 23 et 24 (C 17 et 18).

§ 1. - COMPÉTENCES FONDÉES SUR LA NATURE DU LITIGE

A. JUSTIFICATION ET PORTÉE DE L'ARTICLE 22 (C 16)

555. – Fondement des règles de compétence exclusive. Les compétences exclusives ont dans l'ensemble une double justification : le rattachement particulièrement étroit du litige avec l'Etat désigné et l'implication, à des degrés divers, de la souveraineté de cet État. Ces facteurs se traduisent en outre normalement par la compétence au fond de la loi locale. La notion de compétence internationale exclusive est connue des différents droits nationaux ; mais à défaut d'uniformité quant à son étendue, les cas de compétence exclusive ont été énumérés dans la Convention afin de prévenir un déséquilibre entre les États quant à son application.

556. – Autorité particulière des dispositions de l'art. 22 (C 16). Les règles de compétence formulées par l'art. 22 sont en premier lieu *directement impératives*, c'est-à-dire qu'elles font échec à toutes les autres dispositions du texte : le for du défendeur et les compétences qui en dérivent (art. 2 s.) ; le for élu sous ses deux formes (v. art. 23.5 et 24). Elles interviennent même dans l'application des dispositions de droit commun dans les procès non européens : l'art. 4.1, qui renvoie aux règles de droit commun lorsque le défendeur n'est pas domicilié dans un État contractant, réserve en effet l'art. 22. Le juge saisi au mépris d'une disposition de l'art. 22 doit donc se déclarer d'office incompétent (art. 25, C 19 ; n° 575).

Ces règles sont en second lieu *indirectement exclusives* : leur violation constitue dans les autres Etats membres une cause exceptionnelle de refus

1. Sur les dispositions différentes de la convention de Lugano, v. la précédente édition de cet ouvrage, n° 549.

de reconnaissance de la décision rendue, pour incompétence du juge d'origine (art. 35.1, C 28 ; n° 586)[1].

Les dispositions de l'art. 22 constituent donc un « bloc de compétence » au même titre que le domicile du défendeur dans un État contractant ou le for conventionnel. Toutefois, après une hésitation, la Cour de justice a affirmé à différentes reprises qu'elles ne doivent pas être interprétées dans un sens plus étendu que ne le requiert leur objectif, dès lors qu'elles ont pour effet de soustraire les parties aux autres dispositions de la convention.

B. RÈGLES DE COMPÉTENCE

557. – Règles de compétence générale. Les règles formulées à l'art. 22 se réfèrent aux « tribunaux » de l'État désigné ; ce sont des règles de compétence générale. Elles supposent que le demandeur trouvera une juridiction compétente selon le droit interne de l'État désigné ; dans le cas contraire, il serait possible de recourir, sous une forme ou sous une autre selon les États, au critère d'une « bonne administration de la justice ». Inversement, l'exclusivité reconnue en matière internationale peut déboucher sur une pluralité de compétences au sein de l'État concerné, selon ses règles internes.

1. Droits réels immobiliers et baux d'immeubles

558. – Tribunaux de l'État de situation de l'immeuble. Sont exclusivement compétents en matière de droits réels immobiliers et de baux d'immeubles les tribunaux de l'État contractant où l'immeuble est situé (art. 22,1, C16, 1°)[2]. S'agissant de *droits réels*, la règle est justifiée par des raisons connues : compétence au fond de la loi locale, facilité du rassemblement des preuves, exécution nécessaire dans l'État concerné. Mettant l'accent sur le facteur de proximité, la Cour de justice estime qu'elle doit être limitée aux actions qui tendent à déterminer l'étendue, la consistance, la propriété, la possession d'un bien immobilier et à assurer aux titulaires de ces droits la protection des prérogatives attachées à leur titre[3]. S'agis-

1. On se demande même si par un effet « réflexe » elles ne devraient pas faire échec à la compétence des juridictions des Etats membres lorsque le facteur prévu se réalise dans un Etat tiers, alors que le for européen saisi serait autrement compétent du fait du domicile du défendeur ou d'une attribution de compétence ; sur cette discussion, v. Gaudemet-Tallon, *op. cit.*, n° 100.
2. Statuant à propos d'un bail portant sur des terres situées dans deux États contractants différents, la Cour de justice a conclu au partage des compétences exclusives (6 juill. 1988, *Scherrens*, RC 89.544 n. Gaudemet-Tallon) ; elle a cependant invité, dans le cas où l'immeuble serait à cheval sur une frontière, à faire application d'un critère quantitatif, distinguant l'accessoire du principal.
3. Ceci exclut donc les actions mixtes telles que l'action paulienne formée à l'encontre de l'aliénation d'un immeuble, qui tend la protection d'un droit de créance : CJCE, 10 janv. 1990, *Reichert*, JDI 90.503 obs. Bischoff, RC 91.151 n. Ancel (v. aussi dans la même affaire, 26 mars 1992, rejetant l'application à cette situation des art. 5, 3°, 16, 5° et 24 de la Convention : 26 mars 1992, RC 92.714 n. Ancel, JDI 93.461 obs. A. Huet). Dans le même esprit, le texte n'a pas lieu de s'appliquer à l'action en

sant du *bail d'immeuble*, qui ne fait naître que des droits personnels, la disposition se justifie encore par la proximité du juge et du litige (lequel a souvent pour objet des dégradations imputées au locataire) ; également par le fait que les différents types de baux font assez fréquemment l'objet d'une réglementation impérative, ayant le caractère de loi de police, dans l'État où est situé l'immeuble : l'application de ce type de règles sera plus certainement assurée par le juge de l'État qui les édicte.

La règle s'est cependant révélée trop rigide dans le cas des locations de courte durée, notamment à fin de vacances, d'autant qu'elles sont assez fréquemment conclues entre personnes domiciliées dans le même État : soit entre particuliers (« cession d'usage »), soit par des investisseurs institutionnels pour leurs adhérents[1]. Sous l'empire de la convention d'origine, la Cour de justice refusa cependant d'admettre une distinction qui ne figurait pas dans le texte[2].

Cette position ne convenait pas aux États membres de l'AELE (situés dans l'Europe du Nord), car elle exposait fréquemment leurs ressortissants, dans ce contexte, à devoir plaider devant un for très éloigné de leur centre d'intérêts. Pour répondre à cette préoccupation fut inséré dans la convention de Lugano un alinéa en vertu duquel en matière de baux d'immeubles conclus en vue d'un usage personnel temporaire pour une période maximale de six mois consécutifs, sont également compétents les tribunaux de l'État du domicile du défendeur « à condition que le locataire soit une personne physique et qu'aucune des parties ne soit domiciliée dans l'État contractant où l'immeuble est situé »[3]. L'exception joue donc sans nécessairement que les parties soient domiciliées dans le même pays étranger.

Cette disposition s'est à son tour heurtée à l'hostilité des États de l'Europe du Sud négociant peu après la convention de San Sebastian. Sans que soit remise en cause l'admission d'une exception à la compétence du *forum rei sitæ* en faveur des tribunaux de l'État du défendeur pour les locations visées, les conditions en furent resserrées dans la convention communautaire : elle ne peut jouer que si le propriétaire *et* le locataire sont des personnes physiques et qu'ils sont domiciliés dans le même État.

résolution de la vente d'un immeuble (CJCE 5 avril 2001, JDI 02.621 obs. A.H., JCP 01.10638 n. Bruneau) ou d'un contrat de *time-sharing* (13 oct. 2005, *Klein*, RC 06.183). La Cour de justice a également estimé l'art. 16, 1° inapplicable à une action tendant à faire reconnaître que le défendeur détient un bien immobilier en qualité de *trustee,* au motif notamment que la nature du bien était sans incidence sur l'issue du litige (17 mai 1994, *Webb*, RC 95.123, 1re esp., n. Béraudo, JDI 95.477 obs. Bischoff). Elle l'a étalement exclu pour une action tendant à faire cesse un trouble de voisinage (18 mai 2006, *Land Oberösterreich*, C-343/04).

1. Lagarde, « Les locations de vacances dans les conventions européennes de droit international privé », Mél. Bellet, 1991, p. 281.
2. CJCE, 15 janv. 1985, *Rössler*, RC 86.128 n. Droz.
3. Un État contractant peut en outre se réserver de ne pas reconnaître les décisions rendues dans les autres lorsque la compétence du juge d'origine est fondée, en application de l'art. 16, 1°, b, sur le seul domicile du défendeur dans l'État d'origine alors que l'immeuble est situé sur le territoire de l'État qui a formulé la réserve (protocole n° 1 annexé à la convention, art. I ter).

Enfin le règlement a abandonné la condition que le propriétaire lui-même soit une personne physique. Échappent donc sur ce point à la compétence exclusive les locations conclues ou souscrites par des professionnels.

L'arrêt *Rössler* a précisé que la disposition relative aux baux s'applique notamment aux actions en paiement du loyer et autres frais incombant au locataire, à la différence des demandes ne se rapportant qu'indirectement à l'usage de la propriété louée (telles qu'en l'espèce une demande de dommages-intérêts pour la perte du bénéfice de vacances)[1]. Les autres litiges liés à un immeuble, et ne mettant en jeu que des droits personnels (en particulier contrats de construction, entretien...), relèvent des dispositions ordinaires du règlement[2]. Mais dans les actions autres que réelles liées à un immeuble, la compétence alternative du *forum rei sitæ* pourra résulter, de manière optionnelle, de l'application de l'art. 5, 1° (lieu d'exécution de l'obligation litigieuse).

2. Validité, nullité ou dissolution des sociétés et personnes morales

559. – Tribunaux de l'État du siège. En matière de validité, de nullité ou de dissolution des sociétés ou personnes morales ayant leur siège sur le territoire d'un État contractant, ou des décisions de leurs organes, l'art. 22, 2 (C16, 2°) attribue une compétence exclusive aux tribunaux de cet État. La disposition se justifie parce que c'est dans ce même Etat qu'auront lieu les transcriptions éventuelles sur un registre[3]. En cas de liquidation, elle ne s'applique que s'il s'agit d'une personne morale solvable, la faillite étant exclue du champ d'application du règlement (n° 513).

La détermination du siège est opérée dans chaque État selon les règles de son droit international privé (et non selon les règles posées par le règlement pour la détermination du domicile des personnes morales selon l'art. 60, n° 524). Il peut donc s'agir du siège réel ou statutaire. Dès lors que les deux conceptions sont admises au sein des États membres, il pourra arriver qu'en cas de dissociation du siège réel et du siège statutaire au sein des États contractants, les tribunaux de deux États se considèrent

1. Ainsi, l'art. 23.1 (C 16, 1°) n'est pas applicable lorsque le contrat est conclu par l'occupant avec un organisateur professionnel de voyages car il comporte d'autres prestations que l'usage d'un logement (CJCE 26 fév. 1992, *Hacker c. Euro-Relais*, D. 92.454 n. Osman, JDI 92.505 obs. A. Huet, RC 93.74 n. Droz) ; mais il le reste lorsque le professionnel agit comme subrogé dans les droits du propriétaire (27 janv. 2000, *Dansommer*, RC 01.264 n. Muir Watt, JDI 00.550 obs. A. Huet).
2. Pour un bail (location-gérance) de fonds de commerce, v. CJCE, 14 déc. 1977, *Sanders*, Rec. 77.2383 concl. Mayras, JDI 78.388 obs. Bischoff ; pour l'indemnité d'occupation consécutive à l'annulation d'un transfert de propriété, 9 juin 1994, *Lieber*, RC 95.123, 2e esp., n. Béraudo, JDI 95.477 obs. Bischoff ; pour un contrat de *time sharing* (abordé sous l'angle des baux d'immeubles et non du droit réel), au motif que la valeur du droit d'utilisation du bien est secondaire par rapport à l'ensemble des prestations découlant du contrat, 13 oct. 2005, *Klein*, Recueil I-867.
3. Pour le principe de son interprétation restrictive, v. CJCE. 2 oct. 2008, *Hasset,* C-327/07, Procédures 08 n° 330 obs. Nourissat ; D. 09 Pan 2388 obs. d'Avout ; RC 09.71 n. Ancel (inapplication à litige opposant les adhérents d'un syndicat professionnel à celui-ci au sujet d'une décision concernant l'étendue de leurs droits).

exclusivement compétents du chef de l'art. 22 (C 16). Le conflit devrait être résolu par application des règles sur la litispendance. Selon l'art. 29 (C 23), en cas de conflit entre compétences exclusives, le dessaisissement a lieu en faveur de la juridiction première saisie (n°s 579 et 581).

3. Validité des inscriptions sur les registres publics

560. – Tribunaux de l'État où le registre est tenu. En matière de validité des inscriptions sur les registres publics, l'art. 22.3 (C 16, 3°) donne exclusivement compétence aux tribunaux de l'Etat contractant sur le territoire duquel ces registres sont tenus. Sont visés, par exemple, les registres fonciers ou hypothécaires, du commerce ou des sociétés, de l'état civil (dans la mesure où le règlement serait applicable). La règle se justifie par le fait que sont en cause le fonctionnement d'un service public (en droit commun français, v. n° 354) et le crédit public. Le service n'agit donc que sur l'injonction d'une autorité nationale, en particulier pour procéder à la modification ou à la radiation d'une inscription.

4. Dépôt ou enregistrement de droits intellectuels

561. – Tribunaux de l'État où la formalité est effectuée. L'art. 22.4 (C 16, 4°) confère seule compétence en matière d'inscription ou de validité des brevets, marques, dessins et modèles et autres droits analogues donnant lieu à un dépôt ou à un enregistrement, aux juridictions de l'État contractant sur le territoire duquel la formalité a été demandée ou effectuée ou est réputée avoir été effectuée en vertu d'une convention internationale[1]. Cette disposition se situe dans le prolongement de la précédente ; mais elle s'étend aux litiges ayant pour objet la *validité* même, et non seulement l'inscription, du brevet. La Cour de justice, appelée à se prononcer sur ce qu'il fallait entendre par un « litige en matière d'inscription et de validité des brevets », a écarté la possibilité de s'en remettre par principe à la loi du lieu de demande ou de dépôt des droits et a formulé une notion européenne uniforme (n° 509) : selon celle-ci, seuls relèvent de la disposition les questions directement relatives à la validité des droits visés et à leur enregistrement[2]. Tel n'est pas le cas de ceux portant sur la détermination du titulaire du droit résultant d'un contrat de cession ou de licence, ce

1. Le dernier membre de phrase se réfère aux traités instituant une procédure de dépôt ou d'enregistrement auprès d'un organisme international, produisant dans les Etats contractants le même effet que si le droit y avait été directement enregistré : Arrangements de Madrid de 1981 sur les marques et de La Haye de 1925 sur le dépôt international des dessins et modèles, convention de Munich de 1973 sur la délivrance de brevets européens (v. toutefois le Protocole accompagnant la convention, art. V *quinquiès*). Le « brevet communautaire » est appelé à obéir à des règles de compétence propres (convention de Luxembourg du 15 déc. 1989, art. 66 s., et Protocole).
2. CJCE, 15 nov. 1983, *Duinjstee c. Goderbauer*, Rec. 83.3663 concl. Rozès, RC 84.361 n. Bonet. Pour l'application du texte à une action en déchéance de brevet, Paris, 15 avril 1992, JDI 93.153 obs. A.Huet et 990 n. Pollaud-Dullian, D. 93. Somm. 349.

qui exclut donc les litiges nés de relations juridiques dont il est l'objet ; ni non plus des actions en contrefaçon, ou – comme dans l'affaire à propos de laquelle la Cour a été saisie – d'un litige entre employeur et salarié relatif à la propriété de l'invention du second[1]. L'exclusivité reprend ses droits lorsque la question de la validité du droit de propriété industrielle est invoquée en défense à une action en contrefaçon, ce qui donnera donc lieu à un sursis à statuer de la part de la juridiction saisie[2].

5. Exécution des décisions

562. – Tribunaux de l'État du lieu d'exécution. En matière d'« exécution des décisions », sont seuls compétents les tribunaux de l'État contractant du lieu d'exécution (art. 22.5, C 16, 5°). Il s'agit là d'une règle universelle, découlant du principe coutumier selon lequel les États ont le monopole de la contrainte sur leur territoire. Elle aurait pu ne pas être énoncée et semble l'avoir été par souci d'exhaustivité. La disposition vise, plutôt que l'exequatur des décisions étrangères, les litiges nés de la mise en œuvre de voies d'exécution (demande en validité ou en mainlevée de saisies, incidents de saisie[3]). En revanche, elle n'a pas semblé faire obstacle à ce que le juge d'un État contractant autorise une saisie s'étendant à des biens se trouvant dans un autre[4]. On a fait valoir qu'une mesure de cet ordre ne porte pas plus atteinte à l'exclusivité du pouvoir de coercition de l'autorité publique étrangère que l'affirmation d'un droit de créance, ou de propriété sur un meuble, qui devrait s'exécuter dans cet État[5].

La compétence exclusive prévue doit se limiter à ce qui est sa raison d'être : elle ne permet donc pas de faire juger, en opposant la compensation à l'action en exécution, une demande qui relève des juridictions d'un autre État contractant selon la convention[6].

1. La distinction avait déjà été opérée par Paris, 13 fév. 1980, RC 82.135 n. Bonet ; comp. le droit international commun français, *supra* n° 354. Sur la tendance des juges nationaux à une application extensive de l'art. 16, 4°, v. Véron, « Trente ans d'application de la convention de Bruxelles à l'action en contrefaçon de brevet d'invention », JDI 2001.805.
2. CJCE 13 juill. 2006, *GAT c. LuK*, aff. C 4/03, RC 06.904, 1re esp., et art. Wilderspin, p. 777. Cette solution, en soi défendable, offre cependant au défendeur la possibilité de soulever la question de la validité du brevet à des fins purement dilatoires (*adde*, en matière de contrefaçon, n° 579).
3. Pour une illustration possible en matière de procédure d'ordre et de distribution de deniers, v. impl. Com. 9 déc. 08, RC 09. 748 n. d'Avout.
4. V. en ce sens les affaires *de Cavel* (n° 511) et *Denilauer* (n° 519) ; si les mesures ordonnées dans chaque cas par un juge français n'ont pas bénéficié des facilités de reconnaissance selon la Convention, c'est sur d'autres fondements qu'une incompétence en vertu de l'art. 16, 5°.
5. Gothot et Holleaux, *op. cit.*, n° 158.
6. CJCE, 4 juill. 1985, *Autoteile*, RC 86.142 n. Mezger, JDI 86.449 obs. Huet.

§ 2. – COMPÉTENCE VOLONTAIRE

563. – Généralités. La convention de Bruxelles a marqué la consécration internationale des accords d'élection de for à un moment où elle n'était pas acquise (n° 393), en leur faisant une large place : une clause attribuant juridiction à un for d'un État contractant réalisait, à certaines conditions, l'« intégration » à la Communauté faisant que le procès relevait de la Convention ; et les dispositions qui lui sont consacrées constituent le troisième « bloc de compétence » institué par le traité (n° 520). La mise en œuvre du principe a cependant été moins heureuse : l'art. 17 (devenu 23) a été retouché avec chaque nouvelle version de la Convention, ainsi que par la convention de Lugano, sans grande amélioration ; et les décisions pour interprétation de la Cour de justice n'ont guère contribué à l'éclaircir. L'adhésion de l'Union européenne à la Convention de La Haye de 2005 sur les conventions d'élection de for (n° 507) aura un impact dans les relations externes, en ce sens que la Convention s'appliquera par préférence au régime du règlement 44/2001.

La compétence volontaire est envisagée sous deux formes : celle d'une prorogation *expressément convenue* entre les parties, avant ou après la naissance du litige, la première étant la plus fréquente (art. 23, C 17) ; et celle, plus rare d'une prorogation *tacite* résultant de la comparution du défendeur devant un for dont la compétence ne résulte pas d'une autre disposition de la Convention (art. 24, C 18).

A. PROROGATION EXPRESSE DE COMPÉTENCE

564. – Analyse de l'art. 23 (C 17). L'art. 23 est un texte excessivement concis et touffu, au sein duquel on parvient à démêler quatre types de dispositions. Les unes constituent des conditions d'*application* du texte, car celui-ci ne vise pas tous les accords d'élection de for dont sont susceptibles de connaître les tribunaux des États membres mais seulement ceux qui présentent un rattachement suffisant à l'Union ; en l'absence de l'une des conditions d'application formulées, le sort de la clause relève du droit international commun du for appelé à connaître de la situation (sur le droit français, n° 395 s.). Les secondes sont des conditions de *forme*, voie qui fut choisie afin d'assurer qu'une clause donnée a fait l'objet d'un véritable consentement de la part des deux parties. Les conditions de *fond*, troisième type de disposition, sont réduites au plus strict. Enfin, l'art. 23 traite des *effets* de la clause.

1. Conditions d'application de l'art. 23 (C 17)

565. – Conditions expresses et condition discutée. De l'art. 23 s'évincent deux conditions, tandis qu'une troisième est discutée. Selon la première, la clause doit désigner un tribunal ou les tribunaux d'un État membre. La Convention n'entendait pas en effet régir une clause, même souscrite par une personne domiciliée dans un État contractant, désignant un tribunal d'un État tiers ; un tel for est libre d'apprécier sa compétence

– l'effet « positif » de la clause – et les tribunaux d'un État membre éventuellement évincés par la clause le sont d'en apprécier la validité au regard de son effet « négatif »[1].

L'autre condition est que l'une des parties au moins à la clause soit domiciliée sur le territoire d'un État membre. Ce facteur réalise l'intégration à l'Espace européen qui justifie l'applicabilité du texte (n° 520). La condition ne préjuge pas davantage la validité d'une clause attributive de juridiction à un tribunal d'un État membre entre parties domiciliées dans des pays tiers ; l'effet d'une telle clause sera également apprécié selon le droit commun de l'État désigné (à une réserve près, v. *infra*, n° 568 *in fine*). Il importe peu que la partie domiciliée dans un État contractant soit le demandeur ou le défendeur ; dans la plupart des cas, la clause est stipulée avant tout litige, de sorte que l'on ne peut savoir au moment où elle est souscrite quelle sera la qualité respective des parties s'il vient à s'en élever un[2].

Le domicile des parties devra en principe être apprécié au moment où la clause a été adoptée, afin de respecter la prévision nécessaire ; cela empêche également qu'une partie ne change de domicile afin de se soustraire à l'application de la clause. Pour la même raison, l'art. 23 ne devrait pas s'appliquer lorsque aucune des parties n'était domiciliée dans l'Espace européen au moment de l'accord, même si l'une ou l'autre l'est devenue au moment du procès. En revanche, le texte pourrait continuer de s'appliquer quand bien même aucune des parties n'y a plus son domicile à ce moment, afin de respecter les prévisions établies.

Le texte s'applique naturellement aux personnes morales, en fonction de leur siège. Domicile et siège doivent être appréciés conformément aux dispositions respectivement applicables (art. 59 et 60, C 52 et 53).

Le texte ne mentionne pas le caractère international du litige. Il est certain que l'art. 23 n'exige pas de lien entre le for désigné, ni même l'État de celui-ci, et le litige : lorsque les deux conditions précédentes sont remplies, la compétence choisie doit en principe s'exercer nonobstant l'argument de *forum non conveniens* qui pourrait être formulé selon le droit commun du for saisi. De cette constatation, on a pu inférer qu'il n'était même pas nécessaire que le litige eût un caractère international. Toutefois le Préambule de la Convention visait la détermination de la compétence « dans l'ordre international » et l'on peut hésiter à admettre que ce caractère résulte de la seule prorogation de compétence en faveur d'un for étranger[3]. Cela n'interdit pas d'apprécier libéralement le caractère inter-

1. V. par ex., Com. 19 déc. 1978, préc. n° 387 (entérinant la désignation d'un tribunal suisse par des parties française et allemande).
2. V. toutefois Com. 7 déc. 1983, RC 84.658 n. Gaudemet-Tallon.
3. Comp. convention de Rome sur la loi applicable aux obligations contractuelles, art. 3.3, envisageant le cas de désignation d'un for ou d'une loi étrangère dans un contrat ne présentant aucun élément d'extranéité, et réservant en pareil cas le respect des « dispositions impératives » de la loi correspondante (n° 817).

national de la situation, notamment lorsque le contrat contenant la clause, à première vue « interne », est lié à une opération internationale[1].

2. Validité de l'accord en la forme

566. – Évolution du texte. En vue de s'assurer du consentement effectif de chacune des parties à une clause donnée et de parer ainsi au risque qu'elle soit passée inaperçue de celui à qui l'on prétend l'opposer, la convention d'origine a imposé des règles matérielles de forme applicables dans tous les cas[2]. L'usage a cependant rappelé que les relations d'affaires se déroulent fréquemment sans formalisme, ce qui s'est traduit par deux ajouts, respectivement dans la révision de 1978 et celle de 1989, suivant la convention de Lugano. Bien que le texte les place sur le même plan (lettres *a*, *b* et *c*), ces différentes dispositions ne sont pas homogènes : les adjonctions ne constituent en effet pas à proprement parler des règles de forme mais renvoient à des formes non précisées. Il convient donc de distinguer les deux types de dispositions.

a. Conditions de forme proprement dites

567. Convention écrite ou verbale avec confirmation écrite. L'art. 23 édicte une règle matérielle uniforme : la « convention attributive de juridiction est conclue [...] *par écrit ou verbalement avec confirmation écrite* ». Le vice fondamental du texte, outre de prétendre régler en sept mots une question qui appelle maintes précisions, est de viser l'élection de for comme une « convention », ce qui évoque un accord *autonome* et conclu pour lui-même, alors qu'il s'agit presque toujours d'une *clause* incluse (et en fait souvent « noyée ») dans un contrat principal. Cette confusion se perpétue dans les décisions pour interprétation rendues par la Cour de justice.

a) *Convention écrite.* S'agissant de s'assurer par une condition de forme qu'une élection de for, intervenue avant tout litige a été effectivement connue de la partie à qui on l'oppose, l'exigence d'un écrit s'impose à peu près nécessairement[3]. Mais quand bien même il y a eu « convention » écrite, et même signée, entre les parties, la *clause* figure souvent dans des « condi-

1. Comp. Civ. I, 4 oct. 2005, GP 24-25 fév. 2006, obs. M.-L. Niboyet, JDI 06.169 n. Jacquet, RC 06.413 n. M. Audit, se prononçant expressément pour la condition d'internationalité, appréciée au moment de la conclusion du contrat (mais suggérant de manière contestable que l'internationalité puisse résulter de la « commune intention des parties »).
2. Bien que les clauses attributives de juridiction fassent l'objet de dispositions particulières en matière de contrats d'assurance, passés par les consommateurs et individuels de travail dans les sections qui leur sont respectivement consacrées, on doit considérer que les conditions de forme protectrices formulées à l'art. 23 s'appliquent *a fortiori* à ces contrats.
3. Encore faut-il que l'écrit ne soit pas illisible (Com. 27 fév. 1996, RC 96.731, 2e esp., n. Gaudemet-Tallon) ou ne soit pas rédigé dans une langue inconnue de l'autre partie et non utilisée jusque là entre les parties (Grenoble, 23 oct. 1996, RC 97.756 n. Sinay-Cytermann, JDI 98.125 obs. A. Huet) ; *contra*, au motif que de telles exigences ajoutent au texte, Civ. I, 23 janv. 2008, JCP 08.10092 n. Boismain

tions générales » portées au verso de l'écrit (en petits caractères et dans une langue qui n'est pas ici celle du destinataire), voire sur un document distinct de l'écrit signé et auquel celui-ci fait simplement référence ; il se peut même que ce document n'ait été communiqué que postérieurement à la conclusion et même l'exécution du contrat, comme c'est le cas de factures. Aussi bien la Cour de justice fut-elle immédiatement saisie de ces situations. Lorsque les conditions générales contenant la clause figurent au verso de l'acte signé, la Cour a estimé qu'il n'était satisfait à l'art. 17 que si cet acte comporte un renvoi exprès aux conditions générales ; et que si le renvoi est à un acte extérieur, il est établi que les deux parties ont eu connaissance du document ou ont pu en avoir connaissance, le renvoi devant au surplus être susceptible d'être contrôlé par une partie appliquant une diligence normale[1]. Le simple énoncé de ces précisions, peu contestables en soi, démontre l'insuffisance du texte[2]. La Cour est ultérieurement venue à rappeler l'objet de l'exigence d'un écrit d'une manière qui conduit pratiquement à la recherche même que cette exigence est censée épargner : « examiner si la clause a fait effectivement l'objet d'un consentement entre les parties qui doit se manifester d'une manière claire et précise »[3]. À ce stade, le raisonnement devient pratiquement circulaire[4].

b) *Convention verbale avec confirmation écrite*[5]. Comme la précédente, cette formule excessivement concise a immédiatement suscité des demandes de précisions, que la Cour de justice s'est trouvée à la peine

1. CJCE, 14 déc. 1976, aff. 24/76, *Estatis Salotti di Colzani*, Rec. 76.1851 concl. Capotorti, D. 77.I.R.349, RC 77.581 n. Mezger, JDI 77.734 obs. Bischoff. Dans le cas particulier d'une clause attributive de juridiction contenue dans les statuts d'une société, celle-ci s'impose à tout actionnaire dès lors que ces statuts sont déposés en un lieu auquel ils ont accès ou figurent dans un registre public : 10 mars 1992, *Powell Duffryn*, RC 92.528 n. Gaudemet-Tallon, JDI 93.474 obs. Bischoff. La clause désignant généralement un tribunal du siège, la solution favorise la concentration des litiges.
2. Il est significatif que le Protocole annexé à la convention de Bruxelles ait prévu un régime particulier à l'égard des personnes domiciliées au Luxembourg, exigeant que la clause ait été « expressément et spécialement acceptée » (Art. I, al. 2 ; ce régime est appelé à disparaître sous l'empire du règlement). Or ce n'est évidemment pas la qualité des personnes visées qui pouvait justifier ce surcroît de précision, mais simplement le fait que leur État national, invoquant le fait que le nombre de cas serait relativement limité, a été en mesure de l'obtenir.
3. Arrêts *Colzani*, préc., point 7 ; *Segoura (infra* note 5*)*, point 6 ; *Iveco Fiat (*n° 570*)*, point 5.
4. La convention de New York du 10 juin 1958 pour la reconnaissance et l'exécution des sentences arbitrales étrangères était plus spécifique : « On entend par convention écrite une clause compromissoire insérée dans un contrat ou un compromis, signé par les parties ou contenue dans un échange de lettres ou de télégrammes » (art. 2.2) ; v. depuis la disposition de la loi-type de la CNUDCI sur l'arbitrage, adoptée en 1985 (art. 7). Négligeant de formuler un texte plus précis, au vu des difficultés soumises à la Cour, le règlement s'est contenté d'ajouter qu'est considérée comme forme écrite toute transmission par voie électronique permettant de consigner durablement la « convention » (art. 23.2).
5. Cette disposition est inspirée de la pratique allemande des « confirmations de commande » ; sur celle-ci, v. D. Ben Abderrrhamane, *Le droit allemand des conditions générales des contrats dans les ventes commerciales franco-allemandes*, 1985.

pour fournir. Elle a d'abord exigé que la convention ait porté spécialement sur l'attribution de juridiction[1]. Une convention verbale portant sur l'opération réalisée par les parties aux conditions générales de l'une d'elles, conditions qui comporteraient une clause attributive de juridiction, devait donc être confirmée de part et d'autre, ce qui est en fait plus exigeant que la disposition précédente[2]. Mais la Cour est revenue sur sa position en décidant qu'il suffisait que la clause verbale soit confirmée par écrit par l'*une* des parties[3]. La confirmation écrite peut donc émaner de la partie ayant stipulé la clause, ou en tout cas de celle à qui elle profite ; dans ce cas, c'est le défaut de protestation de l'autre – dans un délai raisonnable – qui établit son acceptation, ou plus exactement sa propre confirmation[4].

b. Renvoi à des formes extérieures

568. Formes indirectes. a) *Habitudes établies entre les parties.* Tout en renforçant les exigences de l'art. 23 (C 17), l'arrêt *Segoura* réservait le cas où les parties sont en rapports d'affaires courants, établis sur la base de conditions générales comportant une clause attributive de juridiction, laquelle recevrait donc effet alors même qu'elle n'a pas été convenue spécialement à l'occasion de l'opération litigieuse[5]. La révision de 1989 a voulu consacrer cette idée en admettant la validité d'une clause conclue « sous une forme qui soit conforme aux habitudes que les parties ont établies entre elles » (lettre b). Cette rédaction ne correspond malheureusement pas à l'hypothèse que l'on a voulu viser : alors que sa lettre vise l'élection de for elle-même (« Cette convention attributive de juridiction »), les « habitudes » des parties ne peuvent viser que des accords *de fond* successivement conclus entre elles (et éventuellement soumis à la clause), sauf à imaginer – ce qui résulte pourtant de la lettre du texte – des parties à ce point régulièrement en litige que des habitudes se sont formées entre elles pour la conclusion d'accords désignant le for appelé à les départager. En revanche, la répétition d'opérations, selon des formes simplifiées devenues habituelles, ne devrait pas servir à donner effet à une clause dont rien ne garantit qu'il y a véritablement été consenti à l'origine.

1. CJCE, 14 déc. 1976, *Segoura*, Rec. 76.1851 concl. Capotorti et mêmes réf. que l'arrêt *Colzani* (att. n° 8).
2. La jurisprudence majoritaire des États contractants semble cependant s'être contentée d'un accord verbal sur des conditions générales de vente, pourvu qu'elles aient été transmises lors de l'accord verbal et non postérieurement à la formation du contrat.
3. CJCE, 19 juin 1984, aff. 221/84, *Sté Goeminne Hout c. Tilly Russ*, Rec. 84.2417 concl. Gordon Slynn, JDI 85.189 obs. Bischoff, RC 85.385 n. Gaudemet-Tallon (att. 19) ; 11 juill. 1985 (v. note suivante).
4. CJCE, 11 juill. 1985, *F.A. Berghoefer GmbH*, RC 86.335 n. H.G.T., Recueil, p. 2699 concl. Gordon Slynn, JDI 86.453 obs. Bischoff (att. 15 et 16).
5. Arrêt *Segoura* (point 11). V. appliquant cette réserve, Civ. I, 9 janv. 1996, RC 96.731, 1° esp., n. Gaudemet-Tallon, JDI 97.173 obs. A. Huet ; Paris, 30 nov. 1988, D. 89. Somm. 253. L'exécution successive d'un contrat tel qu'un contrat de travail ne peut évidemment être considérée comme constitutive ni d'une confirmation ni de rapports courants : Civ. I, 3 déc. 1985, D. 1986. I.R. 267.

b*) Usages du commerce international.* Sous l'influence des trois nouveaux États membres, la révision de 1978 avait prévu que, dans le commerce international, la clause soit souscrite en une forme admise par les usages dans ce domaine et que les parties connaissent ou sont censées connaître. Jugée insuffisamment précise par les États membres de l'AELE lors des négociations conduisant à la convention de Lugano, la formule adoptée à cette occasion et reprise par le règlement vise « dans le commerce international [une] forme qui soit conforme à un usage dont les parties avaient connaissance ou étaient censées avoir connaissance et qui est largement connue et régulièrement observée dans ce type de commerce par les parties à des contrats du même type dans la branche commerciale considérée »[1]. Elle ne distingue pas davantage que les précédentes la clause et le contrat auquel elle se rapporte : or l'usage pourrait admettre la formation d'un *contrat* sans égard particulier à la clause attributive de juridiction qu'il comporte, alors que l'intention du texte semble plutôt que l'usage porte sur la validité de la *clause* elle-même. Cette disposition est principalement appelée à s'appliquer en matière de connaissement maritime. En ce qui concerne le chargeur, l'usage veut à la fois qu'il connaisse l'existence d'une clause dans le connaissement et que celui-ci lui soit opposable quand bien même il ne l'a pas signé[2]. La question est plus délicate pour les tiers au contrat de transport – destinataire, endossataires du connaissement, assureur subrogé – et elle n'est réglée de manière convaincante ni selon la jurisprudence française, ni selon la jurisprudence européenne[3].

3. Questions de fond

569. – Précisions diverses. En-dehors des dispositions particulières en matière d'assurance, de consommation de contrat de travail (n°s 547 s.), la

1. La formule est empruntée à la convention de Vienne du 11 avril 1980 sur la vente internationale de marchandises, art. 9.2. Elle est explicitée par la Cour de justice, sans apport significatif, dans son arrêt du 20 fév. 1997, *MSG c. Les Gravières rhénanes*, préc. n ° 528 ; v. également 16 mars 1999, *Castelleti*, RC 99.559 n. Gaudemet-Tallon, JDI 00.528 obs. A. Huet.
2. CJCE 16 mars 1999, *Castelleti, préc.*
3. V. Cachard, Mél. Gaudemet-Tallon, p. 189. Pour la Cour de justice, la clause est opposable lorsqu'elle est valide dans les rapports du chargeur et du transporteur et qu'en vertu du droit national applicable le porteur succède au chargeur dans ses droits et obligations (CJCE 19 juin 1984, *Tilly Russ*, préc.) ; si ce n'est pas le cas, il convient de vérifier le consentement du tiers à la clause (CJCE 9 nov. 2000, *Coreck Maritime*, RC 01.359 n. Bernard-Fertier, JDI 01.701 n. Bischoff). La Cour de cassation se rallie aujourd'hui à ces critères, lorsque le droit communautaire est applicable : Civ. I, 16 déc. 2008 et Com. 16 déc. 2008, GP 09, n° 51-52, p. 46 obs. Guez, JCP 09.10060 n. Kenfack, RC 09.524 n. Jault-Seseke). Statuant selon le droit commun, la 1re Chambre civile considérait que la clause attributive de juridiction faisait partie de l'économie de la convention et s'imposait comme telle à l'assureur subrogé dans les droits du destinataire (12 juill. 2001, Somm. 3246 obs. Delebecque) ; la Chambre commerciale exigeait une acceptation spéciale du destinataire au plus tard lors de la livraison, sans passer par le droit applicable (10 janv. 1995, JDI 96.141 obs. Huet, RC 95.610 n. Gaudemet-Tallon, et 4 avril 1995, ibid. ; 8 déc. 1998, RC 99.536 n. Pataut). En ce qui concerne le bénéficiaire d'un contrat d'assurance, v. *supra* n° 550.

prorogation de juridiction n'exige pratiquement que le respect des compétences exclusives de l'art. 22 (C 16)[1]. Aucun lien n'est exigé entre la juridiction désignée et le rapport litigieux et il n'y a pas lieu de tenir compte, en principe, du fait que certaines règles impératives d'un autre ordre juridique pourraient être applicables à celui-ci[2].

La précision du texte selon laquelle la clause a pour objet les différends nés ou à naître à l'occasion d'un « rapport de droit déterminé » ne signifie pas que le litige lui-même ait été prévu ; elle exclut simplement qu'une partie n'impose à l'autre la compétence d'une juridiction donnée pour tous leurs rapports à venir sans distinction, mais non que la clause vise un ensemble de rapports contractuels (accord de distribution, rapports entre une société et ses actionnaires...).

De même, l'esprit de l'art. 23 étant de donner effet à la volonté des parties dans toute la mesure compatible avec le système de compétence, il ne faut pas prendre à la lettre la référence aux juridictions d'*un* État contractant. Si en effet la grande majorité des clauses désigne une juridiction – ou les juridictions d'un pays – unique, il n'y a pas de raison de s'opposer à la validité d'une clause dans laquelle les parties désignent des juridictions de pays différents selon la nature ou l'objet du litige, ou selon celle d'entre elles qui prendra l'initiative de l'action[3]. La même observation impose de donner effet à une clause qui exclurait seulement certaines compétences (par exemple, en matière contractuelle, celles pouvant résulter de l'art. 5, 1°), laissant jouer pour le reste celles prévues par le règlement et notamment par l'art. 2.

4. Effets de l'accord

570. – Effet prorogatoire et effet dérogatoire. Une clause répondant aux conditions fixées confère au tribunal ou aux tribunaux qu'elle désigne une compétence *exclusive*. Le règlement a toutefois réservé sur ce point la convention contraire des parties (moins fréquente, semble-t-il, dans la

1. La clause est cependant susceptible de tomber sous le coup de la directive n° 93/13/CE sur les clauses abusives, pour laquelle une clause d'élection de for peut avoir ce caractère en droit interne lorsqu'elle n'a pas fait l'objet d'une négociation individuelle ; ce serait *a fortiori* le cas en matière internationale.
2. CJCE, 16 mars 1999, *Castelleti*, préc., point 5 du dispositif.
3. V. CJCE, 9 nov. 1978, *Meeth c. Glacetal*, RC 81.127, 1° esp., n. Gaudemet-Tallon (clause d'un contrat de vente donnant compétence aux tribunaux du défendeur) ; Civ. I, 19 fév. 1980, RC 81.127, 2e esp., D. 81.I.R.158 (clause d'un contrat de distribution visant le « lieu de juridiction du plaignant »). De même, il n'est pas exigé que la clause soit formulée de façon telle qu'il soit possible d'identifier la juridiction compétente par son seul libellé : il suffit que la clause identifie les éléments objectifs sur lesquels les parties se sont mises d'accord pour choisir le tribunal ou les tribunaux auxquels elles entendent soumettre leurs différends (CJCE 9 nov. 2000, *Coreck Maritime*, préc. : clause d'un connaissement visant « le pays du lieu du principal établissement du transporteur »).

pratique européenne qu'américaine)[1]. La clause rend donc incompétentes les autres juridictions qui pourraient éventuellement être saisies selon le règlement (v. cependant, en cas de saisine préalable d'un autre for de l'Espace européen, n° 579). L'effet obligatoire de la clause s'impose en principe au juge, qui ne peut décliner sa compétence en vertu d'une disposition de droit interne telle que le *forum non conveniens* (n° 520). Il a été jugé qu'à défaut de stipulation particulière des parties, la clause s'étendait au contentieux du provisoire, mais sans exclusivité[2].

En ce qui concerne les parties, l'une d'elles pouvait, selon les deux conventions, renoncer à la clause s'il était établi que celle-ci n'avait été stipulée qu'en sa faveur (art. 17 al. 5) ; elle pouvait alors saisir toute autre juridiction compétente en vertu de la Convention. Cette disposition a suscité des difficultés d'interprétation[3]. Elle ne figure plus dans le règlement.

Si la clause vise les juridictions d'un État donné sans plus de précision, le tribunal spécialement compétent sera désigné selon les dispositions en vigueur dans cet État[4]. Il se peut que, compte tenu des rattachements de la situation, aucune règle de compétence interne ne donne compétence à une juridiction de cet État ; dans ce cas la clause devrait néanmoins s'imposer, la juridiction étant alors choisie sans fraude par le demandeur (comp. en droit commun n° 398).

On a vu que lorsque aucune des parties n'est domiciliée dans un État membre, l'effet d'une clause attribuant compétence aux tribunaux d'un Etat contractant relève en principe du droit commun de l'État désigné (n° 565). Lors de la révision de 1978 a toutefois été introduite une règle prescrivant dans ce cas aux tribunaux des autres États membres, s'ils

1. La clause est autonome en ce sens qu'une allégation de nullité du contrat qui la contient ne suffit pas à la priver d'effet : CJCE 3 juill. 1997, *Benincasa*, préc. n° 552 (v. en revanche en cas de litispendance avec une autre juridiction préalablement saisie, n° 578). L'importance de cet effet peut justifier une interprétation restrictive des clauses (v. par ex. Civ. com. 27 fév. 1996, RC 96.736 n. Gaudemet-Tallon : refus d'appliquer au contrat-cadre de distribution une clause jugée viser uniquement les contrats d'application). Le sort de la clause lorsque le contrat qui la contient est expiré mais que les parties ont poursuivi leurs relations commerciales dépend de la prorogation ou non du contrat selon la loi qui est applicable : CJCE, 11 nov. 1986, aff. 313/85, *Iveco Fiat*, RC 87.420 n. Gaudemet-Tallon, JDI 87.472 obs. Bischoff (contrat de distribution). Sur l'effet de la clause souscrite avec le transporteur par le chargeur dans les rapports avec le tiers porteur du connaissement, v. CJCE, 19 juin 1984, *Sté Goeminne Hout*, préc. n° 567.
2. Orléans, 7 nov. 2002, RC 03.326 n. Ancel.
3. Dérogeant à l'effet obligatoire de la clause selon l'al. 1er, elle doit être interprétée restrictivement ; dès lors, si, comme il est fréquent, la clause désigne le tribunal (ou l'Etat) du domicile d'une partie, il ne s'ensuit pas *ipso facto* que celle-ci soit libre de renoncer à cette compétence : CJCE, 24 juin 1986, aff. 22/85, *Anterist*, RC 87.136 n. Gaudemet-Tallon, JDI 87.474 obs. A.Huet. Il appartenait au juge de rechercher quelle était la volonté commune des parties quant à la clause : Paris, 25 avril 1989, D. 89. Somm. 255, pourvoi rejeté par Civ. I, 4 déc. 1990, RC 91.613 n. Gaudemet-Tallon, JDI 92.198 obs. A. Huet.
4. De manière critiquable, un arrêt admet que la désignation par les parties d'un tribunal de commerce s'impose nonobstant le fait que le défendeur n'est pas commerçant : Civ. I, 9 janv. 2007, RC 07. 647 n. Ancel.

viennent à être saisis et sont susceptibles de se déclarer compétents, de surseoir à statuer aussi longtemps que le tribunal ou les tribunaux désignés n'ont pas décliné leur compétence (art. 17 al. 2).

En matière de *trust*, l'art. 23.5 (C 17 al. 3) limite l'effet de la clause aux rapports internes du *trust*.

Voy. : B. Ancel, « La clause attributive de juridiction selon l'article 17 de la convention de Bruxelles », Riv. dir. int. priv. et proc. 1990.264 ; F. Bernard, *Les clauses attributives de juridiction dans les conventions européennes*, thèse Paris II, 2000 ; N. Dorandeu, « La transmission des clauses attributives de juridiction en droit international privé », JDI 2002.1001 .

B. PROROGATION TACITE : COMPARUTION VOLONTAIRE

571. – Portée de l'article 24. L'art. 24 (C 18) vise l'hypothèse dans laquelle un litige étant né, l'une des parties a assigné l'autre devant une juridiction d'un État contractant dont la compétence n'est pas prévue par le règlement ; le texte donne néanmoins compétence au for saisi dès lors que le défendeur comparaît sans contester celle-ci. On estime qu'il y a prorogation tacite de juridiction, laquelle est érigée en chef de compétence communautaire. La règle s'explique par le fait que le défendeur ne peut pas avoir méconnu la portée de cette prorogation, dès lors que le litige est né. Aussi l'art. 24 s'applique-t-il même dans les domaines qui font l'objet de règles protectrices (v. art. 13, 17 et 21, C 12.1 et C 15.1) ; seules y font échec les compétences exclusives de l'art. 22[1].

À la différence du texte précédent, l'article 24 n'exige pas que l'une des parties ait son domicile dans un État contractant. Ceci peut donner à penser que le for saisi est tenu de se déclarer compétent, alors même qu'il ne le serait pas selon son droit international commun ou que, s'il l'est, il aurait la faculté de décliner sa compétence (*forum non conveniens*...). Mais la condition de domicile dans l'Espace européen est ce qui justifie la réglementation de la compétence par l'Union, et ce rattachement fait alors défaut, de sorte que la disposition n'a pas lieu d'être appliquée[2]. Bien que le texte vise la comparution du défendeur, il a été jugé applicable dans le cas où le demandeur accepte de débattre sur un moyen de défense opposé par le défendeur et qui relevait d'un autre for en vertu d'une clause attributive de juridiction[3].

1. L'art. 18 est applicable quand bien même les parties étaient liées par une clause expresse désignant une autre juridiction : CJCE, 24 juin 1981, aff. 150/80, *Elefanten Schuh*, Rec. 81.1671 concl. Gordon Slynn, JDI 81.903 obs. A. Huet, RC 82.143, 1re esp., n. Gaudemet-Tallon ; 7 mars 1985, *Spitzley c. Sommer*, JDI 86.458 obs. A. Huet, RC 86.682 n. H. G.-T. ; on considère qu'il y a dans ce cas accord tacite de leur part pour modifier leurs conventions précédentes.
2. En ce sens, se fondant sur l'art. 4 du règlement, Paris, 6 mars 2008, *Flash Airlines*, D. 08.1452 obs. Courbe, JDI 09.171 n. Cuniberti, GP 09, n° 51-52, p. 48 obs. M.-L. Niboyet.
3. CJCE, 7 mars 1985, *Spitzley c. Sommer*, préc.

572. – La comparution. La comparution du défendeur est une condition nécessaire de la prorogation de compétence, mais elle n'est pas suffisante. En effet, il n'est pas rare qu'un défendeur comparaisse pour contester la compétence du for saisi, par souci de sauvegarder ses intérêts immédiats dans l'État en question ; aussi l'art. 24 écarte-t-il expressément en pareil cas l'effet prorogatoire de la comparution.

Il est également fréquent que le défendeur, tout en contestant la compétence du for saisi par son adversaire, présente en même temps une défense au fond. Les différentes versions originaires de la Convention autres que la version française, ainsi que le texte anglais de la Convention révisée, énoncent que pour ne pas entraîner la compétence du for saisi, la comparution doit avoir pour « seul » objet de contester sa compétence. Néanmoins, la Cour de justice a interprété le texte (art. C 18) d'une manière plus souple, n'interdisant pas au défendeur de faire connaître tout de suite ses moyens de défense, pourvu que ce ne soit pas « après le moment de la prise de position considérée, par le droit procédural national, comme la première défense adressée au juge saisi »[1]. Il y a donc renvoi aux règles de procédure du juge saisi (ainsi en France, l'art. 74 CPC)[2].

SECTION III

RÈGLES DE PROCÉDURE

573. – Objet limité des règles uniformes de procédure. La Convention ne pouvait unifier le droit procédural entre les États contractants. Par conséquent, alors même que le litige est intégré à l'Union, s'applique le principe de soumission de la procédure à la loi du for, en particulier en ce qui concerne le régime de la compétence (sur le droit français, n° 381 s.)[3]. Toutefois l'on s'est soucié dans la Convention et le règlement, d'une part, du respect des règles de compétence directe édictées (§ 1) ; d'autre part, de prévenir les contrariétés de décisions en cas de procédures concurrentes, tenant compte du fait que différents fors d'États membres peuvent être saisis dans une même affaire ou dans des affaires connexes par l'effet des options de compétence (§ 2).

Le règlement 4/2009 sur les obligations alimentaires (n° 531) formule des dispositions analogues, imposant au juge saisi la vérification de sa compétence (art. 10 et 11), et réglementant les exceptions de litispendance et de connexité (art. 12 et 13).

1. CJCE, 24 juin 1981, *Elefanten Schuh*, préc. La Cour a ultérieurement précisé que l'article 18 permet au défendeur de présenter « en même temps [que l'exception d'incompétence], à titre subsidiaire, une défense au fond » : CJCE, 22 oct. 1981, aff. 27/81, *Rohr c. Ossberger*, Rec. 81.2431 concl. Capotorti, JDI 82.482 obs. A. Huet, RC 82.143, 2e esp., n. Gaudemet-Tallon.
2. V. TGI Paris, 3 fév. 1982, D. 83.I.R.146 ; Paris, 27 sept. 1984, D. 85.I.R.178.
3. V. par ex., Paris, 3 oct. 1974, GP 75.1.53 concl. Franck, D. 75.396 n. Droz ; 3 fév. 1982, D. 83.I.R.146.

§ 1. – VÉRIFICATIONS DEVANT LE JUGE SAISI

La règlement impose la vérification par le juge saisi de sa propre compétence (A). Dans le cas où un défendeur domicilié dans un État membre fait défaut, il prévoit également des précautions particulières destinées à s'assurer de la loyauté de l'assignation (B).

A. VÉRIFICATION DE LA COMPÉTENCE DIRECTE

574. – Nécessité de la vérification de sa compétence par le juge saisi. Un trait important de la Convention, destiné à faciliter la circulation des jugements, a été qu'en matière de reconnaissance des décisions rendues dans un État contractant, la compétence du juge d'origine n'est pas, sauf exception, contrôlée dans l'État requis (n° 586). Ce libéralisme n'était rendu possible que si les risques d'irrégularité au regard des règles de compétence posées par la Convention étaient prévenus devant le juge d'origine. À cette idée répond la vérification d'office par le juge de sa propre compétence, dans la mesure où cela est nécessaire.

575. – Étendue de la vérification. L'étendue de la vérification est très différente selon que le défendeur comparaît ou ne comparaît pas.

a) Dans le premier cas, le juge saisi n'a à s'assurer d'office que de l'absence de compétence exclusive des tribunaux d'un autre État membre selon l'art. 22 (C 25). En effet, au regard de toutes les autres dispositions du règlement, la comparution volontaire du défendeur confère compétence à la juridiction saisie (art. 24 ou C 18, n° 571). Étant donné les termes généraux de l'art. 25 (C 19), l'incompétence selon l'art. 22 (C 16) pourra être relevée d'office et à n'importe quel stade du procès, y compris donc dans le cadre d'un pourvoi en cassation, nonobstant les règles de procédure de la juridiction saisie[1].

b) Lorsque le défendeur domicilié sur le territoire d'un État membre et attrait dans un autre État ne comparaît pas, le juge doit en revanche vérifier sa compétence au regard du règlement dans son ensemble et, le cas échéant, se déclarer incompétent (art. 26.1, C 20)[2]. La vérification porte donc non seulement sur l'art. 22 (hypothèse déjà couverte par l'art. 25), mais sur les différentes compétences prévues aux art. 2 à 22 ainsi que sur l'existence d'un for convenu selon l'art. 23 (C 17)[3]. Ici encore, la disposition s'impose nonobstant les règles de procédure du juge saisi sur l'incompétence relevée d'office (ainsi en France, l'art. 92 CPC). Le fait qu'il n'y ait lieu à vérification que lorsque le défendeur est domicilié dans un État membre s'explique parce que dans le cas contraire, le litige ne relève pas du règlement mais des règles de compétence internationale de droit commun du juge saisi (art. 4). La notion de non-comparution est

1. CJCE, 15 nov. 1983, *Duijnstee*, préc. n° 561.
2. Civ. I, 6 déc. 2005, JCP 06.IV.1049.
3. Paris, 28 juin 1978, RC 79.444 n. Santa-Croce.

susceptible de différentes acceptions (ainsi en France certains jugements sont « réputés contradictoires » bien que rendus par défaut) ; il semble qu'elle doive être comprise ici comme une notion de fait.

L'obligation faite au juge d'origine de vérifier d'office sa compétence dispense en principe une personne domiciliée dans un État membre et attraite dans un autre d'engager des frais de procédure, assurée qu'elle peut être que le juge saisi se déclarera incompétent. Néanmoins, une attitude purement passive de sa part pourrait se révéler imprudente étant donné les incertitudes que peuvent susciter, d'une part, l'appréciation du domicile (n° 524), d'autre part, la mise en œuvre des différentes dérogations prévues par les articles 5 et 6 (n° 525 s.). Pour les mêmes raisons, il convient de s'assurer particulièrement que le défaut du défendeur ne tient pas à l'ignorance de l'action, ce qui constitue l'objet des dispositions suivantes.

B. RÉGULARITÉ DE L'ASSIGNATION

576. – Justification et modalités de cette vérification. La décision à intervenir bénéficiant d'une reconnaissance de plein droit dans les autres États contractants, il peut être important pour le défendeur de faire valoir lui-même les raisons pour lesquelles le juge saisi ne serait pas compétent. C'est pourquoi ce dernier doit s'assurer que le défendeur – domicilié sur le territoire d'un État membre selon l'hypothèse de l'art. 26 (C 20) – avait connaissance de l'assignation lancée contre lui. Les dispositions applicables sont les chiffres 2 et 3 de l'art. 26 (C 20, al. 2 et 3).

Lors de l'entrée en vigueur de la convention de Bruxelles, l'al. 2 de l'art. C 20 obligeait seulement le juge, en termes généraux, à s'assurer que le défendeur avait été mis à même de recevoir l'acte introductif d'instance en temps utile pour se défendre, ou que toute diligence avait été effectuée à cette fin. Il s'agissait d'une disposition provisoire (néanmoins modifiée en 1978 pour viser les actes équivalant à un acte introductif d'instance) dans l'attente que soient en vigueur entre les États contractants des dispositions uniformes en matière de signification et notification à l'étranger des actes judiciaires et extra-judiciaires. Tel fut le cas, à partir de 1982 entre les États membres d'origine et ultérieurement entre tous les États contractants, avec les dispositions de la convention de La Haye du 15 novembre 1965 (n° 421). C'est donc selon les modalités prévues par cette convention (en particulier art. 15) que le juge devait désormais s'assurer que l'acte introductif d'instance avait été transmis au défendeur. Depuis a été adopté le règlement 1348/2000 sur la signification et la notification dans les États membres des actes judiciaires et extra-judiciaires (n° 426), devenu en conséquence le texte de référence lorsque le défendeur est domicilié dans un État membre (art. 26.3, visant l'art. 19 du règlement 1348/2000).

§ 2. – PROCÉDURES CONCURRENTES

577. – Insuffisance de l'uniformité des règles de compétence. Un objectif fondamental du traité était de remédier aux inconvénients inhérents au caractère national des règles de compétence internationale et à leur défaut d'uniformité : procédures intentées dans des pays différents sur le même objet et contrariété de décisions. Or l'uniformisation des règles de compétence ne suffit pas à exclure toute possibilité que des adversaires saisissent les juridictions de deux États différents, lesquelles seront également compétentes selon la convention. Elle est d'autre part sans effet à l'égard de litiges simplement voisins. Pour ces deux types de cas ont été prévues respectivement les exceptions de litispendance et de connexité (art. 27 à 30, C 21 à 23). Qui plus est, du fait que toutes les décisions entrant dans le champ d'application du règlement ont vocation à bénéficier du régime simplifié de reconnaissance, et qu'il convient donc de prévenir une contrariété de décisions au sein des Etats contractants, ces exceptions s'appliquent quand bien même la compétence des juridictions en cause n'est pas fondée sur les dispositions du règlement lui-même, mais sur leurs règles de droit commun[1].

A. LITISPENDANCE

1. Conditions de la litispendance

578. – Conditions retenues et conditions non retenues. L'art. 27.1 (C 21 al. 1er) vise les demandes ayant le même objet et la même cause, formées entre les mêmes parties. Ces différents termes ne sont pas définis. Mais dans le but même de prévenir des contrariétés de décisions, la Cour de Luxembourg considère que les notions utilisées pour déterminer une situation de litispendance doivent recevoir une interprétation uniforme autonome, et a adopté une conception large de l'identité : ont ainsi pour elle le même objet la demande en exécution d'un contrat formée par une partie et la demande en nullité formée par l'autre, au motif qu'elles mettent toutes deux en cause la force obligatoire du contrat[2]. Il n'est pas nécessaire que les parties aient la même qualité procédurale dans les deux instances ; ainsi le défendeur à l'instance introduite la seconde pourra faire valoir qu'il a déjà engagé lui-même une procédure dans un autre État contractant relativement à la même affaire[3].

Aux fins de décider quelle est la juridiction première saisie, il faut déterminer précisément le moment auquel une demande doit être considérée comme pendante devant une juridiction donnée. Sous l'empire de la

1. CJCE 27 juin 1991, *Overseas Union Insurance*, RC 91.764 n. Gaudemet-Tallon, JDI 92.493 obs. A. Huet. L'objet des deux instances ne relève pas du champ d'application du règlement lorsque l'exequatur d'une décision émanant d'un Etat tiers est demandé dans deux Etats contractants : CJCE, 20 janv. 1994, *Owens Bank*, RC 94.377 n. Gaudemet-Tallon, JDI 94.546 obs. A. Huet.
2. CJCE, 8 déc. 1987, aff. 144/86, *Gubisch Maschinenfabrik*, RC 88.370 n. crit. Gaudemet-Tallon, JDI 88.537 obs. A. Huet. Sur la notion d'identité de parties dans le cadre de l'intervention d'un assureur, CJCE 19 mai 1998, *Drouot Assurances*, RC 00.58 n. Droz.
3. Lorsque les parties à la seconde procédure coïncident seulement partiellement avec les parties à la procédure antérieurement engagée, la juridiction saisie en second lieu n'est tenue de se dessaisir que pour autant que les parties devant elles sont également dans la procédure étrangère ; la procédure peut se poursuivre entre les autres parties : CJCE, 6 déc. 1994, *The Ship Tatry*, JDI 95.469 obs. A. Huet, RC 95.588 n. Tichadou.

Convention, la Cour de justice avait renvoyé à la loi de chacune des juridictions concernées pour déterminer le moment où elle était saisie[1]. Cette solution suscitait le risque de conflits positifs (chaque juridiction se considérant première saisie) ou négatifs. Le règlement a introduit une règle matérielle prenant en considération les deux types de pratiques internes constatées : date à laquelle l'acte introductif d'instance est déposé auprès de la juridiction ou, si une notification antérieure est nécessaire, date de la réception de la notification (art. 30).

Contrairement au droit commun français de la litispendance internationale (n° 388), il n'est pas prévu que le juge vérifie la compétence de la juridiction première saisie, en faveur de laquelle il est appelé à se dessaisir. Effectivement, le système de la Convention a voulu que la décision émanant d'un État contractant soit reconnue sans que soit en principe contrôlée la compétence du juge d'origine (n° 586). Il n'y a donc pas lieu pour le juge prié de se dessaisir de se livrer à un contrôle plus étendu qu'il n'en exercerait sur la décision à intervenir si elle était déjà rendue et présentée à l'exécution.

Toutefois, une distorsion s'introduit du fait que les règles relatives à la reconnaissance réservent les compétences exclusives de l'art. 22 (C 16) ainsi que celles prévues en matière d'assurance et de contrats passés par les consommateurs (art. 35.1, C 28 al. 1er) ; de plus, il pourrait exister d'autres motifs de non-reconnaissance déjà susceptibles d'appréciation : ainsi le défaut de loyauté de l'assignation à l'étranger (art. 34, 2, C 27, 2°).

2. Effets de l'exception

579. – Sursis et dessaisissement. L'effet de la litispendance est rigoureux. D'une part, elle doit conduire au dessaisissement de la juridiction saisie en second lieu au profit de la première. D'autre part, elle doit être soulevée au besoin d'office par le tribunal second saisi ; cette précision a une portée propre dans le cas où les parties accepteraient tacitement de se livrer bataille dans deux pays différents afin de limiter pour elles les risques d'un échec, attitude qui risquerait précisément de donner naissance à des décisions contradictoires[2]. Depuis la convention de San Sebastian, reprenant la convention de Lugano, le texte prévoit en premier lieu que la juridiction saisie en second lieu sursoie d'office à statuer toutes les fois que la compétence du tribunal premier saisi n'est pas encore établie (art. 27.1, C 20 al. 2) ; et que lorsque c'est le cas, il se dessaisisse (art. 27.2, C 20 al. 3). Ceci permet d'éviter que le juge second saisi ne se dessaisisse d'entrée alors que le premier viendrait ultérieurement à se déclarer d'office incompétent[3].

1. CJCE, 7 juin 1984, aff. 129/83, *Zelger c. Salinitri*, D. 85.I.R.177 obs. Audit, JDI 85.165 obs. A. Huet, RC 85.374 n. D. Holleaux.
2. En revanche, elle ne dispense pas le plaideur qui invoque la litispendance d'apporter la preuve que les conditions en sont réunies : Civ. II, 3 avril 1978, D. 78.I.R.367.
3. Sur la formulation différente du régime selon la convention d'origine, plaçant le dessaisissement avant le sursis, v. 3e édition de cet ouvrage, n° 559.

Le texte n'envisage pas le cas où le juge second saisi s'estimerait seul compétent en vertu de l'art. 22 (C 16) ; mais on pourrait considérer que dans ce cas la compétence du juge premier saisi n'est pas établie, de sorte que le second juge n'a pas à se dessaisir[1]. L'art. 29 (C 23) envisage seulement l'hypothèse de demandes concurrentes relevant de la compétence exclusive de plusieurs juridictions selon l'art. 22 (C 16) et prévoit que le dessaisissement a lieu dans ce cas en faveur de la juridiction première saisie. Cette disposition prévient un refus de dessaisissement fondé sur la compétence exclusive appartenant à la juridiction seconde saisie.

Toutefois dans l'autre hypothèse générale de compétence exclusive, celle résultant d'une clause attributive de juridiction entre les parties, la Cour de justice, par une interprétation contestée du texte, impose au juge élu de se dessaisir si l'une des parties a pris l'initiative de saisir un juge d'un autre État contractant[2].

La rigueur de la litispendance selon le règlement se prête à une manœuvre dénoncée dans le domaine de la contrefaçon : celle d'une action en non contrefaçon intentée dans un État membre à seule fin de paralyser, ou à tout le moins de retarder, une action en contrefaçon dans autre où elle aurait toute raison d'être accueillie au fond (la première étant qualifiée de *torpedo action*).

B. CONNEXITÉ

580. – Définition, conditions et mécanisme. Le règlement définit comme connexes des demandes « liées entre elles par un rapport si étroit qu'il y a intérêt à les instruire et à les juger en même temps afin d'éviter des solutions qui pourraient être inconciliables si les causes étaient jugées séparément » (art. 28.3, C 22 al. 3)[3]. Il facilite dans une certaine mesure l'examen commun de telles demandes en ouvrant la possibilité d'un sursis à statuer et même d'un dessaisissement en faveur de la juridiction première saisie, à l'appréciation du juge. En ce qui concerne le choix entre ces deux effets, le sursis à statuer était dès la convention d'origine la solution normale et le dessaisissement l'exception, ce qui s'explique par le caractère plus lâche du lien entre les deux actions qu'en cas de litispendance.

1. En ce sens, sur l'exception de connexité, Civ. I, 21 sept. 2005, JCP 06.10043 n. Martel.
2. CJCE 9 déc. 2003, *Gasser*, RC 04.444 n. crit. Muir Watt, JDI 04.641 obs. A. Huet, D. 04.1046 obs. Ch. Bruneau. Ce refus de la « compétence-compétence » contraste avec l'autonomie par ailleurs reconnue à la clause (*supra* n° 570). Dans le même temps, la Cour de justice s'oppose à ce que le juge premier saisi interdise (notamment par une injonction *anti-suit*) à l'une des parties – généralement le défendeur – de saisir un juge d'un autre État contractant, quand bien même cette partie agirait de mauvaise foi et dans le but d'entraver la procédure déjà pendante : 27 avril 2004, *Turner*, RC 04.654 n. crit. Muir Watt. Sur la rigidité excessive du système et les moyens éventuels d'y remédier, v. M.-L. Niboyet, « La globalisation du procès civil international dans l'espace judicaire européen et mondial », JDI 2006.937.
3. La Cour de justice a formulé une conception moins stricte de la connexité, selon laquelle il suffit que l'instruction et le jugement séparé des deux instances « comportent le risque d'une contrariété de décisions, sans [que soit nécessaire] le risque de conduire à des conséquences juridiques s'excluant mutuellement » (CJCE, 6 déc. 1994, *The Ship Tatry*, préc.).

Le *sursis à statuer* (art. 28.1, C 22 al. 1er) ne requiert normalement pas d'autre condition que celle résultant de la définition de la connexité[1]. S'il est accordé, l'instance suspendue reprendra son cours lorsque le juge saisi du premier litige aura statué ; il sera alors tenu compte de la décision rendue à l'étranger, dont la reconnaissance s'impose normalement en vertu du règlement. On évite ainsi effectivement une contrariété de décisions.

Le *dessaisissement* éventuel, objet de l'art. 28.2 (C 22 al. 2), est soumis à des conditions plus rigoureuses. Il doit être demandé par une partie. Le texte vise des « demandes pendantes au premier degré ». Cette condition vise à sauvegarder le principe du double degré de juridiction dans l'État où la demande est renvoyée. Il s'ensuit que, nonobstant la lettre du texte, il importe peu en réalité que la juridiction se dessaisissant soit une juridiction d'appel[2]. Il est ensuite nécessaire que le tribunal premier saisi soit compétent pour connaître des deux demandes. C'est là la conséquence du fait que la connexité ne constitue pas à titre général un chef de compétence directe dérivée selon le traité (n° 541) ; elle ne suffit donc pas en soi pour rendre le tribunal étranger compétent : il doit l'être selon une autre disposition (du règlement ou de son droit commun). Enfin, la loi de procédure du tribunal second saisi doit permettre la jonction des affaires connexes. Il y a sur ce point renvoi au droit procédural national ; l'on n'a pas voulu introduire une règle matérielle sur la connexité, même facultative, applicable dans les rapports internationaux.

L'art. 29 (C 23) concernant le conflit de compétences exclusives, est également applicable en cas de connexité ; l'hypothèse est au demeurant plus plausible que celle de litispendance.

SECTION IV

EFFET DES DÉCISIONS RENDUES DANS UN ÉTAT MEMBRE

581. – Principes directeurs. Poursuivant l'objectif d'une « libre circulation » des jugements dans son domaine matériel, la convention de Bruxelles se caractérisait en matière d'effet des décisions par un système beaucoup plus libéral que les pratiques antérieures, même convention-

1. Le règlement n'a pas repris la condition figurant dans la Convention que les demandes soient pendantes au premier degré devant les deux juridictions, et qui résultait d'un accident de rédaction (v. 3e éd., n° 560). On peut s'interroger sur l'applicabilité de l'art. 28 lorsque la première instance ne relève pas du champ d'application du règlement (pour l'affirmative, Gaudemet-Tallon, *op. cit.*, n° 343).
2. En ce sens, Civ. 1, 27 oct. 1992, JDI 94.171 obs. A. Huet ; C. Cass. Luxembourg, 19 juin 2008, JDI 09.629 n. Cuniberti.

nelles[1]. Dans un esprit de confiance systématique entre les États membres, les motifs de refus de reconnaissance des décisions furent strictement conçus et, dans un but de célérité, les formalités réduites au plus simple[2]. Le règlement n° 44/2001 est allé plus loin encore dans ce sens, et un « titre exécutoire » européen est venu depuis supprimer tout exequatur pour les créances réputées incontestées (n° 599)[3].

Les textes ont distingué la *reconnaissance* et l'*exécution* des décisions (v. l'intitulé du Titre III)[4]. La première est accordée de plein droit, c'est-à-dire sans qu'il soit nécessaire de recourir à aucune procédure, à toute décision émanant d'un État membre intervenue dans le domaine matériel du règlement ; c'est seulement en cas de contestation qu'un juge sera appelé à se prononcer sur sa régularité (art. 33, C 26). Pour la seconde, une procédure est nécessaire en vue de faire apposer la formule exécutoire ; encore cette procédure est-elle, dans sa phase initiale, non contradictoire (art. 38, C 31)[5]. Mais dans le premier cas comme dans le second, la décision doit être régulière. Il convient donc d'examiner successivement les *conditions* de l'efficacité des décisions et les *modalités* de leur vérification[6].

En matière d'*obligations alimentaires*, les dispositions du règlement 44/2001 sont appelées à être remplacées par celles du *règlement 4/2009*, également applicable aux transactions judiciaire et actes authentiques (n° 531). Celui-ci distingue selon que l'État d'origine est ou non lié par le protocole de La Haye du 23 novembre 2007 sur le la loi applicable aux obligations alimentaires (n° 745 et 746-2). En raison des garanties apportées, dans le premier cas, par l'application des règles de conflit communes, les décisions sont reconnues et jouissent de la force exécutoire dans tous les autres Etats membres sans qu'aucun procédure ne soit requise et sans qu'aucune forme de contrôle sur le fond ne soit effectuée dans l'État membre d'exécution (art. 17). Toutefois, le défendeur qui n'a pas été

1. Les textes sont déclarés applicables également aux *actes authentiques* et aux *transactions judiciaires* (art. 57, C 50). Sur les critères de l'acte authentique : CJCE 17 juin 1999, *Unibank*, RC 00.245 n. Droz, JDI 00.539 obs. A. Huet (établissement par une autorité publique ou toute autre autorité habiliter à authentifier les actes). Il faut sans doute également que l'authenticité porte sur le contenu et non simplement sur la signature (distinction d'avec l'intervention d'un *notary public* américain) et l'acte doit être exécutoires dans l'État d'origine. Pour un ex. d'appréciation positive, v. Aix-en-Pr., 2 mars 2000, RC 01.163 n. Légier (*colegiado de comercio* espagnol).
2. Pourrait-on néanmoins appliquer dans un État membre un droit commun plus libéral que le droit européen ? Pour la négative, se fondant sur la spécificité du système européen, Gaudemet-Tallon, *op. cit.*, n° 433 s.
3. Sur le projet d'une « suppression de l'exequatur », v. *supra* n° 65-2 (en note).
4. Sur la notion de décision, v. art. 25 ; ne sont pas exclues les injonctions ni les décisions provisoires (v. cependant *supra* n° 519, aff. *Denilauer*).
5. S'agissant des actes authentiques et transactions judiciaires, la requête ne peut être rejetée que pour contrariété à l'ordre public de l'État requis (art. C 50 et 51 ; R 57 et 58) ; sur les adaptations généralement nécessaires, v. M. Goré, TCFDIP 1998-99.33 ; P. Callé, RC 2005.377. Pour l'exécution d'un engagement de payer une pension alimentaire, v. Civ. I, 12 janv. 1994, RC 94.557 n. Pamboukis ; Paris, 22 fév. 1990, JDI 91.162 obs. A. Huet. Une transaction, même judiciaire, n'est pas pour autant une décision au sens de l'art. 25, d'où résulte l'inapplicabilité de l'art. 27, 3e (*infra* n° 590) visant la contrariété de décisions (CJCE, 2 juin 1994, JDI 95.466 obs. A. Huet ; Civ. I, 11 fév. 1997, RC 98.326 n. P. Mayer).
6. Sur la pratique du tribunal de Paris, v. Pluyette, TCFDIP 1989-90, p. 27 s.

averti de l'instance ou qui s'est trouvé dans impossibilité, sans faute de sa part, de contester la créance alimentaire peut demander le réexamen dans l'État d'origine à condition d'agir rapidement (art. 19). Et l'exécution peut être refusée, à la demande du débiteur, lorsque le droit de l'obtenir est prescrit selon la loi de l'État membre d'origine ou celle de l'État d'exécution, le plus long délai étant retenu (art. 21). Dans le second cas (État d'origine non partie au protocole de La Haye), le régime de reconnaissance et d'exécution des décisions est largement calqué sur celui du règlement 44/2001 étudié ci-après. Toutefois, les questions procédurales font l'objet d'une réglementation détaillée visant à faciliter l'obtention de l'exequatur (v. art. 28 s. du règlement 4/2009).

§ 1. – CONDITIONS DE L'EFFICACITÉ

582. – Formulation et mise en œuvre. Le règlement formule, sous un tour négatif, certains motifs de non-reconnaissance ; parmi eux, certains ne sont admis que dans des conditions restrictives (art. 34 et 35, C 27 et 28). Les motifs de refus sont communs à la reconnaissance et à l'exécution. Selon la Convention, ils pouvaient être soulevés d'office par le juge saisi d'une demande d'exécution, puisque la procédure d'exécution est dans sa première phase, celle de la requête, non contradictoire (n° 593). Tel n'est plus le cas selon le règlement : l'autorité appelée à délivrer une déclaration constatant la force exécutoire du jugement étranger ne procède plus qu'à un contrôle de régularité formelle (art. 41).

Eu égard à la teneur des droits communs nationaux, il est précisé que certains motifs de refus sont exclus ; on commencera par ceux-ci, avant de décrire ceux qui sont exceptionnellement admis puis ceux qui le sont sans restriction.

A. MOTIFS DE REFUS ÉCARTÉS

583. – Prohibition de la révision. La révision constitue la forme de contrôle la plus étendue, puisqu'elle consisterait de la part du juge de l'État requis à rechercher si le juge d'origine n'a pas commis d'erreur de fait ou de droit dans l'examen de la demande (n° 464). Déjà écartée selon le droit commun dans les États contractants, elle devait l'être *a fortiori* dans les rapports intra-européens. Sa prohibition est expressément formulée pour la reconnaissance (art. 36, C 29) et pour l'exécution (art. 45.2, C 34 al. 3). C'est seulement dans le cadre des éléments de contrôle autorisés que le juge de l'État requis peut être amené à exercer un certain contrôle sur les points de droit ou de fait pertinents.

584 – Contrôle de la loi appliquée au fond. Autorisé à l'origine dans une hypothèse particulière par l'art. 27, 4° de la Convention, le contrôle de la loi appliquée par le juge étranger a été par là même exclu à titre général. Une décision ne saurait donc être repoussée pour avoir appliqué une loi qui ne serait pas la loi compétente d'après les règles de conflit de l'État requis, et plus généralement ses principes de conflit de lois (par exemple, l'admission ou le refus du renvoi dans le cas donné). Ce contrôle, abrogé dans le droit commun français, est en recul en droit comparé et en droit conventionnel. De plus, dans les domaines couverts par les textes européens, les divergences entre solutions de conflit sont censées disparaitre par l'effet des règlements Rome I et Rome II en matière contractuelle et délictuelle ; elles sont minimes en matière réelle, où prévaut le rattachement au *situs rei*.

L'art. 27, 4° de la convention autorisait le refus de reconnaissance pour méconnaissance d'une règle de droit international privé de l'État requis sur relative à l'état ou à la capacité des personnes physiques, aux régimes matrimoniaux, aux testaments et aux successions, tranchée à titre préalable par le juge d'origine statuant sur un litige entrant dans le champ de la Convention. La disparition de cette disposition est liée à l'absence de contrôle de la loi appliquée dans le règlement du 29 mai 2000 (Bruxelles II) portant sur les décisions concernant le lien matrimonial (n° 712).

585. – Caractère définitif ou non de la décision. Les textes ne formulent pas l'exigence que la décision invoquée ait un caractère définitif dans le pays d'origine ; on en déduit que bénéficient de leurs dispositions les décisions provisoires ou celles qui sont frappées d'un recours. Toutefois, de telles décisions ne sauraient se voir reconnaître plus d'effet qu'elle n'en ont dans leur État d'origine, dont il faut consulter sur ce point les règles procédurales.

Une décision non définitive sera souvent invoquée pour empêcher qu'un nouveau contentieux ne se développe dans l'État requis. Mais si cette décision est frappée d'un recours susceptible de la mettre à néant, le juge de l'État requis peut surseoir à statuer en attendant l'issue d'un recours ordinaire (art. 37.1, C 30, al. 1er).

B. MOTIFS DE REFUS EXCEPTIONNELLEMENT AUTORISÉS

586. – Contrôle exceptionnel de la compétence indirecte. Alors que la compétence du juge d'origine constitue une condition essentielle de l'efficacité des décisions étrangères selon les droits communs nationaux comme selon le droit conventionnel classique, le système européen exclut en principe le contrôle de cette compétence (art. 35.3, C 28 al. 3)[1]. On pourrait voir là une simple conséquence du caractère de traité « double » de la convention de Bruxelles, c'est-à-dire du fait que le juge d'origine ait dû appliquer les règles de compétence directe qu'elle prévoyait. Mais, d'une part, un tel traité peut parfaitement prévoir le contrôle par le juge requis de la compétence du juge d'origine (sur ces deux points, v. n° 500) ; d'autre part, l'absence de contrôle ne bénéficie pas seulement aux décisions qui relevaient des règles de compétence du traité mais à toutes celles rendues par les tribunaux des États membres dans les matières relevant du règlement, y compris dans un litige international ne relevant pas de celui-ci (n° 518). La disposition témoigne de la *confiance mutuelle* que les premiers États parties à la Convention étaient résolus à se porter : non

1. Paris, 15 déc. 1987, JDI 89.102 obs. A. Huet.

seulement quant à la bonne application des règles de compétence directe communes par leurs différents tribunaux (liée à la vérification d'office de la compétence : n° 574), mais plus généralement quant à la qualité de leurs justices respectives.

L'exclusion du contrôle de la compétence indirecte est renforcée par l'interdiction expresse, dans le même texte, d'invoquer l'ordre public à l'encontre des règles de compétence appliquées dans l'État d'origine. Cette précision prend tout son sens à l'égard des décisions intervenues dans le procès international « ordinaire » et où le juge d'origine peut s'être reconnu compétent du chef de l'une des règles dites exorbitantes énumérées à l'Annexe 1 ; l'effet de ces dispositions se trouve ainsi amplifié par le règlement (n° 518). Il n'y a pas davantage lieu pour le juge requis de contrôler la compétence du juge d'origine lorsque celle-ci se fondait sur une convention internationale en vigueur dans l'État d'origine, dont l'art. 67 (C 57) réserve expressément l'application.

Par exception, l'art. 35.1 (C 28, al. 1er) autorise le contrôle de la compétence pour sanctionner une contravention aux règles de compétence exclusives de l'art. 22 (C 16) ou aux règles particulières édictées en matière d'assurances et de contrats passés par les consommateurs[1]. Encore le juge de l'État requis est-il, dans ces cas, lié par les constatations de fait sur lesquelles le juge d'origine a fondé sa compétence (art. 35.2, C 28 al. 2). En effet, l'application des règles de compétence peut impliquer un certain nombre de déterminations de fait de la part du juge d'origine ; on a voulu limiter au maximum la révision qui pourrait s'introduire dans l'appréciation de cette compétence par le juge de l'État requis.

La convention de Lugano a prévu deux causes générales de refus[2]. Selon l'art. 54 ter, ch. 3, la reconnaissance et l'exécution peuvent être refusées si la règle de compétence sur la base de laquelle la décision a été rendue diffère de celle résultant de la Convention et si elles sont demandées contre une partie domiciliée sur le territoire d'un État contractant qui n'est pas membre de l'UE, cela à moins que la décision puisse être par ailleurs reconnue selon le droit de l'État requis. La règle permet donc aux États membres de l'AELE de contrôler la compétence du juge d'origine lorsque le défendeur était domicilié dans l'un de ces États.

Selon l'art. 57.4, l'efficacité peut également être refusée lorsque le juge d'origine a appliqué une convention régissant la compétence dans une matière donnée, comme il en a le droit, si l'État requis n'est pas partie à cette convention et que le défendeur est domicilié dans cet État, à moins que la décision ne puisse être reconnue selon d'autres règles de l'État requis. Cette disposition s'explique parce que les deux conventions ne font pas obstacle à l'application de conventions particulières telle que la convention de Varsovie en matière de transport aérien, laquelle prévoit par exemple la compétence des tribunaux du lieu de destination.

1. On ne s'explique pas pourquoi le règlement a omis de cette énumération les règles de compétence particulières en matière de contrat individuel de travail. Pour un exemple de contrôle débouchant sur un refus de reconnaissance (en matière de consommation), v. Douai, 9 fév. 1989, JDI 91.160 obs. A. Huet.
2. Ont été également prévues, dans le protocole n° 1 annexé à la Convention, deux causes particulières résultant de réserves : la première est liée à l'art. 16 et a été indiquée à cette occasion (n° 558) ; la seconde est prévue en faveur de la Suisse et concerne l'application de l'art. 5, 1° (art. I bis du protocole ; v. Droz, RC 1989.35 s.).

Mais il semble surtout que les États membres de l'AELE aient voulu se prémunir contre des conventions que ceux de l'UE pourraient passer à l'avenir entre eux.

C. MOTIFS DE REFUS POSSIBLES

Le contrôle de la compétence indirecte, dans les cas exceptionnels où ils est admis, ayant été envisagé, il subsiste trois motifs possibles de rejet de la décision étrangère.

1. Contrariété à l'ordre public de l'État requis

587. – Caractère restrictif ; fond et procédure. La réserve de l'ordre public (art. 34, 1 ; C 27, 1°) dans un instrument fondé sur la confiance mutuelle entre les États qu'il lie pourrait surprendre. Mais son inclusion était de nature à lever les éventuelles réticences des États à s'engager, et la Cour de justice est appelée à contrôler son usage[1]. L'esprit des textes est bien qu'elle ne soit mise en œuvre que tout à fait exceptionnellement, ce qu'a confirmé la précision introduite dans l'art. 34. 1 du règlement selon laquelle la reconnaissance doit être « manifestement » contraire à l'ordre public de l'État membre requis. La lettre du texte invite également à considérer l'effet concret de la reconnaissance et non le simple contenu de la décision, insuffisant à justifier un rejet. L'invocation de l'ordre public est expressément exclue au regard de la compétence (art. 34. 3 ou C 28 al. 3, n° 586), ce qui vise non seulement la bonne application des règles de compétence communes mais interdit d'examiner une allégation d'application d'une règle exorbitante. En ce qui concerne le fond, le domaine matériel couvert par le règlement, celui du droit patrimonial, n'est pas celui dans lequel l'ordre public est le plus fréquemment appelé à jouer[2]. S'agissant de la procédure suivie dans l'État d'origine, la convention s'est expressément souciée de l'assignation du défendeur, laquelle fait l'objet, sur un point particulier, de la disposition suivante (n° 588). Ceci suscitait la question de savoir si la procédure pouvait être contrôlée en d'autres aspects au regard de l'ordre public. La Cour de cassation s'est engagée dans cette voie à propos du défaut de motivation[3]. Elle s'y est plus nettement avancée, en intégrant dans l'ordre public les exigences de l'art. 6

1. L'atteinte doit « constituer une violation manifeste d'une règle de droit considérée comme essentielle dans l'ordre juridique de l'État requis ou d'un droit reconnu fondamental dans cet ordre » : CJCE 28 mars 2000, *Krombach*, *infra* ; il ne peut s'agir d'une simple erreur d'interprétation du droit, sous peine d'exercer une révision : 11 mai 2000, *Renault c. Maxicar*, RC 00.497 n. Gaudemet-Tallon, JDI 01.696 obs. A. Huet. Comp. 28 avril 2009, C-420/07, *Apostolides*, points 54 à 60.
2. V., censurant un refus d'exécution (à propos du mode de fixation d'honoraires d'avocat), Civ. I, 28 fév. 1984, RC 85.131 n. Mezger, GP 84.1.350 n. Mauro.
3. Le défaut de motivation est déclaré contraire à l'ordre public procédural français, à moins que ne soient produits des documents de nature à servir d'équivalent à la motivation défaillante : Civ. I, 17 mai 1978, JDI 79.380 n. D. Holleaux ; 9 oct. 1991, *Polypetrol*, RC 92.516, 1re esp., n. Kessedjian, JDI 93.157 obs. A. Huet ; 20 sept. 2006, JDI 07.139 n. Cuniberti ; 28 nov. 2006, JDI 07.543, 2e esp., n. Peroz. Cette jurisprudence va à l'encontre du principe de confiance mutuelle qui préside aux textes européens ; elle pourrait être confinée à l'hypothèse où le défaut de motivation recouvre une violation des droits de la défense.

CESDH (accès effectif à la justice)[1]. La Cour de justice a adopté la même attitude, tout en précisant que l'invocation de l'ordre public procédural devait se limiter aux « cas exceptionnels où les garanties inscrites dans la législation de l'État d'origine et dans la convention elle-même n'ont pas suffi à protéger le défendeur d'une violation manifeste de son droit de se défendre devant le juge d'origine »[2].

2. Défaut de loyauté de l'assignation (décisions par défaut)

588. – Domaine, objet et étendue du contrôle. La décision invoquée peut être repoussée, aux termes de l'art. 34. 2 (C 27, 2°, modifié), lorsque « l'acte introductif d'instance ou un acte équivalent n'a pas été signifié ou notifié au défendeur défaillant, régulièrement et en temps utile et de telle manière qu'il puisse se défendre, à moins qu'il n'ait pas exercé de recours à l'encontre de la décision alors qu'il était en mesure de le faire »[3]. Ce motif de refus ne concerne donc que les décisions rendues *par défaut*. Le souci de protection du défendeur défaillant se manifestait déjà devant le juge d'origine (art. 26, C 20 ; n° 575) ; mais la portée de l'art. 34.2 est plus large que celle de l'art. 26. En effet, le contrôle dans l'État requis est prévu en faveur de *tout* défendeur défaillant devant le juge d'origine et non simplement de ceux domiciliés dans un État contractant ; il s'exerce même dans le cas où le défendeur était domicilié dans l'État d'origine de la décision[4].

L'exigence que la notification soit intervenue en temps utile pour que le destinataire puisse se défendre constitue une disposition matérielle uniforme. Elle ne s'apprécie donc ni selon le délai prévu par le droit de l'État d'origine, ni selon celui de l'État requis, mais en fait, selon les circonstances[5]. Et bien que le juge d'origine ait eu le devoir, lorsqu'il s'agit d'un défendeur domicilié dans l'Espace européen, de vérifier que celui-ci avait eu la possibilité de recevoir l'assignation en temps utile pour se défendre (art. 26.2 , C 20 al. 2), le juge de la reconnaissance n'est pas lié par

1. Civ. I, 16 mars 1999, *Pordea*, JDI 99.773 n. A. Huet, RC 00.223 et art. Droz, p. 181 (condamnation à l'étranger du demandeur à des frais extrêmement élevés alors que sa prétention n'a même pas été examinée faute pour lui d'avoir versé une caution préalable elle-même importante). V. cpdt Civ. I, 8 fév. 2000, Bull. n° 42, p. 28.
2. CJCE 28 mars 2000, *Krombach*, RC 00.481 n. Muir Watt, JCP 01.II.10607 n. Nourissat, JDI 01.691 obs. A. Huet, GP 3 oct. 2000, Doctr. 1731 chr. M.-L. Niboyet.
3. L'acte introductif d'instance est celui qui appelle l'intéressé à se défendre. Sur ce que la décision prise à l'issue d'une procédure unilatérale d'injonction de payer tombe sous le coup de l'art. 27, 2°, Civ. I, 18 mai 1994, RC 94.688. Dans une procédure de cette nature c'est la décision d'injonction, accompagnée de la requête, qui constitue l'acte introductif : CJCE, 16 juin 1981, aff. 166/80, *Klomps c. Michel*, RC 81.726 n. Mezger, JDI 81.893 obs. A. Huet (injonction allemande) ; 13 juill. 1995, *Hengst*, RC 96.360 n. Gaudemet-Tallon, JDI 96.556 obs. A. Huet (*decreto ingiuntivo* italien). Sur le document à fournir pour permettre l'exercice du contrôle envisagé, v. art. 53.1 (C 46, 2°).
4. CJCE, 11 juin 1985, aff. 49/84, *Debaecker c. Bouwman*, JDI 86.461 obs. Bischoff.
5. CJCE, 16 juin 1981, *Klomps*, préc.

l'appréciation positive qui a été portée et peut refuser la reconnaissance en vertu de la disposition examinée[1].

En principe, le délai pris en considération court du jour où l'acte a été notifié, que ce soit au domicile du défendeur ou en un autre lieu prévu par la loi compétente. Toutefois, la Cour de justice a estimé dans l'affaire *Klomps* que le point de départ du délai pouvait être reporté au-delà, compte tenu de « circonstances exceptionnelles ». Cette restriction est inspirée par le fait que les droits internes prévoient parfois des modes de notification peu efficaces (signification « à parquet », affichage) et faisant courir les délais sans qu'une réelle signification soit intervenue ; on tiendra alors compte des diligences complémentaires effectuées.

Au sein de cette disposition, le règlement a éliminé l'exigence formulée dans l'art. C 27, 2° de la Convention que l'acte ait été « régulièrement » signifié selon la loi de l'État d'origine, laquelle avait donné lieu à des abus. La Cour de justice avait en effet jugé qu'une irrégularité formelle justifiait le refus de reconnaissance quand bien même le défendeur avait eu en fait connaissance de l'action intentée contre lui et fait délibérément défaut[2]. La Cour avait également permis à un défendeur qui, ayant eu connaissance du jugement rendu contre lui, n'avait pas fait usage des voies de recours, de se prévaloir de l'anc. art. 27, 2°[3]. L'incidente finale de l'art. 34, introduite par le règlement, met également fin à cette jurisprudence qui avait été estimée faire la part trop belle au défendeur. Elle fait en quelque sorte de son absence de faute une condition de rejet de la décision. Mais une condition préalable à cela est qu'il ait eu une possibilité de recours : ce qui suppose, d'une part, que l'ordre juridique étranger le lui ait offert et, d'autre part, qu'il ait eu connaissance de la décision.

En définitive, une décision ne sera pas repoussée pour la seule raison que le défendeur n'a pas eu connaissance de l'assignation ; mais le juge de l'État requis se voit reconnaître un très large pouvoir d'appréciation, ce qui lui permet notamment de tenir compte de la bonne foi respective des parties. Le contrôle s'apparente pratiquement, sur ce point précis, à une révision[4].

3. Conflit de décisions

589. – Différentes hypothèses. L'art. 34.3 (C 27, 3°) autorise à repousser une décision émanant d'un État membre si elle est inconciliable avec une décision rendue entre les mêmes parties dans l'État requis[5]. On peut

1. CJCE, 15 juill. 1982, aff. 222/81, *Pendy Plastic*, JDI 82.960 obs. A. Huet, RC 83.521 n. Droz.
2. CJCE 3 juill. 1990, *Isabelle Lancray*, RC 91.161 n. Droz, JDI 91.505 obs. A. Huet.
3. CJCE 12 nov. 1992, *Minalmet*, RC 93.81 n. Droz, JDI 93.468 obs. A. Huet.
4. Pluyette, « La convention de Bruxelles et les droits de la défense », Mél. Bellet, 1991, p. 433.
5. Ainsi une décision étrangère condamnant un époux à verser des aliments à son conjoint au titre des devoirs du mariage est inconciliable avec une décision locale ayant depuis prononcé le divorce : CJCE, 4 fév. 1988, aff. 145/86, *Hoffmann c. Krieg*, RC 88.598 n. Gaudemet-Tallon. Comme le montre cette décision, il n'est pas nécessaire que la décision rendue dans l'Etat requis porte sur une matière relevant du champ du

voir dans cette hypothèse un cas particulier de contrariété à l'ordre public, qui résulterait dans l'État requis de l'existence de deux décisions dont les conséquences juridiques s'excluent mutuellement, selon la formule de la Cour de justice définissant l'inconciliabilité (on note cependant qu'il n'est pas nécessaire pour cela, comme l'exige le texte, que les décisions soient rendues entre les mêmes parties)[1]. L'insertion d'une disposition particulière la visant peut se justifier par le souci de cantonner le recours à l'ordre public dans les limites les plus étroites.

La disposition ne contient aucune référence temporelle, que ce soit à la date respective des décisions ou à celles d'introduction des instances. Or la décision étrangère, si elle est considérée comme la première en date, bénéficiait dès ce moment d'une reconnaissance de plein droit ; l'on aurait donc pu penser qu'elle devrait prévaloir dans ce cas. Mais la Convention n'ayant pas distingué, il semble que ce soit au droit interne de résoudre un conflit de ce type (v. art. 617 s. CPC)[2]. Il est certain en revanche qu'une instance pendante dans l'Etat requis entre les mêmes parties ne doit pas faire obstacle par principe à la reconnaissance de la décision invoquée ; il convient en effet de couper court à la manœuvre d'une partie qui, dans la perspective d'une décision défavorable à l'étranger, entamerait une instance dans un État où cette décision est appelée à être invoquée[3].

La convention modifiée (1978) a pris en considération l'hypothèse d'un conflit entre une décision émanant d'un État contractant et une autre *d'un État non contractant* rendue antérieurement entre les mêmes parties dans un litige ayant le même objet et la même cause, et réunissant les conditions de reconnaissance dans l'État requis ; afin d'éviter des difficultés diplomatiques avec les États tiers, préférence a été donnée à la décision première rendue (art. C 27, 5°)[4]. Rien n'était dit concernant un conflit entre décisions émanant *de deux Etats contractants*, alors qu'il y a là une source de non-reconnaissance pour une décision au moins. Consacrant l'opinion des commentateurs, l'art. 34.4 du règlement étend la solution précédente, faisant prévaloir la décision première rendue. Mais il ne semble pas oppor-

règlement ; dans le même sens, implicitement, Civ. I, 28 fév. 2006, note suivante). Peu importe également qu'une décision ait été rendue en référé et l'autre au fond, non plus que leurs motifs respectifs : CJCE 6 juin 2002, *Italian Leather*, JDI 03.671 obs. A. Huet, RC 02.704, 3e esp., n. Muir Watt ; Civ. I, 20 juin 2006, RC 07.164 n. Rémery.

1. V., rejetant l'allégation d'inconciliabilité selon ce critère, Civ. I, 28 fév. 2006, RC 07.848 n. M. Audit (convention de Lugano).
2. Comp. cependant Droz, n° 516, Gothot et Holleaux, n° 280, Gaudemet-Tallon, *op. cit.*, n° 424.
3. Il en est même ainsi, selon une opinion, dans le cas où l'instance locale a été introduite la première sous peine pour le juge de l'État requis de se livrer à un contrôle de l'attitude du juge étranger qui n'a pas tenu compte de la litispendance (Droz, n° 518).
4. Une hésitation subsiste quant à la date à prendre en considération pour la décision rendue dans l'État tiers : celle à laquelle elle a été rendue, ou celle à laquelle elle a accédé à l'efficacité dans l'État requis selon les règles qui y sont en vigueur (cette date pouvant elle-même être celle de la décision même ou bien celle de l'accomplissement d'une formalité ou procédure : enregistrement, demande d'exequatur). V., en faveur de la date de la décision, Gaudemet-Tallon, n° 429.

tun d'avoir soumis pour le reste les décisions émanant d'un État membre aux mêmes conditions de fond (identité de parties, d'objet et de cause).

§ 2. – PROCÉDURES DE VÉRIFICATION

590. – Reconnaissance et exécution. Ainsi qu'il a été indiqué, on distingue deux degrés dans l'effet des décisions : la reconnaissance et l'exécution. Tandis qu'une procédure est nécessaire pour la seconde (art. 38, C 31), la première est acquise de plein droit (art. 33.1, C 26 al. 1er) ; toutefois cet avantage ne repose que sur une présomption de régularité, laquelle peut faire l'objet d'un contrôle en justice[1]. Bien que dans l'esprit de la Convention, l'exercice du contrôle ait été limité, il était tentant pour les praticiens de rechercher la sécurité d'un titre exécutoire dans un État où l'on souhaite se prévaloir de la décision ne serait-ce que lorsque celle-ci est en langue étrangère. Le règlement ne prévoit plus qu'une simple déclaration constatant la force exécutoire du jugement dans l'État d'origine, sans qu'il soit possible pour l'autorité saisie de soulever d'office un des motifs de non-exécution qu'il prévoit.

Aux conditions communes à la reconnaissance et à l'exécution s'ajoute une condition particulière à la seconde : le caractère exécutoire de la décision dans le pays d'origine (art. R 38, C 31).

A. RECONNAISSANCE

591. – Notion et domaine. La notion de reconnaissance recouvre les effets d'une décision autres que la possibilité d'exécution forcée, mais subordonnée à sa régularité. C'est le régime dont bénéficient en France les décisions étrangères intervenues en matière d'état et de capacité des personnes, ainsi que les décisions constitutives (n° 481 s.). Il est, selon le règlement européen, applicable sans restriction à toutes les décisions qui relèvent de son champ d'application. L'effet principal recouvert par la reconnaissance est l'autorité de chose jugée. La reconnaissance permet en effet non seulement de s'opposer à une nouvelle action mais aussi, par exemple, d'invoquer la décision étrangère pour justifier d'un pouvoir ou pour opposer la compensation légale[2].

592. – Constatation de la régularité : voie incidente ou principale. Le contrôle de la régularité d'une décision reconnue peut intervenir de deux manières : par voie incidente ou par voie principale (art. 33, C 26). Dans le premier cas, par exemple lorsqu'une partie oppose l'autorité de chose jugée à une nouvelle action, la juridiction saisie de l'action nouvelle est reconnue compétente pour procéder au contrôle de régularité (art. 33.3,

1. Des dispositions communes traitent des pièces à produire (art. 53 à 56, C 46 à 49).
2. En cas de demande d'inscription d'hypothèque provisoire en France se pose la question de savoir si le délai pour procéder à l'inscription définitive fondée sur le jugement étranger court de la date de ce jugement ou de celle à laquelle il a été déclaré exécutoire : en faveur de la seconde, Paris, 14 déc. 1988, JDI 90.159 obs. crit. A. Huet.

C 26 al. 3). La règle s'applique donc à n'importe quelle juridiction de l'État requis et non pas seulement à celles qui sont exclusivement compétentes pour connaître de l'exécution ou de la reconnaissance par voie principale (n° 595). L'action principale en reconnaissance de la décision étrangère, qui est ouverte à tout intéressé, est en fait très proche d'une action en exécution ; aussi cette action est-elle expressément soumise à la procédure applicable à l'exécution (art. 33.2, C 26 al.2).

De la possibilité de contester la reconnaissance a été déduite celle d'agir en inopposabilité contre une décision rendue dans un État contractant (en droit commun français, v. n° 497), avec certaines adaptations : la procédure sera régie par le droit commun (le juge compétent est le juge de droit commun de l'exequatur, saisi par assignation du défendeur afin de rétablir à son profit les principes du contradictoire et du double degré de juridiction) ; mais les contrôles exercés ne sont que ceux autorisés par le règlement, ce qui est également en principe dans l'intérêt du défendeur à l'inopposabilité[1]. Cette construction, discutée, mériterait d'être formellement consacrée à l'occasion d'une révision du règlement.

B. EXÉCUTION

593. – Articulation des textes européens avec les droits internes. De la Convention elle-même et des premières décisions rendues par la Cour de justice s'est dégagé un principe : la procédure d'exécution doit être considérée comme constituant un système autonome et complet, en ce sens qu'il n'est pas possible dans l'État requis de lui adjoindre des dispositions empruntées au droit local qui dresseraient des obstacles non autorisés à l'exécution mutuelle des décisions (telles que des voies de recours supplémentaires ou élargies)[2]. Mais du fait que la procédure d'exécution n'est pas réglementée en détail, il est nécessaire de se référer, en tant que de besoin, aux règles de procédure de l'État requis. Encore faut-il toujours que leur application ne porte pas atteinte aux principes de la Convention ou du règlement selon l'impératif précédent[3]. À cela s'ajoute le fait que l'exécution proprement dite de la décision relève incontestablement de la loi de l'État requis et qu'il convient donc de distinguer le domaine de l'exequatur et celui de l'exécution (n° 598).

La procédure tendant à l'exécution emprunte la méthode du contentieux différé, procédant d'une présomption de régularité des décisions rendues dans les États membres : elle est d'abord non-contradictoire et ne devient telle qu'en cas de recours contre la décision prise sur la demande

1. TGI Paris 10 fév. 1993, *Crédit Lyonnais NV c. Paretti*, JDI 93.599 n. Kessedjian, RC 93.664 note Gaudemet-Tallon (inopposabilité déclarée en raison du caractère inconciliable avec une décision antérieurement rendue dans un État tiers et réunissant les conditions nécessaires à sa reconnaissance en France).
2. CJCE, 2 juill. 1985, *Deutsche Genossenschaftsbank*, JDI 86.469 obs. A. Huet, RC 86.341 n. Gaudemet-Tallon.
3. CJCE, 3 oct. 1985, *Capelloni et Aquilini*, aff. 119/84, JDI 86.471 obs. A. Huet, RC 87.123 n. Gaudemet-Tallon.

d'exécution une fois notifiée ; par là se manifeste aussi la volonté de simplification, de rapidité et d'efficacité qui a inspiré son élaboration[1].

594. – Procédure sur requête : compétence. L'annexe II du règlement (art. C 32 al. 1er) énumère les autorités compétentes dans les différents États contractants pour connaître de la requête. Pour la France fut d'abord désigné le président du tribunal de grande instance ; mais, depuis 2004, le greffier en chef du TGI (art. 509-2 s. CPC).

La compétence territoriale est déterminée, selon l'art. 39 (C 32) al. 2, par le domicile de la partie contre laquelle l'exécution est demandée et, à défaut de domicile sur le territoire de l'État requis, par le lieu d'exécution. Le texte ne prévoit pas le cas où le lieu d'exécution est indéterminé, ni celui où la demande ne tend à aucune exécution alors que, comme on l'a vu plus haut, il s'applique aussi bien à une action en reconnaissance principale. L'on pourra s'inspirer dans ces cas en France de la jurisprudence relative à l'action en exequatur dans les mêmes circonstances (n° 490).

595. – Modalités. Les modalités du dépôt de la requête sont celles prévues par la loi de l'État requis (art. 40.1, C 33 al. 1er). Le demandeur n'a à produire qu'une expédition de la décision dont il demande l'exécution (art. 53.1), éventuellement accompagnée d'une traduction (art. 55.2), ainsi qu'un certificat délivré sur simple demande dans l'État d'origine (non nécessairement par un juge) identifiant la décision et assurant de son caractère exécutoire (art. 54 et Annexe V)[2].

Le requérant doit faire élection de domicile dans le ressort de la juridiction saisie ou, si l'institution n'existe pas dans l'État requis, y constituer un mandataire *ad litem* (art. 40.2, C 33 al. 2). Cette exigence a pour but de permettre, d'une part, que la décision à venir lui soit communiquée ; d'autre part et surtout, que le défendeur puisse lui signifier son recours éventuel contre l'autorisation d'exécution, et cela sans encourir les aléas d'une signification à l'étranger[3].

L'autorité saisie statue sans que la partie contre laquelle l'exécution est demandée puisse, en cet état de la procédure, présenter d'observation

1. Cette procédure a un caractère exclusif, interdisant une nouvelle action au fond dans l'Etat requis : CJCE, 30 nov. 1976, *de Wolf*, D. 77.I.R.350. Quant à la possibilité d'agir en exécution selon le droit commun, il semble qu'elle doive être restreinte au cas où la décision statue également sur des questions ne relevant pas du champ d'application du règlement.
2. Selon les deux conventions le demandeur doit produire les pièces permettant d'établir que, selon la loi de l'État d'origine, la décision présentée est exécutoire et a été signifiée (art. C 47 ; pour une interprétation très libérale de cette exigence, v. CJCE 14 mars 1996, RC 96.506 n. crit. Gaudemet-Tallon). Le certificat prévu par le règlement indique seulement que la décision est exécutoire.
3. À défaut de toute précision dans les textes, cette obligation est soumise au régime procédural (modalités, sanctions) du droit de l'État requis ; si celui-ci ne fixe pas de date limite, il peut y être satisfait jusqu'au moment de la signification de l'ordonnance d'exequatur : CJCE, 10 juill. 1986, aff. 198/85, *Carron c. RFA*, RC 87.144 n. Gaudemet-Tallon, JDI 87.475 obs. A. Huet ; Civ. I, 18 avril 1989, D. 90.146 n. Rémery, JDI 90.163 obs. A. Huet.

(art. 41, C 34 al. 1er). Selon les conventions de Bruxelles et de Lugano, le juge, tenu de statuer dans un « bref délai », contrôle l'absence des motifs de rejet prévus par les art. C 27 et C 28[1]. Selon le règlement, l'autorité saisie, qui n'est même plus nécessairement un juge (v. art. 39 et 55.1), déclare la décision exécutoire dès qu'il est satisfait aux formalités prévues à l'art. 53 (remise de pièces), *sans aucun examen au fond* (art. 41). Cette modification significative a été conçue comme un pas vers la situation où les décisions rendues dans un État membre constitueront d'emblée un titre exécutoire efficace dans tous les autres (l'art. 42 parle de la « constatation » de la force exécutoire, ce qui imprime un caractère déclaratif à la décision). Moins que jamais il n'appartient à l'autorité saisie de modifier la portée ou le contenu de la décision, et les demandes additionnelles sont irrecevables.

La décision sur la demande est notifiée au requérant selon les modalités de la loi locale (art. 42.1, C 35)[2]. L'octroi de l'exequatur emporte l'autorisation de procéder à des mesures conservatoires (art. 47.2, C 39 al. 2). Il s'agit là d'une règle substantielle, indépendante de ce que prévoit la loi de l'État d'exécution. Cette faculté n'a donc pas à faire l'objet d'une autorisation spécifique, elle est ouverte pendant le délai de recours prévu par l'art. 43.5 (C 36) nonobstant un délai plus bref prévu par le droit local et écarte toute nécessité d'une validation de saisie éventuellement prévue par celui-ci[3].

L'une ou l'autre partie peut former un recours contre la décision sur la demande de déclaration constatant la force exécutoire (art. 43.1). Il faut distinguer selon que l'autorisation d'exécuter a été accordée ou, très exceptionnellement, refusée.

596. – Recours contre l'autorisation d'exécuter. Le défendeur dispose d'un délai d'un mois à partir du moment où l'autorisation d'exécuter lui a été notifiée pour exercer contre elle un recours ; délai porté à deux mois si l'intéressé est domicilié dans un État membre autre que celui où la décision d'exequatur a été rendue (art. 43.5, C 36)[4]. Pendant ce délai, le bénéficiaire ne peut procéder qu'aux mesures conservatoires autorisées par l'art. 47 (C 39). Dans le cadre de celles-ci, aucune exécution proprement dite ne pourra intervenir tant que le délai de recours contre la décision ne sera pas expiré et qu'il n'aura pas été statué sur ce recours (n° suivant) ;

1. Il incombe au requérant d'éclairer le juge sur tous les points de fait et de droit pertinents : TGI Paris (prés.), 31 mai 1989, RC 90.550 n. Droz.
2. La CJCE refuse néanmoins que, en cas de signification inexistante ou irrégulière, la connaissance de la décision par la personne contre laquelle l'exécution est demandée puisse être admise comme faisant courir le délai de recours (16 fév. 2006, *Verdoliva*, RC 06.692 n. crit. Pataut).
3. Sur les différents points, CJCE, 3 oct. 1985, *Capelloni et Aquilini*, *supra* n° 593 ; en revanche, le débiteur pourra soulever les incidents de saisie prévus par le droit local ou en demander la mainlevée.
4. En l'absence d'indication sur le cas où l'intéressé est domicilié hors d'un État membre, on considère que le délai d'un mois est augmenté des délais de distance en vigueur dans l'État où la décision a été rendue. Aucun délai n'est prévu non plus pour le recours du requérant débouté.

et le débiteur qui estime que ses intérêts sont lésés par l'exercice de ces mesures pourra invoquer la protection prévue par la loi locale[1].

De même que pour la requête initiale, le texte fixe la compétence d'attribution sur le recours ; en France, il est porté devant la cour d'appel (art. 43.2 et Annexe III). La compétence territoriale sera déterminée selon les règles internes de l'État requis compte tenu de l'autorité qui était compétente en première instance.

Puisqu'il n'est pas nécessaire que la décision étrangère invoquée soit passée en force de chose jugée, il se peut que cette décision soit encore susceptible de recours ou fasse l'objet d'un recours ordinaire dans l'État d'origine alors même que l'exécution a déjà été autorisée dans l'État requis. Dans ce cas, l'autorité saisie d'un recours contre l'autorisation d'exécuter peut surseoir à statuer[2] ; ou si elle ne le fait pas, subordonner l'exécution à la constitution d'une garantie qu'elle détermine (art. 46, C 38). De telles décisions ne peuvent se fonder que sur des éléments nouveaux par rapport à ceux qui pouvaient être débattus devant le juge d'origine[3].

La décision rendue sur recours ne peut faire l'objet que d'un pourvoi en cassation ou autre procédure équivalente dans les différents États contractants (art. 44 et Annexe IV, art. C 37 al. 2). Sont même exclues de ce recours les décisions prises en vertu de l'art. 46 (C 38) : sursis à statuer, constitution de garantie[4].

Les dispositions limitatives du règlement excluent tout recours de la part de tiers[5]. Ceux-ci sont protégés par la procédure de mise à exécution de l'État concerné, qu'il faut distinguer de l'exequatur proprement dit (n° 598).

597. – Recours contre le rejet de la requête. L'hypothèse d'un refus initial d'exécution était rare selon la Convention, lors même que l'autorité requise devait procéder d'office aux contrôles autorisés par les art. C 26 à 28, puisque la procédure est dans sa première phase non contradictoire ; elle le devient plus encore selon le règlement qui exclut ces contrôles. Les juridictions respectivement compétentes pour connaître d'un recours contre un refus d'exécuter, énumérées à l'Annexe III (art. C 40), sont dans la plupart des pays, mais non dans tous, les mêmes qu'en cas de recours contre l'autorisation d'exécuter (en France, la cour d'appel). Il importe cette fois que la partie contre laquelle le demandeur se propose d'exécuter

1. CJCE, 3 oct. 1985, *Capelloni et Aquilini*, préc.
2. Versailles, 21 juin 1990, JDI 92.200 obs. A. Huet, RC 92.117, 2e esp., n. Gaudemet-Tallon (doute raisonnable sur le maintien à l'étranger du jugement présenté et frappé d'appel).
3. CJCE, 4 oct. 1991, *Van Dalfsen*, RC 92.117 n. Gaudemet-Tallon, JDI 92.499 obs. crit. A. Huet.
4. CJCE, 4 oct. 1991, *Van Dalfsen*, préc. ; 11 août 1995, RC 96.344 n. Gaudemet-Tallon, JDI 96.567 obs. A. Huet.
5. CJCE, 2 juill. 1985, *Deutsche Genossenschaftsbank*, *supra* n° 593 ; 23 avril 2009, *Draka NK Cables,* JCP G 09, 368, n. crit. Martel, RC 09.569 n. Pataut (refus au créancier du défendeur à l'exequatur d'agir par la voie paulienne).

la décision soit appelée, étant donné le niveau de la juridiction[1]. En cas de défaut de sa part, les dispositions protectrices de l'art. 26.2 (C 20 al. 2) édictées pour le procès direct (n° 576) sont applicables, et ce alors même que l'intéressé n'est pas domicilié dans un État contractant (art. 43.4, C 40 al. 2). Ici encore, la décision rendue sur le recours n'est plus susceptible que d'un pourvoi en cassation (art. 44, C 41).

598. – Exécution de la décision. Le règlement ne régit que l'exequatur proprement dit : l'exécution elle-même reste soumise au droit national de l'Etat requis[2]. Ainsi les tiers intéressés pourront intervenir à cette occasion. Mais un plaideur ne saurait s'opposer à l'exécution en invoquant un moyen qu'il aurait pu faire valoir pour s'opposer à l'exequatur.

1. Il n'y a donc pas lieu de distinguer selon que le rejet a été motivé par une raison substantielle (sous le régime de la Convention) ou pour une simple insuffisance des documents produits : CJCE, 12 juill. 1984, aff. 178/83, JDI 85.178 obs. A. Huet, RC 85.566 n. Lagarde.
2. CJCE, 2 juill. 1985, *Deutsche Genossenschaftsbank*, préc., att. n° 18.

CHAPITRE II

PROCÉDURES SIMPLIFIÉES DE L'ESPACE JUDICIAIRE EUROPÉEN

599. – Objet, caractéristiques et moyens. Instituées par trois règlements récents de l'Union européenne (n° 506), les procédures qui suivent s'inscrivent dans le prolongement du principe de reconnaissance mutuelle des décisions. De ce point de vue, elles vont au-delà du règlement 44/2001 : en supprimant tout exequatur, elles effacent les frontières intra-européennes au regard de la force exécutoire des décisions concernées rendues dans un État membre. Le titre exécutoire européen fait accéder un titre national à l'efficacité dans l'ensemble de l'Union. Les deux autres règlements, portant respectivement sur l'injonction de payer européenne (IPE) et le règlement « petits litiges », instituent de véritables procédures uniformes en vue d'une décision ayant le même effet (avec cependant des renvois aux droits internes). Ces procédures, qui n'ont pas nécessairement de pendant dans les procédures internes des États membres, sont applicables aux litiges transfrontières, soit ceux dans lesquels au moins une des parties a son domicile ou sa résidence habituelle dans un État membre autre que l'État membre de la juridiction saisie. Elles débouchent sur des décisions dont la reconnaissance est inconditionnelle. Il ne s'agit donc plus seulement, comme c'était notamment le cas avec la notification des actes ou l'obtention des preuves, de procédures harmonisées ne donnant pas lieu à une décision au fond. Comme avec ces précédents, il est largement recouru à l'utilisation de formulaires standardisés établis par chaque règlement pour les communications entre les juridictions et les parties, ce qui doit également permettre une certaine automatisation. Ces procédures sont simplement complémentaires des procédures nationales, que les demandeurs peuvent continuer à utiliser ; elles sont donc offertes à titre optionnel. Leur objectif est de faciliter le recouvrement rapide et efficace des créances d'un État membre à l'autre face à des retards de paiement, en réduisant l'obstacle que peuvent constituer des frais hors de proportion avec le litige. Elles soulèvent corrélativement des questions quant au respect des droits de la défense.

Si à ces textes l'on ajoute la directive sur la médiation du 21 mai 2008, et celle du 27 janvier 2003 prévoyant un mécanisme d'aide judiciaire, il apparaît que l'Espace judiciaire européen secrète progressivement une réglementation propre de procédure civile. Bien que nécessairement limitée aux affaires transfrontières (qualifiées par les textes de « transfrontalières »), cette réglementation nouvelle constitue le droit interne d'un espace régional en cours d'édification. Celui-ci s'éloigne assez sensiblement du droit international privé traditionnel, en ce qu'il supprime très largement l'effet des frontières étatiques pour l'administration de la justice de droit privé[1].

§ 1 : LE TITRE EXÉCUTOIRE EUROPÉEN POUR LES CRÉANCES INCONTESTÉES

599-1. – Règlement CE n° 805/2004 du 21 avril 2004. Sous l'appellation de « titre exécutoire européen » (TEE), le règlement organise une reconnaissance sans exequatur de titres nationaux moyennant certaines conditions qu'il fixe[2]. Une décision, une transaction judiciaire ou un acte authentique, dans la mesure où ils portent sur une créance incontestée, qui ont été certifiées en tant que TEE par la juridiction d'origine sont traités dans tout autre État où l'exécution est demandée comme si elle y avait été rendue (art. 20.1). La créance est réputée incontestée lorsqu'elle a été reconnue par le débiteur, soit expressément, soit tacitement en ne s'y opposant pas au cours de la procédure judiciaire ou par le défaut de comparution ou de représentation à l'audience après l'avoir contestée (art. 3). Dans les cas de reconnaissance tacite, le règlement subordonne la délivrance du certificat au respect de « normes minimales » quant à la transmission de l'acte introductif d'instance afin de s'assurer soit par une certitude absolue (art. 13), soit par un très haut degré de probabilité (art. 14) que l'acte est parvenu à son destinataire. Pour être certifiée, une décision doit en outre être exécutoire dans l'État d'origine, ne pas être incompatible avec les règles de compétence des sections 3 (assurance) et 6 (compétences exclusives) du règlement n° 44/2001 et avoir été prononcée dans l'État du domicile du débiteur si elle se rapporte à un contrat conclu par un consommateur et que le débiteur est le consommateur (art. 6). L'exécution ne peut être refusée dans l'État membre d'exécution, sur demande du débiteur, que lorsque la décision certifiée est incompatible avec une décision rendue dans tout État membre ou dans un pays tiers entre les mêmes parties dans un litige ayant la même cause et réunissant les conditions nécessaires à sa reconnaissance dans l'État d'exécution (art. 21 ; l'ordre public n'est pas mentionné). Subsidiairement, le règlement permet au débiteur de demander un réexamen de la décision dans l'État d'origine lorsque l'acte signifié ne l'a pas été en temps utile pour lui permettre de se défendre ou lorsqu'il a été empêché de contester la créance pour des raisons de force majeure ou par suite de circonstances extraordinaires, le tout sans qu'il y ait eu faute de sa part et à condition qu'il agisse rapidement (art. 19).

1. En ce sens, v. le traitement conjoint qui est proposé du droit interne et européen de la procédure civile par S. Guinchard, F. Ferrand et C. Chainais, 29e éd. 2008, et Hypercours de Procédure civile, 1re éd. 2009.
2. Texte, RC 2004.696. Comm. Peroz, JDI 05.637 ; Nourissat, *Europe* août-sept. 2005, p. 6 ; Jeuland, GP 27-28 mai 2005, p. 15 ; Beltz, D. 2005.2707 ; d'Avout, RC 06.1. Le TEE est entré en vigueur le 21 octobre 2005 ; Ferrand, *Droit et patrimoine*, oct. 2004, p. 70.

Le champ étendu du texte (bien que limité aux créances monétaires), le caractère limité des conditions de certification (éventuellement opérée par l'autorité même ayant rendu la décision) notamment au regard de la compétence de l'autorité d'origine, l'absence de contestation possible dans l'État requis, ont suscité des réserves.

En vigueur depuis janvier 2005, le TEE pourrait être supplanté par les deux autres procédures instituées depuis pour les litiges transfrontières dans l'Espace judiciaire européen, lesquelles n'échappent cependant pas au grief d'être très rigoureux pour le défendeur.

§ 2. – LA PROCÉDURE D'INJONCTION DE PAYER EUROPÉENNE

599-2. – Le règlement CE n° 1896/2006 du 12 déc. 2006[1]. Suivant un mécanisme connu du droit interne français, souvent désigné comme « contentieux inversé », ce règlement permet au créancier contractuel d'une somme d'argent paraissant incontestable d'obtenir unilatéralement un titre condamnant le débiteur au paiement, tout en réservant à celui-ci la possibilité d'élever ensuite devant la même autorité une procédure contradictoire sur le bien-fondé de la créance.

Dans une première phase, celui qui se dit créancier saisit un juge compétent selon les règles du droit européen, soit au premier chef le règlement 44/2001 ; toutefois, si le défendeur est un consommateur, le juge doit être celui de son domicile. La saisine s'opère au moyen d'un formulaire standardisé. Le juge s'assure que la demande « semble fondée », et dans ce cas délivre l'injonction demandée sur un autre formulaire.

Dans la seconde phase, l'injonction est notifiée au défendeur, qui dispose d'un délai de trente jours pour former opposition devant les juridictions compétentes de l'État d'origine de l'injonction, également selon un formulaire type. Si l'opposition est exercée, la procédure simplifiée s'arrête et la procédure se poursuivra conformément aux règles ordinaires (sauf si le demandeur a expressément demandé son arrêt dans cette éventualité). À défaut d'opposition, la juridiction d'origine déclare l'injonction exécutoire et la remet au demandeur qui pourra la faire exécuter dans tout État membre sans autre formalité.

Le point crucial réside dans l'information du défendeur. Or si l'art. 13 prévoit la remise personnelle à la personne ou bien la preuve de réception de l'injonction lorsque la notification a été effectuée par voie postale ou électronique, l'art. 14 accepte également une notification sans preuve de sa réception, par exemple par remise à un employé du défendeur ou remise dans sa boîte aux lettres ou dans un bureau de poste.

À titre exceptionnel, un réexamen de la décision est cependant possible devant la juridiction d'origine lorsque la signification n'est pas intervenue en

1. Texte RC 07.237. Comm. Nourissat, *Europe*, mai 2007.4 ; Lopez de Tejada et d'Avout, RC 2007.717 ; Courbe et Jault-Seseke, D. 2008. Pan. 1513 ; Ferrand, *Dr. et Proc.* 2007.66 ; E. Guinchard, RTDCom 2008. 465. Le règlement est applicable depuis le 12 décembre 2008. Il a été complété par les art. 1424-1 à 1424-15 CPC (D. n° 2008-1346 du 17 déc. 2008).

temps utile au défendeur pour qu'il ait pu faire valoir sa défense ou lorsqu'il a été empêché de contester la créance ou la demande pour cause de force majeure. Mais la charge de la preuve de ces circonstances pèse alors sur lui.

Un refus d'exécution est également possible, à la demande du défendeur, en cas d'incompatibilité de l'injonction ou de la décision avec un jugement rendu ou reconnu dans l'État d'exécution.

Il est reproché à cette procédure d'avoir davantage retenu des droits nationaux dont elle s'inspire ce qui concourait à l'efficacité de la mesure pour le créancier que les garde-fous qu'ils ménagent au débiteur.

§ 3. – LA PROCÉDURE EUROPÉENNE DE RÈGLEMENT DES PETITS LITIGES

599-3. – Le règlement CE n° 861/2007 du 11 juill. 2007[1]. Le règlement institue une procédure contradictoire simplifiée pour les litiges d'un montant inférieur à 2 000 euros en matière civile et commerciale. Ce faible montant justifie que la procédure soit seulement écrite, sauf si la juridiction saisie estime une audience nécessaire ou si une partie en fait la demande, ainsi que la brièveté des délais impartis. Le demandeur remplit un formulaire standardisé comportant les informations nécessaires, accompagné des pièces justificatives utiles, et l'adresse à la juridiction compétente. Celle-ci exerce un contrôle de forme puis notifie copie de la demande au défendeur. Le défendeur doit répondre dans les trente jours, également selon un formulaire standardisé, en indiquant s'il conteste la demande et s'il forme une demande reconventionnelle. Le règlement fixe les modes de signification et d'obtention des preuves. Les formulaires, la réponse, toute demande reconventionnelle, sont rédigées dans la langue de la juridiction. Une partie peut refuser d'accepter une pièce (en la retournant dans les huit jours) si elle n'est pas rédigée, ou accompagnée d'une traduction, dans la langue officielle de l'État membre requis. Si une audience est décidée, la vidéoconférence est encouragée. Les parties ne sont pas obligées d'être représentées par un avocat. La décision intervient dans les trente jours à compter de la réception par la juridiction des réponses du défendeur ou du demandeur (sur demande reconventionnelle) dans les délais. Elle est immédiatement exécutoire nonobstant tout recours éventuel et peut être mise à exécution dans tout État membre sans autre formalité. La partie qui succombe supporte en principe les frais de procédure.

Un réexamen de la décision (art. 18) ou un refus d'exécution (art. 22) sont possibles dans les mêmes conditions restrictives que prévues pour la procédure d'injonction de payer (n° précédent *in fine*).

On note que cette procédure peut assez aisément être paralysée par le défendeur en formulant une demande reconventionnelle supérieure à 2 000 euros ; la procédure se poursuit alors conformément au droit du for saisi (art. 5.7).

1. Texte RC 2007.948. Comm. Courbe et Jault-Seseke, D. 2008. Pan. 1513 ; E. Guinchard, RTDCom 2008. 465. Le règlement est applicable depuis le 1er janvier 2009. Il a été complété par les art. 1382 à 1390 CPC (D. n° 2008-1346 du 17 déc. 2008).

TITRE III

SOLUTIONS PARTICULIÈRES

600. – Objet de l'étude. L'étude de la théorie générale des conflits de lois doit être complétée dans chaque pays par celle du droit positif national. En effet, la théorie révèle de nombreuses questions susceptibles de différentes réponses, à commencer par le rattachement des catégories ; ou, lorsqu'une solution générale est affirmée, telle que le rattachement du statut réel à la *lex rei sitæ*, elle doit être précisée en fonction des très nombreuses questions particulières susceptibles de s'élever au sein de la catégorie en question. Il existe ainsi de multiples règles « spéciales » prolongeant les règles de conflit synthétiques présentées au titre de la théorie générale (n° 129). Il convient également d'examiner comment, en chaque matière, opèrent les mécanismes généraux susceptibles d'être mis en œuvre, tels que le renvoi et l'exception d'ordre public. Il faut enfin tenir compte dans chaque domaine des solutions retenues dans les différentes branches du conflit de juridictions. L'étude du droit positif français sera menée en suivant les divisions générales du droit civil : personnes et famille, biens, faits juridiques, contrats, régimes matrimoniaux, successions et libéralités. On séparera les matières relevant de la vaste catégorie du statut personnel, terrain privilégié du conflit de lois en raison de la mobilité des personnes et du rattachement à une loi d'origine, de celles de nature patrimoniale.

SOUS-TITRE I

DOMAINE EXTRA-PATRIMONIAL : PERSONNES ET FAMILLE

601. – Diversification et complexité des solutions. Dans la conception française, le statut personnel inclut traditionnellement le statut individuel de la personne et les relations de famille : mariage et filiation. Le lien qui unit ces différentes questions n'est pas, comme dans d'autres systèmes, d'ordre religieux, et son aspect sociologique (la tradition que reflète le contenu des règles) est en recul. Subsiste essentiellement le souci de l'application permanente d'une loi donnée nonobstant les déplacements temporaires de l'individu. Cette loi est encore en principe celle de la nationalité en vertu de l'art. 3 al. 3 C. civ. Mais ce texte n'exprime plus l'état du droit positif, au point que ce rattachement est devenu, en fait, marginal ; cela sous l'influence de facteurs multiples.

Si le rattachement à la loi nationale a pu être appliqué de manière relativement simple pendant le XIXe siècle, il s'est révélé moins approprié dès la première moitié du suivant avec le développement de l'immigration (n° 146) et il s'est heurté à une difficulté pratiquement insurmontable du fait de la disparition progressive de l'unité de nationalité dans la famille (n° 138). Pour répondre à ces deux difficultés a été substitué en différents cas le rattachement au domicile puis, de nos jours, à la résidence habituelle (n° 145 s.). Dans le même temps, les catégories de statut individuel et statut familial ont été morcelées en vue de tenir compte de considérations plus particulières à certains aspects du statut : ainsi ont été distingués le statut d'incapacité et le régime de protection de l'incapable, la formation et les effets du mariage (et, au sein des seconds, le divorce), l'établissement et les effets de la filiation, les liens purement personnels et certains d'ordre plus patrimonial (aliments)... L'analyse s'est naturellement traduite dans certains cas par l'affirmation d'un rattachement propre : non seulement le domicile ou la résidence habituelle, mais aussi la loi procédurale ou la loi du for au titre de l'urgence ou de l'ordre public.

En second lieu, ce mouvement a été accentué par la diversification des sources. Le législateur national est intervenu pour édicter des règles de conflit dans des domaines ponctuels : les causes de divorce (art. 309 C. civ.), l'établissement de la filiation par le sang (art. 311-14 s.), plus récemment l'adoption (art. 370-3 s.) et les partenariats enregistrés (art. 515-7-1). Simultanément, différentes conventions de La Haye ont édicté des règles particulières en matière notamment de protection des incapables et d'obligations alimentaires. Ce qui est acquis par là, en principe, en termes d'unification du droit international privé (en fait, dans la mesure des ratifications) est perdu en termes d'homogénéité des solutions nationales. Des conventions bilatérales passées avec différents États ont le même effet et accroissent la diversité des solutions. Dans un autre ordre d'idées, certaines solutions sont remises en cause au nom des droits de l'Homme ou droits fondamentaux, sur le fondement – contestable – de la supériorité de leur source formelle, en particulier la CESDH (n° 101-1). La volonté aujourd'hui manifestée par les autorités de l'Union européenne d'intervenir dans ces domaines, nonobstant l'absence de fondement institutionnel (n° 64), ne va pas manquer d'ajouter à la confusion du droit (v. déjà n° 622).

Enfin, les règles nouvelles et particulières adoptées dans les différentes matières ne sont pas toujours de facture classique. Certaines sont unilatérales ; d'autres comportent des rattachements multiples ou expriment une faveur à une catégorie de personne (l'incapable, le demandeur d'aliments, l'enfant dont la filiation est à établir...), caractères qui ne facilitent pas leur mise en œuvre (n° 109). Cela pour autant que les questions soient traitées sous l'angle du conflit de lois, car certaines le sont sous celui de la compétence des autorités, ce qui constitue un autre facteur de complexité[1].

Il est certain que l'unité du statut fondée sur le principe élémentaire de l'art. 3 C. civ. ne pouvait résister à la complexité croissante des questions. L'on peut cependant regretter que rien ne soit fait pour tenter de limiter son éclatement en une nébuleuse ou une mosaïque, de laquelle toute perspective d'ensemble a peu à peu disparu. Certains éléments du statut font intervenir des règles pratiquement inconciliables, parce que de sources différentes et non coordonnées. Plus généralement, la matière a atteint une complexité difficilement compatible avec les nécessités de l'application quotidienne du droit par les tribunaux et l'administration, à l'encontre en particulier de la « simplification » rituellement invoquée par les autorités européennes pour justifier leurs interventions.

On examinera successivement les trois catégories générales évoquées plus haut : le statut individuel, l'union des personnes – dont le mariage ne constitue plus la seule forme – et la filiation.

Voy. : Audit, « Les avatars de la loi personnelle en droit international privé contemporain », Mél. Foyer, 2008, p. 49 ; F. Boulanger, *Droit civil de la famille*, Economica, t. 1, *Aspects internes et internationaux*, 2e éd. 1992 ; t. 2, *Aspects comparatifs et internationaux*, 1994 ; *Les rapports juridiques entre parents et enfants*, Economica, 1998 ; *Autorité parentale et intérêt de l'enfant*, 2008 ; Bucher, « La

1. V. les conventions de La Haye sur la protection des mineurs (1961 et 1996), l'enlèvement international d'enfants (1980) et l'adoption (1993).

famille en droit international privé », RCADI 2000.9 (t. 283) ; L. Gannagé, *La hiérarchie des normes et des méthodes en droit international privé (Etude de droit international privé de la famille)*, 2001 ; Lequette, « L'évolution récente du droit international privé français de la filiation et du divorce », Trav. Ass. H. Capitant 1988, p. 471 ; « Le droit international privé de la famille à l'épreuve des conventions internationales », RCADI 1994.II.11 (t. 246) ; « De l'utilitarisme dans le droit international privé conventionnel de la famille », Mél. Loussouarn, p. 245 ; Malaurie, « La législation de droit international privé en matière de statut personnel », TCFDIP 1975-77, p. 177 ; D. Mayer, « Évolution du statut de la famille en droit international privé », JDI 1977.447. *Adde* la bibl. citée à la suite du n° 151.

CHAPITRE I

LE STATUT PERSONNEL INDIVIDUEL

Le statut individuel de la personne englobe son état civil et sa capacité, expressément visés par l'art. 3 al. 3 C. civ. On peut en rapprocher aujourd'hui une catégorie nouvelle, les droits de la personnalité, bien que son régime la démarque du statut personnel[1].

SECTION I

L'ÉTAT CIVIL

602. – Délimitation des questions. L'état civil de la personne inclut en droit interne le nom, le domicile et la nationalité. Mais celle-ci ne fait pas l'objet de conflit de lois, en vertu du principe selon lequel chaque État détermine lui-même ses nationaux. On évoquera en revanche la constatation de l'état individuel et familial par les actes de l'état civil. Dans l'ensemble, ces questions ne donnent lieu qu'à peu de conflits, ou du moins les tribunaux ne se prononcent guère sur le droit applicable.

§ 1. – LE NOM

604. – Compétence de la loi personnelle. Le nom paraît devoir relever en principe de la loi *personnelle*, entendue comme celle de l'intéressé, et donc en France de la loi nationale[2]. Ceci se manifeste sous forme bilaté-

1. Sur la distinction d'avec l'état des personnes en droit interne, v. Crim. 16 avril 1980, D. 81.68 n. Mestre.
2. Colmar, 17 fév. 1965, RC 66.55 n. A. P. (prénom) ; Paris, 1er juill. 1970, RC 70.718 n. Foyer ; 12 mai 1995, RC 96.653 n. Hammje (transmission du nom) ; 1er déc. 1995, JDI 97.793 n. H.-J. Lucas (refus de reconnaissance d'un jugement de changement de nom d'un Français, rendu en Angleterre); TGI Paris 13 mai 1992, JDI 94.419 n. H.-J. Lucas (id. concernant un Français binational) ; 9 nov. 1982, JDI 83.99 n. A. Huet. Le principe est régulièrement affirmé par des réponses ministérielles : RC 1978.593

rale par le caractère décisif reconnu au nom figurant sur le passeport des étrangers ou leur acte de naissance dressé dans leur pays, ainsi que par la reconnaissance (de plein droit) des décisions judiciaires ou administratives émanant de leur État national et ayant statué sur le nom, sous la réserve de l'ordre public[1].

Mais on peut également rattacher l'attribution du nom à la loi des effets du lien dont il découle : mariage pour l'enfant « légitime » (aujourd'hui, né d'un mariage) ou adopté par un couple (n° 757), filiation pour l'enfant « naturel » (n° 741). Un arrêt de la Cour de cassation s'est prononcé en ce sens[2].

Les dispositions sur le nom sont également susceptibles d'être appliquées au titre de *loi de police* aux personnes nées ou vivant en France[3]. Il en est particulièrement ainsi lorsque le patronyme est déterminé par l'autorité publique, comme en cas de changement de nom ou de prénom. La protection du patronyme est également susceptible d'être assurée à ce titre, sauf peut-être à consulter la loi personnelle de la personne dont le nom est usurpé pour savoir si cette loi sanctionne l'atteinte.

Un moyen de surmonter les difficultés est d'offrir des options de législation, à l'instar de la loi allemande (art. 10 EGBGB, mod.). L'IGEC permet *de facto* le choix en faveur de la loi française lorsque le déclarant ne justifie pas du contenu de la loi personnelle étrangère. Mais, consacrée ou déguisée, l'option de législation ne favorise pas l'harmonie internationale des solutions.

Afin de remédier au défaut d'unité éventuel du nom de famille d'un pays à l'autre, la Commission internationale de l'état civil (n° 605) a adopté une convention prévoyant la délivrance d'un certificat de diversité

et 1987.167 (Françaises mariées à des étrangers) ; RC 1989.582 (le nom d'un Français né à l'étranger est fixé selon la loi française, nonobstant celui qui est porté sur son acte de naissance) ; et il est exprimé dans l'IGEC (n° 595). La francisation du nom (L. du 3 juill. 1965) est expressément associée à l'acquisition de la nationalité française. L'art. 311-22 C. civ., issu de la modification des règles internes sur l'attribution du nom par les lois de 2002 et 2003, déclare les règles de dévolution du nom applicables à l'enfant qui devient Français. Sur la remise en cause de la solution en cas de bi-nationalité par la CJCE, en vertu du principe de non-discrimination, v. les arrêts *Garcia-Avello* et *Grunkin et Paul,* préc. n° 65-1.

1. Paris, 1er juill. 1970, préc. Une convention d'Istanbul du 4 septembre 1958 (CIEC), applicable en France (décr. 13 nov. 1959, D. 59.L.644) et dans dix autres États, assure, sous la même réserve (Civ. I, 14 oct. 1981, GP 82.1. Pan. 92), la reconnaissance de plein droit des changements de nom affectant les ressortissants de l'État qui les a prononcés, ainsi que les réfugiés et apatrides qui y sont domiciliés. Une nouvelle convention a été adoptée à Munich le 5 sept. 1980.
2. Civ. 1re, 7 oct. 1997, *Canovas-Guttierez*, RC 98.72 n. Hammje, D. 98. Somm. 299 obs. Bottiau, D. 199.229 n. Massip (loi des effets du mariage ; mais la loi de l'auteur est appliquée à la détermination du nom transmis).
3. Colmar, 17 fév. 1965, préc. ; Paris, 12 mai 1995, préc. (à titre surabondant). Sur l'obligation, au sein de l'UE, pour l'État national de reconnaître le nom attribué dans l'Etat de naissance et de résidence au titre de la non-discrimination et de la libre circulation, v. CJCE, 14 oct. 2008, *Grunkin et Paul*, préc. n° 65-1.

de noms, permettant de faire reconnaître que des noms différents, résultant de législations différentes, désignent la même personne[1].

§ 2. – LE DOMICILE

604. – Diversité des solutions. Les conflits de lois sont assez rarement soulevés en matière de domicile. Sans doute parce qu'il s'agit largement d'une notion de fait, les tribunaux le déterminent généralement sans s'expliquer sur la loi appliquée ; il s'agit donc pratiquement de la loi française. Mais il y a parfois lieu de s'attacher à la notion juridique de domicile, par exemple lorsqu'un domicile de dépendance est en cause.

En tant qu'attribut de la personne, le domicile est susceptible d'être déterminé par la loi nationale. Cette solution avait été retenue, en matière de compétence juridictionnelle, par la convention de Bruxelles dans sa version d'origine pour déterminer le cas échéant un domicile de dépendance (art. 52 al. 3, depuis abrogé).

Mais lorsqu'en matière de conflits de lois le domicile est retenu en tant que facteur de rattachement du statut personnel, il appartient en principe à la *lex fori* de définir le domicile international[2]. Cette détermination n'est pas nécessairement univoque : les critères de détermination du domicile international sont susceptibles de varier en fonction de la catégorie pour laquelle il est appelé à désigner la loi applicable[3]. Un autre système consiste à se référer à la loi sur le territoire duquel la personne concernée serait domiciliée. Il est illustré par la convention de La Haye du 5 oct. 1961 sur la forme des dispositions testamentaires (art. 1er al. 3) et par le règlement 44/2001 (art. 59, C 52, *supra* n° 524).

En ce qui concerne le domicile ou la résidence pris en considération pour l'attribution d'une nationalité, ils sont définis par la loi de l'État qui attribue celle-ci. En matière de compétence juridictionnelle directe, le domicile est en principe défini par la loi du for (v. art. 43 CPC).

1. Convention de La Haye du 8 sept. 1982, RC 1989.134. Suivant une autre voie que le conflit de lois, la convention n° 31 de la CIEC, signée le 16 septembre 2005, organise la reconnaissance du nom attribué à un individu dans un État contractant, et ce pour les différents cas d'attribution du nom (naissance, mariage, divorce), dès lors que l'intéressé présente avec cet État des liens étroits et définis par le texte.
2. Trib. Seine, 6 fév. 1952, RC 52.494 n. Freyria (succession mobilière). Selon le même principe, une loi étrangère désignée par la règle de conflit détermine elle-même le domicile qu'elle retient le cas échéant ; c'est ce qui suscitait un renvoi dans l'affaire *Forgo* (n° 215). On appliquera de même la conception de chaque règle de conflit lorsqu'est mis en œuvre un raisonnement unilatéraliste, comme dans le cas de l'art. 309 C. civ., 3e cas.
3. V. Levasseur, *Le domicile et sa détermination en droit international privé*, thèse Paris, 1931.

§ 3. – LES ACTES DE L'ÉTAT CIVIL

605. – Généralités. Un service public de l'état civil ne fonctionne que selon les dispositions de la loi qui l'a institué (personnes compétentes, confection et tenue des registres, forme de rédaction des actes, consultation des registres, délivrance de copies...). En particulier, il n'a pas à se plier aux ordres d'une autorité étrangère, qu'il s'agisse d'inscription, d'annulation ou de rectification (rappr. règlement n° 44/2001, art. 22, n° 560).

Le droit international public admet que les agents diplomatiques et consulaires exercent des fonctions d'état civil ; ils ne le font cependant que dans la mesure où les conventions et les lois locales le permettent[1]. La France fait usage de cette compétence (art. 48 C. civ.) et reconnaît corrélativement une compétence subsidiaire aux agents diplomatiques et consuls étrangers accrédités (ce qui ne serait pas le cas d'un ministre du culte) à l'égard de leurs ressortissants, dans la mesure où leur propre loi la prévoit et dans les limites de l'ordre public français.

Un service central d'état civil a été mis en place sous l'autorité du ministère des affaires étrangères pour les actes établis à l'étranger (décr. n° 65-422 du 1er juin 1965).

Pour remédier aux inconvénients d'une discordance de l'état civil d'une personne d'un pays à l'autre ou d'une absence éventuelle d'état civil, la Commission internationale de l'état civil (n° 49) a élaboré diverses conventions[2].

606. – Actes dressés par une autorité française. La loi française fixe les cas dans lesquels les actes doivent être établis (naissance et décès ; mariage, reconnaissance d'enfant naturel), les effets qui leur sont reconnus et la sanction du défaut d'établissement[3]. Ces dispositions s'appliquent à titre de loi de police (art. 3 al. 1er C. civ.)[4]. Elles ne visent que les actes survenus en France ou concernant des Français[5]. Il résulte de l'art. 48 C. civ. que les

1. Convention de Vienne du 24 avril 1963 sur les relations consulaires, art. 5.
2. Bischoff, « Harmonisation du droit privé ; l'exemple de l'état civil », Mél. von Overbeck, 1990, p. 117. L'activité de la Commission déborde celui de l'état civil et s'étend à tout le domaine du statut personnel et de la nationalité. Sur son activité présente, v. Lagarde, D. 2008.400.
3. Pour faciliter la tâche des officiers de l'état civil a été rédigée par la Chancellerie une *Instruction générale relative à l'état civil* (IGEC, aujourd'hui du 11 mai 1999, comm. Droz, RC 00.312, succédant à une précédente du 21 sept. 1955), dont un Titre est consacré aux aspects internationaux de l'état civil. Ce texte, qui n'a pas valeur réglementaire, constitue un guide pour la pratique, laquelle s'exerce sous le contrôle des tribunaux.
4. Sur ce que l'obligation de déclarer une naissance en France n'interdit pas de faire la preuve de la naissance par un acte dressé à l'étranger, conformément à l'art. 47 C. civ. : Civ. I, 9 janv. 1974, *Durassow*, GP 74.1.380 n. Viatte, JCP 74.II.17834 n. Aymond, RC 75.257 n. A. Huet. Le mariage de deux étrangers en France peut être célébré par un consul de leur nationalité (n° 665).
5. Trib. Seine, 3 juin 1936, D.H. 36.486. Les tribunaux appliquent l'art. 46 C. civ., visant l'inexistence ou la perte des registres, à des faits d'état civil concernant des étrangers et survenus à l'étranger ; ils acceptent en conséquence de rendre des jugements supplétifs d'actes de naissance ou de décès. Le même palliatif a été admis en faveur

agents diplomatiques et consuls reçoivent les actes intéressant les Français à l'étranger[1]. Le fait qu'un acte soit le cas échéant dressé malgré l'opposition des autorités étrangères n'a pas lieu d'affecter la validité qui lui est reconnue par l'art. 48 C. civ. En l'absence d'acte dressé à l'étranger, il peut y être suppléé par un jugement français.

607. – Actes dressés par une autorité étrangère. L'article 47 C. civ. a prévu que tout acte étranger dressé en pays étranger ferait foi pourvu qu'il ait été rédigé dans les formes prévues par la loi locale[2]. Au-delà de la simple validité formelle de l'acte, relèvent plus largement de la loi étrangère la détermination de l'autorité compétente pour le dresser, laquelle pourra par exemple être une autorité ecclésiastique, ou le délai dans lequel il doit l'avoir été. Mais la qualification de l'acte comme d'état civil relève de la loi française[3]. Les difficultés principales tiennent à sa force probante. Celle-ci est en principe déterminée par la loi étrangère. Mais outre que l'état civil ne présente pas les mêmes garanties dans tous les pays, l'on a vu se multiplier depuis une trentaine d'années les cas de présentation d'actes manifestement irréguliers en vue d'accéder à la nationalité française ou au séjour en France, ou de bénéficier d'une protection sociale selon la loi française. La jurisprudence a donc atténué la force de la présomption de régularité en permettant de plus en plus largement la contestation d'actes qui heurtent la vraisemblance[4] ou simplement recouvrant une irrégularité de fond[5]. La loi du 26 nov. 2003 (ayant pour objet la maîtrise de l'immigra-

d'étrangers justifiant d'une résidence stable en France et alléguant l'absence d'acte dressé à l'étranger : Paris, 24 fév. 1977, D. 78.168 n. Massip, RC 78.516 n. crit. A. Huet ; v. cependant, plus strict, TGI Paris, 1er oct. 1976, RC 77.535 n. A. Huet, JDI 77.879 obs. Ph. K.

1. V. décr. n° 2008-521 du 2 juin 2008 relatif aux attributions des autorités diplomatiques et consulaires françaises en matière d'état civil, RC 08.691.
2. Civ. I, 17 déc. 2008, n° 07.20293. Pour être reçu, un acte étranger doit satisfaire à l'obligation de légalisation (c'est-à-dire de certification de la véracité de la signature, de la qualité en laquelle le signataire a agi et, le cas échéant, l'identité du sceau ou du timbre dont l'acte est revêtu) ; cela en vertu d'une obligation coutumière internationale (Civ. I, 4 juin 2009, 2 arrêts, D. 2009.2004 n. Chevalier, Rép. Defr. 15.10.09 p. 1846 obs. Massip, RC 09.500 n. Lagarde, RTDCiv. 09.490 comm. Deumier), éventuellement écartée par traité (tel que la Convention de La Haye du 5 octobre 1961 : Civ. I, 14 nov. 2007, RC 08.298 n. Revillard).
3. Civ. I, 14 juin 1983, préc. n° 449 ; Paris, 15 déc. 1987, D. 88. I.R. 25. IGEC n° 486-3.
4. Crim. 13 oct.1986, RC 87.731 n. Revillard ; Civ. I, 12 nov. 1986, *infra* (inscription d'un lieu de naissance délibérément fictif) ; 29 nov. 1994, D. 95.469 n. Massip, RC 95.543 n. Droz (refus de tenir compte d'une rectification d'état civil prétendument ordonnée en Algérie, à défaut de toute justification extérieure) ; 18 juill. 2000, RC 01.349 n. Muir Watt ; 24 oct. 2000, RC 01.332, n. B. A. (contradiction dans les mentions de deux expéditions d'un acte de naissance quant à l'identité de la mère) ; *adde* rép. min. RC 1993.361 ; IGEC, éd. 1999, n° 488. V. cependant, sanctionnant une méfiance jugée excessive, 17 déc. 2008, RC 09.740 n. Bidaud-Garon. La CJCE, statuant sur l'application de l'art. 48 du Traité de Rome, a jugé de même que les autorités publiques d'un Etat sont tenues de respecter les certificats émanant des autres Etats membres, à moins que leur exactitude ne soit sérieusement ébranlée dans le cas d'espèce : 2 déc. 1997, RC 98.329 n. Droz.
5. Civ. I, 6 mai 2009, RC 09.493, 3e esp., n. Lagarde.

tion) a consacré cette position en complétant l'art. 47. Tout en maintenant le principe de reconnaissance des actes étrangers, l'al. 1er réserve expressément le cas où « d'autres actes ou pièces détenus, des données extérieures ou des éléments tirés de l'acte lui-même établissent le cas échéant que cet acte est irrégulier, falsifié ou que les faits qui y sont déclarés ne correspondent pas à la réalité ». À défaut d'autre indication sur ce point (telle qu'une distinction entre les faits que l'autorité étrangère aurait constaté elle-même et les déclarations des intéressés), une simple suspicion autorise la remise en cause de l'acte et la décision relève de l'appréciation des juges[1].

Lorsque l'acte de l'état civil étranger est reconnu, il est « pris en charge » par la loi applicable au fond pour déterminer ses effets[2].

Les actes concernant les Français seront transcrits (par création d'un acte ou inscription d'une nouvelle mention) à la demande des intéressés sur les registres tenus par les agents diplomatiques ou les consuls ; la transcription peut même être opérée d'office[3]. De même peut être requise la mention en marge d'actes dressés en France d'un acte ou d'une décision étrangers (sur la nécessité ou non d'un exequatur préalable, v. n° 482)[4]. Dans tous les cas ne sont en principe inscrites que les mentions normalement portées sur les actes de l'état civil français correspondants. À défaut d'obligation de transcription, il semble que son absence n'affecte pas la valeur probante d'un acte étranger.

Voy. : C. Bidaud-Garon, « La force probante des actes de l'état civil étrangers après la loi du 26 novembre 2003 », RC 2006.49 ; Bischoff, *op. cit.*, n° 594 ; Guyon-Renard, « La fraude en matière d'état civil dans les États membres de la CIEC », RC 1996.541 ; Massip, « La commission internationale de l'état civil », RC 1975.215 ; « Le livret de famille en droit international privé », LPA 29 mai 1998, p. 86 ; F. Monéger, « Actualité du nom de famille en droit international privé », TCFDIP 2004-06.7 ; Scherrer, *Le nom en droit international privé. Étude de droit comparé français et allemand*, 2004.

1. Civ. I, 22 nov. 2005, GP 2006. Somm. 1241 obs. Massip. La loi de 2003 introduisait dans l'art. 47 une procédure de contrôle administrative, abrogée par la L. 14 nov. 2006 relative au contrôle de la validité des mariages, laquelle a introduit de nouvelles procédures de vérification dans la loi n° 200-321 du 12 avril 2000 relative aux droits des citoyens dans leurs relations avec les administrations (art. 22-1).
2. Civ. I, 20 nov. 1979, D. 81.I.R.161 obs. Audit (reconnaissance d'enfant naturel par un Français en Tunisie déclarée valable selon la loi française, suivant l'art. 311-16 C. civ., bien que non admise par la loi tunisienne) ; 12 nov. 1986, D. 87.157 n. Massip, RC 87.557 n. Poisson-Drocourt, censurant Versailles, 14 mars 1984, RC 1985.329 n. crit. Simon-Depitre et Paris, 8 nov. 1985, JDI 86.358 n. crit. Gaudemet-Tallon (transcription d'un lieu de naissance fictif en matière d'adoption plénière) ; Paris, 8 juill. 1983, D. 83.503.
3. Décr. 3 août 1962 (D. 62. L. 272). Sur le territoire français, le service central de l'état civil est compétent pour les événements d'état civil qui ont eu lieu à l'étranger et concernent des Français (décr. 1er juin 1965). Sur l'état civil des étrangers devenus français, v. L. 12 juill. 1978, RC 78.789.
4. Paris, 18 mai 1994, préc. n° 354.

SECTION II

LA CAPACITÉ

608. – Incapacité et protection des incapables. La capacité des personnes physiques étant le principe et l'incapacité l'exception, c'est à travers la seconde que doit être examinée la question abordée. Les incapacités de jouissance frappant dans un pays donné les étrangers collectivement et en tant que tels relèvent d'une autre catégorie ; ce sont en effet des règles matérielles édictées dans un pays donné pour les relations internationales (n° 22). L'on s'intéresse ici aux conflits de lois suscités par des incapacités édictées dans un autre but que la réglementation du statut des étrangers, en particulier – mais non exclusivement – la protection de l'intéressé.

La sanction normale de l'incapacité est le refus de donner plein effet aux actes de l'incapable ; le statut d'incapable permet la contestation *a posteriori* de ces actes. Mais la protection des incapables est également organisée de manière préventive au moyen d'organes divers, les uns de représentation ou d'assistance, les autres de contrôle. La mise en œuvre de cette protection organique soulève en matière internationale des difficultés particulières, qui ne permettent pas de la soumettre systématiquement à la loi d'où découle le statut d'incapacité, soit la loi personnelle.

À la différence de la capacité, le *pouvoir* ne vise pas la protection de la personne qui exerce des droits mais celle des droits qui sont en cause ; le pouvoir est en effet le droit attribué à une personne de gérer les intérêts d'autrui. Il faut donc se tourner vers la loi applicable à l'institution en cause. Pour les personnes morales (association, congrégation, fondation, société), la capacité de jouissance relève de la loi de l'État de constitution, la capacité d'exercice de la loi de l'État du siège réel (n° 1128).

§ 1. – LE STATUT D'INCAPACITÉ

609. – Compétence de la loi personnelle. L'art. 3 al. 3 C. civ. soumet la capacité des nationaux à la loi française. La règle a été bilatéralisée sans difficulté, de sorte que la capacité relève en principe, selon le droit international privé français, de la loi nationale prise en tant que loi personnelle[1]. On écarte ainsi les solutions parfois admises à l'étranger consistant à appliquer la loi de l'acte juridique en question ou celle du lieu où il est passé ; la loi personnelle l'emporte également sur la loi réelle immobilière pour les actes portant sur un immeuble, du moins lorsque l'immeuble est en France[2]. Il y a lieu de préciser le champ d'application de la règle et d'examiner son fonctionnement.

1. Paris, 13 juin 1814, S. 14.2.393, GA n° 1.
2. Civ. 13 avril 1932, aff. du *château de Chambord*, préc. n° 159 ; 13 juin 1960, D. 60.597 n. Malaurie, RC 61.540 n. Jambu-Merlin, JDI 61.40.

A. INCAPACITÉS VISÉES

610. – Distinction des incapacités de jouissance et d'exercice. Une incapacité générale de *jouissance* édictée par une loi étrangère serait contraire à l'ordre public car équivalant à un refus de la personnalité juridique. Les incapacités spéciales de jouissance sont susceptibles de relever de la loi personnelle, lorsqu'elles sont édictées en fonction d'une caractéristique de l'intéressé : ainsi une interdiction de contracter mariage pour les personnes atteintes de certaines affections physiques ou mentales (sous réserve d'une intervention de l'ordre public à l'encontre d'une telle mesure). Mais le plus souvent, elles relèveront de la loi de l'institution à laquelle elles se rattachent. En effet, une incapacité de cette nature vise un type donné d'acte pour une raison d'intérêt général plus que les caractéristiques personnelles de ceux qui y sont impliqués ; elle doit donc s'appliquer en fonction de l'environnement de l'acte et non de la loi personnelle. Un exemple typique est donné par l'incapacité du médecin de recevoir de la personne dont il a soigné la dernière maladie (art. 909 C. civ.) : visant la déontologie de la profession et la protection du public, non la personnalité du bénéficiaire, elle relève de la loi applicable à la libéralité (n° 894). De même l'incapacité du tuteur de recevoir de son pupille relève de la loi de la tutelle.

Le rattachement des incapacités à la loi personnelle est en revanche pleinement justifié à l'égard des incapacités d'*exercice*, telles que celles du mineur ou du majeur interdit. Celles-ci affectent une personne pour une catégorie d'actes ou l'ensemble de ses actes, en raison d'une qualité qui lui est inhérente : jeune âge, altération des facultés mentales, prodigalité... La nécessité d'une continuité de statut, qui constitue la justification fonctionnelle du statut personnel (n° 131), s'applique avec une pleine force à ce type d'incapacité ; son but serait manqué si la protection cessait de s'appliquer à l'occasion d'une activité internationale de l'intéressé.

Il est donc nécessaire de distinguer, dans un cas donné, si l'incapacité invoquée relève du statut général de la personne ou de la réglementation de l'acte à passer[1].

611. – Incapacités reconnues et incapacités de fait. L'incapacité du mineur est assurée *de plano* par la loi ; celle des majeurs requérant protection ne l'est en général que dans le cadre d'un régime dont la mise en œuvre suppose l'intervention préalable d'une autorité afin de constater la nécessité de la protection. Selon le droit interne français, en l'absence de protection organisée, un acte attaqué pour altération *de fait* des facultés mentales n'a été pendant longtemps annulable que par application des textes relatifs aux vices du consentement. Lorsque la même situation se présentait en matière internationale, cela conduisait à appliquer la loi de l'acte ce qui aurait été peu compatible avec l'idée de protection permanente de la personne en tant que telle. La Cour de cassation a donc été

1. Sur la capacité d'agir en justice, n° 443 ; sur celle de conclure un contrat de mariage, v. n° 613 et 869.

amenée à déclarer que « l'insanité d'esprit et la démence constituent en réalité des cas d'incapacité naturelle soumis à la loi personnelle et non à la loi régissant les actes incriminés comme les vices du consentement »[1]. Ainsi se trouvait consacrée, pour les besoins du droit international privé, une notion d'incapacité, catégorie de rattachement, plus large que celle du droit interne (n° 201). La loi du 3 janvier 1968, en consacrant la notion d'incapacité naturelle (art. 489 C. civ.), a mis fin à cette particularité.

612. – Incapacités établies par jugement. Les incapacités relevant du statut personnel incluent celles qui sont établies par jugement. S'agissant de déclarer l'incapacité, on appliquera en principe successivement dans un cas donné les règles de conflit de juridictions et de conflit de lois : ainsi un tribunal français se reconnaîtra le cas échéant compétent pour se prononcer sur l'interdiction d'un étranger domicilié en France, puis il appliquera la loi nationale de l'intéressé pour décider de la mesure à prendre. Mais aussi l'autorité saisie, en général sur le fondement du domicile ou de la résidence habituelle de l'intéressé, peut être tentée d'appliquer les mesures prévues par sa propre loi : d'une part, pour des raisons de commodité ou d'urgence ; d'autre part, en vertu de l'idée que toute personne ayant une attache stable avec le territoire doit pouvoir être protégée selon les dispositions de la loi locale quelles que soient celles de son statut personnel. La loi nationale souffre ainsi une concurrence de la part de la loi de la résidence habituelle.

Il en est de même lorsqu'il y a lieu de donner effet aux incapacités établies par jugement à l'étranger. Selon les principes applicables à l'efficacité des décisions et actes publics étrangers, un jugement d'incapacité a effet de plein droit en France, sous réserve de l'appréciation de sa régularité (n° 482). Sur ce point, il convient normalement de distinguer compétence juridictionnelle et compétence au fond. Ainsi les juridictions nationales de l'intéressé ne sont pas exclusivement compétentes du fait de la règle de conflit de lois : un tribunal de l'État X peut être estimé compétent pour s'être prononcé à l'égard d'un national de l'État Y sur le fondement de la résidence habituelle de l'intéressé dans son ressort, ce qui constitue un lien de rattachement suffisant et exempt de fraude (n° 469). L'exemple fait aussi apparaître l'inconvénient de la condition d'application de la loi prévue par la règle de conflit française, depuis peu abandonnée : fréquemment le juge étranger aura appliqué non la loi personnelle de l'intéressé, mais sa propre loi soit au titre de la résidence habituelle, soit pour les raisons de commodité et d'urgence évoquées plus haut, et l'on saurait difficilement lui en faire grief. Ainsi la concurrence entre la loi nationale et celle de la résidence habituelle se double d'une difficulté de séparer en la matière la compétence législative de celle des autorités appelées à se prononcer. On retrouvera le problème avec l'étude des régimes de protection (n° 616 s.).

1. Civ. 25 juin 1957, *ép. Silvia*, RC 57.680 n. Batiffol, GA n° 29 ; v. déjà Req. 26 déc. 1934, JDI 36.166, RC 37.437.

613. – Domaine de la loi applicable. La loi applicable détermine, comme on vient de le voir, les sources de l'incapacité. Elle définit en principe également son étendue, c'est-à-dire les actes que l'intéressé peut passer seul, ceux pour lesquels il doit être assisté ou représenté, ceux enfin qui lui sont interdits. Toutefois, dans les cas où la loi organisant la protection n'est pas la loi personnelle de l'intéressé (comme ce peut être le cas suivant la convention de La Haye sur la protection des mineurs : n° 625), il peut sembler préférable de laisser à la loi de protection le soin de déterminer l'étendue de l'incapacité afin que la protection de l'intéressé soit effectivement assurée. La loi nationale a été appliquée à l'émancipation[1].

Le fait que certains types d'actes soient soumis à des règles de capacité particulières par la loi de protection ne signifie pas pour autant que la question doive relever de la loi de l'acte ; parfois, il ne s'agit que d'aménager le régime général de protection en vue de ce type d'acte. La Cour de cassation a ainsi jugé à propos de la capacité particulière du mineur à conclure un contrat de mariage (*Habilis ad nuptias...*) qu'il s'agit d'une « simple modalité de son incapacité générale de contracter », relevant donc également à ce titre de sa loi personnelle et non de la loi du régime[2].

La loi applicable détermine également la sanction de l'incapacité ou de l'inobservation des formalités requises : nullité relative ou absolue des actes, réduction des engagements... Elle s'applique notamment à la prescription des actions[3].

B. MISE EN ŒUVRE DE LA RÈGLE DE CONFLIT

614. – Mécanismes généraux du droit des conflits de lois. Le *renvoi* est aisément concevable en matière de capacité du fait que la loi personnelle peut être non seulement la loi nationale mais celle du domicile ou de la résidence habituelle ; et que la capacité peut être également rattachée à la loi de l'acte, celle du lieu où il est passé ou celle de la situation d'un bien par le biais de la qualification. Lorsqu'il y a lieu d'organiser un régime de protection, le renvoi au premier degré ne devrait pas manquer d'être accueilli car il permet d'échapper aux difficultés d'application d'une loi étrangère (n° 612)[4]. Dans le cas où il y a lieu de se prononcer sur la validité d'un acte unique ou de certains actes, on peut envisager, par faveur à la validité des actes, de faire jouer le renvoi lorsqu'il a un effet validant et non dans le cas contraire. En effet, outre que la loi nationale étrangère n'estime pas nécessaire la protection de l'intéressé, celle à laquelle elle renvoie en vertu des rattachements évoqués ci-dessus sera le plus souvent aussi celle du lieu de passation de l'acte ; la solution préserve ainsi la sécurité des tiers (n° 615).

En cas de *conflit mobile* provoqué par un changement de loi personnelle, il convient sans doute de distinguer selon qu'il s'agit de minorité ou

1. TI Paris, juge des tutelles, 4 janv. 1982, GP 82.2. Somm. 306, RC 83. Somm. 701.
2. Civ. 15 mai 1963, *Patiño*, préc. n° 200.
3. Civ. 25 juin 1957, *Silvia*, préc. n° 611 ; 15 mai 1963, *Patiño*, préc.
4. En ce sens, Civ. I, 21 sept. 2005, RC 06.100 n. Muir Watt, D. 06.1726 n. Morisset.

d'incapables majeurs. Il n'y a guère de difficulté à admettre que le mineur changeant de nationalité puisse devenir aussitôt majeur. On hésiterait en revanche à admettre que le changement de loi personnelle replace l'intéressé dans le statut de minorité, d'autant plus qu'il serait appelé à redevenir rapidement majeur. S'agissant d'un majeur, il a été admis que des mesures de protection prises en vertu de la loi française soient rendues caduques du fait de l'acquisition de la nationalité d'un pays qui ignorait de telles mesures[1]. Mais on hésitera à tirer de cette décision un principe général ; si l'incapacité a été prononcée par une décision de justice, on pourrait considérer que son effet se prolonge jusqu'à une nouvelle décision prise en fonction du nouveau statut de l'intéressé.

Dans toute la mesure où le conflit mobile met fin à une incapacité, l'exception de *fraude à la loi* peut être réservée ; c'est ce qu'ont fait les décisions qui ont appliqué la nouvelle loi personnelle de l'intéressé. Mais il ne semble pas exister d'exemple où ce moyen ait été appliqué. La « fraude » consistant à se déplacer pour passer à l'étranger un acte que l'on ne peut valablement conclure selon sa loi personnelle serait sanctionnée par une application pure et simple de la règle de conflit (n° 242). Celle éventuellement commise par obtention d'un jugement ou d'un acte public à l'étranger serait paralysée par le refus de reconnaissance de la décision.

L'*ordre public* est susceptible d'intervenir à l'encontre des lois étrangères. En particulier, une incapacité de jouissance fondée sur la race ou la religion serait contraire à l'ordre public ; il devrait en être de même aujourd'hui d'une incapacité fondée sur le sexe. On considère généralement qu'une incapacité résultant d'une condamnation pénale étrangère ne saurait être reconnue du fait de l'inapplication de la loi pénale étrangère ; mais il peut être tenu compte d'une telle condamnation pour l'application d'une règle française, concernant notamment l'exercice d'une profession donnée. L'ordre public est également susceptible d'intervenir à l'encontre d'une loi jugée insuffisamment protectrice, faute par exemple de véritable aliénation mentale (prodigalité, intempérance...), voire parce que seules les facultés physiques de l'intéressé sont atteintes. Mais cette intervention ne saurait être systématique.

Des *lois de police* sont susceptibles de faire échec à l'application normale de la loi personnelle. À ce titre peuvent notamment s'appliquer des mesures édictées pour le cas où l'intéressé est en danger ou présente un danger (n° 621). Dans un autre ordre d'idées, il a été jugé que la capacité fixée par la loi française pour s'engager dans la Légion étrangère tenait en échec la loi nationale d'un mineur au titre des « lois concourant à la défense du pays »[2].

615. – Ignorance excusable de l'applicabilité du droit étranger. L'annulation d'un acte pour incapacité selon la loi personnelle se justifie aisément s'agissant des actes qui intéressent l'état familial, tels que le mariage, ou d'actes patrimoniaux d'une importance certaine, tels qu'en général

1. Req. 11 nov. 1941, Nouv. Rev. dr. int. 1943.97 n. B. P.
2. Paris, 16 fév. 1966, RC 66.453 n. Lagarde.

ceux portant sur des immeubles ; les uns et les autres s'effectuent en outre dans des conditions telles qu'il y a loisir de s'enquérir de la capacité des personnes intéressées. Les actes plus proches de la vie courante n'appellent ou ne permettent pas les mêmes vérifications ; aussi les personnes traitant avec l'incapable peuvent-elles légitimement s'estimer lésées par l'intrusion d'une loi étrangère d'où résultera une nullité pour incapacité ou défaut d'autorisation. Il apparaît donc nécessaire d'assurer un certain équilibre entre leurs intérêts et le maintien d'une protection suffisante de l'incapable, c'est-à-dire entre l'application de la loi personnelle et celle de la loi locale. Dans une affaire *Lizardi*, la Cour de cassation a ainsi maintenu la validité d'actes passés en France par un étranger mineur selon sa loi nationale mais majeur selon la loi française en relevant que le cocontractant avait agi « sans légèreté, sans imprudence et avec bonne foi »[1]. La solution est encore plus opportune lorsque l'incapacité résulte d'une décision de justice applicable à une personne majeure selon sa loi personnelle comme selon la loi française et que la décision n'a donné lieu à aucune publicité en France[2]. Mais on ne va pas jusqu'à soumettre en principe la capacité de contracter à la loi du lieu de passation de l'acte, même en réservant l'application de la loi personnelle pour les actes les plus graves, car cela amoindrirait sans doute excessivement la portée de la protection prévue par la loi personnelle ; l'arrêt *Lizardi* ne formule qu'une règle matérielle tempérant l'application de cette loi[3]. Le juge se prononcera en fonction des circonstances et en particulier du degré de connaissance ou simplement de précaution que l'on pouvait attendre de la part de celui qui plaide pour le maintien de l'acte[4]. En fait, les applications de la jurisprudence *Lizardi* sont rares, car le vendeur à crédit a normalement la possibilité et donc le devoir de s'informer[5].

Le maintien du principe de la loi personnelle voudrait que soit repoussée une action en paiement à la suite d'une opération conclue à l'étranger par un Français incapable. Mais l'idée qui inspire la règle matérielle consacrée par l'arrêt *Lizardi* est également applicable dans ce cas, au bénéfice

1. Req. 16 janv. 1861, D.P. 61.1.193, S. 61.1.305 n. Massé, GA n° 5. La justification exacte de la solution, qui commande sa portée, n'a cessé d'être débattue : ignorance excusable de la loi étrangère (trib. Seine, 12 juin 1963, *prince Farouk*, RC 64.689 n. H. B., JDI 64.285 n. Ponsard), de la règle de conflit (liée au caractère discutable du rattachement : v. Jobard-Bachellier, *L'apparence en droit international privé. Essai sur le rôle des représentations individuelles en droit international privé*, 1984, n° 204 s.), du caractère international de la situation...
2. V. par ex. Lyon, 30 avril 1907, RC 08.630.
3. On peut voir là l'application d'un principe général autorisant l'absence de vérification sur certains points dans l'exercice du commerce loyal (comme l'autorise sur d'autres l'art. 2279 C. civ., devenu art. 2276).
4. V. Chambéry, 29 janv. 1934, JDI 34.1118, RC 35.133, refusant le bénéfice de l'exception à un banquier d'Annecy traitant avec une femme mariée suisse. Elle serait également plus difficile à admettre lorsque les deux contractants sont de même nationalité ou, plus encore, se connaissent.
5. On a pu observer (Ponsard, JDI 1964.287) que la jurisprudence était limitée à des hypothèses assez circonscrites (et aujourd'hui surannées) : achats d'objets de luxe par des femmes mariées sans l'autorisation de leur mari.

du cocontractant local. La convention de Rome du 19 juin 1980 et le règlement Rome I formulent ainsi une règle analogue, de portée naturellement bilatérale : dans un contrat conclu entre personnes se trouvant dans un même pays, une personne physique qui serait capable selon la loi de ce pays ne peut invoquer son incapacité résultant d'une autre loi que si, au moment de la conclusion du contrat, le cocontractant a connu cette incapacité ou ne l'a ignorée qu'en raison d'une imprudence de sa part (n° 845).

§ 2. – LA PROTECTION ORGANIQUE DES INCAPABLES

616. – Protection familiale et protection étatique. La protection de l'incapable étant fondée sur son état, il semble normal de déclarer applicable à la protection la loi même qui fixe cet état, c'est-à-dire la loi personnelle ; on respecte ainsi le lien entre la cause de l'incapacité et les mesures qu'elle entraîne. La corrélation est cependant moins nécessaire qu'elle ne paraît, et surtout souvent difficile à faire respecter. S'agissant de la minorité, la cause d'incapacité est universelle, mais les moyens d'assurer la protection de l'incapable ne sont pas identiques d'une loi à l'autre. Ainsi dans le cas le plus fréquent où la protection est assurée par l'autorité parentale, elle est étroitement liée à l'organisation familiale ; la tendance est alors de la soumettre à la loi des rapports parents-enfants (v. n° 742). En second lieu, lorsque la protection parentale ne peut intégralement remplir son rôle, l'autorité publique est appelée à intervenir. Sous sa forme la plus bénigne, cette intervention se traduit par un contrôle sur les organes familiaux (ainsi l'administration légale sous contrôle judiciaire en droit français) ; mais elle peut être plus prononcée. Dans tous ces cas se pose la question de l'articulation entre la loi personnelle de l'incapable et la loi de l'autorité saisie, qu'il s'agisse d'un étranger en France ou d'un Français à l'étranger[1]. L'autorité publique peut enfin être amenée à intervenir de manière directe, par des services publics spécialisés : soit parce que les organes normaux de protection ne remplissent pas leur rôle, soit parce que ces organes mêmes font défaut et qu'il convient de les suppléer (tutelle de l'aide sociale à l'enfance pour les enfants sans famille). L'intervention d'organes administratifs et le caractère d'intérêt général de la législation à appliquer rendent encore plus difficile le respect d'une loi nationale étrangère.

Les difficultés de conciliation entre la loi personnelle et celle de l'État de résidence de l'intéressé furent particulièrement mises en lumière par l'affaire *Boll*, dans laquelle la CIJ fut appelée à statuer en raison de l'applicabilité d'une convention internationale, la convention de La Haye du 12 juin 1902 sur la tutelle des mineurs. Alors que la convention donnait compétence à la loi nationale du mineur, la Cour admit que cette loi fût paralysée dans l'État de la résidence du mineur par des mesures

1. Civ. I, 3 mars 2010, n° 09-13.949, appliquant la loi portugaise de l'intéressé, laquelle permet de déférer la tutelle à un professionnel (en l'occurrence un organisme social français) lorsqu'elle ne peut être exercée par un membre de la famille.

administratives qui y avaient été prises au titre de l'« éducation protectrice » et par un organisme public[1]. Cette affaire devait entraîner l'adoption d'une nouvelle convention de La Haye, du 5 octobre 1961, *concernant la compétence des autorités et la loi applicable en matière de protection des mineurs*, destinée à remplacer la précédente en faisant la part entre la loi nationale et celle de la résidence[2]. L'évolution subséquente s'est traduite par un effacement encore plus prononcé de la première en faveur de la seconde. Il se manifeste dans une prolifération de textes.

616 bis. – Multiplication et enchevêtrement des textes. Applicable à tous les mineurs ayant leur résidence habituelle dans un des États contractants, indépendamment de leur nationalité (art. 13), la Convention de La Haye de 1961 régissait donc le plus grand nombre de situations dont les tribunaux français avaient à connaître. Des difficultés propres étant apparues dans son application, fut négociée une autre convention, du 19 octobre 1996, portant sur « la compétence, la loi applicable, la reconnaissance, l'exécution et la coopération en matière de responsabilité parentale et de mesures de protection des enfants ». Sur le modèle de celle-ci a également été adoptée, le 13 janvier 2000, une convention sur la protection internationale des adultes, entrée en vigueur dans certains États de l'UE, dont la France (1er janvier 2009).

À la suite du traité d'Amsterdam est intervenu le règlement CE n° 1347/2000 du 29 mai 2000 relatif à la compétence la reconnaissance et l'exécution des décisions en matière matrimoniale « et de responsabilité parentale à l'égard des enfants communs » (« Bruxelles II »), très rapidement remplacé par le règlement n° 2201/2003 du 27 novembre 2003 (« Bruxelles II bis ») visant les mêmes questions sauf à étendre la responsabilité parentale à tous les enfants, applicable depuis le 1er mars 2005.

S'ensuit aujourd'hui, en ce qui concerne les mineurs, un enchevêtrement de règles, voire un dépeçage juridictionnel. Le règlement Bruxelles II bis prévaut, dans son domaine, sur les conventions de La Haye de 1961 (art. 60 du règlement) et de 1996 (art. 61), comme sur les conventions pouvant exister entre les États membres (art. 59), en particulier en ce qui concerne la reconnaissance et l'exécution des décisions entre les États membres. La Convention de La Haye de 1961 continue de s'appliquer aux mineurs n'ayant pas leur résidence habituelle sur le territoire d'un État membre ; et même à ces mineurs en ce qui concerne ses dispositions sur la loi applicable, dont le règlement Bruxelles II bis ne traite pas (v. également

1. CIJ, arrêt du 28 nov. 1958, CIJ Rec. 1958, p. 55, RC 58.713. La décision s'est fondée principalement sur la différence de domaine entre les mesures du type en cause (éducation protectrice) et une tutelle : en effet, les premières sont aussi bien applicables lorsque l'enfant est sous le régime de l'autorité parentale ; elles se superposent donc à la tutelle au lieu de s'y substituer. Il reste que les deux types de mesures concourent à la même fin et que les premières ont vocation à se prolonger jusqu'à la majorité, de sorte que la différence est assez conceptuelle.
2. Entrée en vigueur en France le 10 novembre 1972 (RC 1973.574). Cette convention est appelée à être remplacée par celle du 19 oct. 1996 (n° 628).

n° 633). Celle de 1996 n'est pas encore en vigueur, bien que sa ratification ait été « autorisée » par une décision n° 2008/431/CE du Conseil.

Si la Convention de La Haye et le règlement marginalisent l'application du droit commun, ils ne le font pas disparaître. Il demeure applicable notamment aux mineurs comme aux majeurs ayant leur résidence habituelle dans un État extérieur à l'Union européenne et non partie à une convention de La Haye susceptible de les viser ; certaines solutions dégagées en droit commun sont également susceptibles de s'appliquer dans le cadre de celles-ci. L'étude du droit commun précédera donc celle du droit conventionnel puis des dispositions du règlement Bruxelles II bis visant la responsabilité parentale.

A. DROIT COMMUN

617. – Compétence de la loi personnelle. Le droit français consacre la compétence de principe de la loi personnelle de l'incapable pour organiser sa protection[1]. Lorsque l'incapable et son protecteur sont de lois personnelles différentes, c'est celle du premier qui sera appliquée car il est l'élément essentiel du rapport ; ainsi pour décider si le second est apte à exercer ses fonctions, ou s'il peut s'y soustraire.

Les systèmes d'inspiration territorialiste sont portés à déclarer applicable la loi de la situation des biens, sauf à considérer que les meubles sont situés au domicile de l'intéressé ; tel fut le cas sous l'Ancien droit français. Le droit positif actuel respecte en revanche le principe d'unité de la tutelle. C'est donc la loi de celle-ci, non la loi réelle, qui décide de la possibilité d'opérations amiables[2] et qui détermine les formalités habilitantes en vue d'une opération déterminée[3].

Un *renvoi* éventuel de la loi nationale à la loi française prise comme loi du domicile devrait être accepté, car il permet d'échapper aux difficultés d'application de la loi personnelle qui sont envisagées ci-dessous[4].

L'*ordre public* est susceptible d'intervenir à l'encontre d'une loi étrangère qui, tout en reconnaissant un état d'incapacité, n'assurerait pas une protection suffisante dans le cas envisagé ; mais une loi étrangère moins protectrice que la loi française n'est pas en soi contraire à l'ordre public. Plus souvent, l'ordre public a été invoqué pour justifier l'application de la loi française en raison de la difficulté *de fait* de pourvoir à la

1. Civ. 2 juin 1908, S. 11.1.385 n. Audinet, D.P. 12.1.457 ; 13 juin 1960, D. 60.597 n. Malaurie, RC 61.540 n. Jambu-Merlin, J.not. 62.44 n. Droz ; 7 nov. 1972, RC 73.301 n. Lagarde. S'agissant cependant de l'enfant légitime et de l'autorité parentale, on défend également l'application de la loi de la famille, c'est-à-dire des effets du mariage (n° 742).
2. Pour le partage, v. Civ. 13 avril 1932, *aff. du château de Chambord*, préc. n° 609 ; Civ. 19 mai 1958, D. 58.496, S. 58.331, RC 58.700 n. Batiffol. Pour la vente, Civ. 13 juin 1960, préc. n° 609 (mineur étranger, bien situé en France), TI Montmorency, 9 sept. 1970, JCP 71.II.16759 n. Gaudemet-Tallon, RC 72.471, 2e esp., n. Patarin, J. not. 72.238 n. Droz (mineur français, bien situé à l'étranger).
3. Civ. 13 juin 1893, D.P. 94.1.169, S. 97.1.508 ; Civ. 13 avril 1932, préc.
4. En ce sens, Civ. I, 21 sept. 2005, préc. n° 614.

protection de l'incapable selon sa loi personnelle. Son rôle est alors « positif » plutôt que d'éviction ; on peut dire que la loi française se substitue à la loi étrangère en vertu d'une règle de conflit subsidiaire[1].

La loi personnelle détermine en principe le régime de protection qui doit être appliqué, dans toutes ses modalités. Mais la mise en œuvre du principe se heurte à des difficultés dans la mesure où ceci fait intervenir la justice ou des organes publics.

618. – Intervention de la justice. L'intervention d'organes judiciaires jouant le rôle de contrôle et de protection, tel en France le juge des tutelles, rend malaisée la dissociation éventuelle de la compétence judiciaire et de la compétence au fond lorsque l'intéressé ne réside pas dans l'État de sa nationalité. Un moyen d'éviter ce problème serait de lier la compétence des organes à celle de la loi applicable. Mais d'une part, il est difficile pour les organes de l'État national d'accomplir leur mission à distance[2] ; d'autre part, s'adresser à eux implique en toute hypothèse des lenteurs peu compatibles avec les nécessités de la protection.

On pourrait inversement songer à lier la compétence législative à la compétence des organes appelés à intervenir pour la protection des incapables dans un pays donné. Cette voie a été largement suivie par la convention de La Haye de 1961 (n° 623) et elle l'emporte dans la Convention de 1996 (n° 629) comme dans le règlement européen. Mais le droit commun français maintenant l'application de la loi nationale, force est d'affronter les difficultés de séparation de la compétence organique et de la compétence au fond (v. déjà n° 612).

Si l'on se tourne vers les règles de compétence des tribunaux français, les art. 14 et 15 C. civ., se trouvent réaliser l'association de la compétence judiciaire à la compétence législative dont on vient d'évoquer les inconvénients lorsque la personne à protéger est établie à l'étranger (tutelle à distance) ; or tel est précisément le cas où ces textes sont susceptibles d'être invoqués. Si néanmoins les intéressés insistent pour saisir les tribunaux français, ceux-ci peuvent difficilement s'abstenir d'exercer leur compétence[3]. Quant aux règles de compétence territoriale internes, elles donnent compétence au juge des tutelles du lieu où « demeure » la personne à protéger en France (art. 1211, 1243 et 1262 CPC) ; elles sont donc parfaitement transposables en matière internationale et permettent ainsi de pourvoir à la protection d'étrangers en France[4].

1. V. avant-projet de codification du droit international privé de 1967, art. 2301, al. 2 C. civ. (RC 70.835, JDI 71.54).
2. On peut envisager de s'adresser aux consuls, au moins pour des actes non juridictionnels ; mais ce recours suppose, en droit, une convention consulaire et, en fait, que les consuls procèdent effectivement à l'accomplissement de la tâche.
3. V. Civ. I, 9 déc. 2003, Dr. fam. 04163 n. Bourdelois, PA 9 juin 2004, n° 114, n. Jault ; cpdt Civ. I, 6 avril 1994, Bull. civ. I, n° 140, Rép. Defr. 94.35892 n. Massip, D. 95. Somm. 137 obs. Bottiau.
4. La rédaction facilite l'intervention du juge français alors même que l'intéressé ne serait pas à proprement parler domicilié en France.

La transposition des règles internes rend moins nécessaire que jadis l'intervention des tribunaux français au titre de l'urgence ou de l'ordre public, dont la protection des incapables a constitué jadis un terrain d'élection (n° 355). Mais l'urgence est encore susceptible de justifier la compétence des tribunaux, notamment à l'égard de personnes résidant à l'étranger pour des biens situés en France, et même l'application de la loi française à un étranger[1]. Toutefois les mesures prises sur ce fondement ont en principe un caractère provisoire et vocation à s'effacer devant celles qui seraient adoptées selon la loi compétente.

619. – Exercice de leurs pouvoirs par les tribunaux français. En vertu de la règle de conflit donnant compétence à la loi nationale, le juge français peut être appelé à prononcer une interdiction selon une loi étrangère ou à intervenir dans le fonctionnement d'un régime de protection différent de ceux prévus par la loi française[2].

Cette éventualité a soulevé une objection liée au fait que ce faisant le juge sort d'un simple rôle de *jurisdictio* pour exercer un *imperium* ; l'on s'est demandé s'il était admissible que le juge exerce ce rôle suivant les prescriptions d'une loi étrangère et, le cas échéant, hors des limites que lui trace la loi française. Mais cette objection est en général rejetée, au motif que restreindre l'intervention du juge aux seuls actes prévus par la loi française affaiblirait excessivement le principe d'application de la loi personnelle étrangère[3]. Dès lors que la règle de droit international privé française déclare applicable la loi étrangère, dans un but de coordination des lois, il n'y a pas lieu de faire une distinction tranchée selon que la fonction éventuelle du juge est d'*imperium* ou de *jurisdictio*. Concrètement, dans beaucoup de cas, la nature de l'intervention prévue par la loi étrangère n'est pas différente de celle que prévoit la loi française : examiner un compte de tutelle, autoriser une mesure, présider un conseil... Dans le cas où la loi étrangère confierait au juge un rôle trop éloigné de celui qui est le sien selon la conception générale française, il est admis qu'il devrait refuser sa participation.

Les tribunaux ou autres autorités françaises prêtent effectivement leur concours au fonctionnement d'un régime d'incapacité étranger : ainsi en nommant ou en révoquant un tuteur selon la loi étrangère[4], en présidant un

1. TI. Paris (juge des tutelles), 3 déc. 1973, RC 74.653 n. Lequette.
2. On rappelle que le palliatif du renvoi peut permettre d'échapper à la difficulté ; les consuls étrangers en France pourraient également être appelés à intervenir.
3. Sur cette discussion, et en faveur de l'affirmative, v. Lequette, *op. cit.*, n° 177 s. V. sous l'empire des règles antérieures au CPC, circ. du 1er juillet 1966, RC 1967.194 prévoyant l'intervention du juge français à l'égard des mineurs étrangers en France selon leur loi nationale et même l'application de la loi française en cas d'urgence ou si le rôle attribué par la loi personnelle aux autorités judiciaires ou administratives est incompatible avec les pouvoirs conférés par la loi française au juge des tutelles.
4. Req. 25 avril 1939, S. 39.1.253 ; Nancy 23 oct. 1989, RC 90.723 n. Lequette, JDI 90.977 n. F. Monéger ; TI Montmorency, 28 juin 1971, RC 72.471, 3e esp.

conseil de famille[1], ou en autorisant certains actes[2]. Cela requiert souvent une transposition ou adaptation des prescriptions de la loi étrangère, compte tenu notamment de la nature différente des autorités. Il convient toutefois de ne pas dénaturer cette loi ; en cas de doute, il serait préférable de ne prendre que des mesures provisoires.

620. – Reconnaissance des pouvoirs de protection étrangers. En application du principe général concernant les jugements rendus en matière d'état ou constitutifs, les jugements étrangers de tutelle doivent être reconnus sans exequatur lorsqu'ils ne donnent pas lieu à coercition sur les personnes ou à exécution sur les biens (n° 482). Cela s'applique à la désignation d'un tuteur et même aux délibérations d'un conseil de famille[3].

En cas de changement de loi personnelle, on peut se demander si une décision étrangère antérieurement prise maintient ses effets. Le souci de continuité de la protection et le fait que la décision ait pu être publiée incitent à répondre par l'affirmative, aussi longtemps que de nouvelles mesures n'auront pas été prises (v. n° 612).

621. – Intervention d'un service public ; protection des personnes en danger. Lorsque des organes judiciaires, voire administratifs, exercent une fonction générale de surveillance ou d'autorisation sur une tutelle de nature familiale, la protection reste dans un cadre privé. Elle en sort lorsqu'un service public intervient directement, comme illustré par l'affaire *Boll*, pour pallier la défaillance éventuelle de la protection familiale. Une intervention de cette nature est généralement prévue lorsque la défaillance des organes normaux est telle que l'intéressé est en danger dans sa personne ou dans ses biens ou qu'il peut lui-même constituer un danger pour la société. Les services compétents interviennent selon leur loi et à l'égard de toutes les personnes se trouvant sur le territoire, car ils remplissent une mission d'intérêt public.

Les dispositions françaises sur l'assistance éducative ont ainsi été déclarées applicables sur le territoire français à tous les mineurs qui s'y trouvent, quelle que soit leur nationalité ou celle de leurs parents[4]. Il y a là une illustration caractéristique de la notion de loi de police (n° 117). Si l'enfant ne réside pas en France mais s'y trouve temporairement, ces mesures pourront être appliquées au titre de l'urgence en attendant que l'enfant soit reconduit dans son pays d'origine. Réciproquement, les juridictions françaises se déclarent incompétentes pour prendre des mesures à l'égard de mineurs résidant à l'étranger[5].

1. Civ. 19 mai 1958, préc. (sol. impl.).
2. Trib. Aix-en-Prov. 27 fév. 1970, JDI 70.950 n. Kahn, RC 72.471, 1re esp., n. Patarin, J. not. 72.236 n. Droz.
3. Civ. 7 nov. 1972, préc.
4. Civ. I, 27 octobre 1964, *Maro*, D. 65.81, JCP 64.II.13911 bis, RC 65.119 ; 28 juin 1965, Bull. civ. I, n° 424, p. 314 ; 16 janv. 1979, JDI 81.66 n. Foyer ; Paris, 21 juin 1962, RC 65.119, 2e esp., JDI 63.1054, D. 63.142 ; Paris, 20 fév. 1964, JCP 64.II.13848, RC 65.119, 3e esp. ; Crim. 4 nov. 1992, D. 94.11 n. Boulanger ; v. Jacques Foyer, « Les mesures d'assistance éducative en droit international privé », RC 1965.119.
5. Civ. I, 6 avril 1994, préc.

Il en sera de même de la tutelle de l'aide sociale à l'enfance, applicable aux enfants trouvés ou abandonnés, ainsi qu'en cas de déchéance de l'autorité parentale.

Enfin, les dispositions concernant l'internement des aliénés (L. 30 juin 1838, remplacée par la L. du 27 juin 1990) sont susceptibles d'être appliquées à toute personne se trouvant en France ; mais on sait que ces mesures sont, depuis la loi du 3 janv. 1968, indépendantes du régime de protection civile.

B. DROIT CONVENTIONNEL ET DE L'UNION EUROPÉENNE

621-1. – Textes. Sans préjudice de conventions bilatérales, les instruments appelés à l'application la plus fréquente sont les conventions adoptées dans le cadre de la Conférence de La Haye de droit international privé. S'y ajoute désormais le régime régional institué par le règlement européen Bruxelles II bis.

1. Conventions de La Haye sur la protection des mineurs

622. – Rapport entre les conventions de 1961 et 1996. Bien que la convention de 1996 ne soit pas en vigueur, elle est appelée à l'être dans un avenir assez proche. Elle remplacera alors progressivement, dans les rapports entre les États contractants, la Convention de 1961, sans préjudice de la reconnaissance des mesures prises selon celle-ci (art. 51). Cela justifie sa présentation à la suite de celle de 1961, dont les nombreuses difficultés d'application ont suscité l'adoption de la nouvelle convention.

a) Convention du 5 octobre 1961

623. – Politique législative. La Convention de La Haye de 1961 règle les questions de conflits de lois et d'autorités soulevées par la protection des mineurs[1]. Le terme de « protection » vise toutes les mesures individuelles, de droit public comme de droit privé, prenant en considération la faiblesse de l'intéressé et visant sa personne ou ses biens. La Convention désigne par « mineur » une personne qui a cette qualité tant selon la loi interne de l'État dont elle est ressortissante que selon la loi interne de sa résidence habituelle (art. 12) ; elle n'est donc pas applicable si cette condition cumulative n'est pas remplie.

Alors qu'à l'époque de la convention de 1902, l'accent était mis sur la *représentation* juridique du mineur, une attention égale fut portée – à la suite de l'affaire *Boll* – aux *mesures* se révélant nécessaires dans des

1. Comm. Droz, JDI 1973.603. La Convention peut être aménagée entre États contractants par des accords bilatéraux : v. par ex. convention franco-portugaise du 20 juill. 1983 (RC 1984.723). D'autres ont été passées avec des États tiers : v. convention franco-algérienne du 21 juin 1988 (RC 1988.797 ; comm. Monin-Hersant et Sturlese, GP 1988.2.253 ; Monéger, JDI 1989.41 ; Mebroukine, RC 1991.1) ; avec les États-Unis, v. échange de lettres, RC 1981.356.

situations de crise. La Convention a reconnu la protection normalement exercée dans le cadre familial en se référant à la loi nationale de l'enfant ; mais dès lors qu'une « mesure » est nécessaire, elle a donné compétence aux autorités de sa résidence habituelle, appliquant leur propre loi. Le premier principe visait à assurer la continuité de la protection du mineur ; le second à permettre aux autorités les plus proches de prendre les mesures éventuellement nécessaires. Mais l'articulation de deux lois ayant ainsi vocation à être appliquées devait révéler de sérieuses difficultés, au premier rang desquelles la détermination du critère de passage d'une situation à l'autre[1].

624. – Situation normale : compétence de la loi personnelle. La Convention impose la reconnaissance dans les États contractants d'un rapport d'autorité « résultant de plein droit de la loi interne de l'État dont le mineur est ressortissant » (art. 3). Un rapport doit être considéré comme de plein droit lorsqu'il ne nécessite l'intervention d'aucune autorité judiciaire ou administrative : ainsi en droit français l'autorité parentale exercée par les deux parents ou par le parent survivant ; ou selon d'autres législations une tutelle légale. L'art. 3 est donc applicable dans le plus grand nombre de cas.

De l'art. 3 résulte une règle de conflit uniforme[2]. Elle n'est pas exactement celle du droit commun français, dans la mesure où celui-ci soumet l'autorité parentale sur l'enfant légitime à la loi des effets du mariage (n° 742) et où cette loi peut ne pas coïncider avec la loi nationale du mineur. Qui plus est, en visant expressément la loi interne de l'État national du mineur, la convention exclut le renvoi.

Lorsque s'applique l'art. 3 sont reconnus la qualité de la personne représentant le mineur et en principe ses pouvoirs[3]. Si dans leur exercice, le représentant doit faire appel à une autorité judiciaire, celle-ci peut en France collaborer à l'application de la loi étrangère comme elle le fait selon le droit commun (n° 619).

Comme en tout domaine cependant, la compétence de principe de la loi nationale se heurte aux cas de double nationalité. Or ceux-ci se sont révélés particulièrement fréquents s'agissant de mineurs, avec la tendance croissante depuis 1961 au maintien de sa nationalité à la femme épousant un étranger et à la transmission de cette nationalité aux enfants. Le fonctionnement de la Convention s'en est trouvé sérieusement compromis. Dans le cadre de l'art. 3, le fait que l'enfant ait également la nationalité d'un autre Etat, dans lequel il réside, s'oppose fréquemment à la reconnaissance dans cet Etat du rapport de plein droit résultant de la première loi (v. également n° 625).

1. V. typiquement, Civ. I, 6 fév. 2001, D. 2001.2440 note F. Boulanger, JDI 2001.846 note F. Monéger, RC 01.114 n. François, arrêt dans lequel la Cour de cassation vise trois textes de la Convention qui n'ont pourtant pas le même champ d'application. En raison de cette difficulté, la loi personnelle a cédé le pas dans la Convention de 1996 appelée à remplacer celle de 1961 (n° 628).
2. Elle est même, semble-t-il, applicable sans condition de réciprocité (v. art. 13, al. 1) ; en ce sens, TGI Grenoble, 18 mars 1985, JDI 86.1014 n. Légier.
3. Civ. I, 25 juin 1991, D. 91. I.R.228.

L'art. 3 ne fait aucune allusion à la compétence des autorités de l'État national. Cela s'explique sans doute par le fait que dans l'esprit des auteurs de la Convention, dès lors qu'une autorité était appelée à intervenir, on quittait le domaine du rapport d'autorité pour entrer dans celui des « mesures de protection », qui relèvent de l'art. 1er (n° suivant). Mais des rapports de plein droit peuvent appeler occasionnellement l'intervention d'autorités pour leur mise en œuvre, sans qu'il y ait à proprement parler de « mesures de protection » : par exemple lorsqu'il y a lieu d'aménager l'exercice de la garde (droit de visite), et même pour y mettre fin, la démembrer ou la transférer. On pouvait donc admettre que les autorités de l'État national tirent directement de l'art. 3 une compétence pour intervenir ; mais cette compétence entre en concurrence avec celle des autorités de la résidence habituelle en vertu des autres dispositions de la Convention.

625. – Mesures de protection : compétence des autorités. Lorsque des « mesures de protection » apparaissent nécessaires, la Convention change d'approche et règle la compétence des autorités. L'on s'est efforcé alors de tenir la balance entre celles de la résidence habituelle et celles de l'État national, ce qui s'est révélé particulièrement malaisé.

Déjà lorsque s'applique un rapport d'autorité *ex lege*, les autorités de l'État de la résidence habituelle peuvent prendre des mesures de protection « pour autant que le mineur est menacé d'un danger sérieux dans sa personne ou ses biens »[1] ; toutefois, à la différence des cas qui suivent, les autorités des autres Etats contractants ne sont pas tenues de reconnaître ces mesures (art. 8.1).

a) Les art. 1er et 2 donnent compétence aux autorités, tant judiciaires qu'administratives, de l'Etat de la *résidence habituelle* du mineur pour prendre, selon leur loi interne, les mesures tendant à la protection de sa personne ou de ses biens. Ainsi lorsque des mesures de protection sont nécessaires, la loi applicable devient celle de la résidence habituelle du mineur.

Indépendamment de la difficulté de déterminer où cesse le rapport d'autorité et où commencent les mesures de protection, la coordination des art. 1er et 3 soulève un problème non envisagé par la Convention. Il se peut que dans un cas donné, notamment le décès d'un parent, la loi nationale du mineur mette fin au rapport d'autorité *ex lege* au profit d'une tutelle dative tandis que celle de la résidence habituelle en maintient un (ainsi dans l'exemple envisagé, dévolution de l'autorité parentale au parent survivant) et donc ne prévoie pas de « mesure de protection ». Il semble pratiquement nécessaire en pareil cas de laisser jouer le rapport d'autorité *ex lege* tel que prévu par la loi de la résidence habituelle, sans qu'il soit besoin de prendre de mesure.

b) Toutefois, dans le cadre même des mesures de protection et de la compétence des autorités, l'État national du mineur ne perd pas toute compétence. Nonobstant l'art. 1er, les autorités de cet État, si elles

1. Crim. 4 nov. 1992, préc. n° 621 (hésitant entre droit commun et Convention de La Haye).

considèrent que l'intérêt du mineur l'exige, et à condition d'aviser au préalable les autorités de l'État de la résidence habituelle, peuvent prendre selon leur propre loi des mesures de protection (art. 4). Celles-ci remplaceront, le cas échéant, les mesures déjà prises dans l'État de la résidence habituelle. Mais la compétence ainsi attribuée aux *autorités* de l'État national du mineur ne s'impose qu'entre Etats contractants (art. 13 al. 2) ; car si une convention peut prévoir l'application d'une loi étrangère sans réciprocité, il ne saurait en être de même de la reconnaissance d'actes publics.

La disposition de l'art. 4 a soulevé une difficulté d'articulation avec celle de l'art. 3. Il s'est agi de savoir si dans la situation prévue par ce texte, c'est-à-dire un rapport d'autorité de plein droit, les autorités de l'État national du mineur ont dans certains cas compétence pour intervenir à son égard (v. n° 624) ou bien si une telle intervention relève dans tous les cas des autorités de la résidence habituelle du mineur selon l'art. 1er. Si l'on adoptait la seconde interprétation, les autorités nationales étaient néanmoins susceptibles d'intervenir, mais en vertu de l'art. 7 et aux conditions de ce texte. Les tribunaux français se sont partagés sur cette question[1]. Il est certain que permettre aux autorités de la résidence habituelle d'intervenir dans une situation plus proche de celle de l'art. 3 que relevant d'une mesure de protection réduit la portée de ce texte ; aussi était-il au moins préférable que ces autorités limitent en pareil cas leur intervention à des mesures dont le principe est admis par la loi nationale du mineur. Si nécessaire, les autorités de la résidence habituelle conservent la possibilité d'intervenir dans les conditions de l'art. 8 ; elles ont ainsi en quelque sorte le dernier mot, quoique les autorités des autres États contractants ne soient pas tenues de reconnaître ces mesures (al. 2)[2].

De même que la reconnaissance du rapport d'autorité (n° 624), des mesures prises par les autorités d'un État national au titre de l'art. 4 sont exposées à rester lettre morte dans l'État de la résidence habituelle de l'enfant si celui-ci en a également la nationalité. Ce cas de figure se présentera souvent à la suite d'un divorce entre époux de nationalités différentes, l'enfant résidant avec l'un d'eux et l'autre tentant d'obtenir dans son pays une décision modificative au titre de l'art. 4. Si les autorités de l'État qui n'est pas celui de la résidence habituelle font prévaloir leur nationalité, conformément à la pratique traditionnelle (n° 139), et prennent à ce titre une décision, celle-ci a peu de chances d'être reconnue dans l'État de la résidence dont l'enfant a aussi la nationalité (ni même, sans doute, dans un État tiers, la nationalité la plus effective de l'enfant pouvant y être

1. Pour la compétence immédiate des autorités nationales, selon l'art. 3, nonobstant la résidence à l'étranger du mineur : TGI Paris, 9 nov. 1982, JDI 83.99 n. A. Huet ; pour l'application de l'art. 1er, TGI Créteil, 18 juin 1981, JCP 82.II.19870 n. F. Boulanger, JDI 82.452 n. crit. A. Huet ; Dijon, 29 sept. 1988, RC 89.741 n. Y.L., JDI 89.707 n. Gaudemet-Tallon ; comp. Paris, 27 mai 1986, JDI 87.332 n. Alexandre.
2. Pour un ex. de mise en œuvre de l'art. 8, Civ. I, 17 déc. 1996, D. 97.I.R. 22.

considérée comme celle de l'État où il réside) ; tout se passe en définitive comme si la Convention n'existait pas[1].

Que des mesures aient été prises par les autorités nationales (art. 3 et 4) ou par celles de la résidence habituelle (art. 1er), elles demeurent applicables en cas de déplacement de résidence habituelle du mineur d'un État dans un autre (art. 5). Cette disposition permet de prévenir les déplacements frauduleux, du moins dans un autre État contractant (v. aussi n° 702). Mais l'art. 8 permettrait également aux autorités de la nouvelle résidence habituelle d'intervenir, aux conditions prévues par ce texte.

Enfin, dans tous les cas d'urgence, les autorités de chaque État contractant sur le territoire duquel *se trouve* le mineur ou des biens lui appartenant, prennent les mesures nécessaires (art. 9). Cette disposition peut, par exemple, s'appliquer en cas de fugue. Les mesures cessent, sous réserve de leur effet définitif, aussitôt que les autorités compétentes auront pris les mesures exigées par la situation.

626. – Fonctionnement du système. Les mesures prises par les autorités compétentes selon les art. 1 à 6 sont reconnues dans tous les États contractants (art. 7). Elles le sont de plein droit, c'est-à-dire sans vérification. Cela s'applique non seulement aux mesures de protection proprement dites, mais aussi, *a fortiori*, à celles qui seraient éventuellement prises par les autorités de l'État national du mineur dans le cadre d'un rapport *ex lege* (n° 624). Toutefois, si des mesures bénéficiant de reconnaissance comportent des actes d'exécution dans un État autre que celui où elles ont été prises (notamment une mesure de coercition sur les personnes), leur reconnaissance sera réglée selon le droit, commun ou conventionnel, de l'État où l'exécution est demandée (art. 7, seconde phrase). Cela peut impliquer des lenteurs peu compatibles avec la situation. Il peut être utile dans ce cas de recourir à l'art. 9 pour obtenir des mesures directes qui s'appliqueront dans l'attente d'un exequatur[2].

Étant donné la pluralité des autorités susceptibles d'intervenir, la Convention s'est souciée d'une collaboration entre elles. Les autorités de l'État national du mineur peuvent, d'accord avec celles de l'État où il a sa résidence habituelle ou possède des biens, confier à celles-ci la mise en œuvre des mesures prises ; de même les autorités de l'État de la résidence habituelle à l'égard de celles de l'État où le mineur possède des biens (art.

1. V. Civ. I, 16 déc. 1986, RC 87.401 n. Lagarde ; cet auteur préconise de sortir de l'impasse du conflit de nationalités par des conventions bilatérales (sur le modèle de la convention franco-portugaise du 20 juill. 1983, préc.) : soit que les États renoncent à faire usage de l'art. 4 al. 1er lorsque les autorités de la résidence habituelle sont saisies, soit qu'ils règlent plus généralement le conflit de nationalités en privilégiant celle de l'État de la résidence habituelle du mineur a (en ce sens, Metz 19 janv. 1999, JDI 03.115 n. Bigot, invoquant l'intérêt de l'enfant). Mais dans un cas comme dans l'autre, il sera pratiquement difficile par la suite d'obtenir de l'État de la résidence habituelle actuelle un transfert de celle-ci dans l'autre État, comme le montre l'exemple de l'affaire *Boll*.
2. La reconnaissance peut en revanche relever du règlement communautaire n° 2201/2003 (n° 629) ou de la convention de Luxembourg du 20 mai 1980 (n° 702).

6). Dans le but d'assurer la continuité du régime appliqué au mineur, les autorités d'un État contractant ne prennent de mesures qu'après avoir procédé, autant que possible, à un échange de vues avec les autorités des autres États contractants dont les mesures sont encore en vigueur (art. 10). Enfin, les autorités qui ont pris des mesures selon la Convention doivent en informer sans délai les autorités de l'État national ou de la résidence habituelle (art. 11).

627. – Garde et droit de visite après divorce. La Convention de La Haye a permis aux États de réserver la compétence de leurs autorités pour statuer sur les mesures de protection d'un mineur lorsqu'elles sont saisies du divorce entre les parents (art. 15). Après avoir fait usage de cette réserve lors de la ratification, la France l'a retirée avec effet au 28 avril 1984[1]. Les questions de garde après divorce sont donc soumises depuis cette date aux dispositions de la Convention lorsque celle-ci est applicable (n° 623).

Du fait qu'une attribution de la garde *ex lege* n'est pratiquement pas concevable dans ce contexte, ou alors qu'elle coure le risque d'être déclarée contraire à l'ordre public, les autorités compétentes selon la Convention sont celles prévues aux art. 1er (résidence habituelle) et 4 (État national), lesquelles appliquent leur loi interne. Cela met largement fin à une discussion antérieure sur le choix entre la loi nationale et celle du divorce, ainsi qu'à l'application de la loi française au titre de loi de police (n° 699). Les tribunaux français saisis du divorce ne sont compétents pour se prononcer sur la garde et le droit de visite que si le rattachement qui fonde leur compétence coïncide avec celui prévu par la Convention pour la garde. Ce sera le cas s'ils sont saisis en vertu des art. 14 et 15 C. civ., l'enfant ayant la nationalité française en vertu de l'art. 18 C. civ. (n° 969). Ce l'était aussi le plus souvent lorsque les tribunaux étaient saisis en vertu de l'art. 1070 CPC, texte prenant en considération la résidence des enfants mineurs[2]. Le for du divorce est aujourd'hui déterminé dans la grande majorité des cas par le règlement Bruxelles II bis qui traite expressément de la responsabilité parentale.

b) Convention du 19 octobre 1996

628. – Dispositions principales. L'objet de la Convention de 1996 s'étend formellement à « la compétence, la loi applicable, la reconnaissance, l'exécution et la coopération en matière de responsabilité parentale et de mesures de protection des enfants » (v. art. 1er)[3]. Visant les enfants et non plus les mineurs, elle est déclarée applicable à partir de la naissance et jusqu'à l'âge de dix-huit ans (art. 2). Aux fins de précision, elle énumère de façon non limitative le type de mesures envisagées (art. 3), ainsi que des domaines qui en sont exclus (art. 4). Conçue pour remédier aux difficultés inhérentes au système de la Convention de 1961, essentiellement les conflits de compétences, elle a abandonné la recherche d'un équilibre entre la loi nationale et celle de la résidence habituelle en faveur de la seconde, parachevant ainsi l'évolution entamée par la Convention de 1961 par rapport à celle de 1902.

1. V. circ. 27 juin 1984, RC 1984.754 ; auparavant, v. Civ. I, 3 juin 1982, Bull. civ. I, n° 211, RC 83. Somm. 695.
2. Il se peut aussi que les enfants n'habitent pas tous avec le même parent, auquel cas le for du divorce ne sera plus nécessairement compétent pour statuer sur la garde de tous les enfants : v. Metz 19 janv. 1999, préc. Sur les difficultés présentées par cette dissociation, v. les notes P. Lagarde, RC 1987.401 et Y. Lequette, RC 1988.337.
3. RC 1996.813 ; comm. Lagarde RC 97.217, Bucher, Rev. suisse dr. int. et eur. 2000.37.

La nouvelle convention donne ainsi compétence de principe aux autorités, tant judiciaires qu'administratives, de l'État contractant de la résidence habituelle de l'enfant (art. 5 ; à défaut de résidence habituelle, à celles sur le territoire duquel l'enfant est présent), lesquelles appliquent leur loi interne (art. 15, prévoyant certains assouplissements à la règle). Toutefois, à titre d'exception, l'autorité compétente peut d'elle-même, si elle considère que l'autorité d'un autre État contractant – telle que celle de l'État national – serait mieux à même d'apprécier dans un cas particulier l'intérêt supérieur de l'enfant, demander à la seconde d'accepter la compétence pour prendre les mesures nécessaires (art. 8) ; de leur côté, les autorités d'un autre Etat contractant peuvent formuler une demande aux mêmes fins auprès de celles de la résidence habituelle (art. 9). Dans les deux hypothèses, la décision appartient aux autorités de la résidence habituelle, ce qui coupe court au conflit de compétences. En cas de déplacement illicite de l'enfant, les dispositions de la Convention de 1980 (n° 702) ont vocation à s'appliquer (art. 50). Dans le cas contraire, la Convention aménage l'acquisition progressive de la compétence de l'État d'accueil en en fixant les conditions (art. 7).

En cas de divorce, une compétence concurrente à celle des autorités de la résidence habituelle est reconnue au for du divorce, sous réserve qu'il présente certains liens garantissant une proximité suffisante : soit qu'au commencement de la procédure l'enfant réside habituellement dans l'État du for *et* que l'un des parents ait la responsabilité parentale ; soit que les parents s'accordent sur la compétence du tribunal, celui-ci appréciant si sa compétence est confirme à l'intérêt supérieur de l'enfant (art. 10). Le for du divorce perd sa compétence, en tant que tel, dès que la procédure a pris fin ; en particulier, il ne lui appartient pas de modifier les mesures prises par lui.

Compétence est également reconnue aux autorités d'un État contractant sur le territoire duquel se trouvent l'enfant ou des biens lui appartenant pour prendre des mesures en cas d'urgence (art. 11) ou des mesures provisoires (art. 12). Afin de régler les conflits de compétence, les autorités d'un État sont invitées à s'abstenir de statuer si des mesures correspondantes ont déjà été sollicitées des autorités d'un autre État contractant alors compétentes (art. 13). Toutes les autorités susceptibles d'être saisies, comme celles de la résidence habituelle, appliquent en principe leur loi.

L'attribution ou l'extinction de plein droit de la responsabilité parentale sont régies par la loi de la résidence habituelle de l'enfant (art. 16) ; cette règle est universelle (art. 20). Un changement de résidence habituelle peut selon les cas se traduire par l'attribution d'une responsabilité parentale, sa disparition ou un cumul ; dans ce dernier cas, les difficultés éventuelles seront réglées par les autorités de la nouvelle résidence habituelle.

Les mesures prises par les autorités d'un État contractant doivent être reconnues de plein droit dans les autres, sous réserve de quelques motifs de refus énumérés (art. 23). Elles peuvent faire l'objet d'une action préventive en opposabilité ou en non-opposabilité (art. 24). L'exequatur ne peut être refusé que pour les mêmes motifs que la reconnaissance. La mise à exécution est opérée de la même manière que les mesures avaient été localement prononcées (art. 28). Cette référence inclut donc les raisons qui pourraient y faire obstacle.

La Convention organise une coopération entre les Etats contractants par le canal d'autorités centrales chargées de satisfaire aux obligations imposées par la Convention à l'État dont elles dépendent. L'on attend de ces dispositions (art. 29 à 39) qu'elles assurent l'application effective de la Convention.

2. Convention du 13 janvier 2000 sur la protection internationale des adultes

628 bis. – Dispositions principales. Conçue sur le modèle de la Convention de 1996 concernant les mineurs, cette convention traite de la protection des personnes de plus de dix-huit ans dans les situations à caractère international lorsque, en raison d'une altération ou d'une insuffisance de leurs facultés personnelles, elles ne sont pas en état de pourvoir à leurs intérêts (art. 1er)[1]. Elle donne compétence aux autorités, tant administratives que judiciaires, de l'État de la résidence habituelle de l'adulte pour prendre les mesures tendant à la protection de sa personne ou de ses biens (art. 5). Ces autorités appliquent en principe leur propre loi (art. 13). Dans la mesure où la protection le requiert, elles peuvent exceptionnellement appliquer ou prendre en considération une autre loi avec laquelle la situation présente un lien significatif (art. 13). Les mesures ainsi prises sont reconnues de plein droit dans les autres États contractants (art . 22).

La Convention traite spécifiquement du *mandat d'inaptitude* que confère un adulte, soit par accord, soit par acte unilatéral, pour être exercé lorsqu'il sera hors d'état de pourvoir à ses intérêts (en France, mandat de protection future, art. 477 s. C. civ.). Les conditions et les effets du mandat sont régis par la loi de la résidence habituelle de l'intéressé au moment de la passation ; mais peuvent également être désignées la loi nationale de l'adulte, celle d'une précédente résidence habituelle et celle d'un État où il possède des biens pour ce qui concerne ceux-ci.

3. Règlement CE n° 2201/2003 du 27 novembre 2003 (Bruxelles II bis)

629. – Champ d'application. Le règlement n° 2201/2003, dit Bruxelles II bis, porte sur la compétence, la reconnaissance et l'exécution des décisions en matière matrimoniale et de responsabilité parentale (il ne traite donc pas de conflits de lois). En ce qui concerne la responsabilité parentale (sur le contentieux matrimonial, *infra* n° 709), le règlement s'applique aussi bien en cas de procédure entre les époux qu'en l'absence d'une telle procédure, et même en dehors de tout mariage : il vise tout contentieux relatif à l'attribution, l'exercice, la délégation et le retrait total ou partiel de la responsabilité parentale. Celle-ci est définie de la manière la plus large, incluant notamment le droit de garde et le droit de visite, la tutelle, la curatelle et les institutions analogues, la désignation et les fonctions de toute personne ou organisme chargé de s'occuper de la personne ou des biens de l'enfant, de le représenter ou l'assister, le placement de l'enfant dans une famille d'accueil ou un établissement, les mesures de protection de l'enfant liées à l'administration, la conservation ou la disposition de ses biens[2]. Sont exclues les décisions relatives à la filiation, l'adoption, les

1. Texte RC 99.877 ; comm. Lagarde, RC 2000.159, Bucher, RSDI 2000.37).
2. Le règlement s'applique quand bien même des mesures de prise en charge et de placement d'un enfant sont adoptées dans le cadre de règles de droit public relatives à la protection de l'enfance : CJCE, 27 nov. 2007, aff. C-435/06, RC 09.342 n. Gallant ; 2 avril 2009, C-523/07, JCP 09.316 n. Boulanger, Gaz. Pal. GP 28.11.09, n° 332, p. 15 n. Guez.

nom et prénoms de l'enfant, l'émancipation, les obligations alimentaires (lesquelles relèvent du règlement n° 44/2001 – Bruxelles I – jusqu'à l'entrée en vigueur du règlement 4/2009 et/ou des deux conventions de La Haye de 1973, respectivement sur la loi applicable et la reconnaissance des décisions). Le règlement organise une coopération entre autorités par le canal d'autorités centrales désignées dans chaque État à cette fin et vise à promouvoir la médiation afin faciliter la conclusion d'accords entre les parents.

630. – Compétence des autorités : règles de principe. Suivant l'exemple de la Convention de La Haye de 1996, le règlement donne compétence, expressément qualifiée de générale, aux juridictions (expression incluant toutes les autorités compétentes des États membres dans les matières relevant de son domaine) de l'État membre de la *résidence habituelle* de l'enfant (art. 8)[1]. Lorsque l'enfant déménage *légalement* d'un État membre dans un autre pays et y acquiert une nouvelle résidence habituelle, cette compétence subsiste pendant une période de trois mois suivant le déplacement pour modifier une décision concernant le droit de visite rendue à l'ancienne résidence, lorsque le titulaire du droit de visite en vertu de cette décision continue à résider habituellement dans l'État membre de l'ancienne résidence habituelle (art. 9.1). À défaut d'action, les tribunaux de la nouvelle résidence deviennent compétents.

En cas de procédure en divorce, séparation de corps ou annulation du mariage, les juridictions de l'État membre saisies (sur les règles de compétence, v. n° 710) peuvent, selon l'art. 12.1, statuer à condition qu'un accord à cette fin intervienne entre les époux, dont l'un au moins exerce la responsabilité parentale à l'égard de l'enfant (sans quoi la responsabilité parentale ne serait pas directement affectée par le contentieux entre les parents) et qu'elle soit dans l'intérêt supérieur de celui-ci ; en effet, compte tenu de la multiplication des chefs de compétence retenus par le règlement en matière de divorce (n° 710), le for du divorce peut ne pas constituer un rattachement pertinent[2]. La compétence du for du divorce prend fin avec la procédure entre les époux (art. 12.2). Hors le cas de procédure matrimoniale, un accord peut également intervenir sur la compétence entre les parties à la procédure sur la responsabilité parentale, à condition que l'enfant ait un lien étroit avec l'État membre dont la juridiction est choisie et que cette compétence soit dans son intérêt supérieur (art. 12.3).

1. Celle-ci vise « le lieu qui traduit une certaine intégration de l'enfant dans un environnement social et familial. [Pour le déterminer] doivent être pris en considération la durée, la régularité, les conditions et les raisons du séjour sur le territoire d'un État membre et du déménagement de la famille dans cet État, la nationalité de l'enfant, le lieu et les conditions de scolarisation, les connaissances linguistiques ainsi que les rapports familiaux et sociaux entretenus par l'enfant dans ledit État » (CJCE, 2 avril 2009, préc.).
2. Sur l'articulation particulièrement difficile du règlement (en l'occurrence celui de 2000), de la Convention de La Haye de 1961 et du droit commun lorsqu'il y a lieu de statuer sur le divorce et la responsabilité parentale, l'un des époux résidant hors de la Communauté, v. Paris, 24 juin 2004, D. 05. Somm. 1263 obs. Chanteloup.

Lorsque la résidence habituelle de l'enfant ne peut être établie, sont compétentes, par nécessité, les juridictions de l'État membre dans lequel l'enfant est présent (art. 13.1). En cas d'urgence, les juridictions d'un État membre peuvent prendre des mesures provisoires et conservatoires relatives aux personnes ou aux biens, même si une juridiction d'un autre État membre est compétente pour connaître du fond[1] ; ces mesures cessent dès que la juridiction normalement compétente a pris les mesures qu'elle estime appropriées (art. 20)[2].

À titre dérogatoire, les juridictions d'un État membre compétentes pour connaître du fond peuvent, si elles estiment qu'une juridiction d'un autre État membre avec lequel l'enfant a un lien particulier est mieux placée pour prendre une décision, et lorsque cela sert l'intérêt supérieur de l'enfant, surseoir à statuer et inviter les parties à saisir une juridiction de l'autre État membre dans un délai fixé ou demander à la juridiction de l'autre État membre d'exercer sa compétence, ce que la seconde doit faire dans un délai de six semaines (art. 15).

Lorsque aucune juridiction d'un Etat membre n'est compétente en vertu des dispositions du règlement, la compétence est, dans chaque État membre régie par la loi de cet État (art. 14).

Dans tous les cas, un juge saisi vérifie sa compétence et se déclare le cas échéant d'office incompétent si une juridiction d'un autre État membre est compétente (art. 17). Lorsque des actions relatives à l'autorité parentale ayant le même objet et la même cause sont introduites auprès de juridictions d'États membres différents, la juridiction saisie en second lieu sursoit d'office à statuer jusqu'à ce que la compétence de la juridiction première saisie soit établie. Si cela se produit, elle se dessaisit en faveur de celle-ci ; la partie ayant introduit l'action auprès de la juridiction seconde saisie peut porter cette action devant la juridiction première saisie.

631. – Reconnaissance et exécution des mesures prises. Les décisions rendues dans un État membre sont reconnues dans les autres sans qu'il soit nécessaire de recourir à aucune procédure (art. 21.1). Les modalités de la reconnaissance et de l'exécution sont inspirées de celles du règlement n° 44/2001 en matière patrimoniale : une action en reconnaissance ou en non-reconnaissance est ouverte, la procédure d'exécution ou de reconnaissance est dans un premier temps non contradictoire (art. 31), les motifs de non-reconnaissance sont étroitement conçus : contrariété manifeste à l'ordre public (apprécié eu égard aux intérêts supérieurs de l'enfant), absence de notification de l'acte introductif d'instance, inconciliabilité de décisions (art. 23). La reconnaissance peut en outre être refusée si, sauf en cas d'urgence, la décision a été rendue sans que l'enfant, en violation des règles fondamentales de procédure de l'État requis, ait eu la possibilité d'être entendu et, enfin, à la demande de toute personne faisant valoir que la décision fait obstacle à l'exercice de sa responsabilité paren-

1. CJUE 23 déc. 2009, C 409/03 PPU, *Deticek*.
2. Civ. I, 8 juill. 2010, n° 09-66406.

tale si la décision a été rendue sans que cette personne ait eu la possibilité d'être entendue (art. 15.2).

632. – Droit de visite et enlèvement d'enfant. Par une innovation notable (parallèle à l'introduction du titre exécutoire européen, n° 599), les décisions relatives au droit de visite, dès lors qu'elles sont exécutoires dans l'État membre où elles ont été prononcées, jouissent de la force exécutoire dans les autres États, selon le droit local, sans qu'aucune déclaration soit nécessaire et sans que l'on puisse s'opposer à leur reconnaissance ; il suffit que la décision ait été certifiée par le juge d'origine lui-même (suivant un formulaire dont le modèle est annexé au règlement) comme satisfaisant à différentes conditions, notamment que les parties et l'enfant aient eu la possibilité d'être entendus et que, en cas de décision par défaut, l'acte introductif ait été signifié à la personne défaillante en temps utile (art. 41). Si le droit de visite concerne une situation ayant dès le prononcé de la décision un caractère transfrontière, le certificat est délivré d'office lorsque la décision devient exécutoire (art. 41.3).

Un système analogue va s'appliquer en cas de déplacement ou de non-retour illicite d'un enfant (art. 42), à l'issue d'une procédure inter-judiciaire organisée par le règlement[1]. Le principe de base est le maintien de la compétence des juridictions de l'État membre dans lequel l'enfant avait sa résidence habituelle immédiatement avant le déplacement ou le non-retour aussi longtemps que l'enfant n'a pas acquis une nouvelle résidence habituelle dans un État membre. Il ne peut en être ainsi que si la personne ou l'organisme ayant le droit de garde a acquiescé au déplacement ou non-retour ; ou si l'enfant a résidé dans l'autre État membre pendant un an au moins après que la personne ou l'organisme a eu connaissance de lieu où il s'est trouvé, que l'enfant se soit intégré dans son nouvel environnement et que notamment une année se soit écoulée sans que cette personne ou cette autorité n'ait présenté une demande de retour de l'enfant (v. art. 10). Une demande de retour de l'enfant est effectuée selon les dispositions de la Convention de La Haye du 25 octobre 1980, mais ses dispositions sont renforcées sur différents points et, surtout, une décision de retour de l'enfant prise dans l'État d'où il a été déplacé à l'issue de la procédure organisée prime sur une décision inverse dans l'État où il se trouve (*infra* n° 702)[2].

1. CJCE 11 juillet 2008, aff C-195/08 PPU, *Rinau*, JCP 08.10207 n. Devers ; RC 08.872 n. Muir Watt.
2. Dans le même esprit, alors que l'art. 20 du règlement permet à un État membre de prononcer des mesures provisoires visant à octroyer à l'un de ses parents la garde d'un enfant qui se trouve sur son territoire, cette faculté ne peut être exercée lorsqu'une juridiction d'un Etat membre, compétente pour connaître du fond du litige relatif à la garde, a déjà rendu une décision confiant provisoirement la garde à l'autre parent et que cette décision a été déclarée exécutoire sur le territoire de l'État où se trouve l'enfant : CJUE, 23 déc. 2009, C-403/09, GP 28-29 mai 2010, p. 47 obs. Guez. Comp. Civ. I, 8 juill. 2010, préc. n° 631.

633. – Rapports avec la Convention de La Haye de 1961. Ainsi que déjà indiqué (n° 622), le règlement prévaut sur la Convention de La Haye en ce qui concerne les matières communes. Du fait qu'il ne traite pas de conflit de lois, lorsque la Convention s'applique dans un État membre, l'autorité compétente selon le règlement reconnaît donc en principe un rapport d'autorité *ex lege* ; mais elle applique sa propre loi lorsqu'il y a lieu de prendre des mesures, et les autorités de l'État national ne pourront intervenir selon l'article 4 de la Convention (à moins d'un transfert selon l'art. 15 du règlement).

La reconnaissance et l'exécution des décisions s'opèrent selon les dispositions du règlement (lequel, contrairement à la Convention, oblige à reconnaître même les décisions prises au titre de l'urgence).

Voy. : Ancel et Muir Watt, « L'intérêt supérieur de l'enfant dans le concert des juridictions : le règlement Bruxelles II *bis* », RC 2005.569 ; Batiffol, *La capacité civile des étrangers en France*, 1929 ; Baudouin, « La protection du mineur étranger par le juge des enfants », RC 1994.483 ; Bucher, *L'enfant en droit international privé*, 2003 ; Capotorti, « La capacité en droit international privé », RCADI 1963. III.153 (t. 110) ; Chabert, *L'intérêt de l'enfant et les conflits de lois*, 2001 ; Fulchiron et Nourissat (sous la dir.), *Le nouveau droit communautaire du divorce et de la responsabilité parentale*, 2005 ; Glenn, *La capacité de la personne en droit international privé français et anglais*, 1975 ; Guinand, *Les conflits de lois en matière de capacité,* Neuchâtel, 1970 ; Lequette, *Protection familiale et protection étatique des incapables*, 1976 ; Patarin, « L'administration des biens du mineur étranger vivant en France », TCFDIP 1971-73, p. 71 ; Ryssen, « Quelques aspects de la vente d'un bien immobilier par un mineur en droit international privé », Rép. Defr. 1995.385 ; von Steiger, « La protection des mineurs en droit international privé », RCADI 1964.II.469 (t. 112) ; Topor, *Les conflits de lois en matière de puissance parentale*, 1971.

SECTION 3

DROITS DE LA PERSONNALITÉ

634. – Problématique du sujet. Le concept – relativement récent – de droit de la personnalité est hétérogène, recouvrant des aspects aussi divers que le droit à l'image, au respect de la vie privée, de l'intégrité physique, de l'honneur et de la considération, mais aussi le droit moral de l'auteur et de l'artiste sur leur création ou encore la liberté des funérailles. Ces droits acquièrent un relief particulier avec le développement de la société « techno-scientifique » (télécommunications, informatique, internet, recherches génétiques...), qui multiplie les possibilités d'atteintes notamment à travers ses applications marchandes. Pour la même raison, ces atteintes ont de plus en plus souvent un caractère international : il suffit d'évoquer la portée de celles qui sont commises par la voie des médias ou de l'internet.

La sanction d'une atteinte dans un pays donné pose au préalable la question de la *jouissance des droits* en question par les étrangers. Celle-ci est cependant assez théorique étant donné le caractère fondamental de la plupart des droits en question, qui constituent souvent le volet privatiste des droits de l'Homme ou libertés publiques[1]. De fait, plusieurs ont été reconnus à des étrangers sans attendre que soit proclamé le principe selon lequel ceux-ci jouissent en France de tous les droits qui ne leur sont pas spécialement refusés par un texte (n° 1065) et sans même que la question soit soulevée[2]. Au plan de l'exercice des droits, cependant, l'on pourrait se demander s'il ne convient pas dans certains cas de se référer préalablement à une « loi d'origine » afin de s'assurer qu'elle reconnaît le principe du droit dont la sanction est demandée. L'exercice de certains droits reconnus pourrait également être subordonné à une condition de résidence pour des raisons de police[3].

Du fait que les droits de la personnalité sont le plus souvent invoqués à l'occasion de leur violation, il convient d'examiner à la suite de la loi applicable les difficultés particulières que pose l'exercice par les tribunaux de leur compétence.

§ 1. – CONFLIT DE LOIS

634 bis. – Incertitudes sur la qualification, le rattachement et la méthode. La mise en œuvre de la technique conflictualiste habituelle conduit à essayer de rattacher les questions à une catégorie plus générale et connue. Trois qualifications principales sont envisageables ; la jurisprudence, peu fournie et relative pour l'essentiel aux atteintes à la personnalité, semble incliner vers l'une d'elles, la qualification délictuelle. Mais il est également possible de considérer que la loi locale s'applique au titre de loi de police.

635. – Qualification par référence au droit de propriété. Un droit de la personnalité peut être envisagé comme un droit subjectif au même titre que le droit de propriété. Ce rapprochement n'est pas seulement lié au fait que certains droits présentent aussi un caractère patrimonial et font

1. Beaucoup des droits envisagés sont consacrés par la Déclaration universelle des droits de l'homme, le Pacte des Nations Unies relatif aux droits civils et politiques ou encore la CEDH. Sur la protection de la vie privée contre les abus de l'informatique, v. la convention du Conseil de l'Europe du 28 janv. 1981 (comm. Rigaux, RC 1980.443, Focsaneanu, JDI 1982.55).
2. Paris, 2 déc. 1897, *Whistler*, D.P. 98.2.465 n. Planiol (droit à l'image) ; 16 mars 1955, *M. Dietrich*, D. 55.295 (droit à l'intimité de la vie privée) ; 20 déc. 1976, GP 77.1.261 concl. Simon, D. 78.373 n. Agostini, JDI 77.474 n. Ruzié (droit au respect de la vie privée et sur son image) ; TGI Seine, réf., 25 nov. 1965, RTD Com. 67.159 (droit au nom) ; v. également, 25 mai 1988, *Schlumpf*, D. 88.542 n. Edelman. Sur le cas particulier du droit à l'intégrité et à la paternité d'une œuvre, v. art. L. 111-4, al. 2, CPI (n° 1068).
3. Ainsi la possibilité de faire pratiquer en France une interruption volontaire de grossesse fut-elle à l'origine subordonnée pour les femmes étrangères à une certaine résidence préalable (décr. n° 75-354 du 13 mai 1975, art. 1er).

notamment l'objet de conventions[1]. L'atteinte à la personne humaine apparaît comme une atteinte à un monopole, préjudiciable en soi et donc sanctionnée sans qu'il soit besoin d'établir un dommage ni une faute. En France, l'art. 9 al. 1er C. civ. est en ce sens.

La localisation du droit ainsi conçu serait au siège de la personne ou celui de ses intérêts. L'on pourrait également, transposant ce qui a été jugé pour le droit patrimonial d'auteur, consulter cette loi pour s'assurer de d'existence du droit et appliquer la loi du tribunal saisi aux modalités de la sanction[2]. Mais il n'existe pas de support jurisprudentiel à cette conception.

636. – La qualification de statut personnel. Les droits de la personnalité pourraient en second lieu être considérés comme relevant du statut personnel. Le rapprochement même des termes y invite (et justifie l'cxamen de la question dans le présent chapitre). Ces droits concernent bien la personne comme telle. La notion d'état ne se réduit pas à l'identification des individus, et l'appréciation des droits de la personnalité est largement fonction de la place de l'intéressé dans la société. De plus, maints aspects de ces droits ont une connotation sociologique et même religieuse : ainsi la liberté des funérailles (rites de sépulture), la possibilité de disposer de son corps ou celle de s'opposer à des examens post-mortuaires. La justification ancienne de l'application de la loi nationale par son adaptation à une mentalité (n° 136) trouve encore ici une application peu contestable.

Néanmoins, la jurisprudence fait peu de cas de la loi personnelle. La Cour de cassation a notamment rejeté un pourvoi invoquant le défaut de référence à la loi personnelle contre une décision ayant fait application de la loi locale[3]. Si la qualification envisagée était adoptée, on peut penser qu'elle se traduirait par une intervention assez fréquente de l'ordre public. Celui-ci est en effet susceptible d'être opposé, d'une part, aux lois insuffisamment protectrices étant donné le caractère fondamental des droits de la personnalité (n° 635) ; d'autre part, aux lois plus protectrices que la loi du for, au détriment d'une autre liberté fondamentale en conflit avec la première : par exemple, la liberté de la presse au regard de la protection de la vie privée. La qualification personnelle subirait également, comme la précédente, la concurrence de la qualification procédurale des modes de sanction dans un pays donné.

1. V. la distinction américaine du *right of privacy*, droit au respect de la vie privée, et du *right of publicity*, droit de recueillir le profit de l'exploitation commerciale de son image : Rigaux, « L'élaboration d'un *right of privacy* par la jurisprudence américaine », RIDC 1980.730 ; Gaillard, « Les conflits de lois relatifs au droit patrimonial à l'image aux États-Unis... », RC 1984.1.
2. V. Civ. 1re, 22 déc. 1959, *Fox Europa* (n° 780).
3. Civ. I, 13 avril 1988, *Farah Diba*, n° suivant ; v. également Paris, 1er fév. 1989, D. 90.48 n. Agostini (mais la loi personnelle n'était pas invoquée) et, contre la qualification de statut personnel dans un contexte interne, Crim. 16 avril 1980, D. 81.68 n. J. Mestre.

637. – La qualification délictuelle : atteintes à la personnalité. Dans le domaine des atteintes à la personne, les demandeurs se placent en général spontanément sur le terrain de la responsabilité civile ; l'art. 9 al. 2 C. civ., visant « la réparation du dommage », y invite. Sans se prononcer *expressis verbis* pour cette qualification, la Cour de cassation a déclaré que « les conséquences de l'atteinte à la vie privée d'une personne ou de la violation du droit qu'elle possède sur son image relèvent de la loi du lieu où ces faits ont été commis », ce qui évoque bien la qualification délictuelle[1].

Cette conception conduira fréquemment à affronter une difficulté : la localisation des « faits » visés et même la simple détermination de ceux qui doivent être retenus, étant donné les grandes possibilités de dispersion[2]. Dans le cas typique de l'atteinte à la vie privée par publication de photographies indiscrètes dans un magazine, le fait générateur est constitué par une chaîne d'événements allant de l'observation des faits et gestes de l'intéressé(e) à la prise des clichés puis à leur impression et à leur diffusion, chacun pouvant se situer dans un pays différent. Quant à la localisation du dommage, on peut hésiter notamment entre le lieu de diffusion (aujourd'hui, le plus souvent multiple) et le siège du demandeur ou celui de son activité principale.

Dans la mesure où l'on déciderait de faire prévaloir le dommage sur le fait générateur, il a été préconisé de retenir pour rattachement le domicile du demandeur en tant que lieu où se concentre le préjudice[3]. Il est également concevable dans ce cas de conférer au demandeur une option en faveur de la loi de l'établissement de l'auteur de l'atteinte, car celui-ci est tenu de respecter les règles de comportement qui y sont en vigueur[4]. Mais la solution la plus conforme à la réalité semble être de considérer que dans le cas d'atteintes par voie de presse, la diffusion réalise un dommage distinct dans chaque pays où elle a lieu et d'appliquer distributivement la loi des différents pays dans lesquels une atteinte a été subie (théorie de la « mosaïque ») ; cela conduira à retenir le critère de la diffusion locale et à évaluer distinctement le dommage subi dans chaque pays[5]. Le projet de

1. Civ. I, 13 avril 1988, *Farah Diba*, RC 88.546 n. Bourel, JDI 88.752 n. Edelman, JCP 88.II.21320 n. Putman. V. déjà TGI Paris, 23 juin 1976, *Yasmina Aga Khan*, RC 78.132 n. Gaudemet-Tallon ; 29 sept. 1982, *R. Schneider*, et 27 avril 1983, *C. de Monaco*, RC 83.670 n. Gaudemet-Tallon.
2. Sur le problème de la dissociation du lieu du fait générateur et du dommage et la difficulté d'une solution générale, v. n° 191 s.
3. En ce sens, v. notamment Gaudemet-Tallon, notes préc. ; pour le rattachement à la loi du domicile non en tant que loi de commission du fait dommageable, ni en tant que loi personnelle, mais comme constituant la loi générale du délit d'atteinte à la personnalité, v. Bourel, *op.cit.*, p. 338, 397.
4. La loi fédérale suisse de 1987 est en ce sens ; elle permet également au demandeur de choisir la loi de l'État dans lequel le résultat de l'atteinte s'est produit, tout en associant une réserve de prévisibilité en ce qui concerne la résidence du lésé et le lieu du résultat (art. 139, lettres *a* et *c*).
5. En ce sens, TGI Paris, 23 juin 1976, *Yasmina Aga Khan*, préc. (application distributive de la loi allemande et de la loi française) ; dans le cas où une réparation avait déjà été obtenue à l'étranger, et tenant compte de celle-ci, Paris, 9 mai 1978, D. 78.I.R.371.

règlement européen sur la loi applicable en matière délictuelle (n° 194) désignait la loi du pays de la résidence habituelle de la personne lésée au moment de la survenance du délit (art. 7), disposition non retenue[1].

638. – Loi de police ou d'application immédiate. Plusieurs traits observés dans la discussion des qualifications précédentes suggèrent que dans un pays donné la loi du for s'applique à titre de loi de police[2]. Les droits en question ont un caractère fondamental et beaucoup sont indisponibles. Un intérêt public et social s'attache à leur respect, à tel point qu'ils feront souvent l'objet d'une protection pénale (v. art. 368 à 370 anc. C. pén. ; art. 226-1 s. du nouveau code). Le fait qu'ils aient été reconnus spontanément aux étrangers en France et que fréquemment l'on ne s'interroge pas sur l'effet d'un élément d'extranéité (n° 634) sont révélateurs de l'impérativité qui est prêtée à leur respect. De ce que leur protection entre fréquemment en conflit avec d'autres libertés, il résulte également que le régime reconnu par la loi locale sera volontiers considéré à la fois comme un minimum et maximum, ne laissant guère de place à celui éventuellement différent prévu par une loi étrangère (n° 636). Enfin, alors que ces droits se manifestent principalement à l'occasion de leur violation, la réparation fait fréquemment intervenir des mesures de contrainte telles que des saisies ou séquestres, qui relèvent avant tout de la loi locale.

Différentes applications de la loi française en matière d'atteintes à la personnalité peuvent ainsi s'interpréter par la notion de loi de police. Dans le domaine de la liberté des funérailles, il a été à plusieurs reprises jugé que la loi du 15 novembre 1887 était « d'ordre public et devait recevoir application comme loi territoriale » nonobstant la loi personnelle du défunt[3]. La même solution s'appliquerait peut-être à la législation sur les prélèvements d'organes (L. du 22 sept. 1976 et décrets d'application). Néanmoins, cette approche territorialiste peut conduire à faire bon marché d'une loi d'origine et conduire ainsi à des situations boiteuses[4]. Il est plus conforme aux principes généraux des conflits de lois, tout en soumettant le cas échéant à la loi locale certaines modalités de la protection, de consulter une loi d'origine (loi personnelle, loi du contrat...) en ce

1. Sur les circonstances de cet abandon, v. Perreau-Saussine, « Les mal-aimés du règlement Rome II : les délits commis par voie de média », *in* Dossier dir. d'Avout et Azzi, D. 2009.1647.
2. Sur le respect du corps humain, v. art. 16-9 C. civ.
3. Civ. 12 fév. 1957, D. 59.57 n. Malaurie, RC 57.297 n. Loussouarn ; Paris, 12 sept. 1980, D. 82.I.R.74 obs. Audit ; v. également, Civ. I, 17 fév. 1982, D. 83.255 n. Beaubrun, RC 84.451 n. Labrusse-Riou ; Douai, 19 avril 1975, D. 78.87 n. Cazals, appliquant la loi française sans s'interroger sur la question du conflit de lois. La qualification de loi de police n'exclut pas une coordination avec les lois étrangères : par exemple avec la loi personnelle pour déterminer certaines questions préalables ou incidentes telles que la parenté en vue de la qualité pour décider du lieu d'une sépulture.
4. V. ainsi, autorisant le changement d'état civil d'un transsexuel argentin en France, « sans considération du statut personnel de l'intéressé », sur le fondement de l'art. 8 CEDH, Paris, 14 juin 1994, RC 95.308 n. crit. Lequette.

qui concerne le principe de la protection (sans préjudice de l'intervention de l'ordre public)[1].

§ 2. - COMPÉTENCE JURIDICTIONNELLE

639. – Difficultés particulières. Les actions tendant à sanctionner les droits de la personnalité sont susceptibles de relever selon le cas du droit commun ou conventionnel. L'applicabilité de l'un ou l'autre peut dépendre de la qualification donnée à l'action : ainsi la qualification délictuelle appelle l'application éventuelle des textes européens, tandis que celle d'état des personnes les évince (règlement 44/2001, art. 1er ; v. n° 511).

Si l'on admet la première qualification, comme semble le faire la jurisprudence française dans le domaine des atteintes à la personnalité, on trouve les mêmes difficultés qu'en matière de détermination de la loi applicable, liées à la dispersion des éléments de rattachement (n° 637) ; elles se rencontrent aussi bien dans l'application de l'art. 46 CPC que celle de l'art. 5, 3° du règlement européen. On sait en particulier que pour la Cour de justice, la référence que fait ce texte au « lieu du fait dommageable » doit être interprétée comme visant aussi bien le lieu du dommage lui-même que celui de l'événement causal[2]. Et l'on a vu qu'en matière d'atteintes à la personnalité chacun de ces facteurs peut lui-même se rattacher à différents pays. On doit alors s'interroger sur l'étendue de la compétence de chacun de ces fors quant au dommage à réparer. Les décisions françaises semblent adopter une distinction, de source doctrinale[3]. Étant rappelé que le « for du délit » se justifie par la proximité qu'il entretient avec des faits à établir (fait générateur ou dommage), si le for saisi est compétent en tant que celui du fait générateur, il aurait vocation à connaître de l'entier dommage invoqué par le demandeur car chacun des dommages se rattache tout entier à cet acte[4]. S'il est saisi en tant que for de l'un des lieux du dommage, sa compétence serait limitée à la réparation du dommage local car le lien de proximité fait défaut pour apprécier celui qui est subi dans un pays étranger (v. la jurisprudence *Fiona Shevill* citée *supra* n° 534)[5].

1. Cette démarche a été suivie par la Cour de cassation en matière de droit patrimonial d'auteur dans l'arrêt *Fox Europa* (Civ. I, 22 déc. 1959, n° 780), mais rejetée en matière de droit moral dans l'affaire *Huston* (n° 1068) après avoir été appliquée dans un premier temps : TGI Paris, 23 nov. 1988, JDI 89.67 n. Edelman, RC 89.372 n. Gautier, D. 89.342 n. Audit.
2. CJCE, 30 nov. 1976, *Mines de Potasse d'Alsace*, préc. n° 534.
3. P. Lagarde et G. Droz, cités note suivante.
4. En ce sens, TGI Paris, 19 juin 1974, RC 74.696, 2e esp., n. Lagarde, D. 75.638 n. Droz.
5. En ce sens, Paris, 19 mai 1984, *C. de Monaco*, D. 85.I.R.179 obs. Audit, RC 85.141 n. Gaudemet-Tallon, confirmant TGI Paris, 27 avril 1983 *ibid.* ; TGI Paris, 30 juin 1984, *duchesse de Windsor*, RC 85.141, 2e esp., n. Gaudemet-Tallon ; 20 fév. 1992, JDI 94.168 obs. A. Huet ; v. cependant, TGI Paris, 18 avril 1969, *delle Mitsouko*, RC 71.281 n. Bourel et 23 juin 1976, *Yasmina Aga Kahn*, préc., statuant sur le dommage subi en France et sur celui subi à l'étranger. La restriction concernant la proximité du dommage apparaît pertinente lorsqu'il y a lieu d'apprécier le degré de notoriété du demandeur hors de l'État du for.

Dans le cas d'atteinte par voie de médias, il a été reproché à cette conception de ne donner compétence pour connaître de l'ensemble du dommage qu'au tribunal du lieu de publication et non à celui du domicile, supposé distinct, obligeant la victime à intenter une multiplicité d'actions. Mais ce grief méconnaît la spécificité des atteintes à la personnalité : dans ce domaine, on peut douter que la concentration des compétences constitue un objectif prioritaire et son émiettement un mal à éviter. La voie d'une décision unique invoquée le cas échéant à l'étranger convient en matière patrimoniale. Ici, le fait pour l'intéressé d'obtenir une décision au fond dans chacun des pays où il estime avoir subi une atteinte constitue une réparation plus adéquate que l'obtention d'une décision unique dans un pays donné ; car le *prononcé* d'un jugement a une connotation punitive certaine et recherchée. L'argument de coût ne semble pas pertinent : outre que le demandeur dispose en général de moyens en rapport avec sa notoriété, chaque fois que sa demande sera jugée fondée il obtiendra normalement une compensation pour les dépenses exposées. On peut donc se demander si la meilleure solution n'est pas dans tous les cas celle de la réparation du dommage purement local, y compris devant le for de l'événement causal ; au demeurant, lorsqu'il y a diffusion d'un magazine dans plusieurs pays, chacune peut être considérée comme un fait générateur distinct, constitutive d'un dommage local. En toute hypothèse, le demandeur ne peut échapper à la nécessité d'intenter des actions distinctes chaque fois qu'il y a lieu d'obtenir des mesures de contrainte telles qu'une saisie en différents pays.

Voy. : Bourel, « Du rattachement de quelques délits spéciaux en droit international privé », RCADI 1989.II.251 (t. 214) ; Bucher, *Personnes physiques et protection de la personnalité*, Bâle, 1985 ; Chenaux, *Le droit de la personnalité face aux médias internationaux*, Genève, 1990 ; Kayser, *La protection de la vie privée*, t. I, 1984 ; Gaillard, « La double nature du droit à l'image et ses conséquences en droit positif français », D. 1984.161 ; Labrusse-Riou, « Bioéthique et droit international privé : objectifs et méthodes en question », TCFDIP 2000-02.47 ; Mestre, « Les conflits de lois relatifs à la protection de la vie privée », Mél. Kayser, 1979, t. II, p. 239 ; Rigaux, « Le régime des données informatisées en droit international privé », JDI 1986.311.

CHAPITRE II

L'UNION DES PERSONNES

640. – Importance des conflits de lois. Les facteurs qui font des relations de famille le terrain privilégié des conflits de lois sont particulièrement présents en matière de mariage : diversité des lois internes, pouvant aller jusqu'à des différences de conception de l'institution (par ex. mariage polygamique) ; pluralité de lois personnelles applicables à un lien unique, d'autant plus fréquente aujourd'hui que maints droits de nationalité admettent la conservation de sa nationalité par la femme épousant un étranger et ne lui attribuent pas automatiquement celle de son mari (n° 1000 s.). Comme en droit interne, il y a lieu d'envisager successivement la formation, les effets et la dissolution du mariage. Mais celui-ci ne constituant plus la seule forme d'union des personnes, il convient auparavant d'envisager les autres formes d'unions personnelles.

SECTION I

LES COUPLES NON MARIÉS

À l'union informelle que constitue le concubinage se joignent aujourd'hui des formes institutionnalisées de plus en plus nombreuses, diminutives du mariage : les partenariats organisés.

§ 1. – L'UNION LIBRE

641. – Absence de solution spécifique. La pratique de l'union libre croît à mesure du déclin du mariage dans un certain nombre de sociétés comme celle de la France. Avec la mobilité internationale croissante des personnes, il n'est pas rare que la situation présente un conflit de lois : soit qu'il s'agisse d'un couple « mixte », vivant dans le pays de l'un des intéressés ou dans un pays tiers ; soit que les partenaires, de même nationalité, vivent en pays étranger.

Bien qu'en France le concubinage ait été progressivement pris en considération par le droit social, et qu'il ait récemment reçu une définition dans le Code civil (art. 515-8, L. 15 nov. 1999), il ne fait pas l'objet d'un statut d'ensemble qui l'institutionnaliserait au même titre que le mariage. Cette conception de l'union libre comme un événement purement matériel se traduit en droit international privé par l'absence de qualification propre. Les problèmes que le concubinage est susceptible de soulever seront résolus en fonction de la catégorie dont ils relèvent suivant leur nature : contrat (à titre onéreux ou gratuit), succession, responsabilité civile, enrichissement sans cause, statut réel, filiation naturelle... C'est ainsi que les conséquences de la rupture du concubinage de deux Portugais en France ont été déclarées régies par la loi française prise comme *lex loci delicti*[1]. La jurisprudence est par ailleurs à peu près inexistante. On peut cependant observer que selon l'approche évoquée, c'est le plus souvent la loi du domicile, ou plutôt aujourd'hui de la résidence habituelle, qui sera rendue compétente d'une manière ou d'une autre : soit à l'un de ces titres (succession), soit en tant que lieu de survenance des faits ou de localisation des biens[2]. Il en est d'autant plus ainsi en France que les dispositions sociales visant les concubins seront normalement appliquées au titre de loi de police selon ce critère.

Ériger le concubinage en qualification autonome conduirait à rattacher ses effets de la même manière que le mariage : par exemple, loi de la nationalité commune ; à défaut, du domicile commun[3]. Cette conception peut se recommander du fait que des droits internes en nombre croissant prévoient un statut du couple non marié, impliquant des droits (partage des acquêts, vocation successorale) et des obligations (devoir d'entretien, responsabilité). Dans la mesure où le droit français, dans sa conception actuelle, désignerait une telle loi alors que les intéressés sont de nationalité française, la *lex causae* serait susceptible de renvoyer à la loi française prise en tant que loi du concubinage : il y aurait renvoi de qualification (n°s 205, 216) ; son acceptation opérerait comme un correctif à la conception du « pur fait »[4].

Voy. : A. Devers, *Le concubinage en droit international privé*, 2004 ; F. Boulanger, *op. cit.*, n° 305 ; *Concubinages*, Trav. du Centre de droit de la famille de Lyon, CNRS, 4 vol. (1986-90) ; P.Y. Gautier, *L'union libre en droit international privé*, thèse Paris I, 1986 ; Goldstein, « La cohabitation hors mariage en droit international privé », RCADI 2006 (t. 320) ; H. Fulchiron, « Réflexions sur les unions hors mariage en droit international privé », JDI 2000.889.

1. TGI Paris, 21 nov. 1983, RC 84.628 n. P. L.
2. Encore serait-il possible pour tout ce qui concerne les relations *inter partes* (contrats, faits juridiques notamment) de considérer que le lien le plus étroit de la situation est avec l'État de la nationalité commune des intéressés.
3. V. par ex. la loi yougoslave du 15 juin 1982, art. 39 (RC 1983.353).
4. Gautier, « Les couples internationaux de concubins », RC 1991.525.

§ 2. – LES PARTENARIATS ORGANISÉS

642. – Problématique. Dans un nombre croissant de pays, dont la France avec le « pacte civil de solidarité », a été introduite une forme nouvelle d'union entre deux personnes, pouvant être de même sexe, produisant des effets personnels et patrimoniaux plus ou moins étendus. Ces législations ne sont toutefois pas homogènes. Schématiquement, les unes (principalement dans l'Europe du Nord) rapprochent cette union du mariage, certaines jusqu'à l'emploi du terme, éventuellement sous réserve de certaines restrictions (recours à l'adoption conjointe, à la procréation médicalement assistée). Ces formes d'union appellent l'application des règles de droit international privé prévues pour le mariage, ce qui est cependant de nature à susciter l'intervention de l'ordre public de la part des systèmes n'admettant pas cette assimilation (n° 656) ou à les faire qualifier en simple partenariat civil. Les autres, comme le droit français avec le p.a.c.s., distinguent nettement le partenariat du mariage, donnant naissance à une institution de type nouveau. Pour tous se pose la question de l'appréhension de ces unions dans le contexte international.

Raisonnant en termes de conflits de lois, on recherchera la qualification dominante du partenariat en question. On peut alors y reconnaître une figure plutôt contractuelle (dans le cas du p.a.c.s., v. les premiers mots de l'art. 515-1 C. civ., l'absence de mention de « couple » dans sa définition légale, à la différence de celle du concubinage, et la faculté de résiliation unilatérale de l'engagement, à durée indéterminée), ce qui entraînerait l'application du droit commun des actes juridiques. Mais dans la mesure où la finalité du partenariat institutionnel est l'organisation d'une vie commune, il s'agit d'une union de personnes ce qui incite à y voir une sous-catégorie nouvelle du statut personnel (le p.a.c.s. a été placé dans le Code civil au titre des Personnes, et même si toute référence à une vie sexuelle en est absente, il comporte des interdictions liées à l'inceste ainsi qu'à l'existence d'un mariage). À ce titre, la possibilité de s'y engager serait soumise à la loi personnelle respective des intéressés. En particulier, les Français pourraient entrer dans cette forme d'union avec des étrangers dont la loi personnelle connaît une institution analogue, mais non avec d'autres.

L'application de la loi personnelle présente cependant l'inconvénient que, même si la loi des deux intéressés prévoit une forme de partenariat, les deux institutions ne seront pas homogènes, de sorte que l'on hésitera à permettre la conclusion du partenariat demandé ; en particulier, la transition est insensible entre un partenariat du type davantage institutionnel que contractuel et un véritable mariage homosexuel, qui ne pourrait être conclu par une personne de nationalité française[1].

Pour échapper à cet inconvénient, une autre approche consiste à rattacher le partenariat à la loi de l'autorité devant laquelle il est conclu,

1. L'ambiguïté de l'institution s'est traduite en matière de compétence juridictionnelle, d'abord confiée à la juridiction de droit commun (juge de proximité) puis, à partir de 2011, au JAF (L. 12 mai 2009).

appliquant sa loi (ce qui rejoint la conception contractuelle du partenariat selon l'approche précédente, dans la mesure où le choix d'une autorité implique celui de la loi correspondante). La loi française semble permettre aux étrangers résidant en France de conclure un p.a.c.s. nonobstant leur loi personnelle[1], ce qui rejoint cette conception. Les effets du p.a.c.s. souscrit selon la loi française, de même que sa dissolution, seront régis par cette loi quelle que soit la nationalité des intéressés, plutôt que par transposition des rattachements prévus pour les effets du mariage. Il en est de même pour les effets pécuniaires, étroitement liés à l'institution (le p.a.c.s. peut n'avoir qu'une finalité patrimoniale). Si le p.a.c.s. est ainsi valablement souscrit par des étrangers indépendamment de leur statut personnel, ceux-ci prennent seulement le risque qu'il ne soit pas reconnu dans leur état national, voire qu'il soit remis en cause en France même à la demande d'un des partenaires ou d'un proche invoquant la violation de la loi nationale.

La reconnaissance de principe des partenariats souscrits à l'étranger ne fait pas difficulté étant donné l'existence de l'institution française. Ici encore, on pourrait raisonner en termes de conflits de lois, appliquant à la validité et aux effets du partenariat les règles du mariage ou celles du partenariat civil selon celle des deux natures – personnelle ou contractuelle – qu'il emprunte majoritairement. Mais les principes du conflit d'autorités, soit la méthode de la reconnaissance (n° 17), apparaissent plus commodes. On reconnaîtra alors le partenariat dès lors que les parties avaient un lien suffisant avec le pays où il a été souscrit. Il produira ses effets en France selon sa loi, sous réserve d'une intervention de l'ordre public. Cette conception rejoint la conception contractuelle, qui conduit à admettre la compétence de la loi choisie par les parties sous la même réserve d'un lien suffisant[2].

642 bis. – Solution française positive. La voie de la reconnaissance est celle apparemment adoptée par la loi du 12 mai 2009, introduisant l'art. 515-7-1 C. civ.[3]. Selon ce texte, « les conditions et les effets d'un partenariat enregistré ainsi que les causes et les effets de sa dissolution sont soumis aux dispositions matérielles de l'Etat de l'autorité qui a procédé à son enregistrement ». Cette règle est hybride. Formellement, la référence aux « dispositions matérielles » en fait une règle de rattachement bilatérale par laquelle l'ordre juridique français désigne lui-même la loi applicable, au lieu de s'en remettre à l'ordre juridique du lieu de célébration. Mais elle laisse à l'ordre juridique de l'autorité saisie toute latitude

1. L'art. 515-3 C. civ. donne compétence pour l'enregistrement au tribunal d'instance du lieu où les partenaires fixent leur résidence commune et, à l'étranger, confie l'inscription des déclarations de pactes liant deux partenaires « dont l'un au moins est Français » aux agents diplomatiques et consulaires exerçant là apparemment des fonctions d'état civil (v. n° 605), comme en matière de mariage (n° 643) ; v. également réponse ministérielle RC 2004.260.
2. La méthode de la reconnaissance a été suivie dans le projet de convention de la CIEC sur la reconnaissance des partenariats enregistrés, du 5 sep. 2007 (texte RC 07.964).
3. Comm. : Hammje, RC 09.483 ; Péroz, JDI 10.399.

pour fixer le champ d'application de sa propre loi et par là, elle pratique inconsciemment l'unilatéralisme (v. n° 111). Quoi qu'il en soit, les partenariats conclus en France par des étrangers le sont selon la loi française. La loi du lieu d'enregistrement s'applique indistinctement à la forme et au fond ; et la même loi s'appliquera aux effets du pacte nonobstant l'établissement des intéressés dans un autre pays, notamment en France. Tout cela s'entend sans préjudice de l'intervention éventuelle de l'ordre public contre certaines formes de partenariats ou contre certains effets qu'il produit selon une loi étrangère ; également sans préjudice des règles de conflit particulières visant les obligations alimentaires ou la succession, qui devraient demeurer régies par leur loi propre.

Sur les aspects de droit international privé du partenariat organisé, v. , outre la bibl. citée n° 641, Chanteloup, GP 1-3 oct. 2000, p. 4 ; Fulchiron, JDI 2000.889, D.2001.268 ; Jessurun d'Oliveira, TCFDIP 2000-02.81 ; Josselin-Gall, JCP Not. et Imm. 2000.489 ; Kessler, *Les partenariats enregistrés en droit international privé*, 2004 ; Khairallah, RC 2000.317 ; Mignot, RIDC 2001.601 ; Revillard, Rép. Defrénois 2000.337.

SECTION II

LE MARIAGE

Il convient d'envisager successivement la formation du mariage, ses effets, et sa dissolution.

SOUS-SECTION I

LA FORMATION DU MARIAGE

643. – La question des fiançailles. Même à l'époque où la pratique des fiançailles était plus répandue qu'aujourd'hui, elle n'a donné lieu qu'à peu de jurisprudence. Son intérêt est davantage théorique, car elle soulève une difficulté de qualification topique en raison des différences de conception de l'institution d'un pays à l'autre : pour certains, les fiançailles produisent des effets juridiques et peuvent empêcher le mariage avec un tiers ou voir leur rupture automatiquement sanctionnée ; pour d'autres, comme la France, elles n'ont aucune force obligatoire, encore que leur rupture puisse être dans certaines circonstances génératrice de responsabilité. La conception du droit interne retentit naturellement sur le traitement des questions en droit international privé, notamment celle des effets de la rupture de la promesse.

Les fiançailles résultant d'un accord de volontés, on pourrait y voir un acte juridique, ce qui conduirait à en rechercher la localisation ou la *proper law*. Mais s'agissant d'un acte qui prélude à la constitution d'une famille, l'institution est incontestablement plus proche du statut personnel. Plusieurs systèmes européens la considèrent comme telle[1] et quelques décisions françaises ont pu se rattacher à cette conception. Lorsque les fiancés sont de nationalité différente (ce qui sera la source la plus fréquente de conflit de lois), on pourrait appliquer aux conséquences

1. En Allemagne, v. BGH 21 nov. 1958, RC 59.680 n. Mezger.

de la rupture la loi de l'auteur, car sa liberté matrimoniale est en cause ; plus généralement, la loi de chaque fiancé déciderait s'il peut rompre à bon droit, ce qui entraînerait une application distributive des deux lois.

Mais la conception française interne n'attache aux fiançailles aucune obligation de contracter mariage et la promesse de mariage ne crée aucun embryon de famille de nature à justifier pleinement la qualification de statut personnel. Aussi peut-on également rapprocher la rupture des fiançailles du statut délictuel, la loi applicable étant alors celle du lieu de la rupture fautive. Il est vrai que la localisation du délit peut faire difficulté, en particulier lorsque les fiancés ne résident pas dans le même pays (n° 191 s.). Si l'on se prononce pour la loi du dommage, celui-ci, principalement d'ordre moral, pourra être considéré comme localisé au domicile de la victime. Malgré ces difficultés, la rare jurisprudence française paraît s'être prononcée pour la qualification délictuelle[1]. Si la question venait encore à s'élever, elle devrait, selon cette même qualification, être résolue suivant les dispositions du règlement Rome II (n° 799).

644. – Division. La distinction normale des conditions de *fond* (empêchements au mariage, règles relatives au consentement) et des conditions de *forme* est essentielle pour les conflits de lois en matière de mariage, puisque les unes et les autres ne sont pas soumises au même rattachement : loi personnelle pour les premières, loi locale pour les secondes. Leur étude sera suivie de celle de la *sanction* des conditions de formation.

A. CONDITIONS DE FOND

Le droit français soumet en principe les conditions de fond du mariage à la loi nationale respective des époux ; la mise en œuvre des lois étrangères peut donner lieu à un certain nombre de difficultés, qui seront examinées à la suite du principe.

1. Compétence de la loi personnelle des futurs époux

645. – Affirmation et valeur du principe. S'agissant de la *formation* du lien de famille, par opposition aux effets du lien une fois créé, rien ne s'oppose en principe à ce que l'aptitude à contracter mariage soit appréciée distributivement, c'est-à-dire pour chaque époux selon sa loi personnelle. En ce qui concerne les Français, le principe résulte de l'art. 3 al. 3 C. civ. car le mariage ressortit à l'état des personnes. La règle est en outre incidemment énoncée par l'art. 171-1 C. civ. : ce texte, relatif à la forme (n° 658), dispose que le mariage d'un Français célébré à l'étranger sera reconnu pourvu que le Français n'ait point contrevenu « aux dispositions contenues dans le chapitre précédent », soit les art. 144 à 164 qui édictent les conditions de fond du mariage[2]. Il n'y a pas eu d'hésitation à bilatéraliser la règle, de sorte que celle-ci doit s'énoncer : la capacité de contracter mariage est régie par la loi nationale[3].

1. A. Weill, Rép. Dall. dr. int., 1re éd., V° Fiançailles, n° 15.
2. Civ. I, 9 nov. 1993, RC 94.644 n. Kerckhove (refus de validité à un mariage polygamique contracté en Algérie par un Français, également de nationalité algérienne) ; t.g.i. Paris, 24 avril 1979, JDI 80.87.
3. En Belgique, v. Cass. 23 fév. 1995, RC 96.305 n. Fallon (nullité du mariage de deux marocains selon la loi marocaine).

La règle est aujourd'hui le plus souvent mise en œuvre pour faire constater la nullité, faute de consentement, de mariages de complaisance conclus pour faire fraude aux lois sur l'attribution de nationalité française ou le séjour des étrangers[1]. Mais la question soulevée par ces cas n'est pas tant de conflit de lois que de preuve du défaut d'intention matrimoniale : car il importe normalement peu qu'il s'agisse de la loi française (art. 146 C. civ.) ou de la loi étrangère du « conjoint », étant donné le caractère fondamental de l'exigence d'un véritable consentement au mariage[2]. La Cour de cassation veille cependant en général à ce que soit désignée la loi nationale de l'époux concerné[3]. En toute hypothèse, le défaut de consentement de l'époux français, s'il est établi, suffit à justifier l'annulation du mariage[4]. L'application de la loi française au conjoint étranger pourrait se justifier dans la mesure où sont en cause des effets de droit public du mariage, sur la nationalité ou le séjour des étrangers.

D'autres systèmes soumettant le statut personnel à la loi du domicile, il pourra y avoir *renvoi* à la loi française pour les ressortissants de ces pays établis en France. Le principe de faveur au mariage doit conduire à accepter le renvoi lorsqu'il aurait pour effet de permettre le mariage alors que la loi nationale édicterait un empêchement ; et à le refuser dans le cas inverse où la loi française ne permettrait pas le mariage alors que la loi nationale n'y voit pas d'empêchement : mais alors l'ordre public pourrait faire obstacle à l'application de la loi de fond étrangère trop permissive (n° 649 s.).

646. – Loi personnelle et loi du lieu de célébration. Certains systèmes déclarent soumettre la validité du mariage à la loi du lieu de célébration ; tel est en particulier le cas aux États-Unis dans les différents États. Ce rattachement peut surprendre, dans la mesure où une personne incapable de contracter mariage selon sa loi personnelle (loi de son domicile, dans l'exemple américain) n'aura parfois qu'à effectuer un court déplacement pour contracter valablement l'union recherchée. Mais, d'une part, la règle de rattachement est normalement assortie de la réserve de l'ordre public qui peut faire échec à la loi du lieu de célébration (si par exemple, celle-ci admet le mariage d'adolescents ou la polygamie) ; on peut également sanctionner comme une fraude à la loi un déplacement aux seules fins de contracter mariage, bien que la règle de conflit ne désigne pas la loi évincée. D'autre part, la règle perd son caractère insolite si l'on considère que la validité du mariage est souvent discutée longtemps après la célébration ; s'il s'est avéré à ce moment que les époux ont rompu les liens avec la loi qui s'appliquait à eux avant le mariage et qui s'y opposait, en particulier parce qu'ils ont fixé le domicile conjugal dans l'État de célébration, il serait inopportun de prononcer la nullité

1. Civ. I, 5 mars 1991, JCP 92.II.21789 n. Laroche-Gisserot ; Paris, 14 janv. 1994, D. 94. Somm. 357 ; 9 juin 1995. D.96. Somm. 171. Sur les règles de forme destinées à prévenir ce type de fraude, v. n° 660.
2. En ce sens, Civ. I, 28 nov. 2006, RC 07.755, 1re esp., n. Ancel (approuvant l'annulation du mariage selon la loi française pour défaut de consentement de l'époux étranger).
3. Civ. I, 19 sept. 2007, RC 07.75., 2e esp. ; 9 juill. 2008 et 11 fév. 2009, RC 09.493, n. Lagarde (arrêts censurant le défaut d'application de la loi étrangère pour apprécier le consentement de l'époux étranger). Civ. I, 9 juillet 2008, JDI 09.147 n. Brière, RC 09.493, 2e esp., n. Lagarde.
4. En ce sens, indirectement, Civ. I, 11 juin 2008, Bull civ. I, n° 168 (rejetant l'autorité de chose jugée du jugement ayant refusé de prononcer la nullité du mariage au regard des dispositions sur le droit de la nationalité).

pour complaire à une loi dont le titre à s'appliquer s'est effacé. La loi du domicile conjugal a en définitive plus de titre à se prononcer sur la validité du mariage que celle du domicile antérieur des époux. La difficulté est que l'on ne peut se fier entièrement aux déclarations des intéressés au moment du mariage quant à ce qui sera le domicile conjugal ; il est donc prudent d'exiger un certain lien antérieur avec l'Etat de célébration.

La convention de La Haye du 14 mars 1978 sur la célébration et la reconnaissance de la validité des mariages (non en vigueur en France) est en ce sens. Elle énonce que le mariage doit être célébré dans un État contractant lorsquc les futurs époux répondent aux conditions de fond prévues par la loi interne de l'État de la célébration, sous réserve que l'un d'eux ait la nationalité de cet État ou y réside habituellement ; également lorsque chacun des futurs époux répond aux conditions de fond prévues par la loi interne désignée par les règles de conflit de l'État de célébration (art. 3). Le mariage qui a été valablement conclu selon le droit de l'État de la célébration, ou qui devient ultérieurement valable selon ce droit, est considéré comme tel dans tout État contractant, sous certaines réserves tenant notamment aux empêchements les plus graves édictés par l'État requis (art. 9 s.). On peut voir dans cette manière d'appréhender la question une illustration de la méthode de la reconnaissance des actes publics étrangers (n° 17).

647. – Mariages entre personnes de nationalité différente ; empêchements bilatéraux. La différence de nationalité des futurs époux (mariage « mixte ») peut soulever une difficulté particulière. En principe, les conditions du mariage visent l'aptitude *individuelle* et s'apprécient donc distributivement selon la loi personnelle de chacun : âge, consentement, autorisation, existence d'une précédente union non dissoute... Mais certains empêchements peuvent atteindre la personne de l'autre ou être interprétés de manière qu'elles l'atteignent. L'interdiction du mariage entre parents ou alliés d'un degré déterminé illustre le premier cas : si la loi d'un fiancé interdit le mariage entre cousins, elle empêche également l'intéressé d'épouser son parent de nationalité différente dont la loi ne connaîtrait pas cette restriction. L'interdiction pour les personnes atteintes de certaines affections physiques ou mentales de contracter mariage serait interprétée, dans l'État qui l'édicte, de la même manière. L'interdiction du mariage d'une personne ayant prononcé certains vœux religieux (naguère prononcée par le droit espagnol) a pu être interprétée comme s'opposant au mariage de nationaux avec toute personne dans cette situation, de quelque nationalité qu'elle soit. Dans ces différents cas, l'empêchement est dit « bilatéral » parce que, édicté par une loi, il peut affecter le fiancé de statut personnel différent.

L'empêchement tenant à l'existence d'un précédent mariage non dissous (en France, art. 147 C. civ.), présente en particulier ce caractère à l'égard des lois qui autorisent la polygamie : il interdit en effet non seulement de contracter un second mariage (n° 645) mais d'épouser une personne déjà mariée[1], et s'oppose en particulier à ce que soit célébré

1. Civ. I, 24 sept. 2002, JCP 2003, concl. Sainte-Rose, n. Devers, RC 03.271 n. Bourdelois (épouse française) ; Paris, 14 juin 1995, D. 96. J.156 n. Boulanger et Somm. 174 obs. Audit, RC 97.41 n. Gannagé (épouse polonaise).

(ou reconnu) le mariage d'une Française avec un homme dont le statut personnel polygame autoriserait une nouvelle union[1].

Lorsque l'empêchement bilatéral est édicté par la loi *étrangère*, le fondement du statut personnel – qu'il s'agisse de l'adaptation des lois au tempérament national, de la protection de la personne selon sa loi ou de l'autorité particulière des lois ayant directement la personne pour objet – autorise à envisager le respect de l'empêchement et donc le refus du mariage : soit que l'on considère que cette loi agit dans sa sphère légitime de compétence ; soit même qu'on l'on y voie une loi d'application immédiate, débordant ce champ d'application mais que l'on accepterait de laisser jouer par respect pour la conception étrangère. Toutefois, il faut également considérer que cet empêchement par hypothèse inconnu de la loi du fiancé frappe indirectement celui-ci et heurte ainsi un principe fondamental en la matière : celui de faveur au mariage (par exemple un Français divorcé n'aurait pu épouser une Espagnole). Or on peut être porté à considérer, en la matière, que tout ce qui n'est pas interdit par la loi du for doit être permis. Il y a en définitive un conflit entre deux ordres publics, celui de la loi qui édicte l'empêchement, généralement de caractère dirimant, et celui de la loi qui l'ignore. Dans une telle situation, c'est normalement l'ordre public du for qui prévaudra, surtout si le tiers indirectement atteint est un national ou « domiciliaire »[2]. La jurisprudence (des juridictions inférieures) n'a cependant pas toujours été en ce sens, peut-être parce que le problème s'est posé pour la loi espagnole évoquée ci-dessus et qu'elle est intervenue à une époque où l'empreinte religieuse en France était plus forte que de nos jours. La tendance est aujourd'hui de célébrer le mariage dès lors que les époux sont capables d'après la loi française (n° 662).

2. Problèmes d'application de la loi étrangère

a. Connaissance de la loi étrangère

648. – Célébration du mariage et demande en nullité. L'établissement du contenu de la loi étrangère fait davantage problème lorsqu'un étranger veut contracter mariage en France que sur une demande d'annulation ; car dans le premier cas les parties peuvent être tentées de dissimuler un empêchement édicté par leur loi personnelle, tandis que, dans le second,

1. Lyon, 21 mai 1974, D. 75.9 n. Guiho ; Reims, 19 janv. 1976, JDI 76.916 n. Fadlallah (nullité du mariage célébré en France et refus de reconnaissance du mariage « réitéré » dans l'État national du mari) ; TGI Seine, 21 juin 1967, RC 68.294 n. Batiffol. On pourrait également justifier la solution par une éviction de la loi personnelle étrangère, préalablement reconnue compétente, au nom de l'ordre public.
2. L'idée a jadis été exprimée en disant que « l'ordre public français n'a pas à être à la remorque d'un ordre public étranger » (Lerebours-Pigeonnière). La Cour constitutionnelle allemande s'est prononcée dans le même sens, s'agissant de permettre le mariage d'une Allemande divorcée avec un Espagnol (4 mai 1971, RC 74.57 n. Labrusse) ; le principe a depuis été étendu par la loi au bénéfice de toute personne ayant sa résidence habituelle en Allemagne et qui serait frappée par un empêchement édicté par la loi de l'autre partie (art. 13 EGBGB).

le demandeur en nullité ne manquera pas d'invoquer les éléments susceptibles de justifier celle-ci. La manière dont cette question est appréhendée devant les tribunaux a été étudiée (n° 267 s.). Devant une autorité administrative, l'officier de l'état civil, il n'existe entre les intéressés nul antagonisme qui amène l'un d'eux à soulever l'applicabilité de la loi étrangère différente de la loi française. Néanmoins, l'IGEC (n° 607, en note) permet la célébration dans des conditions très libérales. Cette attitude traduit le principe de faveur au mariage, ainsi que des considérations relatives à l'ordre public en la matière ; aussi ses dispositions seront-elles évoquées plus utilement après qu'ait été étudié cet aspect (n° 662).

b. Intervention de l'ordre public

649. – Distinctions à opérer. L'ordre public est susceptible d'intervenir à l'encontre des lois étrangères plus *exigeantes* que la loi française, comme de lois plus *permissives*. Dans le premier cas, cette réaction serait inspirée par le principe de faveur au mariage qui domine la matière en droit interne ; dans le second, par l'idée que le même principe a réduit les conditions exigées par le droit français à un minimum au-dessous duquel on saurait difficilement descendre (sous réserve, en ce qui concerne les effets d'un mariage célébré à l'étranger, de l'effet atténué de l'ordre public). Ainsi la loi française exprimerait à la fois la limite de la permissivité et des exigences raisonnables : les lois étrangères qui s'écartent de cette voie médiane heurteraient l'ordre public.

Toutefois, le droit interne lui-même connaît une zone de tolérance entre ce qui est défendu et ce qui est permis : en témoigne le fait que nombre d'empêchements sont « simplement prohibitifs » ou, s'ils sont dirimants, connaissent un régime de nullité très restrictif ; ou encore que certains empêchements puissent être levés par une dispense. Plus généralement, les modifications qu'a connues la législation interne témoignent d'une certaine relativité, laquelle s'oppose sur différents points à une attitude tranchée. Trois cas sont en définitive à distinguer selon qu'une loi étrangère prévoit des empêchements inconnus de la loi française, ou édicte des empêchements connus d'elle, mais selon des modalités différentes, ou enfin qu'elle ignore des empêchements dirimants prévus par la loi française.

α) Empêchements inconnus de la loi française

650. – Intervention probable de l'ordre public. Des interdictions inconnues du droit français seront normalement écartées au nom de l'ordre public : empêchements tenant à la race, la caste, la religion, à des engagements religieux...[1]. Cela a par exemple été jugé de certaines législa-

1. Paris 17 nov. 1922, D.P. 23.2.59. Sur la prohibition du mariage entre une musulmane et un non-musulman, Paris, 9 juin 1995, D. 96. Somm. 171 ; 7 juin 1996, D. 96. I.R. 172 ; et, refusant pour contrariété à l'ordre public l'exequatur de décisions annulant pour défaut de célébration coranique préalable une union contractée en France, *infra* n° 666 *in fine*. Plus difficile serait le cas d'une interdiction tenant à l'existence d'une

tions étrangères édictant des restrictions au remariage de conjoints divorcés, telles que l'interdiction à l'époux coupable de contracter un nouveau mariage au moins pendant une certaine durée, qui prolonge en quelque sorte les effets du mariage dissous[1]. On pourrait cependant, de manière générale, envisager de distinguer selon que l'empêchement soulevé est appelé à s'appliquer entre personnes de même statut personnel ou à frapper un futur conjoint dont la loi nationale, en particulier s'il s'agit de la loi française, ne le prévoit pas, c'est-à-dire selon que l'empêchement a en l'espèce un effet bilatéral ou non ; car ces empêchements correspondent en général à une situation sociologique rendant pratiquement impossible la jouissance de l'état d'époux entre les intéressés dans le ressort de leur loi personnelle. Mais si la disposition étrangère est véritablement choquante, la célébration du mariage manifestera la réprobation à son encontre et revient à offrir aux intéressés la sécurité d'un mariage valide dans le ressort de la loi du for. L'on devra en principe s'opposer de même à l'annulation d'un mariage pour défaut d'une condition contraire à la loi du for[2].

Des cas envisagés ci-dessus, il y a lieu de distinguer les empêchements tenant à la nécessité d'une *autorisation administrative* (mariage des militaires, par ex.). La jurisprudence a refusé de tenir compte de tels empêchements, ce que l'on explique par le fait qu'il s'agit d'une règle de droit public ; cette solution ne s'impose pas, s'agissant seulement de donner effet à une telle loi dans le domaine qui lui est reconnu (n° 287 s.).

β) Empêchements connus de la loi française

651. – Âge du mariage et autorisations familiales. Une loi étrangère prévoyant un âge *plus élevé* que la loi française pourrait être respectée, sauf si elle se montrait excessive. Même dans le premier cas, il s'agit par nature d'un empêchement temporaire, ce qui appelle une attitude souple ; effectivement, l'IGEC (éd. 1999, n° 546) prévoit que si les intéressés sont capables selon la loi française et persistent dans leur projet de mariage, l'officier peut le célébrer tout en avertissant les intéressés que l'union risque de n'être pas reconnue à l'étranger et pourrait même être annulée en France (n° 661).

Si la loi étrangère permet le mariage à un âge *inférieur* à celui prévu par la loi française (18 ans pour les deux sexes, à la suite de la L. 4 avril 2006), elle pourrait être appliquée dans la mesure où la loi française elle-même prévoit des dispenses. Effectivement, l'IGEC (n° 548) ne s'oppose qu'à l'application des lois fixant la puberté légale à un âge inférieur à celui de la puberté naturelle. Mais la condition visée n'est pas seulement d'ordre physiologique : elle vise également à s'assurer d'une maturité suffisante chez les futurs époux, tant pour consentir au mariage que pour fonder une

affection physique ou mentale grave : sans doute celle-ci se fonde-t-elle sur le désir d'éviter la transmission de l'infirmité ; mais la prohibition n'empêche ni les relations sexuelles ni la procréation...

1. TGI Paris, 4 mars 1998, RC 88.588 n. Gautier.
2. *Contra*, TPI Bruxelles, 28 oct 1986, JDI 89.735 obs. L.B., annulant le mariage civil de deux Marocains en Belgique conclu sans stipulation de dot.

famille ; et elle peut surtout constituer une protection contre les mariages forcés. C'est pourquoi l'on peut envisager une application « immédiate » aux jeunes étrangères du nouvel art. 144, élevant à dix-huit ans l'âge du mariage pour les filles, dès lors que l'objet de la L. 4 avril 2006 était de lutter contre les violences au sein du couple[1].

Avant la loi du 5 juillet 1974 abaissant l'âge de la majorité, on estimait que les lois plus exigeantes en matière d'*autorisation familiale* que la loi française (par exemple n'admettant pas que le partage vaille consentement), pourraient être respectées, mais non les plus permissives. Cette loi a réduit à presque rien les exigences du droit français, puisque l'âge requis pour pouvoir contracter mariage coïncide pour les hommes avec celui de la majorité. La première proposition s'est trouvée d'une certaine manière renforcée, car une loi étrangère sera facilement plus exigeante que la loi française sans pour autant être vexatoire. L'IGEC *(ibid.)* s'oppose au mariage d'un mineur ou d'un majeur protégé sans le consentement des personnes ou organes habilités à consentir.

652. – Consentement. Il y a lieu de distinguer l'absence de consentement et son défaut de qualité. Est contraire à l'ordre public une loi permettant à une autorité familiale de décider du mariage pour l'intéressé(e). Le serait sans doute la loi étrangère qui ne permettrait pas d'établir le défaut de lucidité au moment du consentement et peut-être, inversement, celle qui refuserait d'admettre l'existence d'un intervalle lucide chez un incapable protégé. S'agissant des vices du consentement, la conception traditionnelle du droit français – excluant par principe le dol et pratiquement l'erreur – était si étroite, qu'une loi plus restrictive quant à leur admission avait peu de chance d'être appliquée, sinon de se rencontrer ; la question pourrait se poser depuis la modification de l'art. 180 C. civ. (L. 11 juill. 1975). Les lois plus exigeantes, c'est-à-dire ouvrant plus largement l'action en nullité, paraissent devoir être appliquées. En pratique, il s'agira plutôt de reconnaître une annulation prononcée à l'étranger pour une cause qui ne serait pas retenue en droit français ; intervient ici la difficulté d'ignorer ce type de décision (arrêt *de Wrède*, n° 482), à moins que la cause de nullité soit absolument contraire à l'ordre public français (erreur sur l'origine ethnique ou sociale du conjoint).

653-654. – Parenté et alliance. En ce qui concerne les interdictions tenant à la parenté ou à l'alliance, les lois plus strictes pourront être appliquées, sauf si elles sont considérées comme élevant des empêchements excessifs (prohibition du mariage jusqu'à un degré éloigné).

S'agissant de lois plus permissives, il apparaît nécessaire de distinguer selon qu'en droit interne l'empêchement est ou non surmontable (par dispense ou par l'effet d'une prescription abrégée). Les empêchements

1. À défaut, la protection préventive reposera, lors des formalités préalables au mariage, sur l'audition du futur conjoint hors la présence de ses père et mère ou de son représentant légal et de son futur conjoint, disposition également introduite par la L. 4 avril 2006 (art. 63 C. civ.).

insurmontables sont réduits à un minimum tellement étroit (interdiction du mariage entre parents et alliés en ligne directe, sans restriction, et en ligne collatérale jusqu'au second degré seulement) qu'une loi étrangère plus permissive, à supposer qu'elle existe, devrait être écartée (en ce sens, IGEC n° 548) ; on peut même penser qu'aucun « effet atténué » ne viendrait tempérer cette position pour les mariages célébrés à l'étranger. En ce qui concerne les empêchements *surmontables* par une dispense, on exigera celle-ci lorsqu'un Français est en cause (l'empêchement est « bilatéral » au sens indiqué plus haut)[1].

γ) Absence d'un empêchement prévu par la loi française

655. – Existence d'un précédent mariage non dissous. Le droit français s'oppose à la célébration en France d'un mariage polygamique, même entre deux étrangers dont le statut personnel l'autorise (IGEC n° 548) et annule un tel mariage s'il vient à être célébré[2].

Il a cependant été suggéré de reconnaître la validité de mariages polygamiques célébrés en France – par une autorité consulaire, coutumière ou religieuse, à défaut d'un officier de l'état civil français – au nom du respect de coutumes étrangères, ou encore afin de ne pas tenir les intéressés dans l'État de leur résidence à un statut boiteux par rapport à celui reconnu dans leur pays d'origine. Le premier argument place la polygamie sur le même plan que le mariage monogamique et constitue un désaveu pour ceux qui, dans les pays concernés, luttent pour l'abolition de cette pratique ; le second revient à se laisser forcer la main. On ne saurait donc souscrire à cette opinion.

En revanche la jurisprudence, faisant jouer sans réserve la compétence de la loi personnelle des intéressés, reconnaît la validité des unions polygamiques célébrées à l'étranger entre un homme et une femme dont le statut personnel permet ces unions[3]. Elle le fait quand bien même la première épouse est de statut personnel monogamique ce qui a pour effet qu'une Française – ou toute autre femme de statut personnel analogue – épousant un homme dont le statut autorise la polygamie, se trouve contracter un mariage « potentiellement polygamique »[4]. Et elle a maintenu cette solu-

1. L'IGEC précise cependant (loc. cit.) que lorsque la prohibition peut être levée en France, aucune dispense ne doit être exigée des étrangers qui, dans leur pays, n'auraient point à en solliciter.
2. Paris, 21 juin 1991, D. 91.I.R.218 ; Dijon, 23 mai 1995, JCP 96. IV.176 ; t.g.i. Paris 22 janv. 1968, JDI 69.406 obs. Kahn. V. cpdt Paris 5 avril 1990, D. 90.424 n. Boulanger (mariage consulaire entre époux marocains). Il s'agit toujours de polygamie au sens habituel d'union avec plusieurs femmes, aucune loi connue n'autorisant les femmes à contracter plus d'un mariage (polyandrie). Pour une application (discutable) de l'article 147 C. civ. au second mariage célébré en France *entre les mêmes époux*, déjà mariés à l'étranger, Civ. I, 3 fév. 2004, RC 04.395 n. B.A.
3. TGI Lyon, 20 nov. 1975, RC 76.477 note Lagarde, JDI 76.675 n. D. Mayer (époux algériens) ; Orléans, 3 déc. 2002, JCP 03.IV.2545 (époux sénégalais).
4. Dans l'affaire *Chemouny* (n° 316), appelée par le mari à juger que la nationalité française de sa première épouse faisait obstacle à la reconnaissance de la validité du second mariage, la Cour de cassation répondit que « la qualité d'épouse légitime de la seconde femme avait été définitivement acquise par un mariage valablement

tion quand bien même le second mariage n'était devenu possible pour le mari qu'à la suite d'un changement de statut personnel[1]. Dans tous les cas, cependant, elle module les effets à reconnaître à un mariage valablement célébré à l'étranger en faisant jouer l'ordre public, sous son effet plein ou atténué et compte tenu de la proximité avec la France (n° 31 s.)[2].

La validité de principe reconnue est donc en définitive moins choquante qu'il n'apparaît. Il est parfois irréaliste de vouloir ignorer le second mariage, et opportun d'en faire assumer les charges par le mari ; le jeu de l'effet atténué de l'ordre public permet de moduler les effets du second mariage en fonction de l'équité à l'égard de l'une et l'autre épouse. Toutefois, cette manière de raisonner a pu conduire à écarter au nom de l'ordre public une conséquence du mariage prévue par la loi française elle-même (le partage d'une rente entre deux épouses, dans l'affaire *Baaziz*). Il est suggéré en doctrine de se prononcer autrement sur la validité du second mariage, en fonction des rattachements du premier, les opinions se partageant quant à la manière de prendre celui-ci en considération. Celle qui respecte le mieux le principe monogamique consiste à faire intervenir le statut personnel de la première épouse pour apprécier la validité d'un mariage subséquent ; ceci n'interdirait pas de préserver le cas échéant les intérêts d'une épouse de « rang » ultérieur, mais cela selon les règles du mariage putatif. D'autres conceptions s'accommodent plus facilement de la validité du second mariage, en appréciant celle-ci selon la loi du lieu où le premier mariage a été célébré (l'idée étant que la femme de statut personnel monogame qui s'est mariée dans un pays admettant la polygamie a assumé le risque de voir le mari contracter un second mariage) ou selon celle des effets du premier mariage[3], ou encore celle à laquelle le premier mariage se rattachait le plus étroitement (ce qui fera notamment intervenir, outre les critères précédents, le lieu du premier domicile matrimonial ; mais ce critère n'est peut-être pas suffisamment certain). Chacune de ces solutions doit en outre être appréciée en tenant compte du conflit mobile auquel elles se prêtent éventuellement : si l'on se réfère ainsi à la loi des effets du mariage, une Française mariée en France à un homme de statut personnel polygame se trouverait exposée à la polygamie si les époux s'installent ultérieurement dans le pays du mari.

656. – Identité de sexe. Certains droits étrangers (Pays-Bas, Belgique, Espagne, Canada...) permettent aujourd'hui la célébration de mariages entre personnes de même sexe, sauf pour certains à édicter quelques

contracté à l'étranger conformément à la loi compétente au fond comme en la forme » (Civ. 19 fév. 1963, JCP 63.II.13312, JDI 63.986 n. Ponsard, RC 63.553 n. G.H., GA n° 31).

1. Civ. I 17 fév. 1982, *Baaziz*, RC 83.275 n. Lequette, JDI 83.606 obs. Kahn (le mari français d'une Française, né en Algérie et de confession musulmane, avait ultérieurement pris la nationalité algérienne et contracté une seconde union avec une Algérienne en Algérie).
2. Dans l'affaire *Baaziz* (note préc.), un arrêt ultérieur décidant que la rente du conjoint survivant devait être versée par parts égales entre les deux épouses est censuré : Civ. I, 6 juill. 1988, RC 89.71 n. Lequette, l'ordre public s'opposant « à ce que le mariage polygamique contracté à l'étranger par celui qui est encore l'époux d'une Française produise ses effets à l'encontre de celle-ci » (le mariage avait également été célébré en France).
3. En ce sens, TGI Paris, 8 avril 1987, RC 88.73 n. Lequette (refus d'effet au second mariage alors que le mari marocain et sa première épouse, de statut personnel différent et monogamique, demeurent en France).

restrictions quant à leurs effets. L'ordre public s'opposerait à ce que de telles unions entre personnes dont le statut personnel les autorise soient célébrées en France, *a fortiori* si l'une des parties est française. Il s'opposerait de même, sans « effet atténué », à la reconnaissance de l'union d'un Français ou une Française célébrée à l'étranger avec un(e) partenaire dont la loi personnelle la permet. Entre parties toutes deux étrangères, la reconnaissance des effets patrimoniaux (notamment successoraux) d'unions valablement célébrées à l'étranger ne paraît pas exclue, à la différence des effets personnels tels que l'imposition d'une cohabitation[1]. Mais on peut se demander s'il est exact de raisonner à l'égard de cette question en termes de capacité. L'hétérosexualité ayant été considérée depuis la nuit des temps comme de l'essence du mariage, l'union homosexuelle peut être considérée comme un type d'union distinct. La question peut donc être présentée comme celle de la reconnaissance de cette institution nouvelle dans l'ordre juridique requis, et de sa transposition. Afin de ne pas la priver de tout effet, on pourra y voir une forme de partenariat civil dont les effets seront donc reconnus à ce titre et dans les mêmes limites (n° 642).

B. CONDITIONS DE FORME

657. – Particularités de la formation du mariage. En tant qu'acte juridique le mariage obéit en principe pour sa forme à la règle *Locus regit actum* ; mais l'application de la règle se ressent du caractère particulier du mariage. Du fait que celui-ci donne naissance à un statut engageant fortement la personne, et appelé à produire ses effets sur une longue durée, sa formation n'est pas purement consensuelle : elle implique selon la quasi-totalité des législations l'intervention d'une autorité publique. Il est donc également exact de parler de compétence des *autorités* locales, instrumentant selon leur propre loi. Les règles de forme sont cependant dans la dépendance étroite de la conception du mariage, comme en témoigne la question d'une éventuelle célébration religieuse ; c'est pourquoi il convient d'envisager aussi le rôle que peuvent jouer dans un pays donné les lois personnelles étrangères ou même les autorités désignées par elles[2].

1. Principe : compétence de la loi et de l'autorité locales

***658. –* Locus regit actum.** L'application de la forme locale répond à une double idée : cette forme est la plus accessible aux futurs époux, et la célébration d'un mariage est un acte que l'on peut considérer comme réservé aux autorités locales. Elle se traduit donc par une règle bilatérale, expressément consacrée par l'art. 170-1 C. civ. selon lequel le mariage contracté à l'étranger entre Français et entre Français et étranger est valable s'il a été

1. Comp. rép. min. n° 41533 du 26 juillet 2005, RC 05.862, JDI 06.509 et art. Fongaro p. 477 ; et n° 16294 du 9 mars 2006, RC 06.440.
2. La convention de La Haye de 1978 (n° 646) parle de compétence du « droit » de l'État de célébration, lequel peut admettre les mariages autres que ceux célébrés par l'autorité locale.

célébré dans les formes locales[1]. La jurisprudence a été amenée ainsi dans le passé à reconnaître la validité de mariages contractés à l'étranger par des Français dans les formes les plus diverses, dès lors que celles-ci étaient admises par la loi locale : fréquemment une forme religieuse, mais aussi une forme purement privée (mariage célébré par les parents, en Tunisie), voire l'absence de forme (mariage purement consensuel de l'ancienne *common law*, par cohabitation et réputation)[2]. La loi prévoit cependant l'accomplissement de formalités préalables en France pour les Français se mariant à l'étranger.

659. – Exigences de forme pour les mariages des Français à l'étranger. L'article 170 du Code civil imposait la publication préalable en France des mariages de Français à l'étranger dans le même but de prévention des mariages irréguliers que lorsque le mariage a lieu en France. Ce texte a donné lieu à une jurisprudence relativement fournie à une époque (jusqu'à la première moitié du XXe siècle) où le désir de contracter mariage nonobstant un empêchement pouvait susciter l'idée de se rendre à l'étranger à cette fin.

Ce qui faisait difficulté était la sanction du défaut d'accomplissement de la formalité. Selon l'interprétation qui prévalut en jurisprudence, le défaut de publication préalable rendait le mariage inopposable s'il procédait d'une intention frauduleuse des parties ayant contracté mariage à l'étranger dans le but d'échapper à la loi française[3] ; non si l'omission ne résultait que d'une inadvertance. Cette conception, faisant de l'intention des intéressés au moment du mariage le critère de sa reconnaissance en France, était contestable. S'il y avait eu fraude, c'était pour échapper à un empêchement de fond existant au moment du mariage. Or de deux choses l'une : ou bien l'empêchement subsistait lorsque était invoquée l'irrégularité du mariage et il n'était pas besoin pour faire droit à la demande de fonder la solution sur la fraude (ce qui n'interdisait pas non plus de faire état de celle-ci) ; ou bien, ce qui était le plus souvent le cas, l'empêchement ne pouvait plus être invoqué (l'âge requis était atteint, l'action en nullité au fond prescrite...) et l'annulation pour défaut de publication offrait la possibilité à un demandeur, après s'être délibérément soustrait à l'application de la loi, de se dégager commodément d'une union qu'aucun défaut n'affectait plus mais qui avait cessé de lui convenir[4]. On pouvait même y voir un contresens eu égard à la politique législative restrictive inspirant le droit des nullités de mariage, qui conduit à déclarer prescrites certaines actions en nullité absolue par des délais remarquablement brefs (v. art. 183 C. civ. *in fine*). Or de la combinaison des textes en vigueur (art. 193, 63 et

1. Paris, 20 déc. 2001, RC 02.681 n. Ancel.
2. V. Paris, 7 fév. 2002, JCP 02.IV.1854 (mariage au Niger selon la coutume musulmane).
3. On parle couramment de « nullité » ; il s'agit en réalité de refus de reconnaissance ou d'inopposabilité, puisqu'il n'appartient pas aux tribunaux d'un pays donné d'annuler les actes publics d'un autre. En ce sens, expressément, Civ. I, 6 mai 2009, préc. n° 607.
4. V. Paris, 2 déc. 1966, *Pêcheux*, JCP 67.II.15287 obs. R. B., RC 67.530 n. Malaurie, JDI 68.705, annulant, dix-huit ans après sa célébration, le mariage contracté en Israël par un Français alors âgé de moins de dix-huit ans et non autorisé. Il en est de même dans l'hypothèse, qui s'est rencontrée, où les intéressés s'étaient clandestinement mariés à l'étranger bien que n'étant soumis à aucun empêchement légal : Req. 3 janv. 1906, JDI 06.1149 ; trib. Seine, 23 nov. 1910, Rev. dr. int. pr. 11.317.

165 C. civ.) résultait la possibilité de ne sanctionner le défaut de publication d'un mariage à l'étranger que d'une nullité *facultative* ; le juge avait ainsi toute latitude pour apprécier l'opportunité de déclarer le mariage valide ou au contraire inopposable au regard de l'ordre juridique français.

L'évolution des conditions légales (abaissement de l'âge du mariage) et surtout sociologiques (élévation de l'âge moyen du mariage, déclin de l'influence familiale sur les unions, pratique de la « cohabitation juvénile », refus du mariage par conviction) a pratiquement tari les hypothèses de mariages conclus à l'étranger afin d'échapper aux conditions du mariage selon la loi française. Une autre leur a cependant succédé, se traduisant par de nouvelles exigences de forme.

660. – Mariages de complaisance. L'évolution des migrations internationales a fait surgir une autre hypothèse de fraude à la loi française : celle de mariages contractés par des étrangers avec des nationaux à seule fin de faciliter aux premiers l'acquisition de la nationalité française ou le séjour sur le territoire. Le mariage n'est pas alors, comme dans le cas précédent, l'objet mais le *moyen* d'une fraude, laquelle est dirigée contre les dispositions relatives au statut des étrangers. Un tel mariage doit être considéré comme nul pour défaut d'intention matrimoniale (n° 645). Devant la difficulté d'en faire la preuve, le législateur s'est efforcé par une succession de lois, du 24 août 1993, du 26 nov. 2003 et du 24 juillet 2006 (sur la maîtrise de l'immigration), ainsi que du 14 nov. 2006, relative au contrôle de la validité des mariages (complétée par le décr. n° 2077-773 du 10 mai 2007), de lutter contre cette pratique par des mesures préventives, que le mariage ait lieu en France ou à l'étranger. En la forme, la loi du 14 nov. 2006 a abrogé l'art. 170 C. civ., remplacé par des dispositions détaillées (art. 171-1 et s.). Au fond, son objet général, permettrait aussi bien de s'opposer à une fraude du type précédent (n° 659) si l'occasion venait encore à se présenter.

En cas de *mariage en France*, la loi prévoyait naguère une condition de *séjour*, qui semble effectivement avoir été conçue pour empêcher que des personnes indésirables n'acquièrent une attache en France en contractant mariage avec un ressortissant ; elle a été malencontreusement supprimée par la loi du 29 octobre 1981 (n° 1057)[1]. Ne subsistait donc que l'obligation, peu contraignante, de résidence dans la commune où le mariage est célébré (art. 47 et 175 C. civ.)[2]. L'art. 175-1 C. civ. permet aujourd'hui notamment au ministère public de former opposition à un mariage dont il pourrait demander la nullité au nom de l'ordre public ; l'art. 175-2 à l'officier de l'état civil, le cas échéant après audition des futurs époux selon l'art. 63, de saisir le procureur de la République lorsqu'il existe des « indices sérieux » laissant présumer que le mariage envisagé est susceptible d'être annulé pour défaut de véritable intention matrimoniale (n° 645). Dans les quinze jours,

1. Pour l'IGEC (n° 552) l'irrégularité du séjour d'un étranger ne saurait « en tant que telle » empêcher la célébration du mariage ; confirmant cette position, rép. min. RC 07.661.
2. En ce sens, rép. min. RC 1989.581. Cette condition est satisfaite par une habitation continue d'un mois au lieu de la publication des bans (art. 74 C. civ.) et, selon l'IGEC, cette résidence peut être choisie uniquement en vue du mariage, donc temporaire, et abandonnée aussitôt après l'affichage des publications.

le procureur de la République est tenu de laisser célébrer le mariage ou de faire opposition. Il peut également prendre une décision de sursis, ne pouvant excéder un mois mais renouvelable une fois, destinée à permettre une enquête à l'issue de laquelle il fera connaître sa décision à l'officier de l'état civil. La décision de sursis ou de son renouvellement peut être contestée devant le président du tribunal de grande instance, lequel statue dans les dix jours, à charge d'appel qui sera jugé dans le même délai.

Des dispositions analogues, et d'autres, s'appliquent aux *mariages à l'étranger*, soit que l'autorité diplomatique ou consulaire française soit priée de célébrer un mariage, soit qu'on lui demande de transcrire un mariage localement célébré sur les registres de l'état civil. S'agissant de la célébration d'un mariage, un nouvel art. 146-1 C. civ. exige dans tous les cas la présence du conjoint français, à peine de nullité[1]. Selon une disposition introduite par la loi du 14 nov. 2006, le mariage doit être précédé de la délivrance d'un *certificat de capacité à mariage* établi après accomplissement auprès de l'autorité diplomatique ou consulaire compétente des prescriptions de l'art. 63, en particulier le cas échéant l'audition commune ou séparée des futurs époux (art. 171-2 nouv.). L'agent diplomatique ou consulaire chargé de procéder au mariage peut y surseoir et saisir le ministère public lorsqu'il existe des « indices sérieux » d'une méconnaissance de la loi française (et non pas seulement d'un défaut de consentement) ; le ministère public dispose alors d'un délai de deux mois pour faire connaître son opposition éventuelle par une décision motivée, dont mainlevée pourra être demandée devant le tribunal de grande instance (art. 171-4).

Si le mariage a été célébré en la forme locale, sa transcription est désormais nécessaire pour le rendre opposable aux tiers en France (art. 171-5)[2]. Lorsque le mariage a été célébré sans que le certificat de capacité à mariage ait été délivré, les époux sont entendus par l'autorité diplomatique ou consulaire, sauf s'il apparaît que la validité du mariage n'est pas en cause au regard du consentement. Le refus de transcription éventuel donne lieu à une procédure analogue à celle suivie en cas de refus de célébration du mariage (art. 171-7). La même procédure - audition et information du ministère public - peut être suivie lors même qu'un certificat a été délivré avant le mariage, mais que des éléments nouveaux font naître un doute sur la validité de celui-ci au moment de la transcription (art. 171-8). Sur la valeur des actes de l'état civil (des Français comme des étrangers) faits en pays étranger, v. n° 607.

Un art. 190-1 C. civ. introduit en 1993 prévoyait l'annulation d'un mariage pour fraude à la loi à la demande de l'époux de bonne foi ou du ministère public, formée dans l'année du mariage. Envisagé comme une règle de fond incorporant l'exception de fraude, ce texte était inutile et faisait par ailleurs double emploi avec la sanction du défaut d'intention matrimoniale. En tant qu'il prévoyait l'action du ministère public, il n'ajoutait pas aux attributions générales dévolues à celui-ci (art. 423 NCPC) ; en revanche, la prescription d'un an qu'il prévoyait *à compter du mariage* était de nature à conforter des mariages irréguliers plus qu'à faciliter leur annulation[3]. Le texte a été abrogé en 2004.

1. La Cour de cassation voit « désormais » là une condition de fond du mariage : Civ. I, 15 juill. 1999, RC 00.207 n. L. Gannagé ; 28 mars 2006, Bull. civ. I, n° 184.
2. Les tiers concernés sont au premier chef les administrations publiques, tandis que le mariage produit ses effets à l'égard des époux et des enfants. Sur la dissociation ainsi opérée entre les effets civils de l'union et certaines de ses conséquences de droit public, v. P. Lagarde, note RC 2009 498.
3. V. Paris 2 oct. 1998, RC 98.424 n. de Vareilles-Sommières, décision ayant assimilé (à tort) la violation de l'art. 146-1 à une clandestinité frauduleuse, et la déclarant

661. – Éventualité de fraude à la loi étrangère. L'application de la règle *Locus regit actum* conduit à soumettre le mariage d'étrangers en France aux formalités de la loi française. Ceci amène à envisager à nouveau des fraudes aux lois de fond sur le mariage (*supra* n° 659), cette fois aux lois étrangères. En acceptant trop facilement de célébrer ces mariages, l'on s'expose à consacrer des unions qui ne seront pas reconnues selon la loi personnelle des intéressés et à engendrer des statuts boiteux. L'Instruction générale relative à l'état civil fait état de la publicité et de la vérification des conditions de fond du mariage.

Les conditions de *publicité* sont celles de la loi française, conformément au principe *Locus regit actum*. Elles peuvent conduire à procéder, dans la mesure du possible, à une publication à l'étranger en fonction du domicile ou de la résidence de l'intéressé (art. 166 C. civ.). Mais l'IGEC (n° 541) précise que lorsque l'étranger est domicilié ou réside en France, l'officier de l'état civil n'a pas à s'assurer qu'une publication éventuellement prescrite par une loi étrangère a été effectuée[1].

En ce qui concerne la vérification des *conditions de fond* prévues par la loi étrangère, lorsqu'un étranger se réclame d'une loi plus permissive que la loi française, l'officier de l'état civil doit exiger la production d'un certificat de coutume (IGEC n° 548). On peut penser qu'il ne refusera de célébrer le mariage que dans les cas où la loi étrangère ignore un empêchement qui serait insurmontable selon le droit français : l'Instruction vise effectivement la polygamie, l'impuberté naturelle, l'identité de sexe, la parenté et l'alliance au degré prohibé en France sans possibilité de dispense, mais aussi le défaut d'autorisation d'un mineur ou d'un majeur protégé. Si les futurs époux ne se prévalent pas de leur loi nationale, l'officier de l'état civil doit se borner à leur conseiller de produire un certificat de coutume. En cas de refus de leur part, il doit néanmoins célébrer le mariage dès lors que les intéressés persistent dans leur projet et que les conditions exigées par la loi interne française sont remplies. Toutefois, il avertit dans ce cas les intéressés que leur union risque de ne pas être reconnue à l'étranger et pourrait même être annulée en France[2]. Le cas le plus épineux est celui présenté par la personne dont un précédent mariage a été dissous par un divorce sur la régularité duquel on peut éprouver des

soumise à ce titre à la prescription de l'art. 190-1 (alors que l'art. 146-1 relève expressément de l'art. 184), tandis que le ministère public avait compris le même texte comme s'appliquant également à la violation de l'art. 170 ; Grenoble, 20 janv. 1998, préc., déclarant l'art. 190-1 inapplicable à la violation de l'art. 146-1. Fourment, « L'article 190-1 du Code civil et les mariages naturalisants, un exemple de disposition législative inutile », JDI 1998.945.

1. La jurisprudence a refusé de prononcer la nullité du mariage célébré en méconnaissance de telles dispositions : trib. Seine, 6 déc. 1949, JCP 50.II.5299 n. J. M.
2. L'IGEC, n° 539, s'appuie sur la jurisprudence *Bisbal* ; le renversement de celle-ci, en ce qui concerne les matières où les parties n'ont pas la disposition de leurs droits (n° 263), doit normalement entraîner un plus grand souci du respect des lois étrangères dans le contexte envisagé.

doutes. Il est prudent dans ce cas de demander l'exequatur[1]. Mais dans le cadre du règlement communautaire « Bruxelles II bis » du 27 novembre 2003, la reconnaissance suffit, puisque les aspects patrimoniaux en sont exclus, et elle opère de plein droit (art. 21, *infra* n° 712).

2. Compétence d'une autorité ou d'une loi étrangère

662. – Lien entre la forme et le fond. En matière de mariage plus qu'en toute autre, les exigences de forme ont un lien avec le fond ; en témoigne, en tout temps et en tout lieu, l'importance symbolique de la célébration. Il existe donc de bons arguments pour soumettre la forme, au moins facultativement, à la loi du fond ; partant, on peut se demander si la compétence reconnue à la loi nationale ne doit pas retentir sur celle des *autorités* compétentes pour célébrer le mariage. Cela conduirait à autoriser en France le mariage selon des formes et par des autorités autres que celles instituées par la loi française. La question se présente pour les autorités diplomatiques et consulaires, d'une part, et indirectement, d'autre part, pour les autorités religieuses[2].

a. Compétence des autorités diplomatiques et consulaires

663. – Justification. Il est souhaitable que l'état civil des nationaux d'un État se trouvant à l'étranger soit constaté par des fonctionnaires de leur pays lorsqu'il s'en trouve sur place (n° 605). C'est pourquoi il est généralement admis que les agents diplomatiques et consulaires célèbrent les mariages de nationaux, mais cela sous des modalités diverses[3].

664. – Mariage des Français à l'étranger. La possibilité pour les agents diplomatiques et consulaires français à l'étranger de célébrer les mariages de Français a été déduite à l'origine de l'art. 48 C. civ., leur donnant pouvoir de recevoir les actes de l'état civil concernant les « Français »[4]. Ce texte fut toutefois interprété en 1819 comme ne concernant que les mariages entre un Français et une Française, au motif qu'il dérogeait au principe *Locus regit actum*. Pour étendre cette faculté, une loi de 1901 ajouta deux alinéas à l'art. 170 (devenu art. 171-1), d'où il ressort que dans les pays désignés par décret les agents diplomatiques et consuls de France célébreront les mariages entre Français et étrangères[5]. Les pays en question sont pratiquement ceux qui ignorent, ou ignoraient, le mariage civil selon

1. V. la situation ayant donné lieu à Civ. I, 2 oct. 1984, *Leonard*, JDI 85.495 n. Audit, RC 86.91 n. Jobard-Bachellier.
2. L'importance d'une formalité publique conduit à écarter toute reconnaissance en France d'un « mariage » purement consensuel ou familial, si la question s'élevait ; Rép. Dall. dr. int., 1re éd., V° Mariage, par J.-M. Bischoff, n° 118.
3. Il est remarquable que cette compétence soit utilisée pour leurs ressortissants par des Etats qui ne rattachent pas le statut personnel à la loi nationale.
4. Ceci permettait de contourner les formes religieuses éventuellement prévues par la loi locale.
5. D. du 26 oct. 1939, mod. 15 déc. 1958. V. Rép. min. 27 sept. 2007, RC 07.962.

la conception française. En vertu d'une interprétation littérale, ces dispositions furent considérées comme ne s'appliquant pas au mariage d'une Française avec un étranger. Le texte a été modifié en 2003 pour mettre fin à cette anomalie ; dans les pays désignés peut donc être célébré le mariage entre un conjoint français et un conjoint étranger.

665. – Mariage des étrangers en France. Le fait pour la France de permettre sous certaines conditions la célébration de mariages entre nationaux par ses autorités diplomatiques et consulaires à l'étranger implique la reconnaissance de la validité des mariages célébrés en France par les autorités diplomatiques et consulaires dans les mêmes circonstances. Il est tout d'abord nécessaire que l'Etat dont dépend le consul lui reconnaisse compétence à cet égard (ce qui n'est pas le cas de tous). Les intéressés doivent en outre être tous deux ressortissants de cet Etat, ou à tout le moins aucun d'eux ne saurait avoir la nationalité française[1]. Dans tous les autres cas, selon le droit commun, le mariage doit être célébré devant l'officier de l'état civil français[2]. Cette question fait fréquemment l'objet de conventions diplomatiques et consulaires.

b. Mariages confessionnels

666. – Mariage en France. Dans beaucoup de systèmes, même si leur nombre s'est réduit depuis un siècle, le mariage est un acte nécessairement religieux, en fonction du statut des intéressés à cet égard ; ou encore, un mariage religieux se voit conférer effet civil. Le lien étroit entre la forme et le fond, d'une part, entre la compétence au fond et celles des autorités, d'autre part, permet d'envisager la validité de mariages célébrés localement suivant la forme religieuse prévue par un statut personnel étranger. Mais des raisons d'ordre public militent en France contre cette solution : indépendamment de celles qui tiennent au principe de laïcité dans la société civile (n° 313), elles sont liées à la vérification des conditions d'aptitude et de consentement, à la publicité de l'union, à l'utilité d'en dresser aussitôt une preuve appelée à servir pendant la durée du mariage et au-delà. Ces différentes préoccupations rendent préférable le monopole des autorités publiques françaises pour la célébration des mariages en France et incitent à voir dans les dispositions sur la célébration des mariages des *lois de police*. La validité de mariages purement religieux célébrés en France n'est pas admise[3]. On se demande cependant s'il convient d'admettre que ce mariage n'est pas purement inexistant, de sorte que sa nullité doive être prononcée et qu'il puisse produire les effets d'un mariage putatif[4].

1. V. Reims, 16 janv. 1976, préc. n° 647.
2. Sur la « nullité absolue » du mariage célébré dans une ambassade ou un consulat étrangers lorsque l'un des époux est français : Paris 6 avril 1869, S. 70.2.178 ; sur son inopposabilité, TGI Paris, 22 déc. 1981, JDI 83.607 obs. Kahn.
3. Le ministre du culte qui y procède s'expose à une sanction pénale (art. 433-21 C. pén. ; art. 199 de l'ancien code) : trib. corr. Toulouse 7 mai 1890, préc. n° 313. Au civil, v. par ex. Paris, 8 déc. 1992, D. 94.272 n. Hochart.
4. En ce sens, mais dans un contexte colonial, Civ. I, 9 oct. 1991, RC 92.61 n. Lagarde.

De ce fait, la question s'est surtout posée sous une autre forme : celle de la validité d'un mariage en la forme civile française nonobstant l'exigence d'une célébration religieuse selon la loi personnelle étrangère. Il y a un siècle, sous l'influence alors dominante du principe personnaliste (n° 88), les tribunaux ont annulé des mariages civils célébrés en violation de cette exigence[1]. Dans un deuxième temps, les tribunaux refusèrent, au nom de l'ordre public, de prononcer la nullité de tels mariages pour complaire à une exigence religieuse[2]. Enfin cette motivation a fait place, dans l'arrêt *Caraslanis*, à l'affirmation que la question de la célébration civile ou religieuse du mariage est une question de forme, ce qui élimine toute compétence de la loi étrangère et donc tout jugement porté sur la conception étrangère[3].

L'union civile ainsi célébrée risque de ne pas être reconnue dans l'État national des époux, ainsi que dans les pays tiers qui voient dans la célébration religieuse une condition de fond[4]. Pour cette raison, la loi française, qui a permis la célébration du mariage, devra en assumer les effets si la loi normalement applicable à cette question ne le reconnaît pas[5]. Il est cependant loisible aux époux de faire suivre le mariage français d'une nouvelle célébration dans leur pays : les effets du mariage seront alors régis selon la règle habituelle (n° 671).

Si une décision étrangère vient à prononcer l'« annulation » du mariage célébré en France, cette décision ne saurait en principe être reconnue en France, car elle méconnaît l'ordre public français qui s'attache à l'efficacité des mariages valablement célébrés en la forme française sur le sol français[6].

667. – Mariage célébré à l'étranger. La jurisprudence *Caraslanis* conduit aussi, comme celle qui la précédait, à reconnaître la validité de mariages célébrés à l'étranger en la forme religieuse admise par la loi

1. V. par exemple trib. Seine, 28 avril 1906, RC 06.751, 25 nov. 1907, RC 08.243 ; trib. Seine, 19 nov. 1920 et trib. d'Orange, 11 déc. 1920, RC 22-23.306. Cette jurisprudence était d'autant plus notable que la convention de La Haye de 1902, ratifiée par la France, donnait compétence à la loi du lieu de célébration.
2. Trib. Seine, 7 janv. 1922 et Paris 17 nov. 1922, D.P. 23.2.59, S. 24.2.65 n. Audinet, RC 22-23.437. La demande fut d'abord déclarée irrecevable : v. par exemple trib. Seine, 10 déc. 1918, RC 19.120. L'attitude adoptée conduisait à reconnaître la validité du mariage civil célébré dans un pays tiers selon la loi civile locale.
3. Civ. I, 22 juin 1955, préc. n° 209.
4. Il a été jugé en conséquence qu'elle ne pourrait faire acquérir à une Française la nationalité étrangère de son mari dont la loi nationale est méconnue : trib. Seine 19 nov. 1920 et trib. d'Orange, 11 déc. 1920, préc.
5. V. *supra* n° 324 l'affaire *Ghattas* (où il a été jugé que la loi française était « nécessairement compétente » pour prononcer le divorce « lorsque le mariage n'est valable qu'au regard du droit français »), et la jurisprudence subséquente.
6. Trib. Paris, 22 janv. 1969, JDI 70.325 n. Fouchard, RC 70.435, 2e esp., n. Alexandre ; 7 avril 1981, RC 81.510 n. Lefort, JDI 82.699 n. Niboyet-Hoegy. Ainsi se manifeste la considération substantielle sous-jacente à la qualification de règle de forme donnée à la célébration du mariage (n° 212).

locale, directement ou indirectement par l'effet d'un renvoi[1], et à la dénier dans le cas contraire[2]. Dans l'affaire *Zagha*, en particulier, a été admise la validité d'un mariage religieux célébré dans un pays tiers en la forme de la loi personnelle religieuse des époux, admise par la loi locale ; toutefois, la Cour de cassation a paru écarter le motif du caractère facultatif de la règle *Locus regit actum* en concurrence avec la loi personnelle, avancé par la cour d'appel, pour ne retenir que celui d'un renvoi de loi du lieu de célébration à la loi personnelle.

Cette solution n'est pas en contradiction avec celle qui s'oppose à la célébration en France de mariages religieux. Les raisons qui militent pour la compétence exclusive des officiers d'état civil en France (n° 666) sont absentes lorsque le mariage a été célébré à l'étranger en une forme reconnue par le droit local, tandis qu'il est opportun de maintenir une union qui a développé ses effets.

C. SANCTION DES CONDITIONS DE FORMATION DU MARIAGE

668. – Nullité (ou inopposabilité) du mariage. Un principe général veut que la loi fixant les conditions de formation d'un acte régisse également les conséquences d'une inobservation de ces conditions[3]. S'agissant du mariage, il s'agira donc de la loi personnelle de l'un et l'autre époux ou de la loi du lieu de célébration, selon que le fond ou la forme est en cause.

Cette loi déterminera en principe les personnes pouvant agir en nullité, les délais pour agir, les causes d'extinction de l'action ; ces différentes questions, qui pourraient être rattachées à la procédure, sont ici normalement davantage liées à la condition méconnue[4]. Lorsque la nullité est encourue pour vice de forme, une jurisprudence abondante mais ancienne a appliqué l'art. 196 C. civ. (dans l'interprétation extensive qu'il a reçu de la jurisprudence) en cas de mariage contracté par des Français à l'étranger, comme s'il s'agissait donc d'une règle de statut personnel ; la jurisprudence la plus récente revient cependant à la conception qui lie l'application de ce texte à la célébration du mariage en France, sans égard à la nationalité des parties[5].

669. – Suites de la nullité : mariage putatif ; règlement des intérêts. Alors que le droit français, inspiré par le droit canonique, s'efforce de tempérer dans le plus grand nombre de cas les inconvénients liés à la rétroactivité de la nullité par l'institution du mariage putatif, d'autres

1. Civ. I, 15 juin 1982, *Zagha* D. 83.I.R.151 obs. Audit, RC 83.300 n. Bischoff, JDI 83.595 n. Lehman, maintenant Aix-en-Provence, 21 janv. 1981, RC 82.297 n. Légier et Mestre ; 21 juill. 1987, RC 88.329 n. B. Ancel.
2. Paris, 23 fév. 1996, *Zvoristeanu*, D. 97. Somm. 278 obs. Bottiau, pourvoi rejeté par Civ. I, 1er déc. 1998, cité n° 648.
3. G. de La Pradelle, *Les conflits de lois en matière de nullité*, 1971.
4. On rappelle que si le mariage a été célébré à l'étranger, il s'agira en réalité d'une inopposabilité (n° 659, en note).
5. T.g.i. Paris, 30 juin 1977, RC 78.522 n. Lequette, JDI 78.609 n. D. Mayer, GP 77.2.568 n. Viatte.

législations ignorent celle-ci ou se montrent plus exigeantes quant à son admission. Les tribunaux, sans doute inspirés par un sentiment d'équité à l'égard de ceux qui n'ont pas de responsabilité dans la nullité du mariage, ont appliqué le plus souvent dans le passé la loi française sans préciser à quel titre. Mais la Cour de cassation, tranchant une hésitation doctrinale entre la loi de la condition méconnue, la loi personnelle de l'époux de bonne foi et celle des effets du mariage, s'est prononcée en faveur de la première, du moins pour se prononcer sur le principe de la putativité[1]. La règle peut susciter une difficulté d'application, qui ne paraît cependant pas s'être présentée en jurisprudence, lorsque la nullité sera encourue du fait de deux lois n'ayant pas les mêmes conceptions[2]. Du fait que l'application cumulative des deux lois réduirait les chances de voir consacrer la putativité, on peut penser que la divergence serait plutôt résolue en faveur de la loi la plus favorable à celle-ci.

Eu égard à la très large application du mariage putatif par les tribunaux français, on peut cependant se demander si l'ordre public ne ferait pas obstacle à l'application d'une loi plus stricte. Il a été soutenu que l'institution du mariage putatif serait de droit naturel, ce qui justifierait son application dans tous les cas au titre de règle matérielle de droit international.

Si la loi applicable à la nullité détermine le principe même de la putativité et les conditions de son bénéfice, la jurisprudence considère que les *effets* du mariage putatif doivent être fixés par la loi qui aurait été appliquée au mariage valide. En effet, la putativité consiste à traiter le mariage comme s'il eût été valable ; or les différents effets du mariage relèvent d'une loi propre (n° 670), que l'on ne juge pas à propos d'écarter au profit de l'une de celles qui en fixaient les conditions et qui en annexerait ainsi les effets. C'est ainsi que le règlement des intérêts pécuniaires des époux pourra s'effectuer selon la loi du régime matrimonial[3]. En ce qui concerne les enfants, la mise en œuvre de l'art. 202 C. civ. accordant le bénéfice du mariage quand bien même aucun des époux n'aurait été de bonne foi soulève la question de savoir si cette disposition relève de la loi applicable au mariage ou de celle applicable à la filiation ; il se peut en effet que la loi du mariage tienne celui-ci pour inexistant[4].

1. Civ. I, 6 mars 1956, *Moreau*, RC 56.305 n. Francescakis, JCP 56.II.9549 n. Weill, D. 58.709 n. Batiffol, GA n° 28 ; 14 juin 1957, D. 57.557 ; TGI Paris, 30 juin 1977, préc. La règle s'applique aussi bien en cas de violation d'une règle de forme : Civ. I, 16 juill. 1998, *Zvoristeanu*, *infra* ; Paris, 23 fév. 1996, préc. ; TGI Paris, 30 juin 1977, préc.
2. V. par ex., l'affaire *Pêcheux* (Paris, 2 déc. 1966, préc. n° 659).
3. Civ. 20 nov. 1958, *Hassain*, JDI 59.1146 : l'application de la loi française pour prononcer la nullité est jugée ne pouvoir entraîner pour le mari musulman que les effets d'un mariage musulman, qu'il avait cru de bonne foi contracter avec une Française, et non l'application, à son profit, des règles de la communauté légale française ; 15 janv. 1980, *Kaspar*, JDI 80.316, 2e esp., n. Kahn ; Paris, 14 juin 1995, préc. n° 628 (application d'une convention passée par les intéressés en contractant le mariage nul).
4. Comp. Civ. I, 19 juill. 1998, *Zvoristeanu*, JCP 1998.II.10032 n. Muir-Watt, D. 1999.51 n. Fauvarque-Cosson et Somm. 294 obs. Audit, JDI 99.125 n. Courbe, Rev. crit. DIP 1999 note Lequette (filiation déniée bien que régie par la loi française) et 3 juin

SOUS-SECTION II

EFFETS DU MARIAGE

670. – Questions à résoudre. S'il est possible d'appliquer distributivement la loi personnelle des futurs époux à la formation du mariage, cela ne se conçoit plus pour déterminer les effets de l'union, qui appellent une loi unique. La question de sa détermination se pose assez rarement en tant que telle en jurisprudence, parce qu'un désaccord persistant des époux se traduira le plus souvent par une demande en divorce. Elle est néanmoins susceptible de s'élever comme en témoigne la jurisprudence.

A. DÉTERMINATION DU RATTACHEMENT

671. – Hésitation nouvelle sur la règle de conflit. Pour la raison qui vient d'être indiquée, le rattachement des effets du mariage a été déterminé en droit français par la jurisprudence relative au divorce, considéré comme une sanction de la violation des devoirs du mariage ou, dans une conception plus récente, comme le terme de ses effets. Ceux-ci se rattachant incontestablement au statut personnel, l'application de la loi nationale commune des époux fut consacrée sans difficulté. La difficulté présentée par le cas des époux de nationalité différente fut résolue en substituant la loi du domicile commun à la loi nationale des époux (arrêts *Rivière* et *Lewandowski*, n° 138). L'adoption par le législateur en 1975 de dispositions particulières et différemment conçues en matière de divorce (art. 310 C. civ., devenu 309, n° 677 s.) a soulevé la question de savoir s'il y avait lieu d'étendre ces règles, comme les précédentes, aux effets du mariage ; ce parti remettrait notamment en cause l'application de la loi nationale commune aux époux étrangers ayant l'un et l'autre leur domicile en France, désormais soumis pour le divorce à la loi française (deuxième cas prévu par l'art. 309 C. civ.). La réponse de la doctrine a été dans l'ensemble négative : non seulement par défaveur à l'encontre de la méthode de l'art. 309 C. civ. et des solutions qu'il adopte, mais parce que ce texte semble bien avoir été inspiré par l'intention d'étendre l'application du nouveau droit français du divorce et donc de lui seul. En revanche, les rattachements précédents conservaient leur valeur de principe : non seulement la loi nationale commune, mais le domicile commun entre époux de nationalité différente, parce qu'il traduit assez bien la localisation du lien conjugal. Statuant après 1976 sur la validité d'une donation entre époux, la Cour de cassation a réitéré l'affirmation que la loi française régit les effets du mariage d'époux de nationalité différente ayant leur domicile en France[1].

1998, *Makhlouf*, JCP 1998.II. 10181 note Fillion-Dufouleur, D. 98. 578 n. Fulchiron, RC 98.652 n. B. Ancel (filiation reconnue selon la loi algérienne de la mère qui consacre la légitimité à la suite d'un mariage nul). Sur l'article 202 C. Civ., v. Foyer, *Mél. F. Terré* 1999.469.

1. Civ. I, 12 juin 1979, *dame Frost,* D. 79. I.R. 459 obs. Audit, RC 80.322 n. Légier, JDI 80.644 n. Wiederkehr ; v. également 7 oct. 1997, préc. n° 603 (attribution du nom aux enfants) ; Versailles, 27 juin 1988, JCP 90.II.21442.

Il y a donc bien désolidarisation des règles de conflit respectivement applicables aux effets du mariage et à sa dissolution. Ceci rend concevable, tout en appliquant une loi au divorce, d'avoir à consulter une autre au titre des effets du mariage pour apprécier le comportement des époux. Mais aussi, le champ d'application du rattachement de droit commun s'est réduit du fait des conventions internationales (n° 675).

La question du divorce d'époux de nationalité différente avait donné lieu à une hésitation lorsque les époux sont domiciliés séparément dans le même pays et à une règle subsidiaire lorsqu'ils sont domiciliés dans des pays différents ; se pose donc également celle de l'application en matière d'effets du mariage des diverses solutions rendues pour résoudre ces difficultés dans le prolongement de la jurisprudence *Rivière* en matière de divorce (n° 147). Lorsque les époux sont établis séparément dans le même pays, il est encore permis de considérer que la loi correspondante a le meilleur titre à régir leurs rapports comme étant celle de leur milieu commun[1]. Mais en l'absence d'établissement commun dans le même pays, on pourrait préférer à la loi du for régulièrement saisi – solution appliquée avant 1976 en matière de divorce – celle du dernier domicile commun, au moins s'il est encore celui de l'un des époux[2].

672. – Conflit mobile. Le mariage déroulant ses effets dans le temps, l'hypothèse d'une modification du rattachement n'est nullement théorique. La transposition du principe applicable en cas de conflits de lois dans le temps en droit interne (n° 234) conduit à appliquer immédiatement la loi nouvelle aux situations en cours puisqu'il s'agit d'un statut légal ; le caractère international du conflit est cependant susceptible de faire infléchir la solution (n° 232 s.).

Si les époux acquièrent la même nationalité nouvelle, cette loi personnelle commune gouvernera les effets du mariage[3] ; peut-être convient-il cependant de considérer que la validité de contrats passés entre eux n'a pas lieu d'être remise en cause. Une fraude éventuelle pourrait être contrecarrée par l'exception de fraude, dès lors qu'il serait établi que les époux ont conservé les liens les plus étroits avec leur ancienne nationalité. S'il s'agit de fraude à une loi étrangère et que c'est la nationalité française qui a été acquise, il serait concevable de la part des tribunaux de refuser l'effet recherché sans pour autant remettre en cause la nationalité elle-même (n° 998).

L'hypothèse du changement de domicile de deux époux de nationalité différente appelle de même l'application de la loi du nouveau domicile. En ce qui concerne une allégation de fraude, de deux choses l'une : ou bien le changement de domicile est effectif, et il n'y a pas lieu de parler de fraude ; ou bien il ne l'est pas, et l'application de la règle de conflit suffit à y faire échec, le domicile étant apprécié selon les conceptions du for (n° 242).

1. L'applicabilité de la règle *Rivière* en matière de divorce dans le cas envisagé résulte des arrêts *Tarwid* et *Yechizulke* (n° 147).
2. V. par ex. la nouvelle loi allemande (art. 14 EGBGB), qui se réfère à la dernière résidence habituelle commune.
3. Paris, 12 janv. 1995, JDI 95.343, 4e esp. (loi applicable au divorce).

La fraude serait plus plausible en cas d'acquisition d'une nationalité nouvelle par *un* époux, mettant fin à l'unité de loi nationale dans le ménage. Dans ce cas, la règle de conflit n'est plus la même et donne en principe compétence, comme on vient de le voir, à la loi du domicile commun. Cette solution du conflit transitoire a été consacrée, en l'absence de fraude, dans le cas d'acquisition de la nationalité française par un Tunisien demeurant, ainsi que son épouse restée tunisienne, en France[1]. Mais elle peut porter atteinte aux prévisions de l'autre époux, qui pouvait compter sur un certain type d'union. L'on pourrait donc envisager de s'opposer à l'application d'une loi nouvelle rendue compétente par le changement de nationalité d'un époux et qui dénaturerait le type de mariage contracté entre les époux : ainsi lorsque le nouveau statut permettrait au mari de contracter un second mariage sans dissolution du premier[2].

B. DOMAINE DE LA LOI APPLICABLE

Il y a lieu de distinguer les effets personnels du mariage entre les époux, qui peuvent soulever une difficulté de répartition avec le statut individuel de chacun, et ses effets patrimoniaux, à l'égard desquels le conflit est aussi avec la loi du régime matrimonial.

1. Effets personnels du mariage

673. – Questions familiales et questions personnelles. Le mariage crée des obligations réciproques entre les époux, mais il a également des effets sur leur statut individuel (nom, domicile, capacité). La loi des effets du mariage régit les premières et, plus généralement, l'organisation de la famille. Les obligations de caractère purement personnel auxquelles donne lieu le mariage (fidélité, cohabitation, assistance) ont un caractère moral qui se prête mal à une sanction par les tribunaux (hors le cas de divorce). Mais cette caractéristique même permet d'envisager en matière internationale une intervention de l'ordre public, à l'encontre par exemple d'une loi étrangère qui imposerait la vie commune avec une autre épouse ou obligeant l'épouse à suivre son mari, détenteur de la puissance maritale[3] ou qui tolérerait le défaut de cohabitation pour un motif religieux[4].

En ce qui concerne le statut de la personne mariée, l'on peut hésiter entre la loi des effets du mariage ou la loi personnelle de l'intéressé ; une règle qui relèverait spécialement du régime matrimonial pourrait également être appliquée à ce titre (v. art. 216 C. civ.). Le fondement de l'insti-

1. Civ. 19 fév. 1963, *Chemouny*, JCP 63.II.13112, JDI 63.986 n. Ponsard, RC 63.553 n. G.H., GA n° 31.
2. V. cependant Civ. I, 17 fév. 1982, *Baaziz*, RC 83.275 n. Lequette.
3. Poitiers, 24 juill. 1980, JDI 81.567 n. Labrusse ; comp. Douai, 10 juill. 1981, JDI 84.320 n. Courbe.
4. V. la situation ayant donné lieu à Versailles, 30 mars 1995, RC 96.639 n. Bourdelois (mais l'arrêt, quoique sanctionnant le comportement du mari, accepte de l'apprécier à la lumière de sa loi personnelle).

tution en cause doit déterminer la réponse. Ainsi en ce qui concerne l'incapacité de la femme mariée, l'explication ancienne tenant à la faiblesse du sexe justifiait plutôt l'application de la loi personnelle ; celle de l'unité de gouvernement du ménage appelle une qualification matrimoniale. Mais à moins d'être dûment justifiée par la cohérence de la loi applicable, et même peut-être dans ce cas, l'incapacité se heurterait aujourd'hui à l'ordre public.

L'incapacité velléienne, soit l'interdiction pour la femme de se porter caution pour son mari, vise à la protéger contre un abus d'influence ; elle relève de la loi des effets du mariage plutôt que de la loi personnelle.

Le droit d'exercer une activité professionnelle sans autorisation relève incontestablement des effets du mariage ; mais ici encore l'ordre public serait vraisemblablement appelé à intervenir, contre une loi qui s'y opposerait.

La loi locale pourra également être appliquée nonobstant la loi normalement désignée, au titre de l'urgence, par exemple pour autoriser un domicile séparé, ou en tant que loi de police comme on le voit avec les questions patrimoniales.

2. Effets patrimoniaux du mariage

674. – Régime primaire. Le régime matrimonial constitue en droit français une catégorie de rattachement et fait donc l'objet d'une règle de conflit propre (*infra*, n°s 856 et s..). Plusieurs questions peuvent être disputées entre la loi des effets du mariage et celle du régime matrimonial. Certaines seront examinées après qu'ait été précisée la loi applicable à celui-ci ; d'autres peuvent l'être ici.

Le droit interne a consacré un statut patrimonial de base, ou « régime primaire », dont la caractéristique est de s'appliquer « par le seul effet du mariage, quel que soit le régime matrimonial des époux » (art. 226 C. civ.). Les questions qui en relèvent peuvent donc être considérées au premier chef comme obéissant en droit international privé à la loi des effets du mariage ; mais l'art. 226 lui-même réserve les conventions matrimoniales sur certains points. Pratiquement, les dispositions des art. 212 à 225 ne relevant pas des effets personnels – et prises à titre d'exemple de ce que l'on pourrait faire entrer dans la catégorie des effets pécuniaires du mariage – sont suffisamment hétérogènes pour qu'un examen spécifique de chacune soit nécessaire (sur le cas particulier des obligations alimentaires, v. n° suivant). De plus, ce débat de qualification risque d'être inutile dans le cas – le plus fréquent – où la question s'élève en France : car l'impérativité qui conduit à dégager une notion de statut de base applicable à tous les époux indépendamment de leurs conventions incite également à envisager une application de ce statut au titre de loi de police. De fait, la Cour de cassation après avoir déclaré, de manière incidente, que les dispositions prohibitives édictées par les règles du statut matrimonial de base relevaient de la loi des effets du mariage[1], a affirmé que les dispositions françaises étaient « d'application territoriale »[2]. Cette conception laisse ouverte la question du critère d'application de chaque règle : il peut s'agir du domicile ou de la résidence en France des intéressés, ou bien de la simple passation d'un acte en France. Le critère dépendra lui-même du fondement de la règle en cause : selon les cas, l'urgence (représentation par autorisation de justice en vertu des art. 217 et 219 C. civ., mesures prévues par l'art. 220-1)[3], l'apparence (mandat domestique, devenu pouvoir autonome selon l'art. 220)[4] et la protection des tiers (présomptions de pouvoir des art. 221 et 222)[5] ou la simple préservation de l'ordre public[6].

Ainsi, les questions envisagées sont susceptibles de relever tantôt du procédé conflictualiste classique, tantôt de la méthode des lois de police. Le premier permet de prétendre à l'application extra-territoriale de la loi française au titre de loi des effets du mariage (ou du régime matrimonial) ; la seconde à son application générale en France au titre de loi de police. L'équité voudrait qu'il fût aussi tenu suffisamment compte des lois étrangères en France.

675. – Obligation alimentaire et contribution aux charges du mariage. L'obligation alimentaire entre époux étant l'expression du devoir de secours, la jurisprudence s'était fixée, de même qu'en ce qui concerne la contribution des époux aux charges du mariage, pour la compétence de la loi des effets du mariage : loi de la nationalité commune[7] ou, à défaut, du domicile commun[8]. Ces solutions ont été remplacées par celles de la *Convention de La Haye du 2 octobre 1973 sur la loi applicable aux obligations alimentaires*, en vigueur en France depuis le 1er octobre 1977. La

1. Civ. I, 22 oct. 1985, D. 86.241 n. Breton, JDI 86.1005 n. Wiederkehr, Rép. Defr. 86.859 n. Breton.
2. Civ. I, 20 oct. 1987, RC 88.540 n. Lequette, JDI 88.446 n. A. Huet.
3. T.g.i. Paris, 25 juin 1976, RC 77.708 n. Poisson-Drocourt, JDI 78.325 obs. Lequette, jugement qui, statuant sur l'art. 219, déclare que « les dispositions des articles 214 à 226 du Code civil doivent être comprises au nombre des lois de police au sens de l'article 3, al. 1er du Code civil... ».
4. V., à l'époque du « mandat domestique », trib. Paris, 12 juin 1963, JDI 64.285 n. Ponsard, RC 64.689 n. Batiffol.
5. La règle de l'art. 220 et les présomptions irréfragables des art. 221 et 222 C. civ. ont été instituées non seulement pour protéger les tiers mais pour rendre effective l'indépendance de la femme consacrée par la loi de 1965. Les tiers, qui se voient en quelque sorte interdire toute méfiance dans les rapports internes, auront moins encore l'occasion de découvrir l'existence d'un statut matrimonial étranger, ce qui justifie davantage l'application de ces dispositions à toutes les opérations passées sur le territoire.
6. On peut rattacher à cette idée l'application des dispositions protégeant le logement familial (art. 215, 1751 C. civ.), laquelle repose sur des considérations humanitaires ; v. nonobstant la loi du régime matrimonial, Aix-en-Prov. 16 nov. 1977, RC 79.747 n. Fadlallah.
7. Civ. 28 janv. 1958, *Chemouny I*, D. 58.265 n. Lenoan, JCP 58.II.10488 n. Louis-Lucas, RC 58.110 n. Jambu-Merlin, JDI 58.776 n. Ponsard, GA n° 30 ; 17 déc. 1958, *Valentinis*, RC 59.691 n. Déprez, JDI 59.824 obs. Sialelli.
8. Civ. I, 19 fév. 1963, *Chemouny II*, RC 63.559 n. G.H., JDI 63.986 n. Ponsard, GA n° 31.

Convention comprend en effet dans son champ d'application les rapports entre époux (art. 1er) et elle s'applique indépendamment de toute réciprocité (art. 3). Elle donne compétence successivement : à la loi interne de la résidence habituelle du créancier (art. 4) ; lorsque le créancier ne peut obtenir d'aliments en vertu de cette loi, à la loi nationale commune (art. 5) ; enfin, dans le même cas, à la loi de l'autorité saisie (art. 6)[1]. Les mêmes règles sont appliquées, en l'absence de convention matrimoniale, à la question de la contribution aux charges du mariage[2].

Le Protocole de La Haye du 23 novembre 2007, qui a vocation à remplacer la Convention (n° 745), donne en principe compétence à la loi de la résidence habituelle du créancier d'aliments (art. 3). Mais s'agissant des rapports entre époux, ex-époux ou personnes dont le mariage a été annulé, une partie peut s'opposer à l'application de cette loi au profit de la loi d'un autre État présentant un lien plus étroit avec le mariage, en particulier celle de leur dernière résidence habituelle commune (art. 5). Selon le même Protocole, une règle générale permet aux parties de désigner par accord une des lois suivantes : loi d'un État dont une partie a la nationalité, loi de l'État de la résidence habituelle de l'une des parties au moment de la désignation, loi désignée par les parties pour régir leurs relations patrimoniales ou effectivement appliquée à ces relations, loi désignée par les parties pour régir leur divorce ou leur séparation de corps ou celle effectivement appliquée au divorce ou à la séparation (v. également *infra* n° 703) ; cette disposition est toutefois inapplicable lorsque l'obligation concerne un adulte qui, en raison d'une altération ou d'une insuffisance de ses facultés personnelles, n'est pas en mesure de pourvoir à ses intérêts. Par ailleurs et de manière générale, cette *electio juris*, qui doit revêtir la forme écrite, pourra être écartée lorsque son application entraînerait des conséquences manifestement inéquitables ou déraisonnables pour l'une ou l'autre des parties (art. 8), ce qui n'est pas un gage d'efficacité.

Ainsi érigée en qualification autonome, l'obligation alimentaire est détachée, au plan des conflits de lois, de la relation de mariage. Se pose donc la question de savoir selon quelle loi apprécier cette *question préalable* (n. 255 s.) dans le cas où l'existence ou la validité du mariage sont contestées. Selon l'art. 2 al. 2 de la Convention, les décisions rendues en application de celle-ci ne préjugent pas de l'existence d'une des relations fondant l'obligation aux aliments. On peut en déduire que l'autorité saisie est, selon la Convention, autorisée à appliquer à la question préalable la loi applicable à la question principale de l'obligation alimentaire[3]. Cela a toutefois pour effet d'étendre une règle étroitement liée à la matière et qui ne désigne pas nécessairement une loi appropriée à la question de la validité du mariage[4].

1. En cas de divorce, v. *infra*, n° 703. Sur les dispositions générales de la convention, v. infra n° 746-1.
2. En ce sens, Civ. I, 6 nov. 1990, RC 91.348 n. Simon-Depitre ; 9 juill. 2003, JDI 04.183 n. F. Monéger ; 23 janvier 2007, RC 07.402 n. Lagarde.
3. Lagarde, « Observations sur l'articulation des questions de statut personnel et des questions alimentaires dans l'application des conventions de droit international privé », Mél. von Overbeck, Neuchâtel, 1990, p. 511.
4. Lequette, « De l'utilitarisme dans le droit international privé conventionnel de la famille », Mél. Loussouarn, p. 245.

Voy. : Bourdelois, *Mariage polygamique et droit positif français*, 1993 ; Bucher, *Le couple en droit international privé*, 2004 ; Fadlallah, *La famille légitime en droit international privé*, 1977 ; J. Mestre, « Le mariage en France des étrangers de statut confessionnel », RC 1977.659 ; Ralser, *La célébration du mariage en droit international privé*, thèse dactyl. Paris II, 1998 ; Watté, *Les droits et devoirs respectifs des époux en droit international privé*, Bruxelles, 1987.

SOUS-SECTION III

DISSOLUTION OU RELÂCHEMENT DU LIEN CONJUGAL

676. – Importance des questions soulevées. Le divorce et la séparation de corps ont traditionnellement soulevé des difficultés dans l'ordre international en raison de la diversité des législations en la matière, reflet de conceptions différentes du mariage, et de leur caractère impératif. Les causes, ou les cas, de divorce diffèrent d'un pays à l'autre, en fonction de politiques législatives parfois contrastées ; jusqu'à une époque relativement récente, le principe même du divorce était écarté par différentes législations, dont celles de deux pays limitrophes de la France et d'où provenaient de nombreux immigrés. Les procédures de divorce, liées au fond, variaient dans les mêmes proportions. Cela explique qu'un grand nombre de solutions générales du droit international privé français aient été dégagées dans le contexte du divorce, qu'il s'agisse de conflit de lois – on rappellera le rattachement au domicile des relations de famille entre personnes de nationalité différente (n° 138), la question de l'application d'office ou non de la règle de conflit (n° 262), l'effet atténué de l'ordre public (n° 316), l'exception de fraude à la loi (n° 238) – ou de conflits de juridictions – où le droit commun de la reconnaissance des jugements étrangers, en particulier le contrôle de la compétence indirecte (n° 469), a largement été façonné à l'occasion de divorces[1].

L'importance relative de la matière a largement diminué aujourd'hui – malgré la croissance de la pratique du divorces dans de nombreux pays – en raison de l'atténuation des divergences évoquées : le divorce a été introduit dans la plupart des pays qui s'y opposaient, et les conditions dans lesquelles il peut être prononcé se sont fortement rapprochées par l'effet de réformes contemporaines dans les pays occidentaux. D'autres types de conflits sont toutefois apparus du fait de l'immigration en provenance de pays musulmans. Et l'originalité de la méthode adoptée en France pour désigner la loi applicable, à l'occasion de la réforme de 1975, a suscité des difficultés nouvelles, encore qu'elle ait rendu tout à fait marginale l'application des lois étrangères devant les tribunaux français.

1. On rappelle que dans les pays de *common law*, le divorce est considéré comme un exercice de l'*imperium* du juge (on parle aux États-Unis de *decree of divorce*), de sorte que le divorce n'est prononcé que selon la loi du for ; le conflit de lois est donc en quelque sorte absorbé par le conflit de juridictions (n° 133).

Après avoir traité du droit applicable au divorce et à la séparation de corps, on examinera les règles spécifiques relatives au conflit de juridictions, principalement aujourd'hui celles du règlement européen n° 2201/2003[1].

§ 1. – DROIT APPLICABLE AU DIVORCE OU À LA SÉPARATION DE CORPS

Les conflits de lois doivent être envisagés aux différents stades du divorce ou de la séparation de corps, soit respectivement quant à leurs *causes*, leur *procédure* et leurs *effets*[2]. Si ces différents aspects ne sont pas nécessairement soumis au même rattachement, il convient d'observer qu'étant donné les liens systémiques entre eux et l'importance décisive du premier, la loi régissant les causes du divorce va exercer une certaine influence sur les deux autres.

A. CAUSES DU DIVORCE ET DE LA SÉPARATION DE CORPS

677. – Action de la jurisprudence et intervention du législateur. En tant que matière de statut personnel, le divorce a été soumis en France à la loi nationale. Le principe ne soulève en soi aucune difficulté lorsque les époux sont de même nationalité ; il a été appliqué maintes fois, entre époux français comme sous sa forme bilatérale[3]. Toutefois, son application aux époux étrangers demeurant en France n'a pas été sans faille, eu égard notamment à la faculté pour ceux-ci de ne pas soulever l'application de leur loi nationale commune[4]. On aboutissait ainsi à une application *de facto* de la loi du domicile (n° 148).

En revanche, le cas d'époux de nationalité différente a embarrassé les tribunaux pendant des décennies. La Cour de cassation l'avait résolu en dégageant un système de rattachements subsidiaires. Celui-ci a été abandonné à l'occasion de la réforme du divorce en droit interne par la loi du 11 juillet 1975. Il convient cependant de le rappeler, puisqu'il conserve un certain domaine d'application hors du divorce, pour régir les effets du mariage selon le droit commun (n° 671).

678. – Solutions antérieures à la loi du 11 juillet 1975. En 1922, dans l'arrêt *Ferrari*, la Cour de cassation admit que pût être opérée la conversion en divorce, selon la loi française, de la séparation de corps d'une Française mariée à un Italien, ce nonobstant l'interdiction du divorce par la loi italienne[5]. La portée exacte de cette décision prêtait au doute. On pouvait y voir l'application distributive des lois nationales respectives des époux ; mais cette solution aurait été génératrice de situations insolites (n° 138). On pouvait également y voir la volonté

1. Une proposition de modification de ce règlement (*infra* n° 708) ajoute des règles de conflit de lois, sur lesquelles v. Lardeux, D. 2008.795.
2. La règle de conflit introduite par la L. 11 juillet 1975 (art. 310, devenu 309 C. civ.) vise « le divorce et la séparation de corps » sans distinction.
3. Entre étrangers, v. par ex. Paris, 28 juin 1973, JDI 74.124, RC 74.505 n. Foyer.
4. C'est l'hypothèse ayant donné lieu à l'arrêt *Bisbal*, *supra* n° 262.
5. Civ. 6 juill. 1922, D.P. 22.1.137, S. 23.1.5 n. Lyon-Caen, Rev. dr. int. pr. 22.244 rapport Colin et n. Pillet, GA n° 12 ; la conversion fut refusée dans le cas d'espèce pour une autre raison (n° 706).

d'assurer dans tous les cas l'application de la loi française aux époux français. Cette conception n'était guère satisfaisante, du fait même de son caractère déséquilibré ; accessoirement, elle ne fournissait pas de guide lorsque les deux époux étaient de nationalité étrangère différente. Un tournant intervint avec les arrêts *Rivière* et *Lewandowski*, soumettant le divorce d'époux de nationalité différente à la loi de leur domicile commun[1]. Un rattachement nouveau apparaissait ainsi, la loi des individus cédant la place à la loi du lien. Ce changement fut confirmé par le fait que la loi du domicile des époux fut déclarée applicable « quelles que soient les dispositions de leur statut personnel respectif » et donc quand bien même les lois personnelles de l'un et l'autre époux auraient interdit le divorce et se seraient ainsi trouvées substantiellement en « faux conflit » l'une avec l'autre mais en « vrai conflit » avec la loi du domicile[2]. Cette conception permettait d'étendre la solution aux effets du mariage (n° 671) et à la filiation légitime (n° 714).

En l'absence de domicile commun, le divorce fut déclaré régi par la loi du for « régulièrement saisi du divorce »[3].

679. – L'art. 310 (devenu 309) C. civ.. À l'occasion de la réforme du droit du divorce par la loi du 11 juillet 1975, le législateur a introduit une disposition relative aux conflits de lois, l'article 310 C. civ. (devenu 309 par l'effet de l'ordonnance du 4 juillet 2005, entrée en application le 1er juillet 2006). Ce texte dispose :

« Le divorce et la séparation de corps sont régis par la loi française :

– lorsque l'un et l'autre époux sont de nationalité française ;

– lorsque les époux ont, l'un et l'autre, leur domicile sur le territoire français ;

– lorsque aucune loi étrangère ne se reconnaît compétence, alors que les tribunaux français sont compétents pour connaître du divorce ou de la séparation de corps. »

Ainsi qu'on l'a vu (n° 115), l'art. 309 consacre une méthode unilatéraliste et constitue de ce fait un élément hétérogène dans le règlement français des conflits de lois. On examinera successivement les rattachements qu'il adopte et les difficultés de mise en œuvre qu'il suscite.

1. Rattachements du divorce

L'art. 309 C. civ. s'adresse au juge directement saisi d'une action en divorce. La question de savoir dans quelle mesure ce texte devait être pris en considération lorsqu'il y a lieu de se prononcer sur la régularité d'un divorce rendu à l'étranger s'est posée ; mais elle n'a plus lieu d'être avec la disparition du contrôle de la loi appliquée en vue de la reconnaissance des jugements étrangers (n° 475).

1. Civ. 17 avril 1953, RC 53.412 n. Batiffol, GA n° 26 ; 15 mars 1955, RC 55.320 n. Batiffol, S. 56.540 n. Chavrier, JDI 56.146 n. Goldman (*supra* n° 138).
2. Civ. 22 fév. 1961, *Corcos*, D. 61.437 n. G. Holleaux, RC 61.382 n. Batiffol, JDI 61.734 n. Goldman.
3. Civ. 15 mai 1961, *Tarwid*, préc. n° 147 ; v. également *infra* n° 684.

a. Époux tous deux de nationalité française

680. – Maintien de la règle antérieure. Suivant le premier cas de l'art. 309, la loi française s'applique au divorce de deux époux de nationalité française, en quelque pays qu'ils résident, ensemble ou séparément. Le texte ne fait sur ce point que reprendre la solution traditionnelle déduite de l'art. 3 al. 3 C. civ. Nonobstant la disposition suivante de l'art. 309, le législateur n'a pas adopté celle qui aurait consisté à soumettre systématiquement le divorce à la loi du domicile (ou de la résidence habituelle) des époux. Pourtant, l'autorité de la loi n'est plus en cause, avec la libéralisation de la loi française. La justification donnée de ce maintien a été le grand nombre de Français établis à l'étranger (de l'ordre de deux millions), que l'on a présumé attachés à l'application de la loi française. Mais le même sentiment national n'est pas respecté chez les époux de nationalité étrangère commune établis en France.

b. Époux ayant l'un et l'autre leur domicile en France

681. – Application de la loi française. Le divorce d'époux tous deux domiciliés en France est soumis par l'art. 309 C. civ à la loi française sans égard à leur nationalité. Là réside, au plan des rattachements, l'innovation principale apportée par la loi de 1975. Auparavant, la loi française ne s'appliquait au titre du domicile que si les époux étaient de nationalité différente ; dans le cas contraire, compétence était reconnue à leur loi nationale commune[1].

Le changement introduit a été contesté ; il est cependant difficile de porter un jugement tranché sur son opportunité. À l'encontre du rattachement adopté, on constate que les étrangers qui voudraient se voir appliquer en France leur loi nationale commune ne le peuvent plus, tandis que la compétence de la loi française reste affirmée à l'égard des époux tous deux français en toute circonstance[2]. Les moyens d'information modernes rendent plus facile la connaissance des droits étrangers et donc l'application de la loi nationale. Et surtout, avec les facilités de déplacement, l'extension des congés et le retour possible à l'âge de la retraite dans le pays d'origine, la situation du plus grand nombre des intéressés, les travailleurs

1. Selon un prolongement de la règle *Rivière*, le domicile commun s'entendait aussi bien d'un établissement séparé des époux dans le même pays que d'un établissement commun : Civ. 15 mai 1961, *Tarwid*, et 30 oct. 1967, *Yechizulke*, préc. n° 147. Cette jurisprudence conserve sa valeur dans le cadre du deuxième cas de l'art. 309 : v. t.g.i. Paris, 20 janv. 1977, RC 77.335 n. Gaudemet-Tallon (conversion en divorce, selon la loi française, d'une séparation de corps entre époux brésiliens ayant l'un et l'autre leur domicile sur le territoire français).
2. Pratiquement, il n'est pas rare que des époux étrangers divorcent dans leur Etat national pour en voir appliquer la loi ; sur la validité de ces divorces, v. n° 237 et 687. Au rebours de l'art. 309, une convention franco-marocaine du 10 août 1981 (RC 1983.531) a rétabli la compétence de la loi de celui des deux États dont les époux ont tous deux la nationalité à la date de l'introduction de la demande (art. 9).

migrants, n'a plus guère de commun avec celle des précédentes générations d'immigrés[1].

Mais on doit inversement constater qu'il aurait été de plus en plus malcommode et irréaliste de maintenir le principe de la loi nationale face à une immigration sans cesse croissante et d'origine de plus en plus diverse ; déjà au cours de la période antérieure, on pouvait éprouver des doutes sur l'application effective par les tribunaux de la loi nationale à tous les époux de nationalité étrangère commune établis en France (n° 148). L'application de la loi française imposée par le texte nouveau favorise l'insertion des immigrés dans le milieu social français ; l'application prolongée de leur loi d'origine aurait l'effet inverse. À l'égard de ces personnes, la loi nationale et la loi française sont en « vrai conflit », en ce sens qu'elles ont un titre à peu près égal à s'appliquer ; mais à mesure que se prolonge leur installation en France, la balance penche en faveur de la loi française.

L'art. 309 soumet cependant à la loi française les époux tous deux *domiciliés* en France, tandis que l'art. 1070 CPC duquel se déduisent les règles de compétence internationale des tribunaux français (de droit commun) en la matière, se réfère à la *résidence* des intéressés. Il serait envisageable de n'appliquer la loi française qu'aux époux étrangers dont il est établi qu'ils n'ont pas conservé l'esprit de retour[2]. Il est vrai que l'appréciation du domicile international est souvent difficile, en particulier s'agissant de travailleurs immigrés[3]. Un moyen de surmonter la difficulté serait de n'appliquer loi française qu'aux personnes comptant une durée déterminée de résidence (trois ou cinq ans...).

c. Autres cas

682. – Solution unilatéraliste. L'art. 309 C. civ. vise subsidiairement toutes les hypothèses dans lesquelles les époux ne sont pas tous deux de nationalité française ni ne sont tous deux domiciliés en France, mais où néanmoins un tribunal français est régulièrement saisi du divorce (sur les différentes règles de compétence, v. n° 348, 707 s.). Ayant préalablement assuré l'application de la loi française à tous les cas qui lui paraissaient nécessaires, le législateur ne la prévoit dans ce cas qu'à titre résiduel lorsque aucune loi étrangère ne se veut applicable : c'est l'hypothèse de la *lacune*, à laquelle peut donner lieu l'application d'une méthode unilatéraliste (n° 112). On appliquera donc en principe la loi étrangère qui se veut applicable[4]. Mais cette disposition soulève, d'une part, des difficultés de mise en œuvre tenant à la nécessité de consulter le droit international

1. C. Labrusse, « La compétence et l'application des lois nationales face au phénomène de l'immigration étrangère », TCFDIP 1975-77, p. 111. L'application de la loi française aux ressortissants espagnols et italiens avait en outre pu paraître jadis d'autant plus souhaitable que leur loi nationale leur refusait le divorce.
2. *Supra* n° 348 ; rappr. Jean Foyer, « Tournant... », JCP 76.I.2762, n° 12 *in fine* et comp. Versailles, 10 juin 1983, GP 84.1. Somm. 190.
3. Sur ce que les juges du fond déterminent souverainement le domicile : Civ. I, 11 janv. 1983, JCP 83.II.19939 concl. Gulphe.
4. T.g.i. Dunkerque, 26 et 28 oct. 1987, JDI 88.766 n. Mezghani (application respectivement de la loi tunisienne et de la loi algérienne).

privé étranger, d'autre part, une question de fond dans le cas où l'un des époux est de nationalité française[1].

683. – Difficultés de mise en œuvre de la disposition. Les lois à consulter sont celles avec lesquelles la situation présente un rattachement. Cette démarche est indispensable avant d'appliquer la loi française, sous peine de méconnaître la règle examinée[2]. S'il ne s'en trouve qu'une, la difficulté sera simplement d'établir la règle de conflit correspondante[3]. Mais il peut en exister plusieurs dans un cas donné, et le droit comparé révèle que la plupart des rattachements concevables en matière de divorce sont effectivement retenus selon les systèmes[4]. Il peut donc apparaître que deux lois étrangères, ou plus, se veulent applicables : c'est l'hypothèse du *cumul*, également inhérente à une méthode unilatéraliste (n° 112). Cette difficulté s'est élevée par exemple dans le cas du divorce d'une Belge domiciliée en Belgique et d'un Espagnol installé en France, à l'égard duquel chacune des lois nationales revendiquait son application[5].

À supposer qu'une loi étrangère se veuille applicable au titre de loi nationale et une autre au titre de loi du domicile, on ne peut tirer des dispositions précédentes de l'art. 309 aucune directive. Outre que cette démarche n'est pas en soi conforme au principe unilatéraliste (n° 111), le cas immédiatement précédent fait prévaloir la loi du domicile sur la loi nationale commune d'époux domiciliés en France ; mais le principe du droit français en matière de statut personnel est bien la compétence de la loi nationale (art. 3 al. 3 C. civ.), effectivement appliqué dans le premier cas

1. Une autre question serait de savoir si l'hypothèse examinée est réalisée lorsque la loi étrangère reconnue compétente pour régir le mariage ne reconnaît pas la validité de celui-ci, et donc ne prononcerait pas le divorce ; ainsi lorsqu'elle exige une célébration religieuse du mariage (v. l'affaire *Ghattas*, n° 323).
2. Civ. I, 1er juin 1994, RC 95.117 n. Gaudemet-Tallon (censurant une application de la loi française non justifiée par les juges du fond) ; 4 juin 2009, n° 08-11872, JDI 10.485 n. Fohrer-Dedeurwaerder. La jurisprudence sur l'application d'office de la loi étrangère (n° 263) renforce cette exigence si l'on admet que le divorce relève toujours des matières dans lesquelles les parties n'ont pas la disposition de leurs droits ; auparavant, v. Civ. I, 25 mai 1987, JDI 87.927 n. Gaudemet-Tallon, RC 88.60 n. Lequette, JCP 88.II.20967 obs. Courbe (censurant un arrêt pour avoir simplement déclaré la demande irrecevable en raison de la compétence d'une loi étrangère, dont la demanderesse ne sollicitait pas l'application).
3. Cela peut en soi présenter plus de difficulté que l'établissement du contenu d'une loi étrangère de fond : il suffit de considérer l'hésitation que suscitait en France, jusqu'à l'arrêt *Rivière*, la loi applicable au divorce d'époux de nationalité différente (n° 678). V. TGI Dunkerque, 29 nov. 1989, RC 90.326 n. Muir Watt, JDI 90.393 n. Gaudemet-Tallon (règle étrangère déclarée inconstitutionnelle à l'étranger et non remplacée : application subsidiaire de la loi française) ; Paris, 11 fév. 1994, D.94. Somm. 354 (prétendu « renvoi » au droit français par une loi américaine, en réalité simple désignation).
4. V. le dénombrement opéré par Francescakis, RC 1975.572. L'on peut se demander également, eu égard au caractère exclusivement judiciaire du divorce selon la *common law* (n° 677) s'il faut considérer qu'une loi relevant de ce système se « veut » jamais applicable.
5. Versailles, 23 oct. 1979, RC 80.568, 2e esp., n. Lequette (l'arrêt applique la loi française au motif qu'aucune des parties n'avait revendiqué l'application de sa loi nationale ; la solution est sur ce point dépassée, v. Civ. I, 4 juin 2009, *supra* note 2).

de l'art. 309. Le principe premier de solution des conflits de lois incite à rechercher la loi avec laquelle la situation donnée présente les liens les plus étroits ; en l'occurrence, on rechercherait le pays où le divorce est le plus susceptible de déployer des effets. En cas de résidence des époux dans des pays différents, préférence serait donnée à l'État de la dernière résidence commune.

684-685. – Cas où l'un des époux est français. Parmi les hypothèses relevant du troisième cas envisagé par l'art. 309 figure celle dans laquelle l'un des conjoints est de nationalité française sans que les époux soient domiciliés en France. Avant l'introduction de l'art. 309, une telle situation était en principe soumise, suivant la règle *Rivière* (n° 678), à la loi du pays dans lequel les deux époux avaient un établissement effectif. On pouvait hésiter à appliquer cette loi au conjoint français lorsqu'elle était plus restrictive que la loi française quant aux causes de divorce et surtout en excluait la possibilité même. Certaines décisions ont néanmoins appliqué dans ce cas la loi du domicile nonobstant l'objection[1]. Mais l'époux français avait la possibilité en mettant fin à son établissement dans le même pays que son conjoint – et notamment en revenant en France – d'obtenir d'un tribunal français le divorce selon la loi française, suivant la jurisprudence *Tarwid*[2]. Cette faculté disparaît sous l'empire de l'art. 309 C. civ. pour peu qu'une loi étrangère se veuille applicable. Or ce sera souvent le cas soit de la loi nationale du conjoint, soit de celle du dernier domicile commun. Le conjoint français se trouve ainsi à la merci d'une loi étrangère éventuellement plus restrictive que la loi française, ceci pouvant aller jusqu'au refus de tout divorce, et se reconnaissant compétence.

L'hypothèse était suffisamment plausible pour s'être rapidement présentée devant les tribunaux. Un premier moyen de justifier l'application de la loi française consistait à considérer que la situation n'était pas envisagée par l'art. 310 (devenu 309) C. civ. et à appliquer en conséquence l'art. 3 al. 3 C. civ. ou la jurisprudence *Tarwid*[3]. Mais il n'est guère douteux qu'à défaut d'être expressément prévue, la situation entre dans le champ du dernier alinéa du texte. La Cour de cassation a effectivement déclaré que la loi applicable devait être déterminée selon ses dispositions dans le cas envisagé, condamnant ainsi la thèse de la « lacune » du texte[4]. Mais

1. Trib. Seine, 11 mars 1964, RC 64.693 n. Francescakis, JDI 65.124 obs. Sialelli et Paris, 26 janv. 1965, RC 65.359 n. Francescakis ; TGI Paris, 11 mars 1969, JDI 70.94 obs. Ph. K. ; 16 oct. 1970, RC 71.532 n. A. P. ; Paris, 9 déc. 1972, GP 1.213 ; TGI Nancy, 6 nov. 1973, RC 74.648 n. Poisson.
2. V. Civ. I, 10 juill. 1979, RC 80.91 n. Gaudemet-Tallon, JDI 80.309 n. Audit (censurant un arrêt qui avait écarté au nom de l'ordre public la loi du domicile commun qui ignorait le divorce) ; Paris, 25 avril 1969, *Zelenkin*, JDI 70.701 n. Malaurie, RC 71.497 n. Ponsard. La juridiction française était en principe compétente en vertu de l'art. 14 C. civ. Encore fallait-il cependant que ce texte ne fût pas écarté par l'effet d'un traité ; v., dans les rapports franco-belges, Douai, 26 janv. 1979, D. 79. I.R. 340.
3. En ce sens, TGI Paris, 24 oct. 1977, RC 78.681 n. P. L., JDI 79.100 n. Simon-Depitre. Pour une autre échappatoire (mal fondée), v. Paris, 13 nov. 1979, RC 80.568, 1re esp., n. Lequette.
4. Civ. I, 1er avril 1981, D. 82.I.R.69 obs. Audit, JDI 81.813 n. Alexandre (*adde*, n° 690), 13 oct. 1992, D. 93.J.95 n. Courbe et Somm.351, JCP 93.II.22036 n. Béhar-Touchais, RC 93.41 n. Lagarde, JDI 93.97 n. Lequette. En ce sens, v. déjà Douai, 26 janv. 1979, préc. ;

dans le même arrêt, procédant à une substitution de motifs, elle a jugé qu'une loi étrangère se voulant applicable et prohibitive du divorce était « contraire à la conception française actuelle de l'ordre public international qui impose la faculté pour un Français domicilié en France, de demander le divorce ». C'est donc dans le recours à l'exception d'ordre public, lui-même apprécié en fonction de la proximité à l'ordre juridique français, qu'a été cherché le remède à la difficulté présentée par une loi étrangère restrictive. Il y a là un certain détournement de ce moyen, dont la fonction normale n'est pas de corriger les inconvénients du rattachement prévu par les règles de conflit (v. n° 313 *in fine*).

2. Fonctionnement de la règle de conflit

a. Conflit mobile et fraude à la loi

686. – Principes. En cas de modification de l'élément de rattachement retenu par la règle de conflit (nationalité ou domicile des époux, dans le cas de l'art. 309), on prendra en considération le rattachement au jour de l'introduction de l'instance[1].

Cette règle soulève l'éventualité d'une modification délibérément provoquée pour échapper à l'application d'une loi ressentie comme gênante et donc en fraude de cette loi : fraude à la loi française, de la part d'époux cherchant à se soustraire à cette loi, fraude à la loi étrangère de la part d'époux cherchant à en obtenir l'application[2]. La première est toutefois devenue difficilement concevable de la part d'époux tous deux français, eu égard aux larges facilités ouvertes par le régime issu des réformes de 1975 et, plus encore, de 2004[3]. Quant à la seconde, en cas d'acquisition de la nationalité française pour se placer dans le premier cas prévu par l'art. 309 C. civ. (hypothèse également peu probable), une fraude

t.g.i. Paris, 23 fév. 1978, RC 79.598 n. Poisson-Drocourt, JDI 79.601 n. Alexandre, rejetant la demande de conversion de séparation de corps en divorce présentée par une Française en application de la loi italienne, loi nationale de son mari, qui se voulait applicable ; et, prononçant le divorce selon la loi nationale étrangère du mari, qui se voulait applicable, TGI Dunkerque, 26 et 28 oct. 1987, préc. n° 682. V. appliquant la solution : Metz 19 janv. 1999, JDI 03.115 n. Bigot (loi allemande compétente selon le critère du dernier domicile matrimonial) ; Aix-en-Provence, 14 mars 2002, JCP 02.IV.3039 (loi allemande) ; Grenoble, 10 sept. 2002, JCP 03.IV.2272 (loi italienne).

1. Civ. I, 17 juill. 1980, JDI 81.75 n. Simon-Depitre, JCP 82.II.19717 n. Courbe (domicile) ; 11 janv. 1983, préc. n° 681 ; 31 janv. 1984, JCP 1984.II.20224 concl. Gulphe, RC 86.689 n. Laborde (nationalité, nonobstant le fait que le changement est intervenu pendant l'instance) ; 17 mai 1993, préc. n° 664 ; Paris, 12 janv. 1995, JDI 95.343, 4e esp., n. Kahn.
2. Il peut également y avoir allégation de fraude à une loi étrangère par application d'une loi tierce, à l'occasion de la demande d'exequatur d'un jugement étranger en France. Une fraude éventuelle est sanctionnée par application des conditions de l'arrêt *Munzer* : avant la réforme de 1975, v. Paris, 5 mars 1976 et Civ. I, 11 juill. 1977, *Giroux*, préc. n° 248.
3. On peut néanmoins concevoir qu'un époux désireux de divorcer contre la volonté de son conjoint et dans des conditions encore plus libérales pour lui que celles prévues dans ce cas par la loi française change de domicile et de nationalité en vue de se placer dans le troisième cas prévu par l'art. 309 C. civ. Si ces changements sont effectifs, ils doivent produire leurs conséquences ; mais l'ordre public pourrait intervenir à l'encontre d'une loi étrangère insuffisamment protectrice des intérêts du conjoint.

caractérisée pourrait théoriquement être paralysée par l'exception de fraude, sans que soit remise en cause globalement l'acquisition de la nationalité française. Dans l'hypothèse, plus plausible, d'une simple allégation de domicile en France pour se placer dans le second cas prévu par le texte, la fraude serait éventuellement déjouée par la constatation que l'établissement invoqué ne présente pas les caractéristiques d'un domicile international[1]. En l'absence d'application des art. 14 et 15 C. civ., une fraude serait plutôt prévenue par le refus de la juridiction saisie, interprétant la règle de compétence juridictionnelle applicable, de se déclarer compétente[2].

687. – Fraude à la compétence, au jugement, à l'ordre public. La présence en France de nombreux ressortissants algériens et marocains donne lieu à une autre hypothèse, celle-là fréquente. L'épouse ayant intenté, ou s'apprêtant à intenter, en France une action en divorce ou en contribution aux charges du mariage, le mari procède à une répudiation dans le pays d'origine des époux et l'oppose en fin de non-recevoir à la procédure française. Indépendamment de la question de la conformité de la répudiation à l'ordre public (n° 689), la décision étrangère est souvent repoussée pour le motif de fraude, éventuellement lié à l'absence de lien suffisant entre l'autorité qui est intervenue et la situation[3]. On parle de fraude « à la compétence » ou « au jugement ». Ces expressions font ressortir que le but de l'intéressé a été d'obtenir une décision autre que celle qu'aurait rendu le tribunal normalement compétent. Mais il s'agit toujours de se soustraire à l'application de la loi française, ce pour quoi le demandeur saisit un for jugé non approprié : le recours à une autorité étrangère constitue le moyen, non la fin (n° 237)[4].

On peut cependant s'interroger sur le bien-fondé du recours à la notion de fraude, car le lien entre la loi appliquée et la situation est incontestable : il s'agit presque toujours de la loi nationale commune des époux, dont le titre à s'appliquer n'est pas moindre que celui de la loi française du domi-

1. Rappr. Paris, 11 juill. 1978, JDI 79.601 n. Alexandre.
2. V. sous l'empire du droit antérieur à 1975, Paris, 10 nov. 1959, *Dawn Addams*, préc. n° 246.
3. Civ. I, 1er mars 1988, D. 88.486 n. Massip, RC 89.721 n. Sinay-Cytermann ; 6 juin 1990, *Akla*, D. 90. Somm. 263 obs. Audit, RC 91.593 n. Courbe ; 13 déc. 1994, JDI 95.343, 1re esp., n. Kahn ; 9 juill. 2003, JDI 04.182 n. F. Monéger ; 30 sept. 2009, n° 08-16883, JDI 10, comm. 13 par Guillaumé (censurant les juges du fond pour ne pas s'être enquis d'une fraude possible) ; v. déjà Paris, 6 juill. 1982, RC 84.325, 2e esp., n. Fadlallah, sanctionnant à titre surabondant la volonté du mari de frauder la loi française en vertu de laquelle avait précédemment été fixée sa contribution aux charges du ménage ; 15 nov. 1988, D. 89. Somm. 257.
4. Encore faut-il justifier que cette autorité (il ne s'agit pas nécessairement d'un tribunal) soit considérée comme dépourvue de compétence. La compétence indirecte étant appréciée à la suite de l'arrêt *Simitch* selon le critère du lien caractérisé (n° 469), il n'est guère contestable qu'une autorité de l'Etat national des époux remplit cette condition : v. consacrant la compétence du juge de la nationalité commune des époux, résidant en France, en l'absence de toute fraude : Civ. I, 24 nov. 1993, RC 94.367 n. Ancel ; 15 juin 1994, D.94. Somm. 352 obs. Audit, RC 96.127 n. Ancel (litispendance). Il faut alors considérer que le for d'origine est insuffisamment compétent du fait de rattachements *prépondérants* avec la France (en ce sens, Paris, 15 mars 1990, D. 90. Somm. 263 obs. Audit).

cile ; il n'y a pas création, ni même exploitation, d'un « faux conflit » dans le but de provoquer l'application d'une loi sans compétence, caractéristique de la fraude à la loi en matière internationale (n° 238)[1]. De même, il paraît difficile de prêter un caractère nécessaire à la compétence des tribunaux français, malgré l'existence d'un rattachement territorial lui-même incontestable, alors que le droit français lui-même connaît en toute matière le for de la nationalité et se contente même de celle du demandeur (art. 14 C. civ.). Dans le cas particulier des ressortissants marocains, la Convention franco-marocaine du 10 août 1981 reconnaît en outre expressément la compétence de la loi nationale commune des époux (art. 9) et elle donne compétence concurrente aux juridictions de l'État sur le territoire duquel les deux époux ont leur domicile commun ou à celles de l'État dont ils ont tous deux la nationalité (art. 11). On est donc amené à constater que ce à quoi tente en définitive d'échapper l'intéressé par une répudiation dans l'État national est l'ordre public français en tant que celui-ci fait respecter l'égalité entre époux, tandis que sous forme atténuée, il est susceptible de tolérer la reconnaissance de droits acquis à l'étranger (*infra* n° 689) : aussi a-t-on pu parler de « fraude à l'intensité de l'ordre public »[2]. La proximité de la situation à l'ordre juridique français justifie cette intervention de l'ordre public.

b. Ordre public

688. – Évolution de la question. Lois plus permissives. L'ordre public est fréquemment invoqué en matière de divorce, car la conception même de l'institution du mariage est en jeu. Il est vrai que l'extension du champ d'application de la loi française réalisée par l'art. 309 lorsque les tribunaux sont saisis du divorce réduit fortement les cas de confrontation des lois étrangères avec l'ordre public français sous cette forme ; mais la question se pose toujours à l'occasion de la reconnaissance des divorces étrangers, même si l'ordre public n'a dans ce cas qu'un « effet atténué ». Le sens de son intervention s'est infléchi avec l'évolution de la politique législative.

L'ordre public était traditionnellement invoqué à l'encontre des lois étrangères plus *permissives*. Ainsi avant 1884, le divorce fut considéré comme contraire à l'ordre public en France, sauf à permettre aux étrangers régulièrement divorcés à l'étranger de se remarier[3]. Après cette date, le divorce n'étant admis que comme un remède nécessaire et sous diverses restrictions, on considérait encore que les lois étrangères plus souples devaient être écartées. Cette conception s'appliquait principalement aux lois étrangères admettant le divorce par consentement mutuel ; c'est un exemple caractéristique d'intervention de l'ordre public pour défendre une politique législative ne faisant pas l'unanimité[4]. La loi de 1975, en

1. Les arrêts précités admettant, en l'absence de fraude, la compétence du for de la nationalité des époux consacrent également celle de la loi correspondante.
2. Fadlallah, note sous Paris, 6 juill. 1982, RC 84.325, 2e esp.
3. Civ. 28 fév. 1860, *Bulkley*, préc. n° 482.
4. *Supra*, n° 313 ; mais l'arrêt *Rivière* consacra expressément en ce domaine l'effet atténué de l'ordre public (n° 316).

admettant cette forme de divorce ainsi que le divorce pour rupture de vie commune, forme unilatérale de divorce, puis celle de 2004 en levant pratiquement toute barrière à ce dernier, ont très nettement restreint les hypothèses de lois plus permissives. Mais l'intervention de l'ordre public demeure possible à l'égard de celles qui le seraient[1]. La question se pose aujourd'hui à l'égard de la répudiation, qui met en cause non seulement la conception du mariage mais, du fait qu'elle est réservée au mari, également le statut de la femme.

689. – Répudiation. La répudiation non consentie par la femme heurte le sentiment élémentaire de l'égalité qui doit régner entre époux à l'égard du divorce, tant au point de vue du fond que de la procédure. Il serait exclu de l'entériner en France par application d'une loi étrangère (dans la mesure où une autorité publique est appelée à y intervenir). C'est donc à propos de répudiations intervenues à l'étranger que les tribunaux ont à en connaître (v. n° 687)[2]. Sur le terrain de l'ordre public, la répudiation n'est pas repoussée lorsqu'elle est intervenue en fait du consentement des deux époux[3] ou que l'épouse y a acquiescé[4], ces deux hypothèses étant assimilables respectivement aux deux formes de divorce par consentement mutuel prévues par la loi française[5]. Intervenue hors de ces cas, la répudiation (« unilatérale ») a donné lieu de la part de la Cour de cassation à des variations surprenantes.

La répudiation a parfois été reconnue, au motif qu'elle aurait été opérée sans méconnaissance des principes évoqués plus haut. Certaines décisions peuvent s'expliquer par des considérations d'opportunité (ainsi

1. Sur ce qu'une loi étrangère déliant les époux séparés de corps du devoir de fidélité n'est pas au contraire à l'ordre public : Civ. I, 11 juill. 1977, D. 78.I.R.102, JDI 78.83 rapp. Ponsard, RC 79.395 n. Loussouarn. Il convient de réserver le cas où la cause de divorce consacre une inégalité de droits entre les époux (v. Poitiers, 24 juill. 1980, JDI 81.567 n. Labrusse, repoussant le divorce prononcé à l'étranger sur le motif que la femme résidait en France au lieu de suivre son mari).
2. Le problème a été particulièrement aigu dans les rapports avec le Maroc, dont le droit (réformé en 2004) était l'un des plus ouverts à la répudiation ; or selon la Convention franco-marocaine de 1981, « les actes constatant la dissolution du lien conjugal homologués au Maroc entre conjoints de nationalité marocaine dans les formes prévues par leur loi nationale, dressés et homologués par un juge au Maroc, produisent effet en France dans les mêmes conditions que les jugements de divorce » (art. 13 al. 1). La Convention réserve néanmoins simultanément l'ordre public (art. 4) : v. Civ. I, 6 juin 1990, *Akla*, préc. n° 687 ; mais auparavant, 8 déc. 1987, RC 89.733, 1re esp., n. Niboyet-Hoegy et 6 juill. 1988. *ibid.*, 2e esp., JDI 89.63 n. F. Monéger.
3. T.g.i. Seine, 23 mai 1960, D. 60.714 n. Malaurie, JDI 61.750, 1re esp., n. Bredin ; 17 avril 1962, JDI 63.150 obs. B. G. ; t.g.i. Paris, 26 fév. 1992, RC 93.58 n. Alexandre.
4. TGI Seine, 26 oct. 1959, RC 60.354, 1re esp., n. Loussouarn, JDI 60.814 obs. Sialelli (répudiation mosaïque) ; TGI Paris, 5 déc. 1979, RC 81.88 (2e et 3e esp.) ; 27 sept. 1990, préc. n° 685. Mais le fait pour la femme d'avoir sollicité devant le juge étranger une majoration des pensions accordées ne constitue pas un acquiescement à la répudiation : Civ. I, 31 janv. 1995, JDI 95.343, 2e esp., n. Kahn.
5. Dans la mesure où la répudiation islamique (*talâk*) est le mode unique de dissolution du mariage, toutes les répudiations ne recouvrent pas un rejet discrétionnaire de la femme. Il reste cependant à s'interroger sur la qualité du consentement donné par la femme.

lorsque l'on constate que c'est le mari qui invoque l'irrégularité) ; mais outre que cela n'est pas explicite dans les décisions, la motivation était en toute hypothèse contestable. Des décisions ont ainsi semblé prendre pour critère la possibilité éventuelle pour la femme de « faire valoir ses prétentions et défenses »[1]. Or la répudiation est discrétionnaire de la part du mari, la discussion parfois admise ne portant que sur les conséquences de la rupture du mariage. Se plaçant ultérieurement sur ce terrain, la Cour de cassation admit encore que soit reconnue la répudiation dès lors que la femme avait reçu une compensation pécuniaire[2]. Ce critère n'était guère mieux venu que le précédent compte tenu du niveau de la « compensation », en particulier au regard du fait que la femme réside en France[3].

Peut-être sous l'influence des critiques, la Cour de cassation s'est résolue à écarter les répudiations pour contrariété à l'ordre public international en invoquant le principe d'égalité entre les époux lors de la dissolution du mariage, affirmé par l'art. 5 du protocole n° 7 additionnel à la CESDH (entré en vigueur en 1988)[4]. On a vu que la haute juridiction avait également sanctionné comme une fraude l'attitude consistant de la part de maris établis ainsi que leur épouse en France à procéder à une répudiation dans leur État national afin de se soustraire à une procédure en France (n° 687)[5]. De manière peu explicable, elle revint en 2001 à sa jurisprudence antérieure en se fondant sur les deux critères précédents[6], suscitant des

1. Civ. I, 18 déc. 1979, *Dahar*, D. 80.549 n. Poisson-Drocourt, RC 81.88, 2e esp., n. Fadlallah, JDI 81.597 obs. Ph. Kahn (mais la répudiation était invoquée par la femme) ; 6 juin 1990, *Akla*, préc. (la répudiation est cependant rejetée comme obtenue en fraude ; dans le même sens : Paris, 6 juill. 1982, RC 84.325, 2e esp., n. Fadlallah).
2. Civ. I, 3 nov. 1983, *Rohbi*, JCP 1984.II.20131 concl. Gulphe, RC 84.325, 1re esp., n. Fadlallah, JDI 84.329 n. Ph. Kahn, GA n° 63.
3. V. refusant de reconnaître la répudiation pour ce motif, Versailles, 9 oct. 1989, D.90. Somm. 99 obs. Groslière.
4. Ces décisions se sont d'abord fondées sur le motif procédural que les répudiations étaient prononcées de manière non contradictoire (Civ. I, 1er juin 1994, D. 95.263 n. Massip, RC 95.103, 2e esp., n. Déprez, GA n° 64 ; 31 janv. 1995, JDI 95.343, 2e esp., n. Kahn, RC 95.569 n. Déprez) ; puis sur ce qu'elles méconnaissent l'égalité des droits et responsabilités des époux en tant que tels (11 mars 1997, D. 97.400 n. M.-L. Niboyet, JDI 98.110 n. Kahn). Ces décisions ont été rendues dans le cadre de la convention franco-marocaine ; mais les États parties à la CEDH s'engagent à garantir les droits énoncés à toute personne relevant de leur juridiction.
5. Une autre approche suggérée consisterait à scinder la rupture du lien conjugal et ses effets patrimoniaux, ainsi qu'à l'égard des enfants. La première, qui selon le droit musulman ne requiert l'intervention d'une autorité qu'à titre probatoire, obéirait au régime des actes quasi-publics et serait ainsi libéralement reconnue (sous réserve cependant de la compétence de l'autorité d'origine) ; les seconds resteraient soumis au contrôle des jugements étrangers, notamment l'ordre public procédural et substantiel, afin de sauvegarder les intérêts de la femme et des enfants (El-Husseini, « Le droit international privé français et la répudiation islamique », RC 1999.427). Cette forme de « divorce divisible » n'est pas inconnue en droit international privé comparé.
6. Civ. I, 3 juill. 2001, D. 01.3378 n. M.-L. Niboyet, JCP 02.10039 n. Vignal, RC 01.704 n. L. Gannagé, JDI 02.181 n. Kahn ; v. également Civ. II, 14 mars 2002, JCP 02.10095 n. Fulchiron.

décisions contraires de cours d'appel[1]. Mais elle a de nouveau abandonné celle-ci en se fondant sur la CESDH et en relevant la proximité à l'ordre juridique français résultant du domicile en France de la femme, sinon des deux époux[2].

Voy. : D. Alexandre, « La protection de l'épouse contre la répudiation », *in Le droit de la famille à l'épreuve des migrations transnationales*, 1993 ; C. Bernard, « Les problèmes posés par les demandes d'exequatur de décisions d'autorités religieuses étrangères en matière de divorce et de séparation de corps », TCFDIP 1977-79, p. 59 ; Fadlallah, « Vers la reconnaissance de la répudiation musulmane par le juge français ? », RC 1981.17 ; Lemontey, « Le volontarisme en jurisprudence : l'exemple des répudiations musulmanes devant la Cour de cassation », TCFDIP 2002-04.63 ; Meron, « L'accommodation de la répudiation musulmane », RIDC 1995.921 ; F. Monéger, « Vers la fin de la reconnaissance des répudiations musulmanes par le juge français ? », JDI 1992.347 ; R. El-Husseini-Begdache, *Le droit international privé français et la répudiation islamique*, Paris, 2002.

690. – Lois plus restrictives. Jusqu'à la loi du 11 juillet 1975, la politique législative défavorable au divorce s'accommodait bien des lois étrangères plus restrictives que la loi française : soit qu'elles édictent des restrictions inconnues de celle-ci (telle que l'interdiction de divorcer pendant les premières années de mariage)[3] ; soit même qu'elles ignorent toute possibilité de divorce[4]. Dans un cas, toutefois, où la combinaison de deux lois étrangères aboutissait à l'impossibilité d'obtenir aussi bien la séparation de corps que le divorce, la première fut prononcée selon la loi française au nom de l'ordre public, imposant que les époux en proie à de graves difficultés conjugales trouvent une solution stable permettant de mettre fin à la vie commune[5]. L'élargissement considérable des possibilités de divorce réalisé par la loi de 1975, puis celle de 2004, incite au moins à reconsidérer les positions adoptées.

Sans doute la libéralisation de la loi française ne constitue-t-elle pas nécessairement une raison pour repousser les lois étrangères qui, sans écarter la faculté de divorcer, se montrent plus soucieuses qu'elle de la stabilité du mariage. La question serait plus délicate pour une loi qui interdirait encore le divorce (même en prévoyant une forme de séparation), s'il en subsiste. Mais si les époux sont intégrés dans un milieu où est en vigueur une loi plus restrictive que la loi française, on peut hésiter

1. Paris 13 déc. 2001, RC 02.730 n. L. Gannagé, D. 01.3378 n. Niboyet, JCP 02.10039 n. Vignal.
2. Civ. I, 17 fév. 2004, D. 04.824 concl. Cavarroc et chr. Courbe, p. 815, RC 04.423 n. Hammje, JDI 04.1200 n. L. Gannagé ; JCP 04.10128 n. Fulchiron ; depuis, 25 oct. 2005, D. O6.1503 obs. Jault-Seseke ; 19 sept. 2007, n° 06-19577 ; 4 nov. 2009, n° 08-20574. La Cour EDH a pris acte de cette position en radiant une requête dirigée contre la France (8 nov. 2005, *D. c. France*, Gaz. Pal. Rec. 2006, n° 55-56).
3. Trib. Seine, 11 mars 1964, RC 64.693 n. Francescakis.
4. TGI Paris, 11 mars 1969, JDI 70.94 n. Kahn ; il existait toutefois des décisions en sens contraire.
5. Civ. 15 mai 1963, *Patiño*, préc. n° 318. En revanche, lorsque la loi étrangère applicable ne connaît que le divorce, une demande en séparation de corps doit être rejetée : Civ. I, 9 janv. 2008, JDI 08.1051 n. Courbe.

à faire violence à la première. Pratiquement, la question est difficilement séparable de celle du rattachement du divorce : une règle de conflit bien conçue doit permettre d'appliquer le droit français aux époux présentant un rattachement significatif avec la France, ce qui éliminera la confrontation de la loi étrangère à l'ordre public ; dans le cas contraire, on doit s'efforcer de respecter la loi du milieu des époux.

On a vu toutefois que l'art. 309 laissait hors du champ d'application de la loi française un conjoint français marié à un étranger lorsque les époux ne sont pas tous deux domiciliés en France (n° 684). La tradition, illustrée par l'affaire *Ferrari*[1] et pouvant toujours se recommander de l'art. 3 al. 3 C. civ., est plutôt de permettre aux nationaux de se prévaloir de la loi française, au moins lorsqu'ils sont domiciliés en France. La question n'a pas manqué de se présenter assez rapidement après l'adoption de l'art. 309 C. civ. S'exprimant de manière générale alors qu'elle statuait entre deux étrangers de même nationalité, la Cour de cassation a d'abord déclaré que n'était pas contraire à l'ordre public la loi étrangère qui ne connaît que l'une des deux institutions offertes par le droit français aux époux qui demandent que soit mis fin à la vie commune (en l'occurrence la loi tunisienne qui permettait le divorce mais ne prévoyait pas la séparation de corps)[2]. Cette proposition fut appliquée dans le cas de figure inverse, présenté par la loi espagnole, alors même que l'un des époux était français[3]. La Cour de cassation a ultérieurement jugé que la conception française actuelle de l'ordre public international imposait la faculté pour un Français domicilié en France de demander le divorce[4]. Cette formulation révèle que l'intervention de l'ordre public palliait un défaut de la règle de conflit autant qu'elle condamnait la loi étrangère.

En toute hypothèse, il ne faut pas que la restriction au divorce édictée par une loi étrangère procède de conceptions elles-mêmes contraires à l'ordre public : ainsi une loi sanctionnant l'adultère de la femme mais ne permettant pas à celle-ci d'invoquer celui du mari[5]. Mais c'est là un autre principe qui est en cause, celui de l'égalité des sexes ; le divorce n'est que l'occasion de sa mise en œuvre.

B. PROCÉDURE DU DIVORCE ET DE LA SÉPARATION DE CORPS

691. – Généralités. Le divorce est pour le droit français une institution en forme de procès ; sa procédure est donc en principe soumise à la loi du for. Par extension, si à l'étranger le divorce n'emprunte pas la forme judiciaire, il sera soumis à celle prévue par la loi locale. Mais inversement, dans un divorce judiciaire même, la compétence de la *lex fori* est battue en brèche par celle de la loi applicable aux causes de divorce, étant donné le lien étroit en la matière entre la procédure et le fond.

1. Civ. 6 juill. 1922, préc. n° 138.
2. Civ. I, 8 nov. 1977, JDI 78.587 n. D. Alexandre, RC 79.395, 1re esp., n. Loussouarn.
3. Civ. I, 10 juill. 1979, D. 80.I.R. 333, RC 80.91 n. Gaudemet-Tallon, JDI 80.309 n. Audit.
4. Civ. I, 1er avril 1981, préc. n° 684.
5. Paris, 28 juin 1973, préc. n° 312.

1. Compétence de la loi locale

692. – Forme du divorce : prévalence de la loi locale sur la loi personnelle. Un certain nombre de législations connaissent ou ont connu d'autres formes de divorce que la forme judiciaire : divorces religieux, notamment, et parfois même divorces privés, administratifs ou législatifs (ceux-ci disparus). Cette situation a donné lieu à une hésitation jurisprudentielle, marquée par un arrêt dans lequel la Cour de cassation estima que les tribunaux français n'étaient pas compétents pour prononcer le divorce de deux juifs russes dès lors que leur loi personnelle exigeait l'intervention d'un rabbin[1]. Cette conception soumettant la forme du divorce à la loi personnelle – symptomatique du contexte doctrinal personnaliste de l'époque (n° 88) – a été depuis rejetée pour différentes raisons. Elle peut constituer un déni de justice dans la mesure où le droit français n'a jamais admis l'intervention d'autres autorités que ses tribunaux sur le territoire (n° suivant) et où les intéressés n'auront pas toujours la possibilité de se rendre à l'étranger devant l'autorité compétente. Dans le cas où le mariage a été célébré civilement en France, l'autorité religieuse refusera normalement de dissoudre une union qu'elle ne reconnaît pas. C'est pour cette raison que les tribunaux français ont prononcé le divorce d'époux dans une telle situation (catholiques, musulmans)[2]. En définitive, on peut aujourd'hui considérer que s'applique en matière de divorce un principe analogue à celui formellement énoncé en matière de formation du mariage par l'arrêt *Caraslanis* (n° 209) : la question de savoir si le mariage doit être dissous civilement ou d'une autre manière est une question de forme, qui relève de la loi locale et non de la loi personnelle des intéressés. Il se justifie par le souci d'assurer en toute hypothèse un contrôle de l'autorité publique sur les dissolutions prononcées en France comme sur les mariages qui y sont célébrés (n° 666). Cet impératif est même sans doute plus grand à l'égard des premières où il y a lieu de régler les conséquences de la rupture, non seulement entre les époux mais fréquemment à l'égard des enfants. Par un corollaire, les organes français compétents sont accessibles à toutes les personnes présentant le rattachement requis par les règles de compétence juridictionnelle.

693. – Conséquences. Il résulte de ce qui précède qu'en France tout divorce suppose l'intervention d'un juge ; le caractère facultatif de la règle *Locus regit actum* n'a jamais été admis en la matière. On refuse donc de reconnaître les divorces consulaires, religieux et *a fortiori* privés qui auraient été prononcés en France[3]. Le juge français est en revanche

1. Civ. 29 mai 1905, *Levinçon*, D.P. 05.1.353, S. 06.1.161 n. Pillet, Rev. dr. int. pr. 05.518, JDI 05.1006.
2. Civ. 25 fév. 1947, *Ghattas*, préc. n° 323, 324 ; Paris, 9 janv. 1943, D.C. 44.56, n. Basdevant, S. 43.2.29 n. Niboyet, JCP 43.II.2176 n. Bartin ; 4 juill. 1975, GP 75.2. Somm. 92, RC 77.743 ; trib. Seine, 28 avril 1967, JDI 68.353, 2e esp., obs. Kahn ; t.g.i. Paris, 22 janv. 1969, RC 70.435, 2e esp., n. Alexandre, JDI 70.325 obs. Fouchard.
3. Civ. I, 15 juin 1982, *Moatti c. Zagha*, D. 83.I.R. 151 obs. Audit, RC 83.300 n. Bischoff, JDI 83.595 n. Lehman, rejetant le pourvoi contre Aix-en-Prov., 21 janv. 1981, RC

compétent, selon ses règles (n° 348), pour prononcer le divorce selon les modalités prévues par une loi étrangère, sous réserve que celles-ci soient compatibles avec la mission que lui attribue la loi française. Pratiquement, toutefois, l'art. 309 C. civ. a considérablement restreint l'hypothèse de divorces prononcés en France selon une loi étrangère.

Réciproquement, la loi locale est reconnue compétente pour déterminer la forme des divorces intervenus à l'étranger. On reconnaîtra donc en France les effets de divorces prononcés selon une autre forme que judiciaire, prévue par la loi du lieu où ils sont intervenus[1]. L'on peut également envisager, par transposition de ce qui a été admis en matière de formation du mariage par l'arrêt *Zagha* (n° 667), que soit reconnu le divorce prononcé selon la forme d'une loi tierce à laquelle renverrait le droit local.

2. Domaine de la loi locale

694. – Concurrence possible de la loi applicable aux causes de divorce. La loi locale s'applique à la compétence d'attribution et à la compétence territoriale des organes désignés. Elle s'applique également à la plupart des particularités procédurales du divorce. Mais elle est susceptible de souffrir la concurrence de la loi applicable aux causes de divorce. En effet, la politique législative suivie en la matière unit étroitement les deux types de questions, comme en témoigne en France la réglementation de la procédure de divorce dans le Code civil. Ce lien est par exemple susceptible de se traduire en matière de preuve : sous l'empire du droit antérieur à 1975, il fut ainsi jugé que l'admissibilité de l'aveu par une loi procédurale étrangère se heurtait à la prohibition du divorce par consentement mutuel selon le droit français applicable[2]. La difficulté est cependant aujourd'hui réduite à la mesure de la faible part laissée à l'application des lois étrangères devant les tribunaux français par l'art. 309 C. civ. Il en va de même pour la question des mesures provisoires.

82.297 n. Légier et Mestre, autrement motivé sur ce point (divorce rabbinique à Paris) ; Paris, 7 juill. 1959, RC 60.354, 2e esp., n. Loussouarn, JDI 60.814 obs. Sialelli (acte de répudiation dressé à la mosquée de Paris) ; TGI Paris, 26 janv. 1978, RC 79.111 n. D. Holleaux, JDI 79.855 n. Kahn (acte de répudiation dressé au Consulat général du Maroc à Paris ; v. cependant, par une interprétation contestable de la convention franco-marocaine de 1981, TGI Paris, 26 fév. 1992, RC 93.58 n. crit. Alexandre) ; Versailles, 23 mars 1995, RC 96.699 n. Gaudemet-Tallon (divorce consulaire à Paris). Il est parfois suggéré de distinguer entre les divorces religieux, à l'encontre desquels le principe serait maintenu au nom du principe de laïcité, et les divorces consulaires, qui seraient reconnus ; cette distinction, au demeurant difficile dans le cas des pays où le droit est religieux, n'a pas lieu d'être au regard des fondements de la compétence exclusive des tribunaux français (n° 692).

1. Pour des répudiations, dans la mesure où elles sont considérées comme intervenues dans des conditions qui ne heurtent pas l'ordre public français, v. trib. Seine, 26 oct. 1959, préc n° 689 (répudiation mosaïque, devant témoins) ; 23 mai 1960, *ibid.* (répudiation devant notaire) ; v. également Paris, 16 oct. 1964, JDI 65.401 n. Sialelli (déclaration conjointe de rupture du lien conjugal devant un officier du registre civil de Mexico).
2. Civ. 17 juin 1958, *Figué*, JCP 58.10761 n. Louis-Lucas, RC 58.736 n. Francescakis, JDI 59.1114 n. Goldman, D. 59.65 n. Malaurie. Pour une autre illustration, Civ. I, 12 déc. 2006, Bull. civ. I, n° 540.

695. – Mesures provisoires et conservatoires. Les tribunaux français saisis d'un divorce présentant des éléments d'extranéité ont généralement prononcé des mesures provisoires (garde des enfants, conservation des biens, provision *ad litem*) selon la loi française sans statuer sur la loi applicable au divorce[1]. Cette pratique peut être justifiée par le caractère soit procédural, soit d'ordre public ou de police, des mesures en question. Mais elle peut présenter l'inconvénient de rompre l'unité de loi applicable au divorce, dans la mesure où la loi applicable en amont à ses causes peut être appelée à en régir également les suites (n° 696 s.) ; or les mesures provisoires préfigurent fréquemment les mesures définitives. Une tendance s'est donc manifestée en jurisprudence permettant au juge aux affaires matrimoniales (aujourd'hui, familiales) de prescrire les mesures provisoires selon la loi étrangère éventuellement applicable au divorce, ce qui implique la possibilité pour lui de déterminer préalablement celle-ci[2]. La loi française, si elle n'est pas la loi du divorce, n'interviendrait plus alors que de manière exceptionnelle, au titre de l'urgence ou de l'ordre public. Dans le domaine de la garde des enfants, cependant s'appliquent désormais les dispositions de la convention de La Haye du 15 mai 1961 (n° 627) ou celles du règlement Bruxelles II bis (n° 629).

C. EFFETS DU DIVORCE ET DE LA SÉPARATION DE CORPS

Les effets du divorce et de la séparation de corps sont dans l'ensemble déterminés selon les mêmes principes pour les deux institutions. La séparation de corps soulève toutefois des questions particulières, qui seront examinées distinctement.

1. Détermination de la loi applicable

696. – Loi applicable aux causes et lois concurrentes. Certains effets du divorce ou de la séparation de corps peuvent être considérés comme des suites directes de la procédure qui y a conduit et régis par la même loi que celle-ci : ainsi le point de départ des effets du divorce ou son opposabilité aux tiers, car cela ressortit à l'effet des jugements.

La transcription est soumise à certaines règles précises. Un jugement de divorce prononcé en France doit donner lieu à transcription sur les registres de l'état civil (art. 1082 al. 2 CPC). Si le mariage a été célébré à l'étranger, le juge français ne peut contraindre l'autorité étrangère à procéder à une transcription[3]. Un divorce prononcé à l'étranger et intéressant un Français peut être transcrit sur les registres tenus par les agents diplomatiques et consulaires. Si le mariage avait été célébré en France, la transcription du jugement étranger apparaît indispensable (arrêt *Rivière* ; sur la nécessité ou non d'un exequatur préalable, v. n° 482 *in fine*).

1. Civ. I, 13 fév. 1973, *Desramault*, RC 74.631 n. Topor ; ord. Prt TGI Paris, 12 juill. 1976, GP. 76.2.717.
2. Versailles, 18 janv. 1982, RC 83.442 n. Gaudemet-Tallon (application de la loi belge, compétente au fond selon l'art. 310 C. civ., et différente de la loi française quant aux mesures provisoires) ; v. déjà Paris, 13 nov. 1979, RC 80.568, 1re esp., n. Lequette (motifs). L'application aux mesures provisoires d'une loi étrangère applicable au fond peut appeler une certaine adaptation des pouvoirs du juge français, lorsque cette loi permet des initiatives non prévues par la loi française ; mais cela ne doit pas constituer un obstacle de principe à l'application éventuelle de la loi du divorce.
3. V. cpdt trib. Bobigny, 27 nov. 1973, RC 75.240 n. Massip.

En ce qui concerne en revanche la plupart des effets de fond du divorce ou de la séparation de corps, la loi qui en régit les causes semble avoir plus de titre à s'appliquer que la loi de procédure ; car la réglementation du divorce dans un pays donné traduit une politique législative et constitue un ensemble. Mais cette loi subit elle-même la concurrence de diverses autres, différentes selon que l'on envisage les effets personnels ou les effets pécuniaires du divorce.

a. Effets personnels

a) Rapports entre époux

697. – Effets mutuels et effets individuels. La loi qui détermine les causes de la rupture ou du relâchement est d'autant plus indiquée pour régir leurs effets personnels que, dans la mesure où il s'agit de fixer les rapports des époux entre eux et avec leurs enfants, la nécessité d'une loi unique s'impose.

En ce qui concerne en revanche les effets n'intéressant qu'un seul époux, tels que la possibilité de contracter un nouveau mariage (délai de viduité...), il n'y a pas de raison de ne pas revenir en principe à l'application de la loi personnelle de l'intéressé(e). Une difficulté s'élève sur ce point lorsque cette loi n'admet pas le divorce ; elle était relativement fréquente en Europe à l'époque où la loi italienne, en particulier, n'admettait pas le divorce et où de nombreux Italiens émigrés avaient été divorcés dans l'État de leur résidence. Elle fut peu à peu résolue en faisant abstraction de la loi personnelle afin de ne pas priver d'effet le jugement rendu dans l'État du for ou – s'il était intervenu dans un pays tiers – reconnu dans l'État du for[1]. L'ordre public est intervenu à l'encontre d'une loi personnelle édictant une restriction au remariage du conjoint divorcé, à titre de sanction (n° 312)[2].

La question du *nom* est à la charnière des effets individuels et mutuels du divorce. Elle ne doit pas soulever de difficulté si le divorce est régi par la loi personnelle commune des époux. Lorsqu'il est soumis à une autre loi, celle-ci doit sans doute l'emporter parce qu'elle aménage les conséquences de la séparation. Mais dans le cas où les tribunaux français sont amenés à prononcer le divorce selon une loi étrangère (art. 309, troisième cas), l'on peut envisager une application « immédiate » des dispositions

1. V. en Suisse, Trib. fédéral, 29 janv. 1976, *Paiano*, RC 76.519 n. F. Kn. La loi fédérale dispose aujourd'hui que l'autorisation de contracter mariage, lorsqu'elle est nécessaire, ne peut être refusée pour le seul motif qu'un divorce prononcé ou reconnu en Suisse n'est pas reconnu à l'étranger (art. 43) ; dans le même sens, en Autriche, IPR-Gesetz, § 17.2 ; en Allemagne, art. 13.2, 3° EGBGB ; et en Italie même, L. 31 mai 1995, art. 27.
2. Il n'est pas non plus tenu compte de la loi mosaïque interdisant le remariage de la femme tant que le mari ne lui a pas délivré le *gueth* (acte nécessaire à cette fin), si ce n'est pour condamner éventuellement le mari récalcitrant à verser des dommages-intérêts à la femme puisqu'il ne s'agit pas d'une question de divorce mais d'un dommage causé en relation avec les convictions des époux (v. par ex. Civ. I, 21 nov. 1990, D. 91. 434 n. Agostini).

françaises sur la possibilité pour la femme de conserver l'usage du nom de son mari (auj. art. 264 al. 2 C. civ.).

b) Garde des enfants après divorce et droit de visite

698. – Règles applicables : Convention de La Haye ; droit commun. Depuis 1984 en France, les dispositions de la Convention de La Haye du 5 octobre 1961 sur la compétence des autorités et la loi applicable en matière de protection des mineurs s'appliquent à l'attribution de la garde à l'occasion d'un divorce, dès lors que le mineur a sa résidence habituelle en France (n° 627)[1]. En ce qui concerne la reconnaissance de mesures prises par les autorités d'un État, la Convention ne s'applique qu'entre les États signataires (art. 7 ; n° 626) ; les solutions antérieures conservent par conséquent un certain domaine d'application. Il en est de même en ce qui concerne l'appréciation de l'ordre public, lequel est réservé par la Convention (art. 16)[2].

699. – Loi du divorce ou loi personnelle de l'enfant. Dans la mesure où elle procédait selon la méthode conflictuelle pour statuer sur cette question (n° suivant), la jurisprudence a longtemps été favorable à l'application de la loi du divorce à la garde, en tant qu'effet personnel du divorce[3]. Cette solution était assez facilement justifiable à une époque où, en droit interne, l'attribution de la garde était en principe liée au profit du divorce. À mesure que selon la jurisprudence interne, consacrée en 1975 par la loi (anc. art. 287 C. civ.), ce critère à l'origine subsidiaire était supplanté par celui de l'intérêt de l'enfant, ce dernier est apparu comme le centre du rapport. Il semble dès lors plus naturel de faire de la loi personnelle de l'enfant le rattachement de principe[4]. On peut de plus faire valoir que le rattachement à la loi du divorce fige la loi applicable, alors que les liens des intéressés avec cette loi peuvent se distendre ou disparaître. La loi personnelle soulèvera en revanche assez fréquemment la difficulté tenant à la double nationalité de l'enfant, du fait que le ménage dissocié était « mixte » et que se développe la transmission de la nationalité par la mère. On sait que cette difficulté est traditionnellement résolue, sur une demande directe, en donnant la préférence à la nationalité du for[5], et à la nationalité la plus effective si aucune des nationalités n'est celle du for. Mais en matière de reconnaissance d'une mesure décidée à l'étranger, la

1. Il s'ensuit qu'un tribunal français compétent pour statuer sur le divorce ne l'est pas pour statuer sur la garde d'enfants ne résidant pas en France.
2. Sur la Convention de 1996 en principe destinée à remplacer celle de 1961, v. n° 628.
3. Paris, 23 nov. 1954, D. 55.245, RC 56.63 n. Y. L. ; trib. Seine, 16 janv. 1959, *Vidal*, RC 59.661 n. Loussouarn, JDI 60.114 n. Ponsard, D. 60.67 n. Herzog ; et encore Paris, 25 juin 1986, D.87. Somm. 348, 1re esp.
4. En ce sens, v. Lequette, *op. cit. sub.* n° 597 (n° 113 s.) ; Fadlallah, *op. cit.* n° 360 s., et consacrant cette solution, TGI Dunkerque, 26 et 28 oct. 1987, JDI 88.766 n. Mezghani.
5. V. dans le cadre du droit conventionnel, Civ. I, 16 déc. 1986, RC 87.401 n. Lagarde ; Paris, 11 fév. 1994, D.94. Somm. 354 (déclarant cependant la nationalité française plus effective).

jurisprudence accepte de s'incliner devant la préférence donnée par le juge étranger à la loi de sa nationalité[1].

700. – Intervention de l'ordre public. Quel que soit le critère de rattachement de la garde, la matière est de celles où l'ordre public est susceptible d'intervenir. Ce facteur pourra s'opposer à l'application, et même à tout effet en France, des lois étrangères attribuant la garde non en fonction d'une appréciation *in concreto* mais selon des critères prédéterminés : soit en ce qu'elles introduisent une discrimination entre les parents, soit en ce qu'elles ne se fondent pas sur l'intérêt de l'enfant et en particulier ne permettent pas une modification de l'attribution de la garde en fonction de cet intérêt[2]. L'ordre public pourrait également être invoqué à l'encontre de lois qui, suivant une conception particulière de l'intérêt de l'enfant, ne prévoiraient pas de droit de visite du parent non gardien jusqu'à la majorité de l'enfant.

Le fait que l'intérêt de l'enfant puisse être apprécié le cas échéant en fonction de certains préjugés a pu entraîner l'intervention de l'ordre public, sans effet atténué, à l'encontre d'une décision étrangère qui s'était prononcée selon ce critère, mais de manière simplement formelle[3].

701. – Modification de la garde. Le critère de l'intérêt de l'enfant, promu au premier plan en droit interne, implique qu'une modification des dispositions résultant d'un jugement étranger puisse toujours être demandée en France. Mais c'est alors en fonction de la Convention de La Haye du 5 octobre 1961 et/ou du règlement Bruxelles II bis qu'elle devra être déterminée (n° 616 et s.).

702. – Déplacement ou rétention de l'enfant à l'étranger. Une question devenue pressante est celle des déplacements d'enfants mineurs à l'étranger en méconnaissance d'une décision relative à la garde[4]. Les tribunaux sont amenés à tenir compte de ce risque de manière préventive dans l'aménagement des droits de garde et de visite ; en effet, le second peut constituer un danger pour le premier lorsque le parent non gardien emmène l'enfant à l'étranger. Les tribunaux peuvent donc restreindre l'exercice du droit de visite à certains lieux précis ou interdire la sortie du territoire métropolitain, ou assortir le droit de visite de certaines garanties

1. Civ. I, 22 juill. 1987, *Dujaque*, préc. n° 139. Un danger inhérent à la matière est que l'« intérêt de l'enfant » ne soit apprécié par les tribunaux, en tout pays, de manière nationaliste, c'est-à-dire en attribuant la garde à celui des parents qui a la nationalité du for.
2. Les lois d'inspiration musulmane attribuent la garde de manière automatique en fonction de l'âge et du sexe de l'enfant, avec une prééminence à l'éducation islamique. V. Paris, 13 juill. 1951, JCP 52.6975 obs. Sialelli ; 1er juill. 1974, JDI 75.525, 2e esp., n. Lequette, RC 75.266 n. Foyer ; et toutefois Paris, 18 déc. 1973, JDI 75.525, 1re esp., n. Lequette, RC 75.243 n. J.F.
3. Civ. I, 30 janv. 1979, D. 79.I.R.460, JDI 79.393 n. D. Mayer, RC 79.629 n. Lequette.
4. V. Chatin, « Les conflits relatifs à la garde des enfants et au droit de visite en droit international privé », TCFDIP 1981-82, p.106 ; rép. min. RC 1981.785.

lorsque le parent qui doit l'exercer réside à l'étranger[1]. Mais pratiquement, le comportement envisagé ne peut être surmonté que par une coopération entre les États. Trois instruments internationaux multilatéraux, adoptés dans des cadres différents, tendent aujourd'hui à cette fin.

La *Convention de Luxembourg du 20 mai 1980* a pour objet la reconnaissance et l'exécution des décisions en matière de garde[2]. Elle complète donc d'une certaine manière la Convention de La Haye de 1961 en assurant le respect de décisions prises concernant la garde de l'enfant, par l'institution d'une procédure d'exequatur simple et rapide[3]. Mais elle est aujourd'hui primée par le règlement communautaire Bruxelles II bis dans le domaine de celui-ci (n° 622).

La *Convention de La Haye du 25 octobre 1980 sur les aspects civils de l'enlèvement international d'enfants* vise à assurer entre les Etats contractants, en cas de déplacement ou de non-retour illicites, c'est-à-dire en violation d'un droit de garde effectivement exercé, le retour immédiat de l'enfant dans l'État de sa résidence habituelle[4]. Destinée à mettre fin à une voie de fait, elle ne porte pas sur le fond[5]. Elle organise le retour de l'enfant du pays où il a été emmené au moyen d'une coopération entre autorités centrales spécialisées de chaque État[6]. Le retour immédiat doit être ordonné si la demande est introduite dans le délai d'un an depuis le déplacement (ou le non-retour) de l'enfant ; il l'est également après ce délai « à moins qu'il ne soit établi que l'enfant est intégré dans son nouveau milieu » (art. 12)[7]. Dans tous les cas, le retour peut ne pas être ordonné s'il est établi soit que le demandeur n'exerçait pas effectivement ses droits au moment du déplacement, soit qu'il existe un « risque grave que le retour de l'enfant ne l'expose à un danger physique ou psychique,

1. Civ. I, 3 fév. 1982, RC 82.558 n. P. L. et rép. min. RC 1984.166.
2. Elle est largement ratifiée par les États membres du Conseil de l'Europe au sein duquel elle a été adoptée ; en France, décr. du 27 juill. 1983, RC 83.760 (v. déclaration et réserve p. 770).
3. Sur l'articulation des deux conventions, v. Lagarde, note RC 1987.412.
4. Comm. Batiffol, RC 1981.232 ; F. Monéger, JCP1992.I.3605. Cette convention, ouverte aux États non membres de la Conférence, était en vigueur en 2005 dans près de quatre-vingt États dont la France (décr. 29 nov. 1983, RC 1980.893). L'adhésion d'un État non membre de la Conférence doit être acceptée par un Etat membre pour avoir effet à son égard. Sur la jurisprudence comparée relative à la notion de « garde », v. Parrot, *op. cit.* (*supra* n° 57), n° 308 s.
5. TGI Toulouse, 20 mars 1987, GP 87.2.609 n. Monin-Hersant et Sturlese, RC 88.67 n. Lequette. Les rapports entre l'action en remise de l'enfant, instituée par la convention de La Haye, et une action en reconnaissance des décisions, prévue par la convention de Luxembourg, sont comparés à ceux d'une action possessoire par rapport à une action pétitoire dans le domaine des droits réels. Pour une illustration, Civ. I, 14 nov. 2006, n° 05-15692 ; 20 janv. 2010, n° 08-19267.
6. La Cour EDH a sanctionné, sur le fondement de l'art. 8 de la CESDH, le fait pour un État de ne pas déployer des efforts adéquats et suffisants pour assurer le respect des obligations positives qui lui incombent selon la Convention de La Haye (26 juin 2003, *Maire c. Portugal*, req. n° 48206/99). V. art. Marchadier, RC 2007.677.
7. Le délai court du jour du déplacement ou du non retour (et non de la connaissance du lieu où se trouve l'enfant) et jusqu'au jour où la juridiction est saisie de la demande de retour (Civ. I, 9 juill. 2008, RC 08.841 n. Muir Watt).

ou de toute autre manière ne le place dans une situation intolérable » (art. 13). Le second argument est régulièrement invoqué à défaut d'être souvent admis[1].

Ces deux conventions assurent inversement l'exercice du droit de visite, contrepartie du droit de garde, contre les restrictions de la part du parent gardien[2].

Elles sont toutefois aujourd'hui primées par le *règlement européen Bruxelles II bis* dans la mesure de leur domaine commun. En cas de déplacement illicite d'un enfant d'un Etat membre à l'autre, le règlement renforce entre les États membres les dispositions de la Convention de La Haye de1980 par un certain nombre de précisions et adjonctions (art. 11). Outre que les juridictions de l'État de la résidence d'origine conservent une compétence de principe (n° 632), la décision sur la demande de retour de l'enfant doit être rendue dans l'État de déplacement au plus tard six semaines après la saisine, sauf impossibilité liée à des circonstances exceptionnelles. Le retour ne peut être refusé si la personne qui l'a demandé n'a pas eu la possibilité d'être entendue. Il ne peut l'être sur le fondement de l'article 13 b) de la Convention de La Haye s'il est établi que des dispositions adéquates ont été prises pour assurer la protection de l'enfant après son retour. Si une décision de non-retour est néanmoins rendue sur le fondement de l'article 13 de la Convention, elle n'a qu'une valeur provisoire. La décision doit parvenir dans le délai d'un mois, accompagnée d'un compte rendu des audiences, directement ou via l'autorité centrale de la juridiction d'origine, à la juridiction compétente de l'État de l'ancienne résidence habituelle de l'enfant. Celle-ci la notifie aux parties et les invite à présenter leurs observations dans les trois mois afin qu'elle examine la question de la garde de l'enfant. Si elle rend une décision de retour, celle-ci prime la décision prise dans l'État de déplacement et y bénéficie de la force exécutoire de plein droit par le biais du certificat établi par l'autorité d'origine selon le modèle annexé au règlement, moyennant les vérifications édictées par l'art. 42.2 (n° 632)[3]. On attend de ces mesures non seulement une plus grande efficacité pour remédier aux enlèvements d'enfants, mais aussi qu'elles jouent un rôle préventif à leur encontre[4].

1. La Cour de cassation considère que l'appréciation des faits constitutifs de danger relève du pouvoir des juges du fond ; mais elle contrôle la détermination d'une situation génératrice de danger (v. Civ. I, 12 juill. 1994, RC 95.96, 2e esp., n. Muir Watt). Sur l'évolution de la jurisprudence, v. Boulanger, D. 2005.2790.
2. Des accords bilatéraux, inspirés des conventions précédentes, ont également été conclus sur le sujet, en particulier avec le Maroc (convention du 10 août 1981, RC 1983.531), la Tunisie (convention du 18 mars 1982, RC 1983.539), l'Égypte (convention du 15 mars 1982, RC 1982.745), le Portugal (n° 625) et l'Algérie (*ibid.*).
3. Sur ce qu'il importe peu que la décision de non-retour soit suspendue, réformée, annulée ou ne soit pas passée en force de chose jugée, CJCE, 11 juill. 2008, *Rinau*, aff. C-195-08 PPU, RC 08.871 n. Muir Watt.
4. Les éventuels recours en interprétation préjudicielle du règlement dans ce domaine sont particulièrement appelés à être traités selon la procédure préjudicielle d'urgence (n° 501) ; ainsi dans la dernière affaire citée.

b. Effets pécuniaires

703. – Domaine. La jurisprudence a appliqué la loi du divorce à la pension alimentaire entre époux, sous réserve de l'ordre public[1]. La Convention de La Haye du 2 octobre 1973 sur la loi applicable aux obligations alimentaires adopte la même solution, par dérogation aux rattachements de principe qu'elle retient (n° 675), et cela non seulement pour la détermination initiale de la pension mais pour sa modification éventuelle (art. 8). La loi applicable se trouve ainsi cristallisée, nonobstant un changement ultérieur de nationalité ou de résidence des intéressés, ce qui peut se justifier par la nécessité d'un régime unique (par exemple, de prestation forfaitaire ou de pension révisable). Selon le Protocole de La Haye de 2007 (*infra* n° 745), une règle générale permet aux parties de conclure un accord procédural soumettant l'obligation alimentaire à la loi du tribunal saisi (art. 7).

De manière générale, les effets patrimoniaux directement liés au divorce relèvent de la loi qui lui est applicable. Il en sera ainsi de la prestation compensatoire, par souci d'homogénéité[2] ; ou de dommages-intérêts destinés à compenser le cas échéant le préjudice causé par le divorce. En revanche, l'attribution éventuelle d'une réparation pour sanctionner des préjudices indépendants de la rupture du lien conjugal relève plutôt de la qualification délictuelle et sera rattachée en conséquence. Quant à l'influence du divorce ou de la séparation de corps sur le régime matrimonial ou sur le droit de succession des intéressés, elle relève de la loi applicable à ces institutions (v. en particulier n° 882).

704. – Régime. Une loi étrangère ne prévoyant pas de secours pécuniaire pour la femme divorcée, ou une allocation insuffisante, est écartée au nom de l'ordre public[3]. Les conventions entre époux en vue du divorce furent jadis déclarées contraires à l'ordre public français ; mais une attitude plus souple s'est manifestée dès avant la réforme du divorce en 1975[4]. Ce type de convention étant aujourd'hui favorisé (art. 230, 247 C. civ.), la question qui se pose est celle de leur rattachement. On doit permettre aux époux de désigner une des lois à laquelle leur situation se rattache, tout en réservant la compatibilité de l'accord avec les lois respectivement applicables à l'obligation alimentaire, à l'autorité parentale et au divorce.

1. Paris, 2 juill. 1954, *Lamet*, RC 54.810 n. Batiffol, JDI 55.142 n. Ponsard.
2. V. qualifiant la prestation de « mesure pécuniaire destinée à compenser les préjudices créés par la dissolution du mariage », et appliquant la Convention de La Haye, Civ. I, 16 juill. 1992, D.93.476 n. Saïd, JCP 93.22138 n. Déprez, RC 93.269 n. Courbe ; 7 nov. 1995, D. 96. Somm. 170. Mais l'obligation alimentaire des anciens époux envers les enfants est soumise à la règle de principe de la Convention, c'est-à-dire régie par la loi de la résidence habituelle du créancier (n° 745).
3. Civ. I, 16 juill. 1992, préc. ; 28 nov. 2006, D. 07.280 n. Devers, RC 07.584 n. Joubert.
4. Civ. I, 7 nov. 1972, JDI 72.700 n. de La Pradelle, RC 73.691 n. Wiederkehr.

2. Questions propres à la séparation de corps

705. – Effets respectifs du mariage et de la séparation de corps. Du fait que la séparation de corps ne met pas fin au mariage, il y lieu en principe de faire le départ entre la loi des effets du mariage, qui subsiste, et celle de la séparation de corps, qui crée une situation nouvelle. À l'époque où le même rattachement déterminait la loi des effets du mariage et celle de la séparation de corps (n° 671), la question ne se posait qu'en cas de modification de l'élément de rattachement ultérieur des effets du mariage (changement de nationalité ou de domicile). Si l'on décide aujourd'hui de cantonner la règle de conflit de l'art. 309 C. civ. à la séparation de corps (*ibid.*), la dissociation peut exister dès l'instance en séparation (ainsi lorsque deux époux étrangers de même nationalité sont domiciliés en France). La loi de la séparation doit en principe déterminer la mesure dans laquelle les obligations entre époux sont affectées et les circonstances qui peuvent mettre fin à la séparation ; la loi des effets du mariage l'étendue des obligations qui subsistent, telles que le devoir de secours. Cette dualité ne peut manquer de soulever des problèmes d'adaptation. De plus, en cas de demande en divorce (distinguée de la conversion) formée par l'un des époux, il faudra déterminer la loi du divorce mais c'est la loi de la séparation de corps qui devra être consultée pour apprécier les obligations qui subsistaient entre les époux[1].

706. – Conversion de la séparation de corps en divorce. Une séparation de corps étant supposée régulièrement prononcée, sa conversion en divorce ne peut être opérée que si elle est admise par la loi applicable à une instance directe en divorce, puisque tel est le résultat visé par la demande[2].

Lorsque cette loi est une loi étrangère se pose la question de la distinction entre le fond et la procédure ; ainsi, lorsque la conversion est demandée en France alors que la séparation a été prononcée selon une loi étrangère (que ce soit dans le pays de cette loi ou en France). Comme en matière de demande directe en divorce, beaucoup de questions considérées en droit interne comme de procédure sont susceptibles d'être soustraites à l'application de la loi du for parce qu'elles poursuivent une fin substantielle. Il en est notamment ainsi du délai à l'issue duquel la conversion peut être demandée[3].

1. Civ. I, 11 juill. 1977, D. 78. I.R. 102 et J. 673 n. Galia-Beauschène, RC 79.395, 2e esp., n. Loussouarn.
2. Elle sera par conséquent refusée si la loi étrangère applicable au divorce ne connaît pas le mécanisme de la conversion : Paris, 11 juill. 1978, JDI 79.601 n. Alexandre ; t.g.i. Paris, 23 fév. 1978, RC 79.598 n. Poisson-Drocourt.
3. TGI Bobigny, 27 nov. 1973, GP 74.2.559, RC 75.240 n. Massip (respect du délai de sept ans prévu par la loi italienne pour la conversion de la séparation de corps entre deux Italiens). De même, déclarant règle de fond l'art. 307 al. 2 C. civ. imposant une demande conjointe pour la conversion d'une séparation de corps prononcée sur demande conjointe (disposition reprise sous une autre forme par l'art. 1142 al. 1 CPC) : TGI Paris, 20 janv. 1977, D. 77.I.R.352, RC 77.335 n. Gaudemet-Tallon, JCP 78.II.18807 n. Lindon (la décision se justifie par le fait que la disposition en cause

Une autre difficulté résulte d'un changement des circonstances de rattachement entre la séparation de corps et la demande de conversion[1]. Elle est résolue en déclarant applicable en principe la loi du divorce, pour tenir compte de la situation actuelle ; mais en ne prononçant celui-ci que si la séparation est intervenue pour des causes qui peuvent justifier le divorce (et qui ne sont pas contraires à l'ordre public), donc à consulter la loi de la séparation[2]. Cette voie fut indiquée par le premier arrêt *Ferrari*, dans lequel la Cour de cassation refusa de convertir en divorce la séparation prononcée en Italie du consentement mutuel des époux[3]. Il s'ensuit que peut être convertie en divorce en France une séparation intervenue selon une loi qui ne connaît pas le divorce mais pour une cause susceptible de conduire au divorce selon la loi française, devenue depuis applicable[4].

Voy. : Courbe, « Le divorce international : premier bilan d'application de l'art. 310 du Code civil », TCFDIP 1989-90.123 ; « Divorce et conflit mobile », Mél. D. Holleaux, 1990, p. 69 ; Durante, « Problèmes contemporains du divorce en droit international privé », RCADI 1976.IV.1 (t. 152) ; Jean Foyer, « Tournant et retour aux sources en droit international privé (l'art. 310 nouv. C. civ.) », JCP 1976.I.2762 ; Jacques Foyer, « L'article 310 du Code civil ou la réception partielle d'un unilatéralisme total », Mél. Jean Foyer, 1997, p. 391 ; Francescakis, « Le surprenant article 310 nouveau du Code civil sur le divorce international », RC 1975.553 ; Gaudemet-Tallon, « La désunion du couple en droit international privé », RCADI 1991.I.11 (t. 226) ; Simon-Depitre, « Le nouvel article 310 C. civ. », JDI 1976.823 ; *adde* la bibl. citée à la suite du n° 601.

Commission européenne, Livre vert sur le droit applicable et la compétence en matière de divorce, JDI 2005.575

§ 2. – CONFLITS DE JURIDICTIONS : RÈGLES SPÉCIFIQUES

Depuis l'introduction en 2001 d'un premier règlement européen applicable à la compétence des tribunaux français et à la reconnaissance des décisions étrangères en matière de divorce et de séparation de corps (« Bruxelles II »), remplacé en 2003 par celui actuellement en vigueur (« Bruxelles II bis »), le droit commun est devenu d'application tout à fait subsidiaire ; il convient néanmoins de commencer par lui.

tend à assurer qu'un époux puisse accepter la séparation de corps avec la certitude qu'un divorce ne lui sera pas ultérieurement imposé sans son consentement ; cela conduirait à écarter cette disposition lorsqu'un tribunal français aurait à appliquer, au fond, une loi étrangère).

1. La question s'est également posée à la suite du changement de la règle de conflit opérée en France par la loi de 1975.
2. Cela suppose naturellement que la séparation soit reconnue en France, mais non que l'exequatur en soit nécessairement obtenu : Paris, 11 juill. 1978, préc.
3. Civ. 6 juill 1922, préc. n° 678. La solution était fondée non, comme on pourrait le croire, sur ce que la loi italienne ne permettait pas le divorce, non plus que sur un droit acquis du conjoint à l'application de cette loi ; mais sur ce que la conversion est un prolongement de la séparation et ne peut donc intervenir que s'il existait un motif de divorce au moment de la séparation.
4. Paris, 25 avril 1969, *Zelenkin*, JDI 70.701 n. Malaurie, RC 71.497 n. Ponsard ; TGI Paris, 20 janv. 1977, préc.

A. DROIT COMMUN

707. – Renvois. On a été amené à l'occasion de développements généraux antérieurs à traiter le droit commun de la compétence et de la reconnaissance des décisions en matière de divorce. La compétence des tribunaux français relève, selon le cas, des deux types de règles régissant la compétence internationale : les règles de compétence territoriale internes, en l'occurrence celles des articles 1070 s. CPC, étendues en matière internationale (n° 348) ; et, en l'absence de rattachement territorial prévu par ces règles, les art. 14 et 15 lorsqu'une partie est française (n° 358 s.)[1]. Nonobstant l'indisponibilité de l'état des personnes, la jurisprudence admet la renonciation à ces derniers.

En ce qui concerne la reconnaissance des jugements, de même, des développements antérieurs ont amené à présenter l'application en matière de divorce des différentes conditions de la reconnaissance des décisions étrangères : compétence du juge d'origine (n° 472), ordre public de procédure (n° 474) et de fond (n° 688 s.), fraude à la loi (n°s 236 s., 468).

B. LE RÈGLEMENT N° 2201/2003

708. Origine. Dans le même esprit que la Convention de Bruxelles de 1968 et suivant les mêmes lignes, fut négocié dans les années quatre-vingt dix un projet de convention dit « Bruxelles II » (n° 506). Il visait à mettre fin aux décisions contradictoires, particulièrement fréquentes et malencontreuses en matière de désunion du couple et de responsabilité sur les enfants communs, en posant des règles communes de compétence ; et, corrélativement à assurer la reconnaissance des décisions rendues (ce qui en faisait une convention « double »). À la suite de l'entrée en vigueur du traité d'Amsterdam, et sur le fondement de l'art. 65 du traité CE, le projet fut mis en vigueur sous forme de règlement du Conseil sur la compétence, la reconnaissance et l'exécution des décisions en matière matrimoniale et de responsabilité parentale des enfants communs[2]. Celui-ci a été rapidement remplacé par un autre, n° 2201/2003, du 27 novembre 2003, applicable à tous les enfants et, à leur égard, indépendamment de tout lien avec une

1. 30 sept. 2009 (n° 08-19793), D. 10.58 n. Audit, RC 10.13, 2e esp., n. Gaudemet-Tallon.V. rejetant l'argument d'une limitation de la portée de l'art. 14 pour statuer sur les modalités d'exercice pendant l'instance de l'autorité parentale sur un enfant résidant à l'étranger : Civ. I, 25 janv. 2005, JDI 06.593 n. Hotte. Sur la condition, aujourd'hui abandonnée, de compétence de la loi appliquée, v. n° 474.
2. Règlement n° 1347/2000 du 29 mai 2000, JOCE L 160/19, entré en vigueur le 1er mars 2001 ; A. Borras, rapport explicatif, JOCE n° C-221 du 16 juillet 1998, p. 27 ; comm. Sturlese JCP 01.I.292, Gaudemet-Tallon JDI 01.381, Ancel et Muir Watt, RC 01.403. Le passage d'une convention à un règlement, ainsi qu'une mise en harmonie avec certains textes adoptés depuis (règlement n° 1348/2000 du même jour sur la notification des actes) ou en projet (révision de la Convention de Bruxelles, sous forme également de règlement ; n° 502), se traduisirent par quelques modifications par rapport au texte du projet de convention (RC 1998.774, comm. H. Gaudemet-Tallon, TCFDIP 1998-99, p. 83 ; Sturlese, JCP 98.I.145).

procédure matrimoniale[1]. Les auteurs du règlement ont néanmoins maintenu un instrument unique, arguant de ce que les questions de responsabilité parentale s'élèvent souvent dans le cadre d'actions matrimoniales, et reconduit les dispositions relatives à la désunion du couple[2]. Le règlement est applicable depuis le 1er mars 2005, et ce aux actions intentées postérieurement à cette date.

709. – Objet et champ d'application du règlement. Par « matière matrimoniale », le règlement vise le divorce, la séparation de corps et l'annulation du mariage (art. 1er, a). Il n'inclut pas les questions patrimoniales que soulève le contentieux entre époux, notamment, les régimes matrimoniaux et les successions, non plus que les biens des enfants à l'exception de ce qui concerne leur protection, soit la désignation de la personne chargée de les administrer et les mesures de protection ; et, dans les deux cas, les obligations alimentaires, car déjà régies par le règlement n° 44/2001 et, depuis, par le règlement n° 4/2009 (n° 532-3)[3]. Dans le cas, fréquent, où une décision aura statué sur des questions n'entrant pas dans le champ du règlement, elle sera soumise pour son efficacité sur ces points soit aux règlements précités, soit au droit commun de l'État requis (ce qui ne simplifie pas la tâche).

Le règlement a été jugé s'appliquer dès lors qu'une règle de compétence désigne une juridiction d'un État membre[4] ; dans le cas contraire, les règles de droit commun de chaque État s'appliquent subsidiairement (art. 7). En revanche, il ne s'applique naturellement, en matière de reconnaissance (et de litispendance), qu'aux décisions rendues dans un État où il est en vigueur[5].

1. La modification du nouveau règlement a rapidement été envisagée : proposition du 17 juillet 2006, COM (2006) 0399 final (sur laquelle, v. Barrière-Brousse, D. 08.625).
2. Pour un exemple de difficulté de cerner le champ d'application exact du règlement ainsi que l'articulation des règles respectivement applicables au divorce et à la responsabilité parentale, v. Paris, 24 juin 2004, préc. n° 630.
3. Sur la responsabilité parentale, v. *supra* n° 629.
4. Il a ainsi été jugé (sous l'empire du règlement n° 1347/2000) justifier la compétence des tribunaux français entre époux français résidant dans un pays tiers (Islande), ce qui ne va pas de soi (Civ. I, 22 fév. 2005, D. 05.1459 n. Chaillé de Néré, RC 05.515 n. Pataut. D.06. Pan. 1500 obs. Jault-Seseke) ; v. également, 12 déc. 2006, JCP 07.10047, 1re esp., n. Devers, D. 06.780, 2e esp. n. Mahinga et Pan. 1751 obs. Courbe et Jault-Seseke. En cas de résidence habituelle commune en France, *ibid.*, 2e esp. V. également CJCE 29 nov. 2007, D. 08. Pan. 1514 obs. Courbe et Jault-Seseke, JCP 08.10042 n. Devers, RC 08.343 n. Gallant (compétence impérative pour les tribunaux de l'État de la Communauté du dernier domicile des époux nonobstant le fait que le défendeur est domicilié hors de la Communauté ; v. art. 6).
5. V. Civ. I, 17 juin 2009, D. 10.121 n. Chaillé de Néré, RC 10.170 n. Pataut (rendu dans la même affaire que le premier arrêt cité note précédente), jugeant à cette occasion que les règles de compétence posées par le règlement, tout en étant applicables à l'instance directe, ne sont pas indirectement exclusives de la compétence des juridictions des États tiers.

710. – Chefs de compétence. Le règlement adopte des chefs de compétence alternatifs, non hiérarchisés. Cela, lié à leur nombre, peut avoir l'inconvénient d'inciter, s'agissant de litiges entre époux, l'un d'eux à intenter rapidement une action. La plus large part est faite au critère de la résidence habituelle ; mais la nationalité, à laquelle est assimilé le « domicile » au sens des systèmes juridiques du Royaume-Uni et de l'Irlande (v. n° 144), est également retenue, comme il est normal en matière personnelle, au moins lorsqu'elle est commune aux époux. Le premier critère se décline de sept manières différentes, selon que la résidence habituelle est commune ou non et qu'il s'agit de celle du défendeur ou du demandeur, ou encore que s'y joint la nationalité lorsqu'il s'agit de celle de l'époux demandeur. Sont ainsi compétentes les juridictions de l'État de la résidence habituelle des époux, ou de leur dernière résidence habituelle dans la mesure où l'un d'eux y réside encore[1], ou de la résidence habituelle du défendeur, ou, en cas de demande conjointe, de la résidence habituelle de l'un d'eux, ou encore de la résidence habituelle du demandeur, s'il y a résidé depuis au moins un an avant la demande (délai réduit à six mois si l'intéressé est ressortissant de l'État en question ou y a son « domicile »)[2]. Une juridiction d'un État membre ayant rendu une décision sur la séparation de corps est également compétente, indépendamment des critères précédents, pour convertir cette décision en divorce, si sa loi le prévoit (art. 5).

Un défendeur qui a sa résidence habituelle dans un État membre ou qui est ressortissant d'un État membre (ou « domicilié au Royaume-Uni ou en Irlande) ne peut être attrait devant les juridictions d'un autre État membre qu'en vertu des dispositions précédentes (art. 6), qui ont donc, en tant que règles de compétence directe, un caractère exclusif. L'intéressé est ainsi protégé notamment contre les fors exorbitants éventuellement connus des droits nationaux (par ex. le conjoint Français d'un étranger ou d'une étrangère, de quelque nationalité que ce soit, domicilié dans un État membre, ne peut saisir les tribunaux français sur le fondement de l'article 14 C. civ. ; et il ne pourrait saisir les tribunaux français sur le seul fondement de l'art. 15 si le conjoint français est domicilié dans un État de l'Union). Toutefois, le règlement réserve la possibilité de prendre des mesures provisoires et conservatoires conformément aux dispositions d'un État membre, en cas d'urgence, et relativement aux personnes ou aux biens présents dans cet État (art. 20)[3]. On note qu'en visant les seconds, la disposition englobe des matières pourtant non couvertes par le règlement[4].

1. Civ. I, 28 nov. 2007, RC 08.844 n. Gallant ; 30 sept. 2009, n° 08-18.769, préc. n° 389).
2. Pour une appréciation (négative) de la résidence habituelle mettant l'accent sur le caractère temporaire du séjour et l'absence de volonté de la demanderesse de transférer en France « le centre habituel et permanent de ses intérêts », v. Civ. I, 14 déc. 2005, D. 06. Pan. 1502 obs. Courbe, rejetant le pourvoi contre Aix-en-Pr. 18 nov. 2004, JDI 05.801 n. Richez-Pons.
3. V. cependant Paris 19 déc. 2002, JDI 03.811 n. Boiché, se référant à l'art. 5.2 de la Convention de Bruxelles.
4. Paris 19 déc. 2002, préc. (statuant selon la même disposition du règlement 1347/2000).

Lorsque les dispositions du règlement ne donnent pas compétence à une juridiction d'un État membre, la compétence est régie par le droit commun de l'État dans lequel une action est intentée ; et les ressortissants d'un État membre ayant leur résidence habituelle sur le territoire d'un autre État membre peuvent y invoquer les règles de compétence qui y sont applicables (art. 7).

711. – Règles de procédure. Le juge d'un État membre, lorsqu'il est saisi, doit vérifier sa compétence selon les termes du règlement et, si elle n'est pas fondée tandis que l'affaire relève de la juridiction d'un autre État membre, se déclarer d'office incompétent (art. 17). Par conséquent, l'obligation de vérification s'impose dans toute hypothèse de divorce international, avant de pouvoir le cas échéant fonder la compétence sur les règles de droit commun. Lorsque le défendeur ne comparaît pas, la juridiction doit surseoir à statuer en attendant qu'il soit établi que le défendeur a été dûment informé de l'action ou que toute diligence a été faite pour cela[1].

Le nombre des chefs de compétence retenus et le caractère souvent très disputé des litiges entre époux créent un risque élevé de situations de litispendance. Que les deux actions aient le même objet ou non (par ex., un époux demande le divorce dans un État membre tandis que l'autre agit en nullité du mariage dans un autre), la juridiction saisie en second lieu doit surseoir d'office à statuer le temps que la compétence de la juridiction première saisie soit assurée[2]. Si elle l'est, la juridiction saisie en second lieu doit se dessaisir, mais le demandeur devant elle peut alors porter son action devant la juridiction première saisie (art. 19). Ceci règle d'une certaine manière la question de demandes connexes ; mais il se pourrait que la juridiction première saisie ne connaisse pas le type d'action intenté à l'étranger.

Afin d'éviter les difficultés liées aux disparités de règles de procédure nationale, l'art. 16 formule une définition autonome de la date à laquelle une juridiction est réputée saisie : date à laquelle l'acte introductif d'instance ou un acte équivalent est déposé auprès de la juridiction ou, si l'acte doit être préalablement notifié, date à laquelle il est reçu par l'autorité chargée de la notification, à condition dans les deux cas que le demandeur n'ait pas négligé par la suite de prendre les mesures nécessaires pour la suite de la procédure. Le premier terme doit s'entendre, en droit français, du dépôt de la requête en divorce et non de l'assignation suivant l'échec de la tentative de conciliation, à peine de défavoriser les demandeurs agissant en France[3]. Comme le montre la dernière affaire citée, il ne serait pas superflu d'ajouter à la règle une précision horaire.

1. Référence est faite en ce qui concerne la signification et la notification de l'acte introductif d'instance d'un État membre à un autre, au règlement n° 1348/2000 du 29 mai 2000 (n° 426) ; à défaut, à la Convention de La Haye de 1965 (n° 421).
2. V., statuant sur la charge de la preuve lorsque les époux ont respectivement saisi le même jour deux juridictions compétentes (en faveur, dans le cas de figure, de la seule partie établissant l'heure du dépôt de sa requête), Civ. I, 11 juin 2008, RC 08.859 n. Ancel, JDI 09.587 n. Fohrer-Dedeurwaerder.
3. Civ. I, 11 juill. 2006, Bull. civ. I, n° 374 et 375, GP 15-16 sept. 2006, p. 2, avis J. Sainte-Rose (rendu selon le règlement Bruxelles II), 29 avril-3 mai 2007, n° 119-123, p. 27 obs. M.-L. Niboyet.

712. – Efficacité des décisions. En ce qui concerne le champ d'application du règlement, sont assimilées aux procédures judiciaires les « autres procédures » officiellement reconnues dans un État membre[1]. De même, le terme « juridiction » englobe toutes les autorités auxquelles les États membres reconnaissent compétence dans les matières relevant du règlement. Tenant compte du rôle croissant reconnu à la volonté des parties dans les droits internes en matière de désunion, le règlement s'applique aussi bien aux actes authentiques reçus et accords exécutoires dans un Etat membre (art. 46) ; mais il aurait été souhaitable dans ce cas que la reconnaissance s'étende à tous les aspects de l'accord et non simplement au démariage des époux.

Les décisions sur la désunion du couple ne font l'objet que d'un régime de *reconnaissance*, puisque les aspects patrimoniaux en sont exclus. On discute de son application aux décisions de rejet, afin de ne pas préjudicier une nouvelle demande (sur les décisions relatives à la responsabilité parentale, v. n° 632). Les décisions rendues dans un État membre sont reconnues de plein droit dans les autres ; en particulier, aucune procédure n'est nécessaire pour la mise à jour des actes d'état civil pourvu que la décision ne soit plus susceptible de recours (art. 14). Une partie peut néanmoins solliciter une décision de reconnaissance ou de non-reconnaissance ; et la régularité d'une décision peut être vérifiée de façon incidente à l'occasion d'une autre procédure selon les voies prévues par l'État requis (en France, n° 494).

Les motifs pouvant autoriser le défaut de reconnaissance sont repris du système en vigueur selon le règlement 44/2001 : absence de notification d'un acte introductif d'instance, à moins que le défendeur n'ait accepté la décision de manière non équivoque ; caractère inconciliable de la décision avec une décision rendue dans une instance opposant les mêmes parties et contrariété manifeste à l'ordre public (art. 15.1). Il est précisé que la reconnaissance ne peut être refusée sur le fondement de la disparité des lois, c'est-à-dire que la législation de l'État requis ne permettrait pas le divorce, la séparation de corps ou l'annulation de mariage sur la base de faits identiques (art. 18).

La compétence de la juridiction d'origine n'a pas à être vérifiée, aucun contrôle de la loi appliquée n'est prévu et toute révision au fond est interdite.

Voy. : *Le nouveau droit communautaire du divorce et de la responsabilité parentale*, sous la dir. de H. Fulchiron et C. Nourissat, 2005.

1. Sont exclues les procédures religieuses, sauf dans la mesure de traités conclus avec le Saint-Siège par certains États membres (v. art. 63).

CHAPITRE III

LA FILIATION

De même qu'en droit interne, il est indispensable de distinguer la filiation adoptive de la filiation par le sang, légitime ou naturelle, étant donné la différence de nature des situations présentées par l'une et l'autre.

SECTION I

FILIATION PAR LE SANG

713. – Facteurs de conflits de lois. La filiation relève incontestablement de l'état des personnes. Son rattachement de principe à la loi personnelle, soit en France à la loi nationale, n'a donc jamais fait difficulté. Mais comme le mariage, la filiation est un lien, lequel unit même trois personnes dans la filiation naguère dite légitime en raison de l'indivisibilité de celle-ci[1]. Le rattachement par la nationalité soulève donc, dans ce domaine également, la question du choix de la loi en cas de nationalités différentes.

Les conflits de lois s'élevaient jadis le plus souvent en matière de filiation « naturelle ». Entre personnes de nationalité différente, les unions de fait étaient relativement plus fréquentes, dans la mesure où la différence de nationalité pouvait constituer un frein au mariage. Les guerres et leurs séquelles (occupations ou stationnement de troupes étrangères) ont suscité naguère de nombreuses naissances illégitimes ; à ce facteur a succédé celui du développement des déplacements internationaux, migratoires, professionnels ou de loisir. Les conflits de lois sont apparus dans la famille légitime avec l'évolution législative, déjà signalée, tendant à la conservation par la femme mariée de sa nationalité d'origine. L'hésitation

1. L'ordonnance n° 20005-459 du 4 juillet 2005 portant réforme de la filiation ayant effacé les expressions de filiation légitime et naturelle relativement à l'établissement de la filiation, on utilisera plutôt dans ce qui suit celles de filiation liée à un mariage ou hors mariage, sauf lorsque l'on se référera au passé.

entre différentes lois nationales est éventuellement compliquée par un changement de nationalité (conflit mobile). Enfin la nature des questions se prête à l'intervention de l'ordre public.

En l'absence d'autre directive que celle de l'art. 3 al. 3 C. civ., la jurisprudence avait édifié un système de solutions fondé notamment sur la distinction entre la filiation légitime et la filiation naturelle. Dans les deux cas, la loi applicable à l'établissement de la filiation en régissait également les effets. L'harmonie du système fut entamée par des conventions de La Haye réglant distinctement certains effets de la filiation. Elle a été malmenée par l'adoption, à l'occasion de la réforme du droit interne par la loi du 3 janvier 1972, de dispositions sur les conflits de lois relatifs à l'établissement de la filiation (art. 311-14 à 311-18 C. civ.). Ces différentes modifications imposent plus que jamais de distinguer l'établissement et les effets du lien.

§ 1. – ÉTABLISSEMENT DE LA FILIATION

714. – Solutions antérieures à la loi du 3 janvier 1972. Il convient, pour l'appréciation du système actuel, de décrire brièvement les solutions antérieures. En matière de filiation naturelle, il y avait lieu de choisir entre la loi du parent et celle de l'enfant. Le premier parti présente l'inconvénient de se prêter à l'application éventuelle de deux lois différentes respectivement à la maternité et à la paternité ; le second assure au contraire l'application d'une loi unique dans les rapports de l'enfant avec ses deux parents. On peut également considérer que l'enfant est l'élément déterminant du rapport de filiation, parce qu'il s'agit de pourvoir à son intérêt. La jurisprudence se prononça donc finalement en faveur de la loi de l'enfant. La solution fut d'abord acquise, après des hésitations, en matière de recherche en justice[1]. Elle fut ensuite consacrée en matière d'action alimentaire, du type de celle que connaissait le droit allemand et qui fut introduite en France par la loi du 15 juillet 1955[2]. La difficulté s'élevait moins fréquemment pour la reconnaissance, mais elle avait donné lieu à plus de discussion. L'on pouvait en effet estimer qu'un acte volontaire devait être régi par la loi de son auteur à l'exclusion de toute autre. Un arrêt avait ainsi parlé du « droit imprescriptible qu'a une mère française de reconnaître son enfant dans les formes et conditions édictées par la loi française », alors que la loi nationale de l'enfant n'aurait pas permis une telle reconnaissance[3]. L'hésitation fut formellement levée en faveur de l'application de la loi de l'enfant par un arrêt validant une reconnaissance par un Français et conformément à la loi allemande, loi nationale de l'enfant, d'un enfant adultérin, alors qu'une telle reconnaissance était alors interdite par la loi française[4].

1. Civ. 20 janv. 1925, D.P. 25.1.49 n. Pillet, Rev. dr. int. pr. 25.531 n. Niboyet ; il s'agissait de la loi nationale actuelle de l'enfant et non de celle qui était susceptible de résulter du succès de l'action (loi du père, notamment).
2. Civ. 10 fév. 1960, *Müller*, RC 61.341 n. Francescakis ; 10 mai 1960, *Imbach*, D. 60.548 n. Malaurie, RC 60.205 n. Batiffol, JDI 61.126 n. Ponsard. V. J. Chevallier, *Filiation naturelle simple et filiation alimentaire en droit international privé français*, 1967.
3. Civ. 8 mars 1938, *Fontaine*, D.P. 39.1.17 n. Nast, RC 38.653, GA n° 17 ; l'arrêt pouvait également s'interpréter comme une mise à l'écart de la loi de l'enfant, en principe compétente, au nom de l'ordre public.
4. Civ. 22 mai 1957, *Heinrich*, RC 57.466 n. Batiffol, JDI 57.222 n. Ponsard, rejetant le pourvoi contre Nancy, 13 janv. 1955, RC 55.525 n. Loussouarn (la décision faisait

En matière de filiation légitime, il existait de bons arguments pour s'attacher à la loi de la famille plutôt qu'à celle de la nationalité d'une seule personne, quelle qu'elle soit. La jurisprudence, dans son dernier état, s'y rallia, appliquant la loi des effets du mariage, elle-même déterminée suivant le « système » *Rivière* : loi nationale commune des époux[1] ; à défaut de nationalité commune, loi du domicile commun[2]. On y voyait l'avantage de soumettre à une loi unique les rapports des époux entre eux et avec les enfants, ainsi que les rapports avec tous les enfants.

715. – Règles législatives. La loi du 3 janvier 1972 a profondément modifié ce système en introduisant dans le Code civil cinq articles sous l'intitulé « Du conflit des lois relatives à l'établissement de la filiation » (art. 311-14 à 311-18). L'ordonnance du 4 juillet 2005 portant réforme de la filiation, supprimant la distinction entre filiation naturelle et légitime, a abrogé l'article 311-16 consacré à la légitimation (n° 726) ; la loi du 16 janv. 2009 ratifiant l'ordonnance a abrogé l'art. 311-18, dont le champ est apparu couvert par une Convention de La Haye (n° 727). On examinera successivement les règles de rattachement – qui ne sont pas toutes des règles de conflit de type classique – et leur mise en œuvre, puis le domaine de la loi applicable et l'intervention éventuelle de l'ordre public.

A. RÈGLES DE RATTACHEMENT

716. – Règles générales et règles particulières. Ayant proclamé le principe d'égalité entre les filiations légitime et naturelle, le législateur de 1972 a cru devoir traduire ce principe dans le domaine des conflits de lois en posant des règles de rattachement communes aux deux types de filiation. Ce n'est pourtant pas consacrer une inégalité entre l'enfant légitime et l'enfant naturel que de poser des règles de conflit différentes pour l'établissement de leur filiation en tenant compte de la différence essentielle que constitue l'existence ou l'absence de mariage des parents ; l'ordonnance du 4 juillet 2005 qui a entendu gommer en droit interne la distinction des deux filiations même en ce qui concerne son établissement n'a pas été jusqu'à écarter la preuve de la filiation paternelle par le mariage (art. 312 C. civ.). Au demeurant, le législateur de 1972 n'a pu s'empêcher d'assortir les règles générales qu'il posait de différentes règles particulières, applicables à la filiation hors mariage et à la légitimation (les secondes abrogées par l'ordonnance du 4 juillet 2005 en même temps que cette institution).

également jouer le principe de l'effet atténué de l'ordre public, récemment affirmé dans l'arrêt *Rivière* : n° 316) ; v. aussi Civ. 15 déc. 1964, *Saclier*, RC 65.551 n. Lagarde.

1. Civ. 4 nov. 1958, *Moens*, RC 59.303 n. Francescakis, JDI 59.788 n. Ponsard.
2. Paris, 21 juin 1955, *Sobreviela*, RC 55.529 n. Batiffol. À défaut de domicile commun fut même transposée la jurisprudence *Tarwid*, soit l'application de la loi du for régulièrement saisi. Francescakis, « Une extension discutable de la jurisprudence *Rivière* », JDI 1956.254.

1. Règles générales

L'art. 311-14 C. civ. édicte une règle de principe de nature bilatérale (a) ; elle est assortie dans l'art. 311-15 d'une importante exception en faveur de la loi française lorsque les intéressés ont leur résidence habituelle en France (b).

a. Rattachement de principe à la loi de la mère

717. – Affirmation et valeur du rattachement. L'art. 311-14 énonce : « La filiation est régie par la loi personnelle de la mère au jour de la naissance de l'enfant ; si la mère n'est pas connue, par la loi personnelle de l'enfant. » Le rattachement choisi innovait complètement par rapport au système antérieur en ce qui concerne la filiation légitime. En matière de filiation naturelle, la loi de l'enfant, retenue par la règle jurisprudentielle antérieure, coïncidait fréquemment avec celle de la mère ; et même dans le cas contraire, on aboutissait parfois par certains détours (ordre public, application de la loi la plus favorable à l'enfant) à appliquer la loi de la mère. Mais ce rattachement en tant que tel est de nature à susciter des situations de renvoi (n° 728). Et surtout, il a suscité des objections plus fondamentales. Leur portée se trouve toutefois aujourd'hui atténuée du fait de l'élimination en 2005 de la distinction entre filiation légitime et naturelle, ainsi que l'établissement de la filiation maternelle par la seule indication dans l'acte de naissance, aboutissant à renforcer le rôle de la mère.

La prééminence accordée à la mère fut justifiée, nonobstant une certaine atteinte à l'égalité des sexes, par l'argument qu'elle est le protecteur naturel de l'enfant et joue ainsi le rôle premier dans l'aménagement du rapport familial ; la consécration, dans la législation nouvelle, d'une famille naturelle était en ce sens. On fit également valoir que ce critère est le plus sûr, la mère étant presque toujours connue (*mater semper certa est*) tandis que le contentieux de la filiation a le plus souvent pour objet la paternité. Cette observation est liée à une critique du système antérieur. En matière de filiation légitime (aujourd'hui, se rattachant à un mariage), le contentieux est essentiellement un contentieux de désaveu, dont le succès débouche sur la désagrégation de la famille créée par l'union ; de là l'inadéquation possible de la loi des effets du mariage. En matière de filiation hors mariage même, on pouvait objecter au rattachement antérieur par la loi nationale de l'enfant que l'établissement de sa filiation se traduit souvent pour lui par l'acquisition d'une nationalité nouvelle, celle de l'auteur avec laquelle le lien est établi.

Ces différents arguments n'ont toutefois guère convaincu. En matière de filiation hors mariage, il parut insolite d'appliquer la loi de la mère à l'établissement de la paternité (même s'il est vrai que cette loi coïncide souvent avec celle de l'enfant, antérieurement déclarée applicable). Le rattachement conduit en outre à donner compétence à une loi étrangère quand bien même l'enfant est né en France et a la nationalité française. Lorsque le défendeur est lui-même français et que toutes les parties résident en France, la solution est irréaliste : elle a effectivement rapidement dû être écartée, au nom de l'ordre public, dans un cas où la loi nationale de la mère ne permettait pas l'établissement judiciaire de la filiation naturelle[1]. En

1. TGI Paris, 23 avril 1979, RC 80.83 n. Lagarde : « on ne peut s'empêcher d'observer qu'[...] à la faveur de la loi personnelle de la mère demanderesse, normalement

ce qui concerne la filiation rattachée à un mariage, on a reproché au rattachement de rompre l'égalité entre les époux ; et le choix de la mère se traduit fréquemment par une situation de double nationalité. Ce rattachement expose également à ne pas désigner la loi la plus proche, dans la mesure où serait avéré qu'il est plus fréquent pour un ménage mixte de s'installer dans le pays du mari. S'il s'agit d'une Française à l'étranger, la solution donnée par le droit français risque en outre de ne pas être reconnue étant donné la singularité du rattachement. Quant à l'argument général tenant à la certitude de la maternité, on relève que dans la même disposition, le législateur a précisément envisagé que la mère soit inconnue, pour donner dans ce cas compétence à la loi de l'enfant. Cette disposition soulève elle-même une difficulté particulière.

718. – Application subsidiaire de la loi de l'enfant : notion de « mère inconnue ». La disposition relative au cas où la mère n'est pas connue soulève un cercle vicieux dans le cas où l'action a pour objet l'établissement de la maternité. Bien que, par hypothèse, la filiation ne soit pas établie au moment où l'action est intentée, cette action postule la désignation de la personne dont on se propose d'établir la maternité. Faut-il donc se placer au départ de l'action, c'est-à-dire considérer que la mère n'est pas connue en droit et appliquer la loi de l'enfant, ou bien tenir compte du fait que le demandeur se propose de faire la preuve de la maternité et donc appliquer la loi de la mère désignée par la demande ? Les commentateurs se sont en majorité prononcés pour le second parti (loi de la mère simplement désignée), estimant qu'il n'y avait lieu d'appliquer à la filiation la loi de l'enfant que lorsque la personne même de la mère est ignorée. Après que les premières juridictions confrontées à cette difficulté se sont partagées[1], la Cour de cassation a tranché en faveur de cette position[2]. Ce parti préserve le champ d'application du rattachement de principe à la

applicable en vertu de l'art. 311-14 C. civ., le défendeur, citoyen français, domicilié en France, serait en droit d'interdire à un enfant lui-même français et résidant en France de faire reconnaître sa filiation par une juridiction française » ; également, décisions citées *infra* n° 738.

1. En faveur de la loi de la mère alléguée : Lyon, 31 oct. 1979, D. 80.I.R.332 obs. Audit, JDI 81.53 n. Jacques Foyer, RC 80.558 n. B. Ancel. La décision, rendue à l'occasion d'une action en désaveu préventif exercée par un enfant légitime après le décès des deux époux, se fondait sur ce que les deux parties étaient d'accord pour reconnaître que la défenderesse avait pour mère la défunte ; mais cette affirmation d'un accord des parties, au demeurant contestable en principe au regard de la matière, rendait mal compte de leur position : de la part de la défenderesse, l'admission de la maternité n'avait pour objet que de rendre la demande irrecevable par application de la loi nationale de la mère alléguée – loi belge, ne connaissant pas le type d'action exercé – et de conserver ainsi le bénéfice de dispositions testamentaires ; quant au demandeur, qui entendait faire invalider ces dispositions en application de la loi française, loi nationale de la défenderesse, il s'en tenait à la situation au départ de l'action et n'invoquait nullement la maternité alléguée aux fins de détermination de la loi applicable. Le Tribunal de Paris, statuant en matière de revendication d'enfant légitime, avait de son côté refusé de voir une mère connue là où il n'y avait qu'une mère prétendue : 18 nov. 1980, D. 81.80 n. Raynaud, JCP 1981.II.19540 n. A. Huet et D. Huet-Weiller, RC 81.673 n. B. Ancel.
2. Civ. I, 11 juin 1996, *Imhoos*, D.97.3 n. F. Monéger, RC 97.291 n. Lequette : « la mère de l'enfant est réputée connue, dès lors qu'elle est mentionnée dans l'acte de naissance ».

loi de la mère, cependant entamé par le législateur lui-même du fait de la disposition suivante.

b. Influence de la résidence habituelle des intéressés en France

719. – Application de la loi française aux effets de la possession d'état. Aux termes de l'art. 311-15, dont la rédaction a été modifiée par l'ordonnance du 4 juillet 2005 pour en effacer les précisions qu'il portait selon que la filiation était légitime ou naturelle, « si l'enfant et ses père et mère ou l'un d'eux ont en France leur résidence habituelle, commune ou séparée, la possession d'état produit toutes les conséquences qui en découlent selon la loi française, lors même que les autres éléments de la filiation auraient pu dépendre d'une loi étrangère ». La justification avancée de ce texte a été la protection des situations établies, dès lors que celles-ci sont reconnues par la loi française et intégrées au milieu social français, contre une mise en cause éventuelle par une loi étrangère du fait de la nationalité de la mère[1]. Lorsque les parents sont mariés, cette situation est d'autant plus susceptible de se rencontrer que, depuis la loi du 9 janvier 1973, le mariage d'une étrangère avec un Français n'entraîne plus pour celle-ci l'acquisition automatique de la nationalité française (n° 1000).

La justification du texte explique sa formulation unilatérale. Il serait certes possible de le bilatéraliser en disposant que lorsque les intéressés sont établis dans un pays autre que celui de la nationalité de la mère, les effets attachés à la possession d'état par la loi locale sont reconnus. Mais le contraste avec la règle bilatérale de rattachement de l'art. 311-14, immédiatement précédente, montre que telle n'était pas l'intention du législateur ; on ne sait au demeurant jusqu'à quel point les droits étrangers font part à la notion de possession d'état selon le droit français. On en conclut que ce qui a été recherché est bien l'application de la loi française et d'elle seule, au moyen d'une règle unilatérale. On peut encore dire que les lois françaises relatives à la possession d'état sont promues au rang de lois d'application immédiate dès lors que les intéressés ont en France leur résidence habituelle.

720. – Difficultés d'interprétation. L'art. 311-15 vise les conséquences qui découlent de la possession d'état selon la loi française. Mais celle-ci ne prend pas seulement en considération l'existence d'une possession d'état (pour rétablir la présomption de paternité selon l'art. 313, pour faire la preuve de la filiation, selon l'art. 317 ou pour limiter la possibilité de contestation de la filiation de l'enfant, selon l'art. 333). Elle attache également des effets à son *absence* (pour écarter la présomption de paternité, art. 314, ou pour ouvrir l'action en recherche de maternité, art. 325). Le rôle conféré à la possession d'état étant le même dans les deux séries de cas, il n'y a pas lieu de limiter l'application de l'art. 311-15 à la première ;

1. V. la situation ayant donné lieu à TGI Paris, 23 avril 1979, préc. n° 717 ; et, appliquant le texte (« au surplus »), Lyon 12 déc. 2000, JDI 02.475 n. F. Monéger (établissement d'une filiation naturelle par la possession d'état).

une application non littérale évite également la difficulté présentée par une disposition telle que l'art. 314, qui prend en considération l'absence de possession d'état vis-à-vis du mari seul. La rare jurisprudence est en ce sens[1].

L'effacement de la distinction entre enfant naturel et légitime dans l'art. 311-15 accroît mécaniquement le champ d'application du texte puisque, dans le cas de l'enfant dont les parents sont mariés, il suffit désormais que l'un d'eux réside en France et non les deux comme dans l'ancienne rédaction[2]. Mais ce qui semble s'être opposé à l'application du texte depuis son adoption est sa complexité. Dès lors qu'il s'agissait – comme en matière de divorce avec l'art. 309 – d'élargir l'application de la loi française lorsque les intéressés sont établis en France, il n'était guère opportun pour cela de dépecer les modes de preuve de la filiation et plus généralement les règles relatives à son établissement.

2. Règles particulières

721. – Objet et difficultés présentées. La loi de 1972 a formulé des règles particulières concernant la reconnaissance d'enfant (art. 311-17), la légitimation (art. 311-16), et l'action à fins de subsides (art. 311-18). Elles étaient inspirées chacune par le désir de favoriser l'enfant, respectivement dans l'établissement de sa filiation, en vue de sa légitimation et pour l'allocation de subsides. À cette fin, le législateur a ouvert dans chaque cas l'éventail des lois applicables. Mais il l'a fait de différentes manières et sans jamais se prononcer sur les modalités d'exercice des choix qu'il ouvrait, suscitant de nombreuses interrogations. L'existence de ces règles a également soulevé un problème de coordination avec les règles de principe, qui n'est pas davantage abordé par les textes[3]. Toutefois, l'art. 311-16, concernant la légitimation a été abrogé par l'ordonnance du 4 juillet 2005 ; l'on en a fait de même de l'art. 311-18 en 2009, son objet étant couvert par la Convention de La Haye de 1973 sur la loi applicable en matière d'aliments.

1. TGI Paris, 1er mars 1977, D. 78.63 concl. Paire, RC 78.110 n. Lequette ; 30 avril 1985, RC 86.313 n. Lequette. Sur le moment auquel doit avoir existé la possession d'état, v. n° 732.
2. L'art. 311-15 menait lui aussi à un cercle vicieux dans le cas où l'action tendait à faire tomber une légitimité ou au contraire à établir une filiation légitime : le champ des intéressés dont la résidence habituelle en France conditionnait l'application de la loi française n'étant pas le même dans les deux cas, on se demandait s'il fallait tenir compte de la situation actuelle ou de celle que la demande entendait voir consacrer (en faveur de la situation actuelle, t.g.i. Paris, 30 avril 1985, préc.).
3. Cette difficulté concerne au premier chef les rapports avec l'art. 311-14. Mais l'on se demandait également s'il fallait tenir compte de l'art. 311-15 pour l'application des règles spéciales relatives à la reconnaissance et à la légitimation, dans la mesure où ces institutions faisaient intervenir la possession d'état (v. par ex. anc. art. 339 al. 3 C. civ.).

a. Reconnaissance

722. – Loi de l'auteur et loi de l'enfant. Le système jurisprudentiel antérieur à la loi de 1972 soumettait à une loi unique, celle de l'enfant, les différents modes d'établissement de la filiation naturelle, et ce quel que soit le parent concerné. À son encontre, l'art. 311-17 C. civ. énonce une disposition propre à la reconnaissance, et qui est à rattachement double[1]. Selon l'art. 311-17, la reconnaissance est valable si elle a été faite en conformité soit de la loi personnelle de son auteur, soit de la loi personnelle de l'enfant. Il s'agit d'une règle de conflit « à coloration matérielle » puisqu'elle prend en considération le contenu des lois en présence pour permettre l'application de celle qui est la plus favorable à l'établissement de la filiation (n° 108). Corrélativement, la nullité d'une reconnaissance ne peut être constatée que si elle résulte des deux lois en cause[2]. L'existence même de cette disposition et son caractère soulèvent une série de difficultés.

723. – Liens de l'art. 311-17 avec l'art. 311-14. L'art. 311-17 doit-il être considéré comme une disposition autonome, dérogeant à l'art. 311-14, ou comme un complément à celui-ci ouvrant d'autres rattachements[3] ? Selon la première interprétation, la reconnaissance échappera complètement à la loi de la mère lorsque celle-ci n'en est pas l'auteur. Ainsi la reconnaissance par le père serait dénuée d'effet quand bien même elle serait valide selon la loi de la mère, dès lors qu'elle ne le serait pas selon celle du père ni celle de l'enfant. Selon la seconde, la reconnaissance obéirait aussi bien à la règle de conflit de l'art. 311-14 qu'à la disposition de l'art. 311-17. Cette interprétation éviterait d'appliquer des dispositions différentes à l'établissement de la filiation par jugement (soumis à la règle de l'art. 311-14) et par reconnaissance. Il paraît en effet peu cohérent d'écarter, le cas échéant, par une interprétation faisant de l'art. 311-17 une règle autonome, une reconnaissance par le père qui serait valable selon la loi de la mère, alors que cette même loi serait applicable à une recherche judiciaire de la paternité. Rien ne permet d'attribuer au législateur une intention plutôt que l'autre. La Cour de cassation a jugé que l'art. 311-17 s'applique aussi bien à la contestation de reconnaissance qu'à l'action en

1. La reconnaissance reste en droit français un moyen d'établir la filiation, à l'égard du père lorsqu'elle ne l'est pas par la présomption de paternité résultant du mariage (art. 316 C. civ.) et de la mère lorsqu'elle n'est pas désignée dans l'acte de naissance (art. 311-25). Une convention de Munich du 5 sept. 1980 sur la reconnaissance volontaire des enfants nés hors mariage, conclue sous les auspices de la CIEC (n° 605) ne modifierait pas les solutions résultant de l'application de ce texte (ratifiée par la France, cette convention n'est pas en vigueur).
2. Civ. I, 6 juill. 1999, D. 99.483 concl. Sainte-Rose, JCP 00.II.10353 n. Vignal ; v. déjà Paris, 16 avril 1996, D. 97.344 n. S. Aubert.
3. Ou encore, selon une variante de cette interprétation, comme une simple dérogation à la loi substantielle désignée par l'art. 311-14 dans le cas où cette loi ne permet pas la reconnaissance.

nullité[1]. Mais cela ne préjuge pas l'application éventuelle de l'art. 311-14 si la loi de la mère permettait seule de valider la reconnaissance par un tiers[2].

Si l'on admet que l'art. 311-14 peut s'appliquer à la reconnaissance, se pose la question de savoir quelle disposition doit être consultée en premier lieu et l'emporter sur l'autre lorsqu'il est nécessaire de se prononcer sur la loi de la reconnaissance. Doit-on considérer que la reconnaissance est en principe régie par la loi de la mère, conformément à la disposition générale de l'art. 311-14 ; mais qu'à défaut d'être efficace selon cette loi, elle serait le cas échéant validée en application de la loi de l'enfant ou de la loi du père (s'il est l'auteur de la reconnaissance) ? Ou inversement que la reconnaissance est soumise à l'une des deux lois prévues par l'art. 311-17, sauf à permettre qu'une reconnaissance paternelle soit le cas échéant validée par la loi de la mère ? La première interprétation est plus cohérente avec le fait de voir dans l'art. 311-17 un complément à la règle de principe formulée par l'art. 311-14.

724. – Conflit de lois de reconnaissance. Lorsque la reconnaissance est valable selon les deux lois visées par l'art. 311-17, il peut être nécessaire de préciser selon laquelle la filiation est établie : ainsi pour déterminer ses effets, dans la mesure où la même loi s'applique aux deux séries de questions, ou encore les conditions dans lesquelles la reconnaissance peut être attaquée. La réponse semble s'imposer lorsque la reconnaissance aura été effectuée expressément selon une loi donnée, notamment devant un officier public. Mais si la reconnaissance est nulle selon cette loi, et valide selon l'autre loi désignée par l'art. 311-17, l'esprit du texte est de tenir compte quand même de la seconde.

Lorsque la reconnaissance est annulable selon les deux lois, la même inspiration incite à donner la préférence à celle qui est la moins favorable à la remise en cause de la reconnaissance (par exemple quant aux délais pour agir ou aux personnes ayant qualité pour ce faire). Mais une loi peut être plus favorable au maintien de la reconnaissance sur un point, plus propice à sa remise en cause sur un autre, ce qui suscitera l'hésitation. Il n'est pas certain au demeurant que le maintien à tout prix de la reconnaissance corresponde au meilleur intérêt de l'enfant ; lorsqu'une reconnaissance est contestée, c'est souvent parce qu'elle ne correspond pas à la vérité.

725. – Conflits de filiations. L'existence et le contenu de l'art. 311-17 peuvent conduire à des conflits de filiations de deux manières. Il se peut en premier lieu que l'enfant reconnu, né d'une femme mariée, soit couvert par une présomption de paternité en laquelle l'une des lois rendues appli-

1. Civ. I, 6 juill. 1999, préc. Cette décision condamne la position d'un arrêt qui avait distingué de l'action en *nullité* de reconnaissance (qui touche à l'acte), soumise à l'art. 311-17, la *contestation* de reconnaissance (qui met en cause la filiation elle-même) pour soumettre celle-ci à l'art. 311-14 (Paris, 11 mai 1976, *Kostia de D.*, D. 76.633 n. Massip, RC 77.109 n. Fadlallah, JDI 77.656 n. Jacques Foyer) ; v. déjà TGI Paris, 13 fév. 1979, RC 80.79 n. M. S-D. ; 23 nov. 1993, D. 95.307 n. S. Aubert, RC 95.703, 1re esp., n. Foyer ; 22 et 29 nov. 1994, *ibid.*, 2e et 3e esp.
2. V., écartant pour contrariété à l'ordre public la loi de la mère (marocaine) interdisant la reconnaissance par le père (algérien) : Lyon, 12 déc. 2000, préc. n° 719.

cables par l'art. 311-17, telle la loi française, ne voit pas un obstacle insurmontable à la reconnaissance. Convient-il en pareil cas de faire tomber en premier lieu la présomption en vertu de la loi applicable selon l'art. 311-14, puis de se prononcer en vertu de l'une des lois désignées par l'art. 311-17 sur la validité de la reconnaissance ? Ou bien d'appliquer intégralement la loi de la reconnaissance, c'est-à-dire d'étendre en amont son application à la question du désaveu ? La première solution paraît préférable, car la seconde aboutit à l'éviction de la loi antérieurement applicable du seul fait de la reconnaissance par un tiers dont il n'est pas certain qu'il soit le véritable père[1].

Si l'enfant a fait l'objet de plusieurs reconnaissances valables chacune selon l'une des lois visées par l'art. 311-17 (voire par l'art. 311-14), on pourra trancher ce conflit de filiations selon le critère de la filiation la plus vraisemblable.

b. Légitimation

726. – L'article 311-16 et son abrogation. La loi de 1972 formulait une règle applicable à la légitimation (distinguant légitimation par mariage et par autorité de justice), l'art. 311-16. Le but était de favoriser celle-ci, puisque le texte ne retenait pas moins de quatre rattachements pour la légitimation par mariage (dont la loi de la mère)[2]. La suppression en droit interne de la distinction entre filiation légitime et naturelle s'est traduite dans l'ordonnance du 4 juillet 2005 par l'abrogation de l'art. 311-16. Il s'agit là d'une maladresse : la notion de légitimation n'ayant pas disparu du droit comparé, elle est toujours susceptible se présenter devant les tribunaux français[3].

La loi applicable à une situation faisant intervenir l'idée de légitimation résultera normalement de la règle de droit commun de l'art. 311-14 C. civ. Mais l'abrogation de l'art. 311-16 fait ressortir au premier plan la convention de Rome du 10 sept. 1970 sur la légitimation par mariage, adoptée dans le cadre de la Commission internationale de l'état civil (n° 605) et en vigueur en France depuis le 8 fév. 1976, qui était jusque-là occultée par le fait qu'elle désigne la loi nationale du père ou de la mère, rattachements retenus par l'art. 311-16, et qu'elle déclare expressément ne pas mettre

1. En faveur de la première solution, TGI Paris, 12 juill. 1982, D. 83.200 n. Audit, JDI 83.374 n. A. Huet, RC 83.461 n. Santa-Croce, appliquant la loi invoquée par le demandeur.
2. « Le mariage emporte légitimation lorsque, au jour où l'union a été célébrée, cette conséquence est admise, soit par la loi régissant les effets du mariage, soit par la loi personnelle de l'un des époux, soit par la loi personnelle de l'enfant » (al. 1er). L'al. 2 formulait une règle, également alternative, pour la légitimation par autorité de justice, qui ne semble pas avoir eu l'occasion d'être appliquée. La jurisprudence antérieure à la loi de 1972 avait soumis la légitimation dans son ensemble – c'est-à-dire y compris les questions antécédentes telles que la reconnaissance – à la loi des effets du mariage (arrêts *Weyrich-Laroche* et *Bonomo, infra*).
3. Du même coup, l'abrogation a eu une portée de fond qui excédait l'habilitation législative. V. comm. Peroz, JDI 2006.581.

obstacle à l'application de règles plus favorables à la légitimation, ce qui était aussi le cas de l'art. 311-16.

La légitimation supposant l'établissement préalable de la filiation (elle ne constitue pas un mode d'« établissement » de la filiation, mais modifie son statut), il semble raisonnable d'appliquer à celui-ci l'art. 311-14, complété par l'art. 311-17. Si l'établissement de la filiation est impossible selon les lois ainsi désignées, ou que la filiation ainsi établie confère un statut inférieur à celui d'enfant légitime selon une loi étrangère, on pourra appliquer une autre loi désignée par la Convention et qui ne le serait pas selon les textes précédents. Mais cette dernière hypothèse ne pourra se rencontrer que si l'on considère l'art. 311-17 exclusif de l'art. 311-14, de sorte qu'une reconnaissance par le père pourrait être nulle sans possibilité de validation par la loi de la mère (v. n° 723) ; c'est alors par l'effet de la Convention que la loi de la mère interviendrait, pour parvenir à la légitimation.

Encore ce dernier raisonnement suppose-t-il d'admettre que la reconnaissance qui a précédé une légitimation est régie par la seule loi de la légitimation et non par sa loi propre (question qui comporte un élément de complication supplémentaire lorsque l'enfant pouvait jouir d'une légitimité en vertu d'un précédent mariage de la mère et qu'il s'agit de faire tomber, évoquée plus haut à propos de la reconnaissance, n° 725). C'est ce qu'avait jugé la Cour de cassation avant 1972[1], et qui l'a été depuis[2]. Pourtant, la Convention (de même que l'art. 311-16) n'est pas formulée comme une règle de conflit classique. Elle énonce que « lorsque, selon les dispositions du droit interne de la loi nationale du père ou de la mère, le mariage de ceux-ci a pour conséquence la légitimation d'un enfant naturel, cette légitimation est valable dans les États contractants » (art. 1er), ce qui milite plutôt pour une appréciation distincte de la reconnaissance et de l'effet éventuel de légitimation. Mais en toute hypothèse, la suppression par le législateur français de la distinction entre les deux sortes de filiations s'accommoderait mal d'une interprétation des textes susceptible de contrarier l'application du statut étranger le plus favorable à l'enfant.

c. Action à fins de subsides

727. – Convention de La Haye. L'art. 311-18, introduit en 1972, soumettait l'action à fins de subsides, au choix de l'enfant, à la loi de sa résidence habituelle ou à celle de la résidence habituelle du débiteur. Cette disposition évinçait incontestablement la règle générale de l'art. 311-14, étant donné la différence de nature entre cette action et une action d'état. Avec l'entrée en vigueur, le 1er octobre 1977, de la Convention de La Haye du 2 octobre 1973 sur la loi applicable aux obligations alimentaires, la règle

1. Civ. I, 8 juill. 1969, *Weyrich-Laroche*, D. 70.1 n. Malaurie, JCP 71.II.16650 n. Gaudemet-Tallon, JDI 70.303 n. B. G., RC 71.255 n. Weill ; 3 mars 1970, *Bonomo*, JCP 71.II.16650 n. Gaudemet-Tallon, JDI 70.911 n. Goldman.
2. Paris, 5 déc. 1991, D.92.J.290 n. Boulanger, Somm. 170 obs. Audit. La première jurisprudence s'était cependant prononcée pour la mise en œuvre, à l'occasion de chaque question successive, de la règle de conflit particulière qui la vise : paternité du mari de la mère, reconnaissance, légitimation : t.g.i. Paris, 12 juill. 1982, préc. n° 698.

de l'art. 311-18 fut considéré comme caduque[1]. La Convention s'applique en effet sans condition de réciprocité, c'est-à-dire même si la loi qu'elle désigne n'est pas celle d'un Etat contractant (art. 3)[2]. La loi du 16 janvier 2009 a formellement abrogé l'art. 311-18.

S'appliquent donc successivement les rattachements prévus par les art. 4 à 6 de la Convention pour le cas où le demandeur ne peut obtenir d'aliments selon la loi de rang précédent : loi interne de la résidence habituelle du créancier d'aliments, loi nationale commune et enfin loi interne de l'autorité saisie.

La soumission des deux types d'actions – action d'état et action alimentaire – à des règles de conflit différentes soulève un problème de qualification lorsque le demandeur invoque une loi étrangère qui semble participer de l'une et de l'autre[3]. Il y a lieu en pareil cas d'examiner cette loi quant aux conditions qu'elle pose (recherche-t-elle une vraisemblance biologique ou est-elle principalement fondée sur les relations du défendeur avec la mère ?) et quant à ses effets (établissement ou non d'un lien de famille) pour déterminer si elle présente plutôt les caractères d'une action alimentaire et indemnitaire ou ceux d'une action d'état ; on appliquera alors la règle de conflit correspondante.

B. FONCTIONNEMENT DES RÈGLES

Seront examinées les hypothèses de renvoi et de conflit mobile.

1. Renvoi

728. – Le renvoi et l'art. 311-14. La question du renvoi ne se pose pas dans les mêmes termes à l'égard de l'art. 311-14, règle de conflit de forme traditionnelle, et des autres dispositions, lesquelles prévoient des rattachements alternatifs.

On sait que la doctrine dominante se prononce en faveur de l'application du renvoi dans un but de coordination des systèmes (n° 221). Aucune raison de principe ne justifie de faire exception à cette attitude en matière de filiation, et la jurisprudence antérieure à 1972 avait effectivement fait jouer le renvoi[4]. Mais la loi de 1972 a introduit une donnée nouvelle dans la mesure où le rattachement général à la loi de la mère constitue une singularité en droit comparé, particulièrement en matière de filiation légitime. Lorsque la mère est étrangère, le système désigné, retenant un autre

1. *Supra* n° 675. Cette opinion ne s'arrêtait pas au fait que la Convention vise les obligations « découlant de relations de famille, de parenté, de mariage ou d'alliance... » (art. 1er), ce qui pouvait exclure une obligation purement alimentaire.
2. Tel n'était pas le cas de la Convention du 24 octobre 1956 sur la loi applicable aux obligations alimentaires envers les mineurs, antérieurement applicable, et qui laissait donc un champ d'application à l'art. 311-18.
3. Il suffit de rappeler l'ambiguïté de l'action alimentaire introduite en France par la loi de 1955, qui reposait sur la démonstration d'un lien de filiation.
4. Civ. 8 déc. 1953, *Sommer*, RC 55.133, n. Motulsky.

rattachement, est donc largement susceptible de renvoyer à une autre loi[1]. Les commentateurs hostiles au rattachement consacré par l'art. 311-14 ont même vu dans le renvoi un remède salutaire à ce choix. Mais l'argument même fait ressortir que l'application du renvoi aurait pour effet de déjouer la volonté du législateur – que celui-ci ait été bien ou mal inspiré. Le respect de cette volonté incite donc à refuser de faire jouer le renvoi envisagé. C'est ainsi que se sont prononcées les premières décisions ayant eu à connaître du problème, déclarant, sans toutefois de justification, que l'art. 311-14 C. civ. « ne laisse pas à la loi personnelle de la mère la faculté de désigner les règles de conflit applicables à la filiation mais contient une désignation directe et impérative de la loi applicable »[2].

729. – Cas des autres règles. En présence de rattachements alternatifs (pratiquement, art. 311-17, dans la mesure où les art. 311-16 et 311-18 ne sont plus en vigueur), l'application du renvoi prête à hésitation. Ce procédé reflète l'intention du législateur de favoriser un certain résultat, en l'occurrence la reconnaissance. L'on admettrait donc mal d'être renvoyé à une loi qui ne le permet pas, contrairement à celle qui a été la première désignée. Le renvoi pourrait en revanche être appliqué lorsqu'il a un effet validant, selon la conception fonctionnelle du renvoi (n° 227). Mais il est vrai aussi que la faveur à la reconnaissance est déjà manifestée par l'adoption de rattachements multiples ; on peut donc hésiter à ajouter le renvoi à cette technique en faisant jouer un rattachement supplémentaire. Paradoxalement, la faculté de renvoi assortissant un rattachement unique peut servir un certain but plus efficacement que des rattachements alternatifs, puisque le nombre des lois susceptibles d'être désignées pour y conduire n'est pas limité[3].

2. Conflits mobiles

730. – Cas de la règle de principe. L'art. 311-14 énonce que la loi applicable est la loi de la mère « au jour de la naissance » (art. 311-14). Il semble qu'en donnant cette précision, le législateur ait voulu joindre à l'unicité de principe du rattachement une solution uniforme du conflit mobile. La règle se justifiait pleinement en matière de filiation légitime, car la légitimité dépend de la situation des parents au jour de la naissance (ou de

1. Il n'en est pas toujours ainsi parce qu'un rattachement différent (nationalité de l'enfant, nationalité du mari, domicile commun...) peut conduire à la même loi que celle désignée par l'art. 311-14 : ainsi dans tous les cas où la loi de la mère donne compétence à la loi de l'enfant et que celui-ci est de même nationalité.
2. V. Paris 11 mai 1976, *Kostia de D.*, préc. n° 723 ; Lyon, 31 oct. 1979, D. 80.I.R. 332 obs. Audit, RC 80.58 n. B. Ancel, JDI 81.55 n. Foyer ; Paris 8 mars 1983, RC 84.299 n. Foyer (confirmantTGI Paris, 20 avril 1982, JDI 83.583 n. Derruppé) ; dans le même sens, Paris, 20 janv. 1986, RC 87. Somm. 829. Il aurait cependant été facile de préciser dans l'art. 311-14 que la règle de conflit se référait à la loi *interne* qu'elle désigne.
3. Le renvoi a été admis dans le domaine de l'art. 311-17 : v. Paris, 10 juill. 1981, cité TCFDIP 1982-84, p. 201 ; *contra*, TGI Paris, 29 nov. 1994, RC 95.703, 3e esp., n. Foyer.

la conception)[1]. Mais elle s'applique également à la filiation naturelle, au moins lorsque celle-ci est établie par jugement[2]. Sur ce point, la loi est paradoxalement en retrait par rapport à la jurisprudence antérieure qui, par faveur pour l'enfant, lui laissait le choix de la loi[3]. Ces considérations subsistent nonobstant l'effacement de la distinction entre les deux types de filiations, puisque la filiation dans le mariage continue de se prouver par celui-ci.

Il a été suggéré de voir dans la disposition de l'art. 311-14 une règle facultative sur ce point ; mais il ne paraît pas possible de méconnaître aussi ouvertement la lettre du texte. Si la loi de la mère au jour de la naissance se révèle moins favorable que la loi actuelle, il faudra donc éventuellement recourir à l'ordre public pour écarter la première. C'est effectivement ce qu'a fait la Cour de cassation dans un cas où l'enfant avait acquis la nationalité française[4].

731. – Cas où l'établissement de la filiation résulte d'un acte. Lorsque l'établissement de la filiation résulte d'un acte volontaire intervenu après la naissance de l'enfant, il y a lieu d'apprécier en principe le rattachement à cette date. Ainsi la reconnaissance volontaire est-elle soumise à la loi en vigueur au jour où elle est intervenue[5]. Pour la légitimation, l'art. 311-16 déclarait que le mariage emporte légitimation lorsque cette conséquence est admise par l'une des lois qu'il désigne « au jour où l'union a été célébrée » (précision pouvant s'opposer à l'application du droit transitoire étranger qui n'aurait pas admis la légitimation à la date du mariage mais qui aurait été depuis modifié dans un sens favorable). Dans la mesure où une question de légitimation est aujourd'hui susceptible de relever de la Convention de 1970 (n° 726), qui inclut la loi de la mère comme l'art. 314, mais sans référence à la date de naissance de l'enfant, laquelle n'a aucune pertinence en la matière, il conviendra donc de se placer sous l'empire de la Convention.

732. – Cas de l'art. 311-15. L'art. 311-15 rend applicables les effets de la possession d'état selon la loi française lorsque les intéressés ont leur résidence habituelle en France. La possession d'état résultant de l'écoulement du temps, de même que l'établissement d'une résidence habituelle, on ne peut tenir compte du rattachement temporel instantané que constitue le jour de la naissance. L'opinion a été exprimée que l'art. 311-15 doit

1. On pourrait toutefois appliquer la loi actuelle en matière de désaveu, puisque le succès de cette action consacre une situation nouvelle.
2. Sur le doute quant à l'application de l'art. 311-14 en matière de reconnaissance, v. n° 723.
3. Civ. 5 déc. 1949, *Verdier*, JCP 50.II.5287 n. Delaume, RC 50.65 n. Motulsky, JDI 50.180 n. Goldman, GA n° 21 : « dans la poursuite de l'établissement de sa filiation, l'enfant [qui a changé de nationalité] peut se prévaloir des dispositions qui lui sont plus favorables ». V. Jacques Foyer, *Filiation illégitime et changement de loi applicable*, 1964.
4. Civ. I, 10 fév. 1993, *infra* n° 738. Sur le conflit transitoire étranger, v. Civ. I, 3 mars 1987, *Leppert*, *supra* n° 307.
5. TGI Paris, 1er mars 1977, préc. n° 720.

recevoir application dès lors qu'à un moment quelconque depuis la naissance en France les conditions qu'il prévoit ont été réunies. Il semble plus raisonnable d'exiger que les intéressés aient encore leur résidence habituelle en France au moment où l'autorité est appelée à se prononcer[1].

C. DOMAINE DE LA LOI APPLICABLE

733. – Attraction de la loi du fond. En toute matière, la loi désignée par la règle de conflit s'applique en principe aux questions de fond, par opposition aux questions de forme, régies par la loi locale, ou de procédure, régies par la loi du for. Mais cette séparation est fortement battue en brèche en matière de filiation, en raison du lien étroit qui unit les questions relevant normalement de ces deux qualifications et le fond ; plus précisément, la loi du fond va exercer une attraction sur les questions de preuve et de délai.

734. – Preuve de la filiation. L'objet même de l'établissement d'une filiation est la preuve de celle-ci, notamment par présomption légale, extra-judiciairement ou en justice. On sait qu'en règle générale, les conflits de lois en matière de preuve donnent lieu à deux solutions : l'objet et la charge de la preuve relèvent de la loi applicable au fond, tandis que l'admissibilité des modes de preuve et son administration relèvent de la loi locale ou, en justice, de la loi du tribunal saisi (n° 446 s.). C'est donc sur ces derniers points que l'attraction par la loi du fond est susceptible de s'exercer.

Ainsi en matière de filiation rattachée au mariage, la loi compétente détermine non seulement l'existence et la force de la présomption de paternité du mari, qui relève de la charge de la preuve, mais aussi les modes de preuve admissibles (la possession d'état) et leur force probante (acte de naissance)[2]. Dans les cas où une filiation est établie par reconnaissance, l'on hésite entre l'application de la loi locale et celle de la loi du fond. La loi française exige que la reconnaissance ait lieu par acte authentique. La jurisprudence a dans le passé qualifié cette exigence de condition de fond et l'a donc fait respecter dans le cas de reconnaissance par un Français à l'étranger ; celui-ci pouvait emprunter une forme authentique locale, mais non recourir à une forme privée[3]. Cette solution peut se justifier par la gravité des questions d'état, les intéressés étant en outre censés connaître les exigences de leur loi nationale. Mais elle est difficile à mettre en œuvre eu égard au fait que la notion d'acte authentique n'est pas reçue partout. Elle a connu depuis un assouplissement[4].

1. Comp. Lyon, 31 oct. 1979, préc. n° 718.
2. V. cependant Civ. 16 juill. 1974, RC 75.461 n. Wiederkehr.
3. Req. 2 août 1897, D.P. 98.1.377, S. 00.1.283, JDI 98.127.
4. Civ. I, 20 nov. 1979, Bull. civ. I, n° 287, p. 233, D. 81.I.R.161.

735. – Délai pour agir en justice. Lorsque la filiation est établie ou contestée en justice, la jurisprudence incline à considérer les délais pour agir comme relevant de la loi personnelle applicable au fond (sous réserve de l'ordre public)[1]. Cette loi détermine donc le caractère du délai, préfix ou de prescription, et les circonstances susceptibles d'en allonger le cours.

D. ORDRE PUBLIC

736. – Importance de la question. Le droit de la filiation est étroitement lié à la conception que la société se fait de la famille : ainsi par la négation ou la consécration d'une famille naturelle, la possibilité d'établir une filiation adultérine, la hiérarchie ou l'égalité des filiations... Il n'est donc pas surprenant que l'ordre public soit constamment invoqué en la matière. Les décisions des tribunaux ont même jadis pu donner l'impression que l'ensemble de celle-ci était « d'ordre public »[2]. Même suivant une conception plus précise de cette notion, des questions telles que la possibilité de désavouer un enfant né dans le mariage ou celle d'établir en justice une filiation hors mariage ou adultérine, ou les moyens admis pour y parvenir, ont été fortement débattues.

La politique législative qui avait inspiré le Code civil, fondée sur l'exclusivisme de la famille légitime et la défiance à l'égard de l'établissement forcé de la paternité naturelle, incita à déclarer contraires à l'ordre public les lois les plus permissives, et à ne pas s'opposer à l'application des lois plus strictes. Les évolutions consacrées par la loi du 3 janvier 1972 puis celle du 8 janvier 1993 ne pouvaient pas ne pas se traduire à l'égard de l'ordre public international[3]. Elles ont sur beaucoup de questions déplacé la frontière entre ce qui est possible et ce qui ne l'est pas en matière d'établissement de la filiation : du fait du libéralisme des réformes, le champ des lois étrangères qui demeurent plus ouvertes est réduit ; celui des lois plus strictes s'est accru. Les lois étrangères qui seraient plus permissives que la loi française actuelle (permettant, par exemple, l'établissement d'une filiation incestueuse) risquent de ne pas franchir le test de l'ordre public. En ce qui concerne les lois demeurées plus sévères, la politique législative française n'emporte pas nécessairement que ces lois doivent être écartées ; comme en matière de divorce, une plus grande permissivité n'a pas lieu d'être imposée dans tous les cas à l'encontre des lois plus traditionnelles (n° 690). La manière dont ces différentes considérations sont appelées à opérer doit être examinée distinctement selon que la filiation se rattache ou non à un mariage.

1. V. par ex. Paris, 20 janv. 1986, RC 87. Somm. 828.
2. V. Civ. 8 nov. 1943, *Fayeulle*, D.C. 44.25 n. Savatier, JCP 44.II.2522 n. P.L.-P., RC 46.273, censurant une décision pour avoir, après intervention de l'exception d'ordre public en matière de preuve, appliqué la loi française aux effets de la filiation.
3. V. dès avant l'adoption de la loi, Jacques Foyer, « La réforme du droit de la filiation et le droit international privé », TCFDIP 1969-71, p.107. Sur le principe d'actualité de l'ordre public, v. supra n° 317 et en particulier Civ. I, 23 nov. 1976, *Marret*.

a. Filiation se rattachant à un mariage

737. – Désaveu de paternité. Le droit interne antérieur à la réforme de 1972 se caractérisait par la force de la présomption de paternité et par le monopole du mari pour faire tomber celle-ci dans les cas exceptionnels où le désaveu était admis. Les lois étrangères admettant le désaveu de paternité dans des conditions plus larges que le droit français étaient en général considérées comme contraires à l'ordre public, sous réserve d'un effet atténué en cas de désaveu prononcé à l'étranger. Les deux traits évoqués ayant disparu dans la législation actuelle, et jusqu'au vocable de désaveu avec la réforme de 2005, l'ordre public ne peut guère être appelé à intervenir face à une loi plus tolérante. Toutefois, une loi permettant d'écarter la paternité du mari sans preuve suffisante ou sans procédure contradictoire devrait certainement être écartée en vertu de l'idée – différente – de respect de la vérité. En revanche, une loi plus restrictive que la loi française pourrait encore être respectée, pourvu qu'elle n'écarte pas toute possibilité d'écarter la paternité du mari ou qu'elle ne l'écarte pas dans un cas où la paternité apparaît impossible[1]. Et même dans ce cas, il y aurait lieu de tenir compte du meilleur intérêt de l'enfant.

De même, n'aurait lieu d'être écartée une loi étrangère admettant la contestation de paternité par la mère que si elle permettait de le faire sans preuve suffisante ; en revanche, une loi n'admettant pas cette contestation devra vraisemblablement aujourd'hui être écartée[2]. Bien que la loi française admette la contestation de paternité par un tiers qui se prétend le parent véritable (aux conditions de l'art. 333 C. civ.) et par toute personne intéressée lorsque la possession d'état n'est pas conforme au titre (art. 334), cela ne devrait pas suffire à emporter la mise à l'écart des lois étrangères plus restrictives.

Après que la loi de 1972 a mis fin à l'imprescriptibilité des actions en matière de filiation (art. 311-7 C. civ.), a été déclarée contraire à l'ordre public français l'imprescriptibilité d'une action en contestation d'état[3]. Mais la réduction de la prescription française de trente à dix ans par l'ordonnance de 2005 (art. 321 C. civ.) n'impose pas d'écarter une prescription étrangère simplement plus longue.

b. Filiation hors mariage

738. – Influence de la politique législative : admission ou refus d'une action. L'établissement de la filiation hors mariage, et plus particulièrement la recherche de paternité, est un des domaines où l'ordre public a été

1. TGI Paris, 1er mars 1977, RC 78.110 n. Lequette, jugeant contraire à l'ordre public le maintien de la présomption alors que le mari était séparé de la mère à l'époque de la conception, que les actes de naissance ne comportaient que le nom de la mère et qu'il n'existait de possession d'état qu'à l'égard de celle-ci.
2. En ce sens, TGI Paris, 1er mars 1977, préc. n° 720 ; mais cependant, 30 avril 1985, *ibid*.
3. Civ. I, 13 nov. 1979, RC 80.753 n. Simon-Depitre.

le plus souvent opposé à l'application des lois étrangères dans le passé[1]. L'appréciation des tribunaux sur ce point a suivi l'évolution du droit interne ; les réformes successives intervenues dans ce domaine à l'époque contemporaine (lois du 3 janvier 1972, du 25 juin 1982 et du 8 janvier 1993 notamment) ont en outre illustré le principe d'actualité de l'ordre public (n° 317).

Les tribunaux se sont d'abord refusés à appliquer des lois étrangères admettant la recherche de paternité naturelle dans des conditions plus larges que celles autorisées par le Code de 1804. Après que la loi de 1912 a véritablement ouvert une action, les conditions restrictives formulées par l'art. 340 C. civ. furent considérées comme le maximum tolérable : étaient donc écartées les lois étrangères admettant plus facilement l'action ou ne prévoyant pas de fins de non-recevoir analogues (mais non celles prévoyant des délais d'action plus longs ou l'absence de tout délai)[2]. À chaque époque jouait cependant, avant que la théorie n'en fût dressée, ce qui a été depuis qualifié d'« effet atténué » de l'ordre public pour les décisions rendues à l'étranger : d'abord en matière de paternité naturelle simple, puis avant même que la loi de 1955 eût admis une action tendant à cette fin, en matière de paternité adultérine alimentaire[3]. À la veille de la loi de 1972, l'ordre public était essentiellement invoqué à l'encontre des lois admettant trop facilement la preuve de la paternité (n° 739). Les lois plus strictes étaient en revanche appliquées, ce qui illustre la défiance persistante envers ce type d'action.

L'effet premier de la réforme de 1972 fut de réduire l'éventualité d'une intervention de l'ordre public à l'encontre de lois plus permissives, le droit français ayant admis un grand nombre des solutions plus libérales auxquelles il était confronté. Elle a également renouvelé la question de l'attitude à adopter à l'égard des lois plus strictes. En ce qui concerne les premières et la recherche de paternité naturelle simple, cependant, la loi de 1972 avait curieusement conservé les cas d'ouverture de l'action. Sans attendre celle du 8 janv. 1993, qui a mis fin à cet anachronisme en autorisant la preuve de la paternité dès lors qu'il en existe des « présomptions et indices graves », la Cour de cassation avait défini une doctrine selon laquelle une loi étrangère ne prévoyant pas comme la loi française le filtre de cas d'ouverture n'était pas contraire à l'ordre public dès lors qu'elle présentait de sérieuses garanties quant au respect de la vérité biologique et permettait au défendeur d'assurer efficacement sa défense[4].

En ce qui concerne les lois *plus strictes* que la loi française relativement à l'établissement de la filiation hors mariage ou l'octroi d'aliments, l'évolution de la loi française a exercé son influence, notamment en faisant écarter

1. On trouve dans cette jurisprudence une illustration caractéristique de l'intervention de l'ordre public pour sauvegarder une politique législative contestée (n° 313).
2. V. par ex. Civ. 8 nov. 1943, *Fayeulle*, préc. n° 736.
3. Civ. 22 mai 1957, *Heinrich*, préc. n° 714.
4. Civ. I, 9 oct. 1984, *Hublin*, RC 85.643 n. Foyer, JDI 85.906 n. Simon-Depitre, rejetant le pourvoi contre Paris, 8 mars 1983, RC 84.290 n. Foyer. Auparavant, jugeant qu'une action prévue par une loi étrangère qui n'aurait pas été admise en France parce que fondée sur des cas non compris dans l'énumération de l'art. 340 pouvait être convertie d'office par le tribunal en demande de subsides, en application de l'art. 340-7, Colmar, 13 nov. 1973, D. 74.680, JCP 74.II.17894 n. Foyer, JDI 74.863 obs. Kahn.

une loi interdisant la légitimation des enfants adultérins[1]. Mais elle ne s'est pas traduite par un refus systématique d'application des lois plus strictes, la Cour de cassation déclarant que « les lois étrangères qui prohibent l'établissement de la filiation naturelle ne sont, en principe, pas contraires à la conception française de l'ordre public international dont la seule exigence est d'assurer à l'enfant les subsides qui lui sont nécessaires »[2]. Toutefois, réitérant peu après l'énoncé du principe, la haute juridiction a jugé qu'« il en est autrement lorsque ces lois ont pour effet de priver un enfant français ou résidant habituellement en France du droit d'établir sa filiation »[3]. C'est là une manifestation caractéristique de l'ordre public de proximité (n° 315), déjà présente dans des décisions antérieures des juges du fond[4]. Cette manière nouvelle d'apprécier l'ordre public rend moins contestable le principe affirmé.

739. – Questions particulières. Certaines questions ont été plus particulièrement discutées au regard de l'ordre public français. En ce qui concerne les moyens de preuve en vertu desquels un défendeur a été déclaré à l'étranger père de l'enfant ou condamné à lui verser des aliments, la Cour de cassation estime contraire à l'ordre public une loi étrangère qui, à l'instar de l'ancienne règle *virgini prægnanti creditur*, admet l'existence des relations intimes entre la mère et le défendeur sur la seule déclaration de la première, fut-elle reçue sous serment[5]. En revanche, elle ne s'oppose pas à ce mode de preuve lorsqu'il est corroboré par d'autres indices[6].

1. Civ. I, 12 mai 1987, *Weyrich-Laroche*, GP 88.1.321 n. Massip, JDI 88.101 n. Niboyet-Hoegy (il s'agissait de la loi belge et l'arrêt applique, par substitution, une solution ancienne de la loi française).
2. Civ. I, 3 nov. 1988, RC 89.495 n. Foyer, JDI 89.703 n. Monéger ; 10 mai 2006, D. 06.2890 n. Kesssler. Pour une illustration de la réserve relative aux aliments, v. Paris, 13 oct. 1989, RC 90. Somm. 789.
3. Civ. I, 10 fév. 1993, D.94.J.66 n. Massip et Somm. 32 obs. Kerckhove, JCP 93.II.3688 n. Fulchiron, RC 93.620 n. Foyer, JDI 94.124, 1re esp., n. Barrière-Brousse. Le fait qu'il soit tenu compte de la nationalité actuelle permet de corriger la référence temporelle de l'art. 311-14 à la nationalité de la mère au jour de la naissance.
4. V. TGI Paris, 23 avril 1979, préc. n° 717, et depuis Lyon, 12 déc. 2000, préc. n. 719 ; en sens inverse, compte tenu des rattachements ténus de la situation avec la France, TGI Paris, 3 juin 1980 et 6 fév. 1982, cités TCFDIP 1982-84, p. 198-99 ; Civ. I, 10 mai 2006, préc. n° 315.
5. Les décisions ont été nombreuses (et en général relatives à la loi allemande) : Civ. I, 19 déc. 1973, D. 74.661, 2e esp. n. Mezger, GP 74.1.443 n. R. S., RC 74.534 n. Wiederkehr, JDI 74.616 n. A. Huet ; 18 mai 1976, GP 76.2.513, JDI 77.485 n. A. Huet, RC 78.351, 1re esp., n. Simon-Depitre et Foyer ; 7 déc. 1976, D. 77.I.R.111, Bull. civ. I, n° 386, p. 304 ; 25 juin 1977, D. 77.485 n. Mezger, JDI 77.445 n. A. Huet ; 7 mars 1978, JDI 79.614 n. Foyer ; 3 janv. 1980, D. 81.I.R.160, 1re esp., obs. Audit ; 27 oct. 1981, Bull. civ. I, n° 308 ; 28 oct. 1981, Bull. civ. I, n° 318 ; 10 mars 1982, RC 82.724 n. E. M. et le tableau de jurisprudence commenté par Jacques Foyer, JDI 78.623 ; Civ. I, 16 nov. 1983, Bull. civ. I, n° 271 ; 6 mars 1984, Bull. civ. I, n° 85 (loi polonaise). Cette position est exclusive de tout effet atténué de l'ordre public.
6. Civ. I, 25 janv. 1977, D. 77.685 n. Mezger et I.R.236, JDI 77.470 n. Ruzié, RC 78.351, 2e esp. n. Simon-Depitre et Foyer. Parmi les éléments corroborant les affirmations de la mère ont été retenus les « déclarations circonstanciées du défendeur concernant ses rencontres avec la mère à l'époque de la conception » (Civ. I, 7 mars 1978,

Elle n'admet toutefois pas que soit donné effet à une fiction d'aveu tirée du défaut du défendeur, ainsi que naguère prévue par la procédure allemande de droit commun et appliquée aux actions en demande d'aliments[1].

Ces différentes solutions ont été fréquemment rendues à l'occasion de demandes d'exécution de décisions alimentaires selon les deux conventions de La Haye successives concernant cette matière : celle du 15 avril 1958 relative aux enfants et celle du 2 octobre 1973 d'application générale (*infra*, n° 745), posant l'une et l'autre pour condition que la décision ne soit pas « manifestement incompatible » avec l'ordre public (respectivement art. 2, 5° et art. 5, 1°). Il semble donc que la jurisprudence ne fasse pas de distinction sur ce point entre l'action d'état et l'action alimentaire.

Le grief de contrariété à l'ordre public fut également invoqué avec succès, contre les lois étrangères ne réservant pas les fins de non-recevoir et moyens de défense prévus par le droit français, notamment l'inconduite de la mère (*exceptio plurium concubentium*)[2]. Mais la loi du 3 janvier 1972 a permis l'allocation de subsides nonobstant les relations de la mère avec un autre homme (anc. art. 342-4 C. civ.) et même que des subsides soient mis à la charge de plusieurs défendeurs (anc. art. 342-3), ce qui était de nature à atténuer les exigences de l'ordre public dans ce domaine. La suppression en 1993 de l'*exceptio plurium concubentium* ne permet plus d'opposer l'ordre public qu'aux lois ne prévoyant pas le moyen de défense tiré de ce que le défendeur ne peut être le père de l'enfant (art. 342-4). Les exigences anciennes ne peuvent être davantage maintenues en ce qui concerne les actions d'état, par opposition aux actions simplement alimentaires, avec la suppression des fins de non-recevoir corrélative à celle des cas d'ouverture[3].

JDI 79.614, 1re esp., n. J. Foyer), l'examen des sangs ou une autre expertise biologique (ibid, 2e esp. ; Civ. I, 27 oct. 1981, Bull. civ. n° 303, p. 260 ; 28 oct. 1981, Bull. civ. n° 318 ; Paris, 9 mai 1980, RC 80.603 n. J. Foyer), voire le refus de se prêter à une telle expertise (Civ. I, 20 mai 1980, D. 81.I.R.160, 2e esp., obs. Audit ; 28 oct. 1981, préc.), éléments dont la Cour de cassation considère que la force probante est souverainement appréciée par les juges étrangers sous peine pour le juge requis de procéder à une révision de la décision étrangère (Civ. I, 19 déc. 1973, 1re esp., D. 74.661 n. Mezger).

1. Civ. I, 19 déc. 1973, préc. ; 22 avril 1981, Bull. civ. I, n° 124, p. 105, rejetant le pourvoi contre Amiens, 2 avril 1979, RC 79.641 n. Mezger ; 28 oct. 1981, Bull. civ. I, n° 319, p. 268 ; *contra*, Paris, 16 nov. 1976, D. 77.I.R.351, GP 77.1.132, RC 78.140 n. Mezger. À la suite de la réforme du droit allemand, le droit commun de la procédure par défaut ne s'applique plus dans le procès de filiation ; mais il demeure applicable dans le procès en paiement d'une pension alimentaire à tous les faits qui ne concernent pas l'établissement de la filiation.
2. Paris, 27 avril 1973, RC 73.93 n. Foyer et Simon-Depitre ; 14 déc. 1978, RC 79.603 n. Simon-Depitre.
3. V. déjà, jugeant qu'une loi étrangère (loi polonaise) ne prévoyant pas de cas limitatifs d'ouverture de l'action en recherche de paternité ni de fin de non-recevoir tirée du commerce avec un autre homme n'était pas contraire à l'ordre public français dès lors qu'elle permettait au défendeur de combattre la présomption de paternité attachée à l'existence de rapports avec la mère Civ. I, 3 mars 1981, D. 82.285 n. F. Boulanger, maintenant Paris, 4 mai 1979, RC 80.319 n. Simon-Depitre.

Malgré le lien de cette question avec les deux précédentes, ont été admis les délais plus longs que ceux prévus par la loi française, qui favorisent pourtant l'action, et même l'absence de tout délai[1]. La première solution a été maintenue après 1972[2] ; la seconde a été condamnée à la suite de l'art. 311-7 C. civ. (auj. art. 321)[3].

Voy. : Batiffol et Lagarde, « L'improvisation de nouvelles règles de conflit de lois en matière de filiation », RC 1972.1 ; Chabert, *L'intérêt de l'enfant et les conflits de lois*, 2001 ; Foyer et Simon-Depitre, « La loi du 3 janvier 1972 et le droit international privé », JCP 1973.I.2566, paru en monographie sous le titre *Le nouveau droit international privé de la filiation* ; Jacques Foyer, « Problèmes de conflits de lois en matière de filiation » RCADI 1985.IV.9 (t. 193) ; « Vingt ans d'application des articles 311-14 à 311-18 du Code civil », Mél. Huet-Weiller, 1994, p. 127 ; Guiho, « La conception française de l'ordre public international en matière de filiation », Mél. Breton et Derrida, 1991, p. 145 ; A. Huet, « Les conflits de lois en matière de filiation », *in Les conflits de lois en matière de filiation en droit international privé français, allemand et suisse*, Annales Fac. dr. Strasbourg, XXV, 1973, p. 19 ; Ponsard, « La loi française du 3 janvier 1972 et les conflits de lois en matière de filiation », JDI 1975.765 ; Sutton, « Les art. 311-14 s. C. civ. à l'épreuve de la jurisprudence du Tribunal de grande instance de Paris », TCFDIP 1982-84, p. 193 ; *adde* les références citées sous le n° 597.

§ 2. – EFFETS DE LA FILIATION

Les règles de conflit législatives introduites en 1972 ne visant formellement que l'établissement de la filiation, la question s'élève de savoir si elles s'appliquent à ses effets (A) ; elle voit toutefois son intérêt pratique considérablement restreint du fait de l'application de conventions internationales aux matières les plus importantes qui relevaient traditionnellement de la loi applicable aux effets de la filiation (B).

A. DÉTERMINATION DE LA LOI APPLICABLE

740. – Règles de conflit anciennes ou nouvelles ? Avant 1972, la jurisprudence appliquait aux effets de la filiation la même règle de conflit qu'à son établissement ; on pouvait voir là une application du principe de solidarité entre les conditions d'existence d'une institution et l'étendue de ses effets. Le même principe conduisait après cette date à déclarer les effets de la filiation soumis à la loi désignée selon les art. 311-14 à 311-18 C. civ., nonobstant l'intitulé de la section où ils figurent (« Du conflit des lois relatives à l'établissement de la filiation »)[4]. Mais différentes raisons militent contre de cette extension. L'art. 311-14 visant la loi de la mère au jour de la naissance, il serait inopportun que soit ainsi figée la loi applicable aux effets de la filiation alors que ces effets se prolongent dans le temps et que les liens avec la loi applicable au moment de la naissance peuvent se

1. Civ. 10 mai 1960, *Imbach*, D. 60.548, RC 1960.205 n. Batiffol, JDI 61.126 n. Ponsard.
2. Paris, 4 mai 1979, RC 80.313 n. Simon-Depitre ; 20 janv. 1986, RC 87. Somm. 828.
3. Civ. I, 13 nov. 1979, préc. n° 738.
4. En ce sens, Grenoble, 23 fév. 1987, RC 90. Somm.784 (autorité parentale).

distendre. Encore serait-il loisible aux tribunaux, transposant ce texte aux effets de la filiation, de déclarer ceux-ci régis par la loi personnelle *actuelle* de la mère. Une autre objection est qu'en raison des différentes règles de conflit posées par les art. 311-14 s., il peut arriver que la paternité et la maternité ne soient pas régies par la même loi. Or s'il est vrai que tous les effets de la filiation ne concernent pas les deux parents (ainsi l'obligation alimentaire est une obligation individuelle de chacun), la question essentielle de l'autorité parentale appelle l'application d'une loi unique. Enfin, lorsque la filiation sera établie selon deux ou plusieurs lois rendues applicables par les différentes règles de conflit (n° 722, 726), il sera difficile de se prononcer sur celle qui en régit les effets ; il pourra notamment y avoir conflit entre les parents invoquant chacun la loi qui est plus favorable[1]. Plus généralement, les difficultés d'interprétation et d'application des règles de conflit introduites par la loi de 1972 incitaient à cantonner leur application.

Si l'on maintient donc, au moins en principe, les règles antérieurement dégagées par la jurisprudence pour l'établissement de la filiation, les effets de la filiation se rattachant à un mariage seront régis par la loi de la famille ; ceux de la filiation hors mariage par la loi de l'enfant (n° 714)[2]. Ceci pourrait se heurter à l'objection d'une distinction entre les deux types de filiations, renforcée par l'ordonnance de 2005. Elle n'est guère convaincante, notamment parce que le mariage des parents est un fait qu'il n'y a aucune raison de gommer (v. déjà n° 717), d'autant plus dans ce contexte qu'il manifeste leur souhait de constituer une cellule familiale (donc justifiant la détermination d'une loi propre). Plus sérieuse serait l'objection selon laquelle sont dissociées les conditions d'établissement du lien et l'étendue de ses effets, questions entretenant entre elles des liaisons systémiques qu'il conviendrait de préserver. Mais outre que cette dissociation ne se produira pas nécessairement, il suffit de réserver la possibilité d'une adaptation (n° 322 s.) lorsqu'elle se révélerait nécessaire. En fait, la scission de principe entre les conditions d'établissement de la filiation et ses effets est déjà réalisée à l'égard des plus importants des seconds, comme on va le voir, du fait de diverses conventions internationales applicables à ces seuls effets.

1. Il a été proposé de ne retenir dans ce cas que la loi de la mère en vertu de la règle de principe ; mais cela peut paraître singulier dans le cas où la filiation est établie par reconnaissance, si l'on estime par ailleurs que l'art. 311-17 s'applique à l'exclusion de l'art. 311-14 (n° 723). V. appliquant la loi française dans le cas d'un enfant résidant en France dont la filiation avait été établie selon cette loi après intervention de l'ordre public à l'encontre de la loi de la mère : Lyon, 12 déc. 2000, préc. n° 719.
2. En ce sens, Civ. I, 7 oct. 1997, préc. n° 592 (attribution du nom aux enfants légitimes selon la loi des effets du mariage).

B. DOMAINE DE LA LOI APPLICABLE

741. – Effets propres de la filiation. Tous les effets, personnels et patrimoniaux, de la filiation ne relèvent pas en droit international privé de cette catégorie ; certains font l'objet d'une autre qualification, et donc d'une règle de conflit, propre. C'est en particulier le cas de la *succession*, en raison notamment de son caractère réel marqué ; les droits successoraux attachés à la filiation ne relèvent donc pas de la loi des effets de celle-ci[1]. D'autres effets de la filiation donnent donc lieu à hésitation. Ainsi le *nom patronymique* peut être considéré comme un effet de la filiation, du fait de ses conditions normales d'attribution, ou un élément du statut personnel individuel, soumis à ce titre à la loi personnelle (n° 603) ; la Cour de cassation s'est prononcée pour la première qualification[2]. Deux questions appellent un examen plus particulier : l'autorité parentale et l'obligation alimentaire.

1. Autorité (responsabilité) parentale

742. – Discussion particulière du rattachement. La question de la loi applicable à l'autorité parentale (qualifiée de « responsabilité » dans la Convention de New York relative aux droits de l'enfant et dans le règlement Bruxelles II bis) ne se pose plus selon le droit commun que pour les enfants ne relevant pas de la Convention de La Haye du 5 octobre 1961, laquelle s'applique à tous ceux ayant leur résidence habituelle en France ou dans un État contractant (n° 616). Son intérêt pratique se trouve ainsi largement restreint[3].

Il ne paraît pas avoir été contesté à l'époque moderne que la puissance paternelle, remplacée en 1970 par l'autorité parentale, ressortit au statut personnel[4]. Mais il fallait encore décider s'il s'agit de statut individuel ou familial : la première qualification se traduit par la désignation exclusive de la loi personnelle du mineur en vertu d'un rattachement autonome ; la seconde, en ce qui concerne l'enfant né d'un mariage, par l'application de la loi de la famille. Tel était le parti de la jurisprudence dans son dernier état précédant la réforme de la filiation, la loi de la famille étant déterminée selon le système *Rivière*. L'autorité à l'égard de l'enfant naturel était cependant soumise à sa loi personnelle, ce qui assurait en particulier l'unité de statut à l'égard des deux parents.

Les interventions législatives, de fond et de conflit, survenues depuis 1970 n'imposent pas de modifier ces solutions. En ce qui concerne l'enfant légitime, le rattachement de l'établissement de la filiation à la loi de la mère par la loi de 1972 a été justifié par la nature du contentieux le plus fréquent, celui du désaveu (n° 717) ; lorsqu'il y a lieu de se prononcer sur l'autorité parentale, la filiation de l'enfant

1. Même si la succession relevait du statut personnel, comme c'est le cas dans différents systèmes, ce n'est pas la loi de la filiation qui commanderait les droits successoraux, car ceci exposerait à rendre applicables des lois différentes ; c'est en fonction de la personne du défunt que s'organise la succession.
2. Civ. I, 7 oct. 1997, préc. n° 592. V. Sutton, TCFDIP 1982-84, p. 203.
3. Il disparaîtrait pratiquement avec l'entrée en vigueur de la Convention de La Haye de 1996 (n° 615 bis), soumettant la responsabilité parentale à la loi de la résidence habituelle, sans réciprocité (art. 16).
4. Civ. I, 25 juin 1991, D.91.I.R.228. Sous l'Ancien droit la question fut rapprochée du statut réel, en raison de l'importance de la maîtrise sur les biens.

n'est pas en cause. S'agissant de l'enfant naturel, il n'aurait pas été déplacé de soumettre l'autorité parentale à la loi de la mère dont la loi du 4 juin 1970, en droit interne, avait consacré le rôle prééminent. Mais la loi (du 4 mars 2002) a depuis effacé toute distinction entre les parents, et l'enfant constitue le centre de gravité de la relation ; il est, de plus, opportun de faire régir par une même loi l'autorité parentale et la tutelle qui peut lui succéder. La question reste cependant ouverte[1]. La convention de La Haye de 1996, destiné à remplacer celle de 1961 (n° 628) soumet l'attribution ou l'extension de plein droit d'une responsabilité parentale, sans intervention d'une autorité judiciaire ou administrative, à la loi interne de l'État de la résidence habituelle de l'enfant. Cette règle est sans condition de réciprocité. Les difficultés éventuelles liées au changement de résidence habituelle seront réglées conformément aux dispositions de la Convention, c'est-à-dire en principe par les autorités de la résidence nouvelle.

743. – Questions relevant de l'autorité parentale. La loi applicable à l'autorité parentale décide en premier lieu de son attribution. Elle décide également de ses effets, soit les prérogatives et les devoirs qu'elle implique sur la personne de l'enfant (entretien, surveillance et éducation) et sur ses biens (droit de jouissance légale), et de son extinction.

La nature des questions peut appeler une intervention de l'ordre public : soit que la loi étrangère désignée n'impose pas certains devoirs élémentaires aux parents ; soit qu'elle prive l'un d'eux de prérogatives normales sans fondement raisonnable ou pour un motif inacceptable, tel qu'une discrimination systématique entre le père et la mère, ou fondée sur la religion de l'un ou l'autre[2]. L'ordre public a été invoqué jadis à l'encontre des conventions entre parents relatives à la puissance paternelle. Il convient aujourd'hui de tenir compte du rôle que les réformes successives de l'autorité parentale et du divorce font jouer à l'accord des parents (art. 373-2-7 C. civ.)[3].

Sur le contentieux de l'autorité parentale, v. n°s 629 et s., 702.

2. Obligation alimentaire

744. – Importance pratique de la question. Les conflits relatifs aux obligations alimentaires sont fréquents en matière internationale. Toutes les législations n'édictent pas de telles obligations entre les mêmes personnes (ainsi le droit français ne l'impose pas entre frères et sœurs, mais la connaît entre alliés) et toutes ne prévoient pas les mêmes modalités. Et surtout, les difficultés de recouvrement des pensions par les créanciers, bien connues dans l'ordre interne, sont accrues en matière internationale du fait de l'éloignement et du sentiment que peut avoir le débiteur de se trouver à l'abri des frontières ; il se peut même qu'il ait cherché dans un établissement à l'étranger le moyen de se soustraire aux obligations pesant sur lui dans un État donné.

1. Pour l'application de la loi de l'enfant, Paris, 3 mars 1981, RC 81.496 n. Lequette ; Nancy, 23 oct. 1989, RC 90.723 n. Lequette (décisions omettant le droit conventionnel applicable).
2. Rapr. l'attribution de la garde après divorce qui ne tiendrait pas compte de l'intérêt de l'enfant, n° 700.
3. Sur l'application de la loi française au titre de loi de police, v. n° 621.

L'importance pratique de la question explique qu'elle ait fait l'objet de nombreuses conventions internationales. Les unes portent sur la *loi applicable* aux obligations alimentaires, ainsi détachées du statut personnel – et donc en particulier de la filiation – pour être érigées en catégorie autonome de droit international privé ; elles ont complètement évincé le droit commun antérieur[1]. Les autres ont pour objet la *reconnaissance des décisions*. L'autonomie de l'obligation alimentaire se manifeste à leur égard dans le fait que si la décision à reconnaître s'est prononcée sur d'autres points que l'obligation alimentaire, son effet est limité à cet aspect. On envisagera successivement les principales conventions multilatérales des deux types[2].

a. Loi applicable

745. – Conventions et Protocole de La Haye. Deux conventions de La Haye ont été consacrées, à l'époque contemporaine, à la loi applicable aux obligations alimentaires : la première, de 1956, était spécifique aux enfants ; la seconde, de 1973, est générale et s'est substituée à la précédente dans la mesure des ratifications. Dans le but déclaré de moderniser ces deux conventions a été conclu le 23 novembre 2007 un « Protocole sur la loi applicable aux obligations alimentaires », décrit par le Préambule comme pouvant constituer un « ajout utile » à la Convention du même jour sur le recouvrement des aliments (n° 748-1)[3]. Cette présentation traduit le souci particulier d'une reconnaissance et d'une exécution effectives des décisions en la matière, passant par un rapprochement des règles de désignation du droit applicable. Il a prévu dans le règlement (CE) n° 4/2009 relatif aux obligations alimentaires (n° 531) que le Protocole sera « conclu par la Communauté » en temps utile pour permettre l'application du règlement. Mais le règlement réserve l'hypothèse où certains États membres n'appliqueraient pas le Protocole (considérant 20) ; ce pourquoi les dispositions du règlement sur la reconnaissance des décisions distinguent selon que celles-ci émanent ou non d'un État lié par le Protocole (art. 16 s.). L'Union européenne a déposé, le 4 avril 2010, son instrument de ratification du Protocole, qu'elle entend unilatéralement faire appliquer dans l'Espace judiciaire européen à compter du 18 juin 2011, date d'entrée en vigueur du règlement 4/2009.

1. Celui-ci soumettait l'obligation alimentaire entre parents et enfants à la loi de la famille légitime ou à la loi personnelle de l'enfant naturel, selon le cas : Civ. 22 mai 1957, JCP 57.II.10052 n. J. Mazeaud, RC 1957.466 n. H. B., JDI 57.722 n. Ponsard (enfant naturel). V. Déprez, « Les conflits de lois en matière d'obligation alimentaire », RC 1957.369 ; Simon-Depitre, « Les aliments en droit international privé », TCFDIP 1973-75, p. 39 s. et Rapport français *in L'obligation alimentaire en droit international privé*, Vol. 1, 1983, p. 173 s.
2. Plusieurs conventions bilatérales sont également susceptibles de s'appliquer en France à ces questions, en particulier les conventions franco-polonaise du 5 avril 1967, franco-yougoslave du 18 mai 1971 et franco-marocaine du 18 mai 1981 (préc. n° 501).
3. Comm. Bonomi, YPIL 2008.333.

Les deux conventions et le Protocole déclarent ne régler que les conflits de lois en matière d'obligations alimentaires et que les décisions rendues conformément à ses dispositions ne préjugent pas de l'existence des relations sur lesquelles se fonde l'obligation (Convention de 1956, art. 5 al. 2 ; de 1973, art. 2 al. 2 ; Protocole, art. 1.2). Ceci soulève la question de savoir selon quelle règle de conflit statuer éventuellement sur la question (dite « préalable ») de filiation : logiquement, selon le rattachement spécifiquement applicable à celle-ci ; mais une opinion répandue admet l'application de la règle conventionnelle prévue pour les aliments[1].

746. – Convention du 24 octobre 1956. Entrée en vigueur en France en 1963, la convention de 1956 demeure applicable dans les rapports de la France avec certains pays n'ayant pas ratifié la convention de 1973. Elle donne compétence de principe à la loi de la résidence habituelle de l'enfant (art. 1er, al. 1), ce qui se justifie parce qu'il s'agit de pourvoir à ses intérêts immédiats. Il peut arriver cependant que la loi ainsi désignée soit moins favorable à l'enfant qu'une autre loi ayant un titre à s'appliquer et qui serait compétente selon le droit commun de l'autorité saisie[2]. C'est pourquoi l'art. 3 donne compétence à « la loi désignée par les règles nationales de conflit de l'autorité saisie au cas où la loi de la résidence habituelle de l'enfant lui refuse tout droit aux aliments ». La loi désignée par la Convention détermine si et à qui l'enfant peut réclamer des aliments, ainsi que les personnes admises à intenter l'action et les délais pour ce faire (art. 1 al. 1 et 3).

746-1. – Convention du 2 octobre 1973. La Convention a été évoquée précédemment à l'occasion des rapports entre époux (n° 675) ou ex-époux (n° 703). Elle s'applique en effet à l'ensemble des obligations alimentaires découlant d'un lien de famille (mariage, parenté, alliance), et donc de filiation, ainsi, comme la précédente, qu'à celles découlant d'une paternité possible ; à la différence de celle-ci, elle s'applique sans condition de réciprocité (art. 3), c'est-à-dire qu'elle est devenue le droit international privé commun dans les États où elle entre en vigueur dont la France. Comme on l'a vu à propos des relations entre époux, la Convention procède par rattachements successifs, donnant compétence à la loi interne de la résidence habituelle du créancier (art. 4), puis à la loi nationale commune lorsque le créancier ne peut obtenir d'aliments en vertu de la loi précédente (art. 5) ; enfin, dans le même cas, à la loi de l'autorité saisie (art. 6). Cette méthode traduit un but substantiel : la faveur au demandeur d'aliments (n° 108). La Convention réserve l'ordre public, sous la forme restrictive habituelle des conventions de La Haye (art. 11, al. 1). La nécessité d'y recourir est toutefois prévenue sur un point précis, par une règle matérielle imposant de tenir compte des besoins du créancier et des ressources du débiteur dans la détermination du montant de la prestation alimentaire (art. 11, al. 2).

746-2. – Protocole du 23 novembre 2007. Une règle générale soumet les obligations alimentaires à la loi de la résidence habituelle du créancier, sans renvoi possible ; en cas de changement, la loi de l'État de la nouvelle résidence s'applique à partir du moment où le changement est intervenu (art. 3). Dans les rapports entre parents et enfants, la loi du for s'applique lorsque le créancier ne peut pas obtenir d'aliments du débiteur en vertu de la loi désignée par la règle précédente (art. 4).

1. V. supra n° 676 *in fine* et, critiquant ce dépeçage, Lequette, « De l'utilitarisme dans le droit international privé conventionnel de la famille », Mél. Loussouarn, p. 245.
2. Tel pouvait être le cas en France avant l'introduction en France de l'art. 311-18 C. civ. offrant au demandeur le choix entre la loi de sa résidence habituelle et celle de la résidence habituelle du débiteur (n° 727).

Nonobstant ces règles, le créancier et le débiteur peuvent pour les besoins d'une procédure particulière se déroulant dans un État donné désigner expressément, par un accord procédural, la loi de cet État (art. 7). En revanche, la disposition du Protocole permettant aux parties de s'entendre, hors de toute procédure, sur l'application de certaines lois désignées, décrite plus haut à l'occasion des relations entre époux (n° 675), est écartée pour les obligations alimentaires concernant une personne âgée de moins de dix-huit ans (art. 8.3).

b. Reconnaissance et exécution des décisions

747. – Conventions de La Haye. L'exécution des décisions relatives aux obligations alimentaires a fait l'objet notamment de deux conventions de La Haye qui ont accompagné respectivement celles portant sur la loi applicable : la convention du 15 avril 1958 concernant la reconnaissance et l'exécution des décisions en matière d'obligations alimentaires envers les enfants et la convention du 2 octobre 1973, de portée générale. La première est appelée à disparaître à mesure des ratifications de la seconde. Ces conventions fixent des règles de compétence indirecte, et elles ne permettent pas au juge requis de contrôler la loi appliquée par le juge d'origine. Selon la convention de 1973, l'autorité requise est liée par les constatations de fait sur lesquelles l'autorité de l'État d'origine a fondé sa compétence (art. 9)[1]. Tout en facilitant la reconnaissance des décisions, la Convention réserve le respect des droits de la défense et l'incompatibilité manifeste avec l'ordre public[2].

La même convention prévoit l'action d'une institution publique en exécution d'une décision lui accordant le remboursement de prestations fournies, à condition que le remboursement puisse être obtenu par cette institution selon la loi qui la régit et que l'existence d'une obligation alimentaire entre ce créancier et ce débiteur soit prévue par la loi interne désignée par le droit international privé de l'État requis (art. 18).

Les facilités offertes par ces conventions soulèvent la question de leur applicabilité à des décisions qui se sont prononcées préalablement sur une question d'état, telle que la paternité de l'enfant bénéficiaire ou le lien de mariage entre le demandeur d'aliments et le défendeur[3]. Les deux conventions prévoient (art. 1er et 3 respectivement) que si la décision invoquée ne concerne pas seulement l'obligation alimentaire, leur effet reste limité à cette dernière[4]. Sans s'arrêter à l'objection de l'indivisibilité

1. V. Paris, 8 juin 1995, D. 96. Somm. 172 (faisant jouer la règle pour exclure la reconnaissance).
2. Les défendeurs s'efforcent fréquemment d'assimiler à ces griefs des différences de régime entre le droit étranger et le droit français, mais voient le plus souvent leur argumentation rejetée : v. par ex. Civ. I, 13 oct. 1992, 16 juin 1993, 12 juill. et 10 oct. 1994, RC 95.68 n. Ancel.
3. Lagarde, « Observations sur l'articulation des questions de statut personnel et des questions alimentaires dans l'application des conventions de droit international privé », Mél. von Overbeck, 1991, p. 511.
4. Le règlement Bruxelles I réserve de son côté la possibilité d'appliquer une autre convention relative à une matière particulière entre les deux États concernés (art. 71.1). Chaque instrument potentiellement applicable s'effaçant ainsi devant l'autre, le choix entre eux appartient au créancier d'aliments.

éventuelle (selon le droit étranger appliqué) entre la question d'état et la conséquence alimentaire, la Cour de cassation s'est prononcée pour la reconnaissance selon les deux conventions de la seule partie alimentaire de décisions ayant statué sur les deux questions[1]. Elle consacre ainsi en la matière un exequatur « à finalité partielle ».

748. – Autres conventions. Une *Convention de New York du 20 juin 1956*, négociée sous les auspices des Nations Unies et entrée en vigueur en France en 1960, organise le recouvrement des aliments à l'étranger. Elle présente notamment un intérêt spécifique pour le recouvrement d'aliments dus par des travailleurs émigrés à leurs ascendants demeurés dans le pays d'origine[2].

Bien que la *Convention de Bruxelles du 27 septembre 1968* ait exclu de son champ d'application les questions de famille, on a vu qu'elle s'appliquait aux obligations alimentaires, pour lesquelles elle édictait une règle de compétence directe (art. 5, 2°) (n° 531). Les décisions rendues en cette matière bénéficient donc dans les Etats membres de toutes les facilités d'exécution du règlement qui lui a succédé, d'autant plus que les deux conventions de La Haye permettent que l'exécution soit demandée selon un autre instrument en vigueur entre l'État d'origine et l'État requis (art. 11 et 23 respectivement)[3]. Cela n'implique pas qu'une décision sur la filiation doive être auparavant déclarée exécutoire. Les dispositions du règlement (CE) n°4/2009 se substitueront, à leur entre en vigueur, à celles du règlement n° 44/2001 (n° 531).

748-1. – Convention de La Haye du 23 novembre 2007. Cette nouvelle convention porte sur le recouvrement international des aliments destinés aux enfants et à d'autres membres de la famille ; elle est accompagnée du protocole sur la loi applicable aux obligations alimentaires (n° 745)[4]. Tout en s'inspirant de la Convention de New York de 1956, elle se fixe pour but de proposer des procédures « produisant des résultats et qui soient accessibles, rapides, efficaces, économiques, équitables et adaptées à diverses situations ». À cette fin, elle établit un système de coopération entre les Etats contractants au moyen d'autorités centrales. Elle facilite la présentation des demandes en matière d'aliments, largement comprises (v. art. 10), ainsi que la reconnaissance et l'exécution des décisions, en limitant les motifs de refus (art. 22), ou encore celle des conventions entre intéressés en

1. Civ. I, 2 oct. 1981, Bull. civ. I, n° 308, p. 260 ; 12 mars 1985, JCP 85.II.20449 concl. Gulphe, RC 85.677 n. B. Ancel ; 18 mars 1986, Bull. civ. I, n° 70, p. 67, D. 1987. Somm.352, 1re esp., obs. Audit ; 28 oct. 1986, *ibid.*, 2e esp., RC 87.745 n. Simon-Depitre ; 19 avril 1988, Bull. civ. I, n° 105, RC 89. Somm. 791 ; v. également Civ. I, 28 oct. 1981, Bull. n° 318 ; 16 fév. 1982, RC 83.493 n. Guimezanes et, affirmant le principe d'autonomie sans référence particulière à une convention, 12 juill. 1994, RC 96.68, 3e esp., n. Ancel.
2. Sur cette convention, v. Sauteraud-Marcenac, JCP 1961.I.1651 ; du même auteur, « Le recouvrement des pensions alimentaires à l'étranger », JCP 1969.I.2217 ; « Comment obtenir le versement d'une pension alimentaire à l'étranger », GP 1973.D.1 ; « Le recouvrement des aliments à l'étranger », TCFDIP 1982-83, p. 63.
3. Civ. I, 9 nov. 1983, RC 84.501 n. B. Ancel ; 3 avril 1990, D. 90.Somm.267 ; 9 déc. 2003, RC 04.440 n. B.A.
4. Textes RC 2008.411 et 432.

matière d'aliments (art. 30). Enfin, elle s'efforce d'assurer une exécution effective rapide, notamment en énumérant une série de mesures de contrainte possibles (art. 34, incluant le retrait de permis de conduire) et en se préoccupant des transferts de fonds (art. 35). Les dispositions de la Convention visant le créancier sont applicables aux organismes publics agissant à la place d'une personne à qui des aliments ont dus ou auquel est dû le remboursement de prestations qu'ils ont fournies (art. 36).

Voy. : Alexandre, « Les conflits de lois en matière d'effets de la filiation », *in Les conflits de lois en matière de filiation en droit international privé français, allemand et suisse*, Coll. de Strasbourg, 1973, p. 86 s. ; Boulanger, *Autorité parentale et intérêt de l'enfant, Histoire, problématique, panorama comparatif et international*, 2008 ; Fadlallah, *op. cit. sub* n° 675 ; Groffier, *Les pensions alimentaires à travers les frontières*, Montréal et Bruxelles, 1980 ; Lequette, *op. cit. sub* n° 597 ; Topor, *op. cit. sub* n° 597 ; *L'obligation alimentaire en droit international privé*, vol. 1, CNRS, 1983 (ouvrage collectif).

Section II

FILIATION ADOPTIVE

749. – Données matérielles et juridiques. L'adoption internationale a acquis à l'époque contemporaine une grande importance. En France comme dans les pays comparables, le nombre des demandes d'adoption dépasse largement celui des enfants juridiquement adoptables, ce qui incite les demandeurs à se tourner vers des pays défavorisés[1]. Environ quatre cinquièmes des adoptions prononcées en France concernent des enfants étrangers[2]. Or il existe de grandes dissemblances selon les législations à l'égard de l'institution[3]. Le principe même de l'adoption est parfois exclu[4]. D'autres législations ne permettent qu'une forme d'adop-

1. La Convention des Nations Unies relative aux droits de l'enfant du 26 janvier 1990 (D. 90.L.424) a pris en considération l'adoption à l'étranger, mais comme un moyen de dernier recours pour l'enfant (art. 21).
2. V. les statistiques de la Mission sur l'adoption internationale (Ministère de la justice): http//www.France.diplomatie.fr/MAI/stat.html ou www.diplomatie.gouv.fr/mai/ind_last.html. Une loi du 4 juillet 2005 a institué une Agence française pour l'adoption, destinée à prêter assistance aux personnes désireuses d'adopter un enfant à l'étranger (E. Poisson-Drocourt, D. 2006.2044). Mais tandis que les demandes ne cessent de croître, les adoptions internationales, qui s'étaient élevées à 4 136 en 2005, en France sont descendues à 3 162 en 2007, puis 3017 en 2009, ce que l'on attribue à des conditions trop contraignantes.
3. V. le tableau de législations figurant en annexe à la circulaire ministérielle du 16 fév. 1999 relative à l'adoption internationale, RC 1999.586 (p. 600).
4. C'est en particulier le cas dans les pays de droit musulman, qui ne connaissent, sous le nom de *kafalah*, qu'une prise en charge de l'enfant jusqu'à sa majorité, par une famille musulmane, sans création d'un lien de famille. Celle-ci peut être assimilée en France à une délégation d'autorité parentale, voire une tutelle, à l'exclusion d'une adoption, même simple (rép. min. RC 2005.194, RC 07.963 et les arrêts cités *infra* n° 753). V. Fulchiron, « Adoption sur *kafala* ne vaut », D. 2007.816. Comp. sous le régime de la Convention de La Haye de 1993, Civ. I, 25 février 2009, n° 08-11.033.

tion à effets limités ; il existe également des modèles divers au sein d'un système, comme le montre en France le contraste entre l'adoption selon le Code Napoléon et l'institution actuelle. Certaines législations visent spécifiquement les adoptions internationales en s'opposant à l'adoption d'enfants nationaux par des étrangers, pour des raisons de fierté nationale, ou exigent qu'elle soit prononcée par leurs propres tribunaux. Enfin, certaines ignorent tout simplement l'institution, notamment parce que la tradition veut qu'un enfant privé de parent immédiat soit pris en charge par la famille. Les adoptants en France souhaitent dans la grande majorité des cas une adoption plénière, dont les effets très étendus (rupture des liens avec la famille d'origine et irrévocabilité) peuvent donc se heurter aux conceptions en vigueur dans les pays d'origine des enfants. Le conflit éventuel entre familles, connu du droit interne, se double ainsi d'un conflit de lois souvent prononcé (confinant au conflit de systèmes) et pouvant même entraîner l'intervention des autorités publiques des États concernés. Une réglementation matérielle internationale uniforme serait souhaitable, mais les divergences évoquées la rendent difficile à élaborer. Une première législation de droit international privé, issue de la Conférence de La Haye, ne connut guère de succès[1]. En revanche une seconde convention, du 29 mai 1993, « sur la protection des enfants et la coopération en matière d'adoption internationale », de même source mais adoptée dans le cadre d'une conférence élargie, est en vigueur entre une soixantaine d'États (en France, depuis le 1er octobre 1998), dont plus de la moitié sont des États « donneurs » d'enfants adoptables. Cette convention n'affecte ni la compétence des autorités prononçant les adoptions, ni la loi applicable ; mais, traitant des adoptions qui impliquent un déplacement international de l'enfant, elle organise, comme l'indique son intitulé, des rapports de coopération entre les autorités du pays du ou des adoptants et de celui de l'adopté dans le but de parvenir à des adoptions internationalement reconnues (et non pas « boiteuses »). Applicable chaque fois que l'adopté et les adoptants ont leur résidence habituelle respective sur le territoire d'États contractants, et ce, que l'adoption soit prononcée dans l'État d'origine ou dans l'État d'accueil, elle se superpose au droit international commun des États contractants plus qu'elle ne s'y substitue.

La jurisprudence s'est efforcée empiriquement de dégager des solutions appropriées[2]. Pour répondre à certaines difficultés persistantes, la loi n° 2001-111 du 6 février 2001 a introduit dans le Code civil un chapitre intitulé « Du conflit de lois relatives à la filiation adoptive et de l'effet en France des adoptions internationales ». Mais ses trois articles (370-3

1. Convention du 15 nov. 1965 concernant la compétence des autorités, la loi applicable et la reconnaissance des décisions en matière d'adoption. Bien qu'ayant reçu les trois ratifications suffisantes pour entrer en vigueur (Autriche, Royaume-Uni, Suisse), cette convention était pratiquement condamnée du fait qu'elle fut conçue dans le contexte d'adoptions intra-européennes, rapidement périmé.
2. La circulaire précitée du 16 février 1999 (RC 99.586) exposait l'état du droit positif (v. toutefois n° 753), en intégrant les données procédurales ainsi que la Convention de La Haye.

à 370-5), ne constituent pas une réglementation complète des deux questions, sur lesquelles la pratique antérieure conserve donc son intérêt, ainsi qu'on va le voir en étudiant successivement le prononcé de l'adoption et la reconnaissance des adoptions étrangères.

§ 1. – PRONONCÉ DE L'ADOPTION

750. – Conflits de lois et conflits d'autorités. L'adoption suppose normalement l'intervention d'une autorité publique. L'adoption internationale peut donc être envisagée aussi bien sous l'angle du conflit d'autorités que celui du conflit de lois (n° 17). C'est sous le premier qu'elle fut abordée par la Convention de La Haye de 1965, sauf à préciser la loi applicable devant cette autorité (v. art. 3 et 4)1. Elle l'a été par la jurisprudence sous l'angle d'un conflit des lois de fond. Mais il est nécessaire d'examiner à la suite les conditions de forme et de procédure de l'adoption. On terminera par ses effets.

A. CONDITIONS DE FOND

751. – Recherche du rattachement. L'adoption tend à la création d'un lien de famille. À ce titre, elle relève, dans la conception française, du statut personnel. Mais le caractère purement juridique du lien se traduit par une problématique du conflit de lois très différente de celle présentée par la filiation biologique. Les conflits de lois les plus fréquents tiennent à la différence de nationalité, donc de loi personnelle, entre le ou les adoptants et l'adopté ; mais ils peuvent tenir également au fait que le ou les adoptants résident dans un pays autre que celui de leur nationalité. Un souci d'unité de loi applicable à la situation incite à rechercher une solution moniste, consistant à appliquer la loi de l'une des parties au lien ; mais il se révèle impossible de ne pas tenir compte de leurs lois respectives.

a) *Solutions monistes.* En faveur de la loi de l'*adopté*, on fait valoir, d'une part, le fait que c'est son intérêt qui est en jeu ; d'autre part, que l'adoption va se traduire par une rupture des liens avec son milieu d'origine et qu'il est donc normal que cette loi soit appelée à se prononcer sur les conditions de cette rupture. Mais pour cette même raison, c'est un lien rétrospectif, susceptible en outre de jouer contre l'intérêt de l'adopté si sa loi personnelle ne connaît pas l'institution de l'adoption ou se montre excessivement restrictive. De plus, l'adopté ayant vocation à prendre la nationalité de l'adoptant, c'est une autre loi qui va s'appliquer aux effets de l'adoption[2].

1. La Convention de 1993 confère également une place prépondérante à l'action des autorités, mais dans une perspective autre que le prononcé même de l'adoption : elle tend à préparer des adoptions inattaquables et à assurer leur reconnaissance internationale.
2. V. se prononçant pour l'application de la loi de l'adopté, mais de manière assez peu significative Paris, 16 nov. 1967, RC 70.293 n. Poisson ; TGI Beauvais, 12 oct. 1972, RC 73.703, 2e esp., n. Foyer ; TGI Avesnes-sur-Helpe, 21 mars 1975, RC 75.623 n. Lagarde.

La compétence de la loi du ou des *adoptants* se justifie inversement par le fait que c'est celle du milieu social dans lequel entre l'adopté. Cette loi est à ce titre la plus apte à régir les effets de l'adoption et l'on réalise ainsi une unité souhaitable. Mais à déclarer cette loi seule applicable, et donc à délaisser complètement la loi de l'adopté, on se heurte à deux griefs au moins : celui de faire bon marché des intérêts défendus par cette loi, notamment en ce qui concerne la protection de l'adopté ; et celui de créer des adoptions boiteuses, non reconnues dans le pays d'origine de l'adopté. On est par là conduit à une solution dualiste.

b) *Solutions dualistes.* Comme en toute matière, l'application *cumulative* des lois en présence permettrait d'échapper à une contrariété de statuts. Mais l'on sait également qu'une telle solution fait prévaloir la loi la plus restrictive. Si chacune des deux lois se montre tour à tour la plus exigeante selon le type de condition envisagé, on aboutira en fait à en créer une troisième plus stricte que celles en présence, au détriment de l'adoption ; le risque est ici d'autant plus grand que l'adoption fait l'objet de conditions multiples. Une application *distributive* des deux lois est donc préférable. S'agissant, comme pour la formation du mariage, de la création d'un lien, l'application à chaque partie de sa loi personnelle est à première vue possible. La loi de l'adoptant s'appliquera aux conditions requises de lui : âge, statut matrimonial, absence d'enfant par le sang... ; la loi de l'adopté déterminera notamment s'il est adoptable[1]. Certaines conditions, cependant, telles que la différence d'âge exigée par de nombreuses législations entre l'adoptant et l'adopté ou la différence de sexe, concernent les deux parties, c'est-à-dire qu'elles ont un caractère bilatéral ou indivisible[2]. La loi de l'*adoptant* paraît la mieux indiquée pour s'appliquer également à elles, la loi de l'adopté étant cantonnée aux conditions ne touchant qu'à sa personne : bien qu'il s'agisse effectivement de créer un lien entre les intéressés, l'adoption se distingue de la formation du lien matrimonial en ce que c'est bien en général l'adopté qui va se trouver intégré au milieu social de l'adoptant[3]. Le risque d'une situation boiteuse tenant à la subordination de la loi de l'adopté ne doit pas être surestimé, car très fréquemment l'adopté ne retournera pas dans son pays d'origine, au moins pendant sa minorité.

752. Évolution de la jurisprudence. Dans le premier arrêt significatif rendu en la matière, la Cour de cassation se prononça pour une solution de type distributif, ne conférant pas le même rôle aux deux lois personnelles ; elle jugea que « les conditions comme les effets de l'adoption sont régis, lorsque l'adoption est demandée par une seule personne, par la loi natio-

1. En ce sens, Paris, 11 juill. 1975, GP 75.2.725 n. Viatte, RC 76.695 , 1re esp., n. Foyer, D. 76.682 n. Poisson ; 8 déc. 1977, D. 78.235 n. Poisson-Drocourt, RC 78.684 n. Foyer ; TGI Paris, 23 avril 1979, RC 79.809 n. Poisson-Drocourt.
2. Rappr. en matière de mariage, n° 647.
3. Cela se traduit notamment au plan de la nationalité : pour le droit français, l'adoption plénière par une personne de nationalité française entraîne l'attribution de la nationalité française de la même manière qu'à l'enfant par le sang (art. 20 al. 2 C. civ.) ; l'adoption simple permet à l'adopté d'acquérir la nationalité française par déclaration (art. 21-12).

nale de celle-ci, la loi nationale de l'enfant devant seulement déterminer les conditions du consentement ou de la représentation de l'adopté »1. Mais le rôle exact à reconnaître à la loi de l'adopté donna lieu par la suite à des hésitations notables.

Il convenait ainsi de savoir s'il était possible de prononcer l'adoption d'un enfant dont la loi nationale ignore l'institution. On pouvait en effet estimer qu'il appartient tout d'abord à la loi de l'adopté de régir l'admissibilité de l'adoption et les conditions de l'abandon, sous peine de consacrer des adoptions s'apparentant à des enlèvements d'enfants. Certaines juridictions se prononcèrent en ce sens[2]. Mais la Cour de cassation se plaça sur un autre plan, celui du consentement à l'adoption, l'entraînant vers une règle matérielle.

Le rôle assigné à la loi de l'adopté incluait en principe l'exigence même du consentement, la détermination des personnes qualifiées pour consentir, la forme du consentement et, le cas échéant, la détermination des autorités appelées à intervenir. Mais dans le cas où la loi étrangère ne connaît pas une forme d'adoption aussi étendue que l'adoption plénière française, elle ne contient pas de règle appropriée. On pouvait songer, par une forme de transposition (n° 319), à appliquer le régime général d'incapacité et de représentation de la loi désignée. Mais dans l'arrêt *Torlet* lui-même, où il s'agissait de prononcer une adoption plénière consécutive à une adoption à l'étranger de forme moins étendue, la Cour de cassation déclara que lorsque « le consentement à l'adoption par un Français d'un enfant étranger ne précise pas en considération de quel type d'adoption il a été donné, ce consentement vaut pour l'une ou l'autre des formes d'adoption que connaît le droit français »[3]. Se trouvait ainsi détaché du contenu de la loi étrangère l'objet en vue duquel le consentement était donné. Cette position fut accentuée par un arrêt *Pistre*, dans lequel la Cour de cassation énonça que « le contenu même du consentement – savoir s'il a été donné en vue d'une adoption simple ou d'une adoption plénière – doit être apprécié indépendamment des dispositions de la loi nationale de l'adopté »[4]. Sans doute était-il aussitôt ajouté que « le juge français [doit]

1. Civ. I, 7 nov. 1984, *Torlet*, D. 85.459 n. Poisson-Drocourt, JDI 85.434 n. Gaudemet-Tallon, RC 85.533, 1re esp., n. Simon-Depitre, GA n° 67. Ce rattachement conduisait en principe à refuser l'adoption lorsqu'elle est inconnue de la loi personnelle des adoptants : Versailles, 13 avril 1983, *ibid.* 2e esp. (loi algérienne).
2. Limoges, 11 juin 1992, RC 93.438 n. Poisson-Drocourt ; Versailles, 24 sept. 1992, RC 93.251, 2e esp., n. Poisson-Drocourt, JCP 93.II.22049 n. Muir Watt ; *contra* : Paris, 10 juin 1997, D. 97.I.R. 209.
3. Civ. I, 7 nov. 1984, préc. ; dans le même sens, Paris, 13 nov. 1985, D. 86.I.R.53, RC 87.822.
4. Civ. I, 31 janv. 1990, RC 90.519 n. Poisson-Drocourt, JCP 91.II.21635 n. Muir Watt, GP 90.2.481 n. Sturlese, D. 91.105 n. Boulanger, GA n° 68. Pour une application « bilatérale » du principe (adoption d'enfants français par une Allemande), v. Paris, 31 mars 1995, RC 96.314 n. Muir Watt. La recherche de la portée du consentement émis à l'étranger pouvait donner lieu à une analyse des institutions étrangères (en particulier des actes préparatoires à l'adoption) en vue de mesurer leur équivalence avec les mesures françaises : pour un ex. v. Versailles, 12 juill. 1991, RC 92.309 n. Muir Watt (enfant indien).

s'attacher à la volonté – expresse ou présumée – de la personne qui a consenti », quant à la nature de l'adoption envisagée (et il ne s'agissait en l'espèce que d'une adoption simple, ce qui justifiait le rejet de la requête en adoption plénière)[1] ; mais se trouvait consacré le glissement d'une règle de conflit donnant compétence – dans une certaine mesure – à la loi de l'adopté à une *règle matérielle française* selon laquelle l'adoption internationale était toujours possible avec le consentement de l'adopté ou de son représentant[2]. Une telle règle évinçait le conflit de lois tant en ce qui concerne l'adoptabilité de l'enfant que l'objet du consentement autorisé, lequel pouvait valoir pour une forme d'adoption inconnue de la loi personnelle de l'adopté[3].

Cette jurisprudence reflétait le dilemme fondamental de la matière. Il apparaît choquant de refuser une famille à un enfant qui en est privé, pour complaire à une loi restrictive dont les motivations ne sont pas toujours convaincantes ; mais l'on peut également hésiter à faire trop bon marché de la loi d'origine de l'enfant[4]. L'adoption est susceptible d'être remise en cause par la famille biologique, voire par l'adopté lui-même parvenu à sa majorité, et il est admis que la loi de la condition méconnue régit la nullité de l'adoption[5]. Certains droits étrangers subordonnent, sous une forme ou sous une autre, l'application de leur loi ou la compétence de leurs autori-

1. V. également Civ. I, 1er juin 1994, RC 94.654 n. Muir Watt, D.95. Somm. obs. Bottiaux.
2. La volonté de consacrer une sorte de droit à l'adoption de type français fut confirmée par un arrêt de la Cour de cassation déclarant, au visa de l'article 3 C. civ. et des « principes généraux qui régissent l'adoption internationale », que « deux époux français peuvent procéder à l'adoption d'un enfant dont la loi personnelle ne connaît pas, ou prohibe cette institution, à la condition qu'indépendamment des dispositions de cette loi, le représentant du mineur ait donné son consentement en pleine connaissance des effets attachés par la loi française à l'adoption » : Civ. I, 10 mai 1995, *Fanthou*, RC 95.547 n. Muir Watt, JDI 95.625 n. F. Monéger, D.95.544 n. Larribau-Terneyre, GA n° 69.
3. La solution était cependant susceptible de connaître une limite lorsque le consentement émanait d'une autorité publique étrangère directement responsable de l'enfant, au motif que celle-ci ne saurait permettre davantage que ce qui est prévu par sa loi en matière d'adoption ; mais la Cour de cassation elle-même ne se montra pas ferme sur ce point : comp. Civ. I, 1er juillet 1997, RC 97.705, 1re esp., n. Muir Watt, JDI 97.973 n. F. Monéger, JCP 97.II.22916 n. Garé, D. 98.187 n. Poisson-Drocourt (cassation de l'arrêt ayant prononcé une adoption plénière sur le fondement d'un acte de *kafalah* dressé au Maroc, alors que « l'autorité publique étrangère, représentant légal du mineur, n'avait pas le pouvoir de consentir à une adoption ») et 16 décembre 1997, JCP 98.II.10816 n. Garé, RC 98.433 n. Muir Watt, entérinant l'adoption (simple) d'un enfant marocain « dès lors que le représentant légal du mineur avait donné un consentement en connaissance des effets attachés par la loi française à l'adoption projetée ».
4. La convention des Nations Unies sur les droits de l'enfant est invoquée dans ce contexte aussi bien par ceux qui veulent imposer la possibilité d'adoption que par ceux qui entendent voir respecter la loi personnelle de l'enfant. La circulaire précitée du 16 février 1999 (RC 99.586) prenait certaines libertés avec la jurisprudence en déclarant l'adoption impossible lorsque la loi personnelle de l'enfant l'interdit (1.2.1.2) ; v. Muir Watt, « Vers l'inadoptabilité des enfants de statut personnel prohibitif ?... », RC 1999.469.
5. Paris, 11 juill. 1975, RC 76.695, 2e esp., n. Foyer.

tés, à la reconnaissance de leur décision par les ordres juridiques étrangers concernés[1]. La loi de 2001 a suivi une autre voie pour faire la part entre la faveur à l'adoption et le respect des lois prohibitives.

753. Régime actuel. Les conditions de fond de l'adoption internationale résultent actuellement de l'application combinée des dispositions législatives issues de la loi de 2001 et, le cas échéant, de la Convention de La Haye de 1993, la jurisprudence antérieure conservant en outre un certain champ d'application.

a) L'art. 370-3 al. 1er soumet expressément les conditions de l'adoption à la loi nationale de l'adoptant et, et en cas d'adoption par deux époux, à la loi qui régit les effets de leur union. À défaut de toute distinction, il faut comprendre que la loi désignée régit non seulement les conditions communes à l'adoptant et à l'adopté, mais également celles qui sont propres à celui-ci. Par prétérition, le texte semble s'opposer à l'adoption, en tout cas prononcée en France, par des concubins, des partenaires enregistrés ou des couples homosexuels. La loi qui régit les effets du mariage sera en principe déterminée selon le système *Rivière* : loi de la nationalité commune des époux et, à défaut de nationalité commune, loi de leur domicile commun (n° 671)2. Le texte ajoute cependant que l'adoption ne peut être prononcée si la loi personnelle de l'un *et* l'autre époux la prohibe. Cette règle cumulative, destinée à éviter de prononcer des adoptions qui se révéleront boiteuses si les époux retournent dans leur pays d'origine, n'a cependant d'effet propre qu'en cas de nationalité différente des époux et de similitude de fond entre leurs lois, tandis que la loi du domicile permettrait l'adoption (par ex. époux marocain et algérien établis en France) ; en effet, en cas de nationalité commune, l'impossibilité s'appliquera de plein droit dans tous les cas. La Convention de La Haye de 1993 impose un contrôle de la part de l'Etat d'accueil des conditions relatives aux futurs parent adoptifs (art. 5).

Il était concevable de donner compétence à la loi du domicile (ou de la résidence habituelle) des époux, pour tenir compte de l'hypothèse d'un ménage Français résidant à l'étranger et adoptant un enfant de nationalité locale, dans laquelle la loi locale est la loi du milieu social de l'adoption et vraisemblablement celui dans lequel l'enfant sera élevé ; mais il paraît de toute manière indiqué dans ce cas de procéder à une adoption locale. Lorsque, inversement, les adoptants sont étrangers et résident en France, il sera fréquent qu'ils adoptent un enfant de même origine qu'eux ; le souci d'éviter des adoptions boiteuses peut justifier dans ces situations tant la compétence de principe de la loi nationale en cas de nationalité commune des adoptants, que le veto qui lui est reconnu en cas de concordance en ce sens des lois nationales respectives des époux.

b) Du côté de l'adopté, l'article 370-3 al. 2 dispose que l'adoption d'un mineur étranger « ne peut être prononcée si sa loi personnelle prohibe cette institution, sauf si cet enfant est né et réside habituellement en

1. V. RIDC 1985 n° 3 ; *adde* loi fédérale suisse de 1987, art. 77.2.
2. En ce sens, circ. min. du 16 fév. 1999, préc., par. 1.2.1.1.

France ». Le souci de respect de la loi nationale prohibitive de l'enfant (la règle ne vaut pas à l'égard des majeurs) va dans le sens de la Convention de La Haye de 1993, laquelle vise de son côté à couper court, entre les États parties, aux difficultés nées des restrictions posées par la loi de l'adopté[1].

La Convention (lorsqu'elle est applicable) prévoit de strictes vérifications de la part des autorités compétentes de l'État d'origine de l'enfant (art. 4 ; du côté de l'État d'accueil, v. *infra* n° 754)[2]. Ces autorités doivent notamment s'assurer que l'enfant est adoptable, que l'adoption envisagée répond à son intérêt supérieur et qu'elle a fait l'objet de tous les consentements nécessaires ; ceux-ci doivent être précédés de conseil et informations et être donnés par écrit[3]. Il appartient ainsi à l'Etat d'origine de faire en sorte que des contestations ne s'élèvent pas dans l'avenir. Mais si opportunes qu'elles soient, ces mesures ne permettront pratiquement l'adoption que dans les rapports avec des Etats d'origine de l'enfant admettant les adoptions de type plénier.

Le respect d'une loi étrangère prohibitive nonobstant le consentement éventuel donné à l'adoption se limite au principe même de l'adoption, et ne s'étend pas au *type* d'adoption autorisé ; ainsi il suffirait que la loi étrangère connaisse une forme correspondant à l'adoption simple française pour que soit prononcée une adoption plénière. Plus généralement, le respect des lois étrangères ne s'étend pas – sauf application de la Convention de La Haye – à celles qui sont simplement restrictives[4]. La rédaction de l'art. 370-3 al. 2 permet également de considérer comme adoptables des enfants dont la loi personnelle ne prohibe pas l'adoption, simplement parce que, comme c'est le cas de beaucoup, elle ne connaît pas cette institution.

Quant au tempérament visant l'enfant né et résidant en France, il traduit l'idée que la loi personnelle prohibitive doit lâcher prise lorsque les liens du mineur avec son État d'origine apparaissent distendus et un lien effectif avec la France créé[5].

1. La disposition se heurte néanmoins à des résistances de la part des juges du fond : v. Civ. I, 10 oct. 2006 (2 arrêts), JCP 07.10072 n. Farge, JDI 07.564 n. Brière ; 9 juill. 2008, RC 08.828 note P.L., JDI 09.153 n. Fongaro (cassation de décisions ayant prononcé l'adoption simple d'enfants algériens ou marocains ayant fait l'objet d'une *kafalah*). Sur un moyen de parvenir à l'adoption, par l'acquisition de la nationalité française, v. Corneloup, JDI 2010, comm. 10.
2. Ceci maintient son intérêt à la jurisprudence concernant l'appréciation des lois étrangères plus restrictives, à des degrés divers, que la loi française, au regard de l'ordre public.
3. Il s'agit là de normes minimales, donc sans préjudice des dispositions résultant dans chaque État du droit interne, voire du jeu des conflits de lois.
4. La Cour de cassation s'est prononcée dans l'arrêt *Pistre* (Civ. I, 31 janv. 1990, préc.) pour l'absence de contrariété à l'ordre public d'une loi prohibant l'adoption d'un enfant, en la forme plénière, par un étranger non résident ; v. de même, pour une loi (marocaine) ne connaissant même pas l'adoption simple, Dijon, 12 mars 1993, RC 94.82 n. Muir Watt. Mais v. note suivante.
5. Déjà, la jurisprudence faisait jouer un ordre public de proximité à l'encontre des lois prohibitives en cas de rattachements étroits avec la France : TGI Paris, 5 fév. 1992, RC 93.251, 1re esp., n. Poisson-Drocourt (enfant né de parents inconnus, vivant en France et élevé par un couple dont l'un des époux était de nationalité française).

c) L'art. 370-3 al. 3 ajoute à ce qui précède trois règles substantielles, s'inspirant tant de la jurisprudence récente de la Cour de cassation que de la Convention de La Haye, mais que l'on peut trouver insuffisamment détaillées. Selon la première, quelle que soit la loi applicable, l'adoption requiert le consentement du représentant légal de l'enfant. À défaut de précision dans le texte, on doit considérer que, comme par le passé, la loi nationale de l'adopté déterminera les personnes habilitées à consentir ainsi que la forme du consentement. Selon la seconde, le consentement doit être libre et éclairé sur les conséquences de l'adoption, en particulier, s'il est donné en vue d'une adoption plénière, sur le caractère complet et irrévocable de la rupture du lien de filiation préexistant. Cette règle demeure nécessaire alors même que l'adoption d'enfants de statut personnel prohibitif n'est plus possible ; elle s'appliquera en effet lorsque la loi personnelle n'est pas applicable en raison de la résidence en France ou lorsqu'elle ne permet qu'une adoption à effets moindres que l'adoption plénière. Enfin, le consentement à l'adoption doit être obtenu sans aucune contrepartie et après la naissance de l'enfant, précautions qui se passent de commentaire.

B. FORME ET PROCÉDURE

754. – Lien étroit avec le fond. Une adoption implique l'intervention d'une autorité publique : pour contrôler les conditions, objectives et d'opportunité, de l'adoption, puis pour la prononcer. Les règles de forme et de procédure sont particulièrement liées au fond ; la procédure de l'adoption est ainsi réglementée pour l'essentiel en France dans le Code civil lui-même. Par conséquent, la loi de fond peut revendiquer une certaine application à la procédure, décidant notamment des formes requises. Inversement, la loi locale – celle du pays où est demandée l'adoption – est susceptible de se vouloir applicable à certaines questions de fond ; c'est pourquoi il est concevable de placer au premier plan la compétence des autorités comme le fit la Convention de La Haye de 1965. Quelle que soit l'approche retenue, elle n'échappe pas à la nécessité de coordonner deux lois, tâche particulièrement malaisée lorsque celles-ci ne connaissent pas le même type d'adoption et ne confient pas le même rôle au même type d'autorité. C'est la raison pour laquelle, la Convention de La Haye de 1993 vise à préparer des adoptions inattaquables (et à assurer leur reconnaissance internationale) au moyen d'une coopération d'autorités nationales de l'État d'origine et de l'État d'accueil, encadrant et contrôlant la réalisation des adoptions dans l'un ou l'autre.

Conformément à une méthode maintenant éprouvée à la Conférence de La Haye, la Convention a prévu dans chaque État la mise en place d'une « autorité centrale » chargée de mettre en œuvre ses dispositions et de coopérer avec ses homologues[1]. Les personnes désirant adopter un enfant dont la résidence habi-

1. Il s'agit en France du service chargé de l'adoption au ministère des Affaires étrangères (décr. n° 2009-407 du 14 avril 2009).

tuelle est dans un autre Etat contractant doivent s'adresser à l'autorité centrale de leur État, laquelle vérifie que les demandeurs sont aptes à adopter, qu'ils ont reçu les conseils nécessaires et qu'il n'existe pas d'obstacle à l'entrée et au séjour permanent de l'enfant (art. 5) avant de s'adresser à son homologue de l'État d'origine (art. 15). Dans celui-ci, où il a été procédé aux vérifications déjà décrites (n° 753), l'autorité centrale s'assure au vu de toutes les informations à ce moment en sa possession que le placement envisagé est dans l'intérêt supérieur de l'enfant. Si ses conclusions sont favorables, elle transmet un rapport à l'État d'accueil (art. 16). La procédure d'adoption est susceptible d'intervenir dans l'un ou l'autre des deux États concernés ; mais elle ne peut se poursuivre qu'avec l'accord des deux autorités (art. 17 c). Lorsque cette procédure doit avoir lieu après le déplacement de l'enfant dans l'État d'accueil et qu'il n'y est pas donné suite, l'autorité centrale de l'État d'accueil est responsable de l'enfant (art. 21).

755. – Adoption demandée en France. Il résulte de l'art. 1166 CPC, règle de compétence internationale, que les tribunaux français sont compétents lorsque demeure en France soit le requérant, soit la personne dont l'adoption est demandée ; à défaut le requérant choisit un tribunal en France (ce choix pouvant être contrôlé selon le critère d'une bonne administration de la justice)[1]. Ces règles très ouvertes rendent pratiquement sans objet l'invocation des art. 14 ou 15 C. civ.

La plupart des adoptions demandées en France le sont par des Français. Il y a dans ce cas coïncidence entre la loi applicable au fond et la loi de procédure. Mais quelle que soit la nationalité des adoptants, ils devront se soumettre aux formalités requises pour le placement en vue de l'adoption. Il est en effet indispensable que tous les enfants adoptés en France bénéficient des mêmes garanties de protection[2]. Ainsi s'applique l'art. 348-5 C. civ. exigeant pour les enfants de moins de deux ans, et hors du cas d'adoption familiale, la remise préalable à un service ou organisme. On s'assurera du caractère adoptable de l'enfant selon sa loi personnelle, dans la mesure de ce qui a été vu (n° 753), ainsi que de l'accomplissement des formalités requises par cette loi : personnes ou organismes appelés à donner leur consentement et forme de ce consentement[3]. Dans le cas où les adoptants sont étrangers, la loi étrangère sera en principe consultée

1. La connaissance des affaires touchant à l'adoption internationale est depuis une loi du 12 mai 2009 réservée à certains TGI désignés (art. L 211-13 et D. 211-11 COJ).
2. Rép. min. du 11 fév. 1980, RC 1980.421, et du 21 janvier 1985, RC 1985.182. Des règles administratives particulières s'appliquent à l'accueil d'un enfant étranger en vue de l'adoption (v. art. 100-3 C. famille, mod. et décr. n° 98-771 du 1er sept. 1998 relatif à l'agrément des personnes désirant adopter un enfant étranger, RC 98.734 ; v. cpdt art. 353-1 C. civ.).
3. Une demande d'adoption qui avait été précédée d'une reconnaissance par le conjoint du requérant, ayant pour effet de conférer à l'enfant la nationalité française, a été rejetée au motif de fraude à la loi (Paris, 19 sept. 1995, RC 96.112 n. Muir Watt, confirmant TGI Paris, 5 janv. 1994, RC 94.529 n. Poisson-Drocourt et Rangel). On peut plus précisément identifier dans cette situation une fraude à la loi étrangère (évincée par le changement de nationalité de l'enfant), une autre à la disposition internationale matérielle française selon laquelle le parent biologique doit avoir donné son consentement à l'adoption et une fraude de droit interne, à l'art. 348-5 C. civ. précité (par tentative d'interposition de l'exception à la règle prévue en cas de lien de parenté ou d'alliance entre l'adoptant et l'adopté).

pour déterminer les modalités requises en vue de l'adoption. Mais la loi française pourra intervenir en ce qui concerne leur exécution ; les tribunaux français rempliront le cas échéant le rôle assigné à la justice étrangère dans toute la mesure compatible avec les pouvoirs que leur reconnaît la loi française. Dans tous les cas l'adoption sera prononcée selon la procédure judiciaire française.

C. EFFETS DE L'ADOPTION

756. – Détermination de la loi applicable. Le lien étant particulièrement étroit en matière d'adoption entre la sévérité des conditions et l'étendue des effets, il paraît naturel de respecter cette solidarité en matière internationale en appliquant la même loi aux unes et aux autres. Ainsi la Cour de cassation avait expressément déclaré dans l'arrêt *Torlet* que « les conditions comme les effets de l'adoption sont régies par la loi de l'adoptant »[1]. Effectivement, la discussion sur le choix du rattachement des conditions de l'adoption fait largement place à la considération du milieu dans lequel l'adoption va dérouler ses effets et a conduit à conférer un rôle prépondérant à la loi de l'adoptant (n° 751). On pourrait ajouter que le consentement en vue de l'adoption est normalement donné en vue d'un type donné d'adoption, dont les effets auront été pris en considération. La solution coïncide avec celle retenue pour les effets de la filiation légitime.

Néanmoins, la loi de 2001 a partiellement rompu ce lien. L'article 370-4 dispose que « les effets de l'adoption prononcée en France sont ceux de la loi française ». Il est vrai que l'immense majorité des adoptions sont prononcées selon la loi française par le biais de la loi des adoptants, de sorte que l'unité est en fait maintenue. En ce qui concerne les autres cas, le législateur a estimé qu'en pratique la dissociation ne soulevait pas de difficulté, tandis que la règle évite d'avoir à faire fonctionner en France des adoptions obéissant à des régimes divers, en particulier relativement à la question du secret des origines de l'enfant (tant pour lui-même que pour les parents adoptifs).

Le lien créé étant appelé à développer ses effets dans le temps, il apparaît souhaitable que la loi applicable suive la situation des intéressés. Sous l'empire de la règle antérieure, on admettait donc en principe qu'en cas de modification de la loi personnelle des adoptants, la loi nouvelle s'applique aux effets à venir du lien (tout en hésitant à admettre que les rapports entre l'adopté et sa famille d'origine puissent être modifiés par l'intervention d'une loi nouvelle). La disposition nouvelle a normalement pour effet de figer la loi applicable. Mais si les adoptants viennent à changer de nationalité ou de domicile, rien n'empêche une autorité étrangère de tenir compte de ce changement.

1. Civ. I, 7 nov. 1984, préc. ; 12 nov. 1986, JDI 87.332 n. Gaudemet-Tallon, RC 87.557 n. Poisson-Drocourt. Une Résolution antérieure de l'Institut de droit international concernant les effets de l'adoption en droit international privé (1973) s'était prononcée en ce sens (RC 1974.179).

757. – Domaine de la loi applicable. La loi de l'adoption détermine au premier chef les effets propres à celle-ci : ses conséquences sur les liens de l'adopté avec sa famille d'origine, sa durée, sa transformation ou révocation éventuelle, les liens qu'elle crée avec la famille de l'adoptant. En ce qui concerne les adoptions effectuées sous l'empire de la Convention de La Haye celle-ci (art. 26) énonce par voie de règle matérielle le contenu minimum du lien d'adoption : un lien de filiation à l'égard des adoptants et la responsabilité parentale de ceux-ci (en ce qui concerne la rupture du lien d'origine, v. *infra* n° 761).

La loi de l'adoption détermine en second lieu, les conséquences du fait qu'il s'agit d'un lien de filiation, c'est-à-dire les rapports, personnels et patrimoniaux, entre adoptant et adopté. On sait toutefois que le domaine de la loi applicable se trouve fortement réduit par l'effet de règles particulières d'origine conventionnelle (n° 740 s.) : en matière d'autorité parentale par la Convention de La Haye du 5 octobre 1961 (n° 623) ; d'obligation alimentaire, par l'une des conventions de La Haye de 1956 et 1973 (n° 744). Il convient en outre, comme en matière de filiation biologique, de distinguer les questions qui ne sont pas propres à la filiation et relèvent d'une autre catégorie : la plus importante est celle de la vocation successorale, régie par la loi applicable à la succession (n° 741).

La loi de l'adoption détermine enfin dans quelles conditions il peut, le cas échéant, y être mis fin.

§ 2. – ADOPTION PRONONCÉE À L'ÉTRANGER

Des Français adoptant un enfant étranger commencent assez souvent par obtenir une décision d'adoption à l'étranger ; se pose dans ce cas la question des conditions et des effets de la reconnaissance. Mais l'adoption prononcée à l'étranger peut avoir des effets moins étendus que ceux d'une adoption plénière française, en général souhaitée par les adoptants ; ceux-ci sont alors incités à entreprendre une nouvelle procédure en France.

758. – Application des critères ordinaires d'efficacité. Une décision étrangère d'adoption, en tant que relative à l'état des personnes, a normalement effet de plein droit en France (n° 482)[1], dès lors que le lien présente les traits d'une adoption française[2]. Seule la transcription sur les registres de l'état civil de la décision étrangère est donc en principe nécessaire pour une adoption de type plénier ; à cette occasion, l'officier de l'état civil s'assurera de la régularité internationale de la décision (v. IGEC n° 585-3). Toutefois l'effet attributif de la nationalité française d'une décision étrangère d'adoption semble devoir être subordonné à un exequatur[3]. De

1. Civ. I, 9 oct. 1990, RC 91.135 n. Poisson-Drocourt. Sur la recevabilité corrélative d'une action en inopposabilité, v. Civ. I, 4 oct. 2005, n° 02-20258.
2. V. Paris, 4 juin 1998, RC 99.108 concl. Lautru, n. Muir Watt (refusant la transcription d'une « adoption-protection » du droit malien, jugée être une simple délégation de l'autorité parentale).
3. P. Lagarde, note sous Civ. I, 17 juin 1980, RC 81.73.

manière générale, il peut paraître indiqué en dépit des frais, de demander celui-ci afin de rendre la décision incontestable et exécutoire, c'est-à-dire de lui assurer en toutes circonstances sa pleine efficacité[1].

Que ce soit ou non à l'occasion d'une procédure, la régularité internationale de la décision sera donc vérifiée. Les conditions habituelles de l'exequatur doivent être adaptées à la matière[2]. En ce qui concerne l'appréciation de la compétence de l'autorité étrangère, il n'y a pas lieu de conférer aux règles de compétence de l'art. 1166 CPC un caractère indirectement exclusif[3]. Le critère du lien suffisant qui entre en jeu en l'absence de compétence française exclusive doit conduire à reconnaître la compétence indirecte des autorités de l'État national ou de résidence soit de l'adoptant, soit de l'adopté. L'ordre public, même atténué, est susceptible d'intervenir en cette matière, à l'encontre de l'adoption elle-même ou de certains de ses aspects ; en particulier pour faire respecter l'intérêt de l'enfant ou de ses parents par le sang[4].

759. – Effets de la reconnaissance. Le jugement étranger ayant créé le lien, les effets du lien devraient être ceux que prévoit le jugement ou la loi selon laquelle il a été prononcé. L'inconvénient est cependant d'insérer dans le milieu social français une adoption hétérogène, ce qui ira généralement contre le vœu des adoptants et l'intérêt de l'adopté. Ceci incite à appliquer la loi française, sauf à chercher à laquelle des deux formes d'adoption prévues par elle s'apparente l'adoption étrangère. Telle est la solution consacrée par loi du 6 février 2001 : « L'adoption régulièrement prononcée à l'étranger produit en France les effets de l'adoption plénière si elle rompt de manière complète et irrévocable le lien de filiation préexistant. À défaut elle produit les effets de l'adoption simple » (art.

1. V. rép. min. 11 août 1988, RC 1988.804. L'exequatur est nécessaire pour la déclaration en vue d'acquérir la nationalité française pour un adopté simple suivant l'art. 21-2 C. civ. (décr. n° 93-1326 du 30 déc. 1993 mod., art. 16).
2. Pour une illustration des différents contrôles, v. Paris, 27 mars 1997, RC 97.732 n. Muir Watt. La condition d'application de la loi compétente selon la règle française de conflit, récemment abandonnée (n° 475), avait rarement l'occasion d'être satisfaite, l'autorité étrangère ayant le plus souvent statué selon sa propre loi qui était celle de l'enfant. Or il n'y avait lieu dans ce cas de repousser la décision étrangère pour cette raison que si la loi étrangère ignorait une exigence prévue par la loi française concernant les adoptants ; en fait, la comparaison portait davantage sur les effets de l'adoption (Paris, 10 mai 1985, JDI 85.915 n. Gaudemet-Tallon).
3. La question pourrait se poser à l'égard de la compétence fondée sur la résidence en France de l'adopté ; mais il s'agira d'une hypothèse exceptionnelle.
4. Civ. I, 12 nov. 1986, préc. ; 18 juill. 2000, RC 01.349 n. Muir Watt. Mais les tribunaux ne se montrent pas toujours exigeants s'agissant du consentement de l'adopté ou de sa famille : TGI Grasse, 4 janv. 1977, JDI 77.857 n. D. Mayer. Pour la circulaire du 16 fév. 1999, la prohibition de la remise directe aux adoptants d'un enfant de moins de deux ans (art. 348-5 C. civ.) doit entraîner le rejet d'une adoption intervenue à l'étranger dans ces conditions (1.1.2.2). En sens inverse, v., condamnant une décision luxembourgeoise ayant rejeté, car contraire au droit luxembourgeois, une adoption prononcée au Pérou comme une violation de l'art. 8 CEDH (droit au respect de la vie privée et familiale), Cour EDH, 28 juin 2007, *Wagner*, préc. n° 101-1. V. aussi Civ. I, 8 juill. 2010, n° 08-21.740, cité *supra* n° 477.

370-5 C. civ.)[1]. L'adoption étrangère est donc en quelque sorte naturalisée. Ce faisant, on devra veiller à ne pas assimiler à une adoption plénière une institution présentant des effets moins étendus, en particulier n'entraînant pas rupture complète et irrévocable des liens antérieurs de l'enfant avec sa famille biologique ou ses autorités de tutelle.

La possibilité que l'adoption étrangère soit assimilée à une adoption plénière française est de nature à réduire la pratique consistant pour les adoptants à entreprendre en France une nouvelle procédure d'adoption. Cette éventualité demeure cependant au moins lorsque l'adoption étrangère est assimilée à une adoption simple selon le droit français.

760. – Demande nouvelle en France. Qu'ils se soient ou non heurtés à des difficultés de reconnaissance, les adoptants peuvent souhaiter former une nouvelle demande d'adoption en France plutôt qu'une demande d'exequatur. Si l'adoption prononcée à l'étranger présentait les caractéristiques d'une adoption plénière, la demande pourrait toutefois être repoussée en vertu de l'autorité de chose jugée. Dans le cas contraire, le jugement étranger pourra servir de base à cette demande d'adoption plénière et faciliter celle-ci ; par exemple en constituant le « lien de parenté » qui dispense de la remise à une œuvre (art. 348-5 C. civ.), en établissant l'abandon[2]. Mais surtout, la décision étrangère peut être invoquée comme établissant le consentement à l'adoption. Dans la mesure où celui-ci ne portait pas sur l'adoption plénière française, la solution – qui était celle de l'arrêt *Torlet* – est cependant contestable. S'inspirant de la Convention de La Haye, l'art. 370-5 C. civ. dispose aujourd'hui qu'une adoption étrangère sans rupture des liens préexistants peut être convertie en adoption plénière à condition que les consentements requis aient été donnés en connaissance de cause. La voie de la conversion retire beaucoup de son intérêt à intenter en France une nouvelle procédure d'adoption[3].

761. Convention de La Haye. – Compte tenu de toutes les vérifications préalables qu'elle impose ainsi que de la coopération instaurée au cours des différentes étapes menant à l'adoption, la Convention assure la reconnaissance de celle-ci dans tous les États contractants (art. 23) sous la seule réserve de l'ordre public (étroitement conçu : art. 24)[4]. À cette fin, l'autorité compétente de l'État où l'adoption a eu lieu délivre un certificat attestant la conformité de l'adoption à la Convention. Ces dispositions devraient mettre fin à la pratique consistant, lorsque l'adoption a été

1. V. déjà Paris, 10 mai 1985, préc. ; TGI Paris, 23 avril 1979, RC 79.809 n. Poisson-Drocourt. L'art. 357-1 C. civ., issu de la loi du 4 mars 2002 relative au nom de famille, précise que les règles de dévolution du nom (art. 311-21 C. civ.) sont applicables à l'enfant qui a fait l'objet d'une adoption plénière régulièrement prononcée à l'étranger.
2. TGI Beauvais, 12 oct. 1972, RC 73.703, 2e esp., n. Jacques Foyer.
3. En ce sens, circ. min. 28 juill. 1976, préc. ; rép. min. 28 septembre 1974, RC 1974.837, 21 janv. 1985, RC 1985.182.
4. Poisson-Drocourt, « Les effets en France d'une décision étrangère d'adoption et la Convention de La Haye du 29 mai 1993 », D.1995. Chr. 147.

prononcée à l'étranger, à en faire prononcer une nouvelle en France pour en consolider les effets.

En ce qui concerne les effets de la reconnaissance, on a vu qu'elle porte au minimum sur l'existence d'un lien de filiation, assorti de responsabilité parentale. La rupture d'un lien de filiation préexistant n'est acquise, selon l'art. 26, que si cet effet est produit dans l'État où la décision a eu lieu. Dans ce cas même, elle ne garantit pas l'irrévocabilité de la rupture ; un État d'origine qui impose la compétence de ses tribunaux peut ainsi indirectement tenter de faire prévaloir sa conception restrictive[1]. Toutefois, l'art. 27 permet aussi dans ce cas à un État d'accueil qui reconnaît l'adoption selon la Convention de la convertir en adoption entraînant rupture des liens pourvu que le consentement originairement donné (n° 732) ait inclus cette possibilité (v. aujourd'hui l'art. 370-5 C. civ.).

Voy. : *L'adoption d'enfants étrangers*, ouvr. coll., Economica, 1987 ; « L'adoption internationale en droit comparé » (Allemagne, Etats-Unis, France, Royaume-Uni, Russie), RIDC 2003.775 ; J.-M. Bischoff, « L'adoption en droit international privé », RIDC 1985.799 ; F. Boulanger, *Enjeux et défis de l'adoption, Etude comparative et internationale*, Economica, 2001 ; E. Groffier, « L'adoption en droit international privé comparé », RC 1976.603 ; C. Chabert, *L'intérêt de l'enfant et les conflits de lois*, 2001 ; A. Moreno, « Aspects contractuels de l'adoption internationale », RC 2001.301, 459 ; D. Operti Badán, « L'adoption internationale », RCADI 1983.II.295 (t. 180) ; H. Muir Watt, « L'adoption d'enfants étrangers », *in Le droit de la famille à l'épreuve des migrations internationales*, p. 150.

Sur la Convention de La Haye du 29 mai 1993 : comm. Sturlese, JCP 1993.I.3710 ; Meyer-Fabre, RC 1994.259 ; Muir Watt, TCFDIP 1993-94. 49 ; Poisson-Drocourt, JDI 99.707.

Sur la loi du 6 février 2001 : F. Boulanger, D. 01.708 ; B. Bourdelois, GP 12-13 déc. 2001, p. 3 et TCFDIP 2002 ; M. Josselin-Gall, JCP éd. N 2002.1255 ; P. Lagarde RC 01.275 ; F. Monéger, JCP 01.667 ; H. Muir Watt JDI 01.995 ; E. Poisson-Drocourt, D.01.14041 ; M. Revillard, Rép. Defr. 2001.1333.

1. V. cependant Civ. I, 18 mai 2005, D. 06. Pan. 1497 obs. Courbe, RC 05.483 n. Muir Watt, JDI 2006.162 n. Jault-Seseke, jugeant que l'adoption étrangère de type plénier ayant produit ses effets en France, sa révocation dans le pays d'origine est sans effet sur le lien en France.

SOUS-TITRE II

DOMAINE PATRIMONIAL

On étudiera successivement les biens, les faits juridiques, les contrats, les régimes matrimoniaux et les successions.

CHAPITRE I

LES BIENS

Le régime des biens en matière internationale doit être envisagé distinctement sclon qu'il s'agit de biens corporels ou incorporels.

SECTION I

BIENS CORPORELS

Conformément à un principe universel (n° 152 s.), le droit français rattache le statut des biens corporels à la *lex rei sitæ* ; la délimitation du champ d'application de la loi ainsi désignée appelle davantage de précisions.

§ 1. – PRINCIPE DU RATTACHEMENT À LA *LEX REI SITÆ*

A. GÉNÉRALITÉ DU PRINCIPE

762. – Formulation de la règle. L'art. 3 al. 2 C. civ. énonce que « les immeubles, même ceux possédés par des étrangers, sont régis par la loi française ». Cette disposition a fait l'objet d'une double extension. En tant qu'elle vise les immeubles, elle est bilatéralisée : les immeubles situés à l'étranger sont soumis à la loi locale. Si la règle a rarement l'occasion de s'appliquer sous cette forme en jurisprudence, c'est en raison du principe de l'incompétence des tribunaux français pour connaître des actions réelles portant sur un immeuble situé à l'étranger (n° 361). La règle a, d'autre part, été étendue aux meubles considérés *ut singuli* (par opposition au cas où ils font partie d'une universalité)[1]. Par conséquent, selon la règle de conflit française, tous les biens corporels sont soumis à la loi du lieu de leur situation.

763. – Mise en œuvre de la règle. L'application de la règle énoncée ne soulève pratiquement pas de difficulté pour les immeubles. En ce qui concerne le rattachement proprement dit, les immeubles qui seraient situés de part et d'autre d'une frontière peuvent se voir appliquer distributivement les deux lois intéressées ; mais il serait opportun – si la question se présentait – de s'attacher à l'unité économique[2]. Dans le cas d'une servitude unissant deux fonds situés dans des pays différents, le conflit devrait être résolu en faveur de la loi du fonds servant, en vertu du principe qu'un bien ne doit pas supporter une charge inconnue de la loi locale.

Du fait de l'universalité du rattachement (et, en matière immobilière, de la coïncidence des compétences judiciaire et législative), le problème du renvoi ne se pose pratiquement pas. Il devrait le cas échéant être résolu par application du renvoi : si la *lex rei sitæ*, qui est désignée comme étant la loi la plus intéressée, décline sa compétence, elle n'élèvera en principe pas d'obstacle aux effets de l'application d'une loi étrangère[3].

B. DIFFICULTÉS PROPRES AUX MEUBLES

1. Incertitude sur la situation du meuble ou déplacement international

764. – Choses en transit. Les choses transportées (marchandises), ainsi que les moyens de transport eux-mêmes soulèvent des difficultés de localisation. On a vu qu'en ce qui concerne certains des seconds, les navires et aéronefs, la difficulté inhérente à la mobilité est résolue par le biais de l'immatriculation (n° 163). La commodité du rattachement à la loi correspondante incite à appliquer également la loi du pavillon aux choses transportées. La solution se justifie d'autant plus que ces moyens de transport se trouvent fréquemment dans des espaces sans souveraineté ou – dans

1. Req. 19 mars 1872, *Craven*, S. 72.1.238, D.P. 74.1.465 ; 24 mai 1933, *Sté Kantoor de Mas*, S. 35.1.253 n. Batiffol, RC 34.142 ; Paris, 2 juill. 1990, JCP 91.IV.444. La règle est également appliquée de manière bilatérale.
2. Niboyet, « Les conflits de lois relatifs aux immeubles situés aux frontières des États », Rev. dr. int. lég. comp. 1933.468 ; Laborde, *La pluralité de points de rattachement dans l'application de la règle de conflit*, thèse Bordeaux, 1981, n° 601 et s. ; Héron, note RC. 88.699. En matière de compétence juridictionnelle, v. *supra* n° 558.
3. Sur ce que la règle traditionnelle devrait s'entendre de manière générale comme désignant, plutôt qu'une loi, un ordre juridique de référence dont les commandements, au plan judiciaire comme juridique, s'imposent en principe à tous les autres en raison de sa maîtrise sur la chose, mais qui ne doit lui-même imposer l'application intégrale de sa loi que dans la mesure où des raisons de police le justifient, v. L. d'Avout, *op. cit.* sub n° 778.

le cas des aéronefs survolant les terres – que la localisation résultant de la position à un moment donné est éphémère ; et que l'État du pavillon exerce son autorité sur la chose transportée.

Dans les autres cas (transports terrestres), la localisation du bien soulève un problème de preuve ; et, à le supposer résolu, la situation du bien au moment précis où son statut a pu être remis en cause ne constitue pas un rattachement significatif en raison de sa précarité. Plutôt que d'appliquer la loi de la situation effective des biens, supposée déterminée, on peut soumettre les marchandises à la loi du lieu de destination ou, si celui-ci n'est pas connu, à celle du lieu d'expédition[1]. Mais quelle que soit la solution adoptée, elle cesse d'être applicable en cas de saisie en cours de route : cette mesure implique que la marchandise est localisée ; elle met précisément fin juridiquement à la possibilité de déplacement et place donc la marchandise sous l'empire de la loi locale.

En ce qui concerne les véhicules automobiles, à défaut d'adopter le critère de l'immatriculation administrative en tant que tel, on pourrait se référer au lieu de stationnement habituel (qui coïncide presque toujours avec lui)[2].

Fréquemment, la vente de marchandises donne lieu à transfert de documents (connaissements...). Il est commode de considérer ceux-ci comme représentatifs de la marchandise, sans consultation de la loi de la situation effective ; en conséquence, la loi du lieu de la remise sera reconnue apte à opérer transfert de propriété. Il faut néanmoins admettre que les droits d'un acquéreur a *non domino* cèdent devant ceux du possesseur selon la loi de la situation effective du bien (n° 771)[3].

2. Conflit mobile

765. – Principe de solution. Le déplacement du meuble d'un pays à l'autre entraîne sa soumission successive à deux lois ne reconnaissant pas nécessairement les mêmes droits sur lui, c'est-à-dire un conflit mobile (n° 232 s.). La théorie des droits acquis voudrait que les droits dont le meuble est l'objet dans le pays d'origine fussent reconnus dans les pays où il vient à être introduit. Cette solution fait notamment prévaloir la sécurité des titres sur celle des tiers de bonne foi, ainsi tenus de respecter des droits dont ils ne pouvaient pratiquement pas connaître l'existence. En revanche, la transposition des principes reçus en matière de conflits de lois dans le temps conduit à n'appliquer la loi ancienne qu'aux modes d'acquisition des droits sur le bien et aux effets échus, tandis que le contenu des droits

1. Cette dernière solution était celle retenue dans tous les cas par la Convention de La Haye sur la loi applicable au transfert de la propriété en cas de vente à caractère international d'objets mobiliers corporels, du 15 avril 1958 (non entrée en vigueur), art. 6. La Convention de Vienne sur la vente internationale de marchandises (n° 815) ne règle pas les effets du contrat sur la propriété des marchandises (art. 4, *b*), mais seulement le transfert des risques (art. 66 s.).
2. Le régime des wagons est régi par les conventions de Berne du 25 fév. 1961.
3. En ce sens, Convention de La Haye de 1958, préc., art. 3 s.

et leurs effets à venir seront immédiatement soumis à la loi de la situation actuelle. Enfin, une analyse fonctionnelle conduit à rechercher l'intérêt dominant parmi ceux que la règle de conflit prend en considération (n° 235). En matière de meubles, ces intérêts sont essentiellement privés et tendent à préserver la sécurité liée à l'apparence, bien que le droit interne révèle un déclin relatif de ce facteur avec le développement des sûretés sans dépossession. Du fait que les tribunaux ont le plus souvent à connaître d'un conflit entre des créanciers locaux et un titulaire de droits constitués à l'étranger, ils auront tendance à faire prévaloir l'apparence et la protection du crédit local.

Dans toute la mesure où l'on accepte de reconnaître des droits acquis sous l'empire d'une loi étrangère, il peut être nécessaire de transposer les droits en question qui ne sont pas exactement équivalents à ceux prévus par la loi locale (sur le *trust*, v. n° 767).

La mise en œuvre des principes ci-dessus sera envisagée distinctement pour les principaux cas où la question s'élève ; effets de la possession des meubles (n° 771), transfert de la propriété par convention (n° 774), reconnaissance d'une sûreté (n° 778).

Voy. : d'Avout, *Sur les solutions du conflit de lois en droit des biens*, Economica, 2006 ; Desbois, « Des conflits de lois en matière de transfert de propriété », JDI 1931.313 ; Khairallah, *Les sûretés mobilières en droit international privé*, Economica, 1982 ; Lagarde, « Sur la loi applicable au transfert de propriété », Mél. Droz, p. 151; Niboyet, *Des conflits de lois relatifs à l'acquisition de la propriété et des droits réels sur les meubles à titre particulier*, thèse Paris, 1912.

§ 2. – DÉLIMITATION DU DOMAINE DE LA LOI RÉELLE

A. NATURE ET CONTENU DES DROITS RÉELS

***766. – Compétence générale de la* lex rei sitæ.** La loi du lieu de situation des biens, meubles ou immeubles, détermine l'ensemble de leur régime, entendu comme l'aménagement des rapports entre les personnes et la chose. Le principe fait respecter la souveraineté de l'État sur les biens situés sur son territoire. Du point de vue du droit privé, il tend à préserver les tiers de la surprise que constituerait la revendication de droits inconnus de la loi locale ou opposables dans des conditions non prévues par celle-ci. La loi locale définit ainsi en premier lieu les choses objet d'appropriation, ainsi que leur nature, meuble ou immeuble, d'où se déduit leur régime[1]. Elle détermine les prérogatives attachées au droit de propriété et les

1. Cette règle est liée au fait que la *lex rei sitæ* est applicable aux meubles comme aux immeubles. Mais lorsque de la qualification dépend la loi applicable, comme c'est le cas en matière de succession (et dans certains systèmes en matière de régime matrimonial), c'est la loi du juge saisi qui devrait en principe donner la qualification (n° 210). Il est cependant envisageable de procéder exceptionnellement à une qualification *lege rei sitae*, afin de tenir compte du point de vue discordant de l'État étranger de situation. V. Lagarde, « La qualification des biens en meubles ou immeubles dans le droit international privé du patrimoine familial », Mél. Revillard, 2007.209.

charges qui l'accompagnent. Elle délimite les démembrements dont il est susceptible et leur régime, ainsi que la possibilité d'une propriété fiduciaire (*trust*...)[1]. Elle établit enfin les modalités de la propriété (co-propriété...), son assiette (propriété du dessus et du dessous), sa durée (perpétuelle ou non)[2]. Ces principes s'imposent avec une telle force qu'ils ne donnent guère lieu à jurisprudence, réserve faite des difficultés présentées par le déplacement des meubles.

***767. – Modifications volontaires du régime de la propriété ;* trusts.** Les particuliers s'efforcent parfois de modifier le régime de la propriété, par exemple en frappant certains biens d'inaliénabilité. À supposer qu'une telle stipulation soit valable selon la loi de l'acte juridique qui la contient (testament, contrat), elle pourra difficilement aller à l'encontre de la loi du lieu de situation du bien. C'est donc la loi la plus restrictive qui prévaut[3].

La question se pose en particulier de savoir quel effet peut être reconnu à un *trust* constitué selon une loi connaissant cette institution sur des biens situés en France, dont le droit l'ignore (n° 202)[4]. Le *trust* opère un démembrement de la propriété, et il est utilisé dans une multitude de buts. L'un des plus fréquents est l'organisation du patrimoine familial, en particulier une anticipation successorale ; le règlement des successions est également assuré par ce mécanisme. Ce n'est donc pas seulement en tant qu'il affecte le régime de la propriété proprement dit que les tribunaux ont eu à en connaître. Ils ont parfois assimilé le *trust* à une catégorie connue du droit français, ce qui ne va pas sans déformation, autant de ces catégories que de l'institution étrangère[5]. Il est préférable d'accepter le *trust* tel qu'il est, sauf à rechercher si celui qui est en cause, compte tenu de sa finalité, porte ou non atteinte à une règle considérée en France comme d'ordre public[6].

C'est ainsi qu'afin de faciliter l'insertion de l'institution dans les pays qui l'ignorent a été élaborée une convention de La Haye, du 1er juillet 1985, *sur la loi applicable au trust et à sa reconnaissance*[7]. La Convention ne s'applique qu'au *trust*

1. Civ. 14 mars 1837, *Stewart*, D.P. 37.1.275, S. 37.1.195, GA n° 3.
2. Sur l'application de l'art. 815 al. 1er C. civ. aux immeubles situés en France, Civ. I, 22 juin 1985, D. 86.241 n. Breton, JDI 86.1005 n. Wiederkehr.
3. Trib. Seine, 17 avril 1885, JDI 86.593 ; 28 juin 1901, D.P. 02.2.361 n. Decugis.
4. Motulsky, « De l'impossibilité juridique de constituer un *trust* anglo-saxon sous l'empire de la loi française », RC 1948.451 ; Schnitzer, « Le *trust* et la fondation dans les conflits de lois », RC 1965.479 ; Maerten, *Le trust patrimonial anglo-américain en droit privé français*, thèse Paris II, 1990.
5. Le *trust* a été rapproché notamment du mandat, de l'exécution testamentaire, du legs avec charge et de la substitution fidéicommissaire. V. trib. Pau, 3 juill. 1956, GP 1956.2.338 ; Paris, 10 janv. 1970, *de Ganay*, préc. n° 202 (acte de constitution du *trust* qualifié de contrat synallagmatique) ; TGI Bayonne, 28 avril 1975, JCP 75.II.18168 n. Bonnais, RC 76.322 n. Necker ; Civ. 1, 20 fév. 1996, préc. n° 202.
6. Comp. Civ. I, 22 nov. 2005, n° 02-20.122, Bull. civ. I, n° 425, paraissant prêt à reconnaître au demandeur les droits allégués, selon un trust, sur des meubles situés en France.
7. Comm. Béraudo, TCFDIP 1985-86, p. 21 ; Gaillard et Trautman, RC 1986.1 ; Jauffret-Spinosi, JDI 1987.23 ; Revillard, Rép. Defrénois, 1986.689. La Convention n'est pas en vigueur en France.

volontaire (art. 3). Elle pose tout d'abord des règles de détermination de la loi applicable au *trust*, inspirées de celles qui prévalent en matière de contrat international : choix de la loi par le constituant et, à défaut, détermination objective selon le critère des liens les plus étroits. Elle prévoit ensuite la reconnaissance du *trust* en tant que tel (art. 11), donnant ainsi naissance dans les pays qui ne le connaissent pas à une catégorie de rattachement. La reconnaissance se traduira par l'opposabilité de l'existence du *trust* aux tiers, ou par les tiers, dans la mesure où les biens en *trust* sont, comme le rappelle expressément la Convention, distincts du patrimoine du *trustee* (art. 2, a). Mettant en œuvre le principe, l'art. 12 envisage l'inscription d'un bien constitué en *trust* dans un registre à la demande du *trustee* (dont la qualité sera reconnue à cette fin) ; mais le texte précise : « pour autant que ce ne soit pas interdit par la loi de l'État ou incompatible avec cette loi ». On doit sans doute comprendre par là que le *trust* ne saurait contrevenir aux dispositions de la loi du lieu de l'inscription, qui a ainsi le dernier mot. Il faudra donc le cas échéant faire coexister la loi du *trust* avec la loi réelle, au moyen d'une adaptation. Si celle-ci se révèle impossible, l'on ne pourra sans doute pas faire inscrire un acte constituant des droits d'une nature inconnue de la *lex rei sitæ*, par souci de cohérence de cette loi et de l'intérêt des tiers. Cette observation est confirmée par la disposition de l'art. 15, qui réserve l'application des lois impératives désignées par les règles de conflit du for « notamment » en matière de transfert de propriété et de sûretés réelles, de protection des créanciers en cas d'insolvabilité et de protection des tiers de bonne foi à d'autres égards. Il n'était en revanche pas possible de réserver à titre général les droits réels ou la propriété, car la propriété étant nécessairement affectée par le *trust*, une telle disposition aboutirait à priver d'effet le principe même de sa reconnaissance. En cas de divergence sérieuse, l'autorité saisie est cependant invitée à « donner effet aux objectifs du *trust* par d'autres moyens juridiques » (art. 15 al. 2).

768. – Droits réels accessoires. Pour les mêmes raisons générales de sécurité des tiers, la loi de la situation définit les droits réels accessoires dont un bien peut être l'objet, leur étendue, la manière dont ils sont conservés et leur extinction. En principe, on ne peut reconnaître dans l'État de la situation du bien que des sûretés d'une nature connue de la loi locale : c'est à propos d'une garantie constituée à l'étranger sur un bien ultérieurement introduit en France que la Cour de cassation a déclaré que la loi française est « seule applicable aux droits réels dont sont l'objet les biens mobiliers situés en France »[1]. À supposer cette condition satisfaite, la loi de la situation fixe en second lieu les conditions d'opposabilité de la sûreté aux tiers : publicité foncière, dépossession du meuble gagé ou inscription de la sûreté sur un registre. La règle permet d'assurer l'unité de régime pour tous les créanciers. Enfin, la loi réelle régit les effets de la sûreté reconnue : droit de préférence (rang des créanciers) et droit de suite, possibilité d'attribution du bien au créancier gagiste (pacte commissoire) ou de vente par celui-ci en cas de non-paiement (clause de voie parée).

1. Req. 24 mai 1933, S. 35.1.253 n. Batiffol. Sur les difficultés et perspectives de transposition en droit français d'une sûreté inconnue de celui-ci, la *floating charge* anglaise, v. Lagarde, note RC 1977.126 et Dahan, *op. cit. sub* n° 778.

769. – Loi réelle et loi de la source. Nonobstant ce qui précède, la loi réelle peut entrer en concurrence avec une autre, celle de la source qui décide de l'octroi de la sûreté ou la confère : loi personnelle, procédurale ou contractuelle. Il faut donc marquer leur domaine respectif. Cette délimitation n'est pas nécessairement la même selon la nature de la source. La question des sûretés conventionnelles, la plus pratique, sera envisagée en détail avec l'acquisition des droits réels (n° 777) ; les autres peuvent l'être ici car la sûreté n'est en général que l'accessoire d'une autre institution[1].

Les *hypothèques légales* sont ainsi régies au premier chef par la loi de leur source, car elles ne sont le plus souvent que l'accessoire de l'institution qui les prévoit. Entre époux, il s'agit de la loi des effets du mariage plutôt que de celle du régime matrimonial, dans la mesure où l'hypothèque ne garantit pas que les dettes nées du régime ; pour les incapables, ce sera la loi applicable à la protection. La loi de la source régit donc l'octroi de l'hypothèque et autant que possible ses effets ; mais l'hypothèque légale ne peut être exercée qu'en respectant le régime hypothécaire de la loi de situation des biens, notamment en ce qui concerne l'inscription de la sûreté[2].

Les *privilèges* sont institués en fonction non de la personne mais de la qualité de la créance. C'est donc la loi régissant celle-ci qui décide de l'existence du privilège, en principe la loi du contrat qui lui donne naissance[3] ; mais la loi locale règle le conflit avec un autre privilège[4].

En ce qui concerne les hypothèques « judiciaires », celles qui sont attachées à tout jugement de condamnation sont en réalité des hypothèques légales. Une telle hypothèque qui résulterait d'un jugement étranger ne peut recevoir effet en France que si ce jugement y a reçu l'exequatur ; la règle est expressément affirmée par l'art. 2412 (anc. 2123) C. civ. (n° 453). Encore faut-il, selon l'opinion dominante, que le jugement étranger lui-même emporte cette conséquence, l'exequatur ne pouvant ajouter à la condamnation étrangère ; et l'hypothèque devra naturellement être inscrite[5]. La véritable hypothèque judiciaire, autorisée par jugement à titre de mesure conservatoire, ne peut pratiquement résulter sur un immeuble en France que d'une décision française (il s'agit de l'élément préliminaire d'une mesure d'exécution, pour laquelle les juridictions de l'État d'exécution ont une compétence exclusive : n° 351). En toute hypothèse, la Cour

1. Il ne faut pas confondre avec l'hypothèque conventionnelle celle qui serait éventuellement attachée aux contrats passés devant notaire, telle que jadis prévue par le droit français, et qui constitue une hypothèque légale.
2. Paris, 16 octobre 1975, RC 76.495 n. Fadlallah.
3. Civ. com. 20 mai 1997, RC 97.545 concl. Rémery.
4. Com. 8 juill. 1981, D. 82.I.R.73, RC 83.257 n. Santa-Croce.
5. Sur le premier point, v. cependant Civ. I, 17 nov. 1999, *Artransac*, D. 00.547 concl. Sainte-Rose, n. Khairallah, RC 00.433 n. Rémery, JDI 01.851 n. Bonnet, semblant admettre la possibilité d'une inscription définitive dans tous les cas où une inscription provisoire a été obtenue, donc selon la loi française (même arrêt).

de cassation a jugé que « le principe et le régime de l'hypothèque judiciaire provisoire sont soumis à la seule loi de situation de l'immeuble »[1].

B. ACQUISITION DES DROITS RÉELS

Les droits réels s'acquièrent par des modes propres ou originaires et par des modes dérivés, communs aux droits réels et aux droits de créance.

1. Acquisition par un mode propre

770. – Principaux modes. La *lex rei sitæ* détermine les procédés d'acquisition des droits réels par un mode propre à ces droits : ainsi selon le droit français, l'occupation, l'accession, la perception des fruits, la prescription acquisitive des immeubles, la possession des meubles... Ces dispositions s'appliquent quelle que soit la nationalité du propriétaire. Il s'agit exactement de fixer les rapports entre une personne et une chose et c'est celle-ci qui constitue l'élément matériel de rattachement de la relation. Le résultat serait au demeurant le même si ces événements étaient considérés comme des faits juridiques, puisqu'ils se localisent dans le même ressort ; ou si les dispositions en question étaient considérées comme des lois de police.

La même solution s'applique à la publicité foncière dans les systèmes où celle-ci fait acquérir la propriété. Il en est de même lorsque, comme en droit français, elle ne fait que rendre un titre opposable aux tiers.

771. – Cas particulier de la possession. Le droit français prévoit l'acquisition de la propriété mobilière par la possession de bonne foi, sauf à permettre la revendication dans certaines conditions précises (art. 2276 et 2277, anc. 2279 et 2280, C. civ.). L'entrée en possession d'un meuble en France entraîne l'application de ce régime, nonobstant une revendication plus largement permise par la loi étrangère de la situation ancienne du meuble : ainsi, dans le cas où un meuble détourné, perdu ou volé à l'étranger a été introduit en France, l'acquéreur de bonne foi est protégé selon la loi française[2].

Lorsque le meuble n'a été introduit en France qu'après avoir été acquis à l'étranger, la théorie des droits acquis autoriserait une revendication éventuelle selon la loi ancienne aussi longtemps qu'un nouveau transfert de possession n'est pas intervenu en France. Au contraire, les principes du droit transitoire suggèrent d'appliquer la loi nouvelle à un fait, la possession, intervenu sous son empire[3]. Une analyse fonctionnelle fait dépendre la solution de ce que l'on considère comme l'élément générateur du droit

1. Civ. I, 17 nov. 1999, préc.
2. Trib. Seine, 17 avril 1885, 28 juin 1901, préc. n° 767
3. S'agissant toutefois de l'acquisition des fruits par le possesseur de bonne foi, si les fruits ont été perçus dans un pays qui ne connaît pas cette règle et sont introduits en France, on estime que la revendication serait possible car c'est au moment de la perception que les droits sont fixés (Batiffol-Lagarde, n° 512).

du possesseur qui a fait entrer le meuble en France : l'entrée en possession ou la simple détention du meuble en France. Cette question dépend elle-même du fondement précis reconnu à la règle de l'art. 2279 al. 1er : protection de l'acquisition de bonne foi ou de la possession en tant que telle. Dans le premier cas, on admettra que la revendication puisse s'exercer selon la loi étrangère éventuellement différente ; dans le second, la loi française s'opposera à l'application de toute disposition étrangère. C'est cette dernière solution qui paraît devoir l'emporter : le souci dominant en la matière est de faire coïncider l'apparence avec la situation juridique[1]. Elle est d'autant plus susceptible de triompher devant les tribunaux que ceux-ci ne sont pratiquement pas amenés à connaître de revendications exercées sur des meubles déplacés de France à l'étranger.

Dans le cas où un tel meuble a été vendu à l'étranger, puis qu'il vient à être réintroduit en France par un possesseur qui en a acquis la propriété selon la loi étrangère (soit instantanément, soit par l'expiration du délai de revendication selon cette loi), on se demande s'il n'est pas possible de le revendiquer selon la loi française, à supposer que l'on soit dans le délai, au motif qu'il y va d'un effet en cours de la possession. Mais même le principe de l'effet immédiat de la loi nouvelle réserve les droits acquis sous l'empire de la loi ancienne, ce qui conduit à maintenir à l'acheteur la propriété reconnue par la loi du pays où étaient situés les biens au moment où il est entré en possession. La Convention de La Haye précitée était en ce sens (art. 5 al. 2).

Dans le cas où il est tenu compte de la durée de la possession et où le meuble a été déplacé pendant l'écoulement du délai, différents systèmes sont envisageables. Celui de l'application intégrale de la loi ancienne doit être écarté, car il méconnaît l'intérêt de la loi nouvelle à s'appliquer. La combinaison des deux lois selon un calcul proportionnel supposerait que leurs exigences soient par ailleurs analogues. L'application de la loi actuelle semble préférable, sauf à tenir compte du délai écoulé alors que le meuble était à l'étranger : il n'y a pas alors combinaison des deux lois, mais simplement prise en considération par la loi nouvelle d'un élément de pur fait, la durée de la possession écoulée à l'étranger.

Le problème de la revendication se pose le plus couramment à propos des *biens culturels* et un régime spécifique se dessine pour ces biens. En droit communautaire, le règlement n° 3911/92 du Conseil prévoit un contrôle préventif des exportations, et la directive n° 93/7/CEE du Conseil traite de la restitution d'un État membre à l'autre des trésors nationaux ayant quitté illicitement le territoire de l'un d'eux. La Convention de l'UNESCO du 14 nov. 1970 (n° 121), entrée en vigueur en France en 1997, organise les mesures à prendre pour interdire et empêcher l'importation, l'exportation et le transfert de propriété illicites des biens culturels. Elle est complétée par une Convention Unidroit du 24 juin 1995 sur les biens culturels volés ou illicitement exportés, laquelle prévoit un régime international uniforme autorisant la revendication contre le possesseur de bonne foi dans

1. Telle était la solution retenue par la Convention de La Haye du 15 avril 1958 (art. 5). En ce sens, quoique contestable dans les circonstances, Civ. I, 3 fév. 2010, *Arman c. Sté Camard*, JCP G 10, n° 284 n. d'Avout.

un délai de trois ans à compter du moment où le demandeur a connu l'endroit où se trouvait le bien et l'identité du possesseur, et moyennant une « indemnité équitable »[1]. Les difficultés principales tiennent à la définition des biens visés et au choix entre le rattachement à l'État d'origine ou l'État de découverte (ou encore celui du vol). La meilleure solution du conflit de lois paraît être de donner compétence à une loi d'origine du bien, définie par son classement, sous réserve d'un lien justifié et du respect par cette loi des intérêts légitimes d'un possesseur de bonne foi.

En matière d'*œuvres d'art,* il y a lieu distinguer la possession de l'objet et les droits incorporels des auteurs sur eux, lesquels n'obéissent pas au régime de l'art. 2276 (ex-2279)[2].

Voy. : Armbrüster, « La revendication de biens culturels du point de vue du droit international privé », RC 2004.723 ; Audit, « Le statut des biens culturels en droit international privé français », RIDC 1994.405 ; Carducci, *La restitution internationale des biens culturels et des objets d'art volés ou illicitement exportés*, 1997 ; Muir Watt, « La revendication internationale des biens culturels (...) », RC 1992.1.

2. Acquisition des droits réels par convention

Après avoir envisagé la question pour les droits réels en général, on l'examinera plus précisément pour les droits réels accessoires qui soulèvent les difficultés les plus fréquentes.

a. Droits réels en général

772. – Concurrence de la loi réelle et de la loi du contrat ; principe de solution. L'acquisition de droits réels – propriété et ses démembrements, droit réel accessoire – par convention soulève un problème de délimitation du domaine de la loi réelle et de la loi de l'acte (n° 159). En matière d'immeuble, la dissociation et, partant, le conflit possible, sont toutefois exceptionnels parce que la loi du lieu de l'immeuble sera le plus souvent déclarée applicable au contrat, soit par les parties elles-mêmes, soit par le juge à défaut de choix (n° 825). Leur dissociation n'est toutefois pas sans exemple en jurisprudence[3]. En matière mobilière, la dissociation de la loi du contrat et de la loi du lieu de situation du bien est plus plausible du fait que le *situs rei* constitue un élément de rattachement moins significatif. On peut donc envisager que l'acquisition ou le transfert des droits réels par convention obéissent à la loi de l'acte.

Mais cette possibilité étant admise, elle aura le plus grand mal à s'imposer chaque fois que l'application de la loi du contrat se heurtera à des intérêts généraux défendus par celle de la situation de la chose. Au premier

1. Texte RC 1997.282 et comm. Droz, RC 1997.239 (en vigueur mais non ratifiée par la France).
2. J. Ginsburg, « Détermination de la loi applicable à la titularité du droit d'auteur entre l'auteur de l'œuvre d'art et le propriétaire du support », RC 1994.603 et Mél. Françon, 1995, p. 245.
3. Civ. 1, 21 juill. 1987, D. 88. Somm. 345 obs. Audit, RC 88.699 n. Héron (résolution d'une promesse de vente sur un immeuble situé à Monaco selon la loi française, jugée être la loi du contrat).

rang de ces intérêts figure ceux des tiers de bonne foi, tels que les créanciers ou les ayants cause à titre particulier : il sera en effet difficile de faire admettre que les droits sur lesquels ceux-ci pouvaient légitimement compter soient compromis par l'intrusion d'une loi contractuelle étrangère qu'ils n'avaient pas de raison de prévoir. Il en est plus encore ainsi en cas de faillite, la loi locale s'appliquant alors au titre de celle-ci (n° 791). On est par là amené à distinguer les relations entre les parties à l'acte, d'une part, de l'une ou l'autre à l'égard des tiers, d'autre part. C'est ainsi notamment que procédait la Convention de La Haye du 15 avril 1958 (n° 764)[1].

773. – Règles de forme. Un raisonnement analogue s'applique aux règles de forme, fréquemment édictées en matière d'acquisition et de transmission des droits réels. Un acte est en principe valable s'il satisfait aux conditions de forme du lieu où il est passé (*Locus regit actum*, n° 179 s.). Les règles de forme proprement dites intéressent en général au premier chef les parties, dont elles visent à assurer le consentement éclairé; ainsi la rédaction d'un écrit. Mais dans les actes portant sur des biens, ces règles ont également souvent pour fonction de renseigner les tiers : ce sont des formes d'opposabilité. En France, c'est le cas de la publicité foncière, dont les dispositions devront être dans tous les cas respectées pour les immeubles qui y sont situés. En matière mobilière, la loi exige des formalités pour l'opposabilité du gage (art. 2337 C. civ.)[2]. Chaque fois que l'intérêt des tiers est en cause, la loi réelle est donc appelée à l'emporter sur celle du lieu de l'acte[3].

774. – Transfert de propriété ; conflit mobile. En cas de litige sur le transfert de propriété d'un immeuble, c'est la loi réelle qui déterminera les formalités éventuelles opérant le transfert : publicité, tradition... L'accomplissement de la publicité pourrait même permettre de reconnaître des transferts de droits (ou constitutions de démembrements) pour une cause inconnue de la loi de situation.

En matière *mobilière*, la faveur à la loi réelle prévaut également en principe à l'égard des tiers[4]. Mais la soumission à la loi réelle se traduit par une complication en cas de déplacement du meuble postérieurement à la convention : ceci fait naître un conflit entre la loi de la situation au moment du contrat et celle de la situation au moment où s'exercent des prétentions concurrentes sur le bien. Soit un meuble situé en Allemagne

1. Sur les inconvénients de cette dissociation et pour l'application de la loi réelle même *inter partes*, sous réserve de la validité du contrat selon sa loi, v. Lagarde, Mél. Droz, préc.
2. L'exigence de la dépossession pour la constitution du gage, bien qu'il s'agisse d'une règle de fond, est considérée comme applicable dès lors que le meuble est situé en France, parce que l'on y voit également une mesure de publicité à l'égard des tiers (Req. 19 mars 1972, préc. n° 762).
3. L'art. 9.6 de la Convention de Rome du 19 juin 1980 réserve le respect des lois de police du *situs* d'un immeuble en matière de forme (n° 844); la loi allemande a étendu cette disposition aux meubles (art. 11 § 5 EGBGB).
4. Pour l'analyse du transfert de propriété *solo consensu* (art. 1138 C. civ.) en une institution du droit des biens, v. Desbois, *op. cit. sub* n° 778.

au moment où il est vendu, déplacé en France sans que la tradition exigée par la loi allemande soit intervenue, et qui est disputé entre l'acheteur et les créanciers du vendeur. On pourrait considérer que l'introduction du meuble en France est impuissante à transférer la propriété sans renouvellement du consentement, au motif que les procédés d'acquisition des droits restent soumis à la loi du lieu où les biens se trouvaient ; de plus, le transfert *solo consensu* selon la loi nouvelle serait susceptible d'intervenir de manière inattendue et longtemps après les faits. Mais le principe de la soumission des biens à *lex rei sitæ*, du moins dans les rapports avec les tiers, amène à considérer plutôt que la loi étrangère a cessé d'être applicable à l'égard des tiers dès lors que le meuble a été introduit en France. La Convention de La Haye précitée déclarait le transfert de propriété régi dans cette situation par la loi de la situation actuelle, du moins lorsque l'acheteur s'était acquitté du prix (art. 4).

Le principe d'effet immédiat de la loi nouvelle ne devrait pas toutefois conduire à remettre en cause un transfert de propriété acquis selon la loi d'origine. Ainsi, dans le cas inverse où le meuble vendu alors qu'il était en France est déplacé en Allemagne, sans que la tradition soit intervenue, le transfert de propriété acquis selon la loi française ne serait pas remis en cause[1].

***775. – Application de la loi du contrat* inter partes.** Même si l'on hésite à déclarer la loi du contrat applicable *inter partes* au transfert de propriété, cette loi n'en conserve pas moins son titre à régir entre elles les questions proprement contractuelles, telles que l'existence et la validité du consentement, les obligations que le contrat fait naître. La Convention de La Haye de 1955 sur la vente, en vigueur en France (n° 815), soumet le transfert des risques à la loi du contrat (art. 5.3). La Convention de 1958 sur le transfert de propriété ajoutait le moment jusqu'auquel le vendeur a droit aux produits et fruits des objets vendus, ainsi qu'aux réparations dues pour les dommages qui lui sont causés (art. 2). Ces dernières dispositions se justifient par l'idée que l'émolument doit accompagner le risque. Mais la première est discutable, car si la *lex situs* ne reconnaît pas le transfert de propriété, les créanciers du vendeur pourront faire valoir leurs droits sur les fruits (la Convention de 1986 l'a néanmoins reprise : art.12, *c*). La loi du contrat régira également la validité d'une clause de réserve de propriété. En ce qui concerne les effets de celle-ci, la même loi régira la responsabilité éventuelle de l'acheteur pour sa méconnaissance ; mais celle du *situs* risque de l'emporter dès lors que la revendication de propriété s'exerce à l'encontre de tiers (n° 777).

776. – Appréciation critique. Du fait même que les difficultés les plus fréquentes s'élèvent dans les rapports avec les tiers, l'on peut se demander si, lorsque l'acquisition du droit est déclarée inopposable aux tiers du fait de la loi réelle, il est opportun de maintenir l'opération entre les parties, ou s'il n'est pas préférable dans ce cas de la considérer comme non avenue entre elles. Ainsi la

1. En ce sens, Convention de La Haye de 1958, art. 3.

vente d'un meuble situé en Allemagne et régie par la loi française serait caduque si les créanciers du vendeur ont pu faire valoir leur droit du fait que la tradition n'était pas encore intervenue. Lorsque, inversement, c'est la loi du contrat qui exige une formalité à peine de nullité et non la loi réelle (cas de la vente selon la loi allemande d'un meuble situé en France, les créanciers de l'acheteur ayant saisi le bien à leur profit), la question est plus délicate. Si la loi du contrat prévoit la nullité entre les parties, et non simplement l'inopposabilité aux tiers (qui n'est pas en cause puisque le meuble est situé à l'étranger), il faut en principe l'appliquer. Mais l'on pourrait également considérer qu'il n'y a pas de raison d'aboutir à cette solution alors que la conception de la propriété au lieu de situation du meuble ne l'exige pas. La solution pourrait dépendre de ce que la loi du contrat a été ou non expressément voulue par les parties ou simplement désignée objectivement : dans le premier cas elle l'emporterait, non dans le second.

b. Cas des droits réels accessoires

777. – Sûretés conventionnelles. Le conflit entre la loi de la source et la *lex rei sitæ* a déjà été envisagé à propos des sûretés légales et judiciaires (n° 769). Le cas d'une sûreté conventionnelle – de laquelle il convient de rapprocher la *clause de réserve de propriété* – qui serait soumise à une autre loi que celle de la situation du bien, appelle un examen spécifique en raison de son importance pratique.

La transposition de la distinction exposée ci-dessus entre les effets personnels et réels des conventions conduit à énoncer que la loi du contrat régira les conditions de validité et les effets personnels de l'acte[1] ; la forme obéira à la règle *Locus regit actum*, du moins entre les parties[2]. Mais dès lors qu'il s'agit d'opposer la sûreté aux tiers (créanciers du débiteur, tiers acquéreur), la loi du contrat devra pratiquement céder devant la *lex rei sitæ*. Celle-ci interviendra donc aussi bien pour juger des conditions d'acquisition de la sûreté, de son équivalence avec une sûreté connue de la loi locale, de sa publicité ou de ses modes de réalisation (tels que la possibilité d'exécution d'un pacte commissoire)[3].

1. *A fortiori*, la loi régissant la dette garantie peut être différente de la loi de la situation du bien : v. Civ. I, 19 janv. 1999, D. 99. Somm. 293.
2. Dérogeant toutefois à la règle, l'art. 2417 (anc. 2128) C. civ. exige l'intervention d'un notaire français pour la constitution d'hypothèque sur un immeuble situé en France (v. aussi rép. min., RC 1965.611). Cette disposition est un vestige de l'époque où les actes notariés emportaient hypothèque générale sur les immeubles du débiteur ; on ne voulait pas que cette conséquence pût résulter d'un acte public étranger. Elle aurait dû disparaître avec cette règle (mais elle éclaire la solution à adopter à l'égard de l'hypothèque judiciaire : n° 769) ; elle a été expressément écartée par certaines conventions bilatérales (en particulier les conventions franco-belge de 1899 et franco-italienne de 1930). Dans certains pays, la forme des actes affectant les immeubles est impérativement soumise à la loi locale.
3. En cas de « faillite », toutefois, la loi de la faillite l'emporte, en tant que telle, sur les deux autres : v. Civ. I, 8 janv. 1991, D. 91.276 n. Rémery, JDI 91.993 n. Jacquemont ; Com. 8 janv. 2002, RC 02.328 note Bureau (arrêt rattachant la solution à l'idée que le droit de la faillite est loi de police, et à l'art. 7 de la Convention de Rome).

On peut observer dans ce cas également que la question de la loi applicable ne se pose guère qu'à l'égard des tiers (n° 772), de sorte que la distinction est largement théorique et que pratiquement la loi réelle joue un rôle prépondérant. Cela ressort en particulier de l'affirmation répétée de la Cour de cassation selon laquelle « la loi française est seule applicable aux droits réels dont sont l'objet les biens mobiliers situés en France ». De plus, devant la difficulté de formuler un critère précis de distinction entre les questions réelles et personnelles, on est amené à déclarer que les doutes doivent être tranchés en faveur de la loi réelle, ou à admettre un cumul des deux lois. Il est donc tentant de poser, dans un souci de simplification, que l'ensemble de l'opération doit être régie par la *lex rei sitæ*. On va voir cependant que c'est au contraire la compétence de la loi de la source qui a été préconisée, en raison des difficultés présentées par le conflit mobile, conséquence possible de la compétence de la *lex rei sitæ*.

778. – Déplacement du meuble grevé de sûreté. Les conflits les plus fréquents entre la loi du contrat et la loi de situation du meuble ne naissent pas de la volonté des parties ou d'une dissociation objective entre elles, mais dans un contexte de conflit mobile. Tous les éléments de la situation (établissement des parties au contrat, localisation du meuble) sont à l'origine localisés dans le même État. Mais le débiteur, demeuré en possession de la chose (un véhicule, un matériel, des marchandises) la déplace à l'étranger où ses créanciers exercent une saisie ; le bénéficiaire de la sûreté (ou réservataire de propriété) tente alors de faire prévaloir son droit. Nonobstant le titre particulièrement fort de la loi de la situation d'origine, également loi du contrat, la Cour de cassation fait de manière à peu près constante prévaloir la loi de la situation actuelle au motif déjà évoqué que la loi française est « seule applicable aux droits réels dont sont l'objet les biens mobiliers situés en France »[1]. La solution donnée au conflit mobile peut se recommander des principes du droit transitoire interne (n° 234) : si la loi du lieu d'origine demeure compétente pour apprécier la validité de la constitution de la sûreté (par exemple pour trancher un conflit qui s'élèverait entre deux sûretés consenties dans ce pays) et pour statuer sur la responsabilité entre les parties, la loi nouvelle s'applique à ses effets présents. Rapportée aux objectifs de la règle de conflit (n° 235), la solution fait prévaloir la sécurité des tiers sur celle des contractants, le crédit public sur le respect de la parole donnée ou encore la sécurité du commerce juridique interne sur celle du commerce international[2]. La conséquence pratique de ces décisions est qu'une sûreté étrangère n'aura d'effet en France où se trouve le meuble qu'à une double condition. Elle devra être d'une nature connue de la loi française ou à tout le moins être

1. Civ. 1, 8 juill. 1969, *Sté DIAC*, JCP 70.II.16182 n. Gaudemet-Tallon, JDI 70.916 n. Derruppé, RC 71.75 n. Fouchard, GA n° 48 ; 3 mai 1973, RC 74.100 n. Mezger, JDI 75.74 n. Fouchard. V. cependant, admettant la revendication en France par un crédit-bailleur allemand d'un meuble qui y avait été introduit en vertu d'une sous-location, sans qu'aient été accomplies les formalités de publicité prévues par la loi française, Com. 11 mai 1982, RC 83.450 n. Khairallah, D. 83.271 n. Witz.
2. V. proposant d'écarter cette solution pour les clauses de réserve de propriété simples (par opposition à celles garantissant d'autres créances que le prix de vente), maintenues sous l'empire de la *lex situs* d'origine, P. Lagarde, Mél. Droz, préc.

transposable (dans les arrêts précités, les transferts de propriété à titre de garantie prévus par la loi allemande ou néerlandaise furent jugés réaliser un pacte commissoire alors interdit par la loi française ; v. depuis art. 2348 C. civ.). Si cette condition est satisfaite, les conditions d'opposabilité de la sûreté selon la loi française devront être satisfaites.

Dans un esprit de meilleure coopération internationale, il est suggéré en doctrine de soumettre au contraire l'ensemble de la question à la loi du contrat, c'est-à-dire à la loi d'autonomie[1]. Cette solution aurait pour avantage d'éliminer aussi bien le problème du conflit mobile que celui de la distinction des questions réelles et contractuelles. Elle peut se recommander du développement en droit interne des sûretés mobilières sans dépossession, qui se traduit par un recul de la sécurité liée à l'apparence. Pour justifier une plus grande ouverture aux sûretés qui n'ont pas d'équivalent exact en droit français, on a fait remarquer que le *numerus clausus* des droits réels est contesté en droit interne. Afin de ménager néanmoins l'intérêt des tiers, il a été proposé de tempérer la compétence reconnue à la loi du contrat par divers correctifs : l'ignorance excusable de la loi étrangère, à condition que l'intéressé ait traité sans légèreté ni imprudence[2], la théorie de l'apparence[3], le cantonnement de l'intervention de la loi réelle à la protection d'un intérêt public, au titre de loi de police[4]. En fait, la situation est typiquement de celles qui soulèvent un « vrai conflit » entre des intérêts également légitimes (n° 125). Pour le résoudre le juge doit rechercher quel est, de l'intérêt respectif du créancier revendiquant et du tiers saisissant, le plus digne d'être protégé eu égard à leurs attentes légitimes. Mais le conflit oppose souvent une masse de créanciers locaux à un vendeur étranger, ce qui ne facilite pas de donner la préférence à la loi du titre ; si le principe devait être inversé, on pourrait s'attendre à une fréquente application des tempéraments proposés.

Voy. : Attal, *La reconnaissance des sûretés mobilières conventionnelles étrangères dans l'ordre juridique français*, 2005 ; d'Avout, *Sur les solutions du conflits de lois en droit des biens*, Economica, 2005 ; Cabrillac, « La reconnaissance en France des sûretés réelles sans dépossession constituées à l'étranger », RC 1979.487 ; Dahan, « La *floating charge* : reconnaissance en France d'une sûreté anglaise », JDI 1996.381 ; Desbois, « Des conflits de lois en matière de transfert de propriété », JDI 1931.313 ; Y. Flour, *Les effets des contrats à l'égard des tiers en droit international privé*, thèse dactyl. Paris II, 1974 ; Khairallah, *Les sûretés mobilières en droit international privé*, Economica, 1982 ; Kreuzer, « La reconnaissance des sûretés conventionnelles mobilières étrangères », RC 1995.465 ; Lagarde, « Sur la loi applicable au transfert de propriété », Mél. Droz, p. 151 ; de Lambertye-Autrand, *La distinction des meubles et des immeubles en droit international privé*, thèse dactyl. Paris I, 2001 ; Loussouarn, « Les conflits de lois en matière de réserve de propriété », TCFDIP 1982-84, p. 91 ; P. Mayer, « Les conflits de lois en matière de réserve de propriété après la loi du 12 mai 1980 », JCP 1981.I.3019 ; J. Mestre, « Les conflits de lois relatifs aux sûretés personnelles », TCFDIP 1986-87, p. 57 ; Niboyet, *Des conflits de lois relatifs à l'acquisition de la propriété et des droits réels sur les meubles à titre particulier*, thèse Paris, 1912 ; Perreau-Saussine, *L'immeuble et les méthodes du droit international privé*, 2006 ; Vignal, « Réflexions sur le rattachement des immeubles en droit international privé », TCFDIP 2006-09.15.

1. Gaudemet-Tallon, note JCP 1970.II.16182 ; Khairallah, *op. cit.*
2. Jobard-Bachellier, *L'apparence en droit international privé*, 1984, n° 282 s.
3. Khairallah, *op. cit.*, n° 342 s.
4. P. Mayer, *op. cit.* ; d'Avout, *op. cit.*

SECTION II

BIENS INCORPORELS

Les biens incorporels appellent par nature un traitement particulier (n° 164) ; on distinguera les propriétés intellectuelles ou industrielles, les droits de créance et l'universalité que constitue en droit français le patrimoine.

§ 1. – PROPRIÉTÉS INTELLECTUELLES OU INDUSTRIELLES

779. – Nécessité et importance des conventions internationales. À la différence du droit du propriétaire sur une chose corporelle, les droits reconnus sur les œuvres de l'esprit dans un pays donné peuvent très aisément être enfreints dans l'ordre international : une fois l'œuvre publiée, l'invention divulguée, la marque exploitée dans un pays donné, il est facile pour un tiers de tirer bénéfice de la création dans les autres pays, à l'abri des frontières et au détriment du titulaire de droits. Le meilleur moyen de s'opposer à ces pratiques réside dans l'adoption de conventions internationales aussi universelles que possible, assurant la protection des droits dans l'ordre international.

Pour la même raison se pose en principe, préalablement à l'exercice des droits dans un pays donné, la question de la *jouissance des droits* par les étrangers. Il peut en effet paraître opportun de subordonner celle-ci dans un pays donné à la reconnaissance des droits aux nationaux dans le pays d'origine de l'intéressé. Le moyen d'assurer cette réciprocité est également la conclusion de traités.

La matière constitue donc un terrain d'élection des conventions internationales, multilatérales[1]. Celles-ci commencent en général par poser le principe du « traitement national », c'est-à-dire de l'assimilation de l'étranger au national, ou de non-discrimination. Mais cela ne suffit pas à assurer une réciprocité complète, car le niveau de la protection accordée (par exemple, sa durée) n'est pas le même dans tous les pays. C'est pourquoi les conventions peuvent soit imposer aux États de compléter le cas échéant le traitement national par certaines normes matérielles, qui constitueront un statut de protection minimum, soit édicter elles-mêmes une réglementation matérielle directement applicable (*jus conventionis*). Elles peuvent également formuler des règles de coordination des systèmes nationaux : par exemple, en prévoyant que celui qui dépose une demande de brevet dans un État de l'Union jouit d'un délai de priorité pour effectuer le dépôt dans les autres. L'étude du statut qui en résulte relève en définitive davantage des différentes matières concernées que du droit international privé.

1. Celles-ci sont parfois désignées comme « Unions » pour marquer qu'elles créent un groupement d'États, bien que de caractère non politique. Un Bureau est parfois institué pour administrer l'accord ; ainsi l'Union de Paris en matière de propriété industrielle (v. Jean Foyer, TCFDIP 1982-84, p. 23), l'Union de Berne en matière de propriété littéraire.

Mais des principes de solution sont nécessaires en l'absence de convention.

780. – Principes de solution selon le droit commun. Supposant reconnue aux étrangers la jouissance du type de droit concerné (n° 1068), on peut concevoir à titre général la détermination de la loi applicable à l'œuvre et à sa protection selon deux méthodes. L'une consiste à raisonner comme à l'égard des biens corporels, c'est-à-dire à localiser l'objet de droit et à reconnaître internationalement les droits acquis selon la loi correspondante ; cette *loi d'origine* joue donc le rôle de *lex rei sitæ*. La localisation d'origine ne sera pas arbitrairement déterminée : on choisira par exemple le lieu de première publication d'une œuvre littéraire, de création d'une œuvre théâtrale ou musicale, de la première inscription sur un registre pour une invention. Le critère de la nationalité de l'auteur est en général délaissé eu égard à la prédominance de l'aspect patrimonial, sauf en ce qui concerne les œuvres non publiées (où on lui préférera sans doute aujourd'hui celui de la résidence habituelle). La reconnaissance des droits reconnus par la loi d'origine dans un pays donné pourra être subordonnée à une formalité locale telle qu'un dépôt ou un enregistrement supplémentaire. Cette méthode fut appliquée en France pour les brevets d'invention par la loi de 1844 (remplacée par la loi du 2 janvier 1968, devenue art. L.611-1 s. CPI, qui adopte une autre solution) ; elle l'est encore pour les dessins et modèles ainsi que pour les marques.

Son inconvénient réside dans l'obligation de reconnaître sur le territoire national, au détriment des tiers, une protection dont le contenu et les limites sont fixés par une loi étrangère, prévoyant le cas échéant une protection plus étendue ; de là la seconde attitude possible. Celle-ci procède de l'idée que les droits concernés confèrent à leur titulaire un monopole d'usage ou d'exploitation et, qu'à ce titre, ils impliquent une restriction à la liberté du commerce et de la concurrence. On est conduit par là à appliquer la loi de chaque pays où la protection est réclamée et à consacrer ainsi l'indépendance des droits dont le sujet jouit dans chacun[1]. Toutefois, cette indépendance des droits n'est pas nécessairement absolue : la loi d'origine peut être consultée pour déterminer si le demandeur est titulaire du droit revendiqué (ainsi le droit moral, ou le droit patrimonial dans une économie collectivisée), si celui-ci est protégé et pour combien de temps, s'il jouit de telle prérogative (droit de suite...), tandis que la loi de protection régira l'exercice des droits reconnus[2]. Le droit français s'est prononcé pour une telle combinaison, ou application successive, en matière de droits patrimoniaux d'auteur. Dans une affaire où une société cessionnaire des droits de différents compositeurs soviétiques agissait en France contre le

1. En droit conventionnel, ce type de solution est adopté en matière de propriété littéraire et artistique par la Convention de Berne de 1886 (modifiée) et la Convention de Genève de 1952 ; en matière de propriété industrielle, par la Convention de Paris de 1883. L'ubiquité des réseaux numériques renforce considérablement cette approche territoriale.
2. V. en particulier Bergé, *op. cit.*, n° 320 s.

producteur d'un film qui y avait inséré des extraits d'œuvres de ces auteurs sans autorisation, la Cour de cassation a approuvé les juges du fond d'avoir appliqué la protection prévue par la loi française, mais après avoir constaté que les auteurs puisaient dans la législation du pays d'origine des œuvres litigieuses (déterminé par leur première publication) un droit privatif sur leur œuvre[1]. La jurisprudence ultérieure fournit des exemples de consultation d'une loi d'origine pour déterminer l'œuvre protégée[2], la titularité du droit et, partant, la qualité à agir[3], la durée de protection[4]. D'autres décisions, cependant, écartent ce raisonnement au profit de l'application sans réserve de la loi française à la protection revendiquée contre une atteinte subie en France[5]. Ne subsisteraient alors que des questions contractuelles (exploitation de l'œuvre), délictuelles (atteintes au droit) ou de police. On note que dans cette conception, la notion de loi du droit disparaît et la jouissance des droits est absorbée par leur exercice.

Dans d'autres domaines de la propriété intellectuelle, la loi prévoit en général l'exigence de la réciprocité et elle fixe l'étendue des droits reconnus en combinant une loi d'origine et la loi française.

Voy. : Azzi, *Recherche sur la loi applicable aux droits voisins du droit d'auteur en droit international privé*, 2005 ; Bergé, *La protection internationale et communautaire du droit d'auteur, Essai d'une analyse conflictuelle*, 1996 ; « Droits d'auteur, conflits de lois et réseaux numériques (...) », RC 2000.357 ; Colombet, *Propriété*

1. Civ. 22 déc. 1959, *Sté Fox Europa c. Sté Le Chant du Monde*, D. 60.93 n. G. Holleaux, RC 60.361 n. Terré, JDI 61.420 n. Goldman, maintenant Paris, 13 janv. 1953, RC 53.739 n. Loussouarn ; la décision est cependant ambiguë sur le point de savoir si la consultation de la loi d'origine porte sur la simple jouissance des droits ou sur la possibilité d'exercer les droits revendiqués dans le ressort du for. V. depuis, trib. Seine, 19 mars 1964, RC 65.89 n. Desbois ; Paris, 24 avril 1974, *Sté Galba Films*, D. 75.67 concl. Cabannes, RC 75.440 n. Bonet, maintenu par Civ. 1, 15 déc. 1975, RC 76.515 (consacrant un raisonnement analogue en application de la Convention de Genève du 6 septembre 1952).
2. Paris, 19 sept. 1996, RC 97.90 n. Bergé (aménagement intérieur et décoration d'un magasin).
3. S'agissant du titulaire originel : Paris 14 mars 1991, *Almax*, JDI 92.148 n. Pollaud-Dullian, JCP 92.II.21780 n. Ginsburg ; 21 oct. 1995, *Tortues Ninja*, RIDA 95.301 (application du système américain du *work for hire*) ; d'un cessionnaire : Civ. I, 29 avril 1970, RC 71.270 n. Batiffol ; 5 oct. 1994, Bull. civ. I, n° 267 ; trib. corr. Paris, 3 déc. 1979, RC 82.110 n. Carmet ; d'un salarié : Civ. I, 7 avril 1998, RC 99.76 n. Bergé.
4. Sur ce point précis, la loi dispose aujourd'hui que la durée de protection est celle accordée dans le pays d'origine de l'œuvre, sans que cette protection puisse excéder celle prévue par la loi française, soit soixante-dix ans (art. L. 123-12 CPI, L. 27 mars 1997).
5. V. en particulier, en matière de droit moral, l'affaire *Huston*, *infra*, n° 1068 ; et à l'égard de la question nouvelle des droits voisins, Civ. I, 9 déc. 2003, JCP 04.10133 n. A. et H. J. Lucas, RC 04.595 n. Azzi. La loi française définit les bénéficiaires de la rémunération pour copie privée des phonogrammes et vidéogrammes en visant les « auteurs au sens du présent code » (art. L.311-7 CPI) ; *adde* directive européenne sur le satellite du 27 sept. 1993, art. 1-5; Civ. I, 9 janv. 1996, D. 96. I.R. 50. Sur la détermination de la loi de protection en cas de communication illicite, v. *infra* n° 800. Il est vrai que la consultation préalable d'une loi d'origine opère en fait dans un sens réducteur, au détriment de celui qui revendique des droits que lui reconnaît la loi locale.

littéraire et artistique et droits voisins, 9e éd., 1999 ; Durrande, *La détermination du pays d'origine de l'œuvre en droit international privé*, thèse dactyl. Paris II, 1980 ; Gautier, *Propriété littéraire et artistique*, 7e éd., 2010 ; Josselin-Gall, *Les contrats d'exploitation du droit de propriété littéraire et artistique*, 1995 ; A. et H.-J. Lucas, *Traité de la propriété littéraire & artistique*, 3e éd., 2006 ; Pollaud-Dulian, *Le droit d'auteur*, Economica, 2005 ; Raynard, *Droit d'auteur et conflits de lois. Essai sur la nature juridique du droit d'auteur*, 1990.

§ 2. – DROITS DE CRÉANCE

Les créances ordinaires, à personne dénommée, ne peuvent faire à proprement parler l'objet de localisation ; tel n'est pas le cas des créances matérialisées par un titre, ce qui leur confère un certain degré de « réalité ».

A. CRÉANCES ORDINAIRES

781. – Loi de la source ou loi propre. Les rapports entre créancier et débiteur sont en principe soumis à la loi de la source de la créance : acte ou fait juridique. La question a en particulier été tranchée pour la prescription, que l'on avait envisagé de soumettre à la loi du domicile du débiteur (n° 804). Mais une créance est parfois envisagée moins comme un rapport personnel entre le créancier et le débiteur que comme un élément de patrimoine, actif chez l'un et passif chez l'autre ; ou encore, elle fait l'objet d'une opération destinée à la modifier, la transférer ou l'éteindre. Elle peut alors être considérée comme un bien dont on recherchera le régime à ce titre : caractère meuble ou immeuble, saisissable ou non ; conditions de la cession. À cette fin, la créance est susceptible en matière internationale de se voir soumise à une loi propre, pratiquement celle du siège du débiteur ou du créancier[1].

782. – Exécution de la créance ; privilèges généraux. Si la loi de la créance fixe son contenu et gouverne en principe son exécution, la réalisation forcée de biens du débiteur relève de la loi du lieu d'exécution. Celle-ci détermine préalablement les biens saisissables et s'applique ultérieurement à l'affectation du produit ; c'est donc elle qui décide des privilèges généraux dont est assortie la créance[2]. Il y a là une manifestation de la protection des tiers, qui ne doivent pas être surpris par l'intervention de la loi de la source ; mais également une conséquence du fait que l'on ne peut classer des privilèges que selon une loi unique.

783. – Actions protectrices du droit de créance. L'*action oblique* est en principe soumise à la loi de la créance protégée, car ce sont les relations entre les parties à cette créance qui sont en cause et non les rapports avec le débiteur de la sous-créance[3]. On réserve toutefois le cas où l'action est exercée dans le cadre d'une procédure de liquidation, qui appelle l'application de la loi de la faillite.

La loi de la créance protégée s'applique également à l'*action paulienne*, qui est au service de cette créance. Mais il semble nécessaire de tenir compte de la loi de l'acte attaqué : cela afin de ménager les intérêts du tiers partie à celui-ci, lequel bénéficie au départ de l'action de la présomption de bonne foi. On aboutirait ainsi à l'application cumulative des deux lois. Il n'existe pas de jurisprudence significative.

1. Sur la compétence de la loi de la source quant aux opérations portant sur une créance, v. Civ. 6 fév. 1900, S. 01.161 et le comm. Rép. Dall. dr. int. V° *Biens* n° 75.
2. Soc. 29 mars 1973, RC 74.86 n. Jambu-Merlin.
3. Aix-en-Provence, 30 mars 1979, RC 80.717 n. Légier.

784. – Cession de créance. La cession de créance est soumise entre le cédant et le cessionnaire à sa loi propre (en ce sens, règlement Rome I, art. 14.1). Les parties peuvent donc désigner la loi applicable. À défaut de choix, on inclinera à appliquer la loi de la créance cédée en raison du lien entre les deux opérations. Toutefois, la mise en œuvre de la Convention de Rome conduit aujourd'hui à rechercher le débiteur de la prestation caractéristique : en principe le cédant, mais peut-être le cessionnaire s'il s'agit d'un professionnel (banquier). Cette solution évite une pluralité de lois en cas de cession de créances multiples. La loi désignée déterminera notamment les conditions d'individualisation de la créance cédée, eu égard aux procédés nouveaux de transmission (affacturage ; en France, cession par bordereau), parfois usités à titre de simple garantie[1]. Cette même loi (du contrat de cession) s'applique au transfert proprement dit de la créance.

Les relations entre le cessionnaire et le cédé semblent devoir être impérativement soumises à la loi de la créance cédée, car la situation du débiteur cédé à l'égard de son créancier ne saurait être modifiée sans son consentement[2]. La Convention de Rome s'est également prononcée en ce sens (art. 12 al. 2).

En ce qui concerne la nécessité d'une signification au débiteur cédé, on considère généralement en doctrine que cette question relève, dans l'intérêt du crédit public, de la loi du domicile du débiteur cédé[3]. Pourtant, la mesure vise au premier chef l'information du débiteur lui-même et seulement de manière indirecte celle des tiers : il est donc aussi justifié d'appliquer la loi de la créance cédée, à laquelle le débiteur s'est par hypothèse soumis, à tout le moins dans les rapports du débiteur cédé et du cessionnaire. Le règlement Rome I soumet expressément à la loi de la créance cédée « les conditions d'opposabilité de la cession au débiteur » (art. 14.2). Un souci d'unité pourrait conduire à étendre cette solution à l'opposabilité aux tiers (autres cessionnaires ou créanciers du cédant), afin d'éviter le risque d'une cession inopposable aux tiers alors qu'elle le serait au cédé, ainsi exposé à payer deux fois[4]. Une loi du 1er août 2003, déclare, sans explication, différents types de cessions de créance simplifiées, notamment par bordereau, opposables aux tiers « quelle que soit la loi applicable aux créances et la loi du pays de résidence des débiteurs » (art. L. 214-43, L. 313-27 et L. 515-21 C. mon. et fin.). Il semble que les « tiers » visés incluent le débiteur. Pour prévaloir sur la loi désignée selon le règlement Rome I, cette disposition devrait être considérée comme une loi de police (dont le respect à l'étranger apparaît cependant douteux)[5].

Voy. : Bridge, 125 *Law Quarterly Review* 671 (2009) ; Cashin-Ritaine, *Les cessions contractuelles de sommes d'argent dans les relations civiles et commerciales franco-allemandes*, 2001 ; Flessner, Mél. Kühne, 2010, p. 703 ; Pardoel, *Les conflits de lois en matière de cession de créance*, 1997 ; Ruet, *Les créances en droit international privé*, thèse Paris II, 1989 ; Sinay-Cytermann, « Les conflits de lois concernant l'opposabilité des transferts de créance », RC 1992.35 ; Mél. Fenet, 2008, p. 389.

1. En ce sens, Paris, 11 fév. 1969, D. 70.522 n. Larroumet, JDI 69.918 n. Kahn, RC 70.459 n. Dayant ; pour un exemple d'effet donné à une transmission selon une loi étrangère (belge), assimilée cependant à la subrogation du droit français, v. Paris, 15 mars 1983, JDI 84.143 n. Jacquemont.
2. Paris, 11 fév. 1969, préc. (application de la loi de la créance cédée à un retrait litigieux).
3. En ce sens, Paris, 27 sept. 1984, D. 85.I.R.178 obs. Audit, JDI 85.664 n. Diener.
4. La Convention des Nations Unies sur la cession de créances dans le commerce international, du 12 déc. 2001, désigne pour sa part la loi du domicile du cédant (art. 22).
5. V. comm. Bureau, *Rev. contrats* 2004.445 ; Lagarde, Mél. Béguin, 2005, p. 415.

B. TITRES NÉGOCIABLES

785. – Titres nominatifs. Les relations entre une société émettrice d'actions nominatives et le titulaire sont régies par la loi selon laquelle la société a été constituée, car le contrat de souscription se confond avec le contrat de société. La transmission des titres sera soumise à la loi du siège de la société, où sont centralisés les transferts. En ce qui concerne les obligations, l'emprunt est soumis au droit commun des contrats internationaux. La loi applicable est le plus souvent désignée : loi de la collectivité émettrice ou loi du pays dans lequel l'emprunt est placé. En cas de cession du titre, la loi de l'emprunt s'impose au nouveau titulaire ; mais les relations entre les parties à la cession peuvent être soumises à une autre loi.

786. – Titres à ordre. Le fait que le titre à ordre soit appelé à circuler conduit en droit interne à le détacher de sa cause afin de faciliter cette circulation ; le même facteur conduit en matière internationale à le soumettre à une loi propre, distincte de celle de l'opération à l'occasion de laquelle il a été émis[1].

En ce qui concerne la détermination de cette loi, deux rattachements généraux s'offrent : le lieu d'émission et celui du paiement. Le second semble préférable, pour les raisons qui en matière contractuelle font prévaloir le lieu d'exécution sur le lieu de conclusion (n° 177). Le premier s'applique toutefois à la forme d'émission du titre en vertu de la règle *Locus regit actum*. Mais les conventions de Genève font la part à un autre système, selon lequel chaque signataire est obligé selon la loi du pays sur le territoire duquel il s'est engagé : pays de l'émission pour le tireur, du paiement pour l'acceptant et surtout de l'endossement pour chaque endosseur (convention-lettre de change, art. 4 ; convention-chèque, art. 4 et 5). Ce système inspiré du principe d'indépendance des signatures va à l'encontre de l'unité de régime souhaitable des différents engagements résultant du titre. Il est cependant tempéré par diverses dispositions, notamment en faveur de la loi du lieu du paiement. Les mesures à prendre en cas de perte ou de vol sont celles du pays où l'effet est payable.

Voy. : P. Bloch, *Les lettres de change et billets à ordre dans les relations commerciales internationales*, Economica, 1986 ; Chemaly, « Conflits de lois en matière d'effets de commerce », RCADI 1988.II.347 (t. 209).

787. – Titres au porteur. Les titres au porteur obéissent aux mêmes principes que les titres nominatifs en ce qui concerne les relations avec l'émetteur. La *lex societatis* régit donc les relations avec les porteurs d'actions, en particulier les conditions d'acquisition, de conservation ou de perte de la qualité d'associé liées au titre[2]. Cette solution ne peut qu'être accentuée avec la dématérialisation des valeurs mobilières (L. 30 déc. 1981).

En ce qui concerne les rapports entre porteurs successifs, l'incorporation de la créance dans le titre permet de l'assimiler à un meuble et de lui appliquer la loi de sa situation (ce qui n'exclut pas la compétence de la loi d'autonomie pour les relations *inter partes*). L'assimilation entraîne l'application à la question de la revendication des titres perdus ou volés, non principalement de la loi de

1. La Convention de Genève du 7 juin 1930 « destinée à régler certains conflits de lois en matière de lettres de change et de billets à ordre » et celle du 19 mars 1931 ayant le même objet en matière de chèque ont complété les conventions des mêmes dates portant loi uniforme sur leur objet respectif. Mais elles ne s'appliquent qu'entre les Etats membres, ce qui laisse place à un droit commun distinct, et ne résolvent au demeurant pas toutes les questions susceptibles de se poser.
2. Civ. 1, 25 janv. 1966, *Royal Dutch*, préc. n° 283.

l'établissement émetteur, ni du contrat qui a pu rendre le défendeur détenteur, mais du régime de la possession étudié plus haut (n° 771). La jurisprudence a ainsi appliqué le régime de l'art. 2279 C. civ. à tous les titres dont la tradition avait eu lieu en France. Mais simultanément, elle a permis la revendication à l'encontre de tiers ayant acquis à l'étranger des valeurs françaises ou étrangères dès lors que les oppositions prévues par la loi française avaient été effectuées en France[1]. Une convention du Conseil de l'Europe du 28 mai 1970 relative à l'opposition sur titres au porteur à circulation internationale organise une publication internationale des oppositions ; elle a été ratifiée par la France mais n'est en vigueur qu'avec un petit nombre d'États[2].

788. – Titres détenus par des intermédiaires. Les titres sont aujourd'hui détenus pour les investisseurs par des intermédiaires selon les termes d'une convention de compte conclue entre eux ; de leur côté, les émetteurs trouvent plus commode de faire détenir les titres par un dépositaire central, lequel gère un système de compensation et de livraison-règlement. Mais plusieurs niveaux d'intermédiaires peuvent s'interposer aujourd'hui entre l'émetteur et l'investisseur et avec la « mondialisation » des marchés financiers, la situation présente de plus en plus souvent un caractère international. Ceci engendre une incertitude sur le régime juridique des titres détenus par l'investisseur et leur circulation, en particulier lorsqu'ils sont pris ou donnés en garantie. Si l'on raisonne en termes de localisation, plusieurs solutions s'offrent, mais dont aucune ne s'impose vraiment et dont certaines ont été fragilisées avec la dématérialisation des titres. La loi de l'émetteur est difficilement praticable, car les titres détenus dans un compte émaneront fréquemment d'émetteurs de différents pays. L'établissement du dépositaire central, ou le lieu de tenue de la base de données permettant la compensation des titres entre les intermédiaires détenteurs, peuvent n'être pas significatifs ni connus de l'investisseur. La localisation la plus raisonnable paraît être par le lieu d'établissement de l'intermédiaire pertinent (ou PRIMA, pour *place of the relevant intermediary)*, considéré comme étant l'intermédiaire immédiat (celui qui détient les titres pour l'actionnaire). Mais pour certains droits de *common law*, les titres sont considérés comme détenus en *trust* par l'investisseur, cette analyse se décomposant elle-même en plusieurs selon la nature de l'intérêt en *trust* (sur les titres eux-mêmes, ou contre le *trustee*), et conduisant à des rattachements différents. Pour tenter de faire prévaloir une solution uniforme a été élaborée une Convention de La Haye du 5 juillet 2006 sur *la loi applicable à certains droits sur les titres détenus auprès d'un intermédiaire*[3]. Celle-ci porte sur le « transfert » de titres, notion qui inclut les transferts purs et simples, les cessions fiduciaires et toute constitution de sûreté, avec ou sans dépossession (art. 1.1, *h*) ; et elle règle à la fois les effets, à l'égard de l'intermédiaire et des tiers, des droits résultant du crédit de titres à un compte et ceux d'un « transfert » des titres à l'égard des mêmes personnes (v. art. 2.1). La Convention soumet ces questions à la loi expressément choisie par l'investisseur et l'intermédiaire dans la convention de compte, sous réserve de certains liens définis entre l'intermédiaire et cette loi (art. 4). À défaut de choix sont prévus des rattachements subsidiaires hiérarchisés, le premier étant l'établissement particulier de l'intermédiaire via lequel la convention de compte a été conclue (art. 5). En cas d'insolvabilité de l'investisseur, les droits acquis sur les titres selon la loi

1. V. par ex. trib. Seine, 15 juill. 1885, JDI 85.450, qualifiant la loi du 15 juin 1872 de loi de police et de sûreté, et la jurisprudence citée par Loussouarn et Bredin, *Droit du commerce international*, n° 358.
2. Décr. 5 mars 1979, RC 79.461.
3. Comm. Germain et Kesssedjian, RC 2004.49, Bloch et de Vauplane, JDI 05.3.

applicable sont reconnus dans tous les États signataires ; toutefois, leurs effets sont réservés à la *lex concursus* (art. 8). Un projet d'inspiration différente a été proposé en France, mais n'a pas à ce jour été retenu[1].

§ 3. – LE PATRIMOINE

789. – Universalités de droit et de fait. Le droit français envisage les universalités à travers la notion de patrimoine ; celle-ci réunit l'ensemble des biens et des obligations d'une personne, les premiers répondant des secondes. La dispersion éventuelle des biens en plusieurs pays constitue un obstacle à l'application du principe de solidarité entre l'actif et le passif. Celui-ci se manifeste notamment à l'occasion d'une procédure collective d'apurement de l'insolvabilité (A). Le patrimoine est également susceptible d'une transmission globale. Celle qui se produit par succession sera étudiée plus loin, parce que l'on s'efforce en général de faire prévaloir l'aspect familial sur l'aspect réel dans le règlement de la succession internationale ; on traitera ici d'un autre type de transmission qui soulève des conflits en matière internationale : l'appropriation de biens par un Etat par voie de *nationalisation* (B).

Le droit français reconnaît également l'existence d'universalités de fait, dont la principale est le *fonds de commerce*. Cette notion rassemble différents éléments, matériels et immatériels, dont les premiers sont également susceptibles de dispersion internationale. Mais il existe normalement un point de ralliement de la clientèle, par lequel le droit interne localise le siège du fonds de commerce pour l'accomplissement de certaines formalités. Il est théoriquement possible de localiser de la même manière le fonds de commerce dans le pays de la clientèle principale et de lui appliquer le régime d'un immeuble pour les opérations juridiques dont il est l'objet. Mais dès lors que dans un pays donné existe une clientèle propre, il est difficile d'échapper à une scission de la loi applicable, et donc à l'application d'autant de lois qu'il y a de succursales dans des pays différents. La question de l'unité ou de la diversité se pose précisément en cas de faillite ou de nationalisation. Une scission peut également résulter de l'application d'un régime particulier à certains biens régis par le droit d'un pays autre que celui où est localisé le fonds.

A. FAILLITES ET PROCÉDURES D'INSOLVABILITÉ

790. – Données générales. L'organisation d'une faillite internationale pour les débiteurs possédant des biens en différents pays est d'une particulière complexité : comme en droit interne, elle fait intervenir le statut des biens, des sûretés, des contrats et celui des personnes ; mais aussi, il s'agit d'une institution en forme de procédure, ce qui se traduit par un rôle prépondérant de la *lex fori* et, corrélativement, la difficulté de lui conférer ou reconnaître une portée extraterritoriale. Pratiquement, d'une part, le conflit de compétence absorbe largement le conflit de lois ; d'autre part, alors que l'objectif souhaitable est l'organisation du règlement collectif comme si les frontières n'existaient pas, on assiste plutôt à

1. Règle issue du rapport Synvet, 1er juillet 2008 ; reproduite D. 10.125 *ad notam* ; comm. Synvet et Tenenbaum, Rép. Dall. dr. int. V° Instruments financiers, 2009.

un cloisonnement des procédures en raison du souci de chaque État de protéger les créanciers locaux. La difficulté de mettre fin à cette situation a été illustrée par le temps mis pour parvenir à une certaine harmonisation au niveau européen, finalement par le règlement n° 1346/2000 du Conseil, du 29 mai 2000 (mod. par le règlement n° 603/2005 du 12 avril 2005) (n° 513)[1]. Le règlement remplace les dispositions de droit international privé commun dans les rapports entre les États de l'Union[2].

791. – Universalité ou territorialité de la faillite. L'idée même d'un règlement ordonné du passif voudrait que soit fait une masse unique des biens du débiteur situés en différents pays ; à défaut, non seulement certains créanciers risquent-ils de ne rien toucher dans leur pays, mais d'autres auront la possibilité de se faire payer sur deux masses. Ce système, dit d'unité ou universalité, répond également à la notion d'entreprise. Dans un environnement législatif qui tend à se soucier davantage de celle-ci que des créanciers, l'universalité permet d'en coordonner les forces en quelque endroit que se trouvent les biens pour tenter d'assurer son redressement. Organiser ainsi le règlement collectif au travers des frontières suppose que soit reconnue la compétence d'une juridiction unique, celle du centre d'intérêts de l'entreprise (siège réel de la personne morale, domicile de la personne physique), appliquant sa loi et dont les décisions s'imposeront aux différents lieux de situation des biens.

Cet objectif se heurte toutefois à la diversité des droits sur la question ; également au fait que l'intérêt des tiers, qui seront souvent des créanciers locaux, s'accommode mal de l'interférence d'une loi étrangère et risque plus généralement de primer sur le souci de redressement d'une entreprise étrangère[3]. De même, on hésite à reconnaître les pouvoirs d'un représentant (syndic, *trustee*...) qui ne sont pas nécessairement les mêmes que ceux reconnus à l'administrateur selon le droit local. Procéduralement, on ne peut guère éviter la nécessité d'un exequatur du jugement d'ouverture, ce qui nuit à la continuité de la procédure et peut permettre à certains créanciers mieux informés d'exercer des poursuites individuelles avant que les effets de la procédure étrangère ne soient reconnus dans l'État requis.

Ces différentes considérations mènent à un autre système, selon lequel les biens du débiteur dans chaque pays sont considérés comme constitutifs d'un patrimoine

1. Entrepris en 1960, les travaux (sur lesquels v. Noël et Lemontey, RTDE 1988.703 ; Lemontey, TCFDIP 1986-88, p. 85) n'aboutirent qu'en 1995 à une Convention de Bruxelles (du 23 nov.) relative aux procédures d'insolvabilité (comm. Vallens, D. 95. Chr. 307 ; Kerckhove, Rev. proc. coll. 96, n° 3, p. 277 ; Peruzzetto, JDI 97.757), devenue le règlement n° 1346/2000 (comm. Bureau RC 02.613, Idot, JCP E 2000.1648, Menjucq TCFDIP 2002-04.35). Une circulaire du 156 déc. 2006 donne des précisions sur l'interprétation du règlement ; v. Roussel Galle JDI 08.133. Entre-temps, une convention du Conseil de l'Europe sur certains aspects internationaux de la faillite a été signée à Istamboul le 5 juin 1989 et ratifiée par la France (texte RC 1993.121), mais n'est pas entrée en vigueur ; v. de Guillenschmidt, *Banque et droit*, 1989.191, Ramackers, JCP 1993.I.3685 ; Vallens, RC 1993.136. La CNUDCI a adopté le 30 mai 1997 une loi-type sur l'insolvabilité internationale (v. Vallens, D. 98. Chr. 157) et formulé en 2004 un « Guide législatif sur le droit de l'insolvabilité » (Vallens, D.04.2040).
2. Sur l'articulation nécessaire entre eux lorsque la situation présente des liens avec un ou plusieurs États membres et un ou plusieurs États tiers, v. Marquette et Barbé, JDI 2006.511.
3. V. Civ. 1, 8 janv. 1991, préc. n° 777, déclarant inopposable à un redressement judiciaire français une clause de réserve de propriété étendue telle que prévue par le droit allemand.

propre, susceptible d'une liquidation particulière sous l'empire de la loi locale : il y a pluralité, et territorialité, de faillites. Ce cloisonnement peut se justifier par le fait que les créanciers locaux ont spontanément compté sur les biens locaux (et peut-être sur ceux-là seuls). De plus, la territorialité concorde mieux avec le fait que la procédure collective débouche fréquemment sur la licitation des biens du débiteur, nécessairement opérée selon le droit et les formes locales. Sans doute la théorie de l'unité du patrimoine n'est-elle pas respectée ; mais elle ne l'est pas davantage en matière de successions (n° 886 s.).

Le fait que la territorialité favorise en fait normalement des créanciers nationaux sur les biens locaux achève d'expliquer que ce système l'emporte en droit positif, que ce soit en France ou à l'étranger ; une part est cependant faite à l'extra-territorialité. Le règlement européen, entré en vigueur le 31 mai 2002 et applicable aux procédures dans lesquelles le centre des intérêts principaux du débiteur est situé dans l'Espace judiciaire européen, tente d'inverser cette situation en prévoyant une procédure principale et la possibilité de procédures secondaires d'insolvabilité (tout en s'abstenant de recourir à ces notions).

792. – Ouverture d'une « faillite » en France. Lorsque le domicile de la personne ou le siège de l'entreprise sont en France (v. n° 350), la procédure ouverte est considérée en droit commun comme de portée universelle, c'est-à-dire s'étendant à l'ensemble des biens du débiteur même si cette prétention ne pourra être satisfaite qu'avec l'assentiment des autorités étrangères[1]. Le règlement européen vise pour sa part le « centre des intérêts principaux du débiteur », présumé être le siège statutaire (art. 3) et qui doit « correspondre au lieu où le débiteur gère habituellement ses intérêts et qui est ainsi vérifiable par les tiers » (préambule, considérant n° 13)[2]. La décision d'ouverture qui y est rendue produit dès ce

1. Civ. I, 19 nov. 2002, *Banque Worms*, JCP 02.10201 concl. Sainte-Rose, n. Chaillé de Néré, D. 03.797 n. Khairallah, RC 03.631 n. Muir Watt, JDI 03.132 n. Roussel-Galle, GP 03.I.29 n. M.-L. Niboyet ; Civ. I, 21 mars 2006, *Khalifa Airways,* cité n° 350. De même, sur ce que les effets du traitement du surendettement d'un débiteur domicilié en France s'imposent aux créanciers étrangers comme nationaux, Civ. I, 10 juill. 2001, D. 01.2412 n. Rondey (mais un créancier pourrait se prévaloir d'une sûreté sur un bien situé sur son territoire).
2. L'existence des groupes internationaux de sociétés a immédiatement suscité la question de savoir si la présomption était renversée en faveur du siège de la société-mère lorsque le débiteur est une filiale ; la Cour de justice s'est prononcée pour la négative, dès lors que la filiale exerce effectivement une activité sur le territoire de l'Etat membre où est fixé son siège statutaire : CJCE, 2 mai 2006, *Eurofood*, D. 06 .1827 obs. Lienhard et 1752 n. Dammann, JCP 06.10089 n. Menjucq, Rev. soc. 06.360 n. Rémery, Bull. Joly 06.907 n. Fasquelle, RC 06.882, 1re esp., et art. Jault-Seseke et Robine, p. 811, JDI 07.151 n. Khairallah. En cas de divergence d'appréciation entre les juridictions concernées, il peut s'ensuivre un concours de procédures concernant la société filiale ; il sera réglé en faveur de la juridiction ayant la première rendu une décision d'ouverture de la procédure d'insolvabilité, ce qui ne constitue pas la meilleure solution. V. également Com. 3 avril 2010, n° 09-12.642, renvoyant à la CJUE la question de savoir si relève de la procédure principale ouverte conformément à l'article 3 R. l'action en extension de procédure pour confusion des patrimoines dirigée contre une société ayant son siège statutaire dans un État tiers. Pour un exemple français de renversement de la présomption tirée du siège statutaire : Riom 10 septembre 2008, JCP 09 (E) 1815 n. Legros. Cette question de la fixation spatiale du « centre des intérêts principaux », fait l'objet d'une nouvelle question préjudicielle dans l'affaire *Interedil Srl* (C-396/09, question préj. italienne du 12 oct. 2009).

moment dans tout autre État membre les effets que lui attribue la loi de l'État d'ouverture sans aucune autre formalité (art. 16 et 17)[1].

La jurisprudence de droit commun admet simultanément l'ouverture d'une procédure locale, fondée sur un établissement secondaire du débiteur en France, même si celui-ci a déjà fait l'objet d'une procédure à l'étranger où il possède son principal établissement ; la faillite a également été prononcée en France du seul fait que le débiteur y possédait des biens ou même y effectuait des opérations, sans s'arrêter au fait que la procédure ainsi ouverte ne sera pas reconnue dans l'État du siège du débiteur mais en précisant qu'elle a effet partout où le débiteur a des biens[2]. Cette pratique territorialiste est accentuée par l'application en la matière des art. 14 et 15 C. civ., qui privilégie encore la sanction du débiteur sur l'idée de redressement éventuel de l'entreprise[3]. La procédure française est considérée comme ayant priorité sur la procédure principale ouverte au siège du débiteur à l'étranger, à laquelle elle fait obstacle. En revanche, tous les créanciers sont admis à produire à une « faillite » ouverte en France[4]. Le règlement européen accepte également l'ouverture de procédures secondaires ou territoriales dans les États membres autres que celui du centre des intérêts principaux (art. 16.2), mais uniquement si le débiteur y possède un établissement (à ne pas confondre avec une filiale, personne autonome) et sous certaines réserves (art. 3.3 et 3.4) ; et il limite expressément les effets de cette procédure aux biens locaux (art. 3.2).

S'agissant des conflits de lois, ils se caractérisent, pour les raisons indiquées (absorption par la compétence juridictionnelle) par une nette prédominance de la *lex fori*[5]. Le domaine de cette loi inclut de manière générale les conditions d'ouverture de la procédure (qualité du débiteur, de préférence à la loi personnelle ; cas d'ouverture, saisine du tribunal), ses effets sur le débiteur (étendue du dessaisissement, responsabilités encourues), les restrictions aux droits des créanciers (suspension des poursuites individuelles, modalités de production au règlement collectif[6]) et la vérification du passif[7]. Le règlement européen consacre expressément cette conception, procédant par voie d'énumération détaillée (art. 4, 28). Mais sur différents points la *lex concursus* entre en conflit avec une autre. Ainsi on se demandera qui d'elle ou de la loi de la personne morale décidera si celle-ci est ou non dissoute (comp. art. 1844-7 et 1837 et C. civ.). Elle semble devoir l'emporter sur la loi de la créance pour savoir si celle-ci peut être compensée ou encore peut

1. V. Colmar 31 mars 2010, D. 10.1262 n. Vallens. S'appuyant sur ces articles, la CJUE considère que l'ouverture d'une procédure principale d'insolvabilité empêche, si la loi du pays d'ouverture le prévoit, toute mesure d'exécution forcée entreprise postérieurement sur le territoire d'un Etat membre tiers selon les lois et procédures de ce dernier : 21 janvier 2010, aff. C-444/07, *MG Probud* (rappr., antérieurement à l'entrée en vigueur du règlement n°1346, Cass. com. 9 décembre 2008, *Immeuble « l'Étoile de mer »,* RC 09.748 n. d'Avout).
2. Civ. com. 26 oct. 1999, Bull. Joly 00.385 n. M. Menjucq ; Civ. I, 21 mars 2006, *Khalifa Airways*, préc.
3. Civ. 12 juill. 1962, JDI 63.1056 n. B.G. ; Com. 19 mars 1979, RC 81.524 n. Lagarde (art. 14) ; Civ. 7 juin 1962, JDI 63.108 n. Ponsard (art. 15).
4. Civ. 11 mars 1913, *Nebel*, JDI 1913.910, D.P. 14.1.185 n. Pic ; Com. 19 janv. 1988, *BCT Computer*, D.88.565 n. Rémery, RC 90.587 ; 14 mai 1996, *BCCI*, RC 96.475 concl. Rémery, D. 96.586 n.Vasseur. V. remettant en cause cette solution, Khairallah, « Les faillites concurrentes », TCFDIP 1994.157.
5. d'Avout, « Sens et portée de la *lex fori concursus* », *op. cit.*
6. V. Com. 15 déc. 2009, Rev. soc. mai 2010. 187 note Dammann et Sauteraud, GP 28-29 mai 2010, p. 43, obs. Jobard-Bachellier (écartant, dans un litige relevant du règlement 1346/2000, le titre d'application de la *lex societatis*).
7. Sur ce point, Com. 14 mai 1996, préc.

être annulée parce que née en période suspecte, car il s'agit dans ces deux cas de conséquences propres à la faillite. En revanche, la *lex societatis* sera consultée pour apprécier des fautes de gestion éventuelles, susceptibles d'entraîner l'obligation de combler le passif selon la loi de la faillite ; la *lex causæ* déterminera l'existence et les caractéristiques d'une créance donnée ; la *lex rei sitæ* régira les conditions d'existence et de conservation d'une sûreté immobilière ainsi que la réalisation de tout bien situé dans un autre pays (sur la clause de réserve de propriété, v. n° 777). Mais la loi de la faillite semble devoir l'emporter pour décider de l'opposabilité d'un type donné de sûreté ou d'un transfert de propriété, parce que l'égalité des créanciers est en cause. Le règlement européen soumet expressément le droit d'acquérir ou de jouir d'un immeuble à la loi de sa situation (art. 8), l'incidence de la faillite sur le contrat de travail à la loi de celui-ci (art. 10) et son incidence sur les instances en cours à la loi de l'État où se déroule l'instance (art. 15). De même, les droits réels (art. 5) y compris ceux fondés sur la réserve de propriété (art. 7) ne sont pas affectés par la loi de la faillite. Le règlement pose en outre un certain nombre de règles matérielles concernant la vérification du passif.

793. – Effets en France d'une faillite étrangère. Les conditions dans lesquelles les tribunaux français acceptent d'ouvrir une procédure en France, qui viennent d'être décrites, montrent la large part faite en la matière à la territorialité ; néanmoins, toute idée d'universalité n'est pas absente du droit positif commun, par le biais des effets éventuellement reconnus aux jugements étrangers de faillite. De tels jugements sont soumis au régime général des jugements étrangers : seul l'exequatur est susceptible de leur conférer une pleine autorité ; mais jusque-là, ils n'en sont pas totalement dépourvus1.

En l'absence d'exequatur, le débiteur déclaré en faillite à l'étranger conserve la disposition de ses biens en France et les créanciers leur droit de poursuite individuelle et collective[2] ; ils peuvent compenser leurs dettes avec une créance sur le débiteur. Néanmoins, certains effets du jugement sont reconnus sans exequatur en raison du caractère nettement constitutif du jugement de faillite. Il en est ainsi de la qualité pour agir du mandataire désigné à l'étranger : celui-ci peut ester en justice et accomplir des actes conservatoires, donc recouvrer des créances du débiteur (n° 483 *in fine*)[3]. Mais s'il se heurte à la contestation pour appréhender les biens, il devra obtenir l'exequatur. De manière générale, la notion d'acte d'exécution, soumis à l'exigence d'un exequatur préalable est largement entendue.

Le jugement d'ouverture de faillite prononcé au siège de l'entreprise à l'étranger peut recevoir l'exequatur en France[4], pourvu qu'il ne s'y heurte pas à une procédure concurrente. L'octroi de l'exequatur aura pour premier effet de paralyser l'ouverture ultérieure d'une procédure analogue en France[5].

1. Sur le seuil de l'intervention du juge étranger justifiant une décision d'exequatur, v. Civ. I, 17 oct. 2000.
2. Civ. I, 24 mars 1998, *Darby*, JCP 88.II.10155 n. Kerckhove ; Poitiers, 20 déc. 1972, RC 74.118 n. Y. L.
3. V. TGI Paris, 15 juin 1988, JDI 90.423 n. Mattout, reconnaissant au représentant la faculté de retirer des fonds déposés au nom du failli.
4. Civ. I, 21 juill. 1987, D. 88.169 n. Rémery ; Civ. com. 18 janv. 2000, RC 00.442 n. Bureau (admettant la compétence indirecte du juge étranger en raison d'un lien caractérisé et rejetant les griefs de fraude et de contrariété à l'ordre public). De même, appréciant restrictivement l'ordre public (période suspecte supérieure à celle du droit français), Civ. com. 5 fév. 2002, JDI 03.476 n. Roussel Galle.
5. Encore faut-il pour cela qu'il s'agisse d'un exequatur général et non limité à certains effets de la décision étrangère : v. dans la même affaire, Civ. I, 20 mai 1967, *Cole-*

Un progrès vers l'universalité a été réalisé par la reconnaissance de certains autres effets à la faillite étrangère dès son prononcé[1]. En cas de reconnaissance, c'est la loi étrangère qui fixe en principe les effets de la faillite en France.

En définitive, le droit commun se traduit par un système mixte dans lequel l'ouverture d'une procédure en France empêche la reconnaissance d'une faillite préalable à l'étranger, mais où, en l'absence d'une telle ouverture, l'exequatur de celle-ci permet de lui conférer un effet extra-territorial en France.

Dans le cadre du *règlement européen*, on l'a indiqué, la reconnaissance est de plein droit, sans préjudice toutefois de la possibilité d'ouverture d'une procédure secondaire. Elle s'oppose ainsi à l'ouverture d'une procédure principale dans tout autre État (sauf à exercer avec succès une voie de recours dans le premier, ou intervention de l'ordre public). Le contrôle de la compétence du tribunal qui a ouvert une procédure en tant que celui du centre des intérêts principaux du débiteur, en particulier en écartant la présomption tirée du siège statutaire, est exclu ; seule une violation manifeste de l'ordre public pourrait s'y opposer (sans préjudice des recours susceptibles d'être exercés dans l'État d'origine contre la décision d'ouverture)[2]. Le règlement fixe certaines règles matérielles relatives au sort des créanciers, certaines ayant pour effet d'assurer l'égalité entre eux (information, modalités de production simplifiées), d'autres de préserver les droits de certains (créanciers titulaires de sûretés ou d'une réserve de propriété sur un bien se trouvant sur le territoire d'un autre État membre que celui d'ouverture de la procédure, possibilité d'invoquer une compensation). Autorisant l'ouverture de procédures parallèles, le règlement se préoccupe également de leur articulation ou de leur coordination. L'ouverture d'une procédure principale dans un État membre permet d'ouvrir une procédure secondaire dans un autre (si ce règlement séparé apparaît plus opportun) ; une procédure dite secondaire peut être également ouverte dans un État avant qu'une procédure principale le soit dans celui où est situé le centre des intérêts principaux du débiteur. Les syndics de la procédure principale et de la ou des procédures secondaires sont soumis à un principe de collaboration réciproque ; le syndic de la procédure principale reçoit certaines prérogatives dans une procédure secondaire. Enfin, tout créancier peut produire sa créance à la procédure principale et à toute procédure secondaire (art. 32.1) ; mais un créancier qui a obtenu dans une procédure un dividende sur sa créance ne peut participer aux répartitions ouvertes dans une autre procédure que si les créanciers de même rang ont obtenu dans cette procédure un dividende équivalent.

S'agissant des décisions relatives au déroulement de la procédure et à la clôture, l'art. 25 du règlement renvoie à la Convention de Bruxelles (ainsi étendue incidemment à la matière). Ce renvoi doit aujourd'hui être compris comme désignant le règlement 44/2001 qui, selon ses termes, succède à la Convention (v. art. 68.2). Pour les décisions rendues sur une cause connexe à une procédure d'insolvabilité, la Cour de justice fait un usage variable du règlement 44/2001, en dépit de ses exclusions liminaires (v. n° 513) ; il semble qu'il s'agisse, parfois,

Weiss, JDI 67.629 n. Bredin, RC 68.87 n. Gavalda et 29 juin 1971, RC 73.343 n. Loussouarn.

1. Civ. I, 25 fév. 1986, *Sté Kléber*, préc. n° 484 : inopposabilité d'une inscription provisoire d'hypothèque prise sur un immeuble en France et irrecevabilité d'une demande en paiement en France ; v. également, 22 fév. 2000, *Transitas*, RC 00.778 n. Ancel et Muir-Watt, JDI 01.107 n. Raimon et, dans la même affaire, Metz, 25 juin 2003, JDI 04.188 n. Roussel Galle.
2. CJCE, 27 juin 2006, *Eurofood*, préc. n. 792 ; Civ. com. 27 juin 2006, *Daisytek*, RC 07.882, 2e esp., JCP 06.10147 n. Menjucq.

de combler les lacunes législatives et d'accorder entre eux les divers règlements européens, parfois, d'éviter les conflits de décisions concrètes[1].

Voy. : d'Avout, « Sens et portée de la *lex fori concursus* », DeCITA 2009, p. 34. Béguin, « Un îlot de résistance à l'internationalisation : le droit international des procédures collectives », Mél. Loussouarn, p. 31 ; Boureghda (sous la dir. de), *Les faillites internationales*, 2008 ; Grasmann, « Effets nationaux d'une procédure d'exécution collective étrangère... », RC 1990.421 ; Jobard-Bachellier, « Les procédures de surendettement et de faillite internationales ouvertes dans la Communauté européenne », RC 2003.491 ; Jude, *Le droit international privé des procédures de surendettement des particuliers*, 2003 ; Lemontey, « Actualités du droit international de la faillite », TCFDIP 1986-87, p. 85 ; Mélin, *Le règlement communautaire du 29 mai 2000 relatif aux procédures d'insolvabilité*, 2008 ; Rémery, « La jurisprudence française en matière de faillite internationale », TCFDIP 1991-93.227 ; *La faillite internationale*, Que Sais Je ?, 1996 ; Trochu, *Conflits de lois et conflits de juridictions en matière de faillite*, 1967 ; Volken, « L'harmonisation du droit international privé de la faillite », RCADI 1991.V.343 (t. 230).

Ouvr. coll. : Jault-Seseke et Robine (sous la dir.), *L'effet international de la faillite*, 2004.

D. NATIONALISATIONS

794. – Principes généraux : territorialité, ordre public international. Le droit international public reconnaît à chaque État compétence exclusive pour prendre des mesures concernant les biens situés sur son territoire ; cela entraîne en principe reconnaissance par les autres d'un transfert de propriété décidé par l'autorité publique. Le droit international privé impose de même, par le biais du rattachement à la *lex rei sitæ*, de reconnaître les droits du nouveau propriétaire. Réciproquement, un État est en principe sans compétence pour opérer le transfert de propriété d'un bien situé hors de son territoire.

Il s'ensuit normalement que l'effet d'une expropriation ou d'une nationalisation sera en principe reconnu si le bien qui en est l'objet vient à être introduit en France. Mais d'autres considérations peuvent s'opposer à cette reconnaissance, en particulier son caractère discriminatoire et surtout l'absence de compensation du propriétaire dépossédé. Selon le droit international public, ces griefs justifieront que l'on s'y oppose, au moins en tant qu'elle frappe des biens appartenant à des étrangers. Du point de vue du droit international privé, on a opposé à la mesure son caractère politique (n° 293) et surtout l'exception d'ordre public.

795. – Nationalisation et ordre public français. Les tribunaux français ont initialement pris une position stricte. S'inspirant de la condition formulée par l'art. 545 C. civ. en matière d'expropriation, ils ont refusé de reconnaître les

1. V. CJUE, 10 septembre 2009, *German Graphics*, C-292/08, *Europe* oct. 09 obs. Idot, D. 09.2782 n. Vallens, Rev. Lamy dr. civ. avril 2010.31 n. Dammann et Millet (relève du règlement 44/2001 l'action en revendication fondée sur une clause de réserve de propriété intentée à titre conservatoire dans un État membre autre que celui d'ouverture de la procédure collective) ; relativisé sur le fond par CJUE, 21 janvier 2010, *Probud*, préc. ; comp. CJCE 2 juillet 2009, *SCT Industri*, 2 juillet 2009, aff. C-111/08, D. 09 pan. 2392 obs. Bollée (ne relève pas du règlement 44/2001, pour cause de connexité à la procédure de faillite, la décision d'un État membre autre que celui d'ouverture de la faillite qui statue sur le régime de propriété de biens compris dans la procédure étrangère de faillite).

effets de nationalisations intervenues sans une indemnité « juste et préalable », ce motif l'emportant même sur celui tiré du principe de territorialité lorsque le bien nationalisé se trouvait être en France[1]. Cette attitude s'est ultérieurement assouplie sous l'effet notamment du développement des nationalisations non seulement dans les États socialistes ou en voie de développement mais en France même et dans d'autres États industrialisés à économie de marché. Une distinction a été opérée entre nationalisation et confiscation, la première poursuivant en général un but de politique économique que l'on ne veut pas compromettre par des exigences trop strictes eu égard aux montants en cause. La jurisprudence s'est référée en dernier lieu à une indemnité « équitable » ; et surtout elle n'exige plus que son versement soit préalable mais seulement qu'elle soit préalablement fixée[2] ou même peut-être simplement prévue, à condition sans doute que son versement apparaisse raisonnablement prévisible[3]. Il n'y a pas là abandon de la position de principe : une nationalisation spoliatrice demeure privée d'effets en France, sans que joue l'« effet atténué » de l'ordre public (n° 316).

Cette attitude ne prévaut pas seulement dans le cas où un bien nationalisé vient à être introduit en France. Les tribunaux français ont également refusé de reconnaître les suites en France de nationalisations opérées sur un territoire étranger et dont ils venaient à connaître d'une autre manière : ils ont ainsi condamné l'organisme mis en place par l'État nationalisant à restituer les biens à l'ancien propriétaire[4] et même prononcé la liquidation des biens en France de cet organisme en cas de refus de restitution[5]. En revanche, ils ont reconnu l'effet de fait d'une nationalisation étrangère irrégulière : ainsi pour libérer un dépositaire, pour diminuer la créance sur une personne dépossédée, pour considérer une personne morale comme dissoute[6].

La question de l'effet d'une nationalisation étrangère se pose souvent à l'occasion du déplacement ultérieur d'objets expropriés dans l'État du for ; ou encore, le propriétaire dépossédé saisit une créance provenant de la vente des fruits ou produits de ces biens, sur un débiteur local. Les principes précédents voudraient qu'à défaut d'indemnisation jugée adéquate la revendication soit admise. Mais dès lors que l'effectivité de la nationalisation à l'étranger n'est pas contestable, différentes considérations peuvent s'y opposer. Dans le cas où les biens se trouvent entre les mains de l'État nationalisant lui-même, la réclamation se heurtera à l'immunité de l'État[7]. Elle a été admise dans certains cas où elle était dirigée contre l'entreprise attributaire des biens, dont on perce ainsi le voile

1. Req. 5 mars 1928, *La Ropit*, D.P. 28.1.181 n. Savatier, Rev. dr. int. pr. 1929.288 n. Niboyet, JDI 28.674, GA n° 13 (nationalisation soviétique) ; Civ. 14 mars 1939, *Potasas Ibéricas*, S. 39.1.182 (nationalisation espagnole) ; Civ. 2 mars 1955, JDI 56.150 n. Ponsard.
2. Civ. 23 avril 1969, D. 69.341 concl. Blondeau, RC 69.717 n. Schaeffer, JDI 69.912 n. Chardenon (nationalisations algériennes).
3. Civ. I, 1er juillet 1981, *Total Afrique*, RC 82.336 n. Lagarde, JDI 82.148 n. Bourel, Rev. soc. 82.878 n. Bismuth.
4. Civ. I, 23 janv. 1979, JCP 79.II.19086 concl. Gulphe.
5. Civ. I, 19 mars 1979, RC 81.524 n. Lagarde, Rev. soc. 79.576 n. Guyon.
6. Civ. I, 14 mars 1984, *Lung*, JCP 1984.II.20217 concl. Gulphe.
7. Le droit américain, peu suspect de complaisance pour les nationalisations confiscatoires, refuse de remettre en question les actes d'un Etat souverain concernant des biens sur son territoire ; P. Herzog, « La théorie de l'*Act of State* dans le droit des États-Unis », RC 1982.617.

social[1] ; mais ce faisant, on fait renaître le problème de l'immunité...[2]. Lorsque les biens se trouvent entre les mains de tiers acquéreurs, la logique du refus d'effet en vertu des principes généraux se heurte aux nécessités de sécurité du commerce juridique. Il est vrai aussi que le risque de saisie dans un pays tiers peut constituer une incitation pour l'État expropriant à tempérer les mesures qu'il prend, en accordant notamment quelque indemnisation[3]. Une voie moyenne consisterait à subordonner l'intervention de l'ordre public à l'existence d'un lien avec l'ordre juridique du for, comme le fait par exemple la pratique suisse.

796. – Cas des biens situés hors de l'État nationalisant. La question des biens situés hors de l'État nationalisant s'est notamment posée à partir du moment où les nationalisations ont porté sur des entreprises. Dans le cas d'une nationalisation qui n'est pas jugée confiscatoire, l'argument de la territorialité ou celui du défaut de compétence de l'État nationalisant pour prendre les mesures en question demeurent et s'opposent en principe à la reconnaissance de la mesure.

Le droit français considère ainsi qu'une nationalisation, à la supposer régulière, a un effet strictement territorial ; en dernier lieu, la Cour de cassation a énoncé, « vu le principe de souveraineté des États », qu'« une mesure de nationalisation ne peut avoir d'effet que sur le territoire de l'État qui la prend »[4]. Ce principe conduit à préciser la localisation de différentes catégories de biens : pour les biens immatriculés, il s'agira de l'État du pavillon, pour les brevets et marques, de l'État de concession ou de dépôt[5], pour les parts de société, de l'État dont la loi régit celle-ci[6] ; en ce qui concerne les créances, la Cour de cassation s'est à l'époque contemporaine prononcée pour l'État dont la loi régit l'obligation[7].

Le cas des entreprises amène toutefois à se demander s'il ne convient pas de dégager une notion spécifique de localisation en matière de nationalisation. Du point de vue théorique, si l'on veut bien considérer que l'entreprise forme un tout, il serait possible d'admettre que la souveraineté qui s'exerce sur le principal s'étend à l'accessoire ; ou encore, parce que l'entreprise constitue une entité, que la souveraineté personnelle de l'État sur le propriétaire s'étend à la totalité de ses biens. Du point de vue pratique, il ne faut pas s'attacher aux seuls cas ayant donné lieu à contentieux. On constate alors, par exemple, que les nationalisations françaises de l'après-guerre se sont étendues à des éléments de

1. Civ. I, 19 mars 1979, *SNTR c. CATA*, RC 81. 524 n. Lagarde (jugeant illicite la détention des biens de la société française nationalisés à l'étranger) ; trib. com. Paris, *SEMPAC*, 12 juin 1972, JCP 72.II.17223 obs. N.S. (sanctionnant le refus par l'attributaire des biens de la société nationalisée d'honorer le passif de celle-ci).
2. Civ. 2 mai 1978, *SEMPAC*, JDI 78.904 n. Kahn (fondées sur la dépossession des anciennes sociétés, les demandes « sont en fait dirigées contre l'État algérien lui-même »). V. Lagarde, « Une notion ambivalente : l''émanation' de l'État nationalisant », Mél. Colliard, 1984, p. 539.
3. TGI Paris, 29 nov. 1972, *aff. du cuivre chilien*, JDI 73.227 n. Kahn (ordonnant une mesure d'information).
4. Civ. I, 20 fév. 1979, *SMC c. Sonatrach*, RC 79.803 n. Batiffol, JCP 79.II.19147 concl. Gulphe, GA n° 58.
5. Com. 15 mars 1965, *Zeiss*, JDI 66.622 n. Le Tarnec.
6. Civ. 25 janv. 1966, *Royal Dutch*, D. 66.390 n. Loussouarn, RC 66.238 n. Francescakis.
7. Civ. I, 1er juill. 1981, *Total Afrique*, préc. ; v. déjà *SMC c. Sonatrach*, préc., mais dans le contexte très particulier de relations entre une société française et sa filiale d'Algérie alors entièrement soumises à la loi française. À cette solution, on oppose celle consistant à admettre qu'une créance est localisée en tout lieu où l'État nationalisant peut l'exécuter, en particulier sur son territoire, car il est difficile de dénier en pareil cas la libération du débiteur (P. Lagarde, note préc.).

patrimoine situés à l'étranger et qu'elles n'y ont pas rencontré d'objection ; de ce fait, les dispositions de certaines lois de nationalisation qui prévoyaient la cession des intérêts de ces sociétés à l'étranger n'ont pas eu à être mises en œuvre. Les suites des nationalisations françaises de 1982 ont confirmé cette expérience. Les nationalisations ayant porté non directement sur les entreprises mais sur les actions, il leur était notamment reproché de porter de manière médiate sur les biens et filiales de ces entreprises à l'étranger. Rejetant ce grief, le Conseil constitutionnel a déclaré, d'une part, qu'il « appartient au législateur de prononcer la nationalisation de sociétés ayant leur siège social en France et, à ce titre de transférer à l'Etat l'ensemble des actions de ces sociétés, avec toutes les conséquences entraînées par ces transferts sur l'administration et la disposition des patrimoines sociaux » ; d'autre part, que « les limites éventuellement rencontrées hors du territoire national en ce qui concerne les effets des nationalisations constitueraient un fait qui ne saurait restreindre en quoi que ce soit l'exercice de la compétence dévolue au législateur... »[1]. Il ne faut sans doute pas voir dans la première affirmation le contre-pied de celle, plus haut reproduite, de la Cour de cassation dans l'arrêt *Sonatrach* ; le Conseil a pris argument du fait que les transferts portaient sur des actions et non directement sur les biens situés à l'étranger. En ce qui concerne les résistances auxquelles les nationalisations effectuées pourraient se heurter, y voir un « fait » ne signifie pas que l'État territorial n'aurait aucun droit de s'opposer ; c'est plutôt l'exercice de ce droit qui aurait constitué un fait, dont on aurait pu tirer les conséquences en cédant à des tiers les actifs situés à l'étranger. En fait, dans les deux cas où elles furent contestées en justice à l'étranger, l'effet extraterritorial des nationalisations françaises a finalement été consacré[2] ; mais on ne doute guère que l'existence d'une indemnisation raisonnable, sous le contrôle du Conseil constitutionnel, a joué dans ces décisions un rôle déterminant.

Voy. : Batiffol, « Problèmes actuels des nationalisations en droit international privé », TCFDIP 1962-64, p. 173 ; F. Boulanger, *Les nationalisations en droit international privé comparé*, Economica, 1975 ; Boye, *L'acte de nationalisation*, 1979 ; von Hoffmann, « Les privatisations en droit comparé et en droit international (privé) », RCADI 1992.IV.231 (t. 235) ; Loussouarn, « Le sort du passif des entreprises françaises victimes des mesures de dépossession algériennes », JCP 1968.I.2140.

1. Cons. const., 16 janv. et 11 fév. 1982, RC 82.349 n. Bischoff, JDI 82.330 et art. Goldman, p. 275.
2. Trib. com. Bruxelles, 25 sept. 1987, *Rev. soc.* 1987. Somm. 630 ; Trib. app. Bâle-Ville, 27 mars 1992, RC 95.507 n. Audit.

CHAPITRE II

LES FAITS JURIDIQUES

Certains faits juridiques, affectant les relations de famille et le régime des droits réels, ont été examinés à ce titre dans les chapitres précédents. Sont envisagés ci-après ceux qui donnent naissance à une *obligation* : délits ou quasi-délits, quasi-contrats. En droit international privé comme en droit interne, le *régime* de l'obligation n'est guère différent selon que celle-ci a sa source dans un fait juridique ou dans un contrat. Il ne sera indiqué ici de ce régime que ce qui est propre aux obligations extra-contractuelles, soit successivement les délits ou quasi-délits et les quasi-contrats.

SECTION I

DÉLITS OU QUASI-DÉLITS

797. – Droit commun et conventionnel. Le règlement (CE) n° 864/2007 du Parlement européen et du Conseil du 11 juillet 2007, dit « Rome II », d'application universelle dans les États membres (art. 3), s'est substitué depuis le 11 janvier 2009 (art. 32) au droit commun des États membres dans son vaste champ, défini à l'art. 1er [1]. Coexistant avec différentes conventions internationales en vigueur dans les États membres, il n'affecte pas leur application à moins qu'elles ne soient conclues exclusivement entre deux ou plusieurs d'entre eux (art. 28). On examinera donc successivement le droit commun tel qu'il résulte du règlement et les principales conventions applicables en France sans condition de réciprocité.

1. Les matières principales exclues (art. 2) sont les atteintes à la vie privée et aux droits de la personnalité, y compris la diffamation, faute d'accord sur ces questions (sur lesquelles, n° 635 s.) et les dommages nucléaires. La responsabilité pré-contractuelle, pour *culpa in contrahendo*, est expressément incluse (art. 2.1 ; *infra* n° 813). Par une curieuse distinction entre application et entrée en vigueur, le règlement s'applique avec effet rétroactif aux faits générateurs survenus à compter du 20 août 2007.

§ 1. – DROIT COMMUN

Le règlement Rome II tantôt reprend des solutions qui étaient celles du droit jurisprudentiel français, tantôt innove par rapport à elles ; dans le premier cas, la jurisprudence antérieure conserve une vocation à inspirer son interprétation. Cela se vérifie quant à la détermination de la loi applicable et à celle de son domaine.

A. DÉTERMINATION DE LA LOI APPLICABLE

1. Compétence de la loi locale

798. – Rappel du droit commun jurisprudentiel. Le principe ancien de soumission des délits à la *lex loci delicti commissi* trouvait un fondement textuel, bien qu'incertain, dans l'art. 3 al. 1er C. civ. ; il fut formellement consacré sous sa forme bilatérale par l'arrêt *Lautour* (n° 185). La Cour de cassation s'y tint par la suite, en dépit des difficultés d'application qu'il rencontrait[1].

Les principales naissaient des hypothèses de dissociation géographique des éléments du délit, suscitant la question de savoir ce qu'il faut entendre par *locus delicti* (no 185 s.)[2]. Alors qu'elles se sont multipliées à l'époque contemporaine, les décisions ont paru entériner pratiquement toutes les solutions possibles, se prononçant tout à tour pour la loi du lieu du dommage[3], celle du fait générateur[4], pour le critère des « liens les plus étroits avec le fait dommageable »[5], ou déclarant que le lieu où le fait dommageable s'est produit « s'entend aussi bien de celui du

1. Selon l'une de ses formulations les plus récentes « quelle que soit la nationalité des parties et sous réserve de conventions internationales, les obligations extra-contractuelles sont régies par la loi du lieu où est survenu le fait qui leur a donné naissance » : Civ. I, 1er juin 1976, *Luccantoni*, JDI 77.91 n. Audit, D. 77.257 n. Monéger, JCP 79.II.19082 n. Chabas ; auparavant, 3 janv. 1963, D. 63.241 n. G. Holleaux, RC 63.547 n. Bourel, JDI 63.1048 n. Level.
2. En doctrine et en faveur de la loi du lieu du dommage, au motif que celui-ci constitue la condition première et *sine qua non* de la responsabilité, non la faute (bien qu'il y ait toujours un fait générateur), et qu'une répartition de dommages en plusieurs pays n'empêche pas une application distributive des différentes lois, à la différence d'une répartition des actes générateurs : Weill, « Un cas épineux de compétence législative en matière de responsabilité délictuelle : dissociation de l'acte générateur de responsabilité et du lieu du préjudice », Mél. Maury, t. 1, p. 558. La première jurisprudence s'est partagée. Pour la loi du lieu du dommage, Paris, 18 oct. 1955, RC 56.484 n. H. B. (séduction dolosive) ; trib. Sarreguemines, 30 oct. 1957, cité par Weill, *op.cit.*, p. 561. Pour celle du fait générateur : Trib. Seine, 22 juin 1967, JDI 68.356 obs. Dayant, RC 69.474 n. Loussouarn (défaut de remise du *gueth* de la part du mari entre époux israélites divorcés) ; v. n° 697.
3. Civ. I, 8 fév. 1983, *Horn y Prado*, JDI 84.123 n. Légier, déclarant qu'« en droit international privé français (...) la loi territoriale compétente pour gouverner la responsabilité civile est la loi du lieu où le dommage a été réalisé » ; en fait, l'acte générateur et le dommage étaient l'un et l'autre survenus en France.
4. Civ. I, 23 janv. 2007, *Caisse d'ép. de Sarrebruck*, RC 07.760 n. Boskovic, D. 07.1244 n. Bouche (l'arrêt indique toutefois que le dommage s'était réalisé dans le même pays) ; 30 janv. 2007, *Lamore*, RC 07.769 n. Azzi (contrefaçon).
5. Civ. 1re, 11 mai 1999, *Mobil North Sea*, D. 99.Somm. 295 obs. Audit, JCP 99.II.10183 n. Muir Watt, JDI 99.1048 n. Légier, RC 00.199 note Bischoff.

fait générateur que du lieu de réalisation de ce dernier »[1]. Reprise de la CJCE statuant en matière juridictionnelle (n° 534), cette dernière affirmation demandait à être complétée, du fait que les considérations qui président aux conflits de juridictions et aux conflits de lois, ainsi que l'enjeu, ne sont pas les mêmes. Alors que la détermination de la compétence juridictionnelle s'accommode d'une certaine souplesse, tenant précisément – entre autres – au fait qu'elle ne préjuge pas de l'application de la loi de fond, la désignation de celle-ci doit répondre au critère des liens les plus significatifs. En particulier, l'existence d'un rattachement avec la France qui serait, *in casu*, secondaire ne pouvait justifier l'application intégrale de la loi française, à peine de susciter un *forum shopping*. Aussi bien, d'une part, l'application de la loi française au titre de loi du lieu du dommage a-t-elle été limitée à la réparation éventuelle du dommage local, ce qui revient à réduire le délit complexe à un délit simple[2] ; d'autre part, les tribunaux se réservaient de déclarer l'un plus significatif que l'autre dans le cas d'espèce[3].

799. – Solutions de principe du règlement Rome II. Selon l'art. 4.1 du règlement, le rattachement de principe est avec le pays *où le dommage survient ou menace de survenir, quel que soit le pays où le fait générateur du dommage se produit* et quel que soit le ou les pays dans le(s)quel(s) des *conséquences indirectes* du dommage surviennent. Il est ainsi résolument pris parti en faveur du lieu du dommage de préférence à celui du fait générateur ; et il s'agit du dommage *immédiat*[4]. Ces précisions, utiles, ne mettront sans doute pas fin à toute hésitation sur la localisation. Dans la majorité des cas, c'est le pays de résidence de la victime, personne physique ou morale, qui sera ainsi désigné, encore que l'on puisse hésiter à y localiser systématiquement un préjudice financier consécutif à des opérations qui se sont déroulées dans un autre pays. En cas de dommage survenu en différents pays, il y aura lieu d'appliquer de manière distributive les lois de tous les pays concernés (à supposer acquise la compétence du for pour connaître des dommages autres que locaux).

1. Civ. I, 14 janv. 1997, *Gordon & Breach*, D. 97.177 n. Santa-Croce, RC 97.504 n. Bischoff, JCP 1997.II.22903 n. Muir Watt (allégation de dénigrement du fait de la diffusion en France – par abonnement et à quelques dizaines d'exemplaires – d'une revue étrangère).
2. V., sur renvoi dans l'affaire *Gordon & Breach*, Paris, 21 janv. 2000, D. 02. Somm. 1389. Telle était déjà la solution dans le cas des atteintes à la vie privée par voie de presse, où la jurisprudence tend à fractionner le dommage en appliquant distributivement les lois concernées (n° 637).
3. V. par ex. l'arrêt *Mobil North Sea*, précité, refusant d'appliquer la loi française sur le fondement d'éléments partiels du fait générateur, face un dommage localisé dans le ressort d'une loi étrangère ; Civ. I, 5 mars 2002, *Sisro,* JCP 02.10082 n. Muir Watt, D. O3.58 n. Josselin-Gall, RC 03.440 n. Bischoff ; 27 mars 2007, *Bureau Veritas*, RC 07.405 n. Bureau, JDI 07.949 n. Légier, statuant que le lieu du dommage étant fortuit, il convenait de rechercher celui du fait générateur. Comp. Versailles 5 février 2009, RC 09.298 n. Bureau ; JDI 10.125 n. Carlier, pourvoi rejeté par Civ. I, 27 mai 2010, DMF 10.701 n. d'Avout.
4. V. déjà, jugeant qu'en cas de préjudice par ricochet, le lieu du délit se détermine par rapport à la victime immédiate : Civ. I, 28 oct. 2003, *Pays-Fourvel*, JCP 04.II.10006 n. Lardeux, JDI 04.499 n. Légier, RC 04.83 n. Bureau (victimes françaises d'un accident au Cambodge, dont la loi ne prévoit pas la réparation du préjudice moral par ricochet ; refus d'appliquer la loi française à la demande des proches).

L'article 4.2 prévoit un tempérament important lorsque la personne dont la responsabilité est invoquée et la personne lésée ont leur *résidence habituelle* dans le même pays au moment de la survenance du dommage ; l'obligation non contractuelle est alors régie par la loi de ce pays. De nombreux systèmes avaient été amenés à admettre une exception de cet ordre, ce que la Cour de cassation, saisie de cas où les parties étaient toutes de nationalité française, s'était toujours refusée à faire[1].

Les deux règles précédentes sont assorties d'une *clause d'exception*, s'il résulte de l'ensemble des circonstances que la situation présente des liens manifestement plus étroits avec un autre pays (art. 4.3). Est ainsi consacrée la notion de centre de gravité du délit. Le texte précise qu'un tel lien peut se fonder sur une relation préexistante entre les parties, telle qu'un contrat présentant un lien étroit avec l'obligation non contractuelle en question. On peut également envisager le voyage en commun, la participation à une même activité (chantier, fouilles archéologiques)[2].

Dans tous les cas, il doit être tenu compte en tant qu'élément de fait et en tant que de besoin des règles de sécurité et de comportement en vigueur au lieu et au jour de la survenance du fait invoqué à l'appui de la responsabilité (art. 17).

Le règlement permet expressément aux parties de choisir la loi applicable à l'obligation non contractuelle (art. 14)[3]. Cette faculté n'appelle pas d'observation lorsque l'accord est postérieur au dommage[4]. En revanche, s'il est antérieur, elle est tout à fait innovante et présente un risque d'abus d'influence. Elle n'est cependant ouverte que lorsque les parties exercent toutes deux une activité « commerciale » (il faut sans doute entendre « professionnelle » et supposer, pour que s'applique l'accord, que le dommage soit lié à cette activité) et si l'accord a été « librement négocié ». La disposition est notamment censée permettre d'assurer l'application

1. Civ. 30 mai 1967, *Kieger c. Amigues*, D. 67.629 n. Malaurie, JDI 67.622 n. B.G., RC 67.628 n. Bourel, JCP 68.II.15456 n. Mayer-Jack ; 15 déc. 1969, D. 70.87, RC 71.512 n. Bourel, JDI 71.565 obs. Dayant ; 11 oct. 1972, D. 72.747 n. Schmelck, JCP 73.II.17325 n. R. Rodière (rejet de l'analyse du transport à frais partagés en contrat de transport) ; 16 avril 1985, D. 85. I.R. 496 obs. Audit, RC 87.584 n. Khairallah.
D'assez nombreuses décisions de juges du fond ont contourné cette jurisprudence, par exemple en qualifiant de procédurale la prescription de l'action (Trib. inst. Beauvais, 13 avril 1965, GP 65.2.25 ; trib. Périgueux, 10 mars 1964, GP 64.2.145, JDI 65.404 obs. B. G.) ; ou en accueillant l'exception d'ordre public à l'encontre de dispositions étrangères dont il était pourtant difficile d'affirmer que le contenu offensait gravement le sentiment commun de la justice : réparation limitée au préjudice économique (Paris, 20 oct. 1963, *Kieger*, GP 63.2.355, RC 64.322 n. P. L. , confirmant trib. Seine, 2 nov. 1962, GP 63.1.373, RC 64.111 n. Bourel ; 30 juin 1964, RC 65.354 n. H. B., JDI 65.67 n. B. G. ; TGI Toulouse, 11 mars 1971, JCP 71.II.16905 n. F. L.) ; prescription plus brève que celle du droit français.
2. V. déjà, faisant jouer l'idée de contrat tacite dans le cas de transport bénévole, Chambéry, 14 déc. 1965, RC 67.110 n. Bourel, JDI 67.658 n. Kahn ; TGI Dinan, 28 sept. 1968, GP 68.2.237, D. 69.404 n. Prévault, JDI 70.95 n. Dayant.
3. Sur cette innovation, v. Boskovic, Dossier Dalloz 2009.1639.
4. V. déjà, appliquant la loi française à la faveur du fait que les parties n'invoquaient pas la loi étrangère du lieu du délit : Civ. I, 19 avril 1988, *Roho*, D. 88. Somm.345 obs. Audit, RC 89.68 n. Batiffol ; Nîmes, 27 avril 1972, RC 73.89 n. Claeys.

d'une loi qui ne serait pas celle du lieu du dommage sans encourir l'incertitude liée au jeu de la clause d'exception ci-dessus. On cite en exemple de situation où un tel accord peut intervenir le cas d'entreprises travaillant sur un même chantier et n'ayant aucun lien contractuel. Lorsque tous les éléments de la situation sont localisés dans un ou plusieurs États membres, le choix d'une loi ne peut porter atteinte aux dispositions impératives du droit de l'Union européenne (art. 14.3). Les droits des tiers sont par ailleurs réservés.

800. – Rattachements particuliers. Le règlement formule des dispositions particulières en différents domaines. Cet affinement ne va pas sans poser des questions de qualification et peut susciter le cas échéant des chevauchements.

En matière de *responsabilité du fait des produits* (art. 5), où l'existence du règlement crée un problème d'articulation avec la Convention de La Haye sur le même sujet, est désignée la loi du pays de *résidence de la personne lésée* au jour du dommage si le produit a été commercialisé dans ce pays ; à défaut, la loi du pays dans lequel le produit a été *acheté*, sous la même condition ; à défaut celle du pays dans lequel le *dommage* est survenu, toujours sous la même condition. Dans tous les cas, si le défendeur ne pouvait raisonnablement prévoir la commercialisation du produit dans le pays dont la loi est invoquée, la loi applicable est celle de sa propre résidence habituelle. Ceci est assorti d'une clause d'exception en cas de liens manifestement plus étroits avec un pays autre, tel que résultant d'une relation préexistante entre les parties.

Les actes de *concurrence déloyale* (art. 6) sont régis par la loi du pays sur le territoire duquel les relations de concurrence ou les intérêts collectifs des consommateurs sont affectés ou susceptibles de l'être ; si l'acte affecte exclusivement les intérêts d'un concurrent déterminé, la loi applicable est celle désignée selon l'art. 4 (n° précédent). S'agissant d'*actes restreignant la libre concurrence*, la loi applicable est celle du pays dans lequel le marché est affecté ou susceptible de l'être. En cas d'affectation de plusieurs marchés, le demandeur qui agit dans l'État du domicile du défendeur peut fonder sa demande sur la loi de la juridiction saisie, pourvu que le marché local compte parmi ceux qui sont affectés ; on espère ainsi éviter ainsi l'application d'une mosaïque de lois et ce choix peut conduire le demandeur à faire jouer la loi la plus protectrice de la concurrence. Les accords relatifs à la responsabilité sont interdits dans ce domaine, afin de maintenir des règles de concurrence uniformes sur un territoire donné.

En matière d'*atteinte à l'environnement* ou de dommages subséquents subis par des personnes ou causés à des biens, l'article 7 donne le choix au demandeur entre la loi désignée selon la règle générale de l'art. 4, ou celle du pays du fait générateur. Le but recherché est de placer les personnes lésées au service de la protection de l'environnement, en leur permettant de se prévaloir de la loi la plus contraignante pour le défendeur.

En matière d'*atteinte aux droits de propriété intellectuelle,* la loi applicable est celle du pays pour lequel la protection est revendiquée ; cela sans possibilité de dérogation par accord des parties, pour les mêmes raisons qu'en matière de concurrence (art. 8). Le principe reprend celui formulé par l'art. 5 § 2 de la Convention de Berne pour la protection des œuvres littéraires et artistiques (qui sera le plus souvent applicable, l'art. 28 du règlement réservant l'application des conventions internationales existantes). Cela laisse entière l'hésitation soulevée par ce texte entre l'application de la loi du lieu où le dommage est subi et celle du lieu où se sont produits les agissements délictueux[1].

Une disposition originale vise la responsabilité du fait de grève ou de *lock out*, qu'elle soumet à la loi du pays dans lequel ils sont été engagés tout en réservant la dérogation relative à la résidence habituelle commune des parties (art. 9). Le but déclaré est de « protéger les droits et obligations des travailleurs et des employeurs » (considérant 27).

801. - Moyens de communication modernes. Bien que passablement détaillé, le règlement ne formule aucune disposition relative aux dommages causés par les moyens de communication modernes, lesquels se prêtent particulièrement à la diffusion de messages illicites et à la dissémination non autorisée d'œuvres protégées. Sans doute ces agissements ne sont-ils pas nouveaux, puisqu'ils remontent au moins à l'imprimerie, de sorte il n'y a pas lieu de parler de « vide juridique ». Mais la facilité et l'ampleur de la diffusion, ainsi que certaines difficultés techniques telles que la localisation de l'émission, appellent des solutions affinées ; apparues avec la diffusion herzienne, les difficultés ont été accrues par le satellite et sont portées à leur comble avec les réseaux numériques (*internet*)[2].

Une première hésitation tient à la localisation de l'origine de l'information : éditeur du site ou, à tout le moins, fournisseur d'hébergement, mais non fournisseur d'accès, s'il est distinct, car il ne contrôle pas les informations[3]. Supposée déterminée, cette localisation peut se révéler sans signification aucune au regard du public réellement visé ou bien avoir été choisie en fonction du contenu de la réglementation (ou de son absence) ; elle est en outre facilement modifiable. L'alternative est pour le reste entre le critère de l'accessibilité ou celui du public visé (ou non exclu), et le choix difficile à opérer. Un site étant universellement consultable, le défendeur peut être en droit d'arguer de son attitude purement passive face à la consultation par le demandeur. Mais l'on ne peut non plus admettre sans restriction l'argument selon lequel c'est l'utilisateur consultant le site qui « se rend à l'étranger ». Au regard de ces données, l'exercice de la compétence législative (sinon judiciaire, v. n°s 345 et 534)

1. V. faisant prévaloir le lieu (étranger) de conception, réalisation et représentation d'un film sur le fait qu'il a été diffusé en France, Civ. I, 30 janv. 2007, *Waterworld* ; sur l'art. 8 du règlement, v. Treppoz, D. 09.1643.
2. Bergé, *op. cit.* n° 319 bis ; Gautier, « Du droit applicable dans le "village planétaire" au titre de l'exploitation immatérielle des œuvres », D. 1996. Chr. 131, « Les aspects internationaux de l'Internet », TCFDIP 1997-98.241 ; Vivant, « Cybermonde : droit et droits des réseaux », JCP 1996.I.3969. *Adde* les références citées à la suite du n. 780.
3. V., consacrant la responsabilité du fournisseur d'hébergement en droit interne, TGI Nanterre 8 déc. 1999, JCP 2000.II.10 279, n. Olivier et Barbry.

sur le fondement d'un dommage local doit être justifié par des facteurs quantitatifs (le volume de consultations dans l'État du for) et qualitatifs (l'orientation de l'activité du défendeur ou son attente raisonnable, la gravité de l'atteinte alléguée...)[1]. Des solutions plus affinées peuvent être attendues d'aménagements techniques (permettant, par exemple, d'organiser une consultation et un téléchargement sélectifs, le premier n'étant pas non plus sans inconvénients du point de vue des libertés) et de l'adoption d'une réglementation transnationale, de source étatique ou professionnelle (chapitre moderne d'une *lex mercatoria*, recueillant les usages de la branche professionnelle concernée).

En matière de *diffusion par satellite* où l'hésitation est entre l'application de la loi du lieu de l'« injection du signal » et celle du lieu de réception, multiple mais correspondant à la véritable exploitation ou atteinte, la loi française s'est ponctuellement prononcée pour l'application de la loi du lieu d'émission dans le cadre de la transposition d'une directive européenne (art. L. 122-2 al. 3 CPI : « Est assimilée à une représentation l'émission d'une œuvre vers un satellite ») ; mais il semble que techniquement et administrativement une localisation de commodité de l'émetteur soit difficilement réalisable[2].

801-1. – Absence de loi territoriale : espaces sans souveraineté. Le rattachement par le lieu du dommage ou celui du fait générateur ne permet pas de désigner une loi lorsque les faits sont survenus dans un espace sans souveraineté. L'abordage en haute mer a le plus souvent donné lieu à cette difficulté ; elle se présenterait également en cas de collision d'aéronefs au-dessus de la haute mer ou sans qu'il soit possible de déterminer au-dessus de quel territoire. L'abordage fait l'objet d'une convention de Bruxelles du 23 septembre 1910, très largement ratifiée ; elle porte des dispositions de fond qui ont été intégrées dans le droit français. Lorsqu'elle ne s'applique pas, on a envisagé l'application de la loi du navire abordé ou l'application cumulative des lois des deux pavillons. La première solution manifeste une préférence qui n'est pas nécessairement justifiée, à supposer qu'il n'y ait pas de faute partagée ou indéterminable ; la seconde présente l'inconvénient connu de faire prévaloir la loi la plus restrictive. La Cour de cassation s'est ralliée, faute de rattachement plus convaincant, à l'application de la loi du tribunal saisi[3]. Cette solution n'est pas non plus sans inconvénient par le *forum shopping* qu'elle peut susciter.

1. En matière pénale, v., localisant en France l'infraction d'exposition d'objets interdits à la vente, reprochée au fournisseur du moteur de recherche permettant de consulter le site « étranger » litigieux, TGI Paris (réf.), *Yahoo France*, 22 mai 2000, D. 00. I.R. 172 ; v. aussi Crim. 15 janvier 2008, D. 08. Pan. 2561 obs. d'Avout. En matière civile, refusant de sanctionner l'usage d'une marque alors que les produits en cause ne sont pas disponibles en France, Com. 11 janv. 2005, *Boss*, préc. n° 534, 10 juill. 2007, *L'Oréal*, JCP 07.10161 n. Chabert ; ou que les écrans accessibles en France ne sont pas rédigés en langue française, TGI Paris, 11 mars 2003, JDI 04.491, 2e esp., n. Bergé. En revanche, appliquant la loi française selon le critère des liens les plus étroits, TGI Paris, 18 déc. 2009, *Ed. du Seuil c. Google*, JCP 10, n° 247 n. A. Lucas (exploitation de livres d'auteurs français, site rédigé en français ; la question est traitée comme purement délictuelle et non selon la Convention de Berne).
2. A. et H.-J. Lucas, *Traité de la propriété littéraire & artistique*, 3e éd. ; F. Pollaud-Dulian, *Le droit d'auteur*, Economica, 2005, n° 1399 s.
3. Com. 9 mars 1966, D. 66.577 n. Jambu-Merlin, JCP 67.II.14994 n. de Juglart et du Pontavice, RC 66.636 n. Simon-Depitre et Legendre.

La difficulté est moindre lorsque le délit est survenu à bord d'un navire ou d'un aéronef : on tend à appliquer, comme en matière pénale, la loi du pavillon. Elle renaît lorsque le navire se trouve au port ou dans des eaux territoriales, l'aéronef à l'escale. La loi du pavillon paraît devoir conserver son titre, sous réserve du cas où le délit a effectivement troublé l'ordre public local.

2. Fonctionnement de la règle de conflit

802. – Application des mécanismes généraux. Le principe de qualification *lege fori* (n° 205 s.) conduit à considérer comme contractuelles les responsabilités ainsi qualifiées selon le droit français[1]. Mais la diversité des approches entre les droits nationaux est susceptible de donner lieu à des conflits de qualifications. Le fait que la loi éventuellement désignée au titre de loi contractuelle récuse cette qualification peut constituer un motif pour le for français de reconsidérer la qualification initialement envisagée par lui et d'opter pour un traitement délictuel[2].

Dans le droit jurisprudentiel français, antérieur au règlement, le *renvoi de rattachement* ne s'est pratiquement jamais présenté, peut-être en raison de l'adoption quasi-universelle du critère du *locus delicti*. Mais on sait que ce rattachement peut être compris de différentes manières (n° 192) et l'hypothèse est aujourd'hui susceptible de s'élever du fait de l'affinement des règles, par exemple si la loi du lieu du dommage prévoit un rattachement subsidiaire en cas de loi commune aux parties (autre que celle de la de la résidence habituelle, désormais désignée dans ce cas par le règlement). Un tel renvoi pourrait être suivi, compte tenu des raisons mêmes inspirant le choix du rattachement au *locus delicti*. Celui-ci répond tout d'abord à l'idée que la loi locale est présomptivement la plus intéressée ; le renvoi par elle à une autre loi invite au moins à se demander si, effectivement, la seconde ne présente pas un titre supérieur à régir la situation. Le choix du *locus delicti* est également justifié parce qu'il est censé correspondre à l'attente, ou à l'entendement, des parties ; or l'application de la loi commune aux parties répondra souvent mieux à ce critère que celle de la loi locale, en particulier lorsque celle-ci est étrangère aux intérêts permanents des intéressés.

Il se peut aussi que le droit étranger, telle la loi fédérale suisse, prévoie une clause échappatoire autorisant le juge à appliquer exceptionnellement une loi présentant dans le cas particulier un lien plus étroit avec la situation que celle qui est désignée par le rattachement de principe. Dans la mesure où une telle directive s'adresse au juge et touche à son office, on pourrait estimer que seul le juge étranger est susceptible d'en tenir compte ; ou encore que seul ce juge est autorisé à écarter la loi locale, en principe applicable, pour ce motif. Mais ces raisons sont passablement formelles,

1. Un grand nombre de celles-ci, concernant les transporteurs, relèvent de conventions internationales portant des règles substantielles (*supra* n° 8).
2. Le règlement Rome I règle l'une des difficultés les plus courantes, en stipulant que la responsabilité précontractuelle ne relève pas de la loi du contrat ; sur ce point, v. Bollée, D. 2008.2161.

tandis que rien ne s'oppose à ce que le juge français saisi prenne acte du fait que la règle de rattachement de la *lex causae* n'est pas inflexible[1]. Dans l'application du règlement Rome II, la considération du droit international privé étranger pourrait s'opérer sous couvert de la clause d'exception (art. 4.3 préc.).

L'*ordre public,* réservé par le règlement (art. 26), a été régulièrement invoqué en matière de responsabilité extra-contractuelle. Indépendamment de certaines décisions susceptibles d'être analysées comme une correction du rattachement au *locus delicti* (n° 799, en note), le contenu de la loi étrangère peut comme en toute matière heurter certaines conceptions fondamentales du for : par exemple si cette loi n'accorde aucune réparation à la victime, ou subordonne la réparation à des conditions exagérément restrictives ou fixe un plafond de réparation qui rende celle-ci dérisoire[2]. Une loi qui, à l'instar de la *common law* traditionnelle, priverait de toute réparation la victime qui a contribué à son dommage (*contributory negligence*) devrait être écartée comme contraire à l'ordre public français[3]. En revanche, la limitation de la réparation au préjudice économique n'est pas considérée comme telle par la Cour de cassation[4], non plus que les prescriptions plus courtes que celle prévue par la loi française[5]. Inversement, l'ordre public pourrait être invoqué à l'encontre d'une loi faisant peser une responsabilité jugée excessive sur l'auteur du délit, par exemple au titre de dommages-intérêts punitifs (*treble damages* du droit antitrust américain). Cette question n'a pas encore fait l'objet d'une réponse explicite en jurisprudence[6].

1. Comp., en ce qui concerne l'obligation de rechercher d'office le contenu d'un droit tiers, qui touche à la mission du juge, Civ. I, 11 juin 1996, préc. n° 272 ; et sur l'acceptation d'un renvoi au titre des liens les plus étroits, Civ. I, 21 sept. 2005, préc. n° 614.
2. Mais le fait pour la loi étrangère d'obliger le demandeur à établir une faute là où le droit français fait peser une responsabilité de plein droit ne rend pas cette loi contraire à l'ordre public : énoncée dans l'arrêt *Lautour* (Civ. 25 mai 1948, préc. n° 185), cette position est régulièrement affirmée (Crim. 26 avril 1990, GP 90.2.513 ; Civ. 4 avril 1991, JDI 91.981 n. Légier ; 4 fév. 1992, D.93.13 n. Légier).
3. Paris, 30 juin 1964, préc. n° 799.
4. C'est la solution de l'arrêt *Kieger*, préc. n° 798. En matière de responsabilité du fait des véhicules, la limitation de la réparation au préjudice économique est dans de nombreuses législations la contrepartie de la responsabilité sans faute du conducteur.
5. Civ. I, 15 mai 1994, JDI 95.122 n. Légier (loi allemande, trois ans) ; 5 janv. 1999, RC 99.297 n. P.L. (loi turque, deux ans). La question a fréquemment été soulevée à propos de la loi espagnole prévoyant une prescription annale (pour l'application de la prescription : Paris, 13 mars 1963 RC 63.547 ; trib. Périgueux, 10 mars 1964, préc. n° 799 ; contre son application : Civ. I, 21 mars 1979, D. 79. I.R. 461, JDI 80.92 n. A. Huet, RC 81.81 n. Dayant). Ainsi qu'indiqué plus haut (n° 799), le jugement porté sur cette question est souvent influencé par la considération de la nationalité française des parties ou de l'une d'elles. Sur l'application à la prescription de la loi du lieu du délit, *infra*, n° 781.
6. V. en matière de reconnaissance des jugements étrangers, Civ. 20 fév. 2007, *Cornelissen*, préc. n° 475 (question non débatue) ; 28 janv. 2009, D. 09. Pan. 2392 obs. Bollée, JDI 09.1237 n. Marchadier (décision étrangère liquidant une astreinte non proportionnée au dommage).

La loi du 5 juillet 1985 ne saurait être considérée, même entre parties françaises, comme d'application nécessaire devant les tribunaux français alors que l'accident est survenu à l'étranger[1]. En revanche, les mécanismes d'indemnisation légaux visant certaines victimes d'infractions sont susceptibles d'être appliqués au titre de lois de police même en cas de dommage subi à l'étranger[2].

Un *conflit transitoire* s'est élevé du fait de l'entrée en vigueur de la Convention de La Haye sur la loi applicable aux accidents de la circulation routière. La règle applicable est celle en vigueur au moment du délit[3] ; on peut rattacher cette solution au caractère déclaratif de la décision statuant sur la responsabilité.

B . DOMAINE DE LA LOI APPLICABLE

803. – Nature de la responsabilité. La loi applicable détermine le type de responsabilité encouru – responsabilité du fait personnel, d'autrui ou des choses – et le régime qui en découle. Elle commande également l'application éventuelle d'un régime particulier de responsabilité, tel qu'en droit français celui des exploitants d'aéronefs, de téléphériques, d'installations nucléaires et aujourd'hui, en partie, du fait des automobiles (L. 5 juill. 1985).

S'agissant de responsabilité des parents du fait de leurs enfants, le lien de filiation constitue une question préalable, relevant de sa loi propre. Il doit en être de même de la majorité de l'enfant, parce que le degré d'autonomie dont il jouit est lié à son statut personnel. En revanche, le lien de commettant à préposé sera apprécié selon la loi locale et non selon la loi contractuelle éventuelle : selon le droit interne français le contrat n'est pas une condition nécessaire du lien ; et à titre plus général, il serait inopportun de faire dépendre indirectement cette question de la volonté des parties par le choix de la loi applicable au contrat.

La responsabilité née des accidents du travail a été jadis considérée comme relevant davantage du statut du contrat que du statut délictuel[4]. Mais la matière échappe aujourd'hui à la volonté des parties pour relever d'un statut légal impératif, ce qui conduit à y voir une question de police. Le critère d'application de la loi française sera le lieu d'exécution du travail[5].

804. – Différentes questions. La loi compétente détermine de la manière la plus large les conditions de la responsabilité (nature du préjudice réparable, fait générateur), ses effets et le régime de l'obligation à laquelle elle

1. Civ. I, 6 juin 1990, D. 90. Somm. 265, RC 91.354 (1re esp.) n. Bourel ; 4 fév. 1992, D. 93.13 n. Légier ; 12 juill. 2001, RC 02.541 n. Boskovic ; Versailles, 30 janv. 1989, préc.
2. V. Civ. II, 3 juin 2004 et 25 janv. 2007, préc. n° 120.
3. Civ. I, 19 mai 1976, JCP 1976.IV.229 ; 1er juin 1976, préc. ; 12 mai 1981, RC 81.750 ; 16 avril 1985, D. 85.I.R.496, RC 87.584.
4. Req. 26 mai 1921, Rev. dr. int. pr. 21.501, S. 23.133 n. Sachet.
5. Crim. 18 fév. 1971, D. 71.525 rapp. Malaval, RC 73.671 n. Gothot et Holleaux.

donne naissance[1]. Une disposition du règlement formulant une liste non exhaustive confirme aujourd'hui cette large vocation (art. 15).

Il importe peu que l'action en réparation soit portée devant une juridiction civile ou répressive. Certaines questions sont néanmoins susceptibles de relever d'une autre qualification et, partant, d'une autre loi. Il a été suggéré de soumettre ce que l'on dénomme parfois la « capacité délictuelle » à la loi personnelle plutôt que délictuelle. Mais en dépit de cette dénomination, il s'agit moins d'aptitude à s'engager que d'un élément de la répartition des dommages ; la question ne fait pas l'objet en droit interne d'une définition aussi précise que l'âge de la majorité, sans doute parce qu'elle n'est appelée à se poser que de manière accidentelle et dans les circonstances les plus diverses, en fonction desquelles elle est appréciée.

La loi délictuelle régit les *causes d'exonération*. Mais une immunité familiale, telle que connue de certaines législations, relève plutôt du statut de la famille parce qu'il s'agit moins de régir les comportements que de sauvegarder la paix familiale (ou, éventuellement, d'éviter des fraudes à l'assurance). Les *conventions relatives à la responsabilité* (expressément prévues par le règlement Rome II, n° 799) peuvent être considérées comme relevant de la loi d'autonomie. Mais en l'absence de précision quant à la loi applicable, elles seront normalement considérées comme soumises à la loi du lieu du délit, à moins qu'une relation spéciale entre les parties ne confère un titre supérieur à une autre loi. La loi du délit pourrait également intervenir contre la loi contractuelle choisie, au titre de l'ordre public ou de loi de police, afin notamment de s'opposer à une transaction conclue dans des conditions trop défavorables à la victime.

La possibilité d'*action directe* de la victime contre un assureur est soumise à la loi du délit, parce qu'elle concerne par hypothèse un tiers et non les rapports des parties au contrat[2]. Mais c'est à la loi du contrat qu'il appartient de déterminer si l'assureur est engagé ainsi que les défenses qu'il peut opposer (exclusion de risque, limitations de garantie, déchéances)[3]. En effet, l'action directe n'a pas pour objet de créer une responsabilité à sa charge mais seulement de faciliter la situation de la victime en cas de responsabilité de l'assuré ; cette loi déterminera donc l'étendue de la garantie et les causes de déchéance. À la différence de l'action directe, le recours d'un assureur et celui des caisses de Sécurité

1. Versailles, 8 janv. 1980, RC 82. Somm. 751 (détermination des personnes ayant droit à réparation) ; Lyon, 11 juill. 1991, JDI 93.111 n. Légier (solidarité entre les débiteurs, dans le cadre de la Convention de La Haye de 1971, *infra* n° 808) ; Civ. I, 24 fév. 1993, RC 93.444 n. Bourel (recours entre coresponsables). Sur la monnaie de compte des dommages-intérêts, v. Civ. I, 4 déc. 1990, RC 92.292 n. Putman (loi du domicile ou de la résidence habituelle de la victime). Pour un rattachement spécifique de la réparation du préjudice à la volonté des parties ou, à défaut, au lieu où intervient la réparation, v. O. Boskovic, *op. cit. sub* n° 194.
2. Req. 24 fév. 1936, D.P. 36.49 n. Savatier, S. 36.1.161 rapp. Gazeau, RC 36.782, JDI 37.70 ; Civ. 13 juill. 1948, JCP 48.II.4635 n. Besson, RC 49.94 n. Batiffol ; 21 avril 1971, RC 72.302 n. Lagarde, JDI 72.58 n. Bigot ; Aix-en-Provence, 30 mars 1979, RC 80.717 n. Légier.
3. Aix-en-Prov., 5 fév. 1973, JDI 74.586 n. Bigot. Civ. 25 juin 1945, D. 46.51, RC 46.251.

sociale sont régis non par la loi applicable à la responsabilité mais par celle en vertu de laquelle les prestations ont été servies, car il ne s'agit pas d'une question de réparation mais de subrogation[1].

La *prescription*, en tant qu'elle met fin à la possibilité d'agir en justice, a parfois été considérée comme une institution de procédure et à ce titre rattachée à la loi du for. Mais la durée de la prescription est généralement fonction de la nature des droits concernés. Faisant prévaloir cette liaison systémique, la Cour de cassation avait décidé que « la prescription extinctive d'une obligation est soumise à la loi qui régit celle-ci »[2], ce que reprend, à droit constant et généralement, le nouvel art. 2221 C. civ., L. 17 juin 2008, conforme au règlement Rome II. La loi en question détermine les causes d'interruption et de suspension de la prescription[3].

§ 2. – DROIT CONVENTIONNEL

805. – Conventions de La Haye. La Conférence de La Haye s'est préoccupée de l'unification des règles de rattachement en matière d'actes illicites. Devant la difficulté d'élaborer une convention générale, c'est-à-dire ayant pour objet la « loi applicable aux délits », elle a abordé des objets plus limités. Deux conventions ont ainsi été négociées et sont aujourd'hui en vigueur : la première, du 4 mai 1971, relative aux *accidents de la circulation routière*, en vigueur en France depuis le 3 juin 1975[4] ; la seconde, du 2 octobre 1973, relative à la *responsabilité du fait des produits*, en vigueur en France depuis le 1er octobre 1977[5]. L'une et l'autre s'appliquent sans condition de réciprocité (art. 11 de chaque convention), c'est-à-dire que les règles qu'elles posent sont devenues le droit commun dans leur domaine respectif ; elles se substituent donc en France aux dispositions précédemment étudiées[6].

A. ACCIDENTS DE LA CIRCULATION ROUTIÈRE

806. – Champ d'application. Le champ d'application de la Convention ressort clairement de son intitulé. La Convention exclut expressément certaines responsabilités telles que celles des fabricants, vendeurs et réparateurs de véhicules. Elle exclut également toute responsabilité contractuelle telle que celle du transporteur dans de nombreux systèmes ; à défaut de toute précision dans la Convention, il appartiendra au for saisi

1. Civ. I, 11 mars 2009, RC 09.518 n. Boskovic (assureur, loi du contrat) ; 19 mars 1973, RC 74. Somm. 733 ; Versailles, 30 janv. 1989, préc. (sécurité sociale).
2. Civ. I, 21 avril 1971, RC 72.74 n. Lagarde, généralisant une solution antérieurement donnée en matière purement délictuelle (Civ. 3 janv. 1963, JDI 63.1048 n. Level) ; Civ. I, 8 fév. 1983, JDI 84.124 n. Légier.
3. Civ. I, 20 mars 1978, D. 78. I.R. 369 ; v. cependant, 20 mars 1979, D. 79. I.R. 461 obs. Audit, JDI 80.92 obs. A. Huet, RC 81.81 n. Dayant.
4. Comm. Loussouarn, JDI 70.5 ; Batiffol, RC 70.215.
5. Comm. Batiffol, RC 73.252, Loussouarn, JDI 74.32, van Hoogstraten, DPCI 1978.61.
6. Sur les liens avec le règlement Rome II, v. n° 797.

de déterminer selon ses propres conceptions la nature de la responsabilité invoquée[1].

807. – Loi applicable. Dans un souci de prévisibilité, particulièrement nécessaire au règlement amiable des sinistres entre organismes d'assurance, la Convention a écarté l'idée de se référer à la *proper law* du délit et plus encore de se référer à une « analyse d'intérêts » (n° 125). Elle a retenu en principe le rattachement traditionnel, avec exclusion du renvoi ; aux termes de l'art. 3 : « La loi applicable est la loi interne de l'État sur le territoire duquel l'accident est survenu ». Mais différentes exceptions sont prévues en faveur de la loi de l'État d'immatriculation du ou des véhicules « impliqués » lorsque n'intervient aucun autre véhicule ou aucune personne (conducteur, détenteur, propriétaire, victime) résidant dans l'État du lieu de l'accident[2]. Le choix du lieu d'immatriculation en tant que critère de rattachement subsidiaire a été justifié par le fait qu'il coïncide en général avec le pays de la résidence habituelle du conducteur et du propriétaire, donc du stationnement habituel du véhicule et celui où il est assuré ; en outre, sa détermination ne prête pas à contestation. Mais des difficultés, prévisibles, sont apparues concernant l'interprétation du terme « impliqué ». S'agissant de véhicules, il ressort clairement des travaux préparatoires que ce terme doit être entendu dans un sens neutre et objectif, c'est-à-dire ne supposant pas une responsabilité[3]. S'agissant de personnes, il ressort au contraire de la même source que le terme vise une personne dont la responsabilité est susceptible d'être engagée, par opposition à une victime.

808. – Domaine de la loi applicable. Le domaine de la loi applicable est fixé de la manière la plus large ainsi qu'il ressort de la liste, non limitative, donnée par l'art. 8 : conditions et étendue de la responsabilité, causes d'exonération, nature du dommage réparable, étendue et modalités de la réparation, transmissibilité du droit à réparation, personnes ayant droit à réparation du fait du dommage personnellement subi, responsabilité du commettant du fait de son préposé, prescription (le recours entre cores-

1. V. ainsi, refusant d'écarter l'application de la Convention alors que les frais d'un voyage avaient été partagés préalablement par contrat, Civ. I, 6 avril 1994, RC 94.650 n. Lagarde (approuvant la solution parce que l'objet du contrat n'est pas le transport mais le partage des frais).
2. Paris, 26 juin 1978, JDI 79.359 n. Bourel. Le fait que les différentes parties à une action donnée soient domiciliées en France ne permet donc pas d'écarter la loi du lieu de l'accident dès lors que plusieurs véhicules immatriculés dans des Etats différents étaient matériellement impliqués dans celui-ci : Civ. I, 24 mars 1987, RC 87.577 n. Gaudemet-Tallon, JDI 88.138 n. A. Huet ; 6 déc. 1988, RC 89. Somm. 786 ; 22 janv. 1991, RC 91.354, 2e esp., n. Bourel ; 4 avril 1991, préc. n° 802.
3. En ce sens, Paris, 24 juin 1981, RC 82.691 n. Pelichet ; *contra*, Paris, 1er juin 1984, RC 85.637 n. Gaudemet-Tallon, faisant jouer l'exception malgré la collision avec un véhicule local, sans doute afin d'appliquer la loi française dans les rapports du conducteur français responsable et de son passager de même nationalité.

ponsables est expressément exclu par l'art. 2.4)[1]. La possibilité d'action directe est régie en principe par la loi applicable à la responsabilité ; mais si cette loi ne connaît pas le principe de l'action directe et qu'elle n'est pas celle du lieu de l'accident, la Convention permet à la victime d'invoquer cette dernière et, toujours à défaut de possibilité d'action directe, en dernier lieu celle du contrat d'assurance (art. 9)[2]. La Convention réserve d'autre part l'ordre public, sous la forme restrictive habituelle (loi « manifestement contraire... ») ; mais il faut garder à l'esprit qu'elle ne s'applique pas uniquement dans les rapports avec les États membres parties à la Convention.

Quelle que soit la loi reconnue applicable à une question donnée, il doit être tenu compte dans la détermination de la responsabilité des règles de circulation et de sécurité en vigueur au lieu et au moment de l'accident (art. 7).

B. RESPONSABILITÉ DU FAIT DES PRODUITS

809. – Domaine, méthode et économie de la Convention. La Convention détermine la loi applicable à la « responsabilité des fabricants » pour les dommages causés par un produit (art. 1er al. 1) tout en excluant sa propre application « lorsque la propriété ou la jouissance du produit a été transférée à la personne lésée par celle dont la responsabilité a été invoquée » dans leurs rapports respectifs (al. 2). La formulation de l'al. 1er invite à ne pas faire intervenir la qualification contractuelle ou extra-contractuelle de l'action exercée, source de divergences entre les systèmes nationaux, et autorise à appliquer la Convention dans les rapports entre un sous-acquéreur et un fabricant[3]. L'exclusion de l'al. 2 n'est cependant pas en harmonie avec les législations internes, notamment issues de la directive européenne (v. en particulier art. 1386-1 C. civ.), et semble faire inutilement obstacle à l'action récursoire exercée par un vendeur intermédiaire même agissant par subrogation. On ne voit même pas de raison de ne pas appliquer la Convention dans les rapports de la victime contre celui dont elle tient le produit dans les pays où la question n'est pas considérée comme relevant du contrat passé. La Convention exclut de son domaine le dommage causé au produit ou la perte économique qui en résulte (art. 2 b).

1. V. excluant la monnaie de compte des dommages-intérêts, v. Civ. I, 4 déc. 1990, préc. n° 804.
2. Civ. I, 2 oct. 1984, JDI 85.674 n. Dayant, RC 86.59 n. Lagarde. S'agissant d'une règle de conflit « en cascade » et non d'une règle de conflit alternative, on peut penser que lorsque la loi première désignée connaît l'action directe mais que ses conditions d'exercice ne sont pas remplies dans le cas d'espèce, il n'est pas possible de se tourner vers la loi suivante, supposée plus favorable (v. Lagarde, note préc.).
3. Après avoir jugé que la Convention ne s'applique qu'à la responsabilité extra-contractuelle (Civ. I, 16 déc. 1997, RC 98. 301 n. Lagarde), la Cour de cassation est justement revenue sur sa position déclarant que la Convention ne fait pas de distinction selon la nature de la responsabilité encourue (Civ. I, 7 mars 2000, RC 01.101 n. Lagarde, rejetant le pourvoi contre Colmar, 8 juill. 1997, RC 98.267 n. Bauerreis). Elle met effectivement en place une catégorie juridique *ad hoc*.

La situation de dommage causé par des produits défectueux présentera souvent une dispersion caractéristique des points de rattachement, notamment entre le lieu de fabrication et le lieu de mise en vente, voire d'usage ou consommation du produit. Cela est de nature à inciter à une recherche au cas par cas de la *proper law* ou de la loi la plus intéressée. Mais plutôt que de risquer l'incertitude inhérente à ces approches, la Convention a recouru – première de son espèce – à une méthode de groupement des points de contact. Plus précisément, la loi applicable résulte du groupement deux à deux de rattachements déterminés. Selon une première combinaison, prévue par l'art. 4, la loi applicable est celle du lieu où le « fait dommageable » – ici entendu, selon les travaux préparatoires, comme l'atteinte subie par la victime – s'est produit ; mais ce lieu doit être également celui soit de la résidence habituelle de la personne directement lésée, soit de l'établissement principal du défendeur, soit de l'acquisition du produit par la personne directement lésée[1]. Si la coïncidence requise fait défaut, ou même si elle existe, par faveur pour la victime qui bénéficie d'un choix, l'art. 5 prévoit une seconde combinaison, laquelle ne fait pas intervenir le lieu du dommage : le texte désigne la loi de l'État de la résidence habituelle de la personne directement lésée, si cet État est également celui du lieu de l'établissement principal du défendeur ou celui du lieu d'acquisition du produit par la personne directement lésée.

Dans le cas où la dispersion des rattachements serait telle que les art. 4 et 5 ne pourraient recevoir application, l'art. 6 offre une option à la victime entre la loi de l'État du principal établissement de la personne dont la responsabilité est invoquée et celle de l'État de survenance du fait dommageable.

La faveur générale au demandeur qui se dégage de ces différentes dispositions est tempérée au profit du défendeur par la disposition de l'art. 7 selon laquelle ni la loi du fait dommageable ni celle de la résidence habituelle de la victime ne peuvent être invoquées pour l'application des dispositions précédentes si le défendeur ne pouvait raisonnablement prévoir que le produit serait mis dans le commerce dans l'État considéré.

Le *domaine de la loi applicable* est défini de manière très large, comme dans la convention précédente (n° 808). Par rapport à celle-ci, l'énumération de l'art. 8 inclut en outre le fardeau de la preuve « dans la mesure où les règles de la loi applicable relèvent du droit de la responsabilité ». Elle omet l'action directe, peut-être parce que l'assurance est moins fréquente dans ce domaine que dans celui de la circulation routière.

Voy. : la bibl. citée *sub* n° 194 ; *adde* : Bischoff, « La concurrence déloyale en droit international privé », TCFDIP 1969-71, p. 53 ; Gaudemet-Tallon, « Protection de la victime et évolution du droit international privé de la responsabilité délictuelle », Mél. Oppetit, 2009, p. 261 ; Jambu-Merlin, « La loi applicable aux accidents de travail en droit international et en droit communautaire », RCADI 1983.II.237 (t. 180) ; H. Mazeaud, « Conflits de lois dans le domaine de la respon-

1. En cas d'action récursoire, ce n'est donc pas la résidence habituelle du demandeur qu'il convient de prendre en considération (v. Colmar, 8 juill. 1997, préc.).

sabilité délictuelle et extra-délictuelle », RC 1934.337 ; Sialelli, « Problèmes actuels de responsabilité délictuelle », TCFDIP 1964-66, p. 53 ; F. Monéger, *Réflexions sur le principe de la compétence de la loi locale en matière de responsabilité délictuelle*, thèse Paris II, 1974 ; H. Duintjer Tebbens, « Les conflits de lois en matière de publicité déloyale à l'épreuve du droit communautaire », RC 1994.451.

Sur le règlement Rome II : d'Avout et Azzi (sous la dir.), D. 2009.1619 ; S. Corneloup et N. Joubert (sous la dir.), CREDIMI, 2007 ; Francq, in *Actualités de droit international privé*, 2009.67 ; Légier, JCP 2007.I.348 ; Kadner Graziano, RC 2008.445.

SECTION II

QUASI-CONTRATS ET *CULPA IN CONTRAHENDO*

810. – Domaine. L'élément commun aux quasi-contrats est un fait d'où la loi déduit l'obligation pour l'enrichi d'indemniser l'appauvri. En raison des divergences de droit comparé, le règlement 864/2007 n'emploie pas l'expression de quasi-contrats. Il traite de l'enrichissement sans cause, en y incluant expressément le paiement indu (art. 10), et de la gestion d'affaires (art. 11), qu'il soumet à des règles à peu près identiques. Le règlement a joint dans le même chapitre une disposition relative à la *culpa in contrahendo*, qui appelle cependant un examen séparé.

A. ENRICHISSEMENT SANS CAUSE ET GESTION D'AFFAIRES

811. – Solutions possibles. Deux approches générales sont concevables. L'une consiste à transposer le rattachement prévu en matière de responsabilité civile, en désignant la loi du lieu où est survenu le fait ayant donné naissance à l'obligation. Comme en matière de responsabilité civile, on se heurtera à une difficulté en cas de dissociation géographique des éléments constitutifs, soit ici en particulier de l'enrichissement et de l'appauvrissement. L'enrichissement, par son caractère positif, se matérialise peut-être plus aisément que l'appauvrissement. Mais l'appauvrissement peut être considéré comme l'élément déterminant, puisqu'il est la condition première de l'obligation et que c'est lui qu'il s'agit de compenser. Aucun élément n'étant en définitive plus déterminant que l'autre, l'on s'attachera à déterminer le fait générateur lui-même par ses éléments matériels : lieu de l'immeuble, de la prestation de service... L'autre approche part de l'observation qu'il existe souvent une relation sous-jacente entre les parties et fera dépendre la loi applicable de cette relation. On sait que l'idée d'enrichissement sans cause sous-tend un certain nombre de règles du droit civil telles que les récompenses entre époux, la théorie des impenses ou celle de l'accession. Dans ces cas, c'est la loi applicable à l'institution en cause (régime matrimonial, droit des biens) qui décidera des droits des intéressés. En cas d'annulation d'un contrat, de même, la loi de la relation annulée, compétente en principe pour régir les effets de la nullité, décidera des estitutions éventuelles[1]. Ainsi, chaque fois qu'existe entre les intéressés une relation définie, la loi applicable à cette relation a vocation à décider de l'existence d'un droit à restitution[2].

1. Règlement (CE) 593/2008 sur la loi applicable aux obligations contractuelles, art. 12.1, e (Convention de Rome, art. 10.1, e).
2. En ce sens, Trib. féd. suisse, 1er nov. 1952, RC 53.401 n. G. Holleaux : « s'il existe déjà entre l'appauvri et l'enrichi une relation de nature juridique, le statut compétent

Les deux approches ne sont pas incompatibles : elles peuvent être utilisées simultanément dans des rapports de principe et d'exception ou de subsidiaire. La jurisprudence était rare et assez peu significative, la loi française étant appliquée sans que le conflit de lois soit abordé ou sans que soit précisé son titre d'application[1]. Le règlement Rome II se prononce résolument pour la seconde approche ci-dessus, en l'assortissant subsidiairement de la première et de la réserve chaque fois des liens les plus étroits.

812. – Solutions du règlement. Les art. 10 et 11 énoncent en quatre paragraphes autant de dispositions parallèles respectivement applicables à l'enrichissement sans cause et à la gestion d'affaires. Lorsqu'une obligation non contractuelle découlant d'un enrichissement sans cause ou d'une gestion d'affaires se rattache à une relation existante entre les parties telle qu'une obligation découlant d'un contrat ou d'un fait dommageable présentant un lien étroit avec cette obligation non contractuelle, la loi applicable est celle qui régit cette relation (art. 10.1 et 11.1). Cette règle présente l'avantage de couper court à des conflits de qualification possibles selon que l'action relève dans les systèmes en présence de la relation elle-même ou de l'enrichissement sans cause ou de la gestion d'affaires ou d'une autre catégorie encore. Si la loi applicable ne peut être déterminée sur la base d'une relation entre les parties et que celles-ci ont leur résidence habituelle dans le même pays au moment où le fait donnant lieu à l'enrichissement ou au dommage survient, la loi applicable est celle de ce pays (art. 10.2 et 11.2). Si la loi applicable ne peut être déterminée selon les règles précédentes, elle sera celle du pays dans lequel l'enrichissement sans cause ou la gestion d'affaires se sont produits (art. 10.3 et 11.3). Le règlement laisse malheureusement entière sur ce point la question de la localisation de l'enrichissement sans cause ou de la gestion d'affaires dont la difficulté a été évoquée plus haut (n° 811)[2]. Enfin une clause d'exception est prévue lorsqu'il résulte de toutes les circonstances qu'une autre loi que celle visée par les dispositions précédentes présente un lien manifestement plus étroit avec la situation.

L'art. 14 du règlement, qui permet de choisir la loi applicable à l'« obligation non contractuelle » s'applique aussi dans ces domaines.

Voy. : Chanteloup, *Les quasi-contrats en droit international privé*, 1998 ; Légier, « Les conflits de lois relatifs à l'enrichissement sans cause », Mél. Béguet, 1985, p. 169.

pour régir cette relation juridique (le terme étant pris dans une acception très large) aurait également compétence pour décider de la prétention connexe en rétablissant l'équilibre rompu ».

1. Civ. 18 juin 1969, JCP 1969.II.16131 n. Level, RC 70.464 n. Drakidis. A été également appliquée l'idée que la restitution prévue par la loi française, répondant à un principe d'équité (Civ. 23 fév. 1891, D.P. 92.1.29, S. 95.1.78), était d'ordre public : « C'est un principe de droit naturel et d'ordre public en France que nul ne doit s'enrichir aux dépens d'autrui ; (...) une telle règle, de même que les lois de police et de sûreté, oblige, sans distinction d'origine et de nationalité, tous ceux qui se trouvent sur le territoire français » (trib. Seine, 1er juill. 1886, JDI 87.178).
2. V. note Ho Dac sous Bordeaux, 29 sept. 2008, D. 09.788.

B. *CULPA IN CONTRAHENDO*

813. – Loi du contrat, à défaut du délit. Par hypothèse, la faute alléguée est commise dans le contexte de relations de négociation entre les parties en vue de la conclusion d'un contrat. Le règlement donne compétence, que le contrat soit effectivement conclu ou non, à la loi applicable au contrat ou qui lui aurait été applicable (art. 12.1). Lorsque le contrat a été effectivement conclu, cette solution a le mérite de conduire à l'application d'une loi unique à l'ensemble des relations entre les parties. Dans le cas contraire même, on peut penser qu'elle correspond à leur attente. Encore faut-il cependant qu'il existe une attente raisonnable, ce qui ne sera pas le cas par exemple si une clause de loi applicable prévue dans un projet de contrat était demeurée en blanc au moment où les négociations ont été rompues. La suite du texte envisage effectivement que la loi applicable ne puisse être déterminée sur la base de la règle précédente. Cette loi sera alors en principe celle du pays dans lequel survient le dommage direct, quel que soit le pays où le fait générateur du dommage se produit, à moins que les parties n'aient leur résidence habituelle dans le même pays auquel cas la loi de ce pays est appliquée, ces deux règles étant assorties d'une clause d'exception en cas de liens manifestement plus étroits avec une autre loi (art. 12.2). On retrouve là l'application même des règles de principe du règlement en matière délictuelle (n° 799).

CHAPITRE III

LES CONTRATS

814. – Domaine des règles étudiées. Les principes dégagés en matière de contrats ont vocation à s'appliquer, à défaut de justification contraire, à l'ensemble des actes juridiques à but patrimonial. Ne sont exclus avec certitude que les actes qui intéressent le statut personnel ou familial, tels que le mariage ou la reconnaissance d'enfant, étudiés à ce titre. Les actes juridiques concernant le patrimoine familial relèvent pour partie du même régime que les contrats ; c'est en particulier le cas, selon le droit international privé français, du régime matrimonial. Ils présentent néanmoins une spécificité qui justifie un régime particulier et donc un examen séparé (Chapitre IV).

815. – Sources ; Convention de Rome et règlement 593/2008. Aucune disposition législative d'ensemble n'a été consacrée en France aux conflits de lois en matière de contrats. Le droit commun a donc été façonné par la jurisprudence. Des dispositions conventionnelles particulières sont d'abord venues s'y ajouter : les Conventions de La Haye du 15 juin 1955 *sur la loi applicable aux ventes à caractère international d'objets mobiliers corporels*, en vigueur en France depuis 1964 ; et du 14 mars 1978 *sur la loi applicable aux contrats d'intermédiaires et à la représentation* (n° 849). L'une et l'autre s'appliquent sans condition de réciprocité et se sont donc substituées au droit commun dans les matières visées[1].

L'existence du droit matériel uniforme issu de la Convention de Vienne du 11 avril 1980 sur la vente internationale de marchandises (CVIM, n° 8) laisse place aux conflits de lois en maintes situations : lorsque les parties ne sont pas établies

1. Une convention du 22 déc. 1986 sur la loi applicable aux contrats de vente internationale de marchandises, adoptée à La Haye dans le cadre élargi d'une conférence diplomatique, était appelée à remplacer celle de 1955 (v. Cohen et Ughetto, D. 1986. Chr. 149 ; Loussouarn RC 1986.271) ; mais elle n'est pas entrée en vigueur. Il en fut de même de deux conventions antérieures du 15 avril 1958, portant respectivement sur la loi applicable au transfert de propriété (n° 764) et sur la compétence du for contractuel en cas de vente à caractère international d'objets mobiliers.

dans deux États contractants, pour déterminer l'applicabilité de la Convention (art. 1.1 *b*), lorsque les parties ont écarté l'application de la Convention (art. 6), lorsque celle-ci présente une lacune dans son domaine (art. 7.2 *in fine*) ou pour les questions qui n'y entrent pas (art. 4 et 5)[1]. Un certain nombre de ventes mobilières sont par ailleurs exclues du champ d'application de la CVIM (art. 2).

Le droit commun jurisprudentiel fut pratiquement remplacé par la Convention de Rome du 19 juin 1980 sur la loi applicable aux obligations contractuelles, destinée à unifier les règles de conflit au sein des États membres de la CEE (n° 508), entrée en vigueur le 1er avril 1991 et applicable aux contrats conclus après cette date (art. 17). De portée générale et applicable sans condition de réciprocité (art. 2), elle devint ainsi le droit commun français[2]. La jurisprudence antérieure a cependant conservé un intérêt sur les points non expressément réglés par la Convention, et même sur certains de ceux qui le sont[3]. À la Convention succède le *règlement communautaire 593/2008 du 17 juin 2008*, dit « Rome I », applicable aux contrats conclus après le 17 décembre 2009, sauf en ce qui concerne le Danemark. Il reprend pour l'essentiel les dispositions de la Convention, avec quelques modifications et adjonctions[4]. On étudiera successivement la détermination et le domaine de la loi du contrat.

1. Audit, *La vente internationale de marchandises. Convention des Nations-Unies du 11 avril 1980*, 1990 ; « Les ventes internationales hors la Convention de Vienne », Rev. jur. com. 1997 n° sp. p. 112 ; Heuzé, *La vente internationale de marchandises. Droit uniforme*, 2000 ; Schlechtriem et Witz, *Convention de Vienne sur les contrats de vente internationale de marchandises*, 2008 ; Pelichet, « La vente internationale de marchandises et le conflit de lois », RCADI 1987.I.9 (t. 201). Antérieurement à la CVIM, v. Kahn, *La vente commerciale internationale*, 1961.
2. Quelques matières sont exclues : v. l'art. 1er. Un protocole, qui n'est entré en vigueur que le 1er août 2004, a permis de saisir la CJCE d'un recours en interprétation.
3. Des règles de conflit particulières ont également été adoptées dans le cadre communautaire en application de directives : ainsi, en matière de *contrat d'assurance* couvrant des risques situés dans la Communauté (exclu par l'art. 1.3 de la Convention de Rome), la directive n° 88/357 (RC 1989.144 n. Lagarde, art. Loussouarn, Rev. gén. ass. terr. 1989.291), transposée, le plus souvent sous forme de règles unilatérales, dans les art. L. 181-1 s. C. ass. (L. 31 déc. 1989, RC 1990.154). En matière de contrats passés par les *consommateurs*, *infra* n° 831. Le règlement (art. 23), comme la Convention, précise qu'il n'affecte pas ces dispositions communautaires dites « sectorielles », ce qui n'empêche pas de sérieuses difficultés d'articulation : v. Jayme et Kohler, « L'interaction des règles de conflit contenues dans le droit dérivé de la communauté européenne et des Conventions de Bruxelles et de Rome », RC 1995.1 ; Brière, « Le droit international privé européen des contrats et la coordination des sources », JDI 2009.791. On attendait plutôt du règlement l'élimination de plusieurs de ces règles. Le règlement précise également que la mise en œuvre des règles de conflit ainsi que l'application de la loi désignée ne peuvent porter atteinte aux principes destinés à favoriser le bon fonctionnement du marché intérieur (considérant n° 40) ; v. déjà CJCE, 2 nov. 1999, *Arblade*, préc. n° 65.
4. JOUE du 4.7.2008 L 177/6. Différentes modification introduites dans la proposition initiale de règlement du 15 déc. 2005 (RC 2006.349 et comm. Lagarde, p. 331) ont été abandonnées ; à la liste des exclusions ont été ajoutées les « obligations découlant de tractations menées avant la conclusion d'un contrat » (v. n° 813). L'une des adjonctions est un long préambule, dont le contenu pallie d'une certaine manière l'absence de rapport explicatif ; sur sa valeur interprétative, v. Lemaire, D. 2008.2157. La numérotation des textes diffère à partir de l'art. 5 ; ceux de la Convention sont précédés

§ 1. - DÉTERMINATION DE LA LOI APPLICABLE

Le règlement pose des règles générales de rattachement (A) et des règles destinées à protéger la partie faible dans certaines catégories de contrats (B) ; il formule en outre des dispositions concernant certains mécanismes généraux des conflits de lois (C).

A. RÈGLES GÉNÉRALES DE RATTACHEMENT

816. – Système dualiste. Le droit français, comme aujourd'hui la quasi-totalité des systèmes, avait consacré le principe de la loi d'autonomie, c'est-à-dire la faculté pour les parties de désigner la loi applicable au contrat. En l'absence de choix, la jurisprudence se prononçait en général en fonction de la localisation du contrat. Toutefois, dans le premier cas, la Cour de cassation ne prenait pas nettement parti entre la théorie subjective, selon laquelle la détermination de la loi applicable résulte directement de la volonté, expresse ou implicite, des parties[1], et la théorie de la localisation, mêlant objectivisme et subjectivisme, selon laquelle l'objet de la volonté des parties n'est que de placer le contrat sous l'empire d'une loi déterminée[2]. Mais elle semble bien avoir consacré la possibilité de « choix direct » lorsque la volonté des parties était exprimée sans équivoque. Il est donc permis d'affirmer que la jurisprudence française était dualiste[3].

Cette approche, qui était déjà celle de la Convention de La Haye de 1955 sur la vente (art. 2 et 3), a été fermement consacrée par la Convention de Rome et le règlement Rome I : les hypothèses de choix de la loi (art. 3) et d'absence de choix (art. 4) sont clairement séparées.

ci-après de la lettre C. Comme la Convention, le règlement réserve l'application des conventions internationales auxquelles un État contractant est ou sera partie (art. 25, C 21) ; cela s'applique en particulier aux deux conventions de La Haye précitées. Et elle donne la priorité aux règles du droit communautaire dérivé. Sur ces points, v. Brière, op. cit.

1. Depuis l'arrêt fondamental *American Trading* (n° 168), v. Civ. 15 janv. 1935, S. 35.1.244, RC 36.463 ; Req. 2 nov. 1937, S. 38.1.30 ; 18 oct. 1938, RC 39.127 ; Com. 18 nov. 1959, RC 60.83 n. Batiffol ; Civ. I, 21 nov. 1973, JDI 74.583 n. Bigot, RC 74.720 ; 24 janv. 1978, *Staudenmayer*, JCP 78.II.18821 concl. Gulphe, RC 78.689 n. Delaporte.
2. 5. V. évoquant l'économie de la convention et les circonstances de la cause, voire expressément la localisation du contrat : Civ. 24 avril 1952, RC 52.504 n. Motulsky, S. 52.1.185 n. Batiffol ; 9 nov. 1960, Bull. civ. I, n° 396 ; 29 juin 1971, *Nassar*, Bull. civ. I ; n° 218, JDI 72.51 n. Kahn, Rép. Com. 72.393 obs. Droz ; 15 fév. 1972, RC 73.77 n. Batiffol ; 6 fév. 1973, JDI 75.66, 1re esp., n. Audit ; 7 juin 1977, *Vetrocemento Armato*, D. 78.I.R.103, RC 78.119 n. Batiffol ; 25 mars 1980, *Mercator Press*, D. 81.I.R.162, RC 80.576 n. Batiffol, JDI 80.650 n. Kahn ; 22 juill. 1986, RC 88.56 n. Batiffol. V. aussi Paris, 10 avril 1957, JCP 57.II.10078 n. Motulsky, RC 58.120 n. Y.L., JDI 58.1002 n. Goldman ; 16 juin 1959, RC 60.72 n. Jambu-Merlin.
3. Civ. I, 6 juill. 1959, *Fourrures Renel*, RC 59.708 n. Batiffol, GA n° 35.

1. Choix de la loi par les parties

a. Principe de liberté

817. – Liberté de choix : étendue et limites. « Le contrat est régi par la loi choisie par les parties » (art. 3.1). La formule ne vise pas expressément le contrat international[1]. Mais la disposition doit être lue en conjonction avec l'art. 1.1, selon lequel le règlement s'applique aux « situations comportant un conflit de lois », et avec l'art. 3.3, selon lequel la seule désignation d'une loi applicable (ou le choix d'un for donné) ne peut permettre de s'affranchir des dispositions impératives de la loi qui serait autrement applicable[2]. Le règlement ajoute une réserve identique visant les dispositions impératives du droit de l'Union européenne lorsque tous les éléments de la situation sont localisés dans un ou plusieurs États membres (art. 3.4). Ces deux dispositions permettent de faire échec au choix d'une loi étrangère dans un contrat interne lorsque ce choix paraîtrait inspiré par la fraude[3].

Il n'est pas exigé que le contrat présente des liens effectifs avec le pays dont la loi est choisie ; les parties peuvent donc désigner une loi tierce. Mais elles ne pourront pas pour autant se soustraire facilement à l'application d'une loi impérative à laquelle le contrat se rattache étroitement : dans le cas où il apparaîtrait qu'une disposition se voulant applicable a été évincée, son autorité pourra être rétablie au titre de loi de police (art.

1. La jurisprudence française s'est efforcée de définir le contrat international, à vrai dire moins pour consacrer la liberté de choix d'un droit national étranger que pour formuler quelques règles substantielles dérogatoires aux règles internes françaises : validité des clauses monétaires à l'encontre de tout droit national contraire (n° 853), de l'accord compromissoire (n° 400). À strictement parler, le contrat international est celui qui présente lui-même et directement un élément de rattachement avec l'étranger. La jurisprudence l'a caractérisé par un mouvement de « flux et de reflux » de valeurs, de services ou de biens au travers des frontières (Civ. 17 mai 1927, *Pélissier du Besset*, et 4 nov. 1958, cités n° 853 ; Dijon, 27 avril 1983, JDI 83.610 obs. Fouchard) ou par le fait qu'il « se rattache à des normes juridiques émanant de plusieurs États » (Paris, 19 juin 1970, *Hecht*, JCP 71.II.16297 n. Goldman, JDI 71.833 n. Oppetit, RC 71.692 n. Level ; Angers, 25 sept. 1972, Rev. arb. 73.164 ; Paris, 9 nov. 1984, JDI 86.1039 n. Loquin ; 26 avril 1985, Rev. arb. 85.311 (v. cpdt Civ. I, 7 oct. 1980, *Tardieu*, JCP 80.II.19480 concl. Gulphe, RC 81.313 n. J. Mestre). Elle a admis également un critère plus souple, selon lequel l'opération en cause « met en jeu les intérêts du commerce international », expressément repris dans le nouveau Code de procédure civile pour définir l'arbitrage international (art. 1492) : Civ. 19 fév. 1930, *Mardelé*, D.H. 30.228, Rev. dr. int. pr. 30.282, JDI 31.290 27 janv. 1931, JDI 32.93, S. 33.I.41 n. Niboyet ; Req. 29 juin 1931, D.P. 31.I.140, S. 33.I.297 n. Niboyet ; 14 fév. 1934, D.P. 34.I.78, S. 34.I.297 n. A.Mestre ; 2 juill. 1935, D.H 35.457 ; Civ. 18 mai 1971, *Sté Impex*, D. 72.37, RC 72.124 n. Mezger, JDI 72.62 ; 4 juill 1972, *Hecht*, JDI 72.843 n. Oppetit, RC 74.82 n. Level, rejetant le pourvoi contre Paris, 19 juin 1970, préc. ; Paris, 13 déc. 1975, RC 76.507 n. Oppetit, JDI 77.106 n. Loquin ; 21 fév. 1980, Rev.arb. 80.524 ; 29 fév. 1980, *ibid.*, 538). Ce critère dit « économique » permet de faire bénéficier du régime plus libéral du contrat international des opérations qui ne seraient qu'internes selon le critère précédent, par exemple un contrat entre un importateur et l'utilisateur du produit importé (v. par ex. Paris, 11 avril 1972, JDI 74.620 et la note).
2. Dijon, 28 mars 2002, JCP 02.IV.2506.
3. V. d'Avout, D. 08.2165.

9, C 7, n° 839) ; de plus, en matière de contrat de travail ou passé par un consommateur, les dispositions particulières coupent court à toute tentative en ce sens. Ainsi le texte permet de donner effet en toute circonstance au choix d'une loi étrangère qui n'apparaît pas inspiré par le désir de se soustraire indûment à l'application d'une disposition nationale impérative. Ces dispositions confirment que la réserve des lois de police permet d'autoriser en principe la plus grande liberté de choix, conforme aux besoins du commerce international (n° 175)[1].

L'art. 3.5 soumet l'existence et la validité du consentement quant au choix de la loi applicable à la choisie elle-même. Il s'agit d'éviter la *regressio ad infinitum* qui résulterait de la recherche de la loi applicable au « contrat de choix »[2].

b. Manifestation du choix

818. – Absence d'ambiguïté ; difficultés d'appréciation. Les théories d'inspiration subjectiviste s'efforcent de relier en toute hypothèse la détermination de la loi applicable à la volonté des parties ; elles sont ainsi conduites à prendre en considération une volonté implicite, voire hypothétique (n° 168). Pour le règlement, en revanche, le choix « doit être exprès ou résulter de façon certaine des dispositions du contrat ou des circonstances de la cause » (art. 3.1)[3]. La formule traduit néanmoins un compromis entre le souci d'éviter des discussions sur l'existence d'une volonté implicite et celui de donner effet à une volonté qui ne serait pas douteuse, bien qu'elle ne se soit pas manifestée dans une formule explicite (« Le présent contrat sera régi par la loi X »). La réserve atténue donc le caractère tranché de la distinction entre l'hypothèse de choix (art. 3) et celle d'absence de choix (art. 4) de la loi applicable[4]. Elle est pratiquement inévitable car le fondement premier de l'application d'une loi donnée au contrat international demeure l'attente des parties, et il est toujours préférable pour le juge (ou l'arbitre) de relier la détermination de la loi applicable à celle-ci plutôt qu'à des considérations présentées comme objectives mais qui peuvent apparaître comme sa propre interprétation. Mais du même coup se trouvent nécessairement réintroduites la notion de volonté implicite des parties, au sens traditionnel de l'expression, et les discussions qu'elle soulève (d'autant que la formule utilisée n'a pas nécessairement la même portée selon la version linguistique du texte). Aussi bien la jurisprudence antérieure donne-t-elle des exemples de ce qui pourrait relever de la formule employée.

1. Sur l'éventualité d'un contrat sans loi, v. n° 821.
2. Foyer, « Le contrat d'*electio juris* à la lumière de la Convention de Rome du 19 juin 1980 », Mél. Loussouarn, 1994, p. 169.
3. De même selon la Convention de La Haye de 1955, ce choix doit être « indubitable » (art. 2).
4. V. condamnant l'affirmation d'un choix implicite des parties, Civ. I, 12 juill. 2005, D. 06.1498 obs. Courbe, RC 06.94 n. Lagarde, JDI 06.985 n. Sinay-Cytermann (cassation).

819. – Choix résultant des dispositions du contrat. L'usage d'un *contrat-type* d'un organisme donné (par ex. une police d'assurance maritime des Lloyd's) permet de penser que les parties ont entendu voir appliquer la loi du pays où siège l'organisme pour les questions non réglées par le contrat, car celui-ci a été élaboré dans le contexte de cette loi[1]. Une référence à une loi donnée dans une clause du contrat (par ex., selon laquelle le vendeur répond des vices cachés « dans les conditions prévues par les art. 1641 s. C. civ. français ») peut être interprétée comme traduisant le choix de cette loi pour l'ensemble du contrat[2]. Lorsque l'opération conclue entre les parties est connue de l'une des lois en présence, pour laquelle elle constitue un contrat nommé, et non de l'autre, il est raisonnable de la considérer soumise par la volonté des parties à celle qui la réglemente plutôt qu'à celle qui ne fournira que des principes généraux[3].

Une *clause attributive de juridiction* est volontiers interprétée comme manifestant le choix de la loi du pays correspondant (*qui elicit judicem elicit jus*) : il est naturellement plus facile pour un juge d'appliquer sa propre loi[4] ; et il est peu vraisemblable, sauf circonstances particulières,

1. Civ. 19 fév. 1930, *Mardelé*, préc. n° 817 ; Paris, 26 oct. 1962, RC 65.535 n. H.B. ; sur le cas, différent, des conditions générales professionnelles, v. Jacquet, note sous Douai, 13 juill. 1988, JDI 90.403. Concernant l'exemple donné au texte, v. cependant, en Angleterre même, *Amin Rasheed Shipping Corp. v. Kuwait Insurance Cy.* [1984] AC 50 : la loi anglaise n'est finalement déclarée applicable, devant la Chambre des Lords, que faute de réglementation suffisante dans le pays où la police avait été émise.
2. Soc. 31 mai 1972, *Thuillier*, RC 73.683 n. Lagarde, JCP 73.II.17317 n. Lyon-Caen ; Civ. I, 21 nov. 1973, JDI 74.583 n. Bigot. On pourrait envisager de voir au contraire dans la référence un emprunt dérogatoire ; mais la première interprétation doit l'emporter, parce que l'on ne saurait présumer une intention de dépeçage du contrat.
3. On cite traditionnellement deux décisions illustrant cette situation : l'une concerne un bail à moitié fruit conclu au Maroc, alors que la loi locale ne connaissait pas cette opération et qui fut déclaré soumis à la loi française (Rabat, 13 avril 1920, Rev. Alg. 21.2.242) ; l'autre une tontine, organisée par la loi vietnamienne et pour cette raison déclarée soumise à cette loi (Trib. mixte Saïgon, 3 nov. 1951, RC 52.319 n. Ponsard). On raisonnerait de même pour la constitution d'un *trust* volontaire présentant des liens avec la France et avec un pays de *common law* : il serait soumis à la loi du second. La Convention de La Haye du 1er juillet 1985 relative à la loi applicable au *trust* et à sa reconnaissance, envisageant l'hypothèse dans laquelle le constituant aurait choisi une loi ne connaissant pas l'institution du *trust* ou la catégorie de *trust* en cause, déclare ce choix sans effet ; la loi applicable est alors déterminée comme s'il n'avait pas été effectué de choix (art. 6).
4. Soc. 1er juill. 1964, JDI 65.128, RC 66.47 n. Simon-Depitre (contrat de travail) ; 26 nov. 1975, RC 76.707 n. Wiederkehr ; Civ. I, 24 janv. 1978, *Staudenmayer*, préc. n° 816 ; Com. 8 juill. 1981, D. 82.I.R.73 obs. Audit ; Civ. I, 27 oct. 1982, GP 83.1.Pan.113 ; Paris, 21 juill. 1950, JCP 50.II.5925 n. Delaume, RC 52.706 n. H.B. ; Amiens, 25 mai 1970, JDI 71.86. V. cpdt Civ. 5 mars 1969, *Zanarelli*, RC 70.280 n. Batiffol ; Paris, 10 avril 1972, JDI 73.363 n. Kahn (écartant cet indice au profit du lieu d'exécution respectivement d'un contrat de représentation et de concession commerciale). Il peut néanmoins en être autrement, par exemple, si les parties avaient discuté sans succès de la loi applicable et ne s'étaient entendues que sur le for compétent en cas de litige. Pour la Convention interaméricaine de Mexico (*supra* n. 174), « le choix d'un for déterminé par les parties n'entraîne pas nécessairement l'adoption de la loi applicable » (art. 7 al. 2). On a renoncé à prendre parti sur la question dans le règlement communautaire.

que les parties aient envisagé l'application par le juge désigné d'une autre loi que la sienne. Selon le préambule du règlement (point 12), en retrait par rapport à une disposition du projet, une clause d'élection de for exclusif et visant les juridictions d'un État membre (précision injustifiée) « devrait être un des facteurs à prendre en considération » pour la détermination de la loi applicable, ce en quoi l'on peut voir une réserve à l'égard de la présomption. Celle-ci est en toute hypothèse moins fondée lorsque la clause figure simplement dans des conditions générales. En revanche, une *clause d'arbitrage* ne saurait avoir de portée particulière : bien que le lieu de l'arbitrage rattache d'une certaine manière celui-ci à l'ordre juridique local, le choix qui en est fait procède de considérations davantage procédurales (possibilité de recourir aux autorités locales à titre de juridiction d'appui, recours susceptible d'être exercé contre la sentence) ou simplement matérielles (nationalité ou la résidence des arbitres, commodité géographique).

820. – Choix résultant des circonstances de la cause. L'intervention d'un officier public pourrait faire présumer que les parties ont entendu voir appliquer la loi de l'État dont cette autorité tient ses pouvoirs. Mais l'inférence sera mieux fondée dans le cas où l'officier public agit hors de son pays (consul) ; dans le cas contraire, le recours à son intervention peut ne répondre qu'au souci de conclure un acte régulier en la forme[1].

Une situation fréquente est celle des *contrats liés*, le droit applicable étant désigné dans l'un et non dans l'autre[2]. Lorsqu'il s'agit de contrats successifs entre les mêmes parties (ainsi d'un accord prolongeant un contrat à durée déterminée), il est permis de penser que la désignation antérieure de la loi applicable vaut pour le contrat renouvelé, à moins que la reconduction du contrat n'ait donné lieu à la modification d'éléments significatifs à cet égard. En revanche, lorsque des contrats ont une structure autonome et sont simplement liés du point de vue fonctionnel, l'esprit de la règle examinée incite à considérer que ces contrats sont en principe soumis chacun à sa loi[3]. Ceci s'applique en particulier aux sûretés conven-

1. La langue employée dans le contrat ou dans les négociations ne peut être considérée à elle seule comme manifestant la volonté de choix d'une loi correspondante, mais seulement comme un indice de rattachement objectif du contrat.
2. Par ex. entre le contrat de *joint venture* et les contrats dérivés ; v. V. Pironon, *Les* joint ventures. *Contribution à l'étude juridique d'un instrument de coopération internationale*, 2004, no 765 s. La question se pose également en cas d'absence de toute désignation du droit applicable. La présomption résultant du lien avec un autre contrat a été appliquée dans le cas où la loi de celui-ci était objectivement déterminée ; cela semble difficile dans le contexte du règlement. V. Giardina, « Les contrats liés en droit international privé », TCFDIP 1995-96.97 ; Leclerc, « Le contrat-cadre en droit international privé », TCFDIP 2002-04.3.
3. La question peut se discuter dans les rapports entre contrat-cadre et contrats d'application. Mais dans le cas des contrats de distribution, l'autonomie permet d'appliquer le cas échant la CVIM aux contrats de vente, nonobstant la désignation d'un droit national pour régir le contrat-cadre.

tionnelles, dont la loi applicable, à défaut de choix exprès, sera déterminée selon les critères de l'art. 4[1].

Il est arrivé qu'une loi soit écartée au profit de l'autre parce que ne fournissant pas une réglementation contractuelle suffisamment élaborée[2].

Lorsque l'une des lois en présence valide l'opération tandis que l'autre l'annule, on peut être tenté d'imputer aux parties le choix de la première parce que leur volonté ne peut avoir été de conclure un contrat nul et que le choix leur était ouvert[3].

c. Prolongements du principe

821. – Dépeçage du contrat ; contrat sans loi. Bien que l'art. 3.1 vise la désignation par les parties de « la » loi applicable au contrat, la fin du texte consacre indirectement la possibilité d'un dépeçage en énonçant que par leur choix « les parties peuvent désigner la loi applicable à la totalité ou à une partie seulement de leur contrat ». Cette disposition innovait par rapport à une conception traditionnelle plutôt hostile au dépeçage des contrats par souci de respect des ensembles législatifs et par crainte d'un déséquilibre entre les parties[4]. L'évolution sur ce point se justifie par le développement des contrats complexes, formé de parties hétérogènes (fourniture d'ensemble industriel, par ex.), et le fait que la transition est insensible entre un contrat unique, mais comportant des parties intellectuellement séparables, et un ensemble de contrats unis par des liens étroits, dont on admet sans difficulté qu'ils soient délibérément soumis à des lois différentes. Ces considérations permettent de préciser la portée de la disposition adoptée.

Selon une lecture littérale, le texte ne permet que d'excepter une partie du contrat de la désignation de la loi applicable, sans plus. La loi

1. La jurisprudence antérieure considérait en revanche le cautionnement comme soumis, sauf indication contraire, à la loi de l'obligation garantie v. Civ. I, 1er juill. 1981, JDI 82.148 n. Bourel, RC 82.336 n. Lagarde ; et encore, 14 fév. 1997, JCP 98.II.22828 n. Muir Watt. Une détermination distincte de la loi du cautionnement est particulièrement fondée lorsque celui-ci émane d'une banque ; de même pour une garantie indépendante en raison de son autonomie essentielle par rapport au contrat de base (sur la question, v. Pelichet, « Garanties bancaires et conflits de lois », RDAI 1990.335). À plus forte raison, le fait qu'une sûreté soit régie, du fait de la situation de l'immeuble, par la loi française est-il sans influence sur la loi applicable au prêt garanti : v. Civ. I, 19 janv. 1999, D. 99. Somm. 292, JCP 99.II. 10248 n. Vignal.
2. V. sentence *Cheikh d'Abu Dhabi*, citée n° 277, écartant en matière de concession pétrolière la loi du lieu d'exécution de la concession. De même, la volonté des parties de localiser le contrat en France a été dégagée du fait que la loi du lieu d'exécution « n'était pas appropriée à l'économie de l'opération » : Civ. 29 oct. 1974, JDI 75.314 n. Fouchard, RC 76.91 n. Batiffol.
3. V. procédant à une sorte de localisation validante, Soc. 5 mars 1969, *Zanarelli*, RC 69.579. Mais aussi, Civ. 28 juin 1966, *Cametz*, RC 67.334 n. Batiffol, JDI 67.376 n. Kahn, annulant la vente, conclue en France entre Français, d'un fonds de commerce situé en Côte d'Ivoire, pour défaut dans l'acte des mentions requises par la loi française (art. 12 de la loi de 1935) ; 25 oct. 1989, RC 90.732 n. Courbe.
4. Lagarde, « Le dépeçage dans le droit international privé des contrats », Riv. dir. int. pr. proc. 1975.649.

applicable pour le surplus serait déterminée selon les dispositions de l'art. 4. Mais outre que cette conception paraît inutilement restrictive, si cette loi se révèle celle-là même qui a fait l'objet de choix de la part des parties pour les autres parties du contrat, on s'expose à méconnaître l'intention des contractants de l'écarter pour la partie qu'ils ont exceptée. On est par là conduit à admettre la possibilité de désigner des lois différentes pour différentes parties du contrat[1]. S'il apparaissait dans un cas donné que la faculté de dépeçage a été utilisée pour tenter de s'affranchir indûment d'une disposition nationale impérative, l'art. 3.3, 3.4 ou l'art. 9 (C 7), réservant les lois de police, y pourvoiront.

Le fait que l'art. 3.1 vise une désignation partielle peut également être interprété comme autorisant les parties à détacher la partie non visée de toute loi : leur permettre, d'une part, de stipuler que les différentes parties de leur contrat seront régies par des lois différentes, d'autre part de choisir une loi sans lien avec le contrat (n° 817), implique d'une certaine manière qu'aucune loi ne s'impose entièrement à elles. Il n'y aurait donc qu'un pas à franchir pour leur permettre de décider que leur contrat, ou une partie de celui-ci, ne sera soumis à aucune loi[2].

En France, la Cour de cassation a dans un arrêt fameux énoncé que « tout contrat est nécessairement rattaché à la loi d'un État »[3]. Mais, dans cette affaire même, la règle de fond appliquée (validité de la clause valeur-or dans un emprunt international) l'a été à l'encontre d'une loi interne impérative et sa source nationale n'a pas été précisée. De même, dans plusieurs autres décisions, en France et à l'étranger, le principe d'autonomie consacré a eu pour effet d'écarter une disposition impérative de la loi autrement applicable, sans que cela se rattache nécessairement à l'application d'une loi donnée[4]. L'affirmation de l'arrêt *Messageries maritimes* semble dépassée au regard de l'évolution de la pratique. De nombreux contrats, parmi les plus importants, ne contiennent délibérément aucune désignation de loi applicable, sont soumis à arbitrage et invitent les arbitres à appliquer les principes généraux du droit ou les usages du commerce international. Le Code de procédure civile (art. 1496) invite les arbitres à appliquer les « règles de droit » que les parties ont choisies. Il est vrai que cette pratique reste tributaire de l'exécution des sentences dans un pays donné : dès lors que l'exécution forcée ne peut intervenir que dans un cadre étatique, l'ordre juridique requis est susceptible de s'opposer à une méconnaissance de dispositions qu'il considère comme impéra-

1. On pourrait néanmoins avoir dans cette hypothèse à déterminer parmi les lois désignées une « loi du contrat » (v. art. 12 du règlement, faisant référence à cette notion) ; mais il devrait normalement se dégager assez facilement du contrat celle qui a un rôle principal.
2. Cette question est traditionnellement débattue : Peyrefitte, « Le problème du contrat dit 'sans loi' », D. 1965.Chr.113 ; Level, « Le contrat dit sans loi », TCFDIP 1964-66, p. 209 ; Jacquet, « L'incorporation de la loi dans le contrat », TCFDIP 1994-96, p. 23 ; L. Gannagé, « Le contrat sans loi devant les tribunaux étatiques... », Mél. Foyer, 2008, p. 417 ; Béraudo, « Faut-il avoir peur du contrat sans loi ? », Mél. Lagarde, 2005, p. 93.
3. Civ. 21 juin 1950, *Messageries Maritimes*, D. 51.749 n. Hamel, JCP 50.II.5812 n. Lévy, S. 52.1.1 n. Niboyet, RC 50.609 n. Batiffol, GA n° 22.
4. Tel était déjà le cas dans l'arrêt *American Trading* (préc. n° 168), où une clause nulle selon le droit américain désigné a été soustraite, et elle seule, à l'application de cette loi ; v. depuis Civ. 4 juill. 1972, *Hecht*, JDI 72.843 n. Oppetit, RC 74.82 n. Level. En Angleterre, v. *Sawyers v. International Drilling Co.*, JDI 73.441 obs. Lipstein.

tives. Mais la Cour de cassation admet qu'une sentence arbitrale appliquant les principes et usages du commerce n'en est pas moins rendue « en droit »[1]. L'existence, aujourd'hui, d'instruments non législatifs destinés à offrir aux opérateurs du commerce international un ensemble de règles spécialement adaptées (n° 8) va dans le même sens, même si le choix de ces règles est sans préjudice de l'application de règles impératives d'origine étatique[2].

La proposition de règlement Rome I consacrait cette évolution en permettant expressément aux parties de « choisir comme loi applicable des principes et règles de droit matériel des contrats, reconnus au niveau international ou communautaire ». Des oppositions ont entraîné son retrait du texte définitif. Néanmoins, selon une disposition du préambule, le règlement « n'interdit pas aux parties d'intégrer par référence dans leur contrat un droit non étatique ou une convention internationale ». On admettra donc une référence aux Principes Unidroit, ou à la CVIM lorsqu'elle ne serait pas applicable selon ses propres termes. Cette possibilité doit être approuvée, dès lors qu'elle est sans préjudice de l'application d'une disposition indérogeable de la *lex contractus* autrement applicable et, le cas échéant, d'une loi de police d'un autre pays auquel le contrat se rattache.

822. – Moment du choix de la loi. L'art. 3.2 du règlement donne effet à un choix de la loi applicable par les parties effectué postérieurement à la conclusion du contrat. C'est là une conséquence logique du principe de liberté de choix, dont les raisons valent aussi bien après la conclusion du contrat qu'au moment où il est passé. On note également qu'un choix postérieur à la conclusion du contrat peut toujours se manifester de manière implicite lorsqu'un litige s'élève et que les parties plaident spontanément selon une loi donnée[3]. Il n'y a qu'un pas à franchir pour permettre aux parties la modification d'un choix exprès, ou l'application d'une autre loi que celle résultant des dispositions du règlement en l'absence de choix.

Pratiquement, deux situations peuvent se présenter. Selon la première, les parties n'avaient effectué, au moment de la conclusion du contrat, aucun choix selon l'art. 3.1 ; la loi applicable devrait alors être déterminée par le juge selon les principes formulés par l'art. 4. Or on ne voit aucun inconvénient à ce que les parties se mettent d'accord à ce moment sur la loi applicable, dans les mêmes conditions que si elles avaient effectué un choix initial ; parfois, il ne s'agira même que d'une confirmation d'un accord insuffisamment explicite. Selon la seconde situation, les parties avaient effectué un choix, mais décident de le modifier en désignant une autre loi, soit pour l'ensemble du contrat, soit pour telle de ses parties. Dans tous les cas, néanmoins, lorsqu'un tribunal a été saisi, la loi de procédure pourra fixer des conditions ou des limites à la possibilité de désigner ou de modifier la loi applicable.

1. V. les décisions citées *supra* n° 8.
2. V. par ex. Principes Unidroit, art. 1.4. Romano, « Le choix des principes Unidroit par les contractants à l'épreuve des dispositions impératives », JDI 2007.473 ; Ancel, « *Auctoritate rationis*. Le droit savant du contrat international », in *Clés pour le siècle*, 2000, p. 265.
3. V. déjà en jurisprudence française, Civ. 12 mai 1930, S. 31.I.129 n. Niboyet ; Com. 18 nov. 1959, RC 60.83 n. Batiffol ; Colmar, 16 nov. 1935, JDI 1937.781.

Le texte ne précise pas la forme d'un choix postérieur au contrat. On pourra se montrer particulièrement exigeant sur son caractère exprès dans cette hypothèse.

La possibilité d'une désignation de la loi applicable postérieurement au contrat est assortie d'une précision et d'une réserve. La première est qu'un tel choix n'affecte pas la *validité formelle* du contrat. Elle s'impose parce que le règlement soumet par ailleurs (de manière alternative) la forme du contrat à la loi qui le régit au fond (n° 844) ; or il serait contraire à la volonté des parties et au fondement de la règle alternative (n° 180) qu'une modification convenue du droit applicable au fond remette en cause la validité en la forme des engagements pris. La réserve est celle des *droits des tiers* ; même si la loi nouvelle ne permet pas que le contrat crée des droits en faveur de tiers (à l'instar, par exemple, du droit anglais), il ne faut pas que le changement remette en cause des droits valablement conférés selon la loi qui s'appliquait antérieurement au contrat[1]. La question de savoir qui sont les tiers et s'ils ont acquis des droits devra être résolue par le juge selon les principes de droit international privé du for.

Entre les parties, la question se pose de savoir si la désignation ou la modification du droit applicable est rétroactive ou ne prend effet qu'à sa date. Il leur appartient de se prononcer sur ce point. À défaut, il est certain, par analogie avec ce qui est prévu quant à la validité formelle du contrat, que le changement ne doit pas conduire à remettre en cause l'effet d'actes accomplis par les parties. Mais celles-ci n'ont pas le pouvoir de placer sous l'empire d'une loi donnée une opération ou une clause qui ne seraient pas valides selon cette loi.

823. - Modification de la loi choisie. Le fait que l'art. 3.1 déclare le contrat « régi par » la loi choisie peut être interprété comme impliquant une subordination du contrat par rapport à la loi. Une conséquence en serait qu'une modification ultérieure de la loi choisie, voulue applicable par le législateur aux contrats en cours, s'imposerait aux parties. Mais la très large autonomie qui leur est par ailleurs reconnue par le règlement incite à ne se prononcer pour cette solution que si la disposition en cause peut être considérée en outre comme internationalement impérative[2].

2. Absence de choix

824. – Économie de l'art. 4. L'on s'était efforcé dans la disposition de la Convention de Rome relative à la détermination de la loi applicable à défaut de choix (art. 4) de ménager différentes considérations : énoncer un principe commun à tous les contrats, tout en tenant compte de la spécificité de certains ; formuler un critère général de rattachement, sans être lié par lui lorsqu'il se révèle inapproprié. Le texte s'est ressenti de la difficulté de

1. Dans le cas du droit français, une stipulation pour autrui ne devient irrévocable que par l'acceptation du tiers ; le changement de droit applicable serait donc pleinement efficace jusqu'à ce moment.
2. V. soustrayant le contrat à une disposition modificative de la loi qui s'y appliquait : Civ. 15 janv. 1935, S. 35.1.244, RC 36.463 ; Req. 18 oct. 1938, RC 39.127.

la synthèse recherchée. Il posait un principe général fondé sur les liens les plus étroits du contrat, assorti de présomptions destinées à faciliter l'application du principe et privilégiant la *résidence habituelle de la partie qui fournit la prestation caractéristique du contrat*, puis une clause de réserve ramenant au principe. Le règlement procède différemment : il énonce des règles de rattachement fixes pour un certain nombre de contrats nommés, règles procédant du critère de la prestation caractéristique ; ce critère est ensuite formulé à titre général pour tous les autres contrats (ce qui rejoint le principe du pays d'origine) ; enfin le critère des liens les plus étroits est retenu à titre subsidiaire lorsque les règles précédentes sont inopérantes[1].

La détermination de la loi applicable selon l'art. 4 vaut pour l'ensemble du contrat. Le règlement n'a pas repris la disposition de la Convention autorisant à titre exceptionnel le juge appelé à dégager la loi du contrat à conclure qu'une partie de celui-ci, qui en est distincte, se rattache plus étroitement à une loi différente. L'interprétation restrictive qu'a donné l'arrêt *ICF* de la faculté de dépeçage judiciaire restera ainsi de peu de portée[2].

825. – Rattachements déterminés. Selon l'art. 4.1, les contrats de *vente de biens*, de *prestation de services*, de *franchise* et de *distribution* sont régis par la loi du pays dans lequel respectivement le vendeur, le prestataire, le franchisé et le distributeur ont leur résidence habituelle. Pour les deux premiers, il s'agit de l'application du principe général suivant (n° 826)[3]. Pour les deux autres, la règle coupe court à la question de savoir quelle est la prestation caractéristique du contrat, qui a donné lieu à de sérieuses hésitations[4]. Elle s'inspire de l'idée, non toujours fondée, que le distributeur serait la partie à protéger (considérant n° 23). On tend à considérer que la règle ne vaut pas seulement pour le contrat-cadre mais pour les différentes opérations auxquelles il donne lieu. Son existence simplifiera

1. Sur l'article 4, v. Ferrari, RC 2009.459 ; B. Ancel, in Coll. ISDC 2009, *op. cit.*
2. CJCE, 6 oct. 2009, C-133/08, JCP 09, n° 550 n. d'Avout et Perreau-Saussine, D. 10. 236 n. Jault-Seseke, RC 10.199 n. Lagarde, RDC 10.701 n. Deumier, Racine et Treppoz.
3. S'agissant de la vente, la Convention de La Haye de 1955 (n° 815), qui sera fréquemment applicable, se réfère de même à la résidence habituelle du vendeur, tout en prévoyant une large exception en faveur de celle de l'acheteur si c'est dans ce pays que la commande a été reçue (art. 3) ; v. appliquant celle-ci, TGI Dunkerque, 19 fév. 1986, JDI 86.713 n. Kahn. La loi du 21 juin 2004, prise en application de la directive du 8 juin 2000 sur certains aspects du commerce électronique donne également compétence à la loi de l'État de l'établissement du prestataire, encore que dans un esprit différent (principe d'origine, *supra* n. 65 ; la désignation du « commerce électronique », qui ne constitue pas une catégorie de rattachement, n'est au demeurant pas limitée aux situations contractuelles). Les ventes aux enchères sont soumises à la loi du pays où se déroulent les enchères (règlement, art. 4,1, g ; Convention de La Haye, art. 3.3) ; cette disposition ne règle pas la question des enchères électroniques.
4. La Cour de cassation avait pour sa part finalement jugé, mais sans s'en justifier, que la prestation caractéristique était celle du fournisseur : Civ. I, 15 mai 2001, JCP 01.II.10634 n. Raynard, JDI 01.1121 n. A. Huet, D. 02. 198 n. Diloy et Somm. 1397 obs. Audit, RC 02.86 n. Lagarde ; 25 nov. 2003, RC 04.102 n. Lagarde, JDI 04.1177 n. M.-E. Ancel. V. M.-E. Ancel, « Les contrats de distribution et la nouvelle donne du Règlement Rome I », RC 2008.561.

la mise en œuvre de l'art. 5, 1° du règlement n° 44/2001, aux fins de compétence juridictionnelle (n° 528).

Selon le même texte, lorsque le contrat a pour objet un *droit réel immobilier* ou un *bail d'immeuble*, il est régi par la loi du pays dans lequel est situé l'immeuble. On sait que dans le premier cas, il y a en principe lieu de distinguer les questions contractuelles des questions réelles, ces dernières étant seules soumises en tant que telles à la *lex rei sitae* (n° 159, 772). Néanmoins, l'immeuble exerce une attraction à l'égard même des questions purement contractuelles ; et la règle permet d'assurer l'unité de loi applicable aux différents aspects de l'opération[1]. Il appartient aux parties, si elles souhaitent voir appliquer une autre loi à leurs relations, d'exercer la faculté de choix offerte par l'art. 3 ; à défaut, il est raisonnable de considérer que l'application de la loi locale correspond à leur attente[2]. S'agissant des baux, ceux-ci font souvent l'objet de dispositions impératives, qu'il faudrait autrement faire respecter comme lois de police (n° 117). Le règlement a introduit une exception à la loi du lieu de situation de l'immeuble lorsque le bail est pour un usage personnel et d'une durée de six mois au plus : la loi de la résidence habituelle du propriétaire s'applique lorsque le locataire est une personne physique ayant sa résidence habituelle dans le même pays (rappr. en matière juridictionnelle, n° 558). Ne sont pas visés par l'art. 4 les contrats ayant pour objet la construction ou l'entretien d'un immeuble. À leur égard, néanmoins, l'application de la loi locale résultera souvent de l'application du critère de l'établissement de la partie qui fournit la prestation caractéristique ou de la clause d'exception[3].

Une disposition distincte du règlement rassemble les contrats de *transport de marchandises* et de passagers. Le second relève des dispositions protectrices d'une partie (n° 832-1). En ce qui concerne le premier est désignée, à défaut de choix, la loi du pays où le transporteur a sa résidence habituelle pourvu que ce soit aussi le lieu de chargement, ou celui de livraison ou celui de la résidence habituelle de l'expéditeur ; à défaut s'appliquera la loi du lieu de livraison convenu (art. 5.1)[4].

1. Le facteur de stabilité se retrouve avec le fonds de commerce, sans être décisif. La présomption a été écartée dans l'arrêt *Cametz*, préc., n° 820.
2. Civ. 24 avril 1952, préc. ; Civ. 28 mars 1960, RC 60.202 n. Batiffol. La clause d'exception pourrait cependant permettre d'appliquer la loi de la nationalité commune des parties, comme l'ont fait certaines décisions antérieures à la Convention de Rome : Civ. 9 oct. 1956, RC 57.572 n. Batiffol ; Paris, 10 juin 1967, D. 69.221 concl. Granjon, JDI 68.100 obs. Dayant.
3. V. Paris, 22 nov. 1980, JDI 81.585 n. Kahn. Rémery, « Remarques sur le conflit de lois applicables au contrat international de construction d'immeuble », D. 1985. Chr. 255 ; Glavinis, *Le contrat international de construction*, 1993. TGI Poitiers, 22 déc. 1999, RC 01.670 n. Rémy-Corlay (contrat d'architecte, clause d'exception). Sur l'incidence du règlement Rome I, v. Senechal, Rev. dr. imm. 2008.526 ; Perreau-Saussine, Rev. dr. imm. 2009.512.
4. Sur l'art. 5, v. d'Avout, Lamy dr. aff. juill.-août 2008.69 ; Legros, Rev. dr. transp. 09, ét. 3.

826. – Règle générale : localisation médiate du contrat par la prestation caractéristique. Aux termes de l'art. 4.2, lorsque le contrat n'est pas couvert par les règles précédentes, ou « lorsque les éléments du contrat sont couverts par plusieurs points » (contrat complexe), le contrat est régi par la loi du pays dans lequel la partie qui doit fournir la prestation caractéristique a sa résidence habituelle. On sait comment la notion de prestation caractéristique a été dégagée et quels sont ses mérites (n° 177). Cependant, la localisation du contrat par ce critère n'est pas ici immédiate : l'on ne s'attache pas au lieu d'exécution de la prestation, mais à la résidence habituelle de la partie qui la fournit. Ce parti a été expliqué par la difficulté, parfois, de se prononcer sur le lieu d'exécution d'une obligation[1] ou parce qu'il se peut que l'exécution d'une obligation soit fractionnée et prenne place en plusieurs pays. On invoque également le fait que les différents contrats conclus par une entreprise seront ainsi soumis à la même loi ; l'argument est cependant faible, dès lors qu'il appartient à celle-ci d'en stipuler l'application (ce qu'elle fait au demeurant presque toujours par des « conditions générales »)[2].

Le règlement a ajouté une disposition (art. 19) définissant la résidence habituelle : pour une personne physique, son établissement principal ; pour une personne morale, le lieu où elle a établi son administration centrale. Contrairement à ce qui est le cas pour l'application du règlement 44/2001 en matière de compétence juridictionnelle (n° 524), ce dernier critère est unique afin d'assurer la sécurité du droit applicable à un contrat. La Convention prévoyait déjà que lorsque le contrat est conclu dans le cadre de l'exploitation d'une succursale, agence ou autre établissement, ou lorsque, selon le contrat, la prestation doit être fournie par une telle émanation, le lieu de celle-ci est traité comme résidence habituelle[3]. Par là, on aboutira fréquemment en fait à l'application de la loi du pays où s'exécute effectivement la prestation du débiteur.

827. - Clause d'exception. Le rattachement retenu par une règle de conflit peut dans certains cas ne pas se révéler le plus significatif au regard de l'ensemble des circonstances, ce qui a suscité des clauses d'excep-

1. Il se peut aussi que ce lieu soit peu significatif : ainsi dans la vente internationale de marchandises, la livraison (dont le sens juridique n'est pas celui du langage courant qui la situe implicitement à l'établissement de l'acheteur) est susceptible de se situer en différents lieux entre l'établissement du vendeur et celui de l'acheteur en fonction de considérations (organisation du transport, répartition des frais et des risques) étrangères à la question du droit applicable (v. les *Incoterms*). Mais la vente faisant l'objet d'une règle précise dans le règlement, l'argument perd beaucoup de sa force.
2. On explique cependant ainsi la disposition de la loi du 21 juin 2004 sur la confiance dans l'économique numérique, transposant la directive européenne sur le commerce électronique, qui dispose que l'activité du prestataire est soumise à la loi de l'État membre sur lequel cette personne est établie, sous réserve de l'intention des parties (art. 17) ; ceci ne peut cependant priver le consommateur de la protection que lui accorde normalement le règlement (n° 832).
3. V. Paris, 15 juin 1994, JDI 94.1011 n. Jacquemont (prêt bancaire). Sur la loi applicable aux contrats bancaires selon la Convention, v. Sousi-Roubi, D. 1993. Chr. 183.

tion dans les législations modernes de droit international privé (n° 107). Selon l'art. 4.3, les règles précédentes peuvent être délaissées « lorsqu'il résulte des circonstances de la cause que le contrat présente des liens manifestement plus étroits avec un pays autre » que celui désigné par ces règles ; la loi de cet autre pays est alors appliquée. Ainsi dans la mesure où l'on admettrait que la prestation caractéristique dans le prêt est celle du prêteur, on hésitera dans un emprunt obligataire émis en différents pays à soumettre l'opération à autant de lois en fonction de la résidence des prêteurs ; le contrat d'emprunt sera centralisé dans l'État du siège de l'émetteur ou celui dans lequel il a été émis. L'inconvénient de la clause d'exception est cependant d'encourager les litiges ; l'adverbe « manifestement » a été inséré dans le règlement en considération de ce risque[1].

On peut se demander dans ce contexte quelle influence reconnaître au facteur de la nationalité, du domicile ou siège social des parties, lorsqu'ils sont communs. Certaines législations européennes (italienne, espagnole, portugaise) ont retenu dans le passé le critère de la nationalité commune à titre subsidiaire. Il est récusé au motif du caractère patrimonial de la relation à régir. Mais l'objection, qui ne vaut pas dans le cas de domicile ou de siège social commun, méconnaît le titre auquel la loi commune des parties peut être appliquée en matière contractuelle : non pas en tant que loi personnelle, mais parce que les intéressés sont censés la connaître, ou lui accorder leur confiance ou simplement s'attendre à son application. Il est d'autant plus légitime de tenir compte de ce facteur psychologique que la loi en concours avec la loi commune aux parties sera éloignée des traditions juridiques de celle-ci.

828. – Principe subsidiaire. Lorsque la loi applicable ne peut être déterminée sur la base des paragraphes 1 et 2 de l'art. 4, le règlement invite à appliquer la loi du pays avec lequel le contrat présente les liens les plus étroits (art. 4. 4). La formule synthétise différentes approches plus ou moins objectives connues des droits nationaux : groupement des points de contact, centre de gravité, *proper law* ou, en droit français, localisation (n° 172)[2]. Parmi les contrats nommés dont ne se dégage pas une prestation caractéristique, on donne traditionnellement en exemple, outre la concession commerciale ou la franchise déjà citées, l'échange et le prêt d'ar-

1. Sous l'empire de la Convention de Rome, v. une application contestable de la clause d'exception à un contrat de cautionnement : Versailles, 6 fév. 1991, D.91.174 n. Mondoloni, RC 91.745 n. Lagarde, JDI 92.125 n. Foyer, RTDE 92.529 obs. Gaudemet-Tallon ; sanctionnant une décision pour avoir fait jouer la clause sans procéder à une comparaison avec les rattachements de l'art. 4.2 C, Com. 19 déc. 2006 , D. 07. Pan. 1755 obs. Courbe et 2567 obs. Bollée, Rev. contrats 07.467 obs. Deumier, RC 07.592, 1re esp., n. Lagarde ; et sur ce que le juge n'a pas à rechercher d'office si la clause d'exception pourrait recevoir application, 22 mai 2007, RC 07.592, 2e esp., n. Lagarde.
2. Selon la jurisprudence française antérieure à la Convention de Rome, les juges du fond interprétaient souverainement la volonté des parties pour la localisation du contrat (comme pour la détermination directe de la loi applicable) : Civ. I, 29 juin 1971, *Nassar*, préc. n° 793 ; 24 janv. 1978, *Staudenmayer*, préc. *ibid.* ; mais ils devaient dégager celle-ci de l'ensemble des circonstances et non d'un seul indice : 7 juin 1977, *Vetrocemento Armato*, préc. *ibid.*

gent, la transaction[1] ou les contrats d'exploitation du droit d'auteur[2]. Les contrats complexes (tels que les contrats de coopération industrielle) sont aussi fréquemment rebelles à l'identification d'une prestation caractéristique[3]. En ce qui concerne la détermination du pays avec lequel le contrat présente les rattachements les plus étroits pourra être pris en compte le lien du contrat avec un ou plusieurs autres (n° 820).

829. – Contrats passés par un État. La Convention de Rome n'a pas traité de la catégorie particulière des contrats passés par un État, ou une entité étatique, avec une personne privée. Il est vrai que ceux-ci sont fréquemment soumis à un régime dérogatoire, de droit public, dans l'État concerné ; et le règlement précise qu'il ne s'applique pas en matière administrative. Il arrive cependant que l'État agisse dans les mêmes conditions qu'une personne privée. La Cour de cassation a pu énoncer dans ce cas, mais à propos d'un bail immobilier passé par l'État français à l'étranger, qu'« aucune présomption particulière ne s'applique en faveur de la loi de l'Etat »[4]. La CPJI avait au contraire déclaré peu avant qu'un État souverain ne peut être présumé avoir soumis la substance de sa dette et la validité des engagements pris par lui à ce sujet à une loi autre que sa loi propre[5]. La pratique contemporaine des emprunts internationaux est cependant que l'État accepte l'application d'une autre loi que la sienne, le plus souvent celle du prêteur, et renonce en outre à son immunité de juridiction[6]. Hors des États naguère à économie collective, la tendance a été de ne pas admettre la présomption d'application de la loi de l'État partie et de s'attacher aux critères généraux habituels.

Dans les contrats où l'État agit ès qualité, il peut cependant être présumé que le contrat est soumis à sa loi. Encore faut-il sous-distinguer deux situations. Parfois, le cocontractant de l'État s'est placé sous un régime de droit public prévu par le droit de l'État partie, tel que celui du contrat administratif français : ainsi lorsqu'il s'est soumis à une procédure d'agrément ou qu'il a adhéré à un régime de marché public. L'applicabilité

1. Jarrosson, « Le contrat de transaction dans les relations internationales », RC 1997.657.
2. Azzi, « Les contrats d'exploitation des droits de propriété littéraire et artistique en droit international privé : état des questions », RIDA, oct. 2007, p. 3.
3. V. par ex. V. Pironon, *op. cit.*, proposant – au titre des liens les plus étroits – la loi du pays d'accueil dans les *joint ventures* d'investissement et celle du lieu où s'exerce le contrôle conjoint dans les contrats de coopération ; Boucobza, *L'acquisition internationale de société*, 1998 (identifiant le transfert du pouvoir sociétaire comme l'objet de la prestation caractéristique); sur les contrats d'exploitation d'œuvres créées avec des capitaux extérieurs (œuvres audiovisuelles), Josselin-Gall, *op. cit. sub* n° 780 ; sur le contrat entre serveur de réseau numérique en ligne et représentant de l'auteur ou de l'artiste, Gautier, D. 1996. Chr. 131.
4. Civ. 31 mai 1932, D.P. 32.1.169 n. Crémieux, S. 33.1.17 n. Niboyet, JDI 33.347 ; v. également Paris, 10 avril 1957, préc. (affrètement d'un navire) ; 18 fév. 1968, RC 1969.257 n. M.S.-D. (contrat passé avec un avocat).
5. CPJI 12 juill. 1929, D.P. 30.2.45 n. Decensière-Ferrandière, S. 29.4.17, JDI 29.977, Rev. dr. int. pr. 29.427 n. Niboyet.
6. Gaillard, « Aspects de droit international privé de la restructuration de la dette privée des États », TCFDIP 1988-89.77.

du droit de l'État ne fait alors pas de doute. Dans les contrats dits d'investissement ou de développement économique (portant sur la mise en valeur de ressources naturelles, l'implantation d'ensembles industriels ou des travaux d'infrastructure), la situation est beaucoup moins nette. Le cocontractant récuse la prétention de l'État ou de la partie publique, fondée sur la notion d'intérêt public, à l'application exclusive de sa loi. Cela se traduit souvent par une clause de droit applicable associant au droit de l'État, selon les cas, le droit international, les principes généraux du droit, les usages ; ou par une clause de stabilisation du droit de l'État ou d'intangibilité de la réglementation applicable au contrat. Ces dispositions sont renforcées par la soumission des litiges éventuels à l'arbitrage, ce qui renvoie le cas échéant aux arbitres la difficulté de dégager le régime applicable[1]. La Convention de Washington du 18 mars 1965 a mis sur pied un centre institutionnel d'arbitrage en vue de faciliter les règlements des difficultés entre États ou entreprises publiques et investisseurs ; la disposition relative à la loi applicable par les arbitres (art. 42.1, cité n° 42) renvoie aux « règles de droit adoptées par les parties » ; à défaut, il ne tranche pas le dilemme entre la thèse de l'application du droit de l'État et celle de la « délocalisation » du contrat[2].

Une catégorie nouvelle est aujourd'hui constituée par des accords de coopération transnationaux entre collectivités locales (jumelages, protection de l'environnement, coopération universitaire...). Du fait qu'ils ne concernent que des personnes publiques infra-étatiques, on peut admettre qu'ils soulèvent un véritable conflit de lois de droit public, auquel pourraient s'appliquer, à défaut de stipulations expresses, les principes du droit international privé (y compris en ce qui concerne les conflits de juridiction, sans préjudice du recours à l'arbitrage)[3].

Voy. : B. Audit, *L'arbitrage transnational et les contrats d'État*, Nijhoff, 1988 ; Berlin, *Le régime juridique international des accords entre États et ressortissants d'autres États*, thèse dactyl. Paris I, 1981 ; Jacquet, « L'État, opérateur du commerce international », JDI 1989.621 ; Laazouzi, *Les contrats administratifs à caractère international*, Economica, 2008 ; J.-Fl. Lalive, « Contrats entre États ou entreprises étatiques et personnes privées », RCADI 1984.III.11 (t. 181) ; Leboulanger, *Les contrats entre États et entreprises étrangères*, Economica, 1985 ; Leben, « Retour sur la notion de contrat d'État et sur le droit applicable à celui-ci », Mél. Thierry, 1998, p. 247 ; « La théorie du contrat d'État et l'évolution du droit international des investissements », RCADI 2003 (t. 302), p. 212 ; P. Mayer, « La neutralisation du pouvoir normatif de l'État en matière de contrats d'État », JDI 1986.5 ; Tschanz, « Contrats d'État et mesures unilatérales de l'État devant l'arbitre international », RC 1985.47 ; Weil, « Problèmes relatifs aux contrats passés entre un État et un particulier », RCADI 1969.III.95 (t. 128), « Droit international et contrats d'État »,

1. V. par ex. sentence *Texaco/Calasiatic c. Libye*, 19 janv. 1977, JDI 77.350 et art. Rigaux, RC 1978.345. B. Stern, « Trois arbitrages, un même problème, trois solutions », Rev. arb. 1982.3.
2. Delaume, « Le CIRDI », JDI 1982.775 ; Gaillard, *La jurisprudence du CIRDI*, 2004.
3. M. Audit, *Les conventions transnationales entre personnes publiques*, 2002 ; Osman, « Un nouveau champ d'exploration pour le droit international privé... », RC 1997.403 ; S. Lemaire, *Les contrats internationaux de l'administration*, 2005.

Mél. Reuter, 1980, p. 541 ; Wengler, « Les principes généraux du droit en tant que loi du contrat », RC 1982.467.

B. RÈGLES TENDANT À LA PROTECTION D'UNE PARTIE FAIBLE

830. – Justification de dispositions protectrices ; mécanisme adopté. La protection aujourd'hui assurée par de nombreux droits internes, dont le droit français, à certaines catégories de contractants réputées plus faibles doit également l'être dans le contexte international ; à défaut, la liberté de choix de la loi applicable ne manquerait pas d'être utilisée au détriment des intéressés[1]. Il est vrai que la notion de loi de police peut permettre de rétablir la protection qui serait écartée par le choix d'une loi donnée. Mais ce remède est inadéquat à une vaste échelle : il suppose pratiquement l'intervention d'un juge, il ne s'applique qu'à des dispositions ponctuelles et il dépend d'une appréciation de différents facteurs (n° 840). De manière préventive, la Convention de Rome assurait l'application de la loi la plus proche de la partie à protéger dans deux catégories de contrats : les contrats de consommation (art. 5, devenu art. 6 dans le règlement) et le contrat individuel de travail (art. 6, devenu art. 8)[2]. Ainsi le régime général précédemment étudié était-il réservé aux contrats à caractère commercial ou professionnel. Le règlement a ajouté, dans le même esprit, des dispositions propres aux contrats de transport de passagers (art. 5.2) et d'assurance (art. 8).

La protection assurée est d'ordre conflictuel et non substantiel : il s'agit d'assurer chaque fois que cela se justifie l'application des dispositions impératives de la loi de la résidence habituelle de la personne à protéger (consommateur, passager, preneur d'assurance) sous réserve de précisions diverses destinées à conforter le titre d'application de la loi désignée, ou celle du lieu d'exécution du contrat (travail). La faculté de désigner la loi applicable est néanmoins maintenue ; mais son exercice ne pourra avoir pour effet que de permettre éventuellement l'application de dispositions plus favorables à la personne protégée. Les rattachements prévus sont de type combinatoire[3].

1. Pocar, *op. cit.* n° 104 ; Leclerc, *La protection de la partie faible dans les contrats internationaux*, 1995.
2. Mettant fin à une hésitation, la Cour de cassation a jugé que l'existence des dispositions de l'art. 5 (devenu art. 6) n'était pas exclusive de l'application d'une loi de police au titre de l'art. 7 (devenu art. 9) lorsque les conditions du premier ne donnent pas compétence à la loi de protection : Civ. I, 23 mai 2006, RC 07.85 n. Cocteau-Senn, JDI 07.537 n. Sinay-Cytermann, D. 06.2798 n. M. Audit et chron. Vareilles-Sommières D. 06.2464.
3. L. Gannagé, « La règle de conflit face à l'harmonisation du droit de la consommation », Mélanges Calais-Auloy, 2004, p. 421.

1. Contrats conclus par les consommateurs

831. – Champ d'application de la disposition. L'art. 6.1 (C 5.1) caractérise le consommateur comme une personne physique contractant pour un usage pouvant être considéré comme étranger à son activité professionnelle, avec une personne agissant dans le cadre de son activité professionnelle. La cohérence a été recherchée sur les deux points avec le règlement 44/2001 sur la compétence juridictionnelle (n° 552). Celui qui contracte dans le cadre de sa profession, serait-il un profane à l'égard de l'objet du contrat, n'est pas considéré comme un consommateur. Lorsque l'intéressé aura agi pour partie dans le cadre de son activité professionnelle et pour partie dans un but privé, il y aura lieu de rechercher quel est l'élément principal, tout en tenant compte de la manière dont il s'est présenté à l'autre partie (par ex., en usant de papier à en-tête professionnel)[1]. Du côté du professionnel, il est nécessaire pour que lui soit opposable le mécanisme de protection du consommateur, qu'il exerce son activité dans le pays de la résidence habituelle du consommateur ou que par tout moyen il dirige cette activité vers ce pays ou vers plusieurs pays dont celui-ci, et que le contrat entre dans le cadre de cette activité (rappr. en matière de compétence juridictionnelle n° 534)[2]. Mais la question est ouverte de savoir s'il doit exister un lien entre la conclusion du contrat et le fait que le professionnel exerce son activité dans le pays du consommateur ou l'y dirige.

Le règlement ne délimite pas l'objet du contrat comme le faisait la Convention (il devait s'agir de la fourniture d'objets mobiliers corporels ou de services, ou du financement d'une telle fourniture). Mais l'art. 6.4 formule un certain nombre d'exclusions, ayant pour effet de replacer le contrat sous l'empire des dispositions générales (art. 3 et 4, mais aussi lois de police) ou bien d'une réglementation spécifique extérieure. Est d'abord exclu le contrat de fourniture de services « lorsque les services dus au consommateur doivent être fournis exclusivement dans un pays autre que celui où il a sa résidence habituelle » ; cette disposition écarte de la protection le voyageur qui contracte de chez lui avant son départ pour l'étranger en vue de prestations hôtelières ou autres. Sont également exclus les contrats ayant pour objet un droit réel immobilier ou un bail d'immeuble autre qu'un contrat ayant pour objet un droit d'utilisation à temps partiel de biens immobiliers au sens de la directive n° 94/47/CE[3]. Sont encore exclues les opérations ayant trait à des instruments financiers.

1. La CVIM (n° 815) exclut pour sa part de son champ d'application les ventes de consommation « à moins que le vendeur, à un moment quelconque avant la conclusion ou lors de la conclusion du contrat, n'ait pas su et n'ait pas été censé savoir que [les] marchandises étaient achetées pour un [usage personnel] » (art. 3, *a*).
2. La directive du 20 mai 1997 concernant la protection des consommateurs en matière de contrats à distance prévoit notamment que le consommateur bénéficie de la protection qu'elle instaure « lorsque le contrat présente un lien étroit avec le territoire d'un ou de plusieurs États membres » (art. 12).
3. Cette directive, du 26 octobre 1994, assure une protection lorsque l'immeuble est situé sur le territoire de l'Union européenne (n° 832, en note). La Convention de Rome avait été jugée en Allemagne inapplicable lorsque l'immeuble objet de *time sharing* est situé en-dehors de la Communauté : BGH 19 mars 1997, RC 98.610 n. Lagarde.

832. – Loi applicable. La loi considérée comme objectivement applicable est celle de la résidence habituelle du consommateur. La Convention multipliait les précisions destinées à s'assurer que l'intéressé avait agi en consommateur « statique » ou « passif », car il serait anormal qu'une personne s'étant déplacée de sa propre initiative à l'étranger puisse dans tous les cas se prévaloir de sa propre loi. À ces dispositions est substituée dans le règlement la condition relative à l'exercice par le professionnel d'une activité dans le pays de la résidence habituelle du consommateur ou d'une orientation de son activité vers ce pays ; ce qui est ainsi gagné en simplification dans le texte pourrait cependant se traduire par des difficultés d'application accrues.

La possibilité de désigner la loi applicable selon les dispositions de l'art. 3 est maintenue ; mais ce choix ne peut avoir pour effet de priver le consommateur de la protection que lui assurent les dispositions impératives de la loi de sa résidence habituelle, sous les conditions précédemment décrites (art. 6.2). L'introduction de la notion de loi la plus favorable au consommateur oblige à combiner deux lois, ce qui peut faire difficulté : car selon une loi donnée certains avantages peuvent être la contrepartie d'une protection moindre sur d'autres points. Une certaine cohérence doit être préservée sous peine d'aboutir à un déséquilibre du contrat, cette fois en faveur de la partie protégée[1]. Il est vrai qu'il appartient au professionnel stipulant l'application d'une loi donnée de s'inquiéter de sa combinaison avec celle de la résidence habituelle des consommateurs auxquels il s'adresse[2].

1. La difficulté est du même ordre que celle éventuellement suscitée en droit interne par la combinaison d'une garantie conventionnelle et de la garantie légale, déclarée s'appliquer en toute hypothèse (art. R. 211-4 C. cons.).
2. En application de la directive communautaire 93/13/CEE sur les *clauses abusives* de 1993 a été prise la L. n° 95-96 du 1er fév. 1995, ajoutant un art. L. 135-1 au code de la consommation, selon lequel nonobstant toute stipulation contraire, les dispositions de l'article L. 132-1 sont applicables, lorsque la loi qui régit le contrat est celle d'un État n'appartenant pas à l'Union européenne, que le consommateur a son domicile sur le territoire de l'un des États membres et que le contrat y est proposé, conclu ou exécuté. De la même manière, la L. n° 98-566 du 8 juillet 1998 transposant la directive 94/47/CE du 26 oct. 1994 concernant la protection des acquéreurs consommateurs dans les contrats conférant un droit d'utilisation à temps partiel d'un immeuble situé dans la Communauté laisse jouer la loi du contrat si elle contient des dispositions de protection conformes à la directive ; dans le cas contraire est prescrite l'application des dispositions prises en application de la directive dans l'État où l'immeuble est situé (art. L. 121-74 C. cons.) ; v. depuis, directive 2008/122/CE sur le même objet, art. 12 (« Caractère impératif de la directive et application dans des cas ayant un caractère international »). Pour la transposition de la directive 1999/44/CE du 25 mai 1999 sur la *garantie des biens de consommation*, les critères de l'art. 5 ont été reproduits comme constitutifs du « lien étroit avec le territoire des Etats membres » qui entraîne dans tous les cas l'application des dispositions de fond sur la garantie lorsque l'acheteur a sa résidence habituelle sur le territoire d'un État membre (ord. 17 fév. 2005, art. L. 211-18 C. cons. ; v. Bureau, RDC 2005.864). Cette méthode apparemment respectueuse n'a pas empêché une condamnation en manquement de l'Espagne de la part de la Cour de justice, en matière de clauses abusives (9 sept. 2004, JDI 05.819 n. Jobard-Bachellier et Bergé, RC 05.457 n. M. Audit, RDC 05.857 obs. Deumier).

Lorsque le contrat passé par le consommateur est un contrat de vente s'applique la Convention de La Haye de 1955. Or celle-ci ne contient aucune disposition de protection du consommateur : la loi applicable sera celle choisie par les parties, c'est-à-dire qu'elle peut l'être par le professionnel-vendeur, sans restriction ; et celui-ci n'aura même pas besoin de désigner sa propre loi pour voir celle-ci déclarée applicable si les conditions d'application de la loi de l'acheteur selon l'art. 3 ne sont pas réunies. Il suffirait donc aux vendeurs de s'installer dans un pays dont la loi ne protège pas particulièrement le consommateur. Il a été préconisé de déclarer néanmoins applicable la Convention de Rome qui contient une règle spécifique. En effet, cet instrument satisfait à la fonction de la règle de rattachement propre aux contrats de consommation, tandis que la protection du consommateur ne peut être assurée dans le cadre de la convention de 1955 que par recours à la notion de loi de police[1]. Cette approche rejoint une proposition émise lors de la quatorzième session (1980) de la conférence de La Haye où a été reconnue la possibilité pour les États de déroger à la convention de 1955 pour les rapports de consommation, au profit de règles de conflit plus adaptées[2]. Le choix de la Convention de Rome, qui répond à une analyse fonctionnelle du conflit, bien que dérogeant à la clause de coordination de l'art. 21 de cet instrument, ne devrait donc pas conduire à la mise en jeu de la responsabilité de l'État.

832-1. – Transport de passagers. Le contrat de transport de passagers ne faisait pas l'objet de disposition particulière dans la Convention et relevait de ce fait des règles générales. Le règlement en traite en l'isolant des contrats de consommation et en le rapprochant du contrat de transport de marchandises (art. 5.1), ce qui n'est guère conforme à l'esprit des dispositions respectives. L'art. 5-2 commence par fixer la loi applicable à défaut de choix, celle du pays de la résidence habituelle du passager à condition que le lieu du départ ou celui de l'arrivée se situe dans ce pays ; à défaut s'appliquera la loi de la résidence habituelle du transporteur. Le texte ajoute que les parties peuvent « choisir » la loi applicable au contrat, comme s'il ne s'agissait pas d'un contrat d'adhésion, tout en limitant la faculté de choix. On comprend que soit visé à ce titre le pays de la résidence habituelle du passager, du lieu de départ ou du lieu d'arrivée. Mais sont également inclus la résidence habituelle ou le lieu d'administration centrale du transporteur ; cette possibilité ne permettra pas nécessairement de garantir un niveau de protection des passagers, contrairement au souci affirmé par le préambule du règlement. L'article 5 prévoit *in fine* une clause d'exception (chiffre 3). Celle-ci est, à la lettre, susceptible de s'appliquer même en cas de « choix » de la loi par les parties au contrat de transport de passagers.

832-2. – Contrats d'assurance. Les contrats couvrant des grands risques sont soumis aux dispositions ordinaires, soit la faculté de choix de la loi applicable et, à défaut, l'application de la loi du pays où l'assureur à sa résidence habituelle, définie selon l'art. 19 (art. 7.2). Pour les autres contrats, le règlement précise de manière détaillée l'étendue des lois pouvant être choisies ; à défaut de choix s'applique la loi de l'État membre où est situé le risque au moment de la conclusion du contrat (v. art. 7.3)[3].

1. Sur la méthode fonctionnelle de solution des conflits de conventions d'unification des règles de conflit, *supra* n° 63.
2. ASDI 1981, p. 175.
3. Sur l'ensemble de la question, v. Heuzé, in Bigot (sous la dir.), *Traité de droit des assurances*, t. 3, 2002.

2. Contrat individuel de travail

833. – Champ d'application du texte. L'intitulé de l'art. 8 (art. C 6) vise le contrat individuel de travail, ce qui exclut les conventions collectives[1]. La disposition englobe tous les contrats de travail sans distinguer la place du salarié dans la hiérarchie et donc son pouvoir de négociation[2].

L'avant-projet de la convention parlait de « relation de travail ». L'intitulé adopté ne doit pas empêcher d'appliquer la disposition aux contrats nuls ainsi qu'à des relations de travail de fait.

834. – Loi applicable en l'absence de choix. L'art. 8.2 prévoit des rattachements objectifs, avec toutefois une clause d'exception analogue à celle de l'art. 4.4 pour le cas où il résulte de l'ensemble des circonstances que le contrat présente des liens plus étroits avec un autre pays. Sont formulées une règle générale applicable lorsque que le travailleur accomplit habituellement son travail dans le même pays et une règle subsidiaire dans le cas contraire.

a) La loi applicable en l'absence de choix est en principe celle du *pays dans lequel ou, à défaut, à partir duquel le travailleur accomplit habituellement son travail.* Il s'agit bien toujours dans le premier cas du lieu d'exécution de la prestation caractéristique du contrat, sans qu'il y ait lieu ici de passer par la médiation de la résidence de celui qui la fournit (v. art. 4, *supra* n° 826) : d'une part, en effet, la détermination de ce lieu ne prête pas à difficulté compte tenu de l'hypothèse même d'un travail habituel dans le même pays ; d'autre part, la règle assure l'unité de régime applicable au sein de l'entreprise locale. Le rattachement traduit aussi le fait que la réglementation du travail est fréquemment considérée comme de police selon le critère de l'accomplissement du travail sur le territoire. L'extension de la règle au cas où le travailleur accomplit habituellement son travail *à partir* d'un État donné devrait régler la question des personnels navigants d'aéronefs à partir d'une base fixe, qui a donné lieu à des difficultés considérables. Elle pourrait également s'appliquer au travail des marins à bord d'un navire, si la condition prévue par le texte est jugée satisfaite. À défaut, le contrat est fréquemment considéré comme soumis à la loi du pavillon (art. 5 C. trav. maritime) ; mais la pratique des pavillons de complaisance peut inciter à appliquer la loi de l'établissement d'embauche par application de la disposition suivante (*infra* b).

1. Une convention collective relève tout naturellement de la loi du pays où elle est conclue et appelée à s'appliquer. Ses dispositions peuvent recevoir application en tant que relevant de la loi du contrat individuel ou, pour certaines normes, territorialement comme règle en vigueur au lieu d'exécution du travail (sous les conditions d'application de toute loi de police). Mais une internationalisation des accords collectifs est aujourd'hui envisageable, en particulier dans le cadre des groupes multinationaux de sociétés et dans le cadre européen. V. P. Rodière, *La convention collective de travail en droit international*, 1987 ; Laborde, « Les rapports collectifs de travail en droit international privé », TCFDIP 1996-97.153.
2. Sur l'art. 8, v. Jault-Seseke, Rev. dr. trav. 2008.619.

La Convention précisait que la loi ainsi désignée s'applique même en cas de détachement temporaire du travailleur dans un autre pays, sans distinguer selon que le détachement était de courte ou de longue durée[1]. Selon le règlement, le lieu du travail n'est pas réputé changer lorsque le travailleur accomplit son travail de façon temporaire dans un autre pays (ce qui ne désigne pas nécessairement la même hypothèse dans tous les cas). Le préambule du règlement précise que l'accomplissement du travail est temporaire lorsque le travailleur est censé reprendre son travail dans le pays d'origine ; et que la conclusion d'un nouveau contrat de travail avec l'employeur d'origine ou une société du même groupe ne devrait pas affecter le caractère temporaire du détachement (considérant 36).

Bien que le détachement n'affecte donc pas la loi applicable, il faut réserver l'application des lois impératives locales. Une loi du 20 déc. 1993 a ainsi imposé l'application de certaines dispositions françaises à tout travailleur détaché sur le territoire national par une entreprise non établie en France (auj. art. L. 1262-4 C. trav.). Ceci anticipait la directive n° 96/71/CE du 3 juin 1996 sur le détachement de travailleurs effectué dans le cadre d'une prestation de services (laquelle ne vise que le détachement par un employeur de l'Union européenne, mais inclut une règle de compétence juridictionnelle, n° 349)[2]. Ce type de disposition suscite éventuellement un conflit avec la libre prestation de service au sein de l'Union, que la Cour de justice arbitre en appliquant les critères de proportionnalité et de non discrimination[3].

b) Si la loi applicable ne peut être déterminée selon les dispositions précédentes, elle sera celle du pays dans lequel est situé l'établissement qui a embauché le travailleur[4]. Cette disposition s'appliquera notamment lorsque le travailleur n'accomplit pas habituellement son travail dans le même pays (représentant, chauffeur routier...), ou lorsque le travail s'exécute hors de la juridiction d'un État (par ex. sur une plate-forme en haute mer).

835. – Choix par les parties de la loi applicable. Le choix par les parties de la loi applicable conformément à l'art. 3 du règlement est permis ; mais il ne peut avoir pour résultat de priver le travailleur de la protection que lui assurent les dispositions impératives de la loi qui serait applicable à défaut de choix en vertu des règles précédentes (art. 8.1)[5].

1. Paris, 7 juin 1996, RC 97.55 n. M.-A. Moreau, JDI 97.429 n. Saintourens.
2. M.-A. Moreau-Bourlès, « Le détachement des travailleurs effectuant une prestation de service dans l'Union européenne », JDI 1996.889.
3. CJCE 23 nov. 1999, préc. n° 65 ; 12 oct. 2004, *Wolff et Müller*, RC 05.336 n. Pataut (et les réf. aux décisions rendues entre ces deux arrêts) ; 19 juin 2008, *Comm. c. Luxembourg*, JCP 09.I.107 (n° 9) obs. Riem.
4. Paris, 4 juill. 1996, D. 98. Somm. 281.
5. La jurisprudence française antérieure à la Convention, tout en donnant de même compétence à la loi du lieu d'exécution, reconnaissait la possibilité de choisir une autre loi ; toutefois, celle-ci s'appliquait le cas échéant au détriment du salarié. Pour l'application sur certains points d'une loi plus favorable au salarié que la loi du contrat, par la volonté des parties, v. déjà Soc. 25 fév. 1984, RC 1985.327 ; Ass. plén. 10 juill. 1992, JCP 93.II.22063 n. P. Rodière, RC 94.69, 1re esp., n. Audit.

La faculté de choix se justifie parce qu'elle permet au travailleur expatrié, notamment à partir d'un pays industrialisé, de s'assurer le maintien des conditions plus favorables de son pays d'origine, ainsi que la permanence de son statut. Elle permet également de remédier aux incertitudes que laissent subsister les règles objectives précédentes. La réserve dont cette faculté est assortie assure la protection du salarié contre une utilisation de la loi d'autonomie à son détriment. Elle bénéficierait ainsi au travailleur immigré que l'on chercherait à placer sous un régime moins favorable que celui du pays d'accueil. Elle profitera incidemment au cadre supérieur d'un pays industrialisé envoyé dans un autre pays industrialisé à protection sociale élevée et offrant des avantages particuliers.

La réserve ne se traduit pas par une substitution globale d'une loi à l'autre, mais par l'application éventuelle d'une loi différente sur certains points, c'est-à-dire un dépeçage (au demeurant admis à titre général par l'art. 3). Ces points peuvent être assez nombreux, d'autant qu'il faut inclure dans la « loi » appelée à se substituer à celle choisie les dispositions issues de conventions collectives de travail (particulièrement nombreuses dans le cas de la France)[1]. De ce fait, la mise en œuvre de la réserve peut soulever des difficultés. Du point de vue procédural, une question est de savoir s'il appartient au salarié d'invoquer une disposition plus favorable ou si le juge peut le faire pour lui[2]. La simple comparaison de dispositions empruntées à différents régimes est délicate ; on procédera par « ensemble d'avantages se rapportant à la même cause », telle que la protection de la femme (enceinte), l'ancienneté...[3].

L'application même de la loi choisie en ses dispositions considérées comme plus favorables est susceptible de se heurter dans le pays où s'exécute le travail à différentes limites. Des contraintes matérielles liées à l'impératif d'unité de régime dans le travail peuvent réduire pratiquement le bénéfice de cette loi aux dispositions susceptibles d'application individuelle : on voit mal comment appliquer à un travailleur isolé des normes de sécurité, de cadences, un droit de réunion ou d'affichage. D'autres résulteront de l'inexistence d'une institution nécessaire (bureau de conciliation, inspection du travail ; plus généralement administration du travail). Certaines difficultés sont de nature juridique : il se peut que certains bénéfices de la loi du lieu d'exécution soient érigés en maximum (blocage des salaires pour des raisons de lutte contre l'inflation, encore que le paiement excédentaire puisse avoir lieu à l'étranger dans une autre monnaie), susci-

1. V. (avant l'entrée en vigueur de la Convention) : Civ. Soc., 7 mai 1987, RC 1988.78 n. Gaudemet-Tallon (convention collective étrangère) ; Civ. I, 5 nov. 1991, *Masson*, RC 92.314, 1re esp., n. Muir Watt ; Paris, 27 nov. 1986, RC 88.314 n. A. Lyon-Caen ; 3 fév. 1988, JDI 89.378 n. Fieschi-Vivet. Le critère d'application de la convention collective est la soumission de l'entreprise à celle-ci.
2. V. Soc. 29 mai 1991, RC 92.468 n. Muir Watt ; Civ. I, 5 nov. 1991, RC 92.314, 1re esp., n. Muir-Watt, JDI 92.357 n. Moreau.
3. V. Soc. 12 nov. 2002, JCP 03.I.166 obs. Poillot-Peruzzetto, Dr. soc. 03.339 n. Moreau, RC 03.446 n. Jault, JDI 04.131 n. Dion, se prononçant pour une appréciation globale des dispositions des lois en présence ayant le même objet ou se rapportant à la même cause, et excluant les usages des dispositions impératives.

tant un conflit de lois de police. Enfin, certaines dispositions de la loi choisie pourront être considérées comme d'application purement territoriale, c'est-à-dire auto-limitées.

Voy. sur le droit commun français applicable aux contrats antérieurs à l'entrée en vigueur de la Convention de Rome : Déprez, « La loi applicable au contrat de travail dans les relations internationales », Rev. jurispr. soc. 1990.119 ; Fieschi-Vivet, « La règle de conflit applicable au contrat de travail international », D. 1987. Chr.255 ; Lagarde, « Sur le contrat de travail international : analyse rétrospective d'une évolution mal maîtrisée », Mél. Lyon-Caen, 1993 ; Moreau-Bourlès, « L'évolution récente de la jurisprudence dans le domaine de l'expatriation des salariés », Dr. soc. 1986.23 ; Pingel, « La protection de la partie faible en droit international privé (du salarié au consommateur) », Dr. soc. 1986.133 ; depuis la Convention de Rome, Déprez, « Rattachements rigides et pouvoirs d'appréciation du juge dans la détermination de la loi applicable au contrat de travail international », Dr. soc 1995.324 ; G. et A. Lyon-Caen, *Droit social international et européen*, 8e éd., 1993. Sur l'ensemble de la question, Coursier, *Les conflits de lois en matière de contrat de travail*, 1993 ; P. Rodière, *Droit social de l'Union européenne*, 2008 ; Moreau-Bourlès, *Normes sociales, droit du travail et mondialisation. Confrontations et mutations*, 2006.

C. MÉCANISMES GÉNÉRAUX DES CONFLITS DE LOIS

836. – Applicabilité générale des dispositions. Le règlement formule des dispositions relatives au renvoi, à l'ordre public et aux lois de police[1]. Elles sont ici examinées à la suite de la détermination de la loi applicable au fond ; mais chacune d'elles s'applique à l'ensemble du texte, et par conséquent dans la détermination de la loi applicable à la forme du contrat ou dans la mise en œuvre de la loi applicable au fond, questions évoquées plus loin.

1. Renvoi

837. – Exclusion générale du renvoi. Entre les États appliquant les dispositions du règlement, la question du renvoi ne se pose en principe pas puisque les règles de conflit sont unifiées. Mais en raison du caractère universel attribué à ces règles (n° 815), elle est susceptible de se présenter lorsque c'est la loi d'un État tiers qui est désignée comme applicable. Le règlement exclut le renvoi par une disposition générale (art. 20, C 15). Celle-ci est justifiée lorsque les parties ont désigné la loi applicable, puisque le renvoi déjouerait leur volonté (n° 225, 230). Elle l'était aussi, à défaut de choix, selon la Convention puisque celle-ci adoptait au premier chef le critère des liens les plus étroits et que l'application du renvoi conduirait par hypothèse à une loi avec laquelle le contrat présente des rattachements moindres (n° 230). Cette justification disparaît avec l'adoption de

1. Une fraude à la loi serait sanctionnée par l'affirmation du caractère internationalement impératif de la loi évincée (n° 817).

rattachements fixes (n° 825), mais le bien-fondé de l'exclusion du renvoi n'en paraît pas atteint.

Alors que l'exclusion du renvoi s'exprime ordinairement par une référence à la « loi interne » du pays désigné par le rattachement, l'art. 20 (C 15) vise « les règles de droit en vigueur dans ce pays à l'exclusion des règles de droit international privé ». Cette rédaction s'explique par l'existence possible d'une réglementation internationale matérielle telle qu'en matière de vente internationale de marchandises celle de la Convention de Vienne[1].

2. Exception d'ordre public

838. – Admission restrictive de l'exception. L'art. 21 du règlement (C 16) énonce que l'application d'une disposition de la loi qu'il désigne « ne peut être écartée que si cette application est manifestement incompatible avec l'ordre public du for ». Le tour négatif employé indique que la réserve ne doit jouer que dans les cas les plus graves, ce que renforce l'usage de l'adverbe « manifestement ». Une conception aussi restrictive se justifie davantage dans les conventions de droit international privé applicables sur le fondement de la réciprocité, ce qui n'était pas le cas de la Convention de Rome (art. 2). Mais rien n'empêche en fait le juge de tenir compte dans son appréciation de ce que la loi en cause est ou non celle d'un État membre. De manière générale, l'intervention de l'ordre public est assez rare en matière contractuelle ; mais il n'est nullement exclu qu'elle se manifeste, par ex. à l'égard de clauses limitatives de responsabilité, de clauses pénales, de dispositions relatives au taux d'intérêts ... [2].

Il résulte également de la formulation du texte que ce qui est susceptible d'être déclaré contraire à l'ordre public n'est pas la loi étrangère abstraitement envisagée mais son application dans le cas d'espèce : l'appréciation doit être portée *in concreto*. Par exemple, le fait que la loi étrangère déclarée applicable ne prévoit aucun plafond de taux d'intérêt ne saurait justifier l'intervention de l'ordre public dès lors que le taux stipulé en l'espèce n'est pas usuraire selon la conception du for.

3. Lois de police

839. – Consécration par la Convention de Rome et réaménagement par le règlement. Du fait que les parties se voient reconnaître la possibilité de choisir la loi applicable, il leur suffirait théoriquement d'utiliser cette faculté pour échapper à une loi qui les gêne ; l'affirmation du caractère « internationalement impératif », ou de police, de la loi en question permet de faire échec à une tentative en ce sens (n° 175). Indépendamment même d'un choix de loi, il ne doit pas suffire, dans le cadre du règlement, à une entreprise de s'installer dans un pays approprié pour échapper

1. V. appliquant la LUVI dans un contrat soumis à la loi néerlandaise, TGI Dunkerque, 28 nov. 1990, JDI 91.131.
2. Sur la clause pénale, v. note J. Mestre sous Paris, 22 déc. 1983, RC 84.484.

à toute réglementation à la faveur de la présomption de l'art. 4 visant la loi de l'État où est situé l'établissement de la partie qui fournit la prestation caractéristique[1]. La Convention de Rome a donc expressément prévu la prise en considération des lois de police nonobstant toute autre loi qu'elle désignait (de forme comme de fond). Plus remarquablement, elle l'a fait sans distinguer selon qu'il s'agissait d'une loi de police du for ou étrangère (v. n° 122), même si les effets à en tirer étaient exprimés de manière prudente : l'avant-projet de convention prévoyait qu'il soit « tenu compte » de la loi de police ; le texte adopté, qu'il « pourra [lui] être donné effet ». Le juge disposait donc pratiquement d'un pouvoir discrétionnaire, lui permettant notamment de ne pas tirer toutes les conséquences voulues par une loi étrangère.

Le règlement (art. 9) a réécrit la disposition en la remaniant. L'ancien texte énonçait une disposition commune aux lois de police du for et étrangère et très dense, mêlant les conditions détaillées de leur prise en considération et ses effets, et d'où se dégageait par prétérition une définition (art. 7.1) ; puis il réservait la primauté des lois de police du for (art. 7.2)[2]. L'art. 9 du règlement commence par formuler une définition des lois de police. Puis il assure l'application en toute hypothèse des lois de police du for. Enfin il formule les conditions et les effets de la prise en considération d'une loi de police, mais cela d'une manière révélant maladroitement que sont visées les lois étrangères (« il pourra *également* être donné effet ») ; de sorte que les conditions restrictives qu'il formule apparaissent réservées à celles-ci.

840. – Définition et application des lois de police. S'inspirant d'une définition connue (n° 119), le règlement énonce qu'une loi de police « est une disposition impérative dont le respect est jugé crucial par un pays pour la sauvegarde de ses intérêts publics, tels que son organisation politique, sociale ou économique, au point d'en exiger l'application à toute situation entrant dans son champ d'application, quelle que soit par ailleurs la loi applicable au contrat d'après le présent règlement ». L'impérativité ainsi visée est une impérativité *internationale* et non simplement interne, c'est-à-dire une volonté d'application qui ne cède pas devant le caractère international du contrat[3]. Ce caractère est notamment attaché à des dispositions comportant un champ d'application exprès et exorbitant, ainsi qu'à nombre de dispositions de droit public. Mais il peut l'être à n'importe quelle autre, en particulier d'ordre public économique. La difficulté sera

1. On a donné en exemple la loi française du 12 juill. 1971 réglementant le contrat d'enseignement à distance qui, pour éviter certains abus, confère à l'enseigné un droit de résiliation du contrat (art. 9) : Lagarde, TCFDIP, 1971-73, p. 161.
2. En dépit de toutes les précautions du texte permettant de ne pas donner effet à une loi de police étrangère, les États pouvaient formuler une réserve à l'encontre de l'art. 7.1 (art. 22.1). L'Allemagne, le Luxembourg et le Royaume-Uni se sont prévalus de cette possibilité.
3. Elle doit être distinguée de l'impérativité évoquée à l'art. 3.3 (n° 817) ; celle-ci est une impérativité simplement interne, mais qui n'a aucune raison de s'effacer face à une internationalisation formelle du contrat.

de se prononcer sur l'impérativité internationale alléguée lorsque celle-ci ne ressort pas de la disposition et que la question n'a pas été jugée dans l'État dont émane la norme, y compris l'État du for (d'autant que la norme elle-même peut être d'origine jurisprudentielle). Cependant, la formule visant les « intérêts publics de l'État » pourrait s'opposer à la reconduction des solutions consistant à protéger, sous couvert de lois de police, certaines parties jugées faibles selon le droit interne[1].

S'agissant des conditions d'application d'une loi de police, le texte marque une régression par rapport à celui de la Convention de Rome. Celle-ci exigeait pour l'application de toute loi de police que la situation « présente un lien étroit » avec le pays dont émane la loi. Ceci appelait à juste titre une appréciation *in concreto* eu égard à la situation particulière, et plus généralement une balance d'intérêts tenant compte de l'importance respective des rattachements, de l'intensité des politiques législatives suivies par chaque État et de la justice du résultat, et non une application (ou un rejet) mécanique résultant d'une définition abstraite de loi de police[2]. Le texte nouveau se contente, selon la définition ci-dessus, de ce que le respect de la disposition soit « jugé crucial ». On peut conjecturer que ce caractère sera plus aisément reconnu à des dispositions du for qu'à des lois étrangères. En ce qui concerne celles-ci, de plus, l'art. 9.3 (dans la mesure où les contraintes de ce texte ne pèsent qu'à leur égard) formule effectivement un critère de proximité, mais en subordonnant la prise en considération de la loi de police à ce que le contrat s'exécute dans le pays dont elle émane[3]. Or une loi de police peut légitimement s'opposer à l'exécution d'un contrat ailleurs que sur son territoire, notamment par une personne exerçant une activité sur celui-ci (par exemple en cas d'embargo) ; le véritable critère devrait être de savoir si les intérêts généraux de cet État sont ou non engagés[4]. Le même texte exige en outre que cette exécution soit illégale (cas du contrat conclu en violation d'une réglementation des changes étrangère : n° 121). Mais une loi de police peut simplement suspendre l'exécution du contrat (ainsi la restitution de

1. Cass. ch. mixte, 30 nov. 2007, *Agintis*, *supra* n° 120. Comp. Com. 13 juill. 2010, n° 10-12.154 (l'art. L. 132-8 C. com. instituant une action directe pour la garantie du paiement du transporteur n'est pas une loi de police).
2. Sur l'étroite parenté du raisonnement auquel invitait l'art. 7 de la Convention de Rome et l'analyse des « intérêts étatiques » préconisée aux États-Unis pour la solution des conflits de lois en général, v. n° 127.
3. Par exemple, en cas d'embargo sanitaire au lieu de livraison prévu d'une marchandise : v. Civ. com. 16 mars 2010 JCP G 10, 530 et la note (arrêt statuant selon l'art. 7 de la Convention de Rome).
4. Une analyse telle que celle qui se dégageait de l'art. 7.1 de la Convention permet inversement de s'opposer à l'application d'une loi invoquée au motif qu'elle ne justifie pas d'un titre raisonnable à s'appliquer : v. refusant (selon le droit commun) l'application d'une disposition du for pour défaut de lien suffisant avec le territoire allemand, BGH 19 mars 1997, préc. ; d'une disposition étrangère pour défaut de lien suffisant avec l'ordre juridique dont elle émanait, trib.arrt. La Haye (réf.), 17 sept. 1982, *aff. du gazoduc sibérien*, RC 83.473, spéc. § 7.5 de la décision (il s'agit d'un *obiter dictum*, l'État étranger ayant été jugé internationalement incompétent pour édicter la règle (§§ 7.2 et 7.3.1).

dépôts bancaires) ou la subordonner à certaines conditions ; ou bien il est simplement demandé à l'autorité saisie de ne pas prêter la main à l'exécution d'un contrat ou d'une clause particulière.

L'art. 9.3, reprenant sur ce point une formulation antérieure, ajoute qu'il doit être tenu compte de la nature et de l'objet de la disposition en question. Par « nature », on peut songer à son caractère éventuellement de droit public ou pénal, mais également à son caractère permissif ou prohibitif, général ou spécial, encore qu'aucun de ces traits ne soit décisif. Quant à leur objet, certaines lois sont plus facilement considérées comme de police ; ainsi en matière de concurrence.

Comme celui de la Convention, le texte du règlement prescrit enfin de tenir compte des conséquences qui découleraient de l'application ou de la non-application de la loi de police invoquée. Ces conséquences peuvent être pour la partie qui demande l'exécution du contrat et dont les intérêts seraient exagérément lésés s'il était donné effet à la loi de police (par exemple du fait que celle-ci est rétroactive). Elles peuvent être pour les intérêts de l'État (étranger) édictant la norme. À cet égard, la mise en œuvre du critère ne pourra déboucher que sur le refus de lui donner effet puisque par hypothèse elle rend l'exécution du contrat illégale. Il se peut encore que l'application revendiquée d'une loi de police étrangère porte atteinte aux intérêts de l'État du for : ainsi lorsqu'elle prétendrait s'opposer par un embargo à une exportation par une entreprise établie dans cet État, comme dans la dernière affaire citée ; ou à la restitution de dépôts bancaires effectués auprès de succursales de banques nationales dans l'État du for par des nationaux d'un État tiers, compromettant la réputation de la place[1] ; à plus forte raison dans le cas où une règle étrangère à vocation extra-territoriale se heurterait à une contre-mesure locale (n° 45).

Le règlement apparaît donc en recul par rapport à la Convention au regard des lois de police étrangères ; il est vrai aussi que la Convention n'a donné lieu à aucune application connue sur ce point.

§ 2. - LE DOMAINE DE LA LOI DU CONTRAT

841. – Questions proprement contractuelles et qualifications distinctes. Un contrat forme un tout, qu'il est donc souhaitable de voir régi par une loi unique. Mais certaines questions qui y touchent relèvent de qualifications distinctes (A). D'autres, tout en relevant normalement du domaine contractuel, sont à la frontière d'autres catégories et sont en conséquence susceptibles d'être soumises à une autre loi que celle du contrat (B).

1. V. TGI Paris, réf., 21 déc. 1979, GP 79.2.690, RC 80.382 et art. Gianviti, p. 279, JDI 80.330 n. Gianviti (gel des avoirs iraniens dans les banques américaines, y compris leurs succursales à l'étranger, par décision du gouvernement américain).

A. QUALIFICATIONS DISTINCTES

842. – Forme et capacité. L'étude des règles de conflit principales a montré que la *forme* du contrat est examinée distinctement, ce qui ne veut pas dire nécessairement qu'elle soit rattachée à une autre loi que le fond. Il en est de même de la *capacité*, qui relève en France comme dans beaucoup de pays du statut personnel (n° 609). On rappelle que la création ou le transfert de droits réels éventuellement opérés par le contrat obéissent en principe à la loi réelle (n° 772 s.)[1].

1. Forme du contrat

843. – Solutions jurisprudentielles antérieures. La règle traditionnelle selon laquelle les contrats internationaux sont soumis quant à la forme à la loi du lieu de passation a toujours été reconnue en France. La jurisprudence contemporaine a consacré le caractère facultatif de cette règle admettant que ces contrats soient passés en France sous une forme prévue par la loi étrangère qui les régit au fond[2]. Il a même été envisagé de faire dépendre la forme, comme le fond, de la loi d'autonomie[3]. Une telle extension semble excessive ; le choix d'une forme qui ne soit ni celle du lieu de conclusion ni celle de la loi applicable au fond pourrait être inspiré par le désir d'échapper aux contraintes de ces lois et en particulier à la protection qu'elles cherchent à assurer. En revanche, il n'est pas anormal de voir les parties se conformer aux règles de forme de leur loi nationale commune ou celle de leur domicile commun en tant que telles : ces lois peuvent leur être familières et le critère satisfait le but de protection qui est à la source de beaucoup de règles de forme. Admis pour la forme des testaments, il l'a été également en matière de contrat[4].

844. – Convention de Rome et règlement. La Convention de Rome a soumis la forme du contrat de manière alternative à la loi qui le régit au fond ou à la loi du lieu où il a été conclu, sans hiérarchie entre elles (art. C 9.1, devenu 11.1). S'il a été conclu entre absents, il suffit que le contrat satisfasse aux conditions de forme de la loi de l'un des pays où se trouvaient les parties (art. C 9.2 devenu 11.2), solution qui évite d'avoir à se prononcer sur le lieu de formation du contrat. Le règlement a ajouté dans cette hypothèse la loi du pays où dans lequel l'une ou l'autre des parties avait sa résidence habituelle, prenant acte du fait qu'un contrat peut être conclu par voie électronique à partir d'un lieu dénué de signification. Ces différentes règles s'appliquent de la même manière lorsque le contrat est conclu par un représentant. Il n'est pas prévu d'autre rattachement, ce qui peut s'expliquer par la faculté qu'ont les parties de refaire le contrat s'il n'est pas valable selon l'une des lois désignées.

Si le contrat est annulable selon toutes les lois désignées, il peut y avoir lieu de déterminer selon laquelle apprécier les conditions comme les effets de la nullité.

1. Sur la preuve du contrat, v. n° 446 s. et 852.
2. Civ. 28 mai 1963, *Chaplin*, préc. n° 181.
3. Paris, 27 mai 1964, RC 65.540 n. Déprez ; 23 avril 1971, RC 73.58 n. crit. Lagarde.
4. Paris, 27 mai 1964, préc.

S'il n'est annulable que selon l'une d'elles, l'esprit du texte, soit la *favor validitatis*, suggère de le tenir pour valide ; si par exemple le délai pour agir est prescrit selon une loi et non selon l'autre, on tiendra compte du délai de prescription le plus bref. Si la forme du contrat est régie par la loi applicable au fond et que sa validité formelle est attaquée, on se trouve dans une situation de cercle vicieux ; on appliquera néanmoins la loi prévue pour le fond, par analogie avec les dispositions de l'art. 10 (C 8) qui règle une difficulté semblable (n° 848). L'application du renvoi paraît exclue, même s'il avait un effet validant, du fait de la disposition générale de l'art. 20 (C 15) (n° 837).

Les règles de forme poursuivent souvent des buts qui peuvent en faire des lois de police (n° 182)[1]. La Convention s'est souciée en certaines matières de l'application éventuelle d'une telle loi de manière plus sûre que selon le seul art. 9 (C 7). En matière de contrats conclus par les *consommateurs*, l'art. 11.4 (C 9.5) prescrit l'application des règles de forme du pays dans lequel le consommateur a sa résidence habituelle dès lors que cette loi est applicable au fond dans les conditions prévues par l'art. 6 (C 5) (lequel exclut principalement le cas où le consommateur se déplaçait dans un pays étranger) ; on note que cela pourrait avoir pour conséquence l'application d'une loi moins favorable pour le consommateur que la loi du fond. Pour les contrats ayant pour objet un *droit réel immobilier* ou un *droit d'utilisation d'un immeuble*, l'art. 11.5 (C 9.6) impose l'application des règles de forme impératives de la loi du pays où l'immeuble est situé, pour autant que selon cette loi elles s'appliquent indépendamment du lieu de conclusion du contrat et de la loi applicable au fond (selon l'art. 9, il pourrait seulement leur être « donné effet » de manière facultative).

2. Capacité

845. – Protection du cocontractant de bonne foi contre une loi personnelle étrangère. La capacité est soumise selon la plupart des systèmes à la loi personnelle (loi nationale, comme en France, ou loi du domicile) à défaut d'être toujours explicitement caractérisée comme de statut personnel. La Convention de Rome a expressément exclu cette question de son champ d'application (art. 1.2, a). Mais on sait que le rattachement à la loi personnelle soulève une difficulté caractéristique lorsqu'une personne a traité dans son pays avec un tiers dont elle ignorait de bonne foi l'incapacité selon une loi étrangère ; la jurisprudence *Lizardi* a permis en France de maintenir en pareil cas les engagements pris (n° 615) et diverses législations européennes ont depuis longtemps prévu des exceptions analogues. La Convention de Rome a repris cette idée en introduisant une règle matérielle pour la situation envisagée. Selon l'art. 11 (devenu art. 13 du règlement), une *personne physique* capable de contracter selon la loi du lieu de conclusion ne peut invoquer son incapacité selon une autre loi que si, au moment de la conclusion du contrat, le cocontractant a connu cette incapacité ou ne l'a ignorée qu'en raison d'une imprudence de sa part. Il

1. Pour une application (contestable, en l'espèce) d'une règle de forme au titre de loi de police, v. Comm. 14 janv. 2004, RC 05.55 n. Lagarde, RDC 04.1059 obs. Bureau.

résulte de cette formulation que la charge de la preuve incombe à celui qui tente de se prévaloir de l'incapacité. La disposition ne s'applique qu'au contrat conclu entre personnes se trouvant dans le même pays ; dans le cas contraire, on peut en effet attendre d'une partie qu'elle s'informe de la capacité de l'autre.

B. QUESTIONS PROPREMENT CONTRACTUELLES

846. – Loi du contrat. Affirmant le principe du rattachement des contrats internationaux dans l'arrêt *American Trading* (n° 168), la Cour de cassation visait la loi applicable aux contrats « en ce qui concerne leur formation, leurs conditions ou leurs effets » et la formule a été régulièrement reprise. Par extension, on soumet également en principe à la loi du contrat, loi de la source, le régime des obligations qu'il fait naître. Cette pratique a été largement consacrée par la Convention de Rome[1]. Mais un examen plus détaillé des différents aspects évoqués fait ressortir la nécessité de certaines distinctions.

1. Formation du contrat

847. – Existence du consentement et validité du contrat. Il n'existe aucune loi prédéterminée pour régir la question de l'existence ou de la validité du contrat. L'application de la loi du contrat supposé formé se heurte à l'objection de cercle vicieux, puisque par hypothèse la formation du contrat est en cause ; quand bien même le contrat désignerait la loi applicable, comment apprécier la validité du consentement selon cette loi avant de savoir si l'accord existe ? Telle est cependant la solution qui s'impose faute de mieux et elle était celle de la jurisprudence[2]. Elle a été consacrée par la Convention de Rome : l'existence ou la validité du contrat, ou d'une disposition de celui-ci, sont soumises à la loi qui serait applicable en vertu du règlement si le contrat ou la disposition étaient valables (art. 10, C 8.1, auquel renvoie l'art. 3.5)[3].

La loi du contrat s'applique à toutes les questions d'existence et de validité au fond du contrat. Dans la conception civiliste, cela inclut le consentement, l'objet et la cause[4] ; selon les droits de *common law*, l'exigence d'une *consideration*. Mais on rappelle qu'à supposer le contrat

1. Le règlement exclut de son champ la responsabilité découlant de négociation en vue d'un contrat (*culpa in contrahendo*), réglée par le règlement Rome II (n° 813).
2. Sur l'existence du contrat : Paris, 14 déc. 1993, RC 95.300 n. Muir Watt (valeur du silence) ; sur sa validité (vices du consentement) : Civ. I, 7 oct. 1997, RC 98.84 n. P.L. (prescription de l'action en nullité) ; TGI Paris, 13 mars 1978, RC 1979.415 n. Gaudemet-Tallon (allégation d'erreur).
3. Paris 19 fév. 2002, RC 02.549 n. Gaudemet-Tallon. La référence à la validité d'une disposition seule du contrat s'explique par le fait que le règlement autorise un certain dépeçage du contrat (art. 3.1 et 4.1).
4. La *lésion* soulève une difficulté en raison du titre concurrent de la loi réelle : en faveur de celle-ci, v. Req. 29 juin 1931, Rev. dr. int. pr. 32.295 ; Paris, 9 fév. 1931, D.P. 31.2.233 n. Lerebours-Pigeonnière, S. 31.2.145 n. Audinet, Rev. dr. int. pr. 31.348,

valable selon la loi ainsi désignée, sa validité ou celle d'une de ses clauses pourraient encore être remises en cause en vertu d'une loi de police étrangère (art. 9).

848. – Tempérament. S'agissant de l'existence du consentement, un tempérament à l'application de la loi du contrat est prévu sous forme de règle matérielle : selon celle-ci, une partie peut se référer à la loi de sa résidence habituelle pour établir qu'elle n'a pas consenti, s'il apparaît déraisonnable de lui appliquer la loi du contrat (art. 10.2, C 8.2).

Ce qui est particulièrement visé par cette disposition est le cas de silence gardé par une partie sur une offre de l'autre. Certains droits admettent plus facilement que d'autres que le silence vaille acceptation : par exemple le droit allemand par rapport au droit français, en raison de la pratique des lettres de confirmation, réputées acceptées (par un commerçant) avec toutes les clauses qu'elles comportent. Le destinataire d'une offre qui a gardé le silence sur celle-ci pourrait donc autrement se voir déclarer engagé en vertu d'une règle qu'il ignorait[1].

Le juge appréciera le caractère raisonnable ou non de l'application de la loi du contrat en fonction des circonstances : les échanges intervenus entre les parties, leurs relations d'affaires antérieures, la familiarité éventuelle de l'une d'elles avec la règle qu'on lui oppose... L'effet de la règle est qu'une partie pourra se voir déliée d'un contrat qui serait autrement considéré comme formé d'après la loi qui lui est applicable. Il n'est en aucun cas de faire considérer comme formé un contrat qui ne le serait pas selon cette loi ; la disposition constitue un moyen de défense, non d'attaque[2].

849. – Représentation. La représentation fait l'objet d'une convention de La Haye du 14 mars 1978, entrée en vigueur en France le 1er mai 1992 et applicable sans condition de réciprocité[3]. Comme l'indique son intitulé, visant les contrats d'intermédiaire et la représentation, la convention porte à la fois sur les relations nées avec le tiers du fait de l'intervention d'un intermédiaire, ou relations « externes », et sur le contrat passé avec l'intermédiaire (et qui fréquemment donne pouvoir de mener des négociations mais non d'engager le donneur d'ordre), ou relations « internes »[4].

S'agissant des relations externes (Chap. III), la convention désigne seulement la loi qui déterminera si l'intermédiaire a pu, et dans quelles limites, engager le représenté envers le tiers (il ne s'agit pas en tant que

JDI 32.109 ; de la loi du contrat, Civ. 11 juill. 1928, S. 30.1.127 n. Niboyet ; Toulouse, 24 sept. 1985, RC 1986.322 (v. Légier et Mestre, RC 1983.480).

1. V. la situation ayant donné lieu à Paris, 14 déc. 1993, préc. La jurisprudence allemande tient elle-même compte de la loi du domicile de la partie silencieuse : BGH, 22 sept. 1971, RC 72.621 n. Mezger.
2. Par exemple, dans le cas où la lettre de confirmation adressée à une partie allemande, et sur laquelle celle-ci garde le silence, contient une référence au droit français.
3. Décr. n° 92-423 du 4 mai 1992, J.O. du 8 mai 1992, p.6307.
4. Pour un ex. de sa mise en œuvre : Grenoble, 11 janv. et 17 nov. 1996, RC 97.483 n. Poillot-Peruzzetto.

telle de la loi du contrat passé, qui obéit à sa loi propre). Cette loi est, sous réserve d'exceptions déterminées (art. 11 al. 2), celle de l'Etat dans lequel l'intermédiaire avait son établissement professionnel au moment où il a agi. Par souci de cohérence, c'est dans tous les cas la même loi qui régira le recours éventuel du tiers contre l'intermédiaire étant donné le lien entre les deux questions (art. 15).

En ce qui concerne le contrat passé entre le représenté et l'intermédiaire (Chap. II), la convention a préfiguré les solutions ultérieurement adoptées dans la convention de Rome, en donnant compétence à la loi choisie par les parties et, à défaut, à celle de l'établissement de l'intermédiaire (fournisseur de la prestation caractéristique).

La Convention réserve, dans toutes les relations qu'elle régit, l'intervention d'une loi de police (art. 16), laquelle, dans ce domaine, pourrait imposer une solution au problème du dépassement de pouvoirs, interdire le recours à un intermédiaire ou imposer le recours à certains intermédiaires.

Voy. : Quénaudon, « Quelques remarques sur le conflit de lois en matière de représentation volontaire » RC 1984.413, 597 ; Ferry, « Contrat international d'agent commercial et lois de police », JDI 1993.290.

850. – Objet et cause. Les conditions relatives à l'objet ou la cause du contrat sont typiquement soumises à la loi qui le régit. Il s'agira tout d'abord de conditions générales formulées par le droit des contrats de la *lex causae* et relatives à l'existence de l'objet, la détermination du prix, la validité d'une clause de non-responsabilité... Il pourra s'agir en deuxième lieu de dispositions dites d'ordre public économique, traduisant une politique déterminée de l'État de la *lex causae*. Parmi celles-ci, certaines sont cependant susceptibles d'être tenues pour inapplicables selon la *lex causae* elle-même dans les contrats internationaux : c'est le cas en France de l'interdiction des clauses monétaires (n° 853). Réciproquement, on le sait, une disposition interne peut se vouloir « internationalement impérative », c'est-à-dire applicable quand bien même le contrat serait soumis à une autre loi. Cette volonté d'application sera respectée dans l'État dont émane la loi en question ; devant un for étranger, elle peut être le cas échéant prise en considération dans les conditions prévues par l'art. 9 du règlement (n° 840).

Une troisième catégorie de normes à considérer au sein de la *lex causae* est constituée par l'ensemble des dispositions propres aux échanges internationaux. C'est le cas notamment de la réglementation du commerce extérieur : interdictions d'exportation de certaines marchandises ou certains objets, ou à destination de certains pays ; également de la réglementation financière, et en particulier des changes. Toutefois, ces prescriptions, de même que certaines relevant de la catégorie précédente (ordre public contractuel économique), peuvent être considérées comme de droit public c'est-à-dire poursuivant un intérêt propre à l'État qui les édicte. C'est pourquoi lorsque la loi de cet État est déclarée applicable à un contrat international, il convient sans doute de faire une distinction selon qu'elle l'est en vertu de rattachements objectifs, ou simplement en vertu de la désignation qu'en ont faite les parties ; dans ce dernier cas, il est concevable de ne pas tenir compte de ces dispositions, dont l'application serait en l'espèce indifférente à l'État qui les édicte et que souvent les parties n'auront pas eu en vue (n° 120 *in fine*).

L'exigence en droit français que le contrat ait une cause morale (art. 1131 C. civ) a été invoquée pour annuler des opérations ayant pour but de frauder une loi étrangère (n° 288).

851. – Nullité. En vertu du principe que la loi applicable à une condition donnée en régit la sanction, la loi du contrat détermine les causes et le régime de sa nullité éventuelle (ou de la réduction des engagements). Cette loi détermine en particulier les restitutions et indemnités, ainsi que la responsabilité éventuellement encourue par un contractant envers l'autre. Le règlement soumet expressément à la loi du contrat « les conséquences de la nullité » (art. 12.1, e ; C 10.1, e). Cette précision s'explique par le fait que les effets de la nullité d'un contrat ne sont pas partout considérés comme de nature contractuelle (v. sinon, règlement Rome II, art. 10, *supra* n°s 810 s.).

2. Effets et exécution du contrat

852. – Exécution et inexécution du contrat. La détermination de la loi du contrat a pour objet essentiel de fixer l'étendue des obligations qu'il engendre ; il est caractéristique que l'art. 12 du règlement (C 10), qui vise principalement ces questions, s'intitule « Domaine de la loi du contrat ». Celle-ci s'applique en premier lieu à son *interprétation*, dont les principes ne sont pas identiques d'un système à l'autre. Elle s'applique en second lieu à l'*exécution* des obligations qui en découlent (v. cpdt n° 782). Cela inclut notamment le degré de diligence requis, le lieu et le moment de l'exécution, les modalités des obligations (solidaires, alternatives, divisibles...), les conditions de paiement.

Toutefois, lorsqu'une prestation s'exécute dans un pays qui n'est pas celui de la loi du contrat, il est des *modalités* d'exécution pour lesquelles l'on ne peut pas ne pas se plier aux dispositions locales : les exemples caractéristiques en sont la réglementation des jours fériés (rendant impossible une livraison un tel jour) ou les modalités d'examen d'une marchandise et de dépôt d'une réclamation. Le règlement tient compte de ce facteur en invitant à « avoir égard » à la loi du pays d'exécution pour ce qui concerne les « modalités d'exécution et les mesures à prendre par le créancier en cas de défaut dans l'exécution » (art. 12.2, C 10.2). Il doit s'agir de questions qui n'affectent pas la substance de l'obligation[1].

Une disposition distincte introduite par le règlement soumet expressément à la loi de l'obligation contractuelle, la répartition de la charge de la preuve et les présomptions légales éventuelles (art. 18).

1. V. rejetant l'argument de modalités soumises à la loi locale, Civ. 24 janv. 1956, JCP 56.II.9400 n. J.-Ph. Lévy, JDI 56.1012 n. Goldman, D. 56.317 n. Lenoan.

Applicable à l'exécution du contrat, la *lex causae* l'est à l'inexécution éventuelle : nécessité ou non d'une mise en demeure, causes d'exonération (force majeure) ; solutions ouvertes au créancier de l'obligation inexécutée : exception d'inexécution, exécution forcée, possibilité d'un délai de grâce, résolution du contrat (éventuellement anticipée, ainsi que prévu en *common law*, ou par déclaration unilatérale, comme en droit allemand), dommages-intérêts, réduction du prix[1].

Le règlement formule ici encore une restriction, selon laquelle la loi du contrat s'applique « dans les limites des pouvoirs attribués au tribunal par sa loi de procédure » aux conséquences de l'inexécution des obligations, « y compris l'évaluation du dommage dans la mesure où des règles de droit la gouvernent » (art. 12.1 c, C10.1, c). Il faut savoir en particulier que pour les droits de *common law* l'inexécution d'un contrat ne se traduit normalement pas par l'exécution forcée mais par des dommages-intérêts, le premier moyen (*specific performance*) ne constituant qu'un remède exceptionnel à la discrétion du juge[2]. Quant à l'évaluation des dommages-intérêts, on peut y voir une simple question de fait que le juge saisi apprécierait comme telle. Mais elle est également susceptible de faire l'objet de règles de droit – sur la détermination du dommage réparable, sur son montant, sur la possibilité de réduire les dommages-intérêts faute pour le créancier d'avoir fait le nécessaire afin de limiter son propre dommage (*mitigation of damages*) – et ces règles pourraient être considérées comme procédurales par le juge saisi ; de là le compromis que révèle le texte.

853. – Monnaie de compte et monnaie de paiement ; clauses monétaires. L'obligation de l'une des parties étant en général de nature pécuniaire, la question de sa détermination est essentielle. On distingue la monnaie de *compte*, qui détermine l'étendue de l'obligation du débiteur (et qui n'est pas nécessairement une monnaie au sens usuel), et la monnaie de *paiement*, dans laquelle l'obligation s'exécute. La seconde est en principe déterminée par la loi du lieu d'exécution. Celle-ci peut admettre le paiement dans une monnaie étrangère prévue par les parties ; mais elle imposera fréquemment l'usage de la monnaie locale pour des raisons de souveraineté ou de contrôle des changes[3].

La monnaie de compte obéit en revanche à la loi du contrat[4]. Mais la loi d'un pays donné peut s'opposer aux clauses faisant varier la prestation pécuniaire en fonction d'un indice ; et cette politique est susceptible d'être imposée dans les contrats internationaux à l'encontre de la

1. Amiens, 9 avril 1968, RC 70.448 n. Batiffol (résolution unilatérale) ; sur la résolution conventionnelle ou la transaction, v. n° 854.
2. V. répondant à la même préoccupation, CVIM, art. 28.
3. Les paiements effectués en France devaient ainsi être effectués en monnaie française, en vertu du cours légal : Req. 17 fév. 1937, D.H. 37.234 ; Civ. 25 mars 1981, Bull. civ. I, n° 104 ; Bordeaux, 8 mars 1990, D. 90.550 n. Malaurie. Depuis l'instauration de l'Euro (art. L. 111-1 C. mon. et fin.), la question relève du droit de l'Union européenne.
4. En cas de doute, inversement, on considère que l'unité monétaire choisie est celle du pays dont la loi est applicable au contrat : Civ. 18 déc. 1951, D. 52.357 n. Lerebours-Pigeonnière (franc français ou franc suisse) ; 15 fév. 1972, RC 73.77 n. Batiffol (franc français ou franc algérien).

loi du contrat dès lors qu'existe un rattachement suffisant. Inversement, toutefois, la faculté pour le créancier de se protéger contre la dépréciation de la monnaie constitue un facteur de crédit pour les débiteurs du pays en question. Ainsi le droit français a-t-il pris sur cette question, à mesure que se développait l'instabilité de la monnaie, des positions inverses en matière interne et internationale. Dans les contrats internes, la validité des clauses monétaires a été de plus en plus contestée jusqu'à leur réglementation dans l'ord. du 30 déc. 1958 (mod., art. L. 112-1 C. monétaire et financier), prohibant de manière générale les indexations ; ce texte interdit en particulier de se référer à une monnaie étrangère hors des conditions qu'il prévoit, tel que le lien avec l'activité de l'une des parties[1]. En revanche, la jurisprudence a tout d'abord admis la validité des clauses monétaires dans les opérations impliquant un « règlement international »[2] ; puis elle a affirmé le principe de liberté de la monnaie de compte dans les contrats internationaux à l'encontre même de la loi du contrat[3]. Il faut par ailleurs tenir compte le cas échéant de l'incidence éventuelle d'une réglementation des changes sur l'exécution et en particulier les autorisations nécessaires pour le transfert de fonds à l'étranger[4].

Voy. : Bismuth, *Problèmes monétaires dans les contrats internationaux*, thèse Paris II, 1973 ; Kahn (sous la dir. de), *Droit et monnaie*, 1988 ; Kleiner, *La monnaie dans les relations privées internationales*, thèse dactyl. Paris I, 2010 ; « Les intérêts de somme d'argent en dr. int. pr. », RC 09.639 ; Libchaber, *Recherches sur la monnaie en droit privé*, 1992 ; Malaurie, « Les obligations libellées en monnaie étrangère », TCFDIP 1975-77, p. 17 ; « Le droit monétaire dans les relations privées internationales », RCADI 1978.II.265 (t. 160) ; A.-M. Morgan de Rivery, « Quel avenir pour les clauses monétaires ? », GP 1991.1.243.

854. – Extinction des obligations. Le principe selon lequel le régime d'une obligation est soumis à la loi de sa source conduit ici à appliquer la loi du contrat. L'art. 12.1 du règlement soumet à cette loi « les divers modes d'extinction des obligations, ainsi que les prescriptions et déchéances fondées sur l'expiration d'un délai ». Les divers modes d'extinction des obligations sont notamment ceux qui en droit français sont énumérés par l'art. 1231 C. civ. et autres que l'exécution du contrat[5]. La Convention

1. Civ. I, 12 janv. 1988, D. 89.80 n. Malaurie ; 11 oct. 1989, D. 90.167 n. de la Marnierre, JCP 90.II.21393 n. J.-Ph. Lévy (paraissant toutefois admettre la référence à une monnaie étrangère dans un prêt destiné à financer une opération internationale ; il y aurait ainsi lieu de distinguer selon que le contrat est purement interne ou qu'il présente un lien économique avec l'étranger) ; Com. 22 mai 2001, Bull. civ. IV, n° 98.
2. V. en particulier Civ. 17 mai 1927, *Pélissier du Besset*, GP 27.2.153 concl. Matter, S. 27.1.289 n. Esmein, D.P. 28.1.25 n. Capitant. Plus récemment, Com. 4 nov. 1958, D. 59.361 n. Malaurie, RC 59.117 n. Rabinovitch ; Civ. I, 10 mai 1966, D. 66.497 n. Malaurie, JCP 66.II.14671 n. J.-Ph. Lévy ; 25 mars 1981, préc. ; 15 juin 1983, JCP 84.II.20123 n. J.-Ph. Lévy.
3. Civ. 21 juin 1950, *Messageries Maritimes*, préc. n° 821 ; Civ. I, 16 juill. 1987, Bull. civ. I, n° 228.
4. Com. 22 nov. 1983, D. 84.204, 2e et 3e esp., n. Gaillard, JCP 84.II.2022 n. Eck.
5. De même, l'acte de résolution ou de résiliation d'un contrat a été déclaré en droit commun soumis à la loi du contrat : Civ. I, 25 mai 1992, RC 94.689 n. Jarrosson. Sur

ne tenait pas compte des difficultés que peuvent présenter certains. Ainsi pour la *compensation légale* lorsque les obligations sont soumises à des lois différentes, où l'on peut hésiter entre une application cumulative des deux lois ou pour l'application de la loi de la créance à laquelle la compensation est opposée. Le règlement s'est expressément prononcé pour cette solution (art. 17). Le texte réserve un accord des parties par ce qui semble être une disposition matérielle dont la validité dépendra des lois concernées.

Les modes d'extinction conventionnels (novation, remise de dette, compensation) seront régis par la loi déterminée selon les principes mêmes applicables aux contrats internationaux. Il existe à cet égard une présomption en faveur de la loi qui s'appliquait à la créance éteinte, en raison du lien entre les deux conventions.

855. – Cession de créance et subrogation ; pluralité de débiteurs. La loi applicable à une créance détermine la possibilité de cession à un tiers, les rapports entre le cessionnaire et le débiteur, les conditions d'opposabilité de la cession à celui-ci et le caractère libératoire de la prestation effectuée par le débiteur[1]. En revanche, les relations entre le cédant et le cessionnaire sont régies par la loi qui, en vertu du règlement, s'applique au contrat qui les lie (art. 14).

La question de savoir si celui qui a payé la dette d'un autre est subrogé dans les droits du créancier est en principe régie par la loi en vertu de laquelle le paiement a été effectué et non par celle qui s'appliquait à la dette éteinte[2]. Ainsi lorsqu'un assureur indemnise une victime, c'est la loi du contrat d'assurance qui s'applique à la subrogation[3] ; en cas de paiement par une caution, la loi du cautionnement. La Convention de Rome a consacré ce principe tout en se limitant, du fait de son objet, au paiement subrogatoire d'une dette d'origine contractuelle. En cas de subrogation conventionnelle, les relations entre le subrogeant et le subrogé sont donc régies par la loi désignée par le règlement, tandis que les rapports entre le subrogé et le débiteur seront régis par la loi de la créance faisant l'objet de la subrogation (art. 14). Lorsque le paiement a été effectué en vertu d'une obligation, la loi de cette obligation détermine l'existence et l'étendue de la subrogation (art. 15, C 13 al. 1) ; mais le créancier n'exerce que les droits prévus par la loi régissant les relations du créancier et du débiteur[4].

Lorsque plusieurs personnes sont tenues de la même obligation contractuelle et que le créancier a été désintéressé par l'une d'elles en totalité ou en partie, la loi applicable à l'obligation du *solvens* envers le créancier régit son recours contre les autres débiteurs. Mais ceux-ci peuvent faire valoir contre lui les exceptions dont ils disposent contre le débiteur selon la loi applicable à leur propre obligation envers lui (art. 16, C 13 al. 2).

la soumission de la prescription à la loi du contrat, v. Civ. 21 avril 1971, préc. n° 804.

1. V. aussi la Convention des Nations Unies du 12 décembre 2001 sur la cession de créance dans le commerce international.
2. Civ. I, 17 mars 1970, *Reyes*, RC 70.688 n. Lagarde, JDI 70.923 n. G. de La Pradelle ; Civ. I, 11 mars 2009, préc. n° 804.
3. Civ. I, 14 avril 2010, n° 008-70227, G. Hübener, préc. *supra* n° 442.
4. Grenoble, 13 septembre 1995, RC 96.666 n. Pardoel, JDI 96.927 n. Witz.

Le règlement ne vise expressément que le paiement effectué en vertu d'une obligation conventionnelle ou légale. À défaut d'obligation de payer, on peut se demander quelle est la loi applicable par analogie. Dans le cas où le *solvens* a payé parce qu'il y avait intérêt, par exemple en tant que créancier désintéressant un autre de rang plus favorable, on hésitera à appliquer la loi de la créance éteinte ou celle qui régit les rapports du *solvens* et du débiteur[1].

Voy. : la bibl. citée sous le n° 178. Adde Chaillé de Néré, *Les difficultés d'exécution du contrat en droit international privé*, 2003 ; Ferry, *La validité des contrats en droit international privé (France/USA)*, 1989 ; Haftel, *La notion de matière contractuelle en droit international privé*, thèse dactyl. Paris II, 2008 ; Heuzé, *La réglementation française des contrats internationaux. Étude critique des méthodes*, 1990 ; Kinsch, *Le fait du prince étranger*, 1994 ; Hotte, *La rupture du contrat international*, 2007 ; Leclerc, « Les chaînes de contrats en droit international privé», JDI 1995.267 ; Lequette, « L'évolution des sources nationales et conventionnelles du droit des contrats internationaux », Journ. R. Savatier, Poitiers, 1985, p. 185 ; Pommier, *Principe d'autonomie et loi du contrat en droit international privé conventionnel*, Economica, 1992 ; Toubiana, *Le domaine de la loi du contrat en droit international privé*, 1972.

Bureau permanent de la Conférence de La Haye, « Choix de la loi applicable aux contrats du commerce international : des Principes de La Haye », RC 2010.83.

Sur la Convention de Rome (en français) : Fallon, *Asuntos Europeos* 1984, 155 ; Gaudemet-Tallon, RTDE 1981.215 ; Giuliano et Lagarde, *Rapport concernant la Convention sur la loi applicable aux obligations contractuelles*, JOCE 1980 C 282 ; Kassis, *Le nouveau droit européen des contrats internationaux*, 1993 ; Lagarde, RC 1991.287 ; Watté, Rev. gén. dr. civ. belge 1989.415.

Sur le règlement Rome I : Bollée et Lemaire (ss la dir. de), D. 2008.2155 ; Bonomi et Cashin-Ritaine (sous la dir. de), Colloque Institut suisse de droit comparé, 2009 ; Corneloup, JCP 08.I.205 ; Deumier et Racine, RDC 2008.1309 ; Francq, JDI 2009.41 ; Lagarde et Tenenbaum, RC 08.727 ; Lamy Droit des affaires, juillet-août 2008.61 ; Nourissat, Defrénois 2009, n° 19, p. 2017 ; Wautelet, in *Actualités du droit international privé* 2009.3.

1. En faveur de la première, loi fédérale suisse de 1987, art. 146.1.

CHAPITRE IV

LES RÉGIMES MATRIMONIAUX

856. – Facteurs de complexité. Les conflits de lois en matière de régime matrimonial sont liés aux mariages entre personnes de nationalité différente, aux migrations des personnes et au fait qu'il est possible de posséder des biens en différents pays. Or ces conflits ne sont généralement pas simplement virtuels mais réels, car le droit comparé révèle une grande diversité en matière d'aménagement des relations patrimoniales entre époux. La notion spécifique de régime matrimonial n'est pas connue de tous les systèmes ; ainsi est-elle absente de la *common law* traditionnelle[1] comme des droits musulmans[2]. Dans les pays de la famille romano-germanique, où elle est traditionnelle, on trouve un large éventail de solutions allant de la communauté universelle de biens à des formes séparatistes diverses. Il convient également de rappeler que le régime matrimonial ne fixe pas seulement la répartition des biens entre les époux mais les pouvoirs sur ces biens, question qui se pose tout au long du mariage et qui touche aussi à ses effets personnels (n° 674)[3]. Enfin, la matière étant au confluent du droit des personnes, des biens et des actes juridiques, des différences de qualification des questions peuvent retentir sur les solutions apportées aux conflits de lois.

1. À l'époque moderne, des dispositions tendant à remédier aux inconvénients, pour la femme notamment, d'une totale séparation de biens entre époux donnent naissance à une catégorie de « *matrimonial property* » ; celle-ci était déjà consacrée pour les besoins des conflits de lois. Aux États-Unis, huit États (en général sous l'influence ancienne du droit espagnol) connaissent un régime de communauté.
2. Le versement par le mari à la femme d'une « dot » au moment du mariage constitue un élément nécessaire de la formation de celui-ci et non un « contrat de mariage » organisant le statut des biens des époux ; elle est donc tout au plus le signe d'une volonté de placer globalement le mariage sous le statut musulman. V. néanmoins, raisonnant en termes de régime matrimonial, Civ. I, 2 déc. 1997, JCP 98.I. p. 135 obs. Wiederkehr, RC 98.632 n. P. Gannagé ; *adde* notes Annoussamy, RC 1998.645 ; Najm, JDI 06.1365.
3. À cette difficulté s'ajoutent celles de l'articulation du régime matrimonial avec le droit successoral, les régimes des deux institutions étant souvent liés (n° 322).

Une autre source de complexité tient au fait que le mariage déroule ses effets sur une longue période, pendant laquelle tant les rattachements pertinents – le domicile, voire la nationalité des conjoints, ou la répartition géographique de leurs biens – que le droit des États auxquels ils conduisent, sont susceptibles de changer. L'un des problèmes les plus aigus que soulève le régime matrimonial en droit international privé est celui de sa permanence ou de sa mutabilité. Déjà connu du droit interne, il trouve une dimension supplémentaire lorsque se déplace le centre de vie ou d'intérêts des époux : alors que la stabilité de la loi applicable est en principe une vertu, elle peut apparaître comme un inconvénient lorsque les intéressés ont perdu tout lien significatif avec une loi qui s'appliquait antérieurement à eux. À supposer que l'on fasse prévaloir dans ce cas l'effectivité sur la stabilité, on se heurtera encore à des difficultés de coordination suscitées par l'application successive de plusieurs régimes.

Ainsi la matière des régimes matrimoniaux donne lieu à la plupart des difficultés identifiées dans la théorie générale des conflits de lois : conflits de qualifications, renvoi, conflit mobile et autres conflits transitoires, adaptation... Ces difficultés appellent une unification des solutions au plan international, tout en la rendant plus problématique[1]. Une première Convention de La Haye sur la loi applicable aux régimes matrimoniaux, du 17 juillet 1905, fut en vigueur en France entre 1912 et 1917. Une autre, du 14 mars 1978, est entrée en vigueur le 1er septembre 1992 à la suite de sa ratification par la France, le Luxembourg et les Pays-Bas[2]. Elle a été complétée en France par une loi du 28 oct. 1997 (art. 1397-2 à 1397-6 C. civ.)[3].

On envisagera successivement la détermination du rattachement, puis le fonctionnement de la règle de conflit et enfin le domaine de la loi applicable.

§ 1. – DÉTERMINATION DU RATTACHEMENT

A. ÉVENTAIL DES SOLUTIONS OFFERTES

857. – Catégorie autonome ou dérivée. Le régime matrimonial est ici envisagé comme une catégorie de rattachement autonome. Il ne l'a pas été dans la partie générale au titre des principales règles de conflit car on peut y voir une catégorie dérivée, dans la dépendance de l'une ou l'autre des catégories principales. Entre celles-ci, le choix dépendra de la qualification

1. La diversité des règles de conflit est aggravée par le fait que la question du régime peut être soulevée dans des contextes qui la font examiner par un tribunal non nécessairement le plus proche de la situation : for du lieu d'un immeuble, for du divorce, for successoral...
2. Rapport von Overbeck, *Actes et documents de la Treizième session*, t. II, p.328 ; comm. Batiffol, RC 1977.453 ; Loussouarn, JDI 1979.5 ; Droz, RC 1992.631 ; Revillard, Rép. Defr. 92.257.
3. Comm. D. Boulanger, JCP 97.éd. N., p.1525 ; Revillard, Rép. Defr. 1997, art. 36700 ; Vignal, JCP 1998.I.146 ; Khairallah, RC 1998.249.

dominante que l'on reconnaît à la matière et des avantages et inconvénients respectifs du rattachement correspondant, en vertu du lien fonctionnel qui doit exister entre catégorie et rattachement (n° 129).

858. – Régime matrimonial et statut réel. Aux fins de résoudre les conflits de lois, il est possible de voir dans le régime matrimonial une institution du droit des biens, soumise à ce titre à la *lex rei sitæ*. Cette approche territorialiste était celle du très ancien droit français. Elle s'expliquait alors par l'importance sociale des immeubles, qui faisait que la répartition des biens entre les époux dépassait leurs seuls intérêts ; on sait qu'elle fut abandonnée dès le XVIe siècle (n° 78). Elle est demeurée celle des pays anglo-saxons ; aux États-Unis notamment s'applique la loi du lieu de situation de chaque bien. Cet exemple n'est cependant pas très significatif puisque, le régime matrimonial ne constituant en général pas une catégorie de droit interne dans les États fédérés, le problème n'est guère envisagé de manière spécifique en droit des conflits ; la solution procède du territorialisme qui imprègne ces systèmes, conduisant naturellement à affirmer la compétence de la loi locale (loi du for ou loi étrangère), plus que d'un choix spécifique.

En revanche, on peut opposer à la conception envisagée que les questions de régime matrimonial ne portent pas sur les droits dont les biens sont l'objet, car ces droits sont de même nature (propriété, privative ou indivise, usufruit...) quel que soit le titre auquel ils sont reconnus à leur titulaire ; elles sont davantage dans l'organisation de la société conjugale[1]. D'un point de vue pratique, rapprocher le régime matrimonial du statut réel implique un morcellement du régime chaque fois que les époux possèdent des biens dans des pays différents. Cet éclatement peut être évité pour les meubles en les déclarant soumis à la loi du domicile matrimonial, sacrifiant du même coup le principe du territorialisme[2]. Mais il subsistera en ce qui concerne les immeubles. Pour peu que l'un des époux acquière des biens immobiliers dans un pays séparatiste, l'autre dans un pays communautaire, le premier conservera ses biens en propre tandis que l'autre devra partager les siens. On perçoit l'intérêt qui s'attache à une solution unitaire du problème de la loi applicable au régime matrimonial. Selon la plupart des droits internes, en particulier ceux pour lesquels le régime matrimonial constitue une catégorie spécifique, les éléments de cette institution complexe s'articulent en vue d'un certain équilibre d'ensemble ; l'application de plusieurs lois, c'est-à-dire le dépeçage de la situation, rompt cet équilibre. Si l'on veut s'efforcer de le reconstituer, il faudra

1. Une justification essentielle du statut réel immobilier réside dans l'homogénéité de la *lex rei sitæ* ; dès lors que les droits internes permettent aux époux d'aménager conventionnellement leurs relations patrimoniales, comme c'est le plus souvent le cas, ils admettent que cette homogénéité n'est pas compromise par l'application de statuts matrimoniaux divers (sauf à veiller aux droits des tiers).
2. Mais le morcellement s'accroît en cas de changement de domicile au cours du mariage lorsque l'on déclare applicable la loi du domicile au moment de l'acquisition respective des biens, comme cela est fréquemment le cas aux États-Unis : l'unité est alors rompue et dans l'espace et dans le temps.

recourir à des correctifs tels que l'adaptation (n° 322 s.) ou un droit de prélèvement (v. en matière successorale, n° 899)[1].

859. – Régime matrimonial et statut personnel. Le régime matrimonial trouve sa source dans le mariage, lequel ressortit incontestablement au statut personnel ; le régime particulier des biens n'est qu'une conséquence de l'union des personnes. Il semble donc indiqué de soumettre le régime matrimonial à la loi personnelle, ce qui aura pour effet d'assurer l'unité de loi applicable entre les effets personnels et les effets patrimoniaux de l'union. L'étroite parenté entre les deux catégories de règles ressort en droit interne français du fait que celles qui constituent ce que l'on est venu à désigner comme le « régime matrimonial primaire » figurent dans le Code civil au titre du mariage dans la continuité de celles qui relèvent des effets purement personnels (art. 212 à 226)[2].

Cette conception assure l'unité du régime, pourvu toutefois qu'elle soit reconnue dans tous les pays où les époux possèdent des biens (l'unité est compromise s'il s'agit de systèmes territorialistes et partant « scissionnistes »). Elle entraîne le rattachement à la loi nationale, plutôt qu'à la loi du domicile. En fait, bien que la première soulève la difficulté potentielle de la différence de nationalité entre époux, d'une part, une conception extensive du statut personnel va naturellement de pair avec le rattachement par la nationalité[3] ; d'autre part, l'organisation des biens des époux reflète une certaine tradition ou mentalité, ce qui s'accorde avec l'application de la loi nationale[4]. Aussi bien la conception envisagée a-t-elle été assez largement adoptée dans les pays influencés, directement ou indirectement, par la doctrine personnaliste : Italie, Espagne, Belgique, Allemagne (avec faculté limitée de choix selon la loi de 1986), Grèce, Japon, Pays-Bas, Suède... ; elle le fut également dans les pays d'Europe de l'Est après 1945. Le problème de la différence de nationalités fut résolu à l'origine dans la plupart des cas par désignation de la loi du mari[5].

Le rattachement personnaliste est susceptible de faire naître des conflits mobiles, en cas de changement de nationalité ou de domicile des

1. V. TGI Lyon, 7 oct. 1971, JDI 72.597 n. Ponsard.
2. V. C. cass. Belgique, 25 mai 1992, RC 93.615 n. Fallon, déclarant que la règle de l'art. 224 C. civ. belge, permettant d'annuler un cautionnement contracté par l'un des époux lorsque l'intérêt de la famille l'exige, doit être considérée comme concernant l'état des personnes.
3. *Supra*, n° 133. Les systèmes dans lesquels on applique la loi du domicile sont au premier chef ceux de *common law*, d'inspiration territorialiste et au sein desquels la notion de régime matrimonial est peu reçue.
4. Ainsi les études qui ont précédé en France la réforme des régimes matrimoniaux de 1965 ont montré que la majorité de la population était attachée au principe de communauté de biens ; la même notion est parfois considérée comme une bizarrerie dans les pays « anglo-saxons ».
5. Cette solution s'est heurtée depuis à des objections constitutionnelles dans différents pays (n° 138) ; on tend à lui substituer celle du rattachement au domicile ou à la résidence habituelle communs (par ex. : droit allemand, art. 14 et 15 EGBGB).

époux au cours du mariage[1]. On peut les prévenir en précisant que ces éléments sont appréciés au jour du mariage, de sorte que la loi originairement applicable demeure compétente ; mais cela suscite alors la question de la permanence du régime (n° 875).

860. – Régime matrimonial et actes juridiques. Dans un grand nombre de systèmes, les époux ont la possibilité de régler par convention le sort de leurs relations patrimoniales ; ceci amène à donner du régime matrimonial une qualification contractuelle. Ce rapprochement a été opéré en droit français : non seulement interne, où l'on a longtemps analysé le régime matrimonial légal comme faisant l'objet d'un choix tacite de la part des époux ; mais aussi dans le contexte des conflits de lois (jadis, de coutumes). Il a conduit à adopter un principe de rattachement volontariste : le régime sera celui que les époux auront adopté, expressément ou implicitement (n° 78).

Cette conception – comme la précédente et contrairement à la conception réelle – permet d'assurer l'unité et donc l'homogénéité du régime dans l'espace (à condition, toujours, qu'elle soit reconnue dans les pays mêmes où les époux ont des biens, c'est-à-dire que la volonté des parties y reçoive effet). Elle assurera ou non la stabilité du régime dans le temps selon que l'on décide que la volonté s'exprime une fois pour toutes au moment du mariage ou que l'on autorise les époux à en manifester une nouvelle au cours de la vie commune.

Un inconvénient de la qualification contractuelle réside dans l'incertitude inhérente au rattachement par la volonté des parties en l'absence de déclaration expresse. Or, dans la grande majorité des cas, les époux n'ont pas passé de contrat. On est alors amené à rechercher une volonté tacite, laquelle peut apparaître comme une fiction. Qui plus est, une incertitude tant soit peu sérieuse sur ce point ne peut être complètement dissipée que par une action en justice (ce qui rend souhaitable la possibilité d'une action déclaratoire). L'intérêt des tiers doit également faire l'objet d'un soin particulier dans la mesure où la loi applicable pourrait n'être ni la loi personnelle des époux ni celle de la situation des biens et donc qu'ils n'aient pas de raison de s'attendre à son application.

En droit comparé, la conception volontariste a longtemps été spécifiquement celle du droit français et des systèmes qui lui sont proches. Toutefois, les systèmes de *common law* reconnaissent en général l'effet d'un accord passé par les époux et affectant des biens, même immobiliers, situés dans leur ressort[2]. La solution volontariste a gagné du terrain : elle est admise notamment aux Pays-Bas[3], en Autriche et en Suisse (avec limi-

1. La permanence qui justifie l'existence de la loi personnelle et celle qui est souvent défendue en matière de régime matrimonial ne procèdent pas exactement des mêmes considérations : la première fait largement part à l'idée d'autorité de la loi (n° 131) ; la seconde se fonde sur le respect des prévisions des parties.
2. Dans un grand nombre de systèmes, en revanche, les rattachements retenus pour le régime matrimonial ont un caractère totalement ou partiellement impératif.
3. Hoge Raad, 10 déc. 1976, RC 78.97 n. Jessurun d'Oliveira (« il est de principe que les futurs époux sont libres de régler leurs relations patrimoniales »).

tation de choix). C'est celle qui a été adoptée dans la Convention de La Haye du 14 mars 1978 : le régime matrimonial est soumis à la loi interne désignée par les époux avant le mariage et il est précisé que cette loi s'applique à l'ensemble de leurs biens[1].

B. SYSTÈME FRANÇAIS

861. – Coexistence de deux règlements de conflit. La Convention de La Haye est d'application universelle (art. 2), c'est-à-dire que ses règles deviennent le droit commun des pays où elle est en vigueur ; en particulier, ni la nationalité des intéressés ni leur domicile ne sont pris en considération pour l'applicabilité de ses règles. Mais afin de ne pas contrarier des prévisions établies, elle n'a été rendue applicable qu'aux époux mariés après son entrée en vigueur, sous réserve de la faculté offerte aux autres de soumettre leur régime à une loi autre que celle jusqu'alors applicable (art. 21). Ce nouveau droit commun est donc appelé à coexister longtemps encore avec l'ancien[2]. Il n'est cependant pas nécessaire de les étudier l'un à la suite de l'autre, car les solutions jurisprudentielles française ne sont pas fondamentalement remises en question par les règles conventionnelles.

862. – Principe de l'autonomie de la volonté. Le droit international privé français a traditionnellement fait sienne, pour la solution des conflits de lois, la conception qui rapproche le régime matrimonial du statut contractuel (n° 78). Antérieure même à Dumoulin selon certains historiens, la solution a été constante sous l'Ancien droit. Cette conception n'avait pas lieu d'être remise en cause du seul fait de l'unification du droit français par la Révolution et le Code civil puisque malgré l'adoption du régime légal communautaire, une large possibilité de choix était laissée aux époux afin de ménager la tradition des régions séparatistes (art. 1387 C. civ.) ; cela était au contraire de nature à le conforter. Alors qu'il fallut attendre 1910 pour voir proclamer le principe de la loi d'autonomie en matière de contrat, la jurisprudence du XIXe siècle n'a cessé de se référer à la volonté des époux[3]. La solution ne fut pas davantage remise en cause par le développement de la doctrine personnaliste au cours de la seconde moitié du XIXe siècle. Les conséquences du mariage sur les biens sont assez distinctes de l'union des personnes, pour que fût admise l'application d'une loi éventuellement différente[4] ; et le système permet aussi bien aux époux qui souhaitent voir appliquer leur loi nationale de désigner celle-ci. Ainsi la Cour de cassation est venue à adopter une formule habituelle selon laquelle il y a lieu de rechercher « le statut que les époux ont eu

1. On note cependant que la Convention n'est en vigueur que dans trois pays qui admettaient déjà cette solution et qu'elle n'en a donc gagné aucun.
2. Pour un résumé de celui-ci, v. Paris, 31 oct. 1991, *Hewett*, JDI 92.373 n. Idot.
3. Req. 29 déc. 1836, S. 37.1.437 ; Civ. 30 janv. 1854, S. 54.1.268 ; 11 juill. 1855, S. 55.1.699.
4. Ce qui est aujourd'hui considéré comme la justification première de la loi personnelle, à savoir l'autorité nécessaire de certaines lois (n° 127), fait assez largement défaut en matière de régime matrimonial.

l'intention d'adopter pour le règlement de leurs intérêts pécuniaires »[1]. Pour la Convention de La Haye, de même, le régime matrimonial « est soumis à la loi interne désignée par les époux avant le mariage » (art. 3). Toutefois, tandis que le système jurisprudentiel invite à rechercher une volonté implicite à défaut de choix exprès, le droit conventionnel passe ouvertement dans ce cas à un système de désignation objective[2].

Selon le droit commun comme selon la Convention, et plus encore avec celle-ci, on est par conséquent amené à distinguer selon qu'un choix a été ou non effectué ; mais la première hypothèse n'étant pas la plus fréquente, on envisagera d'abord l'autre.

1. Loi applicable en l'absence de choix

On peut sur ce point séparer droit jurisprudentiel et conventionnel en raison notamment de la conception nettement plus objectiviste du second.

a) Droit jurisprudentiel

863. – Présomption en faveur du premier domicile matrimonial. Depuis très longtemps, les tribunaux se sont référés en l'absence de contrat au premier domicile matrimonial, à défaut de toujours justifier ce rattachement par la volonté tacite des époux. La primauté de ce facteur l'a fait pratiquement ériger en présomption de droit. Mais les formules de la Cour de cassation marquent nettement qu'il ne s'agit que d'une présomption simple[3]. Son existence est en revanche indispensable sous peine d'entretenir une incertitude gênante[4]. Le domicile s'entend d'un établissement commun, effectif et stable[5].

La seule contestation importante, se traduisant dans certaines décisions de cours d'appel, a été formulée en faveur de la loi nationale commune des

1. Req. 4 juin 1935, *Zelcer*, D.P. 36.1.7 rapp. Pilon, n. Savatier, S. 36.377, RC 36.755 n. Basdevant, GA n° 15 et les arrêts cités aux n° suivants.
2. La distinction est donc relative selon le droit commun, en ce que la détermination objective du régime, en l'absence de choix, fait néanmoins intervenir la volonté des époux (n° 864) ; et que la constatation d'un choix des époux n'implique pas nécessairement la conclusion d'un contrat de mariage, obligeant à s'appuyer sur des éléments objectifs (n° 868).
3. Pour une affirmation, et une application, récentes, v. Civ. I, 22 nov. 2005, cité *infra* n° 864.
4. La présomption a paru un moment remise en cause par un arrêt énonçant que la considération du premier domicile matrimonial n'était ni décisive, *ni prépondérante* (Civ. 5 mai 1953, *Dulles*, RC 53.799 n. H.B.). Mais la Cour de cassation revint rapidement à sa position traditionnelle, déclarant qu'il appartient aux juges du fond d'apprécier souverainement la volonté des parties en tenant compte « notamment » ou « spécialement » de la fixation du domicile commun : Civ. 4 janv. 1956, RC 56.99 n. Batiffol ; 22 avril 1958, *Melkonian*, RC 58.347 n. H.B. ; 30 nov. 1959, RC 61.326, 1° esp., n. Simon-Depitre ; 26 février 1963, JDI 64.106 obs. Sialelli ; 25 juin 1963, ibid., Bull. civ. I, n° 342, p. 292 ; 15 mai 1965, JDI 67.398 obs. Kahn ; 2 déc. 1997, D. 98.I.R.20.
5. Pour un exemple de défaillance de ce critère, v. Riom, 22 fév. 2000, RC 02. Somm. 828. La pratique notariale s'attacherait à un établissement de plus de deux ans pour considérer qu'il présente un caractère effectif (Revillard, *op. cit.* n° 243).

époux, prise en tant que loi personnelle ; mais cette solution a été condamnée par la Cour de cassation[1]. La loi nationale commune n'est pratiquement retenue que comme indice de la volonté des époux, lorsque l'on estime que la résidence au moment du mariage n'est pas révélatrice de leur domicile matrimonial ou lorsqu'il est établi qu'ils avaient conservé l'esprit de retour dans leur patrie d'origine[2]. Mais selon la jurisprudence la plus récente, c'est aux parties de faire la preuve de l'esprit de retour pour faire prévaloir la loi nationale sur leur établissement au moment du mariage.

864. – Autres facteurs pris en considération. Le premier domicile matrimonial ne constituant qu'une présomption, les tribunaux doivent rechercher le statut matrimonial que les époux ont eu l'intention d'adopter « d'après les faits et circonstances de la cause ». D'autres éléments sont donc pris en considération : le plus souvent ils confortent la présomption attachée au domicile[3] ; mais ils sont susceptibles de la faire écarter s'ils révèlent une intention différente. Ils peuvent également pallier le rattachement au domicile lorsque les époux n'avaient au moment du mariage qu'un établissement précaire, ou lorsque les circonstances appellent une solution adaptée[4].

Les éléments qui s'offrent sont dans l'ensemble moins nombreux qu'en matière de contrat, puisque font défaut tous les indices tenant au contrat lui-même. En revanche, les tribunaux sont autorisés à tenir compte d'éléments antérieurs, concomitants et même postérieurs au mariage, dans la mesure où ces derniers sont révélateurs de ce qu'était l'intention des époux au moment du mariage[5]. Au titre des premiers, peut être retenu le lieu de résidence, spécialement du mari, avant le mariage lorsqu'il coïncide avec celui qui a été adopté par les époux aussitôt après, nonobstant le fait que le mariage aurait été contracté dans un autre pays[6]. En ce qui concerne le mariage lui-même, le lieu de célébration cède, comme on l'a vu, devant

1. Civ. 4 janv. 1956, préc. ; 23 déc. 1958, Bull. civ. I, n° 578, p. 472 ; 7 nov. 1961, RC 62.682 n. Batiffol ; 31 janv. 1968, *Degano*, RC 68.680 n. Ponsard : le fait que les époux de nationalité commune se soient rendus dans leur pays d'origine pour y faire célébrer leur mariage ne suffit pas à faire présumer leur volonté d'être soumis au régime de leur loi nationale ; v. également 30 déc. 1959, RC 61.326 ; 5 nov. 1996, D. 98. Somm. 287, RC 98.596 n. Bourdelois.
2. Ce facteur est également approprié lorsque les époux sont domiciliés dans un territoire à système interpersonnel, comme ce fut le cas de l'Algérie : Civ. I, 31 janv. 2006, JDI 06.970, 2e esp., n. Barrière-Brousse (arrêt se référant aussi, par erreur, au premier domicile des époux).
3. Cela est notamment utile lorsque les époux ne résidaient pas en ce lieu au moment du mariage, célébré à l'étranger : Civ. I, 19 sept. 2007, JDI 08.507 n. Bourdelois, RC 08.99 n. P. Gannagé.
4. TGI Paris, 26 fév. 1986, *Ojjeh*, JDI 88.420 n. crit. Wiederkehr. déclarant soumis à la loi syrienne le régime d'époux mariés en France au motif que cette loi instaure un régime séparatiste adapté au statut polygamique du mari et permettant de réserver les intérêts individuels de chacune des épouses.
5. Civ. I, 12 nov. 1986, Bull. civ. I, n° 256 ; Civ. I, 9 oct. 1991, *Dirmeier*, RC 92.479 n. crit. Khairallah.
6. Civ. I, 25 juin 1963, *Bari*, Bull. civ. I, n° 342, p. 292.

un domicile caractérisé ; il en est ainsi même lorsqu'il coïncide avec la nationalité des époux (n° 863). En revanche, l'emploi de la forme locale peut conforter l'indice tiré du domicile matrimonial[1]. L'hésitation apparaît lorsque les époux ont recouru, dans leur pays, à une forme confessionnelle ou encore, au lieu de leur établissement, à la forme consulaire, car on peut y voir la manifestation de la volonté de placer globalement leur union sous l'empire de leur loi personnelle[2]. Le comportement des époux postérieurement au mariage fait intervenir l'acquisition de la nationalité française, et surtout le fait que les époux ont pris la qualité de communs en biens ou séparés (à l'occasion de la création d'une entreprise, de l'acquisition d'un bien, de l'exercice d'une profession)[3]. Sans doute convient-il de veiller à ce qu'il ne s'agisse pas de leur part d'opérer un changement déguisé de régime[4] ; mais cet indice peut être révélateur d'une conviction spontanée d'être soumis à un régime donné, fréquemment celui correspondant à l'établissement des époux au moment du mariage. La conjonction de divers indices évoqués est évidemment de nature à mieux justifier la mise à l'écart de la présomption attachée au premier domicile matrimonial.

Le fait que des époux soient venus en France peu de temps après leur mariage et y aient passé le reste de leur vie n'autorise donc pas à appliquer la loi française s'il n'est pas démontré qu'ils avaient l'intention de s'y établir au moment du mariage[5]. La solution peut paraître regrettable lorsqu'elle conduit à l'application d'un régime séparatiste étranger. Elle peut être tempérée, en l'absence de contestation, par un accord tacite pour laisser appliquer la loi française lors de la liquidation (n° 883 *in fine*).

Dans tous les cas, la Cour de cassation reconnaît aux juges du fond un pouvoir d'appréciation souverain. Cela est de nature à permettre l'application de la loi apparaissant la plus appropriée au moment où la question se pose, c'est-à-dire le plus souvent à la dissolution du mariage.

865. – Action déclaratoire. En l'absence de contrat, la règle de conflit française se traduit assez facilement par une incertitude. Il est de l'intérêt des époux de la voir levée, alors même qu'aucun litige ne menace : ainsi pour organiser leur succession. La jurisprudence a admis la recevabilité des actions en déclaration de

1. V. dans des conditions cependant contestables, TGI Paris, 12 juill. 1972, *Gir*, RC 73.104 n. Gaudemet-Tallon.
2. En ce sens, Civ. I, 19 janv. 1954, Bull. civ. I, n° 27, p. 21, JDI 54.788 obs. Sialelli (décision toutefois rendue à une époque où la présomption attachée au premier domicile matrimonial semblait écartée) ; 22 nov. 2005, JDI 06.970, 1re esp., n. Barrière-Brousse (associant au mariage consulaire d'autres facteurs révélateurs de la volonté des époux de placer leur union sous le régime de la loi coranique). En sens contraire, 22 mai 2007 D. 08. Pan. 1511 obs. Courbe et Jault-Seseke ; Paris, 6 mars 1958, RC 59.108 et la jurisprudence postérieure concernant les époux de même nationalité mariés dans leur propre pays (n° 863). *Adde* n° 868.
3. Civ. com. 29 janv. 1951, RC 52.484 ; Civ. I, 4 janv. 1956, préc. ; 7 nov. 1961, préc. ; 13 déc. 1994, RC 95.319 n. Revillard ; 22 nov. 2005, préc.
4. Paris, 31 oct. 1991, *Hewett*, préc.
5. Aix-en-Provence, 16 nov. 1977, RC 79.747 n. Fadlallah ; v. également Civ. I, 12 nov. 1986, D. 88. I.R. 221.

la loi applicable au régime matrimonial[1]. Elle pourrait être appelée à en fixer les limites, afin que les tribunaux ne soient saisis qu'en présence d'une réelle difficulté ; mais on ne semble pas constater d'abus.

L'intérêt des *tiers* est également impliqué dans cette matière. Il est souhaitable de transposer les mesures de publicité du régime prévues par le droit interne pour le contrat de mariage ou pour la modification du régime, autant qu'il est possible compte tenu de ce qu'il n'y a par hypothèse pas de contrat et que l'acte de mariage, en marge duquel est indiqué le contrat, aura souvent été dressé à l'étranger. Un jugement a organisé une publicité de la décision se prononçant sur le régime en ordonnant une signification au syndic de la liquidation de biens du mari et une publication dans la presse (rappr. art. 1294 al. 1 et 3 CPC)[2].

b) Convention de La Haye

866. – Première résidence habituelle après le mariage ; exceptions en faveur de la loi nationale commune. La Convention de La Haye se prononce, en l'absence de désignation, pour la loi interne de l'État où les époux ont établi leur première résidence habituelle après le mariage (art. 4 al. 1er). Selon le rapport qui l'accompagne, il n'est pas nécessaire que cette résidence habituelle ait été constituée immédiatement après le mariage (car les circonstances, notamment professionnelles, peuvent faire que les époux maintiennent quelque temps des résidences séparées).

Le rattachement de principe est assorti de diverses exceptions en faveur de la loi nationale commune des époux[3].

a) Un État a tout d'abord la possibilité en ratifiant la Convention de formuler une déclaration entraînant l'application de sa loi interne aux époux ayant tous deux sa nationalité (art. 5). Cette option est destinée à satisfaire les États attachés à l'application de la loi nationale[4]. On notera son caractère unilatéral (v. cpdt n° 874).

La déclaration sera toutefois sans effet dans le cas d'époux qui conservent tous deux leur résidence habituelle sur le territoire de l'État où, au moment du mariage, l'un et l'autre avaient leur résidence habituelle depuis cinq ans au moins (al. 2) ; l'idée est qu'il n'y a pas de raison dans ce cas que la loi de la résidence habituelle, avec laquelle existe un rattachement fort, cède devant celle de la nationalité commune. En revanche, la déclaration recevra effet si l'État de la résidence habituelle est un État contractant ayant fait lui-même une déclaration ou si c'est un Etat tiers dont le droit

1. TGI Paris, 21 juill. 1970, JDI 71.566 obs. Kahn, Rép. Defr. 1972.46 n. Malaurie ; 10 mai (ou 12 juill.) 1972, JDI 72.855 obs. Kahn, RC 73.104 n. Gaudemet-Tallon ; 25 mars 1981, RC 82.329 n. Gaudemet-Tallon ; 26 fév. 1986, *Ojjeh*, préc. ; Droz, « L'action déclaratoire en détermination de la loi applicable au régime matrimonial légal », J. not. 1972.14.
2. TGI Paris, 25 mars 1981, préc.
3. Cette nationalité doit être unique (art. 15 al. 2). L'art. 15 précise également ce qu'il faut entendre par nationalité commune, de manière notamment à écarter l'hypothèse dans laquelle un époux (spécialement la femme) n'aurait acquis la nationalité de l'autre que par l'effet de la loi, sans aucune manifestation de volonté et sans faculté de répudiation.
4. V. une liste d'une quarantaine de pays pratiquant ce rattachement *in* Droz, RC 92.631 note 19.

international privé donne compétence à la loi nationale, en raison de la convergence des conceptions en vigueur dans les États intéressés.

b) La loi nationale commune des époux est également applicable lorsque l'État de la nationalité correspondante n'est pas partie à la Convention mais que sa loi interne est applicable selon son droit international privé et que les époux établissent leur première résidence habituelle soit dans un État ayant fait la déclaration précédente, soit dans un État non partie à la Convention mais qui désigne également la loi de la nationalité commune (art. 4 al. 2, ch. 2). Cette règle – plus compliquée à formuler qu'à mettre en œuvre – vise donc également la situation de convergence de deux systèmes étrangers impliqués en faveur d'une solution qui n'est pas celle du for, de sorte qu'il apparaît préférable de ne pas rompre l'harmonie constatée (*supra* n° 253 et *infra* n° 874).

c) La loi nationale commune est également appliquée lorsque les époux n'établissent pas sur le territoire du même État leur première résidence habituelle après le mariage (art. 4 al. 2, ch. 3). Cette défaillance du rattachement de principe pourra se constater dans le cas de travailleurs migrants dont la famille demeure dans le pays d'origine.

Lorsque les rattachements retenus par la Convention ne peuvent être mis en œuvre, du fait que les époux n'ont ni résidence habituelle sur le territoire du même État, ni nationalité commune, leur régime matrimonial sera soumis à la loi du pays avec lequel, compte tenu de toutes les circonstances, il présente les liens les plus étroits (art. 4 al. 4). Il y aurait là matière à recourir à l'action déclaratoire (n° 865).

867. – Fondement de la règle de conflit : subjectivisme ou objectivisme. La solution française traditionnelle rapproche le régime matrimonial du statut des contrats. On sait que l'on peut hésiter, en matière proprement contractuelle, sur le fondement exact du rattachement : choix direct des parties ou localisation ; et que la jurisprudence a fait une certaine part à la conception selon laquelle les parties ne choisissent pas à proprement parler la loi applicable au contrat mais localisent celui-ci, ce dont le juge déduit le cas échéant le droit applicable (n° 816). Cette conception peut sembler particulièrement adaptée à la matière du régime matrimonial. D'une part, en l'absence de régime conventionnel, les époux n'ont généralement pas conscience d'« adopter » un régime. L'affirmation d'une volonté tacite est alors empreinte de fiction ; il s'agit plutôt, comme cela a été observé (Batiffol), d'une volonté hypothétique telle qu'elle a été envisagée en matière de contrat (n° 168). D'autre part, ce que l'on recherche est bien le centre des intérêts patrimoniaux des époux afin de les soumettre à la loi correspondante. Il peut donc sembler plus indiqué de se référer directement à la loi du premier domicile matrimonial, sans passer par la médiation de la volonté des parties[1]. La Convention de La Haye, quant à elle, est nettement en faveur d'une conception objective, puisqu'il n'est

1. En ce sens, Civ. I, 5 nov. 1996, préc. (arrêt qui réserve toutefois une autre solution, en parlant de la considération « principale » du premier domicile matrimonial). D'autres décisions de la Cour de cassation ont parlé de « siège des intérêts » (Civ. 26 fév. 1963, Bull. civ. I, p. 108) ou, plutôt que de choix du statut, de la volonté qu'ont eu les époux de « localiser leurs intérêts » au moment du mariage (Civ. 7 nov. 1961, RC 62.681 n. Batiffol ; 5 avril 1978, D. 78. I.R.370 obs. Audit, JDI 79.140 obs. Kahn ; 12 janv. 1982, Bull. civ. I, n° 13 ; 24 janv. 1984, D. 84.561. n. Poisson-Drocourt, RC 84.631 n. B. Ancel, JDI 84.868 n. Derruppé ; 12 nov. 1986, RC 87. Somm. 831). Mais l'analyse contrac-

fait nulle mention de volonté implicite, même si le choix du critère de la résidence habituelle peut procéder de cette idée.

Par un effet réflexe, traduisant le lien fonctionnel entre catégorie et rattachement, l'idée de localisation est susceptible de retentir sur la conception même de la catégorie. Son inspiration objective peut conduire à voir dans le régime matrimonial plutôt qu'un acte juridique une conséquence du fait juridique que constitue l'union d'intérêts des époux ; la loi tirerait les conséquences de ce fait en soumettant la question à la loi du lieu où les époux ont spontanément localisé ces intérêts[1]. Cette analyse est encore plus fondée dans le cas où les époux se sont établis dans un pays qui ignore la notion de régime matrimonial. La différence pratique entre les deux analyses se manifestera par exemple dans l'appréciation du domicile selon la règle jurisprudentielle : la conception volontariste fera une plus grande part à l'intention des époux sur ce point précis ; la seconde se contentera du fait de l'établissement au moment du mariage. Elle pourrait également commander la solution à la question du renvoi : tandis que la conception contractuelle conduit à l'exclure (n° 873), la conception objective pourrait le faire admettre puisque la loi d'abord désignée par la règle de conflit n'entre pas en jeu par la volonté des parties.

Toutefois, la conception envisagée n'a pas lieu d'être transposée au cas où les parties ont effectué un véritable choix en faveur d'un régime matrimonial ; en effet, on ne voit pas de raison valable d'écarter en principe la possibilité de choix « direct »[2].

2. Choix de la loi applicable ou régime conventionnel.

868. – Détermination expresse par contrat. a) La volonté des époux est susceptible de se manifester par la simple déclaration selon laquelle ils se soumettent au régime légal d'un pays donné[3]. Cette possibilité est formellement prévue par la Convention de La Haye (art. 13, complété par l'art. 1397-3 al. 1er C. civ.). Le fait d'avoir contracté un mariage religieux à l'étranger en procédant à certains rites à caractère patrimonial a pu être assimilé à une volonté expresse de se placer sous un certain régime ou plus exactement sous un certain statut matrimonial d'ensemble (lequel peut ignorer la notion spécifique de « régime matrimonial » et que pour cette raison les époux ne distinguent pas)[4]. Normalement, toutefois, le choix des

tuelle se maintient dans certaines (par ex. : Civ. I, 6 juill. 1988, *infra* n° suivant *ad notam*; 22 nov. 2005, préc.).

1. Batiffol-Lagarde, t. II, n° 616, 619.
2. En cas de désignation de la loi applicable, c'est-à-dire pratiquement lorsqu'il y a eu contrat, il paraît sans exemple que le juge ait écarté le choix des parties au motif qu'il ne correspondait pas à une localisation objective : il y a bien choix direct et non localisation. Une raison d'être de la théorie de la localisation en matière contractuelle était d'éliminer la solution de continuité entre le cas de choix et celui d'absence de choix de la loi applicable (n° 173).
3. Besançon, 22 déc. 1947, RC 50. Somm. 663.
4. Civ. I, 6 juill. 1988, RC 89.360 n. crit. Khairallah (mariage rabbinique avec *ketouba*) ; 7 avril 1998, D. 98. Somm. 287, RC 98.644 n. Annoussamy (mariage musulman et *maher*) ; mais v. aussi Civ. I, 6 mai 1985, JCP 85.II.20485 concl. Gulphe, s'abritant derrière l'interprétation souveraine des juges du fond pour admettre la recherche du régime légal nonobstant l'existence d'une *ketouba*. La volonté des époux de se placer sous le statut doit cependant être non équivoque (v., déniant cette volonté

époux avant le mariage se manifestera plutôt par l'adoption d'un régime donné (v. art. 1397-3 al. 3 C. civ.) et l'établissement d'un véritable contrat de mariage[1]. Il est vrai que le fait de passer un tel contrat n'implique pas en soi de choix exprès de la loi applicable. Mais en fait, il est peu plausible que le contrat soit rédigé en dehors de toute référence à une loi donnée, d'autant qu'il sera en général passé devant un homme de loi (tel qu'un notaire français) ou avec son assistance. La référence sera même le plus souvent à un régime particulier réglementé par une loi donnée[2]. À supposer qu'une équivoque puisse exister dans la référence à un code, comme entre le droit français et le droit belge, on pourrait faire jouer une présomption en faveur de la loi du rédacteur.

Les tribunaux français, lorsqu'ils ont eu à connaître d'un régime établi par contrat, ont toujours reconnu la compétence de la loi ainsi désignée. L'hypothèse de fraude à la loi a pu être réservée[3]. Mais encore faudrait-il que la loi choisie soit dénuée de tout lien avec les époux ; la jurisprudence ne donne pas d'exemple d'une telle situation et la Convention de La Haye coupe pratiquement court à l'hypothèse.

b) La Convention fixe en effet le champ des lois que les époux peuvent désigner : loi d'un État dont l'un des époux a la nationalité au moment de cette désignation ; de l'État sur territoire duquel l'un des époux a sa résidence habituelle au même moment (car les époux s'installeront normalement dans l'État de résidence de l'un d'eux) ; ou loi du premier État sur le territoire duquel l'un des époux établit une nouvelle résidence habituelle après le mariage (art. 3 al. 2). Comme on l'a indiqué, il peut s'agir d'une désignation pure et simple autant que d'un véritable contrat de mariage. Dans le cas de désignation de la loi d'une nouvelle résidence habituelle après le mariage, si cette prévision est démentie, le choix sera privé d'effet et l'on fera jouer le rattachement objectif.

Conformément à l'orientation objectiviste de la convention en l'absence de choix de la part des parties, l'art. 11 énonce que la désignation de la loi applicable doit faire l'objet d'une stipulation expresse ou résulter indubitablement des dispositions du contrat de mariage (rappr. en matière contractuelle, *supra* n° 818). Il est ainsi mis fin aux incertitudes inhérentes au système jurisprudentiel français retenant l'intention implicite. Selon une autre tendance moderne (*ibid.*), les conditions relatives au consentement des époux quant à la loi applicable (clause d'*electio juris*) sont déclarées régies par cette loi (art. 10).

face à des indices contraires, Civ. I, 19 sept. 2007, préc. n° 864). Sur le mariage consulaire, v. *supra* n° 864.

1. V. Paris, 14 juin 1995, D. 96. J. 156 n. Boulanger et Somm. 174 obs. Audit, RC 97.41 n. Gannagé (pourvoi rejeté par Civ. I, 2 déc. 1997, Bull. civ. I, n° 337, p. 230, RC 98.632).
2. Req. 13 déc. 1938, RC 39.278 (contrat dressé en Suisse et se référant aux « dispositions des art. 1498 et 1499 du Code Napoléon ») ; v. également TGI Paris, 9 fév. 1978, RC 78.552 n. Gaudemet-Tallon (stipulation d'une « séparation de biens [...] conformément à la loi interne anglaise »).
3. Trib. civ. Colmar, 12 juin 1951, RC 52.313 n. Loussouarn ; TGI Paris, 25 janv. 1967, RC 67.563. Différente est la question que soulèverait une allégation de fraude à l'encontre d'une modification du régime (n° 877).

On sait que l'une des caractéristiques de la loi d'autonomie est d'assurer l'unité du régime. Mais celle-ci est compromise du fait que certains systèmes préfèrent appliquer la loi réelle (n° 858). La Convention, tout en ayant précisé que la loi désignée par les époux s'applique à l'ensemble de leurs biens (art. 3 al. 3), permet aux parties de prendre en quelque sorte les devants en désignant, pour ce qui concerne les immeubles ou certains d'entre eux, la loi du lieu où ils sont situés. Ils peuvent le faire au moment du mariage, et ce qu'ils aient ou non procédé à la désignation du droit applicable (art. 3 al. 4), ou postérieurement (art. 6 al. 4). Les époux sont ainsi en mesure d'organiser eux-mêmes les conséquences du morcellement causé par le conflit de systèmes.

869. – Capacité. Les incapacités générales relèvent de la loi personnelle (n° 609). Mais le droit français prévoit une règle de capacité particulière en matière de régime matrimonial : quoique la capacité soit liée à celle de contracter mariage (*habilis ad nuptias...*), le mineur doit être assisté de ceux dont le consentement est requis pour la validité du mariage (art. 1398 C. civ.). On pouvait donc hésiter à soumettre une règle de ce type à la loi personnelle ou à la loi du contrat. La Cour de cassation a nettement pris parti pour la première solution dans l'affaire *Patiño*, déclarant que les règles habilitant un mineur à la conclusion d'un contrat de mariage sont une simple modalité de son incapacité générale de contracter édictée comme celle-ci dans son seul intérêt et ressortissant à sa loi personnelle à la date du contrat[1]. La solution se justifie parce que la règle vise le mineur et ne constitue donc qu'un aménagement de son incapacité générale (allégeant celle-ci, dans le cas du droit français). Elle n'est pas directement remise en cause par la Convention de La Haye, laquelle exclut de son domaine la capacité des époux (art. 1er al. 2). Mais elle se justifie moins, du fait que la Convention permet aux époux une fois mariés (et par conséquent à un mineur français émancipé) de changer de loi pendant le mariage : il est suggéré en conséquence que la capacité (éventuellement spéciale) de contracter mariage entraîne celle de passer un contrat de mariage[2].

870. – Forme. Le contrat de mariage est fréquemment soumis à des formes impératives telles que la forme authentique pour le droit français. La Cour de cassation a depuis longtemps jugé que l'exigence de l'authenticité ne dépend pas de la loi personnelle des parties. On peut en déduire que la forme du contrat obéit au principe général soumettant la forme des actes juridiques à la loi du lieu de passation. Mais le caractère facultatif de la règle *Locus regit actum* doit permettre aux parties de suivre les prescriptions de la loi du contrat et même peut-être de leur loi personnelle, à titre

1. Civ. I, 15 mai 1963, JCP 63.II.13366 n. Motulsky, JDI 63.996 n. Malaurie, RC 64.506 n. Lagarde, GA n° 39 (le contrat valable selon la loi du régime est déclaré nul selon la loi personnelle de l'intéressée) ; depuis, 16 juill. 1971, *Chelly*, D. 71.633, 1re esp., n. Malaurie, RC 72.612 n. Droz, JDI. 72.287 n. Lehman.
2. Droz, Rép. Dall. dr. int., 2e éd., V° Régimes matrimoniaux, n° 117-118.

de simple faculté[1]. D'autre part, une forme impérative pourrait recevoir effet en tant que loi de police.

La Convention de La Haye a retenu la compétence de la loi du régime et celle de la loi locale, mais non celle de la nationalité commune. Ceci est doublé d'une règle matérielle selon laquelle le contrat de mariage doit toujours faire l'objet d'un écrit daté et signé des deux époux (art. 12). Il s'agit là d'exigences minimum, lesquelles ne dispensent pas de respecter les formes éventuellement plus contraignantes prévue par la loi applicable selon la disposition précédente.

La désignation de la loi applicable par stipulation expresse doit revêtir la forme prescrite pour les contrats de mariage, soit par la loi interne désignée, soit par celle du lieu où intervient cette déclaration (art. 13). C'est ainsi que si la désignation est faite en faveur de la loi française, elle devra emprunter la forme authentique. Mais pour le cas où le droit en question ne prévoit aucune forme, la disposition matérielle prescrivant un écrit daté et signé des deux époux est également formulée (même texte).

871. – Nullité du contrat. Conformément à un principe général, les causes de nullité du contrat sont celles de la loi qui s'applique à la condition méconnue : capacité, forme ou fond ; sur ce dernier point, la loi du contrat détermine notamment les limites de la liberté des époux. La loi régissant la nullité s'applique également à la prescription de l'action, ainsi qu'aux conséquences de la nullité[2]. Cette loi a également vocation à déterminer le régime légal appelé à se substituer au régime écarté ; mais on peut également déterminer ce régime conformément à la règle de conflit du for suivant l'argument que les époux sont soumis au régime légal en l'absence de contrat valable. Ainsi dans l'arrêt *Patiño*, tout en annulant le contrat, on a recherché la loi applicable en l'absence de choix, laquelle s'est trouvée être la loi bolivienne elle-même, au lieu de suivre la prescription du droit espagnol prévoyant la substitution d'un régime de communauté d'acquêts[3].

872. – Protection des tiers. En droit interne français, la publicité du régime matrimonial adopté par contrat (la question ne se posant pas pour le régime légal) est assurée par une déclaration à l'officier de l'état civil et la remise d'un certificat du notaire, se traduisant par une mention en marge de l'acte de mariage (art. 75 C. civ.). Il n'existe pas de disposition spécifique en matière internationale. Lorsque le mariage est célébré en

1. En ce sens, déjà, Douai, 13 janv. 1887, D.P. 87.2.121 ; TGI Paris, 12 janv.1978, RC 79.102 n. D. Holleaux ; *contra* : Paris, 6 mars 1974, GP 74.2.723.
2. Paris, 1er juill. 1959, *Patiño*, JCP 59.II.11214 concl. Combaldieu, JDI 60.428 n. Ponsard, pourvoi rejeté par Civ. 15 mai 1963, préc. : « la sanction de l'inobservation des conditions de capacité nécessaires à la validité d'un contrat de mariage demeure à tous égards soumise à la loi sous l'empire de laquelle il a été conclu ».
3. On pourrait voir un paradoxe dans le fait de désigner le régime de substitution selon le critère de la volonté (tacite) des époux alors que le contrat a été annulé pour défaut de capacité de l'un d'eux ; mais l'intention relative au lieu d'établissement du ménage n'a pas le même objet que l'intention quant au régime et n'appelle pas la même protection.

France, la nécessité de déclaration permettra de faire mention du contrat même si celui-ci a été rédigé à l'étranger. Lorsque le mariage a été célébré à l'étranger, ce système ne peut fonctionner. Il appartient aux époux de faire éventuellement connaître leur régime aux tiers avec lesquels ils traitent[1] et surtout à ceux-ci de le leur demander dès lors que l'élément d'extranéité apparaît[2].

La Convention de La Haye soumet expressément les effets du régime sur les rapports entre un époux et les tiers à la loi du régime (art. 9). Mais elle se préoccupe, dans le même texte, de la protection des seconds. À cette fin, les États peuvent prendre des mesures subordonnant l'opposabilité, lorsque l'un ou l'autre époux a sa résidence habituelle sur leur territoire, à des formalités de publicité ou d'enregistrement prévues par leur droit ou encore à ce que le rapport ait pris naissance dans des conditions ou le tiers connaissait ou devait connaître la loi applicable au régime matrimonial (cette dernière précision pourra notamment viser certains professionnels). Les États contractants ont la possibilité de spécifier au moyen d'une déclaration la portée qu'ils entendent donner à ces conditions d'opposabilité. La loi du 28 oct. 1997 s'est bornée à mentionner la publicité (art. 1397-3 s. C. civ.), laissant au pouvoir réglementaire le soin de l'organiser.

§ 2. – MISE EN ŒUVRE DE LA RÈGLE DE CONFLIT

Deux séries de difficultés se détachent : la question du renvoi, provoqué par la diversité des rattachements en droit comparé ; et celles qui sont liées à l'écoulement du temps et aux changements de fait et de droit qui peuvent survenir. La solution qui leur est apportée fait ressortir un certain ordre public en la matière, touchant à l'unité ou indivisibilité et à la permanence du régime.

A. QUESTION DU RENVOI

873. – Exclusion de principe du renvoi. Le problème du renvoi a été résolu par la jurisprudence en fonction du principe que le régime matrimonial est soumis à une loi expressément ou implicitement *choisie* par les parties. De manière générale, le rattachement par la volonté des parties apparaît comme incompatible avec le renvoi (n° 230) ; et c'est en matière de régime matrimonial que cette idée a reçu sa consécration. Dans une affaire *Gouthertz*, un Français et une Russe mariés en Russie en 1915 en avaient été chassés peu de temps après par la révolution et étaient venus s'établir en France. Appelés, beaucoup plus tard à se prononcer sur la loi du régime, les juges du fond avaient déclaré applicable la loi russe (séparation de biens). Le pourvoi leur faisant grief de n'avoir pas tenu compte d'un renvoi du droit russe à la loi nationale du mari fut rejeté au motif que « le choix du régime matrimonial dépendant de la volonté expresse ou

1. V. Rennes, 4 mars 1880, JDI 81.153, jugeant le contrat opposable pour avoir été enregistré sur les registres de l'état civil consulaire du lieu de célébration du mariage.
2. La publicité du contrat au registre du commerce, qui s'appliquait à tous les époux exerçant le commerce en France (Décr. n° 84-406 du 30 mai 1984, art. 8), a été abrogée (Décr. du 9 mai 2007).

implicite des époux, ceux-ci n'ont pu se référer qu'à la loi interne [étrangère] à l'exclusion des règles [étrangères] de conflit de lois, dont [la cour d'appel] déclare qu'il n'est pas raisonnable de penser qu'ils aient soupçonné l'existence »[1].

L'incidente finale de l'arrêt laissait entrouverte la possibilité d'une solution différente s'il était établi que les époux avaient effectivement intégré dans leurs prévisions les règles de droit international privé de l'ordre juridique concerné ; un arrêt ultérieur apportant la même solution à la question du renvoi a également formulé cette réserve[2]. On pourrait considérer en pareil cas, à vrai dire peu vraisemblable, qu'il s'agirait moins de renvoi, c'est-à-dire d'application successive de deux règles de conflit s'enchaînant, que d'un effet direct de la volonté des époux ; mais la première interprétation s'impose si la loi désignée était encore indéterminée dans l'esprit des époux (par exemple, s'ils ignoraient dans quel pays ils seraient amenés à effectuer des achats immobiliers).

La Convention de La Haye se réfère systématiquement, on l'a vu, à la loi *interne* de l'État qu'elle désigne, excluant par là le renvoi.

L'hostilité au renvoi s'est également manifestée, dans le droit jurisprudentiel, avant et après l'arrêt *Gouthertz*, dans l'hypothèse relativement fréquente où la loi désignée – notamment celle d'un État américain – prévoit que les immeubles sont répartis suivant la loi du lieu de leur situation, et où les époux ont acquis un immeuble en France. L'application de la loi française a été néanmoins refusée, au motif supplémentaire que la conception française impose, dans un souci majeur d'équité, l'unité du régime matrimonial[3]. Avec un tel fondement, le rejet du renvoi se justi-

1. Civ. I, 12 fév. 1972, JCP 72.II.17096 concl. Gégout, RC 72.644 n. Wiederkehr, JDI 72.594 n. Ph. Kahn, GA n° 51. V. déjà Civ. 27 janv. 1969, *Lardans*, D. 69.294, JCP 70.II.16407 n. Foyer, RC 69.710 n. Derruppé, JDI 69.644 n. Ponsard : le pourvoi faisait grief à une décision d'avoir déclaré des époux tchèques vivant en Autriche au moment de leur mariage soumis à la loi autrichienne (séparation de biens) en tant que loi du premier domicile matrimonial révélant la volonté des époux, sans avoir tenu compte de la règle de conflit autrichienne soumettant le régime matrimonial à la loi nationale du mari (établissant une communauté) ; il fut rejeté au motif que la localisation en Autriche des intérêts matériels des époux était révélatrice de leur « volonté tacite de soumettre leur régime matrimonial au régime autrichien ».
2. Civ. I, 24 janv. 1984, *Mari*, D. 84.561 n. Poisson-Drocourt, RC 84.631 n. B. Ancel, JDI 84.868 n. Derruppé. Cette éventualité rejoint une distinction formulée en doctrine (Louis-Lucas) selon que le droit étranger a été choisi pour sa teneur, ce qui exclut le renvoi, ou sa vocation, ce qui l'autorise ; mais elle accroît l'incertitude.
3. Paris, 1er juin 1978, *Massine*, RC 79.763 n. Wiederkehr, JDI 79.103, n. Labrusse, faisant suite à Paris 25 oct. 1976, ibid. RC 78.76 n. Wiederkehr ; Paris, 3 déc. 1980, *Liss*, RC 81.501 n. Gaudemet-Tallon, JDI 81.578 n. Wiederkehr ; 31 oct. 1991, *Hewett*, préc. ; v. cependant Trib. civ. Orléans, 27 fév. 1951, RC 54.358 n. Batiffol. Dans l'affaire *Massine*, la cour n'a pas été sensible à l'argument contestant la qualification même de renvoi au motif que la règle étrangère ne serait pas une règle de conflit mais une règle partiellement substantielle prescrivant de prendre en considération la teneur de la *lex rei sitæ*. Il y aurait également place dans certains cas pour l'argument selon lequel les époux ont admis en connaissance de cause l'application de la loi étrangère : si des époux domiciliés dans un État américain et acquérant un bien dans un autre s'attendent naturellement à voir appliquer la *lex rei sitæ*, pourquoi n'en serait-il pas de même lorsqu'ils l'acquièrent à l'étranger ? S'il est vrai que la volonté des époux de voir appliquer une loi donnée par le jeu d'un renvoi d'une

fie même si l'on prête à la règle de rattachement un fondement objectif : localisation des intérêts du ménage plutôt que volonté des époux (n° 867). Mais l'on peut se demander si l'ordre public impose véritablement l'unité du régime à l'encontre d'une loi étrangère pour laquelle la notion de régime matrimonial n'existe pas en tant qu'ensemble coordonné de règles, et cela au su des époux. L'application de la loi française pourrait permettre en outre de rétablir un équilibre que le droit étranger assurait par des règles successorales, lesquelles auraient cessé de s'appliquer par l'effet du nouveau domicile. On a vu que la Convention de La Haye permet de soumettre directement les immeubles à la loi de leur situation (n° 868).

L'exclusion du renvoi peut être remise en cause lorsque le domicile des époux est dans un pays dont la législation en la matière n'est pas unifiée mais dépend de l'appartenance des intéressés à une communauté religieuse ou ethnique (système plurilégislatif à base personnelle). Si des époux français sont domiciliés dans un État du Moyen-Orient pratiquant le système de la personnalité des lois, il peut être opportun d'admettre le renvoi qu'opérerait la règle de conflit locale à la loi nationale, fût-elle celle du mari. La situation est prise en considération par la Convention de La Haye. L'art. 19 commence par préciser que dans l'hypothèse envisagée, toute référence à la loi d'un État est entendue comme visant le système de droit déterminé par les règles de droit en vigueur dans cet État. On appliquera ainsi à des époux libanais le droit du groupe religieux auquel ils appartiennent. Mais il se peut aussi que le droit désigné ne contienne aucune règle qui permette de déterminer le droit applicable à des étrangers ; c'est pourquoi la suite du texte prescrit dans ce cas d'appliquer la loi de la nationalité commune en l'absence de choix du droit applicable. À défaut de nationalité commune, on appliquera le critère des liens les plus étroits.

874. – Cas du renvoi au second degré. L'admission du renvoi au second degré, à titre général, se recommande d'une justification pragmatique : il permet d'aboutir à une concordance des désignations lorsque la loi à laquelle il est renvoyé par une loi primitivement désignée admet sa compétence. Mais cet argument suppose que les intéressés subissent l'application des règles de conflit ; lorsqu'au contraire ils ont prise sur le droit applicable, il n'y a pas matière à coordination puisqu'en choisissant, directement ou indirectement, la loi applicable les intéressés se soustraient aux aléas des règles de conflit. L'idée de renvoi semble donc tout autant exclue[1].

À cette observation, on peut toutefois apporter une limite compte tenu du fait que la solution volontariste du droit français est relativement isolée (n° 860). Il se peut qu'au moment du mariage, les époux n'aient eu aucun lien avec la France tandis que les règles de conflit des ordres juridiques auxquels se reliait la situation à ce moment concordaient pour désigner une loi autre que celle rendue compétente par la règle fran-

première loi est fort peu plausible, l'acceptation par eux d'une pluralité de statuts selon la localisation des biens l'est davantage car elle procède de l'idée de territorialité du droit, non seulement accessible au profane mais répandue.

1. L'arrêt *Lardans*, préc. n° 873, est effectivement intervenu dans une hypothèse de renvoi au second degré.

çaise. L'exemple a été donné d'époux italiens domiciliés en Allemagne au moment du mariage et dont le régime vient à être ultérieurement discuté en France : l'application de la règle de conflit française amène à désigner la loi allemande en tant que loi du premier domicile matrimonial ; or les règles de conflit allemande et italienne désignent l'une et l'autre le droit italien. L'esprit même de la règle de conflit française, fondée sur la prévision raisonnable des époux, est de ne pas déjouer la seule prévision qu'ils aient pu faire au moment du mariage[1].

C'est à la même idée que répond la disposition déjà examinée de l'art. 4 al. 2, ch. 2 de la Convention de La Haye selon laquelle il est fait application de la loi nationale commune des époux (par ex. italiens), et non celle de leur résidence habituelle (par ex. les Pays-Bas), lorsque l'État de la nationalité commune n'est pas partie à la Convention, que sa loi interne est applicable selon son droit international privé et que les époux ont établi leur première résidence habituelle après le mariage dans un État contractant ayant fait la déclaration en faveur de la loi nationale commune (cas des Pays-Bas) ou dans un État non contractant dont le droit international privé désigne également la loi nationale (n° 866). Il y a en effet dans ce cas une sorte de renvoi de la loi de la première résidence habituelle à la loi nationale qui accepte sa compétence (à proprement parler, toutefois, la déclaration de l'art. 5 n'a pas pour objet de déclarer applicable la loi nationale des époux de manière générale, mais est seulement unilatérale : v. n° 866).

B. INFLUENCE DU FACTEUR TEMPS

La question du régime matrimonial se pose pendant toute la durée du mariage et lors de sa dissolution. Pendant ce temps, différents éléments pertinents sont susceptibles de connaître une modification : les rattachements objectifs de la situation, le droit interne applicable ou encore la volonté des époux, ce qui pose le problème du changement volontaire de régime.

1. Conflit mobile

875. – Permanence de la loi applicable ; assouplissement. Alors que la situation des époux ne présentait aucun conflit de lois au moment du mariage, il peut arriver qu'ils s'installent dans un pays étranger et cela soit en conservant leur nationalité, soit en acquérant celle de leur nouvel établissement ; dans certains cas, ils ont quitté involontairement leur pays d'origine du fait de circonstances politiques et n'ont pu ou voulu y retourner. Il se peut encore que, sans changer d'établissement, les époux aient acquis des biens à l'étranger. Dans la mesure où ces circonstances affectent le rattachement retenu par la règle de conflit, se pose la question de savoir si l'on doit en tenir compte pour admettre une modification éventuelle de

1. Wiederkehr, *op.cit.* n° 146. L'on reconnaît dans l'exemple une situation de conflit de systèmes dans le temps (n° 253 s.).

la loi applicable : c'est le problème de la permanence du rattachement, auquel est liée la question de la permanence du régime.

En droit jurisprudentiel français, la règle de conflit inclut la précision temporelle recherchée, puisque c'est la volonté des parties *au moment du mariage* qui est consultée. Aussi la jurisprudence a-t-elle refusé de tenir compte des événements survenus par la suite dans la situation des époux[1]. Un cas de figure exemplaire est celui présenté par des époux d'abord installés dans un État américain puis en France, où ils ont acquis des biens, lorsque la loi de l'État d'origine prévoit l'application de la loi du nouveau domicile pour les biens acquis alors que les époux se trouvent à celui-ci[2] : l'application de la loi française a été refusée au nom du « principe fondamental de l'indivisibilité et de la permanence du régime matrimonial »[3].

Cette solution implique un parti substantiel, et qui vaut aussi bien en cas de régime conventionnel, à savoir que la volonté des époux s'exprime au moment du mariage *une fois pour toutes* ; en d'autres termes la *permanence du régime* est érigée en principe international. Cette conception peut se justifier par le fait que le régime matrimonial est essentiellement tourné vers l'avenir, de sorte que tout changement déjouerait les prévisions faites au moment du mariage. Néanmoins, lorsque le changement constitue une modification effective des circonstances les plus pertinentes, on peut s'interroger sur l'opportunité de son refus. La jurisprudence française a pu être inspirée par le droit interne à l'époque où celui-ci imposait une stricte immutabilité du régime. Mais celle-ci a été assouplie par la réforme de 1965 introduisant, à l'instar de divers droits étrangers, une mutabilité contrôlée (art. 1397 C. civ.). De plus, il est paradoxal dans un système qui repose sur l'autonomie de la volonté de refuser tout effet à un changement de volonté au cours du mariage[4].

Le souci de permanence peut également céder dans une conception moins volontariste et plus objective de la règle de conflit française (n° 867). Si c'est le centre d'intérêt des époux qui importe, le réalisme suggère de tirer les conséquences d'un déplacement définitif de cet élément au cours du mariage ; en tout cas, l'idée de permanence n'est pas impliquée dans ce rattachement et ne peut être imposée que si on lui prête une vertu propre. Dans un pays d'immigration comme la France, le principe de permanence perpétue l'application de régimes

1. Civ. I, 19 déc. 1973, JCP 75.II.18116 n. Simon-Depitre, RC 75.247 n. Wiederkehr. Un grand nombre de décisions faisant application d'un régime matrimonial étranger concerne des époux installés en France, et même devenus français, mais qui y étaient venus après leur mariage ; v., cassant une décision qui avait conclu à l'application du régime matrimonial français à des époux venus en France et naturalisés français sans rechercher leur domicile au moment du mariage : Civ. I, 12 nov. 1986, D. 86. I.R. 442.
2. Selon cette règle de conflit, la plus fréquente aux États-Unis, une succession de régimes s'ajoute ainsi à une pluralité de lois à un moment donné en vertu du principe territorialiste (n° 858).
3. Paris, 3 déc. 1980, *Liss*, RC 81.501 n. Gaudemet-Tallon, JDI 81.578. n. Wiederkehr.
4. En ce sens, Paris, 5 juill. 1990, D.90. I.R. 219, Rép. Defr. 91, art. 35032 n. Revillard (subordonnant la permanence du régime « à la condition que n'intervienne pas dans l'élément de rattachement un changement tel qu'il consacre une rupture définitive des époux avec la législation que le choix de leur premier établissement matrimonial avait permis de considérer comme l'expression de leur volonté durable »).

étrangers au détriment de l'homogénéité de la loi et expose à devoir faire intervenir la notion de loi de police.

Afin de ménager l'adaptation souhaitable du régime tout en évitant que celui-ci ne soit susceptible de changer trop facilement au gré des circonstances, il paraît raisonnable, comme le font de nombreux systèmes étrangers, de rendre applicable la loi du nouvel établissement ou de la nouvelle nationalité des époux. Ceci peut en particulier permettre d'aboutir à une coïncidence, au moment de la dissolution du mariage, avec la loi de la succession, au moins mobilière, ou celle du divorce. C'est le parti qui a été adopté dans la Convention de La Haye de 1978 laquelle, tout en posant le principe de la permanence du régime (art. 7 al. 1er), prévoit, d'une part, sa mutation automatique dans certaines circonstances définies, d'autre part, la possibilité de le soumettre volontairement à une autre loi (sur le second point, *infra* n° 877).

La première n'opère que si les époux n'ont ni désigné la loi applicable ni fait de contrat au moment du mariage (cette hypothèse relevant de la mutation volontaire), c'est-à-dire que les époux sont soumis à un régime légal. La mutation se réalise en faveur de la loi de la *résidence habituelle des époux*, dans trois cas : 1°) à partir du moment où ils fixent cette nouvelle résidence habituelle, si c'est dans l'État de leur nationalité commune ou s'ils acquièrent la nationalité de cet État (il y a en effet dans ce cas disparition de l'élément d'extranéité qui faisait que les époux étaient soumis à un autre régime que celui de leur résidence et leur nationalité communes, facteurs qui désormais coïncident ; l'extranéité ne peut plus tenir qu'à la localisation de certains biens)[1] ; 2°) lorsque, après le mariage, cette résidence habituelle a duré plus de dix ans (c'est l'hypothèse même de conflit mobile, lequel n'est donc pris en considération que lorsqu'une durée suffisante a conforté le titre de la loi nouvelle)[2] ; ou 3°) à partir du moment où les époux fixent cette résidence habituelle commune, si le régime matrimonial était jusque-là soumis à la loi de la nationalité commune uniquement en vertu de l'absence de résidence habituelle commune dans le même Etat après le mariage (art. 4 al. 2, ch. 3 *supra* n° 866 ; le critère de principe, la résidence habituelle commune peut en effet jouer son rôle normal, qui était jusqu'alors paralysé). Le changement de loi applicable n'a d'effet que pour l'avenir et les biens appartenant aux époux antérieurement au changement ne sont pas soumis à la loi désormais applicable, à moins que les époux n'en conviennent autrement, ce qu'ils peuvent faire à tout moment (art. 8 al. 1er). Des masses de biens se trouvent ainsi soumises à des régimes différents. Il peut en être d'autant plus ainsi que s'applique la faculté de

1. Il est expressément fait exception dans ce cas à la règle selon laquelle les dispositions se référant à la nationalité commune ne sont pas applicables lorsque les époux ont plus d'une nationalité (art. 15 al. 2) ; cela en raison du fait que de nombreuses législations ne prévoient pas la perte de leur nationalité en cas d'acquisition d'une nationalité nouvelle.
2. V. faisant jouer cette disposition (mais à tort car la Convention n'était pas applicable *ratione temporis*), Paris, 3 nov. 1993, RC 94.88 n. Lagarde, JDI 94.148 n. Revillard.

soumettre les immeubles, ou certains d'entre eux, à la *lex rei sitæ* (n° 868 *in fine*).

Il est cependant envisageable que les époux se satisfassent de la loi qui s'appliquait à eux. Bien que la Convention ne le prévoie pas formellement, il semble qu'ils devraient pouvoir dans ce cas s'opposer au changement de régime (ils le feraient, par ex., lorsque la durée de leur résidence actuelle, qui n'est pas celle du moment de leur mariage, est proche d'atteindre dix ans) ; car l'art. 7 de la Convention se prononce avant tout pour la permanence du régime.

2. Modification de la loi applicable

***876. – Application du droit transitoire de la* lex causæ.** Toujours parce que la question du régime matrimonial continue de se poser longtemps après le mariage des époux, il arrive que la loi déclarée applicable ait changé ; de fait, il est peu de pays en Europe, de l'Ouest ou de l'Est, où elle n'ait été modifiée au cours de la seconde moitié du XXe siècle. La solution générale du problème veut que l'on applique le droit étranger en tenant compte de ses règles de droit transitoire (n° 306). Elle a été notamment appliquée en matière de régime matrimonial, de sorte que par exemple des époux mariés sous l'empire d'un régime séparatiste ont été considérés comme communs en biens suivant la modification, même rétroactive, du droit qui s'appliquait à eux[1].

Parmi les personnes émigrées auxquelles s'applique la règle se sont souvent trouvés des *réfugiés* ayant quitté leur pays d'origine avant la modification législative et ayant perdu tout esprit ou espoir de retour dans leur pays d'origine, voire décédés au moment où est discutée la question de leur régime. La combinaison des principes de permanence de la loi applicable et d'application du droit transitoire étranger conduit alors à appliquer un droit nouveau avec lequel les intéressés n'ont eu et n'auront jamais aucune attache. La situation s'est présentée avec une certaine fréquence du fait que la Russie soviétique puis différents pays d'Europe de l'Est, d'où provinrent nombre de réfugiés au cours du XXe siècle, avaient substitué à un régime de séparation de biens un régime communautaire, de manière en général rétroactive. Tandis que certaines décisions se sont tenues à la solution de principe, soit l'application intégrale du droit étranger, d'autres ont préféré celle de la cristallisation ou « pétrification » du régime tel qu'il était au moment du mariage[2]. Cette dernière solution a été consacrée par la Cour de cassation, mais dans des circonstances qui

1. Paris, 2 juill. 1954, *Lamet*, RC 54.810 n. Batiffol, JDI 55.152 n. Ponsard (droit polonais, loi de 1946) ; Aix-en-Prov., 22 mars 1955, *Roguinsky*, RC 56.274 n. Y.L. (droit soviétique, loi de 1926). V. Giardina, « Les lois étrangères rétroactives en matière de mariage et de régimes matrimoniaux », RC 1972.401.
2. Fort-de-France, 21 juin 1962, *Braescu*, RC 63.724 n. Droz (époux roumains réfugiés puis naturalisés Français avant la réforme législative roumaine) ; Paris, 3 fév. 1968, *Panayotti*, JDI 68.738 n. B.G., RC 68.467 n. Patarin, pourvoi rejeté par Civ. I, 1er déc. 1969, note suivante.

ont amené à se demander si elle n'était pas subordonnée à la qualité de réfugié selon la Convention de Genève, laquelle réserve expressément le respect des droits acquis résultant du mariage (n° 1101)[1].

Les cas de mutation, automatique ou volontaire, prévus par la Convention de La Haye offrent un remède à cette situation.

3. Changement volontaire de régime

877. – Changement de régime sans changement de loi. Certaines lois prévoient l'immutabilité du régime matrimonial, dans un but de protection des époux et des tiers ; d'autres permettent aux époux de changer de régime au cours du mariage, sous des conditions diverses. La mutabilité du régime est par principe soumise à la loi du régime[2]. Il ne fait donc aucun doute que les époux autorisés par la loi applicable, en particulier la loi française, peuvent adopter un autre régime prévu par la même loi. Il y a cependant lieu à coordination des règles françaises et étrangères, de fond et de procédure.

La nécessité d'une homologation doit être considérée comme une condition de fond, relevant à ce titre de la loi du régime initial[3]. Mais elle doit pouvoir être effectuée par le juge du domicile des époux. On appliquera les règles habituelles de compétence[4]. La *publicité* prévue en marge de l'acte de mariage ne peut avoir lieu que si l'acte a été transcrit en France. Mais le changement de régime doit pouvoir être opposé aux tiers qui entrent en rapport avec les parties après qu'il ait été effectué, au

1. Civ. I, 1er déc. 1969, RC 70.95 n. P.L., JDI 70.306 n. Ponsard, J. not. 70.586 n. Droz, rejetant le pourvoi contre le dernier arrêt cité. Un arrêt se prononçant d'abord en faveur du nouveau régime étranger a néanmoins appliqué la loi française à titre de loi de police sur la question en litige, Paris 22 sept. 2004, D. 05. Somm. 1195 obs. Courbe, statuant sur renvoi de Civ. I, 18 sept. 2002, *Nachim*, cité n° 1133.
2. Req. 4 juin 1935, *Zelcer*, préc. n° 862 ; 5 mai 1938, RC 38.659, GP 38.2.232 ; Colmar, 19 janv. 1993, RC 94.281 n. Lagarde, Rép. Defr. 1993.573 n. Revillard ; TGI Seine, 25 janv. 1967, RC 72.563 n. Batiffol. L'alternative principale était en faveur de la loi personnelle, étant donné le but de protection des époux qui inspire notamment l'immutabilité.
3. En ce sens, Civ. I, 19 mars 2008, JDI 08.517 n. Jacquet, rejetant le grief de défaut d'homologation d'un changement de régime soumis à la loi de New York. D'assez nombreuses décisions de juges du fond, cependant, appliquent l'art. 1397 C. civ. à un changement en faveur de la loi française alors que la loi d'origine ne prévoyait rien de semblable ; v. par ex. Colmar, 19 janv. 1993, RC 93.281 n. Lagarde. V. également Chambéry, 20 juin 1995, JDI 96.663 n. Kerckhove, permettant à des époux mariés sous un régime français de changer de régime sans homologation.
4. V. cependant Paris, 29 juin 1968, *Fontaine*, JCP 69.II.15845 concl. Souleau, JDI 70.69 n. Kahn, RC 70.298 n. Ponsard, refusant de se reconnaître compétent sur le fondement des art. 14 et 15 C. civ. pour homologuer un changement de régime entre époux français établis au Québec au motif qu'il s'agissait de juridiction gracieuse ; cette décision n'est guère en harmonie avec le fait d'admettre que l'art. 1397 est applicable au titre de l'ordre public : si les tribunaux étrangers n'acceptent pas (comme c'était le cas) la modification du régime, on aboutit à une forme de déni de justice. Indépendamment des art. 14 et 15 C. civ., la règle de compétence ordinaire pourrait être adaptée dans un cas de ce type.

moins s'il s'agit du régime légal, car il ne modifie pas une situation dont ils pouvaient avoir connaissance.

Un changement de régime prononcé à l'étranger par un tribunal a effet de plein droit en France en raison de son caractère constitutif (n° 483). Mais si le mariage a été célébré en France, la modification doit être publiée en marge de l'acte de mariage sous peine d'être inopposable aux tiers[1]. On pouvait penser que l'exequatur était alors nécessaire, permettant un contrôle par le juge français ; mais la pratique inverse en matière de transcription des jugements de divorce étrangers (IGEC) paraît transposable[2].

878. – Changement de régime avec changement de loi. Fréquemment, la possibilité de changer de régime au sein de la loi originairement applicable, à la supposer reconnue, ne suffira pas au vœu des époux parce que leur volonté de changement est motivée par le déplacement de leurs intérêts. Or la mutabilité du régime selon la loi qui s'y applique ne signifie pas la mutabilité du droit applicable. On pourrait certes penser qu'il n'est pas nécessaire aux époux d'emprunter leur nouveau régime à une autre loi dès lors que celle qui s'applique actuellement à eux leur permet d'adopter une autre organisation (au moins lorsqu'ils trouvent dans cette loi une forme correspondant au régime qu'ils souhaitent). Mais lorsque la modification du régime est inspirée par un changement de localisation des intérêts du ménage dans l'ordre international, ce qui est l'hypothèse, les époux peuvent souhaiter un changement en faveur de la loi correspondante de préférence à un simple changement de régime sous l'empire de la loi originairement applicable ; il leur permet en effet de se soumettre à la loi de leur environnement, également celle qui est connue des tiers, tandis que la permanence du droit applicable ne constitue pas une fin en soi. Mais il est vrai aussi que la coordination dans le temps de deux régimes empruntés à des lois différentes peut soulever certaines difficultés.

1. C'est à la loi applicable qu'il appartient de déterminer les modalités d'application dans le temps du nouveau régime. Pour cette raison, l'art. 1397-6 C. civ., texte de publicité, devrait être lu comme ne réglant que la date à laquelle le changement est effectif en France : entre les époux, dès l'établissement de l'acte modificatif ; à l'égard des tiers, trois mois après l'accomplissement des formalités de publicité, à moins que les époux n'aient effectivement informé les tiers dans les actes passés avec eux. Les formalités prévues ont été posées par le décr. n° 98-508 du 23 juin 1998 (RC 98.767 et comm. Lagarde), qui distingue selon que le changement de régime est opéré par application d'une loi étrangère (art. 1303-3 à 1303-5 CPC) ou à l'étranger en application de la loi française (art. 1303-6).
2. TGI Seine, 25 janv. 1967, RC 67.563 n. Batiffol.

La jurisprudence avait admis le changement de loi en faveur de la loi française sur la seule constatation que la loi interne étrangère autorisait la mutation[1], ainsi qu'en faveur d'une loi étrangère[2].

Lorsque la loi étrangère connaît la règle de l'immutabilité et que les époux sont établis en France, l'on s'était demandé si l'ordre public français imposait la faculté de changement en faveur d'un régime français. Au lendemain de la réforme de 1965, une réponse ministérielle avait exprimé l'opinion que l'art. 1397 C. civ. devait toujours recevoir application lorsque les intéressés ont la nationalité française ou sont domiciliés en France, au nom d'un « ordre public familial français » ; la jurisprudence s'était montrée divisée sur cette conception. L'immutabilité abandonnée en 1965 pouvait difficilement être considérée comme contraire à l'ordre public ; mais lorsque le changement correspond à un déplacement effectif des intérêts des époux, qu'il est souhaité par les deux et que les intérêts des tiers sont réservés, il peut sembler inutilement rigoureux de le refuser.

La *Convention de La Haye*, en sus des cas de mutation « automatique » qu'elle prévoit (n° 875), a consacré la possibilité pour les époux, au cours du mariage, de soumettre leur régime à une loi interne autre que celle jusqu'alors applicable (art. 6). La disposition s'applique quelle que soit la date du mariage (art. 21) – ce qui rend en principe caduques les solutions précédentes – et sans égard à la loi du régime initial ou actuel, ce qui en fait une règle matérielle de droit international privé. Le choix est raisonnablement limité à la loi nationale ou celle de la résidence habituelle de l'un des époux au moment de la désignation. Les règles de forme de l'art. 13 sont applicables. La loi choisie s'applique à l'ensemble des biens des époux, sous réserve du droit de désigner pour les immeubles ou certains d'entre eux la loi du lieu de leur situation (v. n° 868 *in fine*).

L'art. 6 envisage le changement de loi sans se préoccuper de ses incidences sur le régime, omettant par là que des régimes relevant de lois différentes ne peuvent être identiques. On peut envisager de soumettre les époux soit au régime le plus proche de celui qui s'appliquait à eux selon l'ancienne loi, soit au régime légal de la loi nouvelle ; dans les deux cas, ils pourraient encore par la suite modifier ce régime selon ce que permet la loi nouvelle (n° précédent). Mais la loi du 28 oct. 1997 est allée au-delà en disposant qu'à l'occasion de la désignation de la loi applicable au cours du mariage les époux peuvent désigner la *nature* du régime matrimonial choisi par eux (art. 1397-3 al.3 C. civ.). Dans ces conditions, le changement de régime peut devenir la finalité du changement de loi, dans la mesure où il permettra d'échapper ainsi aussi bien aux conditions posées par la loi nouvelle qu'à celles prévues par la loi ancienne pour un changement (par ex., lorsque la loi française est en cause, celles de délai et d'homologation

1. TGI Dijon, 18 nov. 1969, RC 72.448 n. Droz, Rép. Defr. 71.1258 n. Malaurie (époux allemands ayant transféré leur domicile en France et acquis la nationalité française) ; Colmar 7 mars 1973, RC 73.524 n. A.P. (époux italiens installés en France huit ans après leur mariage) ; 19 janv. 1993, préc. L'arrêt précité du 19 mars 2008 (n° 877) entérine un changement de loi vers la loi française en même temps que le changement de régime sans relever le premier.
2. Chambéry, 20 juin 1996, JDI 96.663 n. Kerckhove (passage du droit français au droit suisse).

prévues par l'art. 1397 C. civ.) ; l'on peut ainsi passer sans contrôle d'une séparation de biens à une communauté universelle ou inversement[1]. De telles conséquences suggèrent de voir dans cette disposition une règle matérielle applicable au seul cas où c'est la loi française qui est désignée, car on ne saurait ainsi disposer d'une loi étrangère.

L'imprécision de la Convention est d'autant plus regrettable que la loi nouvelle s'applique en principe rétroactivement à la date du mariage (du fait que l'art. 6 vise l'« ensemble des biens des époux » et que l'art. 8 formule expressément la solution inverse pour le changement dit automatique)[2]. Mais on doit sans doute reconnaître aux époux la possibilité de liquider le régime qui s'appliquait antérieurement à eux ; cette faculté paraît en effet particulièrement opportune dans le cas où ils passeraient d'un régime communautaire à un régime séparatiste.

§ 3. – DOMAINE DE LA LOI APPLICABLE

Les problèmes liés à l'*établissement* du régime ne se posent qu'en cas de désignation de la loi applicable, c'est-à-dire pratiquement lorsqu'un contrat a été dressé ; ils ont été envisagés avec la détermination du régime (n° 868 s.). Il reste à examiner ceux concernant les effets du régime et sa disparition.

A. EFFETS DU RÉGIME PENDANT LE MARIAGE

879. – Loi du régime. La loi déterminée comme celle du régime matrimonial régit nécessairement les questions qui caractérisent l'institution : c'est en fonction de celles-ci que le régime matrimonial est érigé en catégorie particulière de rattachement. Il s'agit de la répartition des biens, c'est-à-dire la structure du régime[3], des pouvoirs respectifs des époux sur les biens et de la charge du passif[4]. Sur le premier point, la loi du régime

1. Cette facilité est d'autant plus notable que la Convention ne définit pas le caractère international de la situation, d'où résulte l'applicabilité de l'art. 6 : le seul fait de posséder des biens à l'étranger pour des époux résidant dans l'État de leur nationalité pourrait ainsi permettre d'invoquer ce texte. On peut également envisager un double changement de loi afin de passer d'un régime à l'autre au sein de la même loi.
2. L'art. 1397-4 dispose que la désignation de la loi applicable prend effet entre époux, à compter de l'établissement de l'acte de désignation, à l'égard des tiers, trois mois après l'accomplissement des formalités de publicité, sauf si les époux ont effectivement informé les tiers. Cette disposition ne règle que la question de la date d'effet en France de la désignation de la loi applicable, et ce de la même manière qu'en cas de changement de régime sans changement de loi (n° précédent). La publicité est opérée par mention en marge de l'acte de mariage ou, si le mariage n'a pas été célébré par une autorité française, par inscription au répertoire civil annexe (art. 1303-1 al. 2 CPC).
3. Civ. I, 12 avril 1967, Bull. civ. I., n° 90, p. 124, RC 68. Somm. 725, écartant la loi française invoquée à titre de loi réelle.
4. Civ. I, 16 juin 1992, RC 93.34 n. Ameli. En revanche, une mesure – s'il en subsiste – affectant la capacité de la femme mariée relèverait de la loi des effets du mariage. Sur le « régime primaire », v. n° 674.

s'appliquera également à la question essentielle de la preuve, en raison de son lien étroit avec le fond du droit[1]. Les principaux conflits sont avec la loi personnelle et la loi des effets du mariage ; il convient d'envisager ici ceux qui ne l'ont pas déjà été à l'un de ces titres (n° 673 s.).

880. – Hypothèque légale ; biens réservés. En ce qui concerne l'hypothèque légale des époux, ou autre garantie analogue, il ne fait pas de doute que c'est la loi réelle qui gouverne les règles relatives à la publicité. Mais on peut hésiter à faire dépendre l'existence de l'hypothèque de la loi des effets du mariage (la loi personnelle n'étant plus guère défendue) ou de celle du régime[2]. La première pourrait l'emporter dans la mesure où l'hypothèque garantit toute créance née de la qualité d'époux telle que l'obligation alimentaire[3]. Mais l'institution est plutôt conçue pour garantir des créances nées pour l'essentiel du fonctionnement du régime, notamment parce que celui-ci peut faire que les actes d'un époux nuisent aux intérêts de l'autre ; en fait, elle n'a guère de raison d'être dans les systèmes qui, ne connaissant pas le régime matrimonial en tant qu'institution spécifique, ne donnent pas lieu à de telles créances. La réponse est donc liée à la nature des créances que l'hypothèque vise à garantir, et dont elle n'est que l'accessoire.

De même que l'hypothèque légale, l'existence de biens réservés n'a de justification que comme contrepartie au fait que des pouvoirs étendus sont reconnus au mari sur des biens autrement communs. Dans un système qui considère les époux comme naturellement séparés de biens, cette institution n'a pas de sens (et elle a été supprimée en France lorsqu'a été réalisée une complète égalité des époux). Cette question relève donc de la loi du régime.

881. – Contrats entre époux. Il est difficile de considérer que les contrats entre époux obéissent au régime ordinaire des contrats. La question de leur validité se pose en effet en raison des restrictions dont leur conclusion peut faire l'objet. Le principe de la loi d'autonomie permettrait trop facilement d'y échapper et l'une de ses justifications essentielles, qui est de faciliter les échanges économiques internationaux, ne s'y applique pas. La question est plutôt de savoir si les restrictions éventuelles à respecter sont celles de la loi des effets du mariage ou de la loi du régime : en effet, ces restrictions tendent souvent à maintenir l'intégrité du régime mais aussi toujours à empêcher une captation des biens d'un époux par l'autre. On se prononcera pour la loi du régime lorsque ses dispositions sont en cause. La réglementation du mandat entre époux par la loi française semble ainsi se relier d'assez près au régime matrimonial (v. art. 218, 1431 s. C. civ.)[4] ; de même celle de la société entre époux (art. 1832-1 et 1832-2).

1. Civ. I, 12 juin 1979, D. 79. I.R. 460 obs. Audit et J. 80.202 n. F. Boulanger, RC 81.491 n. Batiffol.
2. V. cependant Paris, 16 oct. 1975, RC. 76.495 n. Fadlallah, appliquant extensivement la loi réelle.
3. En ce sens, TGI Seine, 19 janv. 1966, JCP 67.II.15015 n. Brulliard, RC 66.632 n. Batiffol, JDI 66.822 n. Malaurie.
4. Paris, 23 janv. 1974, JDI 75.816 n. Wiederkehr.

La question des *donations entre époux* soulève une difficulté supplémentaire du fait qu'aux catégories déjà évoquées s'ajoutent celles du statut personnel du donateur (dont la protection est en cause) et surtout des successions, puisque les donations peuvent être remises en question au décès du disposant. Mais l'inconvénient de rattacher la question à la loi successorale, en matière mobilière, est que, déterminée par le dernier domicile du défunt (n° 889), cette loi ne sera connue qu'au décès ; aussi la Cour de cassation s'est-elle prononcée pour la loi des effets du mariage, d'abord aux donations mobilières[1], puis même immobilières[2]. Cette qualification conduit à appliquer la loi en vigueur au moment de la donation. La loi ainsi désignée détermine l'existence et la validité de la donation ; mais la loi successorale interviendra éventuellement pour ce qui concerne le jeu de la réserve héréditaire (n° 894).

B. DISSOLUTION ET LIQUIDATION DU RÉGIME

882. – Causes de dissolution. La loi applicable au régime détermine en principe ses causes de dissolution. Mais cette règle pourrait avoir pour conséquence son maintien alors que le mariage est dissous ou déclaré nul pour une cause que ne retient pas la loi du régime : par exemple, il y a eu divorce ou séparation de corps, ou l'un des époux a été déclaré absent, et la loi applicable au régime ne connaît pas le mode de rupture intervenu ou l'absence. C'est là une conséquence possible de la dissociation du régime matrimonial et du statut personnel. On peut y remédier, le cas échéant, par une règle matérielle selon laquelle la dissolution du mariage entraîne celle du régime[3]. Il en est de même de la séparation de corps lorsqu'elle est soumise à la loi française.

883. – Liquidation du régime. La loi du régime s'applique à la liquidation, qui constitue l'accomplissement du régime en ce qui concerne à la fois la charge du passif et la répartition des biens ; elle évince donc même la loi réelle immobilière[4]. Il en est de même pour le partage, qui constitue la phase ultime de l'application du régime ; mais la *lex fori* est appelée à

1. Civ. 15 fév. 1966, *Campbell-Johnston*, D. 66.370 n. Malaurie, RC 66.372 n. Batiffol, JDI 67.95 n. Goldman, J. not. 67.240 n. Droz, GA n° 42 ; 2 déc. 1969, RC 71.507 n. de La Pradelle ; 3 avril 1990, RC 91.104 rejetant le pourvoi contre Versailles, 27 juin 1988, RC 89.696 n. Ancel, JDI 89.691 n. Revillard. Cette solution ne s'applique pas intégralement aux *avantages matrimoniaux*, lesquels participent des conventions de mariage bien qu'ils puissent être attaqués en tant que libéralités (art. 1527 al. 2 C. civ.).
2. Civ. I, 12 juin 1979, D. 79. I.R. 459 obs. Audit, RC 80.322 n. Légier, JDI 80.644 n. Wiederkehr, rejetant le pourvoi contre Aix-en-Prov. 17 mai 1976, RC 77.508 n. Légier.
3. C'est une hypothèse d'« adaptation » (sur laquelle, *supra* n° 322).
4. Civ. I, 12 juin 1979, D. 79. I.R. 460 obs. Audit et 80. J. 202 n. F. Boulanger, RC 81.491 n. Batiffol ; 3 janv. 1985, RC 85.652 n. Batiffol, D. 86.57 n. Rémery ; 21 mai 1997, RC 98.57 n. B.A. ; 24 fév. 1998, D. 99. Somm. 290 ; 25 janv. 2005, D. 05.1210 n. Bouche, RC 05.300 n. Ancel, D. 06. Pan. 1499 obs. Courbe.

intervenir pour les formalités et l'exécution d'une liquidation non amiable de communauté.

En cas de nullité du mariage, l'application des règles du régime se justifie moins lorsque la cause de nullité affecte l'intention matrimoniale elle-même (incapacité et surtout vice du consentement). Dans ce cas, il faudra liquider en équité ou selon les règles d'une société créée de fait.

Il est cependant admis qu'après la dissolution du régime, les époux ou leurs ayants droit ont la possibilité de soumettre dans leurs rapports la liquidation et le partage à une autre loi[1] ou simplement de convenir des bases de la liquidation dans leurs rapports réciproques[2]. Rendues dans le cas où la loi du régime était la loi française, ces décisions ne réservent pas le cas où la loi du régime prendrait une position différente et semblent affirmer une règle matérielle d'autonomie ; la loi du régime a cependant la même vocation à s'appliquer à cette question qu'à la mutabilité du régime (n° 877).

Dans tous les cas, les formalités et l'exécution des actes de liquidation et de partage non amiables dépendent de la loi du for.

Voy. : Berr, « Les relations patrimoniales entre époux en droit international privé », JDI 1965.304 ; Couchez, *Essai de délimitation du domaine de la loi applicable au régime matrimonial*, 1972 ; Droz, « Les régimes matrimoniaux en droit international privé comparé », RCADI 1974.III.1 (t. 143) ; Gaudemet-Tallon, « Les conflits de lois en matière de régimes matrimoniaux », TCFDIP 1969-1971, p. 197 ; Herzfelder, *Problèmes relatifs au régime matrimonial en droit international privé français et allemand*, 1978 ; Leuck, « Le statut patrimonial et la vie internationale », Rapport au 75e congrès des notaires de France, 1978 ; Peroz et Fongaro, *Droit international privé patrimonial de la famille*, 2010 ; Revillard, *Droit international privé et communautaire : pratique notariale*, 6e éd., 2006 ; « Les changements de régimes matrimoniaux dans l'ordre international », TCFDIP 1997-98.265 ; Union internationale du notariat latin, *Régimes matrimoniaux, Successions et libéralités, Droit international privé et comparé*, 2 vol., Neuchâtel, 1979 ; Wiederkehr, *Les conflits de lois en matières de régime matrimonial*, 1967 ; « Problèmes d'actualité en matière de droit international privé des régimes matrimoniaux », TCFDIP 1986-88, p. 223.

1. Civ. I, 3 janv. 1985, préc. ; 25 janv. 2005, préc.
2. Civ. I, 23 mai 2006, RC 06.841 n. Revillard, JDI 07.572.

CHAPITRE V

LES SUCCESSIONS ET LIBÉRALITÉS

884. – Pluralité de conceptions possibles. La matière des successions, comme celle des régimes matrimoniaux, présente des liens avec différentes catégories plus générales de rattachement : le statut de la famille, celui des biens et même celui des actes juridiques en raison de la possibilité laissée à l'individu, dans la plupart des systèmes, de régler la transmission de ses biens. Les hésitations que cela suscite sont accrues, au stade du règlement de la succession, par le concours possible des qualifications de forme ou de procédure et la diversité des conceptions internes concernant le mode de liquidation. Ces données se traduisent, dans la détermination de la loi applicable, par une pluralité de règles (*Section I*) et, dans la mise en œuvre de la loi en principe désignée, par de nombreux conflits de catégories (*Section II*)[1].

SECTION I

DÉTERMINATION DE LA LOI APPLICABLE

La détermination de la loi applicable à la succession internationale obéit comme en toute matière à des *règles de rattachement* ; mais en droit français, le résultat de l'application de la loi désignée peut être modifié par l'application d'une *règle substantielle*, conférant dans certaines conditions un droit de prélèvement aux héritiers français.

1. La matière a donné lieu à trois conventions de La Haye : du 5 octobre 1961 sur la loi applicable à la forme des dispositions testamentaires, ratifiée par de nombreux États dont la France (n° 896) ; du 2 octobre 1973 sur l'administration internationale des successions (ratifiée par trois États) et du 1er août 1989 sur la loi applicable aux successions à cause de mort, non en vigueur. La Convention du 1er juillet 1985 sur le *trust* (n° 767) serait également susceptible de s'appliquer.

§ 1. – RÈGLES DE RATTACHEMENT

885. – Diversité de règles ; proposition de règlement européen. La tradition, remontant au Moyen Âge, incluait les successions dans le statut réel par souci de l'autorité de la loi territoriale. Le droit français a conservé la solution, mais avec une dualité de règles pour les immeubles et les meubles, réputés localisés au domicile du défunt (A). En ce qui concerne la possibilité d'organiser sa succession par acte volontaire, la solution a toujours été de subordonner la succession testamentaire ou contractuelle à la loi désignée pour la succession *ab intestat* (B). Ces deux points sont à l'époque moderne controversés et, suivant une orientation déjà manifestée dans une Convention de La Haye du 1er août 1989, non entrée en vigueur, une proposition de règlement européen du 14 octobre 2009 adopte une solution différente sur l'un et l'autre : unité de la loi successorale et possibilité, encadrée, de désigner la loi applicable à la succession testamentaire (C).

A. SUCCESSIONS *AB INTESTAT*

886. – La tradition historique. L'Ancien droit appliquait à la succession immobilière la coutume du lieu de chaque immeuble et non la coutume personnelle du défunt. La règle s'explique par l'importance de la propriété des immeubles dans le système féodal : de la possession des terres dépendait le pouvoir politique ; le seigneur exerçait sur leur transmission un droit de regard et même recueillait personnellement la succession des aubains (étrangers). S'agissant en revanche des meubles, considérés de peu de valeur, on ne voyait pas d'inconvénient à ce que leur dévolution fût réglée le cas échéant selon une coutume autre que celle du lieu de leur situation ; afin toutefois d'assurer un règlement unique lorsque les meubles héréditaires se trouvaient en plusieurs ressorts, ils étaient réputés tous situés en un lieu unique, le domicile du défunt, dont la coutume était ainsi seule applicable : *Mobilia sequuntur personam.*

Dans le silence du Code civil, ces solutions ont été conservées en France, non sans contestation en ce qui concerne la dualité des règles, qui soulève notamment un problème de qualification, ni hésitation sur la mise en œuvre de la seconde[1].

1. Immeubles

887. – Maintien de la règle ancienne. On pouvait considérer qu'en soumettant les immeubles situés en France à la loi française (art. 3 al. 2), les rédacteurs du Code civil entendaient maintenir la succession immobilière dans le statut réel, nonobstant la transformation du contexte politique. C'est en ce sens que se prononça la Cour de cassation en soumettant à la loi française la succession à des immeubles situés en France[2]. La règle

1. L'hésitation suscitée par les parts de sociétés civiles immobilières est résolue en faveur de la qualification mobilière.
2. Civ. 14 mars 1837, *Stewart*, S. 37.1.95, D.P. 37.1.275, GA n° 3 et les références aux décisions antérieures.

est constante[1]. Son caractère bilatéral n'est pas contesté, bien qu'elle ait rarement l'occasion d'être appliquée sous cette forme en raison de l'incompétence de principe des tribunaux français pour connaître des actions concernant la succession à un immeuble situé à l'étranger.

La survivance de la règle au système politique qui l'avait inspirée s'explique par certaines des considérations qui justifient de manière générale la soumission des immeubles à la *lex rei sitæ* : simplicité du rattachement et force d'attraction de l'immeuble, ici notamment pour le règlement des opérations successorales, exécution nécessaire au lieu de sa situation. L'apparence joue également un rôle en ce qui concerne des questions telles que la mise en possession des héritiers, le statut de l'indivision ou le droit de poursuite des créanciers. Des considérations sociales apparues à l'époque moderne, se traduisant par l'attribution préférentielle de certains biens, vont également dans le sens de l'application immédiate de la loi locale.

Pourtant, ces justifications sont fortement atténuées du fait des liens de la matière avec le statut familial. Les opérations de succession proprement dites, telles que l'envoi en possession, le règlement du passif et le partage n'ont qu'un caractère accessoire par rapport à la dévolution, laquelle est inspirée par des considérations familiales pouvant justifier l'application de la loi personnelle. Plusieurs législations étrangères ont opté pour cette dernière solution au XIXe siècle sous l'influence de la doctrine personnaliste et l'ont conservée (Italie, Allemagne, Espagne). La France est demeurée sur ce point proche du système territorialiste anglo-américain.

888. – Conséquences : morcellement des successions ; compétence juridictionnelle. La règle étudiée se traduit au premier chef par le morcellement de la succession lorsque le défunt possédait des immeubles en plusieurs pays, donnant lieu à autant de masses. Cette conséquence méconnaît le caractère d'universalité du patrimoine, qui inspire par ailleurs la soumission de la succession mobilière à une loi unique. Elle porte atteinte de ce fait à l'application d'un certain nombre de règles importantes qui présupposent cette unité et qui sont en quelque sorte en liaison « horizontale »[2]. La plus importante est celle de l'égalité successorale, impliquant les rapports à succession[3]. Ce défaut d'harmonie peut notamment se manifester à l'occasion de la combinaison d'une succession testamentaire et du jeu de la réserve successorale : si une personne possédant un immeuble en France et un en Angleterre, d'égale valeur, les lègue respectivement à l'un et à l'autre de ses deux enfants, le second pourra réclamer sur l'immeuble français sa part de réserve tandis que le premier ne pourra rien revendi-

1. Civ. 14 mars 1961, RC 1961.774 n. Batiffol ; TGI Seine, 12 janv. 1966, JCP 67.II.15266 n. Bischoff, RC 67.120 n. Loussouarn.
2. Sur cette notion et son origine, v. Héron, *op. cit.*, n° 129 s.
3. Sur ce que le rapport doit être fait à la masse qui a été appauvrie par la libéralité, Civ. I, 11 fév. 2009, *Riley*, D. 09.1685 n. Lardeux, JCP 09.10068 n. Boulanger, RC 09.512 n. Ancel, JDI 09.567 n. Péroz.

quer sur l'immeuble anglais[1]. Le morcellement porte également atteinte à un règlement organisé du passif. La jurisprudence tente, depuis peu, de corriger ce système, le cas échéant, par l'admission du renvoi de la *lex rei sitæ* à la loi du dernier domicile[2].

On justifie l'atteinte éventuelle à l'impératif d'unité de la succession par le souci d'assurer en ce qui concerne les immeubles l'intégrité du processus de transmission qui commence avec l'ouverture de la succession, se poursuit par l'administration et s'achève avec le partage, c'est-à-dire les liaisons « verticales ». Sur ce point, en effet, les conceptions varient considérablement d'un pays à l'autre, en particulier, selon que l'on adopte celle d'une continuation de la personne ou celle d'une simple succession aux biens. Dans le premier cas, comme en France, l'héritier administre et liquide lui-même la succession ; il est donc investi de pouvoirs importants et sa responsabilité est étendue. Dans le second, qui caractérise la *common law*, le règlement successoral est confié à un exécuteur testamentaire ou à un administrateur, à qui sont temporairement transmis les biens, mais qui ne disposent que de pouvoirs restreints et dont la responsabilité est limitée. L'organisation tout entière de la succession dépend de la conception choisie et il est en pratique difficile d'appliquer l'une dans un pays qui suit l'autre (n° 908).

La stricte application de la *lex rei sitæ* en matière immobilière retentit également, comme on le sait, sur la compétence juridictionnelle des tribunaux français. Par dérogation partielle à la règle qui donne compétence en matière successorale à la juridiction du lieu d'ouverture de la succession, aujourd'hui formulée par l'art. 45 CPC, les tribunaux refusent de connaître de la succession à un immeuble situé à l'étranger (n° 347) ; de même, sur le fondement des art. 14 et 15 C. civ. (n° 361). Réciproquement, ils se déclarent seuls compétents pour connaître de la succession à un immeuble situé en France[3]. La règle est même étendue à un litige concernant l'interprétation ou l'exécution d'un testament. Mais le renvoi de compétence législative opéré par l'État de situation de l'immeuble emporte prorogation de la compétence judiciaire du for[4].

1. V. Civ. I, 4 déc. 1990, *Pearsh,* JDI 91.398 n. Revillard, RC 92.76 n. Droz ; 17 juin 2009, *Hartmut*, JCP (N) 09.1310, obs. Fongaro, RC 10.129 n. Ancel ; et, antérieurement, 4 déc. 1990, n° 89-11352, Bull. civ. I, n° 274.
2. Civ. I, 21 mars 2000, *Ballestrero*, D. 00.539 n. Boulanger, JCP 00.II.10443 n. Vignal, RC 00.399 n. Ancel, JDI 01505 n. Revillard ; 20 juin 2006, *Wildenstein*, D.07.1710 n. Courbe, JDI 07.125 n. Gaudemet-Tallon, RC 07.383 n. Ancel ; 11 fév. 2009, *Riley*, préc. Tandis que le premier arrêt consacrait le renvoi par une formule générale, le deuxième a paru en limiter le jeu à un renvoi à la loi française prise en tant que loi du dernier domicile du défunt (un renvoi au second degré serait effectivement sans effet sur le morcellement) ; le troisième conditionne expressément l'admission du renvoi à la réalisation de l'unité de la succession (qui pourrait donc théoriquement s'opérer sur une loi étrangère). On peut voir dans cet arrêt le signe d'un déclin de la territorialité immobilière et l'ébauche d'un rattachement unitaire des successions, objectif (dernier domicile) ou volontaire (*electio juris*).
3. Civ. 14 mars 1961, préc. n° 887.
4. V. l'arrêt *Ballestrero,* préc. ; en dernier lieu, Civ. I, 23 juin 2010, n° 09-11.901.

2. Meubles

889. – Loi du domicile du défunt ; fondement de la règle. La solution de l'Ancien droit rattachant la succession mobilière dans son ensemble à la coutume du domicile du défunt pouvait se justifier par une localisation fictive, respectant la qualification réelle de la question, mais aussi par l'identification des biens à la personne du propriétaire (dont le statut était régi au Moyen Âge par la coutume du domicile). La soumission du statut personnel à la loi nationale par le Code civil obligeait à prendre parti ; la première jurisprudence opta pour le maintien de la solution traditionnelle, soit l'application de la loi du domicile[1].

Cependant, le développement du personnalisme à la fin du XIXe siècle constitua une nouvelle incitation à rattacher les successions mobilières à la loi nationale plutôt qu'à celle du domicile (et même à modifier la qualification au profit du statut personnel, comme on l'a vu à propos de la succession immobilière). Ce changement aurait été facilité en France par une circonstance particulière. Le Code civil ayant réglementé l'admission à domicile des étrangers en France (art. 13), la jurisprudence considéra qu'une personne établie en France sans y avoir été formellement admise à domicile demeurait domiciliée dans son pays d'origine. Cette interprétation conduisait pratiquement, pour les étrangers concernés, à appliquer en fait la loi nationale sous couvert de loi du domicile d'origine[2]. L'abolition de l'admission à domicile, en 1927 (n° 1065), obligeait à se prononcer clairement entre la loi du domicile de fait et la loi nationale. À ce moment, le courant personnaliste avait décliné et la Cour de cassation réaffirma la compétence de la loi du domicile[3]. La solution maintenait incontestablement la succession mobilière hors de l'orbite du statut personnel, ce que confirme le motif de l'arrêt *Labedan* selon lequel « les meubles héréditaires sont réputés au lieu d'ouverture de la succession et (...) en conséquence leur dévolution est régie par la loi du dernier domicile du défunt ». La solution n'a pas varié depuis[4]. Le domicile est souverainement déterminé par les juges du fond[5].

La réunion des meubles au domicile du défunt constitue néanmoins un artifice. Une autre analyse a été suggérée en doctrine. Le but visé étant d'assurer le règlement unitaire de la succession, au moins mobilière, la soumission à une loi unique s'expliquerait parce qu'il s'agit de tirer la conséquence du *fait juridique* que constitue le décès ; or sur ce point, le droit interne, dans le souci de centralisation des opérations, fixe le lieu d'ouverture de la succession au domicile du défunt (art. 110 C. civ.)[6]. Un arrêt de la Cour de cassation a pu encourager cette analyse en déclarant la succession mobilière soumise à la loi du « lieu d'ouverture de la succession » au lieu de la loi du « domicile du défunt »[7]. Mais le fait que la majorité des meubles héréditaires sont en général situés dans l'État du domicile du défunt réduit la part de fiction inhérente à la conception réelle. En toute hypothèse, l'une

1. Civ. 22 mars 1865, D. 65.1.127, S. 65.1.313 ; 27 avril 1868, *Jeannin*, S. 1868.1.257.
2. Cela sauf à constater et à accepter un renvoi de la loi du domicile d'origine, d'abord déclarée applicable, à la loi du domicile de fait, situé en France : c'est dans ce contexte que fut rendu l'arrêt *Forgo* (Civ. 22 fév. 1882, *supra* n° 215).
3. Civ. 19 juin 1939, *Labedan*, D.P. 39.197 n. L.P., S. 40.1.49 n. Niboyet, GA n° 18.
4. V. par ex. Civ. 19 juin 1963, RC 65.366 n. Loussouarn, JDI. 64.555 n. Sebag.
5. V. par ex., récemment, Civ. I, 7 déc. 2005, D. 06.1217 n. Mahinga, JCP 06.10050 n. Boulanger, RC 06.583 n. Godechot-Patris ; 30 oct. 2006, RC 07.573 n. Ancel.
6. En faveur de cette analyse, v. Batiffol-Lagarde, n° 637.
7. Crim. 4 juin 1941, *Szlapka* cité *infra* n° 908.

et l'autre analyse répondent à ce qui constitue la préoccupation essentielle en la matière : assurer l'unité de règlement de la succession mobilière. En revanche, l'analyse évoquée ne remet pas en cause l'application de la loi réelle aux immeubles.

890. – Convention de La Haye. La Convention sur la loi applicable aux successions, dont le projet a été adopté à La Haye en 1989, et destinée à s'appliquer sans condition de réciprocité (art. 2), consacre le principe d'unité de la succession[1]. En l'absence de choix, celle-ci est soumise à la loi de la *résidence habituelle* du défunt lorsqu'il avait la nationalité du pays correspondant ou, s'il ne l'avait pas, lorsqu'il y résidait depuis cinq ans au moins. Dans le second cas, toutefois, il est possible d'appliquer, dans des circonstances exceptionnelles, la loi nationale si le défunt avait, au moment de son décès, des liens plus étroits avec son pays d'origine (art. 3, chiffres 1 et 2) ; cette exception possible vise le cas de personnes retirées dans un pays étranger mais qui se considèrent toujours soumises à la loi de leur pays. Dans les autres cas, la succession est soumise à la loi nationale, avec clause de réserve pour le cas où le défunt entretenait des liens plus étroits avec un autre État (chiffre 3).

Tout en excluant le renvoi à titre de principe (art. 17), la Convention prend en considération le conflit de systèmes résultant du fait que la question de la loi applicable peut s'élever dans différents pays en raison de la dispersion des biens successoraux, ainsi que de la diversité des règles de conflit de l'un à l'autre, appelée à demeurer en dépit de la Convention. Lorsque la loi désignée selon les règles précédentes est celle d'un État non contractant, que celle-ci désigne elle-même une loi tierce et que la dernière accepte sa compétence, la loi de cet Etat est applicable (art. 4). Le projet consacre par ailleurs la possibilité de désigner la loi applicable à la succession (n° 895).

B. SUCCESSION TESTAMENTAIRE OU CONTRACTUELLE

Lorsque la succession est organisée par un acte juridique, testament ou contrat, la question de la loi applicable doit être envisagée séparément quant au fond et à la forme.

1. Règles de fond

891. – Identité de rattachement ; rejet de la loi d'autonomie. Eu égard au caractère patrimonial du testament (ou de l'institution contractuelle), on songe à appliquer le principe de la loi d'autonomie. Mais celui-ci a été adopté essentiellement en matière de contrat pour affranchir le commerce international d'entraves constituées par des lois internes non conçues dans sa perspective ; ce facteur est étranger à la matière. En revanche, le droit des successions traduit certaines conceptions sociales en matière de famille et de propriété qui peuvent revêtir un caractère impératif, et s'accommodent donc moins facilement d'une faculté de choix de la loi applicable. Il en est particulièrement ainsi pour les systèmes qui, tel le droit français, prévoient une réserve successorale en faveur des proches, à laquelle le choix de la loi applicable permettrait de se soustraire. Dans le fil de cet argument, on peut ajouter que le risque de fraude inhérent à toute *professio juris* serait d'autant plus à craindre en matière de testa-

1. Comm. Lagarde, RC 1989.249.

ment que celle-ci s'exercerait dans un acte unilatéral, en faveur d'un tiers intéressé, alors qu'en matière de contrat le même risque est restreint par l'antagonisme d'intérêts qui oppose normalement les parties. La situation n'est pas très différente en cas d'institution contractuelle.

Le droit français n'admet effectivement pas le principe d'autonomie en la matière et subordonne la succession testamentaire ou contractuelle à la loi applicable à la succession *ab intestat*[1]. Le défunt ne peut régler sa succession que dans les limites permises par la loi objectivement applicable ; en particulier, la réserve successorale est au besoin rétablie[2].

Cette solution n'est pas en harmonie avec celle qui autorise à désigner la loi applicable en matière de régime matrimonial (n° 862). La différence peut s'expliquer par la conception interne traditionnelle qui a vu dans le régime légal un contrat tacite, voire une société, tandis que la succession *ab intestat* était considérée comme la règle et la succession testamentaire l'exception. Il est vrai que la solution est la même dans les pays de *common law*, où le testament tient pourtant une grande place ; mais cela peut s'expliquer parce qu'elle répond à la conception territorialiste qui y inspire de manière générale le droit des conflits.

892. – Application. La loi successorale, qui régit les conditions de validité de l'acte, déterminera la qualité requise des légataires (existence des personnes physiques ou morales) et les legs qu'il est permis de réaliser[3]. Elle déterminera également les causes et conditions de révocation des dispositions testamentaires[4], ainsi que les incapacités de donner et de recevoir (n° 894).

Cette conception peut avoir pour conséquence que l'interprétation, la validité et les effets d'un acte unique seront appréciés, le cas échéant, selon des lois différentes eu égard à la localisation des biens[5]. Il est bon que le testateur soit conseillé par un praticien qui attire son attention sur la nécessité de tenir compte de cette diversité, en rédigeant au besoin plus d'un acte.

893. – Conséquence : conflit mobile. Il est possible qu'entre le moment de la rédaction du testament et celui du décès les rattachements de la situation se soient modifiés : le testateur a changé de domicile ou de nationalité (pour les systèmes qui retiennent ce critère), ou il a acquis des biens immobiliers dans un nouveau pays. Ses prévisions pourront être déjouées si l'intervention d'une loi nouvelle porte atteinte à l'efficacité des dispositions qu'il avait régulièrement prises. Pour éviter cette conséquence, on

1. Civ. 19 juin 1939, *Labedan*, préc. n° 889 ; 22 déc. 1970, RC 72.467 n. A.P. ; Paris, 16 mai 1960, JCP 60.11763 n. Ch. Gavalda ; trib. Seine, 6 fév. 1952, RC 1952.494 n. Freyria ; Aix-en-Prov., 30 sept. 1999, RC 04.589 n. Lagarde (effet en France d'un pacte successoral selon la loi allemande applicable à la succession mobilière).
2. Civ. I, 4 déc. 1990, *Pearsh,* préc. n° 888 ; Paris, 10 juin 1972, *Martini*, D. 73.296 concl. Cabannes, JDI 74.150 n. Deby-Gérard ; Aix-en-Prov., 30 sept. 1999, JDI 01.530 n. Revillard.
3. Paris, 6 juin 1973, *Scotto*, JCP 74.II.17694 n. Brulliard.
4. Civ. 13 nov. 1951, RC 52.103, JDI 53.662.
5. Sur ce que l'interprétation obéit à la loi de la succession *ab intestat* : Civ. 13 nov. 1951, préc. ; des auteurs se prononcent en faveur de la loi choisie par le testateur.

pourrait apprécier la validité et les effets de l'acte à la date à laquelle il a été dressé, à l'instar de ce qui est décidé pour la forme par la Convention de La Haye de 1961 (n° 896). Mais le principe de subordination de la succession testamentaire à la succession *ab intestat* conduit à exiger que le testament satisfasse à la loi applicable à celle-ci au moment du décès ; il ne permet pas à des légataires valablement institués selon une loi antérieurement applicable de plaider l'existence d'un droit acquis[1]. Accessoirement, cela permet de couper court à une tentative de fraude tendant à valider des dispositions irrégulières par un changement de domicile ou de résidence habituelle au moment de la rédaction du testament, suivi d'un retour dans le pays d'origine. La jurisprudence n'est pas favorable au maintien de la validité d'un testament en cas de modification du rattachement de la succession[2]. Plusieurs législations modernes admettent cependant l'application de la loi contemporaine de la rédaction de l'acte.

894. – Extension partielle de la solution aux libéralités entre vifs et successions contractuelles. La subordination de la succession testamentaire à la succession *ab intestat* en droit français traduit principalement la préoccupation de faire respecter les règles relatives à la réserve. Or celle-ci est pareillement menacée par les libéralités que consent une personne de son vivant[3]. Aussi la validité des donations *sur ce point* est-elle également soumise à la loi successorale[4]. Cette conception amène à calculer la réserve pour chaque masse de biens, meubles et immeubles, soumise à une loi successorale différente. La quotité disponible établie par chaque loi s'applique à la masse qu'elle régit, sans possibilité d'exercice par compensation de l'une à l'autre ; ainsi, un héritier ne peut calculer son droit à réserve sur l'ensemble de la succession, y compris des immeubles situés à l'étranger, et prétendre exercer la totalité des droits ainsi déterminés sur les biens se trouvant dans le pays dont la loi lui reconnaît cette réserve[5]. Une autre conséquence est que la validité d'une donation mobilière sera appréciée le cas échéant selon une autre loi que celle qui s'appliquait au moment où elle a été consentie, en fonction du domicile du disposant.

Relèvent également de la loi successorale les incapacités spéciales de disposer telles que prévues par les art. 907 s. C. civ.[6]. La solution adoptée pour les donations s'applique *a fortiori* aux institutions contractuelles, puisque celles-ci ont pour objet même la succession[7].

1. Civ. 17 juin 2009 préc. n° 888.
2. Req. 21 déc. 1937, *dame Ramarevalo*, RC 38.283 n. Batiffol (le bénéfice de la réserve successorale est reconnu aux enfants du testateur devenu Français).
3. Civ. I, 20 février 1996, *Zieseniss*, *supra* n° 202 ; 24 mai 2007, n° 05-15445.
4. Civ. 3 mars 1971, RC 72.291 n. Batiffol ; 18 oct. 1988, *Schule*, préc. n° 263. C'est selon une inspiration analogue que la révocabilité des donations entre époux obéit à la loi des effets du mariage (n° 881).
5. Civ. I, 17 juin 2009, *Hartmut*, préc. n° 888.
6. Trib. Nice, 28 déc. 1903, JDI 04.713 (application de l'art. 909 C. civ. au legs d'un immeuble situé en France nonobstant l'absence d'une règle comparable dans la loi personnelle de toutes les parties).
7. V. par ex. Colmar, 19 fév. 1949 RC 50.52 n. Batiffol.

Une libéralité entre vifs obéit pour le reste au régime des actes juridiques, tant pour la forme (incluant l'exigence d'un acte authentique ou les modalités de remise du don manuel) que pour le fond[1]. La loi du fond régit les conditions de validité (règles protectrices de la volonté) et le régime de la donation (caractère révocable ou non, sous réserve des règles successorales ou matrimoniales, caducité)[2]. La capacité de consentir relève, conformément à la solution habituelle, de la loi personnelle, car elle vise un état permanent de l'intéressé ; il en est de même pour les incapacités spéciales concernant les mineurs, lesquelles sont dans la dépendance de l'incapacité générale (comp. *infra* n° 913).

895. – Appréciation critique ; droit comparé et conventionnel. Les arguments par lesquels on justifie la subordination de la succession testamentaire à la succession *ab intestat* ne sont pas absolument convaincants. L'idée d'autorité de la loi rappelle les thèses objectivistes en matière de contrat, dont on a vu qu'elles encourent le reproche d'effacer le caractère international de la situation au lieu d'en tenir compte (n° 170). S'il est vrai que les considérations qui justifient la loi d'autonomie dans les relations commerciales sont absentes, la possibilité de laisser s'exercer la faculté de choix doit toujours être envisagée en matière internationale (sur son émergence en matière de statut personnel, *supra* n° 151). Dans le domaine des successions, cette faculté ouvre la possibilité d'assurer un règlement ordonné de sa succession et d'en éviter la scission, en soumettant à une loi unique la succession mobilière et immobilière, ainsi que le morcellement éventuel de la succession immobilière[3]. Elle permet à une personne de régler sa succession en toute sécurité sans se soucier d'un éventuel changement de résidence. Le risque d'un usage abusif de la *professio juris* peut aisément être conjuré en limitant (comme cela a été fait en matière de régime matrimonial) le choix de la loi parmi celles présentant un lien objectif avec la succession : domicile, nationalité, situation d'une majorité de biens... [4]. Il est vrai que le droit français, du fait qu'il accepte les inconvénients du morcellement pour la succession *ab intestat*, a moins de raison de ne pas les tolérer en présence d'un testament. D'autres législations autorisent cependant le testateur à se placer sous l'empire de la loi de son domicile ou celle de sa nationalité[5]. La même option a été préconisée par

1. Paris, 23 janv. 1990, *Caron*, JDI 90.944 n. Niboyet-Hoegy, RC 91.92 n. Lequette, JCP 91.II.21367 n. Béhar-Touchais. Le régime applicable peut être celui du règlement Rome I si la donation n'affecte pas les droits et devoirs découlant des relations de famille (v. art. 1, 2, *c*).
2. Paris, 23 janv. 1990, préc. Mais une substitution fidéicommissaire devra être autorisée par la *lex rei sitæ* en raison des restrictions qu'elle emporte à l'aliénabilité des biens.
3. Elle peut aussi permettre d'assurer une utile coordination entre la loi du régime matrimonial et la loi successorale.
4. La question de savoir si la réserve successorale française est ou non d'ordre public international n'a jamais été clairement tranchée par les tribunaux ; v. Colmar, 19 fév. 1949, préc. ; trib. inst. 1er arrt. Paris, 3 déc. 1973, RC 74.653 n. Lequette.
5. C'est en particulier le cas du droit suisse (aujourd'hui art. 90.2 de la loi fédérale de 1987).

l'Institut de droit international[1]. Elle était adoptée par le projet de codification du droit international privé français de 1967 (art. 2308 C. civ.)[2]. Elle a été retenue par la Convention de La Haye de 1989 et par le projet de règlement européen (n° 898-2).

La Convention de La Haye autorise une personne à désigner la loi d'un État déterminé pour régir l'ensemble de sa succession, pourvu que ce choix s'exerce en faveur de sa loi nationale ou celle de sa résidence habituelle au moment de la désignation ou au moment du décès (art. 5)[3]. Il est même permis d'effectuer une *professio juris* partielle concernant certains biens seulement, dans les limites permises par la loi applicable en vertu du choix précédent ou en l'absence de choix (art. 6) ; il ne s'agit donc pas là d'un morcellement en plusieurs masses successorales régies par des lois distinctes, mais de la soumission d'un ou plusieurs biens particuliers à une loi donnée. Dans tous les cas, la désignation doit être exprimée dans une déclaration revêtant la forme d'une disposition à cause de mort ; une révocation doit remplir les conditions de forme de la révocation d'une telle disposition (art. 5. 2 et 3).

La Convention réglemente également les pactes successoraux, qu'elle reconnaît assez largement ; en particulier, les héritiers réservataires parties au pacte successoral ne peuvent plus faire valoir les droits qu'ils tirent de la loi normalement applicable (art. 8 s.). Les États ont toutefois la possibilité de ne pas ratifier ce chapitre (art. 24.1, a).

2. Forme du testament

896. – Conflits de lois : Convention de La Haye du 5 octobre 1961. Le Code civil a consacré un texte à la forme du testament en matière internationale (art. 999). Celui-ci, en prévoyant qu'un Français testant à l'étranger puisse le faire soit en la forme olographe prévue par la loi française, soit en la forme authentique prévue par la loi locale, a pu sembler ne consacrer que partiellement la règle *Locus regit actum*. Mais la jurisprudence a permis à un Français de tester à l'étranger selon toute forme privée prévue par la loi locale. Et par une interprétation bilatérale du texte, elle a étendu aux étrangers en France la possibilité de tester selon une forme prévue par leur loi nationale[4].

Ces sources sont aujourd'hui supplantées par la Convention de La Haye du 5 octobre 1961 *sur les conflits de lois en matière de forme des dispositions testamentaires*. Excluant toute réciprocité (art. 6), cette convention se

1. IDI, résolution du 15 septembre 1967, RC 68.809.
2. V. cependant, estimant la *professio juris* incompatible avec la catégorie successorale, M. Goré, « De la mode... dans les successions internationales (...) », Mél. Loussouarn, p. 193.
3. Il se peut qu'au moment du décès, l'intéressé ait perdu tout lien avec cette loi, qui lui aurait permis entre-temps d'éluder les dispositions de sa loi nationale à la faveur d'une résidence temporaire (n° 891) ; aussi une réserve est-elle ouverte, permettant aux États de ne pas reconnaître l'effet du choix si le rattachement ne subsiste plus au moment du décès et si l'intéressé a la nationalité de l'État qui fait la réserve ou y a sa résidence habituelle (art. 24, 1, d).
4. Civ. 20 juill. 1909, *Viditz*, Rev. dr. int. pr. 09.900 concl. Baudoin, JDI 09.1097, D.P. 11.1.185 n. Politis ; 17 avril 1953, RC 53.796 n. Loussouarn.

substitue en effet entièrement au droit commun antérieur[1]. Selon son art. 1er, une disposition testamentaire est valable quant à la forme si elle satisfait à la loi interne non seulement du lieu où le testateur a disposé, mais aussi bien de sa nationalité, de son domicile ou de sa résidence habituelle, et ce pour chacun de ces rattachements en se plaçant soit au moment où il a disposé soit à celui du décès en cas de changement ; également, pour les immeubles, à la loi du lieu de leur situation (cette solution ne vaut naturellement que pour les immeubles soumis à la loi dont le testament tiendrait sa validité)[2]. Du fait de ce catalogue, ne sont pratiquement exclues que la loi d'autonomie et la loi du for, du moins prises en tant que telles puisqu'elles coïncideront le plus souvent avec l'une de celles qui sont énumérées. Il est encore précisé que la Convention ne porte pas atteinte aux règles actuelles ou futures des États contractants reconnaissant des dispositions faites en la forme d'une autre loi (art. 3). La multiplicité des rattachements retenus retire pratiquement tout intérêt au renvoi, d'où la référence à la loi interne.

La Convention est donc à l'évidence inspirée par le souci de restreindre au maximum les causes de nullité des testaments en la forme ; l'art. 1er permet en particulier qu'un testament nul à l'origine reçoive néanmoins effet en vertu d'une loi ultérieurement rendue applicable. Ce libéralisme a été justifié par le fait que la plupart des législations se préoccupent d'assurer, d'une manière ou d'une autre, la liberté d'esprit du testateur[3]. Il reste à des héritiers s'estimant lésés par le testament la possibilité de défendre leurs intérêts sur le terrain du fond.

La Convention précise qu'elle est applicable à la forme des testaments conjonctifs (art. 4). Ce faisant, elle ne se prononce pas sur le problème préalable de qualification que soulève cette catégorie : on pourrait en effet penser que la validité du testament conjonctif, au regard des lois qui l'annulent (comme le fait l'art. 968 C. civ.), est une question de fond plus que de forme. Si l'autorité saisie penche cependant pour la qualification de forme, elle appréciera sa validité en fonction des différentes lois prévues par la Convention[4].

Un autre problème de qualification est celui-là résolu par la Convention : les prescriptions qui limitent les formes de dispositions testamentaires admises et qui se rattachent à l'âge, la nationalité ou autres qualités personnelles du testateur sont considérées comme appartenant au domaine de la forme (art. 5).

Les donations entre vifs ne relèvent pas de la Convention de La Haye mais de la règle *Locus regit actum* (n° 894).

1. Droz, « Les nouvelles règles de conflit françaises en matière de forme des testaments », RC 1968.1.
2. Sur ce que le domicile s'apprécie non selon la loi du for mais selon celle du pays où le testateur serait domicilié : Civ. I, 14 nov. 2007, D. 08. Pan. 1512 obs. Courbe et Jault-Seseke.
3. L'art. 10 permet à un État de ne pas reconnaître les dispositions faites, en dehors de circonstances extraordinaires, en forme orale par un de ses ressortissants n'ayant aucune autre nationalité ; la France a effectué cette réserve.
4. En ce sens, TGI Paris, 24 avril 1980, RC 82.684 n. Batiffol.

L'institution contractuelle obéit de même pour la forme à la loi du lieu de passation[1].

897. – Droit uniforme. Une loi uniforme sur la forme d'un testament international, préparée sous les auspices d'Unidroit et adoptée par une convention de Washington du 26 octobre 1973, est entrée en vigueur en France le 1er déc. 1994[2]. Elle introduit une forme de testament s'ajoutant à celles déjà connues dans chaque pays et qu'elle ne prétend pas remplacer. Le recours à cette forme n'implique pas que la succession comporte des éléments d'extranéité, ni ne s'impose lorsqu'elle en comporte. Il ressort des règles matérielles énoncées que le testament visé s'apparente à un testament mystique selon la loi française : forme écrite, présence de deux témoins, remise du testament à une personne habilitée. En cas de nullité du testament en tant que testament international, ceci n'affecte pas sa validité éventuelle en tant que testament d'une autre espèce (par exemple comme testament olographe). Chaque Etat désigne les personnes habilitées à instrumenter (en France, les notaires ; les agents diplomatiques et consulaires pour les Français à l'étranger, sous réserve d'opposition de la part de l'État de résidence) ; la qualité des personnes désignées est reconnue par les autres États (ce qui, en France, devrait incidemment dispenser de l'envoi en possession prévu par l'article 1008 C. civ.).

La validité du testament qui emprunte la forme prévue par la Convention sera en outre respectée par les États non contractants lorsque leur règle de conflit donne compétence à un État qui l'a introduit dans sa législation ; cet effet indirect est lui-même amplifié par les règles libérales de la Convention de 1961 (n° précédent). L'établissement du testament donne lieu à la délivrance d'une attestation qui constitue pour tous les États contractants une preuve suffisante de la validité formelle du testament.

La Convention de Washington ne comprend pas de règle sur la conservation du testament ; celle-ci pourra être assurée selon les dispositions suivantes.

898. – Enregistrement possible du testament. Une convention signée à Bâle le 16 mai 1972 entre les États membres du Conseil de l'Europe a institué un système d'inscription des testaments afin de faciliter après le décès du testateur la découverte du testament[3]. L'inscription est opérée à la demande du testateur sur un fichier central tenu dans chaque État. L'autorité qui reçoit une demande la transmet dans les autres États indiqués. L'inscription n'est soumise à aucune condition de nationalité ou de résidence. Elle est sans effet aucun sur les règles relatives à la validité du testament.

1. Aix-en-Prov., 30 sept. 1999, préc.
2. L. 29 avril 1994, D. 94. L. 581. Sur cette convention, v. Plantard, « Rapport explicatif... », Rev. dr. uniforme 1974.I.90 ; Revillard, JDI 1995.585.
3. Publiée par le décr. n° 76-424 du 6 mai 1976 (RC 76.651).

C. PROPOSITION DE RÈGLEMENT EUROPÉEN

898-1. – Caractère compréhensif. Le 14 octobre 2009 a été présentée une proposition de règlement du Parlement européen et du Conseil *relatif à la compétence, la loi applicable, la reconnaissance et l'exécution des décisions et des actes authentiques en matière de successions et à la création d'un certificat successoral européen*[1]. Comme l'indique cet intitulé, le règlement se propose de traiter l'ensemble des questions de droit international privé soulevées par les successions transfrontières. Il le fait sans méconnaître, en ce qui concerne les conflits de juridictions que, le plus souvent, les successions sont réglées hors tribunaux : selon la proposition, le terme « juridiction » inclut en tant que de besoin, d'autres autorités lorsque celles-ci exercent une fonction pouvant relever des tribunaux tels les notaires et les greffiers ; et la proposition assure la reconnaissance des actes authentiques, de grande importance pratique en la matière (Chap. 5). Elle se soucie également de faciliter l'administration des successions au sein de l'Union européenne, ce à quoi répond l'institution du certificat successoral européen (*infra* n° 910-1). Dans un souci bien venu d'information du public, il est prévu que les États membres fournissent, dans le cadre du Réseau judiciaire européen en matière civile et commerciale (n° 502), une description de leurs législations et procédures respectives en matière de droit des successions, ainsi que les textes pertinents (art. 46).

898-2. – Conflits de lois. Sur deux points fondamentaux, et qui prêtaient à discussion, le règlement est appelé à modifier l'approche du droit international privé français. Repoussant la dualité de rattachements selon la nature mobilière ou immobilière des biens, le projet soumet *l'ensemble de la succession* ab intestat *à la loi de l'État dans lequel le défunt avait sa résidence habituelle à la date du décès* (art. 16) ; le renvoi est exclu, en l'état du projet (art. 26, qui ne distingue pas selon que la loi désignée est ou non celle d'un État membre), et la règle a un caractère universel (art. 25). Il autorise simultanément le *choix par une personne de sa loi nationale* pour régir l'ensemble de sa succession (art. 17). Il s'abstient de traiter de la *forme* des dispositions à cause de mort, la Convention de La Haye de 1961 (n° 896) étant en vigueur dans une majorité d'États membres (il serait possible de l'introduire dans le texte à droit constant). Afin toutefois de faciliter les démarches des héritiers et légataires, l'acceptation ou la renonciation à succession, en principe soumises à la loi applicable à la succession, sont également valides lorsqu'elles satisfont à la loi de la résidence habituelle de l'héritier ou légataire (art. 20).

Le règlement favorise la validité des *pactes successoraux*, largement conçus (art. 2 c), au moyen de rattachements alternatifs (art. 18). Tout en étant régi en principe par la loi applicable à la succession au moment où il a été conclu, un pacte non valable selon cette loi est néanmoins valide s'il est reconnu tel par la loi applicable au jour du décès. Si le pacte concerne la succession de plusieurs personnes, il suffit qu'il soit valide selon la loi qui aurait été applicable à la succession de l'une d'elles en cas de décès au jour où l'accord a été conclu. Les parties peuvent désigner la loi applicable au pacte parmi celles qu'aurait pu choisir la ou l'une des personnes dont la succession est concernée pour régir leur succession, selon l'art. 17. Les droits des tiers sont dans tous les cas réservés.

Les *libéralités entre vifs* obéissent quant à leur validité et leurs effets à leur loi propre (n° 894). Toutefois, la loi successorale déterminée en application du règlement décide si une libéralité peut donner lieu à une obligation de rapport ou

1. COM(2009) 154 final. Comm. Nourissat, Rép. Defrénois 2010, étude n° 39072, p. 394. Khairallah et Revillard (dir), Defrénois, 2010.

de réduction, ou de prise en compte dans le calcul des parts héréditaires selon la loi successorale. Le règlement exclut expressément que la loi compétente soit écartée au nom de l'ordre public du for « au seul motif que ses modalités concernant la réserve héréditaire sont différentes de celles en vigueur dans le for » (art. 27.2). Contesté, ce dernier point est cependant susceptible d'être remis en cause.

Le projet de règlement réserve l'application, nonobstant la loi normalement applicable, de *régimes spéciaux* prévus par la loi d'un État membre pour certaines catégories de biens en raison de leur destination économique, familiale ou sociale lorsque, selon cette loi, ce régime est applicable quelle que soit la loi régissant la succession (art. 22). Sont ainsi visés au premier chef les régimes prévoyant l'attribution préférentielle de certains biens successoraux (en droit français, art. 831 s. C. civ.).

898-3. – Conflits de juridictions : compétence des autorités. Le règlement favorise l'unité de compétence juridictionnelle et législative. Il donne compétence de principe pour statuer en matière de succession aux juridictions de l'État membre sur le territoire duquel le défunt avait sa résidence habituelle au moment de son décès (art. 4). Toutefois, lorsque le défunt a fait choix de sa loi nationale pour régir sa succession, cette juridiction peut, à la demande d'une partie et si elle considère que les juridictions de l'État membre dont la loi a été choisie sont mieux placées pour statuer sur la succession, surseoir à statuer et inviter les parties à saisir d'une demande les juridictions de cet État membre (art 5). Cette disposition vise principalement l'hypothèse dans laquelle le défunt résidait depuis peu dans un État membre autre que celui de sa nationalité et où sa famille est restée dans son Etat membre d'origine. En ce qui concerne l'acceptation de la succession ou la renonciation à celle-ci sont également compétentes les juridictions de l'État membre de la résidence habituelle de l'héritier ou du légataire pour recevoir les déclarations nécessaires ou visant à limiter la responsabilité de l'héritier ou du légataire (acceptation sous bénéfice d'inventaire ; art. 8). Sont également compétentes, à titre exceptionnel, les juridictions du lieu de situation d'un bien lorsque la loi de cet État exige l'intervention de ses juridictions pour prendre des mesures relatives à la transmission de ce bien, son enregistrement ou son transfert dans un registre de publicité (art. 9).

Lorsque la résidence habituelle du défunt au moment du décès n'est pas située dans un État membre, le règlement donne néanmoins compétence aux juridictions d'un État membre lorsque des biens de la succession y sont situés et à l'une des conditions suivantes : que le défunt y avait sa précédente résidence habituelle moins de cinq ans avant la saisine de la juridiction ; ou à défaut, que le défunt possédait la nationalité de cet État membre au moment du décès ; ou à défaut, qu'un héritier ou légataire a sa résidence habituelle dans ledit État membre ; ou, à défaut, que la demande porte uniquement sur ces biens (art. 6). En outre, un for résiduel de nécessité pourrait être prévu, dans l'éventualité où les juridictions extra-européennes proches du litige refuseraient de connaitre de la succession (projet d'art. 6 bis). Les décisions rendues sur le fondement de l'un quelconque de ces chefs harmonisés de compétence bénéficient de la reconnaissance mutuelle dans les États membres.

Reprenant les dispositions correspondantes du règlement 44/2001 ou d'autres, le règlement prévoit qu'une juridiction saisie vérifie d'office sa compétence (art. 11) et la recevabilité de la demande lorsque le défendeur qui a sa résidence habituelle dans un État membre ne comparait pas (art. 12) ; selon les mêmes modèles, il aménage les exceptions de litispendance (art. 13) et de connexité (art. 14), et permet de déterminer la date de saisine d'une juridiction (art. 10). Mais les conflits de procédures entre juridictions européenne et non européenne ne sont pas réglés en l'état de la proposition de règlement, ce qui se traduirait par l'application du droit commun des États membres, avec des possibilités de discordance au sein de l'espace judiciaire européen.

898-4. – Reconnaissance des décisions, transactions et actes authentiques. Les décisions rendues en application du règlement, ainsi que les transactions judiciaires, sont reconnues dans les autres États membres, sans qu'il soit nécessaire de recourir à aucune procédure. En cas de contestation, toute partie intéressée peut faire juger à titre principal que la décision doit être reconnue, le règlement renvoyant sur ce point aux procédures prévues par le règlement n° 44/2001 (*supra* n° 592) ; la reconnaissance peut également être débattue par voie incidente devant toute juridiction (art. 29). Les motifs possibles de non-reconnaissance sont également repris de ceux du règlement n° 44/2001 (*supra* n° 586 s.).

Les actes authentiques bénéficient du même régime de reconnaissance (art. 34) et d'exécution (art. 35) que les décisions. À ce titre, ils jouissent de la même force probante que les actes authentiques nationaux quant au contenu de l'acte enregistré et aux faits qui y sont consignés.

§ 2. – DROIT DE PRÉLÈVEMENT

Le droit français connaît en matière de succession une règle destinée à faire respecter le droit de succession des Français à l'étranger ; son interprétation en a fait une règle substantielle, perturbant le jeu normal des règles de conflit[1].

899. – Origine et fondement du droit de prélèvement. Le droit de recueillir une succession est, parmi les droits subjectifs relevant du droit privé, l'un de ceux dont la jouissance a été historiquement le plus longtemps contestée aux étrangers. Ainsi dans l'Ancien droit français, le droit d'aubaine manifestait le refus aux étrangers du droit de transmettre à cause de mort. La Révolution proclama une égalité successorale complète entre nationaux et étrangers. Le Code civil, afin d'obtenir le même traitement de la part des autres États, posa la règle selon laquelle l'étranger n'était admis à succéder en France que dans la mesure où un Français était admis à succéder dans son pays (art. 726). Une loi du 14 juillet 1819 supprima cette restriction, mais en introduisant une mesure de sauvegarde ; selon son art. 2 : « Dans le cas de partage d'une même succession entre des cohéritiers étrangers et français, ceux-ci prélèveront sur les biens situés en France une portion égale à la valeur des biens situés en pays étranger dont ils seraient exclus à quelque titre que ce soit, en vertu des lois et coutumes locales. » Le but était de rétablir au profit des Français, le cas échéant, l'égalité rompue par une loi étrangère discriminatoire.

900. – Application jurisprudentielle du droit de prélèvement. L'interprétation qu'a donnée la jurisprudence du droit de prélèvement va bien au-delà de son but. En se fondant inexactement sur le principe de l'égalité des partages, elle permet en effet à un Français d'exercer le prélèvement chaque fois que sa part successorale selon une loi étrangère est moindre que celle prévue par la loi française, et non pas seulement chaque fois qu'il est privé de quelque droit en raison de sa nationalité ; ainsi en particu-

1. Analyse théorique par Billarant, *op. cit.*, n°s 159 s.

lier lorsqu'il n'est pas rempli de sa réserve héréditaire[1]. Une conséquence est que le droit de prélèvement est exercé non seulement à l'occasion de successions « entre des cohéritiers étrangers et français », mais aussi bien à l'encontre de cohéritiers français[2].

La jurisprudence permet en outre aux héritiers d'exercer le droit de prélèvement pour assurer la protection de leur part calculée sur l'ensemble du patrimoine successoral, nonobstant le fait que la loi de 1819 vise expressément à compenser un héritier pour ce dont il est privé sur des biens situés à l'étranger[3]. Elle applique donc la loi française à la dévolution de l'ensemble de la succession pour calculer ce qui revient aux héritiers français. Faisant comme si tous les biens étaient situés en France, on effectue le rapport fictif des donations et la déduction des dettes ; si un héritier français reçoit moins que ce que ce calcul lui attribue, en particulier par le jeu de la réserve que lui reconnaît la loi française, il exercera le prélèvement sur les biens, meubles et immeubles, situés en France pour la portion dont il est globalement privé[4].

Pour les meubles, cela suppose qu'ils soient réellement situés en France, et non fictivement localisés par le biais du domicile du défunt ; les créances seront dans ce contexte localisées au domicile du débiteur[5]. Le prélèvement ne peut en outre être exercé que si ces biens composent la part des héritiers qui reçoivent plus de la loi étrangère qu'il ne recevraient de la loi française.

Le droit de prélèvement a même été appliqué d'office[6].

901. – Appréciation critique. Il aurait été justifié d'appliquer le droit de prélèvement dans tous les cas où un Français se voit privé de droits successoraux par les *autorités* étrangères, cela en se fondant sur l'expression « à quelque titre que ce soit » et sur la référence aux biens situés à l'étranger, car ces termes évoquent

1. Req. 18 juill. 1859, S. 59.1.822 (droit d'aînesse) ; 14 juill. 1871, S. 71.2.141 (droits de l'enfant naturel par rapport à l'enfant légitime) ; Civ. I, 4 fév. 1986, RC 86.685, JDI 87.80, 2e esp., n. Niboyet-Hoegy, Rép. Defr. 87.42 n. Revillard ; Civ. I, 7 déc. 2005, préc. n. 889 (influence possible d'un *trust*) ; TGI Lyon, 7 oct. 1971, JDI 72.597 n. Ponsard (appliquant le droit de prélèvement en matière de régime matrimonial) ; TGI Bayonne, 15 fév. 1977, RC 78.489 n. B. Ancel, JDI 78.91 n. Droz. Le droit ne bénéficie cependant pas au Français simplement légataire, car il ne s'agirait que de maintenir un avantage purement gratuit : Civ. I, 7 déc. 2005, préc.
2. Civ. 27 avril 1868, D.P. 68.1.302, S. 68.1.257 ; Req. 10 mai 1937, RC 37.677 ; 1er fév. 1972, *Rougeron*, D. 73.59 n. Lagarde, JCP 73.II.17406 n. M.G., RC 73.313 n. Droz, J. not. 72.1179 n. Malaurie et la plupart des autres décisions citées dans ce numéro.
3. La solution est constante depuis le XIXe siècle : Civ. 27 avril 1850, D. 50.1.260, S. 50.1.657 ; plus récemment : Civ. 6 juin 1959, RC 59.501, 2e esp. ; 1er fév. 1972, préc. ; 20 mars 1985, *Caron*, RC 86.66 n. Lequette ; 3 juin 1997, Bull. civ. I, n° 180, p. 121 ; trib. Seine, 16 déc. 1950, RC 51.302.
4. Paris, 16 mai 1995, *Péreire*, JDI 96.83 n. Revillard. Le jeu du renvoi de la loi étrangère à la loi française peut permettre d'éviter le recours au droit de prélèvement : Civ. I, 21 mars 2000, *Ballestrero*, préc. n° 888.
5. Sur d'autres questions matérielles que soulève l'exercice du droit de prélèvement, v. Paris, 12 juill. 1984, RC 85.514 n. Lequette.
6. TGI Bayonne, 15 fév. 1977, préc. L'existence du droit de prélèvement, tel qu'il est interprété, explique que la jurisprudence n'ait pas eu à se prononcer clairement sur le caractère d'ordre public international de la réserve (n° 894).

toute mesure dont l'efficacité est assurée par un pouvoir effectif sur les biens. L'interprétation extensive qu'en fait la jurisprudence va très au-delà et modifie la nature de la disposition : elle en fait une règle matérielle, elle-même nationaliste, corrigeant le cas échéant le résultat atteint selon une loi étrangère[1].

Cette conception est critiquable et l'abandon du droit de prélèvement en général préconisé. Les inconvénients auxquels il tendait à remédier sont aujourd'hui moins fréquents que par le passé[2]. On a suggéré que le mécanisme de l'ordre public suffirait à évincer l'application d'une loi étrangère qui priverait indûment un héritier, en l'occurrence de nationalité française, d'une part successorale normale. Cette mesure ne suffirait cependant pas à permettre que l'intéressé soit rempli de ses droits sur les biens situés en France. La meilleure solution consisterait sans doute à conserver une disposition cantonnée à la jouissance des droits, comme le faisaient les projets de codification du droit international privé[3].

L'entrée en vigueur en France de la Convention de La Haye de 1989 ou, plus probablement, celle du règlement européen aurait pour effet de frapper de caducité le droit de prélèvement, au moins dans les rapports avec les Etats concernés.

SECTION II

CONFLITS DE CATÉGORIES

902. – Unité et fractionnement du droit applicable. Un ensemble de règles est appelé à s'appliquer depuis l'ouverture de la succession jusqu'au partage des biens successoraux, règles qui entretiennent les « liaisons verticales » déjà évoquées (n° 888). Il est aisé de faire respecter celles-ci en matière immobilière du fait de la coïncidence de la loi de la situation des biens et de la loi applicable à la succession ; une loi unique est appliquée d'un bout à l'autre et elle l'est en principe par les mêmes autorités. En revanche, on se heurte en matière mobilière au fait que les biens peuvent être situés dans un pays qui n'est pas celui dont la loi est applicable, puisque la règle de conflit repose sur la fiction de localisation des meubles au domicile du défunt ; en particulier, des créances peuvent être localisées et des comptes en banque situés dans un autre pays. Le principe d'unité de la succession – c'est-à-dire de respect des liaisons horizontales – voudrait qu'une loi unique fût appliquée à l'ensemble des opérations successorales ; la Convention de La Haye de 1989 (art. 7.1) et le projet de règlement européen (art. 19 : la loi désignée « régit l'ensemble delà succes-

1. V. cependant, refusant aux héritiers d'exercer dans une succession (maternelle) les droits dont ils ont été privés dans une autre (paternelle), soumise à une loi étrangère : Civ. I, 24 fév. 1998, RC 98.445 n. Gaudemet-Tallon.
2. Certaines lois interdisent cependant aux étrangers d'être propriétaires de biens immobiliers ; d'autres interdisent de tester en faveur d'un étranger au-delà d'une certaine fraction de la succession.
3. « Si un cohéritier français a été désavantagé dans le partage de biens situés à l'étranger en raison de sa seule qualité d'étranger, il peut prélever sur les biens situés en France une part équivalente à celle dont il a été ainsi privé » (projets de 1959 et 1967, art. 2309 C. civ., RC 70.834 et 835).

sion, de son ouverture jusqu'à la transmission définitive de l'héritage (sic) aux ayant droit ») sont en ce sens. Mais l'expérience révèle la difficulté de respecter cet objectif : non seulement du fait de la loi de la situation des biens, mais aussi en raison de l'interférence éventuelle de la loi personnelle des héritiers pour certaines questions. Les difficultés doivent être envisagées dans l'ordre chronologique des opérations, soit successivement la dévolution, la transmission et le partage de la succession.

§1. – OUVERTURE ET DÉVOLUTION DE LA SUCCESSION

903. – Qualification successorale. La dévolution de la succession constitue l'élément premier et principal du droit des successions ; cette question et toutes celles qui sont attenantes obéissent donc à la loi désignée selon les règles qui précèdent.

La loi successorale détermine tout d'abord sans contestation les *causes d'ouverture* de la succession, ce qui ne fait pas difficulté, et sa date. À ce titre, des présomptions relatives aux co-mourants en relèvent en principe. Mais il se peut que les successions des intéressés soient soumises à des lois différentes : on pourrait dans ce cas soumettre les présomptions plutôt à la loi du for en tant que règles de preuve ; ou alors décider par une règle matérielle qu'aucun des co-mourants n'est appelé à la succession de l'autre : telle est la solution de la Convention de La Haye de 1989 (art. 13), comme du projet de règlement européen (art. 23). Le *lieu d'ouverture* de la succession est déterminé par la loi du for (en France, art. 110 C. civ.) puisque ce facteur conditionne aussi bien la loi applicable à la succession mobilière que le tribunal compétent pour en connaître[1].

La loi successorale détermine en deuxième lieu les *qualités requises* pour succéder, telles que la capacité des successibles et les causes d'indignité. En particulier elle détermine l'existence de la personnalité juridique au jour d'ouverture de la succession, de préférence à la loi personnelle car il s'agit d'une question proprement successorale[2], ou la capacité d'une association de recevoir[3].

La loi successorale détermine naturellement les *successibles* et leur *part héréditaire*, questions qui constituent le noyau même de la catégorie successorale. Outre les questions d'ordre, fente et représentation, cela inclut l'existence et l'étendue d'une réserve héréditaire, ses bénéficiaires et ses modes de reconstitution[4]. L'ordre public pourra être appelé à inter-

1. Civ. I, 17 nov. 1981, Bull. civ. I, n° 341.
2. Civ. 15 fév. 1983, *Eckensberger*, RC 83.645, 2e arrêt, n. B. Ancel, rejetant le pourvoi contre Paris, 26 juin 1981, RC 82.537 n. B. Ancel : une fondation constituée à l'étranger n'ayant pas eu d'existence au jour du décès ne peut recueillir une succession mobilière soumise à la loi française, en dépit de la rétroactivité attachée par la loi étrangère à la reconnaissance de sa personnalité juridique.
3. Civ. 7 fév. 1912, Rev. dr. int. pr. 13.454 consult. Renault, n. H. Donnedieu de Vabres, S. 14.305 n. Hugueney.
4. Civ. 22 mars 1865, D. 65.1.127 ; 3 mars 1971, RC 72.291 n. Batiffol ; trib. inst. Paris, 3 déc. 1973, RC 74.653 n. Lequette ; Paris, 10 juill. 1946, JCP 47.II.3382 n. R. Savatier, RC 47.142 n. Batiffol ; 22 mars 1974, RC 75.430 n. Audit ; trib. 1ère inst. Papeete,

venir à l'encontre de lois prévoyant un partage inégal (droit d'aînesse) ou des exclusions fondées sur la nationalité, la race ou la religion ; si c'est un Français qui est exclu, il y a lieu à application du droit de prélèvement, ce qui peut rétablir l'égalité.

On retrouve l'ensemble de ces questions dans les dispositions de la Convention de La Haye de 1989 et du règlement européen définissant le domaine de la loi successorale (respectivement art. 7 et 19). Il s'agit du domaine irréductible de la catégorie, lequel est énoncé dans la Convention sans préjudice d'une conception plus large.

904. – Articulation avec d'autres catégories. L'établissement du lien de parenté ou de mariage en vue de la succession a donné lieu à une hésitation célèbre. Un arrêt de 1931 avait paru soumettre cette question à la loi successorale en refusant la vocation héréditaire sur un immeuble soumis à la loi française d'un enfant adopté en présence d'enfants légitimes dès lors que la loi française, contrairement à la loi personnelle des intéressés, prohibait l'adoption dans ces conditions[1]. Un demi-siècle plus tard, l'hésitation a été clairement levée par un autre arrêt déclarant que la qualité de conjoint et l'établissement de la parenté nécessaire pour le jeu de la dévolution successorale relèvent de la loi *personnelle*[2]. Si par conséquent il appartient à la loi successorale de décider quel lien est nécessaire avec le *de cujus* pour lui succéder, c'est à la loi personnelle de se prononcer sur l'existence de ce lien. Le fait que la loi personnelle prévoie un type de rapport inconnu de la loi du for peut donner lieu à difficulté ; il faudra admettre le cas échéant par transposition (n° 320) l'équivalence de l'institution étrangère avec une de celles que connaît la loi applicable à la succession : par exemple, que la seconde épouse d'un bigame soit considérée comme un conjoint survivant.

La situation du conjoint survivant peut susciter une autre difficulté : l'articulation des droits respectivement tirés du régime matrimonial et du droit successoral. L'application de deux lois différentes peut faire que le conjoint n'ait vocation à rien alors que les deux lois pourvoyaient à son intérêt, ou inversement qu'il cumule indûment les avantages (n° 322). Il apparaît alors indispensable de n'appliquer qu'une seule loi aux deux questions, ou plutôt aux deux aspects de la question définie comme celle des « droits du conjoint survivant ». Quant à savoir laquelle, on peut

7 mars 1975, RC 76.674 n. B. Ancel, J. not.76.1763 n. Droz. En cas de pluralité de masses soumises à des lois distinctes, la réserve doit être calculée séparément pour chaque masse (Civ. I, 4 déc. 1990, préc. n° 891) ; en ce qui concerne la déduction des dettes, v. n° 909.

1. Req. 21 avril 1931, *Ponnoucanamale*, Rev. dr. int. pr. 32.526 rapp. Pilon, n. Niboyet ; Bartin, « Adoption et transmission héréditaire », JDI 1932.5. La décision pouvait également s'interpréter comme une intervention de l'ordre public à l'encontre de la loi étrangère supposée compétente.
2. Civ. I, 3 janv. 1980, *Bendeddouche*, D. 80.549 n. Poisson-Drocourt, RC 80.331 n. Batiffol, JDI 80.327 n. Simon-Depitre, GA n° 61, rejetant le pourvoi contre Paris, 22 fév. 1978, RC 78.507 n. Batiffol.

pencher pour la loi du régime, parce qu'elle a été la première à intervenir et que des prévisions ont pu être fondées sur elle.

905. – Successions vacantes. Le droit de l'État sur les successions en déshérence soulève un problème de qualification caractéristique. On peut en effet y voir soit un droit successoral, dépendant donc de la loi applicable à la succession, soit un droit régalien, fondé sur la présence des biens sur le territoire et donc exercé selon les conditions prévues par la loi locale ; la différence d'appréciation entre systèmes sur ce point se traduira par des conflits positifs ou négatifs. La qualification réelle paraît mieux répondre à l'esprit de l'institution[1]. Ce qui est certain est qu'il ne faut pas s'attacher à la seule qualification successorale éventuellement donnée par la loi étrangère à la prétention de l'État sur les biens, car cela reviendrait à s'incliner systématiquement devant elle.

La Convention de La Haye de 1989 apporte une solution au conflit positif en disposant que la loi successorale, lorsqu'il n'y a selon elle ni personne physique venant au degré successible ni légataire, ne peut faire obstacle au droit d'un État d'appréhender les biens de la succession situés sur son territoire (art. 16). On admet par là *a contrario* qu'un État considéré comme héritier par sa loi successorale puisse recueillir des biens situés hors de son territoire, mais à condition que l'État du *situs* ne s'y oppose pas. La proposition de règlement européen adopte en substance la même solution.

§ 2. – TRANSMISSION ET LIQUIDATION DE LA SUCCESSION

906. – Option successorale. L'option successorale ouverte aux héritiers, c'est-à-dire les différents partis s'offrant éventuellement à eux, relève de la loi de la succession[2]. La publicité de l'option, qui intéresse directement les tiers, est ainsi assurée au lieu le plus propice : non seulement en matière immobilière, où il y a coïncidence de la loi réelle et de la loi successorale, mais aussi en matière mobilière puisqu'elle sera opérée au domicile du défunt qui constitue le rattachement de la succession. Cette solution de principe a pour conséquence qu'en cas de pluralité de masses successorales, l'héritier pourra opter de manière différente selon les lois applicables.

On rattache souvent l'option du mineur héritier à sa loi personnelle ; néanmoins la loi successorale semble préférable parce que la protection nécessaire est fonction des règles successorales elles-mêmes et en particulier de la responsabilité qu'elles font peser sur l'héritier quant aux dettes de la succession. En revanche, la capacité d'exercice de l'option et les formalités habilitantes éventuelles relèveraient de la loi personnelle car il s'agit d'une mesure touchant au régime de protection de l'incapable[3].

1. En ce sens, Req. 28 juin 1852, S. 52.1.537, D. 54.1.154 ; *contra*, C. Cass. Belgique, 28 mars 1952, RC 53.132 n. Loussouarn, JDI 54.453 n. Hennebicq.
2. Trib. inst. Paris, 3 déc. 1973, RC 74.653 n. Lequette. La preuve de la qualité d'héritier relève de la même loi : TGI Paris, 28 fév. 1968, RC 70.183.
3. En ce sens, trib. inst. Lille, 28 mars 1980, RC 81.289 n. Lequette.

907. – Administration de la succession. Avec la transmission de la succession apparaît la difficulté de faire le départ entre les institutions qui, se rattachant à la dévolution, obéissent à la loi successorale et celles qui sont suffisamment liées à des considérations territoriales pour faire intervenir la loi locale ; d'autres qualifications sont également susceptibles de s'appliquer, en particulier la qualification procédurale. Le besoin d'une administration unitaire se heurte à la discontinuité des ordres juridiques.

908. – Transmission de l'actif : saisine et envoi en possession. La transmission de l'actif soulève des problèmes fréquents – toujours en ce qui concerne les meubles – en raison de la diversité des conceptions internes. Deux conceptions générales s'opposent : celle de la succession à la personne, caractérisée par la transmission instantanée et la saisine, qu'illustre le système français ; et celle de la succession aux biens, caractéristique de la *common law*, où, sous le contrôle de la justice, la succession est d'abord transmise à un exécuteur ou administrateur chargé de liquider le passif avant de transmettre le reliquat des biens aux héritiers. Il est tentant de faire prévaloir la loi de la situation des biens du fait que la question affecte leur régime et qu'elle intéresse les tiers. Néanmoins, le système adopté par chaque législation relativement à la mise en possession des héritiers est lié au règlement successoral ; et l'administration de la succession se trouve en principe facilitée par l'application d'une loi unique. Aussi est-il admis aujourd'hui que les questions relatives à la saisine héréditaire, à la prise de possession des biens et à l'administration de la succession sont soumises à la loi successorale[1]. Ainsi les pouvoirs d'un administrateur désigné en France valent pour les biens situés à l'étranger[2] ; réciproquement, un administrateur ou un *trustee* nommés à l'étranger ont en principe pouvoir sur les biens situés en France[3]. Ils agiront toutefois selon la loi successorale applicable aux biens locaux[4]. La loi réelle n'intervient que pour les mesures de publicité, car elles concernent effectivement le régime des biens ; elles sont au demeurant rares en ce qui concerne les meubles.

1. Civ. 22 déc. 1970, J. not.71.660. n. Droz, RC 72.467 n. A.P. (à propos de la saisine) ; 4 déc. 1990, préc. n° 891 (exclusion des pouvoirs d'un exécuteur testamentaire étranger sur un immeuble situé en France) ; ord. prés. trib. civ. Seine, 10 déc. 1952, JCP 53.II.7418 (envoi en possession non requis par la loi étrangère). Réciproquement, si la loi successorale exige un envoi en possession alors que la loi de la situation des biens n'en prévoit pas, le juge français doit exiger du successeur cette formalité : Paris, 28 fév. 1968, RC 70.261.
2. Civ. I, 25 oct. 1972, JDI 74.135 n. Droz ; 22 avril 1981, JCP 82.II.19920 n. F. Boulanger, RC 83.645 n. B. Ancel.
3. Crim. 4 juin 1941, *Szlapka*, D.C. 42.4 n. Nast, JCP 42.II.2017 n. Maury, S. 44.1.133 n. Batiffol : la qualité pour agir d'un *trustee* relève des « institutions qui se rattachent à la succession ». Les pouvoirs de l'administrateur sont en principe reconnus sans exequatur, à moins que l'intéressé n'entende se faire remettre les biens de la succession : Civ. 6 juin 1967, *Schapiro*, JDI 67.890 n. Bredin, RC 69.75 n. Déprez ; 8 juin 1978, JDI 79.846 n. Droz ; 3 nov. 1983, RC 84.336 n. Révillard, JDI 85.115 n. B. Ancel ; TGI Paris, 28 fév. 1968, RC 70.261 n. Gannagé.
4. Civ. I, 4 déc. 1990, Bull. civ. I, n° 274.

L'exercice des droits et actions du défunt, qui se rattache à la saisine et n'entre pas en concurrence avec une loi réelle, relève *a fortiori* de la loi successorale[1].

909. – Transmission et règlement du passif. L'obligation de répondre des dettes est le corollaire du pouvoir reconnu aux héritiers ou à ceux qui sont chargés de l'actif à un autre titre. Aussi la loi successorale réglemente-t-elle en principe la transmission du passif héréditaire[2]. Mais, d'une part, c'est la loi de la dette qui détermine si celle-ci est transmissible et divisible entre les héritiers[3] ; d'autre part, la loi de la situation des biens intervient pour déterminer les pouvoirs de l'héritier compte tenu du parti adopté, afin de ménager les droits des tiers.

La répartition du passif soulève de sérieuses difficultés en cas de pluralité de lois successorales, car le passif ne se laisse pas localiser comme l'actif. En ce qui concerne l'*obligation* aux dettes, l'on songe à répartir celles-ci entre les différentes masses en fonction de leur part respective dans l'actif global[4]. Mais, d'une part, les créanciers pourraient ainsi se voir priver d'une partie du gage dont ils jouissaient du vivant de leur débiteur ; d'autre part, cette répartition supposerait précisément connue la valeur complète de l'actif et du passif, condition qu'il est difficile d'affirmer satisfaite en présence d'une succession internationale. Aussi doit-on admettre que les créanciers peuvent réclamer la totalité de ce qui leur est dû sur les biens situés dans n'importe quel pays[5]. La *contribution* à la dette sera régie par la loi successorale, ce qui ne soulève pas de difficulté si le recours peut être exercé à l'intérieur de la même masse. Mais si le *solvens* doit recourir sur une autre masse, il faudra que ce recours soit admis par la loi qui régit celle-ci ; à défaut ne subsistera pour lui, à condition qu'il soit Français, que le droit de prélèvement. Ces difficultés sont heureusement peu fréquentes en pratique du fait que les dettes les plus importantes sont en général assorties de sûretés ; lorsque les créanciers sont satisfaits grâce à leur gage, ils n'ont pas à se tourner vers les autres biens de la succession.

910. – Convention de La Haye. Une Convention de La Haye du 2 octobre 1973 a été négociée pour faciliter l'administration internationale des successions[6]. La pièce essentielle du système prévu est l'institution d'un *certificat international d'administration*, émis dans l'État de la résidence habituelle du défunt et désignant un titulaire par application de la loi locale, avec indication de ses pouvoirs (art. 2 et 3) ; une réserve permet de substituer au critère de la résidence habituelle celui de la

1. Crim. 4 juin 1941, préc. ; Civ. 8 juin 1978, préc. ; Paris, 4 juill. 1958, JDI 59.1122 n. Ponsard ; TGI Paris, 28 fév. 1968, J. not. 68.439 n. Droz ; Civ. 22 déc. 1970, RC 72.712 n. Foyer ; 25 oct. 1972, JDI 74.135 n. Droz.
2. Civ. I, 19 juill. 1976, RC 78.338, n. B. Ancel.
3. La question se pose notamment pour certaines dettes alimentaires : Colmar, 25 avril 1961, RC 62.109 n. Francescakis, JDI 62.696 n. Ponsard.
4. V. à propos d'une dette délictuelle, TGI Pontoise, 8 mars 1966, RC 66.463 n. Batiffol, confirmé par Paris, 21 oct. 1966, RC 67.722 n. Batiffol.
5. En ce sens, trib. 1re inst. Papeete, 7 mars 1975, préc. n° 903.
6. Comm. Batiffol, RC 73.244, et Goldman, JDI 74.256 ; cette convention n'est pas ratifiée par la France.

nationalité (art. 31). L'autorité du titulaire doit être reconnue dans les autres États contractants, sous la seule réserve du respect des règles d'administration locale et étant entendu que celles-ci ne peuvent remettre en question ni la désignation du titulaire, ni l'étendue de ses pouvoirs (art. 9 s.). Au cas où une administration locale serait déjà ouverte, l'administrateur désigné par le certificat se substitue à lui dans la limite de ses pouvoirs (art. 20). La reconnaissance du certificat a un effet libératoire de nature à faciliter son acceptation par les tiers : sous réserve de la mauvaise foi, toute personne qui paie ou remet des biens au titulaire du certificat est libérée ; et toute personne qui acquiert des biens successoraux du titulaire est considérée les avoir acquis d'une personne ayant pouvoir d'en disposer (art. 22 et 23).

910-1. – Proposition de règlement : certificat successoral européen. La proposition de règlement sur les successions institue un certificat successoral européen destiné à faire la preuve au sein des États membres, de manière aisée et hors contentieux, de la qualité d'héritier, de légataire et des pouvoirs d'exécuteur testamentaire ou de tiers administrateur. Sa portée est donc beaucoup plus étendue que celle du certificat prévu par la Convention de La Haye précitée, qui ne visait que l'administration de la succession ; on peut y voir le reflet de la conception, qui n'est pas celle de la *common law*, selon laquelle l'héritier succède à la personne du défunt sans que les biens passent nécessairement par le truchement d'un représentant (n° 908). Le certificat ne remplace pas les institutions internes existantes mais s'ajoute éventuellement à elles ; il n'est donc pas nécessaire d'y recourir, mais ses effets sont également reconnus dans l'État membre dont les autorités l'ont délivré (art. 36). Le certificat est délivré par la juridiction compétente en vertu des articles 4, 5 ou 6 (n° 898-2). La demande de certificat et le document lui-même sont établis selon des modèles annexés au règlement et dont le contenu est minutieusement prévu (art. 38.2 et 41). En vue de sa délivrance, la juridiction saisie doit s'assurer de la réalité des faits présentés au fondement de la demande ; à cette fin, elle procède aux enquêtes nécessaires, elle se voit ouvrir l'accès aux registres publics des autres États membres, elle peut citer devant elle les personnes intéressées et procéder à des publications afin d'inviter d'autres ayants droit éventuels à la succession à se faire connaître (art. 40). En conséquence des vérifications ainsi opérées, le certificat est doté d'une force d'incontestabilité analogue à celle de la chose jugée (notamment quant à la loi applicable à la succession, v. annexe II du projet de règlement). Il peut être délivré des certificats partiels pour attester des droits des différents héritiers ou légataires, de la dévolution d'un bien particulier ou simplement de l'administration de la succession (art. 39).

Le certificat est reconnu de plein droit dans tous les États membres en ce qu'il prouve la qualité des héritiers, des légataires, des pouvoirs des exécuteurs testamentaires ou des tiers administrateurs (art. 42). Il fait présumer la titularité des droits qu'il constate. Toute personne qui paie ou remet des biens au titulaire du certificat est libérée, à moins qu'elle ne sache que son contenu ne répond pas à la réalité. Toute personne ayant acquis des biens successoraux du titulaire d'un certificat habilité à en disposer en vertu de la liste annexée au certificat est considérée les avoir acquis d'une personne ayant pouvoir d'en disposer, à moins qu'elle ne sache que le contenu du certificat ne répond pas à la réalité. Le certificat permet la transcription ou l'inscription de l'acquisition des biens dans les registres publics de l'État membre de situation des biens.

Sur contestation portée devant la juridiction qui l'a délivré, le certificat peut être suspendu, rectifié pour erreur matérielle, ou annulé s'il est établi qu'il ne correspond pas à la réalité (art. 43). L'organisation des voies de recours est laissée à l'initiative des États membres (art. 44). Cette règlementation peut sembler insuffisante, alors que la reconnaissance des jugements et titres assimilés (dont les actes authentiques) comporte une possibilité de contestation dans l'État requis pour fraude ou contrariété manifeste à l'ordre public. Faute d'être prévues par la version définitive du règlement, ces causes de non-reconnaissance devraient être réintroduites par le juge saisi à l'aide des ressources du droit commun.

§ 3. – PARTAGE DE LA SUCCESSION

911. – Principe. Bien qu'un partage concerne la propriété des biens, il peut difficilement être envisagé indépendamment de la masse successorale qu'il concerne : il a en effet pour objet de concrétiser les règles de dévolution de cette masse. Au contraire, l'application de la *lex rei sitæ* à des biens situés en différents pays mais appartenant à la même masse successorale compromettrait ces règles mêmes. Le partage est donc en principe régi par la loi successorale[1]. Mais la loi réelle et, sur certains points, les lois personnelles et de forme ou de procédure sont appelées à s'appliquer. Pour les meubles et immeubles situés à l'étranger, la loi de situation peut – en raison de son effectivité et de son pouvoir immédiat d'application – revendiquer une compétence plus étendue que celle prévue par le droit international privé français. Le réalisme invite à en tenir compte.

912. – Indivision. Si la loi successorale détermine les biens entrant dans l'indivision, c'est cependant la loi réelle qui détermine le régime juridique des biens jusqu'à leur partage car l'indivision n'est qu'une forme de propriété. La distinction se manifeste à propos de la subrogation : la loi réelle détermine si l'indivision englobe les biens subrogés aux biens indivis, mais c'est à la loi successorale de décider si le bien acquis doit être compris dans la masse à partager (au besoin à l'encontre de la loi réelle)[2]. La loi réelle est compétente pour préciser comment l'indivision est administrée[3]. Il convient en effet de protéger les tiers qui ont pu acquérir des droits sur les biens compris dans la masse ; mais on reconnaîtra les droits d'un administrateur désigné selon une loi étrangère (n° 908). La loi réelle détermine également la durée de l'indivision et la manière dont elle prend fin ; par voie de conséquence elle s'applique aux conventions ayant pour objet de la prolonger, car celles-ci concernent le régime des biens beaucoup plus que celui de la succession. Mais la loi successorale s'appliquerait au retrait.

913. – Forme et effets du partage. Les formalités du partage sont en principe celles prévues par la loi successorale. Si le partage amiable est autorisé par celle-ci, les formes en seront celles de la loi locale, sous réserve du caractère facultatif de la règle *Locus regit actum*[4]. En cas de désaccord entre les héritiers, c'est la loi du for qui décidera de la manière dont il faut procéder. En présence d'un incapable, c'est la loi personnelle de l'incapable qui dictera le parti à suivre ainsi que les formalités habili-

1. On rapporte cependant que la pratique procède souvent à autant de partages qu'il y a de masses de biens dans des pays différents.
2. Civ. 14 mars 1961, RC 61.774 n. Batiffol.
3. Civ. 22 oct. 1985, JDI 86.1005 n. Wiederkehr.
4. Civ. I, 19 nov. 2008, RC 09.295 n. B.A.

tantes car elles participent de l'organisation de l'incapacité et sont étrangères au statut des biens[1].

L'attribution préférentielle, dans la mesure où elle s'applique à des meubles (fonds de commerce), semble devoir relever de la loi successorale ou de la loi locale selon qu'elle intéresse le régime des biens (continuité de l'exploitation) ou le statut de la famille. Une qualification de loi de police serait également envisageable.

La publicité du partage doit être opérée selon la loi de situation des biens, ce qui requiert une certaine coopération entre les autorités du pays où il a lieu et celles du *situs rei*[2].

L'effet déclaratif du partage, bien que régi par la loi successorale, peut se heurter à la loi réelle qui interviendrait comme loi de police pour la protection des tiers.

La lésion est soumise à la loi successorale et non à la loi de chaque masse à partager, car elle a pour objet de sanctionner la violation de la règle d'égalité ; on en dira autant du recel successoral[3].

Voy. : Billarant, *Le caractère substantiel de la réglementation française des successions internationales. Réflexions sur la méthode conflictuelle*, 2004 ; F. Boulanger, *Étude comparative du droit international privé des successions en France et en Allemagne*, 1964 ; *Les successions internationales, Problèmes contemporains*, Economica, 1981 ; *Droit international des successions*, Economica, 2004 ; Dennery, *Le partage en droit international privé français*, 1935 ; Droz, « La codification du droit international privé des successions. Perspectives nouvelles », TCFDIP 1966-69, p. 319 ; « Saisine héréditaire et administration de la succession en droit international privé français et comparé », RC 1970.183 ; Ferid, « Le rattachement autonome de la transmission successorale en droit international privé », RCADI 1974. II.71 (t. 142) ; Freyria, *La loi applicable aux successions mobilières en droit international privé français*, Lille, 1945 ; S. Godechot, *L'articulation du* trust *et du droit des successions,* 2003 ; M. Goré, *L'administration des successions en droit international privé français*, Economica, 1994 ; Héron, *Le morcellement des successions internationales*, Economica, 1986 ; Lequette, « Ensembles législatifs et droit des successions », TCFDIP 1983-84, p. 163 ; Lewald, « De la succession en droit international privé », RCADI 1925.IV.1 (t. 9) ; Loussouarn, « L'administration des successions en droit international privé », JDI 1970.251 ; Necker, *La mission de l'exécuteur testamentaire dans les successions internationales*, Genève, 1972 ; Peroz et Fongaro, *Droit international privé patrimonial de la famille*, 2010 ; Revillard, « La liquidation d'une succession internationale : difficultés rencontrées par la pratique notariale », RC 1978.252 ; *Droit international privé et communautaire. Pratique notariale*, 7e éd., 2010 ; Thibierge, « Problèmes de transmission et de partage en droit international privé », TCFDIP 1960-62, p. 68 ; Union internationale du notariat latin, ouvrage cité *sub* n° 883.

Commission européenne, Livre vert sur les successions transnationales, JDI 2005.583

1. Civ. 13 avril 1932, *château de Chambord*, D.P. 32.1.89 concl. Matter, n. Basdevant, S. 32.1.361 n. Audinet, GA n° 14 ; 19 mai 1958, *cons. Wahab*, RC 58.700 n. Batiffol, JDI 59.826 ; 13 juin 1960, RC 61.540, D. 60.597 n. Malaurie, RC 61.540 n. Jambu-Merlin, J. not. 62.624 n. Droz ; TI Montmorency, 9 sept. 1970, JCP 71.II.16759 n. Gaudemet-Tallon, RC 72.471, 2e esp., n. Patarin.
2. V. décr. 4 janv. 1955, art. 4 al. 3.
3. V. notes M. Goré, RC 1992.304 ; Revillard, JDI 1993.313.

LIVRE II

LES PERSONNES PRIVÉES AU REGARD DES ÉTATS

TITRE I

LA NATIONALITÉ

914. – Vue d'ensemble. La matière de la nationalité est dominée par le principe selon lequel les États déterminent librement les conditions d'attribution de leur nationalité. Deux conséquences principales s'ensuivent : il existe autant de droits de la nationalité que d'États souverains dans l'ordre international ; et l'on ne peut déterminer si une personne possède la nationalité d'un État donné qu'en appliquant le droit de cet État. On doit donc essentiellement se consacrer, dans un ouvrage de droit international privé français, à l'étude du droit positif français de la nationalité. Toutefois se dégagent des différents droits nationaux et de la pratique internationale des éléments d'une théorie générale de la nationalité, dont la connaissance préalable est nécessaire à l'étude de toute législation nationale.

CHAPITRE I

PRINCIPES DU DROIT DE LA NATIONALITÉ

La nationalité est une notion juridique, dont l'acception exacte doit être précisée par rapport à celle du langage courant (*Section I*). On envisagera en second lieu les éléments de droit international de la nationalité (*Section II*).

SECTION I

LA NOTION DE NATIONALITÉ

La nationalité est un lien entre un État et un individu : on en précisera les éléments avant de passer en revue les facteurs d'attribution de la nationalité.

§ 1. – DÉFINITION JURIDIQUE DE LA NATIONALITÉ

915. – Définition. La nationalité se définit traditionnellement comme l'appartenance à la population constitutive d'un État. La Cour internationale de justice l'a caractérisée plus précisément comme un lien juridique ayant à sa base un fait social de rattachement, une solidarité effective d'existence, d'intérêts, de sentiments jointe à une réciprocité de droits et de devoirs[1]. On peut distinguer dans cette description ce qui constitue le fondement du lien de nationalité (le fait social de rattachement) et ses effets.

A. LE FONDEMENT DU LIEN DE NATIONALITÉ

916. – La nationalité « de fait ». Une nation est un ensemble d'individus que rapprochent différents facteurs sociologiques. On songe en premier lieu à l'origine ethnique, mais différents exemples montrent

1. Affaire *Nottebohm*, *infra* n° 940.

qu'une nation n'est pas nécessairement fondée sur ce facteur. Une nation se forme aussi bien par l'histoire, la langue, la religion, la culture ; selon les cas, ces différents éléments ont joué un rôle variable. Le résultat de leur action est un ensemble de traditions et d'idéaux ; selon un aphorisme célèbre, « la nationalité est une mentalité » (Hauriou). Celle-ci se traduit par la volonté de vivre ensemble ou à tout le moins par une coexistence naturelle, fondée sur un mode de vie semblable et le sentiment d'une communauté d'intérêts et de devoirs. Les influences qui se sont exercées sur une personne à cet égard permettent de dire qu'elle relève en fait de tel ou tel groupe national.

À cette conception traditionnelle est opposée aujourd'hui une conception purement objective qui s'imposerait une fois passée la période de formation des États. Celle-ci fait procéder la nationalité de la simple présence habituelle sur le territoire de l'État, rendant l'individu « partie prenante » à la société étatique, en particulier – aujourd'hui – économique. Sans doute ce facteur doit-il être pris en considération à côté de ceux qui ont été évoqués ; il est plus contestable qu'il doive se substituer à eux ou simplement jouer un rôle prépondérant. En effet, de nombreux États maintiennent une conception résolument ethnique et exclusive de la nationalité et entendent conserver un contrôle sur leurs nationaux résidant en pays étranger. La conception évoquée expose donc les autres à devenir ainsi, à leur détriment, « récepteurs universels » de doubles nationaux.

917. – La nationalité de droit. Le concept juridique de nationalité est relativement récent. Dans la plupart des pays d'Europe, jusqu'à la fin du XVIIIe siècle, existait surtout un lien de sujétion personnelle entre les individus et leur souverain. La pratique séparait les qualités de national et d'étranger à l'égard de certaines questions, en particulier successorales ; mais elle n'obéissait pas à des règles très précises. En France, la notion moderne de nationalité (ou citoyenneté) est apparue avec la Révolution : dès lors que les citoyens étaient appelés à participer aux affaires publiques, et en particulier à l'exercice du pouvoir législatif, il apparut nécessaire de définir précisément cette qualité ; la nationalité devint ainsi objet de législation dans le droit intermédiaire. Elle fut peu après réglementée dans le Code civil de 1804, lequel réservait en outre la jouissance complète des droits civils aux seuls Français (art. 8 et 11). Dans la plupart des pays, de même, la formation ou l'organisation d'un État moderne s'est traduite par une réglementation assez précise définissant la qualité de national, parfois dans des textes constitutionnels en ce qui concerne au moins les principes fondamentaux ; le besoin s'en faisait d'autant plus sentir que s'accroissaient les migrations de population.

918. – Coïncidence souhaitable des deux notions. Il est naturellement souhaitable que la notion juridique de nationalité coïncide avec la notion sociologique, tant sur le plan collectif qu'individuel. Pendant des siècles, les populations ont été liées au territoire sur lequel elles vivaient et leur sujétion politique pouvait varier avec le sort de celui-ci, lui-même dépendant des vicissitudes militaires ou des alliances dynastiques. Avec la notion de contrat social apparut l'idée que le lien des individus à l'État devait reposer sur une base volontaire. Cette idée allait culminer au XIXe siècle dans le « principe des nationalités » qui veut faire coïncider nations et États, et qui inspira notamment le mouvement vers l'unité allemande et l'indépendance italienne. Aujourd'hui, il est reconnu qu'un État démocratique doit reposer sur une volonté suffisante de vivre ensemble des populations qu'il regroupe. La Charte des Nations Unies consacre le droit des peuples à disposer d'eux-mêmes (art.1, § 2). La Constitution actuelle de la France énonce pour sa part que : « Nulle cession, échange ou adjonction de territoire n'est valable sans le consentement des populations intéressées » (art. 53 al. 1er). Il est vrai que de nombreux facteurs historiques ou politiques font obstacle à une coïncidence parfaite des nations et des États. Au moins le droit de la nationalité d'un pays donné doit-il s'efforcer d'appréhender tous ceux qui présentent avec lui les liens les plus étroits et de ne viser qu'eux seuls. Mais au plan individuel, la coïncidence des deux notions constitue un idéal qui ne peut être atteint pour chaque personne : en particulier, les migrations internationales, volontaires ou forcées, font obstacle pour beaucoup à cette coïncidence à un moment donné. Il est néanmoins souhaitable que cette situation soit temporaire pour une personne donnée.

B. EFFETS DU LIEN DE NATIONALITÉ

919. – Effets dans l'ordre interne et international. Le lien de nationalité – ou citoyenneté, dans l'ordre interne – confère la jouissance des droits la plus étendue dans un pays donné. Il est aussi la source d'obligations particulières, dont la plus manifeste est – ou a été – l'obligation au service militaire. Les étrangers, en contrepoint, n'ont pas en cette qualité la jouissance de certains droits, en particulier ceux qui sont liés à l'exercice de la vie publique ; et ils ne sont pas soumis aux mêmes obligations que les nationaux.

Dans l'ordre international, l'effet du lien de nationalité découle de la définition de l'État par une population. En premier lieu, l'État exerce à l'égard de ses nationaux une *compétence*, dite *personnelle*, reconnue par le droit international. Celle-ci lui permet de prendre des mesures à leur égard où qu'ils se trouvent : les nationaux ne cessent pas d'être soumis au pouvoir normatif de l'État du seul fait qu'ils franchissent la frontière. Elle permet également d'exercer sur eux à l'étranger certaines attributions en matière d'état civil, reconnues par l'État sur le territoire duquel elles s'exercent (n° 605). En second lieu, le lien de nationalité justifie la *protection diplomatique* par l'État de ses nationaux vis-à-vis des autres États. Celle-ci peut aller jusqu'à l'exercice d'une action internationale, par laquelle il endosse la réclamation de ses nationaux contre l'État visé ; il est seul, dans l'état actuel du droit international, à avoir qualité pour ce faire.

§ 2. – ÉLÉMENTS DU LIEN JURIDIQUE DE NATIONALITÉ

A. L'ÉTAT CONFÉRANT SA NATIONALITÉ

920. – Caractéristiques. Seuls les États confèrent une nationalité. Il s'agit plus précisément de ceux qui constituent des personnes de droit international, c'est-à-dire les États souverains. Peu importe la dimension géographique de l'État, pourvu qu'il soit reconnu comme tel par la communauté internationale. Les États membres d'une fédération ne confèrent pas de nationalité, dès lors que les États membres ont perdu toute personnalité internationale ; la seule nationalité est celle de l'État fédéral (cas des États-Unis, de la Suisse...). Certains États fédéraux conservent cependant, sous des dénominations diverses, une « nationalité » intérieure (c'était le cas de l'URSS) ; mais un tel lien n'a d'effets qu'internes, au plan administratif ou fiscal notamment.

Pour qu'une nationalité étrangère donnée soit reconnue dans un État, il est en principe nécessaire que l'État dont elle émane le soit lui-même[1]. Mais en cas d'annexion non reconnue d'un territoire par cet État, on pourrait ne pas tenir compte de la nationalité imposée par voie de conséquence aux populations de ce territoire[2]. Si c'est un gouvernement qui n'est pas reconnu, on pourrait traiter de même les dispositions qu'il prend en matière de nationalité ; mais lorsque ce gouvernement exerce effectivement l'autorité sur le territoire, il est difficile de maintenir cette attitude de manière prolongée (n° 296).

921. – Différentes espèces de liens et dénominations. Un État dont la population n'est pas homogène peut aménager à l'égard de ses nationaux différentes catégories de liens, correspondant à des statuts civils ou politiques différents. La nationalité se décompose alors en statuts divers, mais à des fins purement internes et donc sans porter atteinte au principe de l'unité de nationalité. C'est ainsi que la Constitution française de 1946 distinguait les citoyens des sujets français ; mais tous avaient la nationalité française. Les États sont également susceptibles d'aménager, à usage interne, un régime particulier pour certaines « minorités », sans effet international.

La pratique française a également introduit sous le vocable de « ressortissant » une catégorie qui englobe non seulement les nationaux proprement dits mais également certaines personnes liées à la souveraineté considérée et bénéficiant à ce titre de la protection diplomatique. Il en était notamment ainsi à l'égard de la France des citoyens de pays sous protectorat (Tunisie, Maroc), alors que ce régime, relevant d'un traité, laissait subsister la personnalité internationale de l'État protégé et donc la nationalité qu'il conférait. La notion a été invoquée, réciproquement, pour qualifier de « ressortissants ennemis » des personnes n'ayant pas la nationalité d'un État belligérant mais s'étant comportés en fait comme

1. V. en Allemagne, s'agissant de nationalité palestinienne, trib. inst. Neumünster, 16 déc. 1986, RC 88.675 n. Verhoeven.
2. Civ. 10 janv. 1951, RC 52.681 n. Batiffol (Lettonie).

s'ils l'avaient (n° 939). Cependant, le terme de ressortissant ne recouvre pas un régime juridique précis.

B. LE SUJET DE NATIONALITÉ

1. Personnes physiques

922. – La nationalité, apanage des personnes physiques. Il ressort de la définition même de la nationalité que ce lien unit des individus à des États. La nationalité étant liée à la personnalité juridique et celle-ci étant reconnue à chaque individu, toute personne physique est appelée à jouir d'une nationalité. Le droit à une nationalité est affirmé par la Déclaration universelle des Droits de l'Homme (art. 15) ainsi que par différents textes subséquents (dont la Convention de New York sur les droits de l'enfant). Il ne s'ensuit pas nécessairement que tous les individus aient une nationalité. Certains peuvent n'en avoir reçu aucune en raison des circonstances de leur naissance, ou peuvent avoir perdu celle qu'ils avaient : ce sont les *apatrides* proprement dits[1]. La situation d'apatridie prend fin par l'acquisition d'une nationalité.

2. Cas des personnes morales

923. – Inapplicabilité du concept de nationalité ; transposition. Les personnes morales n'étant que des entités abstraites, les faits sociologiques de rattachement à une nation qui sont à la base du lien de nationalité des personnes physiques (n° 916) ne peuvent s'appliquer à elles. Elles n'ont en particulier ni histoire collective, ni culture, ni mentalité et elles ne font pas partie de la population constitutive d'un État ; seuls existent des biens situés sur le territoire de tel État et indirectement possédés par des individus de telle ou telle nationalité. Néanmoins, la reconnaissance de la personnalité juridique à certains groupements entraîne de manière naturelle le recours au concept de nationalité : tel est principalement le cas au regard de la jouissance des droits et du bénéfice de la protection diplomatique.

924. – Jouissance des droits. Dès lors que l'on reconnaît à certaines entités l'aptitude à être titulaires de droits dont jouissent les personnes physiques et que l'on distingue parmi celles-ci les nationaux des étrangers, force est de procéder à une distinction du même ordre parmi les personnes morales. Ainsi, lorsque des activités réservées aux nationaux sont susceptibles d'être exercées sous forme sociale, il convient de savoir si certaines sociétés ne doivent pas être considérées comme « étrangères » au regard de cette activité ; ou lorsqu'un privilège est réservé aux nationaux, tel en

1. La situation des apatrides ne se confond pas avec celle des *réfugiés* qui, sans avoir formellement perdu leur nationalité, ne sont pas actuellement en mesure de jouir du statut qui s'y attache, par suite de circonstances les ayant amenés à quitter leur pays contre leur gré (n° 1131 s.).

France le privilège de juridiction de l'art. 14 C. civ. (n° 358 s.). On est également amené à s'interroger sur la « nationalité » d'une personne morale chaque fois que le statut des étrangers varie selon leur origine : lorsque deux États conviennent par traité d'accorder certains avantages particuliers à leurs nationaux, il est nécessaire de déterminer le critère qui permettra à des personnes morales de s'en prévaloir. Mais à la différence de ce qui est le cas pour les personnes physiques, il n'existe pas de texte *général* définissant les sociétés auxquelles sera appliqué le traitement (droits et obligations) respectivement réservé aux nationaux et aux étrangers. Du fait qu'il s'agit de jouissance des droits, on peut être tenté de rechercher la nationalité des associés principaux, selon le critère du contrôle de la société ; mais, même dans ce domaine, lorsqu'une société contrôlée par des étrangers est intégrée à l'économie locale, il peut paraître inopportun de la considérer comme étrangère[1]. En droit conventionnel, chaque traité est susceptible d'énoncer ses propres critères. En définitive, la nationalité d'une personne morale peut être déterminée différemment selon le droit dont la jouissance est envisagée. Et en toute hypothèse, la question de la « nationalité » des personnes morales aux fins de jouissance des droits ne relève pas du droit de la nationalité mais du statut des étrangers (n° 1104 s.)

925. – Protection diplomatique. Les personnes morales sont susceptibles d'exercer des activités internationales et en particulier d'effectuer des investissements dans un pays autre que celui où elles sont constituées. À l'occasion de ces activités, elles peuvent être amenées à se plaindre du traitement qu'elles subissent de la part de l'État d'accueil. La question se pose alors de savoir si un Etat peut prétendre exercer la protection diplomatique pour le compte de la personne morale et lequel. La pratique internationale admet l'exercice de la protection diplomatique pour le compte d'une personne morale, en particulier d'une société[2]. Elle considère que le droit de l'exercer appartient au premier chef à l'État dans lequel la société a été constituée, qualifié de ce fait d'État « national » de celle-ci[3]. Il arrive cependant, notamment dans une société de capitaux, que les associés aient une autre nationalité que celle de l'État de constitution de la société ; celui-ci, pour cette raison, s'abstiendra d'exercer la protection demandée par les associés, tandis que l'État national des associés peut

1. On appliquera alors le critère du siège social (*infra* n° 1146). Ce critère est également usité pour déterminer la loi à laquelle obéit le fonctionnement de la société (en France, art. L. 210-3 C.com.) ; mais il s'agit dans ce cas de conflits de lois, non de jouissance des droits.
2. S. Bastid, « La protection diplomatique des personnes morales », TCFDIP 1966-69, p. 247.
3. CIJ, arrêt du 5 fév. 1970, aff. de la *Barcelona Traction* (Belgique c. Espagne), CIJ, Rec. 1970, p. 3 : la Cour, constatant que selon les règles généralement acceptées par les droits internes, la notion de société anonyme repose sur une stricte distinction entre les droits de la société et ceux de l'actionnaire, a jugé que seul l'État « national » de la société, et non celui des actionnaires, était autorisé à exercer la protection diplomatique pour le compte de cette société. V. Francescakis, « Lueurs sur le droit international des sociétés de capitaux... », RC 1970.609.

vouloir exercer lui-même la protection demandée. Mais la CIJ, saisie d'une telle situation, a déclaré qu'il ne serait recevable à le faire que dans des circonstances spéciales, telles que la disparition de la société ou le fait que l'État national de la société n'aurait pas qualité pour agir en faveur de celle-ci[1]. C'est bien reconnaître qu'existe une certaine nationalité de la personne morale, déterminée par le lieu de constitution.

Le Centre International de Règlement des Différends relatifs aux Investissements (CIRDI), né de la Convention de Washington de 1965 (n° 42 et 1049), a pour but de substituer à la protection diplomatique un règlement direct par arbitrage entre les investisseurs (plus fréquemment personnes morales que personnes physiques) et les États. La Convention définit le ressortissant d'un État contractant notamment comme « toute personne morale qui possède la nationalité d'un État contractant autre que l'État partie au différend... » (art. 25.2, b)[2].

3. Exclusion des choses

926. – Application analogique de la notion de nationalité. Le concept de nationalité est d'une certaine manière appliqué aux choses ; on parle de navire « grec » ou d'aéronef « américain ». Ces expressions sont simplement analogiques parce qu'une chose n'est pas titulaire de droits ni sujette à des obligations. Elles désignent un rattachement administratif, rendu nécessaire du fait de la mobilité des choses en question, et résultant de leur immatriculation dans un pays donné pour parer aux inconvénients que présenterait la soumission de leur statut à la *lex rei sitæ* (n° 163). Il est vrai que l'immatriculation se traduit pour les moyens de transport par le fait de battre pavillon correspondant et elle entraîne effectivement d'importantes conséquences au point de vue du droit public comme du droit privé : les faits survenus à bord sont considérés comme localisés sur le territoire de l'État d'immatriculation (au moins lorsque le navire ou l'aéronef se trouve dans un espace sans souveraineté), la protection de l'objet immatriculé est assurée par cet État, les contrats de travail du personnel travaillant à bord étaient traditionnellement considérés comme soumis à la loi du pavillon (n° 834). Cela explique sans doute que l'expression de « nationalité des navires » ait trouvé sa place dans la Convention des Nations Unies sur le droit de la mer (n° 44).

§ 3. – FACTEURS D'ATTRIBUTION DE LA NATIONALITÉ

Les critères d'attribution d'une nationalité sont universels : la filiation, le lieu de naissance, le mariage, la volonté de l'individu et celle de l'autorité publique ; ce qui varie d'un État à l'autre est l'importance respective ou les modalités de

1. Arrêt *Barcelona Traction*, préc. L'État national des actionnaires a ainsi été déclaré recevable à agir dans un cas où la société avait la nationalité même de l'État défendeur : *Elettronica Sicula Spa (ELSI)* (États-Unis c. Italie), arrêt du 20 juill. 1989, CIJ Rec. 1989, p.15 ; v. B. Stern, JDI 1990.897 ; 24 mai 2007, *Ahmadou Sadio Diallo*, AFDI 2007.291 n. de Frouville.
2. La difficulté précédente s'élève par conséquent lorsque l'investisseur étranger agit dans l'État d'accueil par l'intermédiaire d'une filiale locale : v. par ex. l'aff. *AMCO c. Indonésie*, sentence sur la compétence du 25 sept. 1983, JDI 86.201 ; Fadlallah, « La nationalité de l'investisseur dans l'arbitrage CIRDI », GP 29 juin-1er juill. 2008, p. 12. Il est donc prudent pour lui de se ménager le recours au CIRDI par une stipulation appropriée dans la clause d'arbitrage.

prise en considération de ces critères. Les choix opérés par chacun dépendent eux-mêmes de l'appréciation de différents intérêts que l'on décrira en premier lieu.

A. POLITIQUE LÉGISLATIVE

On peut appliquer à la matière de la nationalité l'analyse des intérêts généraux à satisfaire qui ont été évoqués à propos des conflits de lois et distinguant l'intérêt des États, celui des particuliers et celui de la société internationale (n° 101).

927. – Intérêts des États. La politique d'un État en matière de nationalité, plus ou moins ouverte ou restrictive, est fonction de ses caractéristiques, territoriales, historiques et culturelles, de ses ressources et de son environnement. Une population nombreuse peut constituer un facteur de sécurité, par le respect qu'elle impose, et de prospérité économique, par le marché qu'elle représente. Mais ces considérations militent davantage, le cas échéant, pour une politique démographique nataliste que pour une attribution trop facile de la nationalité. L'intérêt d'un État n'est pas de s'attacher comme nationaux des personnes n'éprouvant pas à son égard un sentiment d'appartenance, ni d'avoir une population trop hétérogène. Il pourrait au demeurant se trouver en peine de faire respecter, le cas échéant, un lien de nationalité ne reposant pas sur attache prépondérante (obligation militaire, particulièrement en cas de conflit)[1].

L'attribution de la nationalité n'a donné lieu dans le passé qu'à peu de réclamations entre États. Il pourrait en devenir autrement avec le développement de l'immigration en provenance d'États qui édictent pour leurs nationaux un lien d'allégeance perpétuelle tandis que ceux-ci, ou leurs enfants, acquièrent la nationalité du pays d'accueil.

Inversement, un État doit normalement attribuer sa nationalité aux personnes qui lui sont liées par des liens prépondérants. Selon le statut plus ou moins favorable fait aux étrangers, il est soit de son intérêt de ne pas laisser des personnes bénéficier de prérogatives proches de celles des nationaux sans en subir les charges, soit de l'intérêt de celles-ci de ne pas être maintenues dans un statut défavorable par l'effet d'une législation trop restrictive.

928. – Intérêts des individus. L'intérêt premier des individus est de recevoir une nationalité afin de bénéficier du statut le plus favorable au regard d'un État, ainsi que de sa protection diplomatique. Cette nationalité doit être celle de l'État auquel ils se rattachent par les liens sociologiques les plus étroits (n° 916), et non imposée par un autre. Au plan collectif, cette revendication s'est exprimée dans le principe des nationalités et elle est théoriquement consacrée par la reconnaissance du droit des peuples à disposer d'eux-mêmes (n° 918). Au plan individuel, une nationalité est susceptible d'être reçue sans lien suffisant par application indéfinie du *jus sanguinis* (n° 931) ou du seul fait de la naissance sur le territoire

1. Sur la position différente des États à l'égard de la double nationalité (reconnaissance, tolérance, interdiction), v. le tableau de synthèse dressé par le ministère des Affaires étrangères en 1996, rép. min. RC 2002.173.

d'un État donné, alors que cette circonstance était dans le cas particulier fortuite ou passagère (n° 932). Une personne doit en revanche pouvoir recevoir la nationalité de l'État auquel le rattachent des liens prépondérants, au besoin par une manifestation de volonté s'il ne l'a pas reçue à la naissance. Dans la mesure où les cas de double nationalité sont inévitables, les personnes dans cette situation doivent se voir offrir la possibilité de répudier une nationalité ne correspondant pas, ou plus, à un rattachement effectif, afin de ne pas se trouver soumises à un conflit d'allégeances.

La part souhaitable de la volonté individuelle dans la collation du lien de nationalité, et le fait que celle-ci se traduise par un ensemble de droits et d'obligations, ont pu conduire à soutenir la thèse que la nationalité résulterait d'un contrat entre l'individu et l'État. Elle n'est plus guère défendue sous cette forme. L'idée de contrat est fictive dans le cas de l'immense majorité des individus, qui ne peuvent raisonnablement relever que d'une nationalité. Celle-ci est reçue à la naissance, c'est-à-dire hors de toute volonté[1]. Parvenu à l'âge adulte, l'individu est en général trop enraciné dans son milieu d'origine pour que l'on puisse parler de confirmation tacite. L'idée de contrat peut néanmoins s'appliquer à la situation des personnes acquérant volontairement une nationalité nouvelle. On peut en effet attendre d'elles que leur comportement ne démente pas la volonté manifestée : à l'égard de la nationalité acquise, en assumant loyalement les obligations liées au statut sollicité et en ne prétendant pas se prévaloir simultanément de l'ancien[2] ; d'autre part, à l'égard du statut abandonné, par un détachement effectif[3].

929. – Intérêts de la communauté internationale. L'intérêt de la communauté internationale est que les individus n'aient qu'une nationalité, afin d'éviter les conflits de souverainetés. Cet intérêt sera naturellement satisfait si les considérations précédentes sont suffisamment respectées : c'est-à-dire si les États n'attribuent leur nationalité qu'en fonction d'un lien social effectif et prépondérant ; et s'ils veillent à ne pas maintenir ce lien juridique lorsqu'il a perdu son effectivité, par une transmission indéfinie par filiation nonobstant une émigration avérée (allégeance perpétuelle, n° suivant). En définitive, chaque État doit, dans l'attribution de sa nationalité, ménager les intérêts des autres. L'objectif que chaque individu ait une nationalité et n'en ait qu'une est cependant inaccessible. Si les cas d'apatridie sont rares parce que les États n'omettent normalement pas d'attribuer leur nationalité à des personnes présentant avec eux un lien tel qu'il n'en existe de plus fort avec aucun autre, les cas de double nationalité sont en revanche inéluctables, ainsi qu'il ressort de l'examen des critères généraux d'attribution de la nationalité.

1. Le caractère autoritaire du lien résulte par exemple en France de l'art. 17 al. 1er C. civ. (anc. art. 1er C. nat. dans sa rédaction de 1973), disposant que « La nationalité française est attribuée, s'acquiert ou se perd selon les dispositions fixées par le présent titre... ».
2. En matière de statut personnel, v. *supra* n° 685.
3. En droit privé également, l'idée est illustrée par la sanction des fraudes commises au XIXe siècle par des Français acquérant une nationalité étrangère dans le but de pouvoir divorcer, sans autrement renoncer à leurs liens effectifs avec la France : v. par ex. Civ. 18 déc. et 19 juill. 1875, préc. n° 241 ; 25 mars 1889, JDI 89.642. En droit public, v. à propos des doubles nationaux américano-iraniens, n° 949.

B. CRITÈRES D'ATTRIBUTION ET DE PERTE DE LA NATIONALITÉ

930. – Distinctions. Il convient de distinguer les critères d'attribution de la nationalité d'origine, soit la filiation (*jus sanguinis*) et le lien avec un territoire (*jus soli*) ; et ceux susceptibles de faire attribuer la nationalité d'un État postérieurement à la naissance, soit la volonté (naturalisation) et la création de liens de famille. Il y a lieu également de s'intéresser à la suite aux critères susceptibles d'entraîner la perte de la nationalité, car les liens d'une personne avec un État ne sont pas immuables.

1. Attribution de la nationalité d'origine

L'attribution de la nationalité d'origine peut se faire au titre du *jus sanguinis*, traduction du lien familial, ou du *jus soli*, qui prend en considération le lien social.

***931. – La filiation ou* jus sanguinis.** Le facteur premier de formation de la personnalité est le milieu familial. L'individu y acquiert la langue dite « maternelle », les coutumes, la religion, les premiers modes de pensée. La filiation constitue donc un critère incontestable d'attribution d'une nationalité. Elle constitue en particulier le critère dominant dans les pays d'Europe continentale. Certains États la combinent cependant avec le facteur territorial, n'accordant la nationalité par filiation qu'aux enfants de nationaux nés sur le territoire.

Le critère soulève cependant différentes difficultés. Le premier touche à la *preuve* de la nationalité ainsi acquise : pour établir sa nationalité, l'individu doit prouver celle de son auteur ; pour établir celle-ci, il doit prouver celle de l'auteur de son auteur et ainsi de suite...[1]. Afin d'échapper à cette « preuve diabolique », il est pratiquement nécessaire de recourir à la possession d'état d'une ou plusieurs générations précédentes[2]. En ce qui concerne le fond, le principe de l'égalité des sexes a fini par faire admettre que la nationalité doit se transmettre par les deux parents (Convention des Nations Unies du 1er mars 1980 sur l'élimination de toutes les formes de discrimination à l'égard des femmes, art. 9.2) ; le prix à payer est la multiplication des cas de double nationalité[3]. Enfin, l'attribution de la nationalité *jure sanguinis* se prête à une transmission indéfinie malgré l'émigration définitive de l'ascendant dont on tient cette nationalité ; elle devrait s'interrompre après une ou deux générations, d'autant que les intéressés auront normalement acquis la nationalité du pays d'accueil par l'effet du *jus soli*.

1. Le problème est analogue à celui de la preuve de la propriété acquise par un mode non originaire.
2. La difficulté est contournée lorsque le droit de la nationalité admet également l'attribution de celle-ci par la naissance sur le territoire, laquelle se prête à une preuve aisée (v. en droit français, n° 975).
3. V. la résolution (77) 13 du Conseil de l'Europe du 27 mai 1977 posant le principe et s'efforçant de remédier à cette conséquence.

***932. – La naissance ou la résidence sur le territoire* (jus soli).** La naissance sur le territoire d'un pays donné peut faire présumer que les parents de l'enfant y sont installés et donc qu'il y sera élevé ; dans cette mesure, elle est de nature à justifier l'attribution de la nationalité locale. L'influence de l'environnement social, et en particulier scolaire, est en effet aussi importante que celle de la famille pour la formation de la personnalité. Le critère du *jus soli* convient particulièrement à des pays qui appellent l'immigration, comme ce fut le cas de ceux du continent américain, car il permet d'assimiler rapidement les populations qui s'y installent. Mais il trouve des racines plus profondes en Grande-Bretagne, d'où il est passé dans les pays de *common law* y compris ceux qui sont le plus récemment parvenus à l'indépendance. Il peut être combiné avec le *jus sanguinis* appliqué aux enfants de ressortissants naissant à l'étranger, sauf à exiger une formalité telle qu'une déclaration consulaire.

Comme celui de la filiation, et peut-être aujourd'hui plus encore, le critère du lieu de naissance doit cependant être appliqué avec nuance, parce qu'il peut présenter un caractère fortuit. Si le séjour des parents sur le territoire n'était que passager, le milieu social n'exercera pas son empreinte sur l'intéressé, qui recevra celle d'un autre environnement. Cette considération suffirait à justifier une règle traditionnelle qui excepte de l'attribution de la nationalité *jure soli*, lorsqu'elle est prévue, les enfants des personnels diplomatiques[1]. Mais à l'époque contemporaine, compte tenu de la facilité des déplacements et de la mondialisation des échanges, il n'y a pas que des diplomates dont le séjour dans un pays étranger, même d'une certaine durée, ne correspond pas à un établissement définitif. Ceci rend nécessaire de joindre à la naissance sur le territoire une condition de résidence prolongée, notamment autour de l'âge de la majorité, voire celle d'une manifestation de volonté confirmative chaque fois que l'intéressé jouit d'une autre nationalité, acquise *jure sanguinis.* De même que le critère du *jus sanguinis* ne doit pas être perpétuel, celui du *jus soli* ne doit pas s'appliquer instantanément.

Le *jus soli* peut également être pris en considération non au titre de la naissance sur le territoire mais du fait d'une résidence stable et prolongée pendant la minorité et comme un moyen d'acquérir une nationalité qui n'est pas attribuée à la naissance ; mais une manifestation de volonté de l'intéressé est alors indispensable[2].

1. La règle se fonde au premier chef sur une idée de courtoisie, qui veut qu'un État n'impose pas sa nationalité aux enfants de personnes qui sont en représentation d'un État étranger (sur le droit français, n° 974).
2. Sur le droit comparé, v. *Commission de la nationalité, Rapport II*, p. 32. (éd. 10/18).

2. Attribution d'une nationalité postérieurement à la naissance

933. – Acquisition directe et indirecte. Les États prévoient généralement l'acquisition de leur nationalité autrement qu'à titre de nationalité d'origine. Il peut s'agir d'une acquisition pour elle-même, par voie de *naturalisation* ; ou incidente, par l'effet d'un *lien de famille*[1].

934. – Acquisition volontaire d'une nationalité : naturalisation. La naturalisation est l'attribution de la nationalité à titre individuel à un étranger qui en fait la demande. Il est normal de la part d'un Etat accueillant des étrangers sur son territoire de permettre la naturalisation de ceux qui s'y fixent, afin d'accorder le fait et le droit dès lors que l'intéressé est intégré à ce que l'on dénomme volontiers sa « patrie d'adoption ».

Cette intégration sera vérifiée par différentes conditions (âge, résidence, assimilation...), lesquelles-ci varient d'un pays à l'autre en fonction des politiques d'immigration. Ces conditions peuvent au demeurant être assorties d'exceptions ou dispenses afin de faciliter la naturalisation lorsque celle-ci apparaît particulièrement souhaitable pour l'État ou méritée par l'intéressé, et plus généralement de se ménager une nécessaire souplesse. Dans tous les cas, la naturalisation reste un *acte discrétionnaire* de la part de l'État à qui elle est demandée. En effet, d'une part, les conditions de la naturalisation sont formulées de manière générale, tandis que l'État souhaite se réserver l'appréciation des mérites des différents demandeurs ; d'autre part, les mêmes conditions peuvent faire l'objet d'une appréciation plus ou moins libérale selon la conjoncture démographique, économique ou politique. Ainsi dans un pays donné, la pratique effectivement suivie en matière de naturalisation est-elle aussi importante que les conditions légales ; mais elle n'est pas toujours aussi ouvertement exprimée.

La naturalisation ne confère pas toujours immédiatement un statut identique à celui des nationaux d'origine ; certaines restrictions, relatives notamment à l'exercice de fonctions publiques, sont susceptibles d'être appliquées aux naturalisés, à titre temporaire ou même permanent.

En général, la naturalisation n'est pas subordonnée au consentement de l'État d'origine, ni même à la perte de la nationalité antérieure. Il s'ensuit des cas de double nationalité. Il serait au contraire souhaitable que la naturalisation d'un national dans un pays étranger entraîne de plein droit la perte de la nationalité. Il est vrai que les législations qui ont effectivement prévu une telle disposition ont fait l'expérience de fraudes, notamment à l'égard des obligations militaires, par des naturalisations trop facilement acquises à l'étranger. C'est une illustration du fait

1. Si c'est une filiation qui est établie, la nationalité sera normalement acquise *jure sanguinis* et de manière rétroactive. Encore une telle règle n'est-elle pleinement justifiée que si l'établissement de la filiation intervient pendant la minorité de l'enfant ; dans le cas contraire, l'unité de nationalité apparaît moins nécessaire, tandis qu'il est préférable d'éviter un changement de nationalité de l'individu parvenu à l'âge adulte. Le cas particulier de l'adoption peut donner lieu à des solutions très diverses, à l'image de la conception même de l'institution.

qu'en exerçant trop largement sa compétence internationale, un État se prête à des fraudes de la part de particuliers (n° 43).

935. – Lien de famille : filiation, mariage. L'acquisition d'une nationalité nouvelle par une personne doit notamment entraîner le même effet à l'égard de ses enfants mineurs, au moins vivant avec elle, afin de ne pas provoquer une disparité de statuts au sein de la famille. Le même facteur joue au sein du mariage, où pendant longtemps l'unité a été assurée par le jeu du principe de la prédominance maritale. Nombre de législations prévoyaient l'acquisition de la nationalité du mari par l'étrangère épousant un national (sans toutefois prévoir toujours simultanément la perte de leur nationalité par les nationales épousant un étranger)[1]. L'unité ainsi réalisée présentait différents inconvénients. Elle était radicale, puisque non seulement la femme perdait sa nationalité d'origine mais ses enfants ne la recevaient pas. Elle était formelle, dans la mesure où le mariage avec un étranger n'impliquait pas nécessairement de la part de la femme la rupture des liens matériels et affectifs avec sa patrie d'origine ; elle devenait même franchement malencontreuse lorsque le ménage était établi dans le pays de la femme (sur le cas en France, n° 955). Enfin, elle traduisait une organisation familiale fondée sur une inégalité qui n'est plus tolérée. Le principe moderne est donc que le mariage avec un étranger (ou une étrangère) ne doit pas produire d'effet automatique sur la nationalité. Il a été consacré par diverses résolutions internationales[2] et par la Convention des Nations Unies du 1er mars 1980 sur l'élimination de toutes les formes de discrimination à l'égard des femmes (art. 9)[3]. Pour tenir compte cependant du désir des époux d'avoir la même nationalité, le mariage doit normalement ouvrir la possibilité d'acquérir la nationalité du conjoint, soit par naturalisation (qui dans ce cas devrait être simplifiée), soit par déclaration[4]. Comme il est difficile d'exiger dans ce cas que la nationalité d'origine soit perdue, le principe nouveau se traduit par une multiplication inévitable des cas de double nationalité : non seulement de l'un au moins des conjoints, mais aussi des enfants car l'égalité de la femme au regard du droit de la nationalité impose également l'abolition de toute discrimination en ce qui concerne la transmission de sa nationalité *jure sanguinis* (n° 931). Elle rend souhaitable de prévoir un régime permettant de mettre fin à cette situation lorsque l'une des nationalités n'est pas effective.

1. Plus rarement, certaines législations prévoyaient la perte de la nationalité dans ce cas sans prendre soin de subordonner celle-ci à l'acquisition de la nationalité du mari, suscitant ainsi des cas d'apatridie : v. n° 953.
2. Convention des Nations Unies du 20 fév. 1957 sur la nationalité de la femme mariée (entrée en vigueur le 11 août 1958 mais non ratifiée par la France), art. 1er ; Déclaration des Nations Unies du 7 novembre 1967 sur l'élimination de la discrimination à l'égard des femmes, art. 5 (RIDC 73.694) ; Recommandation du Conseil de l'Europe du 24 janv. 1973, point 10 (RC 73.381).
3. Ceci n'est pas nécessairement suivi d'effet en droit positif. V. Dutoit *et al.*, *La nationalité de la femme mariée*, Genève, vol. I, Europe, 1973, Supplt. 1998 ; vol. 2, Afrique 1976, Supplt. 1991 ; vol. 3, Amérique, Asie, Océanie, 1980 (Supplt. 1992).
4. Sur l'éventualité de détournement du mariage aux fins d'acquérir une nationalité, n° 1001.

3. Perte de la nationalité

936. – Condamnation de l'allégeance perpétuelle. Élément de l'état des personnes, le lien de nationalité déroule ses effets dans le temps. Or la situation d'une personne peut se modifier de telle manière que se distendent et même se perdent les liens objectifs avec son État d'origine. Il est souhaitable que le droit des États prévoie dans ce cas la perte de la nationalité qu'ils confèrent.

De même que l'individu peut acquérir une nationalité qu'il n'a pas reçue à la naissance par une manifestation de volonté, on peut envisager qu'il répudie celle dont il jouit à un moment donné. La perte volontaire d'une nationalité devrait être permise, sans être subordonnée à des conditions dissuasives comme cela est ou a été le cas en certains pays. Elle peut en revanche être subordonnée à la rupture effective des liens, afin de s'opposer à une fraude consistant à échapper aux obligations liées à la nationalité tout en continuant de bénéficier des prérogatives lui sont attachées.

La perte de la nationalité peut également être prévue comme une *sanction*. La déchéance de nationalité est fondée lorsqu'elle sanctionne un manque de loyauté caractérisé envers une nationalité acquise. Elle ne devrait pas pouvoir atteindre les nationaux d'origine, d'autant qu'elle est susceptible d'être appliquée pour des motifs d'opinion (« dissidents ») ou d'opportunité (délinquants). Cette question relève plus généralement du respect des droits fondamentaux.

SECTION II

LA NATIONALITÉ ET L'ORDRE INTERNATIONAL

937. – Rôle du droit international. La nationalité intéressant directement l'ordre international, il serait souhaitable de voir la répartition des individus entre les États assurée par le droit international lui-même. En fait, celui-ci consacre surtout la liberté des États en la matière (§ 1). Les États s'obligent cependant parfois par des traités (§ 2). Mais leur faible nombre laisse le champ ouvert à une difficulté pratique fréquente : le cumul de nationalités chez un même individu ou conflit positif de nationalités (§ 3).

§ 1. – FAIBLESSE DES RÈGLES COUTUMIÈRES

Le principe de souveraineté des États se traduit par l'affirmation de leur liberté dans l'attribution de leur nationalité (A). Le droit international est plutôt appelé à intervenir de manière négative, pour édicter certaines limites à la liberté des États (B).

A. LIBERTÉ DES ÉTATS DANS L'ATTRIBUTION DE LEUR NATIONALITÉ

938. – Compétence exclusive et liberté des États. Dans l'état actuel du droit international, les questions de nationalité sont considérées comme relevant du domaine réservé des États. Chacun détermine librement les conditions d'attribution de sa nationalité ; aucun autre ne peut le faire pour lui (n° suivant). Il détermine de même les effets de la nationalité qu'il confère et en particulier la mesure dans laquelle il entend l'imposer dans l'ordre international, notamment par l'exercice ou le non-exercice de la protection diplomatique.

On pourrait cependant considérer qu'en attribuant leur nationalité, les États agissent par délégation du droit international et sont donc tenus de respecter des règles édictées par ce droit. De fait, l'étude des critères d'attribution de la nationalité a montré l'existence de données rationnelles (n° 930 s.). Mais elle révèle aussi que des critères également légitimes peuvent être concurremment employés dans un type de situation donné et que la situation respective des différents Etats les conduit à y recourir dans une mesure différente. Pour prendre l'exemple le plus élémentaire, un Etat connaissant une forte émigration s'attachera au *jus sanguinis* pour conserver ses nationaux, un autre qui compte sur une immigration de peuplement, sur le *jus soli*. Il se produit ainsi un glissement du principe de la compétence exclusive des États à celui de la liberté dans le contenu des règles. Affirmée unilatéralement par eux, elle a été reconnue par les juridictions internationales[1] et par le droit conventionnel[2].

Il existe cependant certaines pratiques uniformes par lesquelles les États peuvent donner le sentiment de se plier à une obligation coutumière internationale ; mais elles portent sur des questions limitées. On a évoqué celle selon laquelle un État n'attribue pas sa nationalité aux enfants de diplomates naissant sur son territoire (n° 932) ; il est également admis qu'un État ne peut expulser ses nationaux et qu'il est tenu de les accepter sur son territoire.

939. – Impossibilité de réglementer une nationalité étrangère. La compétence reconnue à chaque Etat pour attribuer sa nationalité a pour corollaire qu'aucun ne peut attribuer à une personne la nationalité d'un État étranger : par exemple en disposant qu'une nationale épousant un étranger acquiert celle de son conjoint ; une disposition de ce type serait dénuée de toute portée à l'égard de l'État concerné ou des Etats tiers.

1. CPJI, avis consultatif du 7 fév. 1923, série B, n° 4, p. 24 ; CIJ, aff. *Nottebohm*, *infra*. n° 940.
2. Convention de La Haye du 12 avril 1930 (n° 942), art. 1er. De même au sein de la Communauté européenne, la qualité de ressortissant d'un État membre relève de la législation de chaque État membre (v. réponse de la Commission, RC 1973.181).

Ainsi, l'art. 8, 1° al. 2 C. civ., dans sa rédaction de la loi du 26 juin 1889, disposait : « L'enfant naturel dont la filiation est établie pendant la minorité, par reconnaissance ou par jugement, suit la nationalité de celui de ses parents à l'égard duquel la preuve a d'abord été faite. Si elle résulte pour le père ou la mère du même acte ou du même jugement, l'enfant suivra la nationalité du père ». La rédaction bilatérale de ce texte pouvait amener à attribuer à un enfant indifféremment la nationalité française ou une nationalité étrangère ; cette dernière conséquence doit être mise sur le compte d'une inadvertance. La disposition n'a plus aujourd'hui d'équivalent (v. également n° 953, en note).

Il arrive que pour l'application de certaines dispositions internes, un État considère de son propre chef une personne comme « ressortissant » de tel État étranger. Ainsi, dans des circonstances de guerre, les biens d'une personne ont pu être saisis au motif qu'elle avait la qualité de « ressortissant ennemi » bien qu'elle n'eût pas la nationalité d'un État belligérant, mais en raison de son comportement[1]. Ou encore les lois sur l'immigration pourraient considérer comme ressortissants d'un pays donné des individus qui n'en ont pas la nationalité. Mais de telles mesures, indépendamment des protestations qu'elles pourraient susciter de la part des États concernés, n'ont qu'une portée strictement interne ; elles sont appliquées dans l'État qui les prend au regard de la finalité du texte appliqué et ne sauraient prétendre fixer la nationalité de l'intéressé dans l'ordre international.

B. LIMITES ÉVENTUELLES

L'attribution par les États de leur nationalité est susceptible de se heurter à certaines restrictions tenant au respect des compétences des autres États ainsi qu'aux droits des individus. Le premier type de limitation, tiré du défaut d'effectivité de la nationalité conférée, a reçu une certaine consécration en droit positif ; le second, tiré de la protection internationale des individus, demeure largement du domaine des proclamations de principe.

940. – a) Le principe d'effectivité. La notion même de nationalité implique que le lien juridique qu'elle exprime coïncide avec un lien substantiel (n° 915). La pratique internationale n'en a pas tiré la conséquence *positive* qu'un État devrait accorder sa nationalité à tout individu présentant avec lui des liens prépondérants. Mais en fait, les États n'omettent généralement pas d'attribuer leur nationalité lorsqu'un rattachement suffisant le justifie[2]. En revanche, il est admis qu'un État ne saurait attribuer sa nationalité sans aucun rattachement effectif, de manière arbitraire.

Le principe d'effectivité est appliqué en cas de conflit positif, c'est-à-dire lorsqu'il y a lieu de se prononcer entre deux nationalités (n° 946). Se fondant sur cette pratique, la Cour internationale de justice, dans l'affaire *Nottebohm*, a déclaré inopposable à un État tiers un lien de nationa-

1. Req. 25 oct. 1922, D.P. 23.1.179, S.23.69, JDI 23.895 ; 14 mai 1923, JDI 23.904.
2. La question se pose en termes différents au plan collectif, notamment en cas d'annexion de territoire (n° 919).

lité ne reposant pas sur un rattachement suffisant[1]. L'intéressé, d'origine allemande et résidant au Guatemala, avait été interné et avait vu ses biens dans ce pays confisqués au titre de mesure contre les ressortissants ennemis. Mais il avait acquis, peu avant la guerre, la nationalité du Liechtenstein et ce pays endossa sa réclamation contre le Guatemala. Pour admettre l'exception d'irrecevabilité soulevée par l'État défendeur, la Cour constata l'« absence de tout lien de rattachement » entre l'intéressé et l'État demandeur, alors que la nationalité est « l'expression juridique du fait que l'individu auquel elle est conférée (...) est en fait plus étroitement rattaché à la population de l'État qui la lui confère qu'à celle de tout autre État »[2]. Bien que la Cour ne se soit prononcée que sur l'opposabilité du lien et non sur sa validité au regard du droit international, la décision consacre le principe de l'effectivité en la matière. Ce principe a vocation à s'appliquer s'il y avait lieu de résoudre un conflit entre deux États se disputant le même individu comme leur national. Il n'y a pas unanimité pour conclure qu'en cas de nationalité unique, l'effectivité de celle-ci serait une condition de validité internationale de son attribution. Cette prudence se justifie par le souci de ne pas priver un individu de toute protection internationale, dès lors qu'un État veut bien lui accorder la sienne. Elle ne serait plus nécessaire si l'individu était directement protégé par le droit international.

941. – b) Les droits de l'individu. Le droit international protège dans une certaine mesure les individus au regard des Etats dont ils n'ont pas la nationalité, c'est-à-dire en leur qualité d'étranger (n° 1048) ou d'apatride (n° 1139). Le droit à une nationalité devrait assurer à tout être humain la jouissance dans un État du statut civil et politique le plus favorable, ainsi que la protection de la part de cet État dans l'ordre international. Le droit à la nationalité est effectivement visé dans la Déclaration universelle des Droits de l'Homme, laquelle, reprenant des principes antérieurement formulés, énonce que : « Tout individu a droit à une nationalité. Nul ne peut être arbitrairement privé de sa nationalité, ni du droit de changer de nationalité » (art. 15). De même la Convention de New York de 1990 sur les droits de l'enfant affirme le droit de l'enfant à une nationalité dès sa naissance (art. 7). Mais ces instruments n'imposent aucune obligation juridique aux États[3]. Tel n'est pas le cas du Pacte international relatif aux droits civils et politiques dont l'art. 24.3 contient une disposition analogue. Mais la mise en œuvre de cette obligation fait problème. Indépendamment de la difficulté d'imposer à un État qu'il confère sa nationalité à un individu, l'intéressé risque de se trouver exposé à des discriminations plus insi-

1. Arrêt du 6 avril 1955, CIJ Rec. 1955, p. 4. Sur cette affaire, v. Bastid, RC 1956.607 ; P. de Visscher, RGDIP 1956.257. Une résolution de l'Institut de droit international s'est prononcée dans le même sens (Annuaire IDI 1965, t. II, p. 265, art. 4, c). V. en revanche la sentence *Flegenheimer* de la Commission de conciliation italo-américaine, du 20 sept. 1958 (ASDI 1961, p. 155), rejetant cette conception au motif de l'imprécision du critère d'un rattachement effectif.
2. CIJ Rec., p. 25.
3. Sur le premier, CE 11 mars 1960, JDI 61.404 n. Pinto ; sur le second, *supra* n° 52.

dieuses que celles touchant régulièrement les étrangers. Quant à l'exercice de la protection diplomatique, il ne s'impose jamais aux États parce que différents facteurs peuvent intervenir dans la décision d'exercer ou non cette protection dans un cas donné : non seulement l'intensité réelle des liens entre l'individu et son État national, mais la conduite des relations diplomatiques avec l'État défendeur.

Il ressort inversement du texte de la Déclaration universelle (« arbitrairement ») qu'un État est fondé dans certaines circonstances à retirer sa nationalité à un individu : ainsi en cas d'acquisition volontaire d'une nationalité étrangère. Mais l'histoire récente a aussi illustré le risque de déchéances de la nationalité pour « défaut de loyalisme », sanctionnant l'opposition à un régime totalitaire. Inversement, contraindre un État à maintenir sa nationalité à un individu dont il ne veut plus exposerait celui-ci aux mêmes discriminations de fait que s'il avait eu à forcer les portes d'une nationalité.

Enfin, le droit de changer de nationalité appelle une réglementation nuancée : si un État est fondé à se prémunir contre des fraudes trop faciles par changement de nationalité (n° 936), il ne doit pas s'opposer indûment à l'émigration de ses ressortissants ou subordonner celle-ci à des conditions vexatoires ou excessives.

La réglementation par un État de sa nationalité donne aujourd'hui prise à l'invocation de droits fondamentaux non spécifiques à cette matière ; le principe de souveraineté des États est de nature à restreindre leur intervention dans ce domaine, sans toutefois qu'elle soit exclue[1].

§ 2. – LES TRAITÉS EN MATIÈRE DE NATIONALITÉ

À défaut de règles coutumières, les États se lient par des conventions (v. art. 17 C. civ.). Il s'agit pour la plupart de conventions bilatérales réglant des questions de nationalité liées à un transfert de souveraineté. Quelques conventions multilatérales s'efforcent de poser des principes plus vastes ; on les évoquera en premier lieu.

A. CONVENTIONS MULTILATÉRALES

942. – Conventions à vocation universelle. Sous l'égide de la SDN a été adoptée une Convention de La Haye du 12 avril 1930 « concernant certaines questions relatives aux conflits de lois sur la nationalité ». Bien qu'elle n'ait été ratifiée que par une vingtaine d'États (non par la France), elle est considérée, du fait de son adoption par une conférence générale,

1. V., jugeant que la détermination par un État de ses nationaux ne peut constituer une discrimination : Civ. I, 22 fév. 2000, GP n° 238, p. 13, concl. Roehrich, RC 00.681 n. Fulchiron (Pacte de New York du 19 décembre 1966 sur les droits civils et politiques) ; 19 fév. 2002, RC 03.81, n. Lagarde, 2e esp. (même texte et Convention sur l'élimination de toutes les formes de discrimination raciale du 7 mars 1996, laquelle vise expressément le droit à une nationalité) ; Paris, 30 nov. 1991, RC 92.681 n. Lagarde (CEDH).

comme énonçant les principes admis en matière de nationalité. La Convention affirme ainsi celui selon lequel l'attribution de la nationalité constitue une prérogative souveraine des États (art. 1er et 2). Mais cela ne constitue pas pour autant une garantie d'opposabilité des législations internes sur le plan international, comme le montrent les dispositions relatives aux conflits de nationalités (n° 946 s.). La Convention formule également des directives concernant la nationalité de la femme mariée ou des mineurs.

Trois autres conventions, préparées sous l'égide de la Commission de droit international, sont en vigueur. Elles concernent respectivement le statut des apatrides (1954), la nationalité de la femme mariée (1975) et la réduction des cas d'apatridie (1961). La seconde est aujourd'hui dépassée par la Convention des Nations Unies du 1er mars 1980 sur l'élimination de toutes les formes de discrimination à l'égard des femmes (n° 935).

943. – Conventions régionales. Des conventions régionales ont été adoptées dans le cadre latino-américain et européen, les secondes dans le cadre du Conseil de l'Europe. La *Convention du 6 mai 1963* (Convention de Strasbourg) a pour objet la réduction des cas de pluralité de nationalités et les obligations militaires en cas de pluralité de nationalités ; elle est en vigueur entre neuf Etats dont la France[1]. La Convention distingue selon que le cumul de nationalités provient de l'acquisition volontaire de la nationalité d'un État contractant ou qu'il résulte de la possession simultanée de la nationalité d'États contractants. Dans le premier cas, elle prévoit que l'acquisition de nationalité fait perdre la nationalité antérieure (art. 1er). Dans le second, elle permet à l'intéressé de renoncer à l'une de ses nationalités avec l'autorisation de l'État concerné ; cette autorisation est de droit dans certains cas (élargis par le Protocole de 1977). La Convention prévoit qu'un individu ayant la nationalité de deux États contractants n'est tenu de remplir ses obligations militaires qu'à l'égard d'un seul ; en principe, ce sera celui sur le territoire duquel il réside habituellement (art. 5 et 6).

La Convention sur la nationalité du 6 novembre 1997 s'est proposée d'établir des principes modernes, au regard des changements démographiques et démocratiques (survenus notamment après 1989 en Europe centrale et orientale) concernant tous les aspects du droit de la nationalité, et en particulier la prévention de l'apatridie, la non-discrimination dans le règlement des question de nationalité (selon le sexe, la religion, la race, l'origine ethnique), le règlement des questions de plurinationalité (sans préjudice de l'application de la convention précédente). Entrée en vigueur en 2000, elle n'est pas ratifiée par la France.

1. Décr. 21 mai 1968, D. 68.199, RC 68.535 ; la Convention a été modifiée par un Protocole du 24 nov. 1977, ratifié par la France.

B. CONVENTIONS BILATÉRALES

944. – Domaine. Les conventions bilatérales sont notamment conclues à l'occasion de changements de souveraineté sur un territoire. De manière générale, elles peuvent fixer des dispositions substantielles sur l'acquisition et la perte de la nationalité dans les rapports mutuels des Etats contractants, afin d'éviter les conflits de nationalités ; elles peuvent aussi avoir simplement pour objet d'éviter les effets de tels conflits dans un domaine particulier, notamment celui des obligations militaires. La France a conclu des conventions dans ce domaine avec une quinzaine d'États[1]. Elles sont alors strictement limitées à l'effet prévu, et n'affectent donc pas la nationalité des personnes concernées.

Un certain nombre de conventions hispano-américaines instituent des régimes intégrationnistes, en ce sens qu'elles aménagent la jouissance d'une double nationalité ; à vrai dire, il ne s'agit pas de deux nationalités à effets complets, mais plutôt de la coexistence d'une nationalité pleine (celle de l'État du domicile) et d'une nationalité virtuelle, qui peut être celle de l'État d'origine et qui ne confère pas de droits politiques[2]. À la même idée a répondu en Europe l'institution par le traité sur l'Union européenne (1992) d'une citoyenneté communautaire, appartenant de plein droit à toute personne ayant la nationalité d'un État membre (art. 8 nouv. du traité de Rome). Celle-ci confère les droits de circulation et de séjour sous réserve des limitations prévues par le droit communautaire, ainsi que certains droits politiques (n° 1147). Elle peut également permettre l'exercice de la protection diplomatique. La citoyenneté de l'Union européenne complète celle d'un État membre, sans la remplacer. Nonobstant certaines opinions formulées par des avocats généraux devant la CJUE, elle n'a pas vocation, en l'état actuel des traités, à devenir le statut fondamental des habitants de l'Europe.

945. – Solutions prévues en cas de transfert de souveraineté. En cas d'*annexion,* ou cession, de territoire, il paraît normal que les populations rattachées au territoire qui change de souveraineté acquièrent globalement la nationalité de l'État annexant. Fréquemment, une convention règle les principales difficultés inhérentes à cette modification. Il convient ainsi de préciser qui sont les personnes concernées, car on peut hésiter entre celles qui sont actuellement domiciliées sur le territoire annexé ou toutes celles qui y sont nées et qui pourraient ne pas y résider au moment du transfert de souveraineté. Il convient également de permettre, dans une transition pacifique, à celles qui ne désirent pas changer de nationalité de s'opposer à ce changement, sauf à subordonner éventuellement cette possibilité à une émigration effective. Mais une telle convention n'est pas toujours possible ou suffisamment précise. Cela a incité le législateur français à prévoir des dispositions supplétives (art. 17-8 C. civ., anc. art. 12 C. nat.). Selon celles-ci, les personnes domiciliées sur un territoire passant sous la souveraineté française et ayant la nationalité de l'État cédant acquièrent de plein droit la nationalité française, à moins qu'elles n'établissent leur domicile hors de ce territoire ; corrélativement, la nationalité française se perd dans les mêmes conditions en cas

1. V. la liste in *La Nationalité française, Textes et Documents*, Ministère de la Justice, La Documentation française, 1996 ; v. également, Rapport de la commission de la nationalité, t. 2, p. 187 (éd. 10/18).
2. V. Rezek, *op.cit.*, p. 380.

de cession de territoire. Ces dispositions sont déclarées interprétatives des traités antérieurs (art. 17-10 al. 1 C. civ.)[1].

En cas d'accession à l'indépendance, une convention est également souhaitable pour tenir compte notamment des personnes établies sur le territoire de l'État nouveau qui ne désirent pas en acquérir la nationalité ou à tout le moins désirent conserver celle de l'ancienne souveraineté. De telles conventions ont pu être conclues par la France avec le Viêt-nam, l'Inde et la Tunisie, mais non avec les nouveaux États d'Afrique ni avec l'Algérie. Cette question est donc réglée en France par des dispositions unilatérales concernant les personnes domiciliées, à la date de son indépendance, dans un ancien territoire d'outre-mer[2].

§ 3. – LES CONFLITS DE NATIONALITÉS

946. – Conflits positifs et « conflits négatifs ». La liberté des États dans la collation de leur nationalité se traduit au premier chef par des conflits positifs de nationalités : une personne répond simultanément aux conditions d'attribution de deux nationalités, voire davantage. Plus rarement, il arrive qu'une personne ne se voie attribuer aucune nationalité, situation que l'on qualifie parfois, pour l'opposer à la précédente, de conflit négatif. Mais tandis que le premier est résolu, fût-ce de manière purement relative à l'occasion de la question soulevée, en faveur d'une nationalité, le second ne l'est pas par l'attribution d'une nationalité à l'apatride. La communauté internationale n'a pu jusqu'à ce jour que mettre sur pied un statut de l'apatride, objet d'une convention des Nations Unies du 28 septembre 1954. Ce statut relève moins du droit de la nationalité que de la condition des étrangers et sera étudié sous ce chapitre (n° 1138).

947. – Sources et conséquences du conflit positif de nationalités. La nature et la diversité des rattachements possibles ont pour conséquence inévitable que certains individus répondent aux conditions d'attribution de plus d'une nationalité. Cette situation résulte aujourd'hui notamment de l'application simultanée des critères du *jus sanguinis* et du *jus soli* alors

1. Dans le cas particulier de l'Alsace-Lorraine, le Traité de Versailles suivit le principe qu'il s'agissait d'une réintégration et non d'une annexion. Néanmoins celle-ci ne fut pas considérée comme rétroactive et des distinctions furent opérées entre les Français de souche, pour lesquels elle fut de plein droit, et les Allemands d'origine, pour lesquels fut prévue une procédure spéciale de naturalisation avec, pour certaines catégories, la faculté de réclamer la nationalité française.
2. L. 28 juill. 1960, dont les dispositions furent intégrées, avec des modifications, au Code de la nationalité par la loi de 1973. Selon celles-ci, les personnes « originaires » du territoire de la République française tel qu'il était constitué à la date de la loi, ainsi que leurs conjoints et descendants, ont conservé de plein droit la nationalité française (art. 152 C. nat., devenu art. 32 C. civ.). Les autres avaient la faculté de se faire reconnaître, de manière non rétroactive, la nationalité française par déclaration, à condition d'avoir transféré leur domicile sur le territoire français (art. 153 C. nat.) ; cette disposition, qui avait perdu sa raison d'être avec l'écoulement du temps, a été abrogée lors de la réforme de 1993 (n° 959). Des dispositions particulières prises lors de l'indépendance de l'Algérie (Ord. du 21 juill. 1962) furent également insérées dans le Code de la nationalité (art. 154 et 155, devenus art. 32-1 et 32-2 C. civ.).

que les deux facteurs ne coïncident pas pour un certain nombre d'individus, de l'acquisition par un conjoint (naguère la femme, aujourd'hui aussi bien le mari) de la nationalité de l'autre tout en conservant sa nationalité d'origine, et de la transmission de la nationalité *jure sanguinis* par la mère aussi bien que par le père.

Le cumul de nationalités se traduit pour l'intéressé par un certain nombre de facilités. Il pourra théoriquement invoquer la protection diplomatique liée à chacune d'elles ; selon l'État tiers à l'encontre duquel il est appelé à faire jouer cette protection, l'une peut être plus efficace que l'autre. Indépendamment de cette situation exceptionnelle, l'intéressé peut, toujours dans ses relations avec un État tiers, prétendre bénéficier des traités les plus favorables passés avec cet État par chacun de ceux dont il tient la nationalité[1]. Inversement, la situation de pluri-nationalité peut se traduire pour lui par certaines contraintes du fait du cumul de sujétions ; la plus notable est liée à l'obligation au service militaire. Dans l'ensemble, cependant, les avantages l'emportent puisque l'intéressé jouit dans deux ou plusieurs États des droits les plus étendus.

Du point de vue des États et de la communauté internationale, en revanche, il est contestable qu'un individu puisse se prévaloir tantôt d'une nationalité, tantôt d'une autre, au gré de ses intérêts. C'est pourquoi il est souhaitable que les États s'efforcent de prévenir les cas de pluri- nationalité en formulant les règles d'attribution de leur nationalité (n° 929) et pourquoi, comme on vient de le voir, ils sont amenés à passer des conventions sur cette question. À défaut, il y a lieu de résoudre le conflit de nationalités, défini par la Cour de cassation comme celui « où une personne possède, à la fois, deux ou plusieurs nationalités et qu'un choix devient nécessaire parce que le contenu de la règle à appliquer impose de ne retenir qu'une nationalité »[2]. Les principes de solution des conflits positifs ne sont pas les mêmes selon que l'une des nationalités en présence est celle de l'autorité saisie ou qu'il s'agit de deux nationalités étrangères.

A. CONFLIT METTANT EN CAUSE LA NATIONALITÉ DE L'AUTORITÉ SAISIE

948. – Primauté de la nationalité du for. La question est par exemple de savoir ce que va être au regard de l'autorité publique française la nationalité d'un individu auquel la loi française et la loi belge attribuent respectivement la nationalité française et la nationalité belge. Pour la résoudre, la pratique traditionnelle des États est que l'autorité saisie n'a

1. La CJCE oblige les États membres à reconnaître la qualité de ressortissant communautaire à une personne possédant la nationalité d'un État membre et celle d'un État tiers, sans égard au défaut éventuel de toute effectivité de la première (7 juill. 1992, *Micheletti*, C-369/90, D. 92. I.R. 218, JDI 93.430, RGDIP 93.108 obs. Ruzié).
2. Civ. I, 11 juin 1996, *Imhoos*, D. 97.3 n. F. Monéger, RC 97.291 n. Lequette, écartant cette qualification dès lors qu'il ne s'agissait que de déterminer si l'intéressé avait ou non la qualité française à la naissance, indépendamment du fait qu'il remplissait ou non les conditions d'une autre nationalité.

à tenir compte que de la nationalité conférée par l'État dont elle tient ses pouvoirs ; dans l'exemple choisi, l'intéressé sera donc considéré comme français en France et comme belge en Belgique (n° 139). La solution a été consacrée par la Convention de La Haye du 12 avril 1930 (n° 942), selon laquelle un individu ayant deux ou plusieurs nationalités peut être considéré comme son ressortissant par chacun des États qui lui confèrent sa nationalité (art. 3). Elle est expressément formulée par un certain nombre de législations de droit international privé récentes.

Dans l'ordre international, on justifie ce principe de solution par la souveraineté et l'égalité des États dans l'attribution de leur nationalité. Un État est fondé à s'en tenir aux choix qu'il a effectués, alors même qu'il n'a pu lui échapper que certains de ceux-ci pouvaient se traduire par des cumuls de nationalités. Il n'en serait éventuellement autrement que s'il attribuait sa nationalité en l'absence de tout rattachement sérieux (n° 940). Dans l'ordre interne, l'application du principe est justifiée en France, comme sans doute dans d'autres pays, par le principe de séparation des pouvoirs : les règles d'attribution de la nationalité étant fixées par le législateur, les autorités administratives et judiciaires chargées de l'application de la loi ne s'estiment pas fondées à remettre en cause les dispositions édictées par le premier. Cependant, qu'il s'agisse du point de vue international ou interne, aucune des justifications avancées n'est absolument décisive ; aussi bien le principe n'est-il pas intangible.

949. – Limite et assouplissements. La justification du principe au regard de l'ordre international en marque une limite : la souveraineté de chaque État dans la fixation des conditions d'attribution de sa nationalité ne peut porter atteinte à celle des autres. Aussi la pratique de nombreux États, dont la France, est-elle de s'abstenir d'exercer la protection diplomatique en faveur d'un national qui a également la nationalité de l'État défendeur[1]. Pour qu'il en soit autrement, il faudrait que la nationalité étrangère ait été conférée sans lien comparable, auquel cas le litige international éventuel serait résolu en faveur de la nationalité la plus effective (n° 951).

Au regard de l'ordre interne, la justification du principe par l'autorité du législateur n'est pas parfaitement concluante. Du fait de la généralité des règles d'attribution de la nationalité, il est inévitable que des personnes n'ayant en fait qu'un lien ténu avec l'État du for en bénéficient

1. V. rép. min. RC 1966.515 (inversement, s'opposant à la délivrance de passeports par les missions diplomatiques en France à des mineurs ayant également leur nationalité, v. la note citée rép. min. RC 1984.166). La Convention de La Haye de 1930 a pris acte de cette pratique (art. 4). Elle a été entérinée par la Cour internationale de justice dans son avis du 11 avril 1949 relatif à la réparation des dommages subis au service de l'ONU (*aff. comte Bernadotte*, CIJ Rec. p. 186). Le Tribunal des différends irano-américains siégeant à La Haye depuis 1981 (v. JDI 1981.713) l'a en revanche écartée au profit de demandeurs titulaires des nationalités iranienne et américaine, au motif que les réclamations présentées ne relevaient pas de l'exercice de la protection diplomatique mais étaient plutôt d'ordre privé : v. JDI 1985.791, p. 815 s. ; Leurent, RC 1985.273 et 477 ; B. Stern, AFDI 1984.425.

malgré une autre nationalité plus effective. Une certaine souplesse apparaît donc admissible, ce qui ne remet pas nécessairement en cause l'autorité du législateur. De fait, la décision d'exercer ou de ne pas exercer la protection diplomatique pour le compte d'un national est en général discrétionnaire et un gouvernement s'abstiendra normalement de le faire pour une personne qui possède sa nationalité alors que ce lien apparaît dans son cas formel. En matière de conflits de lois de droit privé, dans la mesure où l'application de la loi personnelle ne se fonde plus seulement sur l'idée de sujétion politique mais aussi bien sur celle de relation la plus étroite, il pourrait être tenu compte de ce qu'une nationalité étrangère est dans un cas donné plus effective que la nationalité du for. On raisonnerait alors de la même manière qu'en cas de conflit de deux nationalités étrangères (n° 951). La Cour de cassation a admis les effets de l'application à un binational français du statut personnel étranger par les autorités étrangères, non parce que jugé plus effectif, mais par esprit de réciprocité dans le cadre d'une convention bilatérale et parce que le juge français eût agi de même s'il avait été directement saisi (n° 139)[1]. La préférence pour la nationalité effective ne s'est pas encore imposée dans l'hypothèse d'un conflit entre nationalité foraine et étrangère devant le juge français. Un conflit de nationalités mettant en jeu la nationalité de l'autorité saisie demeure résolu en faveur de celle-ci[2]. Dans les relations intra-européennes, toutefois, la Cour de justice tend aujourd'hui à contraindre les États membres à reconnaître la nationalité conférée par l'un d'eux nonobstant la nationalité du for, conférant ainsi de manière contestable aux binationaux un droit d'option opposable aux États[3].

L'expression de conflit de nationalités prend son tout sens en présence de deux nationalités étrangères.

B. CONFLIT DE NATIONALITÉS ÉTRANGÈRES

950. – Hypothèses de conflits. Le conflit de deux nationalités peut s'élever dans un pays tiers : ainsi lorsqu'un individu ayant la nationalité des États A et B prétend au bénéfice d'un traité passé par l'un d'eux avec l'État du for ; ou lorsqu'il prétend échapper aux mesures frappant les nationaux de l'un d'eux. Le problème peut également s'élever devant une autorité internationale. Il ne s'agit pas alors à proprement parler d'un conflit entre deux nationalités étrangères, puisque l'autorité saisie n'est liée à aucune nationalité ; mais le problème est de même nature et il se présente même à l'état pur puisque cette autorité, à la différence d'une autorité nationale, n'a aucun intérêt propre à la solution du litige

1. Cette attitude pourrait être subordonnée à une certaine réciprocité de la part des autorités du pays concerné dans des cas semblables.
2. Civ. I, 13 oct. 1992, D.93.J.85 n. Courbe et Somm.351 obs. Audit, JCP 93.II.22036 n. Béhar-Touchais, RC 93.41 n. Lagarde, JDI 93.97 n. Lequette.
3. CJCE, 16 juill. 2009, *Hadadi*, aff. C-168/08, JDI 10.157, n. d'Avout, RC 10.184 n. Brière. V. déjà, 2 oct. 2003, *Garcia Avello*, préc. n° 65-1.

et qu'elle doit se prononcer en fonction de ce qui lui paraît être l'ordre international.

951. – Solution en faveur de la nationalité effective. Selon le principe dominant, le conflit de deux nationalités étrangères (supposées établies selon les critères de chacune) est résolu en faveur de la nationalité la plus effective. Dans l'ordre international, il est formulé par la Convention de La Haye de 1930 (art. 5). Il avait été appliqué par la Cour d'arbitrage de La Haye[1] ; la Cour internationale de justice l'a mis en œuvre par analogie dans l'affaire *Nottebohm* pour se prononcer sur l'opposabilité d'une naturalisation à un Etat tiers (n° 940). Il l'a également été en France par la jurisprudence[2]. Il trouve sa justification dans la notion même de nationalité, qui est l'appartenance d'un individu à une nation *plus qu'à aucune autre*.

On se demande cependant si lorsque ce qui est en jeu est l'application d'un traité (premier exemple ci-dessus), l'État du for n'est pas tenu de donner effet à la nationalité revendiquée par l'intéressé, dès lors que l'État cocontractant la lui attribue effectivement[3]. Si la réponse est affirmative, on peut encore se demander si l'intéressé sera admis à se prévaloir de son autre nationalité à d'autres fins, en particulier pour bénéficier d'un autre traité.

Afin de déterminer la nationalité effective, il y a lieu de rechercher avec quel État l'intéressé présente en fait les liens les plus étroits. Pour cela, on tiendra notamment compte de sa résidence habituelle, du centre de ses activités, de ses liens familiaux, de la langue habituellement pratiquée, de son comportement (exercice du droit de vote, accomplissement de services militaires...), tous éléments de nature à révéler sa nationalité « active ». Tandis que certains de ces critères manifestent l'allégeance de l'intéressé, d'autres révèlent la localisation de son cadre de vie et il est difficile de pencher pour les uns plutôt que pour les autres. La recherche de la nationalité la plus effective est compliquée du fait que cet élément est susceptible d'évolution. En tant que question de fait, elle relève en France de l'appréciation des juges du fond.

Voy. : M. Ancel, « Les conflits de nationalités », JDI 1937.14 ; de Burlet, « De l'importance d'un droit international coutumier de la nationalité », RC 1978.305 ; Castro y Bravo, « La nationalité, la double nationalité et la supranationalité », RCADI 1961.I.515 (t. 102) ; Derruppé, « La nationalité étrangère devant le juge français » RC 1959.201 ; A. Dionisi-Peyrusse, *Essai sur une nouvelle conception de la nationalité*, 2008 ; Flauss, « L'influence du droit international des droits de l'Homme sur la nationalité », Mél. Hélin, 2004, p. 269 ; Lagarde, « Succession d'États, apatridie et nationalité », Mél. Foyer, 2007, p. 619 ; « Le droit à une nationalité », in *Liberté et droits fondamentaux*, Dalloz 15e éd. 2009, p. 301 ; G. de La Pradelle,

1. Sentence du 3 mai 1912, *Canevaro*, JDI 12.1317. V. également Leurent, op.cit. n° 949.
2. V. les décisions citées n° 139.
3. En ce sens, dans le cadre du traité CE, et quoique l'intéressé soit domicilié dans un État tiers : CJCE, 2 oct. 1997, RC 98.283 n. crit. Droz ; *contra* Paris, 7 oct. 1967, RC 68.267, n. crit. Lagarde, JDI 68.76 n. Aymond.

« Nationalité française, extranéité, nationalités étrangères », Mél. Holleaux, 1990, p. 135 ; P. Louis-Lucas, « Les conflits de nationalités », RCADI 1938.II.1 (t. 64) ; Makarov, « Règles générales du droit de la nationalité », RCADI 1949.I.269 (t. 74) ; Mangoldt, « Migration ouvrière et double nationalité », RC 1995.671 ; Maury, « Du conflit de nationalités et en particulier du conflit de deux nationalités étrangères devant les autorités et les juridictions françaises », Mél. Scelle, 1950, t. I, p. 365 ; Maury, Rép. Dalloz dr. int. 1re éd., V° Nationalité ; Perrin, « Les conditions de validité de la nationalité en droit international public », Mél. Guggenheim, Genève, 1968, p. 853 ; Pinto, « Les problèmes de nationalité devant le juge international », AFDI 1963.361 ; Rezek, « Le droit international de la nationalité », RCADI 1986.III.333 (t. 198) ; Ruzié, « Nationalité, effectivité et droit communautaire », RGDIP 1993.107 ; Terré, « Réflexions sur la notion de nationalité », RC 1975.197 ; Verwilghen, « Conflits de nationalités. Plurinationalité et apatridie », RCADI 1999.II.9 (t. 277) ; *adde* les ouvrages généraux consacrés à la nationalité française, cités *sub* n° 1046.

CHAPITRE II

LE DROIT FRANÇAIS DE LA NATIONALITÉ

Le droit positif français de la nationalité comporte des règles de fond, fixant les conditions dans lesquelles la nationalité française est conférée ou perdue et, pour leur mise en œuvre, des règles de forme, de procédure et de contentieux. Leur étude respective doit être précédée de certaines généralités.

SECTION I

GÉNÉRALITÉS SUR LA LÉGISLATION FRANÇAISE

Il convient de retracer l'évolution dans le temps de la législation sur la nationalité, car différentes règles aujourd'hui en vigueur s'expliquent par des préoccupations ou des circonstances dominantes au moment où ces règles ont été introduites. La succession dans le temps de règles diverses et leur coexistence avec les droits des pays étrangers conduisent à examiner à la suite le champ d'application du droit de la nationalité.

§ 1. – ÉVOLUTION DE LA LÉGISLATION

952. – Facteurs de l'évolution. La réglementation de la nationalité française a commencé avec le droit intermédiaire et le Code civil, c'est-à-dire avec l'émergence de la notion moderne de nationalité (n° 917). Depuis cette époque, la législation a été plusieurs fois remaniée, sous l'influence de différents facteurs. Au premier rang figure la démographie : alors que la France était encore au début du XIXe siècle le pays le plus peuplé d'Europe, la part relative de sa population n'a cessé de décroître et l'on s'est efforcé à certains moments de remédier en partie à ce déclin par l'élargissement des conditions d'attribution de la nationalité française. Pendant un siècle et demi, l'incitation principale à cette réaction était d'ordre militaire ; elle poussait à conférer la nationalité française à tous ceux qui étaient en fait français mais qui pouvaient trouver dans la conservation du statut d'étranger le moyen de rester à l'écart des obligations militaires. À partir du XXe siècle s'est joint un facteur économique : à différentes époques (pendant la première guerre mondiale, pendant les vingt-cinq années suivant la seconde), les besoins de main-d'œuvre ont favorisé l'ouverture des frontières aux immigrés. Il est apparu souhaitable de ne pas entretenir d'importantes colonies étrangères et donc de faciliter l'intégration des intéressés. Mais celle-ci se révèle parfois difficile et il semble contre-indiqué d'attribuer la nationalité française à des personnes qui, titulaires d'une nationalité étrangère qu'elles conserveront en toute hypothèse, ne font pas preuve d'une volonté d'intégration. Les divergences d'opinion sur ce point ont fait à l'époque récente du droit de la nationalité (et de l'immigration) un objet de débat public. Entre-temps, la refonte de la législation civile sur la famille a occasionné en 1973 certaines adaptations d'ordre plus technique.

Sous l'effet conjugué des préoccupations des différentes époques, les parts respectives du volontarisme et d'une conception plus autoritaire ont varié, tandis que la législation est devenue de plus en plus détaillée. Mais l'évolution a été progressive et aucune des différentes réformes qui se sont succédées ne marque de césure particulière. Le point de départ est le *Code civil*, qui a dû être modifié et complété par des dispositions diverses (A). Une *loi du 10 août 1927* s'est efforcée de regrouper la législation et a constitué la première réglementation d'ensemble extérieure au Code civil (B). En 1945 lui a succédé le *Code de la nationalité*, remanié en 1973 (C). Sa réforme sur différents points en 1993 s'est accompagnée de son abrogation formelle et de la réintégration du droit de la nationalité dans le Code civil ; une loi de 1998 est revenue sur un point significatif (D).

A. LE CODE CIVIL ET LES LOIS POSTÉRIEURES

953. – Le Code civil. L'Ancien Droit avait tenu compte, sous des formes diverses, du *jus soli* et du *jus sanguinis* pour l'attribution de la qualité de « régnicole » ; mais ses dispositions n'étaient guère précises. Les premiers textes relatifs à la nationalité, pris à la suite de la Révolution, ne sont pas significatifs au fond car ils manifestent une prépondérance du *jus soli* due aux circonstances et en particulier à l'hostilité envers les émigrés ; ne devaient en subsister que les dispositions relatives à la naturalisation. Après que les constitutions révolutionnaires ont introduit la notion de citoyen, les premières dispositions durables relatives à la nationalité ont été formulées dans le Code civil. Elles étaient assez succinctes (huit articles) ; de nombreuses questions qu'il apparaîtra ultérieurement nécessaire de réglementer n'étaient pas traitées.

Au fond, le Code civil marquait l'effacement du *jus soli*, au profit du *jus sanguinis*[1]. La Révolution et les guerres avaient fortifié le sentiment national et il était présumé que la qualité de français serait ressentie comme un honneur héréditaire. L'art. 10 C. civ. déclara ainsi français l'enfant né à l'étranger d'un père français. En revanche, les circonstances

1. Lefebvre-Teillard, « *Ius sanguinis* : l'émergence d'un principe», RC 1993.223.

ne se prêtaient pas à l'attribution de la nationalité française *jure soli* : le critère était encore associé à la féodalité, les immigrés peu nombreux et l'inspiration volontariste de l'époque dissuadait de conférer la nationalité française à des personnes dont la naissance sur le territoire pouvait ne tenir qu'à des circonstances passagères. Aussi l'enfant né en France d'un père étranger fut-il simplement autorisé à réclamer la qualité de Français dans l'année suivant sa majorité, à condition de fixer son domicile en France (art. 9). Conformément à la prépondérance maritale marquée dans la législation civile, l'étrangère qui épousait un Français devenait française (art. 12), tandis que la Française qui épousait un étranger « suivait la condition » de son mari (art. 19)[1]. Enfin, le volontarisme conduisait à édicter la perte de la nationalité française par acquisition volontaire d'une nationalité étrangère (art. 17).

954. – Les réformes du XIXe siècle. La baisse progressive de la natalité et le facteur militaire conduisirent dès le XIXe siècle à accroître le rôle du *jus soli* et à faire une moindre part à la volonté. Il devait apparaître en effet que de nombreux jeunes gens nés en France de parents étrangers et pouvant réclamer la nationalité française à leur majorité s'abstenaient de le faire afin d'échapper au tribut militaire. De là deux réformes successives. Une *loi de 1851* disposa qu'était français l'enfant né en France d'un étranger qui y était lui-même né (on parle de « double *jus soli* »). En effet, la naissance de deux générations successives sur le sol français permettait de présumer que la famille y était installée. La loi reconnaissait cependant à l'intéressé une faculté de répudiation. Mais une *loi du 26 juin 1889* accrut la tendance autoritaire dans l'attribution de la nationalité française. De manière significative, elle était contemporaine de celle du 15 juillet 1889 sur le recrutement de l'armée qui, dans la perspective d'une nouvelle guerre avec l'Allemagne, instaurait le service militaire obligatoire. L'attribution de la nationalité française *jure soli* dans les conditions introduites par la loi de 1851 fut rendue définitive par la suppression de la faculté de répudiation. Et surtout, elle fut renforcée par son extension aux enfants nés en France d'un étranger qui à l'époque de leur majorité étaient domiciliés en France (art. 8, 4° C. civ.), sauf la faculté de répudiation. La perte de la nationalité française par naturalisation à l'étranger fut subordonnée pour les hommes à l'accomplissement des obligations militaires. La naturalisation en France fut favorisée par l'assouplissement de ses conditions. Le principe selon lequel les femmes suivaient la condition de leur mari fut modifié en ce que la Française épousant un étranger demeurait française si la loi nationale de son mari ne lui conférait pas la nationalité de celui-ci ; toutefois, ses enfants ne se voyaient pas encore attribuer la nationalité française.

1. Cette disposition était doublement mal conçue puisqu'il n'appartenait pas au législateur français d'attribuer la nationalité étrangère du mari et que si la législation étrangère n'attribuait pas cette nationalité à la femme, celle-ci était rendue apatride.

B. LA LOI DU 10 AOÛT 1927 ET SES SUITES

955. – Inspiration et principales innovations. Les préoccupations démographiques furent accentuées du fait des pertes humaines de la Première Guerre mondiale, d'autant plus que la fin des hostilités ne permettait pas de conclure à une paix définitive. Dans le même temps, la France, grâce à une tradition d'accueil et à sa relative prospérité, était devenue un pays d'immigration. Ainsi les nécessités militaires et le souci d'éviter que se perpétuent de fortes minorités étrangères sur le territoire se conjuguaient pour inciter à faciliter l'intégration de ces populations et surtout celle de leurs enfants. De là le vote de la loi du 10 août 1927.

En la forme, cette loi réunissait dans un texte extérieur au Code civil les dispositions réparties entre celui-ci et un certain nombre de textes pris depuis 1804 ; ces dispositions avaient en outre fait l'objet de jurisprudence et il était apparu souhaitable de fixer les solutions acquises. Au fond, les principales modifications portèrent sur les conséquences du mariage. Il fut prévu que la Française épousant un étranger demeurait française et que ses enfants nés en France étaient français. On entendait ainsi mettre fin à l'anomalie que constituait l'existence en France de nombreux foyers constitués par des Françaises mariées à des étrangers et dont les membres avaient jusque-là le plus souvent la nationalité du mari, du fait de l'application combinée de la loi française et de la loi étrangère. La loi de 1927 assouplit en outre les conditions de la naturalisation. Sur ce point, elle était toutefois imparfaitement conçue car elle ne se préoccupait pas simultanément de contrôler l'immigration ; ce défaut provoqua assez rapidement une réaction.

La loi de 1927 atteignit son but en permettant à de nombreux immigrés d'acquérir la nationalité française. Mais certains furent estimés indésirables ou simplement insuffisamment assimilés, tandis que les milieux du travail s'élevaient contre la concurrence constituée par ces nationaux récents. Un décret-loi du 12 novembre 1938 restreignit notamment les conditions de la naturalisation ainsi que les droits des personnes naturalisées. Ces tendances restrictives devaient s'accentuer au cours des années qui suivirent, dans des dispositions aujourd'hui abrogées.

C. LE CODE DE LA NATIONALITÉ ET LA LOI DE 1973

956. – Inspiration du Code. Une refonte souhaitée au lendemain de la guerre prit corps dans l'ordonnance du 19 octobre 1945 portant Code de la nationalité[1]. En fait, celui-ci innovait davantage dans la forme que dans le fond. Les objectifs de la législation n'avaient que peu changé : il fallait, d'une part, tenir compte de la dénatalité, d'autre part, s'efforcer d'assimiler une population étrangère nombreuse. En revanche, l'unité de la législation recherchée dans la loi de 1927 avait été rapidement détruite par les différentes adjonctions qui lui avaient été apportées et était donc

1. Niboyet, « Le code de la nationalité », D. 1946. Chr. 3.

à refaire. En même temps que le Code de la nationalité, une autre ordonnance, du 2 novembre 1945, réglementait l'entrée et le séjour des étrangers en France et a constitué le cadre de la législation postérieure (n° 1072). Ainsi était établi un lien entre la politique de la nationalité et celle de l'immigration.

957. – Forme. La nationalité faisait pour la première fois dans le Code de la nationalité l'objet d'un traitement systématique. Les dispositions furent ordonnées selon un plan précis, de nature à faciliter leur consultation. Par une clarification terminologique heureuse, le Code distingua l'*attribution* de la nationalité française d'origine et son *acquisition* postérieurement à la naissance, dont les différents cas furent regroupés et les effets traités de manière commune. Les rédacteurs recherchèrent l'exhaustivité en s'efforçant de prévoir tous les cas d'espèce possibles et de ne laisser ainsi qu'un champ restreint à l'interprétation jurisprudentielle ou à la pratique administrative[1]. Enfin furent traitées les questions de forme, de preuve et de contentieux liés à la nationalité. De là plus de cent cinquante articles, contrastant avec les huit du Code civil de 1804 et les quinze de la loi de 1927. Le Code de la nationalité abrogeait en principe toutes les dispositions antérieures (art. 2 de l'ordonnance). Toutefois, cette harmonie formelle fut assez rapidement entamée par des modifications.

958. – Fond. Pour les raisons indiquées plus haut, le Code de la nationalité poursuivit la politique d'accroissement du nombre des nationaux qui inspirait déjà les lois de 1889 et 1927, en associant le *jus sanguinis* et le *jus soli*. Il étendit les cas d'attribution de la nationalité française selon le premier en conférant celle-ci à l'enfant né d'une mère française à l'étranger (art. 18 et 19). Il posa que l'étrangère épousant un Français devenait française, tandis que la Française qui épousait un étranger ne perdait pas cette nationalité. L'acquisition de la nationalité française était facilitée ; mais le législateur, du fait de l'expérience d'avant-guerre, maintint certaines restrictions à l'encontre de la nationalité acquise.

959. – La réforme de 1973. Les décennies suivant l'adoption du Code de la nationalité furent marquées par deux séries de circonstances rendant nécessaire son adaptation : la fin de la colonisation et la modification du droit de la famille[2]. Afin d'en tirer les conséquences respectives, une réforme intervint par la loi n° 73-42 du 9 janvier 1973[3]. Compte tenu de

1. Effectivement, la jurisprudence résout aujourd'hui principalement des questions de droit transitoire ou liées à l'accession à l'indépendance de territoires anciennement liés à la souveraineté française. Mais la pratique administrative en la matière donne également lieu à un contentieux abondant : v. Olekhnovitch, « La jurisprudence actuelle du Conseil d'État en matière d'acquisition, de retrait ou de perte de la nationalité française », RC 1992.363.
2. P. Aymond, « Le Code de la nationalité aura bientôt vingt-cinq ans », TCFDIP 1969-71, p. 1.
3. Rapp. Jean Foyer, Doc. Ass. Nat. n° 2545 ; Ascencio, « La réforme du droit de la nationalité », La Documentation française, 1974 ; Lagarde, « La rénovation du Code de la nationalité par la loi du 9 janvier 1973 », RC 1973.431.

l'environnement international nouveau, elle était la première depuis le Code civil qui fût pratiquement exempte de toute préoccupation militaire.

En la forme, la loi de 1973 allégeait le Code lui-même en prenant en considération la distinction entre la loi et le règlement aménagée en 1958. Les dispositions de nature réglementaire firent ainsi l'objet du décret n° 73-63 du 10 juillet 1973. Inversement, des dispositions prises lors de l'accession à l'indépendance d'anciens départements ou territoires étaient intégrées dans le Code (Titre VII nouveau)[1]. Au fond, le législateur de 1973 tira principalement les conséquences en matière d'attribution de la nationalité des principes d'égalité des époux ainsi qu'entre les filiations légitime et naturelle qui venaient d'être consacrés dans la législation civile.

D. LA RÉFORME DE 1993 ET LES LOIS SUBSÉQUENTES

960. – Le rapport de la Commission de la nationalité. La transformation des conditions de l'immigration en France au cours des dernières décennies et des difficultés d'insertion nouvelles conduisirent en 1986 à envisager une réforme de la règle attribuant automatiquement la nationalité française aux enfants nés en France de parents étrangers et y résidant à l'époque de la majorité (n° 954). L'opposition déterminée de certains milieux à ce projet suscita la mise en place en 1987 d'une Commission de la nationalité associant notamment juristes, historiens et sociologues. Après avoir procédé à un grand nombre d'auditions publiques, la Commission rendit en 1988 un rapport dressant le bilan général de l'adaptation du droit de la nationalité aux conditions du moment et posant les principes appelés à sous-tendre une réforme[2]. Le principal résidait en une conception plus « élective » de la nationalité, définie comme l'adhésion aux valeurs fondamentales de la société française et à ses règles, s'agissant d'acquérir la nationalité française postérieurement à la naissance. Tout en préconisant l'intégration de la population immigrée, le rapport rejetait l'automaticité de l'attribution de la nationalité française aux étrangers nés en France et y résidant au profit d'une manifestation de volonté dénuée de tout formalisme et exclusive de toute approbation de la part de l'autorité publique. Il formulait en conclusion une soixantaine de propositions, ne concernant pas seulement les règles d'attribution de la nationalité française mais aussi leur application.

961. – Les lois du 22 juillet 1993 et du 16 mars 1998. Bien qu'adoptées à l'unanimité, les propositions de la Commission de la nationalité continuèrent de se heurter – à l'exception de celles d'entre elles facilitant l'accès à la nationalité française – aux mêmes oppositions. Un changement de majorité parlementaire permit l'adoption d'un grand nombre par une loi du 22 juillet 1993, en particulier de la principale : la manifestation de

1. V. n° 945 ; Lagarde, « De quelques conséquences de la décolonisation sur le droit français de la nationalité », Mél. Savatier, 1965, p. 513.
2. *Etre Français aujourd'hui et demain*, préc. (ci-après « Rapport », cité dans l'édition 10/18).

volonté conditionnant l'acquisition de la nationalité française à leur majorité par les enfants nés en France de parents étrangers, pouvant s'exprimer entre seize et vingt et un ans (n° 983). La loi de 1993 tirait également les conséquences de l'écoulement du temps sur les rapports avec les pays où s'était jadis exercée la souveraineté française. Elle se préoccupait enfin de réduire les possibilités de fraude à l'acquisition de la nationalité française, en particulier par mariage[1].

Une nouvelle alternance politique en 1997 se traduisit par une loi du 16 mars 1998 revenant sur la précédente et procédant à quelques modifications destinées à élargir l'accès à la nationalité française ou empêcher qu'elle ne se perde[2]. Sur la question de l'acquisition de la nationalité par les étrangers nés en France, elle est revenue au système antérieur d'automaticité (non sans élargir les conditions de l'acquisition), répondant à un slogan de « rétablissement du droit du sol », au mieux approximatif au regard de la réalité historique (sur le Code civil, v. n° 953) et incontestablement trompeur en ce qui concerne une prétendue disparition. La loi du 26 novembre 2003 relative à la maîtrise de l'immigration (n° 1073) a depuis apporté quelques retouches au droit de la nationalité[3].

Alors que le projet de loi de 1993 se présentait comme de réforme du Code de la nationalité, il fut décidé à l'issue de la discussion de réintégrer la matière dans le Code civil afin de souligner l'appartenance de la nationalité à l'état des personnes. Cette modification est intervenue alors que le nombre des dispositions avait plus que décuplé depuis que la loi de 1927 avait effectué l'opération inverse, ce qui a rendu nécessaire un large recours à la numérotation indiciaire (allant jusqu'à un art. 21-27) ; accessoirement, elle exige un nouvel effort d'adaptation alors que la numérotation du code abrogé était devenue familière. En définitive, l'opposition à une mesure qui n'aurait guère dû en susciter - la manifestation de volonté en vue d'acquérir la nationalité française, assimilée par la garde de Sceaux de 1998 à « un examen », et qui fut massivement opérée par les intéressés – s'est aussi indirectement traduite par un bouleversement formel.

§ 2. – CHAMP D'APPLICATION DE LA LÉGISLATION FRANÇAISE

A. CHAMP D'APPLICATION TERRITORIAL

962. – Nature du problème et solution. Le législateur français ayant seul compétence pour décider de la collation de la nationalité française, il n'y a pas en matière de nationalité de conflit de lois au sens que revêt cette expression en droit international privé. La question n'est que de

1. Comm. Courbe, *op. cit.* ; Doublet, ALD 1994.53 ; Fulchiron, JCP 1993.I.3708 ; Guiho, D. 1994.Chr.1 ; Lagarde, RC 1993.535 ; Olekhnovitch, GP 1993.2. Doctr. 1224 ; Schramek, AJDA 1993.755.
2. Comm. Lagarde, RC 1998.379, Fulchiron JDI 1998.344.; *adde*, Courbe, Mél. R.Goy, Rouen, 1998, p. 53.
3. Comm. Lagarde RC 2004.533.

savoir sur quels territoires s'applique le droit français de la nationalité, en particulier lorsque celui-ci prend pour critère d'application un rattachement spatial (naissance, domicile, résidence). Elle revêtait une importance particulière à l'époque où existaient des territoires coloniaux, non soumis au même régime sur ce point que le territoire français ; elle s'est donc trouvée considérablement simplifiée du fait de la disparition du fait colonial. Aujourd'hui, l'art. 17-4 C. civ., actualisé en 2003, dispose qu'au sens des dispositions sur la nationalité française, l'expression « en France » s'entend du territoire métropolitain, des départements et des collectivités d'outre-mer ainsi que de la Nouvelle-Calédonie et des Terres australes et antarctiques françaises.

B. CONFLITS DE LOIS DANS LE TEMPS

963. – Particularisme de la question en matière de nationalité. Les modifications régulières que connaît le droit de la nationalité se traduisent par d'assez nombreux conflits de lois dans le temps. Ils sont d'autant plus susceptibles de s'élever que la loi doit prendre en considération des faits remontant loin dans le passé, intéressant parfois les générations précédentes, ou qu'elle fait dépendre la nationalité d'événements à venir (situation d'une personne à sa majorité).

Comme en toute matière, le législateur peut, à l'occasion d'une réforme donnée, prévoir des dispositions transitoires. À défaut, la loi a fixé des dispositions supplétives (art. 17-1 et 17-2 C. civ. ; anc. 3 et 4 C. nat.). Ces dispositions sont déclarées interprétatives, c'est-à-dire qu'elles ont elles-mêmes une portée rétroactive et s'appliquent donc à des conflits nés avant leur promulgation. On a voulu par là mettre fin aux incertitudes que connaissait antérieurement le droit transitoire, au risque cependant de devoir revenir sur des situations acquises. Ces textes distinguent les conflits relatifs à l'attribution de la nationalité et ceux relatifs à son acquisition ou sa perte, seuls conflits qu'ils envisagent (v. le second alinéa de chacun).

964. – Dispositions relatives à l'attribution de la nationalité française d'origine. Il résulte de l'art. 17 al. 1er C. civ. que les dispositions relatives à l'attribution de la nationalité – c'est-à-dire, dans la terminologie légale, à titre de nationalité d'origine – s'appliquent rétroactivement aux individus encore mineurs au moment où elles sont prises. Les principes habituels du droit transitoire voudraient au contraire qu'elles ne s'appliquent qu'aux individus nés après leur entrée en vigueur. Cette dérogation a pour but de hâter l'application des dispositions nouvelles, sans attendre la majorité de tous ceux qui sont nés au moment où ces dispositions sont prises.

Afin de prévenir les inconvénients éventuels de cette rétroactivité, le texte réserve, d'une part, les droits des tiers, d'autre part, la validité des actes passés antérieurement. Si par exemple l'intéressé était capable selon sa loi personnelle étrangère et a passé un acte juridique, la validité de cet acte ne pourra être remise en cause par application du statut personnel français.

965. – Dispositions relatives à l'acquisition et la perte de la nationalité. L'art.17-2 al. 1er C. civ. déclare applicables à l'acquisition et à la perte de la nationalité les dispositions en vigueur au moment où est survenu l'acte ou le fait auquel la loi attache ces effets. C'est ici l'application du droit transitoire commun, qui veut que la loi applicable aux actes et faits juridiques soit celle en vigueur au moment où ils interviennent. Par exemple, une demande de naturalisation sera appréciée, sauf disposition contraire, conformément aux dispositions en vigueur au moment du dépôt de la demande ; une modification ultérieure de ces conditions lui est inapplicable[1].

Une difficulté s'élève lorsque la loi prend en considération un ensemble de faits ou l'écoulement d'un délai. En principe, c'est le dernier élément prévu ou la fin du délai qui doivent être pris en considération. Par conséquent, s'ils ne sont pas déjà survenus au moment de l'entrée en vigueur de la loi nouvelle, c'est celle-ci qui doit être appliquée.

966. – Autres dispositions. Les art. 17-1 et 17-2 C. civ. ne visent pas toutes les dispositions relevant du droit de la nationalité. Sur toutes celles qu'ils n'envisagent pas, il y a lieu d'appliquer les principes du droit transitoire commun. Ainsi les dispositions relatives aux droits des naturalisés, qui modifient un statut légal, sont d'application immédiate ; tel est le cas en particulier de celles qui édictent une incapacité frappant les naturalisés ou qui y mettent fin. Celles qui interviennent en matière de forme et de procédure sont également en principe d'application immédiate.

SECTION II

RÈGLES DE FOND

967. – Généralités. Les règles de fond ont pour objet la manière dont la nationalité française est reçue ou se perd ; en ce qui concerne les premières, il y a lieu, suivant la division et la terminologie introduites par le Code de la nationalité, de distinguer celles qui *attribuent* la nationalité française à titre de nationalité d'origine et celles qui permettent de l'*acquérir* postérieurement à la naissance. La Commission de la nationalité a pu constater que, dans l'ensemble, la France est l'un des pays qui étend le plus loin les limites de sa nationalité[2].

1. V. à propos de l'acquisition de la nationalité française par le mariage (L. 1973, art. 26), Lyon, 16 janv. 1980, D. 81.557 n. Guiho, JDI 81.346 n. Audit (cassé sur un autre point par Civ. I, 17 nov. 1981, JDI 82.448) ; par un effet collectif (n° 981), Paris, 6 mars 1997, D. 97.430 n. Guiho (refus d'un effet qui n'existait pas lors de la naissance de l'enfant).
2. Rapport, II, p. 35.

§ 1. – ATTRIBUTION DE LA NATIONALITÉ FRANÇAISE D'ORIGINE

Les dispositions qui suivent sont celles qui s'appliquent à l'immense majorité des personnes ayant la nationalité française. Pour l'attribution de celle-ci à titre de nationalité d'origine, la législation française retient pour critère la filiation (*jus sanguinis*) (A) et, à certaines conditions, la naissance en France (*jus soli*) (B). Dans chaque cas, cette attribution a parfois lieu sous réserve de répudiation, dont il faut préciser le régime (C).

A. ATTRIBUTION EN RAISON DE LA FILIATION

968. – Simplification opérée par la loi de 1973. Jusqu'à la réforme de 1973 (n° 959), le droit civil de la famille conduisait à opérer des distinctions passablement compliquées selon que la nationalité était transmise par le père ou par la mère seule et selon la nature, légitime ou naturelle, de la filiation. Prenant acte des modifications de la politique législative en la matière, la loi de 1973 a réalisé une heureuse simplification tant en ce qui concerne les conditions d'attribution proprement dites de la nationalité qu'en ce qui concerne certaines questions relatives à l'établissement de la filiation. L'ordonnance du 4 juillet 2005 a effacé toute référence qui subsistait quant à la nature, légitime ou naturelle, de la filiation par le sang.

1. Conditions d'attribution de la nationalité *jure sanguinis*

969. – Enfant né d'un père français ou d'une mère française. De la combinaison des art. 18 et 18-1 C. civ. (anc. 17 et 19 C. nat.), il résulte que l'enfant né de deux parents français est français à titre définitif, c'est-à-dire sans faculté de répudiation. La nationalité française étant attribuée au moment de la naissance, on en déduit que c'est à ce moment et non à celui de la conception que doit être appréciée la nationalité des parents en cas de changement de nationalité.

Est également français l'enfant dont un seul parent est français, sans qu'il y ait lieu de distinguer selon qu'il s'agit du père ou de la mère (art. 18 C. civ.). Cette qualité est également définitive si l'enfant est né en France. En revanche, s'il est né à l'étranger, l'enfant a la faculté de la répudier dans les six mois précédant sa majorité et dans les douze mois qui la suivent (art. 18-1 al. 1er C. civ. ; la dernière possibilité a été ajoutée par la loi de 1993). Cette disposition tend à éviter que ne se perpétue la nationalité française lorsque l'intéressé est lié à un autre pays dont il a vraisemblablement la nationalité par filiation. Sa justification explique que la faculté de répudiation disparaisse lorsque le parent non français ou apatride acquiert la nationalité française durant la minorité de l'enfant (art. 18-1 al. 2) ; et qu'elle ne puisse être exercée si l'intéressé n'a pas par filiation la nationalité d'un pays étranger (art. 20-3 C. civ. ; *infra*, n° 977).

970. – Adoption plénière. L'adoption plénière par une personne de nationalité française constituait encore, après la réforme de 1973, un cas permettant l'acquisition, et non un cas d'attribution, de la nationalité. Une loi du 22 décembre 1976 a étendu à la filiation adoptive les dispositions relatives à la filiation par le sang (art. 20 al. 2 C. civ.)[1]. La faculté de répudiation sera transposée si un adoptant est français et l'autre étranger ; mais elle n'a pas lieu d'être dans le cas d'adoption par une seule personne. Lorsque l'adoption a été prononcée à l'étranger, elle produit en principe ses effets de plein droit ; mais il semble prudent d'en demander l'exequatur, en raison du risque que l'adoption étrangère soit considérée comme plus proche d'une adoption simple que d'une adoption plénière française (n° 758). L'attribution de la nationalité française du fait d'une adoption plénière est rétroactive, en vertu des dispositions suivantes.

2. Questions relatives à l'établissement de la filiation

971. – a) Établissement de la filiation postérieurement à la naissance. Il se peut que la filiation d'un enfant à l'égard d'un auteur français ne soit établie que postérieurement à la naissance. Elle produit néanmoins dans ce cas son effet attributif de la nationalité française, à condition cependant qu'elle soit établie pendant la minorité de l'enfant (art. 20-1 C. civ.)[2]. Avant 1973, cette condition ne s'appliquait qu'à l'enfant naturel ; mais il est apparu inutile, de manière générale, de revenir sur la nationalité d'une personne parvenue à l'âge adulte. L'attribution de la nationalité française dans le cas envisagé rétroagit au jour de la naissance, sans toutefois pouvoir porter atteinte à la validité des actes passés par l'intéressé ni aux droits antérieurement acquis à des tiers sur le fondement de la nationalité apparente de l'enfant (art. 20 al. 1er et 3 C. civ.). Les sanctions pénales attachées à la conclusion d'un mariage aux seules fins de faire acquérir la nationalité française (n° 1001) ont été étendues en 2006 à la reconnaissance d'enfant aux mêmes fins (art. L. 623-1 C. étr.).

972. – b) Loi applicable à l'établissement de la filiation. L'art. 27 C. nat., consacrant une jurisprudence antérieure, disposait que pour être attributive de la nationalité française, la filiation devait être établie dans les conditions prévues par la loi civile française. La disposition était inspirée par l'idée que cette loi et elle seule devait fixer intégralement les conditions dont résultait l'établissement de la nationalité française, y compris donc la condition préalable de filiation. Mais elle se traduisait par diverses complications, dont le risque de double filiation : une pour les effets purement civils, l'autre aux fins de nationalité. On pouvait également estimer que les conceptions de la loi française sont suffisamment respectées dès lors que la filiation est établie conformément à la loi que désigne le droit international privé français. La règle a été abrogée par la loi du 9 janvier 1973. C'est donc selon la loi désignée aujourd'hui par les

1. RC 1977.182, comm. Lagarde.
2. Ce texte n'est pas applicable aux cas d'acquisition de la nationalité française : Civ. I, 17 juin 1980, RC 81.73 n. Lagarde.

art.311-14 s. C. civ. (ou par le droit conventionnel applicable) que la filiation doit être établie[1].

Il s'ensuit néanmoins que l'attribution de la nationalité française pourra dépendre de conditions différentes de celles posées par la loi française pour l'établissement de la filiation. Si ces conditions sont *moins* strictes, il faudra s'assurer que le lien établi par la loi étrangère est un lien de filiation véritable et non simplement alimentaire tel que prévu par la loi française elle-même avec l'action à fins de subsides (art. 342 s. C. civ.). Si elles sont *plus* strictes, on aboutit à cette conséquence que l'enfant se trouve privé de la nationalité française alors qu'une application intégrale de la loi française lui confèrerait cette nationalité. Afin de réduire le champ de cette hypothèse, la loi invite l'autorité chargée d'établir un certificat de nationalité à présumer, à défaut d'autres éléments, que les actes d'état civil dressés à l'étranger et produits devant lui emportent les effets que la loi française y aurait attachés (art. 31-2 al. C. civ.). Il demeure que l'attribution de nationalité ne se produira pas lorsqu'il sera établi que l'acte d'état civil ne fait pas preuve de la filiation selon la loi étrangère.

Voy. : Jacques Foyer, *Filiation illégitime et changement de loi applicable*, 1964 ; Francescakis, « Les questions préalables de statut personnel dans le droit de la nationalité », RabelsZ. 1958.466 ; Verwilghen (dir.), *Nationalité et statut personnel. Leur interaction dans les traités internationaux et dans les législations nationales*, 1984.

B. ATTRIBUTION DE LA NATIONALITÉ EN RAISON DE LA NAISSANCE EN FRANCE

***973. – Double mode de prise en considération du* jus soli.** On a vu que l'évolution postérieure au Code civil a été marquée par un accroissement de la place faite au *jus soli*, entendu ici comme la naissance en France[2]. Toutefois, celle-ci n'est pas normalement suffisante pour faire attribuer la nationalité française : dans le cas le plus fréquent où elle est attributive de nationalité, elle doit être confortée par un autre facteur, la naissance d'un auteur en France. Le critère de la naissance en France n'agit exclusivement que dans des situations exceptionnelles où elle constitue le seul facteur susceptible d'être pris en considération, afin d'empêcher une apatridie.

1. Influence combinée du *jus soli* et de la filiation

974. – Enfant né en France d'un parent qui y est lui-même né. Selon une disposition introduite au milieu du XIXe siècle (n° 954), est français l'enfant né en France lorsque l'un de ses parents au moins y est lui-même né (art. 19-3 C. civ. ; art. 23 C. nat.). Le *jus soli* n'entre donc en jeu que par le rattachement de l'ascendant à la France, rattachement qui constitue la

1. Civ. I, 11 juin 1996, *Imhoos*, préc. n° 948 ; 25 avril 2007, D. 08. Pan. 1508 obs. Courbe et Jault-Seseke, RC 08.81, 2e esp., n. Lagarde (filiation paternelle non établie selon la loi étrangère applicable).
2. La *résidence* en France n'est jamais attributive de la nationalité française à titre de nationalité d'origine ; liée à la naissance en France, elle permet toutefois d'acquérir celle-ci (n° 987).

justification de la règle : la naissance en France d'un auteur fait présumer que les grands-parents eux-mêmes y résidaient et la naissance de l'enfant une génération plus tard révèle la permanence du lien établi avec la France[1]. Il est certes concevable que la survenance des deux naissances successives en France, à une génération d'intervalle, soit due à des circonstances fortuites ; mais l'hypothèse peut être présumée exceptionnelle[2]. Dans un cas, au demeurant, cette occurrence n'aura pas l'effet attributif de nationalité : celui des enfants de diplomates et consuls de carrière de nationalité étrangère, auxquels la disposition envisagée n'est pas applicable (art. 20-5 C. civ. ; v. n° 932). Néanmoins la loi offre aux intéressés la faculté d'acquérir ultérieurement la nationalité française s'ils le désirent, par déclaration de l'art. 21-7 (art. 20-5 al. 2).

Dans le cas où un seul des parents est né en France, la loi transpose le système adopté pour l'attribution de la nationalité française *jure sanguinis* (n° 969). En cas de naissance en France des deux parents étrangers, l'attribution de la nationalité française à l'enfant né en France est définitive. Si ce n'est le cas que d'un seul, l'enfant peut répudier la nationalité française dans les six mois précédant sa majorité et dans les douze mois qui la suivent ; toutefois cette faculté se perd si l'un des parents acquiert la nationalité française durant la minorité de l'enfant (art. 19-4 C. civ.) et elle ne peut être exercée si l'enfant ne prouve qu'il a par filiation une nationalité étrangère (art. 20-3 C. civ.)[3].

Depuis que la loi a étendu à l'adoption plénière les dispositions relatives à la filiation par le sang (n° 970), l'enfant né en France et adopté par une personne qui y est elle-même née reçoit la nationalité française ; cela confère toute son importance à l'exactitude de la mention relative au lieu de naissance de l'enfant sur son acte de naissance[4].

975. – Rôle probatoire de l'article 19-3. L'art. 19-3 ne permet pas seulement l'attribution de la nationalité française à des enfants nés de parents étrangers. Il joue également un rôle probatoire pour tous ceux qui ont la nationalité française *jure sanguinis*, par le simple rapprochement

1. À l'époque contemporaine, la règle s'est principalement appliquée aux enfants nés en France après l'indépendance de l'Algérie de parents nés eux-mêmes sur le territoire algérien alors que celui-ci avait le statut de département français : v. par ex. Comm. 1re inst. séc. soc. Seine-Saint-Denis, 4 janv. 1972, RC 73.663 n. Lagarde ; *adde* rép. min. RC 78.796 et RC 80.148. L'art. 23 de la L. 9 juill. 1973 continua d'attribuer la nationalité française aux enfants nés en France d'un parent qui était lui-même né dans certains anciens territoires d'outre-mer avant leur indépendance. Cette règle perdait sa raison d'être à mesure que s'éloignait la date de l'indépendance et la Commission de la nationalité avait proposé son abrogation (Proposition n° 37). La loi l'a suivie et les enfants nés après le 31 déc. 1993 sont soumis au droit commun.
2. Ceux pour lesquels elle se vérifierait peuvent utiliser la faculté générale de répudiation de la nationalité française prévue par l'art. 23-4 C. civ. (n° 1007).
3. La faculté de l'art. 19-4 (anc. art. 24-1 C. nat.) s'applique à l'enfant qui ne tient sa nationalité française que de l'art. 19-3 ; celui qui, français *jure sanguinis* par l'un de ses parents, est né en France en est privé *a contrario* par l'art. 18-1 (anc. art. 19 C. nat. ; n° 969) : t.g.i. Albertville, 5 mars 1991, D. 91. 518 n. Guiho.
4. V. Civ. I, 12 nov. 1986, préc. n° 607.

des actes de naissance et donc plus facilement que s'il leur fallait établir leur nationalité *jure sanguinis* en remontant les générations (n° 931). Mais du fait de la faculté de répudiation ouverte lorsqu'un seul des parents est né en France, il convient de présenter l'acte de naissance des deux parents et, si l'un d'eux n'est pas né en France, l'intéressé doit établir qu'il n'a pas lui-même renoncé à la nationalité française.

2. Rôle exclusif du *jus soli*

976. – Enfant né de parents inconnus ou ne recevant pas de nationalité. L'art. 19 C. civ. déclare français l'enfant né en France de parents inconnus. La règle tend à éviter l'apatridie, en l'absence d'autre rattachement possible. La loi présume né en France l'enfant dont l'acte de naissance a été dressé selon la loi française (art. 19-2), ce qui admet toutefois la preuve contraire. La nationalité française ainsi conférée disparaît rétroactivement si la filiation de l'enfant est établie pendant sa minorité à l'égard d'un étranger dont il reçoit la nationalité (art. 19 al. 2 C. civ.).

Suivant la même inspiration, une disposition introduite par la loi de 1973, attribuait la nationalité française à l'enfant né en France de parents apatrides ou de parents étrangers dont la nationalité ne se transmet pas à l'enfant (art. 19-1 C. civ.). La loi du 26 nov. 2003 a reformulé cette condition (que « les lois étrangères de nationalité ne permettent en aucune façon que [l'enfant] se voie transmettre la nationalité de l'un ou l'autre de ses parents ») afin de mettre fin à une pratique de parents s'abstenant d'accomplir une formalité exigée par leur loi nationale (déclaration en consulat...) à seule fin de bénéficier de la disposition ainsi détournée. De la même manière que dans le cas précédent, la nationalité française disparaît si au cours de la minorité de l'enfant, la nationalité étrangère acquise ou possédée par l'un de ses parents vient à lui être transmise (art. 19-1 al. 2, L. 1998).

C. LA FACULTÉ DE RÉPUDIATION

977. – Condition, exercice, effets. La faculté de répudier la nationalité française est prévue dans deux cas (aujourd'hui art. 18-1 et 19-4 C. civ.). Constatant toutefois que cette faculté était pratiquement inusitée (quelques dizaines de cas par an), la Commission de la nationalité avait recommandé certaines modifications tendant à la faciliter, qui ont été adoptées. En ce qui concerne le *délai* pour l'exercer, il est souhaitable que la faculté de répudier soit le cas échéant exercée au moment où l'intéressé atteint l'âge adulte, afin que sa nationalité soit définitivement fixée dès ce moment. Aussi la faculté reçue à la naissance doit-elle être exercée dans les six mois précédant la majorité ou, selon une extension due à la loi de 1993, dans les douze mois qui la suivent. S'agissant de la *capacité* pour l'exercer, l'intéressé est par hypothèse encore mineur selon la loi française, qui lui est applicable à titre de loi personnelle, au moment où la faculté de répudiation commence à pouvoir être exercée ; il peut néanmoins agir seul, en application de la règle générale nouvelle habilitant à cette fin le mineur de plus de seize ans, sauf altération de ses facultés (art. 17-3).

Ainsi qu'il a été indiqué, l'intéressé doit en outre établir qu'il a une nationalité étrangère, et ce par filiation (art. 20-3 C. civ.). En effet, d'une part, la faculté de répudiation est destinée à éviter des cas de double nationalité et non à engendrer l'apatridie, d'autant plus que l'intéressé a par hypothèse un rattachement avec la France ; d'autre part, la nationalité française n'a pas lieu de s'effacer devant une nationalité étrangère qui ne serait pas reçue selon le principal critère faisant défaut pour que la nationalité française soit attribuée à titre définitif.

La faculté de répudier peut être écartée par renonciation dans les mêmes conditions que la répudiation elle-même, à partir de l'âge de seize ans (art. 20-2 al. 2 C. civ.). Son exercice est encore plus rare que celui de la répudiation elle-même. L'engagement dans les armées françaises fait perdre la faculté de répudiation (art. 20-4).

La répudiation ou la renonciation à la faculté de répudier sont exercées dans les conditions de forme des déclarations de nationalité (art. 20-2 al. 1, renvoyant aux art. 26 s. ; n° 1022).

La répudiation ayant pour effet de faire *perdre* la nationalité française, on en déduit que celle-ci ne disparaît que pour l'avenir. S'agissant d'un acte individuel, elle ne produit aucun effet sur la femme ou les enfants du renonçant.

§ 2. – ACQUISITION DE LA NATIONALITÉ FRANÇAISE POSTÉRIEUREMENT À LA NAISSANCE

978. – Effets communs des différents cas d'acquisition. Les art. 21 à 22-3 C. civ. traitent de l'acquisition de la nationalité française postérieurement à la naissance. Ils distinguent en deux chapitres les différents modes d'acquisition (art. 21 s.) et leurs effets (art. 22 s.) lesquels sont communs à tous les modes[1].

En ce qui concerne ceux-ci, le Français d'acquisition se trouve à égalité de droits et d'obligations avec le Français d'origine, et ce à dater du jour d'acquisition de la nationalité française (art. 22). Pendant longtemps, un certain nombre de mesures ont restreint de manière temporaire la capacité de jouissance de personnes acquérant la nationalité française. Ces incapacités s'appliquaient en particulier aux naturalisés, et elles affectaient notamment les droits politiques. Elles furent progressivement réduites et finalement abrogées, successivement par la L. du 8 déc. 1983 et la L. organique du 20 déc. 1983 (n° 999).

L'acquisition de la nationalité française par un étranger d'origine a un « effet collectif » en ce qu'elle entraîne, à certaines conditions, acquisition de la nationalité française par ses enfants mineurs. Mais il s'agit pour les intéressés d'un cas propre d'acquisition, qui sera envisagé en tant que tel (n° 981).

L'intégration des intéressés dans la communauté française pourra être facilitée, le cas échéant, par la francisation de leur nom et prénoms, ainsi que ceux des enfants mineurs bénéficiaires de l'effet collectif, prévue par la loi du 25 octobre 1972 (mod.)[2].

La L. 24 juill. 2006 a institutionnalisé une cérémonie d'accueil dans la citoyenneté française, antérieurement prévue pour les naturalisés par décret, des personnes ayant acquis dans les six mois précédents la natio-

1. L'annexion ou cession de territoire, qui constitue un cas d'acquisition collective, figure dans la loi au titre des dispositions générales ; elle a été envisagée *supra*, n° 945.
2. Sur l'assouplissement de la procédure de francisation réalisée par la L. 8 janv. 1993, v. Monniot, RC 1993.111.

nalité française ; elle est organisée par le préfet ou par le maire (art. 21-28 et 21-29 C. civ.).

979. – Obstacles généraux à l'acquisition de la nationalité française. À la différence des dispositions prévoyant l'attribution de la nationalité française, celles qui permettent d'acquérir cette nationalité s'appliquent par définition à des personnes ayant un certain passé. Cela justifie un contrôle de l'autorité publique. L'acquisition de la nationalité française, contrairement à son attribution, ne constitue jamais un droit absolu ; elle est subordonnée à un certain nombre de garanties. La Commission de la nationalité avait toutefois constaté le caractère inadapté de certaines, ce qui s'est traduit dans la loi de 1993 par différentes modifications.

La principale a été la suppression de la faculté générale d'opposition du gouvernement à l'acquisition de la nationalité française pour des raisons d'opportunité (pratiquement, l'indignité ou le défaut d'assimilation ou de loyalisme, selon les cas, de l'intéressé). Elle a toutefois été conservée dans le cas d'acquisition de la nationalité par mariage, le seul où elle était pratiquement usitée (n° 1001). Deux autres catégories d'obstacles ont été maintenus et réaménagés dans ce qui est devenu l'art. 21-27 C. civ.

Certaines condamnations pénales constituent un empêchement à l'acquisition de la nationalité française (art. 27 al. 1er). Il s'agit soit d'une condamnation quelconque pour crimes ou délits constituant une atteinte aux intérêts fondamentaux de la Nation ou un acte de terrorisme, soit d'une condamnation à une peine égale ou supérieure à six mois d'emprisonnement sans sursis pour quelque infraction que ce soit[1].

Certaines décisions relatives au séjour de l'intéressé s'opposent également à l'acquisition de la nationalité française, quand bien même il satisferait aux conditions nécessaires : arrêté d'expulsion non expressément rapporté ou abrogé, interdiction du territoire français non entièrement exécutée (art. 27 al. 2) ; séjour irrégulier au regard des lois et conventions relatives au séjour des étrangers en France (al. 3)[2].

Les dispositions prenant en considération les condamnations pénales ou l'irrégularité du séjour ne s'appliquent pas à l'enfant acquérant la nationalité française par effet collectif (n° 981) ni à l'enfant né en France

1. De ce que l'anc. art. 79 C. nat. se référait expressément à des dispositions du Code pénal, on pouvait arguer que l'empêchement ne jouait qu'en cas de condamnations prononcées par un tribunal français (sauf le cas de la naturalisation, où des condamnations à l'étranger étaient expressément visées par l'art. 68 al. 2 C. nat., devenu art. 21-23 al. 2 C. civ.). Une condamnation à l'étranger pouvait cependant fonder une opposition du gouvernement à l'acquisition de la nationalité française (v. art. 9 décr. 10 juill. 1973). La rédaction nouvelle du texte et la suppression de la faculté d'opposition incitent à prendre en considération une condamnation intervenue à l'étranger (v. cpdt, Lagarde, *La nationalité française*, 3e éd., n. 115).
2. Le Conseil constitutionnel a censuré les empêchements résultant de la reconduite à la frontière et de l'assignation à résidence (qui est un substitut de l'expulsion, lorsque l'intéressé n'est pas en mesure de quitter le territoire français, *infra*, n° 1102) au motif que ces mesures n'impliquent pas nécessairement des agissements suffisamment graves. La seconde figurait cependant dans le droit antérieur.

(n° 985), ni à l'enfant adopté par un Français (n° 988) ou recueilli en France (n° 989).

980. – Mécanismes d'acquisition. Chaque cas d'acquisition suppose des conditions objectives qui lui sont propres. Mais l'acquisition de nationalité a lieu selon des mécanismes dont certains sont communs à plusieurs[1]. Dans la plupart des cas, l'acquisition de la nationalité suppose une *déclaration* de l'intéressé. Dans un cas, celui de la naturalisation, l'acquisition exige une intervention de l'autorité publique par *décret*. Cette classification doit être présente à l'esprit pour l'étude des différents cas d'acquisition de la nationalité française. Mais il n'y a pas lieu de la retenir pour les exposer, car cela ferait indûment prévaloir la forme sur le fond ; en particulier, elle rapprocherait les différents cas d'acquisition par déclaration, lesquels sont passablement hétérogènes. On se contentera donc d'examiner successivement les différents cas d'acquisition de la nationalité française[2].

A. ACQUISITION PAR L'EFFET DE LA FILIATION

981. – Acquisition par un auteur de la nationalité française. Lorsqu'une personne ayant des enfants mineurs acquiert (ou réintègre) la nationalité française, il apparaît souhaitable que ceux-ci bénéficient également de cette mesure. L'unité de nationalité au sein de la famille se trouve ainsi préservée et l'effet collectif est d'autant plus justifié que l'influence du milieu jouera plus sûrement sur les enfants que sur leur auteur. Il est aussi de l'intérêt de l'État que les enfants d'une personne à qui il confère sa nationalité l'aient également. La règle, qui avait été introduite en matière de naturalisation, fut généralisée par le Code de la nationalité à tous les cas d'acquisition de la nationalité française (art. 84)[3]. Depuis cette époque, toutefois, l'éclatement des familles, la présence d'immigrés de statut polygame et la constatation de certaines fraudes par falsification d'état civil ou au moyen de reconnaissances de complaisance tardives conduisirent la Commission de la nationalité à préconiser une réglementation plus étroite de l'effet collectif, ce dont la loi de 1993 a tenu compte.

L'effet collectif se produit que la nationalité française soit acquise par le père ou par la mère et sans distinction entre filiation par le sang ou adoptive (art. 22)[4]. L'enfant doit être mineur de dix-huit ans (chiffre qui avait été fixé avant l'abaissement de l'âge de la majorité) et non marié (art. 22-2 C. civ.).

Afin de prévenir les fraudes, l'art. 22-1 C. civ. subordonne l'effet de l'acquisition de la nationalité française à la condition que le nom de l'enfant

1. La loi de 1993 avait mis fin à l'acquisition de la nationalité française par le simple effet de la loi, qui s'appliquait dans le cas de la naissance et la résidence en France, faisant dépendre cette acquisition d'une « manifestation de volonté » (n° 983).
2. Les acquisitions de la nationalité française se sont élevées à 135 000 environ en 2004, dont les deux tiers par voie de naturalisation.
3. Le conjoint et les enfants majeurs bénéficient d'une dispense de stage s'ils demandent la naturalisation (art. 21-19 C. civ.).
4. De l'abrogation de l'ancien art. 27 C. nat. (n° 972), on a déduit qu'il n'est pas nécessaire que la filiation ait été établie selon la loi française (nonobstant le fait que cette disposition figurait dans le Titre relatif à l'*attribution* de la nationalité française).

figure dans le décret de naturalisation ou dans la déclaration de nationalité[1]. Le texte exige également que l'enfant ait la même résidence habituelle que son auteur (l'acquisition pouvait antérieurement s'appliquer à un enfant résidant à l'étranger) ou (L. 1998) qu'il réside alternativement avec ce parent en cas de séparation ou divorce. Simultanément, la loi a exempté les bénéficiaires de l'effet collectif des obstacles ordinaires à l'acquisition de la nationalité française (n° 979).

L'effet collectif joue automatiquement, alors que l'enfant proche de la majorité pourrait ne pas souhaiter en bénéficier. La loi de 1993 lui a permis de répudier la nationalité française par déclaration pendant les six mois précédant sa majorité et dans les douze mois qui la suivent, à condition qu'il ne soit pas né en France (art. 22-3 C. civ.). La faculté de répudiation peut elle-même faire l'objet de renonciation par l'intéressé à partir de l'âge de seize ans (art. 22-3 al.2).

982. – Autres cas. L'*adoption plénière* par un Français, qui constituait naguère un autre cas d'acquisition de la nationalité française lié à la filiation, est devenu un cas d'attribution de la nationalité (n° 970)[2]. La loi prévoyait également l'acquisition de la nationalité française à la suite de la *légitimation* par une personne de nationalité française. Ce cas a été supprimé en 1973 devant son peu d'intérêt pratique : la légitimation (abrogée en 2005) supposait en effet une reconnaissance qui confère elle-même la nationalité française ; elle ne pouvait exercer un effet propre que dans des circonstances exceptionnelles, ne justifiant pas le maintien d'une disposition spécifique.

B. ACQUISITION PAR LA NAISSANCE ET LA RÉSIDENCE EN FRANCE

983. – Rôle du* jus soli *: le problème législatif. La seule naissance en France, par hypothèse de parents étrangers, n'est pratiquement attributive de la nationalité française que lorsqu'un ascendant y est lui-même né (n° 973) ; la règle se fonde sur un critère rétrospectif dénotant un établissement familial déjà ancien et qui a toute chance de se prolonger. En l'absence de cet élément, mais lorsque la naissance en France est confortée par le critère *ultérieur* que constitue une résidence d'une certaine durée, elle permet d'acquérir la nationalité française (une attribution du seul fait de la naissance en France étant inopportune, hors les cas exceptionnels pris en compte par les art. 19 et 19-1, *supra* n° 976). La question est de savoir exactement à quelles conditions et selon quelles modalités : de manière automatique ou en s'assurant de la volonté de l'intéressé. Les modalités ont curieusement fait plus de difficulté que les conditions.

Selon une règle introduite en 1889 dans une perspective militaire (n° 954) et devenue ultérieurement l'art. 44 C. nat., l'enfant acquérait de plein droit la nationalité française à sa majorité s'il résidait en France depuis cinq ans (avec d'une part, faculté de répudiation, d'autre part,

1. Il en résulte que le lien de filiation doit être établi au moment de l'acquisition (Civ. I, 5 fév. 2002, RC 02.537 n. Lagarde), condition que l'on estimait déjà nécessaire puisqu'il s'agit de conférer la nationalité française à une famille existante.
2. Sur l'adoption simple, n° 988.

faculté de réclamation à partir de seize ans par l'enfant et avant par le représentant de l'enfant si lui-même résidait en France depuis cinq ans). À l'époque où elle fut adoptée et pendant la soixantaine d'année qui suivit, la règle s'appliqua à des immigrés n'ayant guère de perspective de retour dans leur pays d'origine et afin d'éviter que les intéressés n'échappent aux obligations militaires françaises. À l'époque contemporaine, tandis que les préoccupations liées à la conscription ont disparu, un grand nombre de personnes dans la situation envisagée conservent des liens étroits avec leur État d'origine, où elles retournent régulièrement et dont elles gardent la nationalité, laquelle se transmet à leurs descendants. La règle de l'art. 44, tout en s'appliquant à maintes personnes désireuses d'acquérir la nationalité française, avait pour effet de la conférer parfois à leur insu (facteur lui-même accentué par l'abaissement de l'âge de la majorité de vingt et un à dix-huit ans) à d'autres ayant une nationalité étrangère effective et active, ou peu soucieuses de la nationalité française. Accessoirement, la faculté de réclamation ouverte aux parents pour leurs enfants mineurs était parfois utilisée aux fins d'obtenir une carte de séjour au titre de parent d'enfants français.

Pour ces raisons, il est apparu normal que l'acquisition de la nationalité française soit soumise à l'assentiment des intéressés. La Commission de la nationalité, tout en affirmant le « droit à la nationalité » des personnes dans la situation envisagée, préconisa un passage « conscient et organisé » vers la nationalité française par une manifestation de volonté (ainsi que cela s'était fait entre le Code civil et 1889) dans les formes les plus simples, la possibilité de choix étant de plus étendue jusqu'à l'âge de vingt et un ans et faisant l'objet d'une large information. Ces propositions furent consacrées par la loi de 1993. La loi de 1998 est cependant revenue sur ce dispositif, élargissant en outre à cette occasion le système antérieur.

984. – Conditions. Selon l'art. 21-7 C. civ., dans sa rédaction de 1998, l'acquisition de la nationalité française par l'étranger né en France de parents étrangers a lieu de plein droit à sa majorité si, à cette date, il a en France sa résidence et s'il a eu sa résidence habituelle en France pendant une période continue *ou discontinue* d'au moins cinq ans, depuis l'âge de *onze* ans. La condition de résidence se trouve de ce fait fortement assouplie, puisqu'un séjour de deux ans à l'étranger immédiatement avant la majorité ne fait pas obstacle à l'acquisition automatique de la nationalité française[1].

La résidence visée doit comme par le passé s'entendre d'une résidence personnelle et non d'un domicile de droit, lequel pourrait notamment être un domicile de dépendance (mineur, femme mariée). Mais elle ne se confond pas non plus avec la titularité d'une carte de résident telle que

1. La pratique antérieure admettait la possibilité de déplacements temporaires. En revanche l'absence liée à l'accomplissement volontaire d'obligations militaires à l'étranger ne permettait plus d'invoquer l'art. 44 C. nat.; Civ. 29 mai 1974, RC 75.46 n. Simon-Depitre, JDI 75.327 obs. P.A.

prévue par la législation sur le séjour des étrangers[1]. La résidence doit être effective, c'est-à-dire se traduire par une présence matérielle, stable, permanente, afin d'établir l'assimilation qui doit correspondre à l'acquisition de la nationalité, et coïncider avec le centre des attaches familiales et des occupations de l'intéressé[2]. Certains séjours à l'étranger sont assimilés à une résidence en France (art. 21-26 C. civ., mod.).

Lorsque le mineur né en France de parents étrangers est régulièrement incorporé en qualité d'engagé dans l'armée française, il acquiert la nationalité française à la date de son incorporation sans condition de résidence (art. 21-9 al. 2).

Les obstacles antérieurement prévus à ce cas d'acquisition de nationalité, tenant à des mesures d'expulsion ou d'interdiction du territoire ou à certaines condamnations pénales (v. n° 979), avaient été réduits par la loi de 1993 en liaison avec la manifestation de volonté acquisitive ; la loi de 1998 les a supprimés.

985. – Renonciation et exception à l'application de l'art. 21-7. L'intéressé dispose pendant les six mois qui précèdent et l'année qui suit sa majorité d'une faculté de renonciation, à la seule condition d'avoir la nationalité d'un État étranger (art. 21-8). Lors même qu'il est mineur, il l'exerce seul. Lorsqu'il s'agit d'un majeur, il est alors réputé n'avoir jamais été français. La faculté de renonciation disparaît en cas d'engagement dans les armées françaises (art. 21-9).

L'art. 21-7 ne s'applique pas aux enfants des agents diplomatiques et des consuls de carrière de nationalité étrangère (art. 21-9). Ces enfants ont toutefois la faculté de réclamer la nationalité française selon la disposition suivante.

986. – Réclamation de nationalité (art. 21-11). L'acquisition de la nationalité française par l'étranger né en France peut être provoquée, de manière anticipée à partir de l'âge de seize ans, par une déclaration à cette fin, sous la condition de résidence antérieure, continue ou discontinue, depuis l'âge de onze ans. La nationalité française peut également être réclamée au nom de l'enfant à partir de l'âge de treize ans, mais avec son consentement personnel ; le point de départ de la résidence habituelle est alors l'âge de huit ans.

987. – Appréciation critique. On peut s'étonner que le débat créé autour du cas d'acquisition de la nationalité française examiné ait été focalisé sur la question de la manifestation de volonté - dont on ne voit pas l'inconvénient pour les intéressés et dont la brève expérience a montré qu'elle était massivement opérée[3].

1. Cette condition a été abrogée par une loi du 22 décembre 1961 ; mais v. CE 15 juin 1987, *infra* n° 993.
2. Ces critères correspondent à une notion de « domicile de nationalité », qui se dégage de décisions rendues en application de dispositions comparables : v. Civ. 9 janv. 1957, RC 57.447 n. H.B., JCP 58.10414 n. Aymond ; 25 juin 1974, JDI 75.60 n. Aymond, RC 75.231 n. Lagarde ; 29 juin 1983, *Khiari*, RC 84.77 n. Lagarde ; 10 avril 1996, D.97.105 n. Guiho ; *adde* n°s 993 et 995.
3. L'acquisition automatique de la nationalité française par la naissance et la résidence en France s'était appliquée en 1986 à 26 000 adolescents et un peu moins de 1 700

Une attention au moins égale aurait pu être accordée à l'opportunité de conférer automatiquement la nationalité française à des personnes en nombre appréciable qui ont une nationalité étrangère, laquelle est dans bien des cas une nationalité active et se transmet indéfiniment *jure sanguinis*[1]. Il est contradictoire d'appliquer une politique de conservation de la nationalité française par les expatriés afin de préserver l'influence française dans le monde (n° 981) et d'ignorer ce même facteur s'agissant de doubles nationaux en France, surtout lorsqu'ils constituent des groupes d'une toute autre proportion. L'opportunité d'une manifestation de volonté en faveur de la nationalité française, indépendamment de son caractère symbolique bien venu, ne s'élèverait pas si la loi française, à l'instar de diverses législations étrangères et notamment européennes, subordonnait l'acquisition de la nationalité à la perte de la nationalité d'origine ; ceci aurait sans doute au moins pour effet de provoquer une négociation avec les États d'origine des immigrés pratiquant l'allégeance perpétuelle.

C. ADOPTION SIMPLE ET CAS ASSIMILÉS

988. – Adoption simple. L'adoption simple par une personne de nationalité française n'exerce de plein droit aucun effet sur la nationalité de l'adopté. La règle, aujourd'hui formulée par l'art. 21 C. civ., est liée au fait que cette forme d'adoption ne rompt pas les liens avec la famille d'origine de l'adopté[2]. Néanmoins, l'enfant adopté entre dans sa famille adoptive. Aussi l'art. 21-12 al.1er lui ouvre-t-il la faculté jusqu'à sa majorité (selon la loi française) de réclamer la nationalité française, à la seule condition de résider en France à l'époque de la réclamation ; cette exigence est même supprimée lorsque l'adoptant français n'a pas sa résidence habituelle en France (al. 2, L. 1998). La réclamation est exercée dans les conditions des déclarations de nationalité. Elle peut être opérée dès le plus jeune âge de l'enfant ; conformément à la règle générale de l'art. 17-3, le mineur est représenté jusqu'à l'âge de seize ans et agit seul à partir de cet âge, sauf en cas d'altération de ses facultés. Si l'adoption a été prononcée à l'étranger, un exequatur préalable est nécessaire (décr. 30 déc. 1993, art. 16, 3°). Les obstacles habituels à l'acquisition de la nationalité française (*supra* n° 979) peuvent s'y opposer[3].

avaient utilisé la faculté de décliner la nationalité française prévue par l'art. 45 (Rapport II, p. 120). En 1995, les acquisitions par manifestation de volonté se sont élevées à 30 526.

1. Dans le cas des bi-nationaux franco-algériens, un accord du 11 octobre 1983 (RC 85.156) a prévu que les intéressés effectuent leur service militaire dans le pays de leur choix sans égard à leur résidence habituelle (art. 2), permettant ainsi à des Français résidant en France d'effectuer leur service national dans une armée étrangère (comp. Convention de Strasbourg, n° 943). La loi de 1993 astreignit les doubles nationaux possédant la nationalité française et résidant habituellement en France à l'accomplissement en France de leurs obligations ; mais comme le rappela le Conseil constitutionnel, cette disposition ne pouvait prévaloir sur des accords internationaux en vigueur.
2. Paris, 31 mai 1990, D. 91.248 n. Guiho.
3. Sur un cas d'adoption jugée de complaisance, v. Civ. I, 12 nov. 1986, JDI 87.319 n. Gaudemet-Tallon.

989. – Enfants recueillis et élevés en France. L'art. 21-12 al. 2 C. civ. rapproche de l'enfant ayant fait l'objet d'une adoption simple certaines catégories d'enfants en détresse. D'une part, l'enfant qui depuis au moins cinq années (L. 2003) a été « recueilli » en France et « élevé » par une personne de nationalité française ou qui depuis au moins trois années (L. 2003) a été confié au service de l'aide sociale à l'enfance[1]. D'autre part, celui qui a été recueilli en France et élevé dans des conditions lui ayant permis de recevoir pendant cinq années au moins une formation française soit par un organisme public, soit par un organisme privé présentant les caractères déterminés par un décret.

D. POSSESSION D'ÉTAT DE FRANÇAIS

990. – Régularisation d'une situation de fait. Selon une disposition introduite par la loi de 1973 (faisant suite à des textes de régularisation), peut réclamer la nationalité française par déclaration une personne qui a joui de la possession d'état de français pendant les dix années précédant la déclaration (art. 21-13 C. civ.). Cette faculté constitue un moyen de régulariser une situation admise par l'autorité publique elle-même[2]. Le décret d'application du 30 déc. 1993 prescrit pour faire preuve de la possession d'état la production de documents émanant des autorités françaises « tels que carte nationale d'identité, passeport français, carte d'électeur, pièces militaires, immatriculations dans les consulats de France » (art. 17). L'accomplissement ou non des obligations militaires constitue le cas échéant un critère également important. La question est aussi de savoir si la possession d'état de français implique chez l'intéressé la conviction d'avoir cette qualité ou si le doute l'efface[3].

En raison même de son fondement, ce cas d'acquisition de la nationalité française est investi d'une certaine rétroactivité ; la validité d'actes passés par l'intéressé, lorsqu'elle est subordonnée à la qualité de français, ne pourra être contestée pour le motif que celle-ci faisait défaut (art. 21-13 al.2 C. civ.).

E. NATURALISATION

991. – Généralités. La naturalisation permet à un étranger qui le demande d'obtenir la nationalité française par décision de l'autorité publique sous forme de décret (art. 21-15 C. civ.). La politique législative, qui en commande les conditions et les effets, a connu de nombreuses

1. Sur l'interprétation de ces termes, v. Civ. 8 janv. 1968, JCP 68.15555 n. M. Ancel, RC 68.276 n. P.L., JDI 68.700 n. Aymond ; sur renvoi, Limoges, 11 mai 1970, RC 70.665 n. P.L., JDI 70.810 n. Aymond. V. à propos d'un recueil par *kafalah*, Civ. I, 14 avril 2010, JDI 10, comm. 10 par Corncloup.
2. À défaut de précision dans la loi, la jurisprudence estime qu'il appartient à l'intéressé de souscrire la déclaration dans un délai raisonnable à partir du moment où il a connaissance de son extranéité.
3. V. par ex., concluant à l'application du texte : Paris, 8 nov. 1977, RC 78.329 n. P.L. ; Civ. I, 11 juin 1991, RC 92.Somm.745 ; 24 nov. 1993, RC 94.63 n. Lagarde ; rejetant la réclamation, Paris, 13 mai 1993, D. 93.483 n. Guiho.

variations depuis qu'est réglementée l'acquisition par ce moyen de la nationalité française. Elles témoignent de la difficulté de concilier deux impératifs contradictoires : faciliter l'insertion dans la communauté française des étrangers assimilés qui le souhaitent et éviter de la permettre à des personnes indésirables ou dont l'assimilation n'est pas suffisante.

La loi pose des conditions assez strictes, lesquelles ne permettent cependant pas d'apprécier exactement la difficulté d'obtenir la nationalité française par naturalisation. D'une part, en effet, ces conditions sont largement assorties de dispenses ; d'autre part, la naturalisation n'étant jamais de droit, l'exécutif a la possibilité de mener une politique plus ou moins ouverte[1].

1. Conditions de la naturalisation

992. – Âge. Pour demander la naturalisation française, il faut être âgé de dix-huit ans au moins (art. 21-22 C. civ.). Cet âge avait été fixé avant qu'il ne constitue celui de la majorité civile pour les Français, afin de permettre à ceux qui se présentaient à l'âge minimum d'accomplir leurs obligations militaires avec leur classe d'âge. Il n'y a pas lieu de tenir compte de la capacité civile de l'intéressé selon sa loi personnelle au moment de la demande. Peut également être naturalisé l'enfant mineur resté étranger bien que l'un de ses parents ait acquis la nationalité française s'il justifie avoir résidé en France avec ce parent pendant les cinq années précédant le dépôt de la demande.

993. – Stage. L'intéressé doit avoir résidé habituellement en France pendant les cinq années qui précèdent sa demande de naturalisation (art. 21-17). Cette condition est essentielle, puisque le séjour constitue une présomption d'assimilation ; elle est appréciée de la même manière que pour l'application de l'art. 21-7 (n° 984)[2]. La fixation de sa durée résulte d'une conciliation entre les impératifs contradictoires évoqués plus haut, et le chiffre adopté n'est pas intangible : son caractère de minimum n'interdit pas à l'administration, dans l'exercice de son pouvoir discrétionnaire, d'exiger en fait une durée plus longue ; inversement, les textes prévoient l'atténuation et même la disparition de cette exigence par dispense.

L'exigence est réduite à deux ans, soit en vertu d'une présomption d'assimilation résultant de l'accomplissement avec succès de deux années d'études dans un établissement d'enseignement supérieur français, soit en raison de l'intérêt pour la

1. De 1977 à 1986, le chiffre annuel des naturalisations s'établissait autour de 20 000, pour un chiffre de demandes voisin de 25 000 ; l'« effet collectif » de la naturalisation (n° 978) s'appliquait en outre à quelque 10 000 personnes (Commission de la nationalité, Rapport II, p. 147). En 1990, le premier chiffre s'est élevé à 34 800 ; en 1995, à 30 800 ; en 2001, à 64 000 environ ; il est passé au-dessus de 100 000 en 2004. Il convient d'ajouter à ces chiffres ceux de l'acquisition de la nationalité par déclaration à raison du mariage (n° 1001).
2. Sur la condition distincte de « résidence » en France au moment de la naturalisation (art. 21-16), v. n° 995.

communauté française de s'attacher l'intéressé « qui a rendu ou qui peut rendre par ses capacités ou ses talents des services importants à la France » (art. 21-18).

Une dispense totale de résidence est prévue dans un certain nombre de cas, assez hétéroclites, par les art. 21-19 et 21-20. Certains visent à préserver l'unité de nationalité au sein de la famille : en bénéficient le conjoint et l'enfant majeur d'une personne qui acquiert la nationalité française (art. 21-19, 2°) ; et l'enfant éventuellement non compris dans l'effet collectif (1° ; *supra* n° 981). D'autres se justifient par les mérites personnels de l'intéressé : accomplissement de services militaires dans les armées françaises (4°) ; services exceptionnels rendus à la France ou intérêt exceptionnel pour celle-ci de son rattachement (auquel cas la naturalisation est accordée après avis du Conseil d'État sur le rapport motivé du ministre chargé des naturalisations) (6°). Dans le même esprit, la loi de 1993 a introduit une disposition nouvelle (art. 21-21 C. civ.) selon laquelle la nationalité française peut être conférée par naturalisation sur proposition du ministre des Affaires étrangères « à tout étranger francophone qui en fait la demande et qui contribue par son action émérite au rayonnement de la France et à la prospérité de ses relations économiques internationales »[1]. D'autres cas se fondent sur une présomption renforcée d'assimilation, résultant soit de ce que l'intéressé est originaire d'un territoire sur lequel la France a exercé soit la souveraineté soit un protectorat, un mandat ou une tutelle (5°), soit, depuis 1973, de l'appartenance à l'« entité linguistique et culturelle française » (art. 21-20, dont la loi de 1993 a élargi la définition pour inclure non seulement les personnes dont la langue maternelle est le français mais celles qui, ressortissantes d'un pays où le français n'est qu'une des langues officielles, ont été scolarisées cinq ans au moins dans un établissement de langue française). La loi de 1998 a ajouté l'étranger ayant obtenu le statut de réfugié (art. 21-19, 7°).

994. – Dignité. On peut regrouper sous cette expression deux conditions formulées par la loi. La première est la condition de *moralité* visée par l'art. 21-23 al. 1er C. civ., selon lequel nul ne peut être naturalisé s'il n'est pas de bonne vie et mœurs. Le texte précise que l'une des condamnations pénales prévues à l'art. 21-27 fait obstacle à la naturalisation ; une condamnation intervenue à l'étranger peut ne pas être prise en considération, mais en ce cas le décret de naturalisation ne peut être rendu qu'après avis conforme du Conseil d'État. La condition de l'art. 21-23 al. 1er fait pour le reste l'objet d'une appréciation subjective[2]. Elle donne lieu à une enquête qui porte sur la conduite et le loyalisme du postulant (art. 36 du décret).

L'art. 21-24 formule une condition d'*assimilation* à la communauté française, notamment par une connaissance suffisante de la langue française, appréciée selon la condition de l'intéressé ; la loi de 2003 y a joint la connaissance des droits et devoirs conférés par la nationalité française.

1. Cette disposition ne précise pas dans quelle mesure les autres conditions (séjour et résidence en France en particulier) demeurent applicables. On peut penser qu'elles ne le sont pas, à l'exception de la résidence en France au moment du décret de naturalisation en raison l'usage évoqué plus loin (n° 995).
2. C'est ainsi que l'administration pourra tenir compte de faits couverts par une loi d'amnistie pour apprécier le comportement général du postulant : CE 30 mars 1984, JDI 84.577 n. Julien-Laferrière. La Commission de la nationalité avait critiqué la confusion que réalisait l'art. 68 C. nat. (devenu sans changement l'art. 21-23) entre les conditions objectives de recevabilité des demandes et leur appréciation au fond.

Cette disposition est destinée à conforter la présomption qui résulte de la condition de stage ou à la remplacer en cas de dispense de stage[1]. L'assimilation ainsi entendue sera appréciée lors d'un entretien au cours de la procédure de naturalisation (art. 43 du décr. 30 déc. 1993)[2].

La procédure comportait jusqu'à une loi de 1961 un examen de santé, destiné à s'assurer que l'intéressé n'est pas atteint de certaines affections ; celui-ci n'est plus obligatoire mais « peut être jugé nécessaire » (art. 40 du décr. préc. ; v. égalt art. 47)[3].

995. – Résidence en France au moment du décret de naturalisation. Le demandeur ne peut être naturalisé s'il n'a en France sa résidence au moment du décret de naturalisation (art. 21-16 C. civ.). Cette condition ne se confond pas avec celle de stage préalable à la demande. Elle se justifie, d'une part, parce qu'un séjour effectif de la durée exigée peut ne pas s'accompagner d'une intention de se fixer ; or on veut éviter qu'un étranger ayant séjourné un certain temps en France (non nécessairement cinq ans du fait des nombreux cas de réduction et de dispense de stage) s'avise que cela lui permettrait de demander la naturalisation. D'autre part, il n'est pas d'usage de la part d'un État de naturaliser un étranger qui ne réside pas sur son territoire, surtout s'il réside dans un État dont il a la nationalité. Appliquant ce texte, le Conseil d'État déclare que le postulant doit avoir « fixé en France de manière stable le centre de ses intérêts »[4]. C'est donc d'un véritable domicile qu'il s'agit et l'on peut regretter que le terme unique de « résidence » soit employé dans les art. 21-16 et 21-17 alors qu'il ne répond pas à la même idée d'un texte à l'autre.

L'expulsion, l'interdiction de séjour ou l'absence de titre de séjour régulier ne sont évidemment pas compatibles avec la condition de l'art. 21-16 (art. 21-27)[5].

On rappelle que certaines résidences à l'étranger sont assimilées à la résidence en France (art. 21-26). Ce texte s'applique tant à la résidence préalable qu'à celle exigée au moment du décret[6].

1. La pratique de la polygamie est considérée comme un défaut d'assimilation ; mais non l'absence d'option pour le régime monogamique lorsqu'elle était présentée et que l'intéressé est en fait monogame (CE 11 fév. 1994, RC 94.317, 1re esp., n. Lagarde, D.95.108 n. Guiho, à propos de réintégration). Sur l'appréciation de la notion d'assimilation dans les différents cas où elle est prise en considération par le droit de la nationalité française, v. Olekhnovitch, RC 1995.880 et rép. min. RC 10.228.
2. Pour des ex. d'irrecevabilité fondée sur cette condition : CE 23 sept. 1988, JCP 88.IV.360 ; trib. adm. Paris, 1er déc. 1982, GP 83.1. Somm. 170.
3. V. rép. min. RC 1996.539.
4. CE 28 fév. 1986, 2 arrêts, D. 87. Somm. 225, RC 86.457 concl. Denoix de Saint-Marc, n. P.L. Constituent en particulier des facteurs d'appréciation l'origine des ressources de l'intéressé (le fait qu'il dépende de subsides reçus de l'étranger est un élément défavorable) et la résidence des membres de sa famille : v. la jurisprudence citée *in* Lagarde, *La nationalité française*, 3e éd., n° 182 ; *adde* CE 28 mars et 25 avril 1990, D. 91.44 n. Guiho.
5. CE 15 juin 1987, D.87. I.R. 174, RFDA 1987.627 concl. Schrameck, RC 88.683 n. Lagarde (demande de réintégration).
6. Pour un ex. d'appréciation (négative), v. CE 25 avril 1990, préc.

2. Procédure

996. – Demande et instruction. La procédure de naturalisation est réglée par le décret du 30 déc. 1993 (Titre V, art. 35 à 52)[1]. Elle comporte deux phases. La demande de naturalisation est déposée à la préfecture du département de résidence du postulant, ou auprès d'une autorité consulaire française du pays de résidence, qui recueille les pièces nécessaires en vue d'établir que l'intéressé remplit les conditions légales. La production d'un dossier complet donne lieu à délivrance d'un récépissé. L'autorité saisie fait procéder dans les six mois à l'enquête de conduite et de loyalisme, à l'examen de santé éventuel et à l'entretien destiné à constater le degré d'assimilation du postulant. Cette instruction terminée, l'autorité saisie transmet au ministre chargé des naturalisations – actuellement le ministre des Affaires sociales – le dossier assorti d'un avis motivé tant sur la recevabilité de la demande que sur la suite qu'elle pourrait recevoir (décr. art. 44). S'ouvre alors la phase d'examen par le ministre, lequel peut procéder à un complément d'enquête. L'autorité publique doit répondre à la demande de naturalisation dix-huit mois au plus tard après la remise du récépissé, délai réduit à un an lorsque l'intéressé réside en France depuis plus de dix ans (art. 21-25-1 C. civ.).

997. – Décision sur la demande. Si l'intéressé ne remplit pas une ou plusieurs des conditions fixées par la loi (art. 21-15 à 21-24), le ministre déclare la demande *irrecevable* par une décision motivée (décr. art. 47). Une telle décision étant fondée sur des critères objectifs et non d'opportunité – encore qu'une part de subjectivité intervienne dans l'appréciation des conditions de moralité et d'assimilation – a toujours été soumise à l'obligation de motivation et peut être déférée devant les juridictions administratives pour excès de pouvoir[2].

Si la demande est recevable, elle peut néanmoins être *rejetée* (décr. art. 49). Ici s'exerce l'appréciation discrétionnaire du pouvoir exécutif. Toutefois, la loi de 1993 a introduit l'obligation de motiver également les décisions de ce type et celle de 1998 l'a précisée (art. 27 C. civ.)[3]. Il en ressort que la motivation doit être écrite et comporter l'énonciation des considérations de fait et de droit qui motivent la décision, permettant de vérifier l'absence d'erreur de droit ou de fait, d'erreur manifeste ou de détournement de pouvoir[4]. Le caractère systématique de l'obligation facilitera le contrôle du juge administratif ; toutefois ce contrôle restera limité aux mêmes chefs[5]. L'annulation de la décision ne saurait au demeurant valoir naturalisation.

Le ministre a également la possibilité, introduite en 1973, de prononcer l'*ajournement* de la demande en imposant un délai ou des conditions (décr. art. 49 al. 2). L'écoulement du premier ou la réalisation des secondes n'ouvre pas un droit à la naturalisation, mais seulement la possibilité pour le postulant de former une nouvelle demande. Cette possibilité est de nature à atténuer la pratique selon laquelle les personnes qui se sont déjà heurtées à un refus voient leurs demandes

1. Sur son déroulement détaillé (sous l'empire de la loi et du décret de 1973), v. rép. min. RC 1983.359.
2. CE 13 fév. 1987, D. 87. I.R. 48 (annulation d'un rejet fondé sur un simple doute).
3. La L. 11 juill. 1979 relative à la motivation des actes administratifs n'avait pas affecté la règle de principe : CE 30 mars 1984, préc.
4. V. déjà en ce sens : CE 27 mai 1983, *ép. Cajarville*, Rec. Lebon p. 219, GP 84.1. Somm. 140 ; 27 fév. 1985, JDI 85.643 n. Julien-Laferrière (réintégration) ; 4 déc. 1987, D. 88. I.R. 5 ; 31 mars 1989, Rec. Lebon p. 109 ; 28 janv. 1998, RC 98.269 concl. Abraham.
5. V. jugeant que la décision de rejet n'est pas, par nature, susceptible de porter atteinte au respect de la vie familiale au sens de l'art. 8 CEDH, CE, 14 fév. 2001, RC 02. Somm. 792.

ultérieures rejetées. Diminutif du rejet, la décision est soumise à la même obligation de motivation ; mais elle présente le même caractère discrétionnaire[1].

Enfin, le ministre peut proposer au Premier ministre que soit pris un décret de naturalisation, qui sera publié au *Journal officiel*. La naturalisation prend effet à la date de la signature, sans qu'il soit porté effet à la validité des actes passés par l'intéressé ou aux droits acquis des tiers antérieurement à la publication du décret (décr. art. 51).

998. – Rapport du décret de naturalisation. Le décret de naturalisation peut être rapporté en cas d'erreur sur une des conditions de la naturalisation, après avis conforme du Conseil d'État et dans le délai d'un an suivant la publication du décret. Si la décision a été obtenue par mensonge ou par fraude, le délai est de deux ans et il ne court que de la découverte de la fraude (art. 27-2 C. civ.)[2]. La procédure de retrait est aujourd'hui contradictoire (décr. art. 62). Si le retrait est prononcé, l'intéressé est réputé n'avoir jamais eu la nationalité française ; l'effet collectif éventuel de la naturalisation tombe. La loi sanctionnait pénalement l'entremise intéressée auprès des administrations ou des pouvoirs publics en vue de faciliter la naturalisation (art. 113 C. nat.), frappait de nullité la convention passée à cette fin et prévoyait le retrait du décret dans l'année suivant le jugement de condamnation (art.114 C. nat.). Ces dispositions ont été abrogées par la loi de 1993, comme susceptibles d'inquiéter des personnes effectuant des démarches légitimes (avocats).

Au fond, si la décision de retrait pour défaut d'une condition objective ne fait pas de difficulté de principe, il en va différemment lorsque la condition relève de l'opportunité (assimilation, moralité). Le retrait ne pouvait en principe être fondé que sur des faits antérieurs au décret de naturalisation et découverts ultérieurement ; mais le remaniement des textes en 1973 a fait disparaître cette condition[3].

Il est arrivé qu'une naturalisation soit contestée devant le juge judiciaire au motif qu'elle aurait été recherchée pour faire fraude au statut personnel antérieur de l'intéressé, pratiquement pour pouvoir demander le divorce. L'argument a été rejeté, le plus souvent au motif qu'il n'appartenait pas aux tribunaux judiciaires de critiquer l'acte administratif qu'est la naturalisation[4]. En réalité, la durée de stage de cinq ans normalement exigée est pratiquement exclusive d'une fraude à la loi, laquelle implique le défaut de lien avec la loi appliquée.

3. Effets de la naturalisation

999. – Assimilation complète au national d'origine. L'étranger naturalisé jouit à compter du jour du décret de naturalisation de tous les droits attachés à la qualité de français (art. 22 C. civ.). Bien que ce ne soit pas précisé par le texte, il en assume naturellement les obligations, telles que l'obligation de recensement et de participation à l'appel de préparation à

1. CE 1er fév. 1989, D.89. I.R. 68.
2. La CJUE s'est récemment arrogée le droit de contrôler le retrait pour fraude de l'intéressé d'une naturalisation accordée par un État membre : CJUE, 2 mars 2010, *Rottmann*, C-135/08.
3. CE 10 janv. 1992, D. 93.159 n. Guiho ; auparavant, v. par ex. CE 19 janv. 1973, JDI 73.737 obs. Aymond.
4. Civ. 5 fév. 1929, *Mancini*, préc. n ° 244 ; Req. 1er avril 1930, JDI 31.385.

la défense. Une demande de francisation de noms peut en être faite dès la demande de naturalisation : décr. art. 42).

Les hésitations qui marquent la politique législative en matière de naturalisation se sont longtemps manifestées dans des incapacités plus ou moins étendues s'appliquant pendant un certain temps aux naturalisés. Elles concernaient principalement l'éligibilité aux fonctions politiques et l'accès à un certain nombre de professions : fonctions publiques rétribuées par l'État et, pour des raisons de concurrence économique, professions libérales et différentes professions visées par des textes particuliers. Le but était de s'assurer d'une assimilation plus poussée avant que l'intéressé ne jouisse de tous les droits attachés à la nationalité. Le législateur les a réduites en 1973, ne laissant subsister que l'incapacité pendant dix ans d'être investi de fonctions ou de mandats électifs pour lesquels la qualité de français est nécessaire. Cette dernière restriction a été abrogée par les lois des 8 et 20 décembre 1983[1].

F. ACQUISITION DE LA NATIONALITÉ FRANÇAISE À RAISON DU MARIAGE

1000. – Évolution et principe actuel. La plupart des réformes du droit de la nationalité intervenues au XXe siècle ont apporté des modifications quant à l'influence du mariage sur la nationalité, traduisant une succession de politiques législatives[2]. Depuis le Code civil jusqu'à la loi de 1927, les considérations familiales l'emportaient et reflétaient la conviction que la femme devait « suivre la condition » de son mari (à moins que la loi du mari ne lui confère pas la nationalité de celui-ci). Des considérations démographiques amenèrent d'abord à rompre le caractère réciproque du principe. La loi de 1927 favorisa l'acquisition de la nationalité française par l'étrangère épousant un Français et simultanément la conservation de sa nationalité par la Française épousant un étranger ; cette politique fut renforcée par le Code de la nationalité. Avec la loi de 1973, on est revenu à des considérations personnelles ; mais celles-ci s'étaient entre-temps modifiées pour faire place au souci d'égalité des époux. De là le principe posé à cette date et aujourd'hui formulé par l'art. 21-1 C. civ. : le mariage n'exerce de plein droit aucun effet sur la nationalité.

1001. – Possibilité d'acquérir la nationalité française par déclaration. À la différence d'autres législations, la loi française ne subordonne pas l'acquisition de la nationalité française par le conjoint d'un national de l'un ou l'autre sexe à une naturalisation : l'intéressé(e) peut acquérir la nationalité française par simple déclaration (art. 21-2 C. civ.). Cette faculté peut être exercée à tout moment après le mariage et ne cesse qu'avec la dissolution de celui-ci, par décès ou par divorce. La loi n'exige pas que le ménage réside en France, en dépit de l'usage selon lequel un Etat ne confère pas sa nationalité à un étranger résidant en territoire étranger. La nationalité est acquise à la date de la déclaration.

1. RC 1984.161, comm. Lagarde. En conséquence sont frappés d'irrégularité les règlements sportifs limitant le nombre par équipe des joueurs fraîchement naturalisés : CE 23 juin 1989, AJDA 89.627 concl. Faugère.
2. Sur les considérations générales en la matière, v. n° 935.

Cette faculté fait du mariage simulé un moyen d'obtenir la nationalité française sans satisfaire aux conditions, ou encourir les aléas, d'une demande de naturalisation. De tout temps a été constatée la pratique de mariages contractés par des étrangères avec des Français à seule fin d'acquérir la nationalité française[1]. La loi de 1973 en a incidemment élargi le champ en faisant produire le même effet au mariage d'étrangers avec des Françaises[2]. La possibilité à partir de 1976 de divorcer par consentement mutuel a de surcroît levé un frein qui pouvait la restreindre. La pratique, révélée par le nombre des déclarations (près de cent mille en dix ans) et même par des demandes ouvertes de mariage de complaisance dans certains organes de presse, s'est incontestablement développée[3]. Une loi du 7 mai 1984 renforça timidement les conditions d'exercice de la déclaration en faveur de la nationalité française ; les contrôles prévus furent en fait peu exercés. La loi de 1993 s'est efforcée de mieux prévenir ou contrecarrer les fraudes, celle de 1998 a atténué ces mesures et celle de 2003 est revenue à plus de rigueur, renforcée par celle du 24 juillet 2006 (art. 21-2 C. civ.). La loi de 2003 a en outre érigé en infraction pénale, passible de cinq ans d'emprisonnement et 15 000 euros d'amende (peines aggravées lorsque l'infraction est commise en bande organisée) « le fait de contracter un mariage aux seules fins d'acquérir ou de faire acquérir la nationalité française », ainsi que l'« organisation ou tentative d'organisation du mariage aux mêmes fins » ce qui peut frapper les personnes morales (art. L. 623-1 s. C. étr.).

1002. – Conditions. La déclaration ne peut intervenir qu'après un délai suivant le mariage porté à quatre ans par la loi du 24 juillet 2006 (à l'origine deux ans, réduit à un an par la loi de 1998 et rétabli en 2003), et à la condition qu'à la date de la déclaration la communauté de vie, tant affective que matérielle, n'ait pas cessé entre les époux depuis le mariage. Le délai de communauté de vie est porté à cinq ans lorsque l'étranger, au moment de la déclaration, soit ne justifie pas avoir résidé de manière ininterrompue et régulière pendant au moins trois ans en France à compter du mariage, soit n'est pas en mesure d'apporter la preuve que son conjoint français a été inscrit pendant la durée de leur communauté de vie à l'étranger au registre des Français établis hors de France. Si le mariage a été célébré à l'étranger, il doit avoir fait l'objet d'une transcription préalable sur les registres de l'état civil français. L'existence de la communauté de vie donne lieu à une attestation sur l'honneur des deux époux au moment de la demande, accompagnée de tous documents corroborant leur affirmation (décr.

1. V. Niboyet, t. 1, 2e éd., n° 244 bis ; Boulbès, *Droit français de la nationalité*, 1956, n° 284.
2. Ceux-ci ont représenté près de soixante pour cent des cas en 1995. Le nombre de déclarations enregistrées s'est élevé à près de 35 000 en 2004, et redescendu à 21 000 en 2005 à la suite du resserrement des conditions.
3. V. *supra* nos 645 et 660 ; *adde*, Paris, 25 sept. 1986, D. 87.134 n. D. Mayer et P. Cale (repoussant une action en contribution aux charges du mariage) ; Dijon, 3 juill. 1991, D. 92.231 n. Guiho ; ordonnant en revanche la mainlevée d'une opposition à mariage, Versailles, 15 juin 1990, D. 91.268 n. Hauser.

art. 14, 3°). Il s'agit donc d'une condition de recevabilité de la demande[1]. Cette situation est en outre constatée par enquête (décr. art. 15 ; en fait, celle-ci n'a pas toujours été diligentée). Le conjoint doit en outre justifier d'une connaissance suffisante, selon sa condition, de la langue française. La loi de 1993 avait supprimé le délai de deux ans lorsque naît, avant ou après le mariage, un enfant dont la filiation est établie à l'égard des deux conjoints, si les deux premières conditions précédentes sont satisfaites ; cette mesure a été abrogée par la loi de 2003. La déclaration est subordonnée, comme par le passé, à la condition que le conjoint français ait conservé sa nationalité (qu'il devait posséder au moment du mariage ; à défaut, la situation relève d'une naturalisation selon l'art. 21-19, 2°).

Par dérogation au droit commun (n° 1024), les déclarations de nationalité souscrites en raison du mariage sont enregistrées par le préfet du département ou par le consul (art. 26, L. 12 mai 2009). Le délai d'enregistrement de la déclaration, normalement de six mois, est d'un an pour celle du conjoint étranger (art. 26-3 al. 4). Selon l'art. 26-4, l'enregistrement peut être contesté par le ministère public pendant le délai de deux ans si les conditions légales ne sont pas satisfaites ; et en cas de mensonge ou de fraude dans le délai de deux ans à compter de leur découverte. La cessation de la communauté de vie dans les douze mois suivant l'enregistrement de la déclaration constitue une présomption de fraude. Il faut considérer celle-ci comme susceptible de preuve contraire, car compte tenu des différents délais, la cessation de la communauté de vie peut aussi bien résulter d'une dissension réelle.

Tout en supprimant la faculté générale d'opposition du gouvernement à l'acquisition par un étranger de la nationalité française pour le motif d'indignité ou défaut d'assimilation, la loi de 1993 l'a maintenue dans le cas du mariage ; le délai est de deux ans (art. 21-4)[2]. La situation effective de polygamie est déclarée constitutive de défaut d'assimilation.

Eu égard à la lourdeur du régime auquel on est parvenu, le législateur serait mieux inspiré de supprimer la possibilité d'acquisition de la nationalité française par déclaration dans le cas envisagé, et de permettre la naturalisation du conjoint étranger d'un Français dans des conditions allégées. Cette voie permettrait l'exercice des contrôles légitimes tout en faisant l'économie d'un régime complexe[3].

1003. – Nullité du mariage. La nullité du mariage est prise en considération qu'elle ait été déclarée par un tribunal français ou par un tribunal étranger, pourvu dans le second cas que l'autorité de la décision soit recon-

1. Civ. I, 5 mars 1991, D. 91.537 n. Guiho.
2. Constituent un défaut d'assimilation l'état de bigamie du mari d'une Française, au surplus non révélé (Paris, 24 mars 1998, D. 98.517 n. Guiho) ; le militantisme dans une organisation extrémiste (CE 14 oct. 1998, D. 98.I.R. 258) ; une pratique religieuse radicale, incompatible notamment avec le principe de l'égalité des sexes (CE 27 juin 2008, D. 09.345 n. Vallard).
3. En 1995, 16 700 personnes ont acquis la nationalité française par le mariage ; en 2002, 26 351 (ministère des Affaires sociales).

nue en France[1]. La loi de 1973, revenant sur certaines solutions antérieures de la jurisprudence, a consacré les principes du droit civil en la matière. Si en principe l'annulation du mariage rend caduque la déclaration en faveur de la nationalité française, d'une part, cet effet ne se produit pas lorsque la personne intéressée était de bonne foi (art. 21-5 C. civ.)[2] ; d'autre part, conformément aux dispositions générales régissant le mariage putatif (art. 202 C. civ.), elle n'a aucun effet sur la nationalité des enfants issus du mariage (art. 21-6 C. civ. ; la règle est à vrai dire de faible portée puisque la nationalité française est attribuée du fait de l'autre parent : elle n'entraîne qu'une faculté éventuelle de répudiation).

Le divorce est sans influence sur l'acquisition de la nationalité ; celle-ci pourrait toutefois être perdue par un acte volontaire, conformément aux dispositions suivantes.

§ 3. – DISPARITION ET RECOUVREMENT DE LA NATIONALITÉ FRANÇAISE

1004. – Terminologie. La nationalité française, d'origine ou acquise, peut se perdre dans certaines circonstances. Usant à nouveau d'une terminologie précise, la loi distingue depuis le Code de la nationalité la *perte* de la nationalité de sa *déchéance*. La première a un domaine d'application général (A), tandis que la seconde ne peut intervenir qu'en cas de nationalité acquise et vise à sanctionner un défaut de loyalisme (B). Dans tous les cas, l'ancien Français peut recouvrer la nationalité française par l'effet d'une *réintégration* (C).

A. PERTE DE LA NATIONALITÉ FRANÇAISE

1005. – Notion générale. La perte de la nationalité française intervient de manière non rétroactive. Elle se distingue par là d'un certain nombre de cas déjà rencontrés : filiation établie durant la minorité de l'intéressé à l'égard d'un étranger dans le cas de l'art. 21 al. 2 C. civ., *supra* n° 976), retrait d'un acte de naturalisation (n° 998), opposition à l'acquisition de la nationalité française par mariage (art. 21-4 ; n° 1001).

La perte de la nationalité française se rattache généralement à l'idée que l'intéressé a la nationalité ou se comporte en fait comme le national d'un autre pays. La législation a connu un certain nombre de cas dans lesquels la nationalité française était perdue de plein droit ; ainsi le mariage d'une Française avec un étranger ou l'acquisition volontaire d'une nationalité étrangère. Aujourd'hui, la perte de la nationalité fait dans tous les cas l'objet d'un acte officiel : déclaration de l'intéressé enre-

1. Sur ce que la nullité doit avoir été prononcée, Civ. 19 oct. 2004, RC 05.607, 1re esp., n. Lagarde (mariage polygamique avec une Française, la déclaration de nationalité mentionnant la précédente union non dissoute).
2. Cette condition ne se confond pas avec la putativité du mariage nul : Civ. I, 29 nov. 1989, RC 90.481, 1re esp., n. Lagarde.

gistrée, décret ou jugement selon les cas[1]. Ce système présente l'avantage de la faire connaître de l'autorité publique et évite des surprises aux tiers, voire aux intéressés eux-mêmes[2].

Cependant, de même que s'agissant d'acquisition de la nationalité, le mode prévu ne fournit pas un critère significatif pour l'exposé des différents cas, car il dépend surtout du type de vérification qui s'impose. Il est préférable de distinguer les différents cas prévus aux art. 23 s. C. civ. selon la nature des faits pris en considération. On en distingue trois : la possession d'une nationalité étrangère, d'où le souci de permettre qu'il soit mis fin à un conflit de nationalités ; l'établissement prolongé à l'étranger, d'où la perte de liens effectifs avec la France ; le comportement de l'intéressé, qui fait de la perte de la nationalité une sanction. Ces différents cas ne connaissent que peu de règles communes. La perte de la nationalité française n'a plus aujourd'hui en aucun cas d'effet collectif.

1. Perte liée à la possession d'une nationalité étrangère

1006. – Réduction des cas de double nationalité. Les différents cas relevant du chef examiné répondent à l'idée de mettre fin à une situation de double nationalité, dès lors que l'intéressé préfère opter en faveur de la nationalité étrangère. Certains ont été étudiés : ceux de la répudiation prévue aux art. 18-1 et 19-4 C. civ. (n° 977) et à l'art. 22-3 (n° 981). Sont en outre prévues une disposition générale et deux dispositions particulières.

a. Faculté générale de renonciation

1007. – Conditions et exercice. Perd sa nationalité le Français, même mineur, qui, ayant une nationalité étrangère, y est *autorisé*, sur sa demande, par le gouvernement (art. 23-4 C. civ.)[3]. La mesure, introduite en 1927, est qualifiée de « libération d'allégeance » ou « congé de nationalité ». La loi ne distingue pas selon que la nationalité étrangère est une nationalité d'origine ou acquise. La disposition s'applique aussi à ceux qui pouvaient répudier la nationalité française en vertu des art. 18-1 et 19-4 C. civ. mais n'ont pas fait usage de cette faculté dans le délai prévu par les textes. Elle peut également s'appliquer à ceux qui ont acquis la nationalité française par naturalisation ou à la suite du mariage.

Le conflit de nationalités n'a lieu de se résoudre en faveur de la nationalité étrangère que si cela est justifié par l'effectivité de celle-ci ; il convient en particulier d'éviter que la disposition ne soit détournée de son but pour échapper à des obligations liées à la nationalité française. De là l'exigence d'une autorisation du gouvernement, destinée à s'assurer du

1. Batiffol, « Évolution du droit de la perte de la nationalité française », *Choix d'articles*, 1976, p. 157.
2. Elle est en revanche clandestine dans certains cas où elle intervient de plein droit selon les dispositions de la Convention de Strasbourg du 6 mai 1963 (nos 943 et 1009).
3. Pour le mineur, la demande émane de son représentant ; sur les inconvénients pour lui de la règle, v. Lagarde, note sous Civ. I, 19 oct. 2004, RC 05.287.

bien-fondé de la demande de l'intéressé. L'autorisation est accordée par décret (art. 23-4 al. 2). La procédure est analogue à celle prévue pour la naturalisation (art. 53 s. du décr. 30 déc. 1993). En particulier, la demande est adressée par l'autorité qui l'a reçue au ministre chargé des naturalisations, accompagnée d'un avis motivé. Le critère essentiel est naturellement l'établissement à l'étranger du national ou à tout le moins une volonté d'expatriation suffisamment étayée[1]. Le rejet éventuel de la demande doit, depuis 1993, être motivé (art. 27 C. civ. et 55 décr. 30 déc. 1993)[2].

Si l'autorisation est accordée, le décret est publié au Journal officiel et prend effet à la date de sa signature (décr. art. 57)[3]. L'intéressé doit verser un droit de sceau[4].

La faculté de l'art. 23-4 a été accordée aux mineurs, notamment pour leur permettre de clarifier leur situation militaire. Dans ce cas, elle est exercée dans les conditions prévues à l'art. 17-3 C. civ.

Pratiquement, la faculté de renoncer à la nationalité française est fort peu usitée (une cinquantaine de cas par an). On peut y voir la démonstration qu'il y a en général plus d'avantages que d'inconvénients à cumuler deux nationalités.

b. Acquisition volontaire d'une nationalité étrangère

1008. – Historique. S'il est justifié de permettre à celui qui a une nationalité étrangère d'origine de renoncer à la nationalité française, ce l'est d'une certaine manière davantage s'agissant de celui qui a délibérément choisi une nationalité étrangère. Le Code de 1804 prévoyait que cette circonstance entraînait de plein droit la perte de la nationalité française (art. 17, 1°). Avec le développement de la conscription, il apparut que la règle faisait la part trop belle à ceux qui cherchaient dans une naturalisation facile à l'étranger le moyen de s'y soustraire[5]. Aussi à partir de 1889 la perte de la nationalité française fut-elle subordonnée pour les individus du sexe masculin, et selon des modalités successives diverses, à une autorisation du gouvernement.

On s'avisa par la suite que des personnes qui souhaitaient conserver la nationalité française tout en acquérant une nationalité étrangère avaient le loisir de parvenir à cette fin en ne sollicitant pas l'autorisation prévue ; et l'on évoqua le cas de Français résidant à l'étranger et amenés pour leurs

1. Pour un ex. de refus, fondé sur le fait que l'intéressé possédait un commerce en France et n'avait pas manifesté l'intention de quitter définitivement la France, CE 30 avril 1990, D. 91.280 n. Guiho.
2. V. déjà, contrôlant l'erreur manifeste : CE 25 juill. 1986, JCP 87.20777 n. Pacteau, RC 87.549 n. Lagarde ; 30 avril 1990, D. 91.280 n. Guiho.
3. Sur l'éventualité d'une demande qui aurait été formée sous la contrainte, dûment prouvée, v. rép. min. du 12 fév. 2008 évoquant la possibilité pour l'administration de retirer sa décision sur la demande de l'intéressé (RC 08.701).
4. Lorsque s'applique la Convention de Strasbourg (n° 943), l'autorisation ne peut être refusée dès lors, selon le protocole de 1977, que l'intéressé a sa résidence habituelle hors de l'Etat dont il renonce à la nationalité (art. 2). Aucun droit ne peut être perçu (art. 3).
5. V. Civ. 19 août 1874, S.75.1.52 ; Chambéry, 21 mai 1905, JDI 08.312.

activités à acquérir la nationalité locale. Le législateur de 1973 a voulu faciliter ce comportement, et modifié en ce sens le régime de ce cas de perte de la nationalité française, tout en l'étendant aux femmes (à l'égard de qui ce régime était discriminatoire). Il a du même coup favorisé les cas de double nationalité[1]. Les préoccupations anciennes de fraude aux obligations liées à la nationalité française n'ont plus guère de fondement depuis la disparition du service national obligatoire.

1009. – Régime actuel. Une personne de nationalité française qui acquiert volontairement une nationalité étrangère ne perd la première que si elle le déclare expressément (art. 23 C. civ). Le texte subordonne la faculté de déclaration elle-même à certaines conditions préalables. L'intéressé doit être majeur, en raison de la gravité de cette décision. Il doit résider à l'étranger ; car s'il réside en France, sa nationalité française est effective et l'on peut estimer infondé son désir de la répudier. Suivant la préoccupation traditionnelle, l'art. 23-2 C. civ. exige en outre des individus du sexe masculin et âgés de moins de trente-cinq ans qu'ils soient en règle au regard des obligations du service national[2]. Par une disposition interprétative, la L. 9 janvier 1973 a précisé que l'acquisition d'une nationalité étrangère au sens de l'art. 87 C. nat. (auj. art. 23 C. civ.) doit s'entendre d'un acte positif ayant pour but principal l'acquisition de cette nationalité et non du non-usage d'une faculté de répudiation (art. 22 al. 1er de la loi). La précision est importante à l'égard des femmes épousant un étranger dont elles se trouvent acquérir la nationalité.

L'art. 23-1 précise que la déclaration peut être souscrite à partir du dépôt de la demande d'acquisition de la nationalité étrangère et, au plus tard, dans le délai d'un an à compter de la date de cette acquisition. Mais au-delà de ce délai, l'intéressé peut encore recourir à la procédure du congé de nationalité de l'art. 23-4 (n° 1007). La date de la perte de la nationalité française est celle de l'acquisition de la nationalité étrangère et non celle de la déclaration (art. 23-9, 1°). Ce n'est pas en effet celle-ci mais celle-là qui déclenche la perte de la nationalité française.

c. Mariage avec un étranger

1010. – Faculté de répudier la nationalité française. De même que le mariage avec un conjoint français peut permettre d'acquérir la nationalité française, le mariage avec un conjoint étranger peut permettre, sans distinction de sexe, de perdre cette nationalité par déclaration. L'art. 23-5 C. civ., qui prévoit cette faculté de répudiation, la soumet aux différentes conditions prévues dans le cas précédent : acquisition de la nationalité étrangère (dûment établie, décr. art. 27, 3°), résidence habituelle à l'étranger (sans quoi il n'y a pas de raison que le conjoint français perde sa natio-

1. La Convention de Strasbourg pose le principe de la perte obligatoire et automatique de nationalité en cas d'acquisition volontaire d'une autre nationalité (art. 1.1) ; ce texte s'applique entre les dix Etats ayant ratifié la convention, dont la France.
2. La Convention de Strasbourg établit un régime distinct, en vertu duquel la perte de la nationalité opère de plein droit (note préc.). La perte de la nationalité française est alors inconnue de l'autorité publique.

nalité et ne la transmette pas aux enfants). Mais la déclaration de répudiation n'est enfermée dans aucun délai, ce qui peut éviter une décision hâtive au moment du mariage.

À défaut de précision, on doit sans doute appliquer par transposition les solutions dégagées à propos de l'acquisition de la nationalité française par mariage. C'est ainsi que le mariage doit être valide et, vraisemblablement, non dissous ; s'il l'est, la personne intéressée dispose de la voie de l'art. 23-4. Si le mariage est annulé, la déclaration de répudiation doit être considérée comme caduque ; encore pourrait-elle être considérée comme acquise par application des règles du mariage putatif, à condition toutefois que la nationalité étrangère soit elle-même conservée.

2. Établissement prolongé à l'étranger

1011. – Absence d'effectivité de la nationalité française. Un inconvénient de l'attribution de la nationalité *jure sanguinis*, telle que prévue par la loi française, est le risque de transmission indéfinie à des descendants d'émigrés n'ayant aucun lien avec la patrie de leur auteur (n° 931). Afin d'y répondre, le Code civil prévoyait la perte de la nationalité française par établissement à l'étranger sans esprit de retour (art. 17, 3°). Cette disposition impliquait une appréciation de l'état d'esprit des intéressés, nécessairement source de difficultés. Elle fut abrogée en 1889. Le Code de la nationalité s'efforça de la reprendre sous une forme plus objective, tout en ne l'appliquant qu'aux *descendants* de l'émigré et en subordonnant la perte de la nationalité à un jugement destiné à constater que les conditions posées étaient remplies. La loi de 1973 allégea ces conditions.

1012. – Règles de fond. De l'art. 23-6 C. civ. (anc. art. 95 C. nat.). résultent différentes conditions de fond. L'intéressé doit tenir la nationalité française par filiation exclusivement. S'il était français *jure soli*, ce qui suppose une double naissance en France, il existerait un lien suffisant ; la nationalité française pourrait néanmoins être répudiée, mais par la voie de l'art. 23-4 (n° 1007). L'intéressé ne doit pas non plus avoir la possession d'état de français ni avoir jamais eu sa résidence habituelle en France. Enfin, les deux mêmes conditions doivent être réunies chez les ascendants dont il tient la nationalité française et ce depuis un demi-siècle[1].

Cette disposition a soulevé une interrogation concernant l'application dans le temps de l'art. 23-6. La perte de nationalité française est régie par les dispositions en vigueur au moment du fait auquel la loi attache cet effet (art. 17-2 C. civ.). Prise à la lettre, la règle conduisait à attendre cinquante ans après 1945, soit 1995, pour que l'art. 95 fût applicable. Il était préférable de considérer comme suffisant, pour

1. Sur ce que l'on ne peut cumuler la durée de résidence de l'ascendant et celle de l'intéressé, t.g.i. Paris, 18 oct. 1985, RC 87.93 n. Lagarde. Mais il n'est pas nécessaire que le délai concernant l'ascendant ait été accompli avant la naissance de l'intéressé.

que le texte s'applique, que la situation prévue se prolonge sous l'empire de la loi nouvelle[1].

1013. – Jugement. Le tribunal appelé à déclarer la perte de la nationalité française, qui est un tribunal de grande instance, dispose d'un pouvoir d'appréciation. Il peut ne pas déclarer la nationalité française perdue, alors même que les conditions de l'art. 23-6 sont réunies. Dans le cas contraire, il fixe la date de la perte de la nationalité, qui peut être antérieure à celle du jugement (art. 23-6 al. 2). Il peut même décider que la nationalité française avait été perdue par les ascendants de l'intéressé et donc que ce dernier n'a jamais été français (même texte). Par là se manifeste que le premier effet du jugement rendu en vertu de l'art. 23-6 C. civ. est de mettre fin à la transmission de la nationalité *jure sanguinis* (sur la faculté de réclamer ultérieurement celle-ci, v. n° 1020)[2].

3. Comportement de l'intéressé

1014. – Défaut de loyalisme. Dans les deux cas qui suivent, il s'agit de constater qu'une personne ayant la nationalité française se comporte comme le national d'un pays étranger ou ne fait pas preuve du loyalisme normal à l'égard de la France. À la différence des précédents, la perte de la nationalité française a ici une coloration morale : elle est conçue comme une sanction, observation faite que la loi réserve le terme de déchéance à une autre série de cas (*infra*, n° 1017). Ce caractère réprobateur est toutefois moins marqué dans le premier cas prévu que dans le second.

1015. – a) Exercice actif d'une nationalité étrangère. On a vu que le Français ayant une nationalité étrangère peut sur sa demande être libéré par décret de l'allégeance française en vertu de l'art. 23-4 C. civ. (n° 1007). Cette faculté vise à mettre fin à des cas de double nationalité et à ne pas maintenir dans l'allégeance française des personnes qui se considèrent plus étroitement liées à un autre État. Mais il se peut qu'une personne trouve avantage à cumuler la nationalité française avec sa nationalité étrangère pourtant plus effective, dans des conditions de nature à préjudicier à l'intérêt national, et ne prenne aucune initiative en vue de perdre la première. Dans ce cas, l'art. 23-7 C. civ. permet à l'autorité publique de prendre acte de la situation en déclarant par décret que cette personne a perdu la qualité de français. Le caractère modérément sanctionnateur de la mesure, justifiée au premier chef par la prééminence de la nationalité étrangère, explique qu'elle ne soit pas confiée aux tribunaux mais au gouvernement, agissant par voie de décret. Étant donné néanmoins sa gravité, le décret de perte est prononcé après avis conforme du Conseil

1. Lagarde, *La nationalité française*, 3e éd., n° 246 ; Aix-en-Prov., 24 fév. 1955, JCP 58.II.8677 n. Aymond ; t.g.i. Paris, 18 oct. 1985, préc.
2. Sur ce que ce cas de perte de la nationalité, de mise en œuvre compliquée, serait avantageusement remplacé par une attribution de la nationalité française *jure sanguinis* plus respectueuse du principe d'effectivité, v. Lagarde, *op. cit.* n° 247.

d'État, l'intéressé ayant été entendu ou appelé à produire ses observations (art. 27-3 C. civ.). Le décret doit être motivé et publié au Journal officiel.

L'art. 23-7 pose pour seules conditions que l'intéressé se comporte en fait comme le national du pays en question et qu'il en ait la nationalité en droit. Selon la jurisprudence du Conseil d'État, ce comportement doit impliquer un défaut de loyalisme à l'égard de la France[1]. Cette conception est liée à celle selon laquelle une personne ayant acquis une nationalité étrangère et exerçant effectivement celle-ci peut n'avoir pas pour autant perdu un sentiment national à l'égard de la France (n° 1008).

Un second alinéa de l'art. 96 C. nat. prévoyait la possibilité d'extension de la perte de la nationalité à la femme et aux enfants mineurs de l'intéressé, à condition qu'il aient eux-mêmes la nationalité étrangère ; la mesure ne pouvait toutefois s'appliquer aux enfants si elle ne l'était à la femme. Cette disposition tenait compte de la solidarité familiale en matière de nationalité et le Conseil d'État avait empêché qu'elle ne fût source d'injustice en décidant que son extension supposait que des faits puissent être personnellement reprochés à la femme. Il aurait été concevable dans ces conditions de maintenir cette disposition tout en la « bilatéralisant » pour lui faire perdre son caractère discriminatoire. Le législateur a préféré l'abroger par la loi du 7 mai 1984[2].

1016. – b) Emploi dans un service public étranger. L'art. 23-8 C. civ. permet au gouvernement de prononcer la perte de la nationalité française par un individu qui, « occupant un emploi dans une armée ou un service public étranger ou dans une organisation internationale dont la France ne fait pas partie, ou plus généralement leur apportant son concours, n'a pas résigné son emploi ou cessé son concours nonobstant l'injonction qui lui en aura été faite par le Gouvernement ». La situation prévue par le texte permettant de conclure au défaut de loyalisme, il n'est pas prévu pour condition de son application que l'intéressé ait la nationalité étrangère.

Le caractère sanctionnateur de la mesure prévue justifie des garanties particulières. L'injonction fait courir un délai, qui sera fixé dans celle-ci, et qui ne peut être inférieur à quinze jours et supérieur à deux mois (art. 23-8 al. 2). L'expiration du délai ne marque pas la perte de la nationalité. Celle-ci résulte d'un décret pris après avis du Conseil d'État, lequel n'a toutefois pas à être conforme ; mais lorsque l'avis est défavorable, le décret doit être pris en Conseil des ministres (al. 3). Dans tous les cas, il ne peut l'être que sous les garanties de l'art. 27-3 C. civ., c'est-à-dire que l'intéressé est entendu ou appelé à produire ses observations. La mesure a toujours été conçue comme strictement individuelle[3].

1. CE 20 mars 1964, *Konarkowski*, JCP 64.II.13755 note Aymond, GP 64.2.306, JDI 64.583 (annulation du décret).
2. RC 1984.541 comm. Lagarde.
3. En fait, il ne semble pas qu'aucun décret ait été jamais pris en application de l'art. 23-8 (anc. art. 97 C. nat.) ; il serait intéressant de savoir si des injonctions ont effectivement été adressées.

B. DÉCHÉANCE DE LA NATIONALITÉ FRANÇAISE

1017. – Domaine, cas et procédure. Introduite par la loi de 1927, la déchéance de la nationalité française ne peut frapper que des personnes ayant « acquis » celle-ci au sens de la loi, et non des nationaux d'origine. Elle est destinée à sanctionner un comportement révélant un caractère indésirable. Toutefois, celui qui est reproché à l'intéressé doit être intervenu au plus tard dans les dix ans suivant l'acquisition de la nationalité française (art. 25-1 al. 1er).

La déchéance peut sanctionner un défaut de loyalisme, caractérisé de différentes manières : condamnation pour atteinte aux intérêts fondamentaux de la Nation ou pour acte de terrorisme, ou pour une des infractions que le Code pénal qualifie d'atteintes à l'administration publique commise par des personnes exerçant des fonctions publiques (art. 431-13 à 432-17) ou pour délit d'insoumission ; action de se livrer au profit d'un Etat étranger à des actes incompatibles avec la qualité de français et préjudiciables aux intérêts de la France (art. 25, 1° à 4° C. civ.). On note que dans ce dernier cas, c'est un comportement qui est visé sans qu'une condamnation ait nécessairement été prononcée[1].

La déchéance ne peut être prononcée que dans les dix ans à compter de la survenance des faits (art. 25-1 al. 2 C. civ.) ; ce délai ne doit pas être confondu avec celui suivant l'acquisition de la nationalité française, à l'intérieur duquel les faits doivent eux-mêmes être survenus (al. 1er)[2]. La décision de poursuivre la déchéance est notifiée à l'intéressé, qui a la faculté d'adresser ses observations en défense (art. 61 décr. 30 déc. 1993). La déchéance est prononcée par décret motivé pris après avis conforme du Conseil d'État. La loi de 1998 empêche cette décision si elle rend l'intéressé apatride. Elle est aujourd'hui strictement individuelle (l'art. 100 C. nat. qui permettait son extension à la femme et aux enfants mineurs de l'intéressé a été abrogé en 1973)[3].

C. RÉINTÉGRATION DANS LA NATIONALITÉ FRANÇAISE

1018. – Notion et formes. La réintégration est l'acquisition non rétroactive de la nationalité française par une personne qui a eu celle-ci mais l'a perdue ou en a été déchue. À l'origine considérée comme un droit dans certaines conditions, elle était depuis 1889 soumise à un décret du gouvernement lui conférant un régime très proche de celui de la naturalisation. Un décret de 1967 introduisit une réintégration par déclaration, dont la loi du 9 janvier 1973 élargit le domaine. Sous ses deux formes, la réintégra-

1. La loi du 16 mars 1998 a abrogé la déchéance qui pouvait également sanctionner une indignité, résultant d'une condamnation, en France ou à l'étranger, pour un acte qualifié crime par la loi française à une peine d'au moins cinq années d'emprisonnement.
2. CE 23 mai 1986, *Warzecka*, D. 87. Somm. 225.
3. De ce fait, et le décret étant également dépourvu d'effet sur la présence sur le territoire, le moyen tiré de la violation de l'art. 8 CEDH à l'encontre d'un décret est jugé inopérant : CE 18 sept. 2007, D. 07. Act. 2608.

tion produit les effets collectifs de l'acquisition de la nationalité française (art. 24-3 C. civ.) (n° 978). Le domaine de la réintégration par décret est général, tandis que celui de la réintégration par déclaration est circonscrit.

1019. – a) Réintégration par décret. Tout ancien Français peut solliciter sa réintégration par décret dans les mêmes conditions qu'une naturalisation, sans toutefois être soumis aux conditions d'âge et de stage prévues pour celle-ci (art. 24-1 C. civ)[1]. Il paraît donc *a contrario* soumis au contrôle de l'assimilation, prévu par l'art. 21-24, qui sera le plus souvent dans ce cas formel[2]. On ne distingue pas selon que la nationalité française était d'origine ou acquise, ni les conditions dans lesquelles elle a été perdue ; même celles qui ont le caractère d'une sanction n'y font pas obstacle. La décision du gouvernement doit aujourd'hui être motivée.

1020. – b) Réintégration par déclaration. Prévue par l'art. 24-2 C. civ., la réintégration par déclaration est ouverte dans deux cas où un Français – d'origine, ou par acquisition selon la loi de 1998 – avait pu perdre cette nationalité selon la même forme : à la suite du mariage avec un étranger (n° 1010 ; de fait, les personnes effectuant la déclaration sont dans la quasi-totalité des femmes) ou par acquisition volontaire d'une nationalité étrangère (n° 1008)[3]. La réintégration est subordonnée à la condition que l'ancien Français ait « conservé ou acquis avec la France des liens manifestes, notamment d'ordre culturel, professionnel, économique ou social » (art. 24-2 al. 2). Elle est paralysée le cas échéant par les différents obstacles à l'acquisition de la nationalité française formulés par l'art. 21-27 (n° 979).

La loi de 1993 a également introduit – à la demande des représentants des Français de l'étranger – une possibilité de réclamation par déclaration pour les personnes ayant perdu la nationalité française en application de l'art. 23-6 (*supra* n° 1012) ou à qui a été opposée la fin de non-recevoir prévue par l'art. 30-3 (*infra* n° 1030). Elles doivent pour cela, selon le texte (art. 21-14), soit avoir conservé ou acquis avec la France des liens manifestes d'ordre culturel, professionnel, économique ou familial, soit avoir effectivement accompli des services militaires dans une unité de l'armée française ou combattu dans les armées françaises ou alliées en temps de

1. L'intéressé doit donc en particulier avoir sa résidence en France au moment de la signature du décret : CE 15 juin 1987, D. 87. I.R. 174.
2. Des refus ont cependant été opposés (dans le cadre de l'art. 153 C. nat., n° suivant), lorsque l'intéressé était dans les liens d'un mariage polygamique et même d'un mariage potentiellement tel : TA Paris, 1er fév. 1990 et TA Nantes, 23 mai 1990, RC 90.675 n. Lagarde ; rappr. Paris, 24 mars 1998, D. 98.517 n. Guiho, cité n° 1002.
3. Une procédure spécifique de réintégration par déclaration était prévue par l'art. 153 C. nat. pour les personnes ayant eu la nationalité française avant l'indépendance des anciens territoires d'outre-mer, à condition d'avoir au préalable établi leur domicile en France. Subordonnée à une autorisation, elle était devenue en fait moins facile que la procédure de droit commun de réintégration par décret ou naturalisation ; son objet était peu à peu réduit à néant avec l'écoulement du temps. Ainsi que l'avait proposé la Commission de la nationalité, elle a été supprimée par la loi de 1993. Les intéressés peuvent demander la réintégration par décret dans les conditions de l'art. 24-1.

guerre. Dans le second cas, la faculté est également ouverte au conjoint survivant de l'intéressé.

SECTION III

RÈGLES DE FORME, PREUVE ET CONTENTIEUX

1021. – Textes. Les chapitres V et VI du titre consacré à la nationalité traitent respectivement des actes relatifs à l'acquisition ou à la perte de la nationalité française (art. 26 à 28-1) et du contentieux de celle-ci, y compris les règles de preuve (art. 29 à 31-3). Un certain nombre de dispositions complémentaires figurent dans le décret du 30 décembre 1993. D'autres encore figurent, eu égard à leur objet, dans le Code de procédure civile.

§ 1. FORME DES DÉCLARATIONS RELATIVES À LA NATIONALITÉ

1022. – Domaine. Les règles de fond prévoient de nombreux cas dans lesquels une personne est appelée à manifester sa volonté d'avoir la nationalité française ou de ne pas l'avoir. Il est ainsi possible, sous les conditions étudiées, de répudier la nationalité française attribuée à la naissance (art. 18-1 et 19-4 C. civ.) ou de renoncer à la faculté de répudier (art. 20-2 al. 2) ; de la réclamer à raison d'une adoption ou de circonstances assimilées (art. 21-12), ou de la possession d'état de français (art. 21-13) ou du mariage avec un Français (art. 21-2) ; de perdre la nationalité française en cas d'acquisition volontaire d'une nationalité étrangère (art. 23) ou de mariage avec un étranger (art. 23-5) ; enfin de réintégrer la nationalité française (art. 24-2).

Ces différents types de déclarations obéissent à un régime commun. Il fait l'objet des art. 26 à 26-5, auxquels renvoient, directement ou indirectement, toutes les dispositions précitées, et qui sont complétés par les articles 10 à 34 du décret du 30 déc. 1993.

1023. – Règles de capacité. Des règles de capacité particulière sont formulées en matière de nationalité par l'art. 17-3. L'intéressé peut souscrire une déclaration dès l'âge de seize ans ; en dessous de cet âge, il est représenté par celui ou ceux qui exercent à son égard l'autorité parentale.

Une loi du 8 fév. 1995 a fixé un régime de représentation pour le mineur de seize à dix-huit ans dont l'altération des facultés mentales ou corporelle empêche l'expression de sa volonté (al. 2).

1024. – Dépôt et enregistrement des déclarations. Les déclarations relatives à la nationalité sont reçues par le juge d'instance de la résidence du déclarant ou par les autorités consulaires françaises (art. 26). La réforme de 1993 a limité le nombre des tribunaux d'instance habilités à recevoir les déclarations, afin d'assurer une certaine spécialisation ; leur liste est fixée par décret. Le procès-verbal de déclaration, qui constitue un acte authentique, est dressé en deux exemplaires. Le décret du 30 déc. 1993 précise les différentes pièces à produire selon le but de la déclaration[1]. Un récépissé est délivré après remise des pièces nécessaires à leur recevabilité (art. 26 C. civ. ; décr. art. 10, 29). Dans le cas de déclaration du conjoint d'un Français, le récépissé fait courir le délai pendant lequel le gouvernement peut s'opposer par décret à l'acquisition de la nationalité française (n° 1001).

Le greffier en chef du tribunal d'instance pour les déclarations souscrites en France, le ministre de la justice pour les déclarations souscrites à l'étranger ou le ministre chargé des naturalisations dans le cas du conjoint d'un Français, sont appelés à enregistrer les déclarations (art. 26-1 C. civ.), sauf en ce qui concerne celles souscrites en raison du mariage avec un conjoint français (n° 1002). Cette formalité, prévue à peine de nullité, est essentielle puisque la preuve de la déclaration résultera de la production d'un exemplaire enregistré (décr. art. 34).

Aux fins d'enregistrement, l'autorité compétente dispose d'un délai de six mois pour examiner la régularité de la déclaration au regard de toutes les conditions légales (un an dans le cas d'acquisition par mariage). Dans le cas le plus fréquent, elle enregistre la déclaration ; mention en est portée sur les deux exemplaires dont l'un est remis au déclarant pour faire preuve de sa nationalité et l'autre conservé (art. 26-4). Si au contraire l'autorité estime que les conditions ne sont pas réunies, elle refuse l'enregistrement. Ce refus doit être motivé ; l'intéressé dispose alors d'un délai de six mois pour contester cette décision devant le tribunal de grande instance (art. 26-3 C. civ.). Dans le cas où aucune décision n'est intervenue dans les six mois du dépôt, l'intéressé peut réclamer copie de sa déclaration revêtue de la mention de l'enregistrement.

Le ministère public peut contester l'enregistrement pendant le délai de deux ans si les conditions légales ne sont pas satisfaites (art. 26-4 al.2). La déclaration enregistrée peut encore être contestée par le ministère public en cas de mensonge ou de fraude dans le délai de deux ans à compter de leur découverte (art. 26-4 al. 3)[2].

Les effets acquisitifs de la déclaration partent non de son enregistrement, ou de la décision constatant sa régularité, mais du jour où elle est reçue (art. 26-5). Cette règle évite que l'intéressé n'ait à souffrir des délais.

§ 2. – PREUVE DE LA NATIONALITÉ

1025. – Objet de la preuve. La preuve de la nationalité demande à être établie dans trois séries de circonstances. Tantôt une personne cherche à se prévaloir d'un droit attaché à la qualité de français (par ex., accéder à un emploi public, invoquer l'art. 14 C. civ.), et doit être en mesure de faire la preuve de sa nationalité. De même que la loi détaille les conditions dans

1. Pour un exemple de difficulté liée à la légalisation d'actes de naissance dressés à l'étranger, aux fins d'application de l'art. 21-2, v. Civ. 4 juin 2009 (2 arrêts), préc. n° 607.
2. Pour un ex. v. Paris, 24 mars 1998, cité n° 1002 ; sur le cas de cessation de la communauté de vie entre époux, v. n° 1001.

lesquelles est conférée la nationalité française, elle a établi un système de preuve légale de cette nationalité (A). Inversement, une personne peut être amenée en France à faire preuve de son extranéité pour échapper à certaines obligations liées à la nationalité française. Cette question est encore du domaine de la loi française, car il s'agit de démontrer que l'intéressé n'est français à aucun titre ou qu'il ne l'est plus (B). Enfin, une personne peut s'efforcer d'établir qu'elle a une nationalité étrangère déterminée, par exemple pour bénéficier d'un traité ou pour demander l'application du statut personnel correspondant. La loi française n'ayant pas à fixer les conditions d'attribution de quelque nationalité étrangère que ce soit (n° 939), et donc l'objet de la preuve, il ne lui est guère possible de prévoir de règle de preuve précise pour ces cas (C).

A. PREUVE DE LA NATIONALITÉ FRANÇAISE

1026. – Charge de la preuve. L'article 30 al. 1er C. civ. dispose que la charge de la preuve, en matière de nationalité française, incombe à celui dont la nationalité est en cause. Cette disposition est conforme au droit commun de la charge de la preuve dans la mesure où celui qui se prétend français doit faire la preuve de cette qualité ; mais elle y déroge en ce que celui dont la nationalité française est contestée ou alléguée par un autre doit lui-même faire preuve qu'il a ou n'a pas cette nationalité. Ce trait s'explique parce que l'intéressé dispose des éléments d'information permettant d'établir le bien-fondé de sa prétention, tandis que son adversaire – par exemple un locataire contestant le droit de reprise de son bailleur – peut n'en avoir aucun. Il n'est pas certain toutefois qu'il demeure applicable lorsque l'intéressé est décédé ou est un tiers au litige.

1027. – Certificat de nationalité française. La règle précédente se justifie d'autant mieux que pour l'immense majorité de ceux qui en sont titulaires, la nationalité française ne prête pas à contestation. La pratique avait instauré un mode de preuve extra-judiciaire simplifié, le certificat de nationalité, lequel fut réglementé par le Code de la nationalité. Ce document est depuis 1995 délivré par le greffier en chef du tribunal d'instance (succédant au juge d'instance) et par lui seul (il ne l'est donc pas par les consuls). Il indique la disposition légale en vertu de laquelle l'intéressé a la qualité de Français, ainsi que les documents qui ont permis de l'établir (art. 31-2)[1].

La possession du certificat aura également pour effet, dans un débat contentieux, de renverser le fardeau de la preuve (art. 30 al. 2 C. civ.)[2]. En cas de refus de délivrance du certificat, l'intéressé peut saisir le ministre de la Justice qui décidera s'il y a lieu de procéder à la délivrance (art. 31-3

1. La force probante du certificat est souvent contestée, notamment au motif de précision insuffisante quant à la disposition d'où résulte la qualité de français : v. Civ. I, 12 janv. 1982, RC 82.503 n. Lagarde, JDI 83.364 n. Laborde, faisant respecter la présomption résultant du certificat.
2. Civ. I, 23 janv. 2007, Bull. civ. I, n° 36 ; 3 déc. 2008, RC 09.41, 1re esp., n. Lagarde.

C. civ.). Il s'agit là d'un recours hiérarchique, manifestant que l'autorité de délivrance exerce là une fonction administrative et non juridictionnelle[1]. En cas d'impossibilité d'obtenir un certificat, ou si une personne cherche à renverser la présomption résultant d'un certificat, la preuve sera débattue en justice. Plus généralement, le contentieux lié à la délivrance des certificats de nationalité française semble devoir relever des tribunaux judiciaires[2].

En vertu du décret du 26 septembre 1953 portant simplification des formalités administratives (tel que modifié par le décr. 22 mars 1972), la présentation d'une carte nationale d'identité en cours de validité tient lieu dans la plupart des procédures administratives de remise ou de présentation d'un certificat de nationalité (art. 1er). Le décret de 1972 a également créé la « fiche d'état civil et de nationalité française », qui peut être obtenue dans les mairies sur simple présentation de la carte d'identité, mais dont l'usage est plus restreint (v. également l'Instruction générale sur l'état civil, éd. 1999, n° 638 s.). En revanche, le passeport (qui est un titre de déplacement) ne vaut pas titre de nationalité[3].

1028. – Preuve judiciaire : différentes situations. La question de la preuve de la nationalité présente un paradoxe : il est plus facile d'établir sa nationalité lorsque celle-ci a connu une solution de continuité que dans le cas contraire. Plus précisément, toutes les fois que la nationalité française d'une personne résulte d'une déclaration de sa part ou d'une décision de l'autorité publique, il est possible de se ménager une preuve préconstituée. Au contraire, des difficultés peuvent s'élever lorsque l'attribution de la nationalité française n'a fait intervenir aucun acte juridique – pratiquement, lorsqu'il s'agit de la nationalité d'origine et qu'elle est attribuée à titre définitif[4] – ce qui est de beaucoup la situation la plus fréquente.

a. Preuve de la nationalité française reçue sans déclaration de volonté

1029. – Objet de la preuve et distinction. La preuve de la nationalité française attribuée ou acquise sans manifestation de volonté ne peut être faite qu'en établissant l'existence de toutes les conditions requises par la loi (art. 30-1 C. civ.). La situation est différente selon que la nationalité française est acquise par filiation uniquement ou qu'elle est acquise par l'effet combiné du *jus soli* et de la filiation.

1030. – Nationalité n'ayant sa source que dans la filiation. Le problème soulevé par la preuve d'une nationalité qui n'est reçue que *jure sanguinis* a été exposé (n° 931) : il faut théoriquement remonter indéfiniment la chaîne des ascendants. Dans le cas de la nationalité française, la régression est cependant limitée : elle s'arrêterait si l'intéressé parvenait à

1. Paris, 29 oct. 1987, D. 88.I.R.259. V. cpdt note suivante.
2. En ce sens, pour la responsabilité de l'État pour défaut prolongé de réponse à une demande, Civ. I, 28 fév. 2006, RC 06.577 n. Lagarde.
3. Rép. min., RC 1980.647.
4. De ces différents cas de preuve de la nationalité française, on peut rapprocher celui de la perte, *lato sensu*, de la nationalité française ; ils sont étudiés au point suivant, avec la preuve de l'extranéité.

établir la naissance en France d'un auteur avant 1804 selon le droit applicable à l'époque. Mais pour couper court aux difficultés, le Code de la nationalité admit la preuve par la possession d'état constante de français. Étant donné cependant l'incertitude de ce mode de preuve, la disposition de 1945 exigeait que cette possession d'état fût constatée sur trois générations, c'est-à-dire chez l'intéressé, ses parents et grands-parents de qui il tenait la nationalité française. L'exigence est apparue à l'usage excessive ; une loi de 1961 l'a réduite à deux générations (art. 30-2 C. civ.).

La loi ne donnant aucune précision quant à ce qui constitue la possession d'état, la notion à prendre en considération est celle du droit commun. On peut aujourd'hui se référer plus précisément aux éléments cités par l'article 17 du décr. 30 déc. 1993 pour l'application de l'art. 21-13 C. civ. (n° 990). Aucun des éléments susceptibles d'être invoqués n'est en soi décisif ; l'appréciation de la possession d'état est une question de fait, abandonnée à la prudence des juges. À supposer en outre que la possession d'état soit établie, elle ne constitue qu'une présomption simple de la qualité de français ; l'art. 30-2 réserve expressément la preuve contraire.

L'art. 30-3 C. civ. édicte une fin de non-recevoir à la preuve par la possession d'état lorsque l'intéressé réside ou a résidé habituellement à l'étranger, où les ascendants dont il tient par filiation la nationalité sont demeurés pendant plus d'un demi-siècle, si lui-même et celui de ses père et mère susceptible de lui transmettre la nationalité française n'ont pas eu la possession d'état de français[1]. Cette disposition évoque celle de l'art. 23-6 (n° 1011), mais elle n'en constitue pas un doublet. L'art. 23-6 vise la perte de la nationalité française qui serait autrement établie ; il permet *a contrario* à un individu qui a été français et qui en a conservé la possession d'état de montrer qu'il est toujours français. L'art. 30-3 interdit à une personne cherchant à se faire reconnaître la nationalité française (sur l'action déclaratoire, *infra*, n° 1044) de faire preuve de la qualité de français lorsque lui-même et l'ascendant dont il tiendrait la nationalité française n'en ont pas eu la possession d'état. Les conditions prévues par les deux textes ne sont au demeurant pas exactement les mêmes ; l'article 30-3 déclare néanmoins que dans le cas qu'il vise, le tribunal devra constater la perte de la nationalité française dans les termes de l'art. 23-6. Mais l'intéressé a la faculté de réclamer la nationalité française par déclaration aux conditions de l'art. 21-14.

***1031. – Nationalité reçue par l'effet du* jus soli *et de la filiation*.** Lorsque la nationalité française résulte de la naissance en France de l'intéressé et de l'un au moins de ses parents (art. 19-3 et 19-4 C. civ.), on détient des preuves préconstituées : les actes de naissance. Bien que n'ayant pas pour objet principal la preuve de la nationalité, ils permettent de l'établir.

1. Sur l'interprétation de ce texte, v. rép. min. 13 sept. 2007, RC 07.964.

La preuve résultera de leur production (n° 975). Le procédé est à ce point commode qu'il est utilisé pour faire preuve de la nationalité française même lorsque celle-ci a été acquise également par filiation.

1032. – Absence de répudiation de la nationalité française. La nationalité française n'est dans certains cas attribuée à titre de nationalité d'origine que sous réserve d'une faculté de répudiation dans les six mois précédant la majorité (art.18-1 al. 1 et 19-4 al. 1er C. civ. ; n° 977). Pour prouver que celle-ci n'a pas été exercée, et donc que la nationalité française est devenue définitive, une personne dans un tel cas se faisait délivrer une attestation par le ministre chargé des naturalisations ; pouvaient demander cette attestation, outre l'intéressé lui-même, son représentant légal, ses parents et alliés ou les autorités publiques françaises (art. 27 décr. 10 juillet 1973). Cette disposition n'a pas été reprise dans le décret de 1993. L'intéressé devra produire une copie intégrale de son acte de naissance.

b. Preuve de la nationalité française résultant d'une déclaration de nationalité ou d'un acte de l'autorité publique

1033. – Acquisitions « contrôlées » de la nationalité française. Dans les différents cas de réclamation de la nationalité française, de naturalisation et de réintégration sous ses deux formes, la nationalité française est acquise à la suite d'une demande de l'intéressé, suivie d'une décision de l'autorité publique (enregistrement ou décret) : il s'agit d'acquisitions « contrôlées ». La preuve se fera donc, selon le cas, par la production de l'exemplaire enregistré de la déclaration de nationalité (art. 34 décr. 30 déc. 1993, *supra*, n° 1024), ou celle de l'ampliation du décret ou d'un exemplaire du Journal officiel où ce décret a été publié (art. 52 du même décr.). Lorsque ces pièces ne peuvent être produites, il y est suppléé par la production d'attestations délivrées par le ministère chargé des naturalisations.

Une loi du 12 juillet 1978 a prescrit la mention, en marge de l'acte de naissance, des actes administratifs, déclarations et décisions juridictionnelles relatifs à l'acquisition, la perte de la nationalité française ou la réintégration dans cette nationalité (art. 28 C. civ.)[1]. La loi de 1998 a ajouté la délivrance du premier certificat de nationalité française, afin de faciliter la preuve de celle-ci dans la vie courante. Toutes ces mentions sont portées sur les copies des actes de naissance et, à la demande des intéressés, sur les extraits de ces actes et sur le livret de famille (art. 28-1 C. civ.). Sans se substituer à la production des documents précédents, l'acte de naissance peut ainsi en tenir lieu et permet aux Français d'acquisition, mais à eux seuls, d'apporter plus facilement la preuve de leur nationalité : non pas tant de manière directe, car la disposition n'a pas pour objet d'introduire la preuve de la nationalité par les registres de l'état civil, que de manière indirecte, pour obtenir la délivrance d'un certificat de nationalité.

1. RC 1978.786 comm. Lagarde.

B. PREUVE DE L'EXTRANÉITÉ

1034. – Objet de la preuve et distinction. Démontrer l'extranéité d'une personne revient à établir qu'il n'est pas français. C'est donc encore par référence au droit français que la question doit être résolue. Elle se présente de manière différente selon que l'intéressé a eu la nationalité française ou qu'il ne l'a jamais eue (art. 30-4 C. civ.).

1035. – a) Nationalité française perdue ou retirée. Depuis que la perte de la nationalité française nécessite dans tous les cas, selon le droit commun, une déclaration de l'intéressé ou une décision de l'autorité publique (n° 1005 s.), on dispose d'une preuve préconstituée ; la situation est analogue à celle envisagée au point précédent[1]. La preuve de l'exercice d'une faculté de répudiation se fera par la production d'un exemplaire enregistré de la déclaration, ou d'une attestation délivrée par le ministre compétent. La preuve d'un décret se fera par la production de l'ampliation ou du *Journal officiel*. Dans le cas où elle résulte de l'établissement prolongé à l'étranger, la perte de la nationalité donne lieu à un jugement dont on produira une expédition.

Dans les cas où la nationalité française aurait été perdue de plein droit en vertu du droit alors en vigueur, il faudra faire la preuve des faits ou actes ayant eu cette conséquence : ainsi l'acquisition volontaire d'une nationalité étrangère avant 1973 (n° 1008). Il en est également ainsi dans le cas où elle s'est opérée de plein droit par application de la Convention de Strasbourg (n° 1008 et 1009).

1036. – b) Personnes n'ayant jamais eu la nationalité française. En dehors des cas précédents, la preuve de l'extranéité ne peut être établie qu'en démontrant que l'intéressé ne remplit aucune des conditions exigées par la loi pour avoir la qualité de français (art. 30-4 C. civ., disposition faisant pendant à celle de l'art. 30-1, mais qui souligne que la question ne dépend que de la loi française et non du fait que l'intéressé jouit d'une nationalité étrangère). Si la nationalité française est actuellement présumée sur la foi d'un certificat de nationalité, celui-ci énonce le titre en vertu duquel la nationalité française est revendiquée. La personne qui conteste cette nationalité devra démontrer l'inexactitude de l'élément mentionné. Si elle y parvient, il restera à l'intéressé à démontrer qu'il est français à un autre titre. Si la preuve de la nationalité française est apportée par la possession d'état, du fait que l'intéressé et son auteur avaient la possession d'état de français (n° 1030), la nationalité résulte de la filiation ; il incombe à celui qui la combat de démontrer que l'intéressé n'est pas français par la voie de la filiation. Dans tous les cas, la preuve d'une nationalité étrangère ne suffirait nullement à établir que l'intéressé n'est pas français, puisque chaque Etat attribue sa nationalité sans tenir compte de l'attitude des autres (n° 938).

C. PREUVE D'UNE NATIONALITÉ ÉTRANGÈRE DÉTERMINÉE

1037. – Domaine. Aux cas déjà évoqués où l'on est amené à faire la preuve d'une nationalité étrangère (bénéfice d'un traité, notamment), il convient d'ajouter ici celui où la perte de la nationalité française est subordonnée à l'acquisition d'une nationalité étrangère qui est alors toujours une nationalité déterminée.

1. Il convient de mettre à part le cas d'annexion de territoire, qui ne fait pas de difficulté de ce point de vue (n° 945).

1038. – Rôles respectifs de la loi étrangère et de la loi française. Les textes relatifs à la preuve de la nationalité française sont inapplicables à la preuve d'une nationalité étrangère déterminée : en fait, parce que ces textes sont dans la dépendance étroite des conditions de fond selon lesquelles est conférée la nationalité française ; en droit, parce qu'il n'appartient pas à un État de réglementer une nationalité étrangère sous quelque aspect que ce soit. On recourra donc au premier chef aux règles de fond et de preuve prévues par la loi de la nationalité invoquée. Aux premières, on demandera par exemple si le mariage avec un national du pays en question en fait acquérir la nationalité ou si l'acquisition volontaire d'une nationalité étrangère la fait perdre. Et puisque les règles de preuve admises par la loi étrangère le sont en fonction des conditions d'attribution et de perte de cette nationalité, on tiendra compte de ces modes de preuve.

Mais ces différentes règles n'ont pas pour le juge français un caractère décisif. Si chaque Etat détermine librement l'attribution de la nationalité qu'il confère, les dispositions qu'il édicte ne s'imposent pas aux autres. Le juge français, comme tout autre, est donc libre de tirer les conséquences qu'il veut des dispositions de la loi étrangère invoquée ; celle-ci présente à certains égards en matière de nationalité, comme en toute autre, les caractères d'un fait (n° 259)[1]. À ce titre, elle échappe au contrôle de la Cour de cassation[2]. Il n'y a pas lieu d'en décider autrement dans le cas où une convention d'établissement lie la France au pays étranger : la convention ne confère pas un blanc-seing à l'autre partie pour déterminer ses nationaux. En cas de refus de reconnaître le bénéfice du traité à une personne invoquant la nationalité de l'État cocontractant, cette personne pourra demander à celui-ci d'intervenir pour son compte.

L'autorité publique peut donc refuser de reconnaître les conséquences d'une loi étrangère, même lorsque celles-ci ne sont pas douteuses. Cette situation a été illustrée par l'affaire *Nottebohm* (n° 940), dans laquelle un État a été déclaré fondé à ne pas reconnaître la nationalité incontestablement accordée par un État étranger. Comme le montre cet exemple, c'est surtout dans le cas où l'État étranger accorderait sa nationalité avec légèreté, c'est-à-dire sans lien de rattachement suffisant, que celle-ci risque de ne pas être reconnue dans un État tiers. De la même manière, le juge français est libre d'accorder la force probante qu'il veut à un mode de preuve prévu par la loi étrangère, tel qu'un certificat de nationalité. La liberté du juge français lui permet notamment de tenir compte de la possession d'état lorsque les règles du droit étranger sont insuffisamment précises.

1039. – Conflit de deux nationalités étrangères. Lorsqu'une personne peut être titulaire de deux nationalités étrangères, le juge recherchera quelle est la nationalité effective de l'intéressé (n° 951). Ce faisant, il ne méconnaît pas le principe du droit international public qui reconnaît compétence à chaque État pour déterminer ses nationaux et interdit corrélativement aux autres de le faire pour lui. D'une part, lorsqu'il ne fait pas de doute que l'intéressé a en droit les deux nationalités, le juge français n'en attribue aucune mais effectue un choix nécessaire ; dès lors qu'il est libre de ne pas tenir compte d'une nationalité étrangère unique (n° précédent), il lui est permis d'estimer une nationalité plus effective qu'une

1. Il en est autrement lorsque la détermination de la nationalité de l'intéressé dépend de l'application d'un traité liant la France ; la détermination de la nationalité étrangère devient une question de droit.
2. Pour une affirmation du principe, v. Civ. I, 8 janv. 1974, RC 74.625 n. Lagarde, JDI 74.577 n. Aymond, D.75.160 n. Guimezanes ; pour un exemple de son application, v. Civ. 13 juill. 1933, S. 33.1.141 déclarant qu'un individu a la nationalité allemande sur la foi de présomptions « graves, précises et concordantes ».

autre pour trancher un conflit de nationalités. D'autre part, lorsqu'il y a doute sur ce que l'intéressé a l'une des nationalités en cause, il est encore possible de justifier la décision éventuelle en faveur de cette nationalité ; le juge ne prétend pas attribuer cette nationalité *erga omnes* mais tenir compte d'une situation effective, et ce en général pour l'application d'une disposition particulière intéressant l'État du for : ainsi une mesure de confiscation des biens de « ressortissants ennemis ». Il lui appartient donc d'interpréter cette disposition selon ses propres vues, sous la responsabilité internationale de l'État au nom duquel il statue.

§ 3. - CONTENTIEUX DE LA NATIONALITÉ

1040. – Généralités. Le contentieux de la nationalité obéit à un certain nombre de règles particulières, dont les plus importantes sont formulées dans le Code civil (art. 29 à 29-5). Les dispositions purement procédurales, dans la mesure où elles ont cessé de relever du domaine de la loi, ont été renvoyées en 1973 au Code de procédure civile (art. 29-2 C. civ.) ; elles font aujourd'hui l'objet des art. 1038 à 1045 du Code.

La réglementation particulière de la matière se justifie par l'importance du lien de nationalité. Comme tout élément de l'état des personnes, celui-ci doit connaître le moins d'incertitude possible et il est indivisible. Ces traits expliquent que le contentieux en soit réservé à la juridiction civile de droit commun (A). Ils justifient l'existence d'une action abstraite (B). Enfin, les garanties d'un examen sérieux de la question permettent de conférer une autorité particulière aux décisions rendues (C).

A. COMPÉTENCE

1041. – Compétence exclusive du tribunal de grande instance. Aux termes de l'art. 29 al. 1er C. civ., la « juridiction civile de droit commun » – c'est-à-dire le tribunal de grande instance (art. 1038 al. 1er CPC) – est seule compétente pour connaître des contestations sur la nationalité française ou étrangère des personnes physiques ; les deux dernières précisions ont été ajoutées par la loi de 1973, confirmant la jurisprudence. Cette compétence exclusive apporte une dérogation au principe selon lequel le juge de l'action est juge de l'exception. Le caractère préjudiciel de l'exception se justifie par l'appartenance de la nationalité à l'état des personnes, qui est de la compétence exclusive du tribunal de grande instance ; on verra en outre que le ministère public est toujours partie à l'instance.

La règle s'impose donc aux juridictions d'attribution de l'ordre judiciaire, y compris le juge d'instance, aux juridictions pénales[1] et aux juridictions administratives[2]. Il n'y est fait exception que devant la Cour d'assises (art. 29 al. 2 C. civ.) en raison de la présence du jury représentant la souveraineté populaire, conférant à cette cour plénitude de juridiction ; on évite ainsi que soit retardé le jugement des affaires pénales les plus graves. Mais la décision ne jouit pas dans ce cas de la même autorité (n° 1046). Pour que le caractère préjudiciel de l'exception soit reconnu dans un cas donné, il est nécessaire, conformément à la règle générale, que la controverse sur la nationalité présente un caractère sérieux ; cela afin que l'exception ne soit pas utilisée à des fins dilatoires. La juridiction saisie apprécie ce caractère sous le contrôle de la Cour de cassation.

1. La règle s'applique notamment en matière d'infraction à un arrêté d'expulsion.
2. CE 30 avril 1969, JCP 69.16015 n. Aymond, JDI 70.698 n. Goldman, RC 71.63 n. P.L.

La compétence exclusive de la juridiction civile de droit commun n'ôte pas toute compétence en matière de nationalité à la juridiction administrative. Si celle-ci n'est pas compétente pour statuer sur la nationalité elle-même, elle le demeure – ainsi qu'on l'a vu – toutes les fois qu'il y a lieu d'apprécier la légalité d'un acte administratif rendu en matière de nationalité.

1042. – Compétence territoriale. Les actions relatives à la nationalité sont portées devant le tribunal de grande instance du lieu où demeure la personne dont la nationalité est en cause ; à défaut de demeure en France, devant le tribunal de Paris (art. 1039 CPC). Dans le cas toutefois où la question s'est élevée incidemment devant un tribunal de grande instance, celui-ci statuera lui-même.

1043. – Mise en œuvre de l'action préjudicielle. La contestation relative à la nationalité peut s'élever à l'occasion d'un litige de droit privé (question de filiation, de succession) ou à l'occasion de rapports avec l'autorité publique (incorporation dans l'armée, refus d'accès à une fonction publique, expulsion du territoire). Lorsqu'elle s'élève devant le tribunal de grande instance, celui-ci statue lui-même. Le Code de procédure civile réglemente la mise en œuvre de l'exception devant les juridictions de l'ordre judiciaire. L'exception est d'ordre public, c'est-à-dire qu'elle peut être soulevée en tout état de cause et doit être relevée d'office par le juge (art. 1038 al. 2 CPC). La cause est communiquée au ministère public, lequel fait connaître, par conclusions écrites et motivées, s'il y a lieu ou non d'admettre l'existence d'une question préjudicielle (art. 1041). Si elle admet l'exception, la juridiction saisie renvoie les parties, ou le procureur de la République, à se pourvoir devant le tribunal de grande instance compétent (art. 1042).

B. ACTION DÉCLARATOIRE OU NÉGATOIRE

1044. – Admission d'une action déclaratoire. La possibilité de saisir le tribunal civil d'une action ayant pour objet de statuer sur la nationalité hors de toute contestation était autrefois controversée. L'affirmative était en général admise lorsque le ministère public agissait. Lorsque c'était l'intéressé lui-même, on lui contestait ce droit au nom du principe « pas d'intérêt, pas d'action ». Cette position n'était pas sans inconvénient, car une personne a un intérêt moral évident à être fixée sur sa nationalité. Attendre qu'une contestation s'élève peut également avoir pour conséquence un dépérissement des preuves. La question est expressément tranchée depuis le Code de la nationalité, en faveur du droit d'agir tant en ce qui concerne le ministère public que l'intéressé (art. 29-3 C. civ.).

L'action du ministère public tendant à faire déclarer que telle personne a ou n'a pas (action négatoire) la nationalité française est exercée contre cette personne, sans préjudice du droit qui appartient à tout intéressé d'intervenir à l'instance (art. 1040 CPC). Ayant le monopole de l'action, le ministère public est tenu d'agir s'il en est requis par une administration publique ou par une tierce personne qui a soulevé avec succès l'exception de nationalité devant une juridiction et qui est alors mise en cause (art. 29-4 C. civ. et 1044 CPC).

Si c'est l'intéressé qui agit, il doit assigner le procureur de la République. Celui-ci constitue alors le « contradicteur légitime » ; il a seul qualité pour défendre à l'action, sans préjudice du droit d'intervention des tiers intéressés.

1045. – Déroulement de l'instance. L'action est introduite par voie d'assignation, à moins que la loi n'autorise expressément le demandeur à se pourvoir par voie de requête (cas de l'inscription sur les listes électorales). Une copie de l'assignation ou de la requête est déposée au ministère de la justice, sous peine d'irrecevabilité de la demande (art. 1043 CPC). Cette disposition permet à la Chancellerie de centraliser les informations concernant le contentieux de la nationalité française. Aucune décision ne peut être rendue sur le fond avant l'expiration d'un délai d'un mois à compter du dépôt. Ce délai doit permettre à la Chancellerie de faire connaître au ministère public son point de vue sur la difficulté soulevée. Les garanties offertes par cette procédure quant à l'examen de l'affaire justifient l'autorité particulière des décisions rendues.

C. AUTORITÉ DES DÉCISIONS

1046. – Principe de l'autorité absolue et exceptions. L'art. 29-5 al. 1er C. civ. proclame l'autorité à l'égard des tiers des décisions rendues par le juge de droit commun en matière de nationalité française[1]. C'est la consécration en la matière de la tendance à l'autorité absolue des jugements d'état (v. art. 311-10 C. civ.). Le texte lui-même comporte cependant deux restrictions. L'autorité absolue ne joue pas lorsque la décision a statué sur une nationalité étrangère ; en effet, il n'appartient pas au juge français de statuer sur une telle nationalité autrement qu'à titre incident. Elle ne joue pas non plus lorsque la décision émane d'une juridiction criminelle ; cette règle s'explique par l'absence de communication nécessaire à la Chancellerie.

La Cour de cassation a par ailleurs décidé que les juges du fond ayant estimé inapplicable un texte en vertu duquel le demandeur se prétendait français « n'avaient pas l'obligation de rechercher d'office si les dispositions d'un autre texte pouvaient éventuellement être invoquées par l'intéressé »[2] ; on peut en déduire – ce qui atténue la portée du principe – que l'autorité de chose jugée ne s'applique qu'aux chefs de titularité de la nationalité française qui ont été débattus et laisse ouverte la possibilité de discuter l'application d'autres dispositions, la cause étant distincte. Il est vrai aussi que l'art. 12 al. 1er CPC permet le cas échéant au juge d'examiner les faits dont il est saisi sous une autre qualification.

Enfin, les tiers peuvent attaquer la décision par la voie de la tierce opposition, le procureur de la République étant mis en cause (art. 29-5 al. 2 C. civ.).

Voy. : Audit, « Le code civil et la nationalité française », in *Le code civil, un passé, un présent, un avenir,* 2004, p. 745 *;* Aymond, *La nationalité française,* 1947 ; Boulbès, *Droit français de la nationalité*, 1957 ; Courbe, *Le nouveau droit de la nationalité*, 2e éd., 1998 ; Fulchiron, « La place de la volonté individuelle dans le droit de la nationalité », TCFDIP 1999.175 ; Lagarde, *La nationalité française,* 3e éd., 1997 ; Lequette, « La nationalité française dévaluée », Mél. Terré (1999), p. 349 ; « Réflexions sur la nationalité française », Cahiers du Cons. Constit. 2007.75 ; P. Louis-Lucas, « *La nationalité française. Droit positif et conflit de lois*, 1929.

Adde : *Commission de la nationalité, Être français aujourd'hui et demain, Rapport remis au Premier ministre par Marceau Long, président de la Commission de la nationalité*, La Documentation française et Union générale d'édition, Paris, 1988 : t. 1, Les auditions publiques ; t. 2, Conclusions et propositions de la Commission de la nationalité ; Ministère de la Justice, *La nationalité française, Textes et documents*, La Documentation française, 1996.

1. En ce qui concerne le juge administratif, l'autorité d'une constatation relative à la nationalité est liée à celle du dispositif dont elle est le soutien : v. note P. Lagarde sous CE 19 déc. 1997, RC 98.51.
2. Civ. 4 fév. 1964, *Pellicano*, JCP 65.14118 n. Aymond, RC 65.667 n. Hébraud.

TITRE II

LE STATUT DES ÉTRANGERS

1047. – Nationaux et étrangers. La définition de ses nationaux par un État donné a pour but et pour effet de circonscrire le domaine d'application d'un statut, celui qui offre les droits civils et politiques les plus étendus. Tous les individus qu'un État ne considère pas comme ses nationaux – qu'ils aient une nationalité étrangère donnée ou qu'ils n'en aient aucune – sont pour lui des étrangers[1]. Leur situation se distingue de celle des nationaux à un double titre : leur accès et leur séjour sur le territoire dépendent du bon vouloir de l'État d'accueil ; et ils ne jouissent pas à l'égard de celui-ci des mêmes droits que les nationaux, ni ne sont tenus envers lui des mêmes devoirs. Il existe donc vis-à-vis de chaque Etat un statut des étrangers, traditionnellement dénommé – et encore de nos jours – « condition des étrangers ».

La distinction entre les nationaux et les étrangers se manifeste au premier chef en droit public, la participation à la vie politique (caractérisée par la citoyenneté) étant universellement réservée aux premiers. Au regard du droit privé, il est plus concevable que ne soit faite aucune distinction entre les uns et les autres. Mais deux facteurs au moins s'opposent à une telle assimilation où que ce soit : d'une part, la limitation des droits des étrangers permet de ménager la réciprocité pour les nationaux à l'étranger ; d'autre part, dans les activités économiques, les nationaux revendiquent en général une protection contre la concurrence étrangère.

1048. – Rôle du droit international. Une société internationale complètement organisée édicterait un statut de l'étranger applicable en tout pays, sans préjudice d'un aménagement plus favorable par accord, voire par concession bénévole de l'État d'accueil. En fait, la diversité de situation des Etats au regard du phénomène migratoire suffirait à expliquer les difficultés d'une approche universelle et se traduisant par des règles tant soit peu précises. Jusqu'à l'époque contemporaine n'existait

1. C. étr., art. L. 111-1; sur le statut des apatrides, v. n° 1138 s.

qu'une directive très générale de protection due aux étrangers. Chaque État réglemente donc, en vertu de sa compétence territoriale, le statut des étrangers ; celui-ci résulte ainsi au premier chef de dispositions nationales, c'est-à-dire unilatéralement prises[1].

À l'époque contemporaine, cependant, de nombreuses résolutions ou conventions multilatérales visent à énoncer les droits universels de la personne[2]. Au regard des États, ces différents instruments visent les nationaux autant que les étrangers ; mais dans la mesure où ils intéressent les seconds, ils peuvent constituer également le noyau d'un statut international de l'étranger, dont les dispositions pourraient être mises en œuvre par l'exercice d'une action internationale. En tête figure la Déclaration universelle des Droits de l'Homme, adoptée le 10 décembre 1948, bien qu'elle soit dénuée de valeur contraignante[3]. Elle a été complétée par les deux Pactes internationaux relatifs respectivement aux droits civils et politiques et aux droits économiques et sociaux du 19 décembre 1956[4]. Au niveau régional, la Convention européenne de sauvegarde des droits de l'homme et des libertés fondamentales du 4 novembre 1950, adoptée dans le cadre du Conseil de l'Europe, est applicable selon son art. 1er à « toute personne » relevant de la juridiction des parties contractantes : elle bénéficie donc aux ressortissants d'États tiers. Assortie, de plus, d'un mécanisme de garantie comportant un droit de recours individuel – fondé toutefois sur l'acceptation de la juridiction de la Cour européenne des droits de l'homme par l'État défendeur – c'est l'instrument qui jouit de la plus grande portée pratique par la jurisprudence, parfois audacieuse (par exemple sur l'interprétation du droit au respect de la vie privée et familiale selon l'art. 8), à laquelle elle donne lieu[5].

1049. – Recherche de règles positives. L'absence de règles internationales précises se traduit, comme en matière de nationalité, par la plus large liberté des États. Ceux-ci sont toutefois tenus de reconnaître aux étrangers la personnalité juridique et donc un minimum de droits nécessaires à la vie en société[6]. Dans l'exercice de leur compétence territoriale, les États sont libres d'autoriser ou de refuser l'accès de leur territoire aux étrangers, de les soumettre à des contrôles pendant leur séjour et de mettre fin à celui-ci par une expulsion décidée par mesure individuelle[7]. Il est cependant acquis que les États ont un devoir de protection vis-à-vis des

1. Sur les normes que se fixe, à cet égard, l'ordre juridique français, v. la décision du Conseil constitutionnel du 13 août 1993 (*infra* n° 1056 et 1073).
2. Les réfugiés et apatrides font également l'objet d'un statut conventionnel (n° 1131 s).
3. CE 18 avril 1951, Rec. Lebon p. 189 ; 11 mai 1960, JDI 61.404 n. Pinto.
4. Ratifiés par décret du 29 janvier 1981, JDI 81.399 et 413, RC 81.346.
5. Plus du tiers des requêtes déposées contre la France entre 1981 et 1992 l'ont été par des étrangers. Madiot, « Un statut européen de l'étranger dans la jurisprudence de la Cour eur. des droits de l'homme », *in La condition juridique de l'étranger...* (cité *sub* n° 1049), p. 37.
6. Déclaration universelle, art. 6 : « Chacun a droit à la reconnaissance en tous lieux de sa personnalité juridique. » Au nombre des droits minimums dont le respect s'impose à ce titre figurent le droit à l'intégrité physique et l'accès aux tribunaux.
7. L'art. 4 du protocole n° 4 à la CEDH prohibe les expulsions collectives.

étrangers en séjour et que le fait de les traiter comme les nationaux ne constituerait pas, en cas de mauvais traitement, une défense suffisante[1]. La protection des étrangers dans un pays donné doit donc être considérée comme indépendante du statut des nationaux et obéissant en principe à un « standard minimum »[2].

Il est toutefois difficile de préciser celui-ci : d'une part, les conceptions varient selon les États ; d'autre part, l'institution de la protection diplomatique ne donne pas lieu à une jurisprudence suffisamment fournie pour que se dégagent de véritables règles. Les étrangers ont incontestablement droit à la sécurité de leur *personne* à l'encontre des mauvais traitements ou arrestations arbitraires. Mais l'État d'accueil peut également prendre à leur encontre les mesures qu'il juge nécessaires au maintien de son ordre public et en particulier l'expulsion[3] ; de plus, il est libre de restreindre leur accès aux activités économiques.

Les étrangers ont également droit à la protection de leurs *biens* contre une dépossession, en particulier par expropriation ou nationalisation de la part de l'État d'accueil. Selon la conception traditionnelle, une telle mesure ne peut intervenir que dans un intérêt public et de manière non discriminatoire ; elle doit donner lieu à une indemnité prompte, adéquate et effective[4]. L'évolution des conceptions en matière de propriété dans les pays occidentaux, la collectivisation forcée des moyens de production dans un certain nombre d'autres, puis l'accession à l'indépendance d'États désireux d'assurer leur souveraineté économique se sont traduits au cours du XXe siècle par une remise en cause plus ou moins étendue des conceptions traditionnelles. Les idées nouvelles se sont exprimées dans un certain nombre d'actes internationaux, sans valeur obligatoire mais dont la portée est néanmoins davantage que symbolique[5]. La Résolution n° 1803 (XVII) de l'Assemblée générale des Nations Unies, intitulée « Souveraineté permanente sur les ressources naturelles », adoptée le 14 décembre 1962, a affirmé le droit pour l'État de nationaliser, tout en précisant que son exercice doit être justifié par l'intérêt public et surtout qu'il doit s'accompagner d'une « indemnisation adéquate », (...) en conformité du droit

1. Selon la Cour permanente de justice internationale (avis n° 7), une mesure défendue par le droit des gens « ne saurait devenir légitime... du fait que l'État l'applique aussi à ses propres ressortissants » (Publications de la Cour, série A, n° 7, p. 33).
2. V. par ex. Nguyen Quoc Dinh, Daillier et Pellet, *Droit international public*, 7e éd., 2002, n° 429.
3. Les décisions d'expulsion peuvent cependant elles-mêmes être soumises à différentes garanties selon le droit interne, comme c'est le cas en France (n° 1097 s.). Le Pacte sur les droits civils et politiques (art. 13) ainsi que le Protocole n° 7 à la CEDH (art. 1er) en font une obligation.
4. CPJI Avis n° 7, préc. Bindschedler, « La protection de la propriété privée en droit international public », RCADI 1956.I.173 (t. 90) ; Petrén, « La confiscation des biens étrangers et les réclamations internationales auxquelles elle peut donner lieu », RCADI 1963.II.487 (t. 109). Le Protocole n° 1, du 20 mars 1952, à la CEDH énonce que « toute personne physique ou morale a droit au respect de ses biens ».
5. Stern, *Un nouvel ordre économique international ?* Recueil de textes et documents, Economica, 1983 ; Feuer et Cassan, *Droit international du développement*, 1985, n° 176 s.

international » (art. 4). La Résolution n° 3281 (XXIX), intitulée « Charte des droits et devoirs économiques des États », du 12 déc. 1974, manifestait une conception plus radicale : elle abandonnait toute référence au droit international et si elle faisait état – sous une forme conditionnelle – du versement d'une indemnité, elle laissait au droit interne de l'État le soin d'en fixer les modalités « compte tenu de ses lois et règlements et de toutes les circonstances qu'il juge pertinentes » (art. 2, 2, c)[1]. Son autorité était bien moindre, aucun pays développé à économie de marché n'y ayant souscrit[2]. La disparition des régimes collectivistes en Europe et le mouvement général de privatisation, non seulement dans les pays concernés mais dans ceux qui avaient transféré au secteur public des activités économiques importantes, ont pratiquement suspendu ces discussions ; simultanément, l'effet dissuasif des expropriations sur l'investissement étranger a considérablement raréfié celles-ci. Toutefois les investisseurs sont fréquemment susceptibles de se plaindre de mesures, par exemple d'ordre fiscal, prises par l'État d'accueil dont ils estiment qu'elles ont un effet équivalent et qu'ils qualifient d'expropriation indirecte (ou de fait, ou rampante lorsqu'il s'agit d'une succession de mesures). Pour faciliter le maintien, le retour ou le développement des investissements étrangers dans les pays qui en ont le plus besoin a été mis sur pied auprès de la Banque mondiale en 1965 un centre d'arbitrage destiné à faciliter le règlement des différends entre États et personnes privées étrangères relatifs aux investissements (CIRDI, n° 925). En 1992, la Banque mondiale a publié des « Principes directeurs pour le traitement de l'investissement étranger ». Les traités bilatéraux de protection des investissements, qui se sont multipliés à l'époque contemporaine, contiennent en général une clause garantissant à l'investisseur de la part de l'État d'accueil un « traitement juste et équitable ». D'abord considérée comme n'ajoutant rien au niveau de protection requis par le droit coutumier, la clause a été interprétée depuis quelques années (2000) par différents tribunaux arbitraux, notamment dans le cadre de l'ALENA, comme porteuse d'obligations spécifiques telles que l'absence de déni de justice et d'arbitraire ou le respect des attentes légitimes de l'investisseur.

Ainsi, en matière de statut des étrangers comme dans les autres branches du droit international privé, les sources internationales sont moins importantes que les sources internes. L'étude du droit conventionnel suivra donc ci-après celle du droit commun français.

Voy. : Carlier, *La condition des personnes dans l'Union européenne*, Bruxelles, 2007 ; D. Cohen, « La convention européenne des droits de l'homme et le droit international privé français », RC 1989.451 ; Gaillard, *La jurisprudence du CIRDI* (vol. 1, 2004 ; vol. 2, 2009) ; Kiss, « Condition des étrangers en droit international et droits de l'homme », Mél. G. van der Meersch, Bruxelles, 1972, t. 2, p. 657 ; Sudre, « La protection de la propriété par la Cour européenne des droits de l'homme », D. 1988. Chr. 71 ; Pironon, « Droit des étrangers et droits de l'Homme : l'apport de

1. Parmi ces circonstances sont susceptibles de figurer les « bénéfices excessifs » qui ont parfois été invoqués pour refuser une compensation financière à l'investisseur.
2. V. sur ce point la sentence arbitrale *Texaco/Calasiatic c. Libye*, JDI 1977.350.

la Cour de cassation », D. 2009.388 ; Verdross, « Règles internationales concernant le traitement des étrangers », RCADI 1931. III.322 (t. 37).

Ouvrages collectifs : Ass. H. Capitant, *L'étranger*, *La condition juridique de l'étranger hier et aujourd'hui* (ouvr. collectif), Nimègue, 1989 ; Flory et Higgins (sous la dir.), *Liberté de circulation des personnes en droit international*, Economica, 1989 ; Fulchiron (sous la dir.), *Les étrangers et la Convention européenne des droits de l'homme et des libertés fondamentales*, 1999 ; Leben (sous la dir.), *Le contentieux arbitral transnational relatif à l'investissement*, 2006.

CHAPITRE I

DROIT COMMUN FRANÇAIS

1050. – Personnes physiques et personnes morales. La question du statut des étrangers dans un pays donné ne se pose pas seulement à l'égard des personnes physiques mais également des personnes morales, dont les activités s'exercent aussi bien au travers des frontières. Après avoir étudié le statut des premières, on envisagera la manière dont il est transposé aux secondes ainsi que les questions spécifiques qu'elles soulèvent.

SECTION I

PERSONNES PHYSIQUES

1051. – Jouissance des droits et police des étrangers : évolution respective. La détermination du statut des étrangers dans un pays donné soulève deux séries de questions : l'étendue des droits qui leur sont reconnus indépendamment même de toute présence sur le territoire, c'est-à-dire une question de jouissance des droits ; et la réglementation de leur entrée, de leur séjour et de leurs activités sur le territoire. Il existe entre elles un lien, en ce que plus étendus sont les droits reconnus aux étrangers, plus un État est conduit à réglementer leur entrée et leurs activités permanentes.

Avec la systématisation du droit par la codification au début du XIXe siècle se posa en France la question de la délimitation des droits « civils » dont la jouissance devait être reconnue aux étrangers, celle des droits politiques leur étant par définition même refusés. Après que la question ait donné lieu à des hésitations, celles-ci prirent fin au milieu du XXe siècle par la reconnaissance de principe aux étrangers de la jouissance de tous les droits relevant du droit privé (n° 1065). À ce moment, et depuis la fin du XIXe siècle, les révolutions et les guerres en Europe avaient suscité le développement d'une véritable immigration en France. Pendant la première guerre mondiale et, ultérieurement, en période de plein emploi, ce mouvement fut accueilli favorablement, voire encouragé.

Une première fois, lors de la crise économique de l'entre-deux guerres, il apparut nécessaire de réglementer plus étroitement l'activité des étrangers. Cet impératif s'est imposé à nouveau depuis 1973, renforcé par l'accroissement constant du nombre des demandeurs et des difficultés d'intégration jusque là inconnues. Ainsi, tandis qu'en droit privé la question de la jouissance des droits ne soulève plus que des difficultés marginales, la réglementation de l'entrée et du séjour des étrangers, c'est-à-dire la police des étrangers *lato sensu*, a acquis une importance de premier plan. On les examinera successivement.

§ 1. – JOUISSANCE DES DROITS

1052. – Droit public et droit privé. La question de la jouissance des droits par les étrangers, même si elle intéresse en fait au premier chef ceux qui se trouvent sur le territoire, se pose indépendamment de tout séjour : on peut être héritier dans un pays ou prétendre y percevoir des droits d'auteur sans y séjourner.

Elle doit être envisagée distinctement pour les droits politiques et les droits civils. Pourtant, en France, les uns et les autres furent réservés par principe aux nationaux à l'époque de la Révolution et du Code civil, mais pour des raisons et selon des modalités biens distinctes. S'agissant des *droits politiques* au sens strict (par opposition aux libertés publiques), cette distinction est la conséquence normale de la définition même de la citoyenneté, c'est-à-dire l'appartenance à la société politique, et elle était précisée par des lois constitutionnelles (auxquelles renvoie l'art. 7 C. civ.). À l'époque, celles-ci n'excluaient pas seulement les étrangers de la participation à la vie politique, mais aussi diverses catégories de Français du sexe masculin et, jusqu'en 1945, les femmes. Depuis que tous les Français majeurs jouissent en principe des droits politiques, le refus aux étrangers de ces droits traduit ce que leur statut a de plus spécifique.

S'agissant des droits subjectifs reconnus par la loi *civile*, le Code de 1804 en réservait également la jouissance aux nationaux (art. 8). Mais cette discrimination, à la différence de la précédente, n'est pas inhérente à la distinction entre nationaux et étrangers et elle connaissait au demeurant de larges exceptions. En premier lieu, le refus de la jouissance d'un droit donné à un étranger tombait par l'effet d'un traité accordant la jouissance des mêmes droits aux Français dans son Etat national (art. 11 C. civ.). Cette disposition révèle le motif inspirant le principe posé par l'art. 8 : ménager la réciprocité de traitement pour les Français à l'étranger. En deuxième lieu, l'étranger établi en France pouvait accéder à la jouissance de l'ensemble des droits civils par l'institution de l'*admission à domicile* (art. 13 C. civ., abrogé en 1927 : n° 1065). Enfin, un grand nombre de droits subjectifs dont l'exercice relève du droit privé étaient reconnus aux étrangers au titre de liberté publique : ainsi le droit d'acquérir de la propriété foncière (refusé aujourd'hui encore dans de nombreux pays).

Dans chaque domaine, la situation a sensiblement évolué depuis le début du XIXe siècle : en droit public, le régime des libertés publiques traditionnelles s'est précisé à l'égard des étrangers, tandis que la catégorie nouvelle des « droits sociaux » leur a été ouverte. S'agissant des droits privés, un véritable renversement du principe s'est opéré faisant du refus de leur jouissance par les étrangers l'exception.

A. DROIT PUBLIC

Considérer le statut de l'étranger au regard du droit objectif, et non pas seulement du point de vue des droits subjectifs, conduit à envisager ses obligations à la suite de ses droits.

1. Droits des étrangers

1053. – Distinction de l'Homme et du citoyen. La notion ancienne de « droits politiques » s'est être affinée et l'on distingue trois catégories : les droits politiques *stricto sensu*, relevant de l'organisation des pouvoirs publics, les libertés publiques traditionnelles et les droits sociaux. Cela amène à préciser l'étendue du refus des premiers aux étrangers et à constater que les secondes leur sont en principe reconnues, tandis que les troisièmes sont pratiquement ouverts dans les mêmes conditions qu'aux Français.

a. Droits politiques

1054. – Inapplicabilité des droits politiques aux étrangers. En France comme en tout pays, les droits politiques proprement dits – droit de vote et éligibilité aux assemblées politiques – sont réservés aux nationaux (Constitution de 1958, art. 3 al. 4)[1]. La règle procède du principe que la souveraineté de l'État est dans la nation (al. 1er). Plus concrètement, la participation à la formation de la volonté de l'État, auquel les étrangers n'appartiennent pas par définition, apparaît incompatible avec le loyalisme à l'égard d'un autre État. La règle ne souffre donc aucune exception ; en particulier, la clause d'assimilation de l'étranger aux nationaux qui figure dans de nombreuses conventions d'établissement ne s'applique pas aux droits politiques (n° 1141). Mais il convient de rappeler que les étrangers nés en France et qui y demeurent lorsqu'ils atteignent l'âge de seize ans acquièrent de plein droit la nationalité française (n° 983) ; et que les autres ont la faculté de l'acquérir en demandant leur naturalisation[2].

La citoyenneté européenne (art. 8 du traité de Rome, résultant du traité sur l'Union européenne, devenu art. 20 TFUE) ouvre en revanche le droit de vote et l'éligibilité aux élections municipales (Constitution, art. 88-3 nouv.)[3].

1. V. Peuchot, « Droit de vote et nationalité », Rev. dr. publ. et sc. pol. 1991.481.
2. Les incapacités temporaires qui frappaient les naturalisés ont été complètement abrogées (n° 999).
3. V. loi organique du 25 mai 1998 (RC 98.502), précédée de Conseil constitutionnel, 20 mai 1998 (*ibid.*, p. 407). La révision constitutionnelle qui a précédé était nécessaire du fait que les élus municipaux participent à l'élection des sénateurs et donc à la formation du pouvoir législatif ; v. sanctionnant l'illégalité de la représentation

1055. – Fonctions publiques ou assimilées. L'incapacité politique des étrangers est étendue par voie de conséquence à l'exercice des emplois publics, civils et militaires, ainsi que de toutes fonctions comportant délégation d'une partie de la souveraineté de l'État. Il en est notamment ainsi des fonctions juridictionnelles, même en tant que juré, et quand bien même les juges sont élus (juges consulaires, conseillers prud'homaux). Il en est de même des fonctions administratives : les étrangers ne peuvent être fonctionnaires[1]. Mais il n'existe pas d'impossibilité de principe à l'accès à des emplois de non titulaires.

Par extension, les étrangers ne peuvent être auxiliaires de justice ni officiers ministériels. Ils ne peuvent non plus être concessionnaires de services publics, sous réserve de dérogations.

Outre les droits indiqués, la privation de jouissance s'applique aux élections aux chambres professionnelles constituées en établissements publics, tels que les chambres de commerce. En ce qui concerne les ordres professionnels, le droit d'exercer une profession implique normalement celui de participer à la vie électorale au sein de celle-ci.

b. Libertés publiques

1056. – Réglementation de certaines libertés. Le droit international impose le respect de la personne humaine, et par conséquent la jouissance des libertés publiques fondamentales, indépendamment de toute nationalité : liberté de pensée, d'opinion, de religion, de circulation, d'accès à la justice pour la défense des droits reconnus... Mais l'exercice, par qui que ce soit, des libertés proclamées est fréquemment réglementé ou restreint pour des raisons d'ordre public ou de police. Il est donc susceptible de l'être spécialement à l'égard des étrangers. L'État est notamment fondé à imposer des restrictions à l'activité politique des étrangers (art. 16 CEDH). Dans la mesure où ceux-ci sont particulièrement visés, ils bénéficient cependant de l'extension du contrôle exercé sur ces mesures, facilité par la référence à la Déclaration des Droits de l'Homme dans le Préambule des constitutions de 1946 et de 1958. Le contrôle est aujourd'hui exercé par le Conseil d'État ou par le Conseil constitutionnel selon la nature réglementaire ou législative des dispositions en cause[2]. Le second a ainsi été amené à formuler certaines normes de constitutionnalité applicables au statut des étrangers. Il convient également de rappeler que les dispositions générales

d'étrangers (aujourd'hui, non communautaires) à un conseil municipal, CE 2 avril 1993, RC 93.25 n. Julien-Laferrière.

1. Le texte de base est aujourd'hui l'art. 5 de la loi du 13 juillet 1983 portant droits et obligations des fonctionnaires. Des régimes particuliers dérogent à cette règle, en particulier dans le domaine de l'enseignement supérieur. Le Traité de Rome, tout en instaurant la libre circulation des travailleurs, réservait les emplois dans l'administration publique (sur le régime actuel, v. n° 1147). Y. Gaudemet, *Traité de droit administratif*, t. 5, *La fonction publique*, 12e éd., nos 119-1 s.
2. CE 8 déc. 1978, *GISTI*, Rec. Lebon, p. 493, Dr. soc. 79.57 concl. Doncoux, AJDA 79.54 et chron. Dutheillet de Lamothe et Robineau.

de lutte contre les discriminations incluent notamment celles qui seraient fondées sur l'appartenance à une nation (art. 225-1 C. pén.)[1].

1057. – Principales mesures. En ce qui concerne les libertés *familiales*, le droit de contracter mariage en France avait été subordonné, pour les étrangers en séjour temporaire, à une autorisation (ord. 2 nov. 1945, art. 13). Cette mesure, qui avait pour but d'empêcher que des personnes indésirables ne se fixent sur le territoire en contractant mariage avec des nationaux, a été abrogée par la L. 29 oct. 1981 ; cela a conduit depuis à lutter contre les mariages de complaisance par d'autres dispositions (n° 660). Exerçant son contrôle sur les mesures réglementant l'entrée et le séjour des membres des familles d'étrangers autorisés à résider en France, le Conseil d'État a affirmé le droit pour les étrangers comme pour les nationaux de « mener une vie familiale normale » en vertu des principes généraux du droit et du Préambule de la Constitution[2]. Le Conseil constitutionnel, à l'occasion de la loi du 24 août 1993, a ultérieurement conféré au même droit une valeur constitutionnelle (le rattachant à l'al. 10 du Préambule de la Constitution de 1946), sous la réserve de la sauvegarde de l'ordre public et de la protection de la santé publique. La réserve s'oppose en particulier à l'exercice de la polygamie, que le Conseil d'État n'avait pas jugée contraire à l'ordre public[3]. Le regroupement familial des étrangers en France, déjà prévu par diverses conventions, constitue aujourd'hui la première source d'immigration légale (n° 1076).

L'exercice de la *liberté d'établissement* fait l'objet de nombreuses restrictions, qui seront étudiées au titre de la réglementation administrative (n° 1088) ; mais le régime de droit commun est fréquemment assoupli par des conventions d'établissement. Une *liberté syndicale* complète est aujourd'hui reconnue aux étrangers (art. L. 2141-1 C. trav.) et certaines restrictions concernant l'administration ou la direction d'un syndicat ont été levées par une loi du 28 octobre 1982 (art. L. 2131-5). Des dispositions spécifiques interdisent toute discrimination entre travailleurs Français et étrangers (art. L. 1132-1 C. trav.)[4]. D'autres ont permis naguère le transfert de leurs revenus nonobstant les mesures restreignant alors les relations financières avec l'étranger.

Le droit individuel d'*association* des étrangers n'a jamais été contesté depuis la loi du 1er juillet 1901. En revanche, son exercice collectif fut soumis par un décret-loi du 12 avril 1939 à autorisation préalable, le

1. V. en particulier la décision du Conseil constitutionnel du 13 août 1993, précédant la loi du 24 août 1993, RC 1993.597.
2. CE 8 déc. 1978, *GISTI*, Rec. Lebon p. 493, Dr. soc. 79.57 concl. Doncoux, AJDA 79.54 chron. Dutheillet de Lamothe et Robineau.
3. CE 11 juill. 1980, *Montcho*, JCP 81.19629 concl. Rougevin-Baville, RC 81.658 n. Bischoff. La loi du 24 août 1993 introduisit différentes dispositions tendant à empêcher la pratique de la polygamie en France, ce qui a occasionné la décision du Conseil constitutionnel désavouant le Conseil d'Etat sur ce point (n° 1056).
4. Le salarié étranger peut exiger une traduction du contrat de travail dans sa langue; en cas de discordance avec un contrat rédigé en français, seul celui rédigé dans la langue du salarié peut être invoqué contre lui (art. L. 121-1 al. 4).

texte définissant ce qu'il fallait entendre par association étrangères. Ces dispositions survécurent aux circonstances de guerre, l'autorisation étant toutefois rarement refusée. Elles ont été abrogées par une loi du 9 octobre 1981[1]. Il en résulte que les associations de siège étranger, comme celles de siège français mais comportant une majorité d'étrangers, sont soumises au régime de droit commun.

La loi du 29 juillet 1881 sur la *presse* prévoit l'interdiction de la circulation, distribution ou mise en vente des publications rédigées en langue étrangère ou de provenance étrangère qui menacent l'ordre ou la sécurité publics (art. 14). Le contrôle des entreprises de presse par les étrangers est limité (ord. du 26 août 1944, art. 3 ; aujourd'hui, L. du 1er août 1986, art. 7), de même que l'autorisation d'exploiter des services de communication audiovisuelle (L. du 29 juill. 1982, art. 77 et 78, L. du 1er août 1986, art. 80 al. 4).

1058. – Droit d'asile. Parmi les droits éventuellement opposables à l'État, il en est un qui est exclusivement un droit des étrangers : le droit d'asile. Le Préambule de la Constitution de 1946, auquel se réfère celui de la Constitution de 1958, énonça que tout individu persécuté en raison de son action en faveur de la liberté a droit d'asile sur les territoires de la République (al. 4). En l'absence de disposition législative, ce texte fut considéré comme n'étant pas d'application directe. Le droit d'asile s'exerçait alors dans le cadre de la législation sur les réfugiés (L. 25 juill. 1952, elle-même liée à la Convention de Genève de 1951, n° 1133). Les engagements communautaires de la France (accords de Schengen et de Dublin, n° 1077), conduisirent à introduire dans l'ordonnance de 1945 des dispositions sur la situation des demandeurs d'asile par la loi du 24 août 1993 (n° 1079). Saisi à cette occasion, le Conseil constitutionnel dans sa décision du 13 août 1993 (n° 1056), déclara que l'asile constituait une « exigence constitutionnelle », un « droit fondamental », dont « la loi ne peut réglementer les conditions qu'en vue de le rendre plus effectif ou de le concilier avec d'autres règles ou principes de valeur constitutionnelle ». La loi constitutionnelle du 25 nov. 1993, prévoyant la conclusion d'accords avec les États européens liés par des engagements identiques aux siens en matière d'asile et de protection des droits de l'homme, réserva le droit de donner asile à « tout étranger persécuté en raison de son action en faveur de la liberté ou qui sollicite la protection de la France pour un autre motif »[2]. Par la suite, la L. 11 mai 1998 réglementa cet asile « constitutionnel » en l'intégrant dans la L. 25 juillet 1952 sur les réfugiés, devenue loi « relative au droit d'asile » (n° 1134). Elle légalisa également l'asile territorial, susceptible d'être accordé « dans des conditions compatibles avec les intérêts du pays » à l'étranger « qui établit que sa vie ou sa liberté est menacée dans son pays ou qu'il y est exposé à des traitements contraires

1. Aubertin, « Les associations en droit international privé français après l'abrogation du Titre IV de la loi du 1er juillet 1901... » JDI 1983.543.
2. Constitution, art. 53-1 al. 2. Moderne, *Le droit constitutionnel d'asile dans les États de l'Union européenne*, Economica, 1997.

l'article 3 de la [CEDH] » (art. 13 L. 1952). La loi n° 2003-1176 du 10 décembre 2003 relative au droit d'asile, distincte de celle du 26 novembre précédent sur l'immigration, a renforcé l'autonomie du droit d'asile par rapport à la réglementation de l'immigration et assimilé le régime du demandeur d'asile à celui du réfugié. Ce régime figure désormais dans le Code de l'entrée et du séjour des étrangers et de l'asile (la loi de 1952 étant abrogée).

c. Droits sociaux

1059. – Absence de différenciation. On entend principalement par droits sociaux ceux qui, à la différence des libertés publiques traditionnelles, n'impliquent pas seulement un pouvoir de faire mais celui de recevoir certaines prestations de l'Etat ou de la collectivité. Comme celle de liberté publique, la notion est imprécise ; et surtout, les droits que l'on peut ainsi qualifier n'obéissent pas nécessairement à un régime unitaire en ce qui concerne leur jouissance par les étrangers. Le principe est que les étrangers en situation régulière bénéficient des mêmes droits que les citoyens français[1]. Ceci peut être assorti de conditions, notamment de durée du séjour, résultant des textes ou de la pratique administrative[2]. Les services publics proprement dits, tel que celui de l'enseignement, bénéficient aux étrangers dans les mêmes conditions qu'aux Français[3]. Les étrangers bénéficient des prestations de sécurité sociale (assurances sociales, prestations familiales, accidents du travail), et de l'aide sociale[4]. Certaines sont subordonnées à des conditions de résidence d'une certaine durée : certaines prestations de sécurité sociale (par ex. les rentes versées au titre d'accident du travail) et de l'aide sociale (par ex. l'aide médicale à domicile, l'allocation aux vieux travailleurs salariés), l'aide judiciaire, l'allocation dite de « parent isolé », l'indemnisation par le Fonds de garantie automobile, l'indemnisation par l'État des victimes d'infractions en cas d'insolvabilité de l'auteur, le « revenu minimum d'insertion » (L. 1er déc. 1988, art. 8). D'autres encore sont subordonnées à la conclusion d'une convention de réciprocité. Quelques prestations non contributives, fondées sur le principe de la solidarité nationale, étaient réservées aux nationaux (prestations de l'aide sociale) ; la L. 11 mai 1998 (art. 41) a écarté cette règle.

1. C. Const. 13 août 1993, RC 93.597.
2. V. par ex., récemment, pour le « revenu de solidarité active », art. L. 262-4, 2° code de l'action sociale et des familles (« être titulaire, depuis au moins cinq ans, d'un titre de séjour autorisant à travailler »).
3. Une mention particulière doit être faite du service de l'état civil. Le recours y est même obligatoire pour les étrangers dans les mêmes conditions que pour les Français ; lorsque son intervention n'est que facultative, les intéressés doivent s'adresser à leur consul. Sur l'état civil des réfugiés, v. circulaire du 26 juin 1984, RC 85.172.
4. Sur les distinctions à opérer en fonction de la résidence du bénéficiaire, v. Dupeyroux *et al.*, *Sécurité sociale*, 16e éd., 2008.

2. Obligations des étrangers

1060. – Respect des lois. Toute personne se trouvant sur le territoire est tenue au respect général des lois (v. art. 3 al. 1er C. civ.). Des dispositions spécifiques s'appliquent aux étrangers en ce qui concerne le séjour et l'exercice d'une activité économique (police des étrangers). Il était naguère admis que les étrangers sont tenus d'un certain devoir de réserve, susceptible d'être sanctionné dans certaines circonstances par l'expulsion.

La loi pénale prévoit la peine complémentaire d'*interdiction du territoire français* (ITF) en cas de condamnation de tout étranger pour un certain nombre de crimes ou délits (v. art. 131-30 C. pén et L. 541-1 C. étr.), en particulier d'infractions à la législation sur l'entrée et le séjour en France. Toutefois, en matière correctionnelle, elle ne peut être prononcée que par une décision spécialement motivée au regard de la gravité de l'infraction et de la situation personnelle et familiale de l'intéressé en ce qui concerne les étrangers spécialement protégés contre l'expulsion par l'art. L. 521-2 C. étr. (n° 1099). Et elle ne peut pas être prononcée à l'encontre des étrangers protégés contre toute expulsion par l'art. L. 521-3 C. étr. (art. 131-30-2 C. pén.)[1].

Dans le domaine des incriminations tendant à la protection de la nation dans le milieu international (naguère atteintes à la sûreté de l'État, aujourd'hui atteintes aux intérêts fondamentaux de la nation), la loi définissait plus largement les faits de trahison (qui sont le fait de nationaux ou de militaires au service de la France) que ceux d'espionnage (qui sont le fait de toute autre personne). Les deux qualifications ont été maintenues dans le nouveau Code pénal ; mais ce sont les mêmes faits qui constituent l'une ou l'autre (art. 411-1 C. pén.).

1061. – Obligations particulières. La question se pose de savoir si les étrangers en séjour prolongé ne doivent pas être soumis à certaines obligations plus définies et qui sont généralement considérées comme la contrepartie des avantages que procure la vie dans une société organisée et solidaire. Elle se pose en particulier pour les obligations militaires et au regard de la loi fiscale, et elle ne reçoit pas la même réponse pour les deux catégories.

Le *service militaire ou de défense*, indépendamment de son caractère contraignant, implique un loyalisme particulier de la part de ceux à qui il est demandé. Aussi en France, comme dans la plupart des pays, cette obligation – quelle qu'en soit la forme – n'était-elle traditionnellement exigée que des nationaux ; mais elle l'était également des étrangers sans nationalité[2].

1. Ces dispositions sont à rapprocher du contrôle exercé par la Cour EDH (13 fév. 2001, D. 01. I.R. 747).
2. Sur les obligations au recensement et à la participation à un appel de préparation à la défense, concernant les individus des deux sexes, v. Code du service national, mod., art. L. 113-1 s., 114-4. La légion étrangère, instituée par une loi du 9 mars 1831, recrute des étrangers, exclusivement par voie d'engagement.

En ce qui concerne en revanche le *droit fiscal*, la nature pécuniaire de la contribution la rend parfaitement neutre et permet de l'exiger des étrangers, pourvu qu'un lien suffisant de rattachement à la France le justifie. Sont notamment assujetties à l'impôt français sur le revenu des personnes physiques toutes les personnes ayant en France leur « domicile fiscal » indépendamment de leur nationalité (CGI, art. 4 A s.). S'agissant des impôts indirects, l'impôt sur la consommation frappe les dépenses effectuées sur le territoire français, sous réserve de certaines exceptions (possibilité de remboursement partiel de la TVA)[1].

B. DROIT PRIVÉ

1062. – Évolution de la question. Les étrangers jouissent aujourd'hui en droit privé de tous les droits à l'exception de ceux qui leur sont refusés par une disposition expresse. Le principe n'a cependant été acquis qu'à l'époque contemporaine, en raison d'une disposition du Code civil impliquant le contraire (art. 11) et à l'issue d'une évolution qu'il convient de retracer avant d'examiner les principaux domaines dans lesquels s'applique la réserve dont est assorti le principe.

1. Jouissance de tous les droits non expressément refusés

1063. – Code civil. Tandis que l'article 8 du Code civil de 1804 disposait que tout Français jouira des droits civils, l'article 11 ne reconnaissait aux étrangers que les droits qui seraient accordés aux Français par traité dans leur État national. Ce refus était levé pour les étrangers désireux de devenir français, mais alors soumis à un stage de dix années, par l'institution de l'« admission à domicile » (art. 13). En l'état de ces textes, la question fut de savoir quel sens précis donner à l'expression « droit civil » selon les deux premiers. Elle fit l'objet d'une évolution notable, allant de la conception la plus stricte à la plus favorable pour l'étranger ; le terme de l'évolution a conduit même à remettre en cause la notion même de condition de l'étranger en droit privé.

1064. – Premières interprétations de l'art. 11 C. civ. Une interprétation littérale de l'art. 11 C. civ. conduisait à considérer comme « droits civils » l'ensemble des droits reconnus par la loi civile et par là à en refuser en principe la jouissance aux étrangers[2]. Trop restrictive, elle devait être tempérée par la recherche d'exceptions dans des textes impliquant la jouissance de certains droits par les étrangers ou ayant pour objet les conditions d'exercice de ces droits : ainsi l'art. 3 al. 2 C. civ., qui envisage qu'un étranger soit propriétaire d'immeuble en France ; ou l'art. 16 en ce qui concerne le droit d'ester en justice, puisque ce texte visait l'étranger demandeur pour exiger de lui le versement d'une caution (n° 334). C'était cependant solliciter abusivement les textes, d'autant plus que la reconnaissance que l'on

1. V. généralement Castagnède, *Précis de fiscalité internationale*, 3e éd., 2010.
2. Demolombe, *Cours de Code Napoléon*, t. I, n° 240 s. ; Marcadé, *Explication du Code Napoléon*, t. I, n° 127.

prétendait en tirer pouvait ne viser que les étrangers admis à domicile ou admis à jouir de ces droits au titre de la réciprocité prévue par l'art. 11 C. civ.

Une seconde interprétation de ce texte consistait à donner à l'expression « droit civil » un sens étroit l'opposant à « droit naturel » ; en d'autres termes à considérer que ce texte reprenait la distinction romaine du *jus civile* et du *jus gentium*. Parmi tous les droits reconnus par les lois civiles, certains, découlant du droit naturel, doivent être reconnus à toute personne sans distinction, et donc aux étrangers comme aux nationaux : ainsi le droit de se marier, d'acquérir des biens, de passer des contrats, d'agir en justice pour la défense de ces mêmes droits. D'autres en revanche, pures créations de la loi civile, peuvent n'être reconnus aux étrangers que sous réserve de réciprocité.

Cette distinction, ou plutôt cette terminologie, avait été appliquée sous l'Ancien droit par les Parlements, qui qualifiaient notamment de « droit civil » le droit de recevoir à titre gratuit afin de justifier le refus de ce droit aux étrangers[1]. Elle fut reprise par la jurisprudence au XIXe siècle avant d'être formellement exposée par Aubry et Rau[2]. Un certain nombre de droits fondamentaux, que l'on peut même rattacher aux libertés publiques, ne furent pas refusés aux étrangers : ainsi celui de recevoir réparation d'un dommage[3]. En revanche, la jurisprudence décida de certains droits qu'ils étaient une construction de la loi et que les étrangers n'en avaient donc pas de plein droit le bénéfice : ainsi le droit d'adopter ou d'être adopté[4], celui pour un incapable ou une femme mariée de bénéficier de l'hypothèque légale[5], le droit à la protection du nom commercial[6] ; mais non la tutelle des ascendants parce qu'elle dérivait, « comme la puissance paternelle, du droit naturel de protection et de surveillance qui leur appartient »[7].

Ce système reposait sur une distinction difficile à mettre en œuvre dans un contexte qui n'était plus celui du droit romain où existait un corps de *jus gentium*. La plupart des institutions civiles, à travers la diversité de leurs modalités, sont susceptibles d'être rattachées au droit naturel dont elles procèdent plus ou moins directement. Pour ne pas entraver inutilement la vie juridique des étrangers, il fallait restreindre le qualificatif de « droit civil » à un petit nombre de droits. De là une troisième conception, développée déjà à la fin du XIXe siècle par des auteurs contemporains d'Aubry et Rau et qui finit par l'emporter.

1065. – Conception restrictive des « droits civils » exclus. Les nécessités de la vie internationale et le souci de cohérence avec la reconnaissance des libertés publiques aux étrangers imposent de leur reconnaître la jouissance du plus grand nombre de droits, sans préjudice de la faculté de leur refuser certains afin notamment de ménager la réciprocité aux nationaux. Ceci conduit à poser que les « droits civils » sont ceux que le législateur

1. Demangeat, *Histoire de la condition des étrangers en France*, 1844, p. 124 s.
2. *Traité de droit civil*, 6e éd. par Bartin, 1936, t. 1, § 78, p. 472.
3. Cass. 17 nov. 1832, S.41.1.544, justifiant la solution par la notion de loi de police et de sûreté. Sur l'impossibilité d'agir en justice contre un autre étranger, v. n° 327.
4. Civ. 5 août 1823, S. 23.1.353 ; Req. 22 nov. 1825, S. 26.1.142 ; Civ. 7 juin 1826, S. 26.1.330 : « l'adoption n'appartient ni au droit naturel ni au droit des gens ; (...) cette institution ne peut donc appartenir qu'au droit civil et (...) par une conséquence nécessaire, les rapports qui en dérivent ne peuvent s'établir qu'entre individus participant au même droit civil. »
5. Civ. 4 mars 1884, D.P. 84.1.205 ; Req. 27 janv. 1903, D.P. 03.1.249, S. 04.1.81.
6. Ch. Réunies, 12 juill. 1848, D.P. 48.1.140.
7. Civ. 16 fév. 1875, D.P. 76.1.49, S. 75.1.193 n. Labbé. Sur l'usufruit légal des père et mère, v. Civ. 14 mars 1877, D.P. 77.1.385, S. 78.1.25 n. Renault.

a *expressément réservés* aux Français, sauf la possibilité pour les étrangers d'en bénéficier en vertu d'un traité passé avec la France[1]. Cette conception est aux antipodes de celle de l'exégèse et il semble qu'elle soit historiquement fondée[2]. Même si elle ne s'impose pas à la lecture de l'art. 11, elle devait se révéler particulièrement nécessaire à la suite de l'abolition, en 1927, de l'institution de l'admission à domicile : car cette mesure ne pouvait pas, sans contresens, se traduire par le refus de la jouissance des droits civils à un *plus* grand nombre d'étrangers. On était ainsi conduit à renverser le principe qui paraissait découler de l'article 11. La Cour de cassation se rallia à cette suggestion, sans justification particulière : statuant à propos d'une ordonnance de 1945 sur l'indemnisation des spoliations, elle constata que cette ordonnance ne faisait pas de la nationalité française une condition de réclamation de son bénéfice « *alors qu'il est de principe que les étrangers jouissent en France de tous les droits qui ne leur sont pas spécialement refusés* »[3]. La formule a été depuis régulièrement reprise[4]. Par « droits spécialement refusés », il faut normalement entendre les facultés exclues par une disposition expresse, et non pas seulement implicite, de la loi[5]. L'article 11 du Code civil s'est ainsi trouvé pratiquement vidé de sa substance. La Commission de réforme du Code civil avait pris acte de cette évolution en rédigeant un article 34 selon lequel : « L'étranger jouit en France des mêmes droits que les nationaux, à l'exception des droits politiques et de ceux qui leur sont refusés par la loi ». Les textes qui réservent une catégorie de droits aux nationaux sont assez peu nombreux et limités à certains domaines.

1066. – Portée de l'évolution. On a pu soutenir qu'avec la position adoptée par la Cour de cassation en 1948, la distinction traditionnelle entre la condition des étrangers et les conflits de lois (n° 20) avait perdu sa raison d'être[6]. Auparavant, du fait que la jouissance des droits n'était reconnue que par voie d'exception, cette question se posait préalablement aux conflits de lois éventuellement suscités par l'exercice des droits. Dès lors que la jouissance de tous les droits est reconnue en principe aux étrangers, les dispositions qui restreignent le bénéfice d'un droit particulier aux étrangers n'apparaissent plus que comme fixant une condition particulière, la qualité de Français, à l'exercice de ce droit au même titre que le

1. Demangeat, *op. cit.*, p. 408 s. ; Valette, *Explication sommaire du Code civil*, 1859, p. 408 s. ; Surville et Arthuys, *Cours élémentaire de droit international privé*, 2e éd., 1895, n° 116.
2. Les rédacteurs du Code civil n'auraient entendu priver les étrangers que des droits qui leur étaient précédemment refusés, c'est-à-dire essentiellement, comme ils l'ont expressément rappelé dans les articles 726 et 912, le droit de recevoir à titre gratuit.
3. Civ. 27 juill. 1948, *Lefait*, D. 48.535, RC 49.75 n. H.B., GA n° 20.
4. Civ. I, 25 fév. 1981, Bull. civ. I, n° 72, p. 59, RC 82. Somm.739 (droit de se porter adjudicataire d'un immeuble) ; 31 janv. 1984, RC 84.638 n. Lequette, JDI 85.444 n. Légier, Paris, 16 oct. 1975, RC 76.495 n. Fadlallah (hypothèque légale des époux).
5. Civ. 22 déc. 1959, *Fox Europa*, D.60.93 n. G. Holleaux, RC 60.361 n. Terré, JDI 61.420 n. Goldman.
6. Carmet, *Étude critique de la distinction entre la condition des étrangers et le conflit de lois*, thèse dactyl. Paris I, 1977.

serait un certain âge, l'accomplissement de certaines formes ou le respect d'un délai[1]. Il n'existe plus en droit privé de disposition globale relative au statut des étrangers et extérieure à la matière en cause dans un cas donné.

2. Mise en œuvre du principe

1067. – Questions résolues. La jouissance de tous les *droits de famille* est aujourd'hui reconnue sans restriction aux étrangers [2]. Certains de ceux qui leur avaient été un moment refusés en tant que « droits civils » leur furent expressément reconnus par la loi ; ainsi l'adoption, par la L. 19 juin 1923 dont la L. 11 juill. 1966 n'a pas repris la disposition tant le principe ne se discute plus[3]. Le droit d'être tuteur n'est plus contesté depuis longtemps (bien que l'art. 427 C. civ., dans sa rédaction résultant de la L. 14 déc. 1964, y voie aussi une « charge publique »). En ce qui concerne les *droits patrimoniaux*, la faculté pour les étrangers d'acquérir des immeubles n'a pas été restreinte en France, même par l'exigence d'une autorisation administrative, à la différence de ce qui est le cas en maints pays étrangers. Les principales dispositions ou difficultés particulières se rencontrent en matière de propriétés intellectuelles et de baux, en raison dans l'un et l'autre cas de la nature particulière des droits en question[4].

a. Propriétés intellectuelles

1068. – Propriété littéraire et artistique. La jouissance des droits de propriété littéraire et artistique fut reconnue aux étrangers par la jurisprudence, et la L. 11 mars 1957 n'a rien apporté dans ce domaine[5]. Les auteurs étrangers sont donc protégés en France de la même manière que les auteurs français. Mais du fait que ceux-ci ne l'étaient pas toujours suffisamment à l'étranger, le législateur est intervenu pour s'efforcer d'assurer une certaine réciprocité (L. 8 juill. 1964, complétée par un décr. 6 mars 1967, aujourd'hui art. L. 111-4 CPI)[6]. L'al. 1er du texte dispose que lorsqu'un État n'assure pas aux œuvres *divulguées pour la première fois*

1. Le fait que cette condition propre vise le champ d'application international de la disposition en cause conduit en outre à se demander si celle-ci s'applique en fonction des règles de conflit ou au titre de loi de police (Carmet, *op. cit.*, p. 394 s.).
2. La dernière restriction concernait la célébration du mariage d'étrangers en séjour temporaire, n° 660. Sur la possibilité de conclure un p.a.c.s. v. n° 642.
3. L'art. 345 al. 1er C. civ., dans sa version antérieure à cette réforme, disposait : « Un Français peut adopter un étranger ou être adopté par un étranger ». Sur le droit de succession, v. n° 899.
4. Des dispositions particulières à la propriété des aéronefs (art. L. 121-3 C. av. civ.) et des navires (L. 3 janv. 1967, art. 3) exigent, pour que ces biens soient immatriculés en France, qu'ils soient dans une proportion définie la propriété de Français ou de personnes morales dont les associés sont en majorité des Français. Ces législations ont été atténuées voire partiellement remises en cause sous l'effet de l'intégration de la France dans l'Union européenne.
5. Civ. I, 22 déc. 1959, *Fox Europa*, préc. n° 1065. Sur le problème du conflit de lois, v. n° 779 s.
6. Sur cette loi, v. Françon, RC 1965.279 ; Le Tarnec, JDI 1965.883.

en France, sous quelque forme que ce soit, une protection suffisante et efficace, les œuvres divulguées pour la première fois sur le territoire de cet État ne bénéficient pas de la protection reconnue en matière de droit d'auteur par la législation française. On constate que le critère retenu n'est pas celui de la nationalité de l'auteur, de sorte que la disposition ne concerne pas à proprement parler la condition des étrangers : ne sont pas soumises à la condition de réciprocité pour être protégées les œuvres d'auteurs étrangers divulguées pour la première fois en France ; réciproquement, les œuvres d'auteurs français divulguées pour la première fois à l'étranger voient leur protection subordonnée à la réciprocité[1]. Par ailleurs, lors même que la condition de réciprocité n'est pas remplie, la loi française ne refuse pas toute protection à l'œuvre divulguée à l'étranger : le droit à la paternité et le droit à l'intégrité de l'œuvre sont toujours assurés (al. 2) ; on estime que ces aspects du droit moral de l'auteur sont trop intimement liés à la personne pour que la jouissance en soit subordonnée à la condition de réciprocité[2]. Quant aux droits pécuniaires, ils sont versés à certains organismes culturels désignés (v. art. 1er du décr.). De même, la loi du 3 juill. 1985, consacrant le droit d'auteur sur les logiciels, subordonne la protection des auteurs étrangers à la réciprocité (art. 51, devenu L.115-5 CPI), sous la même réserve des conventions internationales.

En fait, le champ d'application du droit commun ainsi conçu ne cesse de se réduire du fait du développement des conventions internationales multilatérales unissant un grand nombre d'États[3], ainsi que du droit de l'Union européenne[4]. Les différentes conventions posent le principe de l'assimilation de l'étranger au national, c'est-à-dire que les auteurs étrangers ont vocation à bénéficier de la même protection pour leurs œuvres que les auteurs nationaux, mais selon des modalités différentes. La *Convention de Berne* de 1886 (maintes fois révisée) fait bénéficier de la protection « nationale » les auteurs ressortissants des pays de l'Union

1. V. de même art. L. 214-2 CPI prenant pour critère du droit à rémunération pour les artistes-interprètes et producteurs de phonogrammes, la fixation pour la première fois en France ; et usant du même critère pour la rémunération pour copie privée des auteurs de phonogrammes et vidéogrammes, art. 311-2 CPI (L. 1985, art. 28).
2. Civ. I, 28 mai 1991, *Huston*, JCP 91.II.21731 n. Françon, RC 91.756 n. Gautier, JDI 92.133 n. Edelman, D. 93.197 n. Raynard, censurant Paris, 6 juill. 1989, RC 89.706 n. Gautier, JDI 89.979, n. Edelman, D. 90.152 n. Audit et les précédentes décisions rendues dans cette affaire où les créateurs de films en noir et blanc (scénariste, metteur en scène) ont finalement été admis à s'opposer à la projection en France de versions ultérieurement coloriées, nonobstant la cession de tous leurs droits et même le défaut de reconnaissance de leur qualité d'auteur selon la loi étrangère applicable aux relations avec les producteurs. V. antérieurement Paris, 29 avril 1959, *Chaplin*, GP 59.1.264, D. 59.402 n. G. Lyon-Caen et Lavigne, JDI 60.129 n. Goldman ; TGI Seine, réf., 25 nov. 1965, RTDCom. 67.159.
3. V. Desbois, Françon, Kerever, *Les conventions internationales du droit d'auteur et des droits voisins*, 1976.
4. Sur l'application du principe de non-discrimination (art. 6 du traité de Rome, devenu art. 12 TCE) à l'égard des auteurs, CJCE, 20 oct. 1993, *Phil Collins et al.*, JDI 94.501 obs. Boutard-Labarde, D. 95.133 n. Edelman; 30 juin 2003, C-28/04, JDI 06.639 n. Bergé ; *adde* Bonet, *Mél. Françon,* p. 1.

ou ayant leur résidence habituelle dans un de ces pays pour leurs œuvres publiées ou non, et ceux des pays extérieurs à l'Union pour leurs œuvres publiées dans l'un de ces pays (art. 3.1 et 2). La *Convention de Genève* de 1952 (également révisée), dite « convention universelle », est d'application parfois plus large mais moins protectrice au fond. Elle fait bénéficier de la protection nationale les ressortissants de tout État contractant pour leurs œuvres publiées pour la première fois sur le territoire d'un État contractant ; un État contractant peut en outre, par sa législation interne, assimiler à ses ressortissants toute personne domiciliée sur son territoire (Art. II). La *Convention de Rome* de 1961 sur la protection des artistes, interprètes ou exécutants, des producteurs de phonogrammes (disques) et des organismes de radiodiffusion (ratifiée par la France en 1986, après que la loi de 1985 a pris en considération les droits voisins) prévoit également le traitement national pour les personnes qu'elle vise (art. 2). Dans le cadre de l'OMC, les Accords de Marrakech du 15 avril 1994 sur les aspects du droit de la propriété intellectuelle intéressant le commerce (ADPIC/TRIPS) prévoient le traitement national pour les ressortissants – personnes physiques et morales domiciliées ou ayant un établissement industriel ou commercial réel et effectif sur le territoire de l'État concerné – des autres Membres (art. 3) ainsi que le traitement de la nation la plus favorisée (art. 4). Ils incorporent un certain nombre de garanties substantielles et procédurales ayant vocation à profiter directement à la personne privée (à raison de leur applicabilité directe).

En bonne analyse, les dispositions visant la protection des étrangers laissent ouverte la question de savoir selon quelle loi les droits sont exercés ; on aboutit ainsi à une combinaison des lois de l'État d'origine et de l'État d'accueil[1]. Mais elles sont parfois comprises comme si elles imposaient l'application intégrale de la loi du second. Il apparaît en définitive que les conflits de lois n'ont pas reçu une attention suffisante dans le droit conventionnel.

1069. – Propriétés industrielles. La Cour de cassation avait au XIXe siècle refusé la protection du *nom commercial* aux étrangers (n° 1064). La proclamation un siècle plus tard du principe selon lequel les étrangers jouissent de tous les droits qui ne leur sont pas expressément refusés n'a eu qu'une portée limitée car divers textes avaient été pris en la matière. En ce qui concerne les *dessins et modèles* (L. 14 juillet 1909, L. 11 mars 1957), l'étranger, auteur ou ayant cause, jouit de la protection de la loi s'il est domicilié en France ou y exploite un établissement industriel ou commercial, ou sous condition de réciprocité (art. 13, devenu L. 511-4 CPI). En ce qui concerne la protection des *marques* (successivement L. 23 juin 1857, 31 déc. 1964, puis 4 janvier 1991, art. L. 711-1 s. CPI), les étrangers ayant un établissement en France jouissent des mêmes droits que les Français. Cette assimilation faisait l'objet dans la loi de 1857 d'une disposition expresse (art. 5), non reprise dans la loi de 1964 ; mais sans

1. Civ. I, 15 déc. 1975, RC 76.515 n. G. B. rejetant le pourvoi contre Paris, 24 avril 1974, RC 75.440 n. Bonet.

doute n'avait-elle pas lieu de l'être du fait de la position de principe prise par la Cour de cassation en 1948 (n° 1065). Les autres étrangers ne jouissent de la protection de la loi, pour les marques régulièrement déposées dans le pays d'origine, que sous la condition de réciprocité au bénéfice des marques françaises (L. 4 janv. 1991, art. 36, devenu L. 712-11 CPI). De même la L. 2 janv. 1968 sur les *brevets d'invention* en retrait par rapport au libéralisme dont faisait preuve la L. 5 juill. 1844, exige la réciprocité pour les étrangers dont le domicile ou l'établissement est situé hors de France (art. 5, devenu L. 611-1 CPI) ; ceux qui ont leur domicile ou un établissement en France bénéficient du droit au brevet.

La tendance en matière de propriétés industrielles est donc de n'accorder de droits aux étrangers que sous la condition de réciprocité, sauf à en faire bénéficier ceux qui sont intégrés à l'économie nationale. Mais comme en matière de propriété littéraire, le droit commun est le plus fréquemment remplacé par des dispositions conventionnelles, lesquelles posent le principe de l'assimilation de l'étranger « unioniste » au national. Il en est ainsi notamment de la *Convention d'Union pour la protection de la propriété industrielle*, signée à Paris le 20 mars 1883 (plusieurs fois modifiée), qui s'applique en matière de brevet, de dessins et modèles (art. 1er al. 2 ; la Convention s'applique concurremment, dans ce domaine, avec les conventions en matière de droit d'auteur), de marque (art. 2), de nom commercial (art. 8)[1]. Selon l'art. 2 al. 1er, « les ressortissants de chacun des pays de l'Union jouiront, dans tous les autres pays de l'Union, en ce qui concerne la protection de la propriété industrielle, des avantages que les lois respectives accordent actuellement ou accorderont par la suite aux nationaux, le tout sans préjudice des droits spécialement prévus par la présente Convention. » Aucune condition de domicile ou de résidence n'est requise de l'étranger « unioniste ». Le traité comporte également des règles communes à l'ensemble des membres de l'Union : les unes sont des règles de coordination, permettant par exemple à celui qui effectue un dépôt dans un État membre de bénéficier d'un délai de priorité pour effectuer le dépôt dans les autres États ; les autres sont des règles matérielles uniformes, destinées à établir un minimum de protection. Les Accords de Marrakech, précités, s'appliquent également en matière de marques, de dessins et modèles industriels, et de brevets et prévoient des garanties directement invocables par le particulier.

b. Législation spéciale des baux

1070. – Source et nature des difficultés. La question des baux (de toute nature) a soulevé de nombreuses difficultés depuis que, pour lutter contre les effets d'une pénurie d'offre, en particulier de logements ou de locaux professionnels, une législation spéciale a été introduite accordant notamment au locataire le droit au maintien dans les lieux ou une indemnité d'éviction. On pouvait voir dans le droit au maintien dans les lieux un

1. Jean Foyer, « Un siècle de droit unioniste en matière de propriété industrielle », TCFDIP 1982-84, p. 17.

« droit civil » réservés aux Français, en raison de l'atteinte qu'il portait aux prérogatives normales du propriétaire. En fait, les différentes lois réservèrent fréquemment de manière expresse le bénéfice de leurs dispositions aux Français et à certaines catégories assimilées (personnes ayant servi dans les armées françaises ou alliées)[1]. Mais il fallait également tenir compte de nombreuses conventions internationales prévoyant le « traitement national ». Certaines dispositions de l'entre-deux-guerres précisaient à cet égard qu'une telle clause ne devait s'appliquer en la matière que si les Français jouissaient dans le pays concerné d'avantages comparables[2]. À la suite de difficultés diplomatiques, une loi interprétative du 28 mai 1943 assouplit cette position en reconnaissant expressément le bénéfice de la législation spéciale aux étrangers dont le pays offre aux Français « les avantages d'une législation analogue » ou qui sont dispensés par traité d'une telle réciprocité ou qui sont assimilés aux nationaux (n° 1142).

1071. – Applications. Du fait de la multiplication des textes et des conventions, on ne peut que donner un aperçu général de la situation selon les différentes catégories de baux[3].

a) Baux d'habitation. À la suite des difficultés diplomatiques rencontrées quelques années plus tôt, la L. 1er sept. 1948 s'abstint de distinguer selon que le locataire est français ou étranger. Il fut donc admis que les locataires étrangers bénéficiaient comme les Français du droit au maintien dans les lieux[4]. La loi introduisait en revanche une distinction en ce qui concerne le droit de reprise (art. 18 et 19). Le propriétaire étranger ne peut en bénéficier ; mais ce principe voit sa portée fortement atténuée par la réciprocité diplomatique (de nombreux accords sont intervenus sur ce point) et par la réciprocité législative, prévue par la loi du 28 mai 1943[5].

b) Baux à ferme. L'art. 869 C. rur. (succédant à l'art. 61 ord. 17 oct. 1945 et aujourd'hui remplacé par l'art. L. 413) excluait les étrangers du bénéfice du statut du fermage ou métayage, sauf s'ils remplissaient certaines conditions. Mais le statut comporte des dispositions favorables les unes au preneur, les autres au bailleur. On considère que seul le preneur étranger est écarté du statut, tandis que le bailleur étranger peut l'invoquer[6]. Ont été en particulier refusés au premier le droit de préemption, le droit au renouvellement, le droit de demander la conversion du métayage en fermage, le droit pour le fermier sortant de percevoir des indemni-

1. Les textes aujourd'hui en vigueur assimilent aux nationaux les ressortissants des Etats membres de la Communauté européenne (v. par ex. : L. 1er sept. 1948, art. 18 et 19 mod. L. 6 janv. 1986).
2. En matière de baux d'habitation, L. 1er avril et 30 juin 1926, décr.-loi des 26 sept. 1939 et 1er juin 1940 ; v. Civ. 22 déc. 1931, *Sanchez*, JDI 32.683.
3. Pour des indications plus précises, v. Revillard, *Droit international privé et communautaire : pratique notariale*, 6e éd., 2006, no 967 s.
4. Soc. 14 nov. 1952, JCP 53.II.7398. La solution inverse antérieure avait l'effet imprévu, en cas de libération d'un logement, de faire des étrangers des locataires plus recherchés que les nationaux.
5. Soc. 6 juin et 21 juill. 1958, RC 59.288 n. Simon-Depitre.
6. Soc. 30 juin 1948, JCP 1949.II.4650 bis note Ourliac et de Juglart, RC 49.649. Ourliac et de Juglart, « La condition des fermiers et métayers étrangers », JCP 1969. I.2228.

tés[1], le droit de prorogation. Les exceptions prévues par le texte visent l'exploitant ayant des enfants français et ceux bénéficiant de la réciprocité diplomatique ou législative[2].

c) Baux commerciaux. Le décr. 30 sept. 1953 contient des dispositions restrictives à l'égard des étrangers. Le droit au renouvellement du bail ne peut être invoqué par les commerçants, industriels ou artisans de nationalité étrangère, non plus que le droit de reprise par les propriétaires étrangers (art. 38). Toutefois, des exceptions sont prévues en faveur de ceux ayant combattu dans les armées françaises ou alliées ou ayant des enfants français ; la loi réserve également la réciprocité diplomatique (c'est l'application même de l'art. 11 C. civ.) et la réciprocité législative[3].

§ 2. – POLICE ADMINISTRATIVE DES ÉTRANGERS

1072. – Évolution de la politique législative. Pendant le XIXe siècle, la France n'édicta aucune restriction à l'entrée des étrangers sur le territoire. Seul existait à leur égard un pouvoir de police se traduisant par une possibilité d'expulsion, consacré dans une loi du 3 décembre 1849. Mais ce pouvoir ne fut exercé qu'aux époques troublées et dans des circonstances exceptionnelles.

Les premières mesures spécifiques furent prises à la fin du XIXe siècle, sous l'influence concomitante d'activités anarchistes étrangères en France et de la demande de protection contre la concurrence étrangère de la part des milieux économiques (tant ouvriers que patronaux). Un décret de 1888 imposa aux étrangers venant s'établir en France une déclaration à la mairie de leur résidence et une loi de 1893 créa un certificat d'immatriculation pour ceux qui désiraient exercer une activité commerciale ou professionnelle. La Première Guerre mondiale amena à faire appel à la main d'œuvre étrangère pour remplacer celle qui était sous les armes ; à des fins de contrôle fut instituée une carte d'identité obligatoire pour tous les étrangers. Cette mesure survécut aux circonstances et fut institutionnalisée en 1925. Peu après, la crise économique de 1929 fit de nouveau ressentir la main-d'œuvre étrangère comme une concurrence. Une loi de 1932 introduisit le contingentement des étrangers par profession ; plusieurs décrets de 1938 réglementèrent l'immigration de manière restrictive.

Dans le souci général de remise en ordre consécutif à la guerre fut prise l'ordonnance n° 45-2658 du 2 novembre 1945 « relative aux conditions d'entrée et de séjour des étrangers et portant création de l'Office national d'immigration », ce dernier chargé du recrutement et de l'introduction des travailleurs étrangers. Faisant pendant à celle du 19 octobre précédent portant code de la nationalité (n° 956), elle était destinée à rationaliser la réglementation ; mais elle se révéla moins bien conçue que la précédente. Elle ne contenait que les dispositions les plus générales (trente-six articles), appelant donc de nombreux textes d'application, et n'abrogeait même pas

1. Soc. 9 juin 1955, JCP 55.II.3675 obs J.L.
2. Pour le refus de la réciprocité, Soc. 24 nov. 1955, RC 56.643, 1re esp., n. Simon-Depitre ; sur ces différents points, v. Rép. Dall. dr. int., 2e éd., V° Bail, par H. Gaudemet-Tallon.
3. V. écartant celle-ci dans le cas d'espèce, Com. 13 avril 1961, RC 63.59 n. Simon-Depitre.

tous ceux existants. Demeuré néanmoins le cadre de la réglementation ultérieure jusqu'en 2005, ce texte fut modifié à de très nombreuses reprises sous l'influence de la conjoncture économique et, à partir de 1981, de six alternances politiques successives.

Pendant un quart de siècle suivant l'ordonnance de 1945, la reconstruction puis l'expansion économique suscitèrent un besoin de main-d'œuvre qui attira de très nombreux travailleurs étrangers, non seulement d'origine européenne, comme c'était traditionnellement le cas, mais principalement d'Afrique du Nord et subsaharienne. Une large part de cette immigration se fit en marge des procédures prévues, c'est-à-dire hors du canal de l'ONI, sans que l'autorité publique s'y oppose. De l'après-guerre à 1975, la population étrangère en France doubla, atteignant à cette date le chiffre officiel de trois millions de personnes ; il est généralement reconnu que le chiffre réel était plus élevé.

Le ralentissement de l'expansion économique à partir de 1973, la situation de l'emploi, puis le changement de l'environnement global lié notamment à la « mondialisation », imposaient une politique de maîtrise de l'immigration; mais le défaut d'accord politique sur ce point s'est traduit par une succession de textes d'inspiration contradictoire.

1073. – Législation récente. Une circulaire du 5 juillet 1974 décida la suspension de l'immigration, du moins en matière d'emplois permanents, sans guère d'effet. Cette circulaire ayant été annulée en 1978, une première loi du 10 janvier 1980 s'efforça de mettre fin à l'immigration clandestine et de refouler les étrangers irrégulièrement entrés ou demeurés en France[1].

À la suite d'un premier changement de majorité parlementaire en 1981, deux lois de la même année prirent partiellement le contre-pied de cette orientation. La première, du *17 octobre*, modifiant certaines dispositions du Code du travail relative à l'emploi des travailleurs étrangers en situation irrégulière, permit provisoirement, mais très libéralement, aux intéressés de régulariser leur situation. La seconde, du *29 octobre*, relative aux conditions d'entrée et de séjour en France, accrut les droits et garanties des personnes déjà en France, tout en renforçant les conditions d'entrée des nouveaux immigrants[2]. Poursuivant la mise en place du système, une loi du *17 juillet 1984* réforma le régime des cartes de séjour en vue de stabiliser la situation des étrangers régulièrement établis en France[3].

Pendant le cours de la même législature était déjà apparue la nécessité d'adopter des dispositions plus rigoureuses. Sous une nouvelle majorité, la loi du *9 septembre 1986* modifia à nouveau l'ordonnance de 1945, sans cependant revenir sur les dispositions essentielles prises lors de la législature précédente[4]. Un nouveau changement de majorité parlementaire

1. Comm. Simon-Depitre, JDI 1981.225 ; Turpin, RC 1980.41.
2. Comm. Turpin, RC 1982.25 ; Simon-Depitre, JDI 1983.5.
3. Comm. Simon-Depitre, RC 84.738 et, du même auteur : « Le séjour des étrangers en France depuis la loi du 17 juillet 1984 », JDI 85.603.
4. Comm. Guimezanes, JCP 1987.I.3270 ; Turpin, RC 1986.607. Cette loi fit disparaître la référence à l'Office national de l'immigration de l'intitulé de l'ordonnance du 2 novembre 1945. Les textes relatifs à l'Office avaient été antérieurement transférés

amena une loi du 2 *août 1989* restreignant les possibilités d'éloignement des étrangers en situation irrégulière ou passibles d'expulsion et facilitant la régularisation de leur séjour[1]. Ces mesures eurent pour effet, prévisible, le maintien d'un fort courant d'immigration clandestine. Visant à infléchir cette tendance, une nouvelle majorité adopta deux lois des *24 août* et *30 décembre 1993*[2], complétées par une autre, n° 97-396, du *24 avril 1997*. À la suite des élections législatives de 1997, une autre loi, du *11 mai 1998*, inversa ces mesures en élargissant les possibilités d'entrée et de maintien sur le territoire[3]. Une nouvelle majorité parlementaire a depuis adopté successivement les lois n° 2003-1119 du *26 novembre 2003* « relative à la maîtrise de l'immigration, au séjour des étrangers en France et à la nationalité »[4], du *24 juillet 2006* « relative à l'immigration et l'intégration » dont l'objectif proclamé est le « passage d'une politique de maîtrise des flux migratoires à une politique de pilotage » des mêmes flux, notamment en substituant une « immigration choisie » à une immigration subie faute d'un contrôle véritablement effectif[5] et du *20 novembre 2007* « relative à la maîtrise de l'immigration, à l'intégration et à l'asile »[6].

Ces interventions multiples – dix-sept depuis 1980 – et d'inspiration largement contradictoire (certaines fort peu conformes à l'objectif proclamé de « lutter contre l'immigration clandestine »), se sont traduites par une réglementation d'une complexité en soi peu compatible avec une efficacité raisonnable[7]. Ce trait est accentué par l'enchevêtrement des compétences administrative et judiciaire[8]. La législation a été refondue en

dans le Code du travail (art. L. 341-9 et 10, art. R.341-9 s. anciens). Les missions traditionnelles de l'ONI concernant l'immigration régulière (regroupement familial, travailleurs saisonniers, dérogations visant certains travailleurs permanents ou accordées à titre humanitaire...) furent étendues : lutte contre l'immigration clandestine, aide à l'insertion des immigrés en situation régulière, assistance et contrôle sanitaire, information, aide au retour. En 1988, l'ONI est devenu *Office des migrations internationales*, sa mission incluant le recrutement en France des travailleurs de toutes nationalités pour l'étranger (décr. n° 88-24 du 7 janv. 1988) ; puis en 2005 (L. 18 janv.) l'*Agence nationale de l'accueil des étrangers et des migrations*, avec les mêmes missions ; puis en 2009, l'*Office français de l'immigration et de l'intégration*.

1. Comm. Turpin, RC 89.617. Guimezanes, « La situation en France des étrangers non communautaires à l'aube de l'année 1993 », JDI 94.5.
2. Comm. Turpin, RC 94.1, Guimezanes, JCP 94.I.3728 et JDI 94.59. Le vote de la seconde fut entraîné par l'annulation de certaines dispositions de la première par le Conseil constitutionnel (13 août 1993, RC 93.597) ; dans cette décision, le Conseil formulait certains principes généraux applicables en la matière (n° 1056) et, pour la première fois, assortissait l'approbation de certaines dispositions de « réserves d'interprétation ».
3. Comm. Fulchiron JDI 1999.5 et 335, Turpin RC 1998.598, Guimezanes, JCP 1998.I.180. V., précédant la loi, Cons. Const. 5 mai 1998, RC 98.403.
4. Comm. Guimezanes, JCP 2003, Act. n° 592 ; Turpin, D. 2004.283 et RC 2004.311.
5. Comm. Guimezanes, JCP Doctr. 167 ; Turpin, RC 2007.1.
6. Comm. Guimezanes, JCP 67.I.215 ; Turpin, D. 08.930 ; Jault-Seseke, RC 08.5.
7. Un signe manifeste en est le faible pourcentage des mesures de reconduite à la frontière (sanctionnant une situation irrégulière) ou d'expulsions (sanctionnant une menace pour l'ordre public) effectivement suivies d'exécution.
8. Par exemple, tandis que les décisions relatives à l'éloignement des personnes en situation irrégulière ou expulsées sont de la compétence des juridictions administratives,

la forme par une ordonnance du 24 novembre 2004 « portant code de l'entrée et du séjour des étrangers et du droit d'asile » ou CESEDA (ci-après C. étr.), entré en vigueur le 1er mars 2005, qui a abrogé l'ordonnance du 2 novembre 1945 et la loi du 25 juillet 1952 relative au droit d'asile.

Sur de nombreux points s'applique aujourd'hui un régime particulier entre les États parties aux accords de Schengen ou y ayant adhéré (n° 1077). Le traité d'Amsterdam du 2 octobre 1997 ayant fait entrer dans le cadre communautaire les questions d'immigration, d'asile et de visa (nouveau titre IV du Traité CE consolidé, devenu Titre V TFUE), cette source est appelée à prendre une importance croissante (v. déjà n° 1076). Sur un autre plan, les mesures nationales sont susceptibles d'être examinées au regard des principes de la CESDH (n° 1048).

Dans le cadre français, l'accord paraissait acquis sur la nécessité de reconnaître une sécurité de statut aux étrangers admis à entrer sur le territoire et à y demeurer ; mais de ne permettre l'installation de nouveaux arrivants que dans la mesure compatible avec la situation de l'emploi et une intégration sans heurt. Néanmoins, le simple respect des conditions d'entrée et de séjour fixées par la loi se heurte à l'opposition de groupes de pression entretenant un amalgame entre le contrôle de l'immigration – universel et souvent beaucoup plus restrictif qu'en France – et la xénophobie, et parvenant à imposer une terminologie juridiquement impropre et tendancieuse (« sans papiers », « double peine »). Or tandis que le nombre de candidats à l'immigration ne cesse de croître, l'insertion des immigrants (ou de leurs enfants, devenus Français) se révèle plus difficile que par le passé du fait notamment de l'affaiblissement du « modèle français » qui aspirait à l'universalisme. L'immigration légale par l'effet du regroupement familial, dont la jouissance en France a été érigée en droit (n° 1076), et du mariage avec des Français (97 000 personnes en 2007) a pratiquement supplanté l'immigration du travail (6 % du total ; une légère inversion de tendance se manifeste cependant à la suite de la loi de 2006). Il est reconnu que l'immigration clandestine se maintient à un niveau élevé (estimé entre 200 et 400 000 personnes), confortée par la pratique répétée des régularisations par décisions générales ou particulières[1]. Une politique d'incitation au retour volontaire des étrangers privés d'emploi fut initiée en 1977, inter-

le juge judiciaire est appelé à intervenir dans la mesure où certaines modalités de leur exécution mettent en cause la liberté individuelle (placement en rétention administrative ou en résidence surveillée) ; mais il ne peut à cette occasion, sans excéder ses pouvoirs, se prononcer sur la légalité des mesures ordonnées (v. par ex. Civ. II, 10 et 25 nov. 1999, 20 janv. 2000, RC 00.697, 3e, 4e et 5e esp., n. Guimezanes ; 15 juin 2000, RC 01.653 n. Guimezanes) et moins encore de celles dans le cadre desquelles elles sont prises (refoulement à l'entrée, reconduite à la frontière, expulsion) ou qui, plus en amont, les ont occasionnées telles que le refus d'accès au territoire, ou de délivrance d'un titre de séjour (v. Julien-Laferrière, « La délimitation des compétences de la juridiction administrative et de la juridiction judiciaire en matière de rétention administrative et de maintien en zone d'attente (...) » RC 2004.255). De même, si le juge pénal (mais non le juge civil) peut connaître par voie d'exception de la légalité d'un arrêté d'expulsion, il n'a pas le pouvoir de l'annuler. Ces distinctions, comme la question de l'existence ou non d'une voie de fait, suscitent de nombreuses décisions du Tribunal des conflits (v. par ex. 5 juin 2000, JCP 01.10622 concl. Sainte-Rose). *Adde* n° 1087.

1. V. par ex. circ. du 24 juin 1997 « relative au réexamen de la situation de certaines catégories d'étrangers en situation irrégulière », ayant rapidement fait l'objet de deux assouplissements ; Mallol, « La régularisation du statut administratif des étran-

rompue en 1981 et reprise deux ans plus tard sous forme d'« aide à la réinsertion »[1] puis d'« aide au retour » (art. L. 331-1 C . étr., art. D. 331-2 s.). Ses résultats ont été insignifiants.

Favorisant l'immigration de travail, laquelle se traduit globalement par d'importants transferts d'argent vers les pays d'origine, les lois de 2006 et 2007 ont créé un compte et un livret d'épargne codéveloppement, destiné à recevoir l'épargne d'étrangers en provenance d'un pays en voie de développement (dont une liste est fixée par arrêté) et titulaires d'une carte de séjour autorisant l'exercice d'une activité professionnelle ; il est destiné à financer, dans le pays d'origine, des opérations concourant au développement économique (art. L. 90-1 C. étr., L. 221-33 et 34 C. mon. fin.)

En dehors des textes à valeur législative, la réglementation de l'entrée et du séjour des étrangers fait l'objet de nombreux décrets et arrêtés. Il faut également souligner l'importance en la matière des circulaires ministérielles lesquelles, tout en étant naturellement soumises au respect des dispositions législatives et réglementaires[2], sont susceptibles d'orienter leur application dans un sens ou dans un autre.

1074. – Questions à étudier. Trois catégories de dispositions constituent la police administrative des étrangers. Les premières visent le *contrôle de l'accès et du séjour* des étrangers en France ; bien qu'ayant au premier chef un caractère de simple police, permettant en particulier de refouler les personnes non souhaitées, elles sont venues à jouer un rôle de maîtrise des flux migratoires. Sur ce point, elles complètent les dispositions du second type, qui réglementent l'*accès des étrangers à une activité professionnelle*. Enfin, à quelque titre que se trouvent les étrangers dans un pays donné, il est toujours possible à l'autorité publique de mettre fin à leur séjour par une mesure particulière d'éloignement, l'*expulsion*, dont la réglementation constitue la troisième volet de dispositions à examiner.

A. ENTRÉE ET SÉJOUR DES ÉTRANGERS SUR LE TERRITOIRE

1. Accès au territoire français

Au-delà d'un régime général existent des régimes particuliers lorsque l'intéressé bénéficie du regroupement familial ou entend demander l'asile.

1075. – Conditions. Pour entrer sur le territoire français, un étranger doit, selon le droit commun, être muni de trois séries de documents (art. L. 211-1 s. C. étr.)[3]. En premier lieu un *passeport*, délivré par l'État

gers dépourvus de titre de séjour », D. 1997.79. Le Conseil d'État a été amené à repousser l'idée d'un « droit à la régularisation » (avis n° 359.622 du 22 août 1996).

1. Décr. n° 87-844 du 16 oct. 1987 portant création d'une aide publique à la réinsertion des travailleurs étrangers quittant la France pour regagner leur pays d'origine (D.87. L. 422, RC 88.110).
2. V. par ex. CE, 30 juin 2000, D. 00. I.R. 231, RFDA 00.896.
3. Ces dispositions s'appliquent sous réserve de nombreuses conventions internationales en vigueur, ainsi qu'il est expressément pour les deux premières conditions de l'article L. 211-1. Toutefois, les conventions dispensant de visa sont suspendues

d'origine de l'intéressé et portant un *visa* des autorités françaises ; sont dispensés de celui-ci les titulaires d'un titre de séjour (n° 1080), même temporaire. La délivrance d'un visa constitue un acte régalien, ce qui limite l'étendue du contrôle néanmoins susceptible d'être exercé[1]. Par dérogation aux dispositions de la loi du 11 juillet 1979, les décisions de refus prises par les autorités diplomatiques et consulaires n'ont en principe pas à être motivées ; la loi de 1998 a cependant introduit la règle inverse pour différentes catégories de personnes (v. art. L. 211-2), suscitant une forte augmentation des recours contre les refus de visa. L'intéressé doit en second lieu être en possession de documents relatifs, d'une part, à l'objet et aux conditions de son séjour et, d'autre part, s'il y a lieu, à ses moyens d'existence, à la prise en charge par un opérateur d'assurance agréé des dépenses médicales résultant de soins qu'il pourrait engager en France (loi de 2003) ainsi qu'aux garanties de son rapatriement. Pour contrecarrer une immigration déguisée fut introduite en 1982 l'exigence pour toute visite privée d'un justificatif d'hébergement, sous forme d'« attestation d'accueil » émanant de la personne qui se propose d'héberger l'intéressé et par lequel celle-ci s'engage à prendre en charge pendant une durée de trois mois au besoin ses frais de séjour en France. L'attestation doit être validée par le maire de la commune, le refus pouvant faire l'objet d'un recours administratif. Supprimé en 1998, le contrôle des attestations a été rétabli par la loi de 2003 qui l'a minutieusement réglementé (art. L. 211-3 s.). Le conjoint de Français âgé de moins de soixante-cinq ans, demandeur d'un visa de plus de trois mois, bénéficie, dans le pays où il sollicite le visa, d'une évaluation de son degré de connaissance de la langue et des valeurs de la République et, le cas échéant, d'une formation, pour lui permettre de « préparer son intégration républicaine dans la société française » (art. L. 211-2-1). Enfin, si l'intéressé se propose d'exercer une activité professionnelle, il doit être muni des autorisations nécessaires à cet exercice (n° 1088 s.).

L'art. L. 212-2 réduit ces exigences aux seuls passeport et visa pour les personnes dont l'accueil présente une utilité pour la France, selon l'appréciation d'une commission (dont la composition est prévue par un décret du 24 juill. 1980) et surtout pour les proches d'étrangers en situation régulière, au titre du regroupement familial.

Depuis la loi du 26 nov. 2003 peuvent être relevées et faire l'objet d'un traitement informatisé dans les conditions conformes à la loi les

depuis le 16 sept. 1986, sauf d'assez larges exceptions. Bénéficient de régimes particuliers les ressortissants des États membres de l'UE (Titre II du Livre I C. étr., mettant en œuvre la directive 2004/38/CE du 29 avril 2004 relative au droit des citoyens de l'Union et des membres de leur famille de circuler et de séjourner librement sur le territoire des États membres), de l'Espace économique européen et de la Suisse.

1. Le contrôle du juge porte sur l'exactitude matérielle des faits, l'erreur de droit, l'erreur manifeste d'appréciation (v. par ex. CE 17 juin 1996, D. 97. Somm. 36 obs. Julien-Laferrière ; 22 juin 2001, D.01.I.R.2803), le détournement de pouvoir et le respect de la vie privée et familiale selon l'art. 8 CEDH (v. par ex. CE, 8 juin 1998, JCP 98.II.10182 n. F. Monéger). Le refus de visa ne peut constituer une voie de fait (Trib. Conflits, 23 oct. 2000, D. 01.2332 concl. Sainte-Rose).

empreintes digitales des étrangers non ressortissants d'un État membre de l'UE, de l'Espace économique européen ou de la Suisse qui sollicitent la délivrance d'un titre de séjour (art. L. 613-3). Le règlement CE 810/2009 du 13 juillet 2009 (J.O. 15.9.2009) a institué un « code des visas » régissant l'octroi par les États membres des visas de moins de 3 mois. Il s'agit essentiellement par ce texte de coordonner l'action des administrations nationales, de fixer la compétence consulaire des États membres pour délivrer les visas, de fixer la procédure de demande ainsi que les modalités d'examen et d'octroi.

1076. – Le regroupement familial. Introduite en 1976 (et depuis modifiée à treize reprises), la possibilité pour l'étranger de se faire rejoindre par son conjoint et les enfants du couple mineurs de dix-huit ans figure à présent aux art. L. 411-1 C. étr.[1]. Devenu de loin la première source d'immigration, ledit regroupement a vu ses conditions renforcées par les lois de 2006 et 2007 afin de lutter contre les détournements et de s'assurer de la capacité d'intégration des personnes accueillies.

Le regroupement est ouvert après un séjour régulier du demandeur dont la durée a été portée à dix-huit mois par la L. 26 juillet 2006, et suppose un titre de séjour d'une validité d'au moins un an. La L. 2007 a introduit la possibilité, à titre expérimental, de recourir aux tests génétiques pour établir la filiation maternelle des enfants lorsque l'état civil du pays d'origine présente des carences, sous de multiples conditions (art. L. 111-6)[2]. Le niveau de ressources requis, y inclus depuis la loi de 1998 celles du conjoint, est au moins égal au SMIC ; sont exclues de son calcul un certain nombre d'allocations. Le demandeur doit disposer, actuellement ou à la date de l'arrivée de sa famille en France, d'un logement considéré comme normal pour une famille comparable vivant en France dans la même région. Ces deux conditions sont appréciées en tenant compte de la taille de la famille. Le regroupement a été étendu par la loi de 1998 aux enfants d'un premier lit. Il est refusé à l'étranger polygame qui réside sur le territoire français avec un conjoint (contrairement à ce qu'avait permis le Conseil d'État en 1980)[3], et il peut l'être lorsque le demandeur ne se conforme pas aux « principes fondamentaux reconnus par les lois de la République », condition sur laquelle le maire de la commune peut émettre un avis. Le conjoint doit avoir au moins dix-huit ans. La L. 2007 a introduit un évaluation préalable, dans leur Etat d'origine, du degré de connaissance de la langue et des valeurs de la République par les bénéficiaires, suivie si besoin d'une formation de deux mois au plus (art. 411-8, L. 2007 ; v. également art. L. 311-9-1 sur le contrat d'accueil et d'intégration pour la famille).

1. La directive 203/86/CE du Conseil du 22 septembre 2003 relative au droit au regroupement familial fixe le cadre de la réglementation de droit commun. Celle-ci ne s'applique pas aux membres de la famille d'un Français.
2. Turpin, « La décision n° 557 DC du Conseil constitutionnel sur la loi relative à l'immigration et à l'asile : le moustique et le chameau », D. 2008.1638.
3. Ce refus vaut pour le premier conjoint du polygame comme pour le second : CE 2 oct. 2006, *Mme K. ép. T*, req. n° 288582.

L'autorisation est délivrée par le préfet, après avis du maire. Les proches reçoivent de plein droit un titre de séjour temporaire dès qu'ils sont astreints à la détention d'un titre de séjour. Ce titre leur confère le droit d'exercer la profession de leur choix, dans le cadre de la législation. En cas de rupture de la vie commune, le titre de séjour remis au conjoint peut, pendant les trois ans suivant sa délivrance, fait l'objet d'un refus de renouvellement ou d'un retrait, suivant sa nature (art. L. 431-2)[1].

Le défaut de respect de la procédure de regroupement familial (regroupement de fait) faisait encourir le retrait du titre de séjour pour celui qui avait fait venir ses proches (à moins d'entrer dans certaines catégories d'étrangers non expulsables), après avis de la Commission du titre de séjour.

Voy. : F. Jault-Seseke, *Le regroupement familial en droit français et allemand*, 1996 ; Kayser, « Le regroupement familial dans le droit communautaire, la convention européenne des droits de l'homme et le droit interne français », JCP 1993.I.3679.

1077. – Accords de Schengen et convention de Dublin. L'application des mesures nationales est affectée par les dispositions communautaires ayant mis en place la suppression des contrôles aux frontières intérieures et la libre circulation des personnes. La *Convention de Schengen* (Luxembourg) du 14 juin 1985 conclue entre les trois pays du Benelux, l'Allemagne et la France, prévoyait la suppression graduelle des contrôles aux frontières communes (avec possibilité de rétablissement pour un temps limité si l'ordre public ou la sécurité nationale l'exigent) et leur transfert à leurs frontières externes, ainsi que l'institution d'un visa unique. Elle fut suivie d'une *convention d'application* du 19 juin 1990 conclue dans le même lieu, organisant l'exercice du contrôle à l'entrée sur le territoire d'un Etat membre signataire et prévoyant un visa de courte durée uniforme pour l'ensemble des Parties contractantes[2]. Selon son principe, la décision de refus d'entrée prise par un État est en principe opposable à tous les autres et donne lieu à un « signalement aux fins de non-admission ». L'étranger entré régulièrement sur le territoire d'un État contractant et pénétrant sur celui d'une autre doit en faire la déclaration aux autorités du second. Une loi du 26 février 1992 inséra dans l'ordonnance de 1945 un certain nombre d'adaptations nécessaires sur l'entrée et le séjour, la reconduite à la frontière, et des sanctions à l'égard des transporteurs. La mise en œuvre complète de la convention a été tributaire de la mise en place du « système d'information Schengen » (SIS), fichier interconnecté entre les réseaux

1. Sur ce que l'administration est fondée à refuser la délivrance du titre de séjour en cas de rupture de la vie commune intervenue entre l'admission du conjoint sur le territoire et le moment où il est statué, v. avis du Conseil d'État du 16 juin 1995, RC 95.695 n. Jault-Seseke.
2. Le régime des deux conventions s'étendait en 2003 à treize des quinze États membres de l'Union européenne (avec des restrictions en ce qui concerne l'Irlande et le Royaume-Uni), ainsi qu'à l'Islande et la Norvège.

informatiques des polices et douanes nationales permettant d'identifier les personnes jugées indésirables.

Ces mesures impliquaient également une politique commune en matière de *droit d'asile*, lequel a fait l'objet d'une *Convention de Dublin du 14 juin 1990* se substituant en cette matière à la convention de Schengen[1]. La Convention détermine notamment l'État responsable de l'examen d'une demande d'asile, lequel statue selon son droit national dans le respect des conventions internationales (Convention de Genève, n° 1134)[2].

Cet ensemble devançait la coopération en matière de police et de justice instaurée en 1992 par le traité sur l'Union européenne (Titre VI, Art. K.1). Avec le traité d'Amsterdam, l'« acquis de Schengen » fit l'objet d'une ventilation : l'asile, l'immigration et le contrôle aux frontières extérieures relevait du « pilier communautaire » (nouveau titre III A) tandis que le fonctionnement du SIS demeurait du domaine de la coopération policière et judiciaire (« troisième pilier »)[3]. Depuis la réforme de Lisbonne, ces réglementations relèvent uniformément, de l'Espace de « Liberté, sécurité, justice » (titre V, TFUE, art. 67 s., spéc. art. 77). L'« acquis de Schengen » intéresse actuellement quatorze Etats.

Voy. : Crépeau et Carlier, « Intégration régionale et politique migratoire. Le 'modèle' européen entre coopération et communautarisation », JDI 1999.953 ; Corrado, « L'intégration de Schengen dans l'Union européenne (...) », Rev. Marché com. et Un. Eur. 1999 ; Costa-Lascoux, « De Schengen à Masstricht : libertés et contrôle dans l'Europe des citoyens », Mel. Levasseur, p. 129 ; M. Gautier, J-Cl. Europe Traité, fasc. 2630, « Accords de Schengen » (2007) ; Hreblay, *La libre circulation des personnes: les accords de Schengen*, 1994 ; Neel, AJDA 1991.659.

1078. – Refus d'entrée. Dans tous les cas, l'accès au territoire ne constitue pas un droit. Il peut être refusé à tout étranger dont la présence constituerait une menace pour l'ordre public ou qui a fait l'objet soit d'une interdiction du territoire, soit d'un arrêté d'expulsion (art. L. 213-1). Ce refus peut s'exercer même à l'encontre d'une convention internationale, y compris la convention de Genève sur les réfugiés (n° 1134) ou au détriment d'un ressortissant d'un Etat membre de l'UE. Les modalités du refus d'accès ont été plus sévèrement réglementées par les différents textes qui se sont succédé depuis 1980[4]. Le refus, qui émane de la police des frontières ou de la douane, doit faire l'objet d'une décision écrite motivée d'après les éléments de l'espèce et informant l'intéressé, dans une langue qu'il comprend, de la possibilité d'avertir ou de faire avertir la personne

1. Publiée par le décr. n° 97-911 du 30 sept. 1997, RC 97.829 (et Protocole du 7 oct. 1997).
2. La question a donné lieu à une révision constitutionnelle adoptée par le Parlement réuni en congrès (loi constitutionnelle du 25 nov. 1993, relative aux accords internationaux en matière de droit d'asile). Sur les difficultés d'articulation des systèmes de Schengen et Dublin, v. TA Lyon, 6 avril 1995, JCP 95.II.22450 n. Guimezanes.
3. Troisième partie du traité de Rome, nouveau titre III A (RC 1998.581).
4. Par dérogation à ces dispositions, l'étranger non ressortissant d'un État membre de la CEE peut être remis aux autorités compétentes de l'État membre qui l'a admis à entrer ou à séjourner sur son territoire (art. L. 531-1).

chez laquelle il a indiqué qu'il devait se rendre, son consulat ou le conseil de son choix, et de refuser d'être rapatrié avant un délai d'un jour franc ; il est invité à indiquer sur la notification même s'il désire bénéficier de ce délai (art. L. 213-2). En tout état de cause, la décision de refus d'accès peut être exécutée d'office par l'administration afin de pallier un refus de signer la notification des droits dans la perspective d'un recours contentieux.

L'intéressé peut être maintenu dans une *zone d'attente* (anciennement, de transit) de port ou d'aéroport pendant le temps strictement nécessaire à son départ (art. L. 221-1 s.)[1]. Ce maintien, non pénitentiaire, est prononcé pour une durée qui ne peut excéder *quatre jours*, par une décision écrite et motivée du service de contrôle aux frontières. Elle est portée sans délai à la connaissance du procureur de la République. L'intéressé peut demander l'assistance d'un interprète et médecin et communiquer avec un conseil ou toute personne de son choix (art. L. 221-4). Devant la multiplication des cas de mineurs non accompagnés d'un représentant légal est aujourd'hui prévue la désignation d'un tuteur *ad hoc* par le procureur de la République dès le refus d'entrée sur le territoire (art. L. 221-5)[2].

Le maintien en zone d'attente au-delà de quatre jour peut être autorisé par le juge des libertés et de la détention pour *huit jours au plus* (art. 221-1 s.). Le juge statue, par ordonnance après audition de l'intéressé et de son conseil. L'ordonnance est susceptible d'appel devant le premier président de la cour d'appel, saisi sans forme et qui doit statuer dans les quarante-huit heures à peine de caducité de la mesure. Si l'ordonnance met fin au maintien en zone d'attente, elle est immédiatement notifiée au procureur de la République. L'ordonnance autorisant ou refusant la prolongation est susceptible d'appel, non suspensif. À titre exceptionnel, le maintien en zone d'attente peut être renouvelé dans les conditions précédentes pour une durée qui ne peut être supérieure à *huit jours* (mais qui peut être prolongée de ce délai en cas de « volonté délibérée de l'étranger de faire échec à son départ »). En définitive, le maintien en zone d'attente pourra atteindre (ou ne pourra excéder...) vingt jours. L'intéressé est libre de la quitter à tout moment pour une destination hors du territoire. S'il est encore présent à l'expiration du délai, le maintien prend fin. L'intéressé peut entrer en France muni d'un « visa de régularisation » valable huit jours.

Le refus d'entrée opposé à un ressortissant non communautaire entraîne l'obligation pour le transporteur – aérien, maritime ou ferroviaire – de ramener l'intéressé au point où il a entrepris son voyage (art. L. 213-4).

1079. – Demandeurs d'asile et réfugiés. La personne à qui est refusée l'entrée sur le territoire peut demander à bénéficier de l'asile. Son admission en France pour voir sa demande examinée ne peut alors être refusée que dans des cas énumérés (et elle n'a pas nécessairement à l'être dans ces cas) : lorsque l'examen de la demande d'asile relève de la compé-

1. Les modalités de cette rétention administrative, qui étaient depuis la L. 9 sept. 1986 communes avec celles prévues dans l'attente de l'exécution d'une décision d'expulsion (n° 1102), en ont été dissociées par une loi du 26 fév. 1992 (sur laquelle, v. Cons. const., décision du 25 fév. 1992, JDI 92.669 n. Lochak). V. Guimezanes, « La rétention administrative des étrangers frappés d'une mesure d'éloignement du territoire », RC 1996.275.
2. Cournil, « Aux confins des droits des mineurs étrangers non accompagnés détenus et refoulés... », RC 2008.35. Sur ce que la désignation doit intervenir « sans délai », v. Civ. I, 22 mai 2007, RC 08.89 n. Gallant.

tence d'un autre État de l'UE en vertu du règlement (CE) n° 343/2003 du 18 février 2003 établissant les critères de détermination de l'État membre responsable de l'examen des demandes présentées par un ressortissant d'un pays tiers ; lorsque l'étranger a la nationalité d'un pays pour lequel les circonstances pouvant justifier la qualité de réfugié n'existent plus, selon les critères définis par la Convention de Genève (art. 1er C, 5) ou d'un pays d'origine considéré comme sûr ; lorsque la présence en France de l'étranger constitue une menace grave pour l'ordre public, la sécurité publique ou la sûreté de l'État ; lorsque la demande d'asile repose sur une fraude délibérée ou constitue un recours abusif aux procédures d'asile (ainsi en cas de présentation frauduleuse de plusieurs demandes sous des identités différentes) ou n'a été présentée qu'en vue de faire échec à une mesure d'éloignement prononcée ou imminente (art. L. 741-4). En cas de refus pour l'un des trois derniers motifs, l'intéressé peut présenter une demande à l'OFPRA (n° 1134) qui statue par priorité (art. L. 723-1 al. 2).

L'intéressé est maintenu en zone d'attente pendant le temps nécessaire pour déterminer si sa demande n'est pas manifestement infondée (art. L. 221-1). En cas de refus, il jouit d'un recours suspensif devant le président du tribunal administratif qui doit être exercé dans les 48 heures, délai pendant lequel la décision ne peut être exécutée (art. L. 213-9). Il est statué sur le recours dans les 72 heures. Le jugement est susceptible d'appel dans les quinze jours devant le président de la cour administrative d'appel, mais ce recours n'est pas suspensif.

L'étranger admis à séjourner en vue de présenter une demande d'asile reçoit du préfet une autorisation provisoire de séjour renouvelée jusqu'à la notification de la décision de l'OFPRA et le cas échéant de la commission des recours (n° 1134). L'autorisation n'a pas pour effet de régulariser les conditions de l'entrée en France. L'intéressé doit présenter sa demande de reconnaissance du statut dans le mois. L'autorisation de séjour peut être retirée pour les raisons qui auraient justifié le refus d'admission. Le refus définitif de la qualité de réfugié entraîne l'obligation de quitter le territoire (art. L. 742-7) dans le délai d'un mois (art. L. 742-3 *in fine*). Sa reconnaissance permet à l'intéressé de bénéficier du statut fixé par la Convention de Genève, complété par la loi française (n° 1135). La L. 24 juillet 2006 réglemente les centre d'accueil pour les demandeurs d'asile (CADA, art. L. 348-1 s.).

2. Séjour sur le territoire

1080. – Cartes de séjour. La carte d'identité d'étranger – institutionnalisée en 1925 et maintes fois remaniée en fonction de la conjoncture – fut doublée par différentes cartes professionnelles (n° 1088). L'ordonnance de 1945 institua un régime assez favorable prévoyant trois catégories de résidents et donc de cartes : résidents temporaires, résidents ordinaires et résidents privilégiés. Des restrictions furent édictées par un décret de 1967 puis par la loi du 10 janvier 1980, avant que le régime ne fût assoupli par les lois d'octobre 1981 et refondu par celle du 17 juillet 1984. La politique annoncée à cette occasion était d'étendre les droits des étrangers admis en séjour dès lors que les conditions d'admission étaient en principe renforcées. Elle se traduisit par une double mesure : le nombre des cartes fut réduit à deux, la *carte de séjour temporaire* et la *carte de résident* (art. L. 311-2) ; chacune reçut vocation à constituer un *titre unique* de séjour et de travail, afin de simplifier les formalités nécessaires[1].

La loi du 2 août 1989 facilita l'attribution ou le renouvellement des cartes de séjour, en même temps qu'elle multipliait les obstacles aux mesures d'éloignement ; en particulier l'irrégularité du séjour ne constituait plus un obstacle à la délivrance de plein droit de la carte de résident si les autres conditions étaient réunies. La loi du 24 août 1993 rétablit la condition d'absence de menace pour l'ordre public en vue de la délivrance du titre de séjour (à la seule exception de la carte de résident accordée aux personnes remplissant les conditions d'acquisition de la nationalité française conformément à l'art. 21-7 C. nat. ; v. n° 984). Surmontant une jurisprudence contraire du Conseil d'État, elle précisa que la délivrance d'une autorisation provisoire de séjour ou d'un récépissé de demande de titre de séjour n'a pas pour effet de régulariser les conditions de l'entrée en France.

La carte de séjour est nécessaire à tout étranger âgé de plus de dix-huit ans (art. L. 311-1)[2]. Sa délivrance est désormais subordonnée en règle générale à la possession d'un visa d'une durée supérieure à trois mois (art. L. 311-7), ce qui confère un rôle de filtre des entrées aux postes diplomatiques français à l'étranger. Si elle n'a pas été obtenue avant d'entrer en France, elle doit être sollicitée au-delà de deux mois de séjour ; les touristes dont le séjour ne dépasse pas cette durée ne sont donc pas soumis à l'exigence de la carte de séjour. Dans tous les cas, elle peut être refusée à l'étranger dont la présence en France constitue une menace pour l'ordre public (art. L. 313-3 et L. 314-3). Une circulaire du 31 déc. 1984 précisait que cette formule ne doit s'appliquer qu'à des faits personnellement reprochables et non recouvrir une appréciation relevant de considérations économiques ou sociales générales, telles que la situation de l'emploi.

La détention d'un récépissé de demande de délivrance ou de renouvellement d'un titre de séjour autorise la présence de l'étranger en France sans préjuger de la décision définitive qui sera prise au regard de son droit au séjour ; ces documents n'autorisent en principe pas leurs titulaires à exercer une activité professionnelle (art. L. 311-4). De la même manière, à l'expiration du titre de séjour et avant la décision relative à son renouvellement, la régularité du séjour de l'intéressé peut être attestée pendant

1. Les conditions précises de la délivrance des cartes sont prévues aux articles R. 311-1 s. C. étr.
2. La carte de séjour temporaire peut être demandée à partir de seize ans et les intéressés qui déclarent vouloir exercer une activité professionnelle salariée la reçoivent de plein droit (art. L. 311-3), de même qu'une carte de résident s'ils remplissent les conditions prévues. Les Français devenant étrangers doivent solliciter la carte dans les deux mois suivant la perte de la nationalité française. Les ressortissants de la CEE ou de l'EEE qui souhaitent établir en France leur résidence habituelle ne sont plus tenus de détenir un titre de séjour ; mais ils peuvent s'en faire délivrer un sur demande.

une certaine durée – dépendant du titre – par la simple présentation du titre arrivé à expiration.

La loi de 1989 avait institué dans chaque département une commission du séjour des étrangers, calquée sur la commission d'expulsion (n° 1100), dont la consultation était préalable à certaines décisions de refus de délivrance ou de renouvellement d'une carte de séjour. Supprimée par la loi du 24 avril 1997, en liaison avec l'adoption de mesures de régularisation de certains étrangers protégés contre l'éloignement, cette instance a été rétablie sous une forme voisine et l'appellation de *commission du titre de séjour*, par la loi de 1998 (art. L. 312-1). Ses compétences précises sont énumérées à l'art. L. 312-2 et ses avis sont consultatifs.

La loi de 2003 avait institué, à titre facultatif, un « contrat d'accueil et d'intégration » destiné à l'étranger admis pour la première fois au séjour en France et qui souhaite s'y maintenir durablement ; celle de 2006 l'a rendu obligatoire (art. L. 311-9 C. étr.). Par ce contrat, l'intéressé s'oblige à suivre une formation civique (institutions, égalité entre hommes et femmes, laïcité) et, lorsque le besoin en est établi, linguistique. Le premier renouvellement de la carte de séjour temporaire peut être refusé en cas de non-respect, manifesté par une volonté caractérisée, des stipulations du contrat d'accueil et d'intégration. De même, la délivrance d'une première carte de résident est-elle subordonnée à l'intégration républicaine de l'étranger dans la société française (v. art. L. 314-2).

a. Cartes de séjour temporaire

1081. – Domaine, conditions de délivrance, durée. Comme l'indique sa dénomination, la carte de séjour temporaire (art. L. 313-1 s.) est prévue au premier chef pour les étrangers qui ne prévoient de se rendre en France que pour un temps limité : soit comme simples visiteurs, mais pour une durée supérieure à trois mois (à l'exception des ressortissants communautaires), soit comme étudiants, soit pour y exercer une activité professionnelle temporaire (travailleurs saisonniers, stagiaires, artistes...). La carte est également délivrée aux personnes ne remplissant pas les conditions requises pour obtenir la carte de niveau supérieur, qui suppose une résidence en France de cinq ans : par exemple, les personnes entrées au titre du regroupement familial.

La validité de la carte de séjour temporaire ne peut dépasser celle du visa ni être supérieure à *un an*, mais elle est *renouvelable* à condition que l'intéressé continue de remplir les conditions d'une première délivrance (art. L. 313-1). La carte est revêtue d'une mention indiquant le titre auquel elle a été délivrée : visiteur, étudiant, scientifique, profession artistique et culturelle, ou autorisation d'exercice d'une activité professionnelle (art. L. 313-6 s., précisant les conditions de chacune). La L. 24 juill. 2006 a introduit des dispositions plus favorables à l'accueil des étudiants étrangers présentant des garanties de niveau[1] ainsi qu'aux personnes

1. Une sélection est prévue auprès des ambassades. La carte ne nécessite pas un visa de long séjour. Elle est accordée de plein droit dans un certain nombre de cas

exerçant une activité professionnelle[1]. Une carte portant la mention « vie privée et familiale » est délivrée *de plein droit*, sauf « menace pour l'ordre public », à différentes catégories de personnes dont la liste a été successivement élargie pour tenir compte de la situation d'étrangers non expulsables (art. L. 313-11) : mineurs ou étrangers dans l'année de leur 18° anniversaire entrés en France avec leur famille, majeurs dont l'un des parents ou le conjoint est titulaire d'une carte de séjour, ou qui justifient avoir résidé habituellement en France avec un de leurs parents depuis l'âge de treize ans, conjoint d'un Français sous réserve de différentes conditions concernant le mariage, père ou mère ne vivant pas en état de polygamie d'un enfant français mineur et subvenant effectivement à ses besoins, titulaire d'une rente d'accident du travail ou de maladie professionnelle, apatride et sa famille. La loi de 1998 a introduit un cas permettant largement d'inclure des personnes non admissibles à un autre titre : l'étranger (ne vivant pas en état de polygamie) « dont les liens personnels et familiaux en France (...) sont tels que le refus d'autoriser son séjour porterait à son droit au respect de sa vie privée et familiale une atteinte disproportionnée au regard des motifs du refus »[2]. La loi de 2007 prend également en considération la situation des victimes de violences conjugales. Dans toutes les hypothèses où elle est délivrée de plein droit, la carte de séjour temporaire donne droit à l'exercice d'une activité professionnelle.

La L. 24 juillet 2006 a retiré de la liste les étrangers résidant en France depuis plus de dix ans, ce chef de régularisation étant dénoncé comme une incitation à l'immigration clandestine. Simultanément, toutefois, elle institue une procédure d'« admission exceptionnelle de séjour » d'étrangers ne vivant pas en état de polygamie et ne menaçant pas l'ordre public pour des « considérations humanitaires » ou des « motifs exceptionnels », dont elle fixe la procédure d'appréciation (art. L. 313-14).

(art. L. 313-7 II). Elle permet à titre accessoire l'exercice d'une activité professionnelle, sans nécessité d'une autorisation provisoire de travail, dans la limite de 60% de la durée annuelle du travail. La carte, de même que celle des « scientifiques », est renouvelable au bout d'un an pour une durée ne pouvant excéder quatre ans (art. L. 313-4). Les intéressés peuvent effectuer un stage à l'issue de leurs études (art. L. 313-7).

1. V. art. L. 313-10. Deux nouvelles mentions ont été instituées. Celle de « travailleur saisonnier » est créée pour l'étranger dont l'activité n'excède pas six mois sur douze consécutifs , et qui s'engage à maintenir sa résidence habituelle hors de France. Elle autorise les changements d'employeur et est accordée, par dérogation, pour une durée de trois ans, renouvelable (art. L. 313-10, 4°). La mention « salarié en mission » est valable trois ans ; elle emporte des dispositions favorables au séjour de la famille (art. L. 313-10, 5°).
2. Aux termes de la loi du 15 nov. 1999 instituant le pacte civil de solidarité (art. 12), la conclusion d'un p.a.c.s. constitue l'un des éléments d'appréciation des liens personnels avec la France (pour une application libérale, v. TA Lille, 32 juill. 2002, D. 04.587 n. Labbée). Trois autres catégories sont également prévues : l'étranger marié à un ressortissant étranger titulaire d'une carte portant la mention « scientifique » ; l'étranger né en France, y ayant résidé pendant huit ans de façon continue et scolarisé en France pendant au moins cinq ans après l'âge de dix ans ; l'étranger ayant obtenu l'asile territorial en application de la L. 25 juill. 1952.

Le titulaire peut faire l'objet d'une interdiction de résider dans un ou plusieurs départements lorsque son attitude ou ses antécédents justifient une surveillance spéciale. À l'expiration de la durée de validité, l'intéressé doit quitter le territoire ou demander le renouvellement de la carte, à moins qu'il n'obtienne la carte de résident.

Les ressortissants des États membres de l'Union européenne, de l'Espace économique européen et de la Suisse bénéficient d'un droit au séjour pour une durée supérieure à trois mois s'ils exercent une activité professionnelle ou ont des ressources suffisantes pour vivre avec leur famille et ne pas devenir une charge pour le système d'assurance sociale, ainsi qu'une assurance maladie, ou qui viennent poursuivre des études ou une formation professionnelle (art. L. 121-1). Ils ne sont pas tenus d'avoir un titre de séjour mais peuvent s'en faire délivrer un. Les ressortissants d'un État tiers titulaires de la carte de *résident de longue durée-CE* dans un autre État membre de l'UE (exclusivement) peuvent obtenir une carte de séjour temporaire dans les trois mois qui suivent leur entrée en France, sans qu'un visa de long séjour soit exigé, mais à condition de justifier de ressources et d'une assurance maladie (art. L. 313-4-1).

1081-1. – Carte de séjour « compétence et talents ». La L. 24 juillet 2006 a institué une carte de séjour temporaire portant la mention « compétence et talents » pouvant être accordée à l'étranger susceptible de participer, du fait de ces qualités, de façon significative et durable au développement économique ou intellectuel de la France et du pays dont il a la nationalité (art. L. 315-1 s. C. étr.). La carte est attribuée en fonction du contenu, de la nature et de l'intérêt du projet de l'intéressé, pour une durée de trois ans et renouvelable (une seule fois lorsque l'intéressé est originaire d'une « zone de solidarité prioritaire »). Une Commission nationale des compétences et talents détermine annuellement les critères d'appréciation de l'art. L. 315-1.

1081-2. – Autres titres provisoires de séjour. En exécution de la politique d'immigration choisie et de codéveloppement, une autorisation provisoire de séjour de six mois peut être accordée à l'étranger qui, ayant achevé des études supérieures, souhaite, dans la perspective de son retour dans son pays d'origine, compléter sa formation par une première expérience professionnelle participant au développement économique de la France et du pays dont il a la nationalité (art. L. 311-11). À l'issue de la période de six mois, l'intéressé peut travailler ; il doit alors demander une carte de séjour, sans que lui soit opposable la situation de l'emploi dans le département. Ces autorisations sont subordonnées à la perspective de retour de l'intéressé dans son pays d'origine, mais cela sans portée contraignante.

Une autorisation provisoire de séjour peut également être accordée à l'étranger qui souhaite effectuer une mission de volontariat, social ou humanitaire, en France auprès d'une association ou fondation reconnue d'utilité publique (art. L. 311-10). Le contrat de volontariat doit avoir été conclu préalablement à l'entrée en France, l'organisme doit attester de la prise en charge de l'intéressé, lequel doit être en possession d'un visa de long séjour et avoir pris l'engagement de quitter le territoire à l'issue de sa mission.

Une autorisation provisoire est enfin prévue pour le parent étranger d'un enfant mineur étranger victime d'une pathologie grave et qui ne peut bénéficier d'un traitement approprié dans le pays dont il est originaire, après avis médical (art. L. 311-12). Le parent doit établir qu'il subvient à l'entretien et à l'éducation de l'enfant. L'autorisation est de six mois, renouvelable. Elle ne permet en principe pas de travailler ; mais une autorisation provisoire de travail peut être délivrée sur présentation d un contrat.

b. Cartes de résident

1082. – Règles générales. La carte de résident (à laquelle est assimilée la carte portant mention « résident de longue durée CE ») confère le droit de séjourner sur le territoire français pour une durée de *dix ans* et elle est renouvelable de plein droit, sauf état de polygamie ou séjour prolongé hors de France (art. L. 314-1). La loi de 1998 a supprimé la condition de résidence habituelle en France au moment de la demande. En vertu du principe de l'unité de titre, elle confère le droit d'exercer la profession de son choix, dans le cadre des conditions légales : une fois accordée, elle vaut autorisation de travail et dispense des formalités déclaratives préalables à la création d'entreprise (n° 1094).

Selon une disposition introduite par la loi du 26 novembre 2003, la délivrance d'une première carte est subordonnée à « l'intégration républicaine de l'étranger dans la société française, en particulier au regard de sa connaissance suffisante de la langue française et des principes qui régissent la République française », le maire de la commune de résidence de l'intéressé pouvant être consulté sur ce point (art. L. 314-2). Et dans tous les cas, depuis la loi de 1993, une carte ne peut être attribuée à l'étranger vivant en état de polygamie ainsi qu'à ses conjoints ; toute carte délivrée en méconnaissance de cette disposition doit être retirée (art. L. 314-5).

L'ordonnance de 1945 avait prévu une déchéance de la carte de résident privilégié, qui était de droit en cas de séjour prolongé hors du territoire français sans autorisation. Selon le régime actuel, la carte de résident est périmée lorsque le titulaire a quitté le territoire français pendant une période de plus de trois ans consécutifs, à moins que l'intéressé n'ait obtenu une prolongation de cette période (art. L. 314-7).

1083. – Conditions de délivrance. La carte de résident peut être obtenue après une résidence ininterrompue, conforme aux textes en vigueur, d'au moins cinq années en France (trois ans pour le conjoint d'un Français). La décision de l'attribuer est prise compte tenu des faits que l'étranger « peut invoquer à l'appui de son intention de s'établir durablement en France, de ses moyens d'existence et des conditions de son activité professionnelle s'il en a une ». Sur le premier point, une circulaire du 31 déc. 1984 citait à titre d'exemples l'achat d'un appartement et la scolarisation d'enfants en France.

Mais la carte de résident est délivrée *de plein droit* à différentes catégories de personnes (art. L. 314-11), sans condition de situation régulière au moment où la délivrance du titre est sollicitée (la loi de 1998 a supprimé la condition ancienne d'entrée régulière sur le territoire exigée dans différents cas, au motif que ces personnes relevaient souvent de la catégorie des « non-expulsables »).

Une première dérogation bénéficie à l'enfant étranger de moins de vingt-et-un ans d'un résident français ou à la charge d'un Français, ou ses ascendants et ceux de son conjoint s'ils sont à charge (2°). D'autres, procédant de considérations *humanitaires*, visent les personnes victimes d'accident du travail ou de maladie professionnelle graves ou leurs ayants droit (3°), celles ayant obtenu le statut de réfugié et (L. 2 août 1989) leurs conjoints et enfants jusqu'à dix-neuf ans sous réserve de conditions quant à la date du mariage et la communauté de vie (8°), les apatrides justifiant de trois années de résidence régulière en France et leurs proches (9°). D'autres enfin sont justifiées par les *états militaires* de l'intéressé au service de la France (4° à 7°). Dans les différents cas prenant en considération l'existence d'enfants, la loi de 1993 a précisé que la filiation doit être légalement établie ; en cas d'adoption à l'étranger, le ministère public vérifie la régularité de celle-ci[1].

La carte est également délivrée de plein droit à l'étranger qui remplit les conditions d'acquisition de la nationalité française selon l'art. 21-7 C. civ. (n° 984).

La loi de 2006 a retiré le bénéfice de l'attribution de plein droit au conjoint étranger d'un Français. Ses conditions particulières sont fixées par l'art. L. 314-9, 3° : le mariage doit avoir été célébré depuis plus de trois ans, avoir été transcrit préalablement à l'état civil français s'il a été célébré à l'étranger, le conjoint doit avoir conservé la nationalité française et la communauté de vie ne doit pas avoir cessé depuis le mariage. En cas de rupture de la vie commune, le retrait de la carte peut être prononcé dans un délai de quatre ans à compter du mariage, sauf si des enfants sont nés de cette union et que le parent titulaire de la carte contribue effectivement, depuis la naissance, à l'entretien et l'éducation des enfants (art. L. 314-5-1). Si le conjoint séjourne déjà en France, il peut solliciter un visa de long séjour auprès de l'autorité préfectorale (et donc sans avoir à se rendre à l'étranger).

L'étranger qui, après avoir résidé en France sous couvert d'une carte de résident, établit sa résidence habituelle hors de France peut demander, s'il bénéficie d'une pension de vieillesse au titre d'un régime de base

1. La Commission de la nationalité avait constaté que la disposition (art. 15 ord. 1945) suscitait des reconnaissances mensongères d'enfants naturels et des déclarations de nationalité pour des enfants mineurs par des parents qui demeurent étrangers. Le juge des tutelles recevant une déclaration d'autorité parentale conjointe sur un enfant naturel telle que prévue par l'art. 374 al. 2 C. civ. (complété par l'art. 1180-1 CPC) ne dispose pas d'un pouvoir d'appréciation lui permettant de s'y opposer au motif qu'elle serait formulée non dans l'intérêt de l'enfant mais pour permettre au père d'obtenir une carte de séjour : Civ. I, 26 janv. 1990, JCP 91.II.21688 n. Vauville.

français, une carte de séjour portant la mention « retraité » lui permettant de revenir à tout moment en France pour des séjours n'excédant pas un an. Son conjoint, s'il a résidé régulièrement en France avec lui, bénéficie d'un titre de séjour conférant les mêmes droits (art. L. 317-1).

L'étranger dont la carte de résident vient à expiration peut solliciter une *carte de résident permanent*, dès lors qu'il satisfait à la condition d'intégration prévue par l'art. L. 314.7 (art. L. 314-14).

Les ressortissants des États membres de l'UE et assimilés acquièrent un droit de séjour permanent après une résidence de cinq ans, non interrompue par une absence de plus de deux années consécutives, ces personnes (art. L. 122-1). Pour les ressortissants d'un État tiers titulaires de la carte de résident de longue durée-CE dans un autre État membre de l'UE, la carte temporaire peut être remplacée au bout de cinq ans par une carte de résident de longue durée (art. L. 314-8).

1083 bis. – Carte de résident pour « contribution économique exceptionnelle ». La L. n° 2008-776 du 4 août 2008 sur la modernisation de l'économique a créé une carte de résident pour « contribution économique exceptionnelle » (art. L. 314-15), visant à compléter les cartes de séjour « compétence et talents » et de résident de longue durée, jugées insuffisamment attractives pour les investisseurs potentiels en France ; son régime a été précisé par le D. n° 2009-1114 du 11 septembre 2009. Elle peut être attribuée à l'étranger qui « personnellement ou par l'intermédiaire d'une société qu'il dirige ou dont il détient au moins 30 % du capital » soit crée ou sauvegarde (ou s'y engage) au moins 50 emplois sur le territoire français, soit effectue, ou s'engage à effectuer, un investissement d'au moins 10 millions d'euros. La demande est présentée au préfet du département dans lequel l'opération doit être réalisée. La carte est retirée si l'opération n'a pas été lancée dans l'année de sa délivrance.

3. Sanction d'une entrée ou d'un séjour irréguliers

1084. – Cas de séjour irrégulier et modes de contrôle. L'irrégularité du séjour d'un étranger résulte de différentes situations : *entrée* irrégulière non suivie de régularisation ; *séjour* sur le territoire au-delà de la durée du visa ou, si celui-ci n'est pas requis, de trois mois sans détention d'un titre de séjour ; *maintien* sur le territoire nonobstant le refus de renouvellement d'un titre de séjour, son retrait ou son expiration (v. plus précisément art. L. 511-1).

L'irrégularité peut apparaître à l'occasion d'un contrôle d'identité tel que prévu et réglementé à titre général par les art. art. 78-1, 78-2 et 78-2-1 CPP pour la répression ou la prévention des infractions. Dans ce cadre, la loi du 10 août 1993 relative aux contrôles et vérifications d'identité, modifiant l'art. 78-2 CPP, a précisé que peut être contrôlée l'identité de toute personne « quel que soit son comportement » pour prévenir une atteinte à l'ordre public. La même loi a prévu un contrôle particulier dans le cadre de la Convention de Schengen, permettant de vérifier dans certains périmètres (zones frontières de la France et des Etats parties à la convention, zones ouvertes au trafic international) le respect des obligations de détention, de port et de présentation des documents prévus par la loi. Une visite sommaire des véhicules autres que particuliers est prévue dans les zones frontalières (art. L. 611-8) et les pouvoirs d'investigation des autorités de police sont renforcés sur les lieux du travail (art. 78-2-1 CPP). Enfin, en dehors de tout contrôle d'identité au sens précédent, les personnes de nationalité étrangère doivent être en mesure de présenter les pièces et documents sous le couvert desquels elles sont autorisées à circuler ou à séjourner en France à toute réquisition des officiers de police judiciaire ou, sous la responsabilité de ceux-ci, aux agents de police judiciaire (art. L. 611-1). La présentation des mêmes pièces pourra être requise à la suite d'un contrôle d'identité. En cas de situation irrégulière, le passeport ou les documents de voyage de l'intéressé sont retenus pendant le temps nécessaire à la réalisation de son éloignement (art. L. 611-2).

1085. – Sanctions pénales. L'étranger qui pénètre ou séjourne en France sans se conformer aux dispositions en vigueur commet un délit passible d'un emprisonnement d'un an et d'une amende de 3 750 euros. La condamnation peut être assortie d'une *interdiction du territoire* pour une durée maximum de trois ans et emporte de plein droit reconduite du condamné à la frontière, le cas échéant à l'expiration de la peine d'emprisonnement (art. L. 621-1 ; sur les restrictions entourant le prononcé de l'interdiction du territoire, n° 1060).

Des sanctions plus lourdes frappent les personnes qui aident à l'entrée ou au séjour irrégulier. L'art. L. 622-1 érige en délit autonome, passible d'un emprisonnement de cinq ans et d'une amende de 30 000 euros, assorti de peines complémentaires particulières (art. L. 622-3), le fait de faciliter ou de tenter de faciliter l'entrée, la circulation ou le séjour irréguliers d'un étranger, non seulement en France mais sur le territoire d'un État partie à la Convention de Schengen, l'élément matériel pouvant prendre place dans n'importe lequel des pays concernés. L'art. L. 622-4 prévoit une immunité familiale largement conçue, mais « sans préjudice de l'art. 621-1 » notamment, c'est-à-dire que les intéressés peuvent être poursuivis en tant que complices de l'infraction prévue par ce texte et moins sévèrement sanctionnée ; l'immunité est écartée lorsque le bénéficiaire de l'aide vit en état de polygamie ou lorsque cet étranger est le conjoint d'une personne polygame vivant en France avec le premier conjoint. La répression est aggravée (dix ans d'emprisonnement et 750 000 euros d'amende) lorsque l'infraction est commise en bande organisée (art. L. 622-5.), c'est-à-dire dans le cadre d'une filière de « passeurs ». L'art. L. 622-8 permet de déclarer pénalement responsables les personnes morales qui ont facilité cette infraction.

Encourt également une amende administrative de 5 000 euros par passager l'entreprise de transport aérien ou maritime qui débarque sur le territoire français en provenance d'un autre État un étranger non communautaire et démuni de document de voyage ou du visa requis par la loi (art. L. 625-1).

La loi du 26 novembre 1963 a érigé en infraction pénale le fait de contracter un mariage aux seules fins d'obtenir ou de faire obtenir un titre de séjour ou le bénéfice d'une protection contre l'éloignement ; celle du 24 juillet 2006 y a joint la reconnaissance d'enfant aux mêmes fins (art. L. 623-1)[1].

1. Avait auparavant été jugé constituer l'infraction d'aide à l'entre ou au séjour irréguliers la publication d'annonces recherchant des personnes de nationalité française

1086. – Sanction administrative : reconduite à la frontière. L'entrée ou le séjour irrégulier en France sont en principe sanctionnés par la reconduite à la frontière, ou la remise à un État membre de l'Union européenne. Confondue par les médias et même le discours politique avec une expulsion, elle est effectivement rapprochée de celle-ci par la loi en tant que « mesure d'éloignement » (art. L. 511-1 s.). Mais elle n'est en réalité que l'exécution différée d'un refus d'accès ou de maintien sur le territoire, tandis que l'expulsion est prononcée en cas de menace grave pour l'ordre public ; de sorte que le nombre de personnes concernées n'est pas du même ordre[1]. Elle a fait l'objet de multiples aménagements depuis 1980, les uns tendant à assurer son application, les autres à la freiner. Visant le premier de ces buts, la L. 24 juillet 2006 a institué un nouveau dispositif de départ forcé avec l'« obligation de quitter le territoire français » (OQTF). La directive 2008/115/CE, du 16 décembre 2008, prévoit des normes et procédures communes dans les États membres pour le retour des ressortissants de pays tiers en séjour irrégulier[2].

L'art. L. 511-1 énonce sept cas de reconduite à la frontière correspondant aux différentes formes de situation irrégulière, au sens défini plus haut (n° 1084), ainsi que la condamnation définitive pour contrefaçon, falsification, établissement sous un autre nom que le sien ou défaut de titre de séjour (5°). Toutefois, l'art. L. 511-4 énumère dix catégories de personnes, présentant des attaches avec la France (liens familiaux ou résidence prolongée), qui ne peuvent faire l'objet d'une reconduite à la frontière. Y figurent les mineurs de dix-huit ans, les personnes résidant habituellement en France depuis l'âge de treize ans ou depuis plus de dix ans (sauf si en qualité d' « étudiant ») ou vingt ans (sans cette réserve), l'étranger – ne vivant pas en état de polygamie – père ou mère d'un enfant français mineur et qui pourvoit régulièrement à son entretien depuis sa naissance ou au moins deux ans, l'étranger marié depuis au moins trois ans avec un conjoint de nationalité française à condition que la communauté de vie n'ait pas cessé depuis le mariage et que le conjoint ait conservé la nationalité française, l'étranger résidant depuis plus de dix ans en France et marié depuis au moins trois ans avec un ressortissant étranger résidant en France depuis l'âge de treize ans, l'étranger titulaire d'une rente d'accident du travail ou de maladie professionnelle et celui dont l'état de santé nécessité une prise en charge médicale dont le défaut aurait des conséquences graves sans qu'il ne puisse bénéficier du traitement approprié dans le pays de renvoi, les ressortissants communautaires et assimilés (EEE et Suisse) et les membres de leur famille.

en vue de contracter des mariages simulés dans le seul dessein d'obtenir une naturalisation : Crim. 25 mars 1980, Bull. n° 102, p. 238, D. 81. I.R.142 obs. Roujou de Boubée.

1. 64 000 reconduites à la frontières ont été prononcées en 2004 tandis que ne sont prononcées que quelques centaines d'expulsions par an.
2. Parrot et Santulli, « La 'directive retour' ou l'Union européenne contre les étrangers », RC 2009.205.

La décision de refus de séjour est prise par le *préfet*, par arrêté motivé (APRF). Elle peut désormais être assortie d'une OQTF qui doit être exécutée volontairement dans le mois et qui fixe le pays de destination de renvoi en cas de non exécution (auparavant, un arrêté de reconduite à la frontière n'était pris qu'en cas de maintien sur le territoire à l'issue du délai d'un mois). L'arrêté est notifié par voie administrative, c'est-à-dire par remise en main propre sur interpellation. Dès la notification, l'intéressé est mis en mesure d'avertir un conseil, son consulat ou une personne de son choix (art. L. 512-1-1). Il peut exercer devant la juridiction administrative un recours en annulation dans le mois de la notification. Le recours suspend l'exécution de l'OQTF, mais ne fait pas obstacle à un placement en rétention administrative (n° 1087). Il est statué dans un délai de trois mois, mais de soixante-douze heures par le président du tribunal en cas de rétention (art. L. 512-2). L'examen porte aussi bien sur le refus de séjour que l'OQTF ou le pays de destination. Le jugement est susceptible d'appel, dont les modalités sont fixées par règlement. Selon la jurisprudence, la mesure de reconduite ne peut être prononcée que si elle n'est pas « de nature à comporter pour la situation personnelle de l'intéressé, des conséquences d'une exceptionnelle gravité », facteur sur lequel s'exerce le contrôle de l'erreur manifeste d'appréciation[1]. À la suite de décisions de la Cour européenne des droits de l'homme en matière d'expulsion (n° 1101), le contrôle s'est étendu à la proportionnalité de la mesure et de l'atteinte éventuelle à la vie familiale[2]. Si l'arrêté est annulé, il est immédiatement mis fin aux mesures de surveillance éventuellement prononcées (n° suivant) et l'intéressé est muni d'une autorisation provisoire de séjour jusqu'à ce que l'autorité administrative ait à nouveau statué sur son cas (art. L. 512-4).

L'arrêté qui n'a pas été contesté ou annulé peut être exécuté d'office par l'administration (art. L. 513-1). L'intéressé est éloigné à destination du pays dont il a la nationalité (sauf s'il a la qualité de réfugié ou s'il n'a pas été statué sur sa demande d'asile) ou à destination du pays qui lui a délivré un document de voyage en cours de validité ou à destination d'un autre pays dans lequel il est également admissible[3]. Mais il ne peut être éloigné à destination d'un pays s'il établit que sa vie ou sa liberté y sont menacés ou qu'il y est exposé à des traitements contraires à l'art. 3 CEDH (art. L. 513-2)[4]. La décision fixant le pays de renvoi est distincte de la décision d'éloignement aux fins de recours. Mais le recours contentieux contre cette décision n'est suspensif d'exécution que s'il a été présenté au

1. CE 29 juin 1990, *Mme Olmos Quintero et Imambaccus*, RC 90.682, 1re et 2e esp., JCP 91. II.21657, 3e et 4e esp., n. Guimezanes ; 28 sept. 1990, *Mme Ermiser*, D.90. I.R.233.
2. CE 19 avril 1991, *Mme Babas*, RC 91.677, 2e esp., n. Turpin, D. 91.399, 2e esp., n. Prétot ; 2 fév. 1998, D. 98.343 n. Artus.
3. CE 10 mai 1996, D. 97. Somm. 39 obs. Julien-Laferrière. L'administration doit tenir compte du choix exprimé par l'intéressé (CE 19 juin 1996, D. 97. Somm. 36 obs. Julien-Laferrière).
4. Le fait que l'intéressé soit l'objet de poursuites dans son pays d'origine n'interdit pas de l'y renvoyer ; v. par ex. CAA Paris, 22 mars 2001, RFDA 01.1028 concl. Massias.

président du tribunal administratif en même temps que le recours contre l'arrêté que la décision sur le pays de renvoi vise à exécuter (art. L. 513-3).

Le relevé des empreintes digitales est autorisé pour les étrangers qui font l'objet d'une mesure d'éloignement (art. L. 611-3 al. 2).

1087. – Rétention administrative ; assignation à résidence. Le faible taux d'exécution des décisions de reconduite à la frontière (environ un cinquième en 2004), ainsi que d'expulsion, constitue un défaut principal de la législation. Outre la lourdeur sans cesse croissante des procédures mises en place depuis 1981, facilitant les contestations de procédure, on cite pour causes le défaut de coopération de certains pays de retour pour délivrer les documents nécessaires, le refus d'embarquer des intéressés, les destructions de passeports ou documents permettant de les identifier, les demandes d'asile dilatoires... L'étranger qui a fait l'objet d'une mesure d'éloignement peut être maintenu en rétention administrative en attendant que la mesure puisse être exécutée. Mais le délai autorisé par la loi avant 2003 s'est révélé insuffisant (douze jours au maximum) pour s'opposer efficacement à ces pratiques ; la loi du 26 novembre 2003 l'a allongé (art. L. 551-1 s.).

L'étranger faisant l'objet d'un arrêté d'expulsion, d'un arrêté de reconduite à la frontière, d'une ITF ou d'une OQTF dont le délai est expiré qui justifie être dans l'impossibilité de quitter le territoire français faute de pouvoir regagner son pays d'origine ni se rendre dans aucun pays peut, si l'arrêté date de moins d'un an, être placé dans des locaux ne dépendant pas de l'administration pénitentiaire (art. L. 551-1, 3° ; anc. art. 35 bis ord. 1945). La décision est prise par le préfet ; elle est écrite motivée. Le procureur de la République est immédiatement informé de cette mesure et l'intéressé mis au courant, dans une langue qu'il comprend, des garanties dont il dispose (art. L. 551-2), ainsi que de la possibilité éventuelle de demander l'asile (art. L. 551-3)[1]. Pendant qu'il est maintenu en rétention, l'intéressé peut demander l'assistance d'un interprète, d'un médecin, d'un conseil et peut, s'il le désire, communiquer avec son consulat et avec une personne de son choix (art. L. 551-2 al. 2)[2].

Lorsqu'un délai de *quarante-huit heures* s'est écoulé depuis la décision de placement sans que la rétention ait pris fin, le juge des libertés et de la détention doit être saisi aux fins de prolongation. Il statue – au siège du tribunal de grande instance – par ordonnance, après audition de l'intéressé qui peut être assisté d'un conseil (art. L. 552-1). L'ordonnance peut mettre fin à la rétention ou elle peut la prolonger pour un délai de *quinze jours* (auparavant cinq) ; dans ce cas, elle court à compter de l'expiration du délai

1. Sur ce que l'inobservation de cette disposition n'entraîne pas la nullité de la procédure d'éloignement, Civ. I, 6 juill. 2005, *Belhoua*, RC 06.362 n. Guimezanes.
2. Le placement a lieu dans un *centre de rétention*, répondant à certaines normes d'équipement ; à défaut de possibilité immédiate, dans un *local* de rétention non soumis aux mêmes exigences. Sur la différence qui s'ensuit quant aux possibilités de prolongation de la rétention selon le régime ci-après, v. Civ. I, 8 avril 2008, RC 09.507 n. Corneloup.

de quarante-huit heures (art. L. 552-3)[1]. Elle pourra l'être une seconde fois pour *cinq jours* si le retard pris pour exécuter la mesure d'éloignement n'est pas imputable à l'intéressé (absence de moyen de transport, défaut de délivrance de documents par le consulat, délivrance tardive des documents de voyage) (art. L. 552-8) ; mais pour *quinze jours* en cas d'urgence absolue et de menace d'une particulière gravité pour l'ordre public, ou lorsque l'impossibilité d'exécuter la mesure d'éloignement résulte de la perte ou de la destruction des documents de voyage de l'intéressé ou de l'obstruction volontairement opposée par l'intéressé à son éloignement (art. L. 552-7).

À titre exceptionnel, le juge peut remplacer le placement en rétention ou sa prolongation par une assignation à résidence de l'étranger lorsque celui-ci dispose de garanties de représentation effectives, après remise aux autorités de police du passeport et de tout document justificatif d'identité (le premier afin de s'assurer de cette pièce lors de l'éloignement effectif de l'intéressé) (art. L. 525-54 s.). L'intéressé doit justifier que le lieu proposé satisfait aux exigences de garantie de représentation effective et il doit se présenter quotidiennement aux services de police (art. L. 513-4). L'infraction à cette mesure est pénalement sanctionnée (art. L. 624-4).

Les ordonnances du juge sont susceptibles d'appel – de la part de l'intéressé, du ministère public (auquel une ordonnance mettant fin à la rétention ou assignant l'étranger à résidence doit être immédiatement notifiée) ou de l'autorité administrative – devant le premier président de la cour d'appel, lequel est saisi sans forme et doit statuer dans les quarante-huit heures (art. L. 552-9). L'appel n'est pas suspensif, mais il peut être déclaré tel par décision du premier président de la cour d'appel à la demande du ministère public lorsqu'il apparaît que l'intéressé ne présentait pas de garanties de représentation effectives (art. L. 552-10).

À la différence de l'expulsion, la reconduite à la frontière ne fait pas obstacle en principe à un retour régulier en France de l'intéressé. La méconnaissance d'une mesure de reconduite à la frontière est en revanche pénalement sanctionnée (art. L. 624-1 s.).

1. La mission du juge est ainsi limitée à ce qui touche à la rétention ; il ne peut se prononcer sur la légalité de l'arrêté préfectoral de mise en détention (Civ. II, 3 fév. 1988, D. 89. Somm. 136 obs. Waquet et Julien-Laferrière) et moins encore sur son opportunité (Civ. II, 3 juin 1998, RC 98.591 n. Guimezanes). Toutefois la Cour de cassation estime qu'il appartient au juge judiciaire saisi par le préfet de se prononcer, en tant que gardien des libertés individuelles, sur la procédure qui s'est déroulée en amont de la décision (par ex. contrôle d'identité à l'origine de la mesure d'éloignement, garde à vue, détention illégale) : Civ. II, 28 juin 1995, 4 arrêts, RC 96.299 et chr. Guimezanes, p. 275 ; et éventuellement sur ses conséquences en faisant injonction à l'administration de remettre immédiatement l'intéressé en liberté (Civ. II, 28 juin 1995, Bull. civ. II, n° 215 ; 12 déc. 1997, RFDA 99.499 n. Malabre), mais non de lui restituer son passeport, dont la confiscation reste dans le domaine administratif (14 déc. 2000, RC 01.656 n. Clavel). Le juge des libertés doit de même s'assurer que l'étranger a été informé de ses droits une fois placé en rétention (Civ. II, 24 fév. 2000, RC 00.703, 7e esp. n. Guimezanes) et mis en mesure de les exercer effectivement (Civ. I, 31 janv. 2006, RC 06.369 n. P. L.).

B. EXERCICE D'UNE ACTIVITÉ PROFESSIONNELLE

1088. – Différentes mesures restrictives. La possibilité pour les étrangers d'exercer une activité économique en France fut restreinte à l'époque de la crise de 1929 et ce de plusieurs manières : par l'institution de différentes *cartes professionnelles*, distinctes de la carte de séjour et qui ont constitué avec celle-ci l'autre volet du contrôle des étrangers en France ; par la *réglementation de l'exercice de nombreuses professions*, d'une manière telle que l'accès en est parfois fermé aux étrangers ; enfin par des mesures de *contingentement* – c'est-à-dire fixant un quota maximum d'étrangers susceptibles d'être employés dans les entreprises – applicables par profession, par commerce ou par catégorie professionnelle, sur l'ensemble du territoire ou dans certaines régions.

Ces différentes mesures se juxtaposaient, de sorte qu'elles faisaient partiellement double emploi, et entraînaient de lourdes formalités. Elles ont été ces dernières années simplifiées et allégées. Les mesures de contingentement, qui avaient donné lieu à quelques centaines de décrets et milliers d'arrêtés, ont été supprimées par la loi du 17 octobre 1981 (art. 2). Un lien a été institué entre les cartes professionnelles et la carte de séjour par la loi du 17 octobre 1984, le même titre pouvant remplir les deux fonctions (n° 1078). La réglementation de nombreuses professions subsiste, car elle est également inspirée par un souci de qualification (professions libérales ou artisanales). La réglementation en vigueur amène à distinguer les activités salariées des activités non salariées.

1. Activités salariées

1089. – Autorisation de travail. Une loi de 1926 institua pour les étrangers une carte de travail dont la réglementation fut ultérieurement intégrée au Code du travail. La carte fut supprimée par la loi du 7 juillet 1984 et remplacée par une *autorisation de travail,* aujourd'hui prévue par les art. L. 5221-2 et L. 8251-1. La loi laissa subsister la dualité de décision sur le séjour (de la compétence du ministre de l'Intérieur) et sur le travail (aujourd'hui sous le contrôle du ministre chargé de l'immigration). La carte de résident vaut autorisation de travail et ouvre droit à toute activité professionnelle. La carte de séjour temporaire portant la mention « salarié » est délivrée sur présentation d'un contrat de travail d'une durée supérieure à douze mois avec un employeur établi en France (une durée inférieure correspond à la carte « travailleur temporaire »). Les autres cartes de séjour temporaire déterminent ce qui est possible quant au travail selon leurs modalités propres : « étudiant », « scientifique », « compétences et talent », « profession artistique et culturelle », « vie privée et familiale »... (v. art. R. 5221-3 et *supra* n° 1081).

Le régime de droit commun est sous réserve des accords internationaux. Sont notamment dispensés de l'autorisation en vertu de ceux-ci les ressortissants des États membres de l'UE (sous réserve pour les nouveaux États membres des périodes de transition prévues), de l'EEE ou de la Confédération suisse, ainsi que les réfugiés.

L'Agence nationale de l'accueil des étrangers et des migrations (qui a succédé à l'OMI) est chargée de l'accueil des étrangers titulaires pour la première fois d'un titre les autorisant à séjourner durablement en France ; à ce titre, elle participe à toutes actions administratives, sanitaires et sociales relatives notamment à l'arrivée en France en vue d'y effectuer un travail salarié (art. L. 5223-1 s.).

L'employeur qui fait appel à l'Agence pour embaucher un travailleur étranger doit acquitter une contribution spéciale au bénéfice de celle-ci (art. L. 5221-10). Il lui est interdit de se faire rembourser cette redevance (notamment par voie de retenue sur le salaire), de même que les frais de voyage qu'il a réglés pour la venue d'un travailleur étranger en France, sous peine de sanction pénale (art. L. 5222-2 C. trav.).

1090. – Régime de l'autorisation de travail. Les conditions de délivrance de l'autorisation sont précisées aux art. L. 5221-11 s. La demande est faite par l'employeur. Elle est adressée au préfet du département dans lequel se trouve l'établissement. La décision est prise par le préfet. Les critères de décision sont énoncés par l'art. R. 5221-20 : situation de l'emploi dans la branche et la zone recherchées, adéquation de la qualification de l'intéressé à l'emploi qu'il postule, respect par l'employeur de la législation du travail, conditions de l'emploi (qui doivent être analogues à celles des travailleurs français), dispositions prises par l'employeur pour assurer ou faire assurer le logement du travailleur. Le premier de ces facteurs joue naturellement un rôle décisif ; toutefois, la situation de l'emploi est inopposable aux réfugiés et aux apatrides, ainsi qu'à certaines catégories d'étrangers en raison des liens entre leur pays et la France, de leurs mérites personnels ou de l'ancienneté de leur séjour en France[1].

L'autorisation peut être renouvelée sous les mêmes conditions. En fait, la demande de renouvellement sera examinée avec plus de faveur si l'intéressé justifie d'un contrat de travail que dans le cas contraire ; toutefois l'étranger involontairement privé d'emploi lors de la demande de renouvellement bénéficie de certaines dispositions favorables (art. R. 5221-33). En cas de rupture du contrat de travail du fait de l'employeur dans les trois mois précédant le renouvellement de la carte, une nouvelle carte est délivrée pour une durée d'un an.

Les recours hiérarchiques dirigés contre les décisions relatives à l'autorisation ou son renouvellement sont formés auprès du ministre chargé de l'immigration (art. R. 5221-19).

Obligation est faite à tout employeur d'un travailleur étranger de s'assurer auprès des administrations territorialement compétentes de l'existence du titre autorisant l'intéressé à exercer une activité salariée en France (art. L. 5221-8). Mais c'est surtout par des sanctions pénales que l'on s'efforce de faire respecter la réglementation.

1. Ces catégories ont été précisées par un arrêté du 14 déc. 1984 (complété par un arr. du 30 sept. 1987, D. 87. L. 416).

1091. – Sanction pénale du travail irrégulier. Des sanctions pénales de gravité croissante ont été progressivement édictées pour réprimer les infractions aux dispositions sur l'emploi des étrangers (art. L. 8256-1 et s.). L'infraction de base, soit l'emploi d'un étranger non muni d'une autorisation, est punissable de cinq ans d'emprisonnement et de 15 000 euros d'amende, portés à dix ans et 100 000 euros lorsque l'infraction est commise en bande organisée, et l'amende est appliquée autant de fois qu'il y a d'étrangers concernés (art. L. 8256-2). Différentes peines complémentaires peuvent également être prononcées, telles que l'interdiction de l'activité dans l'exercice de laquelle l'infraction a été commise, l'interdiction de séjour, l'exclusion des marchés publics, la confiscation de tout ou partie du matériel lié à l'infraction ainsi que du produit direct ou indirect du travail des étrangers non autorisés, l'affichage et la publication du jugement (art. L. 8256-3). L'employeur doit en outre acquitter une contribution spéciale au bénéfice de l'Agence nationale de l'accueil des étrangers et des migrations (art. L. 8253-1). La carte de résident peut être retirée à un titulaire qui a employé des étrangers démunis d'autorisation de travail et il peut faire l'objet d'une OQTF (art. L. 314-6 C. étr.).

Le fait de se rendre coupable de fraude ou de fausse déclaration pour obtenir une autorisation de travail est puni d'un emprisonnement d'un an et d'une amende de 3 000 euros (art. L. 8256-1).

Est également réprimé le fait de se faire remettre des fonds en vue ou à l'occasion de l'introduction en France d'un travailleur étranger ou de son embauche (art. L. 5222-1).

Aucun texte n'édicte de sanction particulière à l'encontre du travailleur. N'est en conséquence applicable que l'amende de police sanctionnant les infractions aux règlements régulièrement faits par l'autorité administrative. En cas de séjour irrégulier, toutefois, l'intéressé tombe sous le coup des sanctions pénales et administratives (reconduite à la frontière) prévues pour ce cas (n°1084).

1092. – Protection des étrangers employés dans des conditions irrégulières. Les conséquences civiles de l'irrégularité de l'emploi d'un travailleur étranger sont aménagées de manière à en faire supporter le moins possible les conséquences par l'intéressé. En l'absence de texte, la jurisprudence, tout en déclarant nul le contrat de travail, avait consacré l'existence de la « relation de travail » existant entre l'employeur et le travailleur en situation irrégulière. Quant à l'étendue des effets que devait produire cette situation, l'employeur était condamné au paiement du salaire sur le fondement de l'enrichissement sans cause, mais l'obligation au paiement d'indemnités de rupture soulevait une hésitation[1]. La loi du 17 oct. 1981 a entériné le principe selon lequel la nullité opère comme une résiliation et précisé ses conséquences, plaçant pratiquement le travailleur étranger clandestin dans la situation qui aurait été la sienne en l'absence d'infraction. En vertu des art. L. 8252-1 et s., l'intéressé est assimilé, à la date de son embauche, à un travailleur régulièrement engagé en ce qui

1. V. Soc. 15 fév. 1978, D. 78. I.R.388 obs. Pélissier, RC 79.79, 1re esp., n. Simon-Depitre ; Paris, 16 mars 1977, *ibid.*, 2e esp.

concerne les obligations de l'employeur ainsi que la prise en compte de l'ancienneté dans l'entreprise ; il a droit à l'intégralité du salaire et de ses accessoires conformément aux dispositions légales et contractuelles, ainsi qu'à une indemnité au moins égale à un mois de salaire en cas de rupture de la relation de travail (c'est-à-dire si la situation n'est pas régularisée), sans préjudice de dommages-intérêts éventuels.

Les organisations syndicales dites représentatives se voient expressément reconnaître le droit d'exercer en justice les actions nées en faveur des travailleurs étrangers en vertu des dispositions qui précèdent, sans avoir à justifier d'un mandat, dès lors que l'intéressé ne s'y oppose pas (art. L. 8255-1). Cette disposition présente un intérêt particulier dans le cas où l'intéressé aura été reconduit à la frontière, compte tenu du délai nécessaire au prononcé d'une décision définitive.

2. Activités non salariées ou indépendantes

1093. – a) Activités soumises à autorisation : cartes professionnelles. L'ordonnance du 2 nov. 1945 prévoyait la possibilité de soumettre à autorisation l'exercice par les étrangers de telle ou telle activité professionnelle non salariée. Une circulaire du ministre de l'intérieur du 31 déc. 1948 (mod.) désigna les professions de commerçant, artisan, industriel et celle d'exploitant agricole. L'exercice de ces différentes activités devait être subordonnée à la délivrance d'une carte professionnelle (laquelle existait déjà pour les commerçants).

Depuis la loi du 17 juill. 1984, les titulaires de la *carte de résident* ont été expressément dispensés de la carte de commerçant devenue autorisation préfectorale (n° suivant) et ils purent recevoir de plein droit l'autorisation d'exercer la profession d'exploitant agricole sur l'ensemble du territoire ; lorsque la demande en était faite, le préfet s'assurait cependant que l'activité proposée procurait des ressources suffisantes et stables. Seuls donc les titulaires de la *carte de séjour temporaire* étaient encore tenus, pour exercer les activités concernées, d'avoir préalablement obtenu l'autorisation d'exercer le commerce ou la carte d'exploitant agricole ; ceci, joint au droit conventionnel, réduisait à peu l'importance pratique de leur réglementation.

1094. – Exercice d'une profession commerciale, industrielle ou artisanale. Le décret-loi du 12 nov. 1938 institua une carte de commerçant pour les étrangers désireux de se livrer sur le territoire français à une activité commerciale, industrielle ou artisanale. Aucune disposition n'ayant été prise en application de l'ordonnance de 1945, cette exigence fut maintenue et le texte continua de s'appliquer ainsi que ses mesures d'application[1]. Une ordonnance du 25 mars 2004 lui a substitué pour l'avenir une autorisation préfectorale (art. L. 122-1 s. C. com., dispositions reproduites à l'art. L. 322-3 C. étr.). Les titulaires d'une carte de séjour étant dispensés de l'autorisation (L. 314-4 C. étr. pour la carte de résident et art. L. 313-10, 2° pour la carte de séjour temporaire aux conditions indiquées), celle-ci ne concerne que l'étranger désireux d'exercer une activité sur le terri-

1. Décret n° 98-58 du 28 janv. 1998 (RC 98.340), remplaçant un précédent décret du 2 fév. 1939.

toire français sans détenir une telle carte. Mais faute de publication des mesures d'application de l'autorisation, la carte demeure exigible des étrangers titulaires d'une carte de séjour temporaire. Depuis la réforme intervenue par la L. 24 juill. 2006, une déclaration en préfecture de l'exercice de l'activité professionnelle a été substituée au régime d'autorisation préalable. Depuis lors, la carte d'identité de commerçant étranger n'existe plus et le principe de liberté du commerce et de l'industrie bénéficie pleinement aux étrangers.

Auparavant, l'autorisation était exigée non seulement pour l'exercice d'une activité individuelle mais pour celui de fonctions de direction dans une société de droit français indépendamment de la qualité de commerçant, ainsi que des directeurs de succursales ou agences en France de sociétés étrangères et des agents commerciaux (décr. 28 janv. 1998, art. 3 à 5, codifiés art. R. 122-1 s. C. com. et abrogés depuis). L'autorisation ne pouvait être accordée lorsque l'intéressé avait été condamné pour crime ou délit de droit commun ou en application de la législation sur les faillites. L'administration, représentée par les préfets, appréciait l'opportunité de sa délivrance[1]. La décision devait intervenir dans un délai de trois mois, son absence vaut acceptation et un refus doit être motivé (art. 12). La juridiction administrative avait étendu son contrôle sur la décision[2].

Toute infraction est passible d'une amende de 3 750 euros et d'un emprisonnement de six mois, pénalités portées au double en cas de récidive ; la fermeture de l'établissement peut en outre être prononcée. La jurisprudence avait sanctionné la fraude consistant pour un étranger non autorisé à exercer le commerce par l'intermédiaire d'un prête-nom, celui-ci étant condamné comme complice[3]. Au point de vue civil, les tribunaux, appliquant le même principe qu'en matière de contrat de travail, avaient déclaré nuls de nullité absolue, faute d'aptitude, les actes passés par l'étranger en situation irrégulière, tels que l'achat d'un fonds de commerce ou la souscription d'un bail commercial[4].

1095. – Carte de chef d'exploitation agricole. Tandis que le salarié agricole est soumis au régime des salariés en général, deux décrets du 13 août 1947 et du 20 janvier 1954 ont prévu la création d'une carte d'exploitant agricole ; mais celle-ci ne vit jamais vu le jour sous sa forme définitive et c'est un régime transitoire qui continua de s'appliquer (arrêté du 30 mars 1955), subordonnant la possibilité d'exploiter à une autorisation. L'art. R. 33-1 C. rural prévoit aujourd'hui la délivrance par le ministre de l'agriculture ou, sur délégation, le directeur département de l'agriculture, d'une carte professionnelle de chef d'exploitation mentionnant l'exploitation sur laquelle l'étranger est autorisé à s'établir. Cette exigence n'a pas été expressément écartée pour les titulaires de la carte de résident comme elle l'était pour l'autorisation d'exercer le commerce (art. 314-4 C. étr.). Toutefois, l'art. R. 333-2 C. rural prévoit que le ministre a seule qualité pour refuser l'autorisation aux étrangers résidents privilégiés.

1. CE 15 juin 1951, *Galetzky*, D. 51.531, GP 51.2.38, RC 52.85 n. Loussouarn; 21 oct. 1987, D. 87. I.R.231, JCP.E.87. I.16843.
2. Après avoir sanctionné l'erreur de droit (CE 15 juin 1951, préc. ; 10 juill. 1987, JCP.E 87.16610) et l'erreur de fait (CE 12 janv. 1983, *da Silva*, req. n° 32753), elle sanctionne aujourd'hui l'erreur manifeste d'appréciation (CE 18 nov. 1987, JDI 88.413 n. Guimezanes ; TA Paris, 13 mars 1984, GP 84.2. Somm.457).
3. Crim. 4 juill. 1956, D. 56.720 ; 2 juill. 1958, GP 58.2.217 ; Paris, 7 oct. 1967, JCP 68.II.15525, JDI 68.76, RC 68.267 ; trib. corr. Seine, 7 nov. 1961, RC 62.287 n. Simon-Depitre, JDI 62.998 obs. Sialelli.
4. Soc. 19 juill. 1957, Bull. civ. IV, n° 878, JDI 58.1036 obs. Sialelli ; Civ. I, 11 avril 1962, JDI 64.99 obs. Sialelli. Sur la situation des étrangers au regard de la législation sur les baux commerciaux, v. n° 1071.

Le défaut de possession de l'autorisation n'étant pas sanctionné pénalement par un texte exprès, on applique les peines de police prévues pour contravention aux règlements de police. Au point de vue civil, et conformément à un principe déjà rencontré, la jurisprudence frappe de nullité les contrats conclus par l'exploitant en situation irrégulière à l'occasion de son exploitation[1]. Elle en déduisait le refus du bénéfice du statut du fermage ; mais elle a admis que l'irrégularité soit couverte en cours de bail par la délivrance de l'autorisation manquante[2] ou par l'acquisition de la nationalité française[3].

1096. – b) Autres activités. Les activités professionnelles non salariées qui ne relèvent pas des catégories précédentes peuvent être soumises à autorisation par des textes particuliers, sous forme de décrets en Conseil d'État (art. L. 322-2 C. étr.). L'inspiration de cette réglementation a été indiquée : crainte de la concurrence ou du défaut de qualification, peut-être également celle d'une influence excessive. Ces facteurs jouent naturellement dans une mesure variable selon les professions. La réglementation concerne parfois des professions inattendues telles que la colombophilie ou l'enseignement du judo et du jiu-jitsu ; son inventaire relève du répertoire[4].

C. EXPULSION DES ÉTRANGERS

1097. – Notion, évolution et justification générale. L'expulsion est la mesure par laquelle l'autorité publique met fin au séjour d'un étranger, en lui ordonnant de quitter le territoire et en lui faisant défense d'y reparaître sous peine de sanction pénale[5]. Elle est applicable aux étrangers en situation régulière comme irrégulière. En tant que mesure individuelle, la légitimité de l'expulsion des étrangers n'est pas discutée au regard du droit international. En France, le gouvernement a de tout temps eu le pouvoir de mettre fin au séjour sur le territoire d'un étranger, même expressément autorisé, lorsque les circonstances le requièrent. À la différence du refoulement ou de la reconduite à la frontière de l'étranger en situation irrégulière, l'expulsion emporte interdiction de reparaître sous peine de sanction pénale. Eu égard à cet aspect répressif, elle a été, à partir de 1938,

1. Soc. 6 fév. 1959, RC 61.524 n. Simon-Depitre ; 24 oct. 1963, RC 65.530 n. Simon-Depitre.
2. Civ. III, 17 déc. 1970, RC 71.664 n. Lagarde. Sur la situation de l'étranger au regard du statut du fermage, v. n° 1071.
3. Civ. 3e, 4 nov. 1976, RC 77.702 n. Lagarde.
4. Rép. Dall. dr. int., 1re éd., V° Etranger, n° 130 s., par Maury et Lagarde, auquel sont empruntés les deux exemples cités. Parfois, la loi n'exige que d'être titulaire d'un diplôme français.
5. L'expulsion se distingue de l'*extradition*, procédure internationale ayant pour objet la remise de l'auteur d'une infraction pénale à un État qui le réclame. Longtemps réglementée par une loi du 10 février 1927, elle l'est depuis peu par les art. 696 à 696-43 CPP (L. 9 mars 2004). Elle fait en outre l'objet de nombreuses conventions internationales et est remplacée dans les rapports communautaires par le mandat d'arrêt européen (art. 695-11 à 695-51 CPP). En tant qu'elle s'applique aux étrangers, l'expulsion se distingue également du bannissement, sanction appliquée dans certains pays aux nationaux pour délits politiques.

soumise à des garanties ; celles-ci ont été constamment accrues, de sorte que l'expulsion donne lieu à une procédure quasi-juridictionnelle. Mais elle n'en demeure pas moins une mesure *administrative*[1]. Cette qualification conditionne son régime sur les points non expressément prévus par la loi, et son contentieux relève des juridictions administratives. Elle est aujourd'hui réglementée aux articles L. 521-1 s C. étr.

Traditionnellement, la mesure pouvait être prise sur le fondement d'une considération générale et unique, la menace pour l'ordre public ou le crédit public. La loi du 10 janv. 1980 avait érigé en cas d'expulsion l'immigration clandestine et le maintien irrégulier en France, jusque-là passible de refoulement ; corrélativement, elle avait différencié le régime de l'expulsion selon ses motifs. Celle du 29 oct. 1981 revint au cas unique d'expulsion, conçu plus restrictivement qu'avant 1980 ; elle étendit les garanties de procédure au-delà de ce qui était prévu avant cette date et elle définit différentes catégories de personnes ne pouvant faire l'objet d'expulsion[2]. La loi du 9 sept. 1986 ne revint que peu sur ces dispositions, tout en prévoyant simultanément la possibilité de reconduite à la frontière des étrangers en séjour irrégulier. La loi du 2 août 1989 rétablit les dispositions antérieures à 1986 et élargit la catégorie des étrangers non expulsables. Des retouches ont encore été apportées au régime de l'expulsion par les lois des 10 janv. 1990, 31 déc. 1991, 24 août 1993, 24 avril 1997, 11 mai 1998, 26 nov. 2003 et 24 juillet 2006.

Tout en étant soumise à des conditions rigoureuses et étroitement contrôlées, l'expulsion peut être prononcée à l'encontre d'un étranger hors des conditions normales pour des motifs d'urgence absolue déclarée par le ministre de l'Intérieur.

1. Conditions de l'expulsion

1098. – Justification : menace grave pour l'ordre public. L'expulsion peut être prononcée lorsque la présence de l'étranger sur le territoire constitue une « menace grave pour l'ordre public » (art. L. 521-1 C. étr.). La formule laisse à l'administration un large pouvoir d'appréciation. Toutefois, l'autorité qui prononce l'expulsion – le préfet dans le cas normal, le ministre de l'Intérieur dans les cas des étrangers protégés par des conditions renforcées, des réfugiés et des apatrides (décr. 1982, art. 1er et 2) – doit procéder à un examen individuel du cas de l'étranger en vue de déterminer si, d'après l'ensemble de son comportement, la condition est satisfaite[3]. L'existence d'une condamnation pénale constitue un élément d'appréciation ; mais elle ne constitue pas une condition suffisante : pour le Conseil d'État, elle ne dispense pas d'examiner, d'après l'ensemble des circonstances, si la présence de l'intéressé sur le territoire est de nature à

1. De ce fait, les dispositions nouvelles plus sévères sont d'application immédiate : CE 20 janvier 1988, D. 89. Somm.117 obs. Waquet et Julien-Laferrière.
2. Vincent, « La réforme de l'expulsion des étrangers par la loi du 29 octobre 1981 », JCP 1982. I.3154.
3. CE 8 déc. 1978, *Benouaret*, D. 79.339, 1re esp., concl. Hagelsteen. Si l'arrêté d'expulsion n'intervient pas dans un délai suffisamment bref suivant la consultation de la Commission d'expulsion (n° 1100), la procédure est considérée comme n'ayant pas été respectée : CE 11 déc. 1987, D. 89. Somm. 115.

constituer une menace pour l'ordre public[1]. En revanche, elle peut constituer une condition nécessaire à l'égard des étrangers protégés selon les dispositions suivantes.

1099. – Exemption de différentes catégories de personnes. La possibilité d'expulsion s'applique à tous les étrangers, y compris les ressortissants communautaires et les réfugiés[2]. Ce principe est toutefois assorti d'une cascade d'exceptions successives – chacune, à partir de la troisième ramenant au cas précédent – aboutissant à un régime d'une rare complexité.

Depuis la loi de 1981, certaines catégories d'étrangers, dont la liste s'est élargie au fil des réformes, ne peuvent en principe être expulsées[3].

Selon l'art. L. 521-2 C. étr., ce sont :

a) l'étranger, ne vivant pas en état de polygamie, qui est père ou mère d'un enfant français résidant en France, à condition qu'il établisse contribuer effectivement à l'entretien et à l'éducation de l'enfant depuis la naissance de celui-ci ou depuis au moins un an[4] ;

b) l'étranger marié depuis au moins quatre ans avec un conjoint de nationalité française, à condition que la communauté de vie n'ait pas cessé et que le conjoint ait conservé la nationalité française ;

c) l'étranger qui réside régulièrement en France depuis plus de dix ans, sauf s'il a été, pendant toute cette période, titulaire d'une carte de séjour temporaire d'étudiant[5] ;

d) l'étranger titulaire d'une rente d'accident du travail ou de maladie professionnelle servie par un organisme français et dont le taux d'incapacité permanente est égal ou supérieur à 20 % ;

e) le ressortissant d'un État membre de l'UE ou assimilé qui séjourne régulièrement en France depuis dix ans.

Par exception cependant, l'étranger peut être expulsé en cas de condamnation définitive à une peine d'emprisonnement ferme au moins égale à cinq ans (sans préjudice, naturellement, de l'application de la peine prononcée).

L'expulsion d'une personne relevant du texte précédent peut toutefois être prononcée, selon l'art. L. 521-3, « en cas de comportement de nature à porter atteinte aux intérêts fondamentaux de l'État, ou lié à des activités de caractère terroriste ou constituant des actes de provocation explicite et délibérée à la discrimination, à la haine ou à la violence contre une

1. CE 21 janv. 1977, *Dridi*, RC 77.500, JDI 78.71, 1re esp., n. Ruzié ; 14 oct. 1981, G.P. 1982.1. Pan. 41 ; 23 déc. 1987, D. 88. I.R. 12. Sur ce que la condition n'est pas présente lorsque l'intéressé doit encore purger une longue peine de prison : CE 28 juin 1996, D. 97. Somm. 42 obs. Julien-Laferrière.
2. CE 17 oct. 1986, Rec. Lebon, p. 639. Bien que des textes particuliers s'appliquent à ces deux catégories (respectivement, directive n° 64/221 du 25 fév. 1964 et Convention de Genève, art. 32, § 1), ils n'élèvent pas de condition véritablement distincte de celle prévue par le droit commun.
3. La liste est disjointe de celle des personnes ne pouvant faire l'objet d'une mesure de reconduite à la frontière en dépit de larges recoupements (n° 1086).
4. V. CE 24 janv. 1986, Rec. Lebon, p. 21, D. 86. I.R. 280.
5. Une période passée en détention ne saurait être prise en considération pour le calcul des années passées en France (CE, 6 mai 1988, *Ammouche*).

personne déterminée ou un groupe de personnes ». Mais même dans ce cas, elle ne peut l'être à l'encontre d'un certain nombre de personnes, faisant l'objet dans le même texte d'une nouvelle liste (venant après la précédente et celle des personnes ne pouvant être reconduites à la frontière), et ce même en cas de condamnation à une lourde peine (cette exception n'étant formulée qu'à l'art. L. 521-2)[1]. Elle est inspirée des mêmes considérations que la précédente, avec des conditions plus exigeantes : résidence habituelle en France depuis l'âge de treize ans, résidence régulière en France depuis plus de vingt ans, résidence régulière en France depuis plus de dix ans et mariage (hors polygamie) depuis au moins quatre ans avec un ressortissant français ou un étranger relevant du premier cas, résidence de dix ans et enfant mineur résidant en France sous condition d'entretien de celui-ci, état de santé qui « nécessite une prise en charge médicale dont le défaut pourrait entraîner pour [l'intéressé] des conséquences d'une exceptionnelle gravité, sous réserve qu'il ne puisse effectivement bénéficier d'un traitement approprié dans le pays de renvoi ». Encore – nouvelle exception aux règles précédentes – les deux dérogations de nature familiale sont-elles exclues lorsque les faits à l'origine de la mesure d'expulsion ont été commis à l'encontre du conjoint ou des enfants (proxénétisme, par exemple).

2. Forme et procédure

1100. – Garanties. La procédure administrative d'expulsion offre aux intéressés des garanties proches des droits de la défense (art. L. 552-1 et décret n° 82-440 du 26 mai 1982, mod.). Ces garanties ne bénéficiaient naguère qu'aux étrangers se trouvant régulièrement sur le territoire ou à tout le moins qui y étaient régulièrement entrés ; cette condition fut supprimée par la loi de 1981.

a) La procédure ordinaire (c'est-à-dire hors urgence absolue) s'ouvre par la notification à l'étranger de la mesure projetée à son égard, effectuée à la diligence du préfet du département de sa résidence. Le bulletin de notification énonce les faits motivant la procédure et convoque l'intéressé devant la *Commission départementale d'expulsion* (composée de deux magistrats judiciaires, dont l'un préside la commission, et d'un conseiller de tribunal administratif) moyennant un délai de quinze jours. Elle informe l'intéressé des garanties prévues : communication du dossier, possibilité de se faire assister d'un conseil et d'un interprète, de bénéficier de l'aide juridictionnelle, voies de recours contre la mesure éventuellement prise... (décr. 1982, art. 6). En cas d'urgence absolue et de nécessité impérieuse pour la sûreté de l'État ou la sécurité publique, l'intéressé peut être assigné à résidence pendant une durée ne pouvant excéder un mois (art. L. 523-3 al. 2).

1. Ceci constitue la réponse de la loi du 26 nov. 2003 au grief de « double peine » adressé à l'expulsion des étrangers coupable d'infractions pénales graves.

Les débats de la Commission sont publics et donnent lieu à un procès-verbal, retraçant notamment les explications de l'intéressé. La Commission émet dans le délai d'un mois (décr. 26 mai 1982, art. 9) un avis motivé, qui est transmis – avec le procès-verbal – à l'autorité compétente pour statuer – soit le préfet dans le cas normal, le ministre de l'Intérieur pour les personnes particulièrement protégées ou en cas d'urgence absolue (décr. 26 mai 1982, art. 1er et 2) – et communiqué à l'intéressé (art. L. 522-2).

Si l'autorité compétente prend un arrêté d'expulsion, celui-ci est soumis à l'obligation de motivation résultant de la loi du 11 juillet 1979[1]. Le pays de renvoi est fixé de la même manière qu'en cas de reconduite à la frontière dans le cas ordinaire (art. L. 523-2, n° 1086), mais par le ministre de l'Intérieur pour les personnes spécialement protégées ou en cas d'urgence absolue (décr. 26 mai 1982, art. 3).

b) Les garanties procédurales cessent de s'appliquer dans le cas d'urgence absolue déclarée, qui justifie précisément le défaut de respect de la procédure. Est par exemple constitutive d'urgence la sortie imminente de prison de l'intéressé. La procédure est alors succincte (on parle d'expulsion « directe ») : il n'y a pas lieu à notification préalable et l'intéressé n'est pas convoqué devant la commission. L'arrêté doit cependant être motivé[2].

1101. – Contrôle de l'arrêté d'expulsion. L'arrêté d'expulsion peut faire l'objet d'un recours en annulation devant la juridiction administrative, ainsi que d'une exception de nullité devant le juge répressif dans la mesure aujourd'hui prévue par l'art. 111-5 C. pén., c'est-à-dire lorsque de la validité de la mesure dépend la solution du procès pénal ; mais le second ne peut en prononcer la nullité. La juridiction administrative, après avoir longtemps observé une attitude de réserve fondée sur le caractère de haute police prêté à la mesure, a notablement élargi son contrôle au cours des trente dernières années[3]. Le contrôle s'exerce naturellement sur la forme[4] et la procédure. Il porte ensuite sur l'exactitude matérielle des faits[5], et s'étend à l'erreur de droit consistant à prononcer l'expulsion pour des faits ne constituant pas une menace pour l'ordre public[6]. À ce titre sont contrôlés les éléments constitutifs de la déclaration d'« urgence absolue » par le ministre qui tient en échec les principales garanties entourant l'expulsion[7]. Enfin le contrôle s'est étendu à l' « erreur manifeste d'appré-

1. Circulaire du 10 janvier 1980, RC 80.409.
2. CE 13 janv. 1988 D. 89. Somm. 115 (l'hésitation naissait du fait que l'art. 4 de la L. du 11 juill. 1979 prévoit le défaut de motivation des actes administratifs en cas d'urgence absolue).
3. Dubouis, « Le juge administratif français et les mesures prises à l'encontre des étrangers », RC 1976.301. Sur le sursis à exécution de l'arrêté d'expulsion, v. n° suivant.
4. En particulier l'existence de la motivation ; celle-ci doit circonstanciée, c'est-à-dire comporter davantage qu'une formule stéréotypée reprenant notamment les termes de la loi : CE 10 juill. 1981, AJDA 81.473 et chron. Tiberghien et Lasserre, p. 463.
5. V. déjà CE 8 fév. 1939, RC 39.442 ; 8 mars 1940, D.H. 40.135, S. 41.3.14.
6. C'est à ce titre qu'il a été jugé que l'administration ne peut fonder sa décision sur la seule commission d'infractions pénales (n° 1098).
7. CE 16 janvier 1970, *Mihoubi*, JDI 71.296 n. Goldman, RC 72.61, 1re esp., n. Aymond ; 25 fév. 1985, AJDA 85.295 (il n'y a pas d'urgence absolue à expulser un étranger

ciation », en particulier sur la menace que doit représenter l'intéressé pour l'ordre public[1], ainsi que sur la déclaration d'urgence absolue[2]. Quant aux critères d'appréciation, le contrôle s'exerce aujourd'hui au regard de la CESDH (Protocole n° 7) et en particulier l'absence d'atteinte disproportionnée à la vie privée et familiale de l'intéressé (art. 8) ; il devient à cette occasion un contrôle de proportionnalité (étendu aux mesures de reconduite à la frontière, n° 1086)[3].

Il peut être sursis à l'exécution de l'arrêté d'expulsion, par la voie du référé administratif, pour la durée de l'examen du recours, lorsque la mesure est de nature à causer un préjudice difficilement réparable et que le moyen invoqué contre la régularité de l'arrêté paraît sérieux[4].

3. Effets de l'arrêté d'expulsion

1102. – Exécution de l'arrêté. Du fait que l'infraction à l'arrêté est pénalement sanctionnée (n° suivant), l'ordonnance de 1945 tablait sur son exécution volontaire et ne prévoyait la reconduite à la frontière de l'étranger expulsé qu'à l'expiration d'une peine prononcée pour infraction à l'arrêté. Cette prévision fut largement démentie, un grand nombre d'arrêtés demeurant lettre morte. La loi de 1980 disposa en conséquence que l'étranger expulsé « pouvait » être reconduit à la frontière. L'arrêté prononçant l'expulsion peut être exécuté d'office par l'administration (art. L. 523-1). Le pays de destination est déterminé comme en matière de reconduite à la frontière (renvoi de l'art. L. 523-2 à l'art. L. 513-2, n° 1086). De même, si les circonstances ne permettent pas son départ immédiat, l'intéressé peut être placé en rétention administrative (art. L. 551-1) ou assigné à résidence dans les mêmes conditions (renvoi de l'art. L. 523-3 à l'art. L. 513-4). Cette dernière mesure peut être accordée pour raison médicale grave (art. L. 532-4) et même « à titre probatoire et exceptionnel » en faveur de l'étranger contre lequel une mesure d'expulsion a été prononcée alors qu'il était protégé par l'art. L. 521-2, accompagnée d'une autorisation de travail (art. L. 523-5). Dans ces deux cas, l'assignation s'effectue en un lieu ouvert ; l'intéressé est tenu de faire contrôler périodique-

purgeant une peine de prison) ; 21 nov. 1986, D. 87. Somm. 220 ; 7 janv. 1987, D. 87.274 ; 13 janv. 1988, D. 88. I.R. 33 ; Crim. 21 oct. 1987, D. 89. Somm. 116.

1. CE 3 fév. 1975, *Pardov*, RC 75.322 ; 8 déc. 1978, *Bénouaret*, préc. ; 11 juin 1982, *Rezzouk*, Rec. Lebon p. 226.
2. CE 13 janv. 1988, D. 89. Somm. 115 obs. Waquet et Julien-Laferrière ; 27 janv. 1989, D. 89. Somm. 116.
3. Ce contrôle bénéficie tout particulièrement aux immigrés « de la deuxième génération », c'est-à-dire nés en France, voire qui y sont entrés très jeunes, sous l'influence de la Cour EDH (23 janv. 1991, *Djeroud c. France* ; 18 fév. 1991, *Moustaquim c. Belgique*, GP 3-5 mars 1991 ; *Beldjoudi c. France*, 26 mars 1992, RFDA 1992.510) : CE 19 avril 1991, *Belgacem*, JCP 91.II.21757 n. Nguyen Van Tuong, RC 91.677, 1re esp., n. Turpin, D. 91.399, 1re esp., n. Prétot.
4. CE 23 juill. 1974, *Ferrandiz Gil Ortega*, Rec. Lebon, p. 447, RC 76.320 ; 6 nov. 1981, GP 82.1. Pan.114.

ment sa présence par les autorités. Le défaut de respect de l'assignation à résidence est pénalement sanctionné (art. L. 624-4).

1103. – Suites de l'arrêté d'expulsion. L'étranger qui se soustrait à un arrêté d'expulsion ou qui, expulsé, pénètre de nouveau en France sans autorisation, encourt une peine de trois ans d'emprisonnement (art. L. 624-1). Le tribunal peut prononcer, à titre de peine complémentaire, l'interdiction du territoire pour une durée allant jusqu'à dix ans ; cette mesure emporte de plein droit reconduite à la frontière, le cas échéant à l'expiration de la peine d'emprisonnement (art. L. 624-2). Le tribunal répressif peut contrôler la validité de l'arrêté d'expulsion argué d'illégalité à l'occasion de poursuites pour infraction à l'arrêté d'expulsion[1].

L'arrêté d'expulsion produit ses effets aussi longtemps qu'il n'a pas été abrogé[2]. Il peut l'être à tout moment par l'autorité qui l'a prononcé, à la demande de l'intéressé[3]. Il ne peut être fait droit à la demande que si l'intéressé réside hors de France, exception faite de celui qui subit en France une peine privative de liberté sans sursis (art. L. 524-3). Lorsque la demande intervient après un délai de cinq ans à compter de l'exécution effective de l'arrêté d'expulsion, elle ne peut être rejetée qu'après avis de la Commission départementale d'expulsion, devant laquelle l'intéressé peut se faire représenter (art. L. 524-1). La loi de 2003 a introduit un réexamen des motifs de l'expulsion tous les cinq ans à compter de la date de l'arrêté, tenant compte des possibilités d'accueillir à nouveau l'intéressé (v. art. L. 524-2) ; le silence de l'administration vaut refus d'abrogation, susceptible de recours.

Voy. : Abraham, « La jurisprudence du Conseil d'État relative à la condition des étrangers », TCFDIP 1995-98.21 ; Delpérée, *Les droits politiques des étrangers*, Que Sais-Je ?, 1995 ; Guimezanes, *La circulation et l'activité économique des étrangers dans la CEE*, 1990 ; Julien-Laferrière, *Droit des étrangers*, 2000 ; Le Bris, « L'étranger et ses métamorphoses : quelques considérations contemporaines », Mél. Loussouarn, p. 233 ; Lequette, « La nationalité française dévaluée », Mél. Terré, 1999, p. 349 ; Lochak, *Étrangers : de quel droit ?*, 1985 ; Trassoudaine, « La protection des droits et des libertés individuelles en matière de rétention des étrangers », TCFDIP 2004-06.216 ; Vandendriessche, *Le droit des étrangers*, 3e éd., 2005.

Ouvr. coll. : *L'étranger*, Travaux de l'Association H. Capitant, 1997.

1. V., par ex., Crim. 21 oct. 1987, D. 89. Somm. 116.
2. On a vu qu'outre l'interdiction de se représenter en France, il empêche d'acquérir la nationalité française (n° 979).
3. Le contrôle de légalité exercé sur la décision est proche de celui applicable aux arrêtés d'expulsion eux-mêmes; v. CE 29 mai 1996, D. 97. Somm. 41 obs. Julien-Laferrière.

SECTION II

PERSONNES MORALES

1104. – Questions soulevées. Les personnes morales soulèvent, dans l'ordre international, deux séries de questions principales. Les unes tiennent à la *condition des personnes morales étrangères* dans un pays donné, au sens où ce terme s'applique aux personnes physiques. Elles se situent dans le prolongement de celles qui viennent d'être étudiées : dès lors en effet qu'un Etat juge à propos de réglementer l'activité individuelle des étrangers sur son territoire, il doit également tenir compte de leur action collective, à travers les groupements ; cette nécessité s'impose même *a fortiori*, eu égard, d'une part, au fait que l'écran de la personne morale dissimule la personnalité – et donc la nationalité – de ses membres, d'autre part, à la puissance supérieure de ce mode d'action collectif.

Réciproquement, les États se préoccupent des activités de leurs nationaux à l'étranger, à la fois pour faciliter leur action économique, en passant des accords avec les États d'accueil, pour exercer le cas échéant leur protection, parfois pour régler leur comportement (par exemple en leur interdisant de commercer avec certains pays tiers). Or ces activités sont le plus souvent exercées sous forme de groupements, afin pour les participants individuels de mettre en œuvre des moyens d'action plus importants et de limiter leurs risques ; d'où la nécessité d'identifier les sociétés « nationales ».

Se pose également à l'égard des personnes morales ayant des activités internationales un problème de *conflit de lois* : il est en effet nécessaire de déterminer la loi applicable à leur fonctionnement interne (constitution, organisation, dissolution) et leurs rapports avec les tiers (émission de titres). Parce qu'il peut sembler souhaitable de conférer aux personnes morales un statut unique dans l'ordre international, c'est-à-dire de les voir rattachées à la même loi ou au même Etat pour leur fonctionnement et la détermination de leur condition, la question de la loi applicable sera également traité dans ce chapitre ; mais on verra que les deux séries de questions ne reçoivent pas nécessairement une réponse uniforme.

On qualifie d'*entreprise multinationale* l'ensemble que forment les sociétés d'un groupe constituées dans plus d'un pays, et donc selon des lois différentes, mais obéissant à une politique commune destinée à optimiser l'action du groupe. Cet ensemble peut résulter de ce qu'une société unique a multiplié ses activités à l'étranger par création ou acquisition successive de filiales locales ; ou de la réunion dans une structure commune de sociétés établies dans divers pays, voire simplement d'accords particuliers entre de telles sociétés. Le phénomène a pris une importance considérable dans l'économie mondiale à partir de la seconde moitié du XXe siècle, donnant lieu à une littérature abondante. Du point de vue juridique, toutefois, l'entreprise multinationale ne constitue pas une catégorie particulière[1].

1. L'on s'efforce cependant de formuler des « codes de conduite » à leur intention ; v. en particulier : *Les principes directeurs de l'OCDE à l'intention des entreprises multinationales*, 1986.

Les problèmes juridiques (et fiscaux) que présente une entité ainsi qualifiée sont ceux de tout groupe de sociétés, compliqués il est vrai de l'élément international, c'est-à-dire notamment des questions examinées dans la présente section.

On qualifie aussi dans le langage courant de « société internationale » une société dont les activités s'étendent à plusieurs pays. Mais celle-ci est le plus souvent juridiquement rattachée à la loi d'un Etat. La véritable société internationale obéit à un statut propre et internationalement reconnu. Il en existe quelques exemples, créées par traité international, à des fins d'intérêt public ou exerçant des missions de service public (Air Afrique)[1]. La *société européenne* devait constituer une illustration à grande échelle d'une entité dont la structure serait indépendante de tout droit national ; celle qui a finalement vu le jour suivant le règlement n° 2157/2001, intégrée par la L. du 26 juillet 2005 (art. L. 229-1 s. C. com), ne répond qu'imparfaitement à ce type, combinant règles matérielles et renvoi aux dispositions de l'Etat dans lequel la SE a son siège statutaire et son administration centrale.

Voy. : Bode, *Le groupe international de sociétés (le système de conflit de lois en droit comparé français et allemand)*, 2010 ; Cassoni, « Le droit international privé des groupes de sociétés. L'exemple italien pourrait-il devenir un modèle ? », RC 1986.633 ; Fatouros, « Problèmes et méthodes d'une réglementation des entreprises multinationales », JDI 1974.495 ; Kopelmanas, « L'application du droit national aux sociétés multinationales », RCADI 1976.II.295-337 ; Oppetit, « Les entreprises multinationales et les États nationaux », Mél. Bastian, 1974, p. 161 ; Synvet, *L'organisation juridique du groupe international de sociétés*, thèse dactyl. Rennes, 1979.

Ouvrage collectif : *L'entreprise multinationale face au droit* (dir. Goldman et Francescakis), 1977.

1105. – Notion de nationalité appliquée aux personnes morales. Les différentes questions plus haut identifiées sont le plus souvent abordées en termes de « nationalité » des personnes morales, du fait qu'elles amènent à établir un lien d'allégeance – politique ou juridique – entre une personne morale donnée et un État. Plus précisément, elles conduisent à distinguer parmi les personnes morales celles qui doivent être considérées comme nationales et celles qui sont étrangères ; et parfois à rattacher les secondes à un État particulier, pour décider par exemple de l'applicabilité d'une convention d'établissement ou de la loi applicable à son fonctionnement.

Le bien-fondé de l'application du concept de nationalité aux personnes morales a été longuement discuté dans le passé[2]. Ce débat, comme celui de la réalité ou de la fiction des personnes morales au regard de la théorie générale du droit, a aujourd'hui perdu son acuité. L'on s'accorde en général à reconnaître que les personnes morales n'ont pas à proprement parler de nationalité ; mais que l'expression s'impose par sa commodité pour

1. Calon, « La société internationale. Éléments d'une théorie générale », JDI 1964.694 ; Goldman, « Le droit des sociétés internationales », JDI 1963.320 ; Loussouarn, « La proposition d'un statut des sociétés anonymes européennes et le droit international privé, RC 1971.383 ; « La concentration des entreprises dans la CEE », RC 1973.235, 455.
2. Niboyet, « Existe-t-il vraiment une nationalité des sociétés ? », Rev. dr. int. pr. 1927.402 ; L. Mazeaud, « De la nationalité des sociétés », JDI 1928.30 ; Hamel, « Faut-il parler de 'nationalité' des sociétés commerciales ? », Mél. Gutzwiller, 1959, p. 365.

désigner le lien privilégié de la société avec un État aux fins de protection diplomatique et de jouissance des droits (n° 923 s.). En matière de conflits de lois même, les tribunaux français l'emploient couramment[1] et le législateur lui-même ne peut se réfréner de l'employer[2]. Il en va de même dans l'ordre juridique de l'Union européenne[3]. On peut même voir dans cet usage davantage qu'une facilité de langage dans la mesure où l'attribution d'une nationalité constitue le prolongement naturel de la personnalité morale, au même titre que le patrimoine, le nom et le domicile ou siège social.

1106. – Unité ou relativité du critère de rattachement. L'application aux sociétés du vocable de « nationalité » étant admis, fût-ce par simple commodité, une autre question est de savoir s'il convient d'appliquer le même critère de rattachement aux deux groupes de questions évoqués plus haut : jouissance des droits et loi applicable ; et même selon les différentes questions qui se présentent au sein de chacun. On peut en effet envisager de déterminer chaque fois le lien particulier de la personne morale avec un État en fonction de la question qui amène à le préciser. En France, une décision remarquée du Tribunal des conflits a ainsi déclaré que la nationalité des sociétés « ne peut être déterminée qu'au regard des dispositions législatives ou réglementaires dont l'application ou la non-application à la société intéressée dépend du point de savoir si celle-ci est ou n'est pas française »[4].

Cette position peut s'expliquer par la difficulté de se prononcer sur un critère de rattachement valable à tous égards et de s'y tenir pour une entité donnée. Néanmoins, le recours au concept de nationalité n'aurait guère d'utilité si l'on ne s'attachait à dégager un critère de principe permettant de relier une personne morale à un État, sauf à réserver la possibilité de délaisser ce critère en faveur d'un autre dans un cas ou pour un type de question donnés.

On s'intéressera donc à la détermination de la nationalité des personnes morales, avant d'examiner le statut des personnes morales étrangères en droit français.

§ 1. – DÉTERMINATION DE LA NATIONALITÉ DES PERSONNES MORALES

1107. – Personnes morales de droit public. Les personnes morales de droit public sont nécessairement rattachées à la loi de l'État dont elles émanent. Traditionnellement, ces personnes avaient peu d'activités internationales, de sorte que la question ne s'élevait pas. À mesure cependant que les États assumaient, au-delà de leurs tâches traditionnelles, des acti-

1. Par ex., Cass. ass. plén. 21 déc. 1990, D. 91.305. concl. Dontenwille.
2. L. 24 juill. 1966, art. 31, 60, 154 (art. L. 222-9, 223-30, 225-97 C. com.).
3. CJCE, 10 juin 1986, *Segers*, aff. 79/85, point 13.
4. Trib. conflits, 23 nov. 1959, *Sté Mayol Arbona*, RC 60.180 n. Loussouarn, D. 60.223 n. Savatier, JDI 61.442 n. Goldman.

vités économiques, ils ont confié celles-ci à des entités dont le degré de dépendance ou d'autonomie à leur égard est variable ; pour tenir compte de cette diversité, on parle souvent d'« émanations » de l'État. Souvent chargées d'activités internationales, telles que la commercialisation à l'étranger d'une ressource naturelle (hydrocarbures, minerais et tous produits de base), ces entités soulèvent des difficultés diverses. La principale est celle de leur immunité éventuelle, déjà étudiée (n° 401 s.). Une autre, celle de leur capacité à conclure certaines conventions, en particulier de se soumettre à l'arbitrage. La jurisprudence française a parfois considéré que la capacité relevait de la loi du contrat[1]. Cette position était tout à fait contestable, puisqu'elle conduisait le cas échéant à faire apprécier la capacité d'une personne publique par une loi étrangère ; la question ne peut être soumise qu'à la loi ayant institué la personne morale[2].

1108. – Personnes morales de droit privé. Les difficultés de détermination de statut sont naturellement plus fréquentes à l'égard des personnes morales de droit privé, les plus nombreuses et les plus actives dans le commerce international. Ces entités sont au premier chef des sociétés ; mais des associations et fondations ont également des activités internationales. En raisonnant *brevitatis causa* sur les premières – les données étant transposables aux autres catégories de personnes morales – on commencera par passer en revue les différents critères de rattachement qui s'offrent ; on examinera ensuite la position du droit français, avant de présenter certaines observations critiques sur la problématique usuelle.

A. LES DIFFÉRENTS CRITÈRES DE RATTACHEMENT

1109. – Critères généraux. Trois types généraux de critères sont envisageables, chacun susceptible de modalités diverses. Ils se réfèrent respectivement à la personnalité des associés, c'est-à-dire à leur nationalité, à la loi d'origine de la personne morale, c'est-à-dire pratiquement à son lieu de constitution, et à son administration centrale, c'est-à-dire son siège.

1. Civ. 14 avril 1964, *San Carlo*, D. 64.637 n. J. Robert, JDI 65.646 n. Goldman.
2. En ce sens, pour la capacité d'arbitrer, Convention de New York du 10 juin 1958 pour la reconnaissance et l'exécution des sentences arbitrales étrangères, Art. V, 1, a. Appliquant ce principe, la jurisprudence arbitrale est néanmoins très réticente à admettre que l'entité qui s'est engagée contractuellement puisse revenir sur son engagement en invoquant une restriction de sa capacité ; on lui oppose volontiers qu'il lui appartenait de veiller au respect des dispositions s'appliquant à elle (v. Gaillard, « L'interdiction de se contredire au détriment d'autrui », Rev. arb. 1985.241 ; Audit, *L'arbitrage transnational et les contrats d'État*, 1988, p. 37 s.). V. également, LDIP suisse, art. 177 (2) ; Résolution IDI, session de St-Jacques de Compostelle (1979), art. 5 (RA 90.931, RC 90.191).

1. La personnalité des associés

1110. – Le contrôle ; notion et appréciation critique. Puisque derrière chaque personne morale se trouvent en dernière analyse des personnes physiques et que l'on cherche à attribuer une nationalité à la première, il est naturel de se référer à la nationalité des individus qui la composent ; on dit que l'on « perce le voile social ». Du fait que le groupement peut comporter des personnes de nationalité différente, on s'attachera à la nationalité du plus grand nombre ou de ceux qui le dirigent, en bref aux personnes qui exercent le *contrôle* de la personne morale.

Ce critère présente toutefois en premier lieu une difficulté de mise en œuvre pour les sociétés les plus importantes, celles-là mêmes qui sont le plus actives dans le commerce international : leurs actions sont disséminées dans un très vaste public, et un grand nombre d'actionnaires sont eux-mêmes des personnes morales, ce qui multiplie la difficulté ; qui plus est, les titres changent quotidiennement de mains et il serait malcommode d'admettre que la nationalité de la personne morale puisse changer au gré des transactions[1]. En deuxième lieu, le critère du contrôle fait fi de la personnalité distincte de l'entité, laquelle est autre chose que l'addition de ses membres. Enfin, le critère n'est pas nécessairement approprié. Cela est manifeste en matière de droit applicable à la société : il n'existe pas de lien entre les règles relatives au capital minimum d'une société et la nationalité des associés majoritaires... Mais la question se pose même dans le domaine de la jouissance des droits. Celui-ci apparaît pourtant comme le terrain d'élection du critère envisagé : ainsi les activités que l'on juge à propos de réserver aux nationaux ne devraient pas pouvoir être exercées par des étrangers sous le couvert d'une personne morale qu'ils contrôlent entièrement. Le critère convient donc à première vue pour l'application des dispositions qui, visant les individus au travers des personnes morales, tendent à empêcher une influence étrangère ou la concurrence étrangère dans un secteur économique[2]. Néanmoins, il n'est pas nécessairement justifié de considérer comme étrangère une société dont le capital est détenu par des étrangers : cela dans la mesure où son activité profite à l'économie locale. Alors que l'on s'efforce en général aujourd'hui d'attirer les capitaux étrangers, il peut être contre-indiqué de restreindre simultanément les droits des sociétés sous contrôle étranger[3].

En définitive, le contrôle de la personne morale ne constitue pas un critère opportun, à titre général ; son emploi paraît devoir être circonscrit à des hypothèses précises.

1. Pour une illustration contemporaine de ces difficultés, v. « Le Tribunal des différends irano-américains (1981-1984) », JDI 1985.819.
2. Le critère du contrôle a également été utilisé dans les accords d'indemnisation passés entre États à la suite de nationalisations ; mais il s'applique alors à des sociétés dissoutes et en vue précisément d'appliquer des dispositions visant les personnes physiques propriétaires du capital.
3. En fait, il s'avère même souvent nécessaire de faire bénéficier ces sociétés d'un régime favorable sur certains points : le critère du contrôle devient alors approprié, car ce sont les investisseurs étrangers seuls qui sont visés.

2. La loi de constitution de la personne morale : l'« incorporation »

1111. – Notion et justification. Une personne morale n'existe qu'au regard d'une loi qui lui donne naissance ; seule la loi du pays où elle prend forme peut lui conférer la personnalité. Le plus souvent, la constitution ou « incorporation » de la personne morale donne lieu à une formalité (enregistrement, publication) qui désignera ainsi sans discussion possible la nationalité du groupement. Dans le cas contraire, à vrai dire rare, les fondateurs auront néanmoins été amenés à se référer à une loi donnée de par la forme adoptée (société de tel type, prévu par telle loi) ; si tel n'était pas le cas, on pourrait encore raisonner comme en matière de contrat pour déterminer la loi applicable, en recherchant la volonté des parties ou la localisation de la société. Dans tous les cas, selon que la personne morale aura été constituée selon le droit français, anglais ou suisse, on considérera qu'elle a la « nationalité » correspondante.

Un critère voisin du précédent est celui du *siège statutaire* : comme celui-ci, il permet de choisir le pays de rattachement de la société, le choix étant simplement indirect. Le plus souvent, les deux se confondent, car le siège statutaire d'une société est normalement fixé dans le pays où elle est constituée. Si par exception, celui d'une société donnée était fixé dans un autre, il y aurait lieu de rechercher quel statut lui reconnaît la loi du premier.

1112. – Appréciation du critère. Le principe de l'incorporation se recommande du caractère contractuel de la personne morale : libres de constituer ou non la personne morale, ses fondateurs ont aussi la faculté, en la constituant dans tel État plutôt que tel autre, de choisir la loi qui s'appliquera à son fonctionnement et plus généralement de fixer son statut. Ils effectueront normalement ce choix en fonction des activités envisagées et du contenu des différentes législations qui s'offrent. Les fondateurs peuvent également espérer ainsi se placer sous la protection diplomatique de l'État choisi, encore qu'ils n'aient aucune garantie quant à son exercice effectif s'il se révèle nécessaire d'y recourir[1]. Enfin, le critère de l'incorporation se recommande de sa simplicité et de la certitude qu'il apporte.

Expression de l'autonomie de la volonté, le critère examiné en présente aussi un inconvénient : il peut permettre aux fondateurs de placer l'entité sous un régime donné pour échapper aux dispositions impératives du pays auquel elle se rattache en fait le plus étroitement. Le risque est d'autant

1. Ainsi que l'a déclaré la CIJ dans l'affaire de la *Barcelona Traction*, « les fondateurs d'une société orientée vers des activités internationales doivent tenir compte du fait que les États ont le pouvoir discrétionnaire d'accorder ou de refuser la protection diplomatique à leurs ressortissants. En établissant une société dans un pays étranger, ses fondateurs sont normalement mus par des considérations spéciales ; il s'agit souvent de profiter d'avantages fiscaux ou autres offerts par l'État hôte. Il ne semble aucunement inéquitable que les avantages ainsi obtenus aient pour contrepartie les risques créés par le fait que la protection de la société et donc de ses actionnaires est ainsi confiée à un État autre que l'État national de ces derniers » (CIJ Rec. 1970, p. 50).

plus grand en la matière qu'entre les fondateurs, l'antagonisme d'intérêts qui caractérise ordinairement le contrat n'existe pas au même degré. En ce qui concerne ainsi le droit applicable au fonctionnement de la société, le critère peut permettre aux fondateurs de constituer celle-ci dans un pays choisi en raison de la permissivité de ses lois, afin d'échapper aux dispositions contraignantes édictées, en vue notamment de protéger les tiers, dans le pays auquel la société se rattache le plus étroitement. En matière de jouissance des droits, décider de la nationalité d'une personne morale selon le seul critère de l'incorporation ouvre aux étrangers la possibilité d'exercer une activité réservée aux nationaux sous couvert d'une personne morale localement créée.

Ces inconvénients possibles ne paraissent toutefois pas suffisants pour condamner le critère de l'incorporation, d'autant qu'il est possible d'y remédier. Pour tempérer les effets d'incorporations abusives à l'étranger, on appliquera les dispositions les plus impératives de la loi locale aux sociétés « étrangères », à la manière de lois de police, ou l'on recourra, dans les cas les plus caractérisés, à l'exception de fraude[1]. Lorsque c'est la personnalité des associés qui est visée à travers une réglementation donnée, il est toujours possible de prendre des dispositions particulières tendant à percer le voile social pour s'attacher au contrôle.

Le critère de l'incorporation est usité notamment dans les systèmes de *common law*. Il a permis de faire bénéficier de la protection diplomatique anglaise les sociétés constituées dans ce pays et exerçant des activités à travers le monde. Aux États-Unis, il a pour conséquence qu'un grand nombre de sociétés sont incorporées dans certains États de l'Union où elles n'ont pourtant aucune activité significative (Delaware...), mais dont le droit convient aux associés pour leurs rapports. Les tribunaux des autres États n'hésitent pas pour autant à appliquer la loi locale à des sociétés « étrangères » lorsqu'un intérêt du for l'exige ; et surtout, un grand nombre de lois d'État réglementant les activités des sociétés visent expressément les sociétés « étrangères » ayant une activité dans l'État local[2]. Ainsi se trouvent conciliés la souplesse dans le choix des statuts et le respect de l'intérêt des tiers. De manière générale, le critère de l'incorporation convient aux pays exportateurs de capitaux.

3. Le centre de direction de la personne morale (siège social)

1113. – Justification du critère et détermination. Une société poursuit une fin économique et son activité intéresse les tiers. Il est donc raisonnable de la rattacher internationalement à la sphère économique dans laquelle elle opère ; on peut voir dans ce critère de rattachement le pendant de la « localisation » du contrat international (n° 172). Ce rattachement répond en particulier à l'intérêt des tiers entrant en relations avec la personne

1. V. cependant les restrictions à la mise en œuvre de ces moyens dans les rapports intraeuropéens, *infra* n° 1124.
2. Comp. en droit de l'Union européenne n° 1124.

morale : créanciers, d'une part, épargnants auxquels on s'adresse pour obtenir des capitaux, d'autre part. Ces personnes ne doivent pas être surprises par l'application d'une législation étrangère, moins protectrice que la législation locale.

Quant à la détermination plus précise du centre d'intérêts, deux critères sont envisageables. L'un est le *lieu d'exploitation principal*, qui est celui où la personne morale manifeste le plus son activité extérieure et où elle contracte habituellement. Mais s'agissant de sociétés ayant, par hypothèse, des activités internationales, ce critère peut manquer de stabilité ; il est également susceptible de désigner un pays qui ne correspond pas au rattachement le plus effectif de la personne morale parce que ne s'y accomplissent que des tâches d'exécution (par exemple en cas de production « délocalisée »), tandis que l'impulsion vient d'ailleurs. De là l'autre critère envisagé, celui du *siège social*, entendu comme le lieu où s'exerce la direction effective de la personne morale, celui où résident ses organes, où se tiennent les assemblées[1]. Il s'agit donc du siège social *réel* et non simplement du siège statutaire, critère qui est plus proche de l'autonomie de la volonté et de l'incorporation (n° 1111). Il y a lieu toutefois de présumer, jusqu'à preuve contraire, que le siège statutaire correspond au siège réel de la personne morale.

Le critère du siège social ainsi compris a le mérite d'exprimer un lien effectif avec la loi correspondante. Au point de vue de la loi applicable, il répond au critère des liens les plus étroits : le siège de la société apparaît bien comme le « siège », au sens savignien du terme, des relations juridiques dont elle est l'objet (n° 93). À celui de la jouissance des droits même, on peut estimer que l'intégration à l'économie du pays, qui va généralement de pair avec ce lien, est aussi significative que la nationalité des dirigeants. Un inconvénient du critère est l'incertitude à laquelle il peut prêter ; mais l'expérience montre qu'il se manifeste rarement.

Comme le critère de l'incorporation, celui du siège est très répandu en droit comparé. La plupart des pays civilistes d'Europe occidentale (à l'exception ancienne des Pays-Bas) l'ont retenu ainsi que ceux qu'ils ont influencés (sauf à lui adjoindre parfois celui du contrôle, pour certaines questions relevant du statut des étrangers). Il est cependant aujourd'hui fortement battu en brèche dans les premiers par celui de l'incorporation, sous l'influence notamment du droit communautaire (n° 1124 *in fine*). Le droit commun français lui est encore fidèle.

B. DROIT POSITIF FRANÇAIS

1114. – Prééminence du siège social. En l'absence d'un texte général, il est revenu à la jurisprudence de se prononcer sur la « nationalité » des personnes morales. Elle peut donner l'impression d'avoir évolué, en ce qu'elle a mis en œuvre alternativement plus d'un critère ; en réalité, le

1. V. par ex. Civ. 15 juin 1957, D. 57.596.

critère du siège social l'emporte nettement, celui du contrôle n'étant intervenu que dans des circonstances exceptionnelles.

Au XIXe siècle, la question ne s'est posée pratiquement que sur le terrain des conflits de lois. Les étrangers ne se voyant alors guère refuser de droits en matière économique et les activités proprement internationales des sociétés étant limitées, on ne recherchait la nationalité d'une société que pour se prononcer sur la loi qui lui était applicable. Le critère qui parut le mieux convenir fut celui du centre d'intérêts et, après une période d'hésitation, la jurisprudence se fixa en faveur du siège social de préférence au centre d'exploitation[1]. Confrontée à un certain nombre de cas où une société avait fixé son siège à l'étranger dans le but manifeste d'éviter les dispositions impératives de la loi française, la jurisprudence fut rapidement amenée à préciser qu'il s'agissait du siège réel et non du siège statutaire[2]. Il se révéla dès lors vain de tenter de constituer une société à l'étranger pour échapper à la loi française ; ce type de contentieux, après s'être pratiquement tari, est réapparu à l'époque contemporaine dans les relations européennes (n° 1124).

1115. – Influence des guerres et de leurs séquelles : rôle du contrôle. Les guerres donnèrent lieu à des mesures de séquestre et de confiscation des « biens ennemis ». S'agissant de déterminer à cette fin si une société était française ou relevait d'une nationalité étrangère visée, le critère du siège social ne pouvait qu'être délaissé au profit de celui du contrôle. Au début de la première guerre mondiale, les tribunaux se reconnurent le droit de déclarer qu'une société constituée en France et dont le siège social y était fixé constituait une personne interposée[3]. Puis des textes intervinrent pour appliquer les mesures en question à de telles sociétés lorsqu'elles avaient une direction et des capitaux en majorité ennemis (décr. 25 sept. 1914). Devenues plus précises avec l'expérience, les mesures occasionnées par la deuxième guerre mondiale (L. 1er sept. 1939) ne donnèrent pas lieu à interprétation.

L'entre-deux-guerres fut également l'occasion d'une certaine renaissance des droits « civils » (législation spéciale sur les baux, n° 1070). Confrontée à ce problème de jouissance des droits, la Cour de cassation retint en une occasion le critère du contrôle, refusant en conséquence le

1. Civ. 20 nov. 1870, S. 70.1.373. Pendant la période antérieure, une autorisation du gouvernement était nécessaire pour la constitution d'une société anonyme ; cela conduisait plutôt à retenir, par « bilatéralisation », le critère de l'incorporation pour les sociétés non françaises.
2. Crim. 21 nov. 1889, JDI 89.850 ; Req. 22 déc. 1897, S. 97.1.84, JDI 97.364 ; trib. civ. Seine, 1er mars 1909, JDI 10.577 ; 25 mai 1909, JDI 10.195 ; 29 juin 1910, GP 10.2.358. À l'exigence du caractère réel du siège on ajoute parfois celle qu'il soit sérieux, car il se pourrait que le siège, bien que ne correspondant pas au centre de direction de la société, ait une certaine consistance ; mais on peut considérer que l'exigence d'un siège sérieux est impliqué dans celle d'un siège réel convenablement apprécié. V. Audit, *La fraude à la loi*, 1974, n° 504 s.
3. Req. 20 juill. 1915, *Conserveries Lenzbourg*, S. 16.1.148, JDI 15.1164 ; 27 mai 1921, GP 21.2.206, JDI 23.322 ; Paris, 27 fév. 1917, JDI 17.1457.

bénéfice de la législation aux sociétés locataires sous contrôle étranger[1] ; mais le plus souvent ce bénéfice leur fut accordé sur le fondement de leur siège social en France[2].

Le même raisonnement justifiait que fût reconnu le bénéfice de la réparation des dommages de guerre à des sociétés ne comprenant pourtant que des associés étrangers, mais dont les tribunaux relevaient l'intégration effective à l'économie française[3]. C'est donc plutôt ce dernier critère qui était décisif : l'intégration était admise dans le cas d'une société de personnes dont les associés sont établis en France ; s'agissant de la filiale d'une société étrangère, elle dépendait de la nature de ses activités (fabrication ou simple distribution) et de son autonomie de décision.

1116. – Période moderne. Le recours, même limité, au critère du contrôle pendant la période des guerres pouvait conduire à envisager une distinction systématique entre les questions de jouissance des droits, réglées selon ce critère, et les questions de droit applicable, résolues selon celui du siège social. Suggérée en doctrine, cette distinction ne s'est pas imposée en droit positif où l'on constatait dès cette époque le maintien de la prééminence du siège social. La situation n'a pas changé depuis, le critère du contrôle n'étant appliqué qu'en certaines matières et le plus souvent en vertu d'une disposition législative expresse (n° 1126).

La Cour de cassation a ainsi déclaré qu'« en principe, la nationalité d'une société se détermine par la situation de son siège social »[4]. Ce critère a été expressément consacré par le législateur en matière de conflits de lois, successivement dans la loi du 24 juillet 1966 (art. 3) puis celle du 4 janvier 1978 (art. 1837 C. civ. ; L. 210-3 C. com.). Énoncé de manière unilatérale, il a été bilatéralisé[5]. Mais la jurisprudence applique également le critère du siège social en matière de jouissance des droits, tout en relevant les

1. Req. 12 mai 1931, *Remington Typewriter*, Rev. dr. int. pr. 32.129, S. 32.1.47 n. Niboyet.
2. Req. 24 déc. 1928, *La soie artificielle*, S. 29.1.121. La contradiction n'était probablement qu'apparente : dans l'affaire *Remington*, l'arrêt relevait que la société, bien qu'elle eût son siège social à Paris, n'employait pas ses capitaux en France et se bornait à y vendre des machines fabriquées « en Amérique » ; au contraire, dans l'affaire *La soie artificielle*, il était relevé que si les capitaux était en majeure partie étrangers, ils étaient employés en France.
3. Req. 17 juill. 1930, *Graf*, Rev. dr. int. pr. 31.128, relevant, à propos d'une société en nom collectif constituée par des Suisses, que la société « a fixé son siège, son domicile en France, y avait ses établissements principaux, sa direction, son exploitation, y possédait des immeubles importants, ses usines, que toutes ses opérations commerciales et industrielles s'y trouvaient, que tous ses actes sociaux s'accomplissaient suivant les formes, les usages et les règles admises en France, qu'elle était soumise aux droits fiscaux et aux impôts (...) qu'en un mot elle était née et vivait en France ». V. cependant, Civ. 25 juill. 1933, D.P. 36.1.125, S. 35.1.141.
4. Civ. I, 30 mars 1971, *CCRMA*, JCP 72.17101 n. Oppetit, RC 71.451 n. Lagarde, JDI 72.834 n. Loussouarn, GA n° 50 : l'affirmation est d'autant plus significative que l'arrêt faisait exception au principe affirmé (v. n° 1117). Précisant qu'il s'agit du siège réel, elle ajoute « défini comme le siège de la direction effective et présumé par le siège statutaire » (Ass. Plén. 21 déc. 1990, préc. n° 1105).
5. Civ. I, 18 avril 1972, RC 72.672 n. Lagarde ; Com. 21 déc. 1987, cité n° 1128.

indices qui révèlent l'activité effective de la société en France[1]. Cela n'empêche pas le législateur de recourir le cas échéant au critère du contrôle à l'occasion d'une mesure donnée : ainsi en vue de réglementer les investissements étrangers (n° 1126). Cela n'exclut pas non plus que les tribunaux recourent eux-mêmes à ce critère si cela correspond à l'esprit de la disposition à appliquer, en particulier dans le cas où elle vise les individus à travers la personne morale. Mais en dépit de l'affirmation précitée du Tribunal des conflits (n° 1106), il y a bien un principe, le rattachement de la société au siège social, auquel il est parfois fait exception.

1117. – Changement de souveraineté. La détermination de la nationalité des sociétés selon le critère du siège social réel doit normalement entraîner le changement de nationalité lorsque le territoire passe sous une souveraineté nouvelle, à moins que le siège social n'ait été transféré avant cette date. C'est ainsi que les sociétés qui en 1918 avaient leur siège social en Alsace furent considérées comme devenues françaises. Une quarantaine d'années plus tard, l'accession à l'indépendance d'un certain nombre de territoires sous contrôle français a posé le problème sur une plus grande échelle et l'a renouvelé.

S'agissant des *États d'Afrique noire*, il a été résolu avec la plupart par des conventions[2]. Celles-ci ouvraient la possibilité pour les sociétés ayant leur siège social dans l'État nouveau et contrôlées par des Français d'effectuer une déclaration leur permettant de conserver leur statut actuel. Il s'agissait en quelque sorte d'une disposition transitoire, mais ayant pour effet de figer le statut de ces sociétés puisque celui-ci ne pouvait être modifié ni par le législateur français ni par celui du nouvel Etat (tel étant l'objet de la déclaration) ; il ne pouvait donc l'être que par voie conventionnelle[3].

Dans le cas de l'*Algérie*, les Accords d'Évian ne contenaient que des dispositions ponctuelles, insusceptibles de généralisation[4]. Le principe précédent conduisait à déclarer que les sociétés dont le siège social se trouvait dans ce pays étaient devenues algériennes[5]. La solution ne convenait pas nécessairement aux associés français, qui, pour la combattre, ne pouvaient que transférer le siège social de la société en France ou la dissoudre pour la reconstituer en France. Mais ces solutions, outre le problème de leur incidence fiscale, pouvaient se heurter à des mesures prises par le nouvel État depuis la date de l'indépendance, telles que le remplacement des dirigeants de la société. Saisie à l'occasion d'un tel conflit, la Cour de cassation jugea que « si, en principe, la nationalité d'une société se détermine

1. Civ. III, 8 fév. 1972, *Epelbaum c. Shell-Berre*, RC 73.299, JDI 73.218, 1re esp., n. Oppetit (bénéfice de l'indemnité d'éviction prévue par le décr. 30 sept. 1953 ; n° 1071) ; 10 mars 1976, RC 78.658 n. Lagarde.
2. Jean Foyer, « La nationalité des sociétés dans les rapports entre la France et les nouveaux États africains d'expression française », TCFDIP 1966-69, p. 267.
3. Pour l'avenir, les sociétés constituées conformément à la législation de l'une des parties et ayant leur siège social sur son territoire étaient assimilées aux nationaux de cette partie contractante quant à la jouissance sur le territoire de l'autre partie contractante de tous les droits énoncés par l'accord et dont une personne morale peut être titulaire ; c'est une clause typique dans les conventions d'établissement (*infra* n° 1140).
4. Chardenon, « La nationalité des sociétés dans les rapports franco-algériens », TCFDIP 1966-69, p. 285.
5. En ce sens, Paris, 21 oct. 1965, *Grande vinaigrerie oranaise*, JDI 66.360 n. Bredin, maintenu par Com. 7 fév. 1968, D. 68.552 ; Civ. I, 26 nov. 1975, *dame Jenner*, RC 76.506 n. P.L.

par la situation de son siège social, pareil critère cesse d'avoir application lorsque le territoire sur lequel est établi ce siège social étant passé sous une souveraineté étrangère, les personnes qui ont le contrôle de la société et les organes sociaux investis conformément au pacte social ont décidé de transférer dans le pays auquel elle se rattachait le siège social de la société afin qu'elle conserve sa nationalité et continue d'être soumise à la loi qui la régissait »[1]. Cette décision palliait l'absence de disposition comparable à celles convenues avec les États d'Afrique noire et Madagascar ; ou encore elle transposait aux personnes morales le système de reconnaissance de la nationalité française prévu pour les personnes physiques à l'occasion de l'indépendance des mêmes États (ord. 20 juill. 1960) et de l'Algérie elle-même (ord. 21 juill. 1962), assurant aux intéressés le maintien rétroactif de la nationalité française[2].

1118. – Transfert de siège social. Les données sont différentes en cas de transfert international de siège social pour des raisons purement économiques, c'est-à-dire n'ayant pas pour fin un changement de nationalité[3]. La question est de savoir si la personne morale est maintenue, ou s'il y a dissolution nécessitant la constitution d'une nouvelle société (ce qui aura normalement des implications fiscales importantes) ; et elle se pose différemment selon que les États concernés recourent au critère de l'incorporation ou à celui du siège social. Il semble que la validité de l'opération doive être admise en principe, en tant qu'expression de la liberté d'établissement. Si tel est le cas, on appliquera les principes du conflit mobile à la détermination des règles applicables à la société[4].

C. APPRÉCIATION CRITIQUE

1119. – Primauté nécessaire de la loi d'origine. Il est couramment énoncé que le droit comparé révèle un partage entre pays d'incorporation et pays de siège social. En fait, on ne peut réellement placer les deux critères sur le même plan ; le second, même là où il est proclamé, ne peut être qu'un correctif éventuel du premier. En effet, le fait qu'une société a été constituée selon le droit d'un État donné la rattache *prima facie* à cet État ; ce lien est en outre le plus souvent matérialisé par l'intervention d'une autorité publique quelconque au moment de la constitution. Le critère du contrôle, et même celui du siège social, interviennent, le cas échéant, comme des correctifs à ce rattachement. Ainsi le critère du siège social réel a été affirmé, en France et dans d'autres pays européens, au

1. Civ. I, 30 mars 1971, *CCRMA*, préc. n° 1116.
2. Lagarde, note préc. RC 71.467.
3. Batiffol, « Le changement de nationalité des sociétés », TCFDIP 1966-69, p. 65 ; Bischoff, « Observations sur la validité du transfert international du siège social » Mél. Bastian, 1972, p. 23 ; Kleiner, « Le transfert de siège social en droit international privé », JDI 2010.315.
4. En ce sens. C. cass. Belgique, 12 nov. 1965, RC 67.506 note Loussouarn. V. aujourd'hui, CJUE, 16 déc. 2008, *Cartesio*, Bull. Joly, juin 2009.593 n. Dammann, D. 09.465 n. Kovar et Pan. 2387 obs. d'Avout, JCP 09.10027 n. Menjucq, JDI 09.889 n. Vignal, RC 09.548 n. Heymann, Rev. soc. 09.147 n. Parléani. Comp. Com. 27 oct. 2009, n° 08-16.115, Joly Sociétés, fév. 2010, par. 39 n. Menjucq.

moment de l'essor des sociétés anonymes, afin principalement de décourager les fraudes au droit des sociétés par constitution à l'étranger ; alors que le lieu de constitution et d'immatriculation dépend de l'initiative des fondateurs, le critère du siège réel permet de s'assurer le cas échéant que la volonté manifestée par le choix du lieu – et partant de la loi – de constitution n'est pas *infirmée* par les rattachements objectifs de la société[1]. De même, le critère du contrôle permet-il de faire respecter les dispositions nationales visant les activités des étrangers lorsqu'elles s'exercent à travers un groupement constitué selon la loi du for. Mais cela ne peut effacer le fait qu'une personne morale tient son existence de sa loi de constitution, qui détermine ses caractéristiques, et qu'elle a donc au premier chef la « nationalité » de l'État correspondant.

Diverses sources internationales confirment le rôle prééminent du lieu de constitution. Ainsi pour l'exercice de la protection diplomatique, la Cour internationale de justice a-t-elle déclaré que« [l]a règle traditionnelle attribue le droit d'exercer la protection diplomatique d'une société à l'État sous les lois duquel elle s'est constituée et sur le territoire duquel elle a son siège... »[2]. La Convention de La Haye du 1er juin 1956 concernant la reconnaissance de la personnalité juridique des sociétés, associations et fondations étrangères (non entrée en vigueur), tout en aménageant la coexistence des critères de l'incorporation et du siège social, commençait par énoncer que la personnalité juridique doit être reconnue lorsqu'elle a été acquise en vertu de la loi de l'État contractant où les formalités de l'enregistrement ou de publicité ont été remplies et où se trouve le siège social statutaire (n° 1123). Une résolution de l'Institut de droit international sur les sociétés anonymes en droit international privé a énoncé de même qu'une telle société est régie par la loi en vertu de laquelle elle a été constituée et qu'elle sera reconnue dans tous les autres États comme un sujet de droit (avec possibilité de réserve selon l'art. 3)[3]. Les législations de droit international privé récentes soumettent plus volontiers les sociétés à la loi de l'État en vertu duquel elles sont organisées (loi suisse de 1987, art. 154.1 ; loi italienne de 1995, art. 25 ; *contra*, CODIP belge, art. 110, rédac. 2004). Le droit de l'Union européenne, interprétant le principe de la liberté d'établissement, favorise aujourd'hui pratiquement le système de l'incorporation (n° 1124).

Voy. : L. Lévy, *La nationalité des sociétés*, 1984 ; Loussouarn, « La condition des personnes morales en droit international privé », RCADI 1959. I.443 (t. 96) ; « Règles de conflits et règles matérielles dans le droit international des sociétés », Mél. Goldman, 1983, p. 167 ; Loussouarn et Bredin, *Droit du commerce international*, 1969, n° 235 s. ; Mastrullo, *Le droit international des sociétés dans l'espace régional européen*, Thèse Paris I, 2007 ; M. Menjucq, *La mobilité des sociétés dans*

1. Sur l'importance, en matière de fraude à la loi, du titre accompagnant l'intervention d'une loi étrangère, v. *supra* n° 237. L'immatriculation d'une société apparaît, de ce point de vue, comme une « décision » (n° 17).
2. CIJ Rec. 1970, p. 42.
3. Annuaire IDI 1965, t. 2, p. 263.

l'espace européen, 1997 ; *Droit international et européen des sociétés*, 2e éd., 2008 ; Mousseron, Raynard, Fabre et Pierre, *Droit du commerce international*, 3e éd., 2008.

§ 2. – LE STATUT DES PERSONNES MORALES ÉTRANGÈRES EN FRANCE

1120. – Questions soulevées : reconnaissance ; jouissance et exercice des droits. S'agissant des personnes morales considérées comme étrangères dans un pays donné, la question n'est pas seulement, comme pour les personnes physiques, de savoir à la jouissance de quels droits elles sont admises. Il est théoriquement nécessaire au préalable de se demander si leur personnalité juridique même sera reconnue : car si le droit naturel impose cette reconnaissance pour les individus, il n'en est pas de même pour les personnes morales. De là des dispositions, internes et conventionnelles, relatives à la reconnaissance des personnes morales étrangères (A). En fait, cependant, les questions soulevées sont bien plutôt relatives à l'aptitude des personnes morales reconnues à la jouissance des droits (B) ou à la loi qui leur est applicable (C).

A. RECONNAISSANCE DES SOCIÉTÉS ET PERSONNES MORALES ÉTRANGÈRES

1121. – Reconnaissance et activités permanentes. La nécessité d'une reconnaissance préalable des sociétés et personnes morales étrangères est plutôt liée à la thèse qui voit dans leur personnalité une fiction : elle conduit à ne pas reconnaître de plein droit l'existence de l'entité au-delà de l'ordre juridique étranger où elle est née. La thèse de la réalité conduit au contraire à admettre plus facilement cette reconnaissance. Pratiquement, il est rare que la reconnaissance d'une personne morale étrangère soit contestée ; tel peut être cependant l'intérêt d'un tiers pour se dégager d'une obligation[1].

En revanche, l'autorité publique se préoccupe effectivement de l'*activité permanente* des sociétés étrangères. Il est significatif que le Traité de Rome ait envisagé la liberté d'établissement pour les sociétés et autres personnes morales des États-membres (art. 58) sans que l'on se soit accordé au préalable sur leur reconnaissance (v. art. 220) ; et que si une convention a suivi sur ce point, elle ne soit pas entrée en vigueur (n° 1124). Cela montre l'importance pratique secondaire des dispositions relatives à la reconnaissance des sociétés et autres personnes morales étrangères. De telles dispositions existent néanmoins : les unes de droit interne, les autres de droit supranational.

1. V. BGH, 30 janv. 1970, RC 74.48 n. Beitzke (refus de reconnaissance d'une *Anstalt* du Liechtenstein dont le siège réel est jugé être en Allemagne).

1. Droit français

1122. – Évolution. Au début du XIXe siècle, la personnalité des sociétés étrangères fut reconnue de plein droit en France. Cette position ne devait jamais varier pour les sociétés de personnes. Mais pour les sociétés anonymes, à la suite du refus de reconnaissance d'une société anonyme française en Belgique, une loi du 30 mai 1857 subordonna la reconnaissance de la personnalité morale des sociétés de capitaux d'un pays donné à un décret collectif. Outre que de nombreux décrets collectifs furent pris, là où il n'en existait pas, la reconnaissance mutuelle des sociétés pouvait résulter soit d'une convention d'établissement, soit indirectement du jeu de la clause de la nation la plus favorisée (n° 1145), de sorte que la portée de la loi était devenue des plus réduites. Qui plus est, en l'absence de toute disposition, le refus de reconnaissance vint à se heurter à l'époque contemporaine à la disposition de la CESDH reconnaissant à chacun le droit d'agir en justice pour la protection de ses biens et intérêts (protocole additionnel n° 1, art. 1er)[1]. Face à cette situation, la L. 20 déc. 2007 relative à la simplification du droit a abrogé la loi du 30 mai 1857[2].

La reconnaissance des associations et fondations de siège étranger ne soulève plus de difficulté de principe[3]. La reconnaissance d'utilisé publique n'a pas été jugée nécessaire pour les secondes[4].

2. Conventions internationales et droit régional européen

1123. – Convention de La Haye ; Conseil de l'Europe. La Convention de La Haye du 1er juin 1956 sur la reconnaissance de la personnalité juridique des sociétés, associations et fondations n'est pas entrée en vigueur ; les tribunaux français ont toutefois invoqué les « principes que le législateur a fait siens » en la ratifiant[5]. On a vu que la Convention prévoyait la reconnaissance de plein droit de la personnalité des groupements visés régulièrement constitués sur le territoire d'un État signataire (n° 1119). S'agissant d'apprécier la régularité de la constitution, la Convention conciliait le système du siège réel et celui de l'incorporation : la personnalité acquise en vertu de la loi de l'État contractant où les formalités d'enregistrement ou de publicité avait été remplies et où se trouvait le siège statutaire était reconnue dans les autres (art. 1er) ; toutefois, il était permis à un État contractant prenant en considération le siège réel de ne pas reconnaître la personnalité acquise dans un autre État membre si le siège du groupement était considéré comme se trouvant sur le territoire du premier (art. 2, al. 1er). Ainsi les pays adoptant le critère du siège social réel avaient-ils le moyen de sanctionner ce qu'ils considéreraient comme une fraude à leur loi. La Convention prévoyait même une sorte d'entraide entre ces pays : selon l'art. 2 al. 2, la personnalité pouvait ne pas être reconnue dans un autre Etat contractant dont la loi prend en considération le

1. Crim. 12 nov. 1990, RC 1991.667, 2e esp., n. Khairallah, D.92.29 n. Bouloc ; Civ. I, 25 juin 1991, *ibid.*, 3e esp., D. 92. Somm.163, obs. Audit ; Com. 8 juill. 2003, D. 04.692 n. Khairallah.
2. D. 08. Pan. 2564 obs. d'Avout. Bureau, « Feu la loi du 30 mai 1857 », RC 2008.161.
3. V. Crim. 8 décembre 2009, JCP (G) 2010, 417, n. Forgues, Bull. Joly 2010, n. Bollée (à paraître).
4. Pau, 2 mars 1936, RC 37.153 ; Paris, 16 mai 1960, JCP 60.II.11763 n. Gavalda.
5. Paris, 19 mars 1965, *Banque ottomane*, préc. n° 226.

siège réel, si ce siège y était considéré comme se trouvant dans un État dont la loi le prend également en considération.

Une convention du Conseil de l'Europe sur l'établissement des sociétés a été ouverte à la signature en 1966. Comme l'indique son intitulé, elle ne se limitait pas à la reconnaissance internationale de la personnalité morale, mais envisageait l'assimilation au national des sociétés comprises dans son champ d'application. Le développement et l'élargissement de la Communauté européenne expliquent sans doute son échec. Une autre convention du 4 juillet 1996 assure la reconnaissance de la personnalité juridique des organisations internationales non gouvernementales (associations, fondations et autres institutions privées) selon le critère du siège statutaire[1].

1124. – Droit de l'Union européenne et sociétés : établissement et mobilité. L'art. 58 du Traité de Rome, relatif au droit d'établissement et de prestations de services, stipulait : « Les sociétés constituées en conformité de la législation d'un État membre et ayant leur siège statutaire, leur administration centrale ou leur principal établissement à l'intérieur de la Communauté sont assimilées (...) aux personnes physiques ressortissant des États membres ». De la part des États membres d'origine de la Communauté qui, à la seule exception alors des Pays-Bas, professaient de rattacher les sociétés selon le critère du siège social réel, l'adoption d'une telle disposition était insolite puisqu'elle permettait à une société constituée dans un Etat membre et n'y ayant que son siège statutaire, tandis que son siège réel (visé dans le texte par l'« administration centrale ») était situé dans un État extérieur à la Communauté, d'être assimilée à un ressortissant communautaire et de bénéficier des avantages attachées à cette qualité[2]. Pour tempérer cette facilité, le Programme général adopté en exécution de l'art. 54 précisa que la suppression des restrictions à la liberté d'établissement bénéficiait aux sociétés remplissant les conditions énumérées à l'art. 58 « à condition que, dans le cas où elles n'ont que leur siège statutaire à l'intérieur de la Communauté, leur activité présente un lien effectif et continu avec l'économie d'un Etat membre... ».

L'art. 220 du traité prévoyait par ailleurs des négociations entre États membres en vue d'assurer en faveur de leurs ressortissants la reconnaissance mutuelle des sociétés au sens de l'art. 58. Cette disposition devait déboucher sur une convention de Bruxelles du 29 février 1968. Ne pouvant revenir sur ce qui était accordé par l'art. 58 du traité, la Convention reprit pratiquement la disposition de ce texte, obligeant à reconnaître toute société constituée en conformité de la loi d'un État contractant et ayant son siège statutaire dans un État auquel s'applique la Convention (art. 1er). Toutefois, selon l'art. 3, un État contractant pouvait déclarer qu'il n'appliquerait pas la Convention aux sociétés dont le siège réel se trouve hors des territoires auxquels elle s'applique, si ces sociétés n'ont pas de lien sérieux avec l'économie de l'un de ces territoires ; cette disposition traduisait la préoccupation inspirant le Programme général. De plus, selon l'art. 4, un État avait la possibilité de déclarer qu'il appliquerait les dispositions de sa propre loi qu'il considérerait

1. Décr. n° 2000-266 du 17 mars 2000 (J.O. du 24 mars).
2. Goldman, « La nationalité des sociétés dans la Communauté économique européenne », TCFDIP 1966-69, p. 215.

comme impératives aux sociétés dont le siège réel se trouve sur son territoire, bien qu'elles aient été constituées selon la loi d'un autre Etat contractant.

La Convention de 1968 n'est pas entrée en vigueur, faute d'accord véritable des parties contractantes sur la formule de traitement des sociétés étrangères à siège fictif ; et de fait, les Etats membres se sont livrés à une concurrence pour attirer les capitaux des États tiers et des États membres, notamment par l'enregistrement avantageux des entreprises voulant s'organiser en société sans nécessairement vouloir implanter localement leurs éléments productifs ou administratifs.

L'interprétation ultérieure de l'art. 58 (devenu 48 CE) devait confirmer l'impact négatif de cette disposition sur le système du siège réel. Dans trois décisions successives, la Cour de justice a interdit, au nom de la liberté d'établissement, aux États membres de s'opposer aux activités d'une société constituée dans un autre État membre, y compris dans le seul but de bénéficier d'une législation plus favorable tout en exerçant l'intégralité de ses activités dans l'État d'accueil (et donc aucune activité intra-communautaire), au motif que la société aurait son siège réel dans celui-ci[1]. Elle avait cependant réservé dans l'arrêt *Centros* le droit de l'État d'accueil de prendre tout mesure destinée à lutter contre les fraudes, pratiquement par voie de lois de police applicables à toutes les personnes morales exerçant une activité sur son territoire. Mais sous couvert de proportionnalité et de non-discrimination, la Cour semble vouloir réduire au plus étroit les « raisons impérieuses d'intérêt général » – telles que la protection des créanciers – que l'État d'accueil serait ainsi autorisé à invoquer. Il reste seulement qu'un État peut refuser la constitution sur son territoire d'une société qui n'y a pas son siège réel ; mais une telle attitude conserve peu d'intérêt, en l'état de la jurisprudence précitée. La liberté d'établissement semble en fait se traduire par une « obligation de reconnaissance mutuelle », sans guère de possibilité de soumettre les groupements « pseudo-étrangers » à une réglementation particulière[2].

1. CJCE 9 mars 1999, *Centros*, Recueil I-1459, D. 99.50 note Menjucq, JCP E 99.1285 n. Reinhard, JDI 00.484 obs. Luby ; 5 nov. 2002, *Uberseering,* C 208/00, RC 03.508 n. Lagarde et art. Ballarino, p. 1, JCP 03.II.1032 n. Menjucq ; 30 sept. 2003, *Inspire Art,* D. 04.91 n. Pataut, JCP 04.10002 n. Luby, RC 04.151 n. Muir Watt, JDI 04.917 n. Menjucq. La Cour permet cependant à un Etat de s'opposer à ce qu'une société constituée en vertu de son droit national et établie sur son territoire transfère son siège social dans un autre État membre sans avoir préalablement obtenu son accord fiscal (27 sept. 1988, *Daily Mail*, Rec. p. 5483) ; ou encore à ce qu'elle le fasse tout en conservant son statut de société de l'État d'origine, cette appartenance constituant une question préalable au regard du bénéfice des libertés communautaires (16 déc. 2008, *Cartesio*, préc. n° 1118). Une distinction serait ainsi établie, l'État de départ étant fondé, à la différence de l'État de destination, à faire respecter le critère du siège social ; mais on ne voit guère pourquoi la liberté d'établissement serait moins défendue à l'égard du premier. Quant aux opérations de mobilité, la CJCE a favorisé la réalisation des fusions transfrontières en droit commun par son arrêt *Sevic* (13 déc. 2005, aff. C-411/03, RC 06.663 n. Heymann).
2. V. cependant, en-dehors du droit des sociétés, CJCE, 5 oct. 1994, *TV10*, aff. C-23/99, Rec. p. I-4795, jugeant que la liberté de prestation de services n'interdit pas à un État membre d'assimiler à un organisme de radiodiffusion nationale un organisme constitué dans un autre Etat membre mais dont les activités sont entièrement ou principalement tournées vers le territoire du premier. *Adde,* CJCE, 12 septembre

Et de ce fait s'instaure une concurrence entre les législations étatiques, à défaut d'accord sur des règles harmonisées. Cela se traduit au sein des États membres par un mouvement tendant à substituer le critère de l'incorporation à celui du siège réel (Autriche, Allemagne[1]). La jurisprudence la plus récente de la Cour de justice semble même vouloir favoriser la migration des sociétés à l'étranger, fussent-elles constituées en pays pratiquant le système du siège, lorsque leurs fondateurs veulent se réorganiser sous l'empire du droit des sociétés d'un autre pays de l'Union[2].

B. APTITUDE DES ENTITÉS RECONNUES À LA JOUISSANCE DES DROITS

1125. – Principes. Les personnes morales étrangères reconnues bénéficient normalement des mêmes droits que les entités françaises du même type, en application de la jurisprudence selon laquelle les étrangers bénéficient de tous les droits qui ne leur sont pas expressément refusés (n° 1065). En fonction de leur origine, elles sont traitées comme les ressortissants de l'État auquel elles sont considérées comme rattachées.

On se demande cependant si les personnes morales étrangères peuvent se voir reconnaître une capacité de jouissance plus étendue que celle qui leur est reconnue par la loi de leur État de constitution : le principe du respect des droits acquis n'implique pas une telle conséquence. Ainsi, alors que la capacité de recevoir à titre gratuit est reconnue en France aux sociétés, elle pourrait être déniée à une société étrangère en application de sa loi d'origine[3]. À capacité égale, les dispositions françaises prévues pour les entités équivalentes seront appliquées. L'autorisation exigée par l'art. 910 C. civ. pour entrer en possession de biens est applicable aux associations ou fondations étrangères[4]. Et une association étrangère non reconnue d'utilité publique en France y verra sa capacité limitée en conséquence. Enfin, il n'y aurait pas normalement lieu de reconnaître plus longtemps la personnalité de la personne morale si celle-ci lui a été retirée selon sa loi d'origine[5].

Dans un autre ordre d'idées, l'ordre public pourrait intervenir pour assurer à une personne morale la capacité reconnue en France aux entités correspondantes dans les cas où la protection des tiers est en cause : ainsi pour assurer le respect de certains engagements ou pour sanctionner une responsabilité[6].

Sous réserve de ces précisions, les sociétés étrangères jouissent en France des mêmes droits que les ressortissants de l'État auquel elles se

2006, C-196/04, *Cadburry Schweppes*, Rec. I-7995 concl. Léger, D. 07 Pan 2564 obs. d'Avout.

1. Proposition du *Deutscher Rat für IPR*, RC 2006.712 trad. et comm. Sonnenberger et Bauer.
2. CJCE, 16 déc. 2008, *Cartesio*, préc. n° 1118.
3. V., pour des syndicats, Crim. 15 oct. 1959, JDI 61.134 n. Françon, RC 63.56 n. Loussouarn ; Paris, 17 mars 1960, RC 61.147 n. Loussouarn.
4. Rouen, 26 juill. 1949, RC 51.629 n. Loussouarn.
5. Req. 29 janv. 1929, GP 29.2.801, RC 31.342.
6. V. cependant en matière de pouvoirs, n° 1128.

rattachent et bénéficient des traités passés avec lui[1]. C'est notamment à ce propos que s'élève la question de la nationalité d'une société. Aussi, depuis que des difficultés se sont fait jour, a-t-on en général pris soin dans les traités d'établissement de préciser le critère selon lequel les sociétés bénéficieront de leurs dispositions ; mais tel n'est pas toujours le cas.

1126. – Activités permanentes des sociétés. La reconnaissance de la personne morale n'emporte pas *ipso facto* le droit d'exercer une activité permanente ; ce droit peut toujours être réglementé par l'État d'accueil[2]. À ce titre, l'ouverture d'un établissement en France (succursale, agence) donne lieu à immatriculation au Registre du commerce (C. com. art. L. 123-1, R. 123-53 s.), ainsi qu'à des mesures de dépôt et de publicité prévues par la loi sur les sociétés. Les dirigeants doivent procéder à la déclaration préfectorale de l'établissement local de l'entreprise (C. com. L. 122-1, D. 122-1 s.) depuis l'abrogation, en 2006, de la carte de commerçant étranger (n° 1094).

Le législateur se soucie aussi bien de l'activité des sociétés *de droit français sous contrôle étranger* : sociétés directement créées en France et surtout filiales de droit français de sociétés étrangères[3]. Les unes et les autres ont pour trait commun que leur caractère étranger n'apparaît pas à première vue. C'est donc dans ce contexte que le législateur, ou la jurisprudence, sont susceptibles de recourir occasionnellement au critère du contrôle. Ils le font sans distinguer une notion particulière de contrôle tenant au fait que celui-ci est exercé non par des personnes physiques mais par une société étrangère. Les mesures législatives, dont le détail relève du répertoire, visent principalement à réserver aux nationaux l'accès aux services publics et aux activités assimilées (concessions de service public, fabrication d'armes et munitions) ou à réglementer l'exercice par les étrangers de certaines activités (banque, assurance, transports, importation et raffinage des produits pétroliers, entreprises de presse) ou professionnelles[4] ou encore à surveiller les investissements étrangers, directs ou indirects, en France par un système d'autorisation préalable, déclaration ou contrôle[5].

Les sociétés étrangères reconnues doivent naturellement respecter la réglementation administrative et fiscale française au même titre que les sociétés françaises ; il s'agit de lois de police, au sens même de l'art. 3 al. 1er C. civ. Au point de vue procédural, les sociétés étrangères sont assignées

1. Crim. 12 août 1864, S. 65.1.472 ; Civ. 14 mai 1895, S. 96.1.261 concl. Desjardins, JDI 95.836.
2. V. Convention de La Haye de 1956, art. 7 : « L'admission à l'établissement, au fonctionnement et, en général, à l'exercice permanent de l'activité sociale sur le territoire de l'État de reconnaissance, est réglée par la loi de cet État. »
3. Craig, *La société sous contrôle étranger*, thèse dactyl. Paris II, 1981.
4. V. par ex., concernant les banques, art. L. 511-19 et L. 511-13 C. mon. fin.
5. L. n° 96-1008 28 déc. 1966 relative aux relations financières avec l'étranger (spéc. art. 5-1), codifiée au C. mon. fin., art. L. 151-1 s.. Sur un problème émergent, v. M. Audit, « Les fonds souverains sont-ils des investisseurs étrangers comme les autres ? », D. 2008.1424.

au siège de leur succursale en France, aujourd'hui par application des articles 43 CPC (n° 344) ou 5, 5° du règlement 44/2001 (n° 536). Elles sont en outre susceptibles d'être déclarées en redressement judiciaire ou liquidation de biens par une procédure purement territoriale (n° 792).

C. LOI APPLICABLE AUX PERSONNES MORALES

1. Sociétés

1127. – Détermination de la loi applicable. En droit français, les sociétés sont soumises à la loi du siège social ; la règle est appliquée de manière bilatérale (n° 1114).

La diversité des rattachements retenus en droit comparé soulève la question du *renvoi*. Le renvoi au second degré a été appliqué dans l'affaire de la *Banque ottomane* : alors que la règle de conflit française désignait la loi anglaise selon le critère du siège réel, les juridictions saisies ont suivi le renvoi opéré par la règle de conflit anglaise à la loi turque au titre de loi du siège statutaire[1].

L'application de la loi étrangère peut comme en toute matière être écartée au titre de l'*ordre public* : par exemple en cas de protection insuffisante des apporteurs de capitaux[2]. Elle peut également être perturbée par l'intervention de dispositions considérées comme *lois de police* : certaines visant directement les sociétés étrangères (établissements financiers, sociétés d'assurance, par ex.) ; d'autres internes, mais venant à être considérées comme « internationalement impératives », c'est-à-dire applicables quelle que soit la *lex societatis* eu égard à certains rattachements avec la France, typiquement leur cotation boursière (obligations relatives à l'information des actionnaires, interdiction de franchissement de seuils, participations croisées, conventions entre une société et un administrateur...)[3].

Le droit des sociétés constitue aujourd'hui un des terrains où les États industrialisés sont susceptibles de vouloir étendre le champ d'application de leurs lois, en réglementant par exemple l'émission ou la cession de titres à l'étranger par des filiales de sociétés nationales ou les opérations de regroupement auxquelles elles participent ; au-delà du droit des sociétés proprement dit, ce contrôle peut vouloir s'exercer sur les activités de la société (interdiction de commercer avec certains pays, règles d'éthique à respecter, protection de l'environnement), suscitant des conflits de souverainetés (n° 45).

1. V. les décisions citées *supra* n° 226.
2. L'argument de communication insuffisante d'information aux actionnaires a été écarté dans l'arrêt *Banque ottomane* de 1984, mais au motif qu'il n'était pas demandé de donner effet en France à des actes juridiques accomplis à l'étranger.
3. Sur le nouveau dispositif européen de répartition des compétences en matière d'OPA, v. C. mon. fin. art. L. 433-1 et son comm. in D. 2007 Pan. 2565, obs. d'Avout. *Adde* Tennenbaum, RCDIP 06.557 (aff. *Arcelor/Mittal*).

1128. – Domaine de la loi applicable ; pouvoirs des dirigeants. En vue d'assurer l'unité du statut juridique de la société, on s'efforcera d'appliquer la *lex societatis* à toutes les questions concernant la constitution, le fonctionnement et la dissolution de la société[1].

La *fusion* internationale de sociétés, considérée comme souhaitable du point de vue économique, se heurte à des difficultés juridiques tenant à la nécessité pratique, quelle que soit la formule adoptée (absorption, création d'une société nouvelle) de respecter les conditions prévues par les lois de chacune des sociétés impliquées[2]. Elle est cependant aujourd'hui facilitée dans le cadre communautaire à la suite de la directive n° 2005/56/CE du 26 octobre 2005 sur les fusions transfrontalières (plus exactement, transfrontières) de sociétés de capitaux (auparavant, v. les règles de conflit contenues dans la proposition de dixième directive du Conseil de la Communauté européenne, du 14 janvier 1985)[3].

La question des *pouvoirs* des dirigeants de la société est appelée à se présenter car une limitation selon la loi ou les statuts de la société, invoquée pour contester la régularité d'un engagement, peut être inconnue de ceux qui, à l'étranger, ont traité avec elle[4]. Du fait qu'elle met en jeu le fonctionnement même de la société, la *lex societatis* est en principe compétente ; la Cour de cassation s'est prononcée en ce sens[5]. Il sera néanmoins nécessaire dans certains cas de protéger les tiers à qui sont opposées des restrictions de pouvoirs, particulièrement lorsque celles-ci sont d'origine statutaire et non légale[6]. On peut envisager une exception comparable à celles admises à propos de la capacité des personnes physiques et fondée

1. Pour un examen détaillé, v. Loussouarn et Bredin, *Droit du commerce international*, 1969, n°324 s. ; Synvet, Rép. int. Dalloz, V° Société ; sur les titres émis par les sociétés, v. *supra* n° 785 s. D. Cohen, « La responsabilité des dirigeants sociaux en droit international privé », RC 2003.585. V. par ex., déclarant la loi française applicable à la responsabilité délictuelle en France d'un établissement étranger « sauf en ce qui concerne la structure ou l'organisation de la banque dont les règles sont issues du siège social », Paris, 30 juin 2006, *Morgan Stanley c. LVMH*, RTDCom. 06.875 obs. Rontchevsky.
2. Beitzke, «Les conflits de lois en matière de fusion de sociétés (droit communautaire et droit international privé)», RC 1967.1 ; Loussouarn et Bredin, *op. cit.*, n° 302 bis s.
3. Transposée par la L. 3 juillet 2008 (art. L. 236-25 à L. 236-32 C. Com.) et le D. n° 2009-11 du 5 janvier 2009 (art. 236-13 à 236-20) : comm. Le Nabasque, Rev. soc. 2008.493 ; Lencou et Menjucq, D. 09.886. Le principe est que chaque société participant à une fusion transfrontière se conforme aux règles de l'État membre dont elle relève applicables à une fusion nationale (elles-mêmes harmonisées par la directive 78/85 du 9 oct. 1978), auxquelles sont ajoutées certaines dispositions propres aux fusions transfrontières.
4. Crone, « La loi applicable aux pouvoirs des dirigeants de sociétés étrangères », TCFDIP 1998-2000.243.
5. Com. 21 déc. 1987, *Soc. Viuda de José Tolra*, JCP 88.21113 concl. Montanier, Rev. soc. 88.398 n. Synvet, RC 89.344 n. Jobard-Bachellier ; 8 nov. 1988, *Europe 1 Communication*, JCP 89. II.21230, RC 89.371 ; 19 mai 1992, JDI 92.954 n. Kahn ; Civ. I, 8 déc. 1998, RC 99.285 n. M. Menjucq ; auparavant, Paris, 26 mars 1966, JDI 66.841 n. Goldman, RC 68.58 n. Loussouarn.
6. La question des limitations statutaires ne se pose plus dans les États de la CE à la suite de la première directive, du 9 mars 1968, rendant inopposables aux tiers de telles limitations, même publiées.

sur l'apparence ou sur l'ignorance excusable de la loi étrangère ; cela en tenant dûment compte de toutes les circonstances, en particulier le lieu d'exécution de l'opération, la profession du tiers (on peut par ex. attendre d'un banquier recevant l'engagement de caution d'un dirigeant qu'il vérifie ses pouvoirs), la bonne foi respective des intéressés[1].

2. Autres personnes morales

1129. – Associations, fondations. La question principale soulevée par les *associations* est celle de la jouissance des droits. En ce qui concerne le fonctionnement d'une association, le principe est l'application de la loi de son siège social. L'obligation de déclaration prévue par la loi française (L. 1901, art. 5) s'applique à toute association ayant son siège social en France.

Les *fondations* se distinguent des sociétés et associations par le fait qu'elles ne sont pas un groupement de personnes mais une affectation de biens. Mais dans la mesure où la fondation regroupe des biens distincts et a besoin de la personnalité morale pour fonctionner, on appliquera les principes précédemment dégagés : compétence de la loi du siège, nécessité d'accomplir les formalités de constitution dans l'État du siège réel, sous peine de refus de reconnaissance[2].

Toutefois l'acte de dotation à une fondation (donation, testament, *trust*) obéit à sa loi propre, ce qui peut entraîner la remise en question du transfert. La règle française tirée de l'art. 906 C. civ. par la jurisprudence civile et s'opposant à la création de fondation par testament a fait obstacle à la transmission à une telle fondation, quelle que soit sa loi propre, d'immeubles situés en France ou de meubles relevant d'une succession soumise à la loi française[3]. Les modifications depuis apportées à la loi française (L. 23 juill. 1987, art. 18-2, réd. L. 4 juill. 1990) sont de nature à éviter cette situation.

1. V. l'art. 11 de la Convention de Rome du 19 juin 1980 (n° 845). Déjà réceptive à l'égard de ces arguments en matière de souscription d'une clause d'arbitrage (D. Cohen, « L'engagement des sociétés à l'égard de l'arbitrage », RA 2006.35), la jurisprudence s'est expressément affranchie de la référence à une loi nationale par l'affirmation d'une règle matérielle affirmant, sur le fondement des mêmes critères, les pouvoirs du signataire pour conclure la clause, considérée comme un acte de gestion courante liant la société : Civ. I, 8 juill. 2009, *Soerni*, D. 09. Pan. 2385 obs. d'Avout, Rev. arb. 09.529 n. D. Cohen, RC 09.779 n. Jault-Seseke. En matière de garanties fournies par les dirigeants sociaux, v. en faveur d'une exception d'ignorance excusable de la *lex societatis* étrangère, Gaudemet-Tallon, in *Livre du bicentenaire du Code de commerce* (U. Panthéon-Assas), 2007, p. 751.
2. Schnitzer, « Le *trust* et la fondation dans les conflits de lois », RC 1965.479.
3. Civ. 7 fév. 1912, Rev. dr. int. pr. 13.454 ; Paris, 26 juin 1981, *Fondation Ecksberger*, pourvoi rejeté par Civ. I, 15 fév. 1983, tous deux préc. n° 903, qualifiant de successorale la règle tirée de l'art. 906 C. civ.

CHAPITRE II

CONVENTIONS INTERNATIONALES

1130. – Domaine. On a souligné plus haut l'importance du droit conventionnel en matière de condition des étrangers (n° 22). Les principaux instruments *multilatéraux* à portée universelle ont été évoqués au début du présent Titre, car il ne s'en dégage que peu de règles positives : il n'existe pas de statut international de l'étranger (n° 1047 s.)[1]. Exception doit toutefois être faite pour deux catégories dont la situation appelait la mise en place d'une protection internationale: les *réfugiés* et les *apatrides,* dont le statut respectif fait l'objet de deux conventions largement ratifiées, complétées par les droits nationaux (§ 1). Les instruments conventionnels sont en général pour le reste *bilatéraux*. Ils visent à assurer mutuellement un certain traitement aux ressortissants des États contractants, en général plus favorable que celui résultant du droit commun (conventions d'établissement). Leur grande variété ne permet que d'en faire une présentation très générale (§ 2). On évoquera pour finir les traités relatifs aux Communautés européennes : du simple point de vue de la condition des étrangers, le traité de Rome constituait le type le plus achevé de convention d'établissement ; du fait de l'évolution de l'intégration européenne, le statut du ressortissant communautaire ne relève plus du statut des étrangers (§ 3).

§ 1. – STATUTS INTERNATIONAUX PARTICULIERS

1131. – Réfugiés et apatrides. Les réfugiés et les apatrides constituent une catégorie particulière d'étrangers : les premiers sont injustement menacés dans leur propre pays ; les seconds ne sont reconnus comme leurs

1. Inversement, certaines conventions fixant de telles règles ont un domaine trop spécialisé pour relever d'un ouvrage général ; c'est en particulier le cas de celles conclues en matière de droit social sous les auspices de l'OIT ou de propriétés intellectuelles, dont l'étude relève de la discipline considérée (v. cpdt n° 1068). Dans le cadre régional, v. la Charte sociale européenne, signée à Turin, le 18 oct. 1961 (décr. 4 oct. 1974, RC 74.773) et la Convention européenne du 24 nov. 1977 sur le statut des travailleurs migrants, ratifiée par la France le 22 sept. 1983 (D. 84. L. 88).

ressortissants par aucun État. N'ayant aucun Etat auquel demander l'accès ni la protection diplomatique, ils se trouvent dans une situation précaire. C'est pourquoi la communauté internationale s'est préoccupée de leur accorder une certaine protection. Celle des réfugiés s'étend aujourd'hui, dans le régime français, aux demandeurs d'asile, et la Communauté européenne s'est récemment préoccupée de l'accueil des personnes en cas de déplacement massif.

A. RÉFUGIÉS, DEMANDEURS D'ASILE ET PERSONNES DÉPLACÉES

1132. – Sources. Les États ont toujours eu la possibilité d'accorder l'asile sur leur territoire à des étrangers fuyant leur pays d'origine (asile aujourd'hui qualifié de « territorial »). Les événements liés à la Première Guerre mondiale ayant conféré une ampleur nouvelle au phénomène des personnes déplacées, une protection internationale commença d'être organisée ; mais elle le fut au coup par coup, ne concernant que des populations spécifiques (Russes « blancs », personnes chassées d'Allemagne...). La situation consécutive à la Seconde Guerre mondiale appelait des mesures générales, lesquelles furent prises sous l'égide de l'ONU. En 1950 fut institué le Haut Commissariat des Nations Unies aux réfugiés (HCR), dont le mandat était fixé pour trois ans, mais que la multiplication des conflits locaux conduisit à renouveler, et fut adopté un statut général des réfugiés par une *convention de Genève du 28 juillet 1951* (en fait signée à New York en 1952)[1]. La Convention n'aborde pas la question des relations entre l'État d'origine et l'État d'accueil du réfugié mais traite de la situation individuelle des personnes.

Le Haut Commissariat s'attache à la protection des groupes et non des individus dans les États parties à la Convention ; c'est donc à ceux-ci qu'incombe la mise en œuvre du statut. La Convention de Genève définit les réfugiés et édicte pour eux un statut complet, mais chaque État fixe la procédure permettant à une personne se voir reconnaître la qualité de réfugié sur son territoire. Le statut de réfugié dans un pays donné résulte donc d'une articulation entre les dispositions conventionnelles et celles prises pour leur mise en œuvre. Les secondes sont venues être appliquées en France aux demandeurs d'asile indépendamment de la Convention de Genève (n° 1058).

L'article 63, 2) CE issu du traité d'Amsterdam, devenu art. 78 TFUE, a prévu l'institution d'une « protection temporaire » en cas d'afflux massif de personnes déplacées en provenance de pays tiers qui ne peuvent rentrer dans leur pays d'origine et aux personnes qui, pour d'autres raisons, ont besoin d'une protection internationale, les charges supportées par les Etats membres pour répondre à la situation devant être équilibrées. Une directive n° 2001/55/CE du Conseil du 20 juillet 2001 établit des normes minimales concernant les groupes spécifiques de personnes bénéficiant d'une

1. Décr. 14 oct. 1954 (D. 54. L.432). Par accord du 20 avril 1959, les États membres du Conseil de l'Europe ont aboli les visas pour les réfugiés.

protection temporaire. Le règlement 343/2003 du 18 février 2003 établit les critères et mécanismes de détermination de l'État membre responsable de l'examen d'une demande d'asile présentée dans un des États membres par un ressortissant d'un État tiers. Il désigne l'« État membre responsable » de l'examen de la demande selon des critères de compétence hiérarchisés (pays d'obtention d'un titre de séjour, pays de résidence de la famille...) et édicte des obligations consécutives d'examen diligent de la demande. Un État membre requis d'une demande d'asile et qui estime ne pas être l'État membre responsable doit renvoyer la demande à cet État pour prise en charge. Deux autres directives prévoient des normes minimales respectivement pour l'accueil des demandeurs d'asile dans les États membres (2003/9/CE du 27 janvier 2003) et pour les conditions que doivent remplir les ressortissants de pays tiers ou apatrides pour pouvoir prétendre au statut de réfugié (2004/83/CE du 29 avril 2004).

1. Statut international des réfugiés

1133. – Définition des réfugiés et droits reconnus. La Convention de Genève définit le réfugié comme toute personne qui « craignant avec raison d'être persécutée du fait de sa race, de sa religion, de sa nationalité, de son appartenance à un groupe social ou de ses opinions politiques, se trouve hors du pays dont elle a la nationalité et qui ne peut ou, du fait de cette crainte, ne veut se réclamer de la protection de ce pays ». Sont écartées du statut les personnes qui sont sérieusement suspectées d'avoir commis un crime « grave de droit commun ».

La Convention prévoit que les États contractants n'appliqueront pas de sanction pénale du fait de leur entrée ou de leur séjour irrégulier aux réfugiés qui arrivent du territoire où leur vie ou leur liberté étaient menacées, sous réserve qu'ils se présentent sans délai aux autorités (art. 31)[1]. Elle leur interdit également de refouler ou d'expulser un réfugié sur les frontières des territoires où sa vie ou sa liberté seraient menacées (art. 33)[2].

Pour établir le statut du réfugié à l'égard des droits qu'elle prend en considération, la Convention utilise trois formules selon les droits visés. La première prévoit un traitement égal à celui des nationaux dans le pays d'accueil. De cette catégorie relèvent la liberté religieuse (art. 3 al. 2), les propriétés intellectuelles (art. 14), l'accès au tribunaux (art. 16), l'enseignement primaire (art. 22 al. 1), l'assistance publique (art. 23), la législation du travail et de la sécurité sociale (art. 24), les charges fiscales (art. 29). La deuxième prévoit le traitement le plus favorable accordé aux étrangers. En relèvent le droit d'association, y compris syndical (art. 15), celui d'exercer une profession salariée (art. 17, sous réserve de différentes conditions). Pour la catégorie résiduelle n'est prévu qu'un traitement non moins favo-

1. V. appliquant ces conditions : CE 16 janv. 1981, D.81.250 n. Pacteau, JDI 81.558, 1re esp., n. Julien-Laferrière ; Crim. 9 déc. 1987, *Beyazit*, D.88.346 n. Julien-Laferrière (arrivée directe) ; 9 déc. 1987, *Bokaye Yadom*, D. 89. Somm.118 (présentation immédiate aux autorités administratives).
2. Le texte ne vise pas l'extradition (v. Crim. 10 mai 1988, D. 89. Somm.137, 2e esp.).

rable que celui accordé, dans les mêmes circonstances, aux étrangers en général, ce qui exclut simplement la discrimination entre réfugiés et étrangers ordinaires. Le traitement étranger de droit commun est expressément spécifié en ce qui concerne la liberté de circuler et celle de résider sur le territoire (art. 26), la propriété mobilière et immobilière (art. 13), l'accès aux professions non salariées (art. 18 et 19), les enseignements secondaire et supérieur (art. 22).

Le réfugié ne pouvant par définition s'adresser à l'administration de son pays d'origine, le pays d'accueil est chargé de lui délivrer des pièces d'état civil et d'identité (art. 27), ainsi que des titres de voyage reconnus par les autres parties (art. 28).

Le statut personnel des réfugiés est régi non par leur loi nationale mais par celle du pays de leur domicile ou, à défaut de domicile, par la loi du pays de leur résidence (art. 12)[1]. Toutefois, les droits antérieurement acquis et découlant du statut personnel (mariage, filiation) continuent d'être régis par la loi sous l'empire de laquelle ils sont nés. Ceci inclut, selon la pratique française, le régime matrimonial, qui reste donc celui existant au moment où la qualité de réfugié a été acquise[2] ; mais les modifications postérieures de ce régime par une loi étrangère n'ont pas à être prises en considération[3].

La qualité de réfugié se perd par le retour, ou même la possibilité de retour, dans le pays d'origine (art. 1 C, 5° et 6°)[4] ; également par le recouvrement volontaire d'une nationalité perdue ou l'acquisition d'une nouvelle nationalité.

2. Dispositions françaises d'application et complémentaires

1134. – Mise en œuvre de la Convention de Genève. La loi n° 52-893 du 25 juillet 1952 a institué un établissement public, l'*Office français de protection des réfugiés et apatrides* (OFPRA), chargé de la protection juridique et administrative des personnes visées. Elle a en outre organisé la procédure d'éligibilité à la qualité de réfugié et en a aménagé le statut,

1. La jurisprudence applique la même règle à des réfugiés ne relevant pas de la Convention de Genève : Civ. I, 25 juin 1974, *Martini*, D.75.189, RC 74.678 n. Ponsard, JDI 75.330 obs. Deby-Gérard ; Paris, 23 nov. 1954, D. 55.245, RC 56.63 n. Y.L.
2. Civ. I, 1er déc. 1969, *Panayotti*, RC 70.95 n. P.L., JDI 70.306 n. Ponsard.
3. L'acquisition d'une nationalité nouvelle faisant perdre la qualité de réfugié, la Cour de cassation en avait déduit la perte du bénéfice du régime acquis à la date du mariage (18 sept. 2002, *Nachim*, D. 03. 1251 n. Khairallah, JCP 03.I.111 obs. Wiederkehr, RC 03.92 n. Droz, Rép. Defr. 03.24 n. Revillard, PA 7 juin 2004, n° 113, n. Courbe) ; mais elle a rétabli (dans la même affaire) l'application de ce régime sur le fondement du droit commun français (28 nov. 2006, RC 07.397 n. Lagarde). Toutefois, si le statut de réfugié vient à se perdre du fait de la disparition des circonstances qui avaient entraîné son attribution, c'est la règle précédente qui s'appliquera et donc l'application rétroactive du régime nouveau de l'État d'origine.
4. CE 27 mai 1988, RC 90. Somm.783 (Espagne).

dans un sens plus favorable que la Convention[1]. L'instauration de la libre circulation à l'intérieur de l'Union européenne conduisit ultérieurement à fixer des règles communes pour la mise en œuvre du statut de réfugié : État responsable, garanties minimales, application harmonieuse du statut (Convention de Dublin, n° 1077) et le traité d'Amsterdam, a transféré à la Communauté compétence pour fixer des règles dans ces domaines (art. 63, 1 CE, devenu 78.1 TFUE). La loi du 24 août 1993 introduisit dans l'ordonnance de 1945 un Titre consacré aux demandeurs d'asile (art. 31 à 32 ter), transposant largement les règles européennes et dont a résulté une assimilation de fait entre le demandeur d'asile et celui qui sollicite la qualité de réfugié (n° 1079). La loi du 11 mai 1998 intégra l'asile « constitutionnel » prévu au bénéfice des « combattants de la liberté » dans la L. 25 juill. 1952, devenue « loi relative au droit d'asile » (n° 1058), bien que la Convention de Genève ne soit pas une convention sur l'asile. Les personnes ainsi visées se trouvaient par là relever de la même procédure que les réfugiés et pouvaient revendiquer simultanément la protection conventionnelle et constitutionnelle[2]. Le Code de l'entrée et du séjour des étrangers et du droit d'asile (n° 1073) rassemble aujourd'hui sous l'intitulé de « Droit d'asile » (Livre VII) les dispositions relatives à la qualité de réfugié et à l'asile constitutionnel, ainsi qu'à l'asile territorial, devenu « protection subsidiaire ».

1135. – Admission à la qualité de réfugié ou à l'asile constitutionnel. L'OFPRA est chargé d'attribuer la qualité de réfugié (et d'accorder le bénéfice de la protection subsidiaire) aux personnes en remplissant les conditions. La décision est prise, sous le contrôle d'un organe juridictionnel d'appel, naguère la *Commission des recours des réfugiés*, devenue *Cour nationale du droit d'asile*, dont un des trois membres est nommé par le haut Ccommissariat des Nations Unies, mais nécessairement de nationalité française ; le Conseil d'État est juge de cassation[3]. La loi française précise que les persécutions pouvant être prises en compte dans l'octroi de la qualité de réfugié peuvent être non seulement le fait de l'État ou d'entités qui le contrôlent, mais aussi d'acteurs non étatiques (bandes terroristes...) dans le cas où les autorités ne peuvent offrir une protection suffisante (art. L. 713-2). Mais la demande peut être rejetée si la personne a accès à une partie substantielle du territoire où elle n'a aucune raison

1. D. 1952.284. La loi est complétée par le décr. d'application n° 53-377 du 2 mai 1953, D. 53.158, mod. par les décr. du 23 janvier 1985 (RC 85.175), du 27 août 1986 et du 15 juillet 2008 (J.O. 17 juillet).
2. V. écartant un argument de nature à fonder l'asile *territorial* pour l'attribution de la qualité de réfugié : CE, 22 nov. 1996, D. 98. Somm. 19.
3. CE 1er juill. 1977, JDI 78.71, 4e esp., n. Ruzié ; 7 juill. 1978, *Croissant*, JDI 79.90 n. Ruzié. Pour des applications, v. 27 avril 1981, JDI 82.130 ; 27 mai 1983, JDI 84.119 n. Julien-Laferrière (il n'est pas nécessaire que les persécutions invoquées émanent directement des autorités publiques de l'État national) ; 20 mai 1987, D. 88. Somm. 131 (nécessité de faits précis concernant personnellement l'intéressé) ; 18 nov. 1987, D. 89. Somm. 118 (nécessité de respecter le principe du contradictoire) ; 4 déc. 1987, 2 arrêts, D. 88. Somm. 131 (contrôle de la dénaturation).

de craindre d'être persécutée ou où il est raisonnable d'estimer qu'elle peut rester (art. L. 713-3), c'est-à-dire si elle est en mesure de jouir d'un « asile local ». La Commission des recours a étendu la qualité de réfugié au conjoint, concubin ou enfant de la personne admise au statut.

Lorsqu'une personne présente sur le territoire français demande à séjourner au titre de l'asile, sa demande ne peut être refusée au motif qu'elle est démunie des documents nécessaires au séjour, c'est-à-dire que l'autorisation est de droit (art. L. 741-1 s.). La Convention de Genève interdit d'imposer aucune pénalité aux demandeurs d'asile du seul fait qu'ils ne sont pas titulaires des documents prévus par le pays signataire, pourvu qu'ils se fassent connaître sans délai aux autorités (art. 31.1). La demande peut toutefois être refusée pour les mêmes raisons qu'aux personnes cherchant à entrer en France pour demander l'asile (n° 1079), sauf à respecter la disposition de la Convention de Genève selon lequel ne peut être expulsé ou refoulé de quelque manière que ce soit un réfugié sur les frontières des territoires ou sa vie ou sa liberté seraient menacés (v. l'art. 33). Le demandeur pourra se maintenir sur le territoire français jusqu'à une décision définitive sur sa demande d'asile (v. art. L.742-1 s.)[1]. L'administration est tenue de fournir dans un délai raisonnable une autorisation provisoire de séjour, un hébergement et des ressources au demandeur d'asile, faute de quoi elle commet une « atteinte grave et manifestement illégale » à l'exercice du droit d'asile[2]. Des « centres d'accueil pour demandeurs asile » (CADA) ont été institués pour fournir une prise en charge aux demandeurs primo-arrivants n'ayant pas de possibilité de logement et sans ressources suffisantes.

L'attribution de la qualité de réfugié a un caractère récognitif et non constitutif : ce n'est pas la délivrance du certificat qui confère cette qualité, mais le fait de répondre aux critères prévus par la Convention. Aussi la compétence de l'Office n'exclut-elle pas celle des tribunaux de l'ordre judiciaire, qui peuvent être amenés à constater la qualité de réfugié soit en matière civile, au titre de l'état des personnes[3], soit en matière pénale pour l'application des dispositions relatives à l'entrée ou au séjour des étrangers[4].

Depuis que la demande d'immigration dépasse en France comme dans les pays voisins les possibilités d'accueil, la tâche de l'Office s'est

1. Le droit pour les réfugiés de recevoir les documents leur permettant, après avoir saisi l'OFPRA, de séjourner régulièrement en France jusqu'à ce qu'il soit statué sur leur demande avait été antérieurement reconnu par le Conseil d'État sur le fondement de la Convention de Genève (CE 13 déc. 1991, 2 arrêts, D.92.477 n. Julien-Laferrière, RC 92.455 n. Crépeau). L'examen de la loi du 24 août 1993 par le Conseil constitutionnel a été l'occasion pour celui-ci de conférer un caractère constitutionnel au séjour provisoire des demandeurs d'asile, sous réserve des conventions internationales et de la sauvegarde de l'ordre public (n° 1058).
2. CE, 17 sept. 2009, réf., n° 33195, D. 09. Act. n. Royer.
3. TGI Seine, 18 avril 1966, RC 67.323 n. Patarin, JDI 67.640 obs. Kahn.
4. Crim. 9 déc. 1987, *Bokaye*, préc. n° 1133 ; trib. corr. Seine, 9 mai 1963, GP 63.2.416, RC 64.672 n. Sarraute ; v. même trib. corr. Bobigny, 17 mai 1988, D. 89. Somm. 136, se plaçant en contradiction avec la décision prise par la Commission de recours.

considérablement alourdie du fait d'une proportion certaine, bien que non chiffrable, de demandes motivées en fait par des raisons économiques[1]. La quasi-impossibilité de respecter les délais de procédure se traduit par l'établissement de fait de nombreux demandeurs d'asile.

1136. – Statut du réfugié. Les dispositions de la convention de Genève et celles, plus favorables, du droit français soustraient le réfugié à différentes restrictions du droit commun des étrangers. Les réfugiés sont notamment dispensés de l'autorisation de travail et reçoivent de plein droit la carte de résident (art. L. 314-11, 8° C. étr.). Du point de vue civil, en sus des dispositions déjà évoquées (n° 1133), la jurisprudence a reconnu aux réfugiés le droit d'invoquer les art. 14 et 15 C. civ., bien qu'il ne s'agisse pas là d'une question de jouissance des droits, et cela sans distinguer selon qu'ils ont perdu ou non leur nationalité d'origine[2].

1137. – Protection subsidiaire et protection temporaire. Succédant à l'« asile territorial », la protection subsidiaire constitue un diminutif du droit d'asile. Elle peut bénéficier à toute personne ne remplissant pas les conditions pour se voir reconnaître la qualité de réfugié et qui établit être exposée dans son pays à une menace grave : peine de mort, torture ou peines ou traitement inhumains ou dégradants, s'agissant d'un civil, une menace grave, directe et individuelle résultant d'une situation de conflit armé interne ou internationale (art. L. 712-1). La protection n'est pas accordée s'il existe des raisons sérieuses de penser que la personne a commis un crime contre la paix, un crime de guerre ou un crime contre l'humanité, un crime grave de droit commun, ou s'est rendue coupable d'agissements contraires aux buts ou aux principes des Nations Unies ou que son activité sur le territoire constitue une menace grave pour l'ordre public (art. L. 721-2). Le bénéfice de la protection subsidiaire est accordé pour une période d'un an renouvelable. Le renouvellement peut être refusé à chaque échéance en cas de disparition ou de changement suffisamment profond des circonstances qui en faisaient bénéficier, et il peut y être mis fin à tout moment pour les motifs qui en justifient le refus (art. L. 712-3).

Les dispositions de la directive communautaire de 2001 sur la protection temporaire (n° 1132) ont été transposées par la L. 26 nov. 2003 et les dispositions prises figurent art. L. 811-1 à 811-9 C. étr.. Elles se suffisent à elles-mêmes et l'on se contentera d'y renvoyer.

Voy. : Carlier *et al.*, *Qu'est-ce qu'un réfugié ? Étude de jurisprudence comparée*, Bruxelles, 1998 ; « Droit d'asile et des réfugiés. De la protection aux droits »,

1. Le nombre de demandes, de l'ordre de 1 600 en 1973, était de 65 600 en 2004 (plus du double du chiffre de 1997). Cela ne se traduit pas par une augmentation corrélative des admissions, dont le taux est passé dans le même temps de près de 80 % à 17 % (11 300 admissions). La France est le premier pays industrialisé en matière d'accueil des demandeurs d'asile (123 000 bénéficiaires du statut en 2006).
2. Paris, 27 juin 1957, *Ermolieff*, RC 58.144 n. Ph. F. ; 12 déc. 1967, JDI 68.920 n. Kahn, RC 69.502 n. Loussouarn (réfugié ayant conservé sa nationalité d'origine).

RCADI t. 332 (2007) » ; Tiberghien, *La protection des réfugiés en France*, Economica, 2e éd., 1988. *Adde*, *Droit d'asile et réfugiés*, coll. de Caen, SFDI, 1997.

B. APATRIDES

1138. – Situation de l'apatride. Tandis que la situation de réfugié est souvent liée à des phénomènes de masse, celle d'apatride est plus isolée et assez rare. Il peut s'agir d'une situation d'origine, tenant au fait que l'intéressé n'a reçu aucune nationalité à sa naissance ; elle pourrait résulter du mariage lorsque l'union avec un étranger fait perdre la nationalité actuelle sans faire acquérir celle du conjoint. Plus souvent, elle résultera d'une déchéance de nationalité, elle-même liée à des circonstances politiques troublées (guerre civile, révolution). L'apatridie place l'intéressé dans une situation particulièrement défavorable, le privant de la protection diplomatique d'un État et le plaçant, dans quelque pays qu'il se trouve, dans la situation de l'étranger le plus défavorisé puisqu'il ne peut invoquer le bénéfice d'aucun traité d'établissement.

1139. – Statut international de l'apatride. Après qu'il a été envisagé d'accorder aux apatrides une nationalité « internationale », équivalente à celle d'un État, a été conclue sous l'égide des Nations Unies la *Convention de New York du 28 septembre 1954 relative au statut des apatrides*[1]. Elle est pratiquement calquée sur la Convention de 1951 relative aux réfugiés, dont elle reprend dans l'ensemble les termes ; mais le sort des apatrides est moins favorable. En ce qui concerne l'accès aux professions salariées, ils n'obtiennent que le traitement ordinaire accordé aux étrangers (art. 17), alors que les réfugiés bénéficient sur différents points d'un traitement plus favorable (n° 1133). Les dispositions limitant l'expulsion ou le refoulement vers des pays où les intéressés sont menacés n'ont pas été reprises, puisque les apatrides ne sont en principe pas exposés aux mêmes risques. D'autre part, les apatrides ne bénéficient pas d'une protection internationale analogue à celle qu'exerce le HCR.

Le statut personnel de l'apatride est soumis par la Convention à la loi de son domicile ou, à défaut de domicile, à la loi du pays de sa résidence. La Convention prévoit le respect des droits précédemment acquis par l'apatride et découlant de son statut personnel, notamment ceux qui résultent de son mariage.

1. Décr. n° 60-1066 du 4 oct. 1960, D. 60. L.348, RC 60.640. La L. 1952 sur le droit d'asile n'étant pas applicable, les litiges relatifs à l'attribution de la qualité d'apatride relèvent de la juridiction administrative de droit commun (CE, 30 déc. 1996, D. 98. Somm.20 obs. Julien-Laferrière).

§ 2. – CONVENTIONS D'ÉTABLISSEMENT

A. PRINCIPAUX TYPES DE CONVENTIONS

1140. – Importance et diversité des traités. Il a été plusieurs fois indiqué dans les développements précédents qu'un État peut être enclin à restreindre la jouissance de certains droits par les étrangers afin de se ménager, par la négociation, la reconnaissance des mêmes droits pour ses nationaux de la part des États étrangers. La condition des étrangers constitue donc le terrain d'élection des traités en matière de droit international privé (v. art. 11 C. civ., n° 1052) ; il s'agit pour l'essentiel de conventions bilatérales, moins difficiles à négocier[1].

Ces traités, dont on relève l'existence à travers les âges, se sont multipliés à l'époque contemporaine avec l'accroissement du nombre des États et des courants d'échanges. Il n'existe pas de dénomination précise pour les qualifier ; on les distingue plutôt par leur objet. Les plus généraux, destinés à faciliter les échanges entre les pays signataires, étaient jadis désignés comme traités « d'amitié, de commerce et de navigation » ; leur dénomination la plus fréquente est devenue celle de *convention d'établissement*[2]. Ils règlent dans ses grandes lignes le statut des ressortissants de chacune des parties contractantes, leur assurant vis-à-vis de l'autre des prérogatives assez générales mais fondamentales : droit à la protection de la personne et de ses biens, droit de circuler, de passer des contrats, d'acquérir des biens, d'exercer telle activité, d'agir en justice, de bénéficier de telle ou telle institution d'aide sociale... ; le tout sous réserve de respecter les lois du pays de séjour et de ne pas troubler son ordre public. Mais les traités les plus nombreux ont pour objet de fixer les droits respectifs des ressortissants des Etats parties dans un domaine particulier, qu'indique leur dénomination : convention fiscale, d'assistance ou entraide judiciaire (n° 498), accord d'immigration, de main-d'œuvre, de sécurité sociale, de tourisme...

Le nombre et la diversité des conventions ne permettent pas d'en faire une étude détaillée ; leur recensement même pour un pays donné est difficile. En ce qui concerne une étude plus générale, les règles gouvernant leur formation et régissant leurs effets relèvent du droit international public. Intéressent davantage le droit international privé certaines *clauses-types* qui tendent à assurer à l'étranger bénéficiaire du traité le traitement le plus proche possible de celui des nationaux. Le procédé le plus précis consiste à énumérer les droits dont bénéficient dans chaque pays les ressortissants de l'autre partie contractante ; mais il n'est pas le plus commode et il risque de laisser des lacunes ou de figer la situation en ce qui concerne

1. V. cependant la convention européenne d'établissement du 3 décembre 1955 (Conseil de l'Europe), non ratifiée par la France, mais en vigueur entre une douzaine d'Etats ; sur la CE, *infra* n° 1147.
2. V. par ex. la convention franco-américaine du 25 nov. 1959.

les droits énumérés[1]. On tend depuis longtemps à lui préférer certaines clauses générales ayant pour but d'éviter une telle énumération.

B. CLAUSES GÉNÉRALES

1. Clause de traitement national

1141. – Définition et portée. Par la clause de traitement national, un État s'engage en principe à traiter les ressortissants de l'autre État comme les siens propres et donc à s'abstenir de toute discrimination à leur égard[2]. La clause est normalement réciproque. Sa portée doit être tempérée : l'expression de traitement national, ou celle d'assimilation aux nationaux, sont trop larges pour être prises à la lettre. La clause est tout d'abord restreinte aux matières couvertes par le traité ; elle peut même n'être prévue que dans certaines de celles-ci (travail, fiscalité, sécurité sociale...). Lorsqu'elle est formulée sans restriction, elle est considérée comme ne visant que le droit privé. De manière générale, étant donné l'ampleur de l'avantage qu'elle est susceptible de conférer, les tribunaux français ont marqué de la réticence à interpréter comme telle une clause ambiguë ou une tendance à interpréter restrictivement une clause qui ne l'était pas. Il serait préférable d'éviter des expressions aussi compréhensives dans la rédaction des traités.

1142. – Législation postérieure au traité. Une difficulté d'application s'élève lorsqu'une législation postérieure au traité modifie dans un État contractant la situation juridique par rapport à ce qu'elle était au moment où la clause fut souscrite, en créant des droits nouveaux réservés aux nationaux ou en formulant des restrictions nouvelles aux droits des étrangers ; la question est alors de savoir si les bénéficiaires peuvent se prévaloir des premiers ou échapper aux secondes.

a) *Droits nouveaux.* L'exemple d'une législation nouvelle accordant à certaines catégories de personnes des droits qui n'existaient pas au moment du traité fut donné par la législation spéciale sur les baux prévoyant un droit au maintien dans les lieux (n° 1070). Aucune difficulté ne devrait s'élever si la clause du traité précise que les ressortissants des États contractants seront traités comme le sont *ou pourront l'être* les nationaux ou que la loi accorde expressément le droit visé aux étrangers. Hors de ces cas, on pourrait estimer qu'il n'y a pas lieu de faire bénéficier les étrangers d'une législation nouvelle et exorbitante ; mais il est également difficile de considérer que la situation a été « figée » à la date du traité.

Dans le cas des baux, la jurisprudence et l'administration prirent une position défavorable à l'invocation de la législation spéciale par les

1. Depuis qu'en France sont reconnus aux étrangers tous les droits qui ne leur sont pas refusés par un texte particulier (n° 1065), une énumération ne conserve d'intérêt positif que pour ces droits.
2. V. par ex. Ass.plén., 21 déc. 1990, préc. n° 60.

étrangers pouvant se réclamer de la clause[1]. Les réactions des États intéressés amenèrent la conclusion d'accords interprétatifs en sens inverse, devant lesquels les tribunaux s'inclinèrent[2]. La loi du 28 mai 1943 reconnut ultérieurement le bénéfice de la législation sur les baux à ferme ou à loyer à tous les étrangers dont le pays offre aux Français les avantages d'une législation analogue, c'est-à-dire qu'elle fit intervenir le critère de la réciprocité.

b) *Sujétions nouvelles*. Des difficultés du même ordre s'élèvent lorsque sont prises des mesures nouvelles restreignant l'activité des étrangers, telle que l'exigence d'une autorisation pour l'exercice de certaines activités. Afin de les appliquer nonobstant la clause de traitement national, l'État peut faire valoir qu'il n'a pas entendu aliéner son droit de prendre de telles mesures : à vouloir faire produire trop d'effets à la clause, on s'exposerait à la rendre inacceptable. Mais, admis sans réserve, l'argument permet de retirer unilatéralement ce qui a été accordé par traité. La question se posa notamment en France lorsque fut introduite la carte de commerçant étranger. Appelée à décider de la sanction de l'absence de carte de la part d'étrangers bénéficiaires d'une clause de traitement national, la Chambre criminelle sollicita l'interprétation du ministère des Affaires étrangères, qui justifia l'application de la réglementation nouvelle par une distinction entre la *jouissance* du droit, dont la reconnaissance était due en vertu du traité, et son *exercice*, toujours susceptible de réglementation[3]. Une telle analyse est sans doute peu convaincante pour les intéressés. Dans le cas précis, certaines cours d'appel refusèrent de s'y plier, au motif que la clause était suffisamment claire pour ne pas appeler d'interprétation ; mais la Cour de cassation l'imposa[4]. La position nouvelle du Conseil d'État en matière d'interprétation des traités (arrêt *GISTI*, n° 55) et de supériorité des traités sur la loi interne (arrêt *Nicolo*, n° 58) s'est traduite par la suite par un revirement de la haute juridiction sur ce point : les bénéficiaires de clauses d'assimilation furent dispensés de la carte de commerçant[5].

Les conventions les plus récentes renoncent à prévoir l'assimilation dans le domaine de l'accès aux activités professionnelles sans réserver le contrôle des autorités administratives. La Convention européenne d'établissement (n° 1123) inclut la réserve de restrictions pour des raisons supérieures de caractère économique ou social.

Indépendamment des difficultés évoquées, la clause envisagée présente l'inconvénient de concéder aux ressortissants de l'autre partie le traitement national quel que soit le contenu respectif des législations nationales. Or il peut exister entre elles des disparités telles que les ressortissants de l'un se trouvent retirer sensiblement plus d'avantages de la clause que ceux

1. Civ. 22 déc. 1931, *Sanchez*, préc. n° 1070.
2. Civ. 4 fév. 1936, *Zumkeller*, RC 36.290, 4e esp.
3. Circulaire du 15 avril 1957, J.O. du 25 mai, RC 57.345.
4. Crim. 16 oct. 1958, RC 61.136, n. H.B. censurant une décision de relaxe ; 2 janv. 1959, ibid. ; 22 janv. 1963, D. 36.531, JDI 63.1044 n. B.G.
5. CE 21 déc. 1994, *Serra Garriga*, RC 95.291 n. Lagarde.

de l'autre, par exemple en matière de protection des droits de propriété intellectuelle. De là l'utilité d'une clause de réciprocité.

2. Clause de réciprocité

1143. – Notion et source. La réciprocité est au cœur des relations internationales[1]. Elle constitue en particulier pour chaque État un moyen de négociation, ainsi qu'un moyen de rétorsion éventuel contre les mesures restrictives ou discriminatoires dont peuvent souffrir ses ressortissants à l'étranger. Elle peut donc être utilisée en dehors d'une convention, de manière unilatérale : en reconnaissant certains droits, un État peut prévoir que les étrangers n'en bénéficieront que dans la mesure où leur État national accorde des droits du même ordre aux nationaux[2]. L'avantage de la réciprocité de source législative est de ne pas requérir la conclusion de traités ; mais elle a pour inconvénient la difficulté de déterminer si les nationaux bénéficient ou non de tel droit à l'étranger, alors que cette question peut être expressément abordée et résolue dans un accord particulier. C'est sans doute la raison pour laquelle les rédacteurs du Code civil se sont référés dans l'art. 11 à la réciprocité diplomatique (n° 1063). On parle de réciprocité « trait pour trait » ou « droit pour droit », par opposition à celle que traduit l'adoption simultanée par les États parties d'une clause de traitement national.

1144. – Appréciation de la réciprocité : réciprocité selon les textes et réciprocité de fait. Énoncer des catégories de droits dont la jouissance est reconnue sur la base de la réciprocité ne suffit pas à supprimer toute difficulté. On peut en effet hésiter à considérer que la réciprocité existe du seul fait que ces droits sont reconnus dans un Etat donné sous une forme générale (par ex. : le droit de s'établir), alors qu'une réglementation de police restreint leur exercice : c'est ainsi que l'exigence en France de la carte de commerçant pouvait être considérée à l'étranger comme un retrait déguisé du droit d'exercer le commerce (n° 1142). S'attacher aux droits dont bénéficient *effectivement* les étrangers dans le pays considéré au-delà des principes et des déclarations, c'est-à-dire à une réciprocité de fait, répond mieux au but recherché par l'exigence de la réciprocité.

L'autorité compétente pour apprécier la réciprocité en pareil cas sera normalement le juge. Cela permet, d'une part, que la question fasse l'objet d'un débat contradictoire ; d'autre part, qu'il soit tenu compte de la situation effective au moment où la question s'élève. L'interprétation par l'autorité administrative présente quant à elle l'avantage d'éviter les procès ainsi que les divergences d'appréciation selon les tribunaux. Le gouvernement dispose, par les agents diplomatiques et consulaires, de sources d'information bien placées et plus fiables qu'un certificat de coutume produit

1. Lagarde, « La réciprocité en droit international privé », RCADI 1977. I.101 (t. 154).
2. Ainsi la L. 30 juin 1926 sur la propriété commerciale, tout en refusant en principe le bénéfice de ses dispositions aux étrangers, le leur accordait en cas de réciprocité de la part de leur État national ; v. également L. 28 mai 1943, préc.

par les parties. Mais il se peut aussi qu'il hésite à prendre la responsabilité de proclamer que l'État cocontractant n'accorde pas la réciprocité. En France, les tribunaux civils se sont généralement reconnu le droit d'apprécier l'existence de la réciprocité[1], tandis que les tribunaux répressifs recouraient plus volontiers à l'interprétation gouvernementale[2].

Lorsqu'ils ont statué eux-mêmes sur la question, les tribunaux se sont parfois attachés à une étroite analogie des droits[3] ; mais ils se sont également contentés d'une ressemblance assez large entre la législation étrangère et la législation française, constatant que la première était « sensiblement identique » à la seconde[4]. Il est certain que l'on saurait difficilement exiger une identité de législation et qu'au-delà de modalités techniques, on doit plutôt s'attacher à ce qui constitue l'essentiel de l'institution en cause : par exemple, la spécialité d'une hypothèque, le pouvoir de révision en matière d'exequatur, voire la durée de prolongation forcée d'un bail.

3. Clause de la nation la plus favorisée

1145. – Principe et caractéristiques. L'État qui a obtenu d'un autre par traité – pour lui-même ou ses nationaux – un avantage limité peut craindre qu'un État tiers n'acquière par la suite des avantages supérieurs, le privant ainsi de sa position privilégiée. Un moyen d'éviter cette situation est de stipuler que son partenaire s'engage envers lui à le faire participer au traitement le plus favorable qu'il a accordé ou viendra à accorder à un tiers : tel est l'objet de la clause de la nation la plus favorisée. L'État qui s'engage est l'État *concédant*, son cocontractant l'État *bénéficiaire*, l'État tiers est l'État *favorisé* (ou privilégié). La clause est une norme indirecte, en ce qu'elle ne crée pas par elle-même le droit à un traitement déterminé ; elle ne le procure que par référence, dans la mesure où un droit donné est reconnu à un autre. Comme les deux clauses précédentes, elle est le plus souvent bilatérale.

Le terrain d'élection traditionnel de la clause est le tarif douanier : un État obtenant pour ses produits une réduction du tarif de son partenaire entend conserver cette position privilégiée quels que soient les accords que passera celui-ci avec un tiers. Le principe cardinal du GATT, repris par le traité instituant l'OMC (art. 2), a été la généralisation de la clause de la nation la plus favorisée entre les membres, afin de mettre fin à la formation de blocs commerciaux antagonistes qui avait caractérise l'entre-deux-guerres mondiales. Mais la clause a été étendue dans tous les domaines ; elle permet d'obtenir le statut le plus favorable possible à

1. Civ. 22 déc. 1931, *Sanchez*, préc.
2. Crim. 24 mars 1953, *Ara-Arroyos et Bruni*, 2 arrêts, RC 53.573 ; 16 octobre 1958 et 2 janvier 1959, RC 61.136.
3. Req. 27 janvier 1903, D.P. 03.1.249, S.04.1.81, JDI 03.623 (refus de l'hypothèque légale à une Suissesse sur les biens de son mari en France, le droit suisse ne connaissant qu'une sûreté différente) ; Soc. 24 nov. 1955, RC 56.642.
4. Soc. 20 déc. 1956, RC 57.657 n. Simon-Depitre ; 21 juill. 1958, RC 59.288 n. Simon-Depitre ; 7 fév. 1967, Bull. civ. IV, n° 138.

défaut d'assimilation au régime national, voire indirectement d'accorder aux bénéficiaires le traitement national par référence aux clauses d'assimilation consenties à des tiers[1].

1146. – Modalités de la clause. Stipulée dans un traité donné, la clause peut être générale ou spéciale. Dans le premier cas, elle est cependant limitée à l'objet du traité qui la contient. Ainsi lorsqu'elle a été incluse dans un traité de commerce, elle ne peut être invoquée pour se prévaloir des dispositions d'une convention judiciaire passée avec un État tiers[2]. La clause est spécialisée lorsqu'elle énumère les matières auxquelles elle s'applique : liberté d'accès à telle profession, baux commerciaux, douane, fiscalité...

La clause présente cependant un inconvénient, lié à son automaticité : elle interdit en principe de nouer des relations privilégiées avec un État tiers, sous peine de devoir étendre automatiquement les avantages consentis à d'autres. Pour pallier cette rigidité, on a songé à rendre la clause conditionnelle ou onéreuse : l'extension à l'État bénéficiaire des avantages accordés à l'État favorisé est subordonnée à la fourniture des contreparties que celui-ci a dû accorder pour ces avantages. Mais la mise en œuvre d'une telle stipulation – l'appréciation des contreparties dans les deux traités – est difficile : il faut déterminer exactement à quoi correspondent les avantages du favorisé et si le bénéficiaire n'en fournit pas d'équivalents. Aussi la clause est-elle le plus souvent inconditionnelle. On a également inséré dans le traité nouveau une stipulation réservant le jeu de l'avantage consenti aux relations entre les deux parties ; mais on voit mal comment l'État concédant peut ainsi se soustraire unilatéralement vis-à-vis de l'État bénéficiaire aux engagements antérieurement pris envers lui. La meilleure protection contre l'inconvénient envisagé réside dans la combinaison de la clause de la nation la plus favorisée avec une clause de réciprocité trait pour trait : dans ce cas, l'extension des avantages à l'État bénéficiaire est subordonnée à la condition que les ressortissants de l'État concédant jouiront des mêmes avantages de la part de cet État. Mais la stipulation introduit les difficultés inhérentes à la réciprocité (n° 1144).

Afin cependant de ne pas interdire toute possibilité d'intégration économique entre États proches, les accords d'organisation internationale du commerce eux-mêmes ont prévu mise à l'écart de la clause en cas de création d'une zone de libre-échange ou d'une union douanière.

1. Colmar, 7 nov. 1958, RC 59.90 ; Paris, 9 juin 1947, RC 47.454.
2. Civ. 22 déc. 1913, S. 14.1.273, D.P. 15.1.1 n. Basdevant : un ressortissant allemand ne peut se prévaloir de la clause, contenue dans le traité de Francfort et visant l'« admission et le traitement des sujets des deux nations », pour se prévaloir du bénéfice de la convention judiciaire franco-suisse de 1869, la clause étant jugée ne viser que les relations commerciales.

§ 3. – LA COMMUNAUTÉ, DEVENUE UNION, EUROPÉENNE

1147. – Le traité de Rome, convention d'établissement. Le traité de Rome instituant la CEE constituait, entre autres, un type achevé de convention d'établissement. Son caractère multilatéral le rendait d'autant plus remarquable de ce point de vue. L'objectif premier du traité était l'institution d'une union douanière, telle que permise par l'accord du GATT et ainsi soustraite à l'application de la clause de la nation la plus favorisée dans les rapports avec les États tiers. L'objectif d'intégration économique simultanément poursuivi conduisait à faire de la liberté d'action économique dans l'espace constitué par les États membres un des « fondements de la Communauté ». De ce principe ont procédé plus particulièrement la liberté de circulation des personnes, des services et des capitaux (art. 3 c). L'assimilation des ressortissants des Etats membres aux nationaux dans chaque État s'est d'abord exprimée par l'interdiction de toute discrimination fondée sur la nationalité dans les matières couvertes par le traité (art. 7, puis art. 12 CE, devenu art. 18 TFUE).

Le principe de libre circulation des travailleurs s'opposait d'entrée à ce que les ressortissants des États membres remplissant cette qualité continuent d'être considérés comme des étrangers dans les autres États et soumis en tant que tels aux dispositions ordinaires sur l'entrée et le séjour. Par l'effet de textes de droit dérivé, cette liberté devint pleinement effective en 1968, complétée par des dispositions assurant la continuité de la protection sociale des travailleurs migrants. L'exception tenant aux emplois dans l'administration publique (art. 48), déjà strictement interprétée, était appelée à faire l'objet d'une définition plus étroite (art. 39 CE)[1]. Enfin la réalisation du marché unique s'est traduite le 1er janvier 1993, à la suite de l'Acte unique européen, par l'extension à tous les ressortissants des États membres de la liberté de circulation et de séjour, quel qu'en soit le motif, ne laissant subsister dans chaque État que les restrictions fondées sur l'ordre public, la sécurité et la santé publiques, ou des mesures administratives qui ne doivent pas présenter de caractère discriminatoire.

La mise en œuvre de la liberté d'établissement, comportant le libre accès aux professions non salariées et leur exercice (art. 52, devenu 43 CE, puis 45 TFUE), et celle de la libre prestation de services au travers des frontières (art. 59, devenu 49 CE, puis 56 TFUE), ont été plus longues. Outre que les bénéficiaires en sont pour beaucoup des personnes morales (n° 1124), les nécessités de protection du public appelaient diverses

1. En France, v. L. 26 juill. 1991 (D.91. L. 343), art.1er à 3, insérant dans la loi du 13 juill. 1983 portant droits et obligations des fonctionnaires des dispositions permettant aux ressortissants des États membres de l'UE d'avoir accès aux emplois dont les attributions soit sont séparables de l'exercice de la souveraineté, soit ne comportent aucune participation directe ou indirecte à l'exercice de prérogatives de puissance publique ; et, rejetant le recours formé contre cette loi, C. const. 23 juill. 1991, D. 91.617 n. L. Hamon. De nombreux textes réglementaires ont depuis ouvert l'accès de différents corps aux ressortissants des États membres de l'UE ; v. Décr. n° 2010-311 du 22 mars 2010 élargissant l'accueil des Européens dans les fonctions publiques françaises.

mesures telles qu'un contrôle de qualification et de solvabilité des opérateurs. Des restrictions ou disparités se sont donc maintenues dans ces domaines au-delà de la période initialement prévue. La Cour de justice les a tout d'abord partiellement neutralisées par l'affirmation du principe de l'effet direct des dispositions précitées ; les obstacles qui demeuraient ont également disparu, notamment par l'effet de l'harmonisation, avec la réalisation du marché intérieur le 1er janvier 1993.

Du fait de ces transformations, le statut du ressortissant communautaire au regard de la plupart des questions étudiées dans cette partie s'est progressivement détaché de celui des étrangers pour rejoindre celui des nationaux ; il ne relève plus du droit international privé.

INDEX ALPHABÉTIQUE

Les chiffres renvoient aux numéros et non aux pages

B

O

Q

R

S

T

TABLE DES MATIÈRES

LIVRE I
LES RELATIONS PRIVÉES TRANSFRONTIÈRES

Cet ouvrage a été achevé d'imprimer en septembre 2010
dans les ateliers de Normandie Roto Impression s.a.s.
61250 Lonrai (Orne)
N° d'impression :103456
Dépôt légal : septembre 2010

Imprimé en France